BUSINESS DRIVEN INFORMATION SYSTEMS

9e

경영 정보 시스템

BUSINESS DRIVEN Information Systems

Paige Baltzan 지음 / 고석하 · 김태성 · 권순동 · 최상현 · 이정환 · 김태경 옮김

Mc Graw Hill

생능

저자 소개

Paige Baltzan

Paige Baltzan은 University of Denver의 Daniels College of Business의 Department of Information Technology에서 교편을 잡고 있다. 그녀는 Bowling Green State University에서 MIS/Accounting 전공으로 B.S.B.A. 학위를 받았으며, University of Denver에서 MIS 전공으로 M.B.A. 학위를 받았다. 그녀는 Business Driven Technology, I-Series를 비롯한 다수의 저서의 공동 저자이며, Management Information Systems for the Information Age의 저술에 기여하였다.

1999년에 Daniels College의 교수가 되기 전에는 대형 정보통신 회사와 국제적 컨설팅 회사에 수년간 근무하였다. 컨설팅 회사에서는 미국과 남아프리카공화국, 그리고 유럽의 고객과 공동으로 작업하였다.

경영 정보 시스템

초판인쇄 2025년 6월 26일
초판발행 2025년 7월 14일

지은이 Paige Baltzan
옮긴이 고석하, 김태성, 권순동, 최상현, 이정환, 김태경
펴낸이 김승기, 김민정
펴낸곳 (주)생능 / **주소** 경기도 파주시 광인사길 143
출판사 등록일 2014년 1월 8일 / **신고번호** 제406-2014-000003호
대표전화 (031)955-0761 / **팩스** (031)955-0768
홈페이지 www.booksr.co.kr

책임편집 이종무 / **편집** 신성민, 최동진 / **디자인** 유준범, 노유안
마케팅 최복락, 김민수, 심수경, 차종필, 백수정, 송성환, 최태웅, 명하나
인쇄 · 제본 (주)상지사P&B

ISBN 979-11-86689-62-2 93320
정가 39,000원

Paige Baltzan
Colorado School of Mines

Business Driven Information Systems

NINTH EDITION

생능
Mc Graw Hill

Business Driven Information Systems 9th Edition

1 2 3 4 5 6 7 8 9 10 LP 20 25

Original: Business Driven Information Systems 9th Edition. © 2025
By Paige Baltzan
ISBN 978-1-26-463872-7

This authorized Korean translation edition is published by Life & Power Press in arrangement with McGraw-Hill Education Korea, Ltd. This edition is authorized for sale in the Republic of Korea.

This book is exclusively distributed by Life & Power Press.

When ordering this title, please use ISBN 979-11-86689-62-2

Printed in Korea

역자서문

저자가 서문에서도 밝혔듯이, 이 책은 비즈니스 지향적으로 작성되어 경영정보학 전공 학생뿐만이 아니라 일반 경영학전공 학생들도 어떻게 정보 기술이 기업에 경쟁우위를 달성하기 위한 기반을 제공하는가를 잘 이해할 수 있게 해준다. 이러한 특성이 학생들이 비즈니스 분야에서 수월성을 달성하기 위한 기반을 제공하고, 궁극적으로는 우리나라 기업들과 경제의 국제화와 발전에 이바지하기를 바란다.

원저는 학생들이 수업 중에 적극적으로 토론에 참여하는 것을 전제로 하여 작성되었다. 이것은 미국에서는 큰 장점이 될 수 있으나, 한국의 현실에서는 반드시 그렇지 않을 수도 있다. 뿐만 아니라, 원저에는 미국 학생들에게는 익숙하지만, 우리나라 학생들에게는 생소한 사례들도 일부 포함되어 있다. 또한, 원저에는 저자가 영어의 다양한 의미나 숙어 사용의 미묘함을 이용하여, '문학적'으로 표현하려고 한 부분이 많은데, 이러한 부분도 우리나라 학생들이 제대로 이해하기도 어려운 것이 사실이다. 따라서 이러한 것들을 고려하여 우리나라 사례를 추가하는 등, 우리나라의 평균적인 대학 학생들이 이해하기 쉽도록 한 것이 이번 번역의 의의라고 할 수 있을 것이다.

하늘 아래 새로운 것은 없다라고는 하지만, 경영과 정보 활동은 실내에서 수행되어서 그런지 나날이 새로워지고 있다. 그에 따라, 경영 정보 현상과 이론도 나날이 새로워지고 있다. 이러한 변화를 반영하기 위해서 이 책은 지속적으로 그리고 자주 개정되고 있다.

그 과정에서 많은 어려움을 극복하고 최선을 다하여 번역을 마무리한 다섯 분의 충북대학교 경영정보학과 후배 교수님들께 감사와 축하의 뜻을 표한다. 그리고 번역 과정에서의 모든 번거로움을 감당해 주신 생능출판사 관계자 여러분과 그 외의 도움을 주신 모든 분들에게도 감사를 드린다.

2025년 6월
역자 일동을 대표해서 고석하

저자 서문

이 책은 먼저 다양한 비즈니스 이슈들에 대해서 설명하며, 어떻게 기술이 비즈니스를 지원하는가를 그 다음에 설명한다. 이러한 독특한 접근 방법의 기본 전제는 비즈니스가 기술적 선택을 주도하여야 한다는 것이다. 모든 논의는 먼저 비즈니스 필요에 대해서 다루며 그 이후에 해당 필요를 지원할 기술에 대해서 다룬다. 학생들이 운영 관리, 제조, 판매, 마케팅, 재무, 인적 자원, 회계 또는 기타 어느 비즈니스 분야를 전공하느냐에 상관없이, 이 책은 학생들이 비즈니스에서 수월성을 달성할 수 있는 기반을 제공한다. 이 책은 학생들에게 IT가 어떻게 조직 역량의 핵심이 될 수 있는가를 설명한다.

IT 프로젝트와 관련된 일반적인 비즈니스 목표들 중에는 비용 절감, 생산성 향상, 고객 만족과 충성 향상, 경쟁우위의 창출, 공급 사슬을 정비하기, 전 세계적 확장 등이 포함된다. 이러한 목표들을 달성하는 것은 쉽지 않다. 새로운 회계 시스템이나 마케팅 계획을 실현하는 것은 전체 조직에 걸친 장기적 성장이나 비용 절감을 초래하지 않는 경우가 많다. 비용 절감과 같은 포괄적인 비즈니스 목표를 달성하기 위해서는 비즈니스는 전사적인 수준에서 사업을 수행해야 한다. 의사소통을 원활히 하고 비즈니스 지능을 높임으로써, IT는 이러한 사업을 성공적으로 수행하는 데 결정적인 역할을 한다. 회계, 재무, 인적 자원, 또는 운영 관리 등 비즈니스의 어느 분야에서든 성공하기 원하는 사람은 이 책에서 소개되는 IT 기초 사항들을 이해해야만 한다.

저자는 비즈니스와 IT 간의 상관관계를 설명하는 것이 성공적으로 MIS 과목을 가르치는 데에 매우 효과적이라는 것을 발견하였다. 비즈니스와 IT 간의 밀접한 상관관계를 이해하는 학생들은 이 코스의 가치도 또한 이해할 수 있을 것이다. 학생들은 자신이 읽는 것의 10%를 이해하나, 자신이 직접 경험한 것은 80%를, 그리고 자신이 다른 사람을 가르치는 것은 90%를 이해한다. 이 책의 비즈니스 주도적 접근 방법은 난해하고 비가시적인 MIS 개념들을 학생들의 수준에 맞춰주며, 그 내용을 직접 경험해 봄으로써 해당 개념들을 쉽게 이해하고 적용할 수 있게 해준다. MIS를 비즈니스 주도적 관점에서 가르치는 것은 다음과 같은 효과가 있다.

- IT에 대한 신뢰도를 높여 준다.
- IT와 관련된 다양한 기회에 대한 학생들의 인식을 환기시켜 준다.
- 학생들이 전공으로 선택하도록 유도한다.
- 학생들의 관심을 촉발시킨다.

이 책의 구성과 특징 및 강조점

이 책은 최신의 토론 주제들을 제기하고, 개념을 이해하기 쉬운 구성으로 제시하며, 학생들이 학습에 능동적으로 참여하도록 유도한다. 정보 기술의 역동적인 특성 때문에 모든 학생들, 특히 경영학 학생들은 현재의 기술과 함께 지금 출현하고 있는 기술도 알아야만 한다. 학생들은 복잡한 주제에 직면하고 있으며, IT 개념들을 이해하고 그들의 전 생애에 걸쳐서 이용하기 위해서는 명료하고 간결한 설명을 필요로 한다. 학생들이 이러한 개념들을 다양한 사례 연구와 연습, 프로젝트 및 연습 문제들을 통해서 이해하도록 함으로써, 이 책은 교수와 학생들 모두에게 특별한 학습 경험을 제공한다.

- **대상** 이 책은 경영 정보 시스템의 학부 또는 기초 MBA 과정에서 사용하도록 설계되었다. 경영 정보 시스템은 경영학의 모든 주요 전공 분야에서 기초 공통 과목으로 설강되고 있다.

- **논리적인 배치** 주제들이 한 장에서 다음 장으로 논리적으로 연결되어 있다. 각 용어의 정의가 해당 장에서 자세히 다뤄지기 전에 소개되어 있으며 풍부한 용어 설명이 책의 마지막 부분에 제공되어 있다. 각 장은 포괄적인 시작 사례 연구, 소개, 학습 성과, 마무리 사례, 주요 용어, 그리고 비즈니스 의사결정 내리기 연습 문제들로 구성된다.

- **철저한 설명** 소개된 모든 주제에 대해서 철저히 설명하였다. 설명들은 소개된 아이디어를 쉽게 이해하고 다른 개념에 연결시킬 수 있도록 작성되었다.

- **견고한 이론적 배경** 최신의 이론과 관행에 의거해서 정보 시스템과 비즈니스 환경과의 관계에 대해서 설명하였다. 책 전체에 걸쳐서 인용된 최신의 학술적 전문적 저널들이, 이 책의 범위를 넘어서는 학습을 위한 로드맵을 제공할, 책 마지막의 노트에 제시되었다.

- **토론을 장려하기 위한 자료들** 정보 기술을 비즈니스를 위해서 활용할 수 있는 능력을 키우기 위해서, 모든 장들마다 다양한 사례 연구들과 개인 및 그룹 문제 풀기 활동들을 제공하였다. 각 장마다 내용을 보강하기 위해서 마지막 부분에 세 개의 포괄적인 사례를 제시하였다. 이러한 사례들은 학생들이 어떤 개념이 제시되었는가 그리고 이러한 개념들을 조직 내에서 마주칠 상황들에서 어떻게 적용할 것인가에 대해서 생각하도록 한다. 한 조직 내의 다양한 사람들이 한 가지 사실을 다양한 관점에서 볼 수 있으며, 이 사례들은 학생들이 이러한 다양한 관점에서 생각해 보도록 한다.

- **유연한 교육 및 학습** 대부분의 교과서들의 경우에는 교수들이 그들 자신의 사례들을 사용할 수 밖에는 없는 경우가 많으나, 이 책은 CIO, Havard Business Journal, Wired, Forbes, 그리고 Time 등에 실린 다양한 사례들을 제공함으로써 교수들이 책 안에서만도 충분한 사례를 선택할 수 있게 한다.

- **통합적 주제들** 다수의 통합적 주제들이 책 전체에 걸쳐서 반복적으로 제시된다. 이러한 통합적 주제들은 제시된 자료들 간의 연관성을 밝혀준다. 이러한 주제들에는, 부가 가치 기법 및 방법론들, 윤리 및 사회적 책임, 세계화, 그리고 경쟁 우위의 획득 등이 있다. 이러한 주제들은 기업이 반드시 인식하고, 정형화하고, 실천해야 할 전략들을 철저히 이해하는 데 필수적이다. 이러한 주제들을 자료로써 각 장에서 다루는 것 이 외에, 많은 실례들이 비즈니스 실무와의 연관성을 보여주기 위해서 제시되어 있다.

이 책의 구성

시작 사례 연구와 학습 성과

- **시작 사례 연구** 학습자의 흥미를 증폭시키기 위하여 각각의 장의 첫머리에 나오며, 실제 글로벌 비즈니스 환경에서 입증된 가치와 검증된 환경들을 다루고 있다. 본 내용은 또한 우리에게 잘 알려진 우량 기업들의 적절한 사례들을 사용하여 여러 주요 개념들을 확인해주고 있으며, 이러한 사례들을 가지고 토론할 수 있도록 하였다.
- **학습 성과** 이 성과는 학생들이 각 장을 학습한 후 대답할 수 있어야 하는 것들에 초점을 맞추었다.

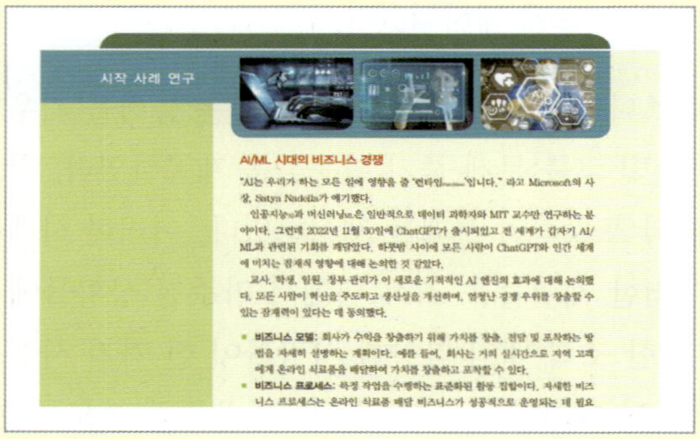

시작 사례 연구

AI/ML 시대의 비즈니스 경쟁

"AI는 우리가 하는 모든 일에 영향을 줄 '런타임runtime'입니다." 라고 Microsoft의 사장, Satya Nadella가 얘기했다.

인공지능AI과 머신러닝ML은 일반적으로 데이터 과학자와 MIT 교수만 연구하는 분야이다. 그런데 2022년 11월 30일에 ChatGPT가 출시되었고 전 세계가 갑자기 AI/ML과 관련된 기회를 깨달았다. 하룻밤 사이에 모든 사람이 ChatGPT와 인간 세계에 미치는 잠재적 영향에 대해 논의한 것 같았다.

교사, 학생, 임원, 정부 관리가 이 새로운 기적적인 AI 엔진의 효과에 대해 논의했다. 모든 사람이 혁신을 주도하고 생산성을 개선하며, 엄청난 경쟁 우위를 창출할 수 있는 잠재력이 있다는 데 동의했다.

- **비즈니스 모델**: 회사가 수익을 창출하기 위해 가치를 창출, 전달 및 포착하는 방법을 자세히 설명하는 계획이다. 예를 들어, 회사는 거의 실시간으로 지역 고객에게 온라인 식료품을 배달하여 가치를 창출하고 포착할 수 있다.
- **비즈니스 프로세스**: 특정 작업을 수행하는 표준화된 활동 집합이다. 자세한 비즈니스 프로세스는 온라인 식료품 배달 비즈니스가 성공적으로 운영되는 데 필요

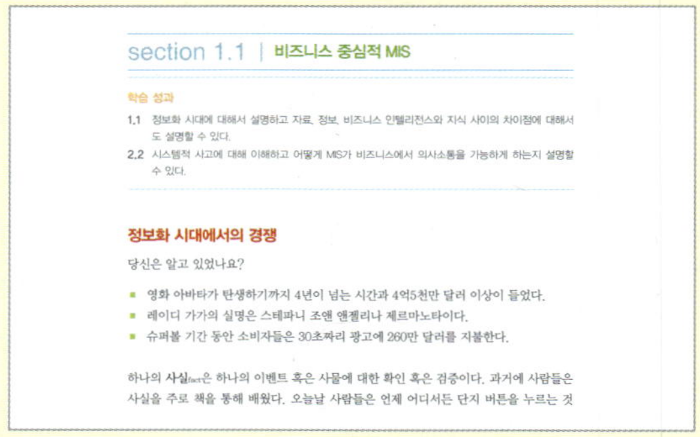

section 1.1 | 비즈니스 중심적 MIS

학습 성과

1.1 정보화 시대에 대해서 설명하고 자료, 정보, 비즈니스 인텔리전스와 지식 사이의 차이점에 대해서도 설명할 수 있다.

2.2 시스템적 사고에 대해 이해하고 어떻게 MIS가 비즈니스에서 의사소통을 가능하게 하는지 설명할 수 있다.

정보화 시대에서의 경쟁

당신은 알고 있었나요?

- 영화 아바타가 탄생하기까지 4년이 넘는 시간과 4억5천만 달러 이상이 들었다.
- 레이디 가가의 실명은 스테파니 조앤 앤젤리나 제르마노타이다.
- 슈퍼볼 기간 동안 소비자들은 30초짜리 광고에 260만 달러를 지불한다.

하나의 **사실**fact은 하나의 이벤트 혹은 사물에 대한 확인 혹은 검증이다. 과거에 사람들은 사실을 주로 책을 통해 배웠다. 오늘날 사람들은 언제 어디서든 단지 버튼을 누르는 것

사례 연구와 프로젝트

- **사례 연구** 유명한 조직과 기업들이 어떻게 이 책의 개념들을 성공적으로 실천하였는가를 보여주는 다양한 사례들을 제공한다. 모든 사례들은 시의적절하며, 비판적 사고를 장려한다. 기업 프로파일들은 학생들이 매우 실제적으로 느끼도록 구성되어 있으며, 수업 시간에 토론과 흥미를 유발하는 데 도움이 된다.
- **프로젝트** 각 장의 끝부분에는 학생들이 배운 지식을 실제 비즈니스에 적용해보는 도전을 하도록 지식 적용 프로젝트를 제공한다. 이 프로젝트들은 학생들이 비즈니스 문제를 해결하기 위해 엑셀, 엑세스, 드림위버와 같은 IT 도구를 사용하도록 요구한다. 이러한 프로젝트는 도전적이고 창의적인 비즈니스 중심적 시나리오를 통해, 학생의 응용력과 문제 해결 능력을 향상시키는 데 도움을 준다.

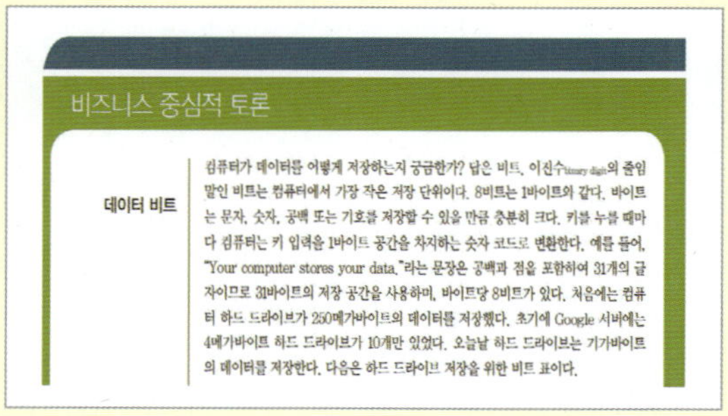

비즈니스 중심적 토론

데이터 비트

컴퓨터가 데이터를 어떻게 저장하는지 궁금한가? 답은 비트, 이진수binary digit의 줄임말인 비트는 컴퓨터에서 가장 작은 저장 단위이다. 8비트는 1바이트와 같다. 바이트는 문자, 숫자, 공백 또는 기호를 저장할 수 있을 만큼 충분히 크다. 키를 누를 때마다 컴퓨터는 키 입력을 1바이트 공간을 차지하는 숫자 코드로 변환한다. 예를 들어, "Your computer stores your data."라는 문장은 공백과 점을 포함하여 31개의 글자이므로 31바이트의 저장 공간을 사용하며, 바이트당 8비트가 있다. 처음에는 컴퓨터 하드 드라이브가 250메가바이트의 데이터를 저장했다. 초기에 Google 서버에는 4메가바이트 하드 드라이브가 10개만 있었다. 오늘날 하드 드라이브는 기가바이트의 데이터를 저장한다. 다음은 하드 드라이브 저장을 위한 비트 표이다.

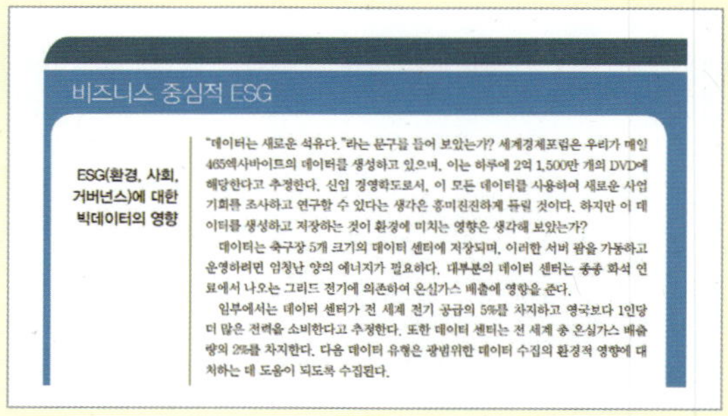

비즈니스 중심적 ESG

ESG(환경, 사회, 거버넌스)에 대한 빅데이터의 영향

"데이터는 새로운 석유다."라는 문구를 들어 보았는가? 세계경제포럼은 우리가 매일 465엑사바이트의 데이터를 생성하고 있으며, 이는 하루에 2억 1,500만 개의 DVD에 해당한다고 추정한다. 신입 경영학도로서, 이 모든 데이터를 사용하여 새로운 사업 기회를 조사하고 연구할 수 있다는 생각은 흥미진진하게 들릴 것이다. 하지만 이 데이터를 생성하고 저장하는 것이 환경에 미치는 영향은 생각해 보았는가?

데이터는 축구장 5개 크기의 데이터 센터에 저장되며, 이러한 서버 팜을 가동하고 운영하려면 엄청난 양의 에너지가 필요하다. 대부분의 데이터 센터는 종종 화석 연료에서 나오는 그리드 전기에 의존하여 온실가스 배출에 영향을 준다.

일부에서는 데이터 센터가 전 세계 전기 공급의 5%를 차지하고 영국보다 1인당 더 많은 전력을 소비한다고 추정한다. 또한 데이터 센터는 전 세계 총 온실가스 배출량의 2%를 차지한다. 다음 데이터 유형은 광범위한 데이터 수집의 환경적 영향에 대처하는 데 도움이 되도록 수집된다.

마무리 요소들

각 장의 마무리에서는 교육 효과를 강화하기 위한 다음과 같은 보충 자료들을 제공한다.

- **학습 성과 복습** 이 부분은 더욱 심화 학습을 할 수 있는 문제들을 제시하고 있다. 이것들은 각 장의 중요한 개념을 다루고 있는 시작 사례 연구와 밀접한 연관을 가진다.
- **비즈니스 중심적 사례** 비즈니스와 조직의 두드러지는 사례를 이용하여 중요 개념들을 강화한다.
- **비즈니스 중심적 의사결정** MIS를 배우는 최선의 길은 그것을 실세계의 비즈니스 딜레마에 적용해보는 것이다. 이 프로젝트는 학생들이 핵심적 사고 기술과 각 장의 개념들을 문제를 통해 분석하고 권장할 비즈니스 의사결정을 내리도록 요구한다.

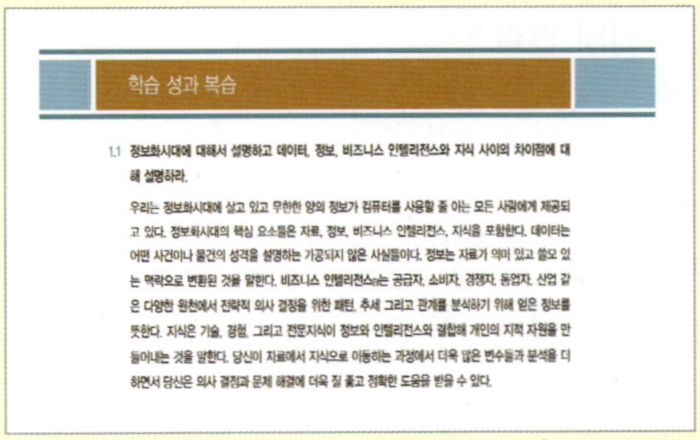
학습 성과 복습

1.1 **정보화시대에 대해서 설명하고 데이터, 정보, 비즈니스 인텔리전스와 지식 사이의 차이점에 대해 설명하라.**

우리는 정보화시대에 살고 있고 무한한 양의 정보가 컴퓨터를 사용할 줄 아는 모든 사람에게 제공되고 있다. 정보화시대의 핵심 요소들은 자료, 정보, 비즈니스 인텔리전스, 지식을 포함한다. 데이터는 어떤 사건이나 물건의 성격을 설명하는 가공되지 않은 사실들이다. 정보는 자료가 의미 있고 쓸모 있는 맥락으로 변환된 것을 말한다. 비즈니스 인텔리전스BI는 공급자, 소비자, 경쟁자, 동업자, 산업 같은 다양한 원천에서 전략적 의사 결정을 위한 패턴, 추세 그리고 관계를 분석하기 위해 얻은 정보를 뜻한다. 지식은 기술, 경험, 그리고 전문지식이 정보와 인텔리전스와 결합해 개인의 지적 자원을 만들어내는 것을 말한다. 당신이 자료에서 지식으로 이동하는 과정에서 더욱 많은 변수들과 분석을 더 하면서 당신은 의사 결정과 문제 해결에 더욱 질 좋고 정확한 도움을 받을 수 있다.

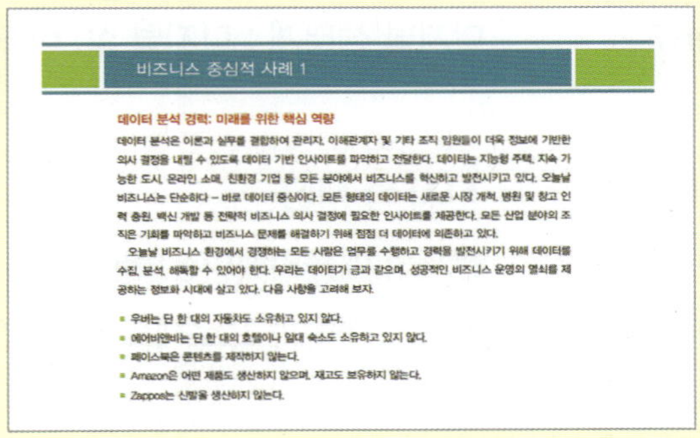
비즈니스 중심적 사례 1

데이터 분석 경력: 미래를 위한 핵심 역량

데이터 분석은 이론과 실무를 결합하여 관리자, 이해관계자 및 기타 조직 임원들이 더욱 정보에 기반한 의사 결정을 내릴 수 있도록 데이터 기반 인사이트를 파악하고 전달한다. 데이터는 지능형 주택, 지속 가능한 도시, 온라인 소매, 친환경 기업 등 모든 분야에서 비즈니스를 혁신하고 발전시키고 있다. 오늘날 비즈니스는 단순하다 – 바로 데이터 중심이다. 모든 형태의 데이터는 새로운 시장 개척, 병원 및 창고 인력 충원, 백신 개발 등 전략적 비즈니스 의사 결정에 필요한 인사이트를 제공한다. 모든 산업 분야의 조직은 기회를 파악하고 비즈니스 문제를 해결하기 위해 점점 더 데이터에 의존하고 있다.

오늘날 비즈니스 환경에서 경쟁하는 모든 사람은 업무를 수행하고 경력을 발전시키기 위해 데이터를 수집, 분석, 해독할 수 있어야 한다. 우리는 데이터가 금과 같으며, 성공적인 비즈니스 운영의 열쇠를 제공하는 정보화 시대에 살고 있다. 다음 사항을 고려해 보자.

- 우버는 단 한 대의 자동차도 소유하고 있지 않다.
- 에어비앤비는 단 한 대의 호텔이나 임대 숙소도 소유하고 있지 않다.
- 페이스북은 콘텐츠를 제작하지 않는다.
- Amazon은 어떤 제품도 생산하지 않으며, 재고도 보유하지 않는다.
- Zappos는 신발을 생산하지 않는다.

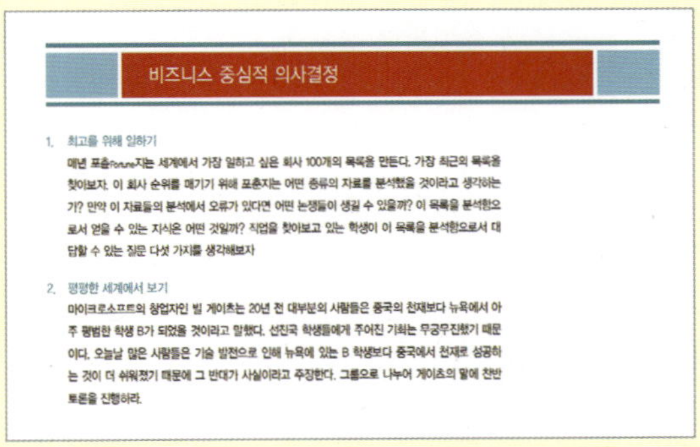
비즈니스 중심적 의사결정

1. 최고를 위해 일하기

매년 포춘Fortune지는 세계에서 가장 일하고 싶은 회사 100개의 목록을 만든다. 가장 최근의 목록을 찾아보자. 이 회사 순위를 매기기 위해 포춘지는 어떤 종류의 자료를 분석했을 것이라고 생각하는가? 만약 이 자료들의 분석에서 오류가 있다면 어떤 논쟁들이 생길 수 있을까? 이 목록을 분석함으로서 얻을 수 있는 지식은 어떤 것일까? 직업을 찾아보고 있는 학생이 이 목록을 분석함으로서 대답할 수 있는 질문 다섯 가지를 생각해보자

2. 평평한 세계에서 보기

마이크로소프트의 창업자인 빌 게이츠는 20년 전 대부분의 사람들은 중국의 천재보다 뉴욕에서 아주 평범한 학생 B가 되었을 것이라고 말했다. 선진국 학생들에게 주어진 기회는 무궁무진했기 때문이다. 오늘날 많은 사람들은 기술 발전으로 인해 뉴욕에 있는 B 학생보다 중국에서 천재로 성공하는 것이 더 쉬워졌기 때문에 그 반대가 사실이라고 주장한다. 그룹으로 나누어 게이츠의 말에 찬반 토론을 진행하라.

요약 차례

차 례

MODULE 1
비즈니스 중심적 MIS

CHAPTER 4
윤리와 정보 보호: MIS 비즈니스 관심사항들 189

MODULE 2
MIS의 기술적 기초

CHAPTER 5
인프라와 플랫폼: 지속 가능한 기술들 243

비즈니스 중심적 MIS

MODULE 1

오늘날 대부분의 기업들은 그들의 사업을 운영하기 위해 다양한 측면에서 경영정보시스템MIS: Management Information Systems에 크게 의존한다. 기업들이 상품을 주문하고 운송할 때, 고객들에게 응대할 때, 혹은 다른 비즈니스 기능들을 수행할 때 MIS는 기업 활동들을 수행하는 기본적인 인프라가 된다. MIS는 빠르게 돌아가는 오늘날의 세상에서, 특히 인터넷을 이용해 사업을 할 경우, 기업들이 경쟁력을 유지할 수 있도록 해준다. 조직들은 오늘날의 빠르게 변화하는 환경에 적응하기 위해 기술의 발전과 혁신들에 적응해야 한다. 그들의 경쟁자들도 당연히 그럴 것이다.

성공적인 기업들은 기술들을 그저 흥미롭다는 이유만으로는 사용하지는 않는다. 기업들이 어떤 기술을 사용할 때에는 확실한 사업적 이유가 있어야 한다. 단지 기술적 해결책이 가용하다는 이유로 그것을 사용하는 것은 좋은 사업 전략이라고 할 수 없다.

모듈 1의 목적은 사업과 기술을 밀접하게 연관시킴으로써 수많은 기회들을 만들 수 있다는 것을 독자들이 인식하도록 하는 것이다. 어떤 기술을 선택할 때에, 언제나 경영 전략과 프로세스가 그 근거가 되어야 한다. 새로운 기술이 새로운 전략적 방향을 제시할 수도 있지만, 대부분의 경우에서 정보 시스템information system의 역할은 기존에 존재하는 경영 전략과 프로세스를 지원하도록 하기 위한 것이다.

MODULE 1 비즈니스 중심적 MIS

비즈니스 중심적 MIS

1

CHAPTER

SECTION 1.1
비즈니스 중심적 MIS

- 정보화 시대에서의 경쟁
- 사업부제 기업들의 도전과 MIS 해결책

SECTION 1.2
비즈니스 전략

- 경쟁 우위의 확인
- 다섯 가지 경쟁세력 모형 – 산업 매력도를 평가하기
- 세 가지 본원적 전략 – 비즈니스 핵심 분야를 발견하기
- 가치 사슬 분석 – 비즈니스 전략을 수행하기

IT는 나에게 무엇을 제공해 주는가?

이 장에서는 앞으로 배울 내용에 대한 이론적인 기초를 제공할 것이다. 이 장에서는 정보가 무엇이고 어떻게 사업운영, 전략, 그리고 시스템에 정보가 어떻게 적용되는지 등에 대해서 설명할 것이다. 또한, 왜 그리고 어떻게 기업들이 경영해 나가며, 경쟁우위를 점하기 위해 끊임없이 경영 전략들을 정의하고 재정의하는지에 대한 큰 그림도 보여줄 것이다. 그렇게 함으로써 기업은 생존하고 번창할 수 있다. 정보 시스템은 이러한 경쟁적인 환경에서 성공하기 위한 필수불가결한 요소이다.

경영학을 공부하는 학생으로서, 여러분은 비즈니스와 기술 사이의 밀접한 관계를 이해해야 한다. 먼저 여러분은 일상적인 비즈니스 활동에서 정보의 역할이 무엇인지를 알아야 하고 정보가 어떻게 국제적 경영 전략과 경쟁 우위들을 보조하는지를 이해해야 한다. 이 장을 읽은 후에 여러분은 비즈니스 중심적 정보 시스템의 개념과 이것들이 경영에서의 선택과 문제 해결에서 어떤 역할을 하는지에 대해서 확실히 이해해야 한다.

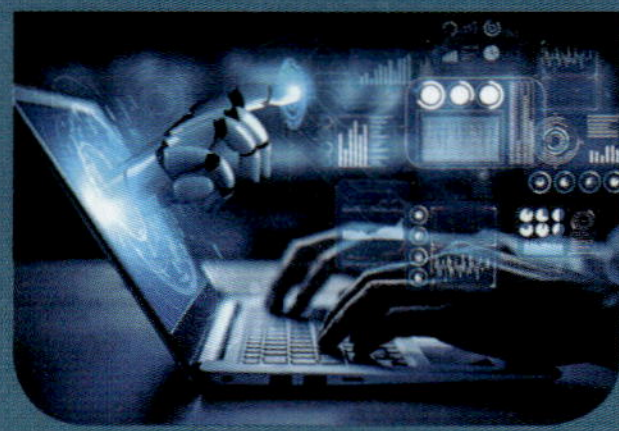

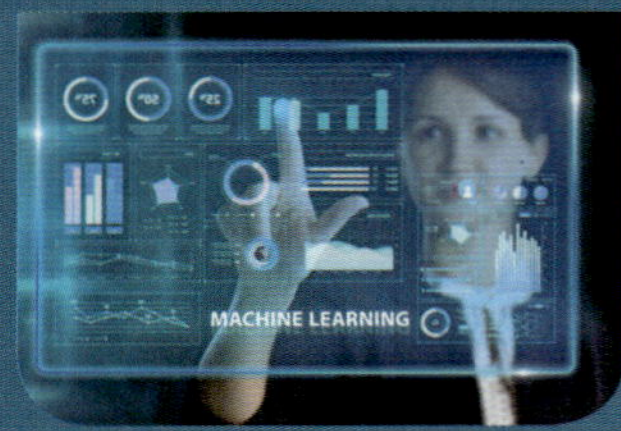

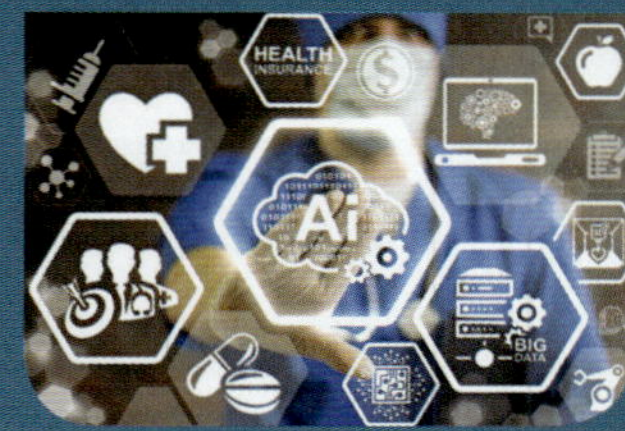

AI/ML 시대의 비즈니스 경쟁

"AI는 우리가 하는 모든 일에 영향을 줄 '런타임runtime'입니다." 라고 Microsoft의 사장, Satya Nadella가 얘기했다.

인공지능AI과 머신러닝ML은 일반적으로 데이터 과학자와 MIT 교수만 연구하는 분야이었다. 그런데 2022년 11월 30일에 ChatGPT가 출시되었고 전 세계가 갑자기 AI/ML과 관련된 기회를 깨달았다. 하룻밤 사이에 모든 사람이 ChatGPT와 인간 세계에 미치는 잠재적 영향에 대해 논의한 것 같았다.

교사, 학생, 임원, 정부 관리가 이 새로운 기적적인 AI 엔진의 효과에 대해 논의했다. 모든 사람이 혁신을 주도하고 생산성을 개선하며, 엄청난 경쟁 우위를 창출할 수 있는 잠재력이 있다는 데 동의했다.

- **비즈니스 모델**: 회사가 수익을 창출하기 위해 가치를 창출, 전달 및 포착하는 방법을 자세히 설명하는 계획이다. 예를 들어, 회사는 거의 실시간으로 지역 고객에게 온라인 식료품을 배달하여 가치를 창출하고 포착할 수 있다.
- **비즈니스 프로세스**: 특정 작업을 수행하는 표준화된 활동 집합이다. 자세한 비즈니스 프로세스는 온라인 식료품 배달 비즈니스가 성공적으로 운영되는 데 필요한 모든 단계를 설명한다. 주문 접수부터 제품 선택, 최종적으로 자전거, 로봇, 드론 또는 운전자를 통해 고객에게 배달하는 단계까지 진행된다.
- **운영 모델**: 비즈니스가 프로세스를 통해 내부 및 외부 고객에게 가치를 창출하는 방법을 설명하는 자세한 계획이다. 운영 모델은 매우 복잡하며, 종종 수천 명의 사람, 수백 개의 정보 시스템 및 끊임없이 변화하는 비즈니스 요구 사항을 포함한다.

AI/ML 비즈니스 모델을 사용하면 방대한 양의 데이터를 분석하고 실시간으로 통찰력을 생성할 수 있으므로 비즈니스는 고객, 프로세스, 산업 및 운영 모델에 대한 더 깊은 이해를 얻을 수 있다. 비즈니스는 이미 새로운 성장 기회를 파악하고 운영을 최적화하며, 고객의 변화하는 요구 사항을 충족하는 새로운 제품과 서비스를 만들고 있다. AI/ML의 비즈니스 응용 프로그램 몇 가지 예는 다음과 같다.

- **일정**: 간호에서 매장, 레스토랑에 이르기까지 산업 전반의 관리자는 질병, 휴가, 교육 및 퇴직으로 인해 직원 일정을 지속적으로 재조정해야 한다.
- **고객 서비스 및 사용자 경험**: 챗봇은 제품 문제 또는 잠재적으로 발생할 수 있는 예상치 못한 서비스 문제에 대한 솔루션을 제공하는 고객 문의에 답변한다.

- **고객 경험을 향상시키는 마케팅**: 타깃 마케팅은 얼굴 인식과 지리공간 기술을 결합하여 고객을 식별하고 선호도에 맞게 설계된 신제품 및 서비스를 홍보한다.
- **더 빠른 제품 개발**: AI/ML은 제품 설계에서 개발, 상용화까지 걸리는 시간을 단축한다. Moderna와 COVID-19 백신의 신속한 생산을 생각해 보라.
- **운영 비즈니스 프로세스 및 공급망 최적화**: 기업 리더는 AI/ML의 도움으로 과잉 재고와 수요가 많은 제품이 부족할 위험을 최소화하고 심지어 제거하여 보다 효율적이고 비용 효율적인 공급망을 만들 수 있다.

AI/ML은 지능형 매장 디자인을 만들어 부패하기 쉬운 제품에 대한 제품 선택을 최적화하고 매장 내 쇼핑 경험을 개선한다. AI/ML의 부상은 산업을 변화시키고 기업에 기회와 과제를 창출한다. 이 새로운 시대에 경쟁하기 위해 기업은 혁신 문화를 받아들이고 새로운 기술과 역량에 투자하며, 새로운 비즈니스 모델, 비즈니스 프로세스 및 운영 모델에 적응해야 한다. AI/ML을 도입하는 기업은 경쟁 우위를 확보하고 뛰어난 고객 경험을 제공하며, 미래 성장과 수익성을 촉진할 것이다.

section 1.1 | 비즈니스 중심적 MIS

학습 성과

1.1 정보화시대에 대해서 설명하고, 데이터, 정보, 비즈니스 인텔리전스와 지식 사이의 차이점에 대해서도 설명할 수 있다.

1.2 시스템적 사고에 대해 이해하고 어떻게 MIS가 비즈니스에서 의사소통을 가능하게 하는지 설명할 수 있다.

정보화 시대에서의 경쟁

당신은 알고 있는가?

- 영화 아바타가 탄생하기까지 4년이 넘는 시간과 $460,000,000 이상이 들었다.
- 레이디 가가의 실명은 스테파니 조앤 앤젤리나 제르마노타이다.
- 슈퍼볼 기간 동안 소비자들은 30초짜리 광고에 $3,700,000를 지불한다.

오늘날 사람들은 간단히 버튼을 누르기만 하면 언제 어디서나 무엇이든 알아낼 수 있다.

- **사실**: 사건이나 사물의 확인 또는 검증
- **정보 시대**: 무한한 양의 사실이 컴퓨터를 사용할 수 있는 모든 사람에게 널리 제공되는 현재
- **제4차 산업혁명(2006년~현재)**: 디지털, 물리적, 생물학적 세계가 융합되어 변화 속도가 초고속으로 진행되는 것을 나타낸다.

세계 비즈니스 환경에 정보 기술이 미친 영향은 출판업계에 인쇄술이 미친 영향과 제품 생산에 전기가 미친 영향과 견줄 수 있다. 정보화 시대 이전에는 대학생들이 창업을 한다는 것은 거의 들어보지 못했다. 이제는 대학생이 기숙사 방에서 수백억짜리 회사를 창업한 성공 신화를 심심치 않게 접할 수 있다. 기숙사 방에서 페이스북을 만들어 낸 마크 주커버그나 마이클 델(델 컴퓨터), 그리고 빌 게이츠(마이크로소프트)를 생각해 보라.

당신은 고급 기술에 능숙한 학생들만이 정보화 시대에서 경쟁력을 가질 수 있다고 생각할 지도 모른다. 이것은 절대로 사실이 아니다. 경제를 이끌어 나가는 많은 리더들은 정보화 시대의 힘을 전통적인 경영 기술에 접목시킴으로서 성공을 향한 커다란 기회들을 만들어냈다. 몇 가지 예를 들어 보겠다.

- 아마존의 초기 경영 목표는 책을 파는 것이었다.
- 넷플릭스Netflix의 초기 경영 목표는 비디오 대여였다.
- 자포스Zappos의 초기 경영 목표는 신발들을 파는 것이었다.

제4차 산업혁명을 주도하는 연결된 기기

연결된 기기는 인간의 입력이나 상호 작용 없이 서로 데이터를 수집, 저장 및 교환한다. 제4차 산업혁명을 주도하는 두 가지 주요 유형의 연결된 기기가 있다.

1. **사물인터넷**IoT: 인간의 개입 없이 성능을 향상시키는 것을 목표로 인터넷에 연결된 모든 기기이다. IoT 기기의 궁극적인 목표는 데이터를 분석하여 더 나은 성능의 제품과 서비스를 만드는 것이다.

스마트 워치가 스마트폰에 직접 연결되는 것을 생각해 보라. IoT 기기는 일반적으로 1기가바이트 미만의 소량의 데이터를 사용하며, 스마트 워치, 요가 매트, 프라이팬, 냉장고 등이 그 예이다. IoT 기기를 사용하면 웨어러블, 가전제품 또는 센서가 장착된 반려견 목줄과 같은 일상용품이 데이터를 송수신할 수 있다. 일정 관리 및 난방부터 조명 켜고 끄기, 심지어 냉장고의 품목이 만료될 때 알려주는 것까지 모든 것을 관리할 수 있다.

2. **기계 간 연결**M2M: 두 개 이상의 연결된 기기가 인간의 개입 없이 데이터 공유 및 분석을 목표로 무선 또는 유선 연결을 통해 상호 작용한다. M2M은 기계를 인터넷에 연결하여 서로 통신하고, 작업과 데이터를 관리하고, 일반적으로 서로 "비즈니스"를 수행할 수 있도록 하는 것이다. M2M은 지능형 미터를 통해 스마트 시티에 전기를 공급하는 더 나은 방법을 사용하는 스마트 그리드에서 작동한다.

ATM은 M2M의 전통적인 예시이다. ATM을 사용하면 기계가 거래를 올바른 은행으로 라우팅하고 입금 또는 출금에 대한 지속적인 업데이트를 보낸다. M2M 장치는 테라바이트 규모의 방대한 양의 데이터를 사용하며, 자산 추적 및 은행 거래 모니터링을 포함한다.

그림 1.1
데이터, 정보, 비즈니스 인텔리전스, 자식의 차이점

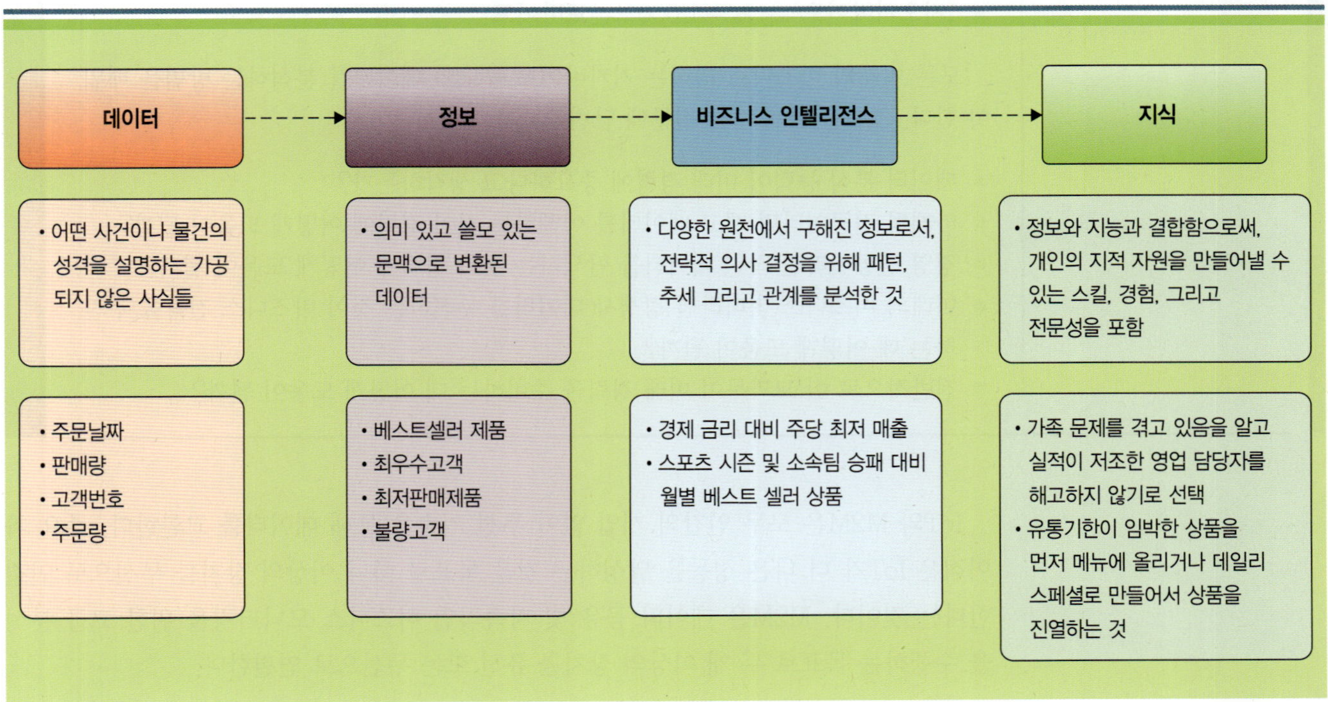

비즈니스 중심적 토론

데이터 비트

컴퓨터가 데이터를 어떻게 저장하는지 궁금한가? 답은 비트. 이진수binary digit의 줄임말인 비트는 컴퓨터에서 가장 작은 저장 단위이다. 8비트는 1바이트와 같다. 바이트는 문자, 숫자, 공백 또는 기호를 저장할 수 있을 만큼 충분히 크다. 키를 누를 때마다 컴퓨터는 키 입력을 1바이트 공간을 차지하는 숫자 코드로 변환한다. 예를 들어, "Your computer stores your data."라는 문장은 공백과 점을 포함하여 31개의 글자이므로 31바이트의 저장 공간을 사용하며, 바이트당 8비트가 있다. 처음에는 컴퓨터 하드 드라이브가 250메가바이트의 데이터를 저장했다. 초기에 Google 서버에는 4메가바이트 하드 드라이브가 10개만 있었다. 오늘날 하드 드라이브는 기가바이트의 데이터를 저장한다. 다음은 하드 드라이브 저장을 위한 비트 표이다.

- 이진 숫자Binary Digit = 1비트
- 1바이트Byte = 8비트
- 1킬로바이트 = 1,000바이트
- 1메가바이트 = 1,000킬로바이트
- 1기가바이트 = 1,000메가바이트
- 1테라바이트 = 1,000기가바이트
- 1페타바이트 = 1,000테라바이트
- 1엑사바이트 = 1,000페타바이트
- 1제타바이트 = 1,000엑사바이트
- 1요타바이트 = 1,000제타바이트
- 1브론토바이트 = 1,000요타바이트
- 1지오피바이트Geopbyte = 1,000브론토바이트

모든 미래의 비즈니스 리더는 기가바이트 규모의 데이터를 분석하는 방법을 배워야 한다. 그룹을 나눠 다음 질문에 답변해보자.

- 데이터 분석 능력이 미래 경력에 중요하다고 생각하는가?
- 마케팅 전공이라면 재고 데이터를 이해하는 것이 경력에 어떻게 도움이 될까?
- 경영 전공이라면 직원 데이터를 탐색하는 것이 경력에 어떻게 도움이 될까?
- 미래의 비즈니스 리더라면 경쟁사 데이터를 분석하는 것이 비즈니스 전략을 추진하는 데 어떻게 도움이 될까?
- 전반적으로 이 교과목이 미래 경력을 준비하는 데 어떻게 도움이 될까?

IoT와 M2M은 모두 인간의 개입 없이 무선 기술을 통해 데이터를 교환한다. 주요 차이점은 IoT가 더 나은 성능을 달성하는 것을 목표로 하나 이상의 장치를 무선으로 연결한다는 것이다. M2M은 데이터 공유 및 지속적인 비즈니스 모니터링을 위한 고급 분석을 수행하는 목표로 두 개 이상의 장치를 유선 또는 무선으로 연결한다.

IoT는 스마트 폰에서 지능형 조명을 제어하여 스마트 화장실에서 매일의 건강 검진에 이르기까지 우리 세상을 살아있는 정보 시스템으로 변화시키고 있다. 물론 모든 위대한 기술 발전에는 예상치 못한 위험이 따르며 IoT와 관련된 다양한 보안 문제에 대비해야 한다. 수천 마일 떨어진 곳에서 수도를 잠그거나, 차를 제어하거나, 집 문을 여는 능력이 있는 누군가가 여러분의 기기를 해킹했다고 상상해 보자. 우리는 IoT 및 M2M과 관련된 보안 문제를 이제 막 이해하기 시작했으며, IoT 장치에서 민감한 데이터가 유출되는 것은 살면서 가장 많이 접하게 될 문제이다.

정보화 시대와 사물인터넷이 비즈니스에 상당한 영향을 줄 것이라고 알고 있는 학생들은 자신만의 기회를 창출할 것이며, 아마도 새로운 사업을 만들어 낼 것이다. 연결된 사물들로부터 실시간 데이터를 얻는 것의 가치를 깨닫게 된다면 보다 나은 의사결정을 할 수 있고, 보다 나은 새로운 기회를 찾을 것이며, 고객의 행태를 예측하기 위한 고객들의 패턴 분석을 보다 잘할 수 있을 것이다. 데이터를 수집, 분석 및 전달하는 방법을 배우는 것은 데이터 기반 의사 결정을 하고자 하는 모든 비즈니스 관리자에게 중요한 기술이다. 정보화 시대의 핵심 요소들은 다음과 같다.

- 데이터
- 정보
- 비즈니스 인텔리전스
- 지식(그림 1.1)

정보 시대의 핵심 동인 1: 데이터

데이터는 여러분의 경쟁 우위이다. 이를 통해 여러분의 작업을 실행하고 과거 데이터를 분석하여 미래를 예측하는 데 도움이 되는 증거 기반 의사 결정을 내릴 수 있다. 정보 시대 이전에는 관리자가 데이터를 수동으로 수집하고 분석했는데, 이는 시간이 많이 걸리고 복잡한 작업이었고, 이 작업 없이는 비즈니스를 운영하는 방법에 대한 통찰력이 거의 없었다. 데이터 기반 의사 결정을 통해 현명한 회사는 수익을 늘리고 위험을 줄이며, 비즈니스 프로세스를 최적화하는 비즈니스 전략을 수립할 수 있다.

- **데이터**: 이벤트나 객체의 특성을 설명하는 원시 사실
- **빅데이터**: 더 큰 다양성, 더 높은 진실성, 더 빠른 속도를 포함하는 구조화된 데이터와 구조화되지 않은 데이터. 빅 데이터는 특히 인간의 행동과 상호 작용과 관련된 패턴, 추세 및 연관성을 밝히기 위해 분석된다.

빅데이터에 대한 간단한 생각은 단일 컴퓨터에 맞추기에는 너무 크다는 것이다. 빅데이터로의 전환은 비즈니스와 과학 및 연구 활동을 결합한다. 여기에는 텍스트 파일로 채워진 4단 서랍장 2,000만 개 또는 HDTV 콘텐츠 13년분에 해당하는 페타바이트 규모의 데이터가 포함된다. 빅데이터의 출현은 지난 50년간의 기술 진화에서 비롯되었으며, 4가지 공통적인 특징으로는 고속, 광범위한 다양성, 진실성, 대용량 데이터 볼륨이 있다. 이제 기업은 페타바이트 규모의 데이터를 분석하여 패턴, 추세 및 이상 징후를 파악하고 새로운 흥미로운 방식으로 데이터에 대한 통찰력을 얻을 수 있다. 빅데이터의 4가지 공

그림 1.2

빅데이터의 4가지 공통 특성

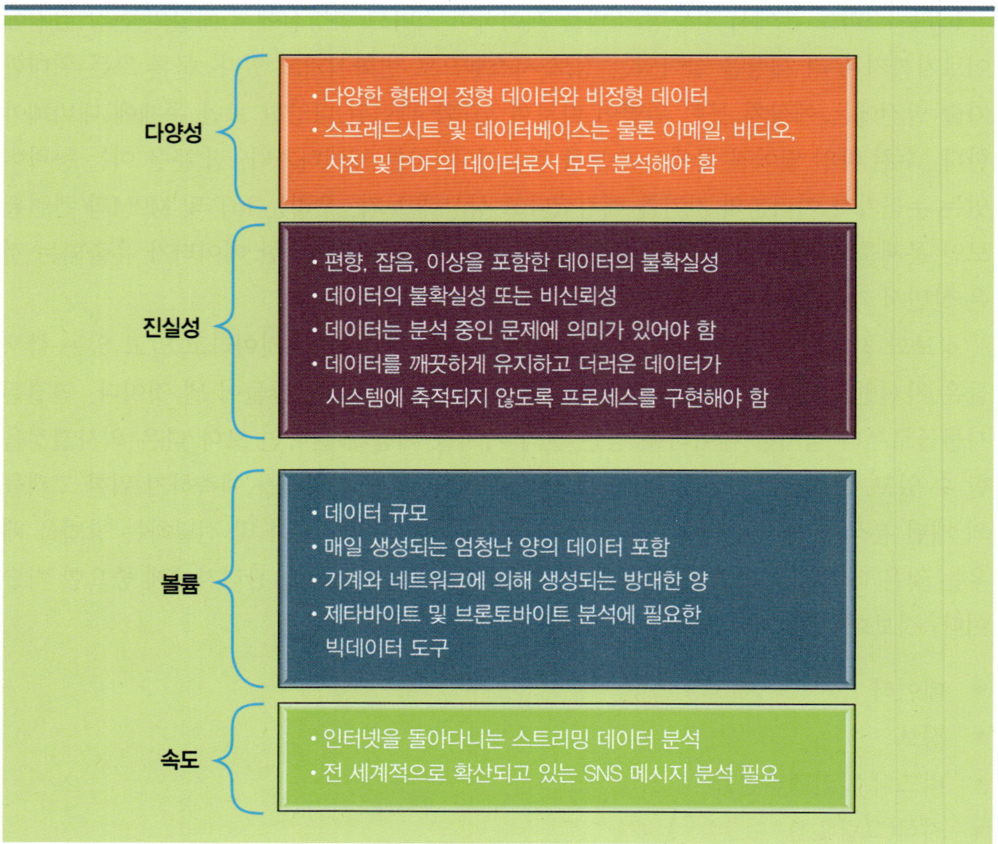

통적인 특징은 그림 1.2 및 1.3에 자세히 나와 있다.

정형 데이터structured data는 길이, 유형 및 형식이 정의되어 있으며, 숫자, 날짜 또는 고

그림 1.3

빅데이터는 4백 4십만 글로벌 MIS 직업을 만들 것이다.

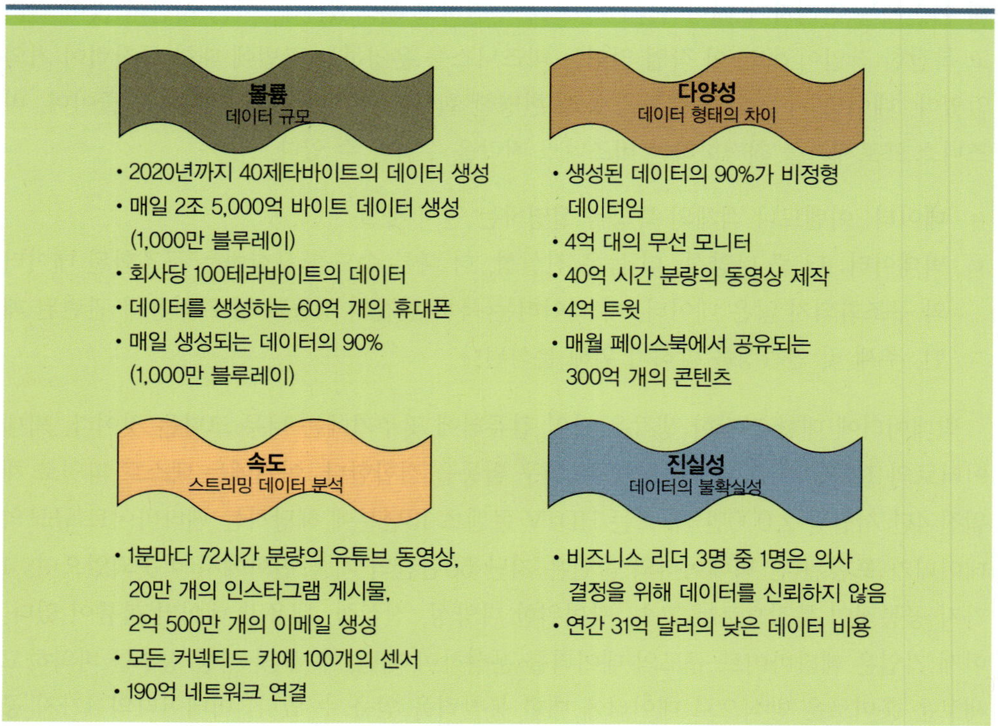

객 주소와 같은 문자열이 포함된다. 정형 데이터는 일반적으로 관계형 데이터베이스 또는 스프레드시트와 같은 기존 시스템에 저장되며, 우리를 둘러싼 데이터의 약 20%를 차지한다.

정형 데이터의 출처는 다음과 같다.

- 인간 생성 정형 데이터에는 키보드 입력 데이터, 클릭 스트림 데이터 또는 게임 데이터가 포함된다.
- 기계 생성 정형 데이터에는 센서 데이터, 판매 시점 데이터, 웹 로그 데이터가 포함된다.

비정형 데이터unstructured data는 정의되지 않고 지정된 형식을 따르지 않으며, 일반적으로 이메일, 트위터 트윗, 문자 메시지와 같은 자유형 텍스트이다. 비정형 데이터는 우리 주변 데이터의 약 80%를 차지한다. 비정형 데이터의 출처는 다음과 같다.

- 인간 생성 비정형 데이터에는 문자 메시지, 소셜 미디어 데이터, 이메일이 포함된다.
- 기계 생성 비정형 데이터에는 위성 이미지, 과학적 대기 데이터, 레이더 데이터가 포함된다(그림 1.4 참조).

그림 1.5는 매장에 간식을 공급하는 가상 기업인 Tony's Wholesale Company의 판매 데이터를 보여준다. 이 데이터는 주문 날짜, 고객, 영업 담당자, 제품, 수량, 이익과 같은 특성을 강조한다. 예를 들어, 그림 1.5의 두 번째 줄은 Roberta Cross가 Walmart에 Ruffles 90상자를 1,350달러에 판매하여 450달러의 이익을 냈다는 것을 보여준다(이익 = 판매 − 비용에 유의하라).

- **스냅샷**: 특정 시점의 데이터 보기

이 데이터는 개별 판매를 이해하는 데 유용하지만, Tony의 사업이 전체적으로 어떻게 수행되고 있는지에 대한 통찰력을 많이 제공하지는 않는다. Tony는 일상 업무를 관리하는 데 도움이 되는 다음과 같은 질문에 답해야 한다.

- 내 최고 고객은 누구인가?
- 내 수익성이 가장 낮은 고객은 누구인가?
- 내 베스트셀러 제품은 무엇인가?

다시 얘기하면 토니가 필요한 것은 데이터가 아니라 정보이다.

정보 시대의 핵심 동인 2: 정보

데이터와 정보의 간단한 차이점은 컴퓨터나 기계가 데이터를 필요로 하고 인간은 정보를 필요로 한다는 것이다.

- **정보**: 의미 있고 유용한 맥락으로 변환된 데이터

데이터는 정형화되지도, 처리되지도 또는 분석되지도 않은 원천의 구성 요소이며, 종

그림 1.4

정형 데이터와 비정형 데이터의 예시

정형 데이터	비정형 데이터
센서 데이터	위성 이미지
웹로그 데이터	사진 데이터
재무 데이터	비디오 데이터
클릭스트림 데이터	소셜 미디어 데이터
POS 데이터	텍스트 메시지
회계 데이터	보이스 메일 데이터

비즈니스 중심적 ESG

ESG(환경, 사회, 거버넌스)에 대한 빅데이터의 영향

"데이터는 새로운 석유다."라는 문구를 들어 보았는가? 세계경제포럼은 우리가 매일 465엑사바이트의 데이터를 생성하고 있으며, 이는 하루에 2억 1,500만 개의 DVD에 해당한다고 추정한다. 신입 경영학도로서, 이 모든 데이터를 사용하여 새로운 사업 기회를 조사하고 연구할 수 있다는 생각은 흥미진진하게 들릴 것이다. 하지만 이 데이터를 생성하고 저장하는 것이 환경에 미치는 영향은 생각해 보았는가?

데이터는 축구장 5개 크기의 데이터 센터에 저장되며, 이러한 서버 팜을 가동하고 운영하려면 엄청난 양의 에너지가 필요하다. 대부분의 데이터 센터는 종종 화석 연료에서 나오는 그리드 전기에 의존하여 온실가스 배출에 영향을 준다.

일부에서는 데이터 센터가 전 세계 전기 공급의 5%를 차지하고 영국보다 1인당 더 많은 전력을 소비한다고 추정한다. 또한 데이터 센터는 전 세계 총 온실가스 배출량의 2%를 차지한다. 다음 데이터 유형은 광범위한 데이터 수집의 환경적 영향에 대처하는 데 도움이 되도록 수집된다.

- **환경 데이터**: 연간 탄소 배출량 및 에너지 소비, 물 사용량, 폐기물, 오염 배출량 등을 포함한 환경 데이터를 수집한다.
- **사회 데이터**: 인력 다양성, 성평등, 인권 등과 관련된 통계를 수집한다.
- **거버넌스 데이터**: 부패, 노동 관행, 이사회의 성별 구성 등과 관련된 회사 데이터를 수집한다.

관련 문제를 분석하는 데 도움이 되는 데이터를 수집하려는 ESG 영역 중 하나에 대한 질문을 만든다. 예를 들어, 환경 데이터 범주에서 데이터 센터에서 사용할 수 있는 대체 에너지원은 무엇인가? 분석에 필요한 다양한 유형의 구조화되고 구조화되지 않은 데이터를 나열한다. 데이터 수집에 도움이 될 수 있는 IoT 또는 M2M 장치를 나열한다. 현재 수집되지 않고 연구에 도움이 될 수 있는 데이터를 식별한다.

종 무질서하고 친숙하지도 않다. 정보는 분석된 데이터에 의미와 맥락을 제공하여 정보에 입각한 비즈니스 결정을 내릴 때 매우 가치 있는 맥락과 구조를 제공함으로써 인간에

주문 날짜	고객	영업 담당자	제품	수량	단가	판매액	단위 비용	총 비용	이익
4-Jan	Walmart	PJ Helgoth	Doritos	41	$ 24	$ 984	$ 18	$ 738	$ 246
4-Jan	Walmart	Roberta Cross	Ruffles	90	$ 15	$ 1,350	$ 10	$ 900	$ 450
5-Jan	Safeway	Craig Schultz	Ruffles	27	$ 15	$ 405	$ 10	$ 270	$ 135
6-Jan	Walmart	Roberta Cross	Ruffles	67	$ 15	$ 1,005	$ 10	$ 670	$ 335
7-Jan	7-Eleven	Craig Schultz	Pringles	79	$ 12	$ 948	$ 6	$ 474	$ 474
7-Jan	Walmart	Roberta Cross	Ruffles	52	$ 15	$ 780	$ 10	$ 520	$ 260
8-Jan	Kroger	Craig Schultz	Ruffles	39	$ 15	$ 585	$ 10	$ 390	$ 195
9-Jan	Walmart	Craig Schultz	Ruffles	66	$ 15	$ 990	$ 10	$ 660	$ 330
10-Jan	Target	Craig Schultz	Ruffles	40	$ 15	$ 600	$ 10	$ 400	$ 200
11-Jan	Walmart	Craig Schultz	Ruffles	71	$ 15	$ 1,065	$ 10	$ 710	$ 355

그림 1.5

Tony's Snack Company 데이터

게 통찰력을 제공한다.

적절한 시기에 적절한 정보를 갖는 것은 엄청난 가치가 있을 수 있다. 적절한 시기에 잘못된 정보를 갖거나 잘못된 시기에 적절한 정보를 갖는 것은 치명적일 수 있다. 진실된 정보의 가치는 그것을 사용하는 사람만큼 좋다. 같은 정보를 사용하는 사람들은 정보를 해석하거나 분석하는 방법에 따라 다른 결정을 내릴 수 있다. 따라서 정보는 그것을 사용하는 사람들이 그렇게 해석 및 분석해야 가치가 있는 것이다. 관리자는 변수를 변경하면서 가상 시나리오를 만들어 미래의 현상을 연구할 수 있다.

- **보고서**: 사용자가 정보를 쉽게 파악하고 이해할 수 있도록 표, 행렬 또는 그래픽 형식으로 구성된 데이터가 포함된 문서이다. 보고서는 광범위한 주제를 다루거나 특정 기간 또는 이벤트에 대한 특정 주제를 다룰 수 있다.
- **변수**: 시간이 지남에 따라 변경되거나 변하는 값을 나타내는 데이터 특성이다.

Tony의 데이터를 살펴보면 주문 가격과 수량이 다를 수 있다. Tony는 판매 또는 비용 증가가 수익성에 어떤 영향을 미치는지 예상하는 것이 가치 있다고 생각할 수 있다. 가격이 20% 상승하면 이익이 어떻게 개선될지 추정하기 위해 Tony는 모든 주문에 대한 가격 변수를 변경하기만 하면 새로운 이익 금액이 자동으로 계산된다. 비용이 10% 증가하면 이익이 어떻게 손상되는지 추정하기 위해 Tony는 모든 주문에 대한 비용 변수를 변경하면 손실된 이익 금액이 자동으로 계산된다. 변수를 조작하는 것은 모든 비즈니스에 중요한 도구이다.

- **정적 보고서**: 변경되지 않는 데이터를 기반으로 한 번 만들어진다. 정적 보고서에는 작년의 판매 보고서나 5년 전의 급여 보고서가 그 예시가 된다.

주문 날짜	고객	영업 담당자	제품	수량	단가	판매액	단위 비용	총 비용	이익
26–Apr	Walmart	Roberta Cross	Fritos	86	$ 19	$ 1,634	$ 17	$ 1,462	$ 172
29–Aug	Walmart	Roberta Cross	Fritos	76	$ 19	$ 1,444	$ 17	$ 1,292	$ 152
7–Sep	Walmart	Roberta Cross	Fritos	20	$ 19	$ 380	$ 17	$ 340	$ 40
22–Nov	Walmart	Roberta Cross	Fritos	39	$ 19	$ 741	$ 17	$ 663	$ 78
30–Dec	Walmart	Roberta Cross	Fritos	68	$ 19	$ 1,292	$ 17	$ 1,156	$ 136
7–Jul	Walmart	Roberta Cross	Pringles	79	$ 18	$ 1,422	$ 8	$ 632	$ 790
6–Aug	Walmart	Roberta Cross	Pringles	21	$ 12	$ 252	$ 6	$ 126	$ 126
2–Oct	Walmart	Roberta Cross	Pringles	60	$ 18	$ 1,080	$ 8	$ 480	$ 600
15–Nov	Walmart	Roberta Cross	Pringles	32	$ 12	$ 384	$ 6	$ 192	$ 192
21–Dec	Walmart	Roberta Cross	Pringles	92	$ 12	$ 1,104	$ 6	$ 552	$ 552
28–Feb	Walmart	Roberta Cross	Ruffles	67	$ 15	$ 1,005	$ 10	$ 670	$ 335
6–Mar	Walmart	Roberta Cross	Ruffles	8	$ 15	$ 120	$ 10	$ 80	$ 40
16–Mar	Walmart	Roberta Cross	Ruffles	68	$ 15	$ 1,020	$ 10	$ 680	$ 340
23–Apr	Walmart	Roberta Cross	Ruffles	34	$ 15	$ 510	$ 10	$ 340	$ 170
4–Aug	Walmart	Roberta Cross	Ruffles	40	$ 15	$ 600	$ 10	$ 400	$ 200
18–Aug	Walmart	Roberta Cross	Ruffles	93	$ 15	$ 1,395	$ 10	$ 930	$ 465
5–Sep	Walmart	Roberta Cross	Ruffles	41	$ 15	$ 615	$ 10	$ 410	$ 205
12–Sep	Walmart	Roberta Cross	Ruffles	8	$ 15	$ 120	$ 10	$ 80	$ 40
28–Oct	Walmart	Roberta Cross	Ruffles	50	$ 15	$ 750	$ 10	$ 500	$ 250
21–Nov	Walmart	Roberta Cross	Ruffles	79	$ 15	$ 1,185	$ 10	$ 790	$ 395
29–Jan	Walmart	Roberta Cross	Sun Chips	5	$ 22	$ 110	$ 18	$ 90	$ 20
12–Apr	Walmart	Roberta Cross	Sun Chips	85	$ 22	$ 1,870	$ 18	$ 1,530	$ 340
16–Jun	Walmart	Roberta Cross	Sun Chips	55	$ 22	$ 1,210	$ 18	$ 990	$ 220
				1,206	$383	$20,243	$273	$14,385	$ 5,858

그림 1.6

고객 'Walmart'와 영업사원 'Roberta Cross'로 정렬한 토니의 데이터

- **동적 보고서**: 만들면서 자동으로 변경된다. 동적 보고서에는 매일 주식시장 가격을 업데이트하거나 사용 가능한 재고를 계산하는 것이 그 예시가 된다.

Tony는 판매 데이터를 분석하여 모든 이전 질문에 답하고 사업이 어떻게 운영되고 있는지 이해하기 위한 정보로 전환할 수 있다. 예를 들어 그림 1.6과 1.7은 Walmart가 Roberta Cross의 최고 고객이고 Ruffles가 총 판매 측면에서 측정한 Tony의 최고 제품임을 보여준다. 이 정보를 바탕으로 Tony는 실적이 좋지 않은 제품 및 실적이 저조한 영업 담당자와 같은 문제를 식별하고 이를 해결할 수 있다.

정보 시대의 핵심 동인 3: 비즈니스 인텔리전스

비즈니스 인텔리전스BI: business intelligence는 공급자, 소비자, 경쟁자, 동업자, 산업 같은 다양한 원천에서 구해진 정보로서, 전략적 의사결정을 위해 패턴, 추세 그리고 관계를 분석한 것을 뜻한다. BI는 여러 개의 변수들(어떤 경우에는 이자율이나 날씨 심지어는 유가까지 포함한 수 백 가지의 변수)을 다룬다.

토니의 비즈니스 정보	이름	총 이익
총 매출 기준으로 토니의 가장 우수한 고객은 누구인가?	Walmart	$ 560,789
총 매출 기준으로 토니에게 수익성이 가장 낮은 고객은 누구인가?	Walgreens	$ 45,673
이익을 기준으로 토니의 가장 우수한 고객은 누구인가?	7-Eleven	$ 324,550
이익을 기준으로 토니에게 수익성이 가장 낮은 고객은 누구인가?	King Soopers	$ 23,908
총 매출 기준으로 토니의 회사에서 매출이 가장 많은 제품은 무엇인가?	Ruffles	$ 232,500
총 매출 기준으로 토니의 회사에서 매출이 가장 적은 제품은 무엇인가?	Pringles	$ 54,890
총 매출 기준으로 가장 실적이 뛰어난 판매원은 누구인가?	Tostitos	$ 13,050
총 매출 기준으로 가장 실적이 저조한 판매원은 누구인가?	Pringles	$ 23,000
이익을 기준으로 가장 실적이 뛰어난 판매원은 누구인가?	R. Cross	$ 1,230,980
이익을 기준으로 가장 실적이 저조한 판매원은 누구인가?	Craig Schultz	$ 98,980
총 이익을 기준으로 가장 우수한 판매원의 매출이 가장 많은 제품은 무엇인가?	Ruffles	$ 98,780
총 이익을 기준으로 가장 우수한 판매원의 가장 우수한 고객은 누구인가?	Walmart	$ 345,900
총 이익을 기준으로 가장 우수한 판매원의 매출이 가장 적은 제품은 무엇인가?	Sun Chips	$ 45,600
총 이익을 기준으로 가장 우수한 판매원의 가장 이득이 안 되는 고객은 누구인가?	Krogers	$ 56,050

그림 1.7

토니의 데이터를 분석한 후 얻은 정보

토니는 회사의 판매량과 같은 회사 내부의 자료뿐만 아니라 경쟁자들, 금융, 날씨, 공휴일, 심지어는 스포츠 행사 같은 회사 외적인 자료들을 분석하는 데 BI를 사용할 수 있다.

내적인 변수와 외적인 변수 모두 스낵 판매량에 영향을 미치기 때문에 이러한 변수들을 분석하는 것은 토니가 앞으로 얼마나 제품을 만들어야 하고 얼마나 팔릴지 등을 예상하는 데 도움이 된다. 예를 들자면, 홈팀이 경기를 하고 평균 온도가 화씨 80도 이상이며, 주식 시장이 순조롭게 돌아가고 있다는 조건 하에서, BI는 토니의 회사가 필요한 슈퍼볼 전 일주일간의 필요량을 예측할 수 있다. 이러한 것이 모든 타입의 내적인 변수와 외적인 변수를 통합하여 사업 실적을 예상해 보는, BI를 가장 잘 사용하는 경우의 예라고 할 수 있다.

- **분석**Analytics: 의미 있는 패턴을 발견하고 해석하고 전달하기 위한 데이터의 체계적인 계산 분석.
- **알고리즘**Algorithm: 데이터 세트에 대한 분석을 수행하는 소프트웨어에 포함된 수학적 공식. 알고리즘을 문제를 해결하거나 특정 작업을 수행하기 위한 단계별 절차 또는 규칙으로 생각해 보라. 알고리즘은 레시피처럼 간단할 수도 있고, 우버 승차 예약이나 자율주행 차량 모니터링처럼 매우 복잡할 수도 있다.
- **비즈니스 분석**Business Analytics: 데이터 기반 비즈니스 결정을 내리기 위해 데이터를 정

그림 1.8

데이터 분석가와 데이터 과학자의 주요한 스킬들

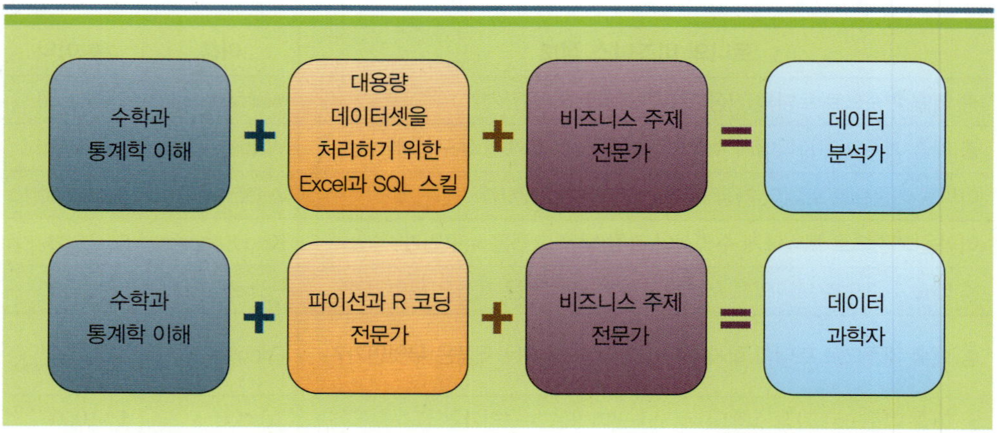

보로 변환하는 과학적 프로세스이다. 비즈니스 분석은 데이터를 사용하여 비즈니스 성과를 설명하고 예측하고 개선한다.

데이터에 정통한 전문가는 모든 산업, 모든 기업 부서, 모든 선임 수준에서 필요하다. 따라서 데이터를 분석, 조직화 및 해석할 수 있는 사람을 찾는 광범위한 직업이 있다.

- **데이터 분석가**Data Analyst: 조직 데이터를 수집, 쿼리 및 사용하여 패턴을 발견하고 전략적 비즈니스 의사 결정을 위한 통찰력을 제공한다. 데이터 분석가는 일반적으로 Excel, Tableau 또는 SQL과 같은 도구를 사용한다.
- **데이터 과학자**Data Scientist: 빅데이터에 대한 통계 분석, 데이터 마이닝 및 고급 분석을 수행하여 데이터에서 지식을 추출하여 추세, 시장 변화 및 기타 관련 정보를 파악한다. 데이터 과학자는 일반적으로 R 및 Python 프로그래밍 언어와 같은 도구를 사용한다.

데이터 분석가는 모든 이해 관계자가 쉽게 이해할 수 있는 일반 언어로 데이터를 해석하고 표현한다. 그들은 원천의 비정형 데이터를 이용해서 임원과 다른 사람들이 의사 결정에 사용할 수 있는 결과를 생성할 수 있는 분석을 수행한다. 데이터 분석가는 또한 스토리텔링 내러티브로 시각화 결과를 만든다.

데이터 과학자는 빅데이터에 대한 질문에 답하기 위해 연구하고, 알고리즘을 만들고, 코드를 생성한다. 데이터 과학자의 업무의 큰 부분은 대규모 비정형 데이터 세트를 수집, 마이닝, 정리 및 분석하는 것이다. 그림 1.8에서 보여주는 것은 데이터 분석가와 데이터 과학자의 주요 전문 분야이다. 모든 산업과 사업 분야에서 데이터 분석가와 데이터 과학자에 대한 수요가 기하급수적으로 증가하고 있다.

분석은 데이터 기반 또는 사실 기반 의사 결정에 사용되어 관리자가 성공적인 의사 결정을 내리는 데 도움을 준다. 분석은 간단한 보고서에서 고급 최적화 모델(최상의 행동 과정을 강조하는 모델)에 이르기까지 다양하다. 분석 능력이 조직에서 중요해지면서 설명적 분석(무슨 일이 일어났는가), 진단적 분석(왜 일어났는가), 예측적 분석(무슨 일이 일어날 것인가), 처방적 분석(무슨 일이 일어날 것인가를 바꾸는 방법)의 통계로 변화되

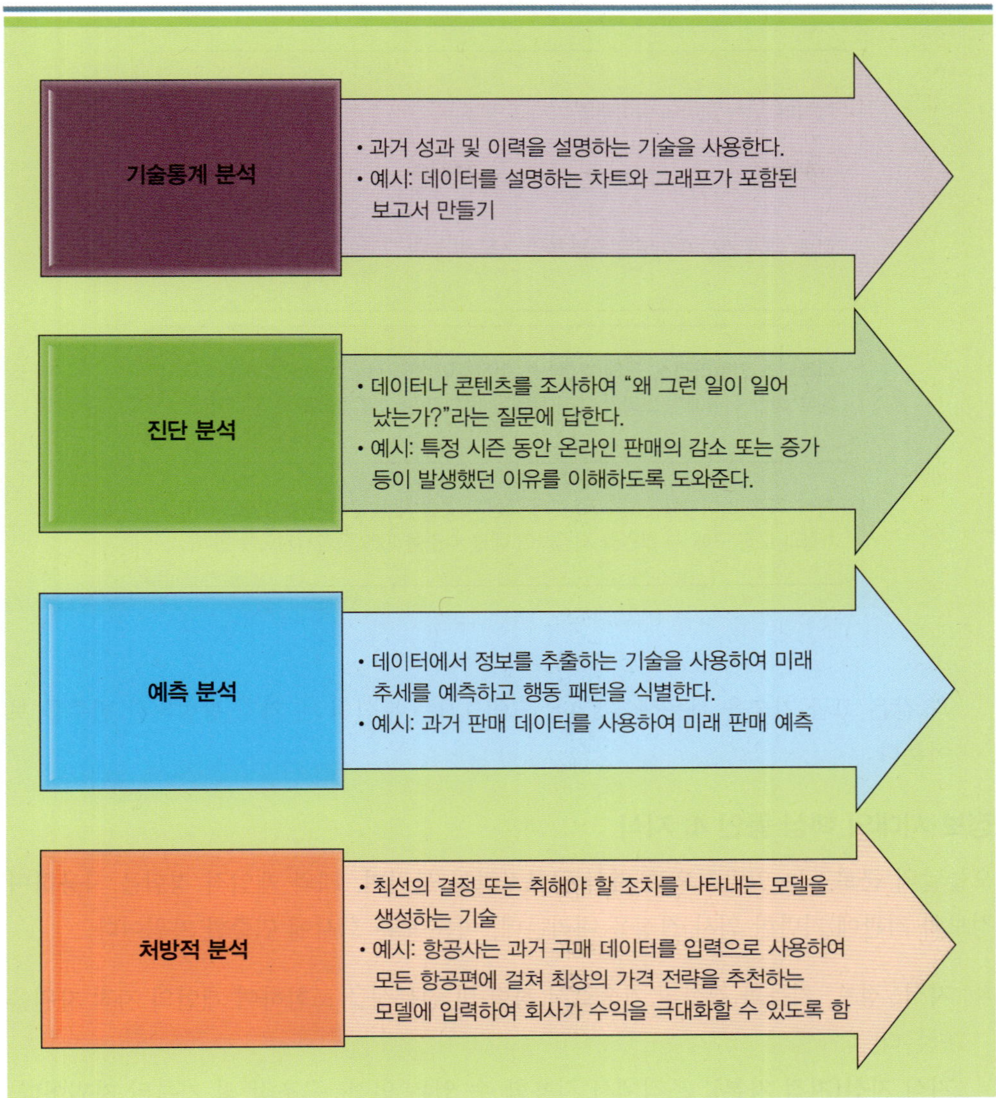

그림 1.9

어낼리틱스의 네 가지 유형

어 왔다. 분석의 네 가지 광범위한 범주는 다음과 같다.

- **기술통계 분석**Descriptive analytics: 과거 성과 및 이력을 서술한다. 이러한 정보는 조직에게 추세를 알도록 해준다.
- **진단 분석**Diagnostic analytics: 데이터나 콘텐츠를 조사하여 "왜 그런 일이 일어났는가?"라는 질문에 답한다. 이를 통해 조직은 긍정적 또는 부정적 결과의 원인을 파악하는 데 도움이 된다.
- **예측 분석**Predictive analytics은 데이터에서 정보를 추출하는 기술을 사용하여 미래 추세를 예측하고 행동 패턴을 식별한다. 이를 통해 조직은 계약을 갱신하지 않을 가능성이 높은 고객에게 연락하는 것과 같은 사전 조치를 취할 수 있다.
- **처방적 분석**Prescriptive analytics: 내릴 수 있는 최상의 결정이나 취할 수 있는 조치 과정을 나타내는 모델을 만든다. 이러한 유형의 분석은 잠재적 문제를 해결하거나 업계 추세를 앞서 나가는 데 상당한 가치를 제공하지만, 종종 복잡한 알고리즘과 머신러닝

그림 1.10

데이터를 지식으로 변환하기

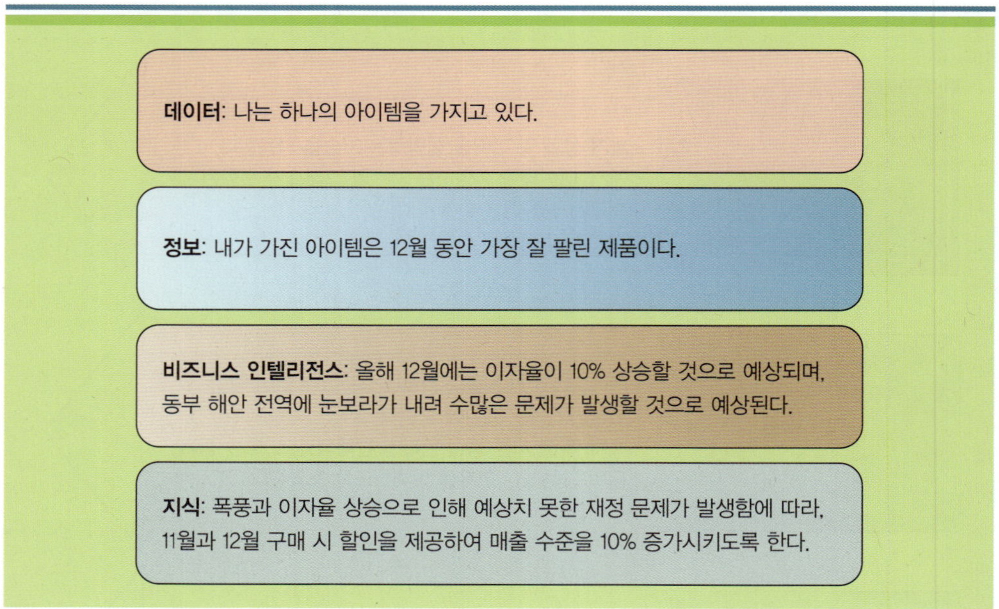

과 같은 고급 기술을 사용해야 한다. 그림 1.9는 분석의 네 가지 광범위한 범주를 보여준다.

정보 시대의 핵심 동인 4: 지식

오늘날의 근로자는 일반적으로 지식 근로자라고 불리며, BI와 개인적 경험을 사용하여 정보와 직관에 기반한 의사 결정을 내리는데, 이는 모든 회사에 귀중한 자원이다.

- **지식**: 정보, 지능과 결합된 기술로서 경험 및 전문성을 포함하여 개인의 지적 자원을 만든다.
- **지식 자산(지적 자본)**: 조직에서 사용할 수 있는 인적, 구조적 및 기록된 자원이다. 지식 자산은 구성원, 고객 및 동료의 마음 속에 있으며, 물리적 구조와 기록된 미디어를 포함한다.
- **지식 근로자**: 정보를 해석하고 분석하는 능력으로 평가받는 개인이다.

토니가 데이터를 분석하여 이 기간 동안 가장 부진한 영업 담당자가 크레이그 슐츠라는 사실을 발견했다고 가정해 보자. 만약 토니가 이 정보만 고려했다면, 크레이그를 해고한 것이 현명한 사업 결정이었다고 결론 지었을 것이다. 그러나 토니는 회사 운영 방식에 대한 지식이 있었기에 크레이그가 몇 주 동안 병가를 냈다는 것을 알고 있었고, 따라서 크레이그의 매출이 저조했었다. 이러한 추가적인 지식이 없었다면, 토니는 잘못된 사업 결정을 내리고 다른 직원들에게 부정적인 메시지를 전달했으며, 최고의 영업 담당자들을 다른 직장으로 보냈을지도 모른다.

이 시나리오의 핵심은 모든 상황에 대한 모든 정보를 수집하는 것은 불가능하며, 데이터가 없으면 문제를 오해하기 쉽다는 것이다. 데이터, 정보, 비즈니스 인텔리전스, 그리고 지식을 활용하여 의사 결정을 내리고 문제를 해결하는 것이 사업에서 성공하는 열쇠

비즈니스 중심적 분석

비즈니스 분석을 위한 네 가지 기술에는 기술통계 분석, 진단분석, 예측 분석 및 처방 분석이 포함된다. 아래의 각 예시에 대해 어떤 분석 기법이 사용되고 있는지 표시하시오.

분석 분류

예시	기술 분석	진단 분석	예측 분석	처방 분석
어느 후보가 선거에 이길까?				
이익을 최대로 하는 제품 가격은 얼마일까?				
은퇴를 위해 매년 얼마를 저축해야 충분할까?				
지난해 몇 개의 제품이 팔렸는가?				
모든 소포를 배송하는 데 필요한 시간을 최소화하기 위해 배송 담당자가 소포를 내려놓는 가장 좋은 경로는?				
왜 그 기계는 고장이 났을까?				
Hallmark는 기대 수익을 극대화하기 위해 몇 장의 발렌타인 데이 카드를 인쇄해야 하나?				
마케팅은 제품의 일간 판매에 어떤 영향을 미칠까?				
회사는 공장에서 고객에게 제품을 배송하는 비용을 어떻게 최소화할 수 있을까?				
어느 팀이 슈퍼볼에서 이길까?				
운영비용을 최소화하기 위해 작업자 일정을 어떻게 짜야 할까?				
지난해 새로운 고객들의 평균 구매비용은 얼마였나?				
매장 내 제품의 배치가 판매에 어떻게 영향을 미칠까?				
우리의 고객은 얼마나 많고 그들은 어디에 거주할까?				
왜 그 주식 가격이 45% 상승했을까?				

이다. 정보화 시대의 이러한 핵심 동인은 비즈니스 시스템의 구성 요소이다. 그림 1.10은 지식을 통해 데이터를 활용하는 몇 가지 예를 보여준다.

시스템적 사고와 MIS 해결책

회사들은 보통 다음과 같이 부서별 혹은 기능별 영역으로 조직되어 있다. 부서, 기능 영역 및 사업부라는 용어는 같은 의미로 사용되며, 기업은 일반적으로 다음과 같은 사업 단위로 구성됩니다.

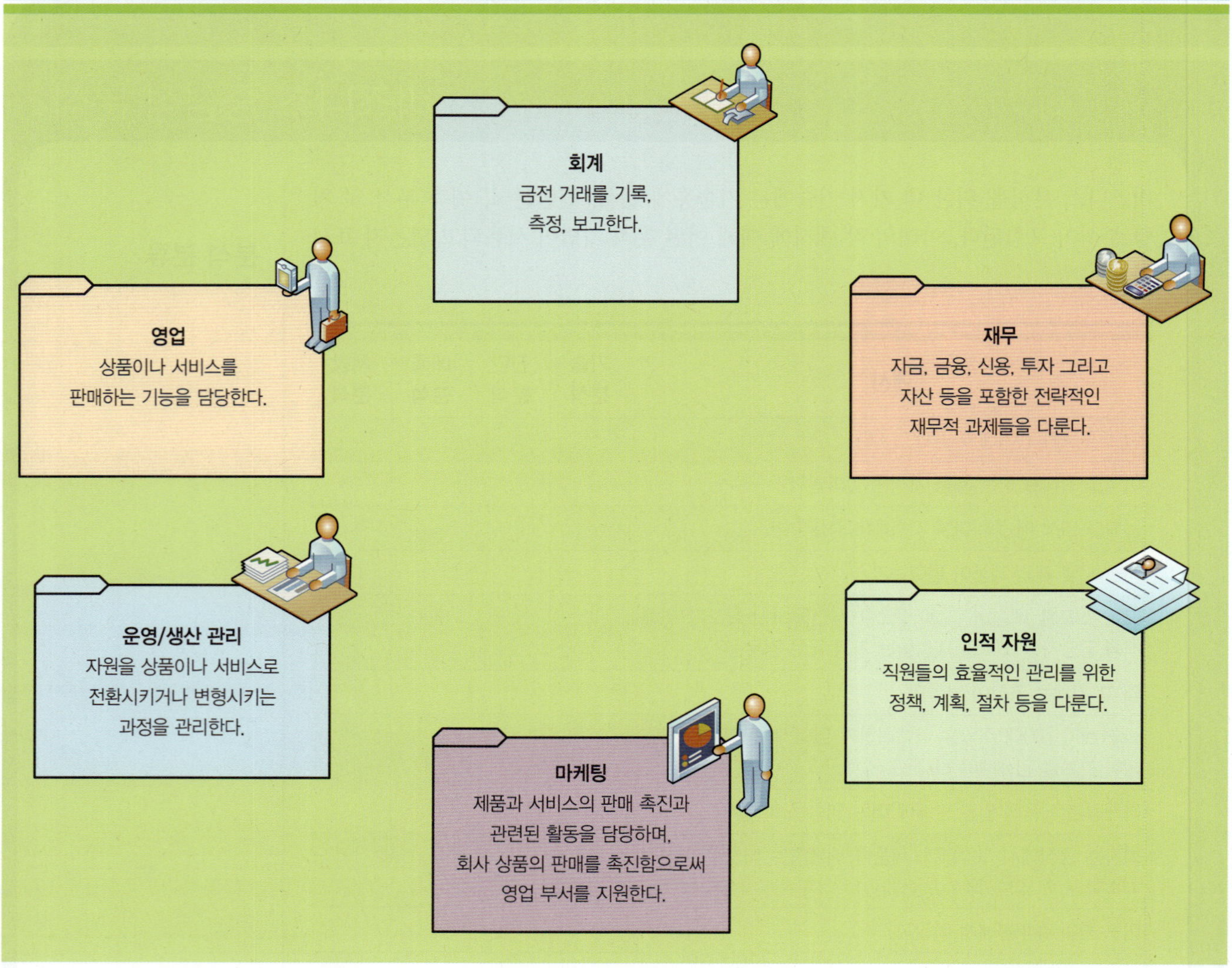

그림 1.11

각 부서들이 독립적으로 일하는 경우

- **회계**: 금전 거래를 기록, 측정, 보고한다.
- **재무**: 자금, 금융, 신용, 투자, 그리고 자산 등을 포함한 전략적인 재무적 과제들을 다룬다.
- **인적 자원**: 직원들의 효과적인 관리를 위한 정책, 계획, 절차 등을 다룬다.
- **마케팅**: 제품과 서비스의 판매 촉진과 관련된 활동을 담당하며, 회사 상품의 판매를 촉진함으로써 영업 부서를 지원한다.
- **운영/생산 관리**: 자원을 상품이나 서비스로 전환시키거나 변형시키는 과정을 관리한다.
- **영업**: 상품이나 서비스를 판매하는 기능을 담당한다.

데이터 사일로는 경영진이 부서 간 데이터 공유가 충분한 이점을 제공하지 못한다고 판단하고, 다른 부서의 직원들에게 데이터가 유용하지 않을 수 있기 때문에 발생한다.

- **데이터 사일로**: 한 부서가 다른 부서와 자유롭게 소통할 수 없어 기능 간 협업이 어

렵거나 불가능할 때 발생한다.

데이터가 별도의 고정 저장소(데이터 사일로)에 격리되면 소수의 사람만 사용할 수 있다. 사일로화된 데이터 구조는 조직의 대부분의 데이터를 사용할 수 없는 상황을 초래한다. 데이터 사일로는 낭비적이고 비효율적이다.

그림 1.11은 각 부서가 자체 활동을 수행함에 따라 데이터 사일로가 발생하는 조직의 기능적 운영 방식을 보여주는 예시이다. 영업 및 마케팅은 상품이나 서비스를 소비자에게 전달하는 데 중점을 두고 거래 데이터를 관리한다. 재무 및 회계는 회사 자원을 관리하고 재무 데이터를 관리하는 데 중점을 둔다. 운영 관리는 제조에 중점을 두고 생산 데이터를 관리하며, 인사 관리는 직원 채용 및 교육에 중점을 두고 직원 데이터를 관리한다. 각 부서가 자체적인 업무 영역과 데이터를 가지고 있지만, 회사가 전체로서 운영되려면 어느 부서도 독립적으로 일하면 안 된다.

한 부서의 사업 결정이 다른 부서에 어떤 영향을 미치는지는 쉽게 알 수 있다. 마케팅 부서는 제품 홍보 및 광고 전략을 수립하기 위해 생산 및 판매 데이터를 분석해야 한다. 생산 부서는 회사의 생산 수요를 파악하기 위해 판매 예측을 이해해야 한다. 영업 부서는 재고 파악, 주문, 소비자 수요 예측을 위해 운영 정보를 활용해야 한다. 모든 부서는 예산 책정을 위해 회계 및 재무부서의 정보를 이해해야 한다. 회사의 성공을 위해서는 모든 부서가 단일 단위로 협력하여 공통 데이터를 공유해야 하며, 독립적으로 또는 고립된 방식으로 운영되어서는 안 된다(그림 1.12 참조).

비즈니스 중심적 윤리와 보안

잘못된 데이터 분석

미국 대형마트, Target으로부터 10대 딸이 임신했다는 소식을 받는 것을 상상할 수 있는가? 그렇다. 이것은 실제로 몇 년 전 Target이 아무에게도 임신 사실을 알리지 않았던 10대 딸을 위한 아기 침대와 옷 할인 쿠폰을 아무것도 모르던 아버지에게 보냈던 이야기이다. 이 사건은 Target의 데이터 분석 관행에 대한 분노와 개인정보 보호 문제를 촉발시켰다.

Target의 통계학자인 Andrew Pole은 빅데이터가 고객의 구매를 분석하여 임신 여부를 판단하는 데 어떻게 도움이 되었는지 설명했다. Target은 고객의 신용카드, 이름 및 구매에 연결된 고유 ID를 사용하여 데이터를 분석하여 패턴(예로 태아 비타민을 구매하는 여성)을 찾은 다음 아기 용품에 대한 특별 거래 및 쿠폰을 보냈다. Target의 데이터 분석 시스템은 임산부가 자주 구매하는 25개 제품을 기반으로 고객 구매 데이터를 분석하여 각 쇼핑객에 대한 임신 예측 점수를 계산하고 출산일을 추정할 수 있으므로 Target은 임신 중 여러 단계에 대한 관련 쿠폰을 보낼 수 있었다. 개인정보 보호 문제에 대한 수많은 고객의 분노 이후 Target은 커피 머신과 유아용 침대가 포함된 쿠폰 또는 와인 잔과 함께 유아복 쿠폰을 같이 넣어서 맞춤형 쿠폰을 조합하였다.

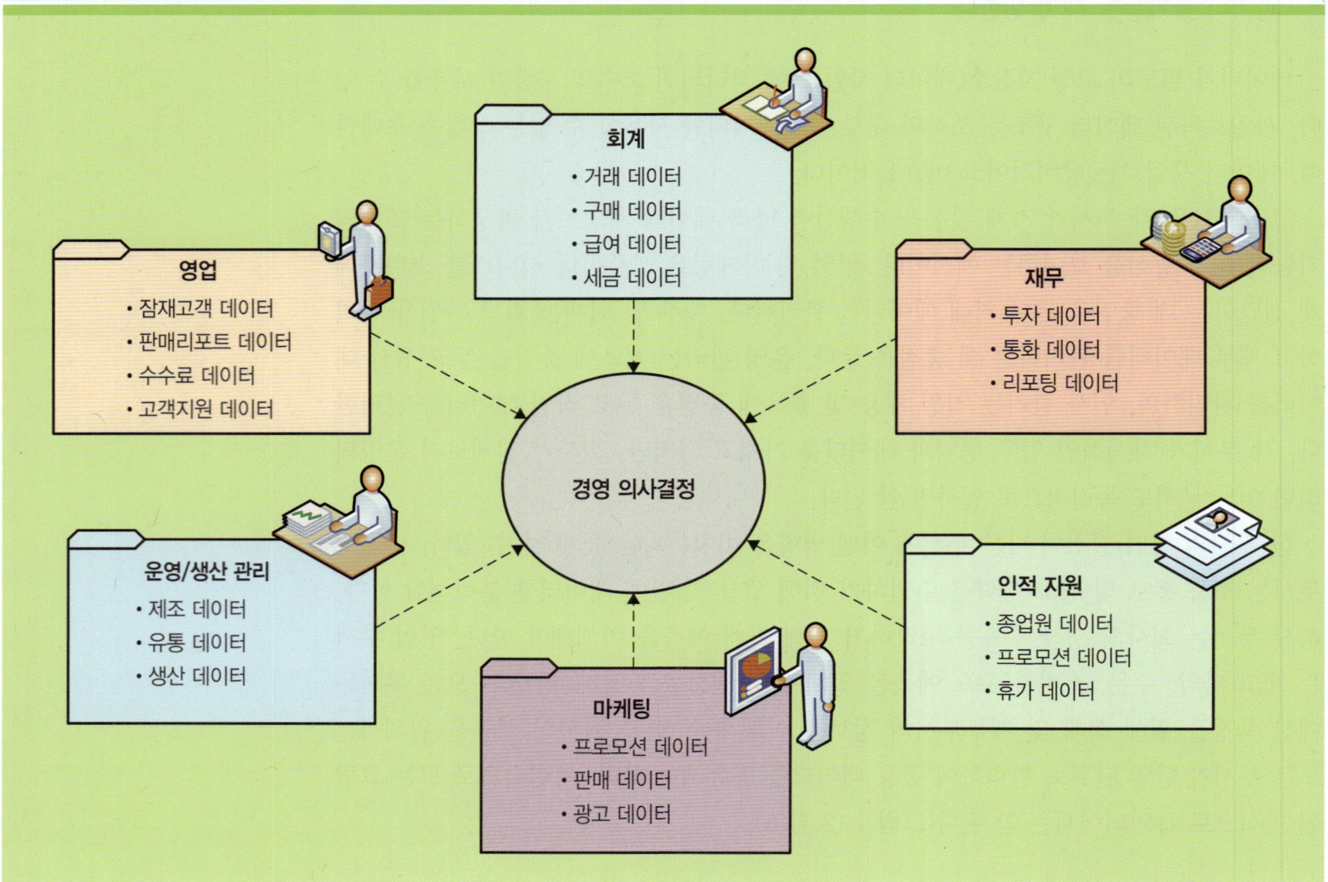

그림 1.12

함께 일하는 부서들

MIS 해결책

당신은 코끼리를 두고 각기 다른 해석을 내렸던 세 명의 장님 이야기를 들은 적이 있을 것이다. 첫 번째 남자는 코끼리의 배를 만지고는 코끼리는 마치 벽과 같은 동물이라고 말했다. 두 번째 남자는 코끼리의 코를 만지고는 코끼리는 마치 뱀과 같은 동물이라고 말했다. 세 번째 남자는 코끼리의 상아를 만지고는 코끼리는 마치 나무 혹은 지팡이 같은 동물이라고 말했다. 각각의 부서가 따로 돌아가는 것은, 코끼리의 한 부분만을 보는 것과 같이, 성공적으로 회사를 운영하는 데 치명적인 문제를 야기한다.

데이터 기반 의사 결정의 가장 큰 장애물 중 하나는 기술이나 휴먼 스킬이 아니라 처음부터 데이터에 대한 액세스 권한을 확보하는 것이다. 지적인 사람들은 매일 데이터 분석의 새로운 용도를 찾는다. 그러나 금융 회사, 의료 회사에서 경영 컨설팅 및 정부에 이르기까지 거의 모든 비즈니스 영역에서 수집한 데이터에 대한 관심이 폭발적으로 증가했음에도 불구하고 많은 조직에서 데이터 분석 지식을 소수의 직원에게 계속 전가하고 있다.

데이터를 사일로에 두는 것은 큰 실수이며, 장기적으로 비즈니스 실패로 이어질 수 있다. 회사는 모든 직원이 전문 작가가 되기를 기대하지 않지만, 모든 직원은 글쓰기를 통해 의사소통해야 한다. 모든 직원이 업무를 효과적으로 수행하기 위해 데이터 기반 의사결정을 내리기 위해 데이터가 필요한데 왜 회사는 전문 데이터 분석가만 데이터를 이해

업무기능	데이터 분석 비즈니스 향상	예시
고객서비스	고객 충성도를 유지하기 위한 마케팅 기회를 위해 고객을 식별하고 분류함	하라스, 캐피탈원
인적자원	보상 수준에 근거하여 특정 작업이나 직무에 가장 적합한 직원을 파악함	뉴잉글랜드 패트리어츠, 오클랜드 애슬레틱스
운영관리	품질 문제를 조기에 감지하고 문제가 발생하기 전에 즉시 해결함	인텔, 보잉
영업마케팅	이익을 극대화하는 제품이나 서비스의 최적 가격을 파악함	프로그레시브, 매리어트
공급망 관리	재고를 줄이고 비용을 절감하는 동시에 제품 가용성을 보장하기 위해 공급망을 평가함	델, 월마트, 아마존

그림 1.13

한 조직을 통한 데이터 민주화 예시

하고 분석할 것으로 기대하는가?

- **민주화**: 모든 사람이 접근할 수 있는 무엇인가를 만들어주는 행위
- **데이터 민주화**: 모든 최종 사용자가 데이터를 수집, 분석하고 접근할 수 있도록 해주는 것임

조직이 모든 데이터를 활용할 수 있도록 데이터 사일로를 제거하는 것이 데이터 민주화의 이점이다. 데이터 민주화는 모든 직원이 전문 데이터 분석가와 같은 외부 도움 없이도 데이터를 수집하고 분석할 수 있도록 하는 것을 목표로 한다. 이를 통해 분석이 조직의 전반적인 경쟁 전략의 일부가 되고, 모든 조직 수준의 의사 결정권자에게 전달된다. 직원들에게 크고 작은 의사 결정을 위한 최고의 사실과 증거를 제공하는 것은 엄청난 경쟁 우위를 제공한다! 그림 1.13은 직원들이 사실 기반 비즈니스 의사 결정을 내리기 위해 데이터를 활용하는 다양한 방법을 보여준다.

시스템적 사고

성공적인 회사들은 기능횡단적cross functionally으로 운영하며, 모든 부서들의 업무들을 통합하여 운영한다. 시스템은 이러한 기능횡단적 업무 운영을 가능케 하는 기본적 기능이다.

- **시스템**system이란 하나의 공통된 목적으로 연결된 여러 부분들의 집합이다. 자동차는 시스템의 좋은 예이다. 자동차의 부품 중 어느 하나라도, 예를 들어 운전대나 엑셀, 제거하면 전체 시스템이 작동하지 않기 때문이다.

어떻게 시스템이 작동되는가에 대해 논의하기 전에 상품과 서비스에 대한 기본적인 생산 프로세스를 잘 이해하는 것이 중요하다.

- **상품**goods은 고객들이 원하는바 혹은 필요를 만족시키기 위해 구매하는 아이템 혹은 제품이다. 의류, 식료품, 휴대폰, 자동차들은 사람들이 그들의 필요를 만족시키기 위해 구매하는 제품들의 예시들이다.

그림 1.14

상품과 서비스의 다른 유형들

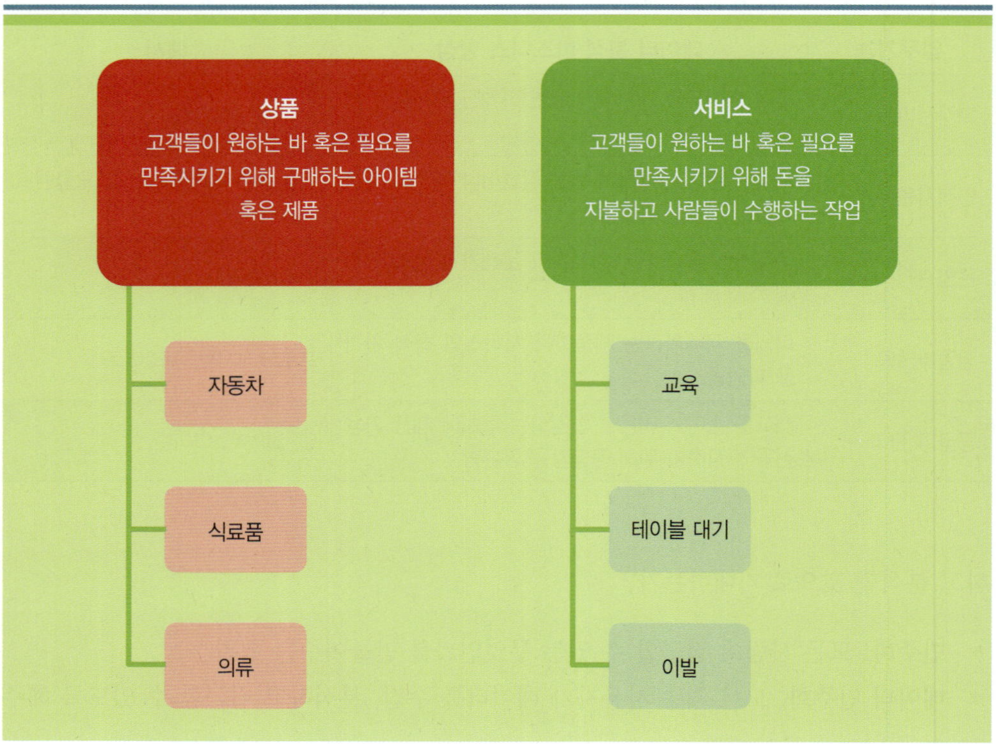

그림 1.15

입력, 처리, 출력 예시

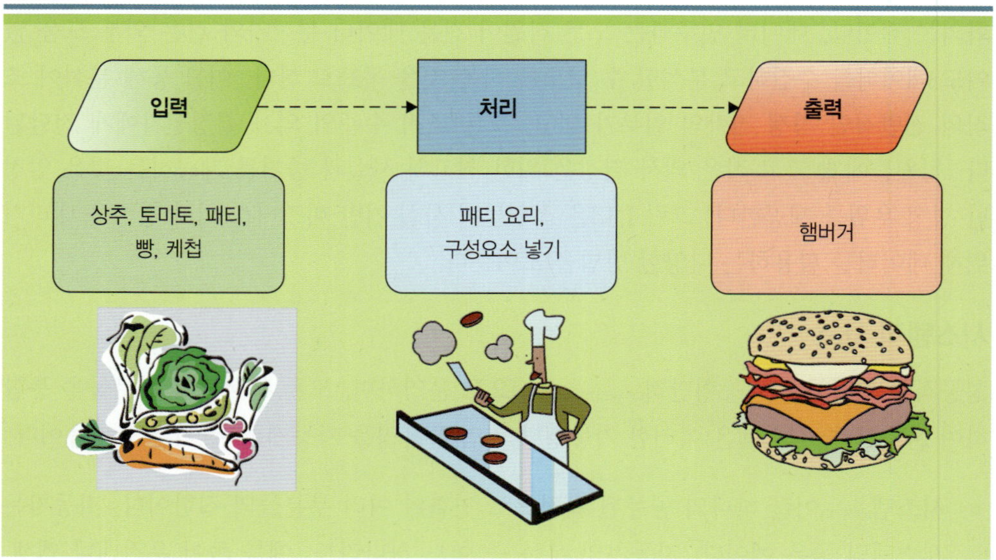

- **서비스**services는 고객들이 원하는바 혹은 필요를 만족시키기 위해 돈을 지불하고 사람들이 수행하는 작업들을 말한다. 테이블에서 기다리고, 가르치고, 이발을 하는 것들은 사람들이 그들의 필요를 충족시키기 위해 지불하고 서비스를 받는 예들이다(그림 1.14 참조).
- **생산**production은 하나의 비즈니스를 위해 원재료를 처리하거나 그것들을 상품 혹은 서비스와 같은 최종 제품으로 전환하는 과정이다.

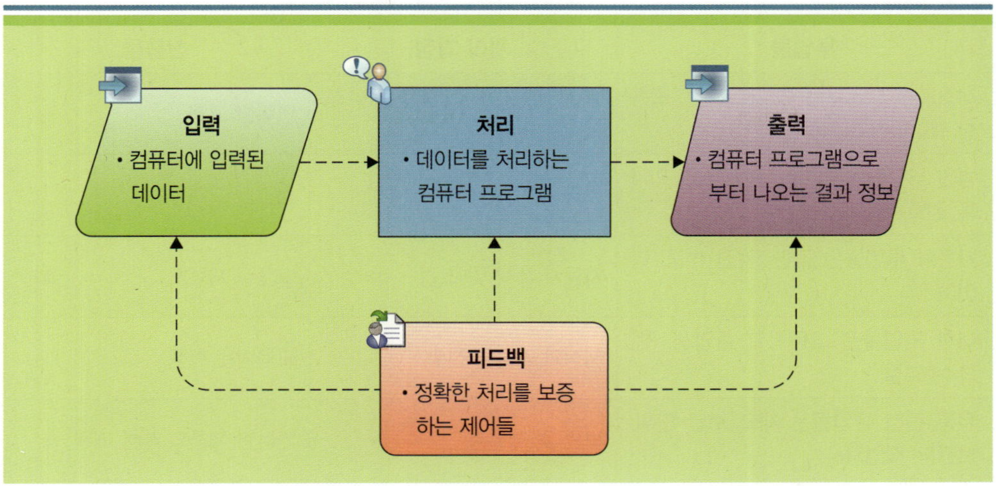

그림 1.16
시스템적 사고 개관

햄버거를 만드는 것에 대해 생각해 보자(그림 1.15). 먼저, 여러분은 빵, 고기, 양상추, 토마토, 케첩 등의 원재료 혹은 모든 투입물들을 모아야 한다. 두 번째로, 당신은 원재료를 처리하게 되는데, 예제에서 고기를 굽고, 양상추와 토마토를 씻고 자르고 빵에 모든 재료들을 올려놓는다. 결국, 당신은 완성된 제품, 산출물인 햄버거를 가지게 된다.

이전 예를 들어보면, 어떤 기업이 더 저렴한 재료로 동일한 햄버거를 생산하거나, 같은 재료로 더 많은 햄버거를 생산할 수 있다면 생산성이 증가하고 수익도 늘어날 가능성이 있다.

- **생산성**productiovity은 전체 투입물이 주어졌을 때 전체 산출물의 양에 근거하여 상품 및 서비스가 생산되어지는 비율을 나타낸 것이다.

상품과 서비스의 입력, 처리, 출력이 회사 내 모든 부서에서 원활하게 이루어지도록 보장하는 것이 시스템이 전반적인 비즈니스 생산성에 엄청난 가치를 더하는 부분이다.

- **시스템적 사고**Systems thinking란 여러 입력이 처리되거나 변환되어 출력을 생성하는 과정을 관찰하고 각 부분에 대한 피드백을 지속적으로 수집하여 전체 시스템을 모니터링하는 방법이다(그림 1.16).
- **피드백**feedback이란 원래의 발신자(입력물, 프로세스, 또는 출력물)에게 응답하여 발신자의 행동을 수정하는 정보다.

피드백은 시스템이 안정성을 유지하는 데 도움이 된다. 예를 들어, 자동차의 시스템은 끊임없이 연료량을 확인하며, 기름이 떨어지게 될 경우 경고등을 켜는 작업을 한다. 시스템적 사고는 어떻게 작업들이 협동하여 제품이나 서비스를 만들어 내는지에 대한 전체적 이해를 제공한다. 시스템적 사고를 이해하고 있는 경영학도들은 기업에게 귀중한 자원이다. 왜냐하면 이러한 사고를 할 줄 아는 학생들은 문제가 발생할 경우, 한 가지 요소만이 아닌 전체 과정을 고려한 해결책을 실행할 수 있기 때문이다.

시스템적 사고는 수세기 동안 시스템의 개별 부분에만 집중하고 시스템을 전체로 보지 않은 의도하지 않은 위험한 부작용에 대한 가능한 해결책이다. 총체적 시스템적 사고

그림 1.17

투입물, 처리과정, 산출물의 예시

투입물	처리 과정	산출물
레스토랑 투입물은 배고픈 고객, 훌륭한 웨이터가 포함됨	잘 준비된 음식, 좋은 서비스, 쾌적한 환경	만족한 고객
병원 투입물은 환자들, 의료용품, 의사들, 간호사들	건강관리	건강한 고객
자동차 투입물은 강판, 엔진 부품, 타이어	자동차 제작 및 조립	고품질 자동차
대학 투입물은 고등학교 졸업생, 책, 교수, 교실	지식과 기술의 전수	교육받은 학생
유통 센터 투입물은 재고 보관 단위, 보관함, 작업자	보관 및 재유통	가능한 제품의 빠른 배달

는 우리가 경쟁적인 승패의 사고방식으로 다른 이해당사자의 관점을 보지 않고 시스템 전체의 전반적인 건전성과 지속 가능성을 개선하는 윈-윈-윈 솔루션을 탐색하도록 하는 것이다.

시스템 사고는 요소의 다양성, 상호 작용과 관계의 질, 예측하지 못한 놀라운 혁신과 적응으로 이어지는 역동적인 행동 패턴에 주의를 기울이면서 전체가 항상 부분의 단순한 합 이상이라는 것을 깨닫는 것이다.

- **MIS**는, 회계나 인적 자원과 같이, 의사 결정과 문제 해결을 촉진하기 위해서 사람, 제품 그리고 프로세스에 대한 정보를 회사 내에서 유통시키는 비즈니스 기능이다.

MIS는 시스템적 사고를 결합하여 회사가 기능 횡단적으로 운영될 수 있도록 도와준다. 예를 들어, 제품 주문을 충족시키기 위해 영업을 위한 MIS는 하나의 주문을 판매, 배송 준비, 배송, 청구서 발부, 그리고 마지막으로 고객 서비스까지 진행시킨다. 서로 다른 기능별 영역들이 영업의 각기 다른 부분들을 담당하고 있다고 해도 MIS 덕분에 소비자에게 구매는 하나의 연속적 과정이다. 그러나 만약 회사의 한 부분이 문제에 봉착하면, 마치 운전대가 없는 자동차처럼 전체 시스템이 작동하지 못하게 된다. 만약 배송 준비 단계에서 잘못된 상품을 포장한다면 배송이나 청구서 발부, 그리고 고객 서비스 부서가 그들의 작업을 올바로 수행한다 해도 소비자가 그 상품을 받았을 때 만족하지 않을 것이다.

그림 1.17은 투입물, 처리 과정, 산출물의 예를 보여준다. 그림 1.14에서는 상품과 서비스가 별도로 나열되어 있지만, 상품과 서비스는 종종 함께 발생한다는 점에 유의해야 한다. 예를 들어, 자동차 엔진오일을 교환하는 것은 서비스이지만, 배달되는 엔진오일은 상품이다. 마찬가지로, 집을 페인트칠하는 것도 서비스이지만, 페인트는 상품이다.

MIS 부서의 역할과 책임

부서로서의 MIS는 아직 40년 정도밖에 존재하지 않은 상대적으로 새로운 영역이다. 부서의 이름, 역할, 그리고 맡고 있는 책임은 보통 회사마다 다르다. 그럼에도 불구하고 조직 내 MIS 위치를 전략적 수준으로 승격시키는 방향으로 분명한 추세가 전개되고 있다.

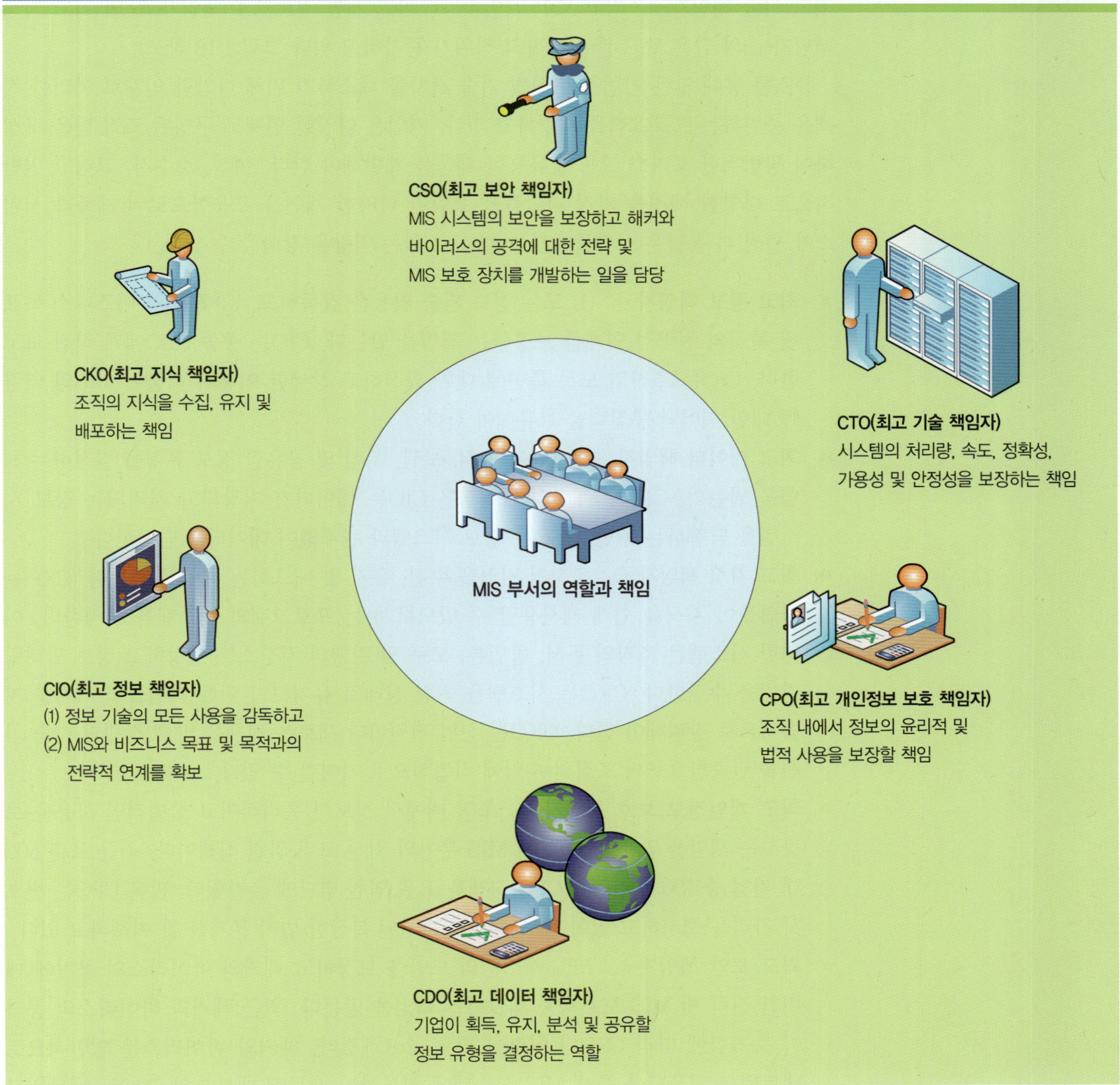

그림 1.18

MIS 관련 역할 및 책임

- **다양성, 형평성, 포용성**DEI: 모든 사람, 특히 직장에서의 공정한 대우를 장려하는 개념적 틀로, 역사적으로 배경이나 정체성 때문에 소외되거나 차별을 받아온 계층도 포함한다.
- **성별 스킬 격차**: 노동 시장에서 남성과 여성 간의 스킬과 역량 격차를 의미한다. 성별에 따른 차이를 초래할 수 있는 기회, 교육 기회, 그리고 전문성 개발의 불평등을 강조한다.

대부분의 조직은 최고 경영자CEO, 최고 재무 책임자CFO, 최고 운영 책임자COO와 같은 직책을 전략적 수준에서 가진다. 최근에는 최고 정보 책임자CIO, 최고 데이터 책임자CDO,

최고 기술 책임자CTO, 최고 보안 책임자CSO, 최고 개인 정보보호 책임자CPO 및 최고 지식 책임자CKO와 같은 MIS 관련 전략적 직위가 증가하고 있다(그림 1.18 참조).

DEI를 통해 많은 기업들이 성별 기술 격차를 해소하기 위해 다양한 인재로 이러한 직책을 충원하는 프로그램을 시행하고 있다. 기업은 다양한 인재로 구성된 조직 팀을 구성하여 광범위한 포커스 그룹에 유용한 제품을 개발해야 한다. 여성, 소수자, 그리고 일반적으로 다양한 배경을 가진 사람들을 포함한 다양한 개인을 포용함으로써 제품과 서비스가 훨씬 더 폭넓은 사람들에게 어필할 수 있는 역량을 강화할 수 있다.

- **최고 정보 책임자**CIO: (1) 모든 정보 기술 활용을 감독하고, (2) MIS와 비즈니스 목표 및 목적의 전략적 연계를 보장하는 책임을 맡는다. CIO는 종종 CEO에게 직접 보고한다. CIO는 조직의 모든 측면에 대한 확실하고 상세한 이해와 더불어 MIS의 역량에 대한 뛰어난 통찰력을 보유해야 한다.
- **최고 데이터 책임자**CDO: 기업이 수집, 보관, 분석 및 공유할 정보 유형을 결정하는 책임을 맡는다. CIO와 CDO의 차이점은 CIO는 데이터가 저장되고 처리되는 정보 시스템을 담당하는 반면, CDO는 정보 시스템과 관계없이 데이터를 담당한다.
- **최고 지식 책임자**CKO: 조직의 지식을 수집, 유지 및 배포하는 책임을 맡는다. CKO는 사람들이 지식을 쉽게 재사용할 수 있도록 하는 프로그램과 시스템을 설계한다. 이러한 시스템은 조직의 문서, 방법론, 도구 및 관행의 저장소를 생성하고 정보 필터링 방법을 수립한다. CKO는 시스템을 최신 상태로 유지하기 위해 직원들의 기여를 지속적으로 장려해야 한다. CKO는 신입 직원이나 새로운 직책을 맡은 직원의 학습 곡선을 단축함으로써 조직의 수익에 직접적으로 기여할 수 있다.
- **최고 개인정보 보호 책임자**CPO: 조직 내에서 정보의 윤리적이고 합법적인 사용을 보장하는 책임을 맡는다. CPO는 MIS 분야의 최신 고위 임원 직책이다. 최근 포춘 500대 기업 중 150개 기업이 CPO 직책을 고위 임원 명단에 추가했다. 많은 CPO는 변호사 자격을 소지하고 있어 정보 사용과 관련된 복잡한 법적 문제를 잘 이해하고 있다.
- **최고 보안 책임자**CSO: MIS 시스템의 보안을 보장하고 해커와 바이러스의 공격에 대비한 전략 및 MIS 보호책을 개발하는 책임을 맡는다. 최근 해커와 바이러스의 공격이 증가함에 따라 CSO의 역할이 더욱 중요해졌다. 해커와 바이러스는 일반적으로 네트워크 컴퓨터를 통해 MIS 시스템에 침투하기 때문에 대부분의 CSO는 네트워크 및 통신에 대한 상세한 지식을 보유하고 있다.
- **최고 기술 책임자**CTO: 조직의 정보 기술의 처리량, 속도, 정확성, 가용성 및 안정성을 보장하는 책임을 맡는다. CTO는 CIO와 유사하지만, MIS가 조직의 전략적 이니셔티브와 연계되도록 하는 효과성에 대한 추가적인 책임을 맡는다. CTO는 조직 전체의 MIS 시스템의 효율성을 보장할 직접적인 책임을 진다. 대부분의 CTO는 하드웨어, 소프트웨어 및 통신을 포함한 MIS의 모든 측면에 대한 폭넓은 지식을 보유하고 있다.

위의 모든 MIS 직책과 책임은 조직의 성공에 매우 중요하다. 많은 조직에서 이러한 각 직책을 담당하는 사람이 따로 있지는 않지만, 이러한 모든 관심 분야에 대한 책임을

비즈니스 중심적 윤리와 보안

최고 미래 책임자: Girls Who Code

다양성, 형평성, 포용성DEI은 모든 사람, 특히 직장에서 배경이나 정체성 때문에 소외되거나 차별받아 온 사람들을 포함한 모든 사람에 대한 공정한 대우를 증진하는 것을 목표로 하는 개념적 틀이다. Fast Company 매거진에 따르면, 향후 10년 동안 다음과 같은 임원 직책이 신설될 것으로 예상된다.

- **최고 자동화 책임자**CAO: 사람 또는 비즈니스 프로세스를 로봇이나 소프트웨어로 대체할 수 있는지 판단한다.
- **최고 지적 재산 책임자**CIP: 지적재산권, 저작권 및 특허를 관리하고 보호한다.
- **최고 지속가능성 책임자**CSO: 기후 변화 적응 지원 및 탄소 배출 감축과 같은 기업의 "환경" 프로그램을 감독한다.
- **최고 사용자 경험 책임자**CUE: 사용자와 기술 간의 최적의 관계를 구축한다. 사용자 경험은 과거에는 하드웨어 및 소프트웨어 설계자들에게 부차적인 고려 사항이었다.

Girls Who Code는 STEM 분야의 성별 격차 해소를 목표로 하는 중 · 고등학생 여학생을 위한 단체이다. 웹사이트에 따르면, 여성 컴퓨터 과학자의 수는 지난 30년 동안 37%에서 24%로 감소했다. 이 단체는 STEM 분야를 중퇴하는 일반적인 연령인 13세에서 17세 사이의 여학생들을 대상으로 이러한 통계에 대응하고 있다. Girls Who Code는 방과 후 클럽, 여름 캠프, 가정 프로그램 등 여학생들이 코딩을 배울 수 있는 안전한 환경을 조성한다. Girls Who Code는 2030년까지 신규 초급 기술직의 성별 격차를 해소할 것으로 예상한다.

기술직에서 성별 격차가 존재하는 이유는 무엇일까? 만약 여러분이 대학교의 최고 미래 책임자라면, STEM 전공으로 더 많은 여성을 유치하기 위해 무엇을 할 수 있을까? 대기업의 최고 미래 책임자라면, 채용 관행이 DEI를 준수하는지 확인하기 위해 어떤 유형의 데이터를 수집하겠는가?

맞는 리더가 반드시 있어야 한다. 전사적 MIS 및 MIS 관련 문제를 담당하는 사람은 조직 구성원에게 지침과 지원을 제공해야 한다.

section 1.2 | 비즈니스 전략

학습 성과

1.3 왜 경쟁 우위가 일시적인지 설명하라.
1.4 SWOT 분석의 네 가지 주요한 영역을 찾아내라.
1.5 포터의 다섯 가지 경쟁 세력 모형과 그 다섯 가지 세력에 대해 설명하라.
1.6 포터의 세 가지 본원적 전략을 비교해 보라.

경쟁 우위의 확인

오늘날 회사를 운영하는 것은 군대를 지휘하는 것과 비슷하다: 최고 경영자 또는 리더가 모든 참여자들이 올바른 방향으로 나아가 그들의 목표와 목적을 성취할 수 있도록 만든다. 리더십이 없는 회사는 직원들이 상충되는 목적들을 향해 각기 다른 방향으로 나아가기 때문에 금세 와해된다. 이런 난관들을 해쳐나가기 위해 리더들은 의사소통을 하고 비즈니스 전략을 실행한다.

- **사업 전략**: 매출 증대, 비용 절감, 신규 시장 진출, 신제품 또는 서비스 개발 등 구체적인 목표나 목적을 달성하기 위한 리더십 계획
- **비즈니스 프로세스**: 특정 업무를 수행하는 표준화된 활동 집합. 온라인 식료품 배달 사업의 경우, 상세한 비즈니스 프로세스는 주문 접수부터 제품 픽업, 자전거, 로봇, 드론 또는 운전자를 통한 고객 배송까지 필요한 모든 단계
- **이해관계자**: 조직에 관심이나 관심사를 가진 개인 또는 집단. 이해관계자는 비즈니스 전략을 주도하며, 이해관계자의 관점에 따라 비즈니스 전략이 변경될 수 있다. 그림 1.19는 조직 내 다양한 이해관계자와 그들의 공통된 비즈니스 관심사를 보여준다.

성공적인 비즈니스 전략의 핵심 목표 중 하나는 비즈니스 모델과 운영 모델이 민첩하고 비즈니스 목표 및 이해관계자의 가치와 부합하도록 하는 것이다. 민첩한 비즈니스 모델은 방대한 양의 데이터를 분석하고 실시간으로 인사이트를 생성하여 기업이 고객, 비즈니스 프로세스 및 운영 모델을 더 깊이 이해할 수 있도록 한다. 물론, 내외부 환경이 빠르게 변화함에 따라 비즈니스 전략을 업데이트하는 것은 지속적인 작업이다.

- **비즈니스 모델**: 기업이 수익을 창출하기 위해 가치를 창출, 전달 및 확보하는 방법을 상세히 기술한 계획. 예를 들어, 기업은 온라인 식료품을 거의 실시간으로 지역 고객에게 배송하여 가치를 창출하고 확보하는 비즈니스 모델을 구축할 수 있다.
- **운영 모델**: 기업이 비즈니스 프로세스를 통해 내외부 고객에게 가치 창출을 제공하는 방법을 상세히 기술한 계획. 운영 모델은 매우 복잡하며, 수천 명의 직원, 수백 개의 정보 시스템, 그리고 끊임없이 변화하는 비즈니스 프로세스가 포함되는 경우가 많다.

기업의 핵심 역량을 기회와 연결하는 비즈니스 전략은 성공의 열쇠인 경쟁 우위를 확

그림 1.19
이해관계자의 관심사

보한다! 경쟁 우위는 동일한 제품이나 서비스를 더 낮은 가격으로 제공하거나, 더 높은 가격으로 판매할 수 있는 부가가치를 제공한다. 하지만 경쟁 우위는 경쟁업체가 재빨리 복제할 방법을 찾기 때문에 일반적으로 일시적이다. 따라서 기업은 새로운 경쟁 우위를 기반으로 전략을 수립해야 한다. 기업이 경쟁 우위를 복제하는 방법에는 신기술 도입, 사업 운영 방식 모방, 핵심 인력 채용 등이 있다.

- **경쟁 우위**: 고객이 경쟁업체의 유사 제품보다 더 큰 가치를 부여하는 제품 또는 서비스의 특징. 역사적인 경쟁 우위 사례로는 기술, 비즈니스, 엔터테인먼트의 놀라운 결합을 보여준 애플의 아이팟과 아이튠즈 출시를 들 수 있다.
- **경쟁 지능**: 경쟁업체의 계획, 활동, 제품을 포함한 경쟁 환경에 대한 정보를 수집하여 기업의 성공 가능성을 높이는 과정. 경쟁력을 유지하기 위해 회사 외부에서 발생하는 상황에 대해 최대한 빨리 이해하고 학습해야 한다.
- **선점 우위**: 기업이 새로운 경쟁 우위를 최초로 확보하여 시장 점유율을 크게 확대할 수 있는 경우 발생

그림 1.20

비즈니스 전략을 분석하기 위한 비즈니스 도구들

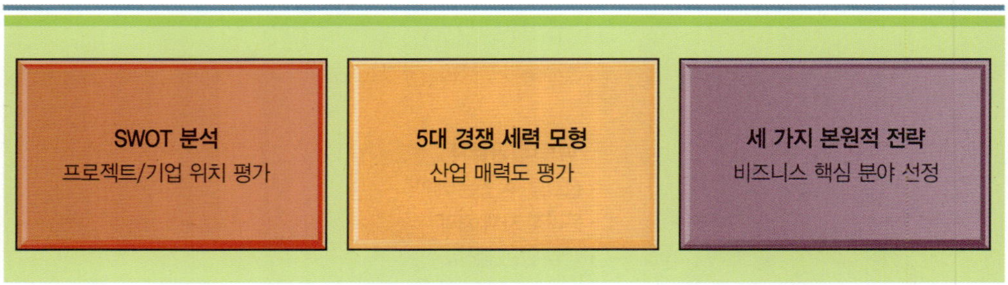

FedEx는 고객 셀프 서비스 소프트웨어를 개발하여 선점 우위를 확보했다. 이 소프트웨어를 통해 고객들은 온라인으로 소포 픽업을 요청하고, 우편 전표를 인쇄하고, 소포를 추적할 수 있다. 다른 소포 배송 회사들도 자체 온라인 서비스를 빠르게 구축하기 시작했다. 오늘날 온라인 고객 셀프 서비스는 모든 기업의 표준 기능이다.

그림 1.20에서 볼 수 있듯이 관리자들은 경쟁 정보를 분석하고 경쟁 우위를 확보하기 위해 세 가지 일반적인 도구를 사용한다.

비즈니스 전략1: SWOT 분석

강점과 약점은 조직 내부에서 만들어진다. 기회와 위협은 조직 외부에서 발생하며, 항상 예측하거나 통제할 수 있는 것은 아니다.

- SWOT 분석은 한 기업이 사업전략에 중대한 영향을 미칠 수 있는 요소들을 발견하기 위해, 해당 기업의 강점, 약점, 기회, 위협을 평가한다(그림 1.21 참조).
- **잠재적 내부 강점(도움)**: 비용 우위, 신규 및/또는 혁신적인 서비스, 특별한 전문 지식 및/또는 경험, 검증된 시장 선도 기업, 개선된 마케팅 캠페인 등 경쟁 우위와 관련된 모든 핵심 강점의 규명

그림 1.21

SWOT 분석 예시

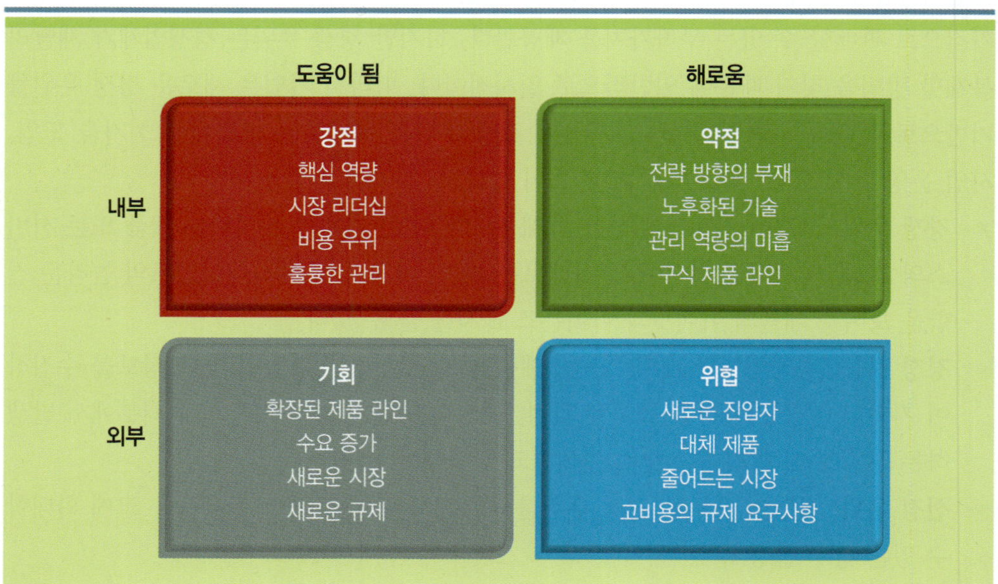

- **잠재적 내부 약점(해로움)**: 개선이 필요한 모든 핵심 영역을 파악. 약점은 인터넷 마케팅 계획 부재, 평판 손상, 서비스의 문제, 노후화된 기술, 직원 문제 등 특정 강점의 부재에 초점을 맞춘다.
- **잠재적 외부 기회(도움)**: 새로운 시장, 추가 고객 그룹, 법적 변화, 혁신적인 기술, 인구 변화, 경쟁사 문제 등을 포함하여 모든 주요 트렌드와 각 트렌드를 통해 조직이 얻을 수 있는 이점의 파악
- **잠재적 외부 위협(해로움)**: 새로운 시장 진입자, 대체 제품, 직원 이직률, 제품 차별화, 시장 축소, 규제의 부정적 변화, 경제 변화 등 조직에 해로운 모든 위협이나 위험의 파악

비즈니스 전략2: 다섯 가지 경쟁 세력 모형

하버드 경영대 교수인 마이클 포터Michael Porter는 다음과 같은 압력들이 잠재적 판매를 위협할 수 있다고 분석했다.

- 영리한 구매자들은 경쟁사간의 경쟁을 유발시킴으로서 가격을 인하시킬 수 있다.
- 영향력 있는 공급자들은 공급하는 물품들에 대해 더 높은 가격을 요구함으로서 이익을 감소시킬 수 있다.
- 경쟁은 구매자들을 분산시킬 수 있다.
- 신규 시장 참여자들은 잠재적 투자 자본을 빼앗을 수 있다.
- 대체 제품들은 소비자들을 빼앗아 갈 수 있다.

포터의 다섯 가지 경쟁 세력 모형Porter's Five Forces Model은 한 기업이 자신이 속한 산업에서 어느 정도의 이익을 얻을 수 있는가를 평가하기 위해서 해당 산업의 경쟁 세력들을 분석한다. 이 모형의 목적은 기회들, 경쟁우위들, 그리고 경쟁 정보를 확인함으로서 이러한 경쟁 세력들에 대항하는 것이다(그림 1.22을 보라).

포스1: 구매자 협상력

구매자 협상력에 영향을 미치는 요소들은 소비자의 수, 가격에 대한 그들의 감각, 주문의 양, 경쟁자들 간의 차이, 그리고 대체 상품들의 유무이다. 만약 구매자 협상력이 우위를 가지고 있다면, 소비자들은 회사와 그 경쟁자들에게 가격 경쟁을 하도록 압력을 가할 수 있는데, 주로 이러한 경쟁은 가격 인하를 가져온다.

- **구매자 협상력**buyer power이란 구매자가 제품을 사기 위해 지불해야 하는 가격에 영향력을 행할 수 있는 능력
- **전환비용**switching costs이란 소비자가 다른 제품이나 서비스로 돌아서는 걸 망설이게 만드는 가격

전환비용은 금전적 및 비금전적 가치들을 모두 포함한다. 예를 들어, 담당 의사를 바꾸는 것의 비용은 당신의 모든 의료 이력을 옮기는 것 외에 새로운 의사와 간호사들과 관계를 형성한다는 비물리적 가치들을 포함한다. 그러나 MIS가 있다면 환자들은 그들의

비즈니스 중심적 활동

학생들의 SWOT

당신이 꿈에 그리는 직업은 무엇인가? 당신이 꿈에 그리는 직업을 가지기 위해 적절한 스킬과 능력을 보유하고 있는가? 만일 그렇지 않다면, 개인적인 경력개발 계획 혹은 전략을 가지고 있는가? 하나의 사업체처럼 여러분은 개인적 SWOT 분석을 통해 여러분의 경력개발 계획이 성공적일 수 있는지를 분석할 수 있다. 당신은 본인의 강점을 알고 경력개발 기회를 찾아내고 당신의 경력개발 계획을 악화시킬 수도 있는 약점과 위협 요인들을 완화시키고 싶을 것이다.

많은 사람들이 애쓰고 있는 주요한 영역은 기술이며, 적절한 기술적 스킬이 없다면 여러분의 꿈에 그리는 직업에 당신이 적합하지 않다는 것을 알게 될 수 있다. 이 과정의 상당한 혜택 중의 하나는 여러 다른 산업과 기능적 영역에서 기술이 중요한 역할을 한다는 것을 이해하고 당신의 사업상 경력에 대비할 수 있게 된다는 것이다. 당신의 전공에 관계없이 경력에 관련된 작업들과 과제물들을 완수하기 위해서 비즈니스 중심적 정보시스템을 사용할 것이다.

당신의 현재의 스킬, 재능, 지식을 이용하여 경력 계획에 대한 개인적 SWOT 분석을 수행하라. 여러분이 일하고자 하는 기능적 사업영역과 목표로 하는 잠재적 산업영역, 헬스케어, 통신, 도소매업, 여행업 등을 구체화한 후 개인적 경력 목표에 초점을 두고 분석을 수행하라.

개인적 SWOT 분석을 완료한 후에 이 교재의 목차를 살펴보고 이 과정에서 당신의 약점을 없애거나 새로운 강점을 만들 수 있는지를 살펴보라. 이후 몇 주간 배우게 될 교재 내용을 통해서 새로운 기회를 창출하거나 위협을 경감시킬 수 있는지를 살펴보라. 예를 들어, 9장은 프로젝트 관리를 자세하게 다루고 있는데, 이 스킬은 하나의 팀을 운영하기 위한 전문가들을 위한 주요 스킬이 포함되어 있다. 작업을 할당하고 작업 상태를 점검하기 위한 방법을 배우는 것은 새로운 사업 전문가를 위한 주요한 도구가 될 수 있다. 이러한 중요한 스킬이 당신의 SWOT 분석에서 어느 부분에 위치할 것인가? 당신의 약점을 제거하는 데 도움이 되었는가? 여러분이 이 연습을 마칠 때 당신이 실제 일을 시작하면서 어떠한 경쟁을 예상하였는지를 당신의 동료와 비교해보라.

개인적 경력 관련 SWOT 분석

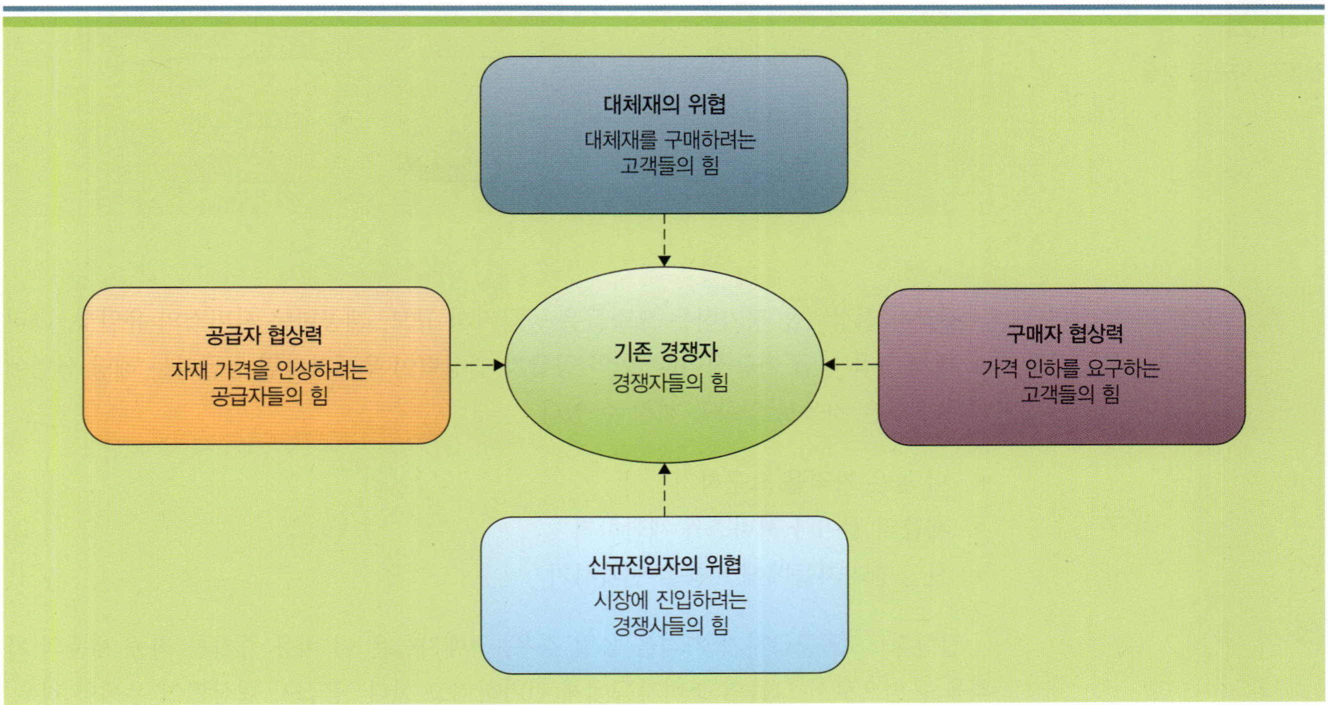

그림 1.22
포터의 다섯 가지 경쟁 세력 모형

의료 기록들을 클라우드나 휴대 저장장치에 저장해 손쉽게 이동시킬 수 있다. 또한 인터넷은 환자들로 하여금 의사들에 대한 다양한 자료들을 접할 수 있게 함으로서 새로운 의사를 만난다는 것에 대한 걱정을 덜어 줄 수 있다.

- **우수 고객 관리 프로그램**loyalty programs 소비자의 지출에 따라 그들에게 일종의 보상을 주는 것

예를 들어, 항공사들은 자주 비행기를 이용하는 사람들에게 제공하는 여러 가지 혜택으로 유명하다. 우수 여행객들이 받는 상(공짜 항공권, 호텔 이용권 등) 때문에 대부분의 소비자들은 하나의 항공사를 이용하게 되는 것이다. 그러나 수천 혹은 수백만이나 되는 수많은 고객들의 활동이나 계정을 관리하는 것은 거대 규모의 비즈니스 시스템이 없이는 실용적이지 못하다. 따라서 고객 관리 프로그램들은 구매자 협상력을 줄이기 위해 MIS를 사용하는 좋은 예 중에 하나이다.

포스2: 공급자 협상력

일반적인 공급 사슬에서 그림 1.22에서 볼 수 있듯이, 회사는 (구매자들에게) 공급자인 동시에 (다른 공급자들의) 구매자의 역할을 한다.

- **공급 사슬**Supply chain은 직접적이든 간접적이든 가공되지 않은 재료나 제품을 얻기 위해 관여하는 모든 단체들로 구성
- **공급자 협상력**Supplier Power이란 공급자가 제공하는 것(재료, 노동력, 서비스 포함)의 가격에 영향을 줄 수 있는 능력

그림 1.23

전통적인 공급 사슬

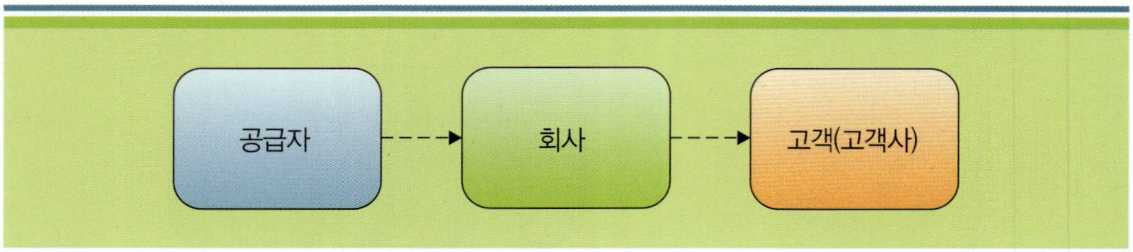

공급자 협상력을 평가하는 요소들은 공급자의 규모, 제공하는 서비스의 유일성, 그리고 대체 상품 공급 가능성이다. 만약 공급자 협상력이 우세하다면 공급자는 해당 산업에 다음과 같은 것들로 영향을 끼칠 수 있다.

- 더 높은 가격을 요구하기
- 제품의 질이나 서비스를 제한하기
- 산업 참가자들에게 비용을 전가하기

전형적으로, 공급자가 가격을 올릴 경우, 구매자들은 이 비용 증가를 최종 제품의 가격을 올림으로서 그들의 소비자들에게 전가하려고 한다. 공급자 협상력이 우세할 경우, 구매자들이 원자재의 가격 인상을 그들의 고객들에게 전가할 수 없다면 구매자들은 수익을 잃게 된다. 공급자들이 제공하는 어떤 제품의 대체재가 제한되어 있고 제품이 구매자들에게 필수적일 때, 예를 들어, 제약 회사들 같은 힘 있는 공급자들은 그 산업계 전체에 위협을 가할 수 있다. 항암제를 필요로 하는 구매자들은 가격에 대한 영향력을 전혀 갖지 못하기 때문에 제약회사가 요구하는 대로 지불해야 한다. 대체 약품이 거의 없기 때문이다.

대체재들을 찾기 위해 MIS를 사용하는 것은 공급자 협상력을 줄일 수 있는 방법 중 하나이다. 암환자들은 이제 인터넷을 이용해 대체 약품이나 치료법을 찾을 수 있는데 이것은 몇십 년 전만 해도 불가능한 일이었다. 구매자 또한 MIS를 이용해 단체를 만들거나 다른 구매자들과 협력할 수 있는데, 이를 통해 구매자 단체의 힘을 키워 공급자 협상력을 줄일 수 있다. 예를 들어 30,000명의 대학생들은 한 사람의 학생보다 노트북을 구매할 때 가격에 대한 협상력을 더 많이 가지고 있다.

포스3: 대체 제품/서비스의 위협

대체 제품/서비스의 위협은 이해하기 어려운 포스 중의 하나이다.

- **대체 제품/서비스들의 위협**threat of substitute product or services은 어떤 제품이나 서비스에 대한 대체 제품이 있을 경우에는 높고, 없을 경우에는 낮다.

예를 들어, 여행자들은 자동차, 기차, 그리고 배와 같이 비행기를 대체할 수많은 이동 수단들이 있다. 기술은 비디오 회의와 가상 회의를 가능하게 만들어 어떤 경우엔 비즈니스를 위한 여행 자체를 불필요하게 만든다. 기업은 그들이 제공하는 제품이나 서비스에 대한 대체품이 없는 시장에 있는 것이 이상적이다.

비즈니스 중심적 스킬셋

지구상의 데이터이슈 분석

탄탄한 데이터 분석을 위한 핵심 요건 중 하나는 항상 데이터를 원래 형태로 이해하는 것이다. 다음 데이터를 보고 오류를 파악하라(힌트: 전 세계적인 차이를 생각해 보라).

고객	날짜	시간	금액
한스 훌트그렌	01/15/2026	8:07	35,000
렘코 브루커먼	01/16/2026	16:21	147,258
디르크 라버만	02/04/2026	17:24	1,254,458
라스 라거	02/09/2026	1:15	120
패트릭 롬스테드	03/02/2026	14:14	3,357,458

폴라로이드사는 오랜 시간 독특한 경쟁우위를 가지고 있었다. 물론 그것은 이들이 경쟁 정보를 관찰하는 것을 잊기 전까지의 일이다. 결국 사람들이 비디오카메라부터 시작해 핸드폰까지 이용해 디지털 사진들을 찍기 시작하자 회사가 부도나 버렸다.

회사는 대체 상품에 의한 위협을 더 넓은 범위의 제품을 제공해 부가적 가치를 만들어 냄으로서 줄일 수 있다. 소프트드링크 제조 회사들은 그들의 제품을 자판기, 주유소, 편의점 등에 배포함으로서 다른 음료수보다 접하기 쉽도록 만든다. 또한, 다양한 부가 서비스들을 제공함으로서 대체 제품들이 덜 위협적이게 만들 수 있다. 예를 들어, 아이폰은 게임, 비디오, 음악 등의 기능을 넣음으로서 전통적인 휴대폰이 대체 상품으로서 별다른 매력을 지니지 못하도록 한다.

포스4: 신규 참여자의 위협

또 다른 포스로는 신규 진입자의 위협이 있으며, 기업은 이러한 위협을 낮추기 위해 진입 장벽을 만든다.

- **신규 참여자의 위협**threat of new entrants은 새로운 경쟁자들이 시장에 진입하기 쉬울 때에는 높고 시장에 진입하는 데 확연한 진입장벽이 있을 때에는 낮다.
- **진입** 장벽entry barrier이란 어떠한 제품이나 서비스에 대해 소비자들이 기대하고 있는 특징들로 새롭게 경쟁하는 경쟁자들이 살아남기 위해 제공해야 하는 것이다.

예를 들어 새로운 은행은 소비자들에게 MIS에 기반을 둔 일련의 서비스들을 제공해야 하는데, 그것들은 ATM, 온라인 결제, 온라인 계좌 감시 등을 포함한다. 이러한 것들은 새로운 기업이 은행 산업에 뛰어들 때 부딪히는 대표적 진입 장벽 중의 하나이다. 한

때 이런 서비스를 제공한 첫 번째 은행은 귀중한 선점 우위를 얻었는데, 그것은 일시적인 것이었다. 곧 경쟁자들이 그들만의 MIS 서비스들을 개발했기 때문이다.

포스5: 기존 경쟁자들 간의 경쟁

경쟁은 기업이 경계하고 맞서 싸워야 할 주요 위협 중 하나이다.

- **기존 경쟁자들 간의 경쟁**rivalry among existing competitors은 시장에서 경쟁이 심할 때는 높고 경쟁자들이 온순할 때는 낮다.

비록 특정 분야의 산업은 다른 산업들보다 언제나 경쟁이 심하긴 해도 전 산업계에 걸쳐 경쟁이 심화되는 현상은 요즘의 추세이다. 소매 식료품 산업은 매우 경쟁이 치열한 분야이다. 미국의 크로거Kroger, 세이프웨이Safeway, 알버트슨Albertson's은 근본적으로 가격 경쟁에서 이기기 위해 다양한 방법으로 경쟁을 한다. 대부분의 슈퍼마켓 체인점들은 소비자들에게 특별한 가격 인하를 제공하는 동시에 그들의 구매 습관에 관한 귀중한 정보들을 얻기 위해 우수 고객 관리 프로그램을 도입했다. 미래에는 식료품점들이 매장 내에서 구매 경로를 알기 위해 소비자들의 움직임을 추적하는 무선 기술들을 사용할 것이라고 예상한다.

기업들이 경쟁을 줄이기 위해 사용하는 또 다른 일반적인 전략은 제품 차별화이다.

- **제품 차별화**product differentiation는 회사가 수요에 영향을 줄 의도로 그들의 제품이나 서비스에 독특한 차이점을 만들어낼 때 발생한다.

예를 들어, 많은 회사들이 인터넷을 통해 책과 비디오들을 팔지만, 아마존Amazon.com은 소비자 프로파일링이란 것을 사용해 자신을 차별화한다. 소비자가 아마존을 정기적으로 방문하게 되면 그 특정 고객의 프로파일에 맞는 제품을 추천한다. 이렇게 차별화된 서비스를 제공함으로서 아마존은 라이벌들의 영향력을 줄일 수 있다.

복습을 해 보자면, 다섯 가지 경쟁 세력 모형은 경영자들이 산업의 경쟁 구조와 경제 환경을 파악하게 함으로써 비즈니스 전략을 세우는 것을 도와준다. 만약 다섯 가지 세력들이 강하면 그것들은 경쟁을 심화시키고 약하면 완화시킨다(그림 1.24를 보라).

포터의 다섯 가지 세력 예제: 항공 산업을 분석하기

이번엔 포터의 다섯 가지 힘들을 종합해 산업의 환경을 경쟁 요소들을 살펴보고 경쟁력을 유지하기 위한 비즈니스 전략을 살펴볼 것이다. 예를 들어, 한 해운 회사가 상업적 항공 산업에 진입할지 고민하고 있다고 가정해보자. 만약 다섯 가지 경쟁 세력에 대한 분석이 정확히 이루어졌다면 이 비즈니스 전략은 매우 위험하다는 걸 발견할 수 있을 것이다. 왜냐하면 다섯 가지 경쟁 세력이 너무나 강하기 때문이다. 따라서 수익을 창출하기 어려울 것이다.

- **구매자 협상력**: 소비자들이 고를 수 있는 항공사들이 많고 소비자들은 가격을 기준으로 항공사를 주로 결정하기 때문에 구매자 협상력이 높다.
- **공급자 협상력**: 항공기와 엔진을 만드는 회사가 적은데다 노조(노동력의 공급자) 또

	약한 세력: 약한 경쟁 또는 적은 경쟁자	강한 세력: 강한 경쟁 또는 많은 경쟁자
구매자 협상력	국제 체인점 호텔이 우유를 구매하는 것	개인 소비자가 우유를 구매하는 것
공급자 협상력	항공 엔진을 만드는 회사	연필을 만드는 회사
대체 제품 또는 서비스의 위협	제약회사의 항암제	맥도날드의 커피
신규 참여자의 위협	프로 하키 팀	개 산책 비즈니스
기존 경쟁자들 간의 경쟁	교통국(차량등록, 운전면허발급 등의 업무를 처리하는 미국의 정부 부서)	커피 가게

그림 1.24

포터의 다섯 가지 경쟁 세력의 강하고 약한 것의 예

	강한 세력: 강한 경쟁 또는 많은 경쟁자
구매자 협상력	소비자가 고를 수 있는 항공사가 많아 가격 경쟁을 해야 한다.
공급자 협상력	제한된 항공기 제품 공급 회사와 강력한 노조
대체 제품 또는 서비스의 위협	자동차, 기차, 배와 같이 대체할 수 있는 이동수단이 있고 혹은 아예 비디오 회의이나 가상 미팅과 같이 이동을 대체할 수 있는 수단들
신규 참여자의 위협	스카이 택시를 포함해 많은 항공사들이 꾸준히 진입
기존 경쟁자들 간의 경쟁	치열한 경쟁–많은 라이벌들

그림 1.25

항공 산업에서의 다섯 가지 경쟁 세력 모형

한 강하기 때문에 공급자 협상력이 높다.

- **대체 상품들 혹은 서비스들의 위협**: 자동차, 기차, 배와 같이 대체할 수 있는 이동수단이 있고 또는 아예 비디오 회의나 가상 회의와 같이 이동을 대체할 수 있는 수단들이 있기 때문에 대체 상품들 혹은 서비스들의 위협이 높다.
- **새로운 경쟁자들로부터의 위협**: 저가의 맞춤형 서비스를 제공하는 스카이 택시를 포함한 새로운 항공사들이 꾸준히 시장에 진입하고 있기 때문에 새로운 경쟁자들로부터의 위협이 높다.
- **기존 경쟁자들 간의 경쟁**: 항공 산업계의 경쟁은 매우 심하고 트래블시티Travelocity.com와 같은 인터넷 사이트들은 항공사들끼리의 가격경쟁을 부추긴다(그림 1.25 참조).

비즈니스 전략3: 세 가지 본원적 전략

일단 최고경영자가 어떤 산업의 상대적인 매력을 파악하고 진입하기로 결정하면, 회사는 산업에 진입하기 위한 전략을 짜내야 한다. 만약 우리가 항공 산업에 뛰어드려는 회사를 예로 든다면 그것은 저가의 기본적인 서비스만을 제공하는 항공사 또는 뛰어난 서비스와 일등급 편안함을 제공하는 정규 항공사로 승부할 수 있을 것이다. 이 두 옵션은 꽉 찬 시장crowded marketplace에서 경쟁우위를 점하기 위한 다른 방향을 제시하고 있다. 저가

그림 1.26

포터의 세 가지 본원적 전략

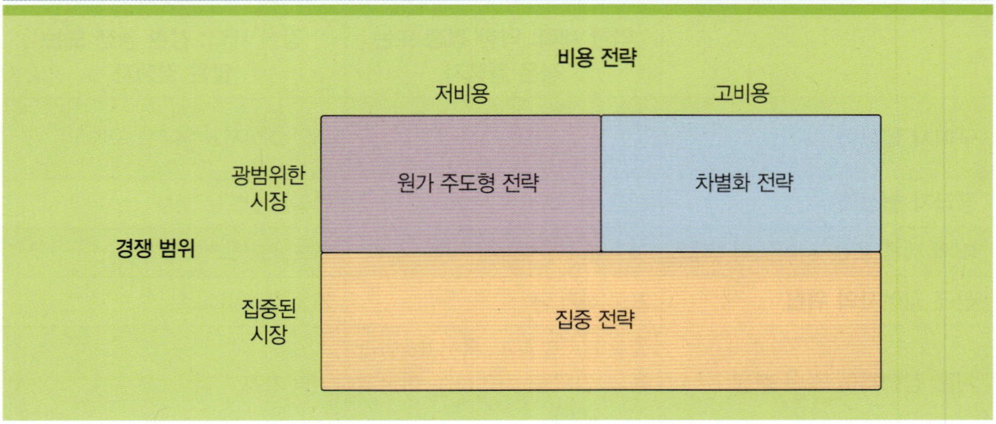

그림 1.27

포터의 세 가지 본원적 전략에 대한 예시

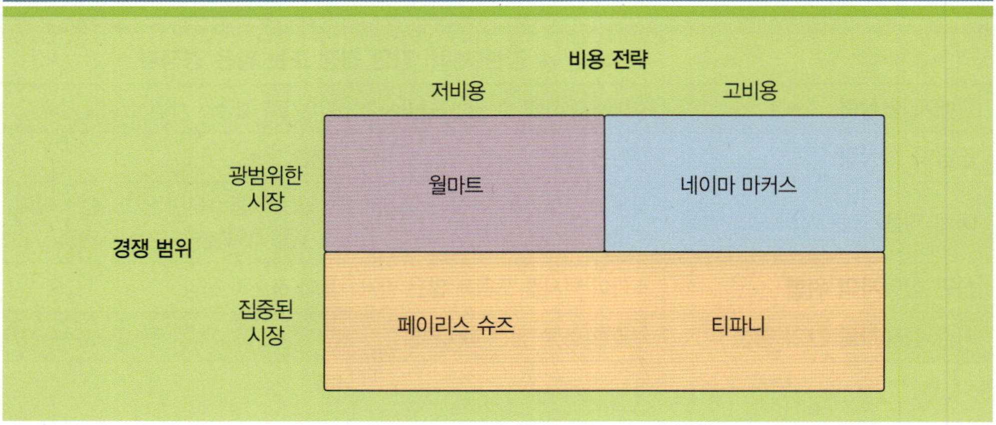

항공사는 비용을 절감하고 여기서 아낀 비용을 소비자들에게 낮은 가격이라는 형태의 서비스로 제공한다. 고급 항공사는 고급 서비스와 편안함을 제공하는 대신 여기에 든 비용을 고객들에게 고가의 항공권의 형태로 전가한다.

- 포터의 세 가지 본원적 전략Porter's three generic strategies은 특정 조직 또는 산업에 제한되지 않고 어떠한 비즈니스, 제품 또는 서비스에도 적용 가능한 본원적 비즈니스 전략이다.

새로운 시장에 진입하기 위한 세 가지 본원적 비즈니스 전략은 다음과 같다: (1) 폭 넓은 원가 주도형 전략, (2) 폭 넓은 차별화 전략, (3) 집중전략. 폭 넓은 전략은 광범위한 시장 부문에 영향을 미치는 반면 집중 전략은 틈새시장을 목표로 한다. 또한 집중 전략은 가격 주도형이나 차별화 양쪽 모두에 집중할 수 있다. 그러나 전체 시장에 통일된 이미지를 심어주는 것은 사실상 어렵기 때문에 모든 고객들을 위한 다목적 제품을 제공하는 것은 심각한 문제를 야기하게 된다. 따라서 포터는 그림 1.26에 설명되어 있는 세 가지 기본 전략 중에서 한 가지를 채택할 것을 추천하고 있다.

그림 1.27은 실제 기업들에 세 가지 본원적 전략을 적용한 것으로, 전략들(원가 주도형 전략 vs 차별화 전략)과 시장 분할(광범위 시장 vs 집중된 시장) 간의 관계를 보여준다.

비즈니스 중심적 토론

기술은 우리들을 똑똑하게 만들까?

이 장에서는 4차 산업혁명을 주도하는 다양한 비즈니스 전략과 데이터 이니셔티브를 살펴보았다. 모든 자료를 신중하게 검토한 후, A 또는 B 측에 찬성하는가, 반대하는가?

- **A 입장**: 정보화 시대에 사는 것은 우리를 좀 더 똑똑하게 만든다. 그 이유는 우리는 지식을 필요로 할 때마다 또는 필요로 하는 곳마다 엄청난 양의 지식을 손쉽게 가질 수 있기 때문이다.
- **B 입장**: 정보화 시대에 사는 것은 사람들이 게을러지고 멍청하도록 만들 것이다. 그 이유는 사람들은 문제를 해결하기 위해 자신의 메모리 저장소에 축적해 둘 필요가 없으며, 기계는 사람들에게 그들이 풀어야 할 문제에 대한 대답을 제공하기 때문이다.

- **광범위 시장과 저비용**: 월마트는 광범위한 상품을 저가에 공급함으로서 경쟁력을 갖는다. 월마트의 경영전략은 가격에 신경 쓰는 소비자들을 위해 저가로 제공하는 것이다.
- **광범위 시장과 고비용**: 네이만 마커스Neiman Marcus는 광범위의 차별화된 제품을 고가에 공급함으로서 경쟁력을 갖는다. 네이만 마커스의 경영전략은 다양하고 특별한 고급의 제품들을 부유한 소비자들에게 제공하는 것이다.
- **집중된 시장과 저비용**: 페이리스Payless는 특정한 제품인 신발을 낮은 가격에 공급함으로서 경쟁력을 갖는다. 페이리스의 경영전략은 신발을 저가로 공급하는 것이다. 페이리스는 월마트보다 더 많은 사이즈와 종류를 제공함으로서 월마트와 경쟁한다.
- **집중된 시장과 고비용**: 티파니Tiffany & Co는 차별화된 제품인 보석류를 고가에 제공함으로서 경쟁력을 갖는다. 티파니의 경영전략은 일류 디자이너들에 의해 디자인된 보석들을 부유한 소비자들에게 제공하는 것이다.

학습 성과 복습

1.1 정보화시대에 대해서 설명하고 데이터, 정보, 비즈니스 인텔리전스와 지식 사이의 차이점에 대해 설명하라.

우리는 정보화시대에 살고 있고 무한한 양의 정보가 컴퓨터를 사용할 줄 아는 모든 사람에게 제공되고 있다. 정보화시대의 핵심 요소들은 자료, 정보, 비즈니스 인텔리전스, 지식을 포함한다. 데이터는 어떤 사건이나 물건의 성격을 설명하는 가공되지 않은 사실들이다. 정보는 자료가 의미 있고 쓸모 있는 맥락으로 변환된 것을 말한다. **비즈니스 인텔리전스**BI는 공급자, 소비자, 경쟁자, 동업자, 산업 같은 다양한 원천에서 전략적 의사 결정을 위한 패턴, 추세 그리고 관계를 분석하기 위해 얻은 정보를 뜻한다. 지식은 기술, 경험, 그리고 전문지식이 정보와 인텔리전스와 결합해 개인의 지적 자원을 만들어내는 것을 말한다. 당신이 자료에서 지식으로 이동하는 과정에서 더욱 많은 변수들과 분석을 더하면서 당신은 의사 결정과 문제 해결에 더욱 질 좋고 정확한 도움을 받을 수 있다.

1.2 시스템적 사고에 대해 이해하고 어떻게 MIS가 비즈니스에서 의사소통을 가능하게 하는지 설명할 수 있다.

시스템적 사고란 어떻게 부분들이 서로 영향을 미치어 하나의 전체로서 작동하는가를 이해하는 프로세스이다. 시스템적 사고에서는 다양한 문제들의 연관성과 피드백 과정을 파악함으로써 각각의 문제들을 개별적으로 바라보지 않고 전체 시스템의 관점에서 바라보려고 노력한다. 피드백이란 원래의 발신자(입력물, 프로세스, 또는 출력물)로 재입력되어 발신자의 동작을 수정하는 정보다. 피드백은 시스템이 안정성을 유지하는 데 도움이 된다.

경영정보시스템MIS은 회계 및 인적 자원 관리과 같은 비즈니스 기능으로 사람, 제품 및 프로세스에 대한 정보를 회사 전체로 전달하여 의사 결정 및 문제 해결에 도움을 준다. MIS는 기업이 기능 횡단적으로 업무 기능들을 수행할 수 있도록 지원하여 시스템적 사고를 촉진시킨다. 예를 들어, 제품 주문을 수행하기 위해 판매용 MIS는 하나의 고객 주문을 판매, 주문 충족, 배송, 청구 및 고객 서비스를 포함한 모든 기능 영역의 업무들을 수행하도록 한다. 다른 기능 영역들은 판매와 다른 영역의 일들을 처리하지만, MIS 도움으로 판매는 고객을 위한 하나의 연속 프로세스이다.

1.3 왜 경쟁 우위가 일시적인지 설명하라.

경쟁우위란 어떤 제품이나 서비스가 있을 때 경쟁자들이 제공하는 비슷한 제품이나 서비스보다 소비자가 더 중요하게 생각하는 제품이나 서비스의 특징을 말한다. 경쟁우위는 같은 제품이나 서비스를 더욱 싼 가격에 제공하던지 아니면 추가적인 금액을 지불하게 만드는 가치를 통해 만들어낸다. 불행하게도 경쟁우위는 보통 일시적인 것들이 대부분인데, 왜냐하면 경쟁자들이 언제나 그것을 모방하는 방법을 찾기 때문이다. 그렇기 때문에 조직은 새로운 경쟁우위에 근거한 전략을 발전시켜야 한다. 회사들이 경쟁우위를 복제하는 방법으로선 새로운 기술을 습득하는 것, 비즈니스 프로세스들을 모방하는 것, 그리고 직원들을 채용하는 것들이 있다.

1.4 SWOT 분석의 4가지 주요영역을 규명하라.

SWOT 분석은 한 기업이 사업전략에 중대한 영향을 미칠 수 있는 요소들을 발견하기 위해, 해당 기업의 강점, 약점, 기회, 위협을 평가한다. 강점과 약점은 한 기업 내부에 존재하는 요인들을 발견하는 것이며, 기회와 위협은 그 기업의 외부에 존재하는 요인들을 발견하는 것인데, 이것은 항상 통제

가능한 것은 아니다.

1.5 포터의 다섯 가지 경쟁 세력 모형과 그 다섯 가지 세력에 대해 설명하라

포터의 다섯 가지 경쟁 세력 모형은 기업이 그 안에서 경쟁해야 할 산업의 잠재적 수익성을 평가하기 위해서 경쟁 세력을 분석한다.

- 구매자 협상력: 제품을 사기 위해 지불해야 하는 가격에 영향력을 행할 수 있는 능력
- 공급자 협상력: 공급자가 제공하는 것(재료, 노동력, 서비스 포함)의 가격에 영향을 줄 수 있는 능력
- 대체 제품들 혹은 서비스들의 위협: 어떤 제품이나 서비스에 대한 대체 제품이 있을 경우에는 높고 없을 경우에는 낮다.
- 신규 참여자의의 위협: 새로운 경쟁자들이 시장에 진입하기 쉬울 때는 높고 시장에 진입하는 데 확연한 진입장벽이 있을 때는 낮다.
- 기존 경쟁자들 간의 경쟁: 시장에서 경쟁이 심할 때는 높고 경쟁자들이 온순할 때에는 낮다.

1.6 포터의 세 가지 본원적 전략을 비교해 보라.

조직이 시장 진입을 시도할 때에는 포터의 세 가지 본원적 전략을 따르게 된다: (1) 폭 넓은 원가 주도형 전략, (2) 폭 넓은 차별화 전략, (3) 집중 전략. 폭 넓은 전략은 광범위한 시장 부문에 영향을 미치는 반면, 집중 전략은 틈새시장을 목표로 한다. 또한 집중 전략은 가격 주도형이나 차별화 양쪽 모두에 집중할 수 있다.

복습 문제

1. 데이터란 무엇이며, 왜 비즈니스에 중요한가?
2. 경영자는 어떻게 데이터를 정보로 전환할 수 있는가?
3. 데이터, 정보, 비즈니스 인텔리전스, 지식의 관계는 무엇인가?
4. 회사가 기능횡단적으로 작동하는 것은 왜 중요한가?
5. 왜 회사는 최고 정보 책임자, 최고 프라이버시 책임자, 최고 보안 책임자를 필요로 하는가?
6. MIS에 대해 설명하고 글로벌 경영에서 이것이 하는 역할에 대해 설명하라.
7. 당신은 정보화시대에서 MIS가 비즈니스 활동에 필수적이라고 생각하는가?
8. 비즈니스를 전공하는 사람들이 MIS를 이해하는 것이 왜 중요하다고 생각하는가?
9. 당신은 어떤 종류의 커리어를 생각하고 있는가? 당신의 구체적으로 생각하고 있는 직업에선 어떻게 데이터, 정보, 비즈니스 인텔리전스, 지식을 사용하는가?
10. 시스템적 사고에 대해 설명하고 이것이 비즈니스 운영을 어떻게 돕는지 알아보자.
11. 당신이 회사를 위해 경쟁 우위를 개발하려고 한다면 어떠한 경영 전략을 쓸 것인가?
12. 결정을 내리는데 있어서 포터의 다섯 가지 경쟁 세력 모형이 하는 역할에 대해 설명해보라.
13. 구매자 교섭력에 영향을 주기 위해 우수 고객 관리 프로그램을 어떻게 쓸 수 있을까? 구매자와 공급자를 묶어두기 위해 회사는 인력 교체 비용을 어떻게 이용할 수 있을까?
14. 포터의 세 가지 본원적 전략이란 무엇이며, 왜 회사는 단 하나만을 따르는 것이 좋은가?
15. 고객만족도를 측정하기 위해 회사는 포터의 가치 사슬 분석을 어떻게 이용할 수 있을까?

데이터 분석 경력: 미래를 위한 핵심 역량

데이터 분석은 이론과 실무를 결합하여 관리자, 이해관계자 및 기타 조직 임원들이 더욱 정보에 기반한 의사 결정을 내릴 수 있도록 데이터 기반 인사이트를 파악하고 전달한다. 데이터는 지능형 주택, 지속 가능한 도시, 온라인 소매, 친환경 기업 등 모든 분야에서 비즈니스를 혁신하고 발전시키고 있다. 오늘날 비즈니스는 단순하다 – 바로 데이터 중심이다. 모든 형태의 데이터는 새로운 시장 개척, 병원 및 창고 인력 충원, 백신 개발 등 전략적 비즈니스 의사 결정에 필요한 인사이트를 제공한다. 모든 산업 분야의 조직은 기회를 파악하고 비즈니스 문제를 해결하기 위해 점점 더 데이터에 의존하고 있다.

오늘날 비즈니스 환경에서 경쟁하는 모든 사람은 업무를 수행하고 경력을 발전시키기 위해 데이터를 수집, 분석, 해독할 수 있어야 한다. 우리는 데이터가 금과 같으며, 성공적인 비즈니스 운영의 열쇠를 제공하는 정보화 시대에 살고 있다. 다음 사항을 고려해 보자.

- 우버는 단 한 대의 자동차도 소유하고 있지 않다.
- 에어비앤비는 단 한 대의 호텔이나 임대 숙소도 소유하고 있지 않다.
- 페이스북은 콘텐츠를 제작하지 않는다.
- Amazon은 어떤 제품도 생산하지 않으며, 재고도 보유하지 않는다.
- Zappos는 신발을 생산하지 않는다.

간단히 말해, 데이터는 비즈니스를 주도하고 디지털 방식으로 혁신하고 있다. 그 결과, 인력 구조의 변화에 따라 기업들은 데이터 활용 능력을 갖춘 인재를 찾고 있다. 이들은 데이터를 활용하여 비즈니스에 대한 통찰력을 제공하는 패턴을 분석한다. 의사 결정에 영향을 미치는 시각화를 통해 소통하는 것 또한 중요하다.

데이터 분석가 채용 시장은 활발하며, 데이터 관련 직무에 대한 채용 공고가 250만 건 이상이다. 미국 노동통계국은 2026년까지 1,150만 건의 데이터 관련 채용 공고가 생길 것으로 예상한다.

전 세계 비즈니스 분야에서 데이터가 폭발적으로 증가함에 따라 오늘날 가장 수요가 많고 급성장하는 분야 중 하나인 분석 분야가 탄생했다. 데이터 분석가의 평균 연봉은 8만 5천 달러에서 13만 8천 달러 사이이다. 놀랍게도, 거의 50%의 기업이 높은 연봉에도 불구하고 자격을 갖춘 데이터 분석가와 데이터 과학자 전문가를 찾는 데 어려움을 겪고 있다.

데이터 분석 능력이 경력 개발에 도움이 될 것이라고 생각한다면 이 과정이 여러분에게 딱 맞는다. 이 과정에서는 다음과 같은 내용을 배우게 된다.

- 데이터 분석 기법
- 데이터 변환 스타일
- 데이터 거버넌스
- 데이터 규정 준수
- 데이터 웨어하우징
- 데이터 기반 비즈니스 프로세스 자동화
- 데이터 윤리 및 개인정보 보호
- 데이터 보안

맥킨지 글로벌 연구소에 따르면, 도입 속도, 기술적 타당성, 기술 개발 속도, 사회 및 규제 준수 여부에 따라 2030년까지 전 세계 근무 시간의 30%가 자동화될 수 있다. 물론 자동화가 항상 나쁜 것은 아니다. 자동화는 새로운 일자리 창출로 이어질 수도 있기 때문이다. ATM이 처음 도입되었을 때, 은행들은 고객 만족도 향상을 위해 개인 맞춤형 서비스를 제공하기 위해 경쟁하면서 은행 직원 수를 실제로 증가시켰다. 개인용 컴퓨터의 발명은 타자기 제조, 비서 업무, 회계 업무를 포함하여 350만 개의 일자리를 없앴다.

그러나 컴퓨터 제조, 컴퓨터 과학자, 비즈니스 컴퓨터 전문가를 포함하여 1,900만 개의 일자리가 창출되었다. 현재 추정에 따르면 이 새로운 시대는 전 세계적으로 2천만~5천만 개의 새로운 일자리를 창출할 수 있다고 한다.

기술 혁신으로 사라지는 일자리

- 운전자
  자율주행차가 버스 운전사, 택시 운전사, 트럭 운전사 등을 대체
- 농부
  자동화된 농기계는 원격으로 제어되고, 유전자 변형 씨앗과 토양은 작물 재배 시간을 단축
- 영화배우
  영화배우의 실수 하나로 3억 달러 규모의 영화가 망가지며, 그린 스크린은 세트를 만들고 곧 배우들을 만들어냄
- 공장 및 패스트푸드점 직원, 계산원, 웨이터, 바텐더, 주식 중개인을 포함한 직원
  로봇이 이러한 기능을 대체하여 24시간 연중무휴로 더욱 효율적이고 효과적으로 작동하면서 임금이나 건강 보험 혜택이 전혀 없을 것임
- 군인, 파견원, 소방관, 경찰
  로봇과 드론이 이러한 위험한 직업을 대체

기술 혁신으로 창출되는 일자리

- 로봇 제조 및 서비스 기술자
  이러한 모든 새로운 로봇 장치는 유지보수 및 수리가 필요
- 빅데이터 및 인공지능 과학자
  데이터는 놀라운 속도로 생성되고 있으며, 결과에 대한 적절한 분석과 해석을 통해 이 분야는 성장
- e스포츠
  포트나이트와 같은 대작 게임이 정식 스포츠로 자리 잡음
- 유전자 설계자
  인공 신체 제작과 DNA 변형은 미래에 뜨거운 감자가 될 것임
- 사이버 보안 및 개인정보 보호 데이터 브로커
  새로운 기술은 새로운 문제를 야기하며, 사이버 보안은 오늘날 중요한 화두이며, 앞으로도 계속 성장할 것임

질문

1. 기술 혁신으로 인해 사라진 직업 중 하나를 선택하고, 어떤 기술이 그 직업을 사라지게 했고 무엇이 그 직업을 대체했는지 설명하라.
2. 기술 혁신으로 창출된 직업 중 하나를 선택하고, 이 산업에 참여하기 위해 필요한 전공을 기술하라.
3. 분석가가 위에서 새롭게 창출된 직업 중 하나를 위해 데이터를 정보와 비즈니스 인텔리전스로 어떻게 변환하는지 기술하라.
4. 포터의 5가지 힘 분석이 기술로 인한 직업 소멸을 어떻게 예측할 수 있었는지 설명하라.
5. 기술 혁신으로 창출된 직업 중 하나를 선택하고, 해당 산업에 대한 포터의 3가지 일반적인 전략을 만들어보라.

사물인터넷IoT

20여 년 전 MIT의 몇몇 교수들은 사물인터넷IoT에 대해 설명하기 시작했다. 사물인터넷은 상호 연결된 인터넷 지원 장치 또는 "사물"이 사람의 개입 없이 데이터를 수집하고 공유할 수 있는 것이다. 사물 인터넷의 또 다른 용어는 M2MMachine-to-Machine으로, 장치를 다른 장치에 직접 연결하는 것이다. 첨단 기술을 통해 이전에는 불가능하다고 생각했던 방식으로 장치가 연결되고 있으며, 2020년까지 500억 개 이상의 IoT 장치가 통신할 것으로 연구자들은 예측한다.

칫솔이 충치를 감지하고 치과에 방문하라고 말하는 것을 상상해 보라. 우유와 계란이 유통기한이 지났기 때문에 냉장고가 동네 식료품점에 주문했다면 어떨까? 예측에 따르면 앞으로 10년 동안 사람들이 온라인에서 삶을 공유, 저장 및 관리함에 따라 소유하고 있는 거의 모든 장치와 상상할 수 있는 거의 모든 물체가 인터넷에 연결될 것이다. 연기 감지기, 경보기, 냉장고, 스토브 및 창문은 이미 인터넷에 연결된 몇 가지 가정용 장치에 불과하며, IoT는 삶의 모든 것을 보다 효율적이고, 효과적이고, 안전하고, 건강하게 만드는 방법에 대한 정보를 공유한다. 사물 인터넷은 웨어러블 장치 및 장비의 센서 데이터를 분석 프로그램과 결합하여 전통적으로 감지할 수 없었던 분석결과를 알아내고 개인의 성과를 개선시킴으로써 우리의 일상생활에 더 깊이 파고들고 있다. IoT 시대의 놀라운 힘의 몇 가지 예는 다음과 같다:

- **스마트 요가 매트**: 스마트 요가 매트에는 요가 자세와 소모된 칼로리에 대한 피드백을 제공하는 센서가 포함되어 있으며, 집에서 편안하게 사용자에게 연습 가이드를 제공한다.
- **스마트 온도 조절기**: IoT는 실시간으로 정보를 공유하여 주택 소유자가 에너지 사용을 보다 효율적으로 관리할 수 있도록 한다. 시스템은 문이 열려 있는 경우 집주인에게 알리고, 방에 사람이 있을 때 각 방의 온도를 변경하고, 날씨와 집주인의 선호도에 따라 온도 조절기를 높이거나 낮춘다.
- **스마트 기저귀**: Pixie Scientific은 증상이 나타나기 전에 아기의 소변을 통해 감염, 탈수 또는 신장 문제의 징후가 있는지를 모니터링하는 센서가 있는 일회용 기저귀를 만들었다.
- **스마트 쓰레기통**: 펜실베니아주 앨런타운 시에서는 지역별 쓰레기통과 재활용통을 연결하여 쓰레기가 쌓여 있는 정도를 모니터링해서 쓰레기 수거 서비스를 위한 가장 효율적인 경로를 추천하는 데 사용한다.
- **스마트 테니스 라켓**: 프랑스의 테니스 라켓 제조업체인 Babolat가 400달러짜리 스마트 테니스 라켓인 Play Pure Drive를 개발하여 사용자가 찍는 모든 샷에 대한 데이터를 기록하여 분석 결과와 함께 사용자의 스마트폰으로 데이터를 전송한다.
- **스마트 프라이팬**: Pantelligent는 센서가 내장된 혁신적인 프라이팬으로, 음식의 온도를 측정하고, 언제 식재료를 넣고, 열을 가하고, 뒤집고, 덮고, 심지도 음식이 완성된 때를 스마트폰과 통신하여 사용자에게 알려줘서 실제로 요리하는 법을 배울 수 있도록 도와준다.

IoT 장치가 방대한 양의 데이터를 생성, 캡처 및 공유함에 따라 비즈니스의 미래는 빅 데이터에 기반을 둘 것이다. 현재 비즈니스 환경에서는 태초부터 2000년까지 수집된 모든 데이터보다 1초 만에 IoT 장치에서 더 많은 데이터를 수집하고 있다. 실제로 전 세계 데이터의 90% 이상이 지난 2년 동안 생성되었다. 1분마다 2억 400만 개 이상의 이메일이 전송되고 200,000개의 사진이 Facebook에 업로드된다. 어낼리틱스라는 용어, 데이터 분석 및 비즈니스 인텔리전스라는 용어는 모두 빅데이터를 말하며, 전 세계적으로 생성되는 방대한 양의 데이터를 말한다.

빅데이터를 이해하는 것은 회사 크기, 관점 또는 산업에 관계없이 모든 비즈니스의 지식 근로자에게 중요한 기술이 될 것이다. 미래의 관리자는 10년 전에는 불가능했던 방식으로 데이터를 분석하여 고객 행동을 예측하고, 비즈니스 프로세스를 최적화 및 개선하고, 추세 및 패턴에 대한 여러 변수를 분석할 수 있도록 책임을 질 것이다. 비즈니스 데이터의 총량은 1.2년마다 약 2배씩 증가한다. 빅데이터는 약 600만 개의 새로운 일자리를 창출했으며, 다음과 같은 분야에서 기업을 지원할 것이다.

- 구매 데이터를 소셜 미디어 데이터, 날씨 데이터, 경쟁업체 및 경제 데이터와 결합하여 소비자 행동을 이해한다.
- 현재의 교통정보, 차량정비자료, 지도자료를 배송프로세스 정보와 결합하여 상품 배송을 개선한다.
- 진단하고, 의약품을 추적하고, 궁극적으로 질병을 예측하여 헬스케어 치료를 최적화한다.
- 신용카드 사기, 보안시스템 데이터, 경찰 데이터 등을 분석하여 사이버 공격을 예방한다.

질문

1. 비즈니스에 미치는 잠재적 영향을 활용하여 사물인터넷을 설명하라. 또한 여러분이 현재 생활에서 사용하고 있는 IoT 기기를 3개 나열하라.
2. IoT 장치를 통한 데이터 수집 속도가 기하급수적으로 증가하고 있는 것을 비즈니스 관리자가 이해하는 것이 중요한 이유를 설명하라.
3. IoT 장치의 데이터를 어떻게 정보 및 비즈니스 인텔리전스로 변환하는지를 설명하라.
4. 스타트업 기업이 IoT 장치로부터 수집된 데이터를 사용하여 어떻게 더 나은 비즈니스 결정을 내릴 수 있는 지를 제안해보라.
5. "사물인터넷은 일시적인 유행일 뿐이며, 10년 안에 사라질 것입니다."라는 진술에 대해 찬반토론을 진행하라.

비즈니스 중심적 의사결정

1. 최고를 위해 일하기

매년 포춘Fortune지는 세계에서 가장 일하고 싶은 회사 100개의 목록을 만든다. 가장 최근의 목록을 찾아보자. 이 회사 순위를 매기기 위해 포춘지는 어떤 종류의 자료를 분석했을 것이라고 생각하는가? 만약 이 자료들의 분석에서 오류가 있다면 어떤 논쟁들이 생길 수 있을까? 이 목록을 분석함으로서 얻을 수 있는 지식은 어떤 것일까? 직업을 찾아보고 있는 학생이 이 목록을 분석함으로서 대답할 수 있는 질문 다섯 가지를 생각해보자

2. 평평한 세계에서 보기

마이크로소프트의 창업자인 빌 게이츠는 20년 전 대부분의 사람들은 중국의 천재보다 뉴욕에서 아주 평범한 학생 B가 되었을 것이라고 말했다. 선진국 학생들에게 주어진 기회는 무궁무진했기 때문이다. 오늘날 많은 사람들은 기술 발전으로 인해 뉴욕에 있는 B 학생보다 중국에서 천재로 성공하는 것이 더 쉬워졌기 때문에 그 반대가 사실이라고 주장한다. 그룹으로 나누어 게이츠의 말에 찬반토론을 진행하라.

3. 여러분의 데이터를 신뢰하는가?

데이터는 새로운 원유이다. 데이터는 사실에 기반한 결정을 하게 한다. 관리자는 데이터에 의존하여 비즈니스 결정을 내리게 된다. 잘못된 데이터에 기반하여 중요한 비즈니스 결정을 내리는 것을

상상할 수 있는가? 데이터를 신뢰하는지 자신에게 물어본 적이 있는가? 부정확하거나 품질이 낮은 데이터에 기반하여 비즈니스 결정을 내리면 어떻게 될까? 분명히 잘못된 결정을 내릴 가능성이 높으며, 이는 데이터를 사용하여 결정을 내릴 때 가장 큰 위험이다. 다음은 잘못된 데이터에 대해 중요한 결정을 내리는 함정에 빠진 조직의 몇 가지 예이다.

- 피델러티: 이 금융 회사는 배당금 보고서에 마이너스 기호가 누락되어 26억 달러의 손실을 입었다.
- 하버드: 두 명의 교수가 모든 데이터를 가져오지 못한 데이터의 평균 공식으로 잘못된 결론에 도달했다.
- 런던 올림픽: 10,000 값을 입력해야 하는데 20,000으로 오타가 발생하여 싱크로나이즈드 스위밍 이벤트 티켓 10,000개가 더 판매된 것으로 기록되었다.
- MI5: 영국 정보국은 스프레드시트에서 포맷을 잘못 설정하여 실수로 1,000개 이상의 잘못된 전화기를 도청했다.
- TransAlta: 이 캐나다 전력 회사는 단순한 잘라 붙이기cut-and-paste 오류 때문에 잘못된 가격으로 전력을 구매하여 2,400만 달러의 비용이 소요되었다.
- University of Toledo: 스프레드시트 공식에 오타가 있어서 등록자 수가 과대 산정되어 수익이 240만 달러 과도하게 부풀려졌다.

IBM은 잘못된 데이터로 인해 미국 기업이 연간 3조 달러 이상의 비용을 지출하는 것으로 추정했다. 데이터를 다루는 대부분의 사람들은 잘못된 데이터가 비용이 많이 든다는 것을 알고 있지만, 이 수치는 정말 엄청나다. 대부분의 기업은 고객 데이터를 분석하지만, 데이터가 잘못되면 비즈니스가 성공할 가능성이 거의 없다.

- 데이터가 부정확할 수 있다고 생각하는 이유는 무엇인가?
- 데이터가 올바른지 확인하기 위해 기업은 무엇을 할 수 있는가?
- 잘못된 데이터가 정보, 비즈니스 인텔리전스 및 지식에 미치는 영향을 설명하라.
- 잘못된 데이터를 기반으로 결정을 내린 적이 있는가? 그렇다면 동료와 공유하고 데이터 품질을 확인할 수 있었던 방법을 설명하라.
- "데이터가 없는 것보다 나쁜 데이터를 가지고 비즈니스 결정을 내리는 것이 더 낫다."는 다음 진술에 대해 찬반 논쟁을 하라.

4. 시스템 사고

시스템 사고는 전체를 부분의 합보다 더 큰 것으로 보는 것이 상상할 수 없는 놀라운 혁신과 적응으로 이어질 수 있다고 주장한다. 교육과정 등록 프로세스를 생각해 보라. 등록 프로세스에 대한 입력, 프로세스 및 출력을 나열해 보라. 그 과정 중 피드백을 찾아보자. 시스템을 전체적으로 보는 것이 교육과정 스케줄을 원활하고 효과적이게 만들었던 새로운 방법을 찾아내는 데 도움이 되었는가? 학생들에게 도움이 될 수 있는 강좌 등록의 새로운 혁신에는 어떤 것이 있을까? 수강신청을 하면 데이터가 어떻게 정보로 전환되는가?

5. 진실의 버전을 찾기 위해 데이터 다루기

이렇게 눈이 많이 내리고 날씨가 추운데 어떻게 지구 온난화란 말인가? 그것이 워싱턴 DC에 두 차례의 거대한 눈보라가 덮친 후 일부 사람들이 궁금해 했던 것이다. 수도 전역의 정치인들은 기후 변화의 존재에 대해 논쟁하면서 농담을 하고 이글루를 만들었다. 어떤 사람들은 지구에 눈이 온통 온난화될 수 없다고 결론지었다. 이러한 논평은 미국진보센터Center for American Progress의 물리학자이자 기후 전문가인 Joseph Romm을 좌절시켰다. 그는 이 추론이 왜 잘못되었는지에 대한 이유를 듣는 사람을 교육시키기 위해 데이터를 정보와 그래프로 변환하는 데 몇 주를 보냈다. 기후 변화는 데이터를 분석하여 추세를 감지하는 정보로 전환하는 것이다. 창밖을 내다보고 기후 변화를 관찰할 수는 없다. 트렌드를 이해하려면 고급 도구를 사용하여 수십 년 동안의 날씨 데이터를 검토해야 한다. 정치인, 경제학자, 뉴스 캐스터가 어려운 문제를 데이터가 의미하는 바에 대한 단순한 논쟁으로 몰아넣고 각자의 견해와 의제를 지원하기 위해 데이터를 해석한다. 데이터를 이해하고 유용한 정보로 전환해야 한다. 그렇지 않으면 누군가가 진실을 말하고 언제 거짓말을 하는지 이해하지 못할 것이다.

경제학자들이 경제를 측정하는 데 사용하는 두세 가지 유형의 데이터를 생각하자. 그들은 어떻게 데이터를 정보로 바꾸는가? 경제를 측정하려고 할 때 어떤 문제가 발생하는가? 관리자로서 경제 및 비즈니스 보고서를 읽거나 들을 때 무엇을 이해해야 하는가?

6. 정보화 시대에 정보 이슈

우리는 데이터의 수집, 저장, 사용이 핫 토픽인 정보화 시대에 살고 있다. 부적절하게 데이터를 다루는 하나의 예제는 한 대학의 사례에서 볼 수 있는데 이 대학에서는 화장실을 모니터링하기 위해 변기, 거울, 싱크대를 매 15초마다 관측하고 있다. 학생들, 교수들, 직원들은 화장실 데이터 수집 행위가 개인 프라이버시를 침해하고 있는 것이며, 권리의 위반이라는 불만을 제기하기 시작했다.

부적절한 데이터 다루기의 다른 예시는 한 대학의 회계 교수가 1,800명 학생들의 사회보장번호, 성적, 이름을 보관하고 있는 플래시 드라이브를 잃어버렸을 때 발생했다. 사회보장번호가 포함된 것은 1993년 이전에는 그 번호가 학생들의 id로 사용되었기 때문이다.

여러분의 대학은 어떤 종류의 학생 데이터를 모으는가? 만일 당신의 교수가 여러분의 모든 개인 정보가 담긴 드라이브를 잃어버렸다면 어떠한 일이 발생할 것인가? 누군가가 당신의 개인 데이터를 훔친다면 어떠한 이슈가 발생할 수 있는가? 당신의 대학은 이러한 데이터 관리 위반이 발생되지 않으려면 무엇을 해야 하는가?

7. 당신의 손자 손녀에게 해줄 수 있는 열 가지 최고의 말들

와이어드Wired지는 최근에 당신의 손자 손녀들에게 해 줄 수 있는 말들 상위 열 가지에 대한 기사를 실었다. 다음에 소개하는 표현들이 무엇을 의미하는지 생각해보고 왜 이것들이 시대에 뒤떨어진 것들이라고 여겨지게 될지 생각해 보자.

1. 옛날엔 말이야, 단 140글자만 필요했었어.
2. 예전엔 여기 눈이 엄청 많아서 발에 보드를 동여매고 미끄러져 내려 갈 수 있었어.
3. 텔레비전에서 하는 콘테스트에서는 머리에 자료를 가장 많이 저장하는 사람에게 상금을 줬었어.
4. 어디 보자. 스크린은 더 컸었지만, 하루에 특정한 시간에만 영화를 틀어 주었지.
5. 우리 모두 하나씩은 가지고 있었지만, 아무도 실제로 사용하진 않았어. 생각해보면 내 링크드인LinkedIn 프로필이 인터넷 어딘가에 떠돌고 있을걸.
6. 영어는 한때 지배적인 언어였다. 말도 안 되지?
7. 우리의 몸은 고기로 만들어져 있었고 칼슘으로 된 작은 막대기들로 지지됐었다.
8. 한때 우리는 우리 컴퓨터에 파일을 직접 저장했었고 그 파일에 접하기 위해선 그 똑같은 컴퓨터로 돌아가야 했어!
9. 그거 혹시 새로 나온 아이폰 27G야? 멀티태스킹 받았어?
10. 이 멍청한 인조고기vat-grown meat엔 적응을 못하겠어. 질감이 영 엉망이야.

8. 전 세계 데이터 공유

지난 몇 년 동안 데이터 수집률이 급증했으며, 일부에서는 지난 4년간 수집된 데이터가 인류 역사이래 수집된 데이터보다 더 많다고 추정한다. International Data Corporation에 따르면, 데이터 수집량은 4년마다 두 배로 증가했다. 스마트폰, 태블릿, 웨어러블 기기의 폭발적인 성장으로 인해 데이터는 모든 것으로부터 모든 곳에서, 항상 수집되는 것처럼 보인다. 데이터 수집량은 2년마다 두 배로 증가하고 있으며, 곧 6개월마다 두 배로 증가할 것으로 예상된다. 이는 엄청난 양의 데이터이다! 데이터 수집량이 폭발적으로 증가함에 따라 CTO, CIO, CSO는 민감한 기업 데이터 유출 위협 또한 기하급수적으로 증가함에 따라 매우 어려운 시기에 직면하고 있다. 최근 해커와 범죄자들은 대형 유통업체인 타겟과 심지어 연방준비은행의 민감한 데이터를 훔쳤다.

운영을 위해서는 민감한 데이터가 조직 외부의 파트너, 공급업체, 지역 사회, 정부 및 주주에게 전달되어야 한다. 학교에서 학생, 교수진 및 직원에 대해 수집하는 다섯 가지 유형의 민감한 데이터를 나열해 보라. 학교에서 또는 학교와 협력하는 이해관계자 목록을 검토해 보라. 각 이해관계자가 접근할 수 있는 민감한 데이터의 유형을 파악하고, 이 데이터 공유에 대해 우려 사항이 있는지 확인하라. 민감한 학생 데이터 유출에 대해 걱정하는가? 학교에서 데이터 유출 문제가 발생하지 않도록 어떻게 보장할 수 있는가?

9. 제품의 종말

포터의 5가지 경쟁 세력 모델은 산업과 시장 역학을 이해하는 데 필수적인 프레임워크이다. 여기에 나열된 범주 중 하나를 선택하고 포터의 5가지 경쟁 세력 모델을 사용하여 시장에서 어떤 일이 일어났는지 분석해 보자.

- PDA와 노트북 컴퓨터
- 주문형 영화와 블루레이 플레이어
- 디지털 카메라와 폴라로이드 카메라
- GPS 장치와 도로 지도
- 디지털 서적과 인쇄 서적
- 고화질 TV와 라디오

10. 상사를 상향식으로 관리하라

비즈니스 리더는 다음과 같은 (주요) 이유로 데이터, MIS 및 분석에 능숙해야 한다.

- 비즈니스 가치를 보장하기 위해서는 MIS 및 분석에 투자되는 막대한 비용을 관리해야 한다.
- 연구에 따르면 최고 경영진이 이러한 이니셔티브를 적극적으로 지원할 때 경쟁 우위 확보, 비즈니스 프로세스 간소화, 심지어 산업 전체의 혁신과 같은 여러 가지 이점을 실현한다는 것이 꾸준히 입증된다.
- 비즈니스 리더가 이러한 이니셔티브에 참여하지 않으면 시스템이 실패하고 매출이 감소하며, 관리가 제대로 되지 않은 시스템으로 인해 회사 전체가 실패할 수 있다.

기업은 어떻게 관리자를 MIS 및 분석에 참여시킬 수 있을까? 가장 큰 장점 중 하나는 관리자의 MIS 및 분석에 대한 개인적인 경험과 대학 수업과 같은 교육이다. 관리자가 경험과 교육의 긍정적인 이점을 이해하면 회사의 비즈니스 성공을 이끌 가능성이 높아진다.

당신의 상사는 데이터, MIS 및 분석의 가치를 이해하지 못한다. 사실, 그는 비즈니스 운영에 데이터가 필수적이라고 생각하지도 않는다. 데이터, MIS, 그리고 분석의 관계를 보여주는 3분 분량의 설득력 있는 프레젠테이션을 만들어 보라. MIS 시스템에서 데이터가 어떻게 수집되고, 어떻게 정보와 비즈니스 인텔리전스로 변환되는지, 그리고 분석을 통해 더 나은 의사 결정을 내리는 방법을 설명해야 한다. 창의력을 발휘하고 재미있게 참여하라!

11. 경쟁우위

세 가지 본원적 전략의 사용을 설명하기 위해 다음 그림을 보자. 표시된 매트릭스는 전략(비용 우위 대 차별화)과 시장 세분화(광범위 대 집중) 간의 관계를 보여준다.

- 현대는 광범위한 비용 우위 전략을 따르고 있다. 현대는 많은 고객들에게 어필하는 각각의 특정 모델 계층에서 저렴한 차량을 제공한다.
- Audi는 다양한 가격대에서 사용할 수 있는 Quattro 모델로 광범위한 차별화 전략을 추구하고 있다. Audi의 차별화 요소는 안전성이며, 다양한 계층의 고객들에게 다가가기 위해 자사 모델의 가격을 현대보다 높게 책정하였다.
- 기아는 보다 집중적인 비용 리더십 전략을 가지고 있다. 기아차는 주로 하위 모델 계층에서 저가 차량을 제공한다.
- Hummer는 Mercedes-Benz를 포함한 업계 최고의 차별화 전략을 제공한다.

여러분이 선택한 제품에 대한 각 전략을 표시하는 유사한 그래프를 만들어보자. 전략에는 다음 시장 각각에서 제품의 예가 포함되어야 한다. (1) 비용 우위, 광범위한 시장; (2) 차별화, 광범위한 시장; (3) 비용 우위, 집중된 시장; (4) 차별화, 집중된 시장. 잠재적 제품에는 시리얼, 애견 사료, 청량 음료, 컴퓨터, 샴푸, 스낵 식품, 청바지, 운동화, 샌들, 산악 자전거, TV 프로그램 및 영화가 포함된다.

12. 스마트 카팅

기업이 제품만으로 경쟁사와 차별화하는 것은 거의 불가능하다. 경쟁사는 클릭 한 번으로 귀사의 제품과 유사한 제품을 더 나은 품질로, 또는 더 저렴한 가격으로 제공할 수 있다. 경쟁에서 앞서 나가는 한 가지 방법은 정교한 분석을 통해 비즈니스 성과의 모든 측면을 이해하는 것이다. 분석을 통해 고객이 무엇을 원하는지 뿐만 아니라 얼마나 지불할 의향이 있는지, 그리고 무엇이 고객을 충성도로 유지하는지 파악할 수 있다. 기존 재고를 추적하고 향후 재고 수요를 예측하면 구매 패턴에 대한 통찰력을 얻을 수 있을 뿐만 아니라 상당한 비용 절감 효과를 통해 수익을 증대시킬 수 있다.

당신이 쇼핑 카트나 장바구니에 부착하여 매장 내 이동 패턴, 카트에 넣은 제품 및 제거된 제품, 그리고 총 구매 가격을 추적하는 IoT 기기를 만드는 사업을 시작하기로 결정했다고 하자. Target과 같은 기업은 귀사의 IoT 기기를 활용하여 어떤 비즈니스 전략을 얻을 수 있을까? 매장 내 트래픽 패턴을 분석하여 어떤 정보를 얻을 수 있을까? 카트에 넣은 제품 및 제거된 제품을 분석하여 어떤 비즈니스 인텔리전스를 얻을 수 있을까? 시간과 총 구매액 사이에 상관관계가 있다고 생각하는가? 이 정보를 활용하여 사업 운영을 개선하는 데 어떻게 활용할 수 있을까? 만약 매장을 운영한다면, 이 훌륭한 새 IoT 기기를 구매할 생각이 있는가?

13. 컴퓨터는 어디에나 있다

컴퓨터는 특정 명령어 집합에 따라 작동하는 프로그래밍 가능한 기계이다. 컴퓨터는 하드웨어(전자 장치를 위한 기계 및 하우징)와 소프트웨어(컴퓨터에서 사용하는 데이터가 저장된 프로그램)로 구성된다. 하드웨어에는 입력(키보드, 마우스), 출력(모니터 또는 프린터), 메모리, 저장 장치를 작동하는 운영체제를 제어하는 중앙 처리 장치CPU가 포함된다. 최초의 컴퓨터는 복잡한 수학 문제를 풀기 위해 설계된 거대하고 느린 기계였다. 1954년에 개발된 에니악ENIAC, Electronic Numerical Integrator and Computer은 최초의 디지털 컴퓨터 중 하나였다. 무게는 30톤에 달했고 수천 개의 진공관, 커패시터, 릴레이, 전기 장비로 구동되었다.

전 IBM 사장 톰 왓슨은 "전 세계 컴퓨터 시장은 아마 다섯 대 정도일 것 같다."라고 말한 것으로 유명하다. 분명히 세계 컴퓨터 시장은 다섯 대보다 훨씬 더 많았다!

오늘날의 커넥티드 기기는 집안 온도 조절부터 자동차 운전, 고급 분석 방정식 풀기까지 거의 모든 것을 할 수 있으며, 책상 위, 무릎 위, 손, 손목, 심지어 안경까지 어디에서나 찾아볼 수 있다. 그리고 스스로 학습하는 컴퓨터, 뇌-컴퓨터 인터페이싱, 광섬유 기술을 활용하는 양자 컴퓨터 등 앞으로 더 많은 기술이 등장할 것이다.

5년 전의 당신의 삶을 떠올려 보고, 현재 사용하고 있는 IoT 기기 중 5년 전에 발명되지 않은 기기 세 가지를 나열해 보라. 향후 10년 동안 어떤 유형의 IoT 기기가 출시될까? 당신의 IoT 기기는 어떤 유형의 데이터를 수집할까? 조직의 리더로서, 비즈니스 분석을 위해 IoT 기기에 정형 데이터와 비정형 데이터들 중 무엇을 선호하는가? 그 이유는 무엇인가?

14. 데이터는 거짓말을 할까?

동계 올림픽을 시청했다면, 아마도 우리나라와 그 나라의 훌륭한 선수들이 경쟁하는 모습을 보고 흥분했을 것이다. 매일 올림픽을 지켜보면서, 우리나라의 순위를 확인하기 위해 여러 웹사이트를 확인했을 것이다. 방문한 웹사이트에 따라 이 겉보기에 쉬운 질문에 대한 답은 매우 달랐을 것이다. NBC와 ESPN 네트워크에서는 미국이 2위, 소치 올림픽 공식 웹사이트에서는 미국이 4위를 차지했다. 동계 올림픽 우승국이라는 간단한 질문은 누구에게 질문하느냐에 따라 크게 달라진다.

그룹으로 다음 두 차트를 살펴보고, 국제적으로 인정받는 출처에서 상위 5개 우승국을 다르게 분류하는 이유를 브레인스토밍해 보라. 각 차트는 어떤 지표를 사용하여 우승국을 결정할까? 누가 우승국이라고 생각하는가? 관리자로서 사업 전망과 보고서를 읽거나 들을 때 무엇을 이해해야 할까?

NBC 뉴스에 따른 동계올림픽 메달 순위

순위	나라	금	은	동	총계
1	러시아	13	11	9	33
2	미국	9	7	12	28
3	노르웨이	11	5	10	26
4	캐나다	10	10	5	25
5	네덜란드	8	7	9	24

소치 올림픽 공식 웹사이트에 따른 동계올림픽 메달 순위					
순위	나라	금	은	동	총계
1	러시아	13	11	9	33
2	노르웨이	11	5	10	26
3	캐나다	10	10	5	25
4	미국	9	7	12	28
5	네덜란드	8	7	9	24

2

CHAPTER

디지털 전환: 의사결정, 프로세스, AI

SECTION 2.1
의사결정 지원 시스템

- 조직의 경영 의사결정 내리기
- 조직의 경영 의사결정 측정하기
- MIS를 이용하여 경영 의사결정 내리기

SECTION 2.2
디지털 전환: 비즈니스 프로세스와 AI

- 비즈니스 프로세스 관리하기
- MIS를 이용하여 비즈니스 프로세스 개선하기
- AI를 활용한 경영 의사결정과 디지털 전환
- AI의 여섯 가지 분야

IT는 나에게 무엇을 제공해 주는가?

오늘날 더 빠르고 더 스마트하게 일하는 것은 이제 모든 사람들에게 필수 요소가 되었다. 기업의 가치사슬은 비즈니스 프로세스를 얼마나 잘 설계하고 조정하느냐에 따라 직접적인 영향을 받는다. 만약 비즈니스 프로세스를 통해 운영비용을 낮추고, 차별화하며, 틈새시장에서 경쟁력을 갖출 수 있다면 이러한 비즈니스 프로세스는 경쟁 우위 확보에 큰 도움이 될 것이다. 그러나 비즈니스 프로세스가 운영에 걸림돌이 되고 효율성과 효과성을 저해하는 낡은 방식이라면 기업에 큰 짐이 될 수도 있다. MIS는 바로 이러한 비즈니스 프로세스를 분석하고 개선하는 능력을 갖고 있다. 따라서 MIS의 이러한 능력을 점검하는 것은 너무도 중요한 일이다.

이 장의 목표는 포터의 다섯 가지 경쟁 세력 모형과 세 가지 본원적 전략 그리고 가치사슬 분석을 확장하는 것이다. 경영관리자는 비즈니스 의사결정의 개념과 응용 능력을 학습하여 기업가치를 높이는 방법을 알게 될 것이다. 또한 이번 장에서는 21세기로 나아가는 기업들이 디지털 전환을 위한 인공지능 기반의 첨단 MIS를 어떻게 활용할 수 있는지를 알려 줄 것이다.

이 장을 읽고 나면, 경영을 공부하고 있는 당신은 의사결정, 자동화, 비즈니스 프로세스 리엔지니어링 등을 지원하는 정보시스템과 인공지능의 유형에 대해 세부 지식을 갖추게 된다. 이러한 지식은 조직이 효율성과 효과성을 향상시키고 경쟁 우위를 창출하고 유지하는 데 유용하다.

시작 사례 연구

인공지능: 버틀러 1.0에서 버틀러 2.0으로

여러분은 아마 발 킬머Val Kilmer, 벤 애플렉Ben Affleck, 크리스찬 베일Christian Bale, 혹은 롭 패틴슨Rob Pattinson과 같은 배우들이 출연한 DC 코믹스의 배트맨 버전 중 하나를 보았을 것이다. 누가 최고의 배트맨인지에 대한 선택은 다를 수 있지만, 우리는 모두 브루스 웨인Bruce Wayne의 숙련된 집사 알프레드Alfred를 사랑한다는 데 동의할 것이다. 알프레드는 단순히 브루스의 도덕적 나침반일 뿐만 아니라, 매우 유능한 조력자이다. 알프레드는 배트맨이 의료 진단을 받는 것부터 전략적 임무 수행에 필요한 정보를 수집하는 것까지 모든 일을 돕는다. 배트맨에게 알프레드보다 더 나은 조력자가 있을 수 있을까?

이제 등장하는 집사 업그레이드 2.0, 자비스Jarvis가 아닐까? 자비스는 마블 영화에서 토니 스타크가 만든 인공지능 개인 비서이다. 자비스는 단순한 집사가 아니다. 그는 토니의 기술과 자원을 관리한다. 그리고 데이터를 분석해 위협을 식별하고 전략적 조언을 제공하며, 심지어 아이언맨 슈트까지 제어한다. 토니는 음성 명령으로 자비스와 상호 작용할 수 있으며, 자비스는 유머와 재치 넘치는 답변을 건네기도 한다.

만화 속 세계에서 집사 1.0에서 집사 2.0으로 업그레이드는 과연 어떻게 가능했을까? 바로 새롭고 흥미진진한 AI 시대가 열렸기 때문이다. 오늘날 비즈니스에서 활용되는 몇 가지 AI 사례를 살펴보면 다음과 같다.

- **자율주행 차량**Autonomous vehicles: 자율주행 자동차는 센서와 카메라로 수집한 실시간 데이터를 AI와 머신러닝 알고리즘을 이용하여 분석하고 주행 결정을 내린다.
- **사기 탐지**Fraud detection: 사기 탐지 시스템에서 대량의 데이터를 분석하고 패턴 및 이상 징후를 식별하여 잠재적인 사기 행위를 감지하는 데 AI가 활용된다.
- **의료**Healthcare: 질병 진단, 신약 개발, 맞춤형 치료 계획 수립 등 다양한 의료 분야에서 AI가 활용된다.
- **이미지 및 음성 인식**Image and speech recognition: 보안 시스템에서 사용되는 얼굴 인식 기술이나 음성을 텍스트로 변환하는 소프트웨어 등 이미지 및 음성 인식 기술에 AI가 활용된다.
- **추천 시스템**Recommendation systems: 아마존이나 넷플릭스에서 사용되는 추천 시스템에 AI가 활용된다. 이러한 추천 시스템은 머신러닝 알고리즘을 이용해 사용자 데이터를 분석하고 맞춤형 추천을 제공한다.
- **로봇 기술**Robotics: 청소 로봇이나 조립 로봇처럼 자율적으로 작업을 수행하는 로봇은 AI와 머신러닝 알고리즘을 활용하여 주변 환경을 탐색하고 최적의 방식으로

작업을 수행한다.

- **음성 비서**Voice assistants: 아마존의 알렉사Alexa나 애플의 시리Siri 같은 음성 비서는 자연어 처리NLP와 머신러닝 알고리즘을 활용하여 사용자의 명령과 질문을 이해하고 응답한다.

AI 기술이 발전하고 개선됨에 따라 더욱 혁신적인 활용 사례들이 등장할 것이다. 하지만 스파이더맨이 사랑하는 삼촌 벤Ben의 말을 기억하자. "큰 힘에는 큰 책임이 따른다." 이 말은 세상을 변화시키고 영향을 미칠 수 있는 사람들은 그 힘을 책임감 있고 윤리적으로 사용해야 한다는 점을 강조한다. 이는 AI에도 적용되며, 앞으로 AI를 규제하는 새로운 법률과 정부의 엄격한 준수 요구가 더욱 증가할 것이다.

section 2.1 | 의사결정 지원 시스템

학습 성과

2.1 조직의 전략, 관리, 운영 수준에 있는 각각의 경영자들이 내리는 의사결정의 중요성과 주요 특징들에 대해 설명할 수 있다.

2.2 핵심 성공 요인CSF과 핵심 성과 지표KPI를 정의하고, MIS 프로젝트의 성과를 측정하기 위해 경영자들이 이들을 어떻게 사용하는지 설명할 수 있다.

2.3 운영 지원 시스템, 관리 지원 시스템, 전략 지원 시스템을 분류하고, 경영자들이 의사결정을 내리고 경쟁 우위를 얻기 위해 이 시스템을 어떻게 이용할 수 있는지를 설명할 수 있다.

조직의 경영 의사결정 내리기

1장에서는 기업이 원가 우위나 차별화, 혹은 집중화를 통해 얻는 경쟁 우위를 바탕으로 시장에 진입할 수 있다는 포터Porter의 전략에 대해 살펴보았다. 이러한 결과를 얻기 위해 경영자들은 의사결정을 내리고, 미래의 비즈니스 요구사항을 예측할 수 있어야 한다. 오늘날 경영자들이 직면하는 가장 중요하고 어려운 질문은 현재의 비즈니스 환경에서 어떻게 경쟁 우위를 확보하고, 또 동시에 어떻게 미래의 성공에 필요한 기반을 마련하는가이다. 내일을 위한 전략을 개발하고 있지 않다면, 기업에게 미래란 없을 것이다.

1장에서 살펴보았듯이 의사결정은 경영의 가장 중요하고도 어려운 부분이다. 이러한 의사결정은 다양하다. 가령, 몇 개의 물품을 주문할까, 몇 명을 고용할까 하는 일상적인 의사결정이 있는가 하면, 주요 직원이 갑자기 그만둔다든지, 필요한 재료가 도착하지 않

그림 2.1
경영 의사결정의 난관들

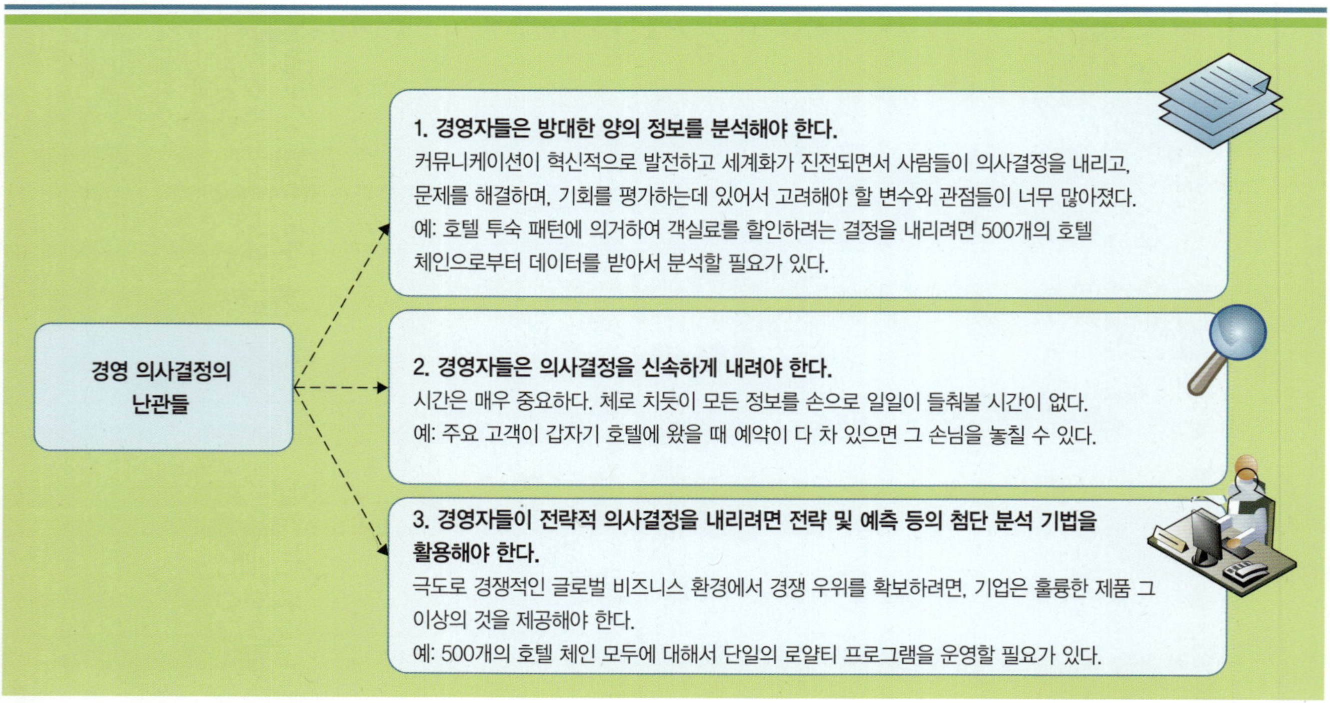

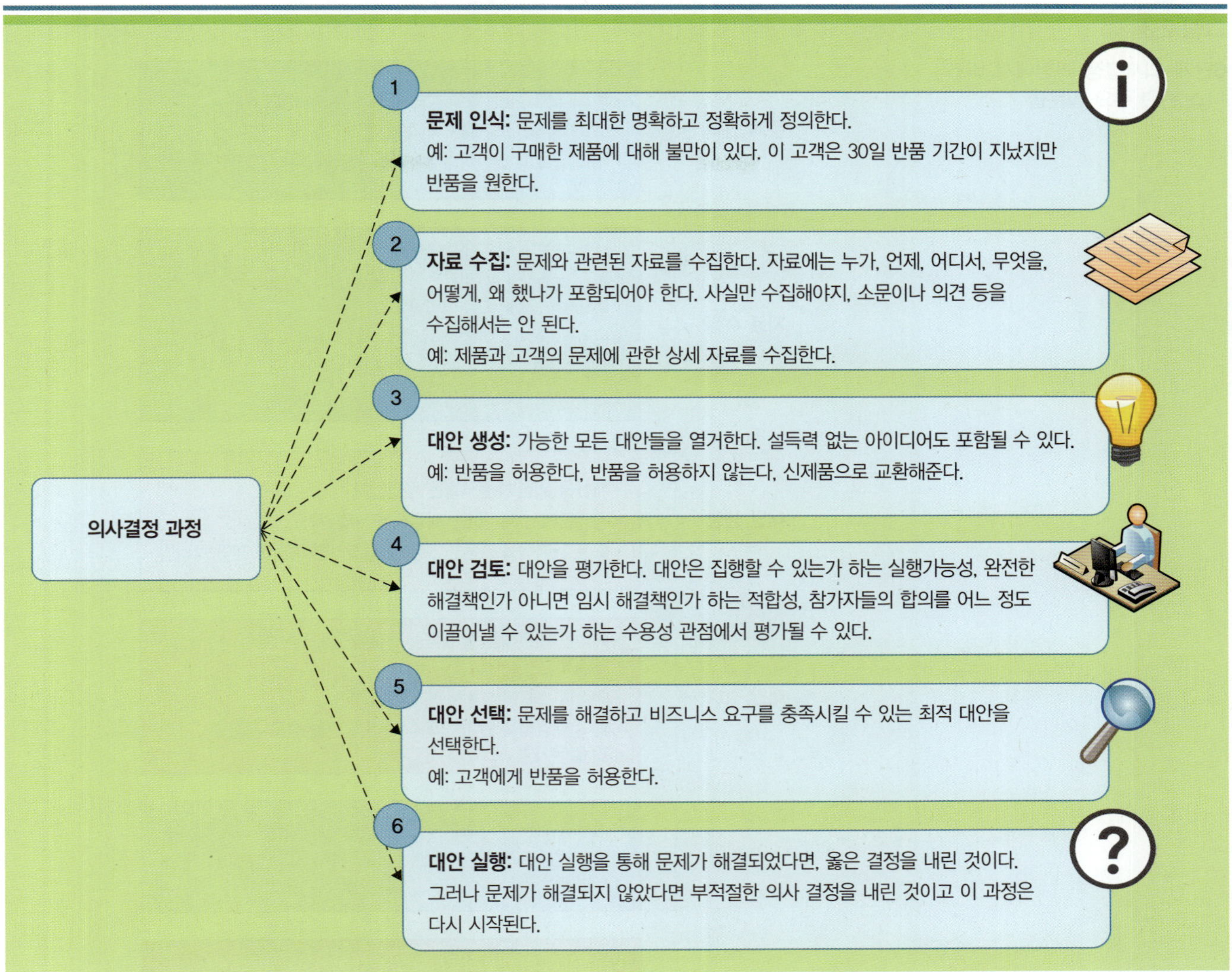

그림 2.2
여섯 단계의 의사결정 과정

았다든지 해서 내려야 하는 예상치 못한 의사결정도 있다. 오늘날의 경영자들에게는 매우 복잡한 의사결정을 방대한 분량의 정보를 이용해서 신속하게 내려야 하는 어려움이 있는데, 때로는 인간의 뇌로는 감당할 수 없을 정도로 복잡하고 막대한 정보를 기반으로 해야 할 정도이다. 그림 2.1은 경영자들이 의사결정을 내릴 때 마주치게 되는 세 가지 주요 난관들을 보여주고 있다.

의사결정 과정

조직의 프로젝트들은 크게 운영적, 관리적, 전략적 수준에서 진행된다. 의사결정 과정은 이러한 프로젝트의 커뮤니케이션과 리더십에 있어서 매우 중요하다. 다양한 아카데믹 의사결정 모형들이 있는데 그림 2.2는 그 중의 한 예를 보여준다. 그림 2.3은 6단계 의사결정 과정에서 비즈니스 관련 주요 질문들이다.

의사결정의 핵심사항

MIS 의사결정 도구들의 쓰임을 이해하려면 조직구조에 관한 몇 가지 핵심 개념들을 파

그림 2.3

6단계 의사결정 과정에서 비즈니스 관련 주요 질문들

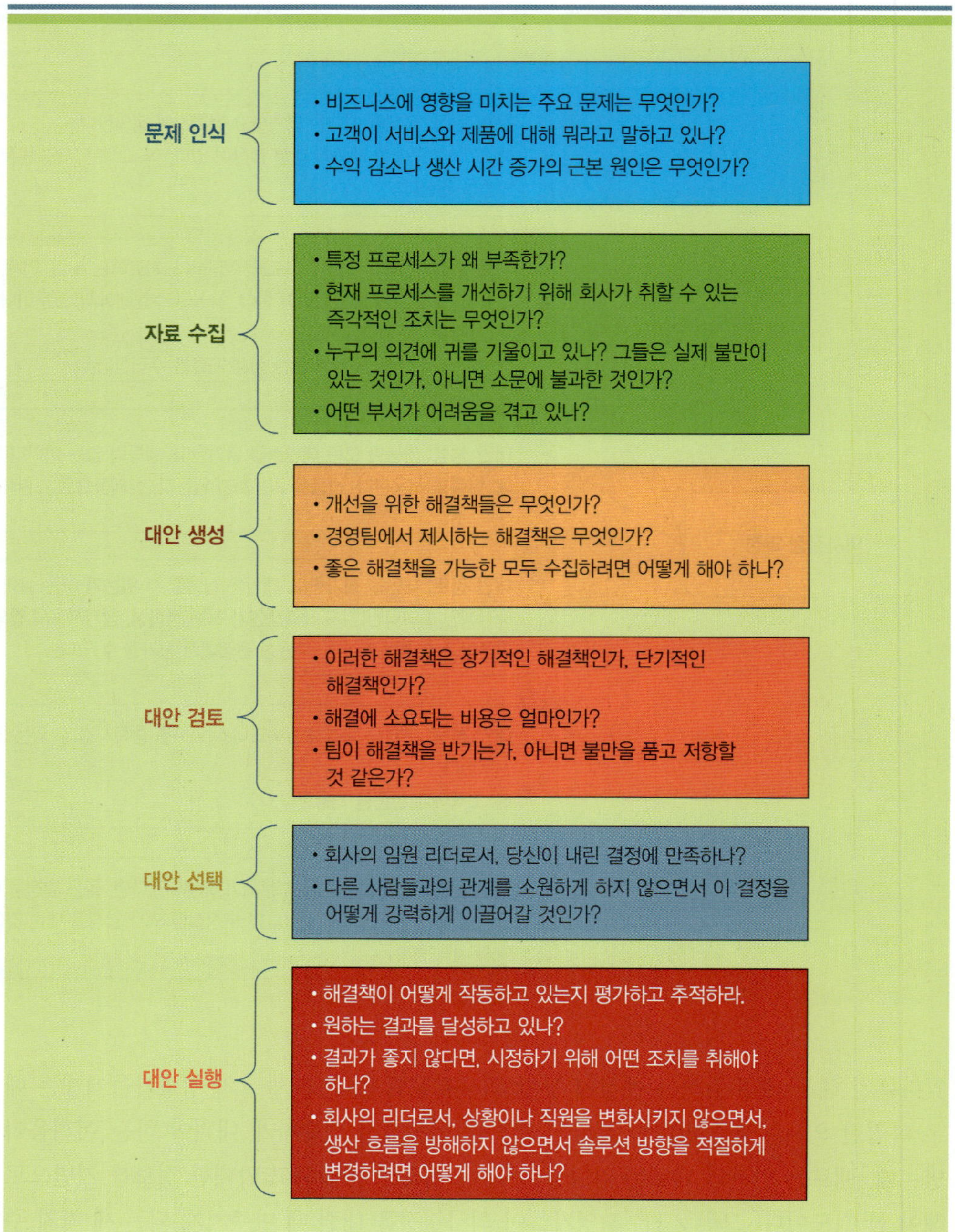

악해볼 필요가 있다. 전형적인 조직구조는 피라미드와 유사하며, 조직 수준별로 의사결정, 문제해결, 기회포착에 요구되는 정보 유형이 다르다(그림 2.4 참조).

수준1: 운영적 의사결정

당신은 오늘 아침 집을 나서기 전에 몇 가지 결정을 내렸을 것이다. 공부하거나 수업에 참석할 때 무엇을 먹을지, 날씨와 일상 활동에 따라 무엇을 입을지 결정했을 것이다. 이러한 결정들은 운영 수준에서 내려지는 결정의 전형적인 예이다.

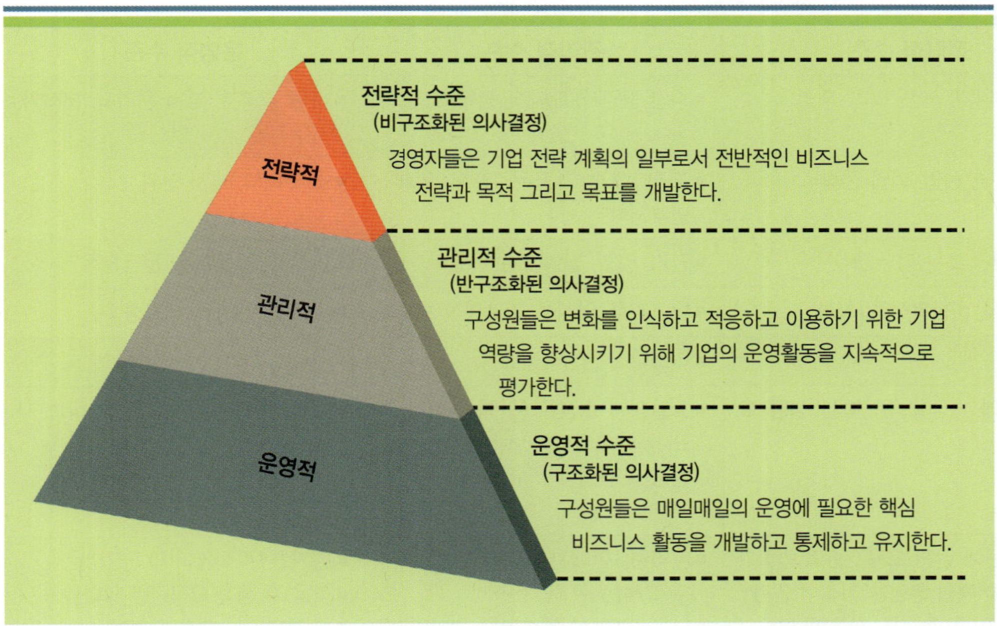

그림 2.4

일반적 기업의 조직구조

- **운영적 수준**operational level: 직원들은 날마다의 운영에 필요한 핵심 비즈니스 활동들을 개발하고, 통제하고, 유지한다.

대부분의 직원들은 운영적 수준에서 비즈니스를 지속적으로 운영하기 위해 필요한 필수적인 작업을 수행한다. 운영적 수준의 직원들은 운영적 의사 결정을 내린다.

- **운영적 의사결정**operational decision: 기업의 매일 수행하는 업무 방식에 영향을 미친다. 예를 들어, 고객과 가장 가까운 곳에서 일하는 운영 관리자operatons manager가 운영적 의사결정의 영역에 해당된다.
- **구조화된 의사결정**structured decisions: 제시된 솔루션의 수행 과정이 명확히 정의되거나 규칙이나 지침으로 정리되고 나면 의사결정은 구조화된다.

운영적 의사결정은 구조적 의사결정에 해당된다. 구조적 의사결정 상황에서는 기존의 확립된 업무처리 절차에 따라 일을 처리하면 문제가 해결된다. 구조적 의사결정은 빈번히 내려지고, 대부분 반복되며, 단기 전략에 영향을 준다. 전형적인 구조적 의사결정의 예로 재고의 재주문, 직원 현황 표 작성, 주별 생산계획 작성 등이 있다. 그림 2.5에는 운영적 의사결정의 핵심 사항이 정리되어 있다. 측정 척도를 제외한 나머지 모든 사항들은 익숙할 것이다. 측정 척도는 나중에 자세히 살펴본다.

수준2: 관리적 의사 결정

경쟁 우위를 가진 회사는 빠르게 따라오는 경쟁자들보다 앞서기 위해 지속적으로 전략을 조정하고 수정할 필요가 있다. 관리자는 비즈니스를 발전시키는 데 도움이 되는 많은 결정을 내린다. 수 개월 진행되는 한 학기 수업 일정을 선택하는 것은 관리 수준의 의사결정에 해당된다.

	전략적 수준	관리적 수준	운영적 수준
구성원 유형	■ 고위 경영자, 사장, 리더, 중역	■ 중간 경영자, 매니저, 감독	■ 하위 경영자, 부서 관리자, 분석가, 사무직원
초점	■ 조직 외부, 산업, 기업 전체	■ 조직 내부(가끔은 조직 외부), 범부서적	■ 조직 내부, 부서 단위
시간 개념	■ 장기, 연간 또는 다년간	■ 단기, 일별, 월별 또는 연별	■ 단기, 매일 매일의 운영활동
의사결정 유형	■ 비구조적, 비반복적, 일회성	■ 반구조적, 임시적, 비계획적 보고	■ 구조적, 반복적, 재발성
MIS 유형	■ 지식	■ 비즈니스 인텔리전스	■ 정보
측정 척도	■ 효과성에 초점을 둔 핵심 성공 요인CSF	■ 효율성에 초점을 둔 핵심 성과 지표KPI와 효과성에 초점을 둔 핵심 성공 요인CSF	■ 효율성에 초점을 둔 핵심 성과 지표KPI
예	■ 향후 3년에 걸친 고용수준의 변화가 기업에 어떠한 영향을 미칠 것인가? ■ 산업의 어떤 추세를 분석할 필요가 있나? ■ 기업의 경쟁 우위 창출을 위해 어떤 유형의 신제품과 신시장이 필요한가? ■ 내년의 경기침체가 비즈니스에 어떤 영향을 미칠 것인가? ■ 새로운 세법에 대비하려면 기업은 무엇을 준비해야 하는가?	■ 지역별, 판매사원별, 제품별 최우수 고객은 누구인가? ■ 다음 달 예상 매출액은 얼마인가? 이것이 작년 같은 기간의 실제 매출액과 비교해서 어떠한가? ■ 예상 매출액과 실제 매출액 간의 월별 차이는 얼마인가? ■ 전월 마케팅 캠페인이 매출액에 어떠한 변화를 주었나? ■ 다음 달에는 어떤 유형의 특별 보고서를 작성해야 할까?	■ 병가를 낸 직원이 몇 명인가? ■ 다음 주 생산 요구량은 얼마인가? ■ 차고에 있는 재고가 얼마나 되나? ■ 급여 시스템을 실행했을 때 어떤 문제가 발생했나? ■ 다음 주에 휴가인 직원이 누구인가? ■ 오늘 몇 개의 제품을 생산해야 하는가?

그림 2.5

의사결정의 개요

- **관리적 수준**managerial level: 구성원들은 변화를 인식하고, 적응하고, 이용하기 위한 기업 역량을 향상시키기 위해 기업의 운영활동을 지속적으로 평가한다.

관리적 의사결정에는 기업의 사업목표와 정책 및 절차에 따른 단기 계획과 중기 계획, 일정 계획, 예산 등이 포함된다. 또한, 관리적 의사결정에는 자원을 할당하고, 조직 내 하부 조직의 성과를 점검하는 것이 포함된다. 성과를 점검해야 하는 하부 조직으로 부서나 부분, 프로세스 팀, 프로젝트 팀, 그 외의 워킹 그룹 등이 있다.

- **관리적 의사결정**managerial decision: 기업이 수립한 경영전략의 목적과 목표를 어떻게 달성할 것인가를 다루고, 경영관리의 상중하 수준에서 중간 수준의 책임을 진다.
- **반구조적 의사결정**semistructured decision: 반구조적 의사결정은 기존의 확립된 업무처리 절차가 대안 평가에 유용하지만 좋은 의사결정을 내리기에는 불충분한 상황에서 내려진다.

관리적 의사결정은 반구조적 의사결정에 해당된다. 예를 들어, 신제품을 생산하거나 직원의 복리후생을 변경하는 의사결정은 비구조적 의사결정과 반구조적 의사결정의 중간쯤에 해당한다. 그림 2.5에는 관리적 의사결정의 핵심 사항이 정리되어 있다.

수준3: 전략적 의사 결정

모든 결정이 쉽고 간단하게 내려지는 것은 아니다. 대학 전공을 결정해야 했던 경험에서 아마 잘 알고 있을 것이다. 전공 선택은 당신의 삶에 지속적인 영향을 미치는 어려운 결정이며, 직장 면접에 무엇을 입을지를 결정하는 것과 같은 일상적인 결정보다 훨씬 더 많은 분석이 필요한다.

- **전략적 수준**strategic level: 경영자들은 기업 전략 계획의 일부로서 전반적인 비즈니스 전략과 목적 그리고 목표를 개발한다.

전략적 수준에서는 정치적, 경제적, 경쟁적 비즈니스 환경에서 조직의 전략적 성과와 전체적 방향을 진단한다.

- **전략적 의사결정**strategic decisions: 조직의 전반적인 방향과 관련된 상위 수준의 문제를 다루는 것이다. 조직의 미래 비전과 전반적인 목표를 설정하는 것은 전략적 의사결정에 속한다.
- **비구조적 의사결정**unstructured decisions: 올바른 의사결정을 내리는데 지침으로 삼을 만한 규칙이나 절차가 없는 상황에서 내려진다.

전략적 의사결정들은 비구조적 의사결정에 해당된다. 비구조적 의사결정은 아주 가끔 매우 중요하게 내려지고, 장기 전략과 관련되어 있다. 예를 들어, 향후 3년 안에 어떤 신시장을 개척할 것인가, 또는 어떤 새로운 산업에 진출할 것인가 하는 의사결정이 비구조적 의사결정에 해당된다. 이러한 의사결정에서 경영자들은 대안을 찾기 위해 수많은 정보들을 탐색하고 개인의 통찰력을 발휘한다. 그림 2.5에는 전략적 의사결정의 핵심 사항이 정리되어 있다.

조직의 경영 의사결정 측정하기

저명한 경영학자인 피터 드러커Peter Drucker는 "측정할 수 없으면 관리할 수 없다"라고 말한 적이 있다. 그렇다면 경영자들은 복잡한 비즈니스 프로젝트의 진행 과정을 어떻게 측정하는가? 프로젝트의 예로서 새로운 지하철역 공사, 극장 체인점의 온라인 발권 소프트웨어 프로그램 도입 등을 들 수 있다.

- **프로젝트**project: 기업이 특정한 제품이나 서비스 혹은 결과를 만들어 내기 위해 수행하는 일시적 활동을 의미한다.
- **지표**metrics: 결과를 평가하기 위해 측정하는 것으로, 경영자들은 지표를 확인함으로써 프로젝트가 목표를 충족하고 있는지를 점검해 볼 수 있다.

대표적인 두 가지 핵심 지표는 핵심 성공 요인CSF: critical success factors과 핵심 성과 지표KPI: key performance indicators이다.

- **핵심 성공 요인**CSF: 기업이 목적과 목표를 달성하고 전략을 추진하기 위해 반드시 수

비즈니스 중심적 스킬셋

내 의사결정은 어느 수준에 해당되는가?

다음 각각의 의사결정이 운영적, 관리적, 전략적 결정 중에서 어디에 해당되는지 생각해 보자.

의사결정	운영적 의사결정	관리적 의사결정	전략적 의사결정
병가 낸 직원 수는 몇 명인가?			
다음 달 예측 판매량은 얼마인가?			
지난 달 마케팅 캠페인 할인이 주요 제품에 어떠한 영향을 주었나?			
내년 이자율 인상이 매출에 어떤 영향을 줄 것인가?			
건강 보험법의 변경이 향후 5년 동안 회사에 어떤 영향을 미칠 것인가?			
지난 급여 계산 과정에서 오류가 몇 건 있었나?			
지난 달 예상 판매량과 실제 판매량의 차이는 얼마인가?			
새로운 세법이 비즈니스에 미치게 될 영향은 무엇인가?			
다음 주 생산 계획은 어떻게 수립하면 되는가?			

행해야 하는 필수적 요인들을 의미한다(그림 2.6 참조).

- **핵심 성과 지표**KPI: 기업이 정한 핵심 성공 요인CSF을 향해 어느 정도 가고 있는지를 평가하기 위해 사용하는 양적 지표들을 의미한다. KPI는 CSF보다 훨씬 더 구체적이다.

KPI 사용 목적은 경영진이 수립한 목적과 목표를 향해 나아가는데 가장 중요하다고 판단하는 과업과 프로세스에 주의를 집중하는 데 있다. KPI는 조직마다 다르다. 예를 들어, 상장 회사의 KPI는 주식 가격일 수 있고, 정부의 KPI는 낮은 실업률일 수 있다. KPI는 같은 조직이라도 구성원이 수행하는 역할에 따라 다르다. 예를 들어, 최고경영자CEO는 수익성을 가장 중요한 KPI로 볼 수 있고, 같은 회사에서 일하는 영업 팀장은 서비스 수준협약SLA의 성공적 이행 횟수를 가장 중요한 KPI로 볼 수 있다.

핵심 성공 요인과 핵심 성과 지표의 관계를 이해하는 것은 중요하다. CSF는 비즈니스 전략이 성공하기 위해 꼭 필요한 요소들이다. KPI는 수량화할 수 있는 측정 도구를 이용

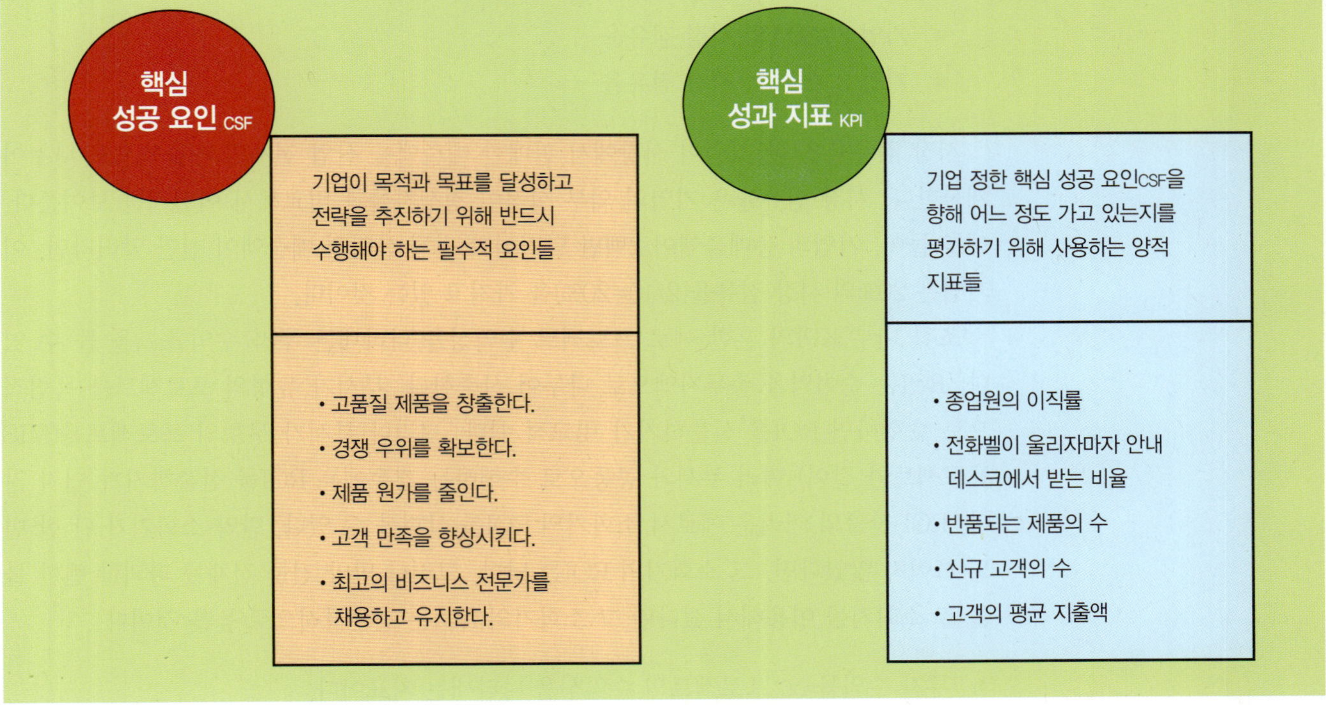

그림 2.6
CSF와 KPI 지표

하여 CSF의 진행 과정을 측정한다. 하나의 CSF에 여러 개의 KPI들이 있을 수 있다. 물론, 두 항목들은 기업별 또는 산업별로도 서로 다르다. CSF의 예로서 대학의 '졸업 성과 개선'에 대해 생각해 보자. '졸업 성과 개선'이라는 CSF는 다음과 같은 KPI로 측정할 수 있다.

- 코스별, 성별 평균 학점
- 성별, 전공별 중도탈락률
- 성별, 전공별 평균 졸업생 비율
- 성별, 전공별 학생 지도 시간

적합한 KPI를 선택하는 일은, 부분적으로는 지표를 실제 측정하는 조직 능력에 달려 있다. 일반적으로 관리 팀이 요구 사항을 수집하고 지표 간의 관계를 분석하는 것으로 시작하지만, 결과적으로 KPI를 실제 적용하여 KPI가 지향하는 행위를 측정하는 것으로 완료되기 때문이다. 각각의 KPI는 그 상위의 수준을 지원함으로써 조직의 모든 수준이 같은 전략 목표를 향해 함께 일할 수 있도록 해야 한다. KPI는 조직 외부와 내부를 측정하는데 초점을 둘 수 있다. 조직 외부 KPI의 흔한 예로 기업이 시장에서 차지하는 비율을 의미하는 시장 점유율을 들 수 있다. 시장 점유율을 이해하는 것은 기업의 시장 내 위치와 경쟁 상황을 파악하는 데 필수적이며, 비즈니스 전략과 의사 결정에 중요한 정보를 제공한다.

- **시장 점유율**market share: 기업이 차지하는 시장의 비율을 의미한다. 예를 들어, 세 개의

기업이 있을 경우, 이들은 100%의 시장 점유율을 각각 다른 비율로 나누어 가진다.

- 기업 1: 50%의 시장 점유율
- 기업 2: 30%의 시장 점유율
- 기업 3: 20%의 시장 점유율

시장 점유율은 한 기업이 시장에서 판매한 매출액을 산업 전체의 매출액으로 나누어 계산한다. 시장 점유율은 기업의 외부 실적이 경쟁자들과 비교해서 어떤지를 보여준다. 예를 들어, 기업의 총매출액이 2백만 달러이고 전체 산업의 매출액이 천만 달러라면, 이 기업은 20%의 시장 점유율(2/10=20%)을 가지고 있는 것이다.

조직 내부 KPI의 흔한 예로 프로젝트 수익성을 나타내는 투자 수익률ROI을 들 수 있다. ROI는 순이익을 총투자액으로 나누어 산출한다. 부서가 유형의 프로젝트를 독립적으로 수행하면 ROI를 산출하기가 비교적 쉽다. 그러나 부서가 무형의 프로젝트를(MIS 프로젝트와 같이) 여러 부서와 공동으로 수행하는 경우에는 ROI를 산출하기가 쉽지 않다. ROI 산출의 어려운 예로서 소화기의 ROI를 살펴볼 수 있다. 만약 소화기가 단 한 번도 쓰이지 않았다면, 그 소화기의 ROI는 낮다. 그러나 만약 건물 전체를 파괴할 뻔한 불을 그 소화기를 이용해서 껐다면 그 소화기의 ROI는 천문학적으로 높을 것이다.

- 투자 수익률ROI: 프로젝트의 수익성을 나타내는 지표이다.
  예를 들어, 한 기업이 신제품을 홍보하기 위해 마케팅 캠페인에 20,000달러를 투자했다고 가정하자. 이 캠페인은 3개월 동안 60,000달러의 매출을 창출하였다. 해당 마케팅 캠페인의 ROI는 200%이다. (60,000 − 20,000) / 20,000×100%
  이 예에서 마케팅 캠페인의 ROI는 200%로, 초기 투자 금액의 두 배에 해당하는 수익을 창출했음을 의미하며, 투자 결정이 수익성이 있다고 볼 수 있다.

경영진은 KPI 모니터링을 통해 조직의 문제를 확인할 수 있다. 문제가 발견되면 경영진은 이를 어떻게 수정할 것인가를 결정해야 한다. KPI가 너무 많아도 문제가 될 수 있다. 왜냐하면 조직 구성원의 행동 초점을 흐리게 하고 관리자가 지표 우선 순위를 결정하고 핵심 지표에 집중하는 것을 어렵게 만들기 때문이다. 따라서 많은 성공적인 회사들은 KPI의 범위를 제한하여 적은 지표들로 조직 내 개인의 성과를 평가하도록 한다.

MIS 프로젝트의 성공을 측정하기 위한 KPI를 만들 때 비슷한 난관에 봉착한다. 기업의 이메일 시스템에 대해 생각해 보자. 경영자들은 기업 전체에서 사용하는 이메일의 비용과 수익을 어떻게 하면 부서별로 추적할 수 있을까? 사용량을 측정하는 것은 수익성을 반영하지 못한다. 왜냐하면 영업 이메일 하나가 백만 달러짜리 계약을 성사시키는 데 기여할 수도 있지만, 300개의 이메일이 아무런 수익을 올리지 못할 수도 있기 때문이다. 인적 자원이나 법률 등의 지원부서는 이메일을 사용하지만 수익을 올리는데 기여하지는 못한다. 이러한 이유 때문에 많은 경영자들은 효율성이나 효과성과 같은 보다 높은 수준의 측정 지표를 이용하여 MIS 프로젝트들을 측정한다.

- **모범사례**best practice: 특정 조직이나 산업에서 개발되어 최고의 성과를 낸 문제 해결 방

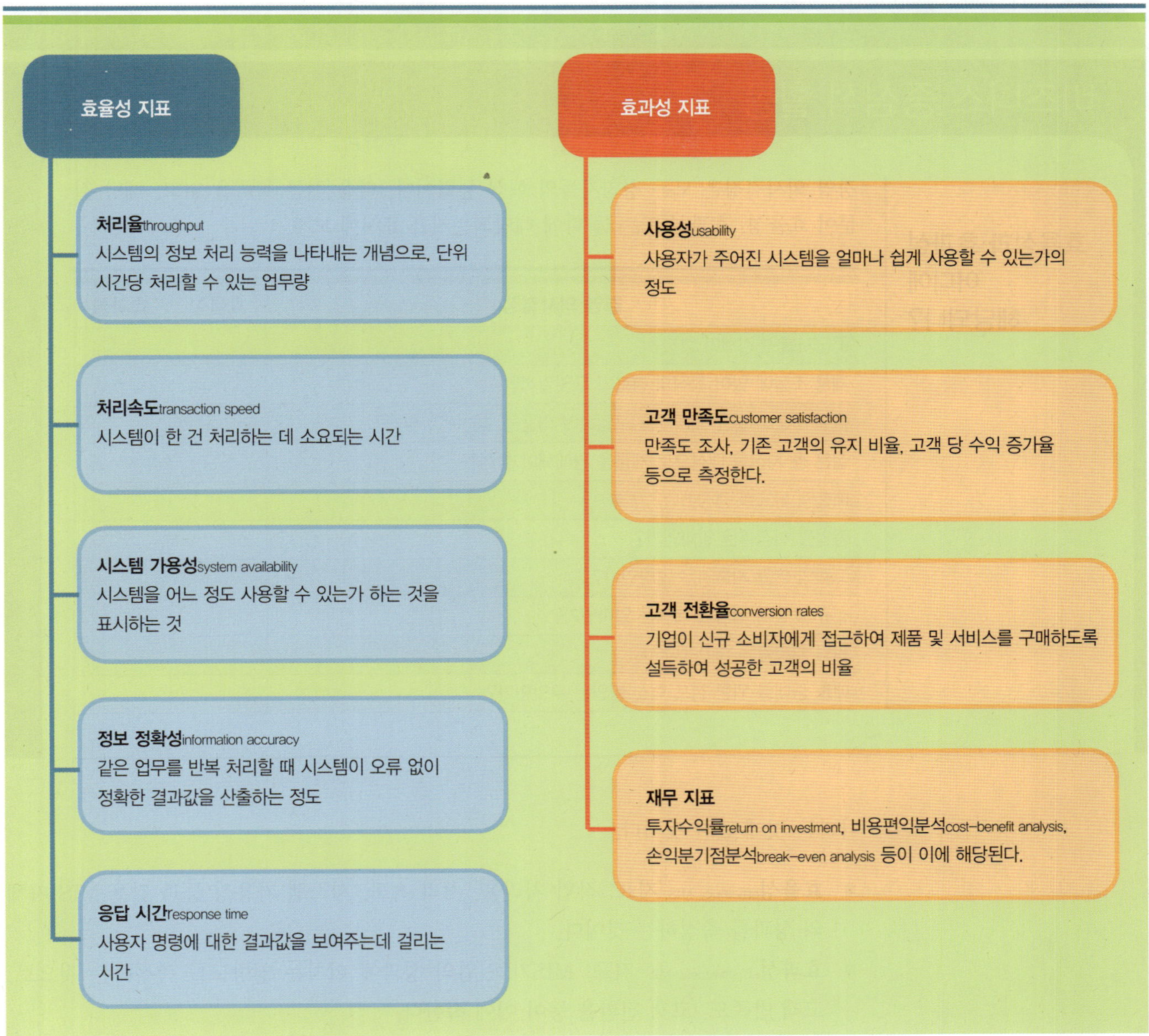

그림 2.7

MIS 분야의 효율성 지표와 효과성 지표 예시

식이다. 비즈니스 모범 사례의 간단한 예로는 중요한 데이터와 파일을 정기적으로 백업하는 것이 있다. 이를 통해 기업은 컴퓨터 오류, 도난 또는 기타 예상치 못한 사건이 발생하더라도 중요한 정보를 잃는 것을 방지할 수 있는 것이다. 모범 사례를 관찰하고 실행하는 것은 비즈니스 성공을 보장하는 훌륭한 방법이다.

효율성 지표와 효과성 지표

효율성과 효과성에 대한 피터 드럭커의 다음 표현은 이 두 개념을 구분하는데 유용하다. '일을 올바르게 하는 것Doing things right은 효율성이고, 올바른 일을 하는 것Doing the right things은 효과성이다.'라는 말이다. 즉, 효율성은 주어진 자원을 투입하여 더 나은 결과를 도출하는 것에 관한 것이고, 효과성은 목표를 올바르게 설정하고 설정한 목표를 실제 달성해

비즈니스 중심적 활동

효율성과 효과성 어디에 해당되나?

경영 의사결정은 모든 경영자들의 핵심 능력이다. 다음 질문 목록을 읽고, 해당 질문이 효율성, 효과성 또는 둘 다에 해당되는지를 표시해 보자.

경영 의사결정	효율성	효과성
공급자를 변경해야 할까?		
제품 조달에 있어 최적의 경로가 무엇일까?		
품질 수준이 낮은 원자재를 구입하여 비용을 절감해야 할까?		
젊은 층 시장을 대상으로 제품을 판매해야 할까?		
매출액 목표를 결정했나?		
종업원 이직률은 얼마인가?		
고객의 평균 지출액은 얼마인가?		
신규 고객의 제품 구매액은 얼마인가?		
일일 처리량은 증가했나?		
매출 증대를 위한 점포 혁신 방안은 무엇인가?		

나가는 것에 관한 것이다.

- **효율성**efficiency MIS 지표: 작업 처리율, 처리 속도, 시스템 가용성 등과 같은 MIS 자체의 성과를 측정하는 것이다.
- **효과성**effectiveness MIS 지표: MIS가 기업의 성과에 미치는 영향도를 측정하는 것으로, 고객 만족도, 고객 전환율 등이 이에 속한다.

효율성은 기업이 주어진 자원을 얼마나 잘 사용하는가에 초점을 맞추고, 효과성은 기업이 목적과 목표를 얼마나 잘 달성하는지에 초점을 맞춘다. 그림 2.7은 흔히 사용되는 효율성과 효과성에 관한 MIS 지표들이다. 물론 이러한 지표들은 시장 점유율이나 ROI처럼 명료하지는 않지만 프로젝트의 성과 측정을 위한 귀중한 통찰력을 제공한다.

생산성이 큰 폭으로 증가했다면 보통 이것은 CSF 중심의 효과성 증가로 인해 비롯된 것일 수 있다. 그러나 효율성 MIS 지표는 측정하기가 매우 쉽다. 따라서 경영자들은 MIS 프로젝트의 성과를 측정하는데 쉬운 효율성 지표를 이용하는 경향이 있는데 이것은 적절하지 않다. ATM 기기의 성과를 측정한다고 해 보자. 효율성 MIS 지표 측면에서 경영자는 거래 처리량, 평균 거래 금액, 건당 처리속도 등을 측정할 수 있다. 이 지표들은 정확한 시스템 성능을 알려주지만, ATM 기기의 효과성과 관련된 중요한 많은 부분을 제공하지 못한다. 효과성 MIS 지표들 예로, ATM의 위치나 사용 용이성으로 인해 은

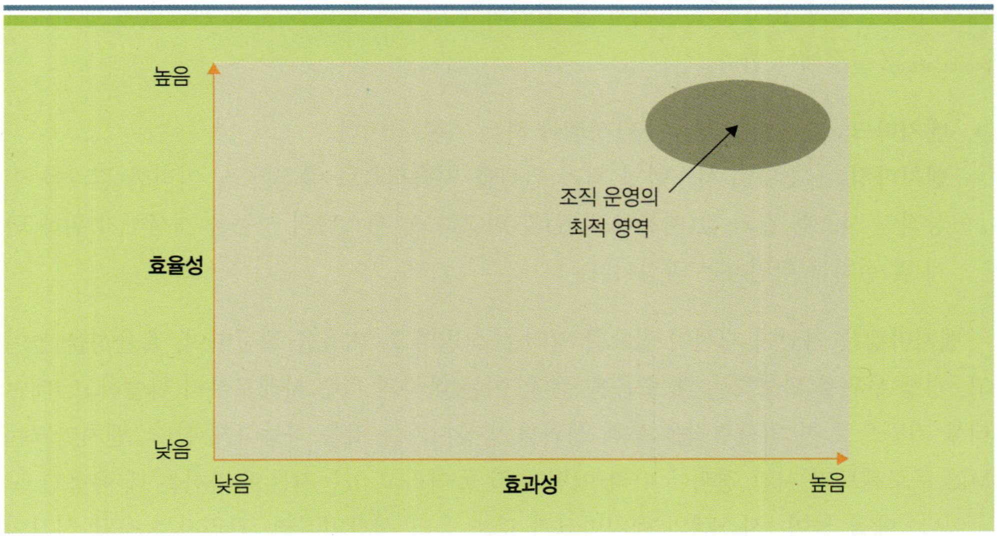

그림 2.8
효율성과 효과성의 상호 관련성

행의 신규 고객이 얼마나 증가했는지 측정하는 것을 들 수 있고, ATM 수수료 인하로 인해 또는 영화티켓 판매, 고객의 대기시간 절약, 부가가치 혜택 제공 등과 같은 ATM 부가 서비스로 인해 고객 만족도가 얼마나 증가했는지 측정하는 것을 들 수 있다. 훌륭한 경영자가 되려면 효과성 MIS 지표가 제공하는 가치를 분별하고 이용하는 능력을 확보하고, MIS 프로젝트와 관련된 제반 효과를 분석할 줄 알아야 한다.

효율성과 효과성의 상호 관련성

효율성과 효과성은 밀접하게 관련되어 있다. 주의할 것은 그렇다고 해서 한 부분에서 의 성공이 다른 부분의 성공까지 보장하지는 않는다는 것이다. 효율성 MIS 지표는 기술 그 자체에 초점이 맞춰져 있다. 비록 이러한 효율성 MIS 지표를 점검하는 것은 중요하지만 그렇게 한다고 해서 효과성이 보장되지는 않는다.

효과성 MIS 지표는 조직의 목적과 목표와 전략에 따라서 결정된다. 효과성 MIS 지표를 정할 때는 저원가 전략(예: 월마트) 등과 같은 기업의 CSF를 고려해야 하고 또한 신규 고객 10% 향상, 신제품 제품 개발 주기 6개월 단축 등과 같은 KPI를 고려해야 한다.

그림 2.8은 효율성과 효과성의 상호 관련성을 보여준다. 이상적인 것은 효율성과 효과성이 둘 다 높은 우상향 위치에서 기업을 운영하는 것이다. 그러나 항상 그런 것만은 아니다. 어떤 경우에는 최상의 효율성과 최소한의 효과성을 띠는 좌상향 위치에서 기업을 운영하는 것이 전략적으로 맞을 때도 있고, 또 어떤 경우에는 최소한의 효율성과 최상의 효과성을 띠는 우하향 위치에서 기업을 운영하는 것이 적절할 때도 있다. 그러나 최소한의 효율성과 최소한의 효과성을 띠는 좌하향 위치에서 기업을 운영하는 것은 대부분 바람직하지는 않다. 빅데이터를 통해 관리자는 측정값을 실시간 지식으로 전환할 수 있으며, 이는 의사결정을 개선하고 기업의 효율성과 효과성을 향상시키는 데 직접적으로 기여한다.

경영자는 무슨 프로세스를 측정하느냐, 그 프로세스를 어떻게 측정하느냐, 그 프로세스가 효율성과 효과성 측면에서 잘 처리되고 있느냐 등의 여부와 관계없이 벤치마크 benchmark를 설정해야 한다.

- **벤치마크**benchmark: 시스템이 달성해야 하는 기준 값이다.
- **벤치마킹**benchmarking: 시스템의 처리 결과를 지속적으로 측정하고, 이러한 결과를 이상적인 시스템 결과 값(벤치마크 값)과 비교하고, 시스템의 성능을 개선하기 위해 단계 및 절차를 확인하는 과정이다.

벤치마킹은 기업이 개선이 필요한 영역을 식별하고, 비용을 절감하며, 효율성을 높이고, 경쟁 우위를 확보하는 데 도움을 준다. 이는 타사의 우수 사례로부터 학습하고, 데이터를 기반으로 한 의사결정을 통해 성과를 향상시키는 것을 가능하게 한다. 벤치마크는 MIS 프로젝트가 시간 경과에 따라 어떻게 잘 돌아가고 있는지를 평가하는 데 유용한 도구이다. 예를 들어, 시스템의 벤치마크가 15초 응답 시간이라면, 관리자는 응답 시간이 15초가 될 때까지 계속해서 처리시간을 줄여 나갈 것이다. 만약 응답 시간이 갑자기 1분으로 늘었다면, 그 관리자는 시스템이 올바로 작동하지 않음을 인지하고 문제점을 찾기 시작할 것이다. 관리자들은 MIS 프로젝트를 벤치마크와 지속적으로 비교함으로써 시스템 관리에 필요한 피드백을 얻게 된다.

MIS를 이용하여 경영 의사결정 내리기

지금까지 의사결정의 핵심 요소들을 살펴보았다. 이제는 경영자들이 MIS를 이용하여 의사결정을 내릴 때 얻게 되는 이점에 대해 알아보자.

- **모델**model: 현실을 추상화한 것으로서 현상의 주요한 특성을 설명할 수 있도록 주된 요소만으로 간략화하여 표현한 것이다. 모델의 간단한 예로는 식당에서 서빙할 때 받을 수 있는 팁을 예측하는 분석 모델을 들 수 있다. 예를 들어, 15퍼센트의 팁을 받는 모델이라면, 100달러의 계산서에 대해 15달러의 팁을 받는다. 모델을 또 다른 방식으로 생각해보면, 하나의 방정식이라 할 수 있다. 15퍼센트의 팁 비율을 기준으로 팁을 예측하는 모델 또는 방정식은 다음과 같다: 팁 = 계산서 × 0.15.

경영자는 모델을 이용하여 리스크를 계산하고, 불확실성을 이해하며, 변수를 조정하고, 의사결정 시간을 조정할 수 있다. MIS 지원 시스템들은 계산 및 분석 루틴 모델을 이용한다. 이러한 루틴 모델은 변수 들 간의 관계를 수학적으로 표현한다. 예를 들어, 마이크로소프트 오피스 엑셀 같은 스프레드시트 프로그램은 시장 점유율이나 ROI를 계산하는 모델을 포함하고 있다. MIS는 이보다 훨씬 더 복잡한 모델 관계를 표현하는 성능과 기능을 가지고 있어서 사용자에게 정보, 비즈니스 인텔리전스, 지식 등을 제공해준다. 그림 2.9는 조직 수준별로 의사결정을 지원하는 MIS의 세 가지 주요 유형을 보여주고 있다.

제1수준: 운영 지원 시스템

거래처리 정보는, 가령 상품을 구매하거나, 비행기표를 예약하거나, ATM기에서 현금을

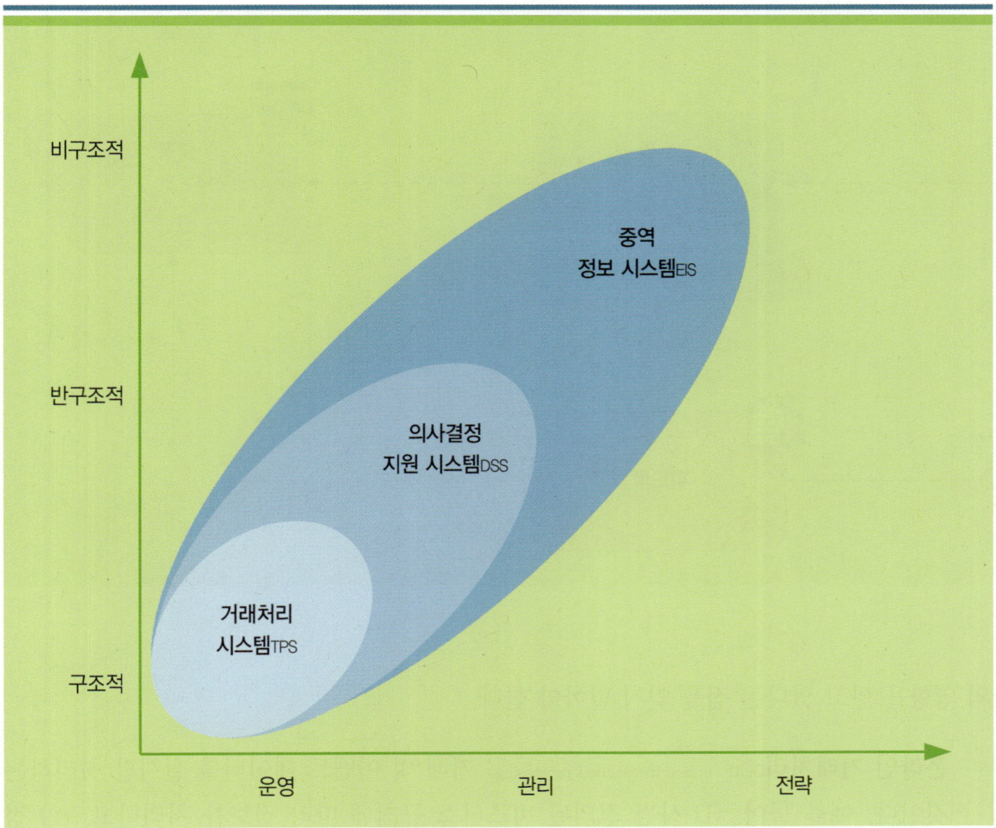

그림 2.9

의사결정을 지원하는 MIS의 세 가지 주요 유형

인출할 때 생성된다. 경영자들은 일일 판매 현황을 분석하고, 재고 보유 수준을 결정하는 등의 운영적 수준에서의 구조화된 의사결정을 내릴 때 거래처리 정보를 이용한다.

- **거래처리 정보**transactional information: 하나의 업무 처리 과정, 즉 단위 업무 내의 모든 정보를 포함한다. 거래처리 정보의 주요 목적은 날마다 수행하는 운영적 수준의 구조화된 의사결정을 지원하는 것이다.

기술 업계에는 유명한 격언이 있다. 바로 "Garbage in is garbage out(GIGO: 쓰레기를 넣으면, 쓰레기가 나온다)."이다. 내가 회사에서 가장 뛰어난 데이터 분석가라 하더라도, 분석의 정확성은 분석에 사용된 데이터가 정확할 때만 보장된다. 그러나 많은 분석가들이 데이터의 품질에 대해 묻는 것을 잊고, 지나치게 빠르고 자신감 있게 반응하곤 한다.

흔히 인용되는 통계에 따르면, 전체 스프레드시트의 80% 이상에 오류가 존재한다고 한다. 왜 스프레드시트에 이렇게 많은 오류가 존재할까? 이유는 간단하다. 스프레드시트는 사람이 만들고, 사람은 실수를 하기 때문이다. 따라서 데이터가 고품질일 것이라고 가정해서는 안 되며, 항상 데이터 품질을 사전에 검증하는 작업을 수행해야 한다. 이러한 검증 작업은 본격적인 분석에 들어가기 전에 많은 노력을 요구하지만, 결과적으로 훨씬 더 신뢰도 높은 의사결정을 가능하게 해준다. 부정확한 데이터는 큰 비용을 초래할 수 있다. 오늘날 수많은 결정이 데이터에 기반하고 있는 만큼, 나도 모르게 나쁜 데이터

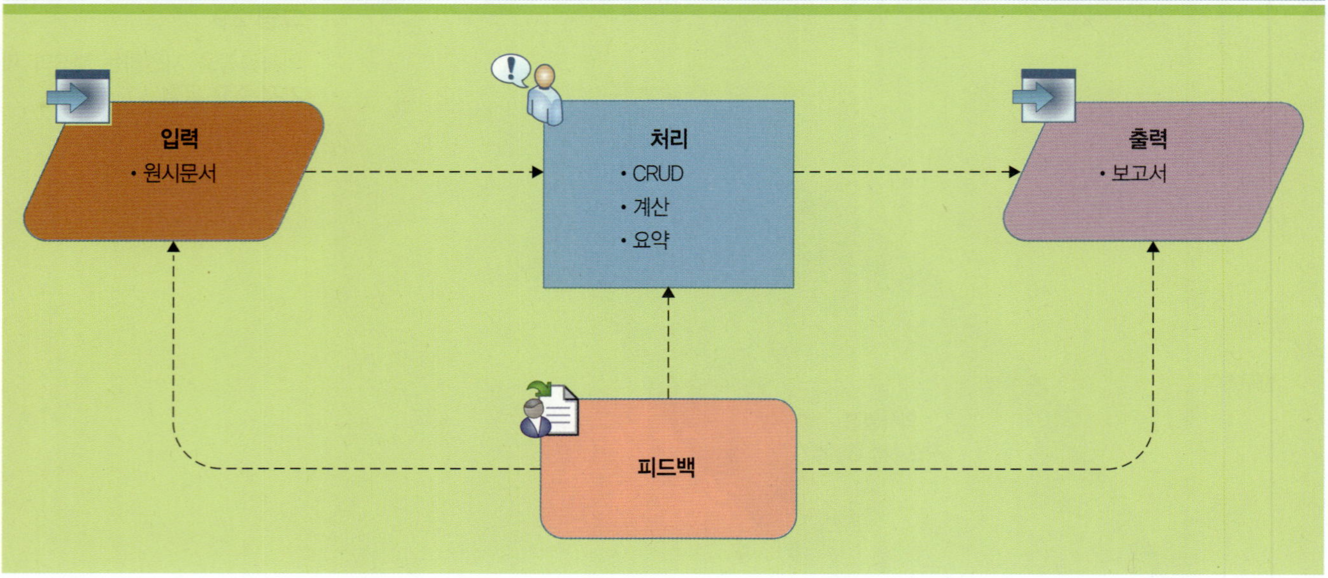

그림 2.10

시스템적 사고 관점에서 본 TPS

의 영향을 받고 있다는 점을 잊지 말아야 한다.

- **온라인 거래처리**OLTP: online transaction processing: 거래 및 이벤트 데이터를 실시간 처리하는 것이다. 예를 들어, (1) 사전 정의된 비즈니스 규칙에 따라 정보를 처리하고, (2) 정보를 저장하고, (3) 이전 정보를 새로운 정보로 갱신한다. 조직은 OLTP를 통해 거래 및 이벤트에 대한 모든 세부 사항들을 확보해야 한다. 정확한 데이터 수집은 데이터 분석의 정확성을 보장하며, 이는 곧 신뢰할 수 있는 보고서 작성으로 이어진다.
- **거래처리 시스템**TPS: transaction processing system: 조직 내 운영적 수준(분석가들)을 대상으로 하는 구조화된 의사결정을 지원하는 기본적인 비즈니스 시스템이다. TPS의 가장 일반적인 예는 소매점이나 식당에서 고객 주문을 처리하는 POSpoint-of-sale 시스템이다. POS 시스템은 각 거래를 기록하는데, 여기에는 거래 날짜, 구매한 품목, 수량, 가격 등이 포함된다.
- **원시문서**source documents: 최초의 거래 기록 자료이다. 예시로는 송장, 영수증, 구매 주문서, 은행 명세서, 근무 시간표 등이 있다.

입력, 처리, 출력의 시스템적 사고 관점에서 살펴보면, 거래처리 시스템의 입력input은 원시문서이다. 급여 처리 시스템의 원시문서는 근무 시간 기록표, 임금률, 복리후생비 등을 포함한다. 처리process는 급여를 계산하고 복리후생비를 요약하기 위해 직원 자료를 생성creating, 읽기reading, 갱신updating, 삭제deleting하는(첫 글자만 따서 CRUD라고도 함) 절차를 포함한다. 출력output은 개인 급여 명세표 출력, 급여 종합 보고서 작성 등을 포함한다. 그림 2.10은 TPS를 시스템적 사고 관점으로 표현한 것이다.

제2수준: 관리 지원 시스템

분석 정보는 거래처리 정보뿐만 아니라 시장과 산업에 대한 정보도 포함한다.

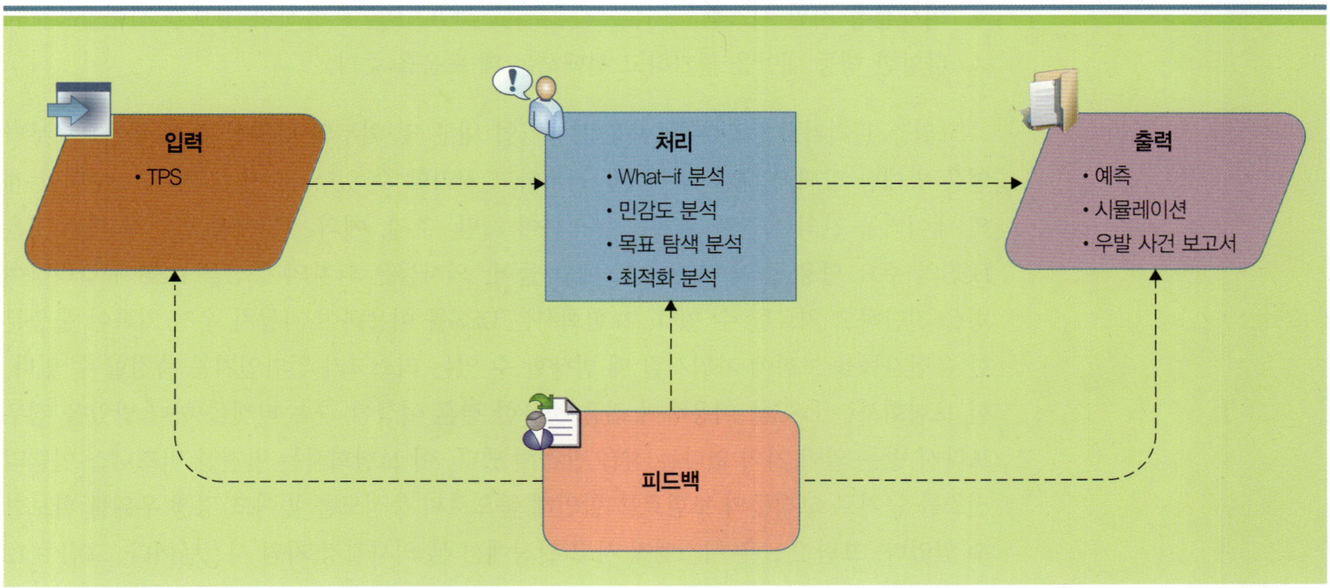

그림 2.11

시스템적 사고 관점에서 본 DSS

- **분석 정보**analytical information: 조직의 모든 정보를 포함한다. 이는 관리적 분석, 즉 반구조화된 의사결정을 지원하는 것이 주된 목적이다.

분석 정보의 예로 추세, 매출액, 제품 통계, 미래 성장 가능성 등을 들 수 있다. 관리자들은 새로운 조립 공장 건설, 영업 사원 추가 고용 등과 같은 중요한 반구조화된 의사결정을 내릴 때 분석 정보를 이용한다.

- **온라인 분석 처리**OLAP: online analytical processing: 정보를 가공하여 전략적 의사결정에 필요한 비즈니스 인텔리전스를 만들어 내는 것이다.

그림 2.12

TPS와 반구조적 의사결정을 지원하는 DSS의 관계

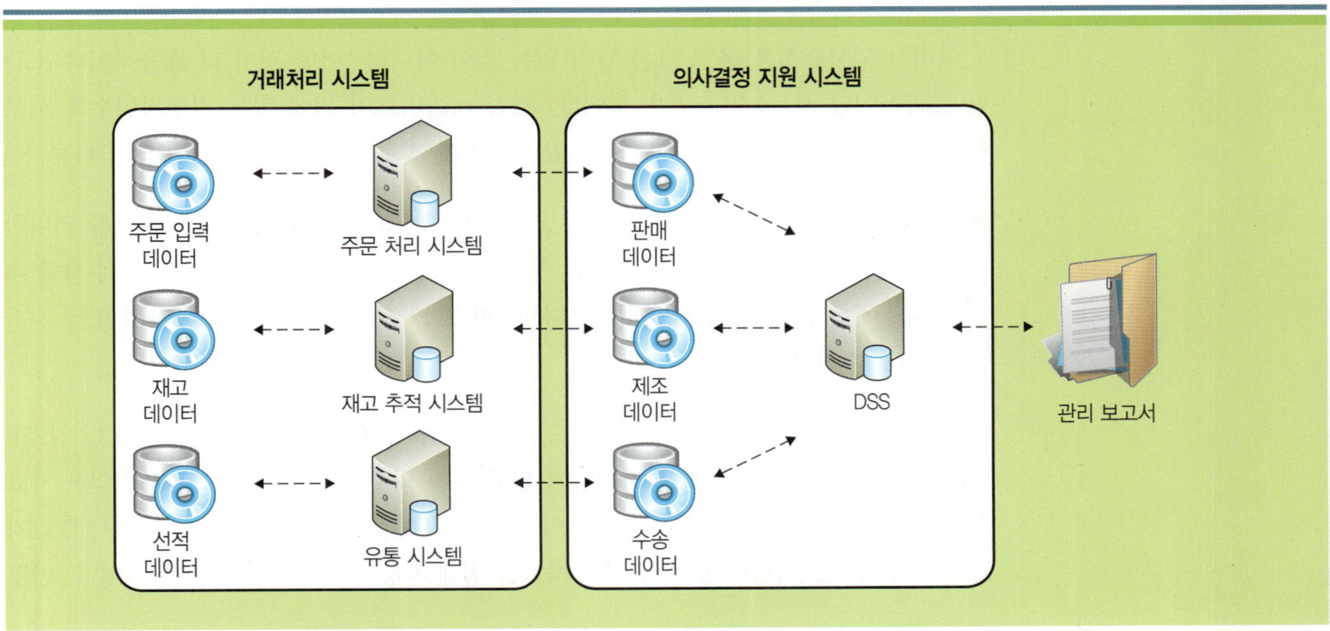

- **의사결정 지원 시스템**DSS: decision support systems:OLAP을 이용하여 정보를 산출함으로써 다양한 행동 대안을 평가하고 선택하는 데 도움을 준다.

고위층 관리자들은 DSS를 이용하여 기업 내부 및 외부의 다양한 정보 원천으로부터 얻은 방대한 양의 상세한 데이터를 검토하고 처리할 수 있다. 수천, 심지어는 수백만 개의 데이터들 간의 복잡한 관계를 분석하여 패턴, 추세, 예외 상황들을 발견해 내는 것은 DSS의 주요 활용 중의 하나이다. 예를 들어, 의사들은 환자의 증상을 DSS에 입력하여 병을 진단하고 치료할 수 있다. 보험회사는 DSS를 이용하여 자동차 운전 기록이 불충분한 운전자들을 보험에 가입시킬 때 발생할 수 있는 리스크가 얼마인지를 측정할 수 있다. 한 보험회사는 DSS를 이용하여 집을 소유한 결혼 여성이 과속 티켓을 하나 받았을 경우 또다시 받는 일이 거의 없다는 점을 발견해 냈다. 이 보험회사는 발견한 비즈니스 인텔리전스를 근거로 고객들의 보험료를 할인해 줌으로써 충성도를 높이고 경쟁 우위를 확보할 수 있었다. 그림 2.11은 시스템적 사고 관점에서 본 의사결정 지원 시스템이다. 그림 2.12는 거래처리 데이터가 TPS에서 DSS로 보내지는 과정을 표현한 것이다. DSS가 다른 여러 TPS들로부터 정보를 받아서 요약하거나 합산하여 결과를 산출하면, 관리자들은 이를 이용하여 자신의 반구조화된 의사결정을 내린다.

제3수준: 전략 지원 시스템

전략적 수준에서 의사결정을 내리려면 비즈니스 인텔리전스와 지식이 필요하다. 경영 전략을 실행에 옮기다 보면 불확실성과 복잡성에 직면하게 되는데 이러한 상황을 헤쳐 나가려면 비즈니스 인텔리전스와 지식이 필요하다.

- **중역 정보 시스템**EIS: executive information system: DSS의 특수한 형태로서 상위 경영층을 지원하고, 판단과 평가와 통찰을 요하는 비구조적이고, 장기적이며, 비일상적인 의사결정을 지원한다. 예시로는 소셜 미디어 모니터링, 재무 대시보드, 글로벌 경제 지표 추적 시스템 등이 있다.

이러한 의사결정은 옳고 그른 답이 있는 것이 아니라, 어떤 것이 더 효율적이냐 또는 더 효과적이냐 하는 것만 있을 뿐이다. 조직 피라미드의 위에 있는 경영자일수록 세부 사항(구체적 정보)은 덜 다루고, 의미 있는 요약된 정보(개념적 정보)는 더 많이 다룬다.

- **입상도**granularity: 모델이나 의사결정 과정에서 요구되는 정보의 구체적 정도를 의미한다. 데이터는 초, 분, 시간, 일, 주, 월 등 다양한 시간 간격의 입상도에서 수집될 수 있다. 예를 들어, 판매 데이터는 분석에 필요한 세부 수준에 따라 일 단위 또는 시간 단위로 수집할 수 있다.

입상도가 높을수록 세부 사항의 정도, 즉 정보의 구체성은 깊어진다(그림 2.13 참조). EIS는 비구조화된 의사결정을 지원하기 위해 조직 외부의 정보 원천으로부터 얻은 자료를 이용한다. 이런 점에서 EIS는 DSS와 다르다(그림 2.14 참조). 그렇다고 해서 DSS가 조직 외부의 정보 원천으로부터 얻은 자료를 절대 사용하지 않는다는 것은 아니다. 반구

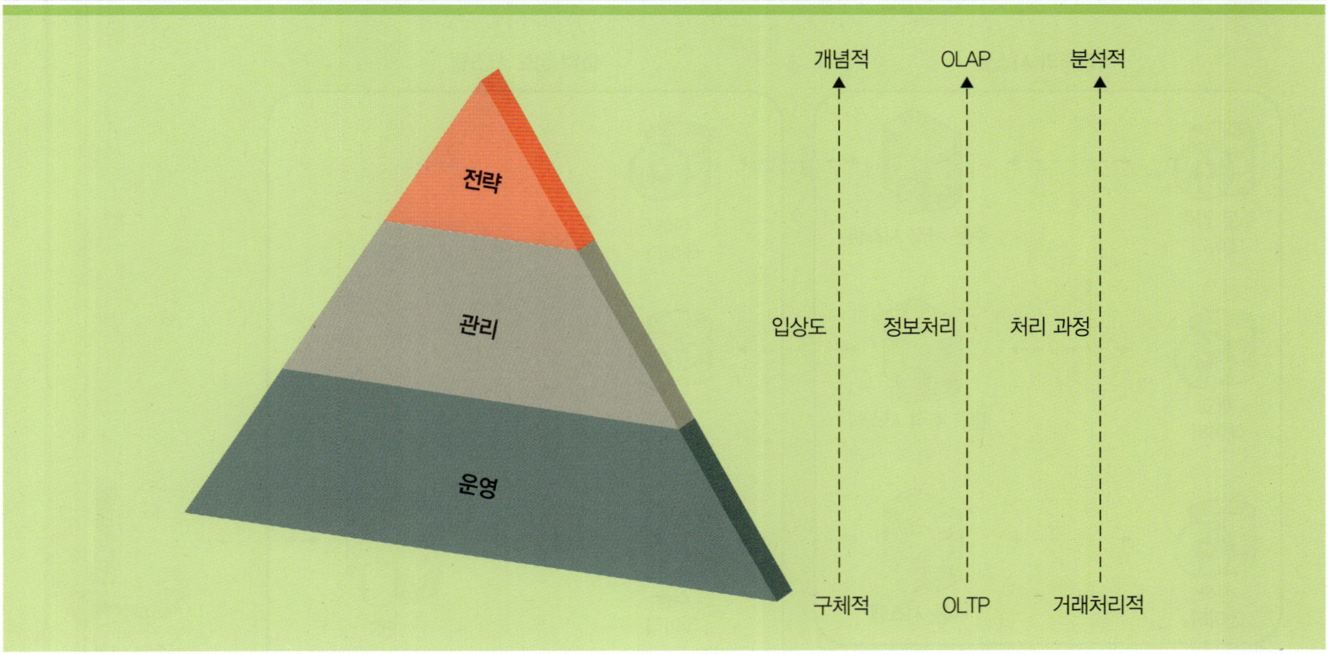

그림 2.13

조직 수준별 정보 및 정보처리 특성

조적 의사결정을 지원하는 DSS는 주로 조직 내부의 정보 원천에만 의존한다.

EIS는 시각화 기술을 사용하여 최고 경영자들이 시스템을 거의 또는 전혀 조작하지 않고도 중요한 정보를 한 눈에 알아볼 수 있도록 해준다. 사람들은 인포그래픽을 사용하여 메시지 의미를 신속하게 전달하고, 대량의 데이터를 단순하게 표현하며, 데이터 패턴과 관계를 이해하고, 변수가 시간에 따라 어떻게 변화하는지를 모니터링할 수 있다.

- **인포그래픽**infographic, information graphic: 자료를 한 눈에 쉽게 이해할 수 있도록 그래픽 형식으로 정보를 표현한 것이다.
- **시각화**visualization: 많은 양의 자료에 내포된 패턴이나 복잡한 관계를 그래픽을 사용하여 표현하는 것이다.

인포그래픽스는 우리 주변에서도 쉽게 볼 수 있다. 도로 표지판, 지하철 지도, 태그 클라우드tag cloud, 음악 차트, 날씨 예보 등이 있는데, 이것은 수많은 가능성 중에서 몇 가지 예에 불과하다. 인포그래픽의 일반적인 형태는 다음과 같다.

- **파이 차트**pie chart: 범주별 구성 비율을 원형으로 표현한 그래프 유형이다.
- **바 차트**bar chart: 자료의 범주별category 빈도를 직사각형 막대 형태로 표현한 그래프 유형이다. 각각의 직사각형 막대의 크기는 나타내려는 값의 크기에 비례한다.
- **히스토그램**histogram: 자료를 막대로 표현한다는 점에서 바 차트와 유사하다. 히스토그램은 연속형 자료를 구간으로 나눈 다음 각 구간별 빈도를 막대로 나타낸다.
- **스파크라인**sparkline: 단일 추세를 나타내는 작게 표현되는 선 그래프이다. 스파크라인은 종종 보고서, 프레젠테이션, 대시보드, 점수표 등에 사용된다. 스파크라인은 그래프의 축이나 이름은 생략된 채 표시된다.

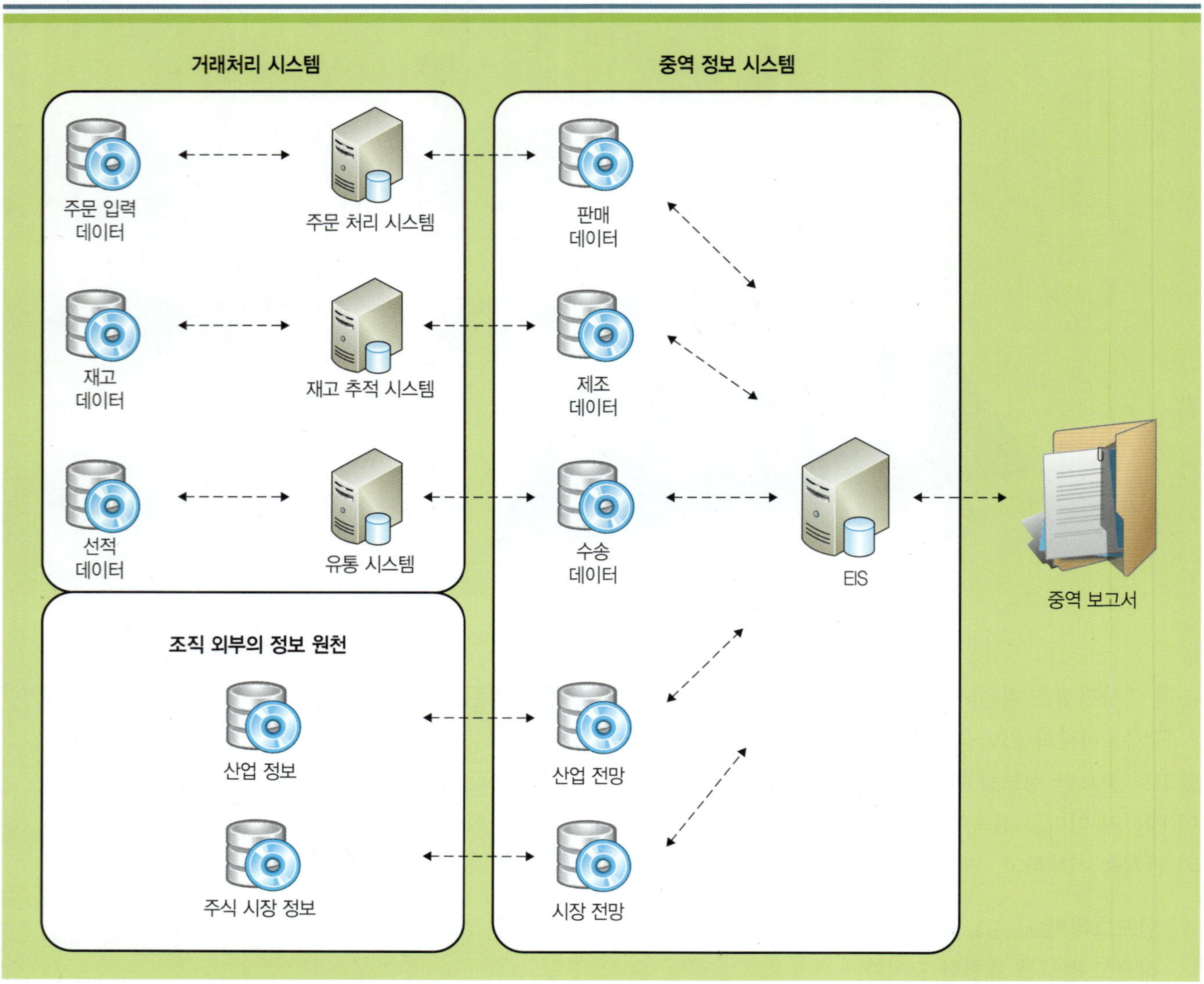

그림 2.14

TPS와 EIS의 관계

- **시계열 차트**time-series chart: 시간에 따른 변수의 변화를 보여주는 그래프 유형이다. 시계열 차트는 주가와 같이 지속적으로 변경되는 자료를 표현하는 데 사용된다. 일정 시간 동안 한 변수의 변화를 명확하게 시각적으로 표현할 수 있다(그림 2.15).

디지털 대시보드digital dashboard는 사용자가 데이터를 실시간으로 모니터링하고 분석할 수 있도록 하며, 비즈니스나 프로세스의 현재 상태를 한눈에 보여주는 스냅샷을 제공한다.

- **디지털 대시보드**digital dashboard: 다양한 원천으로부터 정보를 모으고 이를 사용자들의 필요에 따라 가공한 다음 KPI나 CSF 형식으로 보여준다.

디지털 대시보드의 일반적인 기능은 다음과 같다:

- **알림**alert: KPI가 특정 수준 이하로 떨어지는 등 특정 이벤트나 임계값에 도달했을 때 자동으로 알림을 제공한다.

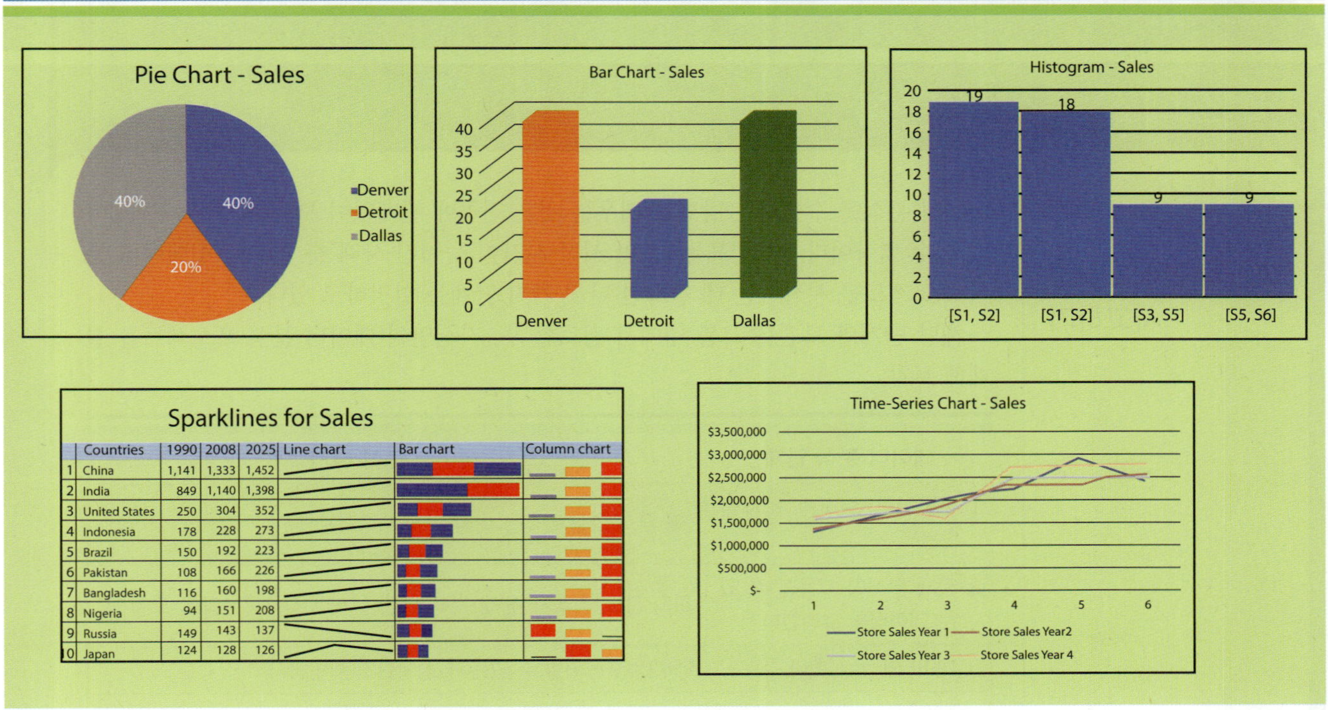

그림 2.15
시각화의 예

- **통합**consolidation: 간단한 롤업부터 서로 관련된 복잡한 데이터 그룹까지 다양한 수준에서 데이터를 집계한다.
- **맞춤화**customization: 사용자 또는 조직에 가장 관련 있는 KPI와 지표를 대시보드에 맞게 사용자 정의할 수 있다.
- **드릴다운 기능**drill-down functionality: 고수준의 데이터를 클릭하여 더 상세한 데이터로 내려가며, 추가적인 맥락과 통찰을 제공한다.
- **피벗**pivot: 동일한 데이터 집합을 다양한 방식으로 회전시켜 다른 관점에서 데이터를 시각화할 수 있다.
- **실시간 데이터**real-time data: 데이터가 실시간 또는 거의 실시간으로 업데이트되어, 성과를 즉시 모니터링할 수 있다.

관리자들은 비즈니스 관리, 의료, 금융, 제조업 등 다양한 산업과 업무 환경에서 디지털 대시보드를 활용한다. 이 도구는 성과를 모니터링하고, 문제를 식별하며, 조직 전반에서 데이터 기반의 의사결정을 내리는 데 매우 강력한 수단이 된다.

비즈니스 중심적 분석

데이터 분석가처럼 사고하기

데이터 분석을 수행하는 방법을 배우는 것은 전공에 관계없이 모든 학생이 숙달해야 할 필수 역량이다. 다음 표는 "모임 시작 시간이 늦어진 사례"를 활용하여 데이터 분석 프로젝트를 시작하는 데 필요한 다섯 가지 단계를 설명하고 있다.

해당 단계와 모델을 그룹 내에서 검토한 후, 자신만의 데이터 분석 프로젝트를 설계해 보자.

데이터 분석 단계	데이터 분석 예시
1. 해결하고자 하는 문제를 찾는다.	왜 우리 그룹 회의는 항상 늦게 시작되는가?
2. 문제 분석에 사용할 수 있는 데이터를 고려한다.	회의 장소, 참석자, 원래 시작 시간, 실제 시작 시간, 의제, 요일 등
3. 데이터를 수집한다.	데이터를 신뢰할 수 있는지, 정확한지 확인하자.
4. 데이터를 분석한다.	▪ 시계열 플롯을 그려보자. 수평축에 날짜 및 시간을 표시하고 수직축에 지연된 분을 표시하자. 막대 차트는 각 그룹 구성원이 늦는 평균 시간이나 다양한 유형의 회의가 얼마나 늦게 발생하는지 표시할 수 있다. ▪ 히스토그램은 회의가 늦는 시간을 그룹화하여 표시할 수 있다: 5분, 10분, 15분 ▪ 회의 전 수업 시간과 같이 데이터가 알려주지 않는 것을 확인하는 것이 중요하다. ▪ 회의 전에 시험을 보는 것이 학생들이 늦는 이유가 될 수 있다.
5. 문제 해결을 위한 잠재적 해결책을 제안한다.	▪ 분석 결과 회의가 원래 시작 시간으로부터 5분 이내에 시작된다면, 조치를 취할 필요가 없을 수 있다. ▪ 분석 결과 회의가 평균적으로 20분 늦게 시작된다면, 다른 장소, 시간 또는 요일을 권장할 수 있다.

section 2.2 | 디지털 전환: 비즈니스 프로세스와 AI

학습 성과

2.4 비즈니스 프로세스가 기업에 제공하는 가치에 대해 설명하고 소비자 지향 프로세스와 비즈니스 지향 프로세스의 차이점을 설명할 수 있다.

2.5 비즈니스 프로세스 모델링의 가치를 설명하고 현재 모델as-is model과 미래 모델to-be model을 비교할 수 있다.

2.6 자동화, 간략화, 리엔지니어링의 차이점을 설명할 수 있다.

2.7 인공지능과 그 여섯 가지 분야에 대해 설명할 수 있다.

비즈니스 프로세스 관리하기

비즈니스 프로세스는 고객 주문 처리와 같은 특정 과업을 수행하는 표준화된 활동들의 집합이다. 비즈니스 프로세스는 일련의 입력물들을 받아들인 다음 노동력이나 도구를 이용하여 다른 사람이나 다른 프로세스를 위한 일련의 출력물들(재화나 서비스)로 변환한다. 비즈니스 프로세스 관리는 효율성을 개선하고 비용을 절감하며 고객 경험을 향상시키기 위해 이러한 프로세스를 최적화하는 것을 목표로 한다. 채용 프로세스는 직원 채용을 위한 모집, 선별, 고용을 포함한다. 이는 직무 게시, 이력서 선별, 면접, 참고자료 확인 등의 활동을 포함한다.

고객 서비스 프로세스는 제품 또는 서비스를 구매하기 전, 중, 후에 고객 지원을 제공하는 과정을 포함한다. 이는 고객 문의, 문제 해결 및 후속 조치와 같은 활동을 포함한다.

비즈니스 프로세스를 이해하는 것은 전체 회사가 어떻게 운영되는지를 구상하는 데 도움이 된다. 그림 2.16은 몇 가지 일반적인 비즈니스 프로세스를 설명한다.

주문에서 배송에 이르는 프로세스order-to-delivery process는 많은 부서를 가로지른다(그림 2.17 참조). 상품화product realization 프로세스는 제품 개발뿐만 아니라 제품 출시 및 서비스 제공까지 포함한다. 어떤 프로세스는 제품 아이디어 수립에서 상품화에 이르는 프로세스는 물론 고객 확보, 구입 대출금 처리, 판매 후 서비스, 고객 불만 처리, 그리고 예약 접수까지 포함한다.

비즈니스 프로세스는 내부와 외부로 구분된다. 내부는 비즈니스 지향 프로세스로, 외부는 소비자 지향 프로세스로 불린다.

- **소비자 지향 프로세스**customer-facing process: 프런트-오피스front-office 프로세스라고도 불리는데, 조직 외부의 소비자가 이용하는 제품이나 서비스를 산출하는데 관련된 프로세스이다. 소비자 지향 프로세스에는 주문이행 프로세스, 소비자와의 커뮤니케이션 프로세스, 청구서 발송 프로세스, 정보 마케팅 프로세스 등이 있다.
- **비즈니스 지향 프로세스**business-facing process: 백-오피스back-office 프로세스라고도 불리는데, 조직 외부의 소비자 눈에는 보이지 않지만 비즈니스의 효과적인 운영을 위해서

그림 2.16

비즈니스 프로세스 예시

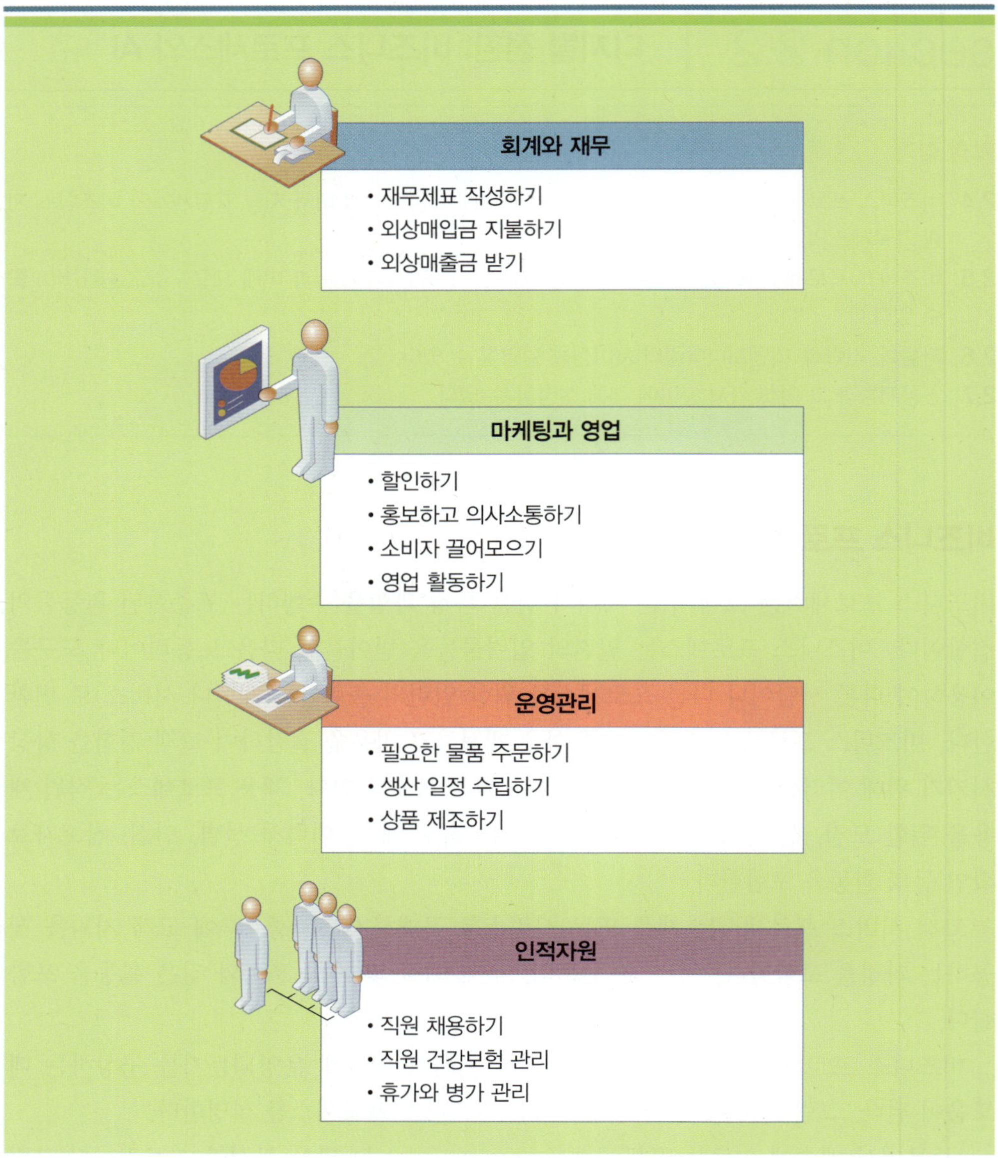

그림 2.17

주문에서 배송에 이르는 5단계 비즈니스 프로세스

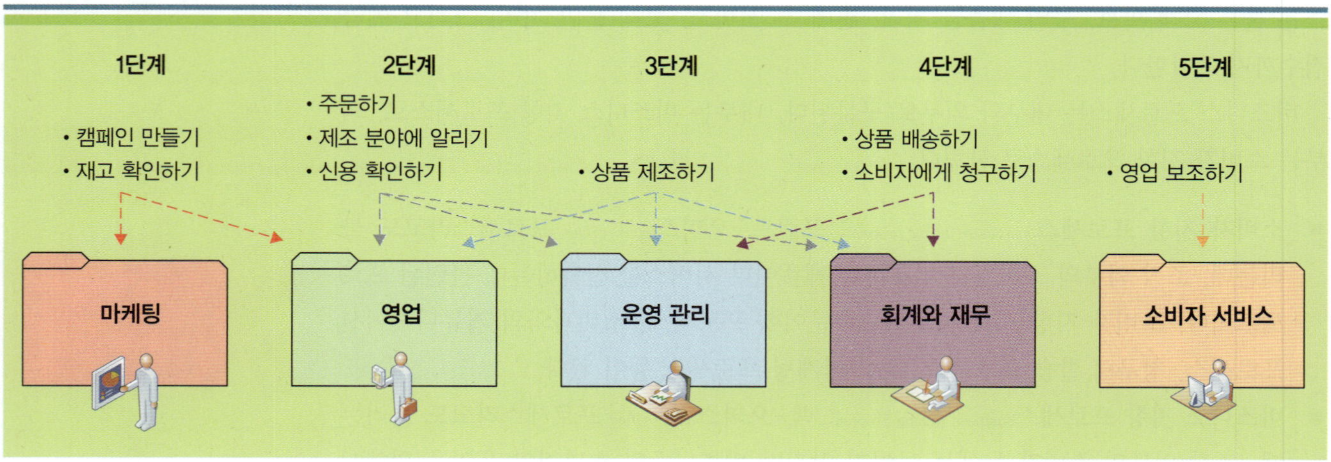

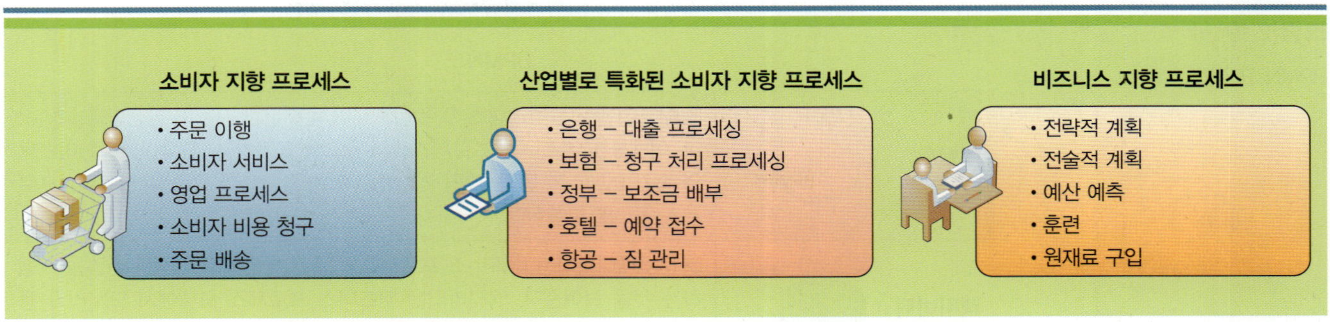

그림 2.18
소비자 지향, 산업별로 특화된 소비자 지향, 비즈니스 지향 프로세스

반드시 있어야 하는 활동들로 이루어진 프로세스이다. 비즈니스 지향 프로세스에는 목표 설정 프로세스, 일별 일정계획 프로세스, 성과 피드백 및 보상 프로세스, 자원 할당 프로세스 등이 포함된다. 그림 2.18은 소비자 지향 프로세스와 비즈니스 지향 프로세스의 범주와 예를 보여주고 있다.

소규모 기업부터 대규모 기업에 이르기까지 모든 유형의 조직에는 비즈니스 프로세스가 있다. 이는 기업이 효율적이고 효과적으로 운영되기 위해 필수적이다. 시스템 사고는 정적 프로세스와 동적 프로세스를 구별하는 데 도움이 되는 흥미로운 비유를 제공한다.

예를 들어, 돌을 공중에 던지면 그것이 어디에 떨어질지 예측할 수 있다. 그러나 새를 공중에 던지면 어디에 착지할지 예측할 수 없다. 새는 살아 있는 동적 시스템으로, 주변 환경을 인지하고 어느 방향으로든 날아갈 수 있다. 새는 정보를 수집하고 처리하며 환경과 상호작용한다. 돌은 정적 프로세스의 예인 반면, 새는 동적 프로세스의 예이다.

조직은 사람으로 구성되어 있으며, 본질적으로 동적인 특성을 가지므로 그 운영 방식을 예측하기가 매우 어렵다. 관리자는 정적 프로세스와 동적 프로세스를 모두 기획하고 적용할 수 있어야 한다.

- **동적 프로세스**dynamic process: 계속적으로 변화하는 프로세스로서, 비즈니스 운영의 지속적 변화에 대응하는 활동들로 이루어진다. 비즈니스 및 전략의 변화에 따라 동적 프로세스도 변화한다. 동적 프로세스의 예로 직원 퇴직 관리, 환율 변동에 따른 주문량 관리, 악천후로 인한 여행 취소 관리 등이 있다.
- **정적 프로세스**static process: 비즈니스 효율성과 효과성을 지속적으로 개선하기 위해 시스템적 접근을 시도한다. 경영자들은 끊임없이 정적 프로세스를 최적화하기 위해 노력한다. 정적 프로세스의 예로 급여 관리, 세금 계산, 재무제표 작성 등이 있다.

비즈니스 프로세스 모델링

다이어그램, 기호, 기타 표기법을 활용하여 비즈니스 프로세스를 시각적으로 표현하는 것은 프로세스를 보다 잘 이해하고, 분석하며, 개선하는 데 도움을 준다. 프로세스를 시각적으로 표현함으로써 이해관계자들은 해당 프로세스를 보다 명확하게 파악할 수 있으며, 개선이 필요한 영역을 식별할 수 있다.

- **비즈니스 프로세스 모델**business process model: 프로세스를 그림으로 설명해 놓은 것으로,

그림 2.19

BPMN 표기법

BPMN	
이벤트 event	BPMN 이벤트는 비즈니스 프로세스 상에서 어떠한 사건이 발생함을 보여준다. 이벤트는 비즈니스 프로세스에서 원으로 표기하며, 시작 및 종료 이벤트와 중간 이벤트가 있다. 그림 2.20에서 이벤트는 고객 요청, 시간 요청, 프로세스 종료를 포함한다.
액티비티 activity	BPMN 액티비티는 비즈니스 프로세스의 특정 부분에서 어떠한 작업을 수행하는 것을 보여준다. 액티비티는 비즈니스 프로세스 모델에서 모서리가 둥근 직사각형으로 표기한다. 그림 2.20에서 액티비티는 이용 가능성 확인하기, 고객 태우기, 예약 확인하기를 포함한다.
게이트웨이 gateway	BPMN 게이트웨이는 프로세스 플로우를 제어하는데 사용된다. 게이트웨이는 프로세스 플로우의 병합 및 분리를 표현한다. 그림 2.20에서 게이트웨이는 이용 가능 상태 결정, 요청의 수락/거절을 포함한다.
플로우 flow	BPMN 플로우는 프로세스가 어디로 흐르는지를 보여준다. 플로우는 비즈니스 프로세스 모델에서 화살표로 표기한다. 그림 2.20에서 플로우는 택시 예약 프로세스 전 과정에서 고객이 취하는 길을 보여준다.

그림 2.20

BPMN의 택시 예약 프로세스 예시

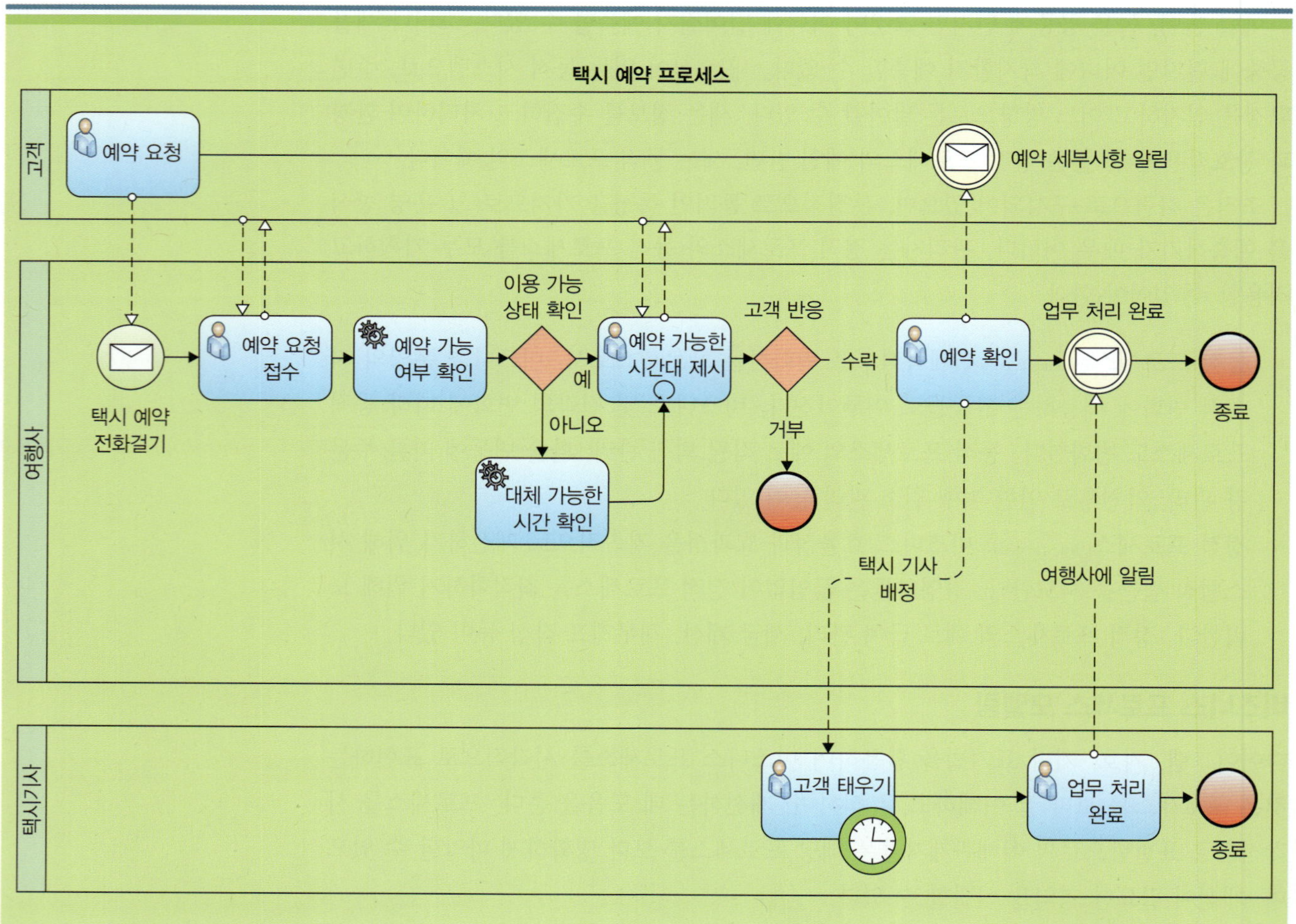

프로세스 과업의 연속적인 흐름을 보여주고, 특정 관점에서 특정한 목적을 위해 만들어진다.

- **비즈니스 프로세스 모델링**business process modeling 또는 매핑mapping: 업무 처리 과정에 대한 상세한 흐름도, 즉 프로세스 맵을 만드는 활동이다. 프로세스 맵은 입력, 과업, 활동 등을 구조화된 순서로 보여준다.
- BPMNBusiness Process Model and Notation: 비즈니스 프로세스의 단계를 표현하기 위한 시각화된 표기법이다.

BPMN은 비즈니스 프로세스의 시작에서 끝까지를 시각적으로 보여 준다. 비즈니스 프로세스를 그림으로 표기하면 핵심 비즈니스 프로세스가 업무 처리에 어떤 도움을 주는지 또는 어떻게 방해를 하는지를 쉽게 이해하고 소통할 수 있다. 그림 2.19는 www.BPMN.org에서 제시하는 표준화된 표기법이다. 그림 2.20은 택시 예약 프로세스를 BPMN을 이용하여 작성한 그림이다.

현재 프로세스 모델과 미래 프로세스 모델

비즈니스 프로세스 모델링은 일반적으로 프로세스 문제에 대한 기능적 프로세스 표현, 즉 현재As-Is 프로세스 모델로부터 시작한다.

- **현재 프로세스 모델**As-Is process model: 프로세스를 개선하거나 변경하지 않고 기존의 운영 상태를 있는 그대로 표현한 것이다.

다음 단계는 미래 프로세스 모델To-Be process model을 만드는 것이다. 미래 프로세스 모 델은 프로세스의 문제가 어떻게 해결될 것인지를 보여준다.

- **미래 프로세스 모델**To-Be process model: 현재 프로세스 모델에 개선 기회를 적용할 경우 미래에 얻게 되리라 기대되는 결과를 보여준다.

미래 프로세스 모델은 프로세스 해결책의 세부 사항을 결정하기 이전에도 프로세스를 충분하고 명확하게 이해할 수 있도록 해준다. 미래 프로세스 모델은 향후에 "무엇이" 실현될 수 있는지를 보여준다. 그림 2.21은 햄버거 주문의 현재와 미래 프로세스 모델을 보여주고 있다.

현재와 미래 프로세스 모델은 비즈니스 프로세스 리엔지니어링business process reengineering 프로젝트에서 없어서는 안 되는 필수 사항이다. 왜냐하면 이 그림들은 조직의 활동, 프로세스, 자료 흐름을 시각화하는 데 매우 강력한 도구가 되기 때문이다. 그림 2.22는 '주문부터 배송까지'의 업무처리에 관한 현재 프로세스 모델로서, 구획 면swim lane을 이용해 관련 주체들을 보여주고 있다.

- **구획 면**swim lane: 마치 수영장의 레인처럼 그려지는 세로 방향의 영역을 말하는데, 각 활동의 수행 주체를 표현할 때 활용된다.

비즈니스 프로세스의 모범 사례

현재 프로세스 모델을 작성할 때에는 많은 세부사항에 사로잡히지 않도록 조심해야 한

비즈니스 중심적 ESG

지속 가능한 현재As-Is 및 미래To-Be 프로세스

부정적인 기존 프로세스가 긍정적인 방향으로 전환된 지속 가능한 프로세스의 한 예는 기존의 화석 연료 기반 에너지에서 재생 가능 에너지로의 전환이다. 과거에는 석탄, 석유, 천연가스와 같은 화석 연료를 연소하여 대부분의 에너지 수요를 충당하였다. 그러나 이러한 에너지 생성 방식은 대기 오염, 온실가스 배출, 기후 변화 등 심각한 환경적 피해를 초래하였다.

그러나 최근 몇 년 동안, 전 세계적으로 태양광, 풍력, 수력, 지열 에너지 등 재생 가능 에너지 자원으로의 전환이 활발하게 이루어지고 있다. 이와 같은 변화는 보다 지속 가능한 에너지 생산 프로세스로 이어지고 있다. 재생 가능 에너지는 작동 중 온실가스를 거의 또는 전혀 배출하지 않아 에너지 생산에 따른 탄소 발자국을 줄이는 데 기여하며, 대기질에 미치는 영향이 적고 기존 에너지 자원처럼 유해 물질을 방출하지 않는다는 환경적 장점을 갖고 있다.

당신이 속해 있는 대학에서 발생하고 있는 지속 가능성과 관련된 문제를 떠올려 보자. 잘못된 재활용 절차, 세탁 시 과도한 물 사용, 데이터 센터의 탄소 발자국 증가 등 어떤 문제도 될 수 있다. 환경 피해를 유발하는 현재의 As-Is 프로세스를 도식화하고, 본 강의에서 학습한 다양한 신기술을 고려하여 보다 효율적이고 효과적인 환경 중심의 To-Be 모델을 설계해 보자.

다. 현재 프로세스 모델의 주된 목적은 단순화하고 불필요한 부분을 제거함으로써 개선된 미래 프로세스를 만드는 것이다. 프로세스 개선 노력은 비논리적이고 무관한 프로세스들을 모두 점검하고, 가장 효율적이고 효과적인 프로세스를 정의하는 것에 집중되어야 한다.

조직은 비즈니스 프로세스를 조사함으로써 병목 현상bottleneck을 찾아내고, 불필요한 과업을 제거하며, 원활히 작동하는 프로세스를 발견해 낼 수 있다.

가령, 꽃가게의 CSF는 배달 시간 단축이라고 하자. 꽃가게가 비효율적 주문 프로세스와 복잡한 배송 프로세스를 가지고 있다면 이 목표를 달성하기 어려울 것이다. 주문 수량이나 주소를 잘못 기재하거나 배송 지연이 발생하면, 배송 프로세스에 문제가 야기될 수 있다. 주문 입력, 제작, 일정계획 등의 프로세스를 개선함으로써 배송 프로세스를 개선할 수 있다.

비즈니스 프로세스가 MIS 선택을 주도해야 하고, 비즈니스 전략과 목표에 바탕을 두어야 한다(그림 2.23A). 가장 효율적이고 효과적인 비즈니스 프로세스를 먼저 정한 이후에, 이러한 비즈니스 프로세스를 지원할 MIS를 선택해야 한다. 물론, 이러한 접근법이 늘 통하는 것은 아니다. 경영자가 이상적인 솔루션, 즉 가장 효율적이고 효과적인 비즈니스 프로세스를 작성했다고 해도, 이를 지원할 마땅한 MIS를 찾을 수 없는 경우도 있다. 이때는 MIS에 따라 비즈니스 프로세스를 수정해야 한다(그림 2.23B). 먼저 MIS

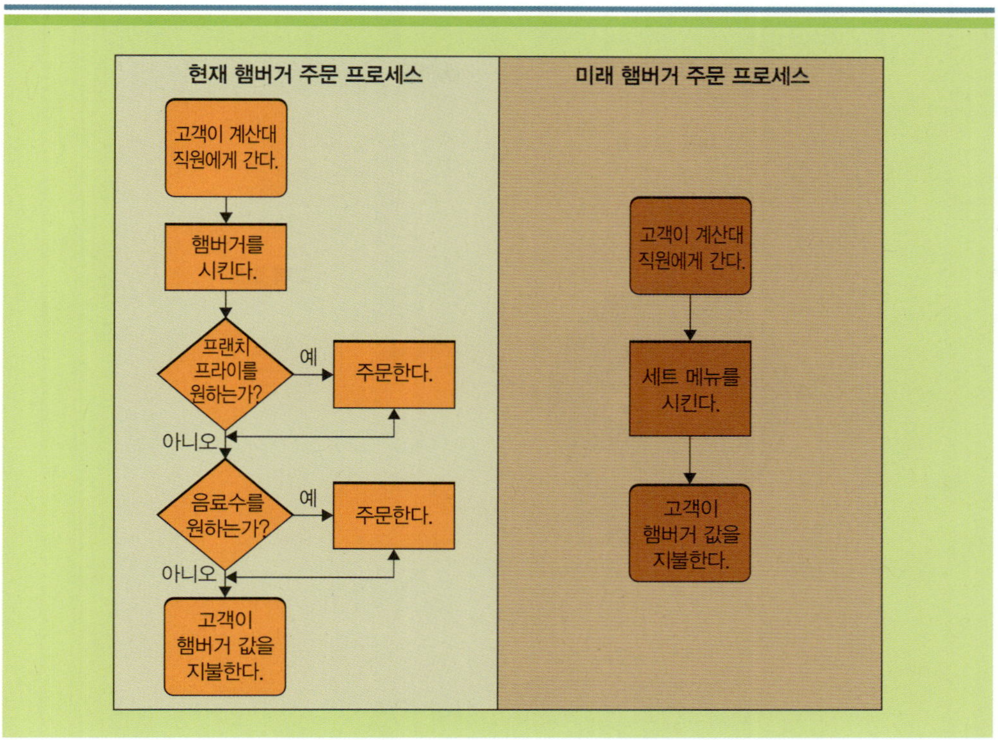

그림 2.21

햄버거 주문하기의 현재와 미래 프로세스 모델

그림 2.22

주문 이행을 위한 현재 프로세스 모델

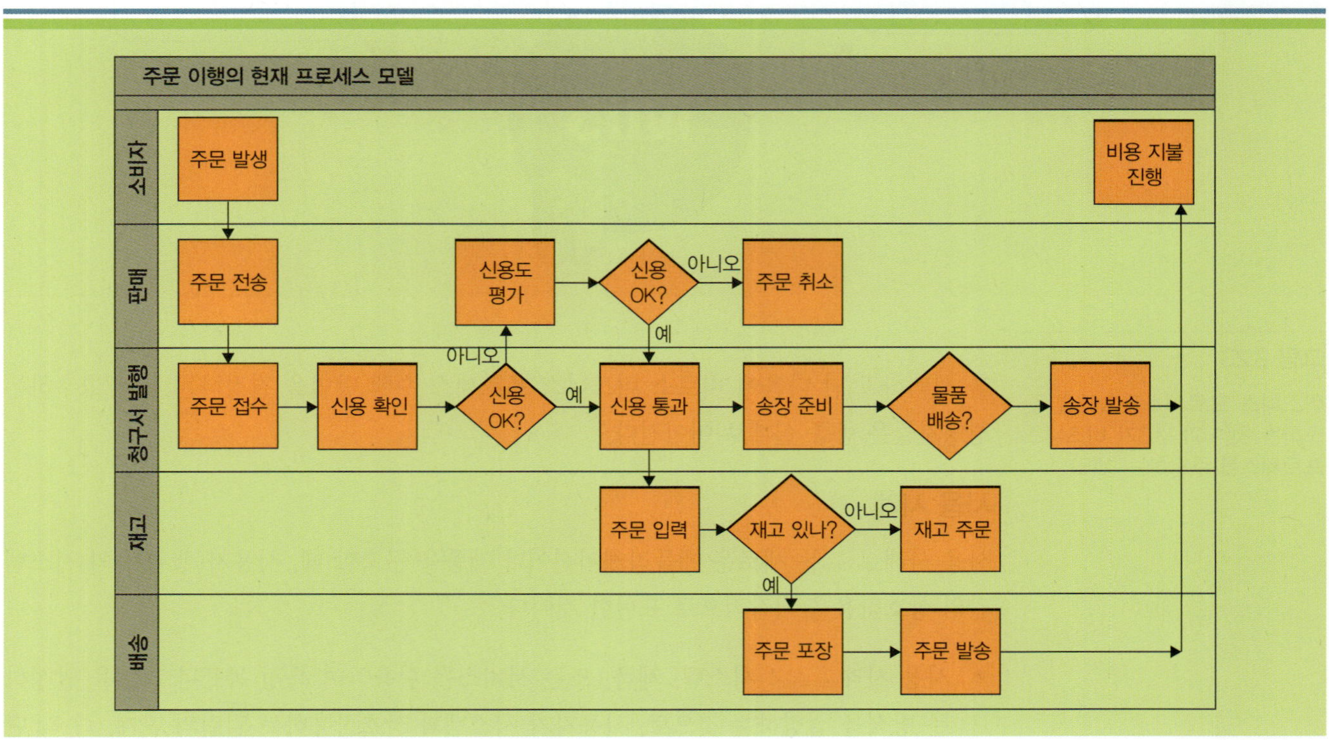

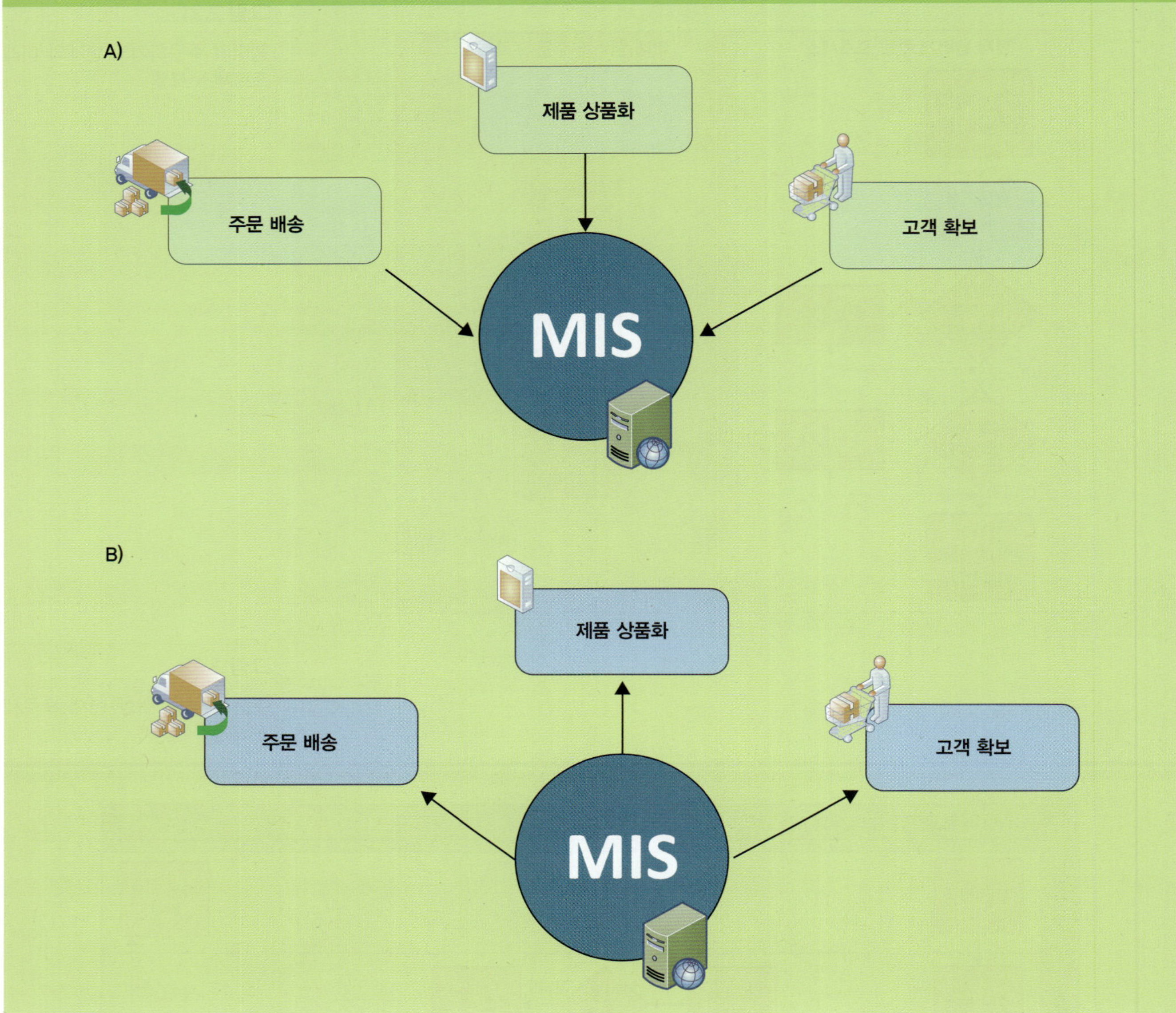

그림 2.23

비즈니스 프로세스가 MIS를 주도하는 것(A)과 MIS가 비즈니스 프로세스를 주도하는 것(B)

를 선택하고 난 다음에 비로소 비즈니스 프로세스 수행 방법을 결정하는 것을 고수하는 경영자들은 종종 실패로 이어진다.

사용 사례

사용 사례use case는 새로운 애플리케이션이나 제품을 구축할 때, 사용자(행위자)와 시스템 간의 상호작용을 시각적으로 표현한 것이다.

- **사용 사례**use case: 시스템, 제품, 또는 서비스를 활용하여 특정 목표나 과업을 달성하는 방식을 설명하는 것으로, 사용자가 시스템과 상호작용하는 일련의 단계, 즉 각 단계의 입력과 출력이 포함된다.
- **행위자**actor: 어떤 행동에 참여할 수 있는 주체를 의미한다.
- **악의적 행위자**bad actor: 악의적인 의도를 가지고 시스템에 참여하는 주체이다.

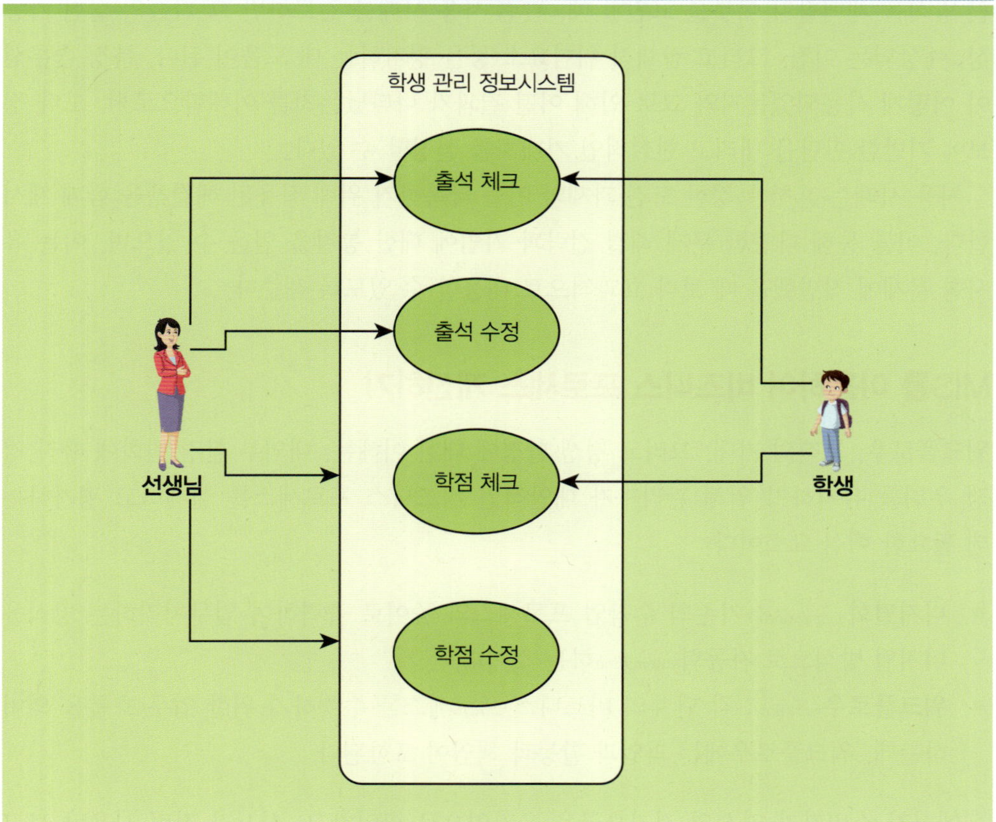

그림 2.24

학생 관리 정보 시스템 예제

사용 사례는 특정 기술, 개념 또는 방법론이 실제로 어떤 문제를 해결하거나 목표를 달성하는 데 어떻게 적용되었는지를 보여주는 현실적인 사례를 제공한다. 이러한 사용 사례를 학습함으로써, 실무에서의 응용 방식에 대한 통찰을 얻을 수 있으며, 유사한 상황에서 어떻게 성공적으로 해결책을 구현했는지를 배울 수 있다.

그림 2.24는 학생 관리 정보 시스템을 위한 사용 사례의 예를 보여준다.

일반적인 사용 사례 구성 요소:

- **행위자**actor: 시스템 또는 제품과 상호작용하는 사용자 또는 외부 시스템
- **목표**goal: 행위자가 달성하고자 하는 목적 또는 결과
- **사전 조건**preconditions: 사용 사례가 실행되기 전에 만족되어야 할 조건이나 가정
- **주 시나리오**main scenario: 행위자가 목표를 달성하기 위해 수행하는 일반적인 단계
- **대체 시나리오**alternative scenarios: 주 시나리오가 완료되지 않거나 예상과 다른 결과가 발생하는 경우의 대체 흐름

사용 사례는 이전 구현 경험에서 얻은 모범 사례와 교훈을 제시하는 데 자주 활용된다. 성공적인 사용 사례를 분석함으로써, 잘 작동한 패턴, 전략, 기법 등을 식별하고 이를 자신이 수행하는 프로젝트에 적용할 수 있다. 이는 일반적인 실수를 피하고 성공 가능성을 높이는 데 기여할 수 있다.

또한, 사용 사례는 의사결정에 필요한 유용한 통찰을 제공한다. 새로운 기술이나 접

근 방식을 채택할지 여부를 고민할 때, 관련 사용 사례를 검토하면 그 기술의 실현 가능성, 예상되는 이점, 그리고 잠재적 위험요소 등을 평가하는 데 도움이 된다. 특정 솔루션이 어떻게 사용되었는지와 그로 인해 어떤 결과가 나타났는지를 이해함으로써, 보다 정보에 기반한 판단을 내리고 현실적인 기대치를 설정할 수 있다.

사용 사례는 흔히 특정한 도전 과제와 이를 극복하기 위해 적용된 해결책을 함께 제시한다. 이를 통해 다양한 문제 해결 전략과 기법에 대한 통찰을 얻을 수 있으며, 이는 유사한 문제에 직면했을 때 보다 효과적으로 대응할 수 있도록 해준다.

MIS를 이용하여 비즈니스 프로세스 개선하기

워크플로우, 고객의 기대, 그리고 경쟁 환경에 대한 이해는, 내외부 환경 변화에 따라 경쟁 우위를 유지하기 위해 관리자가 대안적인 비즈니스 프로세스를 설계하고 평가하는 데 필요한 핵심 요소이다.

- **디지털화**digitization: 기존의 수작업 프로세스와 종이로 출력하여 업무처리하는 방식을 디지털 방식으로 자동화automation하는 것이다.
- **워크플로우**workflow: 각 단계의 비즈니스 프로세스를 수행하기 위한 업무 흐름을 의미하는데, 워크플로우에는 과업과 활동과 책임이 포함된다.

에너지 소비자가 자신의 전기요금을 온라인으로 확인하고, 실시간 전력 사용량 보고서에 접근하길 원하는 모습을 상상해 보라. 또는 은행 고객이 몇 분 안에 사전 승인 또는 최종 승인을 받는 상황을 떠올려 보라. 오늘날 고객들은 즉각적인 데이터 접근을 기대하게 되었으며, 안타깝게도 여전히 많은 전통적인 조직들은 수작업 기반의 프로세스와 워크플로우에 의존하고 있어 이러한 기대를 충족시키지 못하고 있다.

이러한 상황 속에서, 디지털화를 중심으로 한 경쟁사들은 고급 알고리즘과 정보 접근성을 바탕으로 디지털 제품과 서비스를 빠르게 제공함으로써 시장을 교란시키고 있다. 비즈니스 프로세스와 워크플로우를 디지털화할 수 있는 기업들은 운영 비용 절감, 향상된 운영 통제력, 그리고 낮은 위험 수준을 바탕으로 보다 경쟁력 있는 가격을 제시할 수 있다. 점점 더 많은 소비자들이 빠르고, 단순하며, 디지털화된 경험을 선호하게 되면서, 이는 기업들에게 새로운 기회를 창출하고 있다.

일상 생활이 디지털화되면서 휴대 전화와 각종 디바이스들이 소비자가 선호하는 결제 도구가 되고 있다. 이러한 선호도로 디지털 결제 처리량은 전 세계적으로 꽃피고 있다. 사용하기 쉬운 애플리케이션과 웹 사이트, 24시간 연중 무휴 고객 서비스, 개인별 맞춤 서비스, 일관성 있는 글로벌 서비스 등은 정보화 시대에 고객이 기대하는 서비스 중 일부에 불과하다.

대안적 비즈니스 프로세스들은 효과적이고 효율적이어야 한다. 즉, 의도한 결과를 산출할 수 있어야 하고, 의도한 결과를 산출하기 위해 최소한의 자원을 사용해야 한다. 또한, 대안적 비즈니스 프로세스들은 소비자, 경쟁자, 기술 등의 변화에 유연하게 적응할 수 있어야 하고, 변화를 지원할 수 있어야 한다. 그림 2.25는 조직 수준에 따라 효과성이 다른 비즈니스 프로세스 변화의 세 가지 주요 유형을 보여준다.

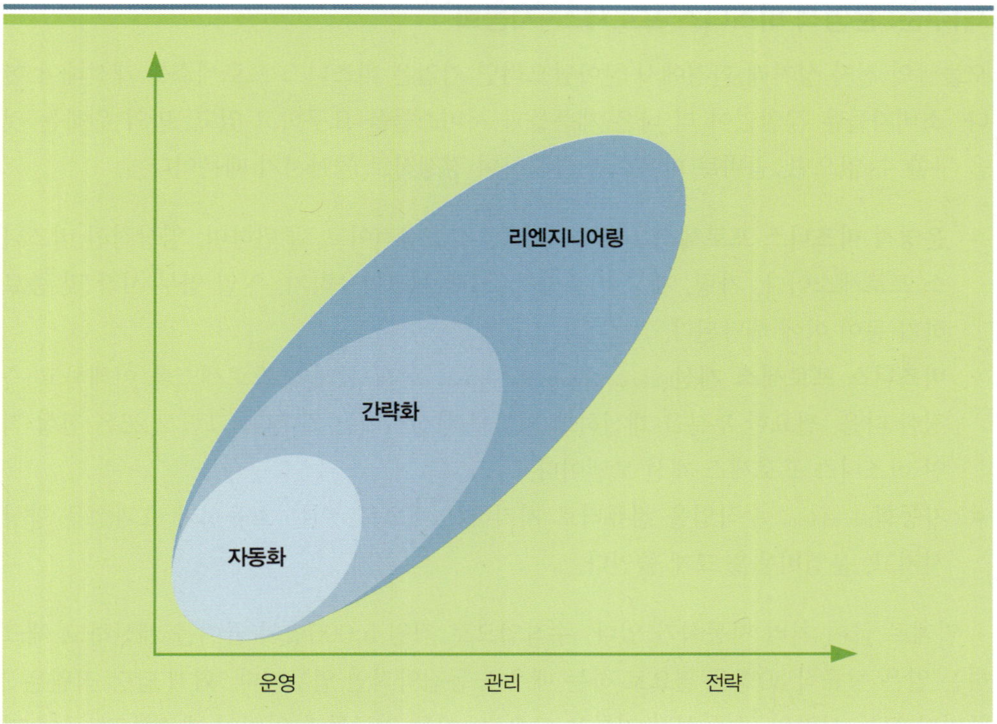

그림 2.25

비즈니스 프로세스 변화의 세 가지 주요 유형

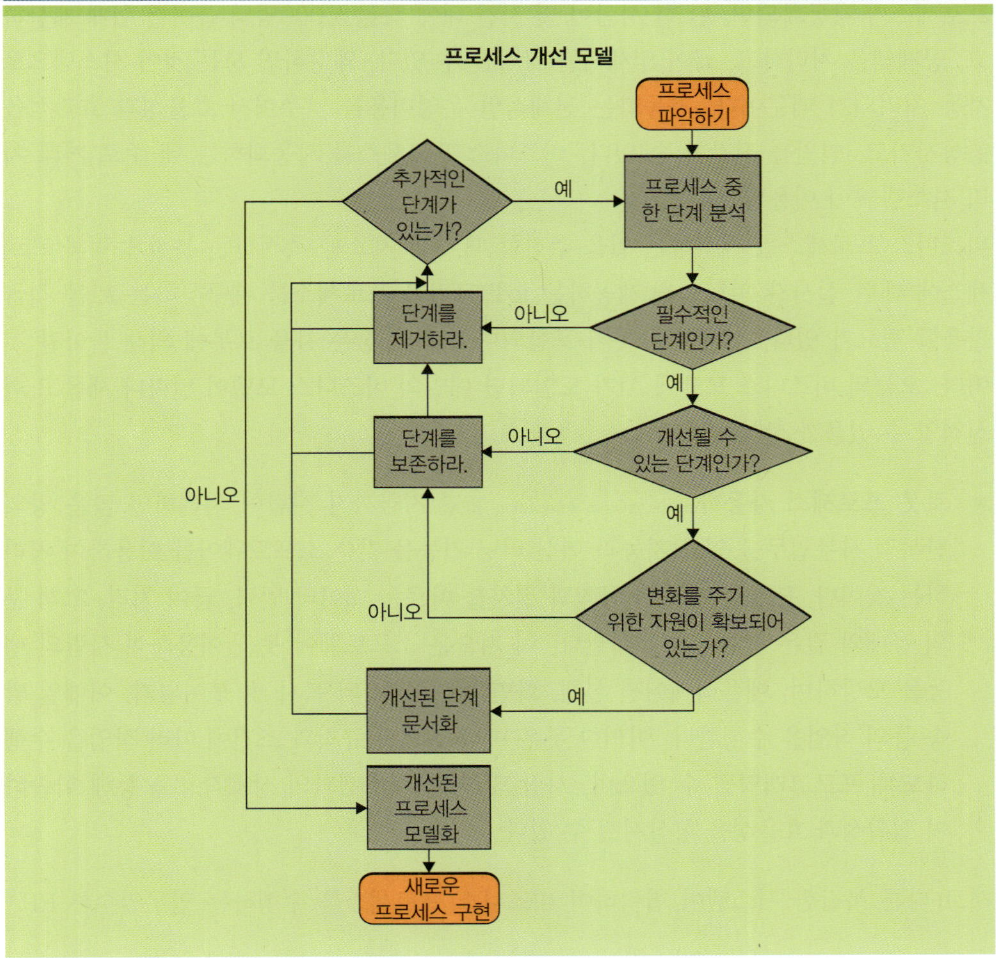

그림 2.26

비즈니스 프로세스 개선 모델

제1수준: 운영적 비즈니스 프로세스-자동화

오늘날의 전자 상거래 환경에서 살아남으려면 기업은 비즈니스 프로세스를 개선해야 한다. 소비자들은 끊임없이 더 나은 제품들과 서비스들을 요구하고 있고, 만약 원하는 것을 구할 수 없으면, 곧바로 마우스를 클릭하여 경쟁사로 돌아서기 때문이다.

- **운영적 비즈니스 프로세스**operational business process: 정적이고, 루틴하며, 일상적인 비즈니스 프로세스이다. 가령, 재고 비축하기, 고객 체크아웃하기, 일일 업무 시작 및 종료하기 등이 이에 해당된다.
- **비즈니스 프로세스 개선**business process improvement: 현재 상태의 프로세스를 이해하고 측정한 다음, 필요한 부분을 개선하여 성과를 향상시키는 것이다. 그림 2.26은 전형 적인 비즈니스 프로세스 개선 모델이다.
- **자동화**automation: 수작업을 컴퓨터로 처리하는 것으로, 이는 효율성과 효과성을 향상시키고, 운영비용을 크게 줄인다.

일례로 급여 처리 자동화가 있다. 수작업으로 직원 5,000명의 급여를 계산하고 체크하는 일은 정규직 30명을 필요로 하는 매우 노동집약적인 업무이다. 회계 담당 직원은 2주마다 모든 사람의 근무 시간 기록을 모으고, 이를 임금률과 일일이 대조하고, 급여 지불액을 계산하고, 세금, 연금, 보험금 등의 공제액을 계산해야 한다. 그러나 만약 급여 프로세스가 자동화되면, 단 한 사람이 몇 시간 내에 직원 5,000명의 급여를 쉽게 계산하고, 공제액을 처리하고, 급여 명세서를 작성할 수 있다. 왜냐하면 모든 것이 시스템으로 자동 처리되기 때문이다. 자동화는 전체적인 운영비용을 낮추어서 효율성과 효과성을 향상시키고, 인원을 절감할 수 있다. 비즈니스 프로세스를 자동화하는 데 주로 거래 처리 시스템TPS이 이용된다.

비즈니스 프로세스를 개선하는 일을 추진할 때, 프로세스를 측정하는 분석 능력과 프로세스에 대한 실시간 피드백을 제공하는 IoT 그리고 프로세스를 재구상하는 AI를 적극 활용할 필요가 있다. AI에는 로봇이 포함되며 미래 공장은 자율 로봇에 의해 돌아갈 것이다. 오늘의 비즈니스 모델에 AI가 도입되면 내일의 비즈니스 모델이 얼마나 새롭고 혁신적일 수 있을까 상상해 보자.

- **로봇 프로세스 자동화**robotic process automation, RPA: 지금까지 사람이 처리하던 많은 양의 반복적 사무업무를 인공 지능과 머신 러닝 기능을 갖춘 소프트웨어를 이용하여 처리하는 것이다. RPA는 명확한 규칙과 절차를 따르는 데이터 입력, 급여 처리, 고객 문의 응대와 같은 작업을 자동화한다. 이 기술은 소프트웨어 봇을 이용하여 사람의 행동을 모방하며, 애플리케이션 실행, 화면 탐색, 데이터 복사 및 붙여넣기, 이메일 발송 등의 작업을 수행한다. 이러한 봇은 미리 정의된 규칙과 조건에 따라 작업을 수행하도록 프로그래밍될 수 있으며, 사람 및 다른 시스템과의 상호작용을 통해 학습하여 정확성과 효율성을 향상시킬 수 있다.

서로 다른 복잡한 시스템이 협력하여 비즈니스 프로세스를 수행하는 업무일수록 RPA

장애인의 업무 참여를 돕는 로봇 기술

카페에 앉아 주문을 받는 로봇을 상상해보자. 사람이 현지 밴드나 스포츠 행사에 대해 질문하는 것처럼, 로봇은 마치 사람처럼 상호작용한다. 그런데 그 로봇 뒤에서 조종하는 존재가 전신 마비 상태의 사람이라면, 당신은 놀랄 것인가?

일본의 몇몇 카페에서는 장애인이 원격으로 로봇 서버를 조작함으로써 로봇을 활용한 노동시장에 진입할 수 있도록 돕고 있다. 장애인은 로봇을 조작하여 고객과 대화하고, 주문을 받고, 음식을 제공한다. 이는 고용 포용성과 평등한 취업 기회를 보장하기 위한 기술 활용의 훌륭한 사례이다. 또한, 이와 같은 사회적 상호작용은 마비 환자들에게 고립감과 외로움을 줄이는 동시에, 자신의 역량과 재능, 기술을 발휘할 수 있는 기회를 제공한다. 장애인의 직장 참여를 돕기 위한 로봇 기술의 추가적인 사례는 다음과 같다.

- **자율 휠체어**autonomous wheelchairs: 로봇 기술이 탑재된 자율 휠체어는 이동성에 제약이 있는 개인이 작업 환경을 보다 수월하게 탐색할 수 있도록 돕는다. 이 휠체어는 장애물을 자동으로 감지하고 회피하며, 사전에 정의된 경로를 따라 이동할 수 있어, 직장에서의 이동성과 독립성을 향상시킨다.
- **개인 보조 로봇**personal assistive robots: 개인 보조 로봇은 장애인이 일상 업무를 수행하는 데 도움을 줄 수 있다. 이 로봇은 물건을 가져오거나, 작업 도구를 정리하거나, 알림 및 공지를 제공하는 등의 활동을 지원한다. 사용자 개인의 필요와 선호에 맞게 프로그래밍할 수 있어, 직장에서의 생산성과 접근성을 높인다.
- **로봇 외골격**robotic exoskeletons: 착용형 장치인 로봇 외골격은 인간의 움직임을 보조하거나 강화하기 위해 설계되었다. 이는 이동에 어려움을 겪는 개인이 걷기, 물건 들어 올리기, 고강도의 작업을 수행하는 데 도움을 줄 수 있다. 척수 손상 또는 이동 장애가 있는 사람이 일정 부분 독립성을 회복하고 신체적 노동을 수행할 수 있게 한다.
- **로봇 의수 · 의족**robotic prosthetics: 고도로 발전된 로봇 보조 사지는 팔다리의 상실 또는 기능 차이를 가진 개인의 역량을 크게 향상시킨다. 이 보철 장치는 센서, 모터, 인공지능을 이용하여 자연스러운 움직임을 모방하며, 다양한 업무에서 민첩성과 제어력을 제공한다. 물체를 정밀하게 쥐거나 기계를 조작하는 등 복잡한 작업을 보다 정확하고 효율적으로 수행할 수 있게 한다.
- **텔레프레즌스 로봇**telepresence robots: 이 로봇은 장애 또는 이동 제약으로 인해 실제로 근무 장소에 나갈 수 없는 사람들에게 원격 커뮤니케이션과 협업을 가능하게 한다. 사용자는 로봇의 화면을 통해 현장의 상황을 보고 듣고, 로봇이 대신 자신의 존재를 나타낸다. 이를 통해 회의, 토론, 협업에 참여할 수 있어 포용성과 접근성을 증진한다.

이러한 사례들은 로봇 기술이 장애인의 직장 진입과 자립을 어떻게 지원하는지를 보여주는 몇 가지 예시에 불과하다. 로봇 기술이 발전함에 따라, 장애인의 포용성, 접근성, 독립성을 촉진하는 더욱 혁신적인 방법들이 다양한 직업 환경에서 등장할 것으로 기대된다. 여러분의 대학 혹은 대학을 지원하는 기업들이 이러한 로봇 기술을 활용하여 어떤 방식으로 더 포용적이고 지원적인 업무 환경을 조성할 수 있을지 함께 고민해 보자.

소프트웨어가 적합하다. 예를 들어, 인사기록 카드정보에 우편 번호가 누락되어 있다면, 기존의 자동화 소프트웨어는 정보에 오류가 있다는 것을 확인하여 인사관리 담당자에게 알려준다. 그러면 담당 직원은 해당 우편 번호를 찾아서 누락된 인사기록 정보를 채워넣은 다음, 수정된 인사기록 정보를 급여처리 부서로 전송한다. 그러면 급여담당 직원은 이 정보를 받아 자신이 관리하는 급여 시스템에 입력하여 정정한다. RPA 소프트웨어는 적응할 수 있고, 혼자 학습하여 스스로 오류를 발견하고 수정할 수 있다. 심지어 사람의 도움 없이도 급여 시스템과 상호 작용할 수 있다. 자동화 소프트웨어가 2028년까지 전 세계적으로 1억 4천만 명의 정규직 직원을 대체해 나갈 것이고, RPA 소프트웨어를 유지하고 개선할 수 있는 능력을 필요로 하는 많은 고품질 일자리가 새롭게 창출될 것으로 예상되고 있다.

제2수준: 관리적 비즈니스 프로세스-간략화

관리적 비즈니스 프로세스managerial business process는 자원 할당, 영업 전략, 조립 프로세스 개선 등의 반(半)역동적이고semi-dynamic, 반(半)루틴한semi-routine, 월 단위의monthly 비즈니스 프로세스이다.

- **간략화**streamlining: 불필요한 단계를 단순화하거나 제거함으로써 비즈니스 프로세스의 효율성을 개선하는 것이다.
- **병목 현상**bottleneck: 자원 활용이 가용 가능한 최대치에 도달해 더 이상의 요구를 감당할 수 없을 때 발생한다. 이것은 일정 시간 내에 해결해야 하는 처리량을 제한하고 운영을 방해한다. 최대 능력치까지 운영되는 컴퓨터는 추가 요구를 처리할 수 없고, 프로세스에 병목 현상을 유발한다. 간략화는 병목 현상을 제거하는 것이다. 간략화는 비즈니스 프로세스의 효율성과 처리능력을 향상시키는 중요한 과정이다. 간략화는 또한 중복을 제거한다.
- **중복**redundancy: 하나의 과업, 즉 활동을 불필요하게 반복 수행할 때, 예를 들어, 영업부서와 회계 부서가 둘 다 고객의 신용도를 확인할 때 발생한다.

데이터 사일로data silos와 조직 내 여러 부서 간 원활한 데이터 공유 및 소통의 어려움을 상기할 필요가 있다. 이러한 데이터 사일로는 병목현상을 유발하며, 조직 전체에 걸쳐 연쇄적인 부정적 영향을 초래할 수 있다. 병목 현상이나 중복을 포함하고 있는 비즈니스 프로세스를 개선하지 않고 있는 그대로 자동화하는 것은 문제를 더욱 증폭시킬 수 있다.

기업에서는 영업 부서 대 생산 부서와 같은 조직 간 긴장에 의해 문제가 발생할 수 있다. 마케팅 및 영업 부서의 표준 KPI는 주문을 더 많이 받는 것이다. 영업 부서는 이러한 KPI를 달성하기 위해 고객의 어떤 요구에도, 가령 긴급 주문에도 "예"라고 응답하는 경향이 있다. 이에 비해, 운영 관리 부서의 흔한 KPI는 주문 처리 소요 시간, 즉 사이클 타임cycle time을 줄이는 것이다. 긴급 주문은 사이클 타임이 벤치마크 수준 아래로 떨어지게 만드는 요인이 될 수 있다. 그러나 만약 주문 접수 및 납품에 이르는 프로세스 상의 병목 현상을 제거함으로써 간략화 한다면, 정상 주문과 긴급 주문을 모두 안정적이고 수익성 있게 처리할 수 있다. 간략화의 목표는 자동화하는 것은 물론, 비즈니스 프로세스를 감시하고, 제어하고, 변화시킴으로써 개선하는 것이다.

제3수준: 전략적 비즈니스 프로세스–리엔지니어링

전략적 비즈니스 프로세스strategic business process는 재무 계획 수립, 기업 확장 전략, 이해관계자와의 상호작용 등과 같이 역동적이고, 비일상적이며, 장기적 비즈니스 프로세스이다. 인터넷과 같은 정보통신기술의 발달로 국가 간 장벽을 넘고 시간과 공간을 초월하여 펼쳐지는 평평한 세계flat world는 더 많은 기업들과 더 많은 소비자들을 시장으로 끌어들이고 있고, 경쟁을 눈에 띄게 심화시키고 있다. 예를 들어, 미국에 있는 와인 도매상들은 이제 전 세계적으로 경쟁해야 한다. 왜냐하면 소비자는 미국에서 와인을 주문하는 것만큼이나 쉽게 프랑스에서도 온라인 주문을 할 수 있기 때문이다. 기업들은 단지 시장에서 살아남기 위해서라도 성과 향상의 돌파구를 찾아야 하고, 비즈니스 프로세스 변화를 감행해야 한다. 변화의 속도가 빨라짐에 따라, 신속한rapid 변화와 극적인dramatic 개선을 원하는 기업들은 비즈니스 프로세스 리엔지니어링BPR: business process reengineering에 눈을 돌리고 있다.

- **비즈니스 프로세스 리엔지니어링**BPR: business process reengineering: 기업 내부 및 기업 간의 작업 흐름의 분석과 재설계redesign

그림 2.27은 같은 길을 가는 다른 이동 수단을 통해서 프로세스 개선을 은유적으로 설명하고 있다. 기업은 도보에서 말로, 말에서 자동차로 바꿈으로써 목적지에 도달하는 시간을 개선할 수 있다. 그러나 BPR적 사고방식은 자동화와 간략화를 초월한 전혀 다른 접근방식이다. 기업은 기존의 익숙한 길을 무시하고 새로운 하늘 길을 통해 A 지점에서 B 지점으로 갈 수 있다. 기업들은 비즈니스를 수행하기 위한 보다 빠르고 바로 통하는 새로운 길을 깨닫지 못한 채, 기존에 익숙해 있는 돌아가는 길을 가고 있다.

조직은 자신의 CSF와 KPI를 달성하기 위해 프로세스가 여러 부서에 걸쳐 있는 범부서적 비즈니스 프로세스를 리엔지니어링할 수 있고, 단일 부서의 비즈니스 프로세스를 리엔지니어링할 수도 있다. 비즈니스 프로세스 리엔지니어링의 대상을 선정할 때에, 현명한 경영자들은 영향력이 약한 프로세스보다는 성과에 결정적 영향을 줄 수 있는 핵심 프로세스에 집중한다. 전략적 활동으로써의 비즈니스 프로세스 리엔지니어링 노력은 지속적 비즈니스 프로세스 개선continuous business process improvement 프로그램과는 다른 사고방식이 필요하다. 비즈니스 프로세스는 전략 목표 달성을 위한 강력한 기회를 제공한다. 그러나 기업들은 이를 간과하는 경향이 있다. 따라서 기업들은 종종 자신의 현행 프로세스

그림 2.27

같은 길을 가는 다양한 방법들

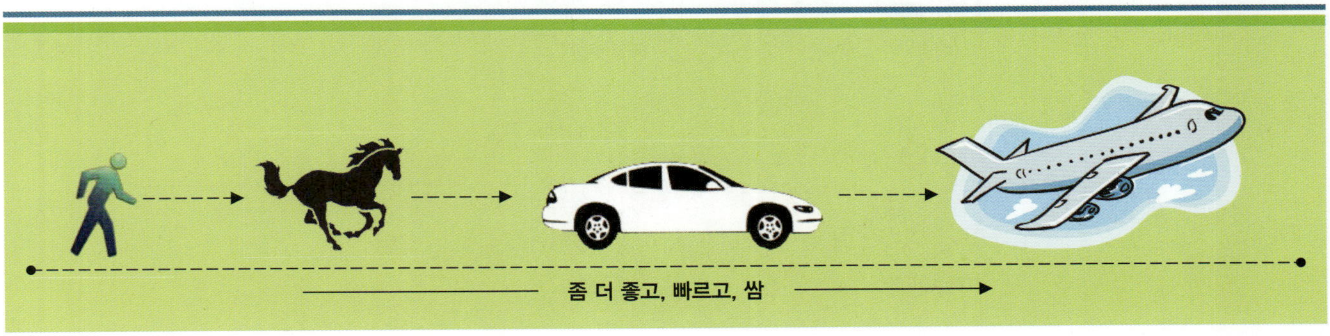

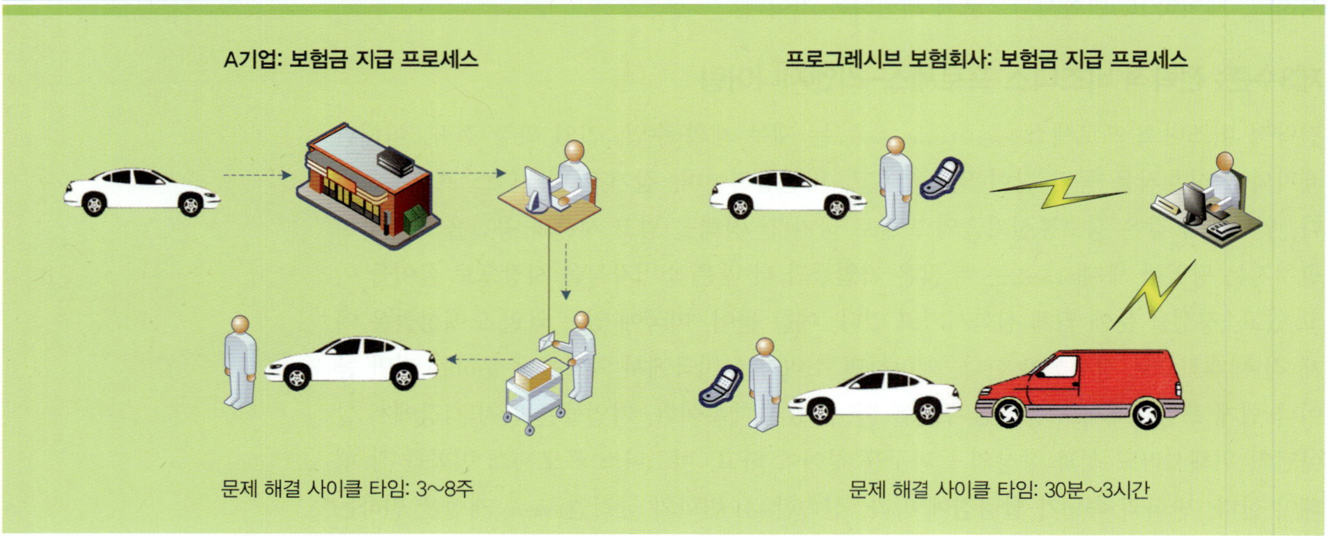

그림 2.28

자동차 보험 클레임 프로세스

를 출발점으로 삼아서 비즈니스 프로세스 개선 노력을 진행해 나간다. 이와 달리 리엔지니어링에 집중하는 경영자들은 몇 가지 기준을 이용해 기회를 포착할 수 있다.

- 프로세스가 고장인가?
- 프로세스 리엔지니어링을 성공적으로 추진할 수 있나?
- 조직의 전략적 방향에 큰 영향을 미칠 수 있나?
- 고객 만족도에 큰 영향을 주는가?
- 프로세스가 구식인가?
- 최상의 경쟁사의 프로세스에 훨씬 못 미치는가?

그림 2.29

온라인 판매 프로세스 모델

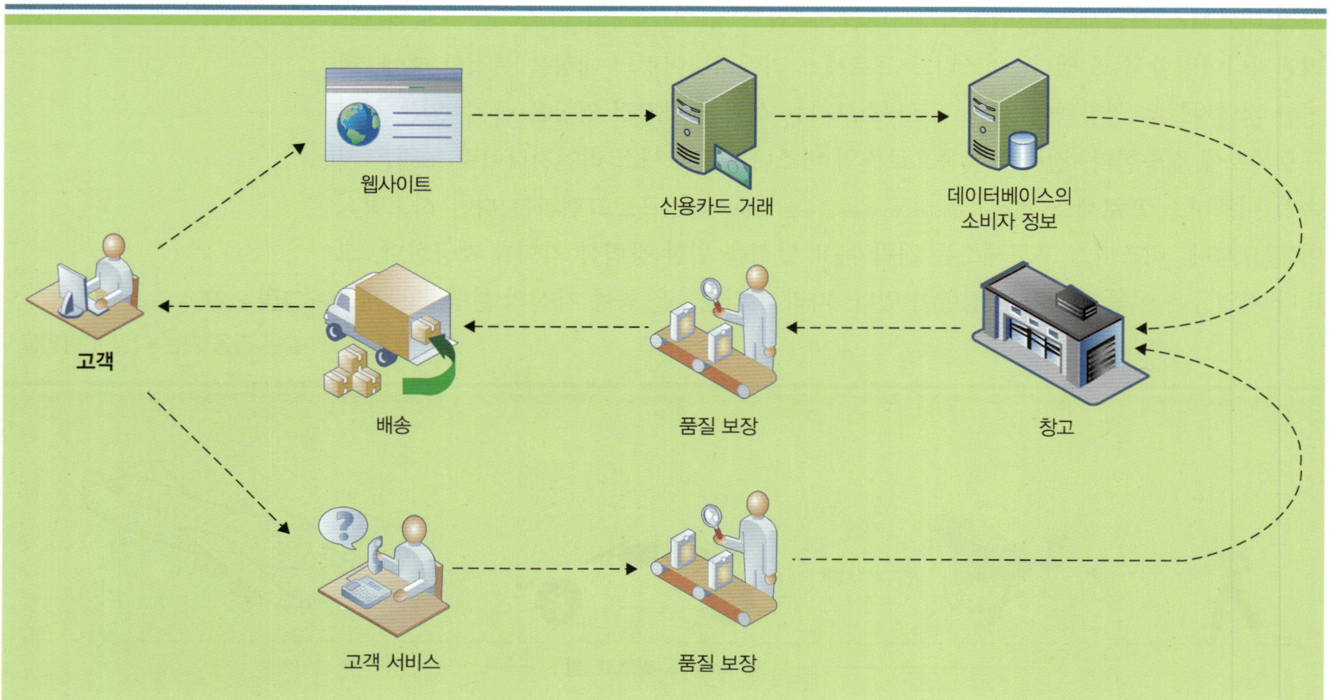

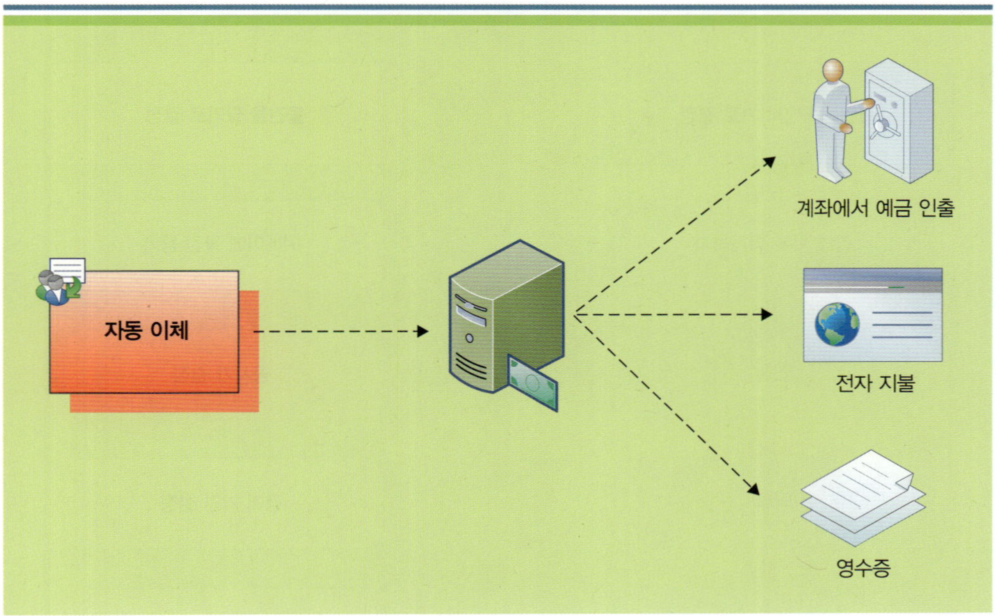

그림 2.30

온라인 뱅킹 프로세스 모델

그림 2.31

주문 이행 프로세스 모델

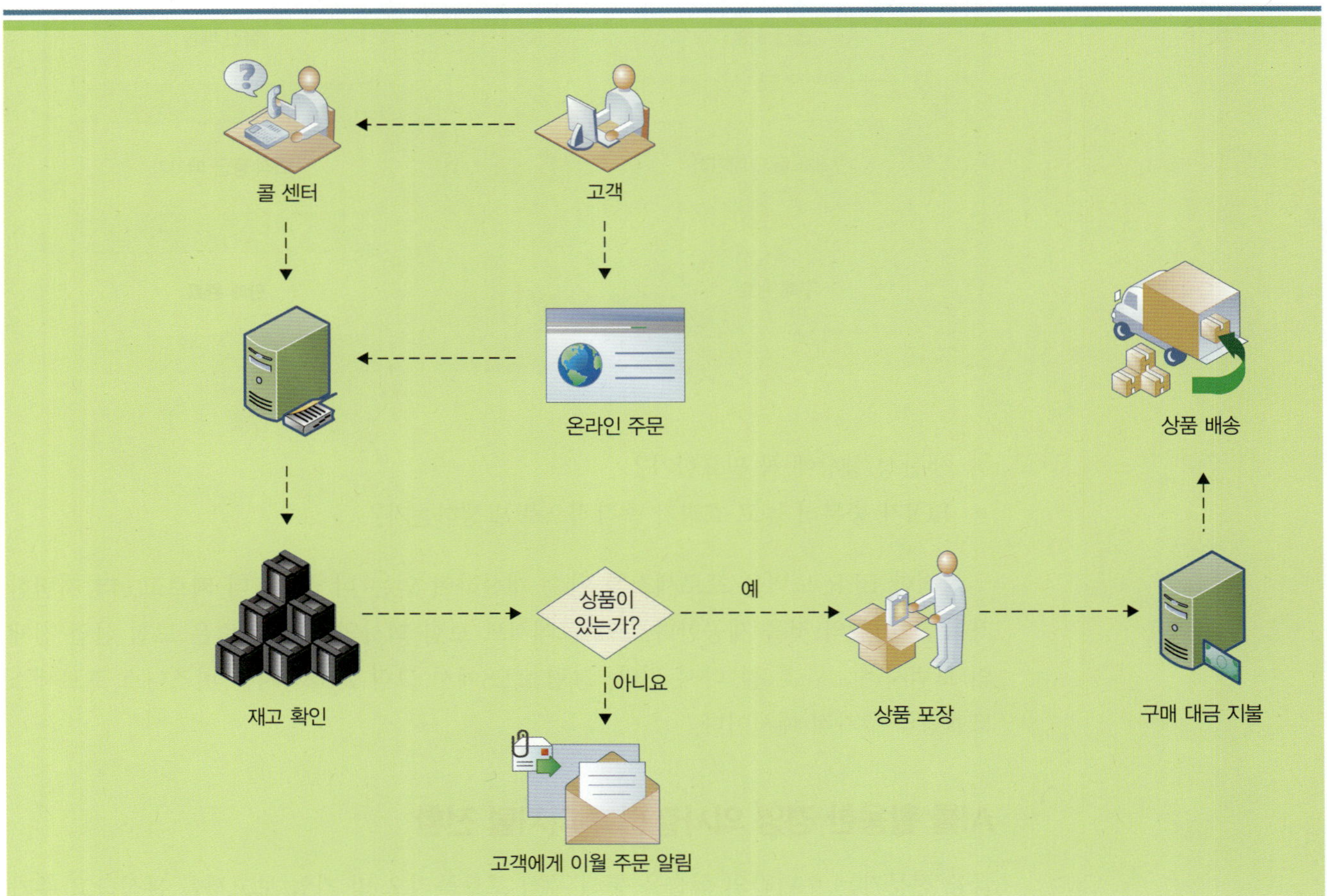

그림 2.32

이베이의 구입 판매 프로세스 모델

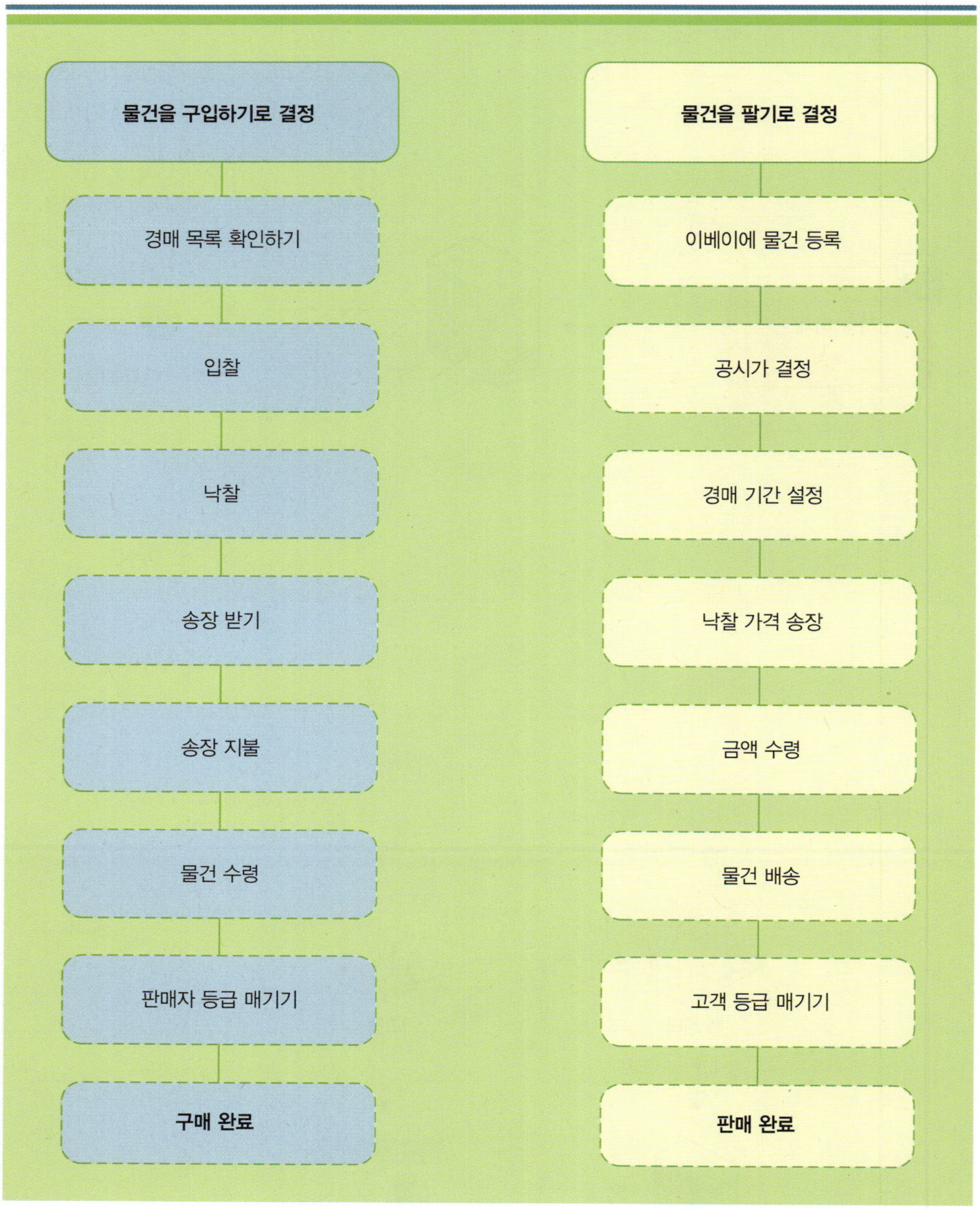

- 생산성 향상에 꼭 필요한가?
- ROI가 충분히 높고 효과가 즉각적으로 발생하는가?

진정한 BPR 노력은 프로세스를 단순 개선하여 얻는 더 좋고, 더 빠르고, 더 저렴한 가치 그 이상의 것을 제공한다. 프로그레시브 보험 회사의 BPR 노력은 보험 산업 전체의 모범사례best practice를 다시 썼다. 그림 2.28에서 그림 2.32까지는 비즈니스 프로세스 모델링의 추가적 예시이다.

AI를 활용한 경영 의사결정과 디지털 전환

금융 전문가는 수년간의 학습을 통해 주식 포트폴리오 및 기업 보고서를 분석하고 주가

입력	처리	출력
이메일	알고리즘	해당 이메일이 스팸인지 여부 판별
오디오클립	알고리즘	오디오에서 텍스트 추출
영어 문장	알고리즘	중국어 문장으로 변환

그림 2.33
입력을 AI를 활용하여 출력으로 전환

의 움직임을 예측하는 능력을 습득한다. 10대 청소년은 운전면허 시험에 합격하기 위해 자동차 운전법을 배우고 도로교통규칙을 암기하면서 많은 시간을 투자한다. 영어 전공자는 대학 시절 내내 문법에 맞는 정확한 문장 구성 능력을 기르기 위해 끊임없이 연습한다. 그러나 AI 시대에 접어들면서 이러한 기술들은 더 빠르고, 더 저렴하며, 더 정확하게 수행할 수 있는 컴퓨터 기술에 의해 무용지물이 될 가능성이 있다. 정확히 말하면, AI는 오늘날 인간이 수행하고 있는 다양한 업무를 자동화하고 보완할 수 있으며, 이는 곧 조직의 디지털 전환 목표의 궁극적인 형태라 할 수 있다.

- **인공지능**AI, artificial intelligence: 인간의 사고와 행동을 모방하는 기술로 학습, 추론, 자기 교정이라는 세 가지 인지 능력에 중점을 둔다.
  - **AI 학습**learning: 데이터를 수집하고, 그 데이터를 실행 가능한 정보로 전환하기 위한 규칙을 생성하는 데 중점을 둔다.
  - **AI 추론**reasoning: 여러 알고리즘 중 가장 적절한 알고리즘을 선택하는 능력을 말한다.
  - **AI 자기 교정**self-correction: 원하는 목표를 달성할 때까지 결과를 점진적으로 조정하고 개선하는 능력에 해당한다.
- **디지털 전환**digital transformation: 디지털 기술을 활용하여 비즈니스 프로세스, 운영 방식, 고객 경험 등을 근본적으로 변화시키는 과정이다.

데이터를 정보로, 정보에서 비즈니스 인텔리전스 및 지식으로 변환하는 주요 개념을 고찰하면, 인공지능의 궁극적인 목표는 인간의 개입 없이 이 모든 변환 과정을 자동으로 수행하는 데 있음을 알 수 있다. AI 기반의 머신들은 알고리즘algorithm을 바탕으로 주식 구매, 자동차 운전, 체스나 도미노 게임과 같은 복잡한 과제를 수행한다. 인간에게 수년이 걸리는 문제를 AI는 단 몇 초 만에 해결할 수 있다. 오늘날 AI는 매우 보편화되어 있으며, Alexa, Siri, ChatGPT와 같은 기술을 사용하는 것만으로도 이미 AI를 경험하고 있는 것이다. AI를 이해하기 위해 시스템적 사고systems thinking 접근법을 활용하면, 입력받고, 처리하고, 새로운 출력을 산출하는 과정을 알 수 있다(그림 2.33 참조). 그림 2.34는 다양한 인공지능 활용 사례를 보여준다.

알고리즘 기초

시스템적 사고를 다시 살펴보면, 그림 2.33에서 대부분의AI 모델이 알고리즘을 중심으로 작동함을 확인할 수 있다. 알고리즘은 수학적인 개념처럼 들리지만, 실제로 우리는

그림 2.34

AI 예시

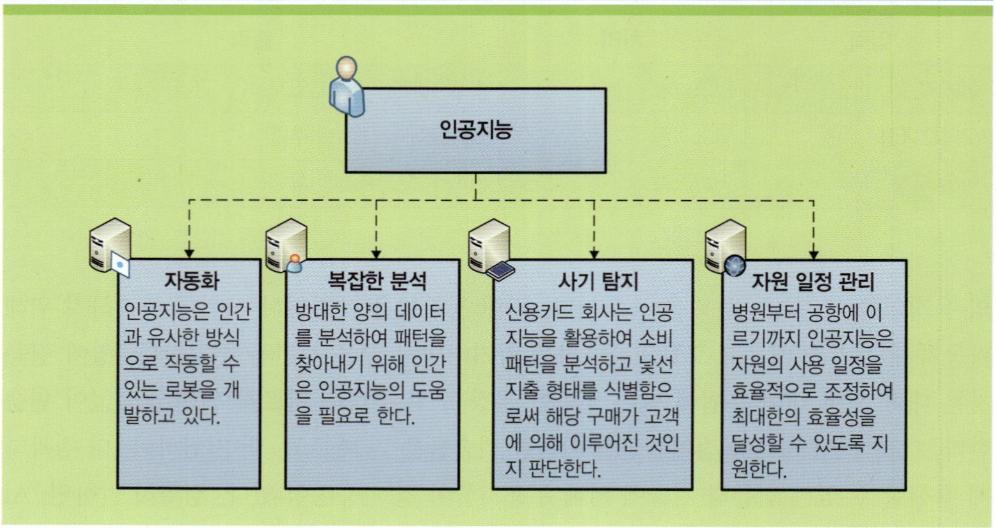

레시피를 따르거나, 조립 설명서를 보고 물건을 조립하거나, 커피를 내릴 때처럼 일상에서 자주 알고리즘을 활용하고 있다.

- **알고리즘**algorithm: 문제를 해결하거나 특정 작업을 수행하기 위한 일련의 단계별 절차 또는 규칙을 의미한다.

알고리즘은 어떤 작업을 수행하거나 문제를 해결하기 위한 명확하고 반복 가능한 단계의 집합이다. 이 단계들은 순서가 있어야 하며, 모호하지 않아야 한다. 예를 들어, Excel에서 사용하는 대부분의 함수는 데이터를 검색, 정렬, 합산하기 위한 알고리즘을 기반으로 작동한다.

다음은 간단한 합산 알고리즘의 예시이다:

1. 시작
2. 사용자로부터 첫 번째 숫자num1를 입력받는다.
3. 사용자로부터 두 번째 숫자num2를 입력받는다.
4. num1과 num2를 더한 후, 그 결과를 변수 sum에 저장한다.
5. sum을 출력한다.
6. 종료

이 알고리즘은 사용자로부터 입력값을 받는 상호작용을 전제로 한다. 사용자가 두 숫자를 입력하면, 알고리즘은 이를 더하고 결과를 출력한다. BPMN과 유사한 순서도flowchart로 알고리즘을 그려서 사용자에게 보여주면 이해가 더 쉽다. 이 단순한 알고리즘은 오류 처리나 입력값 검증을 포함하지 않는다. 실생활에 응용하려면 "Apple"이나 "Colorado"와 같은 비수치형 입력이 들어올 수 있는 상황을 고려해야 한다. 당신은 Apple과 Colorado를 더하여 Apple Colorado와 같은 결과를 내놓을 수 있지만, 컴퓨터는 이런 연산이 불가능하다.

- **AI 알고리즘**algorithm: 특정 계산이나 작업을 수행하는 방법을 정의한 명확한 명령 집합으로, 데이터로부터 학습하고 예측하거나 의사결정을 내릴 수 있게 한다. 명시적인 프로그래밍 없이도 작동이 가능하다.
- **블랙박스 알고리즘**black box algorithm: 그 내부의 의사결정 과정이 사용자나 연구자조차도 쉽게 이해하거나 설명할 수 없는 알고리즘을 의미한다.
- **유전자 알고리즘**genetic algorithm: 진화론의 적자생존 원리를 모방하여 점차 더 나은 해결책을 만들어가는 AI 시스템이다.

전통적인 알고리즘과 AI 알고리즘 모두 문제 해결을 위한 단계적 절차이지만, AI 알고리즘은 데이터로부터 학습하고 자동으로 변수 값을 조정할 수 있다는 점에서 차별화된다. 인간 전문가가 미리 설정해 좋은 규칙에 따라서 작동하는 전통적인 알고리즘과 달리, AI 알고리즘은 경험을 통해 성능을 향상시키는 특성을 지니고 있다.

AI의 유형

다양한 인공지능 활용 사례는 인간의 사고 과정을 모방하는 AI의 놀라운 능력을 보여준다. 예를 들어, COVID-19 팬데믹 당시 AI는 감염 확산 억제, 위험 지역 탐지, 환자 치료 개선, 치료법 식별, 백신 개발 등 전 세계적인 대응 과정에서 핵심적인 역할을 수행하였다. 또한, AI 시스템은 고객의 구매 예측, 신용카드 사기 탐지, 차량 내 IoT 데이터를 분석하여 주행 결정을 내리는 등의 역할을 수행할 수 있다.

AI 시스템은 일반적으로 다음의 두 가지 주요 범주로 분류된다.

- **약한 인공지능**weak AI, 또는 **협의의 인공지능**narrow AI: 특정 작업을 수행하도록 설계된 인공지능 시스템으로, 인간의 추론을 모방하지만, 그 목적은 제한적이다. 약한 AI는 하나의 데이터셋에 기반하여 학습되며, 시간이 많이 소요되는 작업을 자동화함으로써 사회에 유익을 제공한다. 예로, 예측 텍스트predictive text, 챗봇chatbot, 개인 비서personal assistant, 개인화 추천 시스템, 안면 인식, 자율주행차 등이 있다.
- **강한 인공지능**strong AI, 또는 **범용 인공지능**artificial general intelligence, AGI: 인간이 수행할 수 있는 모든 지적 작업을 수행할 수 있는 형태의 인공지능이다. 현재로서는 실현되지 않았으며, 여전히 연구 및 개발이 진행 중인 분야이다. 강한 AI는 처음 접하는 문제 상황에서도 해결책을 스스로 찾아낼 수 있어야 한다. 예로 상식적 추론, 일반 문제 해결, 새로운 상황에 대한 적응력 등이 있다.

AGI의 개발은 매우 복잡하고 도전적인 연구 과제로, 머신러닝, 자연어 처리, 컴퓨터 비전, 로보틱스 등 다양한 AI 하위 분야에서의 기술 발전을 필요로 한다. AGI는 세계에 대한 깊이 있는 이해, 상식적 추론, 환경에 대한 적응, 인간과의 자연스럽고 의미 있는 상호작용 등을 수행할 수 있어야 한다.

AGI를 개발하려면 윤리, 사회적 영향, 그리고 긍정적 또는 부정적인 결과 등을 진지하게 고려해야 한다. 또한 AGI 개발에는 편향, 공정성, 안전성, 첨단 AI 기술의 책임 있는 사용 등의 문제도 함께 고려되어야 한다.

그림 2.35

AI의 여섯 가지 분야

Phonlamai Photo/Shutterstock MMD Creative/Shutterstock UnImages/Shutterstock

andreypopov/123RF metamorworks/Shutterstock pitinan/123RF

현재 AGI는 이상적인 목표로 존재하며, 완전한 형태의 AGI는 아직 구현되지 않았다. AI 연구는 많은 진전을 이루었지만, AGI의 실현은 여전히 크고 복잡한 도전 과제로 남아 있다. 지속적인 연구와 혁신이 필요하다.

AI의 여섯 가지 분야

그림 2.35는 AI의 방대하고 학제적인 여섯 가지 주요 분과이다. 이들 분과는 종종 서로 중첩되며, 상호작용하기도 한다는 점에 유의할 필요가 있다. AI는 수많은 하위 분야를 포함하고 있으며, 한 분야에서의 발전이 다른 분야의 진보로 이어지는 경우가 많다.

AI 분야 1: 머신러닝

제4차 산업혁명을 거치며 기계의 역량은 전통적인 제조 범위를 넘어, 최근까지는 인간만이 수행할 수 있다고 여겨졌던 인지적 과업까지 수행할 수 있을 정도로 발전하였다. 예를 들어, 우버Uber 운전자의 배차 판단, 르누아르Renoir 화풍을 그대로 재현하는 그림, 히트할 헐리우드 영화 대본 집필 등과 같은 작업이 이제는 기계에 의해 수행되고 있다.

- **머신러닝**machine learning: 컴퓨터가 주어진 환경 속의 개념을 이해하고 학습할 수 있도록 하는 AI의 한 형태이다.

Excel 정렬 함수와 같은 전통적인 프로그래밍 방식에서는 프로그래머가 데이터 처리 방법을 직접 지시한다. 반면에 머신러닝에서는 프로그래머가 대량의 데이터를 프로그램에 입력하고, 알고리즘을 이용해 데이터 처리 방식을 결정한다(그림 2.36 참조).

머신러닝은 알고리즘과 데이터를 결합하여 미래의 패턴과 추세를 예측한다. 머신러닝의 핵심 원리는, 시스템이 데이터를 기반으로 학습하고 패턴을 식별하며 최소한의 인간 개입으로 의사결정을 내리는 것이다. 머신러닝은 명시적으로 프로그래밍해 놓지 않아도

	입력	처리	출력
전통적인 프로그래밍 방식	프로그래머가 명령어를 코드로 입력한다(예: 1 + 1).	프로그래머가 엔터 키를 쳐서 명령한다.	프로그래머가 사전에 정의해 놓은 답안 형식으로 결과를 출력한다.
머신러닝 방식	프로그래머가 데이터를 입력한다.	컴퓨터가 주어진 데이터에 대한 학습 알고리즘을 실행한다.	컴퓨터가 학습 모델을 기반으로 결정을 내린다.

그림 2.36

머신러닝 데이터 입력과 전통적인 프로그래머 입력 명령

알고리즘과 모델을 만들어서 컴퓨터로 하여금 학습하고 성능을 향상시킬 수 있도록 한다. 머신러닝은 대규모 데이터셋을 기반으로 학습 모델을 훈련시켜 패턴을 인식하고 예측이나 판단을 가능하게 한다. 이처럼 머신러닝은 프로그래머가 일일이 작업 절차를 명시하지 않아도 기계가 스스로 과업을 수행할 수 있도록 한다. 머신러닝의 활용 사례는 광범위하고 계속해서 확장되고 있으며, 대표적인 사례는 다음과 같다.

- 아마존의 마케팅 개인화
- 고객 이탈 예측
- 구글 검색 최적화
- 넷플릭스 추천 알고리즘
- 고객 얼굴 인식

AI와 머신러닝는 때때로 혼용되기도 하나, 머신러닝은 AI의 한 유형이다. AI는 단순히 머신러닝 이상의 훨씬 더 광범위한 기능을 가지고 있다. 그림 2.37은 머신러닝의 다양한 유형을 보여준다.

만약 당신이 CAPTCHA를 이용해 본 적이 있다면, 머신이 어떻게 학습하는지를 이해할 수 있을 것이다. CAPTCHA는 "Completely Automated Public Turing test to tell

머신러닝 유형	정의	활용 사례
지도 학습 Supervised Machine Learning	라벨label이 지정된 데이터를 기반으로 알고리즘을 학습시키는 방식	주식 가격 예측, 이미지 분류, 얼굴 인식 등
비지도 학습 Unsupervised Machine Learning	라벨label이 없는 데이터를 기반으로 알고리즘을 학습시키는 방식	표적 마케팅, 추천 시스템, 빅데이터 시각화 등
전이 학습 Transfer Machine Learning	한 작업 또는 도메인에서 학습한 지식이나 모델을, 다른 관련 작업이나 도메인의 학습 및 성능 향상에 활용하는 기법	컴퓨터 비전, 자연어 처리, 오디오 처리 등 다양한 도메인과 작업에 활용 가능 처음부터 새로 시작하는 대신, 전이 학습은 하나의 작업(소스 작업)에서 학습된 표현, 지식 또는 파라미터를 다른 관련 작업(타겟 작업)으로 이전함
강화 학습 Reinforcement Learning	외부 학습 데이터를 필요로 하지 않고, 보상을 통해 기계 학습 모델을 학습시키는 방식	게임 플레이 인공지능, 음악 및 영상 추천, 에너지 소비 최적화 등

그림 2.37

머신러닝 유형

그림 2.38

라벨이 있는 학습 데이터와 라벨이 없는 학습 데이터

<table>
<tr><th>머신러닝 유형</th><th>정의</th><th>활용 사례</th></tr>
<tr><td>라벨이 있는 데이터</td><td>머신러닝 알고리즘에 문맥 또는 태그(라벨)가 함께 제공되는 데이터</td><td>
</td></tr>
<tr><td>라벨이 없는 데이터</td><td>머신러닝 알고리즘에 문맥이나 태그 없이 제공되는 데이터</td><td></td></tr>
</table>

Computers and Humans Apart"의 약어로, 컴퓨터와 인간 사용자를 구별하기 위해 설계된 보안 장치이다. 이 방식은 사용자가 왜곡되거나 섞인 문자, 이미지, 오디오 클립과 같은 퍼즐을 풀도록 하여, 인간과 자동화된 봇bot을 구분한다. 사용자가 자전거가 포함된 사진을 클릭할 때, 알고리즘은 이러한 상호작용을 통해 데이터를 어떻게 라벨링할지 학습하게 된다. 그림 2.38은 라벨이 지정된 학습 데이터와 그렇지 않은 데이터를 보여준다.

머신러닝의 핵심 요소는 입력 데이터에 대해 모델을 학습시킬 수 있는 적절한 알고리즘을 찾는 것이다. 머신러닝 모델을 성공적으로 구축하는 비결은 모델 학습에 필요한 충분한 데이터를 확보하는 것이다. 머신러닝 모델에 필요한 학습 데이터의 양은 다음과 같은 여러 요소에 따라 달라진다: 문제의 복잡성, 데이터의 풍부함, 모델의 구조, 그리고 원하는 성능 수준 등이다. 어느 정도의 학습 데이터가 '충분하다'고 정의할 수 있는 고정된 기준은 존재하지 않으며, 이는 작업에 따라 달라질 수 있다.

그러나 일반적인 지침으로는, 더 많은 학습 데이터가 더 정확하고 견고한 모델을 학습시키는 데 유리하다고 볼 수 있다. 데이터의 양을 늘리면, 모델이 보다 다양한 패턴을 학습할 수 있게 되고, 학습 데이터에는 잘 작동하지만 새로운 데이터에는 성능이 떨어지는 현상인 과적합overfitting을 줄이며, 일반화generalization 능력, 즉 보지 못한 예제에 대한 예측력을 향상시킬 수 있다.

- **데이터 증강**data augmentation: 기존의 학습 데이터를 변형하여 새로운 학습 데이터를 추가로 생성하는 기법이다.

예를 들어, 머신러닝 모델에 단지 10명의 인물 사진밖에 없다면, 이것으로는 사진이 남성인지 여성인지조차도 학습하기 어렵다. 이때 데이터 증강을 활용할 수 있는데, 각각의 원본 사진을 돌리고, 늘리고, 좌우 대칭 변환하여 다양한 변형 데이터를 추가적으로 생성함으로써 더 많은 학습 데이터를 확보할 수 있다.

경우에 따라서는 더 많은 데이터를 수집하는 것이 현실적으로 어렵거나 불가능한 상황도 있다. 이러한 경우에는, 데이터 증강이나 유사한 작업이나 도메인에서 미리 학습된 모델을 활용하는 전이학습을 통해 제한된 데이터 상황에서도 모델 성능을 향상시킬 수 있다. 학습 데이터를 확보한 이후에는 두 가지 주요 학습 문제, 즉 과적합과 과소적합을 주의 깊게 살펴보아야 한다.

- **과적합**overfitting: 머신러닝 모델이 학습 데이터에 지나치게 잘 맞춰져, 새로운 데이터에 대해 올바른 예측을 하지 못하는 경우에 발생한다. 과적합은 모델이 학습 데이터의 세부적인 특징들까지 너무 자세히 학습함으로써, 새로운 데이터에 대해서는 오히려 성능이 저하되는 경우에 발생한다.
- **과소 적합**underfitting: 머신러닝 모델이 학습 데이터를 자세하게 학습하지 않아서 학습 데이터에 대한 예측 정확도가 좋지 않은 것이다. 과소 적합이 발생하면 머신러닝 알고리즘을 다른 것으로 변경하여 과소 적합 문제를 해결할 수 있다. 과적합도 문제지만 과소 적합도 문제이다. 과적합과 과소 적합 사이의 최적점을 어렵지만 찾을 필요가 있다.

AI 분야 2: 신경망

신경망은 인간의 뇌를 모방한 것이다. 신경망에 기업 데이터를 제공하고 보고서를 생성하는 작업을 수행하도록 학습시킬 수 있다. 이러한 신경망은 학습된 내용, 새로운 정보, 그리고 '업무 경험'을 바탕으로 인간 근로자처럼 적응하고 발전하게 된다.

- **신경망**neural network: 인간 두뇌의 작동 방식을 모방하려는 AI의 한 분야이다.

인간과 달리, 이러한 소프트웨어 로봇들은 훨씬 빠르게 작동하며 쉬지 않아, 비즈니스 비용을 절약하고 직원들이 더 창의적이고 흥미로운 업무에 집중할 수 있도록 한다. 신경망의 주요 특징은 스스로 학습하는 능력self-learning과 입력 데이터가 변화함에 따라 실시간으로 적응adapting on-the-fly 및 학습하는 능력이다.

산에서의 하이킹을 결정하는 상황을 상상해보자. 눈이 오는 경우, 또는 섭씨 35도를 초과하는 경우에는 하이킹을 하지 않는다. 이 두 가지 요소는 의사 결정 모델에 대한 입력값이 된다. 그리고 눈 오는 날에는 하이킹을 가지 않겠다는 기준이 기온이 너무 높으면 가지 않겠다는 기준보다 더 강하다고 판단한다. 따라서, 매 상황마다 이 두 입력값을 고려한 후, 다음과 같은 판단을 내리게 된다. 하이킹을 가기로 결정했다면, 의사 결정 기준이 충족된 것이다(즉, 눈이 오지 않고 기온도 35도 이하임). 하이킹을 가지 않기로 결정했다면, 의사 결정 기준이 충족되지 않은 것이다(즉, 눈이 오거나 기온이 35도를 초과함). 이와 같은 예시는 신경망의 작동 방식에 대한 매우 단순화된 비유이다. 실제의 신경망은 이보다 훨씬 복잡한 방식으로 작동하며, 논리나 규칙이 명확하지 않은 경우에도,

막대한 양의 데이터를 분석하여 패턴과 특성을 스스로 도출할 수 있다. 다음은 신경망의 주요 특징이다.

- 새로운 상황에 대해 스스로 학습하고 조정함
- 대규모 병렬 처리massive parallel processing에 적합
- 불완전하거나 구조화되지 않은 정보에서도 작동 가능
- 상호의존적인 변수가 많은 방대한 정보 처리 가능
- 비선형적 관계 분석 가능

신경망의 한 특징이 퍼지 로직이다.

- **퍼지 로직**fuzzy logic: 불확실하거나 주관적인 정보를 처리하기 위한 수학적 방법이다.

기본적인 퍼지 로직의 접근 방식은, 모호하거나 불확실한 정보에 대해 0과 1 사이의 값을 부여하는 것이다. 여기서 0은 해당 정보가 포함되지 않음을, 1은 포함되거나 해당 범주에 속함을 의미한다. 퍼지 로직의 대표적인 활용 사례는 다음과 같다.

- 세탁기에서 얼마나 많은 물을 사용할 것인지와 세탁 시간을 얼마나 설정할 것인지 결정하는 경우
- 자동 변속기 및 차량의 환경 제어 시스템
- 경제 분석 시 고려되는 무형 자산(예: 영업권) 등 주관적인 금융 가치를 분석하는 경우
- 의료 분야에서 복잡한 문제 해결을 위한 의사결정 분석에 활용

Google의 Deep Dream은 신경망을 활용한 인공지능 프로그램으로, 수백만 개의 이미지를 분석하여 시각적 패턴을 식별하고, 이를 기반으로 새로운 것을 생성하는 일종의 미적 예측aesthetic prediction을 수행한다. 컴퓨터 처리 능력의 향상과 더 크고 복잡한 모델을 훈련할 수 있는 역량의 성장은 딥러닝deep learning 기술의 발전으로 이어지고 있다.

AI 분야 3: 자연어 처리

만약 이 책을 읽고 있는 당신이 ChatGPT를 이용해 본 경험이 있다면, 이미 자연어 처리 기술을 체험한 셈이다.

- **자연어 처리**natural language processing, NLP: 자연어 처리는 인간의 언어(텍스트와 음성 포함)를 분석하고 이해할 수 있도록 설계된 알고리즘을 개발하는 분야이다.

NLP 알고리즘은 대량의 언어 데이터를 학습함으로써 언어 내 패턴과 관계를 분석하고, 이를 통해 언어 이해 및 생성 능력을 지속적으로 향상시킨다. 그림 2.39는 자연어 처리의 핵심 기능들을 나타낸다.

자연어 처리는 다양한 분야에 적용되고 있으며, 대표적인 활용 사례는 고객 서비스, 정보 검색, 감정 분석, 가상 비서, 언어 번역, 콘텐츠 생성 등이다. 챗봇chatbot 및 가상 비서virtual assistant는 자연어 처리 기술을 활용하여 대화형 에이전트를 구축한다. 이러한 시스

머신러닝 유형	정의
텍스트 생성text generation	주어진 입력 또는 사전 학습된 모델, 예를 들어 챗봇, 언어 모델, 텍스트 요약 도구 등을 통하여 사람처럼 자연스러운 문장이나 단락을 생성하는 기술이다. 예시: ChatGPT
품사 태깅part-of-speech tagging	문장의 각 단어에 대해 명사, 동사, 형용사 등 문법적 역할(품사)을 식별하여 부여하는 작업이다. 이는 문장 구조와 단어 간의 문법적 관계를 이해하는 데 핵심적인 역할을 한다. 예시: Grammarly, 맞춤법 검사기
감정 분석sentiment analysis	텍스트에 표현된 감정이나 의견이 긍정적인지, 부정적인지, 중립적인지를 판별하는 기술이다. 주로 고객 피드백, 리뷰, 소셜미디어 글 등에 대한 정서 분석에 활용된다.
텍스트 분류text classification	텍스트의 내용을 분석하여 미리 정의된 범주 또는 라벨(예: 스팸 여부, 주제, 감정 등)에 할당하는 작업이다. 예시: 스팸 메일 탐지, 주제 분류, 감정 분류 등

그림 2.39

자연어 처리의 주요 특징

템은 사용자의 질문을 이해하고, 적절한 응답을 생성하며, 인간과 유사한 상호작용을 시뮬레이션하는 데 NLP 알고리즘을 적극적으로 활용한다. 자연어 처리 기술의 발전은 인공지능 시스템이 자연어를 보다 정교하고 효과적으로 처리하고 이해할 수 있도록 함으

비즈니스 중심적 윤리와 보안

ChatGPT를 이용해 리포트를 작성하는 것은 부정행위인가?

ChatGPT(GPT는 '생성형 사전 학습 변환기generative pretrained transformer'를 의미함)는 사용자가 어떤 질문을 하든지 간에 그에 대한 답변을 생성할 수 있는 무료 챗봇이다. 출시된 지 단 5일 만에 백만 명이 넘는 이용자가 가입할 정도로 폭발적인 관심을 받았다. ChatGPT는 컴퓨터 코드 작성, 대학 수준의 에세이 작성, 심지어 공학 및 법학 시험을 통과할 정도의 답변을 생성할 수 있다.

비즈니스 수업을 함께 듣는 친구 오마르Omar가 다급하게 전화를 걸어왔다. 교수님이 오마르를 개인 면담에 부르셨다는 것이다. 오마르가 제출한 리포트의 상당한 분량이 ChatGPT가 생성한 것과 같아서 표절 의혹이 제기된 것이다.

사실 ChatGPT 또는 다른 AI 언어 모델을 학습 보조 도구로 활용하는 것은 매우 유용한 학습 자원이 될 수 있다. 아마도 대부분의 학생들은 Microsoft의 맞춤법 검사기나 Grammarly의 문법 교정 기능을 사용해 본 적이 있을 것이다. 교수님의 강의 계획서에는 ChatGPT 사용을 금지하는 명확한 조항은 없고, 단지 표절을 금지한다는 정책만 명시되어 있다.

그렇다면 맞춤법 검사기나 Grammarly는 허용되면서, ChatGPT는 왜 문제가 되는 것일까? 당신은 AI가 생성한 콘텐츠를 이해하지 않고 그대로 제출하는 것이 학문적으로 부정직한 행위로 간주될 수 있으며, 이는 부정행위에 해당한다고 보는 견해에 동의하는가, 아니면 동의하지 않는가?

로써, 인간과 컴퓨터 간의 상호작용을 한층 더 고도화시키는 기반이 되고 있다.

AI 분야 4: 컴퓨터 비전

컴퓨터 비전은 컴퓨터가 이미지 속의 객체를 식별할 수 있도록 하는 기술을 의미한다. 컴퓨터 비전 알고리즘은 이미지 내에서 특정 객체를 인식하고 그 위치를 파악할 수 있도록 학습될 수 있다. 예를 들어, 자동차, 얼굴 또는 관심 있는 기타 사물을 감지하는 것이 가능하다. 컴퓨터 비전 기술은 매우 다양한 활용성을 지니고 있으며, 시각 정보를 처리 및 분석함으로써 귀중한 인사이트 제공, 작업 자동화, 효율성 향상, 의사결정 지원 등 여러 분야에 기여하고 있다.

- **컴퓨터 비전**computer vision: 이미지와 영상 등 시각적 정보를 해석하고 분석할 수 있도록 하는 알고리즘을 개발하는 기술 분야이다.

컴퓨터 비전의 궁극적인 목적은 컴퓨터가 이미지나 영상으로부터 시각 정보를 이해하고 해석할 수 있는 능력을 부여하는 것이다. 주요 과제로는 객체 탐지object detection, 이미지 인식image recognition, 안면 인식facial recognition, 이미지 분할image segmentation 등이 있다. 컴퓨터 비전은 자율주행 차량의 핵심 구성 요소로서, 차량이 주변 환경을 인식하고 해석할 수 있도록 한다. 예를 들어, 차선 인식, 교통 표지판 인식, 보행자 감지, 물체 추적 등을 통해 안전한 주행을 지원한다. 이러한 알고리즘은 자율주행 자동차, 트럭, 드론 등이 상황에 맞는 결정을 내리고 안전하게 이동할 수 있도록 도움을 준다.

AI 분야 5: 전문가 시스템

전문가 시스템은 특정 분야에 대한 전문적인 지식과 추론 능력을 갖춘 컴퓨터 프로그램을 구축하는 데 중점을 둔다. 이러한 시스템은 인간 전문가의 전문성과 사고 과정을 모방하여 지능적인 조언이나 해결책을 제시할 수 있도록 설계된다.

- **전문가 시스템**Expert Systems: 어려운 문제를 해결하기 위해 전문가의 추론 과정을 모방하는 컴퓨터 기반의 자문 프로그램을 의미한다.

예를 들어, 질병 진단을 위한 전문가 시스템은 사용자에게 증상, 병력, 기타 관련 요인에 대한 일련의 질문을 제시할 수 있다. 사용자의 응답을 바탕으로 해당 시스템은 적절한 조언을 제공하거나, 가능한 진단 결과와 치료 옵션을 제안할 수 있다. 또한, 챗봇 기반의 고객 지원 시스템은 전문가 시스템의 구성 요소를 통합하여 고객의 문의 사항에 대응하고 도움을 제공할 수 있다. 이러한 시스템은 고객의 질문을 분석하고, 지식 기반을 활용하여 관련 정보, 문제 해결 방법, 또는 적절한 리소스를 안내하는 등의 기능을 수행한다.

AI 분야 6: 로보틱스

앞서 언급한 바와 같이, 로보틱스는 주변 환경과 상호작용하고 자율적으로 작업을 수행할 수 있는 지능형 기계 또는 로봇을 개발하는 분야이다.

- **로보틱스**Robotics: 감각 입력에 반응하고 움직일 수 있는 인공지능 장치를 만드는 데 중점을 두는 분야이다.

로보틱스는 인공지능과 컴퓨터 비전의 요소를 결합하여 로봇이 주변 환경을 인식하고, 그 정보를 바탕으로 의사결정을 내릴 수 있도록 한다. AI 로봇은 실제 환경에서 책임 있는 행동을 통해 결과를 도출하는 인공 행위자artificial agent로 볼 수 있다. 휴머노이드 로봇 소피아Sophia는 이러한 인공지능 기술이 적용된 대표적인 사례이다.

AI와 머신러닝의 가장 큰 문제점: 학습 데이터에 존재하는 편향

AI나 머신러닝에 관해 자주 제기되는 문제 중 하나는 편향bias이다. 이는 특정 아이디어나 대상에 대해 불균형적으로 유리하거나 불리하게 작용하는 경향으로, 일반적으로는 폐쇄적이고 편견적이며, 불공정한 방식으로 나타난다. 사용자가 의식적으로 성별, 연령, 외모를 고려하지 않는다 하더라도, 무의식적으로 정체성에 기반하여 사람을 선택하거나 배제하는 경우는 흔하다. 그림 2.40에서는 몇 가지 일반적으로 인식된 편향의 형태들을 자세히 설명하고 있다.

머신러닝 모델과 학습 데이터는 인간에 의해 만들어진다. 인간이 가진 편향은 모델, 알고리즘, 학습 데이터에 그대로 반영되며, 편향된 알고리즘은 결국 그 편향을 반영한 방식으로 작동하게 된다. 차별이 어떻게 나타나는지를 인식하고, 그 원인을 식별할 수 있다면 이러한 편향을 감지하고 완화할 수 있다. 머신러닝에서 나타나는 네 가지 주요 편향 유형은 다음과 같다.

- **샘플 편향**sample bias: 기계를 학습시키는 데 사용된 학습 데이터 자체에 문제가 있을 때 발생한다. 예를 들어, 자율주행 차량을 모든 기상 조건에서 주행하도록 훈련시키려 하는데, 학습 데이터가 화창하고 섭씨 29도 이상인 날의 주행 데이터만 포함되어 있다면, 이는 샘플 편향이 발생한 것이다. 비, 눈, 진눈깨비, 우박 등 다양한 기상 조건에서의 주행 데이터를 포함시킴으로써 이와 같은 샘플 편향을 제거할 수 있다.
- **편견 편향**prejudice bias: 학습 데이터가 문화적 또는 기타 고정관념의 영향을 받을 경우 발생한다. 예를 들어, 머신 비전 알고리즘을 훈련시키는 과정에서 남성은 일하러 가고 여성은 아이를 돌보는 이미지만 학습 데이터에 포함되어 있다면, 알고리즘은 '남성은 일하고 여성은 집에 있는 것'으로 학습할 가능성이 크다. 이와 같은 편견 편향의 핵심 문제는 학습 데이터를 수집한 인간의 의식적 혹은 무의식적 판단이 사회적

친화 편향affinity bias	자신과 유사한 관심사, 경험, 또는 배경을 가진 사람과 친하게 지내고, 그들을 고용하거나 승진시키는 경향을 의미한다.
동조 편향conformity bias	자기 자신의 의견이나 관점보다는 주변 사람들의 의견에 동조하거나 유사하게 행동하려는 경향이다.
확증 편향confirmation bias	특정 사람에 대해 이미 갖고 있는 선입견이나 생각을 뒷받침해 줄 증거만을 의도적으로 찾으려는 경향이다.
이름 편향name bias	특정 이름을 선호하는 경향을 의미한다.

그림 2.40
편향의 유형

비즈니스 중심적 토론

얼굴 인식의 편향성

얼굴 인식 편향성이란 얼굴 인식 시스템이 인종, 성별, 연령 또는 기타 얼굴 특징과 같은 특정 인구통계학적 요소에 따라 정확도에 차이를 보이거나 성능에 편차를 나타내는 경향을 의미한다. 이러한 편향은 특정 집단에 대해 불균형적인 오류 또는 오식별을 초래할 수 있다.

MIT의 한 연구에 따르면, 주요 기술 기업에서 출시한 세 가지 얼굴 분석 프로그램이 피부색과 성별에 따른 편향성을 보이는 것으로 나타났다. 해당 보고서에 의하면 밝은 피부를 가진 남성에 대한 오류율은 1%에 불과한 반면, 어두운 피부를 가진 여성의 경우 오류율은 35%에 이르렀다. 이러한 결과는 오늘날의 신경망이 방대한 데이터 세트에서 패턴을 학습하여 연산 작업을 수행하는 방식이 어떻게 훈련되고 평가되는지에 대해 의문을 제기한다.

얼굴 인식 편향성은 프라이버시 침해, 시민 자유의 위협, 특정 개인이나 공동체에 대한 잠재적 피해 또는 차별 등 중대한 영향을 미칠 수 있다. 잘못된 식별이나 오탐지는 부당한 체포, 편향된 감시, 개인 권리 침해로 이어질 수 있다.

따라서 얼굴 인식 알고리즘은 인구 전체의 특성과 다양성을 정확히 반영하는 데이터 세트로 훈련되어야 하며, 이를 통해 편향성을 줄이고 다양한 집단에 걸쳐 시스템의 성능을 향상시킬 수 있다.

그룹을 지어 토론해 보자. 특정 피부색과 성별에 대해 얼굴 인식 편향이 발생하는 원인은 무엇이라고 가정할 수 있는가? "어머니(mother)"라는 단어에 대한 훈련 데이터를 수집하고 라벨링해야 한다면, 어떻게 해야 할까? 데이터 분석가로서 훈련 데이터를 수집할 때, 얼굴 인식 편향이 발생하지 않도록 하기 위해 무엇을 해야 하는가?

고정관념을 반영한다는 점이다. 이를 줄이기 위해서는 학습 데이터를 수집하는 인간이 사회적 편견이나 고정관념을 데이터에 반영하지 않도록 민감성을 가지고 접근해야 한다.

- **측정 편향**measurement bias: 데이터 수집 과정에서의 문제로 인해 특정 방향으로 데이터가 왜곡될 때 발생한다. 예를 들어, 모든 학습 데이터를 하나의 카메라로 촬영했는데, 해당 카메라의 필터에 문제가 있는 경우 이미지는 왜곡될 수 있다. 그 결과 알고리즘은 현실을 제대로 반영하지 못하는 부정확한 이미지 데이터로 학습되게 된다. 측정 편향은 다양한 장비를 사용하여 추가 데이터를 수집함으로써 방지할 수 있다.
- **분산 편향**variance bias: 알고리즘의 수학적 특성에서 기인하는 편향이다. 분산 편향은 학습 데이터를 입력하는 사람과는 직접 관련이 없다. 분산이 크면 복잡성을 잘 수용하고 학습 데이터에 쉽게 맞추지만, 노이즈에도 민감하다. 반면, 분산이 작으면 더 경직되어 있지만, 변동성과 노이즈에 덜 민감하다. 데이터 과학자는 이 두 특성 사이에서 적절한 균형점을 찾을 필요가 있다.

학습 성과 복습

2.1 조직의 전략, 관리, 운영 수준에 있는 각각의 경영자들이 내리는 의사결정의 중요성과 주요 특징들에 대해 설명할 수 있다.

의사결정 기술은 모든 수준의 기업에서 비즈니스를 운영하는 사람들인 비즈니스 전문가들에게 필수적인 기술이다. 운영 수준에서 직원들은 매일 행해지는 일상적 운영에 필요로 하는 핵심 비즈니스 활동들을 개발, 통제, 유지한다. 운영 의사결정들은 구조적 의사결정structured decisions이라고 여겨지는데, 이것들은 입증된 프로세스가 문제 해결의 가능성 있는 해결안을 제시해 줄 때 쓰인다. 구조적 의사결정들은 자주 내려지고 거의 반복적인 성격을 가지고 있고 단기 경영 전략에 영향을 준다.

관리 수준에서 직원들은 변화를 인지하고, 변화에 적응하고, 변화를 이용할 수 있는 기업의 능력을 날카롭게 유지하기 위해 끊임없이 기업의 운영 상태를 평가한다. 관리 의사결정은 단–중기 계획들, 일정들, 예산들과 기업의 정책들, 과정들, 그리고 경영 목표들을 포함한다. 이런 유형의 의사결정들은 반구조적 의사결정semi–structured decisions이라고 불린다. 이것들은 확립된 몇 가지 프로세스들이 잠재적 해결안을 평가하는 데는 도움이 되지만 최종 결정을 내리기에는 충분치 않은 상황에서 발생한다.

전략 수준에서 경영자들은 전반적인 경영 전략들, 목표들, 주안점 등을 기업의 전략적 계획의 일부로서 발전시킨다. 경영자들은 또한 정치적, 경제적, 경쟁적인 비즈니스 환경에서 조직의 전략적 성과와 전체적인 방향을 감시한다. 전략용 의사결정들은 매우 비구조적인 의사결정unstructured decisions이다. 이것들은 의사결정을 내리는 사람이 참고할만한 정해진 절차나 규칙이 없는 상황에서 발생한다. 이 결정들은 드물게 일어나지만 매우 중요하고, 일반적으로 장기 경영 전략과 관련되어 있다.

2.2 핵심 성공 요인CSF과 핵심 성과 지표KPI를 정의하고, MIS 프로젝트의 성과를 측정하기 위해 경영자들이 이들을 어떻게 사용하는지 설명할 수 있다.

지표Metrics란 프로젝트가 목표를 향해 제대로 가고 있는지 알기 위해 결과를 평가하는 측정 도구이다. 두 가지 핵심 척도는 핵심 성공 요인들과 핵심 성과 지표들이다. 핵심 성공 요인CSF: critical success factor은 기업이 그들의 목표와 주안점을 달성하고 그들의 전략을 적용하는데 반드시 필요한 조치들이다. 핵심 성과 지표KPI: key performance indicator는 기업이 핵심 성공 요인들을 어느 정도 달성하고 있는가를 평가하기 위해 이용하는 수량화될 수 있는 척도들이다. 핵심 성과 지표들은 핵심 성공 요인들보다 훨씬 더 구체적이다.

핵심 성공 요인들과 핵심 성과 지표들의 관계를 이해하는 것은 중요하다. 핵심 성공 요인들은 비즈니스 전략이 성공하기 위해 꼭 필요로 하는 요소들을 말한다. 핵심 성과 지표들은 핵심 성공 요인이 진행되고 있는 상황을 수량화할 수 있는 지표로 측정한다. 하나의 핵심 성공 요인은 여러 개의 핵심 성과 지표들을 가질 수 있다. 물론, 두 항목들은 기업과 산업에 따라 바뀐다. 대학을 위한 핵심 성공 요인으로서 졸업률 개선을 생각해 보라.

2.3 운영 지원 시스템, 관리 지원 시스템, 전략 지원 시스템을 분류하고, 경영자들이 의사결정을 내리고 경쟁 우위를 얻기 위해 이 시스템을 어떻게 이용할 수 있는지를 설명할 수 있다.

정보를 분류하고, 계산하고, 분석하고 슬라이스–앤드–다이스 할 수 있는 능력은 조직의 성공에 필수적이다. 조직 안에서 무슨 일이 일어나는지 모른다면 경영자들과 임원들이 비즈니스를 지원할 수 있는 확실한 결정을 내릴 수 없다. 운영, 관리, 전략 지원 시스템들은 다음과 같다.

- 운영: TPS는 조직 내 운영 수준을 지원하는 기본적인 비즈니스 시스템이다. TPS의 흔한 예는 급여 처리 시스템, 주문 입력 시스템 등의 운영 회계 시스템이다.
- 관리: DSS는 관리자와 비즈니스 전문가들의 의사결정 과정을 지원하기 위해서 정보를 모델링한다.
- 전략: EIS는 조직의 고위 임원들을 지원하기 위해서 특성화된 DSS이다.

2.4 비즈니스 프로세스가 기업에 제공하는 가치에 대해 설명하고 소비자 지향 프로세스와 비즈니스 지향 프로세스의 차이점을 설명할 수 있다.

비즈니스 프로세스란 고객의 주문을 처리하는 것과 같은 특정한 과제를 해결하기 위해 존재하는 일군의 규격화된 활동이라는 것을 기억해 보라. 비즈니스 프로세스는 사람이나 다른 프로세스를 위해 사람이나 도구를 이용해 일련의 입력을 일련의 출력(제품 혹은 서비스들)으로 변화시킨다. 소비자 지향customer-facing 프로세스는 조직의 외부에 있는 소비자가 받을 제품 혹은 서비스로 귀결된다. 비즈니스 지향business-facing 프로세스는 조직 외부의 소비자들에겐 보이지 않지만 비즈니스의 효과적인 운영을 위해서는 필수적이다.

2.5 비즈니스 프로세스 모델링의 가치를 설명하고 현재 모델as-is model과 미래 모델to-be model을 비교할 수 있다.

비즈니스 프로세스 모델링 혹은 매핑은 작업 프로세스의 입력물, 과업, 활동을 구조화된 연속적인 순서 속에서 보여주는 세밀한 흐름도 혹은 프로세스 맵map을 만드는 행위이다. 비즈니스 프로세스 모델이란 프로세스의 시각화 된 설명인데 이것은 프로세스 과업의 연속적인 흐름을 보여준다. 프로세스 과업은 특정한 시각에서 특정한 목적을 위해 만들어진 작업이다.

비즈니스 프로세스 모델링은 보통 무엇이 문제인지에 대한 기능적 프로세스를 나타내는 현재as-is 프로세스 모델로 시작한다. 현재 프로세스 모델들은 매핑된 작업의 현재 상태를 대변한다. 다음 단계는 어떻게 문제가 해결 혹은 개선될 것인지를 보여주는 미래to-be 프로세스 모델을 보여주는 것이다. 미래 프로세스 모델은 현재 프로세스 모델에 개선 가능한 변화를 대입하여 나타나는 결과를 보여준다. 이러한 접근 방법은 프로세스 해결안의 세부사항들이 정해지기 전에 프로세스가 완벽하고 명확하게 이해되고 있는지를 확인한다.

2.6 자동화, 간략화, 리엔지니어링의 차이점을 설명할 수 있다.

비즈니스 프로세스 개선은 현재의 상황을 이해하고 측정하고, 그 결과에 따라 성능을 개선하는 것이다. 간략화는 프로세스를 간단하게 하거나 불필요한 부분을 제거하여 효율을 개선한다. 병목 현상은 자원 활용이 가능한 최대치에 도달해 더 이상의 요구를 감당할 수 없을 때 발생한다. 이것은 일정 시간 내에 해결해야 하는 처리량을 제한하고 운영을 방해한다. 간략화는 병목 현상을 제거하는데, 이것은 비즈니스 프로세스의 효과와 용량을 향상시키는 중요한 조치이다. 비즈니스 프로세스 리엔지니어링이란 기업들 사이 또는 기업 내부의 작업 흐름의 분석과 재설계를 말하며, 시스템 수준이나 전사적 수준 또는 프로세스의 처음에서 끝까지의 관점에서 수행된다.

2.7 AI를 설명하고 AI의 6가지 분야를 설명한다.

AI는 인간의 사고와 행동을 모방하는 기술로, 추론하고 학습하는 능력을 포함하며, 학습learning, 추론

reasoning, 자기 교정self-correction이라는 세 가지 인지적 기술에 중점을 둔다.

AI의 여섯 가지 주요 분야는 다음과 같다.

1. 머신러닝machine learning: 컴퓨터가 환경 속 개념을 이해하고 학습할 수 있도록 하는 인공지능의 한 유형이다.
2. 신경망neural Network: 인간의 뇌 작동 방식을 모방하려는 인공지능의 한 범주이다.
3. 자연어 처리natural language processing, NLP: 텍스트와 음성을 포함한 인간 언어를 분석하고 이해할 수 있는 알고리즘을 개발하는 분야이다.
4. 컴퓨터 비전computer vision: 이미지와 영상을 포함한 시각적 정보를 해석하고 분석할 수 있는 알고리즘을 개발하는 분야이다.
5. 전문가 시스템expert systems: 어려운 문제를 해결하기 위해 전문가의 추론 과정을 모방하는 컴퓨터 기반 자문 프로그램이다.
6. 로보틱스robotics: 감각 입력에 반응하며 움직일 수 있는 인공지능 장치를 개발하는 데 중점을 두는 분야이다.

복습 문제

1. 왜 비즈니스 전문가들이 어떻게 MIS가 의사결정과 문제 해결을 지원하는지를 이해해야 하는가?
2. 핵심 성공 요인CSF과 핵심 성과 지표KPI는 어떤 관계가 있는가? 경영자들은 비즈니스 운영을 이해하기 위해 이것을 어떻게 사용할 수 있는가?
3. 기업에서 찾아볼 수 있는 세 가지 조직 수준은 무엇인가? 각 수준에선 어떤 유형의 의사결정들이 이루어지는가?
4. 거래처리 시스템TPS을 정의하고 비즈니스에서 이것이 어떤 역할을 하는지 설명하라.
5. 의사결정 지원 시스템DSS을 정의하고 비즈니스에서 이것이 어떤 역할을 하는지 설명하라.
6. 비즈니스 프로세스란 무엇이며 조직에서 어떤 역할을 하는가?
7. 왜 경영자들은 비즈니스 프로세스를 이해해야 하는가? 당신은 시스템적 사고와 비즈니스 프로세스 사이에 연관성을 설명할 수 있는가?
8. 왜 경영자들은 현재와 미래 프로세스 모델을 확인해야 하는가?
9. 경영자들은 운영 효율과 효과를 얻기 위해 비즈니스 프로세스 자동화, 간략화, 리엔지니어링을 어떻게 사용할 수 있는가?
10. 소비자 지향 프로세스와 비즈니스 지향 프로세스 간의 차이점을 설명하라. 어떤 것이 조직에 더 도움이 되는가?
11. 같은 길을 가는 다른 방법을 찾는 것이 비즈니스 프로세스 자동화, 간략화, 리엔지니어링과 어떤 관련이 있는지 설명하라.
12. AI란 무엇이며, AI의 어떤 응용이 가장 큰 비즈니스 가치를 제공하는가?
13. AI 및 기계학습에서 알고리즘은 어떤 역할을 하는가?
14. AI의 여섯 가지 분야는 무엇인가?
15. 왜 AI 훈련 데이터의 편향성에 대해 관심을 가져야 하는가?

비즈니스 중심적 사례 1

주의: 우리는 지금 여러분을 얼굴 인식 기술로 추적하고 있다

휴대전화를 잠금 해제할 때마다, 어떻게 기기가 사용자의 얼굴을 인식하는지 궁금한가? 이 기능의 배후에는 바로 얼굴 인식 기술이 존재한다. 현재 얼굴 인식 기술은 법 집행, 범죄 감시, 공항 검색, 그리고 고용 및 주거 결정에까지 활용되고 있다.

다음과 같은 상황을 상상해보자. 편의점 강도 사건을 조사하고 있는데, 범인들이 범행 중 카메라를 정면으로 바라보았다는 사실을 당신이 알고 있다고 하자. 당신이 범죄 수사관이라면 범인 식별을 위해 얼굴 인식 기술을 활용하기로 결정할 수 있다. 최신 기술을 활용하여 상점 주인과 피해자에게 정의를 실현하는 것은 매우 바람직한 일이다.

이번에는 덴버Denver, 시카고Chicago, 파리Paris, 마드리드Madrid 도시를 상상해보자. 이 도시들이 범죄 수사에 얼굴 인식 기술 사용을 전면 금지하기로 결정했다고 가정하자. 이때 당신은 이렇게 자문할 수 있을 것이다. "왜 범죄 예방에 도움이 될 수 있는 기술을 금지하는가?" 인공지능이 사진과 얼굴을 일치시킬 수 있다는 것은 누구나 알고 있는 사실이다. 그렇다면 왜 세계 여러 도시들이 얼굴 인식 기술을 금지하고 있는가?"

그 이유는 명확하다. 인공지능 기술이 오류가 있을 수 있고 사생활을 침해할 수 있기 때문이다. 현재 구현된 얼굴 인식 기술은 심각한 인종적 편향을 내포하고 있으며, 특히 학교나 공공주택에 거주하는 사람들의 사생활을 침해할 우려가 있다. 이러한 기술적 결함과 윤리적 문제로 인해, 많은 도시와 주, 그리고 기업들은 이 기술에 대해 금지 또는 제한 조치를 시행하고 있다. 이러한 금지 또는 제한으로 AI 기술의 활용이 제약될 수 있다.

사실상, 카메라가 도처에 있다. 또한, 사람들은 셀카나 이름이 태그된 사진을 지속적으로 온라인에 업로드하고 있다. 이로 인해 사람들은 무의식적으로 AI에게 수십억 개의 얼굴 이미지와 해당 인물 정보를 훈련 데이터로 제공하고 있는 셈이다. 마이크로소프트Microsoft와 아마존Amazon은 경찰에 자신의 얼굴 매칭 시스템에 접근하는 것을 거부한 바 있다. 많은 도시들 또한 얼굴 인식 기술 및 감시 카메라에 대한 기술적 규제를 도입하고 있는 실정이다.

질문

1. 알고리즘의 개념을 고려할 때, 얼굴 인식 알고리즘을 구성하기 위한 몇 가지 단계는 무엇인가? 얼굴 인식 알고리즘을 만들기 위한 첫 번째 관찰 사항은 무엇인가?
2. AI 및 머신러닝에서 학습 데이터training data는 핵심 요소이다. '어머니'라는 사진을 훈련 데이터로 수집해야 한다면, 어떠한 종류의 사진을 수집할 것인가? '어머니'를 식별하기 위한 학습 데이터 구성 시 발생할 수 있는 문제점은 무엇인가?
3. 다음 진술에 대해 찬반 의견을 표시해 보자: 미국 내 1억 2천만 명 이상의 사람들이 동의 없이 얼굴이 촬영되어 법 집행 기관이 운영하는 얼굴 인식 네트워크에 활용되고 있다. 많은 사람들은 정부가 인공지능 사용의 적정 가이드라인을 규정하는 국가 차원의 정책을 마련해야 한다고 주장한다. 그러나 또한 많은 사람들은 정부가 시민들을 감시하고 있다고 느끼며, 사전 동의 없는 얼굴 인식 데이터 수집은 비윤리적이라고 주장한다.

비즈니스 중심적 사례 2

로봇이 내 일자리를 빼앗는다

당신은 영화 터미네이터를 본 적이 있는가? 이 영화에서는 기계가 세상을 장악한다. 이러한 시나리오가 현실이 될 수 있다고 생각하는가? 사물인터넷 IoT를 조사해 보면 로봇이 자의식을 가지게 되어 지구 장악하는 것도 가능하겠다고 생각할 수 있다. 당신만 이렇게 생각하는 것은 아니다. 과학 기술 분야의 많은 저명한 사람들이 이 뜨거운 주제에 대해 토론하고 있다.

"우리는 초보 단계의 인공지능을 이미 이용하고 있고, 이것이 매우 유용하다는 것이 입증되었다. 인공지능 기술이 고도로 발달하면 인류의 종말이 올 수 있다고 생각한다." 이것은 영국 물리학자 스티븐 호킹이 BBC와의 인터뷰에서 한 말이다. "일단 사람이 인공지능을 개발하고 나면, 인공지능은 스스로 도약하고 지속적 증가 속도로 자신을 재설계 할 것입니다." 스티븐 호킹에 따르면, 인공지능 연구가 적합한 방식으로 진행되지 않는다면, 이 혹성은 로봇에 의해 장악될 수 있다.

인공지능에 관한 토론은 두 방향에서 진행되고 있다. (1) 스티븐 호킹 의견에 찬성하여, 인공지능이 인간의 지능을 추월할 것이라는 주장과 (2) 스티븐 호킹의 주장에 반대하여, 인간처럼 창의적으로 생각 하고 행동하는 "진정한" AI는 수십 년은 지나야 가능하다는 주장이다. 오늘날 일어나고 있는 AI에 관한 한 가지 진실은 로봇이 직장에서 일을 대신하고 있다는 것이다. 한참 전에, 말은 자동차로 대체되었다. 오늘날 직장에서는 인간의 노동력이 로봇에 의해 대체되고 있다. 옥스포드 대학 연구진은 향후 20년 내에 미국 일자리의 47%가 자동화될 수 있다는 전망을 내놓았다.

그러나 로봇이 먼저 차지하게 될 일자리는 무엇일까? 다음은 파머 그룹의 CEO인 쉘리 파머가 주장하

1. 중간 관리자
당신의 주요 업무가 엑셀 파일의 한 셀에 있는 숫자를 가져다가 다른 엑셀 파일의 한 셀에 입력해서 관리용 보고서를 작성하는 것이라면 당신은 로봇으로 대체되는 주된 표적이 된다. 준비해야 한다.

2. 영업 사원
로봇이 판매 비용을 극적으로 줄일 수 있다. 이것은 제안 요청, 견적 요청, 주문 접수 및 처리와 같은 판매 프로세스를 담당하는 사람들이 로봇으로 대체되기 때문이다. 그러면 회사 전체의 수익성은 크게 향상될 것이다.

3. 보고서 작성자, 언론인, 저자
보고서 작성이 쉬워진다. 로봇이 학습을 통해 데이터를 읽고, 이미지나 비디오의 패턴을 분석하며, 거의 모든 종류의 연구 자료를 분석함으로써 관리적 목적의 유용한 보고서를 작성할 수 있다. 텍스트를 음성으로 변환하는 시스템이 빠르게 진화하고 있고, 해설도 로봇으로 대체될 수 있다.

4. 회계 담당자
회계처리나 회계장부 관리를 머신 러닝으로 처리하면 인간이 하는 것보다 훨씬 더 효율적이고 저렴해진다. 전적으로 로봇에 의한 회계 처리는 것은 아직은 초보 단계이다. 그러나 미지급금, 미수금, 재고 관리, 감사, 기타 여러 회계 기능들은 로봇이 훌륭하게 처리하고 있다.

5. 의사
로봇은 진단, 외과수술 등의 의사가 하는 일을 잘 할 수 있다. IBM의 왓슨은 미국의 12개 병원과 협력하여 다양한 암의 최상의 치료법을 알려주고 있고, 초기 단계의 피부암을 발견하는 데 도움을 주고 있다. 그리고 초정밀 로봇-외과의사가 무릎 교체 수술에서 시력 교정에 이르는 다양한 분야에서 현재 일하고 있다. 이것은 희소식이다. 2100년에는 세계 인구가 110억에 달하고, 이때는 로봇 의사가 더 많이 필요해지기 때문이다. 지구에 사람들이 이렇게 많아질 것이기 때문에, 의사가 되기를 원하는 모든 사람들이 모두 뜻을 이룬다 해도 우리에게는 여전히 의사가 충분하지 않을 것이다.

그림 2.41
첫 번째로 로봇으로 대체되는 5가지 일자리

그림 2.42

마지막으로 로봇으로 대체되는 5가지 일자리

1. 유치원 및 초등학교 교사 우리 아이들이 인간으로 성장하기를 원한다면 아이들은 인간이 가르쳐야 한다. 로봇은 아이가 인간이 되도록 가르칠 수 없다.
2. 프로 운동선수 로봇이 스포츠를 하게 되면 게임의 재미가 모두 없어질 것이다. 프로 운동선수는 인간이어야 한다.
3. 정치인 공정성과 평등이 중요한 주제인 한, 정치는 인간이 할 수밖에 없다.
4. 판사 판결은 객관성과 주관성을 다 필요로 한다. 따라서 단순히 로봇으로 대체할 사항이 아니다.
5. 정신 건강 전문가 정신 건강 문제를 이해하려면 인간에 대해 많이 알아야 한다. 인간의 미묘한 특성으로 인해 심리학자나 정신과 의사는 로봇으로 대체되지 않을 것이다.

는 로봇으로 대체되는 첫번째 5가지 일자리와 마지막 5가지 일자리이다(그림 2.41 및 2.42 참조).

질문

1. 의사 결정 시스템의 세 가지 기본 유형을 정의하고, 직장에서 로봇이 이 세 유형에 어떻게 영향을 미칠 수 있는지 생각해 보자.
2. 거래 처리 정보와 분석 정보의 차이점을 설명하고, 로봇이 세이프웨이와 같은 식료품점에서 거래 처리 정보와 분석 정보를 수집하고 처리하는 과정을 어떻게 향상시킬 수 있는지 이야기해 보자.
3. 감기에 걸린 환자를 로봇이 진단하는 비즈니스 프로세스 모델을 작성해 보자.
4. 비즈니스 프로세스 리엔지니어링을 설명하고, 로봇이 오늘날의 판매 프로세스를 어떻게 혁신적으로 변화시킬 수 있는지를 제시해 보자.
5. 피트니스 클럽의 개인 트레이너 로봇이 고객에게 제공할 수 있는 다양한 서비스들을 나열해 보자.
6. 다음 주장에 찬성하는가 아니면 반대하는가: 모든 비즈니스 능력에 있어서 로봇이 인간보다 낫다.

비즈니스 중심적 의사결정

1. 비즈니스 프로세스를 모델링하기

- 슈퍼마켓에서 줄서는 것이 미치도록 싫은가?
- 세 시간 동안 줄을 선 끝에 서류가 맞지 않는다는 말을 들었을 때, 짜증이 나지 않는가?
- 당신은 피자 배달부가 주문한 것과는 다른 피자를 가져올 때 짜증이 나는가?

당신을 화나게 만드는 프로세스를 리엔지니어링할 기회다. 지금 현재 겪고 있는 문제를 하나 정하고 이것을 더 효율적으로 프로세스 리엔지니어링 해보자. 현재와 미래 프로세스 모델을 만들어 보는 것을 잊지 말자.

2. 교실 로봇

2030년 교실은 어떤 모습일까? 아름다운 강철 로봇이 교실 주위를 날아 다니면서 당신의 질문에 답해주고 당신이 자료를 잘 이해할 수 있도록 도와주는 것을 상상해 보자. 텔레프레즌스telepresence

로봇은 원격 제어되면서 바퀴로 움직이는 디스플레이 달린 장치로서 영상 채팅이나 화상 회의를 제공한다. 텔레프레즌스 로봇은 저렴하지는 않지만 대체로 실제로 소요되는 출장 비용보다 훨씬 저렴하다. 텔레프레즌스 로봇은 또한 일반 화상 채팅 방식보다 훨씬 더 많은 상호 작용을 가능하게 한다. 예를 들어, 텔레프레즌스 로봇은, 원격 교육에 있어서, 학교 교사가 하는 것처럼 여기 저기를 돌아다니면서 학생과 개별적으로 얼굴을 마주하고 상호 작용할 수 있다. 다음은 텔레프레즌스 로봇의 몇 가지 예이다.

- 의사가 당신을 지금 볼 수 있다. 인터넷으로 말이다. 아이로봇iRobot이 병원에서 사용되고 있는데, 의사는 이것으로 환자와 상담하고, 사람들에게 지시하며, 다른 의료 종사자들과 원격으로 회의할 수 있다. 이 로봇은 의사 가운을 걸치고 병원을 돌아다니는데, 로봇에 달려 있는 스크린으로 환자와 직원은 의사를 볼 수 있고, 의사는 환자와 직원을 볼 수 있다.
- 길고 지루한 스카이프 전화 회의에 지쳤나요? 무료한 회의실 모니터는 더 이상 없습니다. 아이로봇이 비즈니스 환경에서 재택 근무나 원격 회의를 개선하기 위해 만들어졌다. 아이로봇은, 마치 사람이 실제로 회의에 참석하고 있는 것처럼, 테이블에 앉을 수 있고, 화이트 보드에 글씨를 쓸 수 있으며, 대화에 참여할 수 있다.
- 당신이 저녁에 외출한 동안, 당신의 십대 자녀가 파티를 열까 걱정되나요? 당신의 할아버지가 당뇨병에 해로운 단 음식을 모두 먹을까 걱정되나요? 가정용 아이로봇이 있습니다. 모바일 영상 채팅, 어린이나 노인 돌봄, 원격 보안 모니터링 등의 기능이 있는 가정용 아이로봇이 이미 시 장에 출시되고 있다.

텔레프레즌스 로봇은 원격 여행 가이드, 관리 보조, 가정 방문, 야간 경비, 공장 품질 검사 등의 다양한 분야에 응용될 수 있다. 그룹을 지어 텔레프레즌스 로봇의 장점과 단점에 대해 토론해 보자. 당신이라면 텔레프레즌스 로봇을 이 외에 다른 어떤 용도로 사용하고 싶은가?

3. 당신은 어떤 유형의 시스템을 사용할 것인가?

당신은 거대한 제조 회사의 중역으로 임명되었다. 당신은 우선 당신의 의사결정을 가장 잘 보조할 수 있는 MIS가 어떤 유형의 것인지를 결정해야 한다. 다음과 같은 경우, 당신은 문제를 해결하거나 비즈니스 의사결정을 하기 위해 어떤 유형의 시스템을 사용할 것인지 결정해 보자.

	운영적 의사결정	관리적 의사결정	전략적 의사결정
각 지역의 일별 매출을 분석해야 한다.			
각 공장에 필요한 직원을 분석해야 한다.			
어떤 소비자가 채무를 이행하지 않을 가능성이 있는지 파악해야 한다.			
가격, 할인, 상품, 서비스 등을 포함한 회사의 경쟁력을 분석해야 한다.			
운영의 상태에 대한 핵심 성공 요인과 핵심 성과 지표를 분석해야 한다.			
많은 양의 자료의 패턴과 복잡한 관계를 보여주는 그래픽 디스플레이를 만들어야 한다.			

4. 컴퓨터가 사람보다 똑똑한가?

2011년에 IBM 왓슨 컴퓨터가 TV 퀴즈쇼 제퍼디에서 2명의 최고 실력자를 물리쳤다. 놀라운 일이었다.

이 컴퓨터는 문제를 읽고, 질문의 내용을 이해해야 하며, 2억 페이지의 텍스트를 검색하고, 가장 좋은 답변이 무엇인지 알아낸 다음, 다른 참가자보다 먼저 부저를 울려야 했다. 이 컴퓨터는 이 모든 과정을 3초만에 완료했다. IBM은 왓슨이 최고의 연구자가 될 수 있다고 내다보고 있다. 왓슨이 다양한 산업에 있는 전문가들이 원하는 정보를 단 몇 초 만에 찾을 수 있도록 도와줄 수 있기 때문이다. 이러한 왓슨의 막강한 서비스를 어떻게 생각하는가? 언젠가는 당신도 자신이 검색 엔진을 통해 이 막강한 기술에 접근할 수 있지 않을까? IBM 왓슨이 당신의 대학 생활에 어떤 도움을 줄 수 있을까?

5. 그들은 머물 것인가, 떠날 것인가?

직장 이직률은 오늘날 기업에게 큰 문제이다. 직원이 회사를 떠날 때마다 기업은 교육 투자, 업무 프로세스 지식, 조직 성과 이력 등 막대한 자본을 잃게 된다. 직원들의 만족도와 동기를 유지하기 위한 기업의 모든 노력은 회사의 성공에 도움이 될 것이다. 인적 자원 분석 소프트웨어는 직원 데이터를 분석하여 퇴사 위험이 있는 직원을 파악하는 데 도움을 줄 수 있다. 다음 변수들은 잠재적 직원 이직을 예측하기 위해 분석되는 데이터 유형을 설명한다. 각 변수를 검토하고 이것이 어떻게 직원 이직을 예측하는 데 도움이 되는지 설명하라. 이것이 직원 이직을 결정하는 최선의 방법이라고 생각하는가? 직원 이직을 파악하기 위해 기업이 수집해야 할 다른 어떤 변수들을 추천하겠는가?

- 다음 승진까지 필요한 시간
- 마지막 급여 인상 이후 경과 시간
- 관리자 성과
- 사용한 휴가 시간
- 시간에 따른 주식 부여
- 직원 팀의 위치
- 연간 보너스
- 직원 성과
- 해당 관리자 하에서의 이직률
- 사용하지 않은 휴가 시간
- 직원의 근무 위치
- 직원 관리자의 위치

6. 수강신청 프로세스 리엔지니어링

모든 대학이 겪는 문제이자 모든 학생이 악몽처럼 힘겨워하는 것이 바로 수강신청이다. 효율성을 높이기 위해, 당신의 대학이 당신을 채용해서 현재의 수강신청 비즈니스 프로세스와 워크플로workflow 분석을 의뢰했다. 현행 프로세스를 분석하고, 다음 내용을 확인해 보자.

- 잘못된 프로세스
- 중복된 프로세스
- 오래된 프로세스

효율성과 효과성 향상을 위한 수강신청 프로세스 리엔지니어링 방안에 대해 생각해 보자. 현행As-Is 프로세스와 미래To-Be 프로세스를 자유롭게 작성해 보고, 수강신청 프로세스에 머신러닝 응용 방안을 고려해 보자.

7. 제자리에Ready, 준비Set, 출발AlphaGo

Go 게임, 즉, 바둑을 두어본 적이 있는가? 바둑은 두 명이 하는 보드 게임으로 상대 방보다 집을 더 많이 짓는 사람이 이기는 게임이다. 이 게임은 2,500년 전에 중국에서 시작되었다고 전해지는데, 현재까지도 계속해서 플레이되고 있는 매우 오래된 보드 게임이다.

구글의 AI 싱크탱크인 딥마인드DeepMind가 알파고를 만들었는데, 이 알파고가 전설적인 플레이어인 이세돌을 이겼다. 이세돌은 18개의 세계 바둑 타이틀을 획득하였고, 지난 10년간 최고의 선수로 널리 인정받아온 선수이다. 이세돌과의 게임에서 알파고는 승리에 유리한 매우 창의적인 수를 몇 가지 두었다. 특히, 두 번째 게임의 서른 여덟 번째 수는 매우 놀라웠다. 알파고가 둔 수들은 수백 년 동안 전수되어 온 지혜를 뒤집었으며, 이 수들은 바둑을 두는 많은 사람들에게 영향을 주었다.

우승하는 과정에서 알파고는 전혀 새로운 지식을 세상에 가르쳤다. 이러한 게임 지식은 역사상 가장 많이 고민하고 연구한 지식이다.

AI 시스템은 어떻게 세계 챔피언을 이길 수 있었을까? 어떻게 2,500년 된 게임에서 새로운 전략을 찾을 수 있었을까? 만약 당신이 게임을 도와주는 AI 시스템을 구축한다면, 그 시스템은 어떠해야 되고, 훈련에 필요한 데이터training data는 어떻게 모아야 할까? 당신은 비즈니스에 활용할 수 있는 AI 시스템을 생각해 보면 좋을 것이다. 이왕이면 100년 이상 된 비즈니스를 전혀 새로운 통찰력으로 추진해볼 수 있도록 생각해 보면 좋겠다.

8. 대시보드를 설계하기

디지털 대시보드는 기업 전체에 관한 정보를 거의 실시간으로 볼 수 있게 해 주는 효율적이고 효과적인 방법을 제공한다. 뉴클리어스 리서치Nucleus Research에 의하면 기업의 투자 수익률과 디지털 대시보드의 이용 사이에는 직접적인 연관성이 있다고 한다. 따라서 모든 비즈니스 중역들은 조직의 운영을 분석하고 모니터하기 위해 디지털 대시보드를 이용하거나 이용하기 위해 노력해야 한다고 한다.

소비자 추적과 기업 운영 시스템을 위한 디지털 대시보드를 설계해 보자. 다음 표에 있는 항목들 중 최소한 4개는 포함하도록 하고 이것들을 어떻게 측정할 것인지 설명해야 한다. 예를 들어, 정도에 따라 빨강, 노랑 초록으로 표시하거나 비율을 표시하기 위해 원형 그래프를 이용하거나 해야 한다.

소비자 추적 시스템	기업 운영
소비자	회계
마케팅	금융
주문 입력	물류
집하	생산
영업	분배
소비자 서비스	제조
영수증 청구	인적자원
신용 한도	영업
이동 수단	총수익

9. 자동차 운전 의사결정

사람들은 어떻게 의사결정을 내리는가? 거의 날마다 당신은 기절초풍할 의사결정을 내린 사람들에 대한 글을 읽는다. 여기 몇 가지 예가 있다.

- 오하이오에 있는 한 여성이 아동을 위험에 방치한 혐의child endangerment로 기소됐다. 경찰에 따르면, 그녀는 애들을 학교로 등교시키기 위해 운전하는 도중에 아이에게 모유 수유를 하면서 동시에 핸드폰으로 통화를 했다고 진술했다.
- 사우스캐롤라이나에 있는 한 여성이 운전 중에 붙잡혔다. 그녀는 휴대전화를 왼쪽 어깨와 귀 사이에 걸친 채 통화를 하고, 왼손으로는 스프 담긴 컵을 들고, 오른손으로는 숟가락을 잡고 스프를 떠먹었다. 즉, 그녀는 손으로 운전대를 잡지 않고 운전하면서 통화를 한 것이다.
- 캘리포니아에 있는 한 남성은 스위밍 풀을 운반하면서 운전한 것으로 알려졌다. 그는 한손으로

운전하고, 다른 손으로는 자동차 지붕에 있는 새로 산 스위밍 풀을 붙잡고 있었다. 그리고 그의 세 아이들은 좌석벨트도 착용하지 않은 채 자동차 창문 밖으로 몸을 기대어 그 스위밍 풀을 붙잡고 있었다.

- 볼티보어에 있는 한 여성은 고속도로를 시간당 100km 속도로 운전하면서 자동차 앞좌석에 있는 아기의 기저귀를 갈은 혐의로 기소되었다.

직원이 나쁜 의사결정을 내려서 곤경에 처해 있는 회사의 예를 찾아보라. 회사는 이러한 직원의 큰 실수로부터 자신을 보호하기 위해 무엇을 할 수 있을까? 당신은 잘못된 결정으로 인해 곤경에 처한 적이 있는가? 그것은 무엇이었으며, 그 문제를 피하기 위해 어떻게 할 수 있었는가? MIS 시스템이나 AI가 더 나은 결정을 내릴 수 있도록 도움으로써 당신의 문제를 예방하는 데 도움이 될 수 있었는가?

10. 로봇 제작

스테이플스Staples의 덴버 유통 센터는 사람이 안에 들어갈 수 없다. 그러면 당신은 이렇게 질문할 것이다. 모든 주문은 누가 처리하나요? 답은 로봇이다. 이곳 10만 평방피트 공간은 속이 꽉 들어찬 오토만 의자를 닮은 150대의 오렌지색 로봇에게 속해 있다. 이들은 매우 정확한 솜씨로 주위를 돌아다닌다. 스테이플스 직원들은 이 로봇을 이용해 생산성을 두 배 이상 향상시켰다. 로봇 또는 봇bot은 키바시스템즈Kiva Systems가 제작하였다. 이 회사는 "대부분의 유통업자들이 온라인 통신 판매 사업에서 물품 포장을 위해 의존하는 컨베이어 벨트와 사람들을 대체시킨다."는 단 하나의 핵심 성공 요인CSF을 갖고 있다. 키바 봇을 이용하는 기업들은 월그린, 자포스, 더갭, 아마존 등이 있다.

로봇은 수년 동안 사람들의 관심을 끌어왔다. 로봇은 스타워즈에 등장하는 엉뚱해 보이는 드로이드에서 트랜스포머에 등장하는 강력한 전투용 로봇에 이르기까지 많은 사람들의 주목을 끌었다. 교수님께서 당신에게 로봇 챌린지에 참가하도록 하였고, 그래서 당신은 비즈니스 운영을 향상시킬 로봇을 설계해야만 한다고 가정해 보자. 여기에는 반드시 디지털 대시보드가 포함되어야 하고, 소유주에게 의사결정 능력을 제공해야만 한다. 자신의 로봇과 그 기능, 그리고 디지털 대시보드가 어떻게 작동하고 사용자를 지원하는지를 기술하고, 고객들이 당신의 로봇을 구매해야 하는 이유를 기술해 보라. 당신의 로봇이 어떻게 작동하는지에 대해 자유롭게 그림으로 그려 설명해 보라.

11. 로봇 제작과 세이브 라이프

로봇은 종종 공상 과학 영화나 책과 관련되었지, 비즈니스와는 큰 관련이 없었다. 그러나 오늘날 로봇은 외과 수술을 하고, 폭탄을 해체하며, 주방 바닥을 진공 청소하고, 창고에서 물건 박스를 포장한다. 로봇은 분명 더 편안한 삶을 제공하고 있지만 로봇을 설계하고 만들기는 쉽지 않다. 대부분 로봇은 세 가지 요소로 구성되어 있다. 두뇌, 센서IoT, 그리고 로봇을 움직이는 기계 장치이다. 로봇의 두뇌는 센서 정보를 수집하고 로봇에게 할 일을 알려준다. 프로그래머가 로봇의 두뇌를 코딩하는데, 단순한 로봇은 진공 청소나 세탁과 같은 한 가지 일을 수행하고, 복잡한 로봇은 빛, 소리, 온도와 같은 환경의 변화를 감지하고 이에 반응한다. 로봇은 사물의 모양이나 크기나 공간을 측정하는 센터를 통해 주변 환경에 맞추어 일할 수 있다.

전 세계적으로 빈곤으로 인해 사람들이 겪는 다양한 문제를 생각해 보자. 그룹을 지어 빈곤 문제를 해결하도록 도와주는 로봇을 구상해 보자. 로봇은 어떻게 작동해야 할까? 그 로봇은 어떤 문제를 해결할 수 있을까? 수업 시간에 로봇에 대해 소개해 보자.

12. 게임에 뛰어들라

자신의 사업을 시작하는 것을 고려해 본 적이 있는가? 당신만 그런 것은 아니다. 지금은 새로운 것을 창조하기에 완벽한 시기이다. 다음은 대학 재학 중에 게임에 뛰어든 창업가적 사고를 가진 동료들의 목록이다.

- 빌 게이츠; 마이크로소프트
- 마이클 델; 델 컴퓨터
- 세르게이 브린/래리 페이지; 구글
- 케빈 시스트롬; 인스타그램
- 스티븐 첸/채드 헐리; 유튜브
- 스티브 잡스; 애플
- 마크 저커버그; 페이스북
- 제리 양/데이비드 필로; 야후
- 에반 스피겔; 스냅챗

비즈니스 세계에 뛰어들기 위해 졸업할 때까지 기다려야 한다고 생각했는가? 자동차를 운전하거나, 물고기를 잡거나, 국립공원에서 하이킹을 하기 위해서는 면허가 필요할 수 있지만, 비즈니스 세계에 뛰어들기 위해서는 단지 시도하기만 하면 된다. 그룹으로, 성공 여부와 상관없이 당신이 시작하고 싶은 사업에 대해 생각해 보라. 무엇이 당신을 매일 아침 침대에서 벌떡 일어나게 하여 직장에 가서 당신의 꿈의 사업을 구축하는 것에 흥분하게 만들 것인가?

13. 비즈니스에서 직감은 금물

IoT 장치, 자동화, 디지털화로 인해, 당신은 이제 비즈니스 프로세스에서의 변화를 실시간 확인할 수 있다. 지금까지는 월말, 분기말, 또는 연말이 되어야 내용을 보고 받을 수 있었다. 당신의 CEO가 당신 사무실에 지금 들어와서 이렇게 말한다고 생각 해 보자. “가치는 숫자에서 나옵니다. 숫자로 일하세요. 직감에 의존하지 말고 통계 데이터를 따르세요. 그러면 그 데이터가 당신을 적절한 시간에 적절한 장소로 이끌어 줄 것입니다. 성공하는 길은 바로 지금 당장 말도 안 되는 감정에서 자유로워지는 것입니다. 앞으로는 직감이 아닌 데이터로 의사결정 하시기 바랍니다.” 당신은 이렇게 요구하는 CEO에게 어떻게 반응하겠는가?

14. 이메일 간략화

이메일의 가장 큰 문제는 작업 흐름을 방해하는 것이다. 많은 직원들은 이메일이 오자마자 하던 일을 멈추고 이를 확인한다. 그러나 만약 즉시 응답할 시간이나 능력이 없으면, 처리를 못한 채 그대로 두어 병목 현상이 발생한다. 이러한 과정이 온종일 계속되면, 결국 메일 박스는 수백 통의 이메일로 넘치게 된다. 이들 중에 상당수는 응답이나 행동을 요구하는 것이다. 직원은 자신의 작업 흐름 프로세스가 정상궤도에서 벗어나 있고, 어떤 업무를 언제 완수해야 하는지 모르기 때문에 이메일이 두려워지고 스트레스를 받기 시작한다.

당신은 작업 흐름을 간략화 하기 위해 이메일 처리 시간대를(가령, 하루 세 번 매 정시에 30분 동안) 정해 놓을 수 있다. 또한 이메일 알림 기능을 꺼 놓아 작업 흐름을 방해받지 않을 수 있다. 그리고 이메일을 체크할 때 처음부터 끝까지 한 번에 죽 훑어보고, 하나씩 바로 처리해 나갈 수 있다. 답장하거나, 업무 목록에 표시하거나, 포워딩하거나, 삭제할 수 있다. 자 이제 당신은 훨씬 더 효율적이고 효과적으로 일할 수 있고 메일 박스가 비어 있기 때문에 스트레스를 덜 받을 수 있다.

당신의 삶에서 비효율적이고 비효과적인, 그래서 스트레스를 유발하는 프로세스를 하나 선택하라. 간략화 원칙을 적용하여 병목 현상을 제거하고 중복을 최소화해 보라. 그리고 현재 프로세스와 미래 프로세스를 작성해 보라.

15. 가상 현실 점검하기

가상 현실VR은 컴퓨터 기술을 이용하여 시뮬레이션 환경을 만드는 것이다. 기존의 사용자 인터페이스와 달리 VR은 사용자를 경험의 세계로 이끈다. 사용자는 단순히 화면을 바라보던 기존 방식과 달리 3D 세계 속에서 몰입감 있게 상호작용한다. 사람은 컴퓨터가 제공하는 시각, 청각, 촉각, 심지어 후각에 이르는 다양한 감각을 느끼면서 가공된 세계를 경험한다. VR을 거의 현실처럼 경험하는 데 있어서 한계가 있다면 그것은 이용할 수 있는 콘텐츠가 얼마나 있느냐 하는 것과 컴퓨팅 능력을 얼마나 저렴하게 확보하느냐 하는 것이다. 다음은 선도적인 VR 사례이다.

1. VR 시합으로 축구 훈련하기
2. 가상 체육관에서 자신에게 맞는 가상의 개인 트레이너 찾기
3. 마인크래프트에 메타버스metaverse로 빠져보기
4. VR 기술을 이용하여 롤러코스터를 더 재미있게 탈 수 있도록 시도하는 식스플래그Six Flags
5. VR 기술을 이용하여 외상 후 스트레스 장애를 치료하는 미군
6. VR 기술을 이용하여 복잡한 외과 수술을 가상으로 훈련하기
7. VR 기술을 이용하여 학생들에게 가상의 현장 학습 기회 제공하기
8. VR 기술을 이용하여 예비 대학생들에게 가상의 캠퍼스 투어 제공하기
9. VR 기술을 이용하여 가상 훈련하여 대중 연설 공포증을 극복하기
10. VR 기술을 이용하여 사람들에게 시리아 분쟁의 참혹함을 알려주는 국제앰네스티 그룹을 지어서, VR 기술을 이용한 새로운 제품이나 서비스를 만들어보자. VR의 장점과 단점은 무엇일까? VR과 관련하여 어떤 사회적 문제가 발생할 수 있을까?

16. 스티븐 호킹의 주장이 틀렸을까?

AI와 머신러닝을 생각해 보자. 터미네이터Terminator나 매트릭스Matrix와 같이 컴퓨터가 세상을 지배하는 섬뜩한 영화가 떠오르지 않는가? 머신러닝은 AI 용어 중 하나인데, 머신러닝은 AI 로봇이 인간보다 더 스마트 할 수 있다는 섬뜩한 미래를 떠오르게 한다.

위대하고 뛰어난 스티븐 호킹은 인류가 어떻게 인공 지능으로부터 혜택을 누리거나 위협을 받을 수 있는지에 대해 의견을 제시하였다. 스티븐 호킹 자신은 AI의 도움으로 휠체어에서 의사 소통하고 있지만, 언젠가는 생각하는 기계가 세상을 장악하는 날이 올 수 있겠다는 두려움을 감추지 못했다. 그는 앞으로 AI가 발전하면 사람과 슈퍼휴먼 AI 간의 경쟁은 끝나게 되는데, 이 때가 되면 AI 시스템이 사람의 지능 프로세스를 복제할 뿐만 아니라 사람의 도움 없이도 지능을 더 확장시킬 수 있게 된다고 내다보았다.

스티븐 호킹이 주장하는 세상 지배가 가능한 AI의 능력에 대한 견해에 동의하는가? 인간은 이런 유형의 슈퍼휴먼 AI가 세상에 나오지 못하도록 어떻게 막을 수 있을까?

e-비즈니스: 전자 비즈니스 가치

3

CHAPTER

SECTION 3.1
웹 1.0: e-비즈니스

- 파괴적 기술
- 웹 1.0 – e비즈니스: 비즈니스의 민주화
- 웹 1.0의 4가지 e비즈니스 모델
- 연결 및 커뮤니케이션을 위한 웹 1.0 eBiz 도구

SECTION 3.2
웹 2.0: 비즈니스 2.0

- 웹 2.0: 비즈니스 2.0의 장점
- 웹 2.0: 소셜 미디어에 대한 모든 것
- 웹 3.0: 차세대 온라인 비즈니스 기회 정의

나를 위한 정보기술은 어떤 것인가?

인터넷과 통신 기술들은 비즈니스가 운영되는 방법을 혁신적으로 바꾸어 놓았다. 전통적인 운영 방법을 개선했을 뿐 아니라 심지어는 이전에는 불가능했던 새로운 기회들과 사업들을 만들어냈다. 온라인 비즈니스는 그저 또 다른 거래처리 방법을 제시한 것이 아니다. 이것은 기업 간, 그리고 기업 내 소비자와의 관계, 공급자와의 관계, 심지어는 직원과의 관계들을 발전시키고 유지하는 능력을 제공한다.

미래의 경영자로서 또는 조직의 지식 노동자로서 당신은 e-비즈니스가 조직과 당신의 경력에 제공할 수 있는 기회들과, 웹 기술들이 동반하는 문제점들, 그리고 조직의 소통과 협업에 미치는 영향력을 이해해야 한다. 그리고 e-비즈니스를 효율적으로 이용하고 e-비즈니스의 성공을 위해 조직이 사용할 수 있는 전략들에 대해 알아야 한다. 이 장에선 이러한 지식을 제공해주고 내일의 전자 글로벌 시장에서 성공할 수 있도록 준비하는 것을 도와줄 것이다.

시작 사례 연구

웹 3.0을 위한 디지털 혁신: 생성형 AI 챗봇

ChatGPT는 인터넷에서 데이터를 수집하고 예측 알고리즘을 활용하여 고객의 질문에 답변하는 AI 챗봇이다. ChatGPT의 핵심에는 자연어 처리NLP 및 강화학습을 활용한 알고리즘이 자리 잡고 있으며, 이를 통해 인간과 유사한 대화형 응답을 제공한다. 예를 들어,

- **사용자**: 안녕하세요, 누구 계신가요?
- **챗봇**: 네, 여기 있습니다! 무엇을 도와드릴까요?
- **사용자**: 초콜릿 칩 쿠키 레시피를 찾고 있는데요. 도와주실 수 있나요?
- **챗봇**: 물론입니다! 간단한 초콜릿 칩 쿠키 레시피를 소개해 드리겠습니다.

재료:

- 버터 1컵(부드럽게 한 것)
- 백설탕 1컵
- 갈색 설탕 1컵(꽉 채운 것)
- 계란 2개
- 바닐라 추출물 1작은술
- 밀가루 3컵
- 베이킹소다 1작은술
- 소금 1/2작은술
- 초콜릿 칩 2컵

조리법:

1. 오븐을 175°C(350°F)로 예열한다.
2. 큰 믹싱볼에 버터, 백설탕, 갈색 설탕을 넣고 크림 상태가 될 때까지 섞는다.
3. 계란을 하나씩 넣으며 섞고, 바닐라 추출물을 추가한다.
4. 별도의 볼에 밀가루, 베이킹소다, 소금을 넣고 고루 섞는다.
5. 마른 재료를 젖은 재료에 서서히 추가하며 잘 섞는다.
6. 초콜릿 칩을 넣고 고르게 섞는다.
7. 베이킹 시트에 반죽을 한 스푼씩 떠서 약 5cm 간격으로 놓는다.
8. 10~12분간 굽고, 가장자리가 살짝 황금빛이 될 때까지 기다린다.
9. 오븐에서 꺼낸 후 몇 분간 식힌 뒤, 식힘망에 옮겨 완전히 식힌다.

챗봇: 완성되었습니다! 직접 만든 초콜릿 칩 쿠키를 즐기세요. 추가로 도움이 필요하시면 알려주세요.

챗봇은 제조와 고객 서비스부터 영업 및 마케팅에 이르기까지 조직의 다양한 영역에서 비즈니스 프로세스를 자동화할 수 있는 능력을 갖추고 있어, 모든 산업에서 변혁을 일으킬 준비가 되어 있다. 챗봇은 단순한 고객 및 공급업체 문의부터 복잡한 운영 및 전략적 의사결정에 이르기까지 다양한 비즈니스 프로세스를 자동화함으로써 기업의 시간과 비용을 절감한다. 챗봇은 인터넷 전반에서 데이터를 수집하며, 이는 기업이 경쟁력을 유지하는 데 필수적인 새로운 기술 발전을 촉진하는 데 도움을 준다. 챗봇은 인간과 거의 구별되지 않는 대화를 가능하게 하며, 다음과 같은 기능을 포함한다.

블로그 게시물 작성

- 프로그래밍 코드 디버깅
- 비즈니스 계획 초안 작성
- 이력서 작성
- 코드 및 가사 추천
- 문서 번역
- 시, 노래, 책, 영화 대본 작성

다음은 대표적인 챗봇의 몇 가지 예시이다. 각 챗봇은 고유한 강점과 기능을 가지고 있으며, 특정 사용 사례와 배포되는 환경에 따라 효과가 달라질 수 있다.

- **아마존 알렉사**Amazon Alexa: Amazon Alexa는 Amazon에서 개발한 인기 있는 음성 제어 가상 비서이다. Amazon Echo 기기를 구동하며, 음성 명령, 지능형 홈 제어, 다양한 타사 서비스와의 통합을 포함한 다양한 기술과 기능을 제공한다.
- **ChatGPT**: ChatGPT는 OpenAI에서 개발한 고급 언어 모델이다. GPT-3.5 아키텍처를 기반으로 하며, 텍스트 입력에 대한 인간과 같은 응답을 생성할 수 있다. 방대한 데이터로 훈련되었으며, 다양한 주제와 질문을 처리할 수 있다.
- **구글 어시스턴트**Google Assistant: Google Assistant는 Google에서 개발한 가상 비서이다. 다양한 기기와 플랫폼에서 사용할 수 있으며, 많은 기능과 통합을 제공한다. 작업을 지원하고, 질문에 답하고, 스마트 기기를 제어할 수 있다.
- **왓슨 어시스턴트**Watson Assistant: Watson Assistant는 IBM에서 개발한 AI 기반 챗봇 플랫폼이다. IBM Watson의 고급 자연어 처리 기능을 활용하여 기업이 고객 지원 및 가상 비서와 같은 다양한 사용 사례에 대한 챗봇을 구축할 수 있도록 한다.
- **샤오아이스**Xiaoice: Xiaoice는 Microsoft에서 개발한 중국어 챗봇이다. 중국에서 상당한 인기를 얻었으며, 대화 능력이 있어 인간과 더 비슷해 보인다. 공감적 반응과 긴 대화에 참여할 수 있는 능력으로 유명하다.

section 3.1 | 웹 1.0: e-비즈니스

학습 성과

3.1 파괴적 기술disruptive technologies과 보존적 기술sustaining technologies을 비교해 보고 인터넷과 WWW가 어떻게 비즈니스 파괴를 일으켰는지 설명할 수 있다.
3.2 e-비즈니스와 관련된 장점들에 관해 설명할 수 있다.
3.3 네 가지 e-비즈니스 모델을 비교할 수 있다.
3.4 연결과 소통을 위한 5가지 e-비즈니스 도구를 설명할 수 있다.

파괴적 기술

1937년에 창업한 폴라로이드사Polaroid는 1940년대 말에 최초의 즉석 사진기를 생산하였다. 폴라로이드 사진기는 당시까지의 경험으로 사진 산업에서 가장 뛰어난 기술 발전이었다. 폴라로이드 사진기를 사용함으로써 고객들은 사진을 현상하기 위해 더 이상 남에게 의존할 필요가 없어졌다. 혁신적인 기술이었고, 상품은 최고급이었다. 마침내 폴라로이드사는 상장되었고, 월스트리트에서 가장 주목받는 기업 중 하나가 되었으며, 1997년에는 주가가 60달러를 상회하였다. 그런데 2002년에 주가는 8센트로 하락하였고, 회사는 파산을 선언하게 된다.

폴라로이드사처럼 혁신적인 기술과 충실한 고객 기반을 가졌던 기업이 파산하게 된 이유는 무엇인가? 폴라로이드사의 임원진은 아마도 포터 교수의 다섯 가지 경쟁 세력 모형5 force model을 사용하여 대체재의 위협을 분석하지 않았을 것이다. 만약 분석하였더라면, 폴라로이드사의 시장을 궁극적으로 잠식해 간 두 가지 위협, 즉 1시간 인화와 디지털 사진기의 위협을 그들이 알아차렸을 것인가? 또, 제3자의 개입 없이 자신의 사진을 직접 보기를 원했던 즉석 사진기의 고객들이 앞장서서 한 시간 인화 서비스를 이용하거나, 디지털 사진기를 먼저 구입하였던 까닭을 이해할 수 있었을 것인가? 나아가 1시간 인화 서비스나 디지털 사진기와 경쟁하여 폴라로이드사를 구할 수 있는 방법을 찾을 수 있었을 것인가?

- **디지털 다윈주의**digital Darwinism: 정보화 시대의 생존에 필수적인 새로운 요구에 적응하지 못하는 조직은 멸종할 운명임을 시사한다.

많은 조직이 폴라로이드사와 같은 진퇴양난, 즉 조직이 현재의 사업에 관한 결정을 내리기 위해 사용하는 기준이 미래의 사업에 문제를 일으킬 가능성이 있는 궁지에 처해 있다. 본질적으로 현재의 사업에 최상인 것이 장기적으로는 사업을 망칠 수도 있다는 것이다. 이러한 사업 환경을 보고 혹자는 불길한 미래상 즉, '디지털 다윈주의'라고 부르기도 한다.

파괴적 기술과 보존적 기술

파괴적 기술Disruptive Technologies이란 시장에 새롭게 등장하여 초기에는 큰 주목을 받지 않지만, 점차 기존 산업 구조를 근본적으로 변화시키고 혁신을 주도하는 기술을 의미한다. 파괴적 기술은 전형적으로 저급 시장에 파고들어 진화하여 궁극적으로 고급 시장의 경쟁업체와 기술들을 대체해 나간다.

- **파괴적 기술**disruptive technology: 파괴적 기술이란 초기에는 기존 고객의 요구를 충분히 충족하지 못하지만, 새로운 방식으로 제품이나 서비스를 제공하며, 점차 시장에 확산되는 기술을 의미한다. 이러한 기술은 새로운 시장을 창출하는 동시에 기존 시장을 붕괴시키는 경향이 있다.

소니Sony는 저급 시장에 진입하여 결국 고급 시장의 경쟁업체들을 대체하기까지 진화한 대표적인 사례이다. 소니는 사람들이 들고 다닐 수 있고, 건전지로 작동하는 휴대용 트랜지스터 라디오battery-powered transistor radios를 만드는 소규모 회사로 출발하였다. 소니의 트랜지스터 라디오의 음질은 좋지 않았는데, 더 좋은 음질을 생성하는 종래의 진공관에 비해 트랜지스터 증폭기amplifiers의 음질이 나쁘기 때문이었다. 하지만 고객들은 휴대성이라는 편리함을 위해 저급한 음질에 대해서 눈감아 주었다. 휴대용 상품의 경험과 수익을 가지고 소니는 저급이지만 가정용으로 적합하고 저렴한 트랜지스터 증폭기를 만들 수 있는 기술을 향상했고, 수익을 투자하여 더욱 기술을 향상해 더 좋은 라디오를 생산하였다.

- **보존적 기술**sustaining technology: 보다 빠른 자동차나 용량이 큰 하드 드라이브와 같이 고객이 열렬히 구매하려는 개선된 제품을 만드는 것을 의미한다.

보존적 기술sustaining technology은 더 빠른 자동차, 용량이 더 큰 하드 드라이브와 같이 고객들이 구매하고 싶어 하는 성능이 향상된 상품을 만들어낸다. 보존적 기술은 기존 시장에서 더 질 높고, 더 신속하며, 더 저렴한 상품을 공급하는 경향이 있다. 기존 업체들은 대부분 기존 시장에서 보존적 기술의 선두 주자이지만, 파괴적 기술이 생성하는 신규 시장에서는 거의 선두 주자가 되지 못한다.

클레이턴 크리스텐슨Clayton M. Christensen 교수는《혁신자의 딜레마innovator's Dilemma》라는 저서에서 기존 회사가 고객, 협력업체, 주주와 이미 형성된 관계를 해치지 않으면서 파괴적 기술의 장점을 취하는 방안에 대해 논의하고 있다. 제록스Xerox, 아이비엠IBM, 시어즈Sears, 디이씨DEC 등은 모두 기존 고객에게 귀를 기울이면서도 과감히 기술에 투자하고 경쟁사에 촉각을 곤두세우고 있었음에도 시장 지배적인 위치를 상실하고 말았다. 크리스텐슨 교수는 이들 회사가 고객의 당면한 요구를 충족시키는 데에 지나치게 신경을 쓰는 반면, 고객의 미래 요구를 충족시켜 줄 수 있는 새로운 파괴적 기술을 등한시한 데서 그 이유를 찾고, 결국은 시장 점유율을 잃게 되었다고 설명한다.

크리스텐슨Christensen의 파괴적 이론theory of diruption에서 기술 자체를 파괴자로 간주하는 것은 아니다. 예를 들어 넷플릭스Netflix는 새로운 비즈니스 모델을 만들었다. 스트리밍 비디오는 그 비즈니스 모델을 가능하게 했다. 기술이 새로운 비즈니스 모델을 통합할 수 있게 한 것으로, 기술은 최종 결과가 아니라 도구였던 셈이다.

인터넷과 월드 와이드 웹 – 궁극의 비즈니스 파괴자

인터넷을 통해 연결된 컴퓨터는 텍스트, 그래픽, 음성, 비디오 및 소프트웨어를 포함한 정보를 주고받을 수 있다.

- **인터넷**Internet: 전 세계의 컴퓨터들을 연결하고 서로 통신할 수 있게 해주는 거대한 네트워크이다.

원래 인터넷은 미 국방부 고등연구계획국DARPA[1]에서 운영하는 비상 군사 통신 시스템으로 네트워크 알파넷ARPANET으로 불린다. 실제로 인터넷이 비즈니스와 개인 간 커뮤니케이션에 미칠 극적인 영향을 아무도 예상하지 못했다. 시간이 지나면서 국방 관련 자금을 지원받은 모든 미국 대학이 알파넷 컴퓨터를 설치하여 최초의 공식적인 인터넷 네트워크를 만들었다. 점점 사용자들이 전자적인 통신의 가치를 인식하기 시작하면서 네트워크의 목적은 군사용 파이프라인에서 과학자를 위한 통신 도구로 사용되기 시작한 것이다. 1971년 레이 톰린슨Ray Tomlinson은 알파넷 시스템에서 사용자와 네트워크를 구분하기 위해 @ 기호를 사용하여 최초로 이메일을 보낸 사람이다.

오늘날 대부분의 사람들은 지난 25년 동안 개인 생활과 직업 생활에서 인터넷을 사용해왔다. 지난 50년 동안으로 보면 인터넷은 공무원과 과학자만 사용하는 단순한 데이터 공유 장치에서 전 세계 사람들이 사용하는 네트워크로 바뀌었다. 영국의 과학자이자 컴퓨터 프로그래머인 팀 버너스 리Tim Berners-Lee가 모든 사람이 액세스할 수 있는 문자 그대로의 정보 웹인 월드 와이드 웹World Wide Web을 만들었다.

그림 3.1
인터넷의 개요

인터넷 작동 방법
1. 집에 고유한 주소가 있는 것처럼 컴퓨터에도 고유한 주소가 있다. 거리 이름과 우편 번호 대신 컴퓨터에 인터넷 프로토콜IP 주소가 있다.
2. 컴퓨터는 모뎀과 인터넷 서비스 공급자ISP를 통해 인터넷에 연결한다. 브라우저를 켜면 컴퓨터는 모뎀을 통해 인터넷 연결을 열도록 ISP에 요청을 보낸다. 모뎀은 컴퓨터를 인터넷에 연결한다. 컴퓨터는 프로토콜이라는 동일한 규칙과 언어를 따르는 전자 신호를 통해 서로 대화한다.
3. 웹사이트를 방문하면 실제로 다른 컴퓨터의 IP 주소에 연결한다. DNSDomain Name Service는 인터넷의 모든 컴퓨터 이름과 IP 주소를 추적하는 일련의 데이터베이스이다. 원하는 웹사이트가 컴퓨터가 방문하는 첫 번째 DNS 데이터베이스에 없는 경우 해당 데이터베이스는 웹사이트를 찾을 때까지 다음 데이터베이스로 요청을 보낸다. 컴퓨터가 DNS 데이터베이스에서 원하는 웹 페이지를 찾으면 데이터베이스는 페이지의 IP 주소를 검색하여 컴퓨터로 다시 보낸다.
4. 사용자의 브라우저는 웹 페이지 또는 IP 주소에 대한 액세스를 요청한다. 이것은 HTTP(하이퍼텍스트 전송 프로토콜)를 통해 수행된다. 웹 페이지를 호스팅하는 컴퓨터인 웹사이트의 서버는 요청한 페이지가 있는지 확인한다. 그렇다면 웹사이트의 서버가 컴퓨터 액세스를 허용하고 화면에 원하는 페이지가 표시된다. 그렇지 않으면 일반적으로 "페이지를 찾을 수 없음"이라는 "HTTP 404" 메시지가 표시된다.

1) Department of Defense Advanced Research Project

비즈니스 중심적 토론

망 중립성Net Neutrality이란 모든 사람이 차별 없이 인터넷에 동등하게 접근할 수 있도록 보장하는 개념이다. 망 중립성의 근본 원칙은 모든 소비자가 차별 없이 인터넷을 이용하고 그 자원을 활용할 수 있어야 한다는 것이다. 그러나 이 문제를 둘러싼 논쟁은 오랜 기간 동안 격렬하게 이어져 왔으며, 각 진영 간의 입장이 명확하게 대립하고 있다.

한쪽에서는 Comcast와 같은 인터넷 서비스 제공업체ISP들이 인터넷 인프라를 구축하고 있으며, 사용자의 이용량에 따라 요금을 부과하기를 원하고 있다. ISP들은 YouTube와 Netflix와 같은 서비스 제공업체들이 대역폭을 많이 소비하면서 네트워크에 과부하를 주고 있다고 주장한다. 따라서 ISP들은 기존의 정액제 요금 체계에서 종량제 요금제로 전환해야 한다고 요구하고 있다.

반면, Google과 같은 콘텐츠 제공업체들은 ISP들이 종량제 요금 체계를 도입할 경우, iTunes나 Netflix 같은 인터넷 자원의 이용이 제한될 수 있다고 반박한다. 또한, 종량제 방식은 개방된 인터넷이 제공하는 혁신의 기회를 위축시킬 수 있다는 점도 문제로 지적된다.

미국 컬럼비아 특별구 연방 항소법원U.S. Court of Appeals for the District of Columbia Circuit은 연방통신위원회FCC의 망 중립성 규정을 폐지하는 판결을 내렸다. 해당 규정이 유지되었더라면, 인터넷 서비스 제공업체ISP들은 모든 웹 트래픽을 동등하게 취급해야 할 의무가 있었다. 그러나 이 판결로 인해 ISP들은 Netflix나 Amazon과 같은 기업들로부터 더 빠른 콘텐츠 전송을 위한 추가 비용을 받을 수 있게 되었다.

정부가 인터넷을 통제하는 것이 바람직하다고 생각하는가? 웹사이트 운영자들이 경쟁사나 자신이 반대하는 웹사이트의 정보를 강제로 수신하거나 전송하도록 법적으로 의무화되어야 하는가? 망 중립성이 기업에 유리하게 작용하는 사례와 불리하게 작용하는 사례에는 어떤 것이 있는가? 전반적으로 볼 때, 망 중립성은 기업에 이로운가, 아니면 해로운가?

망 중립성은 소기업에 어떤 비용을 초래할 것인가?

- **월드 와이드 웹**WWW: 하이퍼텍스트 마크업 언어Hypertext Markup Language, HTML이라는 특수한 형식 언어를 사용하여 텍스트, 그래픽, 오디오, 비디오 파일 등을 포함한 문서를 통해 인터넷 정보를 제공하는 시스템을 의미한다.

버너스 리는 1989년 3월 유럽 원자핵 공동연구소 CERN의 컴퓨터 과학자였다. 그는 동료 연구원들이 실행 중인 실험에 대한 정보를 구성하고 공유하는 데 도움이 되도록 하이퍼텍스트 연결 노드 네트워크의 생성을 제안하였다. 그 원래 이름은 “Mesh”였지만, 1년 후 코드를 작성할 때 월드 와이드 웹으로 변경했다. 그리고 첫 번째 웹사이트를 만들었는데 아직 온라인 상태로 있어서 http://info.cern.ch/hypertext/WWW/TheProject.html에서 찾을 수 있다. 그 목적은 사람들에게 자신의 웹 페이지를 WWW

용어	정의	예
도메인 이름 호스팅 Domain name hosting(web hosting)	도메인 이름의 주인에게 그 사이트를 관리하고 이메일 용량을 주기 위한 서비스	GoDaddy.com, 1&1.com, Web.com
하이퍼텍스트 마크업 언어 Hypertext Markup Language(HTML)	단순히 클릭을 함으로써 다른 문서로 이동할 수 있게 한 것이 월드 와이드 웹에서의 하이퍼텍스트	하이퍼텍스트 마크업 언어는 〈h1〉과 〈/h1〉과 같은 태그를 이용하여 문자를 제목, 소제목 등 여러 가지로 구성
웹 브라우저 Web browser	사용자로 하여금 월드 와이드 웹에 접근 가능	인터넷 익스플로러, 모질라의 파이어폭스, 구글의 크롬
월드 와이드 웹 World Wide Web	하이퍼텍스트 마크업 언어를 이용하여 만들어진 문자, 그림, 오디오 그리고 비디오 문서를 통해 인터넷 정보에 접근	영국의 컴퓨터과학자, 팀 버너스 리가 1989년 3월 12일에 월드 와이드 웹을 개발

그림 3.2

월드 와이드 웹과 연관된 용어들

를 통해서 알 수 있도록 한 것이다.

인터넷과 월드 와이드 웹www은 동의어가 아니다. WWW는 인터넷의 한 부분일 뿐이며, 주요 용도는 정보를 연관시키고 퍼트리도록 하는 것이다. 인터넷은 WWW뿐만 아니라 이메일과 같은 다른 형태의 통신 시스템을 포함하고 있다. 컴퓨터 시스템이 서로 연결되고 정보 교환이 가능해지는 순간부터 인터넷이 사용되지만, 반드시 월드 와이드 웹www이 개입하는 것은 아니다. 예를 들어, 한 사무실 건물이 자체적으로 컴퓨터 및 정보 네트워크를 구축하고, 이를 사설 네트워크와 맞춤형 애플리케이션을 통해서만 접근할 수 있도록 설정할 수 있다. 기업 데이터의 보안을 유지하기 위해, 회사는 사내 컴퓨터에서 WWW 접속을 차단할 수도 있다.

여기서 '인터넷'이란 연결과 정보 흐름을 의미한다. 모바일 데이터 사용, 이메일 확인, 전 세계 게이머들과 실시간으로 온라인 게임을 플레이하는 모든 활동은 인터넷을 통해 정보를 송수신하는 과정이다. 이 과정에서 사용자의 기기는 인터넷의 일부가 된다. 인터넷을 통한 데이터 전송이 보편화됨에 따라, 망 중립성Net Neutrality이 주요한 논쟁점으로 떠오르고 있다.

- **망 중립성**Net Neutrality: 모든 인터넷 트래픽이 차별 없이 동등하게 취급되도록 보장하는 개념으로, 특정 유형의 콘텐츠, 애플리케이션, 웹사이트에 대한 차별이나 우대가 없어야 한다.
- **인터넷 패스트 레인**Internet Fast Lanes: 특정 콘텐츠 제공업체가 추가 비용을 지불하면, 해당 콘텐츠에 대한 더 빠르고 안정적인 인터넷 접속이 제공되는 방식이다.

망 중립성이 문제시되는 이유는, 명확한 규제와 보호 장치가 없을 경우, 인터넷 서비스 제공업체ISP가 인터넷상의 정보 흐름을 통제하고 조작할 가능성이 있기 때문이다. 이는 재정적 여력이 있는 고객에게 유리하게 작용하여, 인터넷의 민주적 특성을 저해할 위험이 있다. 인터넷은 모든 목소리와 아이디어가 동등한 기회를 가지고 공유될 수 있는 공간이어야 하지만, 망 중립성이 훼손되면 이러한 원칙이 위협받을 수 있다.

마이크로컴퓨터 혁명은 1인 1 컴퓨터 시대를 가능하게 하였다.
네트워킹 하드웨어, 소프트웨어, 미디어에서의 발전은 비즈니스 컴퓨터들로 하여금 최소한의 비용으로 더 큰 네트워크에 연결하는 것을 가능하게 해 주었다.
마이크로소프트의 인터넷 익스플로러 같은 브라우저 소프트웨어는 웹 페이지들을 쉽게 찾고, 다운로드하고, 표시할 수 있는 그래픽 인터페이스를 제공했다.
이메일의 신속성, 편의성, 저렴성은 기업이나 개인의 의사소통 도구로서 놀랄 만큼 널리 쓰인다.
기본적인 웹 페이지는 만들기 쉽고 변경하기도 매우 용이하다.

그림 3.3

월드 와이드 웹www의 성장 이유

사용자가 WWW를 탐색하는 기본 방법은 www.apple.com 또는 www.microsoft.com과 같은 웹에 있는 파일 또는 리소스의 주소가 포함된 URLUniversal Resource Locator을 사용하는 것이다. 그림 3.2는 WWW와 관련된 주요 용어를 나열하고 그림 3.3은 WWW이 이토록 성장할 수 있었던 성장의 이유를 설명하고 있다.

웹 1.0: e-비즈니스: 비즈니스의 민주화

e-비즈니스Ebusiness는 온라인으로 사업 운영을 전환하려는 모든 기업에 새로운 시장을 열어주었다.

- **패러다임 전환**paradigm shif: 기업과 조직의 운영 방식을 근본적으로 변화시키는 혁신적인 형태의 비즈니스가 시장에 등장하는 현상을 의미한다.
- **e-비즈니스**ebusiness: e-비즈니스는 전자상거래를 포함해 관련한 모든 내부 및 외부 비즈니스 운영에 관련된 행위들을 말하는 것인데 소비자 계정 서비스servicing customer accounts, 제휴업체들과의 협업, 실시간 정보 공유 등이 그 예이다. e-비즈니스는 구매자, 판매자, 제조업체 및 공급 업체를 글로벌 시장으로 연결했다. 웹 1.0의 기간을 거치면서 기업가들은 초기 형태의 e-비즈니스를 만들어가기 시작했다.
- **전자상거래**Ecommerce: 인터넷을 통한 상품과 서비스의 구매 및 판매를 의미한다. 전자상거래Ecommerce란 오직 온라인에서 이루어지는 거래를 뜻한다.
- **웹 1.0**Web 1.0: 1991년부터 2003년까지 초기 운영 기간 동안의 월드 와이드 웹www을 지칭하는 용어이다.

인터넷을 통한 양방향 통신이 1990년대 현실이 되면서 기업은 새로운 e-비즈니스 플랫폼이 제공하는 잠재력을 보기 시작한 것이다. 그 결과 1992년에 온라인으로 책이 판매되었으며, 1994년에는 캘리포니아 산타크루즈에 있는 피자헛에서 사람들이 인터넷을 통해 피자 배달을 주문할 수 있게 되었다.

이와 같은 온라인 판매에 대한 아이디어는 1995년 제프 베조스Jeff Bezos가 당시 그의 시애틀 차고에 있던 아마존 닷컴Amazon.com에서 첫 번째 책을 판매하여 발송하면서 시작되었다. 같은 시기에 소프트웨어 프로그래머인 피에르 오미다이어Pierre Omidyar는 산호세 거실에서 옥션웹AuctionWeb이라는 단순한 웹사이트를 시작했다. 그가 판매를 위해 게시한 첫 번째 제품은 레이저 포인터로 14.83달러에 판매되었다. 오미다이어Omidyar는 구매자가 포인터

그림 3.4

온라인 비즈니스 운영의 이점들

제품을 확인할 때 전 세계 어디에서나 개별 고객이 할 수 있는 그런 인터넷의 힘을 인식했다. 1년 후 그는 두 명의 정규직 직원과 함께 이베이eBay를 시작했는데, 상품에 입찰한 고객을 연결하는 경매 서비스 형태였다. e-비즈니스의 가장 큰 장점은 진입장벽이 없어 컴퓨터와 시간제 근로자 정도만 있으면 누구나 경쟁할 수 있다는 점이다.

장바구니shopping cart는 방문자가 상품을 선택, 보기, 추가/삭제 및 구매할 수 있는 온라인 주문이 가능한 웹사이트의 제품 카탈로그를 만드는 데 사용되는 소프트웨어이다. 이러한 가상의 장바구니는 e-비즈니스의 확산의 주요 동인이었다.

개인과 조직 모두 생산성을 높이고 편의성을 극대화하며 커뮤니케이션을 개선하기 위해 e-비즈니스를 채택한다. 그래서 오늘날 기업은 종합적인 e-비즈니스 전략을 전개해야 하고 경영학도는 그림 3.4에 설명된 이점을 이해해야 한다. 각 사항들에 대해 알아보자.

웹 1.0의 이점 1: 글로벌 시장 확장

e-비즈니스는 하루 24시간, 일주일 내내 운영된다. 이러한 가용성은 소비자들이 더 이상 구매를 조사하거나 그것들을 만들기 위해 먼 거리를 여행할 필요가 없도록 하기 때문에 거래 비용을 직접적으로 감소시킬 수 있다. 온라인 영업을 위한 더 빠른 배송 사이클은 소비자와의 관계를 더 돈독하게 하고, 소비자 만족도를 증가시키고 최종적으로는 판매량을 증가시킨다.

- **정보 도달율**information reach: 정보 도달율information reach은 기업이 세계적으로 소통 할 수 있는 사람의 수를 일컫는다. 구매자는 정보를 가지고 구매를 하기 위해 높은 정보 풍부성이 필요하고, 판매자는 경쟁자들로부터 그들을 차별화하고 제대로 영업을 하기 위해 넓은 정보 도달률이 필요하다.
- **정보 풍부성**information richness: 정보 풍부성information richness은 문자, 이미지, 소리, 혹은 동영상으로 되어 있는 정보가 가지고 있는 세부 사항의 넓이와 깊이를 말한다. 구매자는 합리적인 구매 결정을 내리기 위해 풍부한 정보를 필요로 한다.

회사의 웹사이트는 비용 대비 효율 좋은 소통과 마케팅 전략의 중심점이 될 수 있다.

온라인에서 제품을 홍보하는 것은 소비자가 지역 주민이건, 지구 반대편에 있는 사람이건 상관없이 회사의 제품을 소비하도록 만들 수 있다. 물리적인 상점은 크기에 제한을 받고 그 장소에 접근할 수 있는 소비자들에게만 한정되어 있는 반면, 온라인 가게는 글로벌 시장과 이미 줄 서서 기다리는 소비자들을 가지고 있다.

웹 1.0의 이점 2: 새로운 시장을 개척하기

e-비즈니스는 틈새상품 판매를 증가시키기 위한 완벽한 방법이다. 효과적인 마케팅 전략 중 하나는 각 고객의 취향에 맞춘 특정 판매 정보를 개인적으로 제공하는 것이다.

과거에는 개별 고객을 대상으로 한 맞춤형 마케팅 캠페인을 수행하는 것이 거의 불가능했다. 그러나 인터넷의 발명으로 인해 기업들은 이제 각 고객에게 직접 접근할 수 있게 되었다. 또한, 고객의 과거 구매 기록을 바탕으로 맞춤형 구매를 추천할 수 있으며, 고객의 선호에 따라 제작된 맞춤형 단독 상품을 제공하는 것도 가능해졌다.

- **대량 고객맞춤화**mass customizaton: 대량 고객맞춤화mass customizaton는 상품이나 서비스를 고객이 원하는 사양에 맞춰주는 것이다. 예를 들면, 고객이 M&M 초콜렛 표면에 '나와 결혼해 줘Marry Me'라고 쓰인 초콜렛을 주문하는 것이다.
- **개인화**personalization: 개인화personalization는 웹사이트가 개인의 선호와 불호를 충분히 알고 있어서 방문객이 매력을 느낄 만한 상품으로 맞추어 제시하는 것을 의미한다. 개인화는 프로필 정보, 인구통계적 특성, 이전 거래 등에 근거하여 개인이나 고객 군에게 e-비즈니스 웹사이트를 맞춤으로 구성하여 제시한다. 아마존은 고객 각각에게 독특한 포털을 생성하여 개인화를 제공한다.

웹 1.0의 이점 3: 비용 절감

전자비즈니스eBusiness의 가장 큰 장점 중 하나는 낮은 창업 비용이다. 오늘날 누구나 웹사이트와 우수한 제품 또는 서비스만으로 전자비즈니스를 시작할 수 있다. 전자비즈니스의 운영적 이점에는 업무 프로세스를 단축하거나 불필요한 절차를 제거할 수 있다는 점이 포함된다. 예를 들어, 100명의 고객에게 우편물(종이, 우편 요금, 인건비)을 발송하는

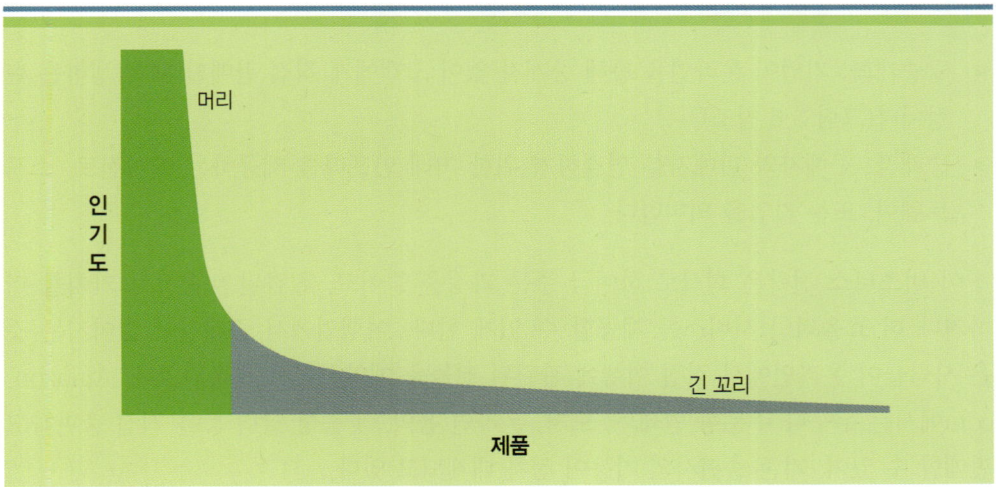

그림 3.5
긴 꼬리(롱 테일)

비용과 대량 이메일 캠페인을 진행하는 비용을 비교해 보면 차이가 크다.

- **긴 꼬리**long tail: 롱테일Long Tail은 전형적인 판매 곡선의 후반부를 의미한다(그림 3.5 참고).

물리적 매장을 임대하고 전화선을 운영하는 비용과 온라인 사이트를 유지하는 비용을 비교해 보라. 전자비즈니스 모델로 전환하면, 고객 지원이나 판매 상담을 실시간 채팅Live Help 같은 시스템으로 대체하여 기존의 커뮤니케이션과 관련된 많은 비용을 절감할 수 있다. 심지어 반려견 산책 서비스나 과외 서비스 같은 업종도 전자비즈니스의 혜택을 받을 수 있다. 와이어드지Wired의 편집장인 크리스 앤더슨Chris Anderson은 e-비즈니스의 틈새시장 공략 전략을 전형적인 판매 곡선의 꼬리를 뜻하는 긴 꼬리long tail를 잡는 것이라고 설명한다.

이 전략은 e-비즈니스를 통해 물건을 팔 경우 틈새 제품들이 성공 가능하다는 것과 이익을 올릴 수 있는 사업 모델을 어떻게 만들 수 있는지를 설명한다. 전통적인 사업 모델은 매 장에서 어떤 제품을 팔 것인가를 정할 때 수납공간의 제한을 고려한다. 이런 제한 때문에 가게 주인은 많은 사람들에게 필요하고 팔릴 제품들을 고르게 되고, 소수의 소비자를 위한 틈새 제품들은 자리를 잃을 수밖에 없다. 아마존, 넷플릭스와 같은 e-비즈니스 회사는 설명한 수납공간의 딜레마를 없애고 블록버스터 및 보더스 그룹borders group과 같은 전통적인 비즈니스를 파괴하는 무한히 다양한 제품을 제공할 수 있다.

아마존은 훌륭한 롱테일의 사례이다. 평균적인 반스앤노블Barnes & Noble 매장은 재고에 3,000권의 책을 보관하는 반면, 아마존은 물리적 선반 제한 없이 재고에 100만 권의 책을 보관할 수 있으며, 그 이상을 디지털 방식으로 보관할 수 있다.

판매 데이터를 살펴보면 반스앤노블 수익 대부분은 신제품에서 발생하는 반면, 이전 제품은 재고 유지 비용을 충당하기가 어렵다. 따라서 반스앤노블의 판매 꼬리는 3,000권에서 끝난다고 볼 수 있다. 그러나 아마존은 물리적 제한 없이 꼬리 부분에 해당하는 책을 100만 권(디지털 책의 경우 2천만 권) 이상으로 확장할 수 있다. 아마존은 꼬리를 확장하여 몇 권만 구매하게 하더라도 매출을 높일 수 있다.

인터넷이 가능하게 한 또 하나의 효과적인 비용 절감 전략은 탈중개화disintermediation이다.

- 탈중개화: 기업이 온라인을 통해 중개자 없이 고객에게 직접 판매할 때 발생하는 현상이다(그림 3.6 참조).
- 중개자: 구매자와 판매자를 연결하기 위한 거래 인프라를 제공하는 에이전트, 소프트웨어, 또는 기업을 의미한다.

이 비즈니스 전략은 회사로 하여금 주문 과정을 줄이고, 절감된 비용으로 가치를 더하거나 더 효율적인 서비스를 제공할 수 있게 한다. 여행업에서 중개인이 없어지는 것은 사람들이 온라인에서 직접 여행에 관련된 것들을 예약하면서 시작되었다. Amazon.com에서는 누구나 주문형 인쇄POD 도서, 온라인 음악, 맞춤형 달력 등을 직접 출판하고 판매할 수 있어, 기존 출판사의 기능이 점차 대체되고 있다.

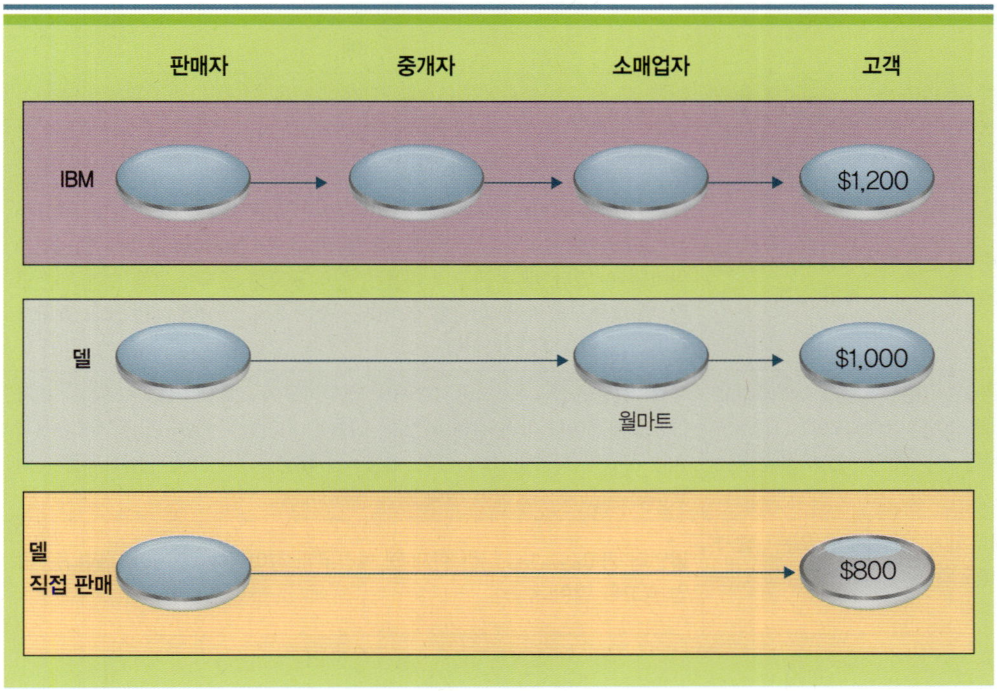

그림 3.6

탈중개화Disintermediation의 비즈니스 가치

분배 사슬distribution chain로부터 중개자들이 잘려 나갈수록 제품 가격은 낮아진다. 델이 월마트를 통해 그들의 컴퓨터를 팔기로 결정했을 때 많은 사람들은 깜짝 놀랐다. 왜냐하면 델의 고객에게 직접 판매direct-to-customer sales 모델은 수 년 동안 델이 시장을 지배할 수 있게 해준 경쟁 우위 요소였기 때문이다.

웹 1.0의 이점 4: 분석을 통한 효율성과 효과성의 향상

그저 간단한 웹사이트를 개설한다고 해서 e-비즈니스가 시작되는 것은 아니다. e-비즈니스 사이트는 버즈buzz를 만들 수 있어야 하고, 혁신적이어야 하고, 가치를 더해야 하며, 실용적인 정보를 제공할 수 있어야 한다. 즉, e-비즈니스는 커뮤니티community와 협업collaboration에 대한 감을 길러야 한다.

- **고착성**stickness: 웹사이트 또는 애플리케이션에서 방문자가 체류한 시간을 측정하는 지표이다.

웹사이트의 고착성은 페이지 조회 수, 월별 이용 시간, 방문 횟수(재방문 빈도), 방문당 체류 시간 등의 지표로 측정할 수 있다. 이러한 고착성 관련 정보는 기업이 방문자가 가능한 한 오래 머무를 수 있도록 더 매력적인 웹사이트를 설계하는 데 도움을 준다. 소비자가 웹사이트에 머무는 시간과 매출 증가 사이에는 직접적인 상관관계가 존재한다. 예를 들어, 아마존Amazon.com을 생각해보자. 사용자가 웹사이트를 방문할 때마다 아마존은 소비자의 구매 및 탐색 습관을 추적하고, 이전 구매 이력을 바탕으로 선호할 만한 제품을 추천함으로써 방문 경험을 개인화한다. 웹사이트에 오래 머무를수록 아마존은 사용자를 더 잘 파악하게 되며, 사용자가 원할 줄 몰랐던 상품들을 제시하고, 이 상품들은 어느새 장바구니에 담기게 된다.

MIS(경영정보시스템)의 효율성 지표, 예를 들어 웹사이트의 방문자 수와 같은 수치는 웹사이트의 고착성을 완전히 설명하지는 못한다. 예를 들어, 많은 방문자 수가 반드시 높은 매출로 이어지는 것은 아니다. 실제로 많은 트래픽을 보유한 웹사이트 중 상당수는 매출이 미미하다. 전자상거래의 성공을 측정하는 가장 효과적인 방법은 웹 트래픽을 통

용어	정의	예
제휴 프로그램 associate (affiliate) program	어떤 회사의 웹사이트에 있는 링크를 통해 소비자가 다른 회사의 웹사이트로 이동할 경우에 수수료를 받을 수 있도록 해줌	만약 한 회사의 웹사이트에 있는 고객이 다른 업체의 배너 광고를 클릭하고 그 고객이 원하는 행위(예, 제품을 사거나 회원이 되거나 등)를 하면 그에 따라 클릭할 때 웹 페이지를 소유한 회사는 소개비나 수수료를 받는다.
배너 광고 banner ad	웹사이트에 뜨는 박스 광고로 보통 다른 회사의 상품과 서비스를 소개	배너는 일반적으로 광고주의 웹사이트와 연결된 경로를 담고 있다. 광고주는 고객이 얼마나 자주 배너 광고를 눌러 자신의 웹사이트를 방문했는지를 알아낼 수 있다. 배너 광고의 비용은 종종 광고를 클릭한 고객 수에 의존한다. 배너 광고를 누른 회수를 추적하는 것은 목표 고객에 대한 광고 효과를 이해하는 한 가지 방법이다.
기본무료 고급유료서비스 Freemium	기업이 무료 기본 제품을 제공하고 고객에게 프리미엄 비용으로 고급 버전을 사용할 수 있는 옵션을 제공하는 기술	무료 콘텐츠를 제공하면 고객이 웹사이트에 계속 머물게 되고 추가 콘텐츠에 액세스하기 위해 더 많은 비용을 지출할 수 있다. 많은 비디오 게임은 무료로 사용할 수 있으며, 사용자는 게임을 하는 동안 추가 제품을 얻으려면 비용을 지불해야 한다.
팝업 광고 pop-up ad	현재 브라우저에 로드되어 있는 웹사이트와는 별도의 창에 광고를 담고 있는 작은 웹페이지	팝언더 광고pop-under ad란 현재 웹 브라우저 창이 닫힌 후에야 나타나는 팝업 광고를 말한다.

그림 3.7

e-비즈니스로부터 마케팅 혜택

한 매출, 신규 고객 유입 수, 고객 서비스 문의 감소와 같은 효과성 중심의 MIS 지표를 활용하는 것이다.

- **상호작용성**interactivity: 광고에 대한 방문자의 반응을 측정하여 광고 효과를 평가하는 지표로, 광고 시청 시간, 열람한 페이지 수, 반복 방문 횟수 등을 포함한다. 상호작용성 지표는 광고주에게 큰 진보를 의미하며, 이는 기존의 신문, 잡지, 라디오, 텔레비전과 같은 전통적 광고 매체들이 광고 효과를 측정할 수 있는 방법이 거의 없었기 때문이다.
- **히트 맵**heat map: 데이터를 색상으로 표현한 이차원 시각화 기법이다. 단순한 히트맵은 정보를 즉각적으로 시각적으로 요약해 준다. 보다 정교한 히트맵은 사용자가 복잡한 데이터를 이해할 수 있도록 돕는다. 그림 3.7은 기업이 마케팅 효과를 측정하면서 동시에 시장 범위를 확장할 수 있도록 해주는 전자상거래 마케팅 전략들을 보여준다.

바이럴 마케팅은 전자상거래 서비스를 이용하는 사용자가 지인에게 해당 제품이나 서비스를 추천하도록 유도하는 방식이다. 이는 구전 방식의 광고 전략에 해당한다.

- **바이럴 마케팅**Viral marketing: 웹사이트나 사용자가 마케팅 메시지를 다른 웹사이트나 사용자에게 자발적으로 전달하도록 유도함으로써, 메시지의 노출과 효과가 기하급수적으로 확산되도록 하는 기법이다.

많은 소규모 기업은 제한된 마케팅 예산을 가지고 있으며, 고객에게 제품을 알릴 수 없다면 매출을 창출하는 것도 불가능하다. 마케팅 예산이 제한적인 상황에서 소기업이 활용할 수 있는 한 가지 전략은 유튜브 시청자에게 적합한 일련의 영상을 제작하고,

그것이 '바이럴'되기를 기대하는 것이다. 달러 셰이브 클럽Dollar Shave Club은 이러한 바이럴 마케팅을 통해 성공적으로 브랜드를 론칭한 대표적인 사례이다. 설립자 마이클 듀빈Michael Dubin은 미디어, 마케팅, 브랜드 개발 분야에서 경력을 쌓았으며, 연극과 코미디 분야에서의 즉흥 연기 훈련 경험도 가지고 있었다. 그는 이러한 경험을 살려, 단 하루 만에 4,500달러의 제작비로 브랜드의 첫 홍보 영상을 직접 기획하고 촬영했으며, 이 영상은 공개 48시간 만에 2,400만 회 이상의 조회 수와 12,000건의 주문을 기록했다.

하지만 바이럴 마케팅을 통해 고객을 유입시키는 것은 판매 사이클의 시작에 불과하다. 고객이 웹사이트를 방문한 이후에는, 그들이 웹사이트에서 어떻게 상호작용하는지, 트래픽이 어떻게 흐르는지, 그리고 그 상호작용이 실제 구매로 이어졌는지를 파악하는 것이 매우 중요하다.

- **클릭스트림(누름 순서 자료)**clickstream: 방문자가 웹사이트를 탐색할 때 거치는 경로와 소비자의 이동 패턴을 의미한다. 클릭스트림 데이터에는 다음과 같은 정보가 포함될 수 있다:
  - 웹사이트에 머문 기간
  - 페이지 조회 수
  - 해당 페이지에 도달한 경로
  - 해당 페이지를 떠난 후 이동한 위치
  - 구매를 완료하지 않고 이탈한 쇼핑카트 수

방문자가 웹사이트에 접속하면 하나의 히트hit가 발생하며, 사용자의 컴퓨터는 웹사이트의 서버에 페이지 표시를 요청하는 신호를 보낸다. 웹사이트 서버의 로그 파일은 요청된 페이지의 모든 요소를 각각 하나의 히트로 기록한다. 기업은 자사 웹사이트가 고착성을 갖추어 고객의 관심을 지속적으로 유지하기를 원한다. 이러한 데이터를 올바르게 해석하기 위해 경영자들은 다른 기업들과 비교 분석하는 벤치마킹을 시도한다. 예를 들어, 소비자들은 선호하는 웹사이트를 반복적으로 방문하며, 한 세션 내에서도 여러 번 재방문하는 경우가 많다.

- **쿠키**Cookie: 웹사이트가 사용자의 하드 드라이브에 저장하는 작은 파일로, 고객의 정보와 웹 탐색 활동에 관한 내용을 담고 있다. 쿠키는 웹사이트가 사용자의 방문 및 행동을 기록할 수 있게 해주며, 이는 대개 사용자의 인지나 동의 없이 이루어진다.
- **클릭스루**Click-thru: 한 웹사이트를 방문한 사용자가 광고를 클릭하여 광고주의 사이트로 이동한 횟수를 측정하는 지표이다. 클릭스루는 특정 웹사이트의 온라인 광고 캠페인 성공 여부나 이메일 마케팅의 효과를 평가하는 데 일반적으로 활용된다.

클릭스루 기반의 효과 추적은 타겟 광고에 대한 노출을 보장하지만, 사용자가 해당 광고를 긍정적으로 인식했는지, 충분한 시간을 투자해 광고를 본 것인지, 제공된 정보에 만족했는지는 보장하지 않는다.

- **클릭스트림 분석**Clickstream Analytics: 웹사이트 방문자가 어떤 페이지를 어떤 순서로 방문했는지를 포함해, 클릭스트림 데이터를 수집 · 분석 · 보고하는 과정이다.

클릭스트림 분석은 보다 전통적인 시장 평가 자료와 함께 활용될 때 가장 효과적인 것으로 간주된다. 방대한 양의 데이터가 수집되기 때문에, 많은 기업들이 빅데이터 분석 및 관련 도구에 의존하여 데이터를 해석하고 관심 분야별 보고서를 생성한다. 클릭스트림 분석에는 다음의 두 가지 수준이 존재한다:

- **웹사이트 트래픽 분석**Website Traffic Analytics: 서버 수준에서 작동하며, 사용자를 기준으로 사이트의 운영 효율성을 측정하기 위해 클릭스트림 데이터를 활용한다.
- **웹사이트 e-비즈니스 분석**Website Ebusiness Analytics: 사이트가 시장 접근 채널로서 얼마나 효과적인지를 평가하기 위해 클릭스트림 데이터를 사용한다.

웹사이트 트래픽 분석은 사용자에게 몇 개의 페이지가 제공되었는지, 각 페이지의 로딩 시간은 얼마나 걸렸는지, 사용자가 브라우저의 '뒤로 가기' 또는 '중지' 버튼을 얼마나 자주 눌렀는지, 사용자가 다른 페이지로 이동하기 전까지 얼마나 많은 데이터가 전송되었는지 등을 추적한다. 웹사이트 e-비즈니스 분석은 사용자가 어떤 페이지에서 오래 머물렀는지, 장바구니에 어떤 상품을 담거나 제거했는지, 어떤 상품을 실제로 구매했는지, 고객이 멤버십 프로그램에 가입했는지 여부와 쿠폰 코드를 사용했는지, 그리고 선호하는 결제 수단이 무엇인지를 분석한다.

- **쇼루밍**Showrooming: 고객이 오프라인 매장에서 제품을 둘러본 후, 더 저렴한 가격으로 해당 제품을 온라인에서 구매하는 현상이다.

예를 들어, 고객이 반스 앤 노블Barnes & Noble 서점에서 책을 둘러본 후, 아마존Amazon에서 더 낮은 가격에 해당 책을 구매하는 경우가 이에 해당한다.

이러한 상황에서 웹사이트 분석은 고객이 오프라인 매장에서 유입되었는지 여부와 실제 구매로 이어졌는지를 파악하는 데 도움을 준다.

4개의 e-비즈니스 모델

사업 모델business model은 회사가 어떻게 수익을 창출할 것인지를 자세히 보여주는 계획이다. 어떤 사업 모델들은 꽤 간단하다. 회사는 제품이나 서비스를 생산하고 소비자에게 파는 것이다. 만약 회사가 성공적이라면 매출은 비용을 초과하게 되고 이익을 창출하게 된다.

어떤 모델은 덜 직설적이고, 어떤 경우는 누가 이득을 얼마나 얻는지가 불분명할 경우도 있다. 예를 들어 라디오와 네트워크 텔레비전은 수신기를 가지고 있는 모든 사람들에게 공짜로 방송을 송신한다. 광고주들이 프로그램들에 대한 비용을 지불한다.

- **닷컴**Dot-com: 인터넷을 기반으로 운영되는 기업을 지칭하는 초기 용어이다. 온라인 비즈니스 활동의 대부분은 기업 간B2B 또는 기업과 소비자 간B2C의 제품 및 서비스 교환으로 이루어진다.

비즈니스 중심적 분석

웹사이트 분석하기

스타스 주식회사Stars Inc.는 유명인들이 입었던 옷을 다시 파는 것을 전문으로 하는 거대 의류 기업이다. 회사가 운영하는 4개의 웹사이트가 총 판매량의 75%를 담당하고 있다. 나머지 25%의 판매는 회사의 창고를 통해 직접적으로 이루어진다. 당신은 최근에 영업 이사로 고용이 되었다. 네 개의 웹사이트의 실적에 대해 당신이 찾을 수 있는 정보는 오직 다음과 같은 정보뿐이다.

당신은 네 개의 독립적인 웹사이트들을 유지하는 것이 많은 비용이 드는 데다 그다지 큰 부가가치를 제공하지 못한다고 판단한다. 당신은 하나의 통합 사이트로 바꾸는 것을 제안하고 싶다. 하나의 웹사이트로 통합함으로써 얻는 가치와 통합하는 방법에 대한 당신의 의견을 담은 상세한 보고서를 작성해 보자. 당신의 웹사이트 수익 분석을 포함하는 것을 잊지 말라. 최소 10%의 방문자 수가 판매로 이어지는 비율에 대한 예상치의 최소값과 최대값은 각각 10%와 60%이고, 평균값은 30%라고 가정하라.

웹사이트	클래식	컨템퍼러리	뉴 에이지	전통
트래픽 분석	5000히트/일	200히트/일	10,000히트/일	1000히트/일
고착도(평균)	20분	1시간	20분	50분
버려진 쇼핑카트 수	400개/일	0개/일	5000개/일	200개/일
신원이 파악되지 않은 방문자 수	2,000명/일	100명/일	8,000명/일	200명/일
신원이 파악된 방문자 수	3,000명/일	100명/일	2,000명/일	800명/일
매출당 평균 수익	1,000달러	1,000달러	50달러	1,300달러

- **e-비즈니스 모델**ebusiness model: e-비즈니스 모델ebusiness model은 어떻게 회사가 인터넷에서 수익을 창출할 것인지를 보여주는 계획이다. e-비즈니스 모델들은 다음의 네 가지 중 하나에 해당된다. (1)B2B, (2) B2C, (3)C2B, (4)C2C(그림 3.8)

웹 1.0 e-비즈니스 모델 1: Business to Business(B2B)

B2B는 인터넷상에서 서로 매매 활동을 하는 비즈니스들에 해당된다. 여기에 해당하는 예들은 의료 청구 서비스, 소프트웨어 판매와 등록, 그리고 가상 지원 비즈니스들이 있다. B2B관계는 모든 온라인 비즈니스의 80% 정도를 차지하며, 다른 유형들보다 보안의 필요성이 큰 복잡한 관계이다. B2B의 예로는 오라클Oracle과 에스에이피SAP가 있다.

전자 시장, 또는 이마켓플레이스emarketplace는 여러 구매자와 판매자가 전자 비즈니스 활동에 참여할 수 있도록 하는 상호작용적 비즈니스 커뮤니티이다. 이러한 시장은 중앙 집중형의 거래 공간을 제공하여 양측 간의 관계를 더욱 밀접하고 자동화하며, 상업적 교

e-비즈니스 용어	소비자
B2B	인터넷 상으로 기업 간에 사고파는 것을 지칭
B2C	인터넷 상으로 소비자에게 상품이나 서비스를 파는 기업을 지칭
C2B	인터넷 상으로 기업에게 상품이나 서비스를 파는 개인을 지칭
C2C	인터넷 상으로 소비자 간의 상호작용을 도와 상품이나 서비스를 제공하는 사이트를 지칭

	기업	소비자
기업	B2B	B2C
소비자	C2B	C2C

그림 3.8
e-비즈니스 모델들

환을 수행하기 위한 구조를 형성한다. 이를 통해 공급망을 통합하고, 새로운 판매 경로를 창출하는 데 기여한다.

웹 1.0 e-비즈니스 모델 2: Business-to-Consumer(B2C)

B2C는 온라인에서 소비자에게 직접 제품이나 서비스를 파는 모든 비즈니스에 해당된다. 카팩스Carfax는 돈을 받고 자동차 구매자들에게 중고 자동차의 자세한 내력을 제공해준다. 전자상점은 소비자들이 어느 시간대에든 쇼핑을 할 수 있는 온라인 소매상점이다. 이것은 갭The Gap처럼 실제로 존재하는 가게의 연장일수도 있고 혹은 아마존처럼 아예 온라인에서만 운영되는 비즈니스일수도 있다. B2C를 운영하는 방법은 세 가지가 있다. 전통적brick-and-mortar, 온오프 겸용click-and-mortar, 순수 온라인pure play(그림 3.9).

그림 3.9
B2C의 형태

전통적 기업brick-and-mortar business
인터넷에는 존재하지 않고 물리적 상점에서만 운영하는 사업
예: 티 제이 맥스T.J Maxx

온오프 겸용 기업click-and-mortar business
물리적 점포와 인터넷 모두에서 운영하는 사업
예: 반즈 앤 노블Barnes & Noble

순수 온라인/가상 기업pure-play/virtual business
물리적 점포 없이 인터넷에서만 운영하는 사업
예: 구글

웹 1.0 e-비즈니스 모델 3: Consumer-to-Business(C2B)

C2B는 소비자가 인터넷을 통해 상품이나 서비스를 기업에게 판매하는 경우이다. 이런 사업 모델의 예는 프라이스라인닷컴Priceline.com인데, 고객이 항공권이나 호텔 객실과 같은 품목의 가격을 설정하면 공급사가 판매 여부를 결정하는 사업 모델이다. C2B 사업 모델에 대한 수요는 편의성과 저렴한 가격을 바라는 고객의 요구로 인해 앞으로도 증가할 것이다.

웹 1.0 e-비즈니스 모델 4: Consumer-to-Consumer(C2C)

C2C란 인터넷에서 다른 소비자에게 제품이나 서비스를 소개하는 소비자들을 말한다. C2C의 좋은 예는 경매인데 이곳에서는 구매자들과 판매자들이 서로에게 계속적으로 입찰하도록 부추기고 가격은 역동적이다. 크레이그리스트Craigslist와 이베이ebay가 구매자와 판매자를 잘 연결시킨 성공적인 C2C 사이트이다. 다른 유형의 온라인 경매 중에선 판매자가 많은 구매자들에게 홍보하고 가장 높은 가격을 입찰한 구매자가 이기는 순경매forward auctions와, 구매자가 가장 낮은 가격의 상품과 서비스를 제공하는 판매자를 고르는 역경매reverse auctions가 있다.

웹 1.0 e-비즈니스 수익 창출 전략들

더욱 많은 회사들이 e-비즈니스에 뛰어들면서 새로운 형태의 e-비즈니스가 등장하기 시작했다(그림 3.10). 많은 새로운 형태의 e-비즈니스들은 어떻게 수익을 낼 것인지에 대한 명확한 전략 없이 시장에 뛰어들었다. 구글은 창립된 지 몇 년이 지날 때까지 어떤 식으로 수익을 창출할 것인지가 정해지지 않은 e-비즈니스의 가장 전형적인 예이다.

구글의 주 비즈니스는 그들의 검색 엔진이다. 그러나 구글은 사람들이 그들의 사이트를 인터넷 검색을 위해 이용하는 것에서 수익을 창출하지는 않는다. 그들은 마케터들과 광고주들이 구글 사이트에 광고를 올리기 위해 지불하는 돈에서 이익을 얻는다. 검색을 위해 구글 사이트를 방문하는 사람들은 하루에 2억 명 정도 된다. 구글 사이트의 일부인 애드워즈AdWords는 광고주들이 검색 키워드에 대한 입찰을 할 수 있도록 한다. 광고주들은 그저 그들이 입찰하고 싶은 키워드와 하루 클릭 당 지불하고 싶은 최댓값을 제시하면 된다. 그러면 구글은 다른 광고주들이 같은 키워드에 얼마를 지불할 의향이 있는지에 근거해서 그 키워드들의 가격과 검색 순위를 정한다. 키워드들의 가격은 클릭 당 5센트에서 10달러 사이이다. 유료 검색은 표적 광고targeted advertising의 최적화된 모습인데, 그 이유는 소비자들이 자신이 원하는 것을 정확히 입력하기 때문이다. '열대 휴가'와 같은 일반적인 검색어들은 '하와이 여행'과 같은 구체적인 단어들보다 싸다. 어떤 검색어에 대해 가장 높은 금액을 입찰한 사람의 광고가 검색 결과 페이지의 옆 부분이나 윗부분에 후원sponsored 광고 링크로 걸리게 된다.

- **키워드**keyword: 키워드keyword는 검색을 수행하는 데 사용되는 단어이다.
- **검색 엔진**search engine: 검색 엔진search engine은 구글처럼 키워드를 매칭하여 다른 웹사이트를 찾는 웹사이트 소프트웨어이다.
- **검색 엔진 순위**search engine ranking: 검색 엔진 순위search engine ranking는 변수를 평가하여 검색 결과의 리스트에 언제 URL이 보여지는지를 결정한다.

그림 3.10

e-비즈니스 형태들

형태	설명	예
콘텐츠 제공자 content providers	뉴스, 음악, 동영상과 같은 디지털 콘텐츠들을 제공함으로써 수익을 창출한다.	Netflix.com, iTunes.com, CNN.com
정보 중개 infomediaries	제품과 서비스의 제공자와 그들의 잠재적 소비자들을 위해 특성화된 정보를 제공한다.	Edmunds.com(테스트를 기반으로 전문가의 자동차 리뷰를 포함한 재고 및 정보를 제공), BizRate.com(전자상거래 사이트 분석) Bloomberg.com, Zillow.com(미국의 온라인 부동산 마켓플레이스)
온라인 시장 online marketplaces	제품과 서비스의 판매자와 구매자를 이어준다.	Amazon.com, eBay.com Priceline.com
포탈 portals	특성화된 콘텐츠들과 다른 서비스들에 사용자가 접속할 수 있도록 중앙 웹사이트를 운영한다.	Google.com, Yahoo.com MSN.com
서비스 제공자 service providers	사진과 동영상 공유, 온라인 백업과 자료 저장소와 같은 서비스를 제공한다.	Flickr.com(야후의 온라인 사진 공유 커뮤니티 사이트) Mapquest.com, YouTube.com
거래 중개자 transaction brokers	온라인 매매 거래를 처리한다.	Etrade.com, Charlesschwab.com Fidelity.com

검색 엔진을 사용할 때마다 두 가지 유형의 결과가 반환된다.

- **자연 검색**Organic search은 키워드 쿼리에 대한 콘텐츠의 관련성을 기반으로 파생된 검색 엔진 결과로 무료이다. 자연 검색 결과는 관련성을 기준으로 사용자의 검색어와 가장 근접하게 일치한다.
- **유료 검색**paid search은 기업이 당신의 키워드를 기반으로 표시한 유료 링크이다. 검색 결과 페이지에서 검색 엔진이 유료 목록을 구분하여 자연 검색 결과의 위나 오른쪽에 배치하거나 음영 처리된 배경, 경계선 또는 광고라는 단어와 같이 시각적으로 단서를 제공한다.

검색 엔진 최적화search engine optimization, SEO는 웹사이트와 관련된 목표 키워드 구문을 선정하고, 사용자가 해당 키워드를 포함한 검색을 수행했을 때 웹사이트가 검색 결과에서 상위에 노출되도록 하는 과정이다.

- **검색 엔진 최적화**SEO: search engine optimization는 예술과 과학의 혼합체로 URL을 검색 엔진에 보다 매력적으로 만들어서 검색 엔진 순위에 좀 더 상위에 들게 하는 것이다.

SEO가 잘 이루어질수록 검색 엔진 결과 목록에서 해당 웹사이트의 순위는 더 높아진다. SEO가 중요한 이유는 대부분의 사용자가 검색 결과의 처음 몇 페이지만 확인하고, 이후에는 여러 페이지를 살펴보는 대신 새로운 검색어를 입력해 다시 검색을 시도하기 때문이다.

비즈니스 중심적 스킬셋

'긱gig'이라는 단어는 원래 음악 분야에서 유래한 것으로, 한정된 기간 동안 진행되는 유급 공연을 의미한다. 긱 경제gig economy란 이처럼 단기 고용이 일반화된 경제 구조를 뜻하며, 조직은 장기 고용 대신 독립 계약자와 단기 업무 계약을 체결한다.

현대의 노동 인구는 은퇴 전까지 평균 최소 7회 이상 직업을 바꿀 것으로 예상된다. 긱 경제의 확산은 근로자들이 단일 기업에 종속되지 않고, 훨씬 자유롭게 직업을 전환할 수 있는 환경을 조성하고 있다.

긱 경제를 견인하는 주요 요인 중 하나는, 고용주와 단기 근로자를 연결해 주는 웹사이트와 모바일 애플리케이션의 확산이다. 또 다른 핵심 요인은 일과 삶의 균형을 중시하는 밀레니얼 세대의 노동 가치관이다. 오늘날의 노동 인구는 점점 더 이동성이 높아지고 있으며, 직업이 특정 장소와 분리되어 어디에서든 근무할 수 있는 환경이 조성되면, 긱 근로자는 장기적으로 흥미롭지 않은 직업을 재정적 안정만을 위해 유지하는 대신, 더 흥미롭고 즐거우며 다양한 업무를 선택하며 일할 수 있게 된다.

기업의 입장에서 보면, 긱 경제는 건강 보험, 사무 공간, 교육 훈련 비용에 대한 투자 부담을 줄일 수 있다는 장점이 있다. 또한, 기업은 개별 프로젝트에 맞는 전문 인력을 선택적으로 채용함으로써 고정 고임금 인력을 유지하지 않고도 최고의 전문가와 협업할 수 있다.

회계 소프트웨어 기업 인튜이트Intuit의 연구에 따르면, 2025년까지 미국 근로자의 50%가 독립 계약자이자 긱 경제 참여자가 될 것으로 전망된다. 긱 경제에서 일하는 것의 장점과 단점은 무엇인가? 당신은 긱 경제의 일원이 될 것이라 생각하는가? 이 과목은 긱 경제에서의 업무에 어떻게 대비할 수 있도록 도와줄 수 있을까?

당신은 다음 '긱Gig'을 맞이할 준비가 되어 있는가?

웹사이트는 다음과 같은 방법을 통해 수익을 창출할 수 있다:

수익 모델	장점	제한 사항
광고 수수료	■ 표적에 맞춘 광고는 거래 참여자에 의해 부가가치 콘텐트로 인식된다. ■ 구현이 용이하다.	■ 제한된 수익 잠재력 ■ 과도하거나 잘못된 표적 광고는 웹사이트에 방해 요소가 된다.
정기 사용료	■ 거래를 할 유인이 된다. ■ 가격 차별화가 가능하다. ■ 신규 사용자 집단으로부터 추가 수익을 창출할 가능성	■ 고정비가 참여자에게 진입장벽이 된다.
거래 수수료	■ 절감과 직접적으로 연결된다(프로세스 비용 절감과 가격 인하). ■ 거래량이 많아지면 중요한 수익원	■ 프로세스 절감이 완전히 가시적이지 않으면, 시스템 이용을 기피하게 된다(거래를 오프라인으로 옮길 유인책). ■ 거래 수수료는 시간이 지나면서 감소할 가능성이 있다.

그림 3.11
e-비즈니스 수익모델

비즈니스 중심적 윤리와 보안

덕덕고! DuckDuckGo

여러분은 온라인에 접속했을 때, 2주 전에 검색한 것에 대한 광고 팝업을 발견한 적이 있는가? 섬뜩하지 않은가? 이것이 구글 광고 네트워크의 힘이다. 여러분은 누군가가 여러분의 모든 구글 검색에 접근할 수 있다고 상상할 수 있는가? 그들이 당신에 대해 무엇을 알아낼 수 있을까? 의학적, 재정적, 개인적 질문을 포함한 여러분의 사적인 비밀 대부분은 검색 엔진에 공유된다. 이 정보는 비공개여야 될까?

구글에서 당신의 검색은 당신의 IP 주소와 브라우저 지문을 통해 추적되고tracked, 채굴되며mined, 광고주들이 배너 광고를 통해 인터넷에서 당신을 따라다니도록 데이터 프로필로 포장packaged된다. 검색 기록 판매selling search가 바로 구글이 돈을 버는 방법이다.

또, 구글google은 유튜브youtube, 지메일gmail, 크롬chrome, 안드로이드android, 지맵스gmaps, 그리고 다른 모든 서비스에서도 당신을 추적하고 있다.

구글 분석google analytics은 대부분의 웹사이트에 설치되어, 여러분을 몰래 추적하고 웹사이트 소유자들이 누가 그들의 사이트를 방문하는지 알 수 있게 해주며, 또한 그 정보를 구글에 다시 제공된다.

덕덕고는 검색을 위한 구글의 대안으로, 검색 습관을 추적하거나 광고를 허용하지 않는다는 전제하에 운영된다. 덕덕고의 모든 검색은 새로운 검색과 같으며, 사이트는 심지어 당신이 누구인지도 모르거나 당신의 IP를 추적하지 못한다. 사이트는 나중에 사용자에게 연결하도록 사용자의 개인정보를 저장하거나 검색 기록을 함께 연결하지 않는다. 덕덕고 웹사이트를 방문해 보라. 당신은 구글이 검색 기록, 검색 행위를 추적할 권리가 있다고 믿는가? 마케팅 회사들은 배너 광고로 사이버 스토킹cyberstalking하기 위해 당신의 검색과 검색 기록을 어떻게 이용하고 있을까?

- **클릭당 지불**Pay-per-click: 사용자가 소매업체 웹사이트 링크를 클릭할 때마다 수익이 발생한다.
- **페이퍼콜**Pay-per-call: 사용자가 부름을 기다리는 온라인 에이전트로 직접 연결되는 링크를 클릭할 때마다 수익이 발생한다.
- **전환당 지불**Pay-per-conversion: 웹사이트 방문자가 고객으로 전환될 때마다 수익이 발생한다.

웹 1.0 e-비즈니스 사기

모든 훌륭한 기술이 그렇듯이 누군가는 이를 비윤리적인 행위에 사용한다. 온라인 광고 및 애드워즈AdWords 전략과 관련하여 경쟁업체에게 비용을 지불하도록 의도적으로 구글 검색을 클릭하는 사람들이 있다.

- **제휴 프로그램**Affiliate programs: 기업이 자사 웹사이트를 방문한 고객이 다른 상인의 웹

사이트로 연결되는 링크를 클릭할 경우, 수수료나 추천 보상금을 획득할 수 있도록 해주는 프로그램이다.

- **클릭 사기꾼**Click fraud: 온라인 광고의 트래픽 통계를 인위적으로 부풀리는 행위를 의미한다. 일부 비윤리적인 개인이나 클릭 사기 범죄자들은 히트봇hitbots이라 불리는 자동 클릭 프로그램을 사용하기도 한다.
- **히트봇**Hitbots: 광고 링크를 다수의 잠재 고객이 클릭하고 있는 것처럼 허위 클릭을 발생시켜 착시 효과를 일으키는 프로그램이다. 그러나 이러한 클릭은 실제로 광고주에게 아무런 수익을 가져다주지 않는다.

클릭 사기꾼은 광고주가 제휴사에 지불하는 클릭당 지불 수수료의 일부를 받기 위해 광고 노출에 동의함으로써 제휴 프로그램을 이용하는 경우가 많다. 사기꾼은 합법적인 웹사이트에 광고를 게재하는 대신 광고를 게재할 목적으로만 만들어진 웹사이트에 광고를 게재할 수 있다. 그리고 이런 사이트는 자연스럽고 유기적인 트래픽이 전혀 없을 것이다. 광고가 배치되면 히트봇은 종종 매우 짧은 기간에 대량의 사기성 클릭을 생성하여 사기꾼이 제휴 프로그램의 소유자에게 비용을 청구하도록 한다. 물론 이것은 회사에 막대한 비용이 들게 한다.

연결 및 커뮤니케이션을 위한 웹 1.0 e-비즈니스 도구

사이보그 인류학자cyborg anthropologist는 인간과 기술 간의 상호 작용을 기술이 인간의 삶을 어떻게 만드는지를 관찰하면서 연구한다. 학문으로서의 사이보그 인류학은 1993년 미국 인류학 협회American Anthropological Association 연례 회의에서 구체적으로 시작되었다.

사이보그 인류학자들은 그림 3.12에서 강조되고 아래에서 자세히 다룰 기술 도구를 포함하여 기업을 위한 다양한 온라인 커뮤니케이션 방법을 사용한다.

웹 1.0 e-비즈니스 커뮤니케이션 도구 1: 이메일

전자 메일의 준말인 이메일은 인터넷에서 교환하는 디지털 메시지이다. 이메일이 전화기와 같은 속도로 문서들을 전달해 주기 때문에 경영자들은 더 이상 중요한 문서들을 받기 위해 우편을 기다릴 필요가 없어졌고, 이는 비즈니스의 속도를 높이는 데 기여했다. 이메일의 주 장점은 많은 사람들에게 동시에, 즉각, 쉽게 공지하고 통신할 수 있다는 것이다. 이메일을 이용하는 데 아무런 시공간적 제약이 없다.

- **인터넷 서비스 제공자**ISP, internet service provider: 인터넷 서비스 제공자ISP, internet service provider는 매달 회비를 내면 인터넷 접속을 가능하게 해주는 회사이다. 미국의 대형 인터넷 서비스제공 사업자ISP는 AOL, AT&T, Comcast, Earthlink, Netzero가 있고, 이들과 함께 지역별 전화국을 포함한 수천의 지역 ISP들이 존재한다.

웹 1.0 e-비즈니스 커뮤니케이션 도구 2: 인스턴트 메시징

실시간 통신real-time communication은 시스템이 정보를 받는 대로 업데이트할 때 발생한다. 이메일은 우편과 같은 전통적인 통신 수단에 비해 매우 훌륭한 발전이지만, 실시간으로 작

그림 3.12

e-비즈니스 도구

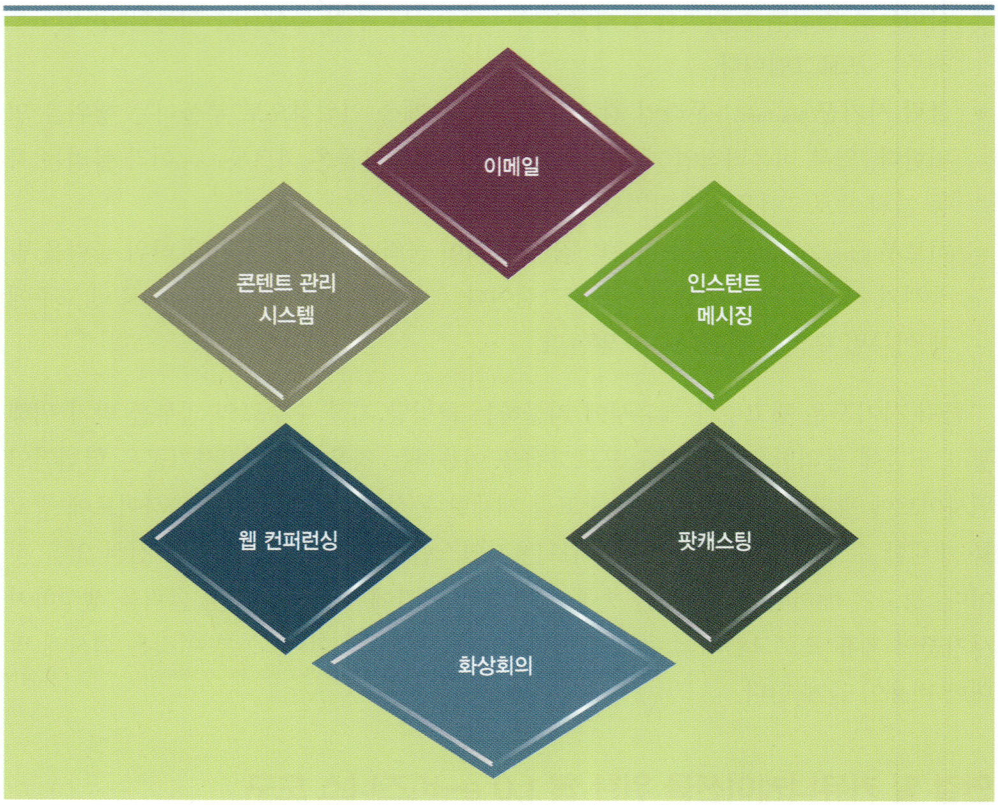

동하는 것은 아니다. .

- **인스턴트 메시징**IMing, instant messaging: 인스턴트 메시징IMing, instant messaging은 사람들 간의 순간, 혹은 실시간 통신을 가능하게 하는 서비스이다. 비즈니스는 즉각 이것들르 무엇을 할 수 있을지 알아차렸다:
  - 간단한 질문들을 빠르고 쉽게 대답하기
  - 질문들이나 문제들을 즉각 해결하기
  - 마치 대화하는 것처럼 메시지를 빠르게 전달하기
  - 동시에 여러 사람과 인스턴트 메시징을 이용한 회의하기

웹 1.0 e-비즈니스 커뮤니케이션 도구 3: 팟캐스팅

팟캐스트Podcasting는 현재 가장 빠르게 성장하고 있는 디지털 형식 중 하나로, 어떤 주제에 대해서든 지식을 확장할 수 있는 효과적인 도구를 제공한다. 팟캐스트는 학습을 보다 간편하고 편리하게 만들어 주며, 이동이 잦고 바쁜 현대인에게 특히 매력적인 학습 수단으로 주목받고 있다.

- **팟캐스팅**podcasting: 팟캐스팅podcasting은 오디오 방송을 디지털 음악 재생기로 변환시킨다.

팟캐스팅은 마케팅의 영향력과 소비자들의 충성심을 높일 수 있다. 회사들은 팟캐스팅을 마케팅 소통의 장으로 이용하는데 회사 전략에서부터 자세한 제품 개요까지 모든 것에 대해 토의하는 데 활용할 수 있다. 간부층들은 주별 혹은 월별로 중요한 사안들, 새 기술, 혹은 마케팅 발전들에 대한 전문가 의견을 팟캐스팅으로 나눌 수 있다.

비즈니스 역량을 향상시키고 싶다면, Apple Podcast 앱이나 Android용 Stitcher 앱을 열고 출퇴근길에 아래의 대표적인 비즈니스 팟캐스트를 들어보자.

- **HBR 아이디어캐스트**HBR IdeaCast: 하버드 비즈니스 리뷰Harvard Business Review의 수석 에디터인 앨리슨 비어드Alison Beard와 커트 니키쉬Curt Nickisch가 진행하는 이 팟캐스트는, 비즈니스 업계의 뛰어난 전문가들로부터 통찰력 있는 인사이트를 제공한다.
- **라이즈**Rise: 긍정적이고 동기 부여에 탁월한 목소리로 유명한 레이첼 홀리스Rachel Hollis의 팟캐스트 시리즈다. 그녀는 다양한 산업 분야의 전문가를 초대해 자신의 성공 경험과 그로부터 배울 수 있는 교훈을 공유한다.
- **아트 오브 더 허슬**Art of the Hustle: 서밋Summit의 공동 창립자인 제프 로젠탈Jeff Rosenthal이 진행하는 이 팟캐스트는, 기업가의 성공 이야기, 실패 사례, 중요한 전환점, 실질적인 조언 등을 다룬다.
- **팀 페리스 쇼**The Tim Ferriss Show: 성공적인 비즈니스 팟캐스트를 이야기할 때 빼놓을 수 없는 프로그램이다. 팀 페리스Tim Ferriss는 창의적인 관점으로 비즈니스에 접근하며, 그 성과를 입증하고 있다. 그는 베스트셀러 『4시간 워크 위크The 4-Hour Workweek』의 저자이기도 하다.

웹 1.0 e-비즈니스 커뮤니케이션 도구 4: 화상 회의

코로나19 팬데믹은 전 세계 모든 사람으로 하여금 같은 공간에 있지 않고도 어떻게 소통하고 연결할 수 있을지 다시 생각하게 만든 사건이었다. 줌Zoom이나 마이크로소프트 팀즈Microsoft Teams와 같은 새로운 기술 덕분에, 팬데믹 기간 동안 우리는 가상공간에서 창의적인 방식으로 연결되는 방법을 찾아낼 수 있었다.

- **영상 채팅**Video chat: 웹캠과 전용 소프트웨어를 이용해 인터넷 사용자 간에 얼굴을 보며 실시간으로 소통하는 온라인 시각 커뮤니케이션 방식이다.

영상 채팅은 두 곳 이상의 사용자들이 양방향 영상 및 음성 전송을 통해 동시에 상호작용할 수 있도록 해주며, 문서, 데이터, 컴퓨터 화면, 화이트보드 등을 공유하는 것도 가능하다. 스카이프Skype, 줌Zoom, 마이크로소프트 팀즈Microsoft Teams는 대표적인 영상 채팅 도구이다.

웹 1.0 e-비즈니스 커뮤니케이션 도구 5: 콘텐츠 관리 시스템

BC 4세기에 아리스토텔레스는 자연계를 체계적으로 분류했고, 고대 알렉산드리아의 도서관은 주제에 따라 책을 정리하여 비슷한 정보들끼리 모아두었다.

- **콘텐츠 관리 시스템**CMS, content management systems: 콘텐츠 관리 시스템CMS, content management systems은 기업이 그들의 웹사이트 콘텐츠의 창작, 저장, 편집, 출판을 관리하는 것을 도와준다.

CMS는 사용자 친화적이다. 대부분의 CMS는 웹 기반 출간, 검색, 내비게이션 등의 정보를 정리하는 기능을 제공하며, 전문적 기술이 없는 사용자들이 웹사이트를 변경할 수 있게 해 준다. Canvas를 사용하고 있다면, 이미 콘텐츠 관리 시스템content management system, CMS에 익숙한 셈이다. 왜냐하면 모든 수업 자료가 한곳에 통합되어 제공되기 때문이다. 효과적인 콘텐츠 관리의 핵심 원칙 중 하나는 콘텐츠를 분류 체계taxonomy를 활용해 체계적으로 그룹화하는 것이다.

- **분류 체계**taxonomy: 분류 체계taxonomy는 분류 대상을 구조 혹은 기원의 유사성에 근거해 분류하는 과학적 분류법이다.

분류 체계는 또 웹사이트의 내용들을 주제에 따른 항목과 하위 항목으로 나누는 데 쓰인다. 예를 들어 승용차는 운송 수단의 하위 항목이다. 모든 승용차는 운송 수단이지만, 모든 운송 수단이 승용차는 아니다. 어떤 운송 수단은 승합, 버스, 트럭일 수도 있다. 분류 체계는 '자식(좁고 더 상세한)' 개념들이 '부모(광범위하고 더 일반적인)' 개념 아래로 가도록 배열한다. 정보 아키텍처information architecture는 주어진 문맥 안에 있는 모든 정보들을 어떻게 조직화할 것인가에 대한 아이디어들이다. 많은 기업들은 웹사이트의 분류 체계를 만들기 위해 정보 아키텍트information architect를 고용한다. 잘 계획된 분류 체계는 검색과 내비게이션 과정을 쉽고 사용자 친화적으로 만들어 준다. 만약 분류 체계가 혼란스러울 경우 웹사이트는 곧 망할 것이다.

section 3.2 | 웹 2.0: 비즈니스 2.0

학습 성과

3.5 웹 2.0에 대해 설명하고 네 가지 특성을 설명할 수 있다.
3.6 커뮤니티들이 네트워크를 형성하고 협업하는 데 비즈니스 2.0이 어떻게 도움을 주는지 설명할 수 있다.
3.7 웹 3.0과 차세대 온라인 비즈니스에 대해 설명할 수 있다.

웹 2.0: 비즈니스 2.0의 이점

1990년대 중반, 기업들이 e-비즈니스와 웹 1.0을 활용하면서 주식 시장은 사상 최고치를 기록했고, 많은 사람들이 인터넷이 미래의 물결이라고 믿었다. 그러나 새로운 온라인 비즈니스가 기대 수익에 미치지 못하기 시작하면서 거품이 꺼졌다. 그 당시 일부 사람들은 전자상거래 붐이 끝났다고 믿기도 했지만, 전혀 그렇지 않았다.

- **웹 2.0**Web 2.0(또는 비즈니스 2.0Business 2.0): 웹 2.0Web 2.0(또는 비즈니스 2.0Business 2.0)은 협업, 공유, 무료와 같은 새로운 특성을 가지고 보다 성숙하고 독특한 커뮤니케이션이 가능한 차세대 인터넷 플랫폼이 되었다.

비즈니스 2.0은 사용자 참여와 콘텐츠에 기여하는 커뮤니티 형성을 장려한다. 비즈니스 2.0에서는 정보를 사용하고 World Wide Web에 게시하는 데 더 이상 기술이 필요하지 않았으므로 온라인 비즈니스의 진입 장벽이 제거되었다.

전통적인 기업들은 기술을 프로세스나 활동을 수행하는 데 필요한 도구로 보는 경향이 있었고 직원들은 사무실을 돌아다니거나 정수기 주변을 다니며 정보를 얻었다. 비즈니스 2.0 기술은 많은 신규 직원들에게 물리적 환경만큼이나 활기차고 중요한 가상 환경을 제공하였다. 직접 소비자에게 제품을 판매하는 D2CDirect-to-Consumer 모델을 활용하여 등장한 수많은 신생 기업들을 떠올려 보자.

- **직접소비자판매**Direct-to-consumer, DTC: 기업이 전통적인 매장이나 중개자에 의존하지 않고, 제품의 기획, 마케팅, 판매, 배송까지 모든 과정을 자체적으로 수행하는 e-비즈니스 모델이다.

나이키Nike, 팀버랜드Timberland, 레이REZ 및 언더아머Under Armour와 같은 회사는 DTC 채널 확장에 성공하고 있다. 더 많은 브랜드가 자체 소매점을 열고 e-비즈니스 웹사이트에 투자할 계획을 세우고 있는 것은 놀라운 일이 아니다. 더 많은 소매업체가 이 전략을 적극적으로 추구함에 따라 고객과 파트너 모두에게 최고의 경험을 제공하는 브랜드가 승리할 수 있는 위치에 있다.

세계 최대 소매업체 중 하나인 나이키Nike는 직접소비자판매DTC 채널에 과감히 투자하여, 7년만에 관련 매출을 60억 달러에서 160억 달러로 증가시키는 성과를 거두었다.

현재 많은 유통업체들이 DTC 판매 채널에 적극적으로 투자하고 있으며, 전통적인 대리점 모델이 오래도록 자리 잡은 자동차 산업에서도 테슬라Tesla Motors와 같은 선도적인 기업들은 DTC 방식을 채택하고 있다.

이처럼 많은 브랜드에게 DTC는 새로운 영역이다. 더 많은 제어 기능을 제공하고 비용을 제거하지만, 강력한 고객 관계를 유지하고 고객이 검증한 통찰력을 효과적으로 활용하여 제품 및 마케팅 캠페인을 개선하는 책임을 가지고 있다. 그림 3.13은 Web 2.0의 공통적인 특징을 보여준다.

웹 2.0 이점 1: 오픈소싱을 통한 콘텐츠 공유

수천 개의 하드웨어 장치와 소프트웨어 애플리케이션이 제3자 개발업체에 의해 제작·판매되며, 아이팟, 드로잉 소프트웨어, 마우스 등과 같이 컴퓨터와 상호 운용된다. 콘텐츠를 자유롭게 공유할 수 있는 다양한 애플리케이션이 존재하며, 오픈 공유 애플리케이션을 분석할 때 이해해야 할 주요 용어는 다음과 같다.

- **개방형 시스템**open system: 개방형 시스템open system은 기존 시스템에 통합되어 운영될 수 있는 부가적인 하드웨어나 소프트웨어를 제3자가 만들 수 있도록 하는, 공개적으로 알려진 표준을 따르는 비독점적nonproprietary 하드웨어나 소프트웨어를 말한다.
- **소스 코드**source code: 소스 코드source code는 컴퓨터 소프트웨어를 이용해 할 수 있는 활동들에 대해 프로그래머가 작성한 명령instruction을 담고 있다.
- **오픈 소스**Open source: 소스 코드가 공개되어 누구나 자유롭게 열람하고 수정할 수 있는 소프트웨어를 의미한다. e-비즈니스에서처럼 사용료나 라이선스 비용을 요구하지 않는다.
- **클로즈드 소스**Closed source: 저작권자가 독점적인 법적 권리를 갖고 있으며, 사용과 수정이 제한되는 소유권 기반의 소프트웨어를 의미한다.

비즈니스 2.0은 오픈 소스 소프트웨어를 자본화하고 있다. 예를 들어 모질라Mozilla는 파

그림 3.13
웹 2.0의 특징들

이어폭스FireFox 웹 브라우저와 선더버드Thunderbird 이메일 소프트웨어를 공짜로 제공해주고 있다. 모질라는 인터넷이란 모든 사람들에게 열려 있어야 하는 공공의 자원이라고 믿고 있다. 모질라는 전 세계의 헌신적인 수천 명의 지원자들을 결집시켜 공짜 제품들을 끊임없이 개발하고 있다. 모질라의 파이어폭스는 현재 전 세계 브라우저 마켓의 20%의 지분을 차지하고 있고, 마이크로소프트의 인터넷 익스플로러를 위협하는 경쟁자로서 빠르게 성장하고 있다. 그렇다면, 오픈 소스 소프트웨어 회사들은 어떻게 수익을 올리는 것일까? 많은 사람들이 이 중요한 질문에 대한 답을 아직도 기다리고 있다.

웹 2.0 이점 2: 사용자 참여 콘텐츠

e-비즈니스는 몇몇의 기업이나 사용자들이 다수의 대중을 위해 콘텐츠를 올리는 것이 특징이었다. 그러나 비즈니스 2.0은 다수의 대중이 다수를 위해 콘텐츠를 올리는 것이 특징이다.

- **사용자 참여 콘텐츠**user contributed/generated contents: 사용자 참여 콘텐츠user contributed/generated contents는 많은 사용자들이 다른 사용자들을 위해 만들고 업데이트한다.

예를 들어, 위키피디아Wikipedia나 유튜브YouTube와 같은 웹사이트는 온라인 미디어에 대한 통제권을 기존의 소수 운영자에서 일반 사용자에게로 이전시켰다. 넷플릭스와 아마존은 그들의 추천용 도구들을 활성화하기 위해 사용자 참여 콘텐츠들을 이용하고 있고, 옐프Yelp같은 웹사이트들은 제품과 서비스에 대한 의견을 표현하기 위해 사용자 평가들을 이용한다. 회사들은 마케팅에서 제품 개발, 품질 보증에까지 걸친 모든 분야에서 사용자 참여 콘텐츠의 도움을 수용하고 있다.

- **자연 광고**native advertising: 광고주가 사용자의 경험 맥락 속에서 콘텐츠, 형식, 스타일, 배치 등을 자연스럽게 녹여 광고로 인식되지 않도록 주의를 끌고자 하는 온라인 마케팅 방식이다.
- **평판 시스템**Reputation system: 구매자가 판매자에 대한 피드백을 남기는 시스템이다. 예를 들어, 이베이eBay에서는 구매자가 서비스 품질, 거래 만족도, 배송의 신속성 등에 대해 자발적으로 평가를 남기며, 판매자는 구매자의 결제 신속성에 대해 평가하거나 구매자의 평가에 응답할 수 있다. 아마존Amazon, 옐프Yelp 등 다양한 기업이 서비스 품질을 개선하고 고객 만족도를 높이기 위해 평판 시스템을 활용하고 있다.

웹 2.0 이점 3: 조직 내부의 협업

비즈니스 2.0의 협업 중심 사고방식은 더 넓은 대중으로부터 더 빠르게 더 많은 정보를 생성해낸다.

- **협업 시스템**collaboration system: 정보의 공유와 흐름을 활성화시켜 팀이나 그룹의 일을 지원하는 일련의 도구들이다.
- **집단 지능**collective intelligence: 협력해서 모든 직원들, 제휴 회사들, 소비자의 핵심 지식을 이용하는 것이다.

지식은 조직을 위한 훌륭한 경쟁 우위를 만들어 낼 수 있다. 조직 안에서 볼 수 있는 집단 지성의 가장 흔한 형태는 지식 관리KM, knowledge management이다.

- **지식 관리**KM, knowledge management: 지식 관리는 정보 자산을 포착하고, 분류하며, 평가하고, 검색 및 공유하는 일련의 과정을 포함하며, 이는 효과적인 의사결정과 행동에 필요한 맥락을 제공하는 데 목적이 있다. 지식 관리의 궁극적인 목표는 기업이 보유한 사실, 정보 출처, 문제 해결 방법 등에 대한 지식을 모든 직원이 필요할 때 언제든 쉽게 활용할 수 있도록 하는 것이다.
- **지식 관리 시스템**KMS, knowledge management system: 지식 관리 시스템KMS은 조직 내의 지식(즉, 노하우)을 포착하고, 체계화하며, 확산하는 과정을 지원한다. KMS는 사람들을 상호 연결하고, 그들의 전문 지식을 디지털 방식으로 수집함으로써 조직의 지식 기반을 효과적으로 공유할 수 있도록 한다.

최근 몇 년 사이, 수많은 베이비붐 세대가 은퇴를 앞두게 되면서 지식 관리KM는 미국 기업에서 더욱 시급한 과제로 부상했다. 이들이 마지막으로 퇴근하는 순간, 오랜 경력을 통해 축적한 업무, 조직, 산업에 대한 지식도 함께 사라질 수 있다. 기업이 이들의 통찰과 경험을 보존하기 위한 조치를 취하지 않는다면, 그 귀중한 지식 자산은 함께 사라지게 될 것이다.

모든 정보가 가치 있는 것은 아니다. 각 개인은 어떤 정보가 지적 자산으로서의 가치가 있는지 파악해야 한다. 보통 지적 자산으로서의 가치가 있는 정보들은 형식지 및 암묵지의 두 가지로 나뉠 수 있다: 형식 또는 암묵

- **형식지**Explicit knowledge: 문서화, 보관, 체계화가 가능한 지식을 의미하며, 이는 주로 경영정보시스템MIS의 도움을 받아 관리된다. 대표적인 예로는 특허, 상표, 사업 계획서, 마케팅 조사 자료, 고객 명단 등이 있다.
- **암묵지**Tacit knowledge: 개인의 머릿속에 존재하는 지식을 의미한다. 암묵지의 가장 큰 과제는 이러한 지식을 어떻게 인식하고, 생성하며, 공유하고, 관리할 것인지에 있다. 이메일, 인스턴트 메시지 등 정보기술은 암묵지의 확산을 어느 정도 지원할 수 있으나, 그 존재를 처음부터 식별하는 것 자체가 큰 장애 요인이 될 수 있다.

웹 2.0 이점 4: 조직 외부의 협업

오랜 시간동안 조직들은 좋은 아이디어들이 상사들에게서 나온다고 생각했다. CEO들은 오직 영업과 마케팅 부서의 장들하고만 협업했다. 조직의 구성도가 누가 누구와 일할 것인지, 그리고 지휘 사슬 어디까지 아이디어나 제안들이 전달될 것인지를 지배했다. 이 시기에는 동시적 소통이 아닌, 시간차를 두고 이루어지는 비동기식 커뮤니케이션 방식이 주를 이루었다.

- **비동기통신**asynchronous communication: 이메일과 같은 커뮤니케이션 방식은 메시지 전달과 응답이 동시에 이루어지지 않는 비동기식 커뮤니케이션이다. 전통적인 e-비즈니스 커뮤니케이션은 대면 대화와 단방향 기술에 제한되어 있었다.

비즈니스 중심적 활동

스스로를 파괴하기

고용 시장 경쟁이 치열한 가운데 일반적으로 대학 졸업 시 꿈의 직업을 찾는 것이 학생의 최우선 목표이다. 파괴적 혁신을 자신에게 적용하여 해당 직무에서 최고의 선택이 되도록 하는 방법에 대해 생각해 본 적이 있는가? 여러분들은 다음 질문에 답해 보아라.

1. 현재 충족되거나 잘 충족되지 않는 요구 사항을 목표로 할 수 있는가? 파괴자는 가치를 추가하고 시장을 파괴할 수 있는 틈새를 찾는다.
2. 당신의 파괴적 강점은 무엇인가? 자신을 혼란스럽게 하는 것에 대해 생각할 때, 당신이 잘하는 것에 대해서만 생각하지 말고, 대부분의 다른 사람들이 할 수 없는 것에 대해 생각해보라. 아마도 당신은 찾는 능력, 다양한 영역의 연결을 보고 새로운 벤처 기회를 찾는 능력을 가지고 있을 것이다.
3. 어떻게 틈새시장을 찾는 데 적합한 기술을 만들 것인가? 당신은 미래를 이끄는 엔진이다. 세상을 앞으로 나아가고 싶다면 혁신적이고 다양한 분야에서 기술을 쌓아야 한다.
4. 개인 파괴 전략을 어떻게 전개할 것인가? 파괴자는 전통적인 경력 경로를 따르지 않는다. 파괴적이기 위해서는 기존의 길 대신에 새로운 길을 개척해야 한다.

- **동기통신**synchronous communication: 인스턴트 메시지IM나 채팅과 같이 동시에 이루어지는 커뮤니케이션은 동기식 커뮤니케이션에 해당한다. 비즈니스 2.0 시대에는 비동기식 커뮤니케이션이 다양한 형태의 동기식 커뮤니케이션에 의해 도전을 받고 있다.

그림 3.14
크라우드소싱: 집단은 개인보다 현명하다.

오늘날의 협업 중심 사회에서, 비즈니스 환경에서는 지속적인 연결이 이제는 당연한 것으로 인식되고 있다. 다양한 배경을 가진 사람들로 구성된 집단에서 나온 아이디어가 개인 혼자서 도출한 아이디어보다 훨씬 더 창의적이고 역동적인 경우가 많다는 사례는 수없이 많다. 집단사고groupthink는 전통적인 생산 방식과는 다른 경로를 통해 혁신적인 아이디어로 이어질 가능성을 높인다. 조직 외부와의 동기식 커뮤니케이션은 두 가지 놀라운 비즈니스 자원을 탄생시켰다.

- **크라우드소싱**crowdsourcing: 이것은 집단의 지혜를 뜻한다. 집단지능이 집단을 이루는 각 개인의 지성보다 강하다는 것은 꽤 오랫동안 존재했던 인식이다(그림 3.14). 가장 성공적인 크라우드 기반 스타트업 중 하나로는 웨이즈Waze가 있다. 이 애플리케이션은 사용자가 교통 체증을 실시간으로 신고할 수 있도록 하며, 최적의 경로를 자동으로 안내해 준다. 웨이즈는 운전자의 주행 속도를 측정해 교통 체증 여부를 판단하고, 도로 폐쇄 정보를 사용자로부터 직접 받아 크라우드소싱 방식으로 정보를 수집한다.

웹 2.0: 소셜 미디어 중심의 시대

페이스북, 트위터, 링크드인, 유튜브, 핀터레스트처럼 연결된 세상에서 마케팅 기회는 충분하다. 소셜 미디어 사이트는 전통적으로 개인이 자신의 관심사를 공유할 수 있도록 설계되었었는데, 이제 제품 및 서비스를 홍보하는 수단으로 변모하였다. 소셜 미디어 사이트에서 광고 비용을 지불하는 결정에서 고객 이야기와 경험을 유기적으로 공유하기 바라는 것까지 많은 기회가 발생한다.

소셜 미디어는 페이스북, 유튜브 및 링크드인과 같이 사용자 참여 및 사용자 기여 콘텐츠에 의존하는 웹사이트를 말한다.

- **소셜 미디어**: 소셜 미디어 웹사이트를 사용하여 잠재 고객과 현재 고객의 관심을 사로잡는 것이다.

소셜 미디어의 핵심은 사용자 생성 콘텐츠user-generated contents이다. 사용자는 텍스트, 이미지, 오디오, 영상 등을 통해 자신의 콘텐츠를 직접 업로드할 수 있다. 비즈니스, 엔터테인먼트, 커뮤니티 등 다양한 목적에 맞는 소셜 미디어 플랫폼들이 존재한다. 기업들은 제품과 서비스를 홍보하기 위해 소셜 미디어 기업에 광고비를 지불하며, 엔터테인먼트 기업은 유튜브를 통해 영화를 직접 공개하기도 한다. 사람들은 여러 플랫폼에서 함께 게임을 즐기거나 사회적 이슈에 대해 토론할 수도 있다. 소셜 미디어 플랫폼은 비슷한 관심사나 가치를 공유하는 사람들이 서로 연결될 수 있는 공간을 제공함으로써 커뮤니티를 형성한다.

- **소셜 네트워크**social network: 상응되는 프로필 정보에 따라 사용자들을 연결해 주는 어플리케이션을 말한다. 개개인에게 네트워크 능력을 제공해 줄 수 있는 것이 비즈니스 2.0 의 가장 큰 장점이다.
- **소셜 네트워킹**social networking: 당신의 비즈니스/혹은 소셜 관계망을 확장시키는 방법으

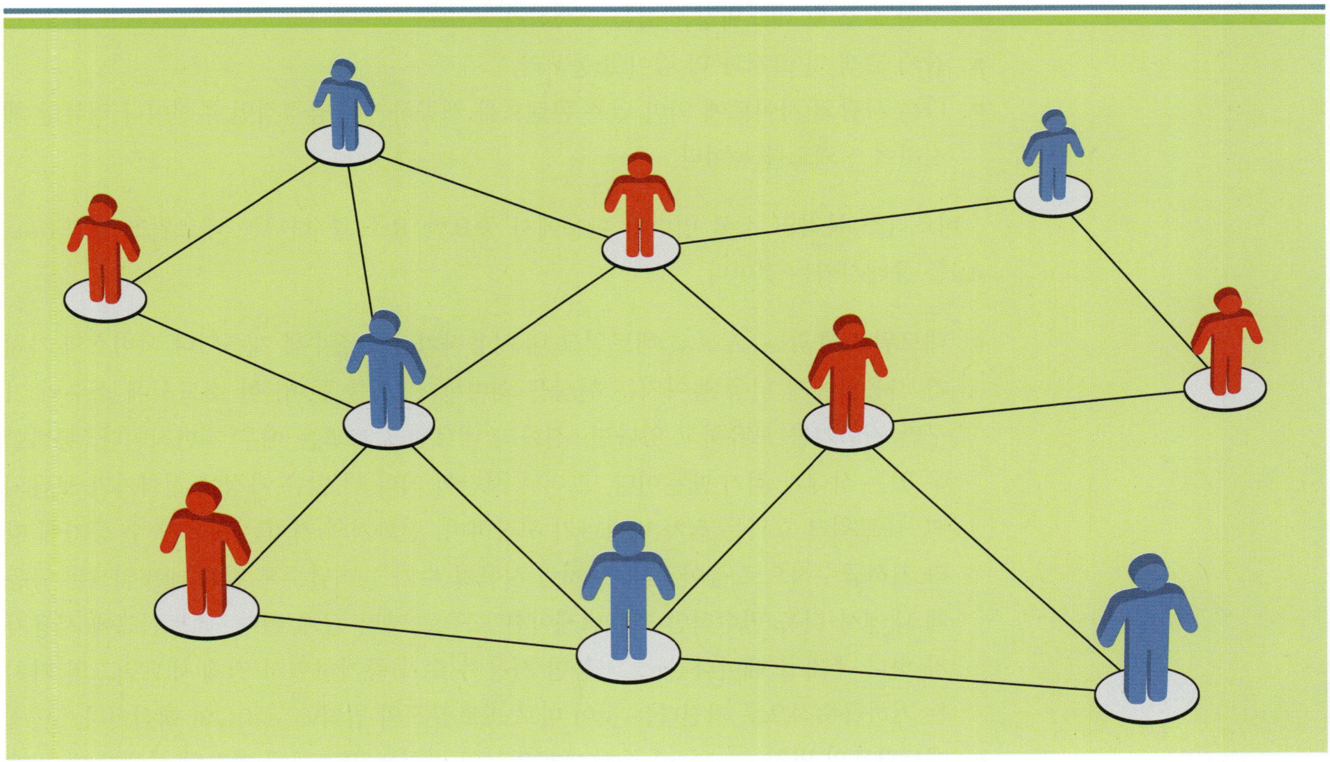

그림 3.15

소셜 네트워크의 예

로는 개인 네트워크를 생성하는 것이다(그림 3.15). 소셜 네트워킹 사이트들은 두 가지 기본적인 기능을 제공한다. 첫 번째는 주어진 환경 안에서 온라인 신분으로 작용하는 프로필을 만들고 유지할 수 있는 능력이다. 두 번째는 네트워크 내의 다른 사람들과 연결할 수 있는 능력이다.

- **소셜 네트워킹 분석**SNA, social networking analysis: 지도는 누가 누구를 알고 있고 누구와 같이 일하는지를 파악해 그 접촉을 (사적인 것과 공적인 것) 그룹으로 묶는다. 기업에서 이것은 직원들이 어떻게 협업하는지에 대해 알려줄 수 있다. 또한 이것은 특정한 지식(예를 들어, 복잡한 프로그래밍 문제점에 대한 해결 혹은 새로운 제품을 출시하는 것)에 있어서 누가 주요 전문가인가를 파악할 수 있게 해 준다.

비즈니스 2.0은 정보에 접근하는 과정을 단순화하고 정보를 공유하는 능력을 개선한다. 전문가들을 만나기 위한 컨퍼런스에 백만 원의 비용과 이틀의 시간을 쓰는 대신 기업인들은 이제 링크드인과 같은 소셜 네트워크를 통해 필요한 전문가들과 접촉하고, 모집하는 등의 활동을 할 수 있다. 포춘지가 뽑은 500개의 회사의 간부들이 멤버가 된 후로 링크드인은 더욱 유용한 인력 모집 웹 도구가 되었다. 소셜 미디어는 기업에 다음과 같은 방식으로 도움을 줄 수 있다:

- 당신의 제품과 서비스에 대한 소문을 퍼뜨리고 화제를 만들어라.
- 특정 잠재고객을 타깃팅하도록 설계된 캠페인으로 광고하라.
- 자신의 그룹이나 커뮤니티를 만들어 고객의 피드백을 받아라.

- 추천 소스 및 네트워킹 연결을 구축하라.
- 잠재 고객 및 고객과 더 깊이 소통하라.
- 다른 사람의 사이트에 의미 있는 콘텐츠를 제공하거나 긍정적인 추천이나 리뷰를 게시하여 신뢰도를 높여라.

비즈니스 목적의 소셜 미디어 활용에서 중요한 요소 중 하나는 네트워크 효과network effect를 증대시키는 것이다.

- **네트워크 효과**Network effect: 네트워크 내 사용자가 많아질수록 제품이나 서비스의 가치가 사용자에게 더욱 높아지는 현상을 의미한다. 예를 들어, 한 소도시에 소수의 가구만 전화기를 보유하고 있다면, 전화의 네트워크 효과는 매우 제한적이다. 통화할 수 있는 상대가 적기 때문이다. 그러나 시간이 지나 더 많은 가정에 전화기가 보급되면, 네트워크 효과는 점차 나타나기 시작하며, 전화기의 가치는 사용자 수 증가에 따라 기하급수적으로 높아진다. 이처럼 사용자 수가 늘어날수록 전화 네트워크는 공동체 내에서 더욱 필수적인 커뮤니케이션 도구로 자리 잡게 된다. 네트워크에 사용자가 하나 추가될 때마다 연결 가능한 사용자 수가 증가하면서 전체 네트워크의 가치는 기하급수적으로 커진다는 것이 바로 메트칼프의 법칙Metcalfe's law의 핵심이다.
- **메트칼프의 법칙**Metcalfe's law: 통신 네트워크의 가치는 시스템에 연결된 사용자 수의 제곱에 비례한다는 법칙이다.

페이스북Facebook은 소셜 미디어 네트워크에 메트칼프의 법칙을 적용한 대표적인 사례이다. 초기에는 가입자가 적었기 때문에 사용자 간 연결과 상호작용이 제한적이었고, 그만큼 네트워크의 가치도 낮았다. 하지만 점차 많은 사용자가 페이스북에 가입하면서 잠재적인 연결과 상호작용의 수가 폭발적으로 증가했고, 플랫폼의 가치는 기하급수적으로 상승했다. 사용자는 친구와 연결하고, 콘텐츠를 공유하며, 메시지를 주고받고, 다양한 활동에 참여할 수 있게 되었다. 연결이 많아질수록 네트워크의 가치 역시 빠르게 상승하게 된다.

이처럼 메트칼프의 법칙은 페이스북과 같은 소셜 미디어 기업의 성공에 핵심적인 역할을 했으며, 이들은 네트워크 효과를 전략적으로 활용해 업계의 지배적 플랫폼으로 성장할 수 있었다.

웹 2.0: 소셜 태깅

태그tags란 분류 혹은 분류 체계를 위해 웹사이트의 콘텐츠에 관련된 특정 키워드 혹은 문구를 말한다. 한 아이템은 그것과 관련된 하나 혹은 그 이상의 태그를 가질 수 있고 여러 아이템들을 돌아볼 수 있는 링크를 만들기 위해 태그를 쉽게 바꿀 수 있다(그림 3.16). 페이스북이나 트위터에서 단어 앞에 '#' 기호가 붙은 것을 본 적이 있다면, 해시태그hashtag를 본 것이다.

해시태그는 온라인상의 대중에게 콘텐츠를 노출시키고, 기업이 고객과 직접적으로 소통하며, 브랜드 인지도를 확장할 수 있는 수단을 제공한다.

그림 3.16

소셜 태깅은 다수의 개인들이 콘텐츠를 분류할 때 발생한다.

- **해쉬태그**hashtag: 주제를 파악하기 위해 사용되는 키워드나 단문이고 해쉬나 우물정(#)자가 앞에 온다. 예를 들면, #sandiegofire는 샌디에이고에 불이 났을 때 비상사태에 대해 대처하는 데 도움을 주었다.

고객은 소셜 미디어 사이트에서 원하는 검색어 앞에 해시태그(#)를 붙여 입력함으로써, 해당 키워드와 관련된 모든 게시물을 검색 결과에서 확인할 수 있다. 해시태그는 프로모션을 안내하거나, 시장 동향을 관찰하며, 유용한 정보에 대한 링크를 제공하는 데에도 활용될 수 있다.

- **소셜 태깅**social tagging: 온라인 콘텐츠가 미래에 항행되고navigated, 걸러지고, 검색될 경우를 위하여 콘텐츠들을 일련의 키워드 혹은 태그로 분류하는 협업 활동을 말한다.

전체 사용자 커뮤니티가 콘텐츠에 태그를 달도록 초대되며, 이는 결과적으로 사용자가 콘텐츠를 정의하는 과정이 된다. 소셜 태깅social tagging을 활용하는 웹사이트에서는 사용자가 이미지를 업로드하고, 그에 적합한 키워드를 태그로 지정할 수 있다. 충분히 많은 사람들이 태그를 달게 되면, 그 결과로 생성된 태그 모음은 이미지를 정확하고 편향 없이 식별할 수 있게 해준다.

커뮤니티의 집단적 힘을 활용해 콘텐츠를 식별하고 분류하면, 복잡한 명명 체계를 학습할 필요가 없기 때문에 콘텐츠 분류에 드는 비용을 크게 절감할 수 있다.

- **폭소노미**folksonomy: 크라우드소싱으로 태그나 키워드에 기반한 분류 시스템을 결정한다는 것을 제외하면 분류 체계와 비슷하다.

사용자들은 그저 그들이 원하는 대로 태그들을 만들고 적용할 수 있다. 예를 들어, 휴

그림 3.17

폭소노미의 예: 사용자에 의해 붙여진 휴대전화의 다양한 이름들

대폰 제조자들은 주로 그들의 제품을 모바일 장비라고 부르는데, 폭소노미는 이동전화, 무선전화, 스마트폰, 아이폰, 블랙베리 등을 포함할 수 있다. 이 모든 키워드들로 검색할 경우 이 키워드들은 사용자를 같은 사이트로 링크할 것이다.

폭소노미는 사람들이 특정 물건을 실생활에서 뭐라고 부르는지 알려준다(그림 3.17). 이는 웹의 핵심적 논점인데, 왜냐하면 웹사이트의 존재 이유는 소비자가 사이트를 찾을 수 있어야 한다는 것이다. 대다수의 웹사이트들은 콘텐츠와 매치되는 검색어를 통해 발견된다.

웹 2.0: 블로그와 위키를 통한 사회적 협업

기업의 관점에서 보면, 블로그는 비디오, 인쇄물, 오디오, 프레젠테이션과 같은 마케팅 채널과 다르지 않다. 이들 모두는 각기 다른 방식으로 결과를 만들어낸다. 많은 창의적인 개인들이 블로그를 마케팅, 아이디어 공유, 피드백 수집, 언론 대응, 이미지 구축 등의 목적으로 활용하고 있다.

- **블로그(Blog 또는 웹 로그)**: 사용자가 자신의 의견, 이미지, 동영상을 게시할 수 있는 온라인 일지 형식의 웹사이트이다. 전통적인 HTML 웹페이지와 달리, 블로그는 작성자가 정기적으로 콘텐츠를 게시하고 독자가 이에 대해 응답할 수 있도록 간단하면서도 사용자 맞춤형 인터페이스를 제공하며, 프로그래밍 지식 없이도 운영이 가능하다.
- **셀피**Selfie: 자신을 촬영한 사진을 소셜 미디어에 게시한 이미지이다.

스타벅스는 고객들이 아이디어를 공유하고, 다른 사람의 아이디어에 대해 의견을 나누며, 토론에 참여할 수 있도록 하는 블로그인 'My Starbucks Idea'를 운영하고 있다. 블로그는 전통적인 미디어에 비해 주제 중심으로 콘텐츠를 집중적으로 다룰 수 있고, 페

이지 길이, 단어 수, 마감일 등에 제한이 없기 때문에 많은 기업들에게 이상적인 수단이 된다.

- **마이크로블로깅**Microblogging: 140~200자 이내의 짧은 게시물을 작성하여 퍼블릭 또는 구독자 그룹에 게시하는 행위를 의미한다. 이 글은 인스턴트 메시지IM나 문자메시지 형식으로 읽을 수 있다.
- **스낵형 콘텐츠**Snackable content: 사용자가 쉽게 읽고 공유할 수 있도록 설계된 짧고 간결한 콘텐츠를 의미한다. 스낵형 콘텐츠는 웹사이트 방문자의 주의를 끌기 위해 짧고 핵심적인 정보를 제공함으로써 효과적인 콘텐츠 소비를 유도한다.

마이크로블로깅의 주요 장점은 인스턴트 메시지, 이메일, 웹 등 다양한 방식으로 게시물을 전송할 수 있다는 것이다. 현재 가장 인기 있는 마이크로블로깅 도구는 X(구 트위터)이며, 사용자는 트윗이라 불리는 짧은 게시물을 작성하여 팔로워에게 전송할 수 있다. 게시자는 특정 사용자에게만 전송을 제한할 수도 있고, 기본 설정대로 누구나 접근할 수 있도록 공개할 수도 있다.

인포그래픽, 사진, 질문을 던지거나 유머를 활용한 주목을 끄는 제목 등은 긴 글을 읽을 시간이나 인내심이 부족한 독자의 관심을 끄는 데 중요한 역할을 한다. 일부 사람들은 스낵형 콘텐츠가 인터넷의 질을 저하시킨다고 비판하지만, 다른 사람들은 오늘날 많은 소비자들이 이용하는 모바일 환경에 적합하다고 본다. 긴 글을 스낵형 콘텐츠로 만들기 위해서는 이를 여러 개의 짧은 구성 요소로 나누는 것이 효과적이다. 반응형 또는 적응형 웹사이트 디자인 역시 콘텐츠를 스마트폰이나 태블릿에서 쉽게 볼 수 있도록 하여 스낵형 콘텐츠 구현에 도움을 준다.

사람들은 인스타그램, 유튜브, 틱톡, 블로그와 같은 소셜 미디어 플랫폼에서 자신의 온라인 존재감을 활용하여 청중과 공감할 수 있는 콘텐츠를 제작하고 공유한다. 인플루언서는 팔로워의 의견, 행동, 구매 결정에 영향을 줄 수 있는 영향력으로 잘 알려져 있다(그림 3.18 참조).

영향 취약성influence vulnerability은 마케팅 및 광고, 사회적 상호작용, 정치, 개인적 관계 등 다양한 맥락에서 나타날 수 있다. 예를 들어, 취약한 개인은 설득력 있는 광고 기법에 쉽게 영향을 받거나, 사기나 속임수에 빠질 가능성이 높으며, 또래 압력에 흔들리기 쉽다.

중요한 점은 영향 취약성이라는 개념은 단순히 부정적인 특성을 의미하는 것이 아니라 누구나 어느 정도 영향을 받을 수 있는 가능성을 지닌 존재라는 점을 이해하는 데 있다. 인간은 사회적 존재이기 때문에 환경이나 주변 사람들로부터 영향을 받게 마련이다. 그러나 영향 취약성에 대한 이해를 통해 개인은 자신의 취약성을 인식하고, 비판적 사고

인플루언서Influencer	특정 분야나 틈새시장niche에서 신뢰도, 전문성, 혹은 상당한 팔로워 수를 보유한 개인을 의미한다.
영향 취약성 Influence vulnerability	개인이나 집단이 외부 요인에 의해 영향을 받거나 조작될 수 있는 민감성 또는 취약성을 의미한다. 이는 타인의 설득, 제안, 행동 등에 의해 태도, 신념, 행동, 의사결정 등이 영향을 받을 가능성의 정도를 나타낸다.

그림 3.18
소셜 미디어의 장단점

비즈니스 중심적 ESG

Mr. Money Mustache와 함께 하는 '적을수록 더 많다'의 철학

Mr. Money Mustache로 알려진 피트 아데니Pete Adeney는 개인 재정 블로거이자 조기 은퇴 운동의 대표적인 인물이다. 그는 자신의 블로그 'Mr. Money Mustache'를 통해 저축 전략, 투자 조언, 절약 생활 팁, 조기 은퇴 계획, 환경 지속 가능성과 같은 다양한 주제를 다루며 주목을 받기 시작했다. 아데니의 블로그는 개인 재정 및 FIRE(Financial Independence, Retire Early: 경제적 자립과 조기 은퇴) 운동에 큰 영향을 미쳤으며, 많은 사람들이 자신의 소비 습관을 재고하고, 저축을 우선시하며, 재정적 자립을 위한 목표를 세우도록 자극했다.

Mr. Money Mustache는 단순하고 검소한 삶을 추구하면서도, 저축과 투자 수익을 극대화하는 것의 중요성을 강조한다. 그의 철학은 수입의 절반 이상을 저축하고 이를 투자하여 수동적 소득을 창출하는 방식에 뿌리를 두고 있다. 삶의 초기 단계부터 저축과 투자를 우선시한다면, 개인은 30대 또는 40대에 재정적 자립과 조기 은퇴를 실현할 수 있다는 것이 그의 주장이다.

데니는 불필요한 소비를 줄이고, 소비자 부채를 피하며, 의식적인 지출을 실천하는 검소한 삶을 장려한다. 그는 독자들에게 물질적 소유보다 경험과 가치 중심의 삶을 추구할 것을 권하며, 주거 수리, 교통, 투자 등 다양한 영역에서 '스스로 해내는 DIY' 태도를 통해 비용을 절감하고 자립성을 높일 수 있다고 강조한다.

Mr. Money Mustache는 그 철학을 따르는 충성도 높은 독자층을 확보하고 있으며, 이들은 '머스타시언Mustachian' 커뮤니티로 불린다. 이들은 재정적 자립과 조기 은퇴, 더 지속 가능한 삶을 실현하기 위해 그의 원칙을 적극적으로 실천하고 있다. 이제 여러분은 생각해볼 수 있다. 여러분이 만들 수 있는 블로그 중, Mr. Money Mustache처럼 사회에 긍정적인 영향을 줄 수 있는 콘텐츠는 무엇일까?

능력을 함양하며, 보다 현명한 의사결정을 할 수 있게 된다.

블로그가 주로 개인 저자의 창의적이고 사적인 목표에 기반을 두고 있는 반면, 위키는 누구나 참여할 수 있는 개방형 협업을 기반으로 한다.

- **위키**Wiki: 하와이어로 '빠르다'는 뜻의 위키는, 사용자가 콘텐츠를 자유롭게 추가, 삭제, 수정할 수 있는 협업형 웹페이지이다. 필요에 따라 콘텐츠를 손쉽게 구조화하거나 재구성할 수 있는 것이 특징이다.

2001년에 개설된 오픈 백과사전 위키피디아Wikipedia는 매월 약 2억 1,700만 명의 순방문자 수를 기록하며 세계에서 가장 인기 있는 웹사이트 10위 안에 드는 플랫폼이 되었다.

일반적으로 위키 사용자는 어떤 문서든지 원본 내용을 직접 수정할 수 있는 반면, 블로그 사용자는 댓글 형식으로만 정보를 추가할 수 있다. 위키피디아와 같은 대형 위키는 정보의 정확성과 품질을 유지하기 위해 다양한 사용자 역할을 부여한다. 예를 들어, 독자, 편집자, 관리자, 감시자, 정책 수립자, 주제 전문가, 콘텐츠 유지 관리자, 소프트웨어 개발자, 시스템 운영자 등의 역할이 있다. 일부 중요하거나 민감한 위키피디아 자료에 대한 접근은 이러한 공식 역할을 가진 사용자에게만 제한적으로 허용된다.

웹 2.0: 소셜 미디어 속 허위 정보

혹시 한때는 사실이라고 믿고 공유했던 기사나 게시물이, 나중에 거짓이거나 오래된 정보였다는 사실을 알게 된 경험이 있는가? 페이스북, 트위터, 심지어 구글이 등장하기도 훨씬 이전부터 Snopes.com이라는 팩트체크 전문 웹사이트는 인터넷상에서 빠르게 퍼지는 절반의 진실, 잘못된 정보, 노골적인 거짓말을 추적해 왔다. 오늘날에도 Snopes.com은 사실과 허구를 구분하는 신뢰할 만한 정보 출처로 널리 활용되고 있다. 뉴스의 비판적 소비자가 된다는 것은, 진짜 뉴스와 가짜 뉴스를 식별하고 구별할 수 있는 능력을 의미한다(그림 3.19 참조).

잘못된 정보$_{\text{misinformation}}$와 조작된 정보$_{\text{disinformation}}$는 모두 대중을 혼란스럽게 만들 수 있지만, 두 개념의 차이점은 의도성에 있다. 조작된 정보는 고의적이고 악의적으로 대중을 속이기 위해 만들어진 것이다. 이러한 정보는 형태와 관계없이, 가능한 한 많은 사용자에게 빠르게 확산되는 것을 목표로 한다.

허위 정보$_{\text{misinformation}}$와 조작 정보$_{\text{disinformation}}$를 온라인에서 식별할 수 있는 능력을 갖추는 것은 누구에게나 중요하다. 이는 잘못된 정보를 무분별하게 퍼뜨리는 것을 방지하고, 특히 소셜 미디어를 통해 유통되는 온라인 뉴스에 대해 비판적인 소비자가 되는 데 도움이 된다. 온라인 정보를 검토할 때 따라야 할 몇 가지 기본적인 판단 기준은 다음과 같다:

- 이 정보는 어디에서 왔는가?
- 출처가 명확하게 기재되어 있는가?
- 정보 제공 기관은 신뢰할 수 있는가?
- 이 정보가 너무 좋아 보이지는 않는가?
- 이 정보가 나의 의견, 편견, 판단에 지나치게 부합하지는 않는가?
- 내용이 지나치게 긍정적이거나 부정적이지는 않은가?
- 통계 자료가 오래되지는 않았는가?

정보의 신뢰성을 평가하기 위한 가장 기본적인 방법은 다음 네 가지를 확인하는 것이다:

허위 정보 Misinformation	사실처럼 보이지만 속이려는 의도 없이 잘못 전달된 정보를 의미한다. 코로나19 백신에 대한 오해나, 5G 통신이 암을 유발한다는 근거 없는 주장 등은 인터넷을 통해 퍼진 대표적인 허위 정보 사례이다.
조작 정보 Disinformation	사실처럼 보이도록 의도적으로 조작되어 사람들을 속이거나 잘못된 방향으로 이끄는 정보를 의미한다. 이에는 사건, 발언, 결과 등에 대한 왜곡 또는 날조된 정보가 포함된다. 러시아가 미국 대선을 조작하기 위해 해킹과 허위 정보 유포를 시도한 사례는 대표적인 조작 정보의 예시이다.

그림 3.19
소셜 미디어에서의 허위 정보 문제

- 작성자
- 제공 기관
- 게시 또는 출판 일자
- 제시된 근거 및 증거

웹 3.0: 차세대 온라인 비즈니스 기회의 정의

Web 1.0이 정적인 텍스트 기반 정보 웹사이트를 의미하고 Web 2.0이 사용자 제공 콘텐츠에 관한 것이라면 Web 3.0은 자연어 처리, 기계 기반 학습 및 추론, 지능형 응용 프로그램을 사용하는 지능형 웹 응용 프로그램을 기반으로 한다. Web 3.0은 인터넷과 웹 애플리케이션의 진화에서 다음 단계이다. 기회를 모색하는 비즈니스 리더 입장에서는 경쟁 우위를 가질 수 있는 최초의 시장이 될 것이다.

- **웹 3.0**Web 3.0: 미래의 탈중앙화된 인터넷 환경을 지향하는 플랫폼과 애플리케이션을 포함하며, 개방형 표준과 프로토콜을 기반으로 한다. 웹 3.0은 디지털 소유권을 보호하고, 사용자에게 데이터에 대한 실질적인 소유권을 부여하며, 새로운 비즈니스 모델의 촉진을 가능하게 한다.

Web 3.0은 컴퓨터가 개념과 주제 간의 관계를 이해할 수 있도록 정보를 설명하는 방법을 제공한다. Web 3.0의 힘을 보여주기 위해 몇 가지 사례를 살펴보자. 아담 샌들러Adam Sandler는 코미디언, 레이디 가가Lady Gaga는 가수, 한나Hannah는 소피Sophie와 친구이다. 이들은 모두 웹페이지에 추가할 수 있는 설명의 예로서 컴퓨터가 인간에게 정보를 표시하면서 관계에 대해 학습할 수 있도록 한다. 이러한 종류의 정보가 있으면 Web 3.0에서 사람과 기계간의 상호작용이 훨씬 더 풍부해질 것이다.

이러한 유형의 고급 관계 지식을 회사에 적용하면 새로운 기회를 만들 수 있다. 결국 기업은 정보를 기반으로 운영된다. Web 2.0이 기계를 사용하여 사람들과 정보를 더 가깝게 만드는 반면 Web 3.0은 정보를 사용하여 기계를 더 가깝게 만든다. 이러한 새로운 관계는 사람, 기계 및 정보를 통합하여 비즈니스가 더 스마트하고, 빠르고, 민첩하고, 더 성공적일 수 있도록 한다.

웹 3.0: 딥웹(Deep Web)

딥웹은 검색 엔진에 의해 인덱싱되지 않은 웹에 해당한다.

- **딥웹**deep web: 보이지 않는 웹이라고도 하는 딥웹deep web은 검색 엔진에 의해 인덱싱되지 않아 일반적으로 노출되지 않는 숨겨진 인터넷 영역을 의미한다. 대부분의 사람들은 이 공간에 접속해본 적이 없으며, 그 존재조차 인식하지 못한다.

딥웹Deep Web은 일반적인 검색 엔진으로는 검색되지 않는 웹페이지들을 포함하는 인터넷의 한 영역이다. 이러한 웹페이지에는 비공개 소셜 미디어 계정이나 기업 내부 데이터베이스 등이 포함된다. 딥웹 콘텐츠에는 이메일 메시지, 채팅 메시지, 소셜 미디어의 비공개 콘텐츠, 전자 은행 명세서, 전자 건강 기록 등과 같이 인터넷을 통해 접근은 가능하지만, 구글Google이나 빙Bing과 같은 검색 엔진이 수집하거나 인덱싱하지 않는 정보들이 포함된다.

딥웹의 정확한 규모는 알려져 있지 않지만, 전체 인터넷의 90~99%가 딥웹에 해당할 것이라고 많은 전문가들이 추정하고 있다. 딥웹 페이지에 접근하기 위해서는 정확한 URL 주소를 알고 있어야 하며, 이러한 페이지는 기존 검색 엔진에 노출되지 않는다.

딥웹 콘텐츠를 인덱싱하지 않는 이유는 다양하다. 콘텐츠가 독점적일 수 있으며, 이 경우 가상 사설망을 통해 들어오는 승인된 방문자만 콘텐츠에 액세스할 수 있다. 또는 콘텐츠가 상업적일 수 있으며, 이 경우 콘텐츠는 회원 담벼락 뒤에 있으며, 요금을 지불한 고객만 액세스할 수 있다. 또는 콘텐츠에 개인 식별 정보가 포함되어 있을 수 있다. 이 경우 콘텐츠는 준수 규정에 의해 보호되며, 액세스 권한이 부여된 개인만 포털 사이트를 통해 액세스할 수 있다. 매시업이 즉석에서 생성되고 구성 요소에 영구적인 균일 리소스 위치가 부족하면 딥웹의 일부가 된다.

웹 3.0: 다크웹

딥웹이라는 용어는 브라이트 플래닛BrightPlanet이 2001년 "딥웹: 숨겨진 가치의 부상The Deep Web: Surfacing Hidden Value"이라는 백서에서 만들어냈으며, 미디어에서 종종 다크 웹dark web이라는 용어와 혼재되어 있다.

- **다크웹**Dark Web: 인터넷 중에서도 의도적으로 검색 엔진에 노출되지 않도록 숨겨진 영역으로 IP 주소가 마스킹되어 있으며, 특수한 웹 브라우저를 통해서만 접근할 수 있는 공간이다. 다크웹의 사용자에는 법망을 피해 활동하는 개인, 인신매매에 연루된 자들, 불법적인 자금, 마약, 무기 등을 거래하는 개인 또는 조직 등이 포함된다.

여기서 핵심적으로 이해해야 할 점은, 다크웹dark web은 딥웹deep web의 일부라는 것이다. 딥웹 콘텐츠와 마찬가지로 다크웹 콘텐츠는 일반적인 검색 엔진을 통해 접근할 수 없지만, 다크웹이 검색되지 않는 주요 이유는 그 콘텐츠의 대부분이 불법적인 성격을 띠기 때문이다.

다크웹은 규제되지 않은 공간이며, 방문자의 컴퓨터는 바이러스나 악성코드에 감염될 위험이 높다. 사기 행위나 봇넷botnet도 흔하게 발생한다. 결론적으로, 다크웹은 일반 사용자가 방문하기에 안전한 공간이 아니다. 그러나 다크웹이 반드시 부정적인 용도로만 사용되는 것은 아니다. 정부가 인터넷 접속을 제한하는 국가들에서는 검열을 우회하거나 익명성을 유지한 채 소통할 수 있는 수단으로 다크웹이 중요한 역할을 하기도 한다(그림 3.20 참조).

그림 3.20
딥웹 vs. 다크웹

웹 3.0: AI/ML과의 통합

웹 3.0의 주요 목표 중 하나는 인공지능AI과 기계학습ML을 활용하여 사용자의 선호와 필요에 맞춘 온라인 검색 및 요청을 가능하게 하는 것이다. 예를 들어, 사용자가 여러 번 검색하는 대신 웹 3.0 브라우저에 "재미있는 영화를 보고 나서 괜찮은 멕시코 식당에서 식사하고 싶어요. 어떤 선택지가 있나요?"와 같은 복잡한 문장을 입력하면, 웹 3.0

비즈니스 중심적 DEI

온라인 세상에서 아동의 안전을 보장하기 위한 노력

아동이 소셜 미디어를 사용할 때 발생할 수 있는 위험성을 보여주는 대표적인 사례로는, 2017년 발생한 14세 몰리 러셀Molly Russell의 안타까운 자살 사건이 있다.

몰리는 인스타그램Instagram을 포함한 소셜 미디어 플랫폼에서 불안하고 유해한 콘텐츠에 지속적으로 노출된 후, 스스로 생을 마감했다.

이 사건은 소셜 미디어가 청소년의 정신 건강과 전반적인 웰빙에 미칠 수 있는 부정적인 영향에 대한 사회적 관심을 불러일으켰다. 몰리의 부모는 그녀가 자해 및 자살 관련 콘텐츠를 인스타그램에서 반복적으로 시청했으며, 그로 인해 우울증이 악화되고 극단적인 선택으로 이어졌다는 사실을 알게 되었다.

이 사건은 소셜 미디어 플랫폼이 취약 계층 사용자, 특히 아동과 청소년을 보호하기 위한 보다 책임 있는 운영과 안전장치 마련의 필요성을 조명했다. 또한, 플랫폼이 유해 콘텐츠 유포에 있어 어떤 역할을 하고 있으며, 사용자 안전을 위해 이러한 콘텐츠를 어떻게 모니터링하고 규제해야 하는가에 대한 논의도 촉진되었다.

아동이 소셜 미디어를 사용할 때 겪을 수 있는 위험과 위험 요인에는 어떤 것들이 있을까? 소셜 미디어 기업은 유해 콘텐츠의 유포를 방지하기 위해 무엇을 해야 할까? 부모, 교사, 정신 건강 전문가가 아동의 소셜 미디어 사용을 모니터링할 권리가 있다고 생각하는가? 소셜 미디어 사용에 대해 연령 제한이 필요하다고 생각하는가?

브라우저는 이 요청을 분석하고, 가능한 모든 정보를 웹에서 검색한 뒤, 결과를 정리하여 사용자에게 제시하게 된다. 구글Google과 마이크로소프트Microsoft는 각각 바드Bard와 챗GPTChatGPT와 같은 고급 검색 시스템을 통해 이러한 기능을 실제로 구현하고 있다.

- **챗봇**Chatbot: 챗봇은 사전에 정의된 사용자 문구와 음성 또는 텍스트 기반 신호를 이용해 사람과의 대화를 모방하는 인공지능 프로그램이다.
- **튜링 테스트**Turing Test: 컴퓨터가 사용자에게 사람처럼 반응함으로써, 질문하는 사람에게 응답자가 실제 사람이라고 믿게 만들 수 있는 능력을 판단하는 테스트이다. 이 테스트는 1950년 앨런 튜링Alan Turing에 의해 제안되었다.

많은 비즈니스 분야에서 챗봇은 고객 서비스, 가상 비서, 정보 검색 등의 목적으로 활용되고 있다. 챗봇은 효율적이고 개인화된 상호작용을 제공하고, 사람과 유사한 대화를 시뮬레이션하며, 직접적인 인간 개입 없이 업무 자동화 또는 정보 제공을 목표로 한다.

챗봇의 복잡성과 기능 수준은 다양하다는 점에 주의해야 한다. 일부 챗봇은 사전에 정해진 규칙과 스크립트를 따르며 동작하는 반면, 다른 챗봇은 고급 인공지능 알고리즘을 활용하여 대화 능력을 학습하고 향상시킨다. 챗봇은 프론트오피스와 백오피스 업무 프로세스를 자동화함으로써, 기업의 운영비용 절감에 크게 기여할 수 있을 것으로 기대된다.

딥페이크Deepfake	딥러닝과 인공지능AI 기술을 이용해 생성되거나 조작된 미디어(주로 영상이나 이미지)를 의미한다. 기존 콘텐츠를 사실처럼 보이도록 정교하게 수정하거나 전혀 새로운 조작된 요소로 대체함으로써, 현실과 구분하기 어려운 수준의 결과물을 만들어낸다.
가짜 뉴스 Fake news	정치인, 사회 운동, 기업 등의 명성을 홍보하거나 훼손하기 위한 목적으로 제작된 허위 뉴스 콘텐츠를 의미한다. 이러한 가짜 뉴스는 광범위한 확산을 유도하며, 경우에 따라 광고 수익을 목적으로 기획되기도 한다.

그림 3.21

웹 3.0의 AI/ML 기반 사기

웹 3.0과 AI/ML 통합이 항상 비즈니스와 사회에 긍정적인 영향을 미치는 것은 아니다. 대표적인 사례 중 하나는 2018년에 공개된 '딥페이크 오바마Deepfake Obama' 영상이다. 이 영상은 당시 버락 오바마 전 미국 대통령이 연설을 하는 것처럼 보였지만, 실제로는 다른 사람의 몸에 오바마의 얼굴을 합성한 조작 영상이었다.

이 영상은 워싱턴대학교 연구진에 의해 제작되었으며, 딥페이크 기술의 위험성과 그에 대한 경각심을 일깨우기 위한 목적이었다. 딥페이크 오바마 영상은 온라인상에서 빠르게 확산되었고, 조작된 미디어와 가짜 뉴스의 파장에 대한 광범위한 논의와 우려를 불러일으켰다.

딥페이크는 대상 인물의 이미지나 영상 데이터를 대량으로 학습시킨 딥러닝 모델, 특히 생성적 적대 신경망GAN: Generative Adversarial Network을 통해 만들어진다. 주로 기존 영상 속 인물의 얼굴을 다른 사람의 얼굴로 바꾸어, 마치 그 사람이 실제로 해당 발언이나 행동을 한 것처럼 보이게 만든다.

고도로 정교한 딥페이크 영상은 표정, 움직임, 심지어 목소리까지도 모방하여 매우 현실적이면서도 사람을 속일 수 있는 결과물을 만들어낸다. 이로 인해 허위 정보 유포, 사생활 침해, 범죄 악용 가능성 등 다양한 사회적 문제가 제기되고 있다. 딥페이크는 허위 사실 조작, 증거 위조, 신분 사칭, 악의적인 콘텐츠 생성 등 다양한 목적으로 오용될 수 있다.

물론 딥페이크 기술은 영화나 엔터테인먼트 산업에서의 시각 효과, 또는 컴퓨터 비전과 AI 기술 발전을 위한 학술 연구 등 합법적이고 유익한 활용 사례도 존재한다. 그러나 악용 가능성이 커짐에 따라, 딥페이크 탐지 기술 개발과 대중의 인식 제고를 위한 노력이 전 세계적으로 확대되고 있다.

학습 성과 복습

3.1 파괴적 기술과 보존적 기술을 비교해 보고 인터넷과 www가 어떻게 비즈니스의 파괴를 일으켰는지 설명할 수 있다.

파괴적 기술Disruptive Technologies은 기존 고객의 요구를 처음부터 충족시키지는 못하지만, 전혀 새로운 방식으로 무언가를 수행할 수 있게 하는 기술이다.

이러한 기술은 시장 내 경쟁의 판도를 재정의하고, 새로운 시장을 열며 기존 시장을 무너뜨리기도 한다. 처음에는 시장의 하위 영역에서 시작하지만, 시간이 지나면서 고급 시장을 장악하고 기존 선두 기업과 기술을 대체하게 된다.

반면, 지속적 기술Sustaining Technologies은 기존 고객들이 선호할 만한 개선된 제품을 제공한다. 예를 들어, 더 빠른 자동차나 더 큰 용량의 하드 드라이브처럼, 지속적 기술은 기존 시장에서 더 좋고, 더 빠르며, 더 저렴한 제품을 제공하지만, 새로운 시장을 개척하거나 파괴적 기술이 창출한 시장을 선도하는 경우는 거의 없다.

인터넷과 월드 와이드 웹World Wide Web은 정보화 시대 이전에는 불가능했던 방식으로 사람들 간의 소통과 협업을 가능하게 하면서 비즈니스에 큰 혼란을 초래했다.

이 두 기술은 기업의 운영 방식, 직원 간의 커뮤니케이션, 제품의 개발과 판매 방식을 근본적으로 바꾸어 놓았다.

3.2 e-비즈니스와 이와 관련된 장점들에 대해 설명할 수 있다.

웹 1.0Web 1.0은 1991년부터 2003년까지 초기 월드 와이드 웹www이 운영되던 시기를 지칭하는 용어이다. 이 시기에는 기업가들이 전자비즈니스ebusiness의 초기 형태를 구축하기 시작했다. e-비즈니스는 전자상거래ecommerce를 포함하며, 고객 계정 관리, 파트너와의 협업, 실시간 정보 교환 등과 같은 내부 및 외부 비즈니스 운영과 관련된 모든 활동을 포괄한다. 웹 1.0 시대의 전자비즈니스는 글로벌 시장 접근성 확대, 신규 시장 개척, 운영비용 절감, 업무 효율성 및 성과 향상과 같은 다양한 이점을 제공하였다.

3.3 e-비즈니스 모델의 4가지 유형을 비교할 수 있다.

- B2B는 인터넷상에서 기업 간에 이루어지는 매매활동에 해당된다.
- B2C는 온라인에서 소비자에게 직접 제품이나 서비스를 파는 모든 거래에 해당된다.
- C2B는 인터넷을 통해 소비자가 기업에 제품이나 서비스를 파는 거래에 해당된다.
- C2C란 인터넷에서 소비자 간에 제품이나 서비스를 소개하거나 매매하는 활동을 말한다.

B2B와 B2C의 가장 큰 차이점은 구매자다. B2B의 구매자가 다른 가업인 반면 B2C는 소비자들을 상대로 운영한다. 전체적으로 B2B 관계들이 더 복잡하며, 보안의 필요성이 높다. 게다가 B2B는 지배적인 e-비즈니스 세력이고 온라인 비즈니스의 80%를 차지한다.

3.4 연결과 통신을 위한 5가지 e-비즈니스 도구를 설명할 수 있다.

회사들이 온라인으로 옮기기 시작하면서 e-비즈니스의 프로세스와 요구들을 지원하기 위해서 많은 MIS 도구들이 만들어졌다. e-비즈니스 도구들은 이메일, 인스턴트 메시징, 팟캐스팅, 콘텐트 관리 시스템, 화상회의, 웹 화상회의 등을 포함한다.

3.5 웹 2.0에 대해 설명하고 이것의 네 가지 특성을 설명할 수 있다.

웹 2.0(혹은 비즈니스 2.0)은 인터넷 이용의 차세대 방법(협업, 공유, 무료라는 새로운 가치로 특징지어지는 더 성숙하고 독특한 통신 플랫폼)이다. 비즈니스 2.0은 사용자 참여와 콘텐츠에 기여하는 커뮤니티들의 형성 등을 촉진한다. 비즈니스 2.0에서는 웹에 정보를 기재하는데 기술적 능력이 더 이상 필요하지 않는데, 이것은 온라인 비즈니스의 진입 장벽을 없앴다. 웹 2.0의 특징들은 다음을 포함한다.

- 오픈 소싱을 통한 콘텐츠 공유
- 사용자 참여 콘텐츠
- 조직 내부의 협업
- 조직 외부의 협업

3.6 커뮤니티들이 네트워크를 형성하고 협업하는데 비즈니스 2.0이 어떻게 도움을 주는지 설명할 수 있다.

소셜 네트워크는 프로필 정보를 대응시킴으로써 사용자들을 연결해주는 어플리케이션을 말한다. 개개인에게 네트워크 능력을 제공해 줄 수 있는 것이 비즈니스 2.0의 가장 큰 장점이다. 소셜 네트워킹이란 당신의 비즈니스 또는 소셜 관계망을 확장시킴으로써 개인 네트워크를 생성하는 것이다. 비즈니스 2.0은 개인들이 통신하는 방법, 네트워크, 직장을 찾는 것, 정보를 찾는 방법을 개선한다.

3.7 웹 3.0과 차세대 온라인 비즈니스에 대해 설명할 수 있다.

웹 3.0은 자연어 처리, 기계 학습과 추론, 지능형 애플리케이션 등 지능형 웹 애플리케이션을 기반으로 한다. 웹 3.0은 인터넷과 웹 애플리케이션의 진화에 있어 다음 단계로, 그 가능성을 탐색하는 기업 리더들은 경쟁 우위를 갖고 시장에 선도적으로 진입할 수 있다. 웹 3.0은 사용자가 정보를 보다 정교하게 설명할 수 있도록 하며, 컴퓨터가 개념과 주제 간의 관계를 이해할 수 있도록 지원하는 방식을 제공한다.

복습 문제

1. 지속적 기술과 파괴적 기술의 차이점은 무엇인가?
2. 인터넷과 월드 와이드 웹은 지속적 기술인가요, 파괴적 기술인가?
3. 인터넷과 WWW는 어떻게 글로벌 비즈니스 플랫폼을 만들어냈나?
4. e-비즈니스와 전자상거래의 차이점은 무엇인가?
5. e-비즈니스의 장점은 무엇인가?
6. 비즈니스 2.0의 장점은 무엇인가?
7. 비즈니스 모델은 무엇이며, 기업에서 어떤 역할을 하는가? e-비즈니스는 기존 비즈니스 모델에 어떤 변화를 가져왔나?
8. 기업은 대량 맞춤화와 개인화를 어떻게 활용하여 구매자 힘을 약화시킬 수 있나?
9. e-비즈니스와 비즈니스 2.0은 어떻게 다른가?
10. 집단지성, 지식관리, 크라우드소싱의 차이점은 무엇인가?

11. 지식관리는 왜 기업에 중요한가?
12. 딥웹과 다크웹의 차이는 무엇인가?
13. 기업이 바이럴 마케팅을 사용하는 이유는 무엇인가?
14. 블로그와 위키의 차이는 무엇인가?
15. 딥페이크란 무엇인가?

비즈니스 중심적 사례 1

소셜 미디어: 새로운 대량파괴무기

1980년대에 전 세계에서 무슨 일이 벌어지고 있는지를 알아내기 위해 정보를 얻는 과정을 상상해 보자. 그때는 휴대전화도, 인터넷도, 구글도, 심지어 컴퓨터도 없었다. 신문이 배달되기를 기다리거나, 라디오나 텔레비전 뉴스를 통해 현재 상황을 접해야 했다. 당시에는 소수의 매체만이 각기 다른 형식으로 뉴스를 전달했고, 세상은 지금과 전혀 달랐다.

그러던 중 파괴적 기술disruptive technology의 시대가 도래했다. 파괴적 기술이란, 처음에는 기존 고객의 니즈를 충족하지 못하지만, 새로운 방식으로 문제를 해결하며 결국 시장의 판도를 바꾸는 기술이다. 넷플릭스가 블록버스터 비디오를 무너뜨리고, 아마존이 수많은 오프라인 서점을 대체한 사례가 대표적이다. 하지만 소셜 미디어도 파괴적 기술이라는 생각을 해본 적 있는가? 아니면 더 나아가, 대량파괴무기라고 생각해본 적이 있는가?

페이스북, X(구 트위터), 틱톡, 인스타그램, 스냅챗과 같은 소셜 미디어 플랫폼은 원래는 단순한 협업과 커뮤니케이션 도구로 시작되었다. 그러나 이제는 전자 세계의 신경망이 되어 우리의 일상과 비즈니스 방식을 좌우하고 있다. 이 플랫폼은 데이트나 모임을 주선하는 것부터, 모든 종류의 정보를 전달하는 데까지 광범위하게 사용된다. 하지만 동시에, 정치 캠페인, 마케팅 전쟁, 학교 내 괴롭힘 등 다양한 갈등이 벌어지는 적대적인 공간이 되기도 했다.

전 세계 수백만 명의 사용자가 이처럼 중독성 강한 소셜 애플리케이션에 몰릴 것이라고는 아무도 예상하지 못했다. 소셜 미디어는 지난 20년 동안 엄청난 속도로 발전하며, 우리 삶의 모든 영역에 영향을 끼치고 있다. 다음은 소셜 미디어가 사회에 미친 대표적인 영향 사례들이다:

- 가짜 뉴스 기사: 모든 플랫폼에서 발견되는 허위 정보와 조작 정보
  - 코로나19 백신의 부작용 및 무효 주장
  - 5G 네트워크가 암을 유발한다는 주장
- 해킹 및 개인정보 유출:
  - 제프 베조스의 휴대전화 해킹
  - 페이스북 사용자 정보 유출
- 사건 · 발언 · 결과의 조작 또는 날조:
  - 미국 선거에 영향을 미치기 위한 러시아의 해킹 시도
- 허위 정보와 공포 조장을 이용해 특정 국가에 영향을 미치는 행위:
  - ISIS와 같은 테러 조직의 온라인 모집 활동
- 사이버 괴롭힘
  - 보복성 사진 유포
  - 학생 간 온라인 괴롭힘

소셜 미디어 등장 이전에는 정치적 논의가 신문, 잡지, 라디오, 텔레비전 등 기존 미디어를 통해서만 가능했다. 이런 미디어는 비용이 많이 들고 엄격하게 규제되었기 때문에, 일부 개인이나 기관만이 공적인 발언권을 가질 수 있었다. 미디어를 통해 표현되지 않은 생각이나 의견은 대중에게 전달될 방법이 거의 없었다.

하지만 인터넷, 특히 소셜 미디어의 급속한 확산은 이러한 패러다임을 근본적으로 변화시켰다. 이제는 누구나, 어디서든 공공 담론에 참여할 수 있는 시대가 되었다. 이러한 변화 속에서 소셜 미디어는 혼란과 분열을 촉진하는 효과적인 도구가 되었다. 익명성, 신뢰성 검증의 어려움, 국경 없는 콘텐츠 확산 등은 선동가들이 쉽게 여론을 조작하고 잘못된 정보를 퍼뜨릴 수 있도록 만든다. 그럼에도 불구하고 콘텐츠 생성자에게는 사실상 아무런 책임이 부과되지 않는다.

이제 우리는 소셜 미디어에 잠재적인 위험이 도사리고 있음을 분명히 인식해야 한다. 악의적 사용자는 이를 통해 증오와 편견에 기반한 정치적 목적을 달성하거나, 테러리즘을 조장하고, 위험한 메시지와 허위 정보를 확대하며, 개인 정보를 탈취하기도 한다. 결론적으로, 잘못된 손에 들어간 소셜 미디어는 현대 사회의 대량파괴무기가 될 수 있다.

질문

1. 기업은 사용자 생성 콘텐츠user-generated contents를 어떻게 활용할 수 있는가?
2. 기업이 네트워크 효과Network Effects와 메트칼프의 법칙Metcalfe's Law에 주목하는 이유는 무엇인가?
3. 허위 정보misinformation와 조작 정보disinformation의 차이점은 무엇이며, 각각의 예시는 무엇인가?
4. 웹 2.0은 사용자 생성 콘텐츠를 적극적으로 활용한다. 소셜 미디어 인플루언서는 사회에 어떤 긍정적 · 부정적 영향을 미칠 수 있는가?
5. 웹 3.0은 AI/ML을 기반으로 한 파괴적 기술이다. 딥페이크는 사회에 어떤 긍정적 · 부정적 영향을 줄 수 있는가?

비즈니스 중심적 사례 2

직접 소비자 판매DTC: 워비 파커 방식

직접소비자판매Direct-to-Consumer, DTC 시장은 극도로 경쟁이 치열하면서도 매우 역동적인 분야로, 면도기부터 매트리스에 이르기까지 수백 가지 제품이 이 시장을 선점하기 위해 경쟁하고 있다. 이 시장은 인터넷의 발명과 PC 및 모바일 기기의 대중화와 함께 본격적으로 성장하게 되었다. DTC의 매력은 다음과 같은 구조에 있다. 온라인을 통해 소비자에게 직접 판매함으로써 유통 중간 단계에서 발생하는 높은 마진을 없애고, 그에 따라 더 나은 디자인, 품질, 서비스, 그리고 더 낮은 가격을 조합하여 제공할 수 있게 된다. 또한 소비자와 온라인으로 직접 연결됨으로써 브랜드 메시지를 효과적으로 통제할 수 있고, 소비자의 구매 행동에 대한 데이터를 수집해 보다 정교한 제품 개발이 가능하다. 이와 동시에 단순히 제품을 판매하는 것을 넘어서 '진정성 있는 브랜드 이미지'를 구축한다면, 기존의 대기업들이 장악하고 있는 시장의 미래를 효율적으로 빼앗아 올 수 있다. 2012년 이후 현재까지 약 400개 이상의 DTC 스타트업이 등장했으며, 이들이 유치한 벤처 투자금은 총 30억 달러에 이르는 것으로 추정된다.

오랜 시간 동안 펜실베이니아 대학교 와튼스쿨Wharton School of Business은 세계 최고의 스프레드시트 분석가를 양성하는 학교로 명성을 쌓아왔다. 그러나 몇 년 전, 와튼에서 만난 네 명의 학생이 스타트업 혁신을 촉발한 기업, 워비 파커Warby Parker를 창업하면서 그 흐름이 바뀌기 시작했다. 워비 파커의 개념은 간단했다. 안경을 온라인으로 소비자에게 직접 판매하는 모델이었다. 당시에는 이 아이디어가 성공할 것이라 생각한 사람은 많지 않았지만, 오늘날 워비 파커의 기업 가치는 17억 5천만 달러에 이른다. 그들의 창업 스토리는 이제 와튼에서 전설처럼 회자되고 있다. 공동 창업자이자 공동 CEO인 닐 블루멘탈Neil Blumenthal과 데이브 길보아Dave Gilboa는 와튼에서 객원 강연자로 활동 중이며, 세 번째 공동 창업자인 제프 레이더Jeff Raider도 와튼에서 강연을 한다. 그는 이후 DTC 면도기 브랜드 '해리스Harry's'를 공동 창업했다. 현재 와튼의 교수, 벤처 자본가, 기업가들은 '제2의 워비 파커'들을 배출하기 위한 생태계를 적극적으로 지원하고 있다.

MBA 과정 중인 제임스 맥킨James McKean 역시 새로운 도전에 나섰다. 2018년 1월, 31세였던 그는 수동 칫솔을 혁신하겠다는 아이디어로 브리슬Bristle이라는 제품의 프로토타입 디자인을 선보였다. 브리슬 칫솔은 탈착형 헤드와 나무결 무늬, 꽃무늬, 체크무늬 등 다채로운 디자인의 손잡이를 갖추고 있다. 초기 구입 가격은 약 15달러, 교체용 칫솔모는 3~4달러로, 구독 서비스 형태로 제공될 예정이다.

맥킨이 이 계획에 매력을 느낀 이유는 몇 가지다. 브리슬 구독 서비스는 칫솔이 필요할 때마다 약국에 가는 것보다 훨씬 편리하다. 온라인으로 주문하고, 교체 주기를 설정하면 이후는 자동 배송되기 때문에 관리할 필요가 없다. 또한, 브리슬의 디자인은 오랄비Oral-B 같은 브랜드의 우주선 같은 느낌의 디자인보다 친근하고 따뜻한 인상을 준다. 이미 400개 이상의 스타트업이 칫솔부터 유모차까지 다양한 생활용품을 DTC 방식으로 판매하며 이 시장에 도전하고 있다.

질문

1. 왜 DTC 모델은 전통적인 제조업체보다 더 낮은 가격에 제품을 제공할 수 있을까요?
2. 탈중개화disintermediation와 DTC 비즈니스 모델은 어떤 관계가 있을까요?
3. DTC 기업이 자사 웹사이트에서 성공을 위해 모니터링해야 할 클릭스트림 분석 지표에는 무엇이 있을까요?

비즈니스 중심적 의사결정

1. 온라인만 아니면 돼

당신의 친구인 수잔 스튜어트는 기숙사 방에서 매우 성공적인 주문 제작 티셔츠 사업을 시작했다. 수잔은 미술 전공자이며, 매주 뜨고 있는 인디 밴드들의 가사에 대한 한정판 티셔츠들을 만든다. MIS 전공자인 당신은 그녀의 사업을 인터넷으로 옮김으로서 수잔이 얻을 수 있는 혜택들이 보인다. 미술 전공자인 수잔은 기술을 좋아하지 않고 그녀의 사업을 키울 필요가 없다고 생각한다. 당신은 수잔이 인터넷에서 경쟁해야 한다고 생각하는가? e-비즈니스를 창업하는 것이 그녀에게 어떻게 도움이 될 수 있을까? 그녀가 인터넷으로 사업을 옮겼을 때 부딪칠 수 있는 문제들은 무엇이 있을까? 수잔은 그녀의 추종자들의 충성심을 기르기 위해 어떻게 웹 2.0을 이용할 수 있을까?

2. 위키피디아의 미래

위키디피아Wikipedia는 전 세계의 사용자들이 자발적으로 참여하는 다국어 웹기반 무료 콘텐츠 백과사전 프로젝트이다. 2001년에 만들어진 이후 위키피디아는 가장 큰 참고 자료 웹사이트로 성장했다. 어떤 사람들은 위키피디아가 결국엔 마케터들과 과시형 사용자들에 의해 실패하게 될 것이라고 믿는다. 산타클라라 대학 법대 교수인 에릭 골드만Elic Goldman은 위키피디아가 그들의 편집 과정 체제를 전복시키려는 강력한 힘에 마주치게 될 것이라고 말한다. 그중 하나가 온라인 트래픽을 생성하기 위해 위키피디아의 내용물을 바꾸려는 자동화된 마케팅 도구들이다. 사이트의 편집자들은 현 상태를 유지하려고 노력하다가 탈진하거나, 위키피디아가 결국 공개된 접근 아키텍쳐와 그들의 미션mission을 바꾸게 될 것이라고 주장한다. 당신은 골드만 교수의 주장에 동의하는가? 정보 훼손과 저작권/표절 문제에 대항하기 위해 위키피디아는 무엇을 할 수 있을까?

3. 당신이 치룰 가장 어려운 대학 시험

만약 당신의 교수가 오늘 당장 당신의 소셜 네트워크 습관들을 그만두라고 말한다면 당신은 할 수 있을 것 같은가? 당신은 페이스북, 핸드폰, 인터넷 없이 한 주를 버틸 수 있는가? 아니면 단 하루라도? 최근에 미네소타 대학 교수가 그녀의 홍보과목 강의를 듣는 학생들에게 1984년 이전에 존재하지 않았던 모든 기기들을 사용하지 않고 5일을 견뎌볼 수 있는지 도전해 보라고 했다. 이 도전을 끝까지 해내지 못했던 학생 중에는 "우리 엄마는 제가 죽었는줄 알았어요"라고 말한 학생도 있다. 당신은 소셜 미디어 없이 얼마나 견딜 수 있는가? 당신의 친구들과 상시 연결되어 있지 않을 때 발생할 수 있는 문제점들은 무엇인가? 소셜 미디어가 사회에 어떤 영향을 미쳤는가? 소셜 미디어는 비즈니스에 어떤 영향을 미쳤는가?

4. 구글 문서 도구가 협업의 속도를 높이는 다섯 가지 방법

구글 문서 도구Google Docs는 당신이 마이크로소프트 오피스 대신 자신의 프로그램을 무료로 이용하여 당신의 브라우저에서 당신의 조원들과 협업을 하길 바라고 있다. 특히 당신과 조원들이 같은 물리적 공간에 있지 않을 경우 말이다. 구글 문서 도구를 방문하고 다음 질문들에 대답해 보자.

- 비록 조원들이 물리적으로 같은 공간에 있지 않더라도 당신의 조가 작업을 더욱 효율적으로 할 수 있도록 새 구글 문서 도구가 도와줄 수 있는 다섯 가지 방법은 무엇인가?
- 구글 문서 도구는 오픈 소스 소프트웨어인가? 구글 문서 도구가 따르고 있는 수익 모델은 무엇인가?
- 당신의 이력서에 구글 문서 도구와 마이크로소프트 오피스를 넣는 것이 당신의 기술을 차별화하는 데 어떤 도움을 주는가?
- 당신의 직장 동료들과 협업하고 통신하는 것을 돕기 위해 당신이 배울 의향이 있는 구글의 다른 어플리케이션들은 무엇이 있는가?

5. 진심을 가지고 일하기: 키바

키바Kiva의 사명은 가난의 완화를 위해 대출을 통해 사람들을 연결하는 것이다. 키바는 개인이 전 세계 기업가에게 직접 대출할 수 있는 소액 대출 온라인 비영리 조직이다. 키바에 참여하려면 웹 사이트(www.kiva.org)를 검색하고 관심 있는 기업가를 선택하고 대출을 한 다음 향후 6~12개월 동안 기업가를 추적하기만 하면 된다. 그 동안 기업가는 사업을 하고 대출금을 상환하기 위한 자금을 만든다. 대출이 끝나면 도움이 필요한 다른 사람에게 돈을 다시 빌려줄 수 있다.

키바는 윤리와 정보 기술을 결합한 훌륭한 사례이다. 키바는 기존 비영리단체와 어떻게 다른가? 키바 투자와 관련된 위험은 무엇인가? 키바에 투자할 때 세 가지 주요 위험인 기업가 위험, 현지 파트너 위험 및 국가 위험을 감수한다. 키바에 기부할 때 발생할 수 있는 잠재적인 비윤리적 문제에 대해 이러한 각 위험을 분석하라.

6. 안티 소셜 네트워킹

인터넷이 없었을 때는 화난 소비자들은 편지를 쓰거나 전화를 걸 수 있었지만, 만족할 만한 결과를 얻거나 변화를 이끌어 낼만한 개개인의 힘은 상대적으로 약했다. 이제 불만에 찬 소비자들은 제품이나 서비스를 비난하는 웹사이트를 만들거나 동영상을 업로드 할 수 있고, 그들의 이런 행동의 결과를 수백만 명의 사람들이 즉시 볼 수 있다. 비록 많은 회사들이 인터넷을 모니터하면서 이러한 포스팅들postings에 즉각 반응하려고는 하지만, 확실히 주도권은 소비자들에게 넘어갔다. 다음과 같은 주장을 지지하거나 반대하는 글을 써 보자. "소셜 네트워킹은 소비자들에게 사회를 이롭게 하고 사회적 책임감이 있는 기업들을 만들 수 있는 힘을 주었다."

7. 해시태그 사용하기

페이스북이나 트위터에서 앞에 #이 붙은 단어를 본 적이 있다면 해시태그를 본 것이다. 해시태그는 주제를 식별하는 데 사용되는 키워드 또는 구문이며, 해시 또는 파운드 기호(#)가 앞에 붙는다. 해시태그는 온라인 잠재고객에게 비즈니스 노출을 확대하고 고객과 직접 연결하도록 한다. 고객은 소셜 미디어 사이트에서 단어 앞에 해시태그와 함께 검색 키워드를 입력할 수 있으며, 검색 결과에는 모든 관련 게시물이 보여진다. 해시태그는 프로모션 참조, 시장동향을 관찰하고, 유용한 팁에 대한 링크를 제공하는 데 사용할 수 있다.

해시태그를 이해하면 이를 사용하여 비즈니스 아이디어를 찾고 잠재적인 직원을 조사할 수 있다. 일하고 싶은 회사를 선택하고 그들이 트윗하고 게시하는 내용을 포함하여 관련 해시태그를 찾을 수 있는지 확인하라. 파트너 및 경쟁업체에 대한 정보를 찾을 수 있는지 확인하라. 어떤 해시태그가 토론을 일으키거나 비즈니스 통찰력을 제공하는가? 트위터 및 페이스북의 트렌드 주제를 확인하여 비즈니스 중심적MIS 당신의 경력에 문제 또는 통찰력이 있는지 확인하라.

8. 웹 1.0인가, 웹 2.0인가?

어떤 사이트가 웹 1.0인지, 웹 2.0인지 판단하는 일은 겉보기만큼 단순하지 않다. 웹사이트는 명확한 버전 번호를 가지고 있지 않으며, 많은 사이트는 베타 테스트 상태를 유지할 정도로 동적이고 유연한 구조를 갖고 있다. 예를 들어, 페이스북Facebook과 마이스페이스MySpace는 소셜 네트워크 기능과 사용자 생성 콘텐츠user-generated contents에 기반하고 있어 전형적인 웹 2.0의 사례로 평가된다. 반면, 어떤 사이트는 웹 1.0의 특징이 명확하게 드러난다. 예를 들어 크레이그리스트Craigslist는 이메일 리스트 서버 형태를 모방하고 있으며, 공개 사용자 프로필이나 동적 페이지 기능이 없다. 이처럼 일방향 정보 제공 중심의 정적인 사이트는 웹 1.0에 가까운 특성을 갖는다. 그러나 많은 사이트는 이러한 기준만으로 분류하기 어렵다.

예를 들어, 아마존Amazon.com은 1990년대 중반에 서비스를 시작했으며, 시간이 지나면서 다양한 기능을 점진적으로 추가해왔다. 제품 설명과 같은 주요 콘텐츠는 사용자 생성이 아니지만, 제품 리뷰와 평점 등은 사용자 참여를 통해 가치가 추가된다. 사용자 프로필 기능도 있으며, 친구 추가 등의 소셜 기능이 존재하긴 하지만, 널리 활용되지는 않는다. 따라서 이처럼 혼합된 기능을 가진 사이트는 웹 1.0과 웹 2.0의 요소를 모두 포함한다고 볼 수 있다.

아래 웹사이트들을 검토하고, 각 사이트가 웹 1.0, 웹 2.0 또는 둘 다에 해당하는지 분류해 보자. 해당 사이트를 특정 버전으로 분류한 이유를 설명하고, 어떤 특성이 웹 1.0 또는 2.0을 나타내는지를 근거로 제시하라. 또한, 일부 기업들이 웹 1.0에 머무르며 협업 기능이나 오픈 소스 구조를 제공하지 않는 이유는 무엇인지도 함께 생각해보자.

- www.ebay.com; www.amazon.com; www.facebook.com; www.craigslist.com; www.paypal.com; www.irs.gov; www.google.com; www.youtube.com; www.wikipedia.com
- 다음 항목을 분석할 때는 자신이 실제로 이용하는 웹사이트를 참고하도록 하자. 예를 들어, 재학 중인 대학의 웹사이트, 사용하는 신용카드사의 웹사이트, 거래 중인 은행의 웹사이트 등을 기준으로 삼을 수 있다.

9. 가상 이탈Virtual Abandonment

전체 온라인 쇼핑 중 약 35%의 장바구니가 결제 직전에 포기된다. 이는 곧 매출 손실로 직결된다. 마치 고객이 오프라인 매장에서 물건이 담긴 카트를 그대로 두고 나가는 것과 같다. 따라서 기업은 고객이 왜 가상의 매장을 이탈하는지에 집중해야 한다. 문제는 대체로 결제 과정에 있으며, 다음과 같은 방법을 통해 개선할 수 있다:

- 결제 버튼이 눈에 잘 띄게 배치되어 있는지 확인한다.
- 개인 정보가 안전하게 보호되며, 웹사이트의 보안 상태가 사용자에게 명확히 보이도록 한다.
- 고객이 클릭해야 하는 단계를 최대한 줄여 결제 과정을 간소화한다.
- 결제 전에 회원가입을 강제하지 말고, 결제 후에 가입을 유도한다.
- 환불 및 반품 정책이 눈에 잘 띄는 위치에 안내되어야 한다.

당신도 온라인 장바구니를 포기해본 경험이 있는가? 조별로 최근에 본인 또는 팀원이 이탈했던 웹사이트를 방문해 결제 과정을 점검해 보자. 결제 과정이 어렵거나 복잡했는가? 보안이 부족했는가? 그 후, Amazon.com을 방문해 아마존의 결제 과정을 검토하고, 앞서 제시된 기준들을 충족하고 있는지 평가해보자.

10. 검색 엔진Search Engines

구글 검색 한 번이 아폴로 11호를 달에 보내는 데 사용된 에너지보다 더 많다는 사실을 알고 있는가? 1998년 하루 50만 건이었던 구글 검색은 현재 초당 230만 건 이상으로 늘어났다. 구글이나 파이어폭스와 같은 검색 엔진은 사용자가 입력한 검색어를 기반으로 정보를 수집, 분석하고, 필요한 콘텐츠를 실시간으로 제공한다. 우리는 검색 엔진이 정확하고 최신의 정보를 제공할 것이라는 믿음에 의존하고 있다.

하지만 세계 어디서나 정보에 자유롭게 접근할 수 있는 것은 아니다. 일부 국가는 특정 웹사이트를 차단하거나, 검색 결과에 표시되는 콘텐츠를 제한하기도 한다. 예를 들어 중국에서는 구글 검색이 부분적으로 차단되어 있으며, 중국 본토에서 구글을 이용하면 자동으로 홍콩 서버인 google.com.hk로 접속이 전환된다. 검색어에 따라 결과가 제한되거나 오류 페이지가 표시될 수도 있다. '달라이 라마', '파룬궁', '톈안먼 사건' 등 민감한 키워드를 중국어로 검색할 경우, 중국의 인터넷 검열 시스템인 '만리방화벽Great Firewall'의 필터링으로 검색이 차단된다. 일반적인 검색어는 정상적으로 결과가 표시되지만, 링크 접속 여부는 중국 당국의 판단에 따라 달라진다.

인터넷과 월드 와이드 웹이 전 세계를 연결해 주었지만, 여전히 정보 공유에는 제약이 존재한다. 당신은 한 국가가 자국 내에서 웹사이트를 차단하거나 검색어 결과를 검열할 권리가 있다고 생각하는가?

11. 파괴적 혁신에 대한 논쟁

클레이튼 크리스텐슨Clayton Christensen의 파괴적 혁신disruptive innovation 이론은, 어떤 신규 진입 기업이 성공하고 어떤 기업이 실패할지를 예측하는 데 있어 매우 유용한 분석 도구로 활용되어 왔다. 그러나 최근에는 '파괴적disruptive'이라는 용어가 단순히 신규 기업이 시장에 충격을 주었다는 이유만으로 오용되는 경우가 많다는 지적도 있다.

예를 들어, Zipcar는 시간 단위로 차량을 대여하는 새로운 시장을 개척했기 때문에, 파괴적 혁신에 해당한다고 볼 수 있다. 반면 Uber는 기존 택시 서비스를 디지털화했을 뿐, 저가 서비스를 제공하거나 새로운 시장을 창출하지 않았기 때문에 파괴적 혁신으로 분류되지 않는다.

Uber는 본질적으로 기존 택시 서비스를 대체한 모델일 뿐이며, 이론상으로는 파괴적 혁신이 아니라고 평가된다. 당신은 Zipcar는 파괴적 혁신이고, Uber는 그렇지 않다는 이 평가에 동의하는가,

혹은 반대하는가?

12. 소셜 미디어 마케팅

소셜 미디어 마케팅 플랫폼을 계획할 때 가장 먼저 고려해야 할 것은 타깃 시장에 가장 적합한 플랫폼이 무엇인지를 파악하는 것이다. 소비자를 대상으로 할 것인가, 아니면 기업을 대상으로 할 것인가? 대중적인 플랫폼(예: Facebook, Twitter, YouTube), 특정 관심 분야 중심 플랫폼(예: Hello Fresh), 전문 네트워크 중심 플랫폼(예: LinkedIn) 중 어떤 것이 당신의 제품이나 서비스에 가장 적합한가? 소셜 미디어 캠페인을 시작하기 전에 반드시 답해야 할 두 가지 중요한 질문이 있다. 내 고객은 어디에 있는가? 내 경쟁자는 어디에 있는가?

고객과 경쟁자가 어디에 있는지를 어떻게 파악할 수 있을까? 이 두 가지 질문에 대한 답을 찾고 나면, 그에 따라 가장 적절한 소셜 미디어 플랫폼을 선택할 수 있다. 조를 이루어 고객과 경쟁자를 찾는 다양한 방법을 브레인스토밍해 보고, 다음 각 플랫폼별로 타깃 고객층과 가능한 마케팅 전략을 함께 정리해 보자:

- LinkedIn
- Facebook
- Pinterest
- YouTube

윤리와 정보 보호: MIS 비즈니스 관심사항들

4

CHAPTER

SECTION 4.1
윤리

- 정보 윤리
- 정보 관리 정책을 개발하기

SECTION 4.2
정보 보호

- 지적 자산의 보호
- 1차 방어 수단-사람
- 2차 방어 수단-기술

IT는 나에게 무엇을 제공해 주는가?

이 장은 정보의 잠재적 오용에 대비해 정보를 지키는 것에 대해 다루고 있다. 조직들은 정보를 윤리적인 방법으로 모으고, 캡처하고capture[1], 저장하고, 사용해야 한다. 여기서 정보란 소비자들, 파트너들, 직원들에 대한 정보를 포함해 그들이 모으고 활용하는 모든 유형의 정보를 말한다. 기업들은 누군가에 대해 얻은 개인정보가 확실히 안전하게 유지되도록 해야 한다. 이것은 그저 선심 쓰는 일이 아니다. 법으로 강제되는 일이다. 더 중요한 것은 인가되지 않은 세력이 정보에 접근하고 인가되지 않은 방법으로 얻은 정보를 배포하는 것을 방지하기 위해 물리적으로 확실한 보안을 유지해야 한다.

경영학도인 당신은 윤리와 보안에 대해 반드시 이해하고 있어야 한다. 왜냐하면 그것들이 오늘날 소비자들이 가장 걱정하는 것들이기 때문이다. 정보들이 어떻게 취급되는가는 소비자가 e-비즈니스를 얼마나 좋아할 것인지를 결정한다. 당신은 어떤 조직의 정보 기밀유지와 보안에 문제가 있는 것이 알려지는 순간 그 조직의 주가가 뚝 떨어지는 것을 신문에서 확인할 수 있다. 더 나아가서 조직들은 정보를 다루는데 있어 그들의 윤리, 프라이버시, 보안의 의무를 다하지 못할 경우 소송에 휘말릴 수도 있다.

1) ① 자료를 디지털 파일로 작성하거나, ② 편집하거나 저장하기 위해 원래의 영상이나 음성 또는 이미지 정보 중에서 필요한 부분만을 따로 떼어 놓는 것. 여기에서는 ①의 의미로 사용되었다.

시작 사례 연구

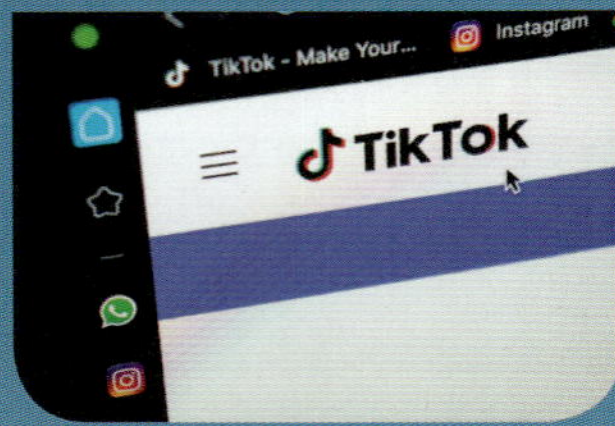

국제 소셜 미디어 플랫폼 전쟁: 틱톡 금지 조치 해설

당신은 틱톡TikTok을 알고 있는가? 수많은 콘텐츠 크리에이터, 인플루언서, 그리고 기업들이 마케팅 플랫폼으로 사용하는 소셜 미디어 웹사이트이다. 틱톡이 중국 기업인 바이트댄스ByteDance에 의해 운영되고 있다는 사실을 알고 있는가? 그리고 여러 나라에서 틱톡 사용을 금지하고 있다는 소식을 들어본 적이 있는가? 이 세 가지 질문을 깊이 분석하면 새로운 국제적 우려가 부각된다. 각국은 어떻게 글로벌 소셜 미디어 플랫폼을 규제하여 사용자의 개인정보 보호 및 데이터 보안을 지키고 국가 안보를 보호할 수 있을까?

일부 국가는 국제적인 데이터 프라이버시 및 보안 문제를 해결하기 위해 틱톡을 전면 금지했으며, 다른 국가들은 더 엄격한 규제와 감시를 통해 틱톡의 데이터 처리 방식을 면밀히 검토하고 있다. 이러한 조치는 사용자의 개인정보 보호, 국가 안보 강화, 그리고 사용자 데이터가 유출되거나 악용되지 않도록 하기 위한 것이다.

데이터 프라이버시와 보안: 틱톡이 수집한 사용자 데이터가 중국 정부와 공유되거나 접근될 가능성에 대한 우려가 커지고 있다. 이러한 걱정은 중국의 국가보안법National Intelligence Law에서 비롯되며, 이 법은 중국 기업들이 정보기관과 협력하고 요청이 있을 경우 데이터를 제공하도록 규정하고 있다. 각국 정부는 위치 정보, 검색 기록, 연락처 등과 같은 민감한 개인정보가 중국 정부에 의해 접근될 가능성을 우려하고 있다. 이러한 데이터는 감시, 추적 또는 악의적인 목적으로 악용될 위험이 있다.

검열 및 콘텐츠 규제: 틱톡의 알고리즘은 사용자의 선호도와 행동을 기반으로 콘텐츠를 추천하는 방식으로 작동하며, 이에 대한 추가적인 우려가 제기되고 있다. 비판자들은 이 알고리즘이 특정 콘텐츠나 관점을 증폭시키고 다른 의견을 억누름으로써 사용자의 의견을 조작하거나 영향을 미칠 가능성이 있다고 주장한다. 이러한 문제는 민주적 절차와 공론장에 영향을 미칠 수 있다. 또한, 각국 정부는 틱톡이 악용되어 허위 정보, 혐오 발언, 부적절한 콘텐츠를 확산시키는 도구로 사용될 가능성에 대해 우려를 제기하고 있다.

국가 안보: 특히 중국과 외교적으로 긴장 관계에 있는 국가들은 틱톡이 외국의 영향력 행사 및 스파이 활동 도구로 활용될 가능성에 대해 우려를 제기했다. 외국의 내정 간섭 가능성과 국가 안보 보호의 필요성이 일부 국가들이 틱톡을 금지하는 계기가 되었다.

틱톡 금지 조치는 소셜 미디어 플랫폼을 규제하는 방식과 표현의 자유, 프라이버시, 보안 간의 균형에 대한 중요한 논의를 촉발했다. 각국 정부는 사용자 데이터 보호, 허위 정보 대응, 국가 안보 보장을 고민하면서도 개인의 권리를 존중하고 디지털 혁신을 촉진해야 하는 과제에 직면해 있다. 이 논란은 보다 명확한 규제 지침과 국제적 협력이 필요함을 강조하며, 이러한 복잡한 문제를 효과적으로 해결하기 위해 규제와 혁신 간의 균형을 유지하는 것이 중요하다는 점을 시사한다. 안전하고 투명한 디지털 환경을 조성하면서도 소셜 미디어 플랫폼이 개인과 사회에 주는 이점을 유지하는 것이 핵심 과제가 될 것이다.

section 4.1 | 윤리

학습 성과

4.1 정보 기술의 사용에 대한 윤리적 이슈들에 대해 설명하라.
4.2 조직이 그들 스스로를 보호하기 위해 적용해야 하는 여섯 가지 e정책에 대해 설명하라.

정보 윤리

윤리와 보안은 모든 조직들의 근본적인 초석이다. 최근 몇 년 동안 대규모 기업 스캔들과 데이터 유출 사고가 발생하면서 윤리와 보안의 의미가 새롭게 조명되고 있다. 2017년 발생한 에퀴팩스Equifax 데이터 유출 사건은 역사상 가장 큰 규모의 데이터 유출 중 하나로, 약 1억 4,700만 명의 개인정보가 노출되었다. 이 사건은 해커들이 에퀴팩스 웹사이트의 취약점을 악용하여 이름, 사회보장번호Social Security Number, 생년월일, 주소, 그리고 일부 운전면허번호와 같은 민감한 정보를 탈취하면서 발생했다. 이로 인해 피해자들은 신원 도용 및 금융 사기의 위험에 노출되었으며, 심각한 피해를 입게 되었다. 소수의 개인적인 행동이 수십억 달러 규모의 기업을 무너뜨릴 수 있는 상황에서, 윤리와 보안의 가치가 더욱 중요해지고 있다. 기술의 발전은 윤리에 새로운 도전 과제를 제시하고 있다.

그림 4.1
정보화 시대의 윤리

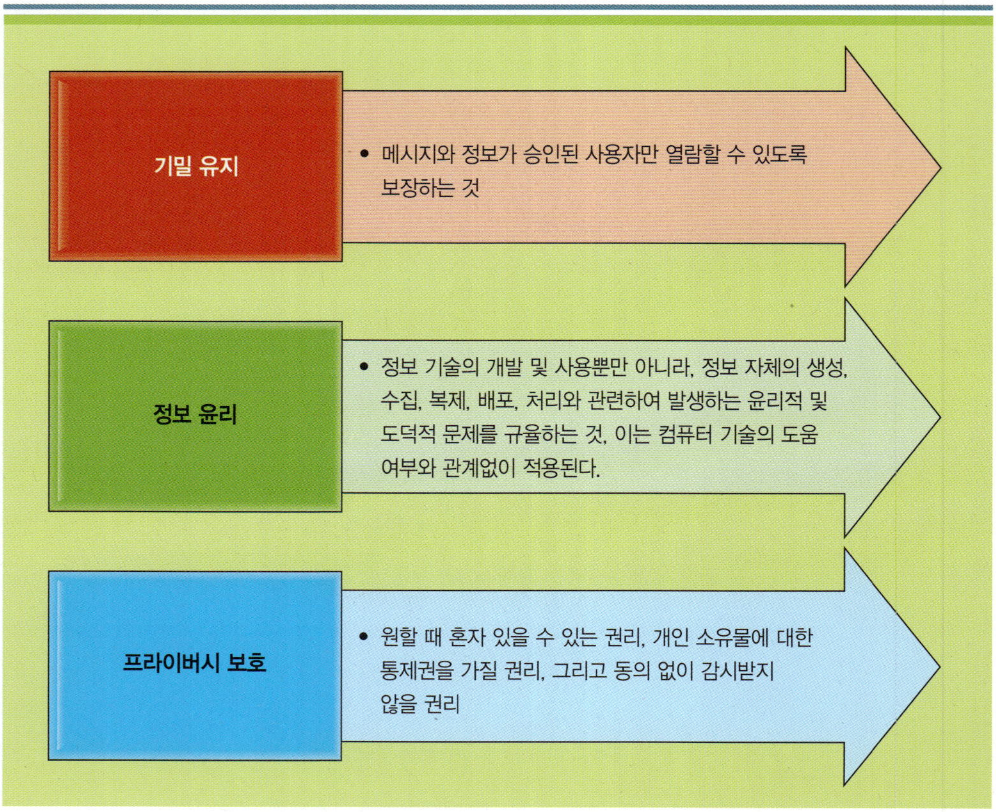

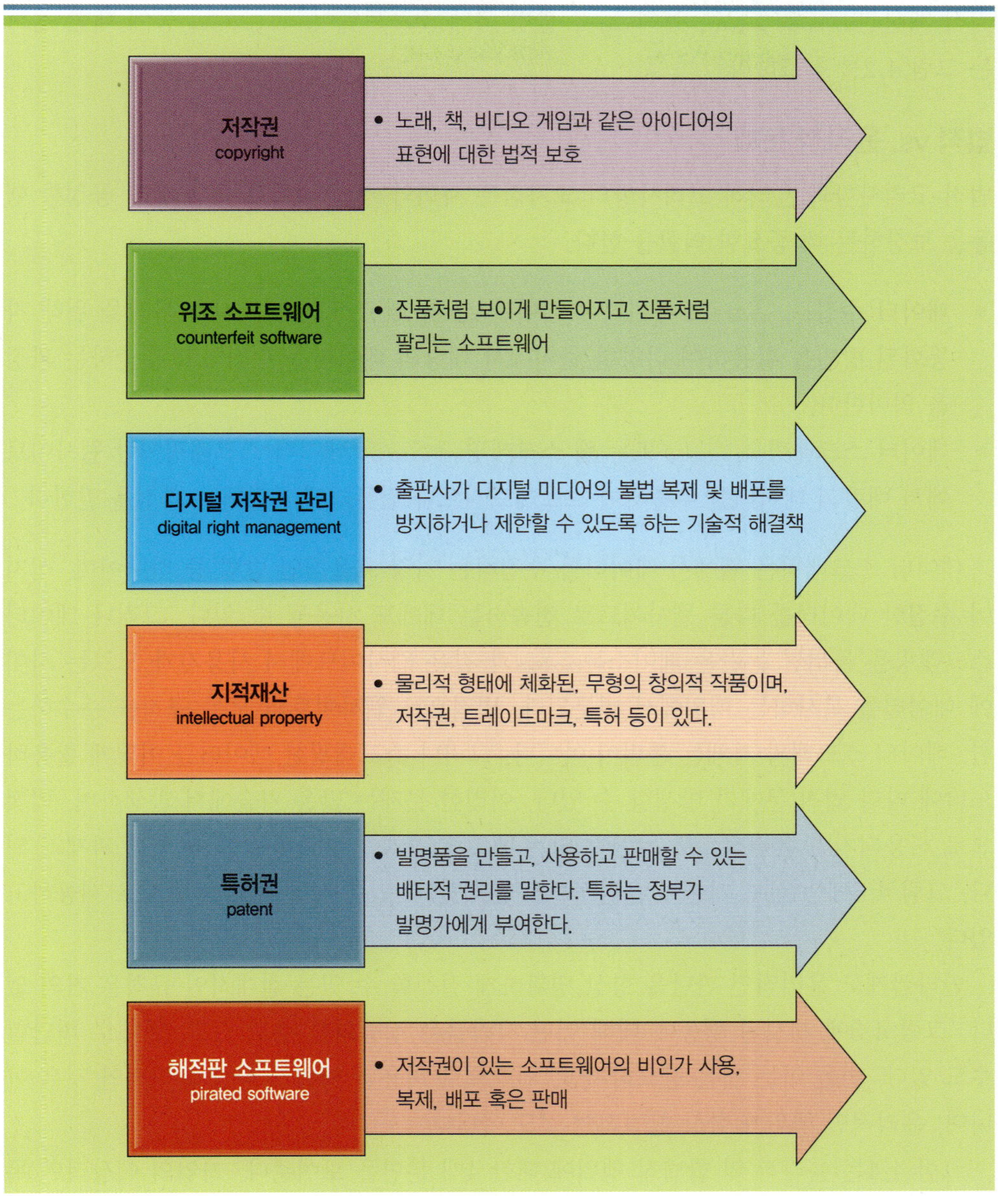

그림 4.2

정보화 시대의 윤리적 이슈

- **윤리**Ethics: 윤리란 다른 사람을 대하는 우리의 행동을 이끄는 원칙과 기준을 의미한다.

윤리적 딜레마는 단순한 문제가 아니라 상충하는 목표, 책임, 충성심 사이의 충돌에서 비롯되는 경우가 많다. 사회적으로 용인될 수 있는 올바른 결정이 한 가지만 존재하지 않을 가능성이 높다. 특히 고객의 개인정보와 데이터를 보호하는 문제는 오늘날 기업들이 직면한 가장 복잡하고 모호한 윤리적 이슈 중 하나다. **기밀 유지**confidentiality, **정보 윤리**information ethics, **프라이버시 보호**privacy와 관련된 내용은 그림 4.1을 참조하라.

기술의 발달로 인해 문서, 데이터, 음악, 비디오 등의 복제가 쉬워지면서, 저작권 침해 및 지적 재산권 위반과 관련된 윤리적 문제가 전자상거래e-business 세계에서 중요한 이슈가 되고 있다. 저작권copyright, 위조 소프트웨어counterfeit software, 디지털 저작권 관리DRM,

지적 재산권intellectual property, 특허patents, 불법 복제 소프트웨어pirated software 등에 대한 정보는 그림 4.2를 참조하라.

법적 vs. 윤리적 문제

법적 고려사항과 윤리적 고려사항의 교차점은 사회와 기업 내에서 책임 있고 공정한 행동을 보장하는 데 중요한 역할을 한다.

- **데이터 수집**data harvesting: 데이터 수집이란 분석, 저장 또는 비즈니스 목적을 위해 자동화된 방법을 활용하여 다양한 출처에서 대량의 데이터를 수집하고 추출하는 과정을 의미한다.
- **데이터 스크래핑**data scraping 또는 **웹 스크래핑**web scraping: 데이터 스크래핑이란 웹사이트에서 대량의 데이터를 추출하여 스프레드시트나 컴퓨터에 저장하는 과정을 말한다.

데이터 스크래핑은 웹에서 데이터를 수집하는 가장 효율적인 방법 중 하나이며, 심지어 수집한 데이터를 다른 웹사이트로 전송하는 데에도 사용될 수 있다. 그러나 데이터 스크래핑을 둘러싼 논란은 페이스북Facebook과 같은 웹사이트에서 사용자가 모르는 사이에 데이터를 복사하는 행위에서 비롯된다. 법적으로 웹사이트의 모든 규칙을 준수하는 한, 데이터 스크래핑 자체는 불법이 아니다. 그러나 스크래핑한 데이터를 어떻게 활용하느냐에 따라 법적 문제가 발생할 수 있다. 이러한 문제는 많은 기술에서 발생하며, 법적으로 허용되지만 윤리적으로 논란이 되는 행위의 경계를 분석하는 것이 핵심 과제가 된다. 그림 4.3에는 정보 기술이 윤리적으로 문제될 수 있는 사용 사례를 예시로 제공하고 있다.

안타깝게도 윤리적인 판단을 항상 명확하게 결정할 수 있는 절대적인 규칙은 거의 없다. 그림 4.3에 제시된 행동에 대해 어떤 사람들은 정당화할 수도 있고, 반대로 비난할 수도 있다. 법을 아는 것은 중요하지만, 법적으로 허용된 행위가 항상 윤리적인 것은 아니며, 윤리적인 행위가 항상 합법적인 것도 아니다.

그림 4.4는 윤리적 및 합법적 행위에 대한 4개 분면을 보여준다. 기업의 이상적인 목표는 합법적이고 윤리적인 행위를 나타내는 제I사분면에서 의사결정을 하는 것이다. 이것은 윤리적 딜레마의 한 좋은 예이다. 기술은 너무나 새롭고, 예측할 수 없는 방법으로 영향을 미치기 때문에 정보와 관련된 윤리는 아직도 정의가 진행되고 있는 중이다. 그러

그림 4.3

윤리적으로 의심스럽거나 수용할 수 없는 정보기술 사용

의심스러운 정보 기술 사용의 사례
개인들이 소프트웨어를 복제하고, 사용하고, 배포한다.
종업원들이 민감한 기업 및 개인 정보를 찾기 위해 기업의 데이터베이스를 검색한다.
기업들이 정보의 유효성이나 정확성을 점검하지 않고 정보를 수집하고, 구매하고, 사용한다.
개인들이 IT 시스템을 사용하거나 유지하는데 문제를 발생시킬 수 있는 바이러스를 만들거나 유포시킨다.
개인들이 타인 소유의 정보를 훔치기 위해 컴퓨터 시스템을 해킹한다.
종업원들이 고객 정보, 보고서 등 기업 소유 정보를 파괴하거나 훔친다.

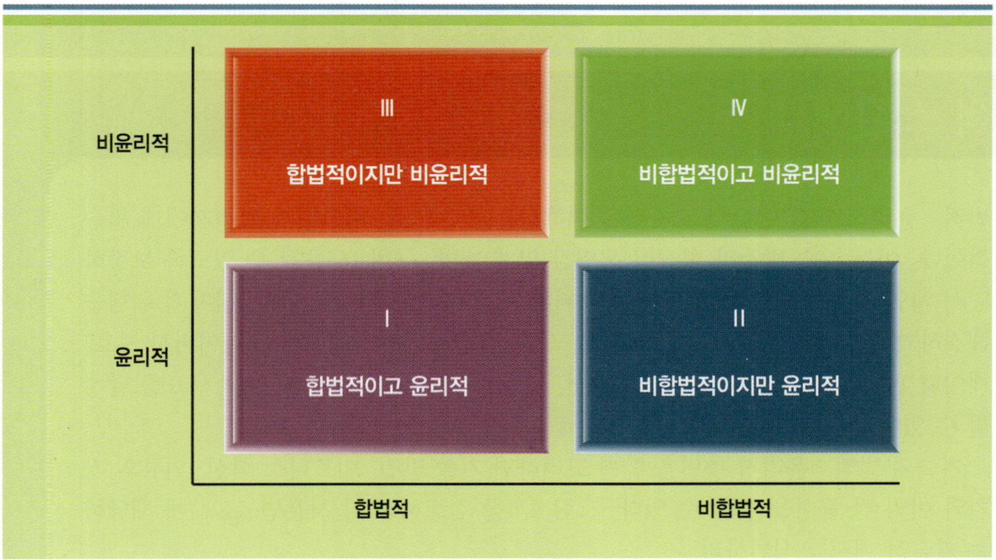

그림 4.4

윤리적인 행동과 합법적인 행동이 늘 일치하는 것은 아니다

나 기업은 외국에서 미성년 노동자를 고용하는 것과 같은 문제를 결정하는 과정에서 제III사분면에 놓이게 되며, 회사에 고용되어 있지만 아직 취업 비자를 받지 못한 외국인 노동자에게 급여를 지급하는 경우 II사분면에 위치한다. 기업은 결코 IV사분면에 위치해서는 안 된다. 오늘날 윤리는 성공적으로 비즈니스를 이끌어 가는 데 매우 중요한 요소이다.

윤리는 정보가 아니라 사람이 지킨다

정보에는 윤리가 없다. 정보는 자신이 어떻게 사용되는지에 대해 상관하지 않는다. 정보는 그객에게 스팸을 보내고, 민감하거나 사적인 내용을 공유하고, 제3자에게 상세한 내용을 공개하는 것을 중단시키지 않는다. 정보는 스스로를 삭제하거나 보존하지 못한다. 따라서 정보를 소유한 사람이 정보의 관리 방법에 대한 윤리 지침을 만들 책임이 있다. 보안, 프라이버시, 책무는 디지털 거래를 설계할 때 필수적으로 고려해야 한다.

- **디지털 신뢰**digital trust: 어느 조직이 데이터와 개인들의 프라이버시를 보호하고 안전하게 관리할 수 있는 역량이 있다고 소비자, 협력업체, 직원이 확신하는 정도를 말한다.

몇 년 전만 해도 정보 관리, 거버넌스, 준수는 상대적으로 잘 알려지지 않은 개념들이었다. 그러나 현재는 이러한 개념들을 국내 기업이던 글로벌 기업이던 사실상 모든 기업들에게 필수적인 것이 되었다. 그 주 이유는 디지털 정보가 기업의 법적 소송 절차에서 하는 역할 때문이다. 종종 디지털 정보들은 소송에서 주요 증거물로 쓰이는 경우가 많고 종이로 된 문서들보다 훨씬 검색하고, 정리하고, 가려내는 것이 쉽다. 또한 디지털 정보들은 파괴하는 것이 매우 어려운데, 특히 그 정보들이 기업 네트워크에 있거나 이메일을 통해 전달되었을 경우에 더 그렇다. 사실 디지털 정보를 진정으로 없앨 수 있는 유일하게 믿을 수 있는 방법은 바로 정보가 저장되어 있는 하드 드라이브를 파괴하는 것뿐이다.

비즈니스 중심적 스킬셋

이것이 윤리적인가? 이것이 합법적인가?

법적 · 윤리적 기술 이슈의 교차점을 이해하는 것은 모든 비즈니스 관리자에게 필수적이다. 이는 기술 발전과 혁신이 책임감 있게 개발, 구현, 사용될 수 있도록 보장하면서 개인과 사회의 권리 및 복지를 유지하는 데 중요한 역할을 한다. 잠재적 위험을 해결하기 위한 지침, 규제 및 프레임워크를 구축함으로써, 데이터 프라이버시 보호, 데이터 편향 및 차별 방지, 투명성 증진, 기술에 대한 신뢰 구축과 같은 목표를 달성할 수 있다.

기술의 법적 · 윤리적 측면을 함께 고려하면 기술 발전, 비즈니스 혁신, 인류의 가치와 이익 간 균형을 맞출 수 있다. 그림 4.4를 검토하고 각 사분면Quadrant에 해당하는 기술적 예시를 식별하라.

- 사분면 I: 합법적이고 윤리적인 경우
- 사분면 II: 불법이지만 윤리적인 경우
- 사분면 III: 합법적이지만 비윤리적인 경우
- 사분면 IV: 불법적이고 비윤리적인 경우

- **전자적 증거 수집**ediscovery: 회사가 소송이나 조사, 감사 혹은 정보 조회 등에 대응하여 디지털 정보를 파악하고, 검색하고, 모으고, 전달하는 행위를 말한다. 전자적 증거 수집의 중요성이 커질수록 정보 관리와 정보 준수에 대한 중요성도 따라서 커진다.
- **온라인 아동보호법**Child Online Protection Act(COPA): 인터넷 유해물로부터 청소년들을 보호하기 위해 **온라인 아동보호법**이 통과되었다. 그림 4.5는 정보 관리에 대한 윤리적 가이드라인을 보여준다.

AI/ML을 둘러싼 윤리적 고려사항

인공지능Artificial Intelligence(AI)과 머신러닝Machine Learning(ML)은 기업에 큰 가치를 제공하지만, 동시에 전략적 위험도 초래한다. ML 알고리즘은 너무 복잡하거나 숨겨져 있어 쉽게 이해하기 어려운 경우가 많으며, 이를 블랙박스 문제black-box problem라고 한다. 심지어 알고리즘을 설계한 개발자조차도 예상치 못한, 잘못된, 또는 편향된 결과가 발생하는 이유를 설명할 수 없는 경우가 있다. 이처럼 설명 가능성과 투명성이 부족한 AI 알고리즘은 AI 환각AI hallucination을 초래할 수 있다.

- **AI 설명 가능성**AI explainability: 알고리즘의 출력이나 예측을 이해하고 해석할 수 있는 능력을 의미한다. AI 설명 가능성은 신뢰 구축, 책임성 확보, AI 시스템 내 편향 및 오류 식별에 필수적이며, 이해관계자들이 AI의 의사결정 과정을 검토하고 검증할 수 있도록 돕는다.

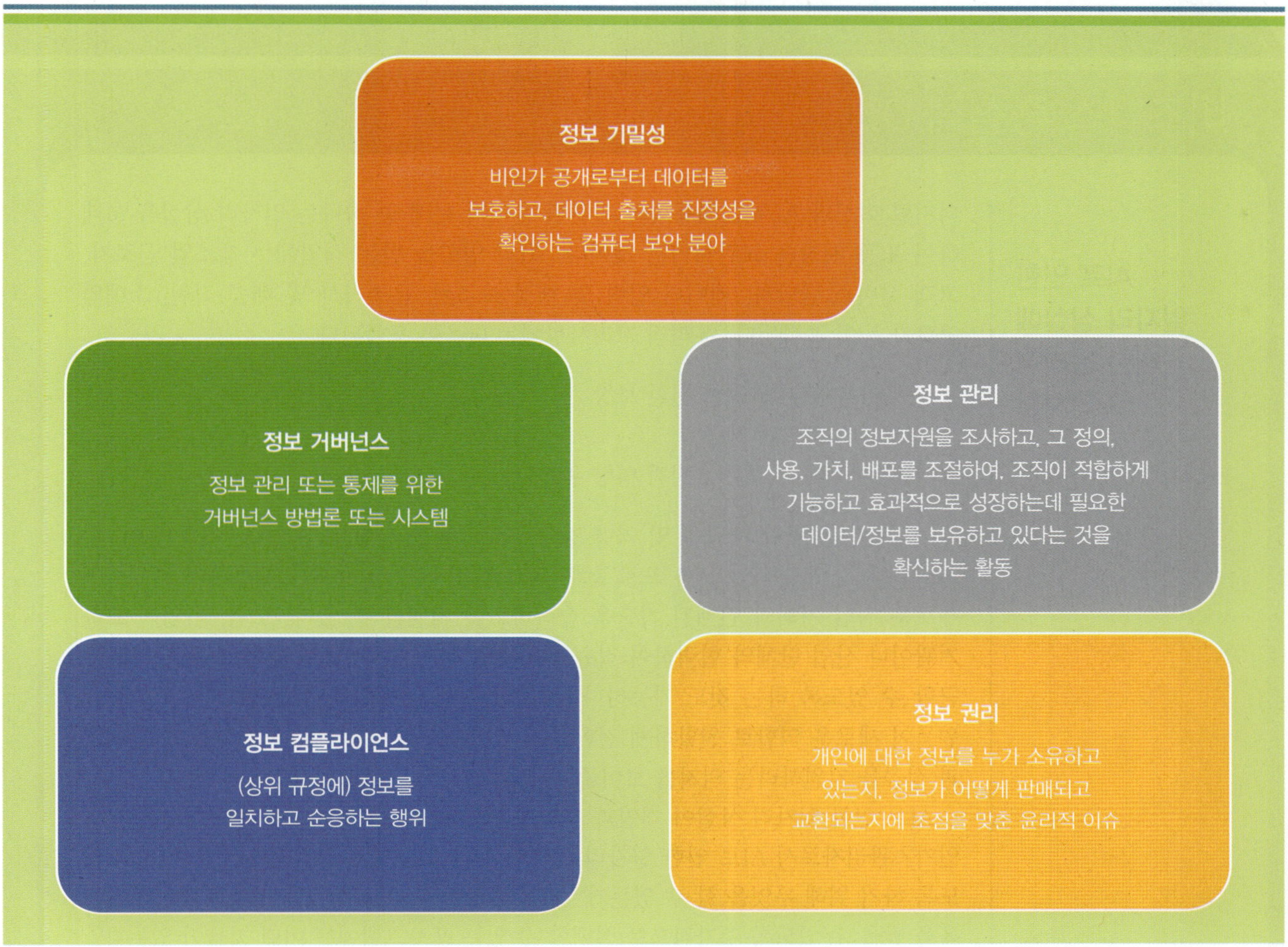

그림 4.5

정보관리를 위한 윤리적 가이드라인

- **AI 투명성**AI transparency: AI 시스템이 의사결정을 내리는 과정, 알고리즘, 그리고 사용된 데이터가 개방적이고 접근 가능하며, 이해 가능하게 제공되는 정도를 의미한다.
- **AI 환각**AI hallucination: AI 모델이 충분한 데이터를 갖고 있지 않은 경우, 존재하지 않는 텍스트, 이미지, 정보원을 생성하는 현상을 말한다. AI는 현실과 유사해 보이는 텍스트나 이미지를 만들어내지만, 이는 실제 사실이 아닌 AI 모델이 학습한 패턴에 기반한 완전한 허구일 수 있다.

규제 기관들은 기업이 AI 시스템이 어떻게 결정을 내리는지 설명할 수 있도록 요구하는 규정을 곧 도입할 예정이다. AI와 관련된 윤리적 문제를 해결하려면 연구자, 정책 입안자, 산업 관계자, 그리고 사회 전체의 협력이 필요하다. 현재 AI를 다루는 법률과 규제는 아직 완전히 정립되지 않았지만, 향후 해결해야 할 주요 윤리적 문제들이 있다.

- **책임성과 투명성**accountability and transparency: AI 시스템이 복잡하고 불투명하여 그 의사결정 과정을 이해하기 어려운 경우가 많다. 투명성이 부족하면 책임 소재가 불분명해지고, AI가 내린 결정을 문제 삼거나 수정하기 어려워질 수 있다. 따라서 AI의 투명성, 설명 가능성, 그리고 책임성을 확보하기 위한 메커니즘 구축이 필수적이다.

비즈니스 중심적 DEI

AI로 인한 일자리 상실에 대한 윤리적 고려사항

디지털 혁신과 AI/ML 자동화와 관련된 윤리적 문제 중 하나는 일자리 상실을 초래하여 노동 시장을 교란시키는 것이다. AI의 영향을 받는 직업에는 제조업 근로자, 고객 서비스 담당자, 데이터 입력 및 행정 보조원, 운전기사 및 배송 직원, 소매업 근로자 등이 포함된다. 윤리적 고려사항에는 다음이 포함된다.

- 근로자를 위한 공정한 전환 보장
- 재교육 프로그램 제공
- 취약 계층에 미치는 부정적 영향 완화

기업들은 강력한 재교육 및 역량 강화 프로그램을 시행할 수 있다. 예를 들어, 한 기술 회사가 포괄적인 교육 프로그램, 워크숍 및 온라인 강좌를 제공하여 직원들이 새로운 직업 기회와 연계된 기술을 습득하도록 지원할 수 있다. 또한, 기업이 교육기관이나 산업 단체와 협력하여 직원들이 관련 교육 자료 및 자격증 취득 기회에 접근할 수 있도록 하는 것도 가능하다. 직원의 직업 개발에 투자함으로써, 기업은 직원들이 새로운 역할로 원활하게 전환할 수 있도록 돕는 동시에, 장기적인 경력 성장과 성공을 지원하려는 의지를 보여줄 수 있다.

AI로 인한 일자리 상실이 개인과 사회에 미칠 수 있는 잠재적 결과와 영향은 무엇인가? 관리자로서 AI로 인한 일자리 상실이 취약 계층에 부정적인 영향을 미치지 않도록 하기 위해 무엇을 할 수 있는가? 일자리 상실을 겪는 직원들이 성공적으로 재교육을 받을 수 있도록 추가적으로 실행할 수 있는 프로그램에는 어떤 것들이 있는가?

- **편향과 차별**bias and discrimination: AI 알고리즘은 학습한 데이터 내의 편향을 그대로 반영할 수 있으며, 그 결과 차별적인 의사결정이 발생할 가능성이 있다. 따라서 AI의 편향성을 최소화하고 공정성을 보장하며, 특정 집단에 불균형적인 영향을 미치지 않도록 관리하는 것이 중요하다.
- **딥페이크 및 허위 정보**deepfakes and misinformation: AI 기술을 활용하면 정교한 딥페이크를 생성할 수 있으며, 이는 허위 정보 확산 및 여론 조작에 악용될 수 있다. 이러한 문제는 신뢰성과 정보의 진위성에 대한 심각한 우려를 초래한다. 이에 대한 해결책으로는 딥페이크 탐지 기술 개발, 대중 교육, AI 악용 방지를 위한 보호 조치 도입이 필요하다.
- **개인정보 보호 및 데이터 보안**privacy and data protection: AI 시스템은 훈련 및 개선을 위해 방대한 양의 데이터 접근을 필요로 한다. 이는 개인정보 보호 및 데이터 보안 문제를 일으키며, 개인정보가 남용될 위험이 있다. 따라서 강력한 데이터 보호 조치를 시행하고 데이터 사용에 대한 명확한 동의를 얻는 것이 필수적이다.

각국 정부 및 규제 기관들은 책임감 있고 공정하며 투명한 AI 개발 및 운영을 보장하기 위해 윤리적 AI 프레임워크, 가이드라인, 규정을 마련 중이다. 이는 AI가 인류의 가치와 권리를 존중하는 방식으로 개발, 배포, 활용될 수 있도록 하기 위한 조치다. AI 기술이 발전함에 따라, 윤리적 원칙과 법적 규제를 균형 있게 마련하는 것이 미래 AI 환경에서 가장 중요한 과제가 될 것이다.

정보 관리 정책 개발하기

민감한 기업 정보를 소중한 자원으로 취급하는 것이 좋은 관리이다. 직원들이 이해하고 실행할 수 있는 윤리 원칙에 기반하여 기업 문화를 형성하는 것이 책임 있는 경영이다. 조직은 정보에 대한 직원 지침, 인사 절차, 조직 규칙을 설정하는 문서화된 정책을 개발해야 한다. 이러한 정책들은 조직의 관례와 기준에 대해 직원들이 이해할 수 있도록 해주고, 컴퓨터 시스템과 IT 자원에 대한 오용을 방지해 준다. 직원들이 컴퓨터를 작업에 사용하는 경우, 조직에서는 최소한의 수준에서 e정책을 구현해야 한다.

- **e정책**epolicy: 비즈니스 환경에서 컴퓨터와 인터넷에 대한 윤리적 사용을 정의한 정책과 절차들이다.

그림 4.6은 직원들의 기대를 정립하기 위해서 조직이 실천해야 할 e정책들을 보여주고 있다.

e정책 1: 윤리적 컴퓨터 사용 정책

윤리적 기업 문화를 만들어내는 데 필수적인 조치는 윤리적 컴퓨터 사용 정책을 만드는 것이다.

- **윤리적 컴퓨터 사용 정책**ethical computer use policy: 컴퓨터를 사용하는 행위의 길잡이를 해주는 몇 가지 일반적인 원칙들을 담고 있다. 예를 들어, 이 정책은 사용자들이 근무시간에 게임을 하지 말라고 명쾌하게 말할 수 있다.

이 정책은 사용자들로 하여금 직장에서 어떻게 행동해야 하는지 알 수 있도록 하고, 그

그림 4.6
e정책의 개요

것을 위반하는 행동들을 어떻게 다룰지에 대한 기준을 제시한다. 예를 들어, 적절한 경고 후에 회사는 여전히 근무 시간의 대부분을 게임을 하는 데 보내는 직원을 해고할 수 있다. 사이버 불링과 부정 클릭은 오늘날 만연한 비윤리적 컴퓨터 사용의 일부 사례에 불과하다.

- **부정 클릭**click-fraud은 광고업체의 수익을 높이기 위해 반복적으로 링크를 클릭하는 수법으로, 클릭당 광고료 지불, 전화당 광고료 지불, 대화당 광고료 지불 수익 모델들을 악용하는 행위이다.
- **경쟁적 부정 클릭**competitive click-fraud은 경쟁자나 불만을 가진 내부자가 광고업체의 링크를 반복적으로 클릭하여 기업의 검색 광고 비용을 증가시키는 컴퓨터 범죄이다.
- **위협**threat은 자산을 위험에 빠뜨릴 수 있는 행동이나 객체를 말한다.

조직들이 원하는 직원들의 컴퓨터 사용방식은 서로 다를 수 있지만, 사용자들에게 규칙들이 잘 알려져야 하고, 그 규칙에 의거해 시스템을 사용하도록 해야 한다. 컴퓨터 사용을 제한함에 있어서 가장 중요한 것은 그들이 세운 원칙을 직원들이 잘 알도록 알리는 것이다.

관리자들은 정식 교육 등을 통해 직원들이 정책에 대해 잘 알도록 꾸준히 노력해야 한다. 만약 조직이 단 하나의 e-정책만을 가지고 있다면 그것은 윤리적 컴퓨터 사용 정책이 되어야 할 것이다. 왜냐하면 이것은 조직이 세울 수 있는 모든 다른 정책의 기반이 되기 때문이다.

- BYODbring your own device: 윤리적 컴퓨터 사용 정책의 하나이다. 이 정책은 종업원들이 개인 소유의 휴대용 기기를 이용하여 기업의 데이터나 애플리케이션에 접속하는 것을 허락한다. BYOD 정책은 다음과 같은 네 가지 기본 옵션을 제공한다.
  - 개인 소유 기기를 이용해 무제한 접속 가능
  - 민감하지 않은 시스템 및 데이터에 한해 접속 가능
  - 접속이 가능하지만 개인용 기기, 애플리케이션, 저장 데이터에 대해 IT 통제가 이루어짐
  - 접속이 가능하지만 데이터를 개인용 기기에 저장하는 것은 금지됨

e정책 2: 정보 프라이버시 정책

데이터 프라이버시에 대한 사전 동의informed consent란 기업이 고객의 개인 데이터를 수집하고 활용하기 전에 명확한 동의를 얻는 과정을 의미하며, 이를 통해 데이터 활용 방식에 대한 투명성을 보장하고, 개인이 자신의 정보 공유 여부를 신중하게 결정할 수 있도록 한다. AI 시스템은 훈련 및 개선을 위해 대량의 데이터 접근이 필요하다. 이로 인해 개인 정보 보호, 데이터 보안, 그리고 개인정보의 악용 가능성에 대한 우려가 제기되고 있다. 따라서 강력한 데이터 보호 조치를 마련하고, 데이터 활용에 대한 사전 동의를 얻는 것은 매우 중요한 윤리적 고려사항이다. 조직이 자신의 정보를 보호하고자 한다면, 명확한 정보 프라이버시 정책을 수립하는 것이 필수적이다.

- **정보 프라이버시 정책**information privacy policy: 정보 프라이버시와 관련된 일반적인 원칙들을 포함한다.
- **공정정보규정**Fair Information Practices(FIPs): 개인정보의 수집과 사용을 관장하고 프라이버시와 정확도 관련 이슈를 다루는 표준의 집합이다.

유럽은 세계에서 가장 강력한 공정정보규정을 적용하고 있다.

- **개인정보보호규정**General Data Protection Regulation(GDPR): 유럽연합EU 시민의 개인정보를 수집하고 처리하는 가이드라인을 정하는 법률적인 프레임워크이다.

GDPR은 2018년 5월 25일부로 전 EU 지역에서 발효되었고 EU 시민의 개인정보를 보호하기 위해 법률을 개정하도록 설계되었다. GDPR은 EU 시민들이 본인들의 개인정보에 접근할 수 있는 권한을 강화하였다. 대규모 데이터 침해가 소니Sony, 에퀴팩스Equifax, 링크드인LinkedIn, 타겟Target 등의 기업에서 발생하고 있어서, 기업들이 사용자의 개인정보를 공정하고 책임질 수 있게 사용하고 있다고 사용자가 신뢰할 수 있도록 데이터 보호를 해야 한다.

- 당신이 본인이나 가족 이외의 개인의 정보를 수집하고 있다면, GDPR을 준수해야 한다.
- 영국의 데이터보호제도는 2018년 데이터보호법Data Protection Act 2018과 GDPR(일부가 영국 법의 일부에 포함됨)에 규정되어 있다. 데이터를 어떻게 및 왜 사용하는지를 생각하고 정당화할 책임을 부여하는 유연하며 위험에 기반한 접근방법이다.
- **개인정보보호위원회**Information Commissioner's Office는 영국 내에 정보 보호를 규제한다. 조언과 지도를 제공하고, 모범 사례를 발굴하고, 감사와 자문을 위한 방문을 하고, 불만사항을 수집하고, 준수 여부를 모니터하며, 필요한 경우에는 강제조치를 취한다.

GDPR에 따라, 개인의 데이터가 파괴, 손실, 변경, 무단 공개 또는 접근되는 경우, 해당 사건이 관련된 개인에게 피해를 줄 가능성이 있다면, 해당 국가의 데이터 보호 규제기관에 보고해야 한다. 이러한 피해에는 금전적 손실, 기밀 정보 유출, 명예 훼손 등이 포함될 수 있으며, 이에 국한되지 않는다.

GDPR에 대해 가장 주요하고 가장 많은 논의가 되어온 요소는 GDPR을 준수하지 않는 기업에 대해 규제기관이 벌금을 부과할 수 있다는 것이다. 기업이 개인의 정보를 정확한 방식으로 처리하지 않는 경우에 벌금을 부과할 수 있다. 데이터보호책임자data protection officer의 선임을 요구했는데 불응한 경우에는 벌금을 부과할 수 있다. 보안침해가 발생한 경우에 벌금을 부과할 수 있다. 프랑스의 개인정보보호위원회는 2019년 1월 21일에 구글에게 5천만 유로를 벌금으로 부과했다. 구글의 검색엔진, 구글 맵스, 유튜브 등의 구글에서 제공되고 있는 서비스에서 사용자의 개인정보를 수집해서 개인화된 광고에 사용하는 방식에 대해 적절하게 공개하지 않은 것이 벌금 부과 사유이다.

EU의 법무 · 기본권 · 시민권 담당 집행위원이었던 비비안 레딩Viviane Reding은 "잊힐 권리The Right to be Forgotten"라는 포괄적인 개인 프라이버시 권리를 도입하는 유럽연합 집행위원회의 제안을 발표했다.

- **잊힐 권리**The Right to be Forgotten: 개인이 자신의 프라이버시를 침해하는 모든 콘텐츠를 삭제하도록 요청할 수 있는 권리를 의미한다.

잊힐 권리는 디지털 시대에서 발생하는 긴급한 문제를 해결하기 위한 개념으로, 오늘날 인터넷상에서는 모든 사진, 상태 업데이트, 트윗 등이 클라우드에 영구적으로 남아 있기 때문에 과거에서 벗어나기가 매우 어렵다는 점에 주목하고 있다. 유럽사법재판소 ECJ의 판결을 준수하기 위해, 구글은 개인이 온라인 프라이버시를 침해하는 링크 삭제를 요청할 수 있는 새로운 온라인 양식을 만들었다. 시행 첫 달 동안, 구글은 5만 건 이상의 링크 삭제 요청을 받았다. 그러나 미국에서는 잊힐 권리가 표현의 자유freedom of speech와 충돌할 수 있다고 보는 견해가 많다. 이 문제는 법적 · 윤리적으로 흥미로운 딜레마를 제기한다.

e정책 3: 망 이용 목적 제한 정책

승인된 사용자는 컴퓨터 시스템, 네트워크, 소프트웨어, 인터넷 접속과 같은 기업의 자원을 사용해야 하며, 이러한 자원이 조직의 목표와 가치에 부합하는 방식으로 책임감 있게 활용되도록 보장하는 것이 중요하다.

- **허용 가능한 사용 정책**Acceptable Use Policy(AUP): 기업의 이메일, 정보 시스템, 인터넷 등에 접근하기 위해 사용자가 정책을 준수할 것을 동의하도록 요구하는 정책
- **인터넷 사용 정책**Internet Use Policy: 인터넷을 올바르게 사용하는 방법에 대한 기본 원칙을 포함하는 정책

허용 가능한 사용 정책은 기업의 민감하고 기밀적인 정보 보호를 위해 정보의 처리, 접근, 저장, 공유 방법을 명확하게 규정한다. 이 정책은 직원들이 지적 재산권, 영업 비밀, 고객 데이터, 기타 독점 정보를 적절하게 사용하고 보호할 수 있도록 기대치를 설정한다. 또한, 허용 가능한 사용 정책에는 보통 부인 방지nonrepudiation 조항이 포함된다.

- **부인 방지**nonrepudiation: 전자상거래 참여자가 자신의 온라인 행동을 부인하지 못하도록 보장하는 계약 조항

많은 기업과 교육 기관에서는 직원이나 학생이 네트워크에 접근하기 전에 허용 가능한 사용 정책에 서명하도록 요구한다. 허용 가능한 사용 정책은 사이버 보안 및 데이터 보호와 관련하여 허용되는 행동을 정의함으로써 보안 위험을 완화하는 데 중요한 역할을 한다. 이 정책에는 비밀번호 관리, 소프트웨어 업데이트, 데이터 백업, 악성코드 및 기타 사이버 위협에 대한 보호 지침이 포함될 수 있다. 허용 가능한 사용 정책은 책임감 있는 사용을 장려하고 보안 프로토콜 준수를 촉진함으로써 데이터 유출, 무단 접근, 기타 보안 사고의 위험을 줄이는 데 기여한다. 허용 가능한 사용 정책의 한 형태로 인터넷 사용 정책Internet Use Policy이 있다.

인터넷 사용 정책 인터넷에는 사용자들이 이용할 수 있는 엄청난 양의 자원들이 있는데, 그것들이 합법적으로 사용되는 것이 중요하다. 추가적으로 인터넷엔 어떤 사람들에겐 불쾌하게 다가올 수 있는 내용들이 많이 있는데, 이런 것들 때문에 직장에서 규정을 만드는 것은 필수적이다. 일반적인 인터넷 사용 정책들은:

- 사용자들이 이용 가능한 인터넷 서비스들을 설명한다.
- 조직이 언제 인터넷에 접속하는 것을 허락하고, 이 때 만약 제한조건들이 있다면 그것들이 무엇인지 설명한다.
- 자료의 출처를 확실히 알아두는 것, 불쾌한 자료를 다루는 것, 조직의 명성에 해를 끼치지 않는 것에 대한 사용자의 책임을 설명한다.
- 간약 정책을 어겼을 때 받을 처벌에 대해 설명한다.

다음은 인터넷 사용 정책에서 금지될 수 있는 행위의 예이다.

- **사이버 반달리즘**cybervandalism: 웹사이트의 정보를 전자적으로 훼손하는 행위이다.
- **타이포스쿼팅**typosquatting: 누군가 고의적으로 유명 도메인 네임의 일부 철자를 변경하여 도메인을 등록할 때 발생하는 문제이다. 이런 변형은 때때로 주소창에 URL 철자를 잘못 입력하는 소비자들을 유혹하기도 한다.
- **웹사이트 네임 도난**website name stealing: 웹사이트의 관리자를 사칭하여 도메인 네임의 소

비즈니스 중심적 토론

정보 – 과연 윤리를 가지고 있는가?

한 고등학교 교장이 동네 스타벅스에서 그의 교직원들, 월급, 학생들의 시험 성적 등 기밀 정보에 대한 대화를 핸드폰으로 하는 것이 좋겠다고 생각했다. 한 학생의 부모가 바로 옆에 앉아있다는 것을 알지 못한 채 그는 그의 직원들과 학생들에 관한 민감한 정보들을 얘기했다. 화가 난 학부모가 곧 학교 이사회에 교장의 부적절한 행동에 대해 보고했고, 그 상황을 어떻게 처리해야 하는지에 대한 위원회가 결성되었다.

협업 도구들, e-비즈니스, 인터넷의 물결로 인해 직원들은 직장 밖에서, 그리고 전통적인 근무시간 외에도 일하는 자신을 발견하게 되었다. 원격 근무의 장점은 증가된 생산성, 감소된 비용, 근로자들이 일하고 싶은 장소와 시간을 정하게 됨에 따라 증진되는 사기 등이 있다. 불행히도 새로운 형태의 윤리적 문제점들과 정보 보안 위험들과 같이 원격 근무와 관련된 단점들 또한 존재한다.

조를 지어 다음과 같은 주장에 대해 토론해보자: 정보는 그 어떤 윤리도 가지고 있지 않다. 만약 당신이 교장의 스타벅스에서의 부적절한 대화를 조사해야 하는 위원회에 선정되었다면, 어떤 질문을 하고 싶은가? 만약 문책이 있게 된다면, 그것은 어떤 형태의 것이 되겠는가? 이러한 일이 다시는 일어나지 않게 하기 위해 학교에 어떤 정책을 적용할 것인가? 잠재적 윤리 문제와 정보 보안 쟁점들과 함께 원격 근무가 어떻게 비즈니스에 영향을 끼치는지 표현해 보도록 한다.

유권을 다른 웹사이트 소유자로 변경하는 방법으로 웹사이트 이름을 훔치는 행위이다. 이러한 방식의 인터넷 사용은 모두 용납되지 않는다.

- **인터넷 검열**internet censorship: 정부가 인터넷 트래픽을 통제하여 국민들이 특정 정보를 볼 수 없도록 하려는 시도를 말한다.

e정책 4: 이메일 프라이버시 정책

이메일은 조직 안에서 너무나 침해되기 쉬운 정보이기 때문에 그것만을 다루는 특별한 정책을 필요로 한다. 많은 직장인들은 의사소통 수단으로 이메일을 애용한다.

- **이메일 프라이버시 정책**email privacy policy: 이메일의 어느 부분이 타인에게 공개될 수 있는가를 상세하게 정하는 것이다.

이메일과 인스턴트 메시징이 가장 흔한 비즈니스 의사소통 도구들인데, 이것들을 사용하는 것과 관련된 위험들이 존재한다. 예를 들어, 송신된 이메일은 최소한 3~4개의 컴퓨터에 저장된다(그림 4.7). 내 컴퓨터에 저장된 이메일을 지운다고 해서 다른 컴퓨터에 저장된 동일한 이메일이 지워지는 것은 아니다. 기업들은 이메일 프라이버시 정책을 구현하고 준수함으로써 이메일 시스템을 사용하면서 생기는 위험들을 줄일 수 있다.

이메일과 관련된 주요한 문제 중의 하나는 사용자가 프라이버시를 기대한다는 것이다. 대부분의 경우 이메일의 프라이버시가 보호받는다는 가정은 미국 제1종 우편 서비스의 프라이버시가 보호받는다는 가정과 마찬가지로 그릇된 것이다. 일반적으로 이메일 시스템을 보유한 조직은 보유한 시스템을 원하는 만큼 개방적이거나 폐쇄적으로 운영할 수 있다. 조사에 따르면 대다수의 기업들은 기밀 자료들이 새는 것을 막기 위해 정기적으로 직원들의 이메일을 읽고 분석한다고 한다. 이것은 만약 기업이 모든 직원의 이메일을 읽고 싶어 하면, 그렇게 할 수 있다는 뜻이다. 기본적으로 업무용 이메일을 업무 이외의 일에 사용하는 것은 현명하지 못하다.

이메일 서비스를 가입할 때, 각 사용자는 일반적으로 이메일 프라이버시 정책을 제시받으며, 해당 정책에 동의해야 한다. 이 정책에는 사용자가 준수해야 할 특정 조건이 포함된다.

- 서비스를 법률을 위반하는 행위에 사용하지 않을 것
- 어떤 컴퓨터 네트워크나 사용자의 보안을 침해하려는 시도를 하지 않을 것
- 사전 허가 없이 그룹에 상업적 메시지를 게시하지 않을 것
- 부인 방지 행위를 하지 않을 것

스팸 문제 메일은 접수원부터 CEO까지 조직 내 모든 직원들에게 피해를 주며, 이메일 시스템을 과부하시키고 정상적인 비즈니스 프로젝트에 사용될 MIS 자원을 낭비하게 만든다.

- **스팸**spam: 원치 않은 메일이다.

스팸 메일은 시간, 대역폭, 저장 공간 등 중요한 자원을 소모한다. 대량의 스팸 메시

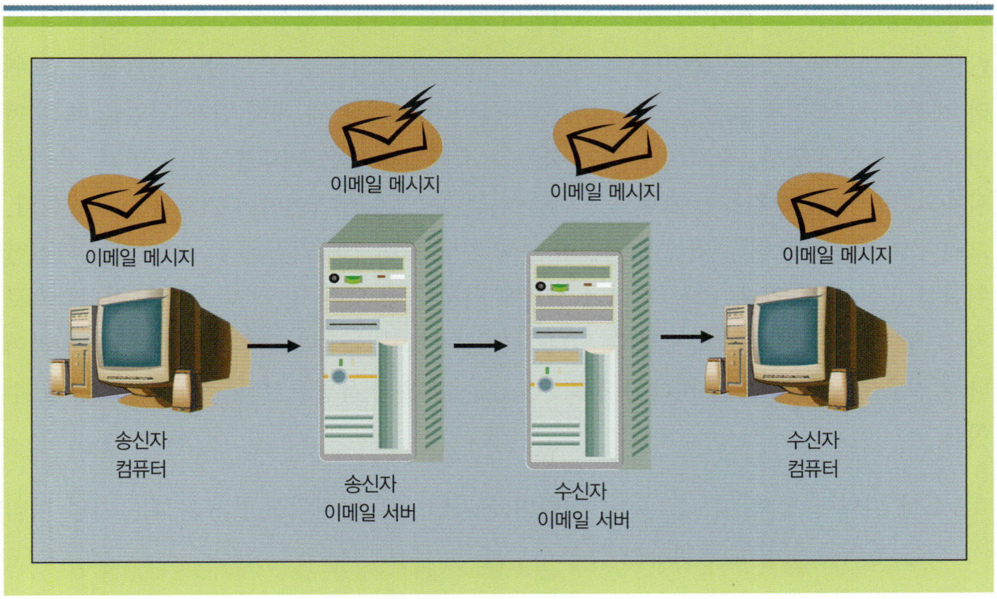

그림 4.7

이메일은 여러 개의 컴퓨터에 저장된다

지를 처리하는 것은 시간이 많이 걸리고 직원들의 집중력을 방해하여 생산적인 업무에서 주의를 분산시킨다. 스팸 메일은 직원들의 받은 편지함을 가득 채워 정상적인 업무 이메일을 찾기 어렵게 만든다. 스팸을 분류하고 삭제하는 과정은 시간이 걸리며, 업무 흐름을 방해하여 생산성을 저하시킬 수 있다. 또한, 스팸 메일에는 악성 링크나 첨부 파일이 포함될 가능성이 높아 이를 통해 악성코드, 바이러스, 피싱 공격이 기업 시스템에 침투할 수 있다. 이러한 공격에 노출되면 데이터 유출, 금전적 손실, 기업 평판 훼손과 같은 심각한 피해를 초래할 수 있다.

- **안티-스팸 정책**anti-spam policy: 이메일 사용자들에게 상대방이 요청하지 않은 이메일(스팸)을 보내지 말라고 명시한다.

안티-스팸 정책, 법, 소프트웨어를 만드는 것은 어려운 일인데, 왜냐하면 스팸을 걸러낼 수 있는 공통된 지표가 없기 때문이다. 한 사람의 스팸은 다른 사람의 소식지가 될 수 있다. 스팸의 정의는 사람마다 다르고 회사마다 다르기 때문에 결국 최종 사용자들이 어떤 것이 스팸인지 결정해야 한다.

- **옵트 아웃**opt out: 사용자는 원하지 않는 이메일을 수신 거부할 수 있다.
- **옵트 인**opt in: 사용자는 원하는 이메일의 수신을 허용할 수 있다.

스팸 필터, 스팸 탐지 소프트웨어, 스팸 방지 규정 준수와 같은 스팸 방지 조치를 시행함으로써 기업은 스팸의 부정적인 영향을 줄이고, 자원과 시스템을 보호하며, 기업의 평판을 유지하고, 고객 및 이해관계자와의 효과적인 커뮤니케이션을 우선시할 수 있다.

e정책 5: 소셜 미디어 정책

샌드위치에 방귀를 뀜으로서 식품위생법을 위반한 두 명의 도미노 피자 직원들에 대한 유튜브 동영상을 본 적이 있는가? 수십만의 사람들이 이 동영상을 보았고, 역겨워진 사람들이 트위터에 불만을 쏟아내고 나서야 도미노 피자 회사는 그 사실을 알아챘다. 트위터 계정을 갖고 있지 않았던 도미노의 간부들이 이 트윗들에 대해 알게 되었을 때는 이미 때는 늦은 후였다. 소셜 미디어의 사용은 조직에게 많은 혜택을 줄 수 있고, 올바로 사용되기만 하면 직원들이 브랜드를 만들어 낼 수 있는 어마어마한 기회들을 제공한다. 그러나 기업을 대표하는 몇몇 직원들이 전체 기업 브랜드에 먹칠을 할 수도 있는 막심한 위험성 또한 갖고 있다. 소셜 미디어 정책에 적용할 수 있는 몇 가지 지침을 정의함으로써 그러한 위험성을 최소화시킬 수 있다. 기업들은 직원들의 온라인 소통에 대한 원칙이나 지침을 수립하는 **소셜 미디어 정책**social media policy을 적용함으로서 스스로를 보호할 수 있다.

- **소셜 미디어 정책**social media policy: 직원의 온라인 커뮤니케이션을 규율하는 기업 지침 또는 원칙을 명확히 정의하는 것

기업의 온라인 명성을 보호하기 위해서는 하나의 소셜 미디어 정책으로는 부족할 지도 모른다. 기업이 선택할 수 있는 추가적이고 더 구체적인 소셜 미디어 정책들은 다음의 예들을 포함한다.

- 브랜드 커뮤니케이션에 대해 자세하게 설명하는 직원 온라인 커뮤니케이션 정책
- 직원 블로그와 개인 블로그 정책
- 직원 소셜 네트워크와 개인 소셜 네트워크 정책
- 직원 엑스(이전의 트위터), 기업 엑스, 개인 엑스 정책
- 직원 링크드인LinkedIn 정책
- 직원 페이스북 사용과 브랜드 사용 정책
- 기업 유튜브 정책

조직들은 계속적으로 블로그, 메시지 보드, 소셜 네트워크 사이트, 미디어 공유 사이트들을 감시함으로써 기업의 온라인 평판을 보호해야 한다. 그러나 수 백 개의 소셜 미디어 사이트들을 감시하는 것은 힘겨운 일이다. 이러한 문제점들을 해결하기 위해 온라인 소셜 미디어 감시를 전문으로 하는 회사들이 있다. 예를 들어, 소셜 미디어 모니터링 기업은 기업 간부가 한 눈에 모든 아이템들의 요약 내용, 제목, 소스, 올려진 날짜를 확인할 수 있는 디지털 대시보드를 만들어준다. 이 대시보드는 어떤 대화가 오고가는지 뿐만 아니라 특정 사람, 블로그, 혹은 소셜 미디어 사이트의 영향력까지도 보여준다.

- **소셜 미디어 모니터링**social media monitoring: 회사나 개인, 제품, 브랜드 등에 대한 언급을 모니터링하고 대응하는 과정이다.
- **소셜 미디어 관리자**social media manager: 소셜 미디어 모니터링 업무의 책임자로서, 기업, 개인, 제품, 또는 브랜드가 소셜 미디어에 노출되는 것을 모니터링하고, 촉진하고, 여과하고, 유도한다.

사이버 괴롭힘 Cyberbullying 사이버 괴롭힘은 특정 개인이나 그룹을 대상으로 반복적이고

의도적인 공격적인 행동을 가하는 것을 의미하며, 정서적 고통, 수치심, 또는 피해를 유발하는 것을 목적으로 한다.

- **사이버 괴롭힘**Cyberbullying: 소셜 미디어 플랫폼, 문자 메시지, 온라인 포럼 등 디지털 커뮤니케이션 기술을 이용하여 다른 사람을 괴롭히거나, 협박하거나, 위협하거나, 모욕하는 행위
- **사이버 괴롭힘 정책**Cyberbullying Policy: 조직이나 교육 기관 내에서 사이버 괴롭힘과 관련된 지침, 기대되는 행동, 그리고 처벌 조치를 명확히 규정하는 정책

사이버 괴롭힘은 다양한 방식으로 나타날 수 있다.

- 모욕적인 메시지를 보내는 행위
- 루머나 허위 정보를 퍼뜨리는 행위
- 수치심을 유발할 수 있는 사진이나 영상을 공유하는 행위
- 타인을 괴롭히기 위해 가짜 프로필을 만드는 행위

이러한 행위는 피해자에게 심각한 심리적 · 정서적 영향을 미칠 수 있으며, 이는 불안, 우울, 사회적 고립으로 이어질 수 있고, 심한 경우 자해 또는 극단적 선택으로까지 이어질 위험이 있다.

많은 국가에서는 사이버 괴롭힘을 불법 행위로 간주하지 않으며, 이는 법적으로는 허용되지만, 윤리적으로는 용납될 수 없는 모호한 영역에 해당한다. 그러나 사이버 괴롭힘 문제가 심각해짐에 따라, 일부 정부기관은 이를 명예훼손과 같은 민사 소송의 대상으로 삼거나, 관련 법률을 새롭게 제정하는 등 대책을 마련하고 있다.

e정책 6: 직원 모니터링 정책

이제 직원 모니터링은 선택 사항이 아니다. 그것은 위험 관리 의무사항이다. 아일랜드 은행의 CEO인 마이클 소든은 직원들에게 회사 장비로 불법 웹사이트를 웹서핑 하지 말 것을 명시하는 지시를 내렸다. 그 다음 그는 MIS 부서를 운영하도록 휴렛-패커드Hewlett-Packard를 고용했는데, 불법 웹사이트가 소든 자신의 컴퓨터에서 발견되었고 그는 사임을 할 수 밖에 없었다. 직원들을 모니터링 하는 것은 CIO들이 정보 관리 정책을 만들 때 당면하는 가장 큰 어려움 중에 하나이다.

물리적 보안physical security은 경보기, 경비원, 방화문, 담장, 금고 등과 같은 유형(有形)의 보호물을 말한다. 새로운 기술들은 고용인이 직원들 행동의 다양한 면들을 (특히 전화, 컴퓨터 단말기, 전자 혹은 음성 메일, 인터넷을 사용할 때) 모니터링 하는 것을 가능하게 했다. 이러한 모니터링은 사실 그 어떤 규제도 받고 있지 않다. 따라서 기업의 정책에 달리 명시하지 않는 한(심지어 이것도 보장하진 못한다), 당신의 고용주는 당신 직장에서 일어나는 대부분의 의사소통을 듣고, 보고, 읽을 지도 모른다.

- **작업장 MIS 모니터링**workplace MIS monitoring: 키 입력 수, 실수율, 거래 처리 건수 같은 수단을 이용해서 사람들의 행동을 추적하는 것이다(그림 4.8).

그림 4.8

인터넷 모니터링 기술들

일반적인 모니터링 기술	
키 로거 소프트웨어 key logger software	모든 키보드 입력과 마우스 클릭을 기록하는 프로그램
하드웨어 키 로거 hardware key logger	키보드와 마더보드motherboard 사이에 전송되는 키보드 입력 신호를 캡처하는 하드웨어
쿠키cookie	웹사이트에서 사용자 하드 드라이브에 설치하는 작은 파일로 고객 정보와 웹사이트 사용 정보를 포함하고 있음. 쿠키는 일반적으로 고객의 동의 없이 웹사이트에서 고객의 방문 정보를 기록하게 해줌
애드웨어adware	사용자가 인터넷에서 프로그램을 다운 받을 때 컴퓨터에 설치되어 광고를 만들어 내는 소프트웨어
스파이웨어spyware	무료 소프트웨어를 다운받을 때 함께 다운되어 사용자의 온라인 활동을 추적하고, 컴퓨터에 저장되어 있는 정보를 탐색하고, 컴퓨터의 CPU와 저장장치를 사용자가 알지 못하는 용도로 이용하는 소프트웨어
웹 로그web log	특정 웹사이트에 방문하는 모든 사람들의 정보로 구성되며 일반적으로 웹 서버에 저장되어 있음
클릭스트림clickstream	고객이 웹을 이용하는 동안 방문하는 사이트, 사이트에 머문 시간, 열람한 광고, 구매한 상품 등의 정보를 기록

조직에서 직원들을 모니터링 할 계획을 세우는 가장 좋은 방법은 직원 모니터링 정책을 포함하는 개방적 의사소통이다.

- **직원 모니터링 정책**employee monitering policy: 해당 이슈에 대해 정확히 어떻게, 언제, 어디서 기업이 직원들을 모니터링하는지를 정확히 밝히는 것

직원 모니터링 정책을 만들 때 조직이 참고해야 할 조항들은 다음을 포함한다:

- 언제, 그리고 무엇을(이메일, 인스턴트 메시징, 인터넷, 네트워크 활동 등) 모니터링하는지를 가능한 구체적으로 밝힐 것
- 기업이 모든 직원들을 모니터링할 수 있는 권한을 보유하고 있다는 것을 명확하게 나타낼 것
- 정책을 위반한 경우의 조치 사항에 대해 명시할 것
- 항상, 누구에게나 정책을 실시할 것

많은 직원들은 회사에서 제공하는 고속 인터넷을 이용하여 쇼핑을 하거나, 웹 서핑을 하거나, 개인적인 용도로 인터넷을 사용한다. 대부분의 관리자들은 직원들이 근무 시간 동안 개인적인 업무를 보는 것을 원하지 않으며, 이에 따라 직원 모니터링을 강화하는 '빅 브라더Big Brother' 방식을 도입하기도 한다. 그러나 많은 경영 전문가들은 신뢰를 기반으로 한 기업 문화가 불신을 기반으로 한 기업 문화보다 더 성공적이라고 주장한다. 따라서 조직이 모니터링 기술을 도입하기 전에 "이러한 조치는 우리가 직원들을 어떻게 생각하는지를 반영하는 것인가?"라는 질문을 스스로 던져볼 필요가 있다.

만약 조직이 직원들을 신뢰하지 않는다면, 아마도 새로운 인력을 채용하는 것이 더

비즈니스 중심적 토론

직원 감시하기

기업은 생산성, 보안, 규정 준수를 위한 정당한 모니터링과 직원들의 프라이버시 및 개인 영역을 존중하는 것 사이에서 균형을 맞추려고 노력한다. 이를 위해 명확한 정책을 수립하고, 사전 동의를 얻으며, 모니터링 과정의 투명성을 보장하는 것이 건강하고 윤리적인 근무 환경을 유지하는 데 필수적이다. 그러나 다음과 같은 부적절한 직원 모니터링 사례가 존재한다.

- 직무와 관련 없는 경우에도 직원의 위치를 지속적으로 추적하는 행위
- 정당한 이유나 동의 없이 직원의 개인 스마트폰, 태블릿, 기타 개인 기기에 접근하거나 모니터링하는 행위
- 직원의 개인 이메일, 인스턴트 메시지, 비공개 소셜 미디어 계정을 정당한 사유 없이 열람하는 행위
- 인종, 성별, 종교, 성적 지향 등의 특성을 기준으로 특정 직원이나 그룹을 타깃 삼아 감시하는 행위(이는 편향적 대우 또는 직장 내 괴롭힘으로 이어질 수 있음)
- 직원의 직무 수행과 무관한 소셜 미디어 활동을 추적하는 행위, 예를 들어 개인적인 의견, 정치적 신념, 사회적 교류까지 감시하는 것

조직이 직원을 모니터링할 권리를 갖고 있다고 생각하는가, 아니면 반대하는가? 조직의 관리자로서 직장 내 모니터링이 부적절하지 않도록 보장하는 방법은 무엇인가? 또한, 조직이 회사 소유 컴퓨터에서 주고받은 모든 이메일(개인 Gmail 계정 포함)을 열람할 권리를 갖고 있다고 생각하는가, 아니면 반대하는가?

나을 수도 있다. 반대로 조직이 직원들을 신뢰한다면, 그에 맞는 방식으로 직원들을 대우하는 것이 바람직하다. 조직이 직원의 모든 키보드 입력을 감시하는 방식을 취한다면, 의도하지 않게 직원과의 관계를 악화시킬 위험이 있다. 또한, 직원 모니터링으로 인해 발생하는 부정적인 효과가 직원들의 웹 서핑으로 인한 생산성 저하보다 더 클 수도 있다.

section 4.2 | 정보 보호

학습 성과

4.3 해커와 바이러스의 관계와 차이점을 설명한다.

4.4 정보 보호 정책과 정보 보호 계획 간의 관계를 기술한다.

4.5 세 가지 주요 정보 보호 영역인 (1) 인증 및 인가, (2) 예방 및 저항, (3) 탐지 및 대응의 예를 들 수 있다.

지적 자산의 보호

MIS와 비즈니스 프로세스 사이의 필수적인 상호의존을 정확하기 설명하기 위해선 우리는 오래된 비즈니스계의 격언인 "시간은 돈이다"를 "가동 시간uptime은 돈이다"로 바꿀 필요가 있다.

- **다운타임**downtime은 시스템이 작동하지 못하는 기간을 뜻한다.

계획에 없는 다운타임은 언제라도 일어날 수 있는데, 그 이유는 토네이도가 될 수도 있고, 그저 물이 새서일 수도 있고, 혹은 네트워크 오류나 정전 때문에 발생할 수도 있다(그림 4.9). 비록 자연 재해들이 MIS 중단의 가장 파괴적인 원인일지는 모르나, 그것들

그림 4.9
예상치 못한 다운타임들의 원인

예상치 못한 다운타임들의 원인		
폭탄 위협	파이프 동파	연기 피해
파열된 파이프	해커	폭설
화학물질 유출	우박	스프링클러 오작동
건설시공	허리케인	정전기
오염된 자료	얼음 폭풍	파업
지진	벌레	테러
전력 부족	번개	강도
전염병	네트워크 오류	토네이도
장비의 허술함	비행기 사고	기차 선로 이탈
대피	정전	반달리즘
폭발	이상 전압[2]	교통사고
화재	쥐	바이러스
홍수	사보타지	수해(다양한)
사기	파쇄된 자료	바람

2) power surge. 번개나 스위칭 등으로 인하여 전압이 급격히 올라가는 것.

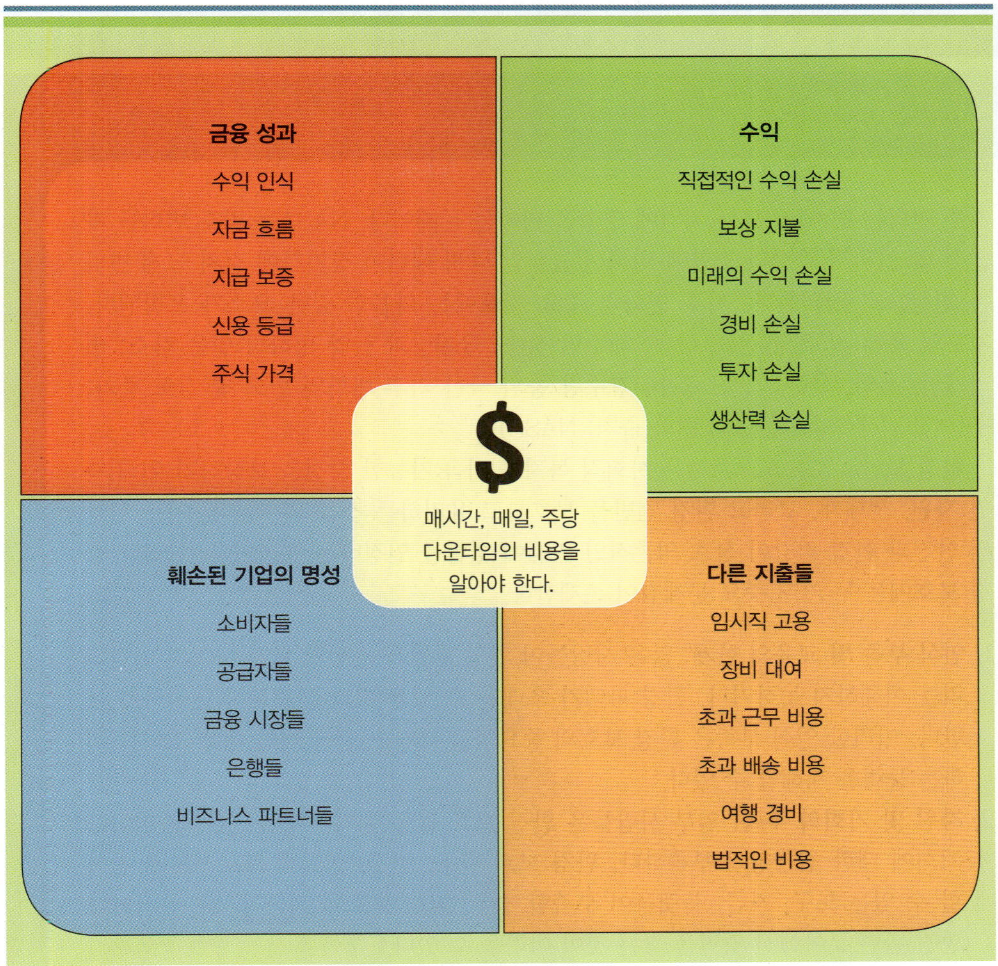

그림 4.10

다운타임의 비용

은 자주 일어나지도 않고 또한 비용이 가장 높은 것도 아니다. 그림 4.10은 다운타임의 비용은 수익의 상실에만 관련된 것이 아니라, 금융 성과, 기업의 명성, 심지어는 여행경비 혹은 법적 경비에까지 관련이 되어 있다는 것을 보여준다. 다운타임의 비용을 판단할 때 관리자들이 스스로에게 물어야 하는 질문들의 몇 가지 예는 다음과 같다.

- 비즈니스에 미치는 타격을 최소로 유지하는 한에서 기업은 몇 개의 거래를 잃는 것을 감당할 수 있는가?
- 기업이 의존하는 핵심적인 어플리케이션mission-critical applications이 몇 개인가?
- 핵심적인 어플리케이션을 사용할 수 없는 기간 중, 한 시간당 잃게 되는 기업의 수익은 얼마인가?
- 다운타임 한 시간당 생산성과 관련된 비용은 무엇인가?
- 예상치 못한 IT 불능 상태로 인해 파트너들, 공급자들, 소비자들 사이의 협업적 비즈니스 프로세스들은 어떤 영향을 받을 것인가?
- 예상치 못한 다운타임으로 인한 수익 상실과 생산성 상실의 총 비용은 무엇인가?

IT 시스템의 신뢰도와 회복력은 비즈니스의 세계화, 24/7 운영, 정부와 무역 규제들,

비즈니스 중심적 ESG

환경 보안: 모두를 위한 안전 보장

기후 변화는 전 세계 모든 지역에 영향을 미치는 문제이다. NASA는 기후 변화를 자연적 및 인위적 과정의 조합에 의해 평균적인 날씨 패턴이 장기간에 걸쳐 크게 변하는 현상으로 정의한다. 기후 변화의 주요 지표에는 다음과 같은 요소가 포함된다. 지구의 육지 및 해양 온도 상승; 해수면 상승; 극지방과 산악 빙하의 얼음 감소; 허리케인, 폭염, 산불, 가뭄, 홍수, 강수량 등의 극한 기후 변화의 빈도 및 강도 증가; 구름 및 식생(초목) 분포의 변화(출처: NASA)

환경 보안Environmental Security은 사회적 복지와 지속 가능한 발전을 보장하기 위해 자연 자원, 생태계, 그리고 환경 전반을 보호하고 유지하는 것을 의미한다. 이는 인간의 안전과 환경 건강이 상호 의존적인 관계에 있음을 인정하는 개념이다. 그러나 환경 보호에는 두 가지 주요 문제점이 존재한다.

1. **인식 부족 및 교육의 한계**: 많은 사람들이 환경 보안과 자신의 복지 사이의 연결고리를 이해하지 못하거나, 환경 파괴가 초래할 수 있는 결과를 충분히 인식하지 못한다. 이러한 인식 부족은 환경 보호의 중요성을 깨닫고, 적극적인 대응 조치를 취하는 능력을 저해할 수 있다.
2. **자원 및 기회의 부족**: 일부 사람들은 환경 보호 활동에 기여할 수 있는 자원이나 기회에 대한 접근성이 부족하다. 환경 보호 활동, 연구, 실천적 프로젝트에 참여할 수 있는 도구, 자금, 플랫폼이 부족할 경우, 환경 보호에 적극적으로 나서거나 환경 관련 분야에서 경력을 쌓는 것이 어려울 수 있다.

학생으로서 이러한 문제를 해결하기 위해 할 수 있는 일은 무엇인가? 환경 보안 활동을 홍보하고 적극적으로 참여할 기회를 찾는 방법은 무엇인가? 미래의 직업에서 지속 가능한 사고방식을 확산하기 위해 할 수 있는 일은 무엇인가?

국제 경기 침체, 도를 넘은 IT 예산과 자원 등에 성공적으로 대처하기 위해 필수적인 것이 되었다. 오늘날과 같은 비즈니스 환경에서 예상치 못한 다운타임은 회사에 지대한 영향을 미칠 수 있는 장 · 단기적 비용을 발생시킬 가능성을 내포한다.

- **사이버보안**cybersecurity: 사이버공격이 개인, 조직, 지역사회, 국가의 수준에서 초래할 수 있는 다양한 영향을 예방하고, 탐지하고, 대응하는 활동이다.
- **사이버공격**cyberattack: 컴퓨터 시스템에 접근하거나 피해를 주려는 악의적인 시도이다. 사이버공격은 다음과 같은 속성을 갖는다:
  - 컴퓨터, 휴대전화, 게임기 등의 기기를 사용한다.
  - 신원 도용을 포함한다.
  - 당신의 접근을 차단하거나 당신의 개인 문서나 사진을 삭제한다.
  - 어린이를 피해 대상으로 삼는다.

- 기업의 서비스, 물품의 운송, 전력 공급에 차질을 초래한다.

사이버공격은 당신에게 금전적인 손실, 개인정보의 탈취, 명성이나 안전의 훼손 등의 피해를 입힐 수 있다.

- **정보 보호**information security: 조직 내부 및 외부의 사용자에 의해 발생하는 우발적이거나 고의적인 오용으로부터 정보를 보호하는 것을 의미하는 광범위한 개념이다.

정보 보호는 다운타임과 관련된 위협들에 대비하기 위해 조직이 사용할 수 있는 주요 도구다. 정보 시스템을 어떻게 보호하는가를 이해하는 것은 다운타임을 최소화하고 가동 시간을 최대화하는 것의 핵심이다. 해커와 바이러스는 현재 정보 보호와 관련된 가장 핵심적인 두 가지 사안이다.

해커: 사업에 대한 심각한 위협

담배를 피우는 것은 사람의 건강에만 악영향을 끼치는 것은 아닌 것 같다; 그것은 기업의 보안에도 악영향을 끼치는 것 같은데 왜냐하면 해커들은 건물의 접근 권한을 얻기 위해 흡연 통로를 주기적으로 이용하는 것으로 보인다. 일단 건물에 들어온 후에 그들은 MIS 부서에서 나온 직원처럼 행동하는데, 그들은 기업의 네트워크에 접근하기 위해 직원의 컴퓨터를 사용해도 되냐고 묻거나 회의실 등을 찾아 자신의 컴퓨터를 연결시킨다.

- **해커**hacker: 기술 전문가로서 자신의 지식을 이용하여 컴퓨터와 컴퓨터 네트워크에 침입하는 사람들이다. 그들은 돈을 위해서 혹은 그저 도전을 하기 위해 해킹을 한다. 그림 4.11은 조직이 유의해야 하는 해커들의 유형을 보여준다.
- **차량 해킹**drive-by hacking: 침입자가 네트워크가 설치되어 있는 사무실이나 조직에 직접 들어가지 않고 무선 컴퓨터 네트워크에 접속해 데이터를 가로채고 네트워크 서비스를 이용하고, 공격 명령을 내리는 컴퓨터 공격이다.

윤리적 해커 모든 해커들이 나쁜 것은 아니다. 소프트웨어 버그와 취약점을 찾기 위해 기업들이 화이트햇 해커를 고용하는 것은 좋은 사업전략이 될 수 있다.

- **윤리적 해커**ethical hacker: 컴퓨터 시스템에 침입하여 취약점을 찾아내고, 기업이 보안 테스트를 할 수 있도록 돕는 사람을 의미한다. 윤리적 해커는 악의적이거나 범죄적

그림 4.11
해커의 유형

일반적인 해커의 유형
■ **블랙햇 해커**black-hat hacker: 타인의 컴퓨터에 침투하여 정보를 열람하거나, 훔치거나 파괴하는 사람
■ **크래커**cracker: 범죄 의도를 가지고 있는 해커
■ **사이버 테러리스트**cyberterrorists: 사람들에게 피해를 입히거나 중요 시스템과 정보를 파괴할 시도를 하며 인터넷을 대량 파괴의 무기로 사용하는 사람
■ **핵티비스트**hactivist: 철학이나 정치적 의도를 가지고 시스템에 침투하는 사람
■ **스크립트 키디**script kiddies, script bunnies: 인터넷에서 구한 해킹 프로그램 등으로 해킹을 시도하는 초보 해커
■ **화이트햇 해커**white-hat hacker: 시스템 소유자의 요청에 의해 시스템의 취약점을 탐색하는 사람

비즈니스 중심적 분석

Kaggle 대회 및 해커톤 지표

Kaggle은 세계에서 가장 큰 데이터 과학 플랫폼 중 하나로, 100만 명 이상의 등록 사용자를 보유한 AI 커뮤니티이다. Kaggle은 데이터 과학, 머신러닝, 예측 분석 문제를 해결하기 위한 다양한 경진대회를 개최하며, 참가자들은 최고의 모델과 알고리즘을 개발하여 경쟁한다. Kaggle은 커뮤니티 중심의 환경을 조성하여, 데이터 과학자, 머신러닝 전문가, 연구자들이 도전에 참여하고, 프로젝트에서 협업하며, 지식을 공유할 수 있는 기회를 제공한다. 이를 통해 Kaggle은 데이터 과학을 배우고, 기술을 선보이며, 실제 데이터 기반 문제 해결에 참여할 수 있는 플랫폼으로 자리 잡았다. Kaggle 대회의 심사위원들은 다양한 지표metrics를 사용하여 참가자의 성과를 평가한다. 주요 평가 기준은 다음과 같다.

- 협업 지표
- 혁신 및 창의성 지표
- 모델 성능 지표
- 참여도 지표
- 발표 및 커뮤니케이션 지표
- 프로젝트 지표
- 실제 영향 지표
- 기술적 지표

당신과 친구들은 Kaggle 대회에 참가하기로 결정했고 대회가 시작되기 전에 해커톤에서 사용되는 심사 지표를 이해하고자 한다. 위의 카테고리를 기반으로 Kaggle 대회에서 심사위원들이 분석하는 몇 가지 세부적인 평가 지표를 조사해보자.

인 의도 없이 해킹을 수행한다.

- **버그 바운티 프로그램**bug bounty program은 소프트웨어 버그를 발견해서 보고하는 개인들에게 보상을 하는 크라우드소싱 방안이다.

버그 바운티 프로그램은 악용될 수 있는 소프트웨어 취약점을 찾아내는 것에 대해 금전적인 보상을 하기 때문에 취약점 보상 프로그램vulnerability rewards program으로도 불린다. 보상금액은 조직의 규모, 시스템 해킹 난이도, 버그의 영향도 등을 고려하여 정해진다. 몇 가지 예를 들면 다음과 같다:

- 모질라는 모든 버그에 대해 동일하게 3천 달러씩 지불한다.
- 페이스북은 2만 달러를 지불한 경우가 있었다.
- 구글은 크롬 운영체제의 버그를 보고한 사람들에게 매년 70만 달러를 지불하고 있다.
- 마이크로소프트는 윈도우 8.1의 공격 취약점을 보고한 영국의 제임스 포쇼에게 10만

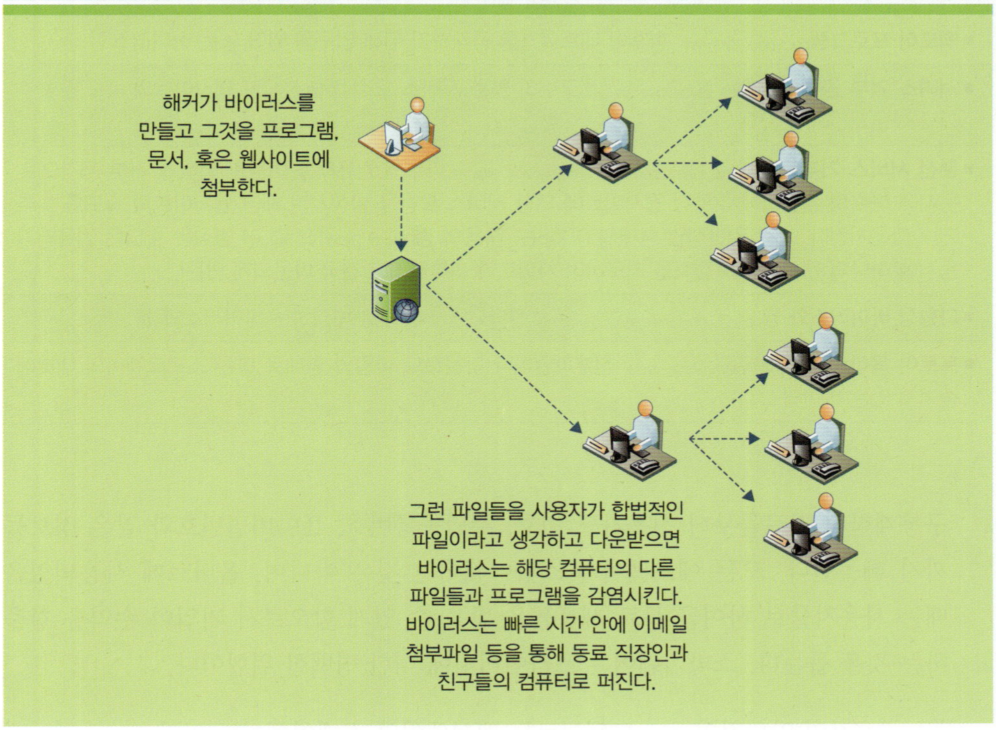

그림 4.12

컴퓨터 바이러스는 어떻게 퍼지는가?

달러를 지불했다.

- 애플은 iOS 안전 부팅 펌웨어의 오류에 대해 20만 달러를 지불했다.

바이러스: 사업에 대한 심각한 위협

컴퓨터를 위험에 빠지게 하는 것의 가장 흔한 형태는 바이러스이다.

- **바이러스**virus: 악의를 가지고 불편함이나 피해를 일으키도록 만든 소프트웨어이다. 어떤 해커들은 막대한 컴퓨터 피해를 일으키도록 바이러스를 만들고 남긴다. 그림 4.12는 바이러스가 어떻게 퍼져나가는지를 보여준다.
- **웜**worm: 파일을 통해서 뿐만 아니라 컴퓨터를 통해서도 감염된다.

바이러스와 웜의 가장 큰 차이점은 바이러스는 실행 파일과 같은 무언가에 기생하여 감염되지만, 웜은 숙주파일 없이 스스로 컴퓨터로 침입하여 전파된다는 것이다. 그림 4.13은 흔한 바이러스를 개괄적으로 설명하고 있다.

- **애드웨어**adware: 어떤 유용한 기능을 수행할 수 있게 도와주는 동시에 인터넷 광고주들이 컴퓨터 사용자의 동의 없이 광고를 보여줄 수 있도록 하는 것이다.
- **멀웨어**malware: 컴퓨터나 컴퓨터 시스템에 피해를 주거나 작동되지 못하게 할 의도로 작성된 소프트웨어이다.
- **스파이웨어**spyware: 애드웨어의 일종인데 사용자에 대한 자료를 모아 사용자의 동의 없이 인터넷으로 그 정보를 보내는 것을 말한다. 스파이웨어 프로그램들은 사용자에 대한 구체적인 자료들을 모으는데 이름, 주소, 브라우징 버릇들과 같은 일반적인 인

그림 4.13

일반적인 바이러스 형태

■ **백도어 프로그램**backdoor program: 향후에 네트워크를 공격하기 위해 입구를 열어 놓는 바이러스
■ **서비스 거부 공격**DoS, denial-of-service attack: 무수히 많은 서비스 요청을 발생시켜 웹사이트의 속도를 늦추거나 다운시킨다.
■ **분산 서비스 거부 공격**DDoS, distributed denial-of-service attack: 다수의 컴퓨터를 이용한 서비스 거부 공격으로, 동시에 다수의 컴퓨터에서 특정 웹사이트에 대한 서비스 요청을 발생시켜 해당 웹사이트의 속도를 늦추거나 다운시킨다. 가장 일반적인 형태의 DDoS는 '죽음의 핑Ping of Death'으로, 이 방식은 수많은 컴퓨터가 동시에 하나의 웹사이트에 접속을 시도하여 사이트가 과부하되고 결국 다운되게 만든다.
■ **다형성 바이러스와 웜**polymorphic viruses and worms: 전파되면서 형태를 변경하는 바이러스와 웜
■ **트로이 목마 바이러스**Trojan-horse virus: 첨부파일이나 다운로드 파일의 형태로 다른 소프트웨어의 내부에 숨겨져 있는 바이러스

구통계학적 자료들부터 신용카드 번호, 주민등록번호, ID, 비밀번호와 같은 정보들까지 빼돌린다. 모든 애드웨어가 스파이웨어인 것은 아니며, 올바르게 사용되었을 때는 사용자들로 하여금 무료 제품들을 받을 수 있게 함으로서 기업이 수익을 창출하는 것을 돕는다. 스파이웨어는 프라이버시에 대한 명백한 위협이다.

최근 대표적인 악의적인 소프트웨어로는 랜섬웨어와 스케어웨어가 있다.

- **랜섬웨어**ransomware: 컴퓨터를 감염시키고 돈을 요구하는 악성 소프트웨어이다.

심플라커는 개인 파일들을 암호화한 후 파일의 암호를 제공하는 조건으로 돈을 요구하는 신종 랜섬웨어이다. 랜섬웨어는 데이터 납치, 즉 공격자가 피해자의 데이터를 암호화하고 복호화 키에 대한 금전적 보상을 요구하는 것이다. 랜섬웨어는 이메일 첨부파일, 감염된 프로그램, 해킹 공격을 받은 웹사이트를 통해 전파된다. 랜섬웨어는 크립토바이러스, 크립토트로잔, 크립토웜으로 불리기도 한다. 공격자는 피해자로부터 금전을 탈취하기 위해 다양한 방식을 사용할 수 있다:

- 파일이 열리지 않는 것을 발견한 피해자가 (복호화를 위한) 개인키를 제공하는 대가로 비교적 소액의 배상금 요구를 이메일로 받는다. 공격자는 배상금이 특정일까지 지불되지 않으면 개인키는 삭제되고 데이터를 영원히 잃게 될 거라고 경고한다.
- 피해자가 경찰의 조사대상이라고 속인다. 불법 소프트웨어나 컨텐츠가 피해자의 컴퓨터에서 발견되었으니 전자적으로 벌금을 내야 하고 그 방법에 대해 안내받는다.
- 멀웨어가 피해자의 데이터를 은밀하게 암호화하고 그 외의 행동은 하지 않는다. 피해자가 데이터 복구의 방법을 인터넷에서 찾아볼 경우에, 공격자는 합법적인 웹사이트에서 랜섬웨어 방지 소프트웨어를 판매함으로써 금전을 취득한다.

전문가들은 데이터 납치를 방지하기 위해 사용자들이 데이터를 정기적으로 백업할 것을 요구한다. 공격이 발생한 경우에는 배상금을 지불하지 않고, 컴퓨터 디스크를 깨끗하게 지우고 백업된 자료를 다시 설치한다.

권한의 상향 조정elevation of privilege: 시스템에 손상을 입힐 목적으로 접근하는 사용자에게 당초에는 허가되지 않은 권한을 시스템이 승인하도록 유인하는 과정. 예를 들어, 공격자는 게스트 계정으로 네트워크에 접속 한 뒤 소프트웨어의 취약점을 이용해 공격자의 권한을 관리자로 변경한다.
혹스hoax: 혹스는 실제 바이러스가 포함된 가짜 바이러스 경고 메시지를 전송하여 컴퓨터 시스템을 공격한다. 정상적인 메시지로 위장한 혹스는 수신자가 다른 사용자들에게 메시지를 전파하도록 유인하여 그들의 동료와 친구들과 같은 더 많은 사용자들을 감염시키고 공격할 수 있도록 한다.
악성코드malicious code: 바이러스, 웜, 트로이 목마 등의 위협에 대한 통칭
패킷 변조packet tampering: 인터넷을 통해 전송 중인 패킷의 내용을 변경하거나 네트워크에 침투하여 컴퓨터 디스크의 데이터를 변경하는 것. 공격자는 패킷을 가로채기 위해 컴퓨터의 네트워크 라인에 탭을 설치하고, 정보가 네트워크를 통해 이동할 때 그것을 가로채어 변경할 수 있다.
스니퍼sniffer: 네트워크에서 데이터의 흐름을 모니터 할 수 있는 프로그램이나 장치. 스니퍼는 패스워드와 민감한 정보를 포함해 네트워크상에서 전송되는 모든 데이터를 보여준다. 스니퍼는 해커들이 가장 선호하는 무기이다.
스푸핑spoofing: 이메일에 표시된 송신자 주소를 위조하여 이메일이 실제 송신자가 아닌 엉뚱한 사람에게 온 것처럼 보이게 하는 것. 바이러스 제작자의 신원을 숨기기 위해 사용될 수 있고, 아이디나 패스워드를 재입력하도록 요구하여 중요 정보를 탈취할 수 있음
스플로그splog, spam blog: 스플로그는 관련 웹사이트의 검색 엔진 순위를 상승시키려는 목적으로 만들어진 허위 블로그이다. 그러나 정상적인 블로그들조차 스팸에 시달리고 있다. 스패머들은 블로그의 코멘트 기능을 이용해 스팸 사이트로 이동하는 링크가 담긴 코멘트를 블로그에 남긴다.
스파이웨어spyware: 무료 다운로드 소프트웨어에 숨겨져 사용자 컴퓨터에 설치되며, 사용자의 온라인 활동을 추적하고 컴퓨터에 저장된 정보를 탐색하고 CPU나 저장 공간을 몰래 사용하는 소프트웨어

그림 4.14
해커들의 무기

- **스케어웨어**scareware: 쓸모가 없거나 위험할 수도 있는 소프트웨어를 구입하거나 다운로드 받기 위해 개인정보를 제공하도록 피해자를 속이는 멀웨어의 일종이다.

스케어웨어는 시스템 오류 메시지와 닮은 팝업을 만들어내기 위해 컴퓨터 브라우저의 취약점을 이용하곤 한다. 진짜처럼 보이도록 디자인된 경고문에서는 사용자의 컴퓨터에서 감염된 파일이 대량 발견되었다고 알린다. 사용자가 감염된 파일을 치료하기 위해 전화를 걸거나 하이퍼링크를 클릭하도록 유도한다. 사용자가 전화를 걸면 가짜 소프트웨어를 구입하게 하여 신용카드정보를 받아내거나, 감염 치료 소프트웨어를 다운로드 받는 것으로 속여서 소프트웨어를 감염시킬 수 있는 멀웨어를 다운로드 받을 수 있는 웹사이트로 전달한다. 사기에 걸려들게 되면 쓸모없는 소프트웨어를 구입하는 게 지불한 금액만 피해보는 것이 아니라 본인의 컴퓨터를 사용할 수 없게 될 수도 있다. 그림 4.14는 해커들이 공격을 위해 사용하는 몇 가지 추가적인 무기들을 보여준다.

조직 정보는 지적인 자산이다. 조직이 형체를 가지고 있는 자산을 보호(돈을 안전한 은행에 보관 혹은 직원들에게 안전한 근무 환경을 제공)하듯이 특허, 거래와 분석 정보와 같은 지적 자산을 보호해야 한다. 보안 위협과 바이러스들이 만연하고 컴퓨터 해커들이 활개를 치는 상황에서, 조직은 살아남기 위해 강력한 보안책들을 강구해야 한다.

1차 방어선 – 사람

오늘날의 조직들은 조직 전체 매출의 80%를 발생시키는 20%의 고객이 누구인가와 같은 귀중한 정보를 파악할 수 있게 되었다. 대부분의 조직들은 이러한 정보를 가치 있는

지적 자산으로 간주하고, 이러한 정보가 조직 밖으로 유출되는 것을 막기 위한 보안 대책을 구현하고 있다. 동시에 그들은 직원들, 소비자들, 파트너들이 필요한 정보에 전자적으로 접근할 수 있도록 해야 한다. 조직은 1차적인 보안 대책으로 사람을 활용하고, 2차적으로는 기술을 사용하여 보안을 구축한다.

디지털 흔적digital footprint은 고객이 기업의 웹사이트나 애플리케이션에서 수행하는 모든 활동을 의미하며, 맞춤형 광고나 쿠폰과 같은 타깃 마케팅을 위해 수집되고 분석된다. 디지털 흔적은 기업 간에 공유될 수 있으며, 이를 통해 더욱 정밀한 고객 프로필을 생성할 수 있다.

디지털 신원digital identity은 디지털 환경에서 개인이나 개체를 나타내며, 사용자 이름, 비밀번호, 생체 인식 데이터, 이메일 주소, 소셜 미디어 프로필 등을 포함한다. 이는 사용자가 조직의 서비스를 이용할 수 있도록 인증하는 데 사용되는 식별자의 집합으로, 개인 식별 정보를 활용해 온라인 활동과 존재를 증명한다. 디지털 신원에는 많은 개인 식별 정보Personally Identifiable Information(PII)가 포함되는 경우가 많다.

- **개인 식별 정보**Personally Identifiable Information(PII): 특정 개인을 식별할 수 있는 모든 데이터
- **비민감성 PII**Nonsensitive PII: 암호화 없이 전송되는 정보로, 공공 기록, 전화번호부, 기업 디렉터리, 웹사이트 등에서 수집된 정보가 포함된다. 주소와 같이 개인에게 해를 끼치지 않는 정보가 이에 해당한다.
- **민감성 PII**Sensitive PII: 암호화하여 전송되는 정보로 유출될 경우 개인의 프라이버시 침해나 피해를 초래할 수 있다. 생체 정보, 금융 정보, 의료 정보, 여권 번호, 사회 보장 번호와 같은 고유 식별자가 이에 포함된다.

사람들은 프라이버시를 중요하게 여기며, 자신의 개인정보가 안전하게 보호되기를 원한다. 이름, 주소, 연락처, 사회 보장 번호, 학생증 번호와 같은 PII가 유출되면 신원 도용, 사기, 기타 악의적인 활동에 악용될 수 있다. 따라서 프라이버시를 소중히 여기는 사람들은 개인정보 노출에 따른 위험성을 이해하고, 데이터 보안이 개인 및 직업적 안전에 미치는 중요성을 인식해야 한다.

HIPAA 보안 규칙HIPAA Security Rule은 전자적으로 저장되거나 전송되는 환자 데이터를 보호하기 위한 국가 표준을 보장한다. 이 규칙은 민감한 건강 관련 PII에 대해 물리적 및 전자적 보호 조치를 적용하도록 요구한다. HIPAA 보안 규칙의 목표는 환자의 보안을 보호하면서도 의료 산업이 기술적으로 발전할 수 있도록 지원하는 것이다. 모든 조직은 PII를 안전하게 보호하기 위해 다음과 같은 조치를 취해야 한다.

- 생성, 수신, 유지보수, 전송되는 모든 PII의 출처를 파악하기
- 외부에서 수집되는 PII 평가하기
- 인간, 자연, 환경적 위협 요소를 식별하여 PII 보호 조치 마련하기

데이터 보호

놀랍게도 정보 보호에 관련된 최대의 이슈들은 기술적인 문제가 아니라 사람들이 조직의 정보를 오용하는 데서 발생한다.

- **내부자**insider: 합법적인 사용자들로 의도적으로나 실수로 전산 환경에 접근할 수 있는 그들의 권한을 이용해 비즈니스에 영향을 주는 사건을 일으키는 사람들이다. 예를 들어, 많은 개인들은 단순히 그들의 패스워드를 알려주거나 포스트잇 등에 적어 그들의 컴퓨터에 붙여 놓음으로서 해커들이 쉽게 침입할 수 있도록 한다.

해커들이 정보를 얻기 위해 사용하는 몇 가지 비윤리적인 사기 수법에는 다음과 같은 것들이 있다.

- **사회 공학**social engineering: 해커들은 사람들을 속여 귀중한 정보들을 얻기 위해 그들의 사회적 기술들을 이용한다.
- **사용자 쓰레기통 뒤지기**dumpster diving: 해커들이 정보를 얻기 위해 이용하는 사회공학의 방법의 하나이다.

조직이 끊임없이 직면하는 비윤리적인 행위들을 방지하기 위해서는 이러한 사기 수법을 예방하는 정책을 마련하는 것이 가장 좋다.

비즈니스 중심적 토론

홈 시큐리티 시스템에 저장된 개인정보(PII, 개인식별정보)

도난 사건을 떠올릴 때 우리는 종종 강제로 집에 침입하여 귀중품을 훔치고 경찰이 도착하기 전에 도망치는 범죄자를 상상하곤 한다.

어린 아이들이 초인종을 누르고 도망가던 시절은 이제 끝났다. 오늘날 우리의 집에는 스마트 온도 조절 장치부터 스마트 조명, 심지어 스마트 변기까지 다양한 지능형 장치들이 작동하고 있다. 스마트 보안 시스템은 24시간 내내 감시 영상을 기록하며, 초인종이 울릴 때마다 이를 포착한다.

이처럼 수많은 IoT(사물인터넷) 장치들이 가정을 운영하는 시대에 우리는 새로운 유형의 범죄자에 대해 걱정해야 한다. 사이버 범죄자는 집에 물리적으로 침입하지 않고도 해킹을 통해 우리의 생활 패턴을 알아낼 수 있다. 출·퇴근 시간, 집안 온도, 냉장고 속 음식, 운동 습관, 심지어 넷플릭스에서 무엇을 시청하는지까지 모두 파악할 수 있다.

현재의 보안 시스템이 우리의 개인정보(PII, 개인식별정보)를 안전하게 보호할 수 있다고 믿는가? 만약 사이버 범죄자가 IoT 장치의 데이터를 해킹한다면 어떤 일이 벌어질까? 집 안의 누군가가 내부에서 당신의 개인정보를 해킹할 가능성은 얼마나 될까? IoT 기반의 홈 보안 시스템을 사용하면서 안전하다고 느끼는가? 그렇지 않다면, 그 이유는 무엇인가?

- **정보 보호 정책**information security policy: 정보 보호를 유지하기 위해 필요한 규칙들을 모아 놓은 것이다. 사용자들이 자리를 비울 때 로그아웃을 하도록 하거나, 패스워드를 타인에게 알려주지 않도록 하고, 패스워드를 30일마다 바꾸도록 하는 방식 등이 가능하다.
- **정보 보호 계획**information security plan: 조직에서 정보 보호 정책을 구현하는 방법을 자세하게 정리한 것이다.

기업이 사람들로부터 자신을 지킬 수 있는 가장 좋은 방법은 정보 보안 계획을 적용하고 그것에 대해 의사소통하는 것이다. 이것은 웹 2.0과 모바일 기기들, 원격근무자와 계약직들이 늘어남에 따라 더욱 중요해진다. 사람과 정보 보안 정책들에 대해 관리자가 고려해야 할 세부사항들은 다음 사항들에 대한 베스트 프랙티스들을 정의하는 것을 포함한다.

- 기업의 네트워크에 설치 가능한 어플리케이션들, 특히 다양한 파일 공유 어플리케이션, 인스턴트 메시징 소프트웨어, 그리고 오락용 혹은 밝혀지지 않은 출처의 프리웨어들(아이폰 어플리케이션 등)
- 개인 네트워크에 개인적인 이유로 쓰이는 기업의 컴퓨터 기기들
- 최소한의 비밀번호 길이, 비밀번호를 정할 시에 포함되어야 하는 문자, 비밀번호 변경 주기를 포함한 비밀번호 생성과 관리
- 기업의 네트워크에 연결하는 것이 허락된 개인 컴퓨터 기기
- 시스템이 얼마나 자주 검사되어야 하고 소프트웨어가 업그레이드되어야 하는가를 포함한 바이러스로부터의 보호. 이것은 첨부파일들을 다운로드 하는 것이 허락 될 것인지, 그리고 믿을 만하거나 의심스러운 소스에서 안전하게 다운받는 관행을 포함한다.

2차 방어선 – 기술

일단 조직이 사람들을 자세한 정보 보안 계획으로 무장시켜 그들의 지적 자산을 보호했다면, 기업은 공격자들에 대항할 수 있는 기술을 적용하는 것에 집중할 수 있다.

- **파괴적 에이전트**destructive agent: 스패머나 인터넷 공격자들에 의해 설계된 악성 에이전트로 웹사이트에 이메일 주소를 심어놓거나 컴퓨터에 스파이웨어를 설치한다.

그림 4.15는 기술이 공격에 대한 방어를 도울 수 있는 세 가지 분야를 보여준다.

사람: 인증과 인가

안타깝게도 일부 사람들은 이미 신원 도용의 피해자가 되었을 수도 있다. 이러한 사기는 종종 금융 범죄로 이어지며, 도둑들은 피해자의 이름으로 신용카드나 대출을 신청하고 사용한다. 사이버 범죄자들은 신원을 도용하기 위해 피싱Phishing과 파밍Pharming을 사용한다.

- **신원 도용**identity theft: 사기를 위해 어떤 사람의 신분을 위조하는 것이다.
- **피싱**phishing: 온라인에서 타인의 신원을 훔치기 위해 사용되는 흔한 방법인데, 보통 개인정보를 얻어내는 방법으로 합법적인 비즈니스에서 보낸 것 같은 가짜 이메일을 보내는 방법을 사용한다.

메시지는 정상적인 포맷과 로고를 포함한 진짜처럼 보인다. 이러한 이메일에서는 패스워드나 계좌 번호와 같은 중요 정보의 확인을 요청하는데, 회계와 감사의 목적으로 패스워드나 계좌번호가 요청되는 경우가 종종 있기 때문이다. 이런 이메일들은 매우 진짜처럼 보이기 때문에 다섯 명중에 한 명 정도는 이메일의 요청에 응하게 되고 신원 도용의 피해를 입게 된다. 그림 4.16은 스카이라인 은행Skyline bank을 위해 정보를 얻는 것처럼 위장하려던 피싱 신용 사기를 보여주고 있다; 기업들은 절대로 당신의 ID나 비밀번호를 물어보려 직접 연락을 하지 않으니 이렇게 당신의 신원에 대한 정보를 요구하는 이메일은 절대로 클릭해선 안 된다.

파밍 공격은 사용자의 트래픽을 악성 웹사이트로 리디렉션하여 사용자가 신뢰하는 합법적인 온라인 플랫폼을 악용하는 것을 목표로 한다. 파밍의 한 예는 사이버 범죄자가 도메인 네임 시스템DNS을 조작하여 사용자의 동의나 인식 없이 사기성 웹사이트로 리디렉션하는 경우이다. 예를 들어, 사용자가 브라우저에 정확한 URL을 입력하여 합법적인 은행 웹사이트를 방문하려고 한다고 가정해 보자. 파밍 공격에서 공격자는 DNS 서버 또는 사용자의 컴퓨터를 조작하여 사용자를 가짜 웹사이트로 리디렉션한다. 이 웹사이트는 실제 웹사이트와 매우 유사하게 보이므로 사용자는 의심하지 않고 로그인 정보 및 민감한 정보를 입력하거나 금융 거래를 수행할 수 있다. 그러나 사용자가 입력한 정보는 공격자의 손에 들어가게 되며, 이는 신원 도용, 금융 손실 또는 기타 사이버 범죄로 이어질 수 있다.

- **파밍**pharming: 합법적인 웹사이트로의 요청 경로를 바꿔 가짜 웹사이트로 연결한다.

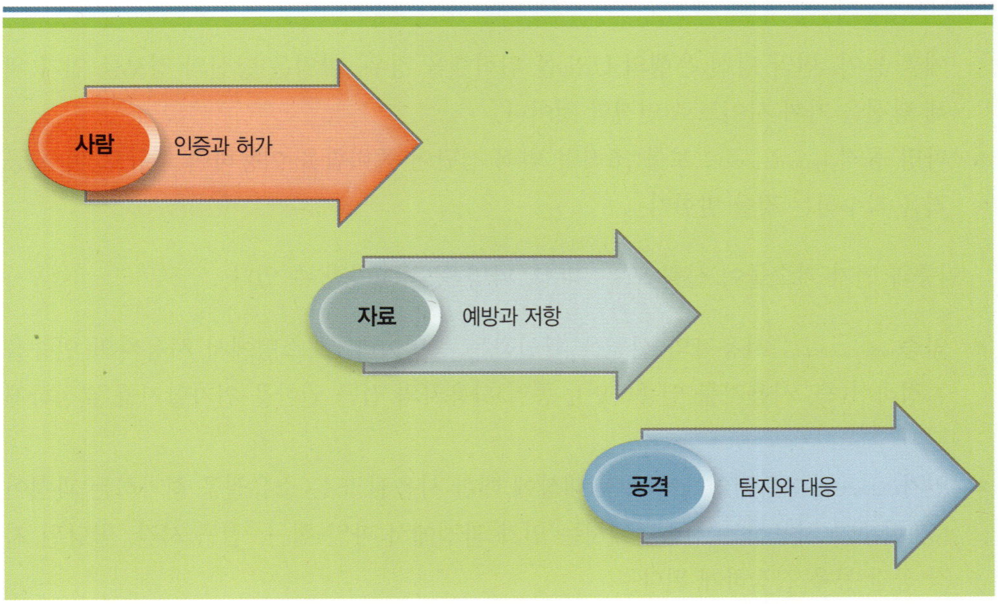

그림 4.15
정보 보호의 세 가지 분야

그림 4.16
스카이라인 은행 피싱 사기

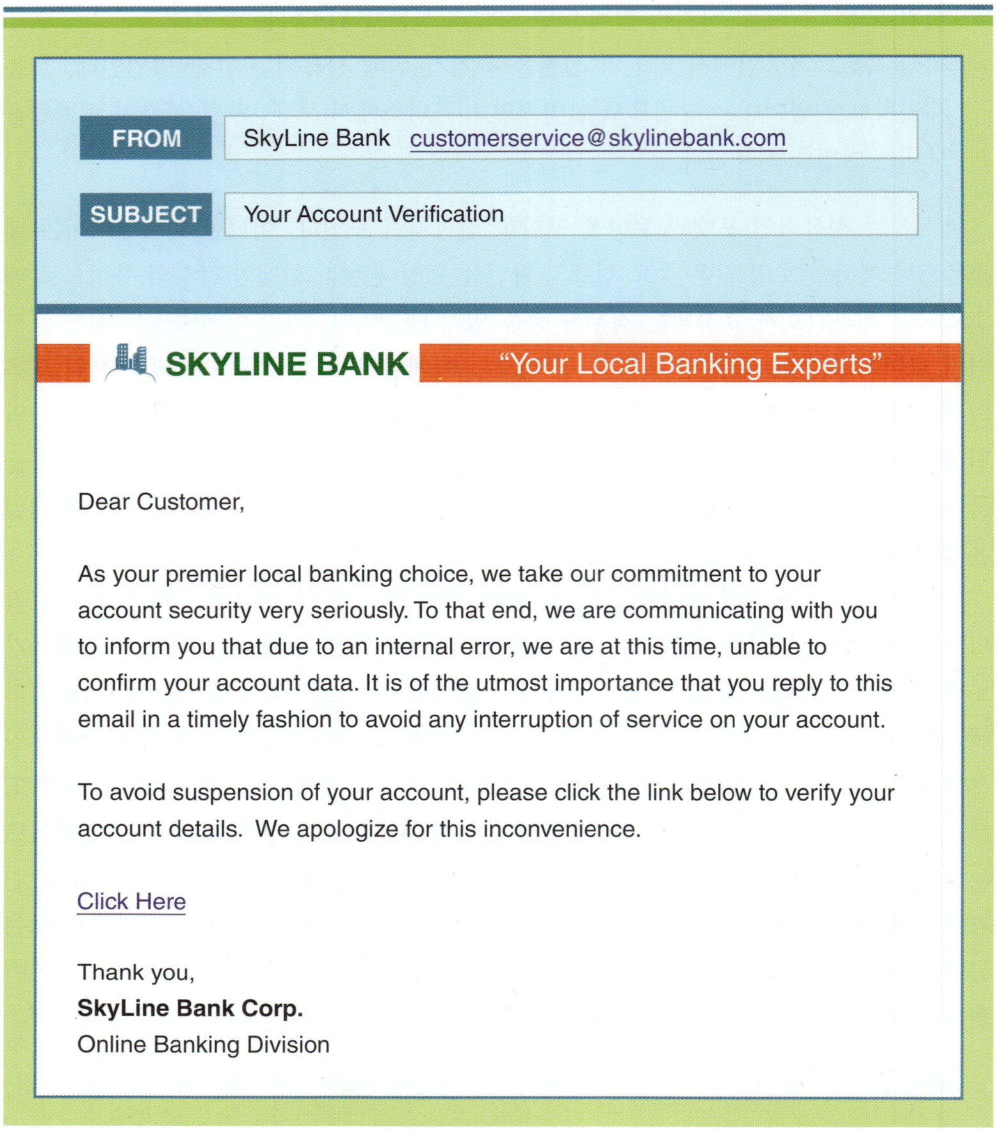
FROM: SkyLine Bank customerservice@skylinebank.com

SUBJECT: Your Account Verification

SKYLINE BANK "Your Local Banking Experts"

Dear Customer,

As your premier local banking choice, we take our commitment to your account security very seriously. To that end, we are communicating with you to inform you that due to an internal error, we are at this time, unable to confirm your account data. It is of the utmost importance that you reply to this email in a timely fashion to avoid any interruption of service on your account.

To avoid suspension of your account, please click the link below to verify your account details. We apologize for this inconvenience.

Click Here

Thank you,
SkyLine Bank Corp.
Online Banking Division

예를 들어, 만약 당신 은행의 URL을 입력했을 경우, 파밍은 당신의 정보를 얻기 위해 당신을 가짜 사이트로 연결할 것이다.

- **파밍 공격**pharming attack: 보통 조직적 범죄 집단이 좀비팜을 이용하여 대규모 피싱 공격을 착수하는 것을 말한다.

인증과 인가 기술들이 신원 도용, 피싱, 파밍 등을 예방할 수 있다.

- **인증**authentication: 사용자의 신원을 확인하는 방법이다. 시스템에서 사용자의 인증을 결정하면(즉, 사용자를 인증하면), 동일 사용자의 접근 권한을 인가할지를 결정하게 된다.
- **인가**authorization: 특정인에게 특정 대상에 대한 사용권 또는 소유권을 허가하는 과정이다. 다수가 사용하는 시스템에서는 인가 과정에서 파일 접근, 접근 시간, 할당된 저장 공간 등을 결정하게 된다.

인증과 인가 기법은 다음 세 가지로 구분되는데 매우 안전한 인증과 인가를 위해서는 다음 기법들을 혼합하여 사용한다.

1. **사용자 ID나 패스워드처럼 사용자가 알고 있는 것을 이용하는 방법** 사용자를 식별하기 위해 가장 보편적으로 사용되는 방법은 사용자 ID와 패스워드를 이용하는 것이다. 하지만 패스워드가 안전하지 않기 때문에 실질적으로는 가장 비효과적인 방법 중 하나이다. 패스워드를 알아내기 위해서는 충분한 시간만 투입하면 된다. 시스템의 헬프데스크 문의 전화 중 50% 이상이 패스워드에 대한 것이어서 많은 시간이 낭비되고 있으며, 패스워드는 사회공학 기법으로 쉽게 노출될 수 있다는 면에서 매우 취약하다.
2. **스마트카드나 토큰처럼 사용자가 소유한 것을 이용하는 방법** 사용자가 소유한 물건을 이용하는 방법은 ID와 패스워드를 이용한 인증보다 효과적인 방법이다. 토큰과 스마트카드가 가장 보편적으로 쓰이는데, 토큰token은 사용자의 패스워드를 자동으로 교환하기 위해 사용하는 작은 전자 장치이다. 사용자는 네트워크에 접속하기 위해 ID를 입력하고 토큰에 표시되는 패스워드를 입력해야 한다. 스마트카드smart card는 신용카드 크기에 정보를 저장할 수 있고 제한된 규모의 정보 처리를 할 수 있는 소프트웨어를 저장할 수 있는 장치이다. 스마트카드는 식별 수단으로 사용할 수도 있고, 디지털 현금이나 개인의 전체 의료 기록을 보관하는 데이터 저장 장치로 사용할 수 있다.
3. **지문이나 음성 인식처럼 사용자의 신체를 이용하는 방법** 세 번째 유형의 인증 방법은 사용자의 신체 일부(또는 신체 일부에 대한 정보)를 사용하는 것인데, 가장 효과적인 인증 방법이다. 보통 생체 인식이라고 부르는데, **생체 인식**biometrics은 좁은 의미로는 지문, 홍채, 안면, 음성, 서체 등의 신체적 특징을 이용하여 사용자를 인식하는 방법이다. **성문**voiceprint은 개인 고유의 신원을 식별할 수 있는 측정 가능한 인간의 음성 특성들의 집합을 말한다. 이 특성들은 화자의 입이나 목구멍과 같은 신체적인 형태에 기반을 두고 있으며, 수학적인 공식으로 표현이 가능하다. 불행히도 생체 인식 인증 방법은 비용이 많이 들고 사용자들이 사용하길 꺼릴 수 있다.

다중요소 인증Multifactor Authentication(MFA)은 사용자 이름과 비밀번호 조합만 사용하는 것보다 추가적인 보안 계층을 추가하는 방식이다. 이 방식은 사용자가 추가적인 신원 확인 증명을 제공하도록 요구하며, 일반적으로 사용자가 소유한 것(예: 물리적 토큰, 모바일 장치) 또는 사용자의 특성(예: 지문이나 얼굴 인식과 같은 생체 정보)을 통해 이루어진다. 이러한 방식은 공격자가 여러 인증 요소를 우회하기 어렵게 만들어 무단 접근의 위험을 크게 줄인다.

- **단일요소 인증**single-factor authentication은 사용자 ID 및 패스워드를 이용하는 전통적인 인증방식이다.
- **이중요소 인증**two-factor authentication은 사용자에게 두 가지 수단의 인증을 요구한다. 하나는 사용자가 알고 있는 것(패스워드)이며, 또 다른 하나는 사용자가 가지고 있는 것(보안 토큰)이다.
- **다중요소 인증**multifactor authentication은 사용자에게 두 가지 수단 이상의 인증을 요구한

넷플릭스, 비밀번호 공유 중단

넷플릭스가 구독 스트리밍 서비스의 오랜 전통 중 하나인 비밀번호 공유를 단속하기 시작할 예정이다. 넷플릭스는 사용자가 가구 외부의 계정을 사용하려고 할 때 새로운 알림을 테스트 중이며, 만약 해당 계정 소유자와 함께 살지 않는다면 자신만의 계정이 필요하다는 메시지를 표시한다. 사용자는 문자 메시지 또는 이메일 코드로 계정을 인증하거나, 새로운 계정을 만들고 30일 무료 체험을 시작할 것인지 선택해야 한다. 이 기능은 현재 TV에서만 테스트되고 있다. 넷플릭스의 이용 약관Terms & Conditions에 따르면, 가구 외부의 사람과 비밀번호를 공유하는 것은 이미 금지되어 있다. 하지만 지금까지 넷플릭스는 이 규칙을 강제적으로 시행하지 않았다. 대신, 넷플릭스는 구독 요금제에 따라 동시에 스트리밍할 수 있는 기기의 개수만 제한하고 있었다.

당신은 넷플릭스가 비밀번호 공유를 금지하는 것이 옳다고 생각하는가? 비밀번호 공유를 중단할 경우 넷플릭스의 수익에는 어떤 영향이 있을까? 반대로, 비밀번호 공유를 계속 허용할 경우 넷플릭스의 재정적 영향은 어떻게 될까?

다. 사용자가 알고 있는 것(패스워드), 사용자가 가지고 있는 것(보안 토큰), 사용자의 신체적 특징(생체인식을 이용한 인증) 등이 사용된다.

인증은 무단 접근 및 데이터 유출의 위험을 크게 줄이는 효과적인 보안 조치이다. 그러나 기업은 먼저 직원들에게 보안 위협을 방지하고 완화할 수 있는 보호조치countermeasures를 교육하는 것부터 시작해야 한다. 이러한 보호조치에는 다음과 같은 것들이 있다:

- 강한 암호와 이중요소 인증을 사용하기
- 웹사이트 이용 시 저장된 쿠키와 임시파일을 주기적으로 삭제하기
- 바이러스 등 멀웨어를 주기적으로 스캔하기
- 운영체제의 갱신파일과 패치를 주기적으로 설치하기
- 이메일 메시지 내에 있는 링크를 클릭하지 않기
- 모르는 사람이 보내온 메시지와 첨부파일을 열어보지 않기
- 의심가는 웹사이트를 방문하지 않기
- 주기적으로 외부 미디어에 데이터를 백업하기
- 수상한 행동을 관찰하고, 의심이 가는 경우에 클릭하지 않기

자료: 예방과 저항

예방prevention과 저항resistance 기술들은 침입자들이 자료에 접근하는 것을 콘텐트 필터링, 암호화, 그리고 방화벽의 방법으로 차단한다. 조직은 이메일을 거르고 민감한 정보가 포

함된 이메일이 전송되는 (그것이 우연이냐 또는 악의적이냐를 불문하고) 것을 방지하기 위해서 콘텐트 필터링 기술을 사용할 수 있다.

- **콘텐트 필터링**content filtering은 인가되지 않은 정보를 우연히 또는 악의적으로 전송하는 것을 방지하기 위해서 콘텐트(예를 들어 이메일 같은)를 필터링하는 소프트웨어를 사용하는 것을 말한다.

또한, 콘텐트 필터링은 이메일을 걸러서 바이러스에 감염되었다고 의심되는 파일이 전송되는 것을 방지할 수 있다. 이메일 콘텐트 필터링은 스팸과 같이 원하지 않는 이메일들을 걸러낼 수 있다. 만약 보안 침해가 발생하여 정보가 유출되었더라도 그 정보가 암호화encryption되어 있다면 도둑은 이를 읽을 수 없다. 암호화는 문자의 순서를 변경하거나, 문자를 다른 문자로 대체하거나, 문자를 삽입 또는 제거하거나, 수학적 공식을 사용하여 정보를 코드로 변환하는 방식을 사용한다. 신용카드 번호와 같은 민감한 고객 정보를 인터넷을 통해 전송하는 기업들은 암호화를 자주 활용한다.

- **암호화**encription: 정보를 키(암호)가 없으면 풀어서(복호화하여) 볼 수 없는 형태로 변환한다.
- **복호화**decrypt: 암호화된 정보를 원 상태로 복구하는 것으로 암호화의 반대이다.
- **암호학**cryptography: 메시지를 숨겨 발송자와 수신자만 메시지를 읽을 수 있도록 하는 암호화에 대해 연구하는 학문이다.
- **공개키 암호화**public key encryption(PKE): 모두에게 공개된 공개키와 소유자만 알고 있는 개인키의 두 개의 키를 사용하는 암호화 시스템이다(그림 4.17).

조직은 공개키를 모든 고객에게 제공하며, 이는 최종 소비자든 다른 기업이든 상관없이 사용할 수 있다. 고객은 해당 공개키를 사용하여 자신의 정보를 암호화한 후 인터넷을 통해 전송한다. 정보가 목적지에 도착하면, 조직은 개인키를 사용하여 이를 복호화한다.

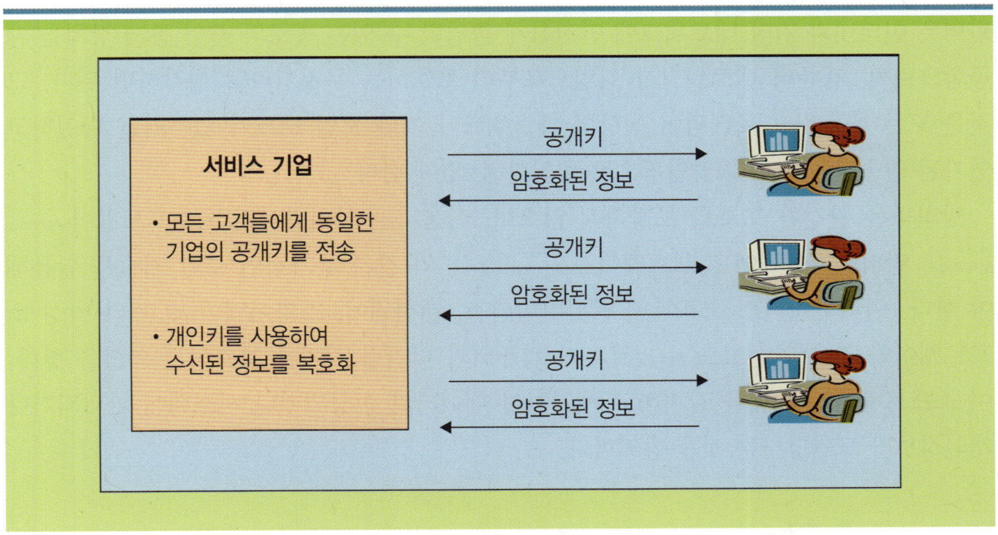

그림 4.17
공개키 암호화 시스템

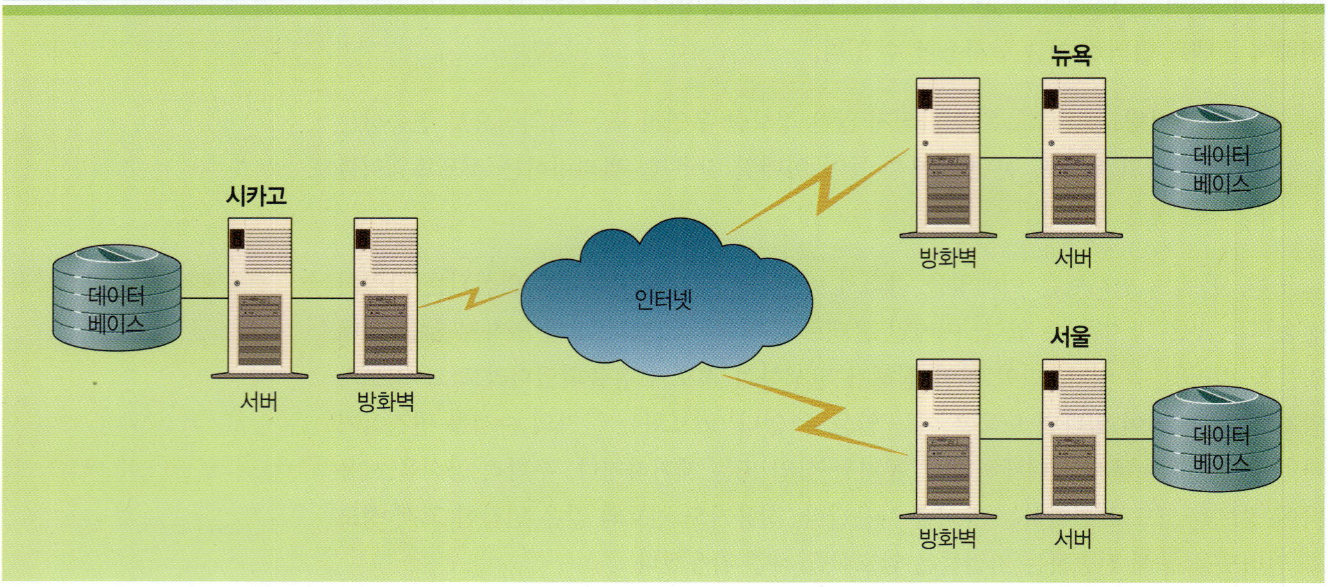

그림 4.18

원격지에 위치한 시스템을 연결하는 방화벽의 예

공개키는 디지털 객체들로 이루어진 인증 기법에 흔히 사용되고 있으며, 이 기법에서는 제3신뢰기관trusted third party이 사용자와 공개키 간의 연관성을 확인한다.

- **인증기관**certificate authority: 베리사인과 같은 제3신뢰기관으로 전자인증서를 이용해 사용자의 신원을 검증한다.
- **전자인증서**digital certificate: 온라인상에서 개인이나 조직을 식별해주는 데이터 파일로 전자 서명과 유사하다.
- **방화벽**firewall: 네트워크를 통해 유입되거나 유출되는 정보를 분석하여 사설 네트워크를 보호하는 하드웨어와 소프트웨어이다.

메시지에 정확한 표식이 없는 경우에 네트워크에 진입하는 것을 방화벽이 막게 된다. 방화벽은 승인을 받지 않고 인터넷을 통해 통신하는 컴퓨터를 탐지할 수도 있다. 그림 4.18에서 볼 수 있듯이, 방화벽은 서버와 인터넷 사이에 위치하는 것이 일반적이다. 방화벽은 인터넷과 기타 네트워크에 안전하게 출입할 수 있는 통로와 출입 통제 장치를 제공함으로써, 컴퓨터 네트워크를 침입으로부터 보호하는 문지기라고 생각하면 된다. 그것은 모든 네트워크 트래픽이 정당한 패스워드나 기타 보안 코드가 있는가를 확인하고 인가된 전송만을 네트워크 안팎으로 출입할 수 있게 한다.

방화벽은 완전한 보호를 보장하지 않으며, 사용자는 안티바이러스 소프트웨어antivirus software, 안티스파이웨어 소프트웨어antispyware software와 같은 추가적인 보안 기술을 활용해야 한다. 안티바이러스 소프트웨어는 바이러스, 랜섬웨어, 스파이웨어 및 기타 악성 소프트웨어와 같은 악성코드malware로부터 컴퓨터와 디지털 기기를 보호하는 역할을 한다. 이 소프트웨어는 위협을 감지하고 제거하여 데이터가 손상되거나 시스템이 파괴되거나 개인정보가 도난당하는 것을 방지한다.

비즈니스 중심적 활동

해킹을 막아라

해마다 온라인에 저장되는 데이터의 양은 증가하고 있으며, 해커들은 이를 훔치는 기술을 더욱 발전시키고 있다. 수천만 명의 데이터가 유출되는 '메가 브리치Mega-Breach'의 빈도도 증가하고 있다. 지난 10년 동안 7,000건 이상의 데이터 유출 사건이 발생했으며, 그 과정에서 총 40억 개 이상의 기록이 도난당했다. 도난당한 데이터는 사이버 범죄자들에 의해 온라인에서 유포되거나 사기 행위에 사용될 수 있으며, 해커들은 기업 시스템에 침입하여 랜섬웨어를 배포하거나 더 큰 피해를 초래할 수도 있다. 바이러스와 해커로부터 컴퓨터를 보호하는 5가지 필수 조치는 다음과 같다.

1. 안티바이러스 소프트웨어 설치 및 업데이트: 신뢰할 수 있는 안티바이러스 소프트웨어를 사용하고 정기적으로 업데이트한다. 주기적으로 컴퓨터를 스캔하여 악성 코드 및 바이러스를 탐지하고 제거한다.
2. 방화벽 활성화: 방화벽을 활성화하여 컴퓨터와 인터넷 사이의 보호 장벽을 생성한다. 방화벽은 들어오고 나가는 네트워크 트래픽을 감시하고 제어하는 데 도움을 준다.
3. 운영 체제 및 소프트웨어 최신 상태 유지: 새로운 소프트웨어 업데이트 및 보안 패치가 제공되면 즉시 설치한다. 이러한 업데이트는 해커가 악용할 수 있는 취약점을 수정하는 보안 기능을 포함하는 경우가 많다.
4. 강력하고 고유한 비밀번호 사용: 컴퓨터, 온라인 계정, Wi-Fi 네트워크에 대해 강력한 비밀번호를 설정한다. 영문 대 · 소문자, 숫자, 특수문자를 조합하여 쉽게 추측할 수 없는 비밀번호를 만든다. 보안을 강화하기 위해 비밀번호 관리 프로그램을 사용하여 강력한 비밀번호를 생성하고 안전하게 보관하는 것도 고려할 수 있다.
5. 피싱 및 의심스러운 이메일 주의: 의도치 않은 이메일 첨부 파일을 열거나 링크를 클릭할 때 주의한다. 특히 출처가 불분명한 이메일이나 의심스러운 요청이 포함된 이메일을 받을 경우, 피싱 공격일 가능성이 높다. 해커들은 개인정보나 로그인 정보를 입력하도록 속이려는 피싱 공격을 시도할 수 있으므로, 이메일의 신뢰성을 확인한 후 응답하거나 링크를 클릭해야 한다.

이러한 보안 조치를 따르면, 컴퓨터의 보안을 대폭 강화하고 바이러스 및 해커의 무단 접근 위험을 줄일 수 있다.

- **안티바이러스 소프트웨어**antivirus software: 하드드라이브를 스캔하고 탐색하여 기존에 알려진 바이러스, 애드웨어, 그리고 스파이웨어를 방지하고, 탐지하며, 제거한다. 안티바이러스 소프트웨어는 새로 만들어진 바이러스에 대항하기 위해서 자주 갱신하여야 한다.
- **안티스파이웨어 소프트웨어**antispyware software: 컴퓨터 및 기타 디지털 기기에서 스파이

웨어spyware를 탐지, 방지 및 제거하도록 설계된 특수 소프트웨어를 의미한다. 스파이웨어는 사용자의 인터넷 검색 기록, 키 입력keystrokes, 개인정보 등을 사용자의 동의 없이 은밀하게 감시하고 수집하는 악성 소프트웨어의 한 종류이다.

안티바이러스 소프트웨어는 악성코드로부터 장치, 데이터, 개인정보를 보호하고, 시스템 성능과 안정성을 보장하며, 온라인 보안을 강화하고, 점점 더 연결성이 증가하는 디지털 환경에서 안심할 수 있도록 돕기 때문에 매우 중요하다. 안티스파이웨어 소프트웨어는 시스템을 스캔하여 알려진 스파이웨어 시그니처, 의심스러운 동작, 무단 접근 시도를 탐지하고, 이러한 위협을 제거하거나 차단하는 조치를 취한다.

공격: 탐지와 대응

네트워크 행동 분석 소프트웨어network behavior analysis software는 네트워크의 주요 특성을 추적하고, 이상 현상이나 비정상적인 트렌드가 감지되었을 때 경고를 생성하여 잠재적인 위협의 존재를 알리는 역할을 한다.

- **네트워크 행위 분석**network behavior analysis: 비정상적이거나 의심스러운 사용을 식별하기 위해서 컴퓨터 네트워크 트래픽의 패턴을 수집하는 것이다.
- **침입 탐지 소프트웨어**intrusion detection software(IDS): 침입자를 탐지하기 위해서 네트워크 내의 패턴을 탐색하는 상시 모니터링 기능을 제공한다. IDS는 파일과 자료에 접근하려는 의심스러운 네트워크 트래픽과 시도들을 방지한다.

경보를 발생시키는 추이에는 트래픽, 대역폭, 프로토콜 사용의 증가 등이 해당된다. 침입자의 존재는 악성 패스워드, 상급 보안 파일의 소거, 또는 인가되지 않은 사용자 시도들과 같은 의심스러운 네트워크 사건들을 감시함으로써 탐지할 수 있다. 사이버 범죄자를 탐지하는 것은 범죄자들의 의도가 다양하기 때문에 어려운 일이다:

- **사이버 워**cyberwar: 한 국가의 정보 통신 시스템을 파괴하거나 무력화시키는 조직화된 군사적 행위이다.
- **사이버 테러리즘**cyberterrorism: 컴퓨터와 네트워크 기술을 이용하여 정치적·종교적·이데올로기적 목표를 얻기 위해 정부나 개인, 또는 사회 일부를 위협하거나 억압할 목적으로 개인이나 소유물에 피해를 입히는 행위이다.
- **사이버 첩보**cyberespionage: 한 국가가 다른 국가에 대해 특정 형태의 정보를 추적하는 것이다.
- **사이버 자경단**cybervigilante: 위키리크스처럼 사회적 또는 정치적 쟁점을 만들기 위해 활동하는 개인들

만약 의심스러운 사건이나 인가되지 않은 트래픽이 탐지되면, IDS는 경고를 발하고 네트워크의 특별히 민감한 부분을 폐쇄할 수 있도록 조정될 수 있다. 공격을 탐지한 후에는, MIS 부서는 충격을 완화하기 위한 대응 전술을 실행하여야 한다. 대응 전술은 얼마나 오래 공격받은 시스템을 기업 네트워크에 연결하여 운영할 것인가, 언제 해당 시스

템을 폐쇄할 것인가, 그리고 얼마나 신속하게 백업 시스템을 가동할 것인가 등과 같은 절차들의 대강을 정한다.

정보 보호를 보장하기 위해서는 사람과 기술의 이중 방어선을 구축해야만 한다. 사람을 통해서 정보를 보호하기 위해서는 종업원들이 조직의 지적 자산을 생성하고, 사용하고, 전송할 때 준수해야 할 구체적이고 자세한 절차들을 규정하는 정보 보호 정책과 계획을 개발해야 한다. 기술에 기반을 둔 방어선은 인증과 인가, 예방과 저항, 그리고 탐지와 대응의 세 부분으로 구성된다.

학습 성과 복습

4.1 정보 기술의 사용에 대한 윤리적 이슈들을 설명할 수 있다.

정보 윤리는 정보 기술의 개발과 사용뿐만 아니라 정보 그 자체의 생성, 수집, 복제, 배포, 그리고 처리(컴퓨터 기술의 도움을 받느냐의 여부를 불문하고)로부터 발생하는 윤리적이고 도덕적인 이슈들을 관장한다. 이 영역의 윤리적 딜레마는 일반적으로 단순하고 명백한 상황으로서가 아니라, 상충하는 목적들, 책임들, 그리고 의무들 간의 충돌로서 발생한다. 불가피하게, 한 개 이상의 사회적으로 수용 가능한 또는 '옳은' 결정들이 존재하게 된다. 이러한 이유로, 윤리적이고 법률적으로 올바르게 행동하는 것이 항상 유일한 것은 아니다.

4.2 조직이 그들 스스로를 보호하기 위해 적용해야 하는 여섯 가지 e정책을 설명할 수 있다.

1. 윤리적 컴퓨터 사용 정책은 컴퓨터 사용자 행위를 규제할 일반적인 원칙들을 포함한다. 예를 들어서, 그것은 사용자들이 작업 시간에 컴퓨터 게임을 하면 안 된다는 것을 명시적으로 선언할 수 있다.
2. 정보 프라이버시 정책은 정보 보호에 대한 일반적인 원칙들을 포함한다.
3. 망 이용 목적 제한 방침AUP은 사용자가 기업 이메일, 정보 시스템, 그리고 인터넷에 접근하기 위해서 따르겠다고 동의해야 하는 방침이다.
4. 이메일 프라이버시 정책은 다른 사람들이 이메일 메시지의 어느 정도까지 읽을 수 있는가에 대한 세부 사항들을 정한다.
5. 소셜 미디어 정책은 종업원들의 온라인 커뮤니케이션을 관장하는 기업의 지침 또는 원칙들의 개요를 정한다.
6. 종업원 모니터링 정책은 어떻게, 언제, 그리고 어디에서 종업원들을 모니터할 것인가를 명시적으로 선언한다.

4.3 해커와 바이러스의 관계와 차이점을 설명할 수 있다.

해커는 그들의 지식을 이익 또는 단지 도전감의 충족을 위해서 컴퓨터 및 컴퓨터 네트워크에 침입하기 위해서 사용하는 기술 전문가이다. 바이러스는 혼란과 손상을 입힐 악의적인 의도로 작성된 소프트웨어이다. 일부 해커는 대대적인 컴퓨터 피해를 유발하는 바이러스들을 만들어서 컴퓨터에 심는다.

4.4 정보 보호 정책과 정보 보호 계획 간의 관계를 설명할 수 있다.

정보 보호 정책은 사용자가 점심이나 회의를 위해서 자리를 뜨기 전에 로그오프 하거나, 다른 사람과 비밀 번호를 절대로 공유하지 않거나, 그리고 비밀 번호를 30일마다 변경하는 것을 의무화하는 등의 정보 보호를 확보하기 위해서 필요한 규칙들을 규정한다. 정보 보호 계획은 어떻게 조직이 정보 보호 정책을 실천할 것인가에 대한 세부사항들에 대한 계획을 작성한다. 기업이 사람들로부터 자신을 보호하는 최선의 방법은 정보 보호 계획을 실천하고 의사소통하는 것이다.

4.5 세 가지 주요 정보 보호 영역인 (1) 인증과 인가, (2) 예방과 저항, (3) 탐지와 대응의 예를 들 수 있다.

인증과 인가authentication and authorization: 인증은 사용자의 신원을 확인하는 방법이다. 일단 시스템에서 사용자의 인증을 결정하면, 해당 사용자의 접근 권한(또는 인가)을 결정할 수 있다. 인가는 특정인에게 파일 접근, 접근 시간, 그리고 할당된 저장 공간과 같은 접근 수준과 능력을 포함하는 허가를 제공하는 프로세스이다.

예방과 저항prevention and resistance: 콘텐트 필터링은 인가되지 않은 정보를 우연히 또는 악의적으로 전송하는 것을 방지하기 위해서 콘텐트(예를 들어 이메일 같은)를 필터링하는 소프트웨어를 사용할 때 발생한다. 암호화는 정보를 해독하기 위해서는 키 또는 비밀 번호가 필요한 다른 형태로 전환한다. 방화벽은 네트워크를 통해 유입되거나 유출되는 정보를 분석하여 사설 네트워크를 보호하는 하드웨어와 소프트웨어이다.

탐지와 대응detection and response: 침입 탐지 소프트웨어IDS는 침입자를 식별하기 위해서 네트워크 트래픽의 패턴을 탐색하는 상시적으로 가동하는 모니터링 도구들을 포함한다.

복습 문제

1. 윤리란 무엇이며 왜 그것이 기업에게 중요한가?
2. 정보 관리, 거버넌스, 그리고 준수 간의 관계는 무엇인가?
3. 왜 e-정책이 기업에게 중요한가?
4. 프라이버시와 기밀성confidentiality 간의 관계는 무엇인가?
5. 애드웨어와 스파이웨어 간의 관계는 무엇인가?
6. 종업원을 모니터링하는 것의 긍정적 효과와 부정적 효과는 무엇인가?
7. 해커와 바이러스 간의 관계는 무엇인가?
8. 보안이, 단순히 기술적인 이슈만이 아니라, 비즈니스 이슈이기도 한 이유는 무엇인가?
9. 종업원의 의사소통 방법과 관련해서 점증하는 이슈는 무엇인가, 그리고 기업이 자신을 보호하기 위해서 할 수 있는 것은 무엇인가?
10. e비즈니스를 하고 있는 기업이 어떻게 자신의 정보를 보호하여야 할까?
11. 정보를 보호하기 위해서 기업은 어떤 기술을 사용할 수 있을까?
12. 왜 전자적 증거 수집이 기업에게 중요할까?
13. 기업에서 다운타임이 발생하는 이유는 무엇인가?
14. 다운타임으로부터 초래되는 비용은 무엇인가?
15. 기업은 직원들을 사이버 괴롭힘으로부터 보호하기 위해 무엇을 할 수 있는가?

비즈니스 중심적 사례 1

해커가 당신의 기업에 침투하는 5가지 방법

해커는 당신 사업의 규모에는 관심이 없고, 당신의 방어망을 뚫고 당신의 소중한 것을 훔치는 것에만 관심이 있다. 중소기업은 개인보다는 훔칠 것이 많고 대기업보다는 사이버 보안이 약하기 때문에 해커들이 좋아한다. 대부분의 중소기업이 해커 공격의 표적이 될 확률이 50 대 50이다. 아래의 사실을 알고 있는가?:

- 평균적인 기업은 3분마다 바이러스와 멀웨어를 겪고 있다.
- 291개 중에서 1개의 이메일에 바이러스를 포함하고 있다.
- 해커가 기업에서 가장 원하는 3가지 정보는 고객 데이터, 지적자산, 은행계좌정보이다.
- 피싱사기에 가장 흔하게 사용되는 5가지 파일 이름은 Details.zip, UPS_document.zip, DCIM.zip, Report.zip, Scan.zip이다.
- 사이버공격으로 인한 중소기업의 피해는 매년 평균 188,242달러이다.

해커들은 기업의 데이터, 네트워크, 애플리케이션에 접근하기 위해 새로운 방법을 찾고 있다. 당신의 사업을 해커로부터 방어하기 위한 최선의 방법은 강한 방어체계를 구축하고 취약점을 식별하는 것이다. 해커들이 당신의 기업에 침투하기 위해 사용되는 주요 5가지 방법이 그림 4.19에 설명되어 있다(존 브랜던이 Inc. 잡지에 기고한 내용을 참고하였음).

질문

1. 정보윤리와 정보보호를 정의하시오. 그리고 정보윤리와 정보보호가 해커들이 기업에 접근을 시도하는 것을 방지하는데 중요한 역할을 하는지 설명하시오.
2. 민감한 기업 정보를 해커로부터 보호하기 위하여 기업이 시행할 수 있는 e정책을 2가지 제시하시오.
3. 해커의 기업 정보시스템에 대한 접근을 방지하기 위해 기업이 인증과 인가 기술을 어떻게 사용할 수 있는지 설명하시오.
4. 해커와 바이러스로부터 직원들을 보호하기 위해 기업이 예방과 저항 기술을 어떻게 사용할 수 있는지 분석하시오.
5. 해커가 기업 데이터에 접근하기를 원하는 이유를 설명하시오.
6. 해커가 기업 데이터에 접근할 수 있는 방법을 추가적으로 제시하시오.

그림 4.19

해커가 당신의 기업에 침투하는 5가지 방법

약한 패스워드

- 해커는 300달러짜리 그래픽 카드를 사용해서 소문자로 구성된 8자리 패스워드 조합을 1분에 42억 번 실행할 수 있다.
- 사이버공격의 80%는 약한 패스워드와 관련되어 있다. 사용자의 55%는 모든 정보시스템의 로그인에 동일한 패스워드를 사용한다.
- 해커들은 개별적인 공격에서 640만 개의 링크드인 패스워드와 150만 개의 이하모니[3] 패스워드를 풀어냈다.

당신의 최선의 방어책은

- 계정마다 다른 패스워드를 사용하라.
- 최소 20자리의 실제로 존재하지 않거나 의미 없는 단어를 사용하라.
- @#$*& 등 특수문자를 사용하라.
- LastPass나 Dashlane과 같은 패스워드 관리도구를 사용하라.

멀웨어 공격

- 감염된 웹사이트, USB 드라이브, 애플리케이션을 통해 전달된 소프트웨어가 키스트로크, 패스워드, 데이터를 수집해갈 수 있다.
- 중소기업 대상의 멀웨어 공격은 연간 8%씩 증가하고 있고, 멀웨어 공격으로 인한 피해는 평균 92,000달러이다.
- 감염된 모바일 앱 개발자의 웹사이트를 통한 피해자에는 애플, 페이스북, 트위터 등도 있다.

당신의 최선의 방어책은

- Norton Toolbar와 같이 안정적인 멀웨어 탐지 소프트웨어를 실행하라.
- 사용 중인 소프트웨어를 최신 상태로 업데이트하라.
- 아이폰을 사용하라. 안드로이드 폰은 다른 모바일 운영체제에 비해 공격받기 쉽다.

피싱 이메일

- 업무용으로 보이는 가짜 이메일 때문에 패스워드를 입력하거나 감염된 웹사이트로 연결되는 링크를 클릭하게 된다.
- 소셜미디어 피싱 공격이 2012년 이후로 125% 증가했다.
- 피싱 공격자는 중소기업으로부터 연간 10억 달러를 훔쳐간다.
- 중소기업 대상의 피싱 이메일은 Better Business Bureau[4]의 경고문처럼 보이도록 디자인되는 경우가 많다.

당신의 최선의 방어책은

- 사용중인 소프트웨어, 운영체제, 브라우저를 최신 상태로 업데이트하라.
- 이메일에 있는 외부사이트로 자동연결되는 링크를 클릭하지 말고, 브라우저에 URL을 다시 입력해서 접속하라.

사회공학

- 최근 유행하는 사기 기법이 무엇인지 유념하라. 예를 들어, 해커들은 당신을 가장해서 패스워드를 초기화하려고 한다.
- 모든 보안침해의 29%는 어떤 형태로든 사회공학과 관련이 있다. 사건당 평균 손실은 25,000에서 100,000달러이다.
- 2009년에 코카콜라의 CEO를 가장한 사회공학 공격자가 코카콜라 임원이 이메일에 첨부된 소프트웨어를 열게 해서 코카콜라의 네트워크에 침투할 수 있었다.

당신의 최선의 방어책은

- 소셜 미디어에 노출된 개인정보에 대해 다시 생각해보라. 사회공학을 이용한 공격자에게 먹잇감을 제공하고 있는 것은 아닌지.
- 패스워드 초기화에는 전화를 이용하게 하는 등의 민감한 요청을 처리하는 방법에 대한 정책을 개발하라.
- 보안감사를 수행하라.

랜섬웨어

- 해커는 당신의 웹사이트를 인질로 잡고 배상금을 지불할 때까지 포르노 같은 난감한 컨텐츠를 게시할 수도 있다.
- 매년 5백만 달러가 배상금으로 갈취되고 있지만, 실제 비용은 데이터 손실에서 발생한다. 배상금을 지불한다고 해서 당신의 파일에 원상 복구되는 것은 아니다.
- 해커는 알라바마 ABC TV 방송국의 네트워크를 봉쇄하고 컴퓨터마다 빨간색 화면을 제거하려면 배상금을 지불하라고 요구하였다.

당신의 최선의 방어책은

- 멀웨어와 마찬가지로 의심스러운 링크나 알지 못하는 웹사이트를 클릭하지 말라.
- 당신의 데이터를 정기적으로 백업하라.
- 최신 익스플로잇 공격에 대해 점검을 하는 소프트웨어를 사용하라.

비즈니스 중심적 사례 2

"동의합니다"를 클릭하는 순간 – 정보 시대에서 사라지는 프라이버시

휴대전화로 친구와 개인적인 대화를 나눈 직후 해당 주제에 대한 광고를 받아본 적이 있는가? 특정 팟캐스트를 들은 후 정치 캠페인이나 자선 단체에 기부를 요청하는 문자메시지를 받은 적이 있는가? 최근 검색한 제품에 대한 쿠폰을 받아본 적이 있는가? 이러한 기업들은 어떻게 당신의 개인정보에 접근할 수 있

3) eharmony.com, 온라인 데이팅 사이트

4) 공정거래를 위한 상거래개선협회

었을까? 아마도 데이터 유출이나 비윤리적인 쿠키 추적 애플리케이션 때문일 수도 있다.

정보 시대가 직면한 가장 큰 문제 중 하나는 개인정보 보호이다. 개인정보 보호는 사용자가 경계를 설정하여 특정한 사람만이 무엇을, 언제, 어디서 볼 수 있도록 허용하는 것이다. 개인정보 보호는 내부에서 결정되는 문제로, 사용자가 웹 검색 기록, 쇼핑 습관, 영화 및 음악 취향, 도서 선택 등을 누구에게 공개할지 직접 선택할 수 있어야 한다. 누군가가 당신의 개인정보를 금전적 이익을 위해 사용할 때, 당신이 이를 허용할 것인지 결정하는 것은 당신의 몫이어야 한다.

가장 큰 데이터 해킹 사례 중 하나는 Facebook에서 발생했으며, 100개 국 이상에서 5억 3,300만 명의 Facebook 사용자들의 휴대폰 번호, 이메일 주소, 이름 및 생년월일이 해킹되었다. Facebook은 이 데이터가 연락처 가져오기Contact Importer 도구를 사용하는 악의적인 행위자들에 의해 스크랩되었다고 밝혔다. 이 기능은 사람들이 Facebook에서 친구를 찾을 수 있도록 연락처 목록을 활용하는 기능이었다. Facebook은 여러 해 동안 수많은 데이터 유출을 겪었으며, 그중 가장 유명한 것이 Cambridge Analytica 스캔들이다.

정보 보안은 기업 책임의 일부이며, 개인 데이터가 사용자의 통제권을 벗어났을 때 이를 보호하기 위한 새로운 법률과 규제가 만들어지고 있다. 정보 보안은 결국 사용자의 통제권 밖에서도 개인 식별 정보를 어떻게 보호할 것인가에 대한 문제이다. 정보 보안에는 방화벽Firewall 및 비밀번호와 같은 기술적 장치뿐만 아니라, 개인정보를 무단 접근으로부터 보호하기 위한 정책과 절차도 포함된다. 그러나 모든 기업이 정보 보안을 철저하게 지키는 것은 아니며, 대부분의 기업은 크고 작은 데이터 유출을 경험하고 있다. 결국, 개인정보 보호는 사용자가 아니라 제3자의 손에 달려 있다는 것이 가장 큰 문제이다.

정보 시대에는 놀라운 기술 발전이 이루어졌지만, 동시에 위험 요소도 존재한다. 정보 시대는 여전히 변화하고 있으며, 개인이 자신의 개인정보를 어떻게 유지하거나 잃거나 보호할 것인지, 정부와 기업이 개인 데이터를 안전하게 보호하기 위해 충분한 노력을 하고 있는지 여전히 확실한 답이 없는 상태이다. 인터넷에 개인정보를 게시하는 모든 사람들은 어떤 데이터가 수집되고, 저장되며, 공유되는지 이해해야 한다. 이를 통해 사용자는 자신이 데이터를 어떻게 게시하고 공유할지 신중한 결정을 내릴 수 있어야 한다. 그러나 불행하게도, 대부분의 기업들은 개인정보 활용 방식을 이용 약관에 숨겨두고, 사용자가 이를 자발적으로 공유하도록 유도한다. 진짜 중요한 질문은 이것이다. 당신은 "동의합니다I Agree"를 클릭하기 전에 이용 약관을 한 번이라도 읽어본 적이 있는가?

질문

1. 당신의 개인정보가 본인 동의 없이 판매된다면 어떤 기분이 들겠는가?
2. 기업이 소셜 미디어 웹사이트에서 데이터를 스크랩하는 이유는 무엇인가?
3. Facebook과 같은 웹사이트에서 데이터를 스크랩하는 것이 불법이어야 한다고 생각하는가?
4. X(구 트위터), Instagram, Facebook 등 소셜 미디어에 게시하는 정보를 보호하기 위해 당신이 할 수 있는 일은 무엇인가?

비즈니스 중심적 의사결정

1. 위키피디어에 게시된 잘못된 정보

PC월드에 따르면 다음과 같은 가짜 정보가 위키피디아에 게시되어 있다:

- (실제로는 영국 축구선수인) 데이비드 베컴이 18세기의 중국인 골키퍼였다.

- (현재 살아있는 미국의 배우인) 폴 라이저와 신배드가 죽었다.
- (구글의 설립자인) 세르게이 브린과 (위키피디어의 설립자인) 지미 웨일스가 사귀었고, 둘 다 죽었다.
- (영국의 전직 수상인) 토니 블레어가 히틀러를 숭배한다.
- (영국 찰스 황태자의 부인인) 콘월 공작부인의 세례명이 카우밀러cow-miller이다. (실제 이름은 카밀라Camilla임)
- 신시내티 대학교의 전직 총장은 매춘부였다.
- (미국 코미디언인) 코난 오브라이언이 카누를 타면서 바닷거북을 공격했다.

사람들이 정보를 가지고 일하면서 정보기술을 사용한다는 것을 알고 있다. 하지만, 어떻게 위와 같은 잘못된 정보가 만들어질 수 있는가? 연구보고서를 작성하면서 정보를 수집하기 위해 위키피디어를 사용한다면 어떤 일이 생길 것인가? 이러한 오류가 생기는 것을 방지하기 위해 위키피디어는 무엇을 할 수 있을 것인가?

2. 네, 나는 인터넷을 사용하기 시작했습니다

당신이 가장 좋아하는 동료의 이름이 메리라고 상상해 보라. 업무에서 뛰어나고 꾸준하게 탁월한 성과 평가를 받는 성실한 직원이다. 2년 동안 열심히 일하다가 갑자기 메리가 해고되었다. 당신은 무슨 일이 생겼는지 궁금해하고 있다. 메리가 석사 학위가 있다고 거짓말을 했다는 것을 메리의 이력서를 보고 확인한다면 당신은 무어라 말할 것인가? 메리가 응분의 대가를 받았다고 느낄 것인가? 아니면 그녀의 탁월한 업무성과를 고려해서 경영진이 이 이슈를 그냥 넘어가야 한다고 느낄 것인가? 어쨌든 그녀는 맡은 업무에서 탁월했으니까.

학생들은 직장에서 부정직한 경우에 퇴직이나 법적 조치의 근거가 될 수 있다는 것을 알아야 한다. 정보무결성은 정보의 품질을 측정하는 기준이 된다. 괴짜경제학Freakonomics를 공동으로 저술하고 시카고대학의 경제학 교수인 스티븐 레빗에 따르면, 50% 이상의 사람들이 자신의 이력서에서 거짓을 말하고 있다고 한다. 메리의 운명 같은 영향을 고려한다면, 이력서에 거짓을 기재하는 것에 대해 다시 한 번 생각하게 될 것이다. 당신의 이력서 정보의 무결성은 당신의 개인적인 무결성을 직접 표현하는 것이다. 당신이 메리의 매니저라면 그녀의 상황을 어떻게 처리할 것인가?

3. 유튜브에 남긴 것은 영원히 유튜브에 남는다

직장을 구하는 최고의 조언이 필요하다면 이것이 대답이 될 수 있다. 누구나 접근할 수 있는 웹사이트에 채용 담당자가 보면 불편해할 수 있는 어떠한 게시물도 올리지 말아라. 부적절한 사진, 직업이나 교수나 다른 사람들에 대한 부정적인 언급, 파티에서 폭음한 사진 등. 장래의 고용인들은 당신을 구글에서 검색할 것이다.

나쁜 뉴스는 당신이 남은 인생 동안 온라인상에서의 활동을 매우 깔끔하게 유지해야 한다는 것이다. 회사에서는 부적절한 온라인 게시물을 찾아서 당신을 해고할 수 있다. 어느 기업의 직원 2명이 페이스북에서 개인적이고 비밀번호로 보호되는 그룹을 만들어서 직장에 대한 불평을 하고, 직장 상사에 대한 경멸적인 언급을 하고, 최고 등급 비밀인 신제품 정보를 강조하였다. 컴퓨터에 능숙한 직장 상사들은 비밀번호를 확보해서 페이스북에 게시된 글을 검토한 다음에 그 2명을 즉시 해고하였다. 해고된 2명 중 1명은 프라이버시 침해로 전 직장 상사를 고소한 상태이다.

당신이 온라인으로 어떤 글을 게시하면 세상 모두가 볼 수 있게 된다는 것에 동의하는가? 당신이 신경 써야 하는 것이 당신이 웹상에 게시하면 안 되는 부적절한 자료인가? 당신을 확인할 수 있는 친구가 웹상에 게시한 부적절한 자료를 삭제하기 위해서 무엇을 할 수 있는가? 소셜 미디어가 두 직원이 의사소통하기에 효율적이고 효과적인 방법이었나? 법정에서 승리하기 위해서 양측 중 일방이 사용할 수 있는 주장에는 어떠한 것이 있는가?

4. 경찰 기록이 구형 복사기에서 발견되다

2002년 이후에 제조된 복사기는 모두 스캔하거나, 인쇄하거나, 복사하거나, 또는 팩스를 보낸 모든 문서에 대한 복사본을 하드드라이브에 저장한다. 재판매될 때 하드드라이브의 내용을 지워지지 않았으면, 복사기 내부에 저장된 모든 기록이 그대로 남는다. 뉴욕 주 버팔로 시 경찰서의 성범죄 부서가 최근에 하드드라이브를 지우지 않고 복사기 몇 대를 판매하였다. 해당 하드드라이브들에서 자세한 범죄 신고 내용과 성적 범죄자들 명단이 밝혀졌다. 버팔로 경찰 마약 단속반으로부터의 복사기에서는 주요 마약 단속 작전의 목표물에 대한 정보가, 뉴욕의 한 건설 회사가 사용하던 복사기에서는 이름, 주소, 그리고 사회보장번호 등이 수록되어 있는, 95 쪽의 지불명세서가 유출되었다.

버팔로 경찰국에 의해서 초래된 정보 이슈에 대해서 누가 책임을 져야하는가? 어떤 유형의 윤리 및 정보 보호 이슈들이 위반되고 있는가? 이러한 상황이 발생하지 않도록 하기 위해서 기업들이 수행할 수 있는 정책으로는 어떤 것들이 있는가? 이러한 상황이 발생하지 않도록 하기 위해서 기업들이 수행할 수 있는 정보 보호의 유형으로는 어떤 것들이 있는가? 어떻게 이 사례가 전자적 증거 수집이 소송에서 그렇게 중요한가에 대한 이유를 보여주는가?

5. 이메일 엿보기

기술 발전으로 인해 이제 개인이 물리적으로 접근할 수 없는 컴퓨터도 모니터링할 수 있는 기능을 사용할 수 있게 되었다. 새로운 유형의 소프트웨어는 개인이 주고받는 이메일을 가로채서 즉시 다른 사람에게 전달할 수 있다. 예를 들어, 만약 당신이 직장에 있고, 자녀가 학교에서 집으로 돌아와 있다고 가정하자. 오후 3시에 자녀가 존John으로부터 이메일을 받으면, 오후 3시 1분에 해당 이메일의 복사본이 당신의 이메일 주소로 전송될 수 있다. 또한, 자녀가 존의 이메일에 답장을 보내면 몇 초 안에 그녀가 보낸 이메일의 복사본이 당신에게 도착하게 된다. 이러한 유형의 소프트웨어 사용에 대한 두 가지 시나리오를 설명하시오(여기에 제시된 예외적인 경우 제외). 첫 번째 시나리오는 윤리적인 사용 사례이고 두 번째 시나리오는 비윤리적인 사용 사례이다.

6. 제보자는 친구가 아니다

CBC[5]는 기자들을 대상으로 페이스북이나 링크드인과 같은 소셜 네트워킹 사이트에 제보자나 연락책들을 친구로 등록하는 것을 피하라는 소셜 네트워킹 정책을 공표했다. 기본 규칙은 리포터는 한 제보자가 다른 제보자가 말한 내용을 절대로 알 수 없게 해야 한다는 것, 그리고 리포터는 제보자와 나눈 기밀 대화들이 기밀 정보로 유지될 수 있도록 해야 한다는 것이다. 제보자들을 '친구'로 추가하는 것은 네트워크의 다른 친구들이 또 다른 친구들의 정보를 볼 수 있게 된다는 것인데, 이것은 기자의 일을 위험에 빠지게 할 여지가 있다. 아마 아예 제보자의 네트워크에서 '친구'로 연결되지 않는 것이 기자에겐 가장 좋을 수도 있다. 또한 CBC는 개인 프로필, 게시판, 혹은 사람들의 '페이스북 벽'에 그 어떠한 정치적 성향도 드러내는 것을 금지한다. 이런 것들은 상식처럼 들릴지도 모르나, 인터넷에서 많은 시간을 보내지 않는 직원에게는 소셜 네트워킹 사이트를 이용하는 것은 혼란스럽고 저항하기 힘든 일일 수도 있다. 왜 새로 입사한 직원이 모든 정책들, 특히 소셜 미디어 정책을 찾아보는 것이 중요한가? 졸업 후에 당신이 일하고 싶은 세 기업을 찾아보고, 그들이 현재 적용하고 있거나 적용해야 한다고 생각하는 소셜 미디어 정책들의 유형을 자세히 적어보자.

---

5) Canadian Broadcasting Company

7. 신원 도용

신원 도용은 급속한 속도로 미국 내에서 가장 빈번하게 일어나고 피해가 큰 범죄가 되었다. 매년 1,500만 명 이상의 신원이 도용되고 있으며 그 경제적 손실은 5천만 달러를 상회한다. 이 통계에 따르면 올해에도 미국 성인의 10%에 해당하는 신원 정보의 도용 범죄가 발생할 것이며 한 명당 4천 달러의 손실을 발생시킬 것이다. 기업 및 정부의 데이터베이스 정보 유출로 인해 개인정보가 유출될 위험에 처한 1억 명 미국 시민들은 말할 것도 없다. 신원 도용 기술의 발달로 대규모의 데이터 수집이 가능해지면서 조직적 규모의 범죄가 증가했다. 신원 도용 범죄는 개인을 겨냥한 피싱 및 보이스피싱 사기로 시작해, 점차 기업과 정부 데이터베이스 해킹으로 확장되었고, 흔적을 남기지 않고 수백만 대의 컴퓨터를 장악할 수 있는 복잡한 봇넷 네트워크로 발전되었다. 우리는 이렇게 지속적으로 증가하는 위협에 주의를 기울여야 한다.

당신은 신원 도용으로부터 자신을 보호할 책임이 있다. 미국연방거래위원회의 신원 도용 소비자 정보 웹사이트(http://www.consumer.ftc.gov/features/feature-0014- identity-theft)를 방문해보고, 신원 도용을 방지하고 개인정보를 안전하게 지키기 위해 어떤 방법이 있는지 조사해보자.

8. 경계를 설정하기

심지어 가장 윤리적인 사람들도 때때로 어려운 선택에 직면한다. 윤리적으로 행동한다는 것은 원칙에 따라 행동하고, 다른 사람에게 존중과 존엄성을 갖고 대하는 것을 의미한다. 이것은 말로는 쉽지만, 실제로 실천하기는 쉽지 않다. 그 이유는 상황이 복잡하거나 모호할 수 있기 때문이다. 윤리가 우리의 삶에서 중요한 역할을 한다는 사실은 오랫동안 인식되어 왔다. 기원전 44년, 키케로Cicero는 윤리가 좋은 경력을 쌓기 위해 필수적인 요소라고 말했다. 하지만 키케로를 비롯한 역사적으로 위대한 사상가들조차 윤리의 기준이 무엇이어야 하는지에 대해 고민했다.

우리의 윤리는 역사, 문화, 종교에 뿌리를 두고 있으며, 시간이 지나면서 변화할 수도 있다. 전자시대electronic age는 윤리적 논쟁에 새로운 차원을 더했다. 이제 우리는 개인정보를 수집하고 저장하는 능력, 그리고 그 정보를 신속하게 접근하고 처리하는 속도를 고려해야 한다.

그룹 내에서 다음 상황에 대해 어떻게 반응할지 논의해 보시오.

a. 한 마케팅 팀의 선임 매니저가 당신에게 직원 한 명이 이직을 준비하고 있다고 말하며, 해당 직원의 이메일을 확인할 수 있도록 접근 권한을 요청했다. 당신은 어떻게 할 것인가?

b. 영업 부사장이 전략적 파트너에게 고객 정보를 제공하는 계약을 체결했다고 알리며, 모든 고객 정보를 USB 드라이브에 복사해 달라고 요청했다. 당신은 어떻게 할 것인가?

c. 당신에게 한 직원이 다른 직원에게 성희롱을 하고 있는지 확인하기 위해 그의 이메일을 모니터링해 달라는 요청이 들어왔다. 당신은 어떻게 할 것인가?

d. 직원들이 사무용품을 집으로 가져가는지 확인하기 위해 사무실에 비디오 감시 시스템을 설치해 달라는 요청을 받았다. 당신은 어떻게 할 것인가?

e. 공유 네트워크 드라이브를 살펴보다가, 상사의 하드 드라이브 전체가 네트워크에 복사되어 모든 직원이 볼 수 있는 상태라는 사실을 발견했다. 당신은 어떻게 할 것인가?

f. 실수로 CEO가 보낸 이메일을 받았는데, 다음 해고 대상이 될 직원 목록이 포함되어 있다. 당신은 어떻게 할 것인가?

9. 주말에 흡연했다는 이유로 해고당하다

새로운 기술의 발전으로 인해 고용주는 직원들의 업무와 관련된 다양한 측면을 모니터링할 수 있게 되었다. 특히 전화 통화, 컴퓨터 단말기 사용, 전자 메일 및 음성 메일, 그리고 직원들이 인터넷을 사용할 때의 활동을 감시할 수 있다. 이러한 모니터링은 사실상 거의 규제되지 않고 있다. 따라서 회사 정책에서 특별히 다르게 명시하지 않는 한(그리고 이러한 정책이 있더라도 반드시 보장되는 것은 아니다), 고용주는 직원들의 대부분의 직장 내 커뮤니케이션을 듣고, 감시하고, 읽을 수 있다.

고용주들은 모니터링 활동을 한 단계 더 발전시켜, 직원들과 직원들의 배우자를 주말과 가정에서도 감시하고 있다. 그렇다, 잘못 읽은 것이 아니다. 수많은 직원들이 주말 동안 자신의 집에서 담배를 피웠다는 이유로 해고되었다. 의료비용이 급등하면서, 고용주들은 점점 더 직원들의 행동을 규제하려 하고 있으며, 이는 직장뿐만 아니라 가정에서도 이루어지고 있다. 미시간주의 보험 혜택 관리 회사인 웨이코Weyco는 니코틴 검출을 위한 의무적인 호흡 검사를 시행하는 프로그램을 도입했다. 만약 직원이 니코틴 검사에서 양성 반응이 나오면, 그는 1개월 동안 무급 정직 처분을 받는다. 만약 두 번째로 니코틴 검사에서 양성 반응이 나오면, 해당 직원은 근속 연수와 관계없이 해고된다.

웨이코의 금연 정책은 직원들에게만 적용되는 것이 아니다. 배우자 역시 매달 니코틴 검사를 통과해야 한다. 배우자가 니코틴 검사에서 양성 반응이 나오면, 직원은 매달 80달러의 추가 비용을 부담해야 하며, 배우자가 금연 프로그램을 수료하고 니코틴이 검출되지 않을 때까지 이 비용을 계속 지불해야 한다.

기업이 직원들이 주말이나 개인적인 시간에 행한 행동에 대해 책임을 물을 권리가 있다고 생각하는가? 만약 당신이 웨이코의 CEO라면, 이 금연 정책을 지지하는 논리를 어떻게 설명할 것인가? 웨이코의 감시 정책이 윤리적이라고 생각하는가? 웨이코의 감시 정책이 법적으로 정당하다고 생각하는가?

10. 해킹을 막기 위해 해킹하기

라이프락[6] 광고를 본 적이 있는가? 만일 그렇다면, 당신은 라이프락의 CEO인 토드 데이비스의 주민등록번호를 알고 있을 것이다. 왜냐하면 데이비스가 자신의 주민등록번호를 각종 광고에 노출시키면서 해커들에게 자신의 신원을 훔쳐보라고 부추겼기 때문이다. 데이비스는 최소한 13번에 걸쳐 신원 도용의 피해를 받았다. 첫 번째 피해는 누군가 그의 신원정보를 사용해서 500달러의 수표를 현금으로 교환받으면서 발생했다. 데이비스가 범죄 사실을 알게 된 것은 환전소에서 그의 부인에게 수표추심을 위한 전화를 하고 나서이다.

만일 당신이 신원 도용 방지 기업을 시작하려고 한다면, 당신의 주민등록번호를 광고에 게시하는 것이 좋은 아이디어라고 생각하는가? 왜 그렇게 생각하는가? 어떤 이유로 데이비스의 신원이 도난되었다고 생각하는가? 라이프락은 데이비스의 주민등록번호가 다시 도난당하지 않게 하기 위해서 어떤 정보 보호 조치들을 취해야 하는가? 당신이 라이프락의 CEO라면 다음 번에는 어떤 유형의 마케팅 캠페인을 할 것인가?

11. 당신의 생명을 위해 얼마나 지불할 수 있는가?

병원에서 전화를 받는 장면을 상상해 보자. “안녕하세요. 당신 어머니의 생명유지장치가 작동 중지되었습니다. 어머니가 돌아가신 것을 알려드리게 되어 유감입니다.” 만약 랜섬웨어가 시스템을 감염시켜서 생명유지장치의 작동이 중지될 수 있다면 병원이 랜섬요구에 응해야 한다고(다시 말하면 랜섬요구금액을 지불해야 한다고) 기대하는가? 병원이 랜섬을 지불할 여유가 있다면 해커는 시스템에 대한 통제를 풀어줄 것인가? 이 가상의 시나리오는 끔찍하지만 발생할 가능성이 있는 것이다.

헬스케어 산업에서 발생하는 파괴적인 사이버공격이 발생하고 있고 모든 환자들을 위협하고 있다. 몸에 이식된 심장 모니터에서 원격센터에 심장리듬 데이터를 전송해서 심장 건강을 분석하고 있다고 상상해 보자. 모든 사물인터넷 기기는 악의적인 의도를 가진 자의 공격을 받을 위험에 처해 있다.

어느 한 가지의 해결책만으로는 취약점을 경감시킬 수는 없기 때문에 사소한 공격부터 치명적인

---

6) LifeLock. 신원 도용 방지 서비스를 제공하는 미국 기업

공격까지의 다양한 수준의 공격을 방어하기 위해 공동으로 작업하는 많은 기업들이 있다. 보안전문가는 매번 정확하게 조치를 해야 하지만, 해커들은 한 번만 정확하게 처리하면 된다. 사이버 보안 해결책들은 사물인터넷 기기의 모든 유형의 위험을 고려해야만 한다. 조를 편성해서 당신들이 사용하고 있는 사물인터넷 기기를 살펴보고 사이버 범죄자들이 당신의 정보를 훔쳐가거나 당신의 기기에 랜섬웨어를 설치하는 3가지의 상황에 대해 평가해 보라.

12. 당신은 다른 사람의 수표를 현금으로 바꿀 것인가?

팬데믹이 계속됨에 따라, 가짜 수표 사기에 대한 고객 신고가 증가하고 있다. 어떤 사람들은 새로운 직업에 대한 급여를 받았다고 생각했고, 다른 사람들은 온라인에서 판매한 물품에 대한 초과 결제금을 받았으며, 또 다른 사람들은 복권이나 경품 행사에서 당첨되었다며 상금을 우편으로 받았다.

그러나 상황이 어떻든 간에, 사기범의 목표는 항상 동일하다. 그들은 당신이 가짜 수표를 입금하도록 유도한 후, 그 돈의 일부를 다시 보내도록 속이는 것이다.

수표 사기를 피하는 데 도움이 될 몇 가지 주의할 점이 있다. 다음과 같은 경고 신호가 보이면, 수표를 입금하지 말라.

- 구매자가 "실수로" 판매 가격보다 더 많은 금액의 수표를 보내고, 초과 금액을 돌려달라고 요청한다.
- 새로운 재택근무 직장에서 첫 월급을 받았지만, "고용주"가 장비 구매를 위해 일부 금액을 먼저 돌려달라고 요구한다.
- 경품 당첨금 수표를 받았지만, "세금"을 내야만 상금을 받을 수 있다며 일부 금액을 먼저 보내라고 요구한다.

13. 누가 나의 조세환급 신청을 했는가?

어느 날 회계담당 직원은 전 직원의 세금 납부 정보를 요청하는 CEO의 이메일을 받았고, 그 직원은 이상한 낌새를 채지 못했다. 당연하게도 그 부지런한 직원은 해당 정보를 취합하여 첨부파일로 CEO의 메일에 회신하였다. 몇 개월 후, 그 회사는 너무 많은 직원들이 조세환급사기를 당한 것에 대한 조사를 시작하였다. 누군가 불법적으로 직원들의 세금 납부 서류를 국세청에 제출하고 조세환급을 신청한 것이다. 조사가 이루어진 후에야 그 부지런한 직원이 회신한 가짜 CEO의 이메일과, 그 이메일을 통해 범죄자에게 정확한 정보를 피싱 피해당했다는 것을 발견했다.

세금 신고 기간에는 당신의 개인정보가 평소보다 더 자주 이메일로 전송되고, 공유되고, 저장된다. 범죄자들은 당신의 정보에 접근할 수 있는 방법을 찾아서 당신의 이름으로 국세청에 조세환급 신청을 할 수 있다. 실제로 미국 국세청IRS은 최소 연간 122억 달러 규모의 신원 도용을 통한 조세환급 신청 사기가 발생한다고 추정한다. 당신은 위의 사례에서 세금납부 정보를 이메일로 송부한 것에 대해 회계담당직원이 책임을 져야 한다고 생각하는가? 이러한 유형의 이메일 도난이 발생하지 않도록 기업이 무엇을 할 수 있을 것인가? 당신의 세금납부 정보를 보호하기 위해 당신은 무엇을 할 수 있을 것인가?

14. 신뢰 관계

사이버 범죄는 전 세계적인 문제이다. 2020년, 미국에서만 신원 도용 피해자는 2,400만 명에 달했다. 같은 해, 계정 탈취로 인한 손실은 60억 달러를 넘어섰다. 소비자의 75%는 기업이 개인정보를 보호할 것이라는 신뢰가 없으면 아무리 좋은 제품이라도 구매하지 않겠다고 답했다. 온라인에서 비즈니스를 수행하는 데 있어 신뢰는 소비자와 기업 모두의 프라이버시와 신뢰 정보의 필요성을 이해하는 것에 달려 있다. 소비자들은 온라인 거래에서 가장 큰 위험을 프라이버시Privacy와 보안Security이라고 인식한다. 더 나은 정보 제공이란 소비자들의 중요한 질문을 해결하는 것을 의미한다. 웹사이트가 어떤 개인정보를 수집하며, 그 정보를 어떻게 활용하는가? 더 나은 비즈니스는 기업이 고객의 신뢰를 구축하고 유지하기 위해 소비자 친화적인 정보를 제공할 때 이루어진다.

온라인 사이버 범죄의 특성을 고려할 때, 기업이 당신을 온라인 구매자로 만들기 위해서는 어떤 노력이 필요할까? 당신이 제품을 구매한 기업에서 보안 침해가 발생했다면, 계속 해당 기업에서 제품을 구매할 것인가? 당신이 보안 침해를 경험한 기업의 직원이라면, 고객의 안전을 보장하고 지속적인 구매를 유지하기 위해 어떤 조치를 취할 것인가?

15. 직장 내 괴롭힘

적대적인 업무 환경은 직장인들이 매주 40시간 이상을 보내는 업무 현장을 살아있는 악몽으로 만들기 때문에 생산성과 업무 의욕 모두에 해롭다. 하지만, 최근의 연구에서는 업무 현장에서의 괴롭힘과 폭력이 직원의 정신 상태보다 더 큰 영향을 미친다는 것을 보여주고 있다.

동일한 연구에 따르면, 괴롭힘과 폭력이 있는 업무 현장에서 근무하는 직원은 2종 당뇨병의 발병 위험이 증가한다고 한다. 이 연구에서는 2만 명의 남성과 2만 7천 명의 여성에서 설문지를 배포하여 동료들의 불쾌한 행동과 폭력적인 위협과 2종 당뇨병과의 관계에 대해 조사하였다. 연구자들은 괴롭힘을 받은 직원은 2종 당뇨병의 위험이 46퍼센트 증가했다는 것을 발견했다. 괴롭힘은 스트레스 반응을 활성화시키고 당뇨병의 위험을 증가시킬 수 있는 후속적인 생물학적 과정으로 이어질 수 있는 증가 심각한 사회적 스트레스로 간주되고 있다.

사이버괴롭힘cyberbullying의 피해를 받은 적이 있는가? 업무 현장에서 사이버괴롭힘을 받는다면 어떻게 할 것 인가? 어떻게 e정책이 사이버괴롭힘을 방지하고 사이버괴롭힘을 받는 직원이 벗어날 수 있게 도와줄 수 있을 것인가? 사이버괴롭힘이 조직에 미치는 영향을 추적하기 위해 사용할 수 있는 분석적인 방법은 어떠한 것이 있는가?

MIS의 기술적 기초

MODULE 2

모듈 2는 MIS의 기술적 기초에 대해서 초점을 맞춘다. MIS의 위력은 정보를 전달하고, 보관하고, 지원하는 능력으로부터 나온다. 그리고 정보는 조직의 힘이다. 이 모듈은 이러한 점을 강조함으로써 정보가 조직의 성공에 얼마나 중요한가를 인식하도록 한다. MIS 기반구조가 비즈니스 운영을 어떻게 지원하고, 비즈니스 전문가들이 비즈니스 의사결정을 내리기 위해서 정보에 어떻게 접근하고 분석하는지, 무선 및 모바일 기술이 정보를 어떻게 지속적이고 즉각적으로 획득할 수 있게 하는지를 이해하는 것이 규모를 불문하고 모든 기업을 전략적으로 경영하는 데 필수적이다. 따라서 이러한 것이 모듈 2의 주요 학습성과들이다.

이 모듈은 MIS의 비즈니스 성장, 운영, 성과 지원에서의 역할을 검토하는 것으로부터 시작한다. 그리고 즉각적으로 최근의 '친환경green'에 대한 강조에 대응해서 지속가능한 MIS의 필요성과 MIS 기반구조의 기본적 요소들인 데이터베이스, 데이터 웨어하우스, 네트워크, 무선 기술로 전환할 것이다. 이 모듈을 관통하는 주제는 모든 기업의 생존 필수 요소인 정보 활용과 동시에 안전 확보의 필요성이다. 특히 정보는, 인터넷과 웹의 지속적인 사용, 개발, 활용을 허용하는 동시에 오용과 위해로부터 보호되어야 한다.

MODULE 2 MIS의 기술적 기초

5

CHAPTER

인프라와 플랫폼: 지속 가능한 기술들

SECTION 5.1

MIS 기반구조

- 견고한 MIS 기반구조의 비즈니스적 이점
- 기반구조 1: 운영을 지원하기: 정보 MIS 기반구조
- 기반구조 2: 변화를 지원하기: 애자일 MIS 기반구조

SECTION 5.2

지속 가능한 MIS 기반구조를 구축하기

- MIS와 환경
- 기반구조 3: 환경을 지원하기: 지속 가능한 MIS 기반구조

IT는 나에게 무엇을 제공해 주는가?

경영학을 공부하는 학생으로서, 기업 경영에 기반이 되는 IT 기술에 대해 이해할 필요가 있을까? 대부분 사람은 비즈니스 활동 중에 '기술적인 사항'을 맞닥뜨리지 않을 것이라고 여기기 때문에, MIS 기반구조에 대해서는 알 필요가 없다고 생각한다. 그러나 이러한 잘못된 인식으로 인해 당신은 비즈니스 활동에 어려움을 겪게 될 수도 있다. 만약, 데이터베이스에 오류가 생겨서 모든 영업 기록을 잃게 된다면, 당신은 보너스를 받지 못하게 될 것이고 그로 인한 파장을 뼈저리게 느끼게 될 것이다. 또 당신의 컴퓨터가 망가져서 이메일, 달력, 메시지 등과 같은 개인 정보를 모두 잃어버리게 된다면 MIS 기반구조에 대해서 배워야 하는 이유를 즉시 이해하게 될 것이다.

당신은 자신의 데이터를 백업하는 이러한 중요한 일들을 MIS 부서에 맡겨만 두어서는 안 된다. 당신의 데이터가 백업되었을 뿐 아니라 보호되고 있고, 복구도 가능한 상태인지를 확실하게 확인해야 한다. 이러한 이유에서 21세기의 비즈니스 전문가들은 MIS가 어떤 것을 할 수 있고, 어떤 것을 할 수 없는지에 대한 기초적인 이해가 필요하다. MIS가 어떻게 기업의 성장, 운영, 수익성, 지속 가능성을 도울 수 있는지에 대해 이해하는 것은 신입 사원이든 포춘 500대 기업의 직원이든 상관없이 중요한 일이다. 이 장의 우선적인 목표는 비즈니스 전문가로서의 당신과, 당신과 함께 일하게 될 MIS 전문가 사이에 좀 더 공평한 경쟁의 장이 만들어지도록 하는 것이다. 이 장을 읽은 후에 당신은 현재 사용되고 있는, 그리고 가까운 미래에 사용하게 될 MIS 기반구조 분석을 지원하는 여러 기술들에 대한 지식을 습득하게 될 것이다.

시작 사례 연구

인비전Envision 2030: 장애인을 위한 세상으로 변화시키기 위한 17가지 목표

2030년, 장애인이 완전히 함께하는 세상을 상상해 보라. 2015년 9월, 유엔 총회는 17개의 지속 가능한 개발 목표SDGs를 포함하는 지속 가능한 개발을 위한 2030 의제를 채택한다. “아무도 뒤처지지 않는다”는 원칙에 기초한 새로운 의제는 모두를 위한 지속 가능한 개발을 달성하는 총체적 접근방식을 강조한다. SDGs는 또한 명시적으로 장애와 장애인을 11번 포함한다.

장애는 SDGs의 여러 부분, 특히 교육, 성장 및 고용, 불평등, 인간 정착의 접근성, SDGs의 데이터 수집 및 모니터링과 관련된 부분에서 언급된다. 장애라는 단어가 모든 목표에서 직접적으로 언급되는 것은 아니지만, 실제로 장애인의 개발을 보장하는 것과 관련이 있다.

새로 구현된 지속 가능한 개발을 위한 2030 의제는 전 세계의 장애인들에게 깊은 약속을 담고 있다. 2016년은 SDGs 이행의 원년이다.

이 중요한 시점에서 #Envision2030은 장애의 주류화와 인식 제고, 이해 관계자 간의 적극적인 대화 촉진을 목표로 15년 수명 전반에 걸친 SDGs의 이행, SDG 및 장애에 대한 지속적인 라이브 웹 리소스 구축을 목표로 한다. UN에 따르면, 세상을 변화시키기 위한 17개의 지속 가능한 개발 목표SDGs는 그림 5.1에 요약되어 있다.

목표 1: 빈곤 없음: 2030년까지 현재 하루 1달러 25센트 미만으로 살아가는 모든 사람들을 위해 극심한 빈곤을 근절합니다.

목표 2: 기아 제로: 2030년까지 기아를 종식시키고 모든 사람들, 특히 빈곤층과 영유아를 포함한 취약한 상황에 있는 사람들이 연중 내내 안전하고 영양가 있는 충분한 식량에 접근할 수 있도록 보장한다.

목표 3: 건강 및 웰빙: 2030년까지 전 세계 산모 사망률을 10만 명당 70명 미만으로 낮춘다.

목표 4: 양질의 교육: 2030년까지 모든 여아와 남아에게 목표-4의 효과적인 학습 결과로 이어지는 양질의 무료 초등 및 중등 교육 이수를 보장한다.

목표 5: 성 평등: 모든 곳에서 모든 여성과 소녀에 대한 모든 형태의 차별을 종식시킨다.

목표 6: 깨끗한 물과 위생: 2030년까지 모두를 위한 안전하고 저렴한 식수에 대한 보편적이고 공평한 접근을 달성한다.

목표 7: 저렴하고 깨끗한 에너지: 2030년까지 저렴하고 안정적이며, 현대적인 에너지 서비스에 대한 보편적인 접근을 보장한다.

목표 8: 양질의 일자리와 경제 성장: 국가 상황에 따라 1인당 경제 성장, 특히 최빈국에서 연간 국내총생산GDP 성장률을 최소 7%로 유지한다.

목표 9: 산업, 혁신 및 기반 시설: 경제 개발 및 모두를 위한 저렴하고 공평한 접근에 중점을 둔 인간의 웰빙을 지원하기 위해 지역별, 초국경 사회기반시설을 포함하여 양질의 신뢰할 수 있고 지속 가능하며 복원력 있는 사회기반시설을 구축한다.

목표 10: 불평등 감소: 2030년까지 하위 40% 인구의 소득 성장을 국가 평균보다 높은 수준으로 점진적으로 달성하고 유지한다.

목표 11: 지속 가능한 도시 및 지역사회: 2030년까지 모든 사람이 적절하고 안전하며 저렴한 주택과 기본 서비스에 대한 접근을 보장하고 빈민가를 개선한다.

목표 12: 책임 있는 소비 및 생산: 지속 가능한 소비 및 생산에 관한 10개면 프로그램을 구현하고 개발도상국의 발전과 역량을 고려하여 모든 국가가 선진국의 주도로 함께 이행한다.

목표 13: 기후 행동: 모든 국가에서 기후 관련 위험 및 자연 재해에 대한 탄력성과 적응 능력을 강화한다.

목표 14: 수중 생물: 2025년까지 모든 종류의 해양 오염, 특히 해양 쓰레기와 영양 오염을 포함한 육상 활동으로 인한 해양 오염을 예방하고 크게 줄인다.

목표 15: 육상 생활: 2020년까지 국제 협정에 따른 의무에 따라 육상 및 내륙 담수 생태계와 서비스, 특히 산림, 습지, 산 및 건조지의 보전, 복원 및 지속 가능한 사용을 보장한다.

목표 16: 평화, 정의 및 강력한 제도: 모든 곳에서 모든 형태의 폭력 및 관련 사망률을 크게 줄인다.

목표 17: 목표 달성을 위한 파트너십: 세금 및 기타 수입 징수를 위한 국내 역량 향상을 위하여 개발도상국에 대한 국제 지원을 포함하여 국내 자원 동원을 강화한다.

그림 5.1

UN(United Nations) 17개 지속 가능 목표

section 5.1 | MIS 기반구조

학습 성과

5.1 MIS 기반구조와 이것의 세 가지 주요 유형에 대해 설명할 수 있다.
5.2 정보 MIS 기반구조와 관련된 세 가지 주요 영역을 파악할 수 있다.
5.3 애자일 MIS 기반구조의 특성을 설명할 수 있다.

견고한 MIS 기반구조의 비즈니스적인 이점

MIS는 기업 의사결정과 업무 프로세스에 영향을 미치고, 기업의 업무 방식을 변화시키는 등 기업의 경영 전략에서 중요한 역할을 해 왔다. 이러한 기업의 성장과 운영, 수익을 가능하게 하는 MIS를 뒷받침하는 요소는 무엇인가? 복잡하고 막대한 양의 사용자 및 애플리케이션 요구사항들을 지원하는 것은 무엇인가? 또, 무엇이 시스템을 오작동과 고장으로부터 지켜주는가?

- **MIS 기반구조**MIS infrastructure: 기업이 자료, 업무 처리, MIS 자산을 어떻게 수립하고, 배치하고, 사용하고, 공유할 것인지를 포함한다.

견고한 MIS 기반구조는 비용 절감, 생산성 향상, 기업운용의 최적화, 성장, 수익성 증가를 가져온다.

- **하드웨어**hardware: 컴퓨터 시스템과 관련된 물리적 장치들로 구성되어 있고, 소프트웨어software는 주어진 특정한 업무를 수행하기 위해 하드웨어가 실행하는 일련의 명령들로 되어 있다.
- **소프트웨어**software: 주어진 특정한 업무를 수행하기 위해 하드웨어가 실행하는 일련의 명령들로 되어 있다.

오늘날의 업무 환경에서 대부분의 하드웨어와 소프트웨어는 네트워크에 의해서 움직인다.

- **네트워크**network: 둘 이상의 장치를 연결하고 그 장치들이 서로 소통할 수 있는 표준 방법론을 갖춤으로서 만들어지는 커뮤니케이션 시스템을 말한다.

정보를 공유해야 하는 기업들이 늘어남에 따라 MIS 기반구조에서 네트워크가 차지하는 비중이 점점 커지고 있다. 대부분의 기업들은 '클라이언트 서버 시스템client and server system'이라는 특수한 형태의 네트워크 기반구조를 사용한다.

- **클라이언트**client: 서버에게 정보를 요청하도록 설계된 컴퓨터이다.
- **서버**server: 그 요청에 대하여 정보를 제공해 주도록 만들어진 컴퓨터이다.

이것을 이해하는데 좋은 예는 웹브라우저를 통하여 웹사이트에 접속하는 것이다. 이

그림 5.2
MIS 기반구조

때 웹브라우저는 클라이언트이고, 클라이언트가 요청한 웹 페이지를 보여주는 웹사이트가 서버이다.

물리적인 세상에서, 어떤 건물의 상세한 청사진은 수도나 전기, 가스와 같은 공공시설이 어떻게 그 건물의 설비를 지원하고 있는지를 보여준다. MIS 기반구조도 하드웨어, 소프트웨어, 망 접속network connectivity이 어떻게 회사의 업무 처리를 지원하는지 상세히 보여준다는 점에서 건물의 청사진과 비슷하다. 규모에 상관없이 모든 기업은 MIS 기반구조에 의존하게 되는데, 각 기업이 사용하는 MIS 기반구조의 형태는 엑셀 파일을 공유하도록 네트워크로 연결된 몇 개의 PC일 수도 있고, 전 세계의 수천 명의 고용인들이 서로 연결되어 있는 대형 다국적 기업일 수도 있다.

- **전사적 아키텍트**enterprise architect: 기술적인 측면에 기반을 두고, 비즈니스에도 능숙하여 MIS와 현업 사이에서 중요한 다리 역할을 하는 사람을 말한다.

MIS 기반구조는 동적이고 민첩한 특성을 가지며, 비즈니스 요구가 변화함에 따라 지속적으로 변화한다. 사물인터넷IoT과 같은 인터넷 기반의 새로운 디바이스가 개발되어 대중에게 공개되면, 기업의 MIS 기반구조도 해당 기기를 지원할 수 있도록 수정되어야 한다. 이는 단순히 하드웨어의 혁신을 넘어서, 새로운 유형의 소프트웨어와 네트워크 연결성까지 포함하는 영역으로 확장된다(그림 5.2 참조).

1. **운영 지원**: 정보 MIS 기반구조는 고객 기록과 같은 중요한 정보가 어디에, 어떻게 보관되고 보호되는지를 정의한다. 운영 지원에 대한 자세한 내용은 학습목표 5.2에서 다룬다.
2. **변화 지원**: 민첩한 MIS 기반구조는 하드웨어, 소프트웨어, 통신 장비 등을 포함하며, 이들이 결합되어 조직의 목표를 지원하는 기초 토대를 제공한다. 민첩성 지원에 대한 자세한 내용은 학습목표 5.3에서 다룬다.
3. **환경 지원**: 지속 가능한 MIS 기반구조는 기업이 컴퓨팅 자원에 관해 성장할 수 있는 방법을 찾는 동시에 하드웨어와 에너지에 덜 의존적일 수 있게 해 준다. 지속 가능성 지원에 대한 내용은 학습 성과 5.4 및 5.5에서 자세히 다루고 있다.

기반구조 1: 운영을 지원하기: 정보 MIS 기반구조

사무실 반대쪽에 있는 프린터에 잠시 다녀온 사이에 당신의 노트북이 도난당했다고 생각해 보라. 당신의 기분이 어떻겠는가? 당신이 잃게 될 정보는 어떤 종류의 것들일까? 당신이 이 정보들을 모두 복구하려면 얼마나 오래 걸릴 것인가? 당신이 잃게 될 정보는 작게는 음악 파일부터 동영상, 이메일, 할당된 업무, 노트북에 저장된 비밀번호에서 심지어는 당신이 한 달을 걸려 겨우 끝낸 40페이지의 논문일 수도 있다. 만약 이런 상황이 고통스럽게 느껴진다면, 이 절에서 다룰 내용을 주의 깊게 공부해서 어떻게 이런 상황을 어떻게 이겨나갈지를 배워야 할 것이다.

정보 MIS 기반구조는 중요한 정보가 어디에, 어떻게 유지되고 보호되는지를 식별해 준다. 정보 MIS 기반구조는 일상적인 비즈니스 운영뿐만 아니라 정전, 홍수, 지진, 인터넷을 통한 악의적인 공격, 절도, 보안 침입 등과 같은 긴급 상황에 대한 계획을 지원해준다. 경영자들은 자신의 시스템이 언제든지 사용 가능하고 보호되도록 하기 위해 예방수

그림 5.3

정보 MIS 기반구조가 제공하는 주요 영역

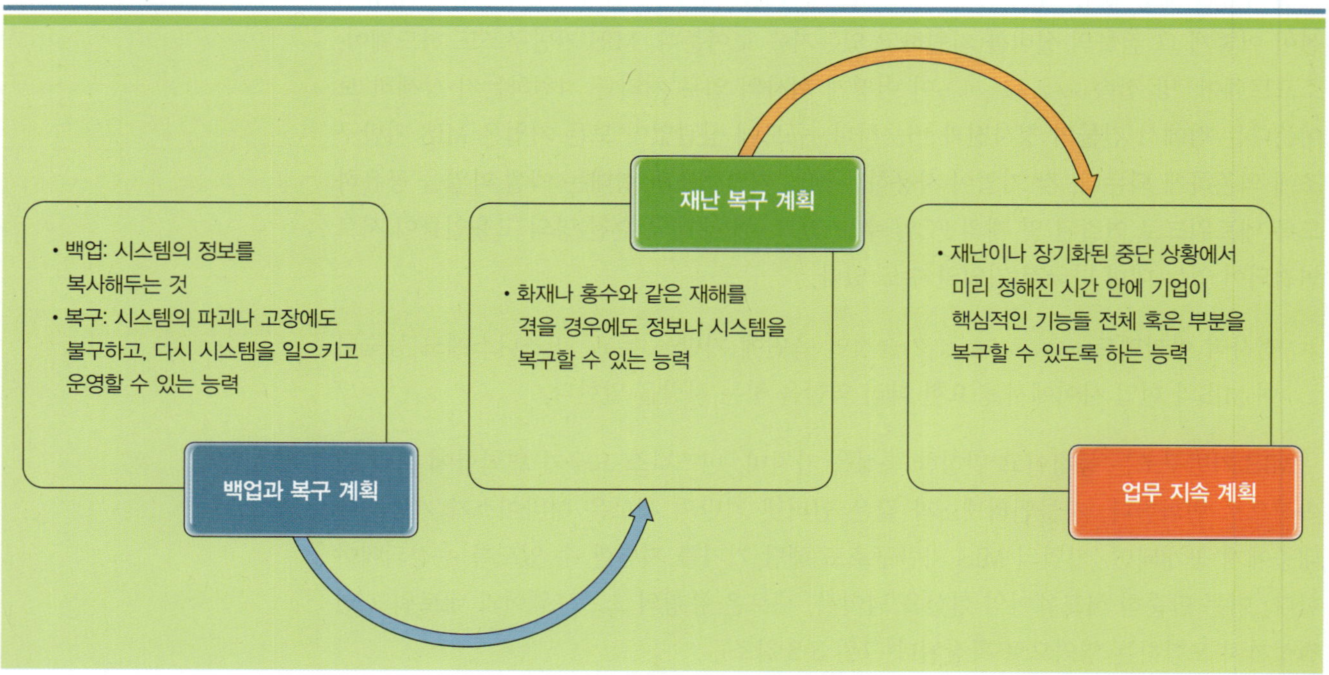

단을 갖추어야 한다. 노트북 하나를 잃어버리는 것이나 나쁜 날씨 정도로는 핵심적인 비즈니스 프로세스에 필요한 시스템을 다운시킬 수는 없다. 과거에는 어떤 기업의 정보를 훔쳐내기 위해서는 종이가 든 박스 더미들을 훔쳐내야만 했다. 그러나 오늘날 자료 저장 기술은, 그 저장 용량은 커지고 차지하는 부피는 줄어드는 방향으로 발전했고 그 결과 정보를 훔치려는 사람들은 그 기업의 자료가 저장된 USB나 외장하드를 들고 빌딩 정문을 유유히 빠져나갈 수도 있게 되었다. 오늘날의 경영자들에게는 그들의 가장 중요한 자산 중 하나인 정보를 지켜야 하는 막중한 책임이 있다. 지속적인 비즈니스 운영을 위해서, 정보 MIS 기반구조는 다음의 세 가지 주요 영역을 제공한다.

1. 백업과 복구 계획
2. 재난 복구 계획
3. 업무 지속 계획(그림 5.3)

정보 MIS 기반구조 요소 1: 백업과 복구 계획

매년 기업들은 시스템 고장과 파괴로 시간과 금전상의 손실을 입게 된다. 이러한 시스템 고장으로 인한 손해를 최소화할 수 있는 방법은 백업과 복구 전략을 실천하는 것이다.

- **백업**backup: 시스템의 정보를 복사해두는 것을 말한다.
- **복구**recovery: 시스템의 파괴나 고장에도 불구하고, 다시 시스템을 일으키고 운영할 수 있는 능력을 말하며, 백업된 정보를 다시 가져오는 것도 포함된다.

여러 종류의 백업과 복구 장치가 있는데, 대표적인 것으로는 저장 서버의 완전한 복제를 유지하는 것이나 여분의 저장 서버, 외장하드, USB, DVD 등이 있다. 이러한 장치들 간의 주요 차이는 속도와 비용에 있다.

- **장애 허용 능력**fault tolerance: 예기치 못한 고장이나 시스템 다운에 대응해 즉각적으로, 그리고 자동적으로 백업 시스템이 업무를 이어받아 서비스가 중지되지 않도록 하는 능력이다.

예를 들어, 장애 허용 능력은 홍수로 인해서 전력이 끊겼을 때 지속적인 업무를 지원한다. 장애 허용 능력은 많은 비용이 소모되는 백업이기 때문에 매우 중요한 애플리케이션이나 업무에 적용된다.

- **장애 극복**failover: 특수한 형태의 장애 허용 능력으로, 여분의 저장 서버가 실시간 정보의 동일한 복제를 가지고 있어서 메인 서버가 다운되었을 때 사용자들이 자동적으로 바로 보조 서버, 또는 백업 서버로 연결되는 것을 말한다. 이 방법은 속도는 빠르지만, 비용도 많이 드는 백업–복구 방법이다.
- **장애 복구**failback: 메인 서버가 복구되었을 때 보조 서버로부터 업무를 이어받아 다시 시작하는 것을 말한다.

DVD나 USB를 사용하여 자료를 저장하는 것은 느리지만 비용이 적게 드는 백업 방법

비즈니스 중심적 윤리와 보안

아마존 플랫폼 경쟁

AWSAmazon Web Services는 클라우드 컴퓨팅 서비스를 제공하는 아마존의 플랫폼으로, 컴퓨팅 파워, 데이터베이스 저장소, 애플리케이션, 그리고 기타 MIS 자원을 인터넷을 통해 온디맨드 방식으로 제공하며, 사용량 기반 요금제를 채택하고 있다. 애플리케이션을 개발하고, 관리하며, 운영하기 위해서는 다양한 기술 서비스가 필요한데, AWS는 이미 구축된 클라우드 컴퓨팅 플랫폼을 활용함으로써 소규모 기업들이 효율적으로 제품을 출시할 수 있는 뛰어난 방법을 제시한다.

많은 고객들이 완전하고 유연한 MIS 인프라 플랫폼이 무엇인지에 대해 질문하곤 한다. AWS 플랫폼은 고객에게 보안, 전 세계적 접근성, 컴퓨팅 파워, 대용량 저장소, 애플리케이션 서비스, 콘텐츠 관리 도구, 방대한 데이터 생태계를 제공한다.

그렇다면 문제가 되는 점은 무엇인가? 당신이 소프트웨어 스타트업을 창업해 AWS를 사용하는 수백만 개의 기업에 접근하고, 빠르게 많은 고객을 확보했다고 가정해보자. 그런데 갑자기 아마존이 당신의 제품과 경쟁하는 유사 서비스를 출시하고, AWS 플랫폼 내에서 강력한 통합 기능까지 제공한다면 어떨까? 몇 달 내로 당신의 스타트업은 문을 닫게 될 수도 있다. 실제로 구글은 Yelp가 식당 리뷰를 기반으로 훌륭한 사업을 만들어가는 것을 보자마자 자체 서비스를 만들어 검색에서 우선 노출시켰고, 그 결과 Yelp의 주가는 60% 하락했다.

오늘날 창업을 한다는 것은 대부분 아마존, 애플, 구글과 같은 거대 기술 기업의 MIS 인프라를 사용하는 것을 의미한다. 이들 기업은 스타트업에게 방대한 시장 접근성, 효율적인 광고, 저렴하고 안정적인 인프라를 즉시 제공한다. 그렇다면 질문해보자. 만약 당신이 스타트업을 창업한다면, 이런 기술 대기업들이 '패스트 팔로워fast follower'가 되어 당신의 시장을 빼앗아 갈 위험을 감수할 수 있겠는가? 또한, 이러한 기술 대기업들이 자사의 MIS 인프라를 사용하는 고객들과 직접 경쟁하는 것이 윤리적인가, 비윤리적인가? 그 이유는 무엇이라고 생각하는가?

이다. 적어도 일주일에 한 번 이런 저가의 방법을 통해 자료를 백업해 두는 것은 비즈니스 관행이다. 이런 방법은 당신의 노트북이 도난당하거나 시스템이 다운된 뒤에도 단지 며칠 정도만 지난 당신의 자료를 사용할 수 있게 해줌으로서 당신이 겪게 될 아픔을 완화시켜줄 것이다.

얼마나 자주, 또 어떤 매체를 사용하여 정보를 백업할 것인가는 아주 중요한 문제이다. 기업들은 그들의 목표와 업무 요구에 맞추어 백업과 복구 전략을 수립해야 할 것이다. 만일 그 기업이 큰 용량의 중요한 정보들을 다룬다면, 매일 혹은 매 시간마다 저장 서버에 백업이 되도록 해야 할 것이다. 만일 작은 양의 그다지 중요하지 않은 정보를 다룬다면 일주일마다 외장하드나 USB에 백업하는 것으로 충분할 수도 있다. 이렇게 일주일 단위로 백업을 하는 기업은 시스템이 다운되었을 때 한 주 분량의 작업을 잃을 수 있는 위험이 있다. 만일 이런 위험이 있어도 괜찮다면 일주일마다 백업하는 것으로 충분하다. 그러나 이런 위험이 있어서는 안 된다면 그 기업은 더 자주 백업을 해야 할 것이다.

정보 MIS 기반구조 요소 2: 재난 복구 계획

정전이나 화재, 홍수, 허리케인, 해커에 의한 악의적인 공격, 바이러스와 같은 재해들은 기업에서 매일 발생하는 일이다. 이런 재난들은 기업과 기업의 업무에 다음과 같은 영향을 미칠 수 있다.

- **커뮤니케이션의 혼란**: 대부분의 기업들은 매일의 업무를 위해서 대화나 자료를 통한 커뮤니케이션을 필요로 한다. 기반구조의 직접적인 손상이나 외부의 재난에 의한 갑작스러운 사용량 증가에 의한 광범위한 통신 두절은 어떤 기업들의 경우에는 전체 업무를 마비시킬 정도 무서운 것이 될 수 있다.
- **물리적 기반구조의 손상**: 홍수나 화재는 건물이나 장비, 시스템을 직접적으로 손상시켜 건물 구조나 장비가 안전하지 않도록 만들거나 시스템이 사용 불가능하게 되도록 할 수 있다. 경관이나 소방관들이 비즈니스 전문가들이 건물에 들어가지 못하도록 막아서 문서나 장비를 회수하지 못할 수도 있다.
- **운송 정지**: 홍수나 허리케인과 같은 재해는 운송에 큰 영향을 끼친다. 중요 고속도로, 길, 다리, 철도, 공항의 파괴는 비즈니스 전문가가 업무 보고를 하러 가거나 집에 돌아갈 수 없게 하고, 물품의 공급을 지연시키며, 제품의 선적을 중단시킨다.
- **공공 서비스의 차단**: 전력이나 수도, 가스와 같은 공공 서비스는 물리적인 기반구조에는 아무런 직접적인 손상도 입히지 않은 사건에 의해서도 몇 시간이나 혹은 며칠씩 중단될 수 있다. 공공 서비스가 끊기게 되면 건물은 사용하기 힘든 환경이 되고, 시스템은 기능할 수 없게 된다.

이런 재난의 영향들은 몇 시간이나 며칠씩 지속될 수 있고, 혹은 더 오랜 기간 동안 재난 복구를 지원하는 사이트들 업무를 중지시켜, 다시 회복할 수 없을 만큼 고객을 잃게 만들고, 결국 기업을 파괴시킬 수도 있다. 따라서 기업은 재난을 대비하기 위해 재난 복구 계획disaster recovery plan을 세워야 한다.

- **재난 복구 계획**disaster recovery plan: 비극적인 재해의 상황에서 정보나 시스템을 복구하기 위한 상세한 프로세스이다.

이 계획에는 백업이 필요한 파일과 시스템, 백업의 빈도 및 방법, 그리고 지리적으로 분산된 별도의 물리적 장소에 데이터를 저장하는 전략적 위치 등의 요소가 포함된다. 예를 들어, 한 기업이 뉴욕과 샌프란시스코에 각각 운영 거점을 두고 있다면, 자연재해가 두 지역에 동시에 영향을 미치지 않도록 전략적으로 대비하는 것이다. 재해 복구 계획은 컴퓨터 장비뿐만 아니라 직원들이 근무하는 건물 자체도 파손될 수 있다는 가능성까지 고려한다. 그림 5.4는 재해 복구를 지원하는 다양한 자원들을 보여주며, 여기에는 핫 사이트hot site, 콜드 사이트cold site, 웜 사이트warm site 등이 포함된다.

또한 그림 5.5는 재해 복구 비용 곡선disaster recovery cost curve을 보여주며, 비용과 복구 시간 면에서 최적의 지점을 두 곡선이 교차하는 지점으로 제시하고 있다. 대부분의 재해

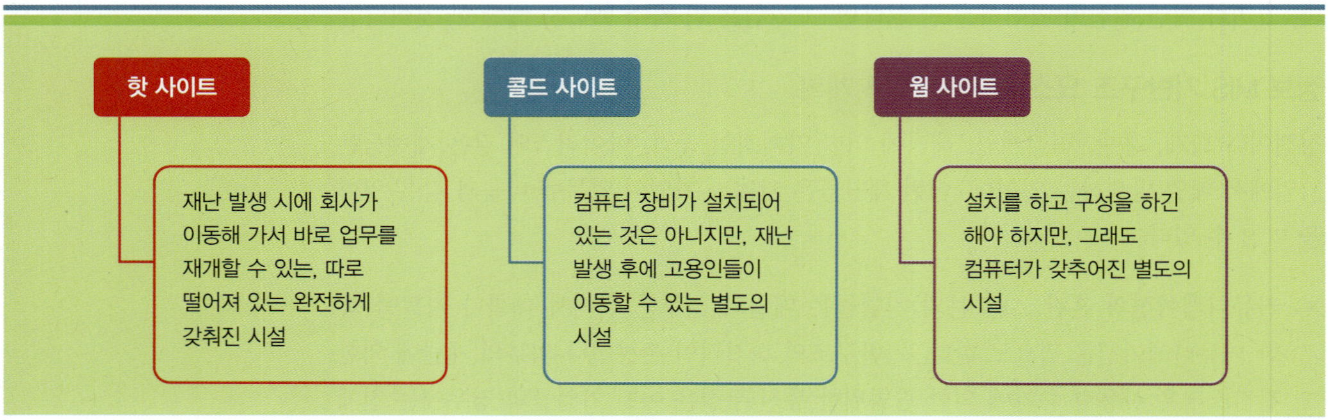

그림 5.4
재난 복구를 지원하는 사이트들

복구 계획은 이러한 비용 곡선을 기반으로 수립된다.

- **재해 복구 비용 곡선**disaster recovery cost curve: (1) 정보와 기술을 사용할 수 없음으로 인한 조직의 손실과 (2) 시간의 경과에 따른 조직의 재난 복구비용을 도표화한 것이다.

기업의 재난 복구비용 곡선 작성은 결코 가볍게 다룰 수 있는 과제가 아니다. 각 부서 또는 기능별 영역이 정보 기술을 잃게 되는 비용, 그리고 전사적으로 정보 기술을 잃게 되는 비용이 함께 고려되어야 한다. 재난 발생 후 처음 몇 시간 동안에는 이런 비용이 적지만, 시간이 지남에 따라 점차 커진다. 정보와 기술을 잃게 되는 이런 손실을 감안해서, 복구에 얼마나 많은 비용을 투자할 것인지를 결정해야 한다. 그림 5.6은 텍타깃TeckTarget의 업무 재개를 위한 재난 복구 전략을 보여준다.

1906년 4월 18일, 샌프란시스코를 뒤집어놓은 지진은 도시의 많은 부분들을 파괴하였고, 3,000명이 넘는 거주민들의 목숨을 앗아갔다. 한 세기가 넘게 지난 후, 더 튼튼하게 다시 세워진 샌프란시스코는 MIS 기업들의 중심지이자 세계의 금융 센터로 다시 태어났다. 여기에 있는 기업들의 경영자들은 산 안드레아스 단층을 따라 발생하는 재해의 가능성을 숙지하고 있어, 지진이나 홍수와 같은 재해를 예상하고 기업의 업무 지속 계획을 능동적으로 업데이트한다.

그림 5.5
재난 복구비용 곡선

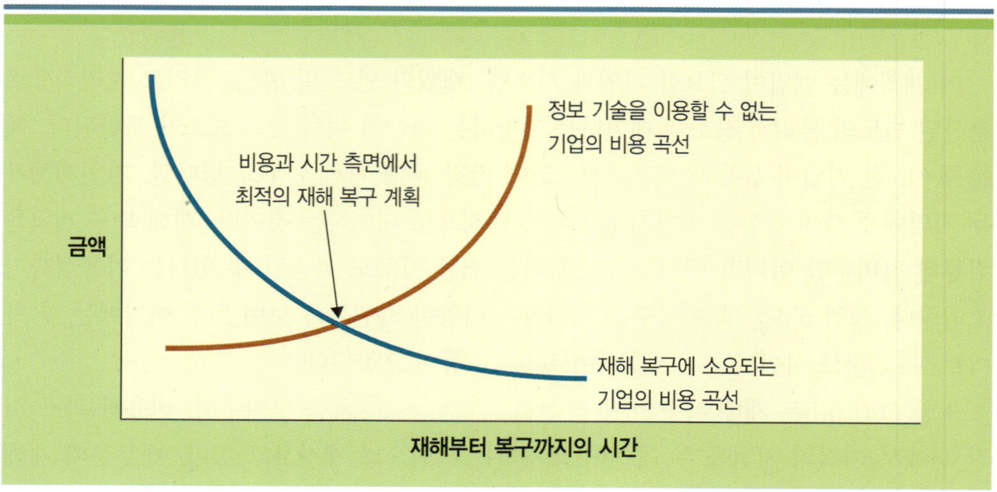

재해 복구 전략	
1. 회사의 두 번째 데이터 센터의 백업과 복구 시설을 작동시킴. 생산 활동을 그 쪽으로 옮김	데이터 저장 용량, 여유분의 프로세싱할 수 있는 서버의 하드웨어의 용량을 포함하여 두 번째 데이터 센터의 자원이 충분하다고 간주함
2. 클라우드 기반의 서비스에서 복구 자원을 작동시킴. 중대한 시스템을 그 쪽으로 대체하고 운영을 재개함	당신 회사가 필요할 때에 따라 유연하게 받아 줄 수 있는 클라우드 기반의 서비스 계약을 확실히 함. 당신의 데이터 보안이 확실하게 유지될 수 있게 함
3. 핫 사이트에 있는 백업 시스템과 데이터를 작동시킴. 운영을 그 쪽으로 옮김	핫 사이트에 어떤 가용자원이 무엇인지 확실히 알도록 함. 예를 들면, 재해 발생 시 규정과 요금 그리고 다중 재해 발생 시 당신 회사에게 가능한 선택 등
4. 손상된 설비들을 여분의 부품으로 대체함	가용 여유 시스템, 회로기판, 전기 공급, 소프트웨어와 같은 백업 디스크, 그리고 중요 서류에 대한 종이와 디지털 복사본을 가능한 많이 확보함
5. 대체 사이트에 있는 가상 기계를 복구함; 이 가상 기계는 현재 생산 가상 기계로 업데이트 함	대체 사이트에 가상 기계의 복제를 만들고 지속적으로 업데이트 하고 필요하다면 생산 가상 기계로 사용할 수 있게 함
6. 대체 네트워크를 작동하고 데이터와 음성 소통을 손상된 네트워크에서 이 네트워크로 보냄	네트워크 설비가 여러 통로로 현지에서 접근할 수 있고 높은 용량으로 다양한 통로로 이용할 수 있도록 함

그림 5.6

텍타깃사의 재해 복구 전략

캘리포니아 유니언은행은 샌프란시스코의 중심지 한 가운데에 위치하고 있으며, 매우 상세하고 잘 개발된 업무 지속 계획을 가지고 있다. 이 은행은 전 세계에 흩어져 있는 수백 명의 비즈니스 전문가들을 고용하고 있어, 재해가 발생했을 경우에도 기업의 업무가 지속되도록 하기 위하여 재난 시 발생할 수 있는 시설, 비즈니스 전문가, 중요한 시스템들의 손실에 대비하는 계획을 세워 재난 시에도 회사가 운영될 수 있도록 한다. 또한 이 은행의 재난 복구 계획은 직원들이 바로 이동해 평상시와 마찬가지로 업무를 재개할 수 있는 핫 사이트들을 포함하고 있다. 캘리포니아 유니언은행의 경우에는 재해가 발생했을 때 다시 업무를 가동시키는 데 걸리는 시간이 몇 시간이 아니라 몇 분이면 충분할 것이다.

정보 MIS 기반구조 요소 3: 업무 지속 계획

정보 자산의 보호를 중시하는 비즈니스 전문가들에게 자연재해와 테러 공격은 항상 고려해야 할 주요 리스크 요소 중 하나이다.

- **비상사태**emergency: 갑작스럽고 예상하진 못한 사건으로써 건강, 안전, 환경, 재산을 잠재적으로 위협할 수 있기에 즉각적인 행동을 필요로 한다.
- **비상사태 준비**emergency preparedness: 회사가 비상사태에 대해 조직적이고 시기 적절하고 효과적으로 대처할 준비가 되어 있는 것을 의미한다.

기존의 재난 복구 계획은 시스템과 자료에 대한 정보를 포함하는데, 이것은 비즈니스 프로세스와 공급 사슬 관리의 범 기능적이고 범 조직적인 쟁점들을 무시하는 것이다. 이

비즈니스 중심적 활동

개인 백업 계획 수립하기

백업과 복구는 어떤 컴퓨터 시스템에서든지 필수적이다. 누군가 당신의 노트북을 지금 훔쳐가 버린다면 얼마나 고통스럽겠는가? 그런 상황에선 어떤 중요한 정보를 잃게 되는가? 잃은 자료들을 다시 만드는 데 얼마나 많은 시간이 소요될 것인가? 아마도 이 일은 당신이 백업 절차를 수행하는 동기가 될 것이다. 여러분 중의 몇 명이나 재난 복구 계획을 갖고 있는가? 재난 복구는 친구가 카페라떼를 당신의 컴퓨터에 쏟는다거나 실수로 USB를 세탁기에 넣고 돌렸을 때에 필요하다.

재난 복구 계획은 어떤 사업에서든지 매우 중요하며, 9.11 같은 재난이 발생한다고 해도 업무가 지속될 수 있도록 모든 것을 갖추어야 한다. 또한, 당신에게 어떤 재해가 닥치기 쉬우며, 어떤 재해가 거의 염려할 필요가 없는 것인지를 염두에 두어야 한다. 예를 들자면, 만일 당신이 콜로라도에 살고 있다면 허리케인에 대해서는 걱정할 필요가 없겠지만, 눈사태에 대해서는 고려를 해야 한다.

- 기업에서 얼마나 자주 자료를 백업해야 하는가?
- 백업한 것은 어디에 저장해야 하는가?
- 당신이 사는 곳에 있는 기업들은 어떤 재해에 대비해야 하는가?
- 백업한 것을 시험해 보는 일이 왜 중요한가?
- 기업이 재난 복구 계획의 실행에 실패할 경우 어떤 일이 벌어지는가?
- 당신의 컴퓨터에는 백업이 되어 있는가? 만약 그렇지 않다면, 지금 누군가 당신의 노트북을 훔쳐 간다면 어떤 일이 벌어질 수 있을까? 당신의 데이터를 위한 개인 백업 계획을 직접 수립해 보시오.

런 이유에서 많은 기업들은 좀 더 포괄적이고, 모든 것을 아우르는 계획인 업무 지속 계획BCP, business continuity plan으로 바꾸고 있다.

- **업무 지속 계획**BCP: 업무 지속 계획은 재해나 광범위한 파괴 이후에 기업이 어떻게 중요한 업무와 시스템을 복구하고 파괴 이전의 상태를 이어 받을 수 있는지에 대해 상세히 다룬다.

이 계획은 중요한 시스템, 업무, 부서를 파악하는 것과, 시스템이 작동하지 않을 때 최대한 얼마나 오랫동안 업무가 지속될 수 있는지와 같은 요소들을 포함한다(그림 5.7 참조). BCP(업무 지속 계획)는 재해 복구 계획뿐만 아니라 비즈니스 영향 분석의 우선순위 설정, 비상 통보 계획, 기술 복구 전략 등 다양한 추가 계획들을 포함하고 있다. 이는 단순히 사고 이후의 복구에 그치는 것이 아니라, 조직이 예기치 못한 상황에서도 핵심 업무를 지속할 수 있도록 사전에 대비하고 전략적으로 대응하기 위한 포괄적인 계획이다.

비즈니스 충격 분석 Business Impact Analysis 비즈니스 충격 분석은 기업이 재해나 중단 상황 발

업무 지속 전략	
1. 현재의 건물을 비우고 미리 정해진 대체 장소로 이동	목표한 복구 시간에 맞추어 대체 장소가 준비되어 있거나 빨리 준비될 수 있다고 가정함. 그쪽으로의 이동 수단도 가능하게 준비함
2. 재택근무함	직원들이 집에서 광대역 네트워크로 인터넷을 사용 가능하게 함; 사용자가 증가하더라고 광대역 네트워크를 사용함에 있어 불편함이 없게 함
3. 핫 사이트로 필요한 직원들을 이주시킴	핫 사이트의 프로그램은 준비되어 있고 직원들이 사용할 공간도 확보되어 있을 것이라고 가정함
4. 중요한 관리자 부재 시 대체 직원이 그 자리를 대신할 수 있게 함. 관리자를 대체할 직원을 미리 훈련시켜 놓음	업무승계 계획은 업무 지속 전략의 핵심; 고급 관리자와 특별한 업무를 책임지고 있는 사람에게 무슨 일이 생겼을 때 업무의 중단을 최소화하기 위해 준비함
5. 직원들을 사이트가 있는 지역이나 근처의 호텔로 이동시키고 일시적인 일한 공간을 확보	같은 지역에 여러 회사에 동시에 영향을 미칠 재해를 대비하여 호텔과 이런 계획을 미리 만들어 놓음
6. 직원들을 다른 회사로 이동시킴	여러 사무실을 가지고 있는 회사들 중에 텍타깃사의 네트워크에 접근할 수 있고 직원들에게 일할 공간을 제공할 수 있는 회사와 미리 계획하여 직원들이 그쪽 회사의 사무실을 이용할 수 있도록 함

그림 5.7
텍타깃의 업무 지속 전략

생 시 복구 우선순위와 전략을 올바르게 결정했는지 확인하기 위해 수행되는 과정이다. 이 분석은 조직 내 모든 핵심 업무 기능을 식별하고, 특정 재해가 이들 기능에 어떠한 영향을 미칠 수 있는지를 평가하는 데 중점을 둔다.

- **비즈니스 충격 분석**Business Impact Analysis: 조직의 모든 핵심 비즈니스 기능을 식별하고, 특정 재해가 이들 기능에 미치는 영향을 분석한다.

예를 들면, 영업과 마케팅 부서보다 회계 부서를 먼저 복구를 해야 하는지? 이메일 시스템을 제일 먼저 복구하여 직원 간 그리고 고객, 공급업체, 협력업체와 소통할 수 있게 해야 하는지? 비즈니스 충격 분석이 업무 지속 계속BCP의 핵심 중에 하나이다. 왜냐하면, 가장 중요한 기능을 제일 먼저 복구하고 그 다음 다른 부분들을 순차적으로 복구할 수 있게 자세한 순서를 나타내기 때문이다.

비상상황 통보 시스템 업무 지속 계획은 때때로 비상상황 통보 시스템emergency notification system을 포함한다.

- **비상상황 통보 시스템**: 비상상황이 발생했을 때 사람들에게 그것을 알리기 위하여 만들어진 기반구조이다.

라디오 방송에서 이따금 시험적으로 내보내는 국가 비상 재난 경보 시스템은 비상상황 통보 시스템의 대표적인 예이다. 기업은 직원들에게 예기치 못한 사태가 발생했음을 알리고, 이 상황에서 어떻게 행동하여야 하는지에 대한 지침을 알려주기 위해 비상상황 통보 시스템을 사용한다. 비상상황 통보 시스템은 기업의 자체 기반구조에 함께 포함되기도 하고, 회사 내에서 외부 서비스 공급자에 의해 제공되기도 하고, 외부의 서비스 공급자에 의해 원격으로 제공되기도 한다. 이 세 가지 방법은 모두 이메일, 휴대전화를 통한 경보, 텍스트 메시지 등의 다양한 방법을 통한 경보를 제공한다. 경보는 선택된 모든 기기들에게 보내져서 위급한 상황이 일어났음을 알아야 하는 모든 사람들이 여러 경로를 통해 경보를 접할 수 있도록 한다.

기술 복구 전략 회사는 그들이 생존하고 운영하기 위해 굉장히 많은 데이터를 만들어 낸다.

- **기술 실패**Technology Failure: 하드웨어, 소프트웨어 또는 데이터의 중단으로 인해 기업의 운영 능력이 저해되는 상황을 의미한다. 기술 실패는 중요한 데이터를 대량으로 손상시킬 수 있으며, 종종 심각한 사고로 이어지기도 한다.
- **사고**Incident: 서비스의 예기치 않은 중단 또는 방해를 의미한다. 사고는 계획되지 않은 방식으로 발생하며, 업무에 영향을 줄 수 있다.
- **사고 기록**Incident Record: 사고와 관련된 모든 세부 정보를 담고 있는 문서로 사고 발생 시간, 원인, 영향, 조치 내용 등을 포함한다.
- **사고 관리**Incident Management: 사고가 어떻게 식별되고 해결되는지를 관리하는 일련의 절차를 의미한다. 이는 사고 발생 시 신속하고 효과적으로 대응하기 위한 핵심 관리 프로세스이다.
- **기술 복구 전략**Technology Recovery Strategies: 하드웨어, 소프트웨어, 데이터 등을 조직 전반에 걸쳐 어떤 순서로 복구할지를 결정하는 전략으로, 기업의 복구 요구 사항을 가장 잘 충족시키는 방식에 초점을 맞춘다.

기술 복구 전략은 하드웨어, 소프트웨어, 데이터 센터 그리고 네트워킹에 대한 우선순위에 대해 자세히 설명한다. 만약 이 네 개중 하나라도 제대로 작동하지 않으면 전체 시스템이 작동하지 않고 타 기능(예: 주문관리와 급여관리)에도 영향을 미칠 수 있다. 그림 5.8은 회사가 기술 복구 전략을 개발함에 어떤 부분에 중점을 두어야 하는지 보여준다.

기반구조 2: 변화 지원: 애자일 MIS 기반구조

애자일 MIS 기반구조는 서로 협동하여 조직의 목표를 지원해주는 하드웨어, 소프트웨어, 원격통신 설비를 포함한다. 만일 어떤 기업이 한 해에 50%의 성장을 이룬다고 하면, 그 기반구조와 시스템 또한 50%의 성장률을 감당할 수 있어야 한다. 만약 그렇지 못하다면, 그 기업은 성장함에 따라 제대로 업무 기능을 수행하는 데에 방해를 받게 될 것이다.

기업의 미래는 그 기업이 언제 어디서나 파트너, 공급자, 고객과 만날 수 있는 능력에 달려 있다. 당신이 e-비즈니스를 하고 있으며, 인터넷상의 모든 사람들이 당신의 비즈니스 아이디어가 정말로 대단하고, 당신의 회사가 앞으로 잘 될 것이라고 말하고 있고, 또한 협력하고 싶어 한다고 상상해 보자. 순식간에 당신은 전 세계에 걸쳐서 당신의 웹사이트에 흥미를 가진 5백만 명의 고객들을 확보하게 되었다.

그림 5.8

기술 복구 전략의 중요 부분

불행하게도, 당신은 이렇게 빨리 이토록 많은 고객이 생기리라 예상하지 못했고, 시스템은 붕괴된다. 사용자들이 URL을 입력하면 지금 웹사이트를 사용할 수 없으니 잠시 후 다시 시도해 달라는 블랭크 메시지를 보게 될 것이다. 더 나쁘게는 웹사이트에 접속은 되지만, 클릭 한 번 할 때마다 창이 뜨는 데 3분씩이나 걸릴 수도 있다. 당신의 비즈니스 아이디어에 대한 입소문들은 금방 사그라지고, 어떤 웹에 능통한 재빠른 추격자가

그림 5.9

애자일 MIS 기반구조의 특징

당신의 아이디어를 카피해 더 많은 양의 고객들을 다룰 수 있는 웹사이트를 만들 것이다. 애자일 MIS 기반구조의 속성들은 당신의 시스템이 어떤 예기치 못한, 혹은 계획되지 않은 변화를 감당하고 제대로 기능할 수 있도록 도와줄 것이다.

그림 5.9는 애자일 MIS 기반구조의 7가지 능력들을 보여준다.

애자일 MIS 기반구조 특성 1: 가용성

당신이 다니는 대학의 어떤 사람이 학생 정보 시스템에 접속했다고 생각해보자. 예를 들어, 학교에서 급여를 받는 직원의 경우에는 휴가에 대한 정보나 급여에 대한 정보에 접속해야 할 것이다. 그리고 학생의 경우는 교과과정에 대한 정보와 등록금에 대한 정보에 접속해야 할 것이다.

- **접근성**accessibility: 어떤 사용자가 시스템을 사용할 때 무엇에 접속할 수 있고, 무엇을 볼 수 있고, 무엇을 할 수 있는지 정의하는 서로 다른 접근 등급을 말한다.

각각의 시스템 이용자는 서로 다른 접근 등급을 가지게 되는데, 이 접근 등급은 사용자가 시스템의 어떤 부분에 접속할 수 있고, 어떤 부분에 접속할 수 없는지, 시스템 안에서 무엇을 할 수 있는지를 다룬다. 예를 들어, 학생은 급료 지불 명부나 교수의 개인 정보를 볼 수 없도록 해야 할 것이다. 또한, 어떤 사용자들에 대해서는 정보를 볼 수만 있고 정보를 조작할 수는 없도록 해야 한다. 조직 내 최고 수준의 MIS 담당자는 시스템 전반에 대한 설정과 제어가 가능하도록 관리자 접근administrative access을 해야 한다.

- **관리자 접근**Administrator Access: 시스템 전체에 대해 제한 없는 접근 권한

관리자 접근은 비밀번호 재설정, 계정 삭제, 시스템 전체 종료와 같은 기능을 수행할 수 있다. W3C 디렉터이자 월드 와이드 웹World Wide Web의 창시자인 팀 버너스-리가 말하길, “웹의 힘은 그 보편성에 있다. 장애 유무와 상관없이 모든 사람이 접근할 수 있어야 한다는 점이 핵심이다.”

- **웹 접근성**Web Accessibility: 장애가 있는 사람들도 웹을 이용할 수 있도록 보장하는 것을 의미한다.
- **웹 접근성 계획**WAI, web accessibility initiative: 세계 여러 곳에 있는 산업, 장애인 단체, 정부 그리고 연구소로부터 사람들을 모아 청각, 인지, 신경, 육체, 언어 그리고 시각장애가 있는 사람들이 웹을 이용하는 것을 돕기 위해 지침서나 자원을 개발하기 위함이다.

‘웹 접근성 계획’의 목적은 장애인들이 똑같이 웹에 접근할 수 있게 하기 위함이다. 예를 들면, 애플은 아이폰, 아이패드 그리고 아이팟에 화면 확대 기능과 목소리 감지 기능을 넣어서 시각장애인이 그 기기들을 사용할 수 있게 했다.

애자일 MIS 기반구조 특성 2: 이용 가능성

e-비즈니스 환경에서, 비즈니스 전문가들은 그들이 원하면 언제 어디서나 시스템을 사

용할 수 있어야 한다.

- **가용성**availability: 시스템이 작동하는 시간 범위를 말한다.
- **고가용성**high availability: 어떤 시스템이 항상, 끊김 없이 사용 가능한 경우를 말한다.
- **이용 불가능**unavailable: 시스템이 가동되지 않아서 사용할 수 없는 상태를 말한다.

가용성은 '100% 가동 가능한' 상태, 혹은 '절대로 장애가 없는' 상태를 기준으로 하여 상대적인 값으로 매겨진다. 시스템 가용성의 기준은 '파이브 나인(99.999%)'이라고 불리는데, 통상적인 것이긴 하지만, 성공하기는 무척 어렵다. 하지만 일부 기업들은 e-비즈니스의 업무와 전 세계의 고객 및 온라인 공급자들을 지원하기 위해 24시간 가용한 시스템을 보유하고 있다.

유지 보수, 업그레이드를 위해 시스템을 중지해야 할 때가 가끔씩 있는데, 이런 작업들은 보통 작업 중단 시간 안에 끝난다. 가용성에 있어 한 가지 고민해야 할 것은 지속적으로 가동할 것으로 기대되는 시스템에서 작업 다운타임을 언제로 잡을 것인가 하는 것이다. 밤 시간 동안에 점검을 하도록 하는 것은 좋은 생각같이 보이지만, 어떤 도시에서의 밤은 지구상의 다른 곳에서는 아침일 수도 있다. 따라서 그 시간 동안에 시스템이 이용 불가능하게 되어 지구상의 여러 곳에 흩어져 있는 비즈니스 전문가들이 자신들이 해야 하는 일들을 할 수 없게 될 것이다. 그래서 기업들은 장애 극복 시스템을 이용하여 메인 서버를 정지시키고 점검을 하는 동안 보조 서버를 이용하여 업무를 지속시키는 방식을 이용한다.

애자일 MIS 기반구조 특성 3: 유지보수성

기업은 민첩한 인프라를 지원하는 시스템을 설계하고 구축할 때 오늘날의 필요뿐만 아니라 미래의 요구까지도 함께 고려해야 한다. 시스템은 기업의 변화, 환경 변화, 비즈니스 변화 등 모든 유형의 변화에 유연하게 대응할 수 있을 만큼 충분히 유지보수성을 갖추고 있어야 한다.

- **유지보수성**Maintainability(or flexibility): 유지보수성은 어떤 시스템이 환경의 변화에 대해 얼마나 빨리 대응해 변화할 수 있는가를 나타낸다.

유지보수성Maintainability은 시스템에 장애가 발생한 후 얼마나 빠르고 효과적으로 수정하거나 복구할 수 있는지를 측정하는 지표이다. 예를 들어, 작은 비즈니스를 시작할 때 흔히들 저지르기 쉬운 실수가 다른 나라의 고객이 생길 수 있다는 점을 고려하지 않는 것이다. 그런 경우에는 아마도 여러 나라의 통화나 언어를 다루지 않는 시스템으로 설계가 되어 있을 것이다. 현재 국제적인 비즈니스를 하고 있지 않다면 그렇게 하는 것이 맞을 스 있다. 그러나 첫 국제 거래가 발생하는 순간, e-비즈니스에서는 흔한 일이지만, 이 시스템은 불행히도 새로운 언어나 통화에 맞추어 자신을 바꿀 만한 유연성이 없기 때문에 그 업무를 다룰 수 없게 될 것이다. 기업이 성장해서 해외로 진출하고자 할 때, 여러 나라의 통화와 언어를 다루기 위해서는 이 시스템을 전부 다시 개발해야 할 것인데, 이런 일은 결코 쉽거나 저렴하지 않다.

비즈니스 중심적 토론

'–ilities' 특성들 순위 매기기

조별로 기업의 성장을 지원하는 MIS 인프라의 특성 목록을 검토한 후, 각 특성이 기업의 성공에 미치는 영향력을 기준으로 순위를 매기시오. 이때, 1은 가장 큰 영향을 미치는 특성, 7은 가장 적은 영향을 미치는 특성을 의미한다.

MIS 인프라의 특성	비즈니스 영향
접근성(Accessibility)	
가용성(Availability)	
유지 보수성(Maintainability)	
이식성(Portability)	
신뢰성(Reliability)	
확장성(Scalability)	
사용성(Usability)	

유연한 시스템을 구축하고 배치하는 일은 예기치 않은 업무나 환경의 변화에 대응해 쉽게 업데이트를 하고, 시스템을 바꾸고, 그 형태를 바꿀 수 있도록 해준다. 만약 페이스북이 여러 나라의 언어를 다루기 위해 시스템을 통째로 분해하고 다시 구성해야 한다면 어떤 일이 발생할지 생각해 보자. 다른 소셜 네트워크가 등장해 선택받는 공급자가 될 것이다. 이런 일은 비즈니스 운영에 있어서 결코 효과적이지도 효율적이지도 않다.

애자일 MIS 기반구조 특성 4: 이식성

애플의 아이튠의 경우는 이미 맥 컴퓨터뿐만 아니라 PC, 스마트폰, 아이팟, 아이폰, 아이패드 등에서도 사용 가능하다. 아이튠은 휴대하기 좋은 애플리케이션이기도 하다. 애플이 하드웨어와 소프트웨어를 통틀어 제품 간의 호환성을 강조해온 덕에 이식성을 잃지 않으면서도 애플의 제품, 장치나 지원되는 서비스에 쉽게 더할 수 있다.

- **이식성**portability: 어떤 애플리케이션이 다른 운영 시스템처럼 다른 장치나 소프트웨어 플랫폼에서도 작동할 수 있는 능력을 말한다.

많은 소프트웨어 개발자들이 아이폰, 아이팟, 아이패드 이 세 가지 장치에서 모두 사용 가능한 프로그램들을 만들고 있는데, 이로서 목표 시장이 더 커지는 효과와 수익을 기대할 수 있다.

애자일 MIS 기반구조 특성 5: 신뢰성

오류는 정보의 부정확한 기입으로부터 전송 도중에 정보가 깨지는 것에 이르기까지 다양한 이유로 인해 발생할 수 있다. 많은 사람들이 위키피디아의 정보가 믿을 수 없다고 하는데, 어떤 사용자건 모두 위키피디아의 정보를 편집할 수 있기 때문에 사기꾼들이 부정확한 정보를 업데이트할 수 있기 때문이다.

- **신뢰성**reliability(혹은 **정확성**accuracy): 시스템이 제대로 작동하고, 정확한 정보를 제공하는 것을 말한다.

많은 이용자들이 구글 검색 결과로 뜨는 것 중에 위키피디아와 관련된 것을 무시하는 것은 이 때문이다. 웹사이트에 믿을 수 없는 정보를 싣는 것은 기업으로 하여금 고객을 잃게 할 위험이 있고, 공급자로부터 부정확한 주문을 받게 하며, 심지어는 신뢰할 수 없는 비즈니스 의사결정을 내리게 할 수도 있다.

- **취약성**vulnerability: 시스템의 약점을 말하는 것으로 가령 비밀번호를 한 번도 바꾸지 않았다든가 시스템을 잠그지 않은 상태로 담당자가 점심식사를 간다든가 하는 경우에 위협에 노출되는 경우를 말한다. 신뢰성이 있는 시스템은 이런 취약성을 최소로 하여 위험을 감소시키려 한다.

애자일 MIS 기반구조 특성 6: 확장성

기업의 성장을 예측하는 일은 매우 어려운 과제이다. 성장은 여러 형태로 나타나는데, 예를 들면 고객 증가, 생산라인의 증설, 새로운 시장 확대 등이 그 예이다.

- **확장성**scalability: 시스템이 확장될 수 있는 정도를 나타내는 것, 또는 시스템이 증가된 수요에 얼마나 잘 적응할 수 있는지를 말한다.

만약 기업이 예상한 것보다 너무 급속히 성장하게 되면 여러 가지 문제가 발생할 수 있는데, 예를 들면 디스크의 여유가 부족하게 되고, 거래 처리 속도가 늦어진다. 성장을 예상하는 일은 이를 지원하게 되는 IT 조직을 구축하는 데 중요한 역할을 한다.

- **성능**performance: 어떤 시스템이 얼마나 빨리 어떤 거래transaction나 프로세스를 수행하는가를 보여주는 척도이다.

성능은 확장성의 핵심 구성요소인데, 이는 확장 불가능한 시스템은 성능 문제를 겪게 되기 때문이다. 예를 들어, 당신이 다니는 학교의 콘텐츠 관리시스템이 갑자기 한 번 클릭할 때마다 5분씩 걸려서 다음 페이지를 띄운다고 생각해 보자. 게다가 지금 당신이 중간고사를 치고 있고, 두 시간의 시간 제한을 시스템이 느려지는 바람에 넘겨 버리고 말았다고 생각해 보자. 성능 문제는 고객과 공급자, 심지어는 사내 업무 지원 센터의 직원마저 잃게 만들만큼 기업에 심각한 영향을 끼친다. 대부분의 사용자는 웹사이트의 응답을 그저 몇 초 기다리고는 업무 지원 센터에 전화를 걸거나 다른 웹사이트로 가버릴 것이다.

- **용량**capacity: 시스템이 제공할 수 있는 최고의 처리량을 말한다. 예를 들면, 하드 드라이브의 용량은 크기와 양을 의미한다.

- **용량 계획**capacity planning: 높은 수준의 시스템 성능이 가능하도록 미래의 환경 기반구조의 필요를 결정하는 것이다.

만일 어떤 기업이 구 버전의 통신 소프트웨어를 구입했거나 소프트웨어가 너무 느려 필요를 충당하지 못한다면, 그 기업의 직원들은 시스템의 응답을 기다리느라 엄청난 시간을 낭비할 것이다. 시스템이 이미 운영되기 시작한 후 기기들을 갱신하는 것보다는 성장에 따른 필요를 예측하는 애자일 MIS 기반구조를 구축하는 것이 더 저렴한 방법이다. 만일 직원이 100명인 어떤 기업이 다른 기업과 합병하게 되어 갑자기 400명의 직원이 시스템을 사용하게 된다면, 그 시스템의 성능은 매우 나빠질 것이다. 따라서 용량 계획을 통해 시스템 성능이 안정적으로 유지되도록 해야 한다. 시스템이 응답하기만을 기다리고만 있는 것은 결코 생산적이지 않다.

웹 2.0은 애자일 MIS 기반구조가 비즈니스 업무가 요구하는 수준을 지속적으로 맞추게 하기 위한 용량 계획을 필수적으로 만든다. 인터넷을 통해 동영상을 전송하는 일은 금요일이나 토요일 같은 피크 기간에도 수백만의 사용자들이 만족할 수 있도록 충분한 대역폭을 필요로 한다. 인터넷을 통한 동영상 전송에 있어서 패킷 손실이나 사용자 추가로 인한 동영상 질 저하는 있을 수 없는 일이다.

애자일 MIS 기반구조 특성 7: 사용성

아무리 잘 만들어진 애플리케이션이라도, 사용자들이 이를 탐색하거나 사용하는 데 어려움을 느낀다면 결국 판매되지 않는다.

- **사용성**usability: 어떤 시스템이 얼마나 배우기 쉽고, 사용하기에 효율적이며 만족스러운가에 대한 척도이다

어떤 시스템이 얼마나 사용하기 쉬운지를 불문하고 시스템에 대한 사용 힌트와 팁, 지침을 제공하는 것이 좋다. 애플은 아이팟을 처음 디자인할 때부터 사용성의 중요함을 충분히 이해하고 있었다. 아이팟을 처음 접했을 때의 매력 중 하나는 클릭휠click wheel의 사용성이다. 이 하나의 단순하고 효율적인 버튼으로 아이팟을 조작할 수 있어, 모든 연령대의 사람들이 아이팟을 쉽게 사용할 수 있다. 또한 사용을 더 쉽게 하기 위해, 애플은 아이팟에 사용되는 아이튠 소프트웨어를 직관적이고 사용하기 쉽게 만들었다.

- **서비스 가능성**Serviceability: 제3자가 시스템을 얼마나 신속하게 변경하여 사용자 요구와 계약 조건(합의된 신뢰성, 유지보수성, 가용성 수준 포함)을 충족시킬 수 있는지를 의미한다.

제3자의 시스템을 사용하는 경우, 원격 근무자를 포함한 모든 사용자에게 적절한 수준의 서비스 가능성이 보장되는 것이 중요하다.

비즈니스 중심적 스킬셋

"능력ab-'ilities'"에 따라 등급 매기기

구글이 어떻게 그렇게 큰돈을 버는지 아는가? 기존의 비즈니스와는 다르게 구글은 서비스를 이용하는 이용자들에게서 돈을 받지 않는다. 대신 구글은 검색 결과에 뜨는 스폰서 섹션에 들어가기를 원하는 기업들로부터 돈을 받는다. 구글 검색을 해 보면, 결과 창에 세 개의 섹션이 뜨는 것을 볼 수 있다. 가장 위에 뜨는 것과 옆에 뜨는 것이 스폰서 섹션이고, 가운데 위치하는 목록이 일반 검색 결과이다. 애드워즈AdWords라는 구글의 혁신적인 마케팅 프로그램은 기업들이 어떤 검색어에 대해서 값을 부르고, 가장 높은 값을 부른 기업이 스폰서 섹션의 가장 위에 뜨도록 해 준다. 사용자가 스폰서 링크를 통해 접속을 할 때마다 해당 기업이 구글에 값을 지불한다. 이것을 클릭당 지불pay-per-click이라고도 하는데, 해당 기업은 사용자가 클릭할 때마다 적게는 몇 센트로부터 많게는 몇 달러에 이르는 돈을 지불한다. '열대지역 휴가'와 같은 보편적인 검색어는 적은 돈만 내면 되지만, '하와이 휴가'와 같은 더 구체적인 검색어는 더 많은 돈을 내야 한다. 어떤 기업이든지 간에 돈만 많이 내면 스폰서 섹션의 가장 위에 나타나게 된다. 일반 검색 결과의 리스트에서 클릭해 들어가는 것은 해당 기업에서 돈을 내지 않아도 된다.

구글의 애자일 MIS 기반구조의 능력들을 구글의 MIS 기반구조와 업무에 얼마나 많은 지원을 하느냐에 따라 중요도 순위를 매겨보자. 당신이 매긴 순위에 논리적인 이유를 대는 것을 잊지 말자.

section 5.2 | 지속 가능한 MIS 기반구조를 구축하기

학습 성과

5.4 MIS와 관련된 환경적인 영향들을 인식할 수 있다.
5.5 지속 가능한 MIS 기반구조의 세 가지 요소들과 그들의 비즈니스 혜택에 대해 설명할 수 있다.

MIS와 환경

MIS의 전반적인 경향은 더 작고, 더 빠르고, 더 저렴하게 되는 것이다. 세계에서 가장 큰 컴퓨터 칩과 마이크로프로세서 제조회사인 인텔의 공동 창설자인 고든 무어가 1965년에 발견한 바에 따르면 기술 혁신의 지속적인 발전에 따라 2년마다 컴퓨터 칩(컴퓨터의 두뇌이자, 요즘은 휴대폰의 두뇌이기도 한)의 크기는 작아지고, 그 용량은 더 커진다고 한다. 이러한 경향이 계속 지속되리라는 그의 예측은 무어의 법칙Moore's Law으로 알려져 있다.

그림 5.10

지속 가능한 MIS 기반구조를 필요하게 하는 세 가지 압력

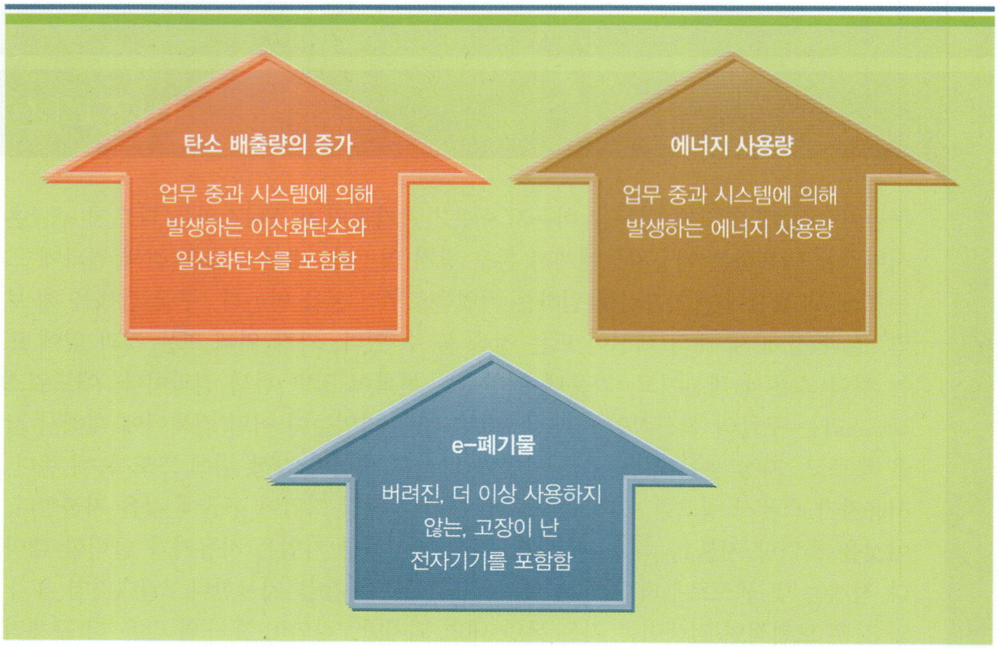

- **무어의 법칙**Moore's Law: 매 18개월마다 달러당 컴퓨터 칩의 성능이 두 배 늘어난다는 것이다.

사실 무어가 본래 예상하기로는 2년 주기였지만, 오늘날의 많은 자료들은 18개월로 보고 있다. 무어의 법칙은 많은 양의 MIS 장비들을 점점 더 싼 값에 구입할 수 있게 하기 때문에 기업들에게는 아주 근사한 일이다. e-비즈니스가 지속적으로 성장함에 따라, 기업들은 직원들에게 노트북에서 휴대전화, 아이패드에 이르기까지 다양한 형태의 전자 장비들을 제공하고 있다. 이것은 연결된 기업을 지원하는 데 매우 유용하지만, 예기치 않은 부작용을 야기하고 있다. 그것은 화석연료에 대한 의존과 구식 컴퓨터 장비의 안전한 처분에 대한 요구의 증가이다. 이러한 부작용에 대한 우려로 인해 많은 기업들이 지속 가능한 MISsustainable MIS라는 친환경적 실천 방식을 채택하게 되었다.

- **지속 가능한 MIS**sustainable MIS**, 혹은 그린 MIS**: 환경의 손상을 최소화하는 방향으로 기술을 생산하고, 경영하고, 사용하고, 처분하는 것을 말한다.

지속 가능한 MIS는 다음을 포함한다:

- **기업의 사회적 책임**corporate social responsibility: 기업의 사회적 책임은 기업이 일반적으로 그들에게 요구되는 어떤 사회적인 책임을 이행해야 함을 말한다.
- **클린 컴퓨팅**clean computing: 기술적 제품과 컴퓨터 기기를 사용하고 생산하고 폐기함에 있어 환경적인 책임을 말한다. 지속가능한 MIS는 컴퓨팅 전반에 걸친 환경적인 영향을 말하는 반면, 클린 컴퓨팅은 폐기된 제품에 관한 환경적인 영향을 말한다.
- **그린 개인 컴퓨터**green personal computer: 친환경적인 소재로 만들어지고 에너지를 절약하게 디자인되어 있다.

지속 가능한 MIS 기반구조를 구축하는 것은 기업의 사회적 책임을 이행하는 데 있어 핵심적인 첫 걸음이자, 중요한 성공요소이다. 그림 5.10은 비즈니스에서 기술 사용이 증가함에 따라 발생되는 주된 부작용 세 가지를 보여 준다.

지속 가능성 압력 1: e-폐기물의 증가

무어의 법칙에 의해 컴퓨터가 더 작아지고, 저렴해지고, 빨라짐에 따라 모든 소득 수준의 사람들이 컴퓨터 장비를 구입할 수 있게 되었다. 이로 인해 증가된 수요는 다양한 환경에 관련된 이슈들을 야기하고 있다.

- **e-폐기물**Ewaste: 버려지거나, 낡았거나, 망가진 전자 기기들을 말한다.

e-폐기물은 CD, DVD, USB, 프린터 카트리지, 휴대전화, 아이 팟, 외장하드, TV, VCR, DVD 플레이어, 전자레인지 등을 포함한다. 어떤 사람들은 사람의 1년은 기술 진보에서의 7년과 같다고 한다. PC는 겨우 3~5년 정도의 기대 수명을 가지고 있으며, 휴대전화의 기대 수명은 단지 2년에 불과하다.

- **지속가능한 MIS 폐기**sustainable MIS disposal: 수명이 다 된 MIS 자산을 안전하게 처리하는 것을 말한다.
- **업사이클**Upcycle: 전자폐기물을 재사용하거나, 고장나거나 사용하지 않는 제품을 수리 · 정비하고 새롭게 단장하여 새로운 제품으로 재탄생시키는 것을 의미한다.

지속 가능한 MIS 폐기는 e-폐기물이 쓰레기 매립장에 묻혀 환경 문제를 발생시키는 것을 막는다. 한 대의 컴퓨터에는 700가지가 넘는 화학물질이 포함되어 있으며, 이 중에는 수은, 납, 카드뮴과 같이 유독한 것도 있다.

만약 컴퓨터가 매립지에 묻히게 되면, 이런 독성 물질들이 토양, 물, 공기를 오염시킬 수 있다. 모니터 한 대나 컴퓨터 한 대를 재활용하는 데에는 대당 15~50달러 정도가 필요하다. 공립학교나 대학교들을 비롯한 많은 기업들은 재활용 비용을 대기가 어렵다.

또한 사용되지 않고 다락방, 지하실, 창고 시설에 저장되어 있던 장비들이 재활용되지 않고 버려질 때 폐기물이 발생한다. 이런 장치들로부터 은과 금을 비롯해 다른 유용한 금속들을 회수하는 것은 자연 환경에서 그 금속들을 추출하는 일보다 더 효율적이고 환경도 덜 파괴하는 방법이다.

현재 미국에서는 전체 e-폐기물의 20% 정도가 재활용되고 있다. 그러나 재활용을 하는 것이 그 장비가 안전하게 폐기된다는 것을 보증해 주지는 않는다. 어떤 재활용 업체들이 도덕적으로 일을 처리하는 반면에, 어떤 업체에서는 환경적인 압력이 약한 중국이나 인도와 같은 나라로 보내버린다. 이런 방법은 이것대로 국제적인 환경 문제를 발생시킨다.

지속 가능성 압력 2: 에너지 사용량의 증가

기술 사용의 방대한 증가는 에너지 사용량 또한 엄청나게 증가시켰다. 컴퓨터가 사용하는 에너지는 자동차에 의한 이산화탄소 배출의 10%에 해당하는 것으로 추정된다.

- **에너지 소비**Energy Consumption: 비즈니스 프로세스와 시스템이 사용하는 에너지의 양을

비즈니스 중심적 ESG

당신은 탄소 배출을 얼마나 할까?

우리는 통근하는 것, 가족들과 집에서 거주하는 것, 먹는 것 등 일상을 통해 피할 수 없이 기후 변화를 일으킨다는 온실 가스를 배출하는 것에 기여한다. 그러나 우리가 개인적으로 탄소 배출량을 줄일 방법은 여러 가지가 있다. 우리가 집에서 지낼 때, 여행을 할 때, 음식을 선택할 때, 그리고 물건을 사고 버릴 때, 우리의 선택들이 다음 세대를 위해 기후를 안정화하는 데 도움을 줄 수 있다.

네이쳐 컨설번시Nature Conservancy의 탄소 배출 계산기는 당신이 기후에 미치는 영향을 계산해 준다. 이 탄소 배출 계산기는 당신의 선택에 의해 매해 당신이 얼마나 많은 양의 이산화탄소와 다른 온실가스를 배출하는지 측정해 준다. 네이쳐 컨설번시의 탄소 배출 계산기를 방문하여 당신의 탄소 배출량을 계산해 보고 당신이 배출하는 가스를 줄일 수 있는 방법이 무엇인지 보자(http://www.nature.org/greenliving/carboncalculator/).

의미한다.

미국에 있는 컴퓨터 서버가 사용하는 에너지는 나라 전체에서 사용하는 양의 1%에 해당한다. 좀 더 이해하기 쉽게 하자면, 이것은 미시시피에서 사용하는 에너지양과 거의 맞먹는다.

컴퓨터는 사용되지 않고 있을 때에도 에너지를 소모한다. 편의를 위해서나 자동 업데이트나 백업을 위해서 대부분의 컴퓨터들은 완전히 꺼지지는 않은 상태로 유지된다. 이는 하루 24시간 동안 에너지를 사용하게 된다.

지속 가능성 압력 3: 탄소 배출량의 증가

에너지 사용에 의한 탄소 배출과 같은 인간 활동에 의한 온실가스 배출은 지난 반세기 동안의 기후 온도 상승의 원인일 확률이 높다.

- **탄소 배출**Carbon Emissions: 비즈니스 프로세스와 시스템에서 발생하는 이산화탄소CO_2와 일산화탄소CO를 포함한다.

온실가스 배출이 줄어들지 않는다면 앞으로 몇 백년 동안에도 추가적인 온도 상승이 있을 것으로 예상되는데, 이는 지구 환경에 있어 매우 심각한 결과를 낳을 것이다.

미국에서는 전체 전력의 50%가 화석연료를 이용해 만들어진다. 계속 켜져 있는 상태에서, 데스크톱 컴퓨터와 모니터 한 대는 시간당 적어도 100와트의 전력을 사용한다. 일년 동안 하루 종일 그만한 전력을 공급하는 데에는 대략 300kg의 석탄이 필요하다. 그만큼의 석탄이 연소하면, 평균적으로 2kg의 이산화황, 2kg의 질소 산화물, 840kg(거의 1톤에 가까운)의 이산화탄소가 발생한다.

비즈니스 중심적 분석

지속 가능한 분석

기업은 지속 가능성 성과를 개선하고 환경 지속 가능성 이니셔티브를 강화해야 하는 급변하는 기대에 직면해 있다. 지속 가능성 데이터 분석을 적용하면 많은 이점이 있다. 기업은 막대한 양의 빅데이터에 이러한 기회가 숨겨져 있는 경우에 비용과 위험을 줄일 수 있는 기회를 감지할 수 있다. 또한 어떤 지속 가능성 노력이 원하는 목표를 달성할 가능성이 가장 높은지 알 수 있다.

- 기후 변화, 물 부족, 환경 정의와 같은 시급한 문제를 검토한다.
- 사회적 책임을 위한 비즈니스 사례 및 글로벌 전략을 개발하는 방법을 설명한다.
- 지속 가능성 경제에 대한 기업 및 공공 정책 관점을 모두 포함한다.
- 지속 가능성 공개 및 책임 투자에 대한 새로운 규정을 다룬다.

선도적인 조직은 지속 가능성 정보를 효율적이고 효과적으로 관리하려면 예측, 성과 평가 및 분석을 비롯한 다양한 정보 요구 사항을 지원하기 위해 신중한 데이터 관리 및 엔터프라이즈급 솔루션이 필요하다는 것을 알고 있다.

동시에 이들 기업은 현재 애플리케이션과 MIS 인프라가 종종 지속 가능성 데이터를 수집하고 분석하는 데 적절하지 못하다는 것을 알고 있다. 지속 가능성 분석 프로그램은 어떤 유형의 데이터를 추적하는가? 현재의 MIS 인프라가 지속 가능성 프로그램을 지원하는 데 어려움을 겪는 이유는 무엇인가? 기업은 지속 가능성 프로그램의 데이터를 추적, 모니터링 및 분석하기 위해 무엇을 할 수 있는가?

기반구조 3: 환경 지원: 지속 가능한 MIS 기반구조

e-폐기물, 에너지 소모, 탄소 배출에 맞서기 위해서는 기업에서 지속 가능한 MIS 기반구조를 구축하는 데 초점을 맞출 필요가 있다. 지속 가능한 MIS 기반구조는 기업이 전산 자원의 측면에서는 성장할 수 있는 동시에 하드웨어와 에너지 사용에 있어서는 덜 의

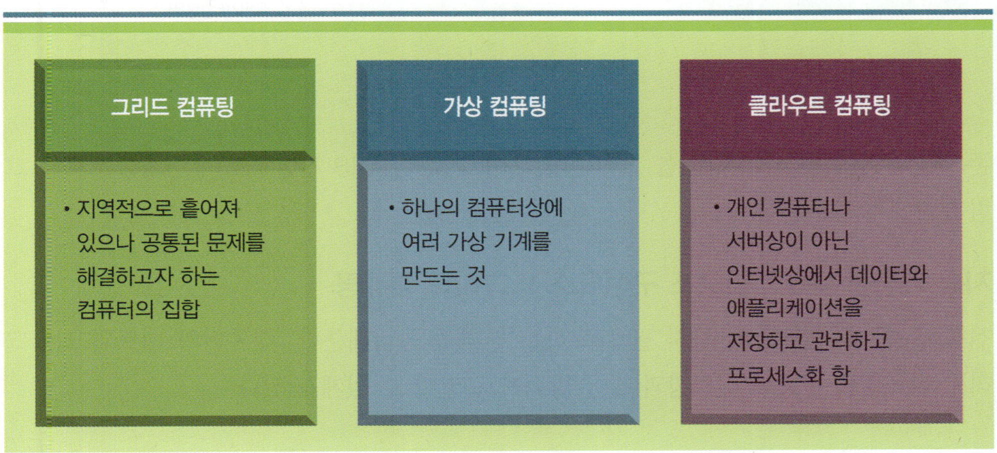

그림 5.11 지속 가능한 MIS 기반구조의 구성요소

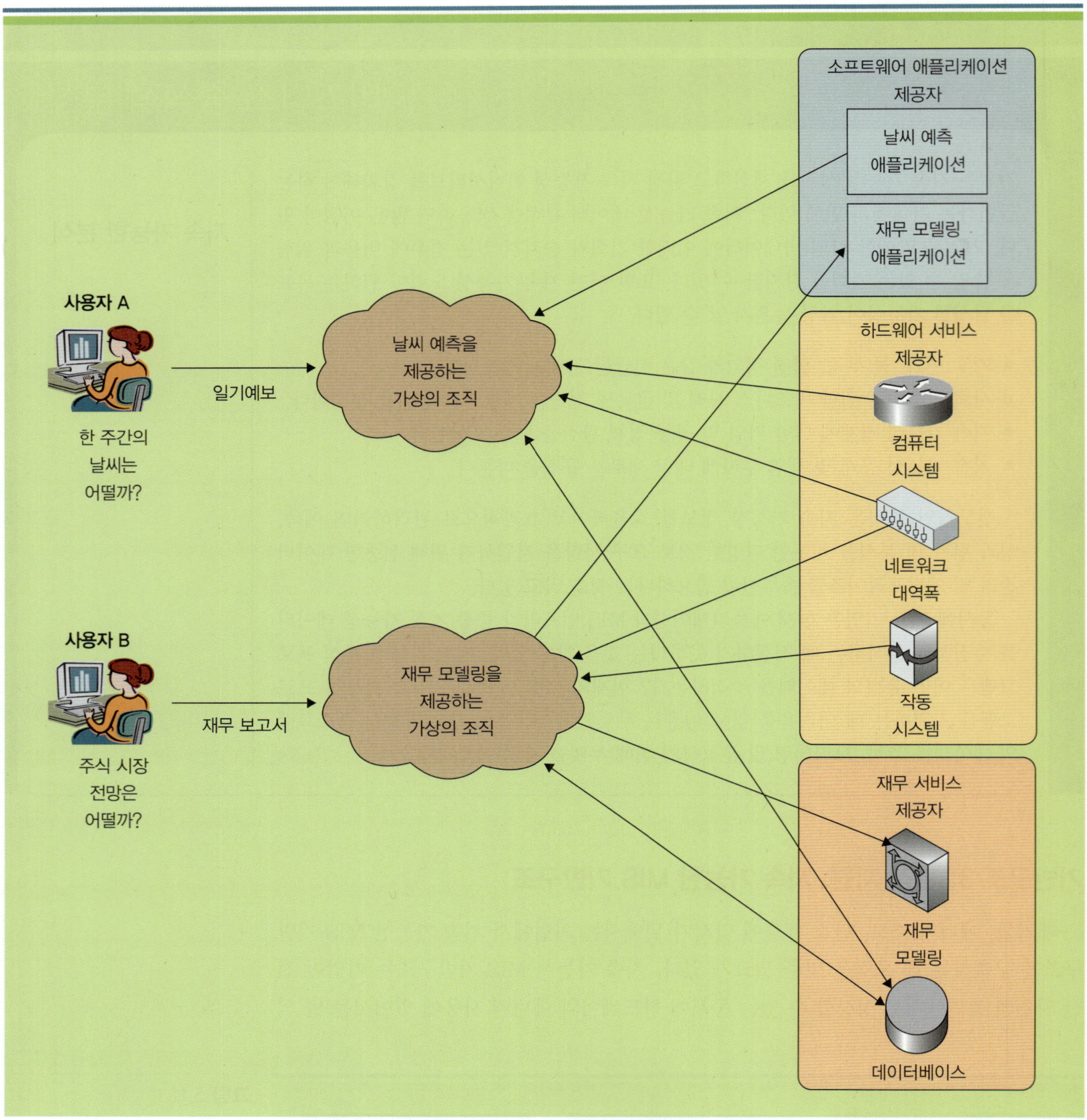

그림 5.12

그리드 컴퓨팅을 사용하는 가상 조직

존적일 수 있도록 하는 방법을 보여준다. 지속 가능한 MIS 기반구조의 구성요소로는 그림 5.11에서 보여준다.

지속 가능한 MIS 기반구조 구성요소 1: 그리드 컴퓨팅

전등을 켤 때, 전력망은 즉시 필요로 하는 전력을 공급해준다. 컴퓨터와 네트워크는 그리드 컴퓨팅을 이용해 전력망과 같은 방식으로 일할 수 있게 되었다.

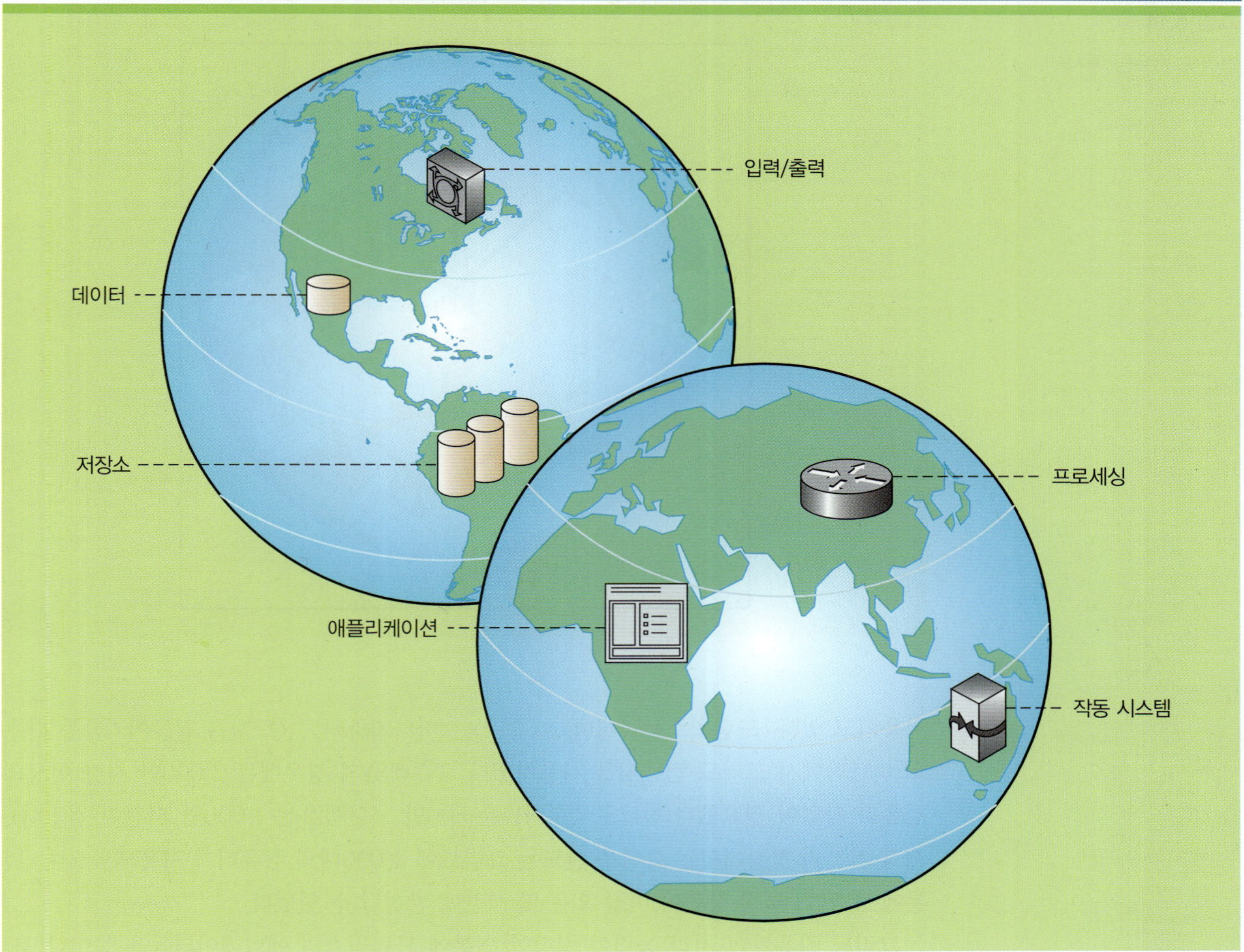

그림 5.13
그리드 컴퓨팅 네트워크

- **그리드 컴퓨팅**grid computing: 한 문제를 같이 풀 수 있도록 조율된 컴퓨터들의 집단을 말하는데, 이 컴퓨터들은 대개 지리적으로 떨어져 있다.

그리드 컴퓨팅에서는 한 문제가 여러 조각으로 나뉘어 여러 기계들에게 분담되는데, 이를 통해서 단일 시스템보다 더 빠른 처리가 가능하도록 한다(그림 5.12 참조). 각각의 컴퓨터는 처리 능력의 25% 이하로 분담된 업무를 처리하는 데 사용하므로, 나머지 75%로는 다른 업무를 처리할 수 있다. 혁신적으로, 그리드 컴퓨팅은 전 세계의 수천대의 개인 컴퓨터들을 연결하여 "가상 슈퍼컴퓨터"를 만듦으로서, 각 컴퓨터가 사용하지 않는 처리 능력을 이용할 수 있다.

또한 그리드 컴퓨팅은 시스템의 확장성을 좋게 해 MIS 자원을 더 잘 사용할 수 있도록 하는데, 이는 처리 수요량의 순간적인 최고점이나 최저점에 따라 시스템이 쉽게 확장될 수 있도록 해준다. 이로 인해 하나의 컴퓨터가 온통 매달려도 해결할 수 없는 문제를 풀 수 있으며, 또한 비용면에서도 효율적이다(그림 5.13과 5.14 참조).

그리드 컴퓨팅은 애니메이션 제작을 위한 창의적인 환경을 포함하여 다양한 곳에서

그림 5.14

그리드 컴퓨팅 예시

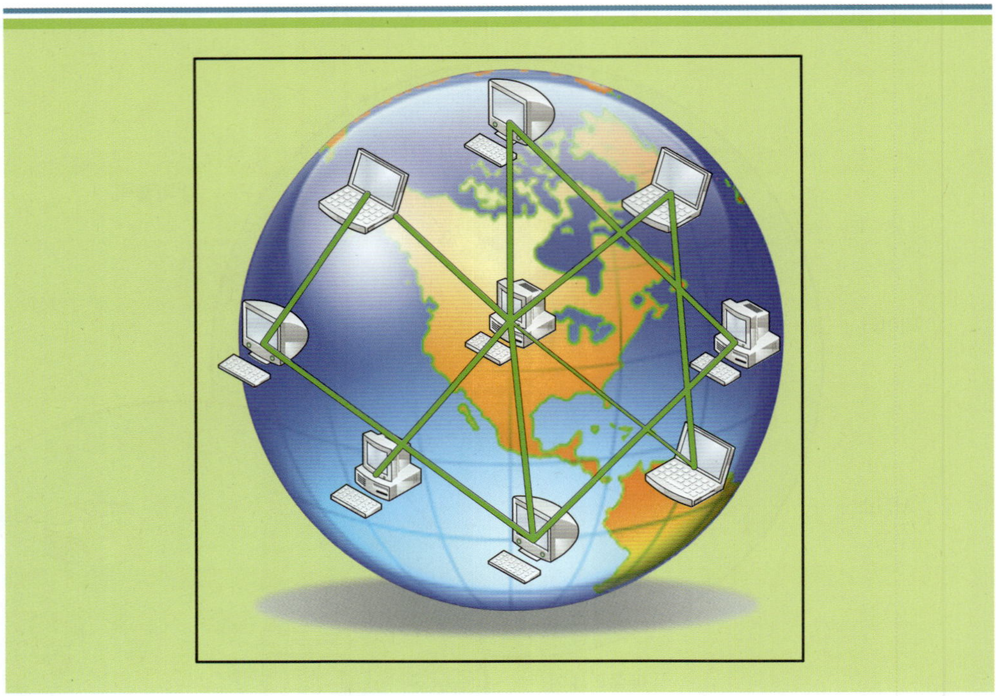

사용되고 있다. 드림웍스는 〈개미〉, 〈슈렉〉, 〈마다가스카〉, 〈드래곤 길들이기〉 등 다수의 히트작에서 그리드 컴퓨팅을 사용하였다. 〈슈렉3〉의 경우에는 2,000만 시간 이상의 컴퓨터 작업이 필요했다(참고로 〈슈렉1〉은 500만, 〈슈렉2〉는 1,000만 시간이 걸렸다). 제작 기간의 정점에서는 슈렉을 만드는 그리드에 4,000대의 컴퓨터가 사용되었으며, 덕분에 몇 달씩 걸릴 장면이 며칠 혹은 몇 시간에 완성될 수 있었다.

그리드 컴퓨팅의 처리 능력이 성장한 덕분에 드림웍스의 애니메이터들은 물이나 불, 마법 장면의 움직임을 더 사실적으로 만들 수 있었다. 3D 이미지는 그래픽 워크스테이션에서 생성되었다. 그런 다음 이 이미지들은 작은 섹션들로 나뉘어 여러 대의 서버 컴퓨터 클러스터에 분산되었으며, 각 섹션에 세부 정보가 추가되었다. 이후 이 섹션들을 다시 하나로 합쳐 편집하여 최종 버전이 완성되었다. 그리드 컴퓨팅을 사용함으로써 기업들은 더 빠르거나 더 효율적으로 일할 수 있으며, 잠재적인 경쟁 우위와 비용 절감의 효과를 얻을 수 있다.

스마트 그리드를 이용한 에너지 문제 해결 스마트 그리드smart grid는 쌍방향 디지털 기술을 이용해 전기를 전송한다. 즉, 이제는 낡은 세계의 전력 공급망의 문제점을 해결할 수 있다는 것인데, 원격으로 전력 전송을 감시하고, 분석하고, 조절하는 능력을 추가시켜서 더 효율적이고 신뢰할 수 있도록 하는 것이다. 현재 미국의 전력망은 기대 수명을 이미 30년 정도 넘긴 것으로 추정된다. 스마트 그리드는 사용자들에게 실시간 사용량 모니터링을 제공해, 사용자들이 덜 중요하거나 덜 급한 응용 프로그램이나 작업 처리는 피크 타임이 아닌 때에 사용할 수 있게 해준다.

콜로라도주 볼더시의 거주민들은 시의 대규모 스마트 그리드 시스템을 이용해 전기 사용량을 알 수 있으며, 가전제품을 원격으로 조종할 수도 있다. 엑셀에너지는 몇 년 전 1억 달러 규모의 프로그램을 시작한 이후로 2만 1,000개의 스마트 그리드 계량기를 설치하였다. 먼저 설치한 사람들의 에너지 사용량은 이전 에너지 사용량의 45%로 줄어들었다.

지속 가능한 MIS 기반구조 구성요소 2: 가상 컴퓨팅

가상화 시스템Virtualized systems은 운영체제, 서버, 저장 장치, 네트워크 자원과 같은 컴퓨팅 자원의 실제 버전이 아닌 가상 버전을 생성한다(그림 5.15 참조).

빅데이터의 등장으로, 데이터를 가상화하여 보다 효율적이고 경제적인 방식으로 저장하는 것이 가능해졌다. 네트워크 속도와 신뢰성의 향상은 막대한 양의 데이터를 물리적 제약 없이 적절한 속도로 관리할 수 있게 만들었다. 또한 저장장치와 컴퓨터 메모리의 가격 하락은 기업들이 불과 10년 전만 해도 수집이 불가능했을 방대한 데이터를 활용할 수 있도록 해주고 있다.

대부분의 컴퓨터나 심지어는 서버들도 보통은 윈도우즈나 맥 OS 같은 단일 운영체계를 실행하며, 단일 애플리케이션을 실행한다. 기업에서 재고 관리와 같이 큰 시스템에 투자할 때도 시스템을 수용하기 위해 하나의 서버를 사용한다. 이렇게 함으로서 그 시스템이 피크 타임에도 가동 가능한 용량을 확보하고 필요에 따라 확장하도록 할 수 있다. 또한, 많은 시스템들이 그 시스템에 특화된 하드웨어와 섬세한 소프트웨어 조건을 가지고 있어서, 같은 기계를 공유할 수 있는, 같은 조건을 공유하는 시스템은 찾기 어렵다. 그러나 가상화를 사용하면, 한 컴퓨터에서 여러 운영체제와 여러 소프트웨어 애플리케이션을 동시에 실행할 수 있다.

- **가상화**virtualization: 하나의 컴퓨터에 여러 개의 '가상의' 기계를 생성한다.

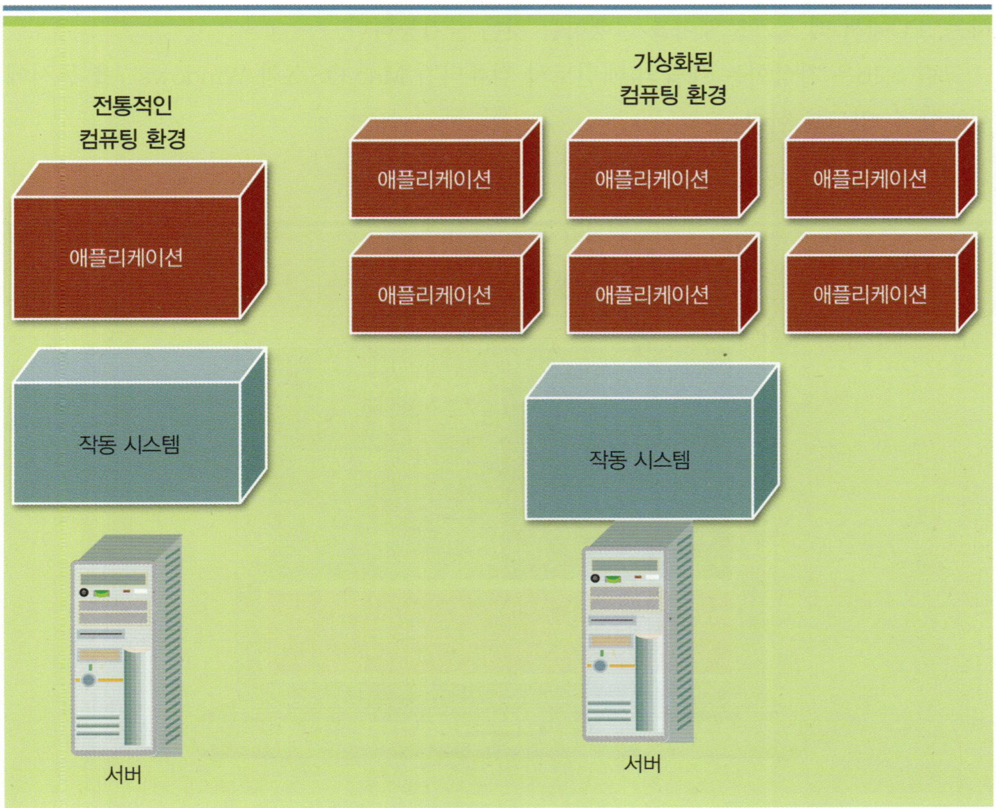

그림 5.15
가상화 시스템 예시

컴퓨터 프린터가 좋은 비유가 될 수 있다. 예전에는 팩스, 복사기, 자동응답기, 컴퓨터 프린터를 다 따로 사야 했다. 이 방법은 비용도 많이 들었고, 네 개의 기계를 사용하기 위해 더 많은 에너지가 들었으며, 더 많은 e-폐기물이 발생했다. 요즘은 팩스, 자동응답기, 복사기의 역할을 하나의 기계가 하는 가상화된 컴퓨터 프린터 한 대만 사면된다. 이로써 비용도 줄이고, 전력 소모도 줄이고, e-폐기물도 줄일 수 있다. 가상화는 근본적으로 지속 가능한 MIS 기반구조에 이점을 더하는 통합의 한 방식인데, 그 방식은 다양하며, 그 예는 다음과 같다:

- 사용하는 하드웨어에 따라 애플리케이션의 가용성을 높여주는데, 이는 더 높은 수준의 퍼포먼스를 제공해 준다.
- 여러 시스템이나 애플리케이션을 실행하는데 더 적은 하드웨어를 필요로 함으로써 에너지 효율성을 높여준다.
- 한 컴퓨터에서 여러 운영체제를 동시에 실행할 수 있어 하드웨어의 이용도를 증가시켜 준다.

본래 컴퓨터는 단일 운영체제에서 하나의 응용 프로그램을 실행하도록 설계되었다. 그로 인해 대부분의 컴퓨터는 충분히 사용되고 있지 못한다. (전에도 언급했듯이, 대부분 컴퓨터의 전산 능력의 75퍼센트는 다른 업무에 사용될 수 있다.) 가상화는 한 기계 안에 여러 대의 가상 기계가 존재하도록 하여, 메모리나 하드 디스크 공간과 같은 자원을 공유하도록 하는데, 이는 한 기계에서 서로 다른 응용 프로그램과 심지어 운영체제를 실행할 수 있게 한다. 맥 컴퓨터는 가상화 소프트웨어를 사용해 애플 OS와 윈도우즈 PC 운영체제를 모두 실행할 수 있다(그림 5.16 참고). 불행히도 가상화는, 적어도 현 시점에서는, PC에서 맥 소프트웨어를 실행하는 것은 불가능하다.

그림 5.16은 가상화는 애플의 매킨토시 컴퓨터가 Mac OS X와 Windows 7을 동시에 실행할 수 있도록 한다.

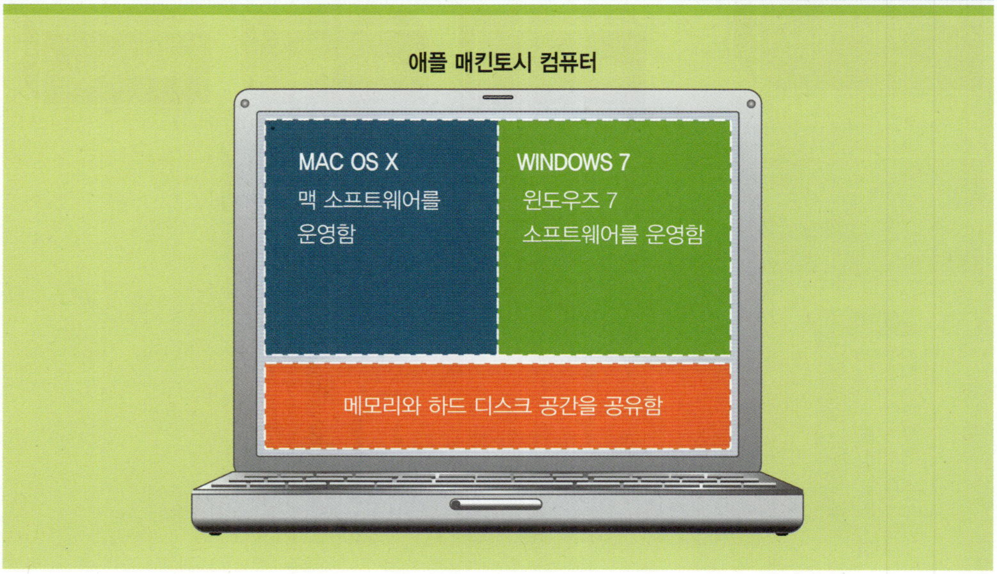

그림 5.16

가상화는 애플의 매킨토시 컴퓨터가 Mac OS X와 Windows 7을 동시에 실행할 수 있도록 한다

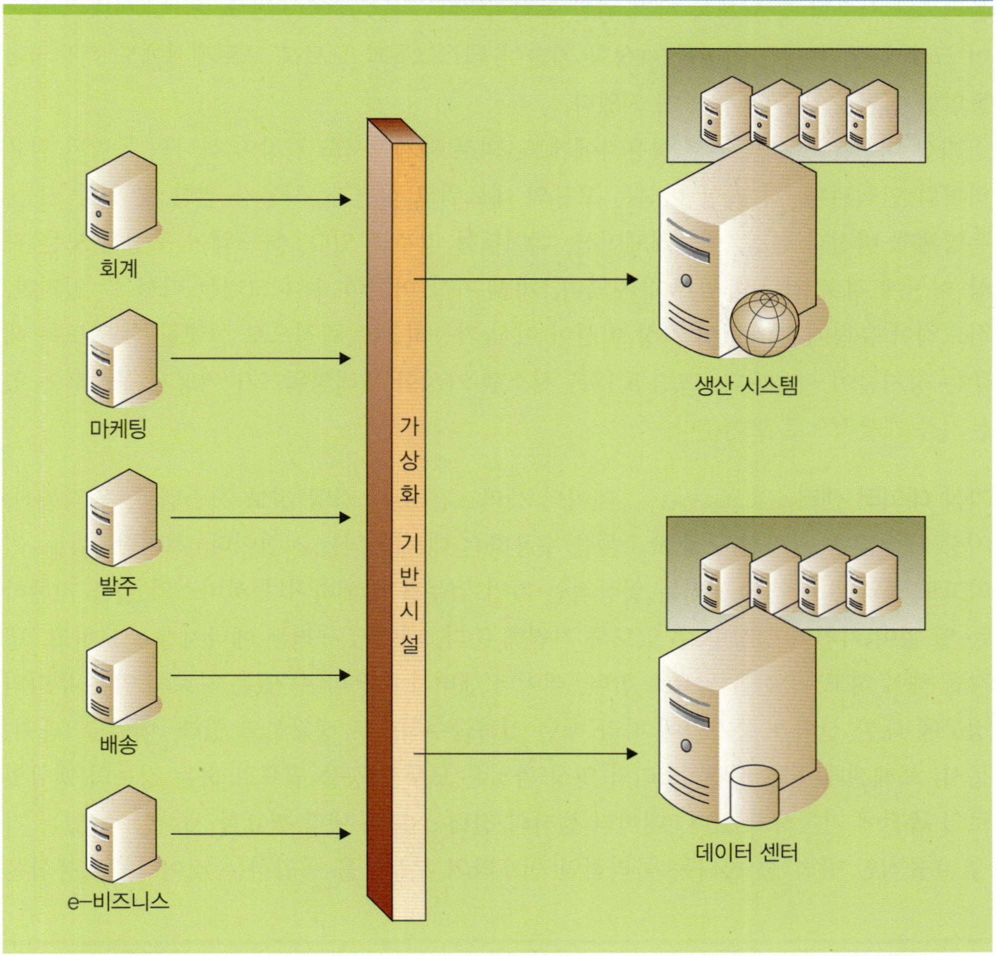

그림 5.17

가상화 아키텍처

가상화는 전력 소모를 줄이고 필요한 장비의 수도 줄이기 때문에 지속 가능한 MIS 기반구조를 구축하는 빠르고 쉬운 방법이다. 장비는 제작되고, 유지가 필요하고, 안전하게 폐기되어야 하므로 장비가 줄어드는 것은 지속 가능성에 도움을 준다. 경영자들은 더 이상 서버, 저장 공간, 네트워크 용량을 단일 애플리케이션에 영구적으로 배정할 필요가 없다. 대신에, 하드웨어 자원을 언제 어디서든지 필요에 따라 배분할 수 있어, 기업이 증가시켜야 하는 가용성, 유연성, 확장성을 확보할 수 있다.

또한, 운영체제와 응용 프로그램들을 하드웨어로부터 가상적으로 분리함으로서 재난 발생 시나 하드웨어 고장 시에 가상 기계를 새 물리적 기계로 쉽게 견인할 수 있어, 재난 발생 후에 더 빨리 복구할 수 있도록 해준다. 가상화의 주요 용도 중 하나는 백업과 복구, 재난 복구이다. 구글, 마이크로소프트나 아마존과 같은 가상 서버나 가상화 서비스 제공자를 재난 복구에 사용하는 것은 값비싼 여분의 물리적 시스템을 갖추는 것보다 훨씬 환경 친화적이다. 또한, 이런 서비스 제공자들의 데이터 센터는 자연 재해를 견디도록 구축되었고, 대개 큰 도시로 부터 멀리 떨어져 있다(그림 5.17 참조).

가상 머신Virtual Machine 기술은 1960년대에 메인프레임에서 처음 도입되었다. 이는 고가의 시스템을 여러 개의 독립된 영역으로 분할하여, 더 많은 사용자와 애플리케이션이 효율적으로 사용할 수 있도록 하기 위한 목적이었다. 지난 10여 년간 표준 PC 서버의 성능이 크게 향상되면서, 이러한 가상화 기술이 데스크톱과 노트북 프로세서에도 적용되어 동일한 이점을 제공할 수 있게 되었다.

가상 머신은 시스템 내부 사용자에게도, 외부 세계에서도 각각이 하나의 독립된 컴퓨터처럼 인식된다. 각 가상 머신은 고유의 네트워크 식별자, 사용자 권한 및 인증 기능, 운영체제 버전과 설정, 애플리케이션, 데이터를 갖추고 있다. 하드웨어 구성은 모든 가상 머신에 걸쳐 일관성 있게 유지되며, 개별 가상 머신의 수나 크기는 다를 수 있지만, 하드웨어 유형에 관계없이 가상 머신이 이식 가능하고 독립적으로 실행될 수 있도록 해주는 장치들이 사용된다. 그림 5.18은 시스템 가상화 프레임워크가 어떻게 구성되어 있는지를 개괄적으로 보여준다.

가상 데이터 센터 Virtual Data Centers 데이터 센터data center는 경영 정보 시스템과, 원격통신, 저장 시스템 등 관련된 구성 요소들을 수용하는 데 사용되는 시설이다. 서버팜server farm이라고도 불리는 데이터 센터는 일상적인 기업 업무를 방해하거나 서비스의 질을 저해하는 일 없이 기업이 성장할 수 있도록 지원해 준다. 데이터 센터는 에너지를 소모하고, 냉각을 해야 하고, 공간을 필요로 한다. 데이터 센터가 수용할 수 있는 자료의 양은 우리의 정보에 대한 신뢰가 증가함에 따라 매년 기하급수적으로 성장하고 있다. 백업, 그래픽, 문서, 프레젠테이션, 사진, 소리와 영상 파일은 모두 저장을 필요로 하는 정보의 팽창일로의 족적에 기여하고 있다. 데이터 센터의 전력 소모와 냉각 필요를 제한할 수 있는 가장 효율적인 방법 중 하나는 물리적인 인프라의 부분들을 통합하는 것이다. 그 통합은

그림 5.18
시스템 가상화

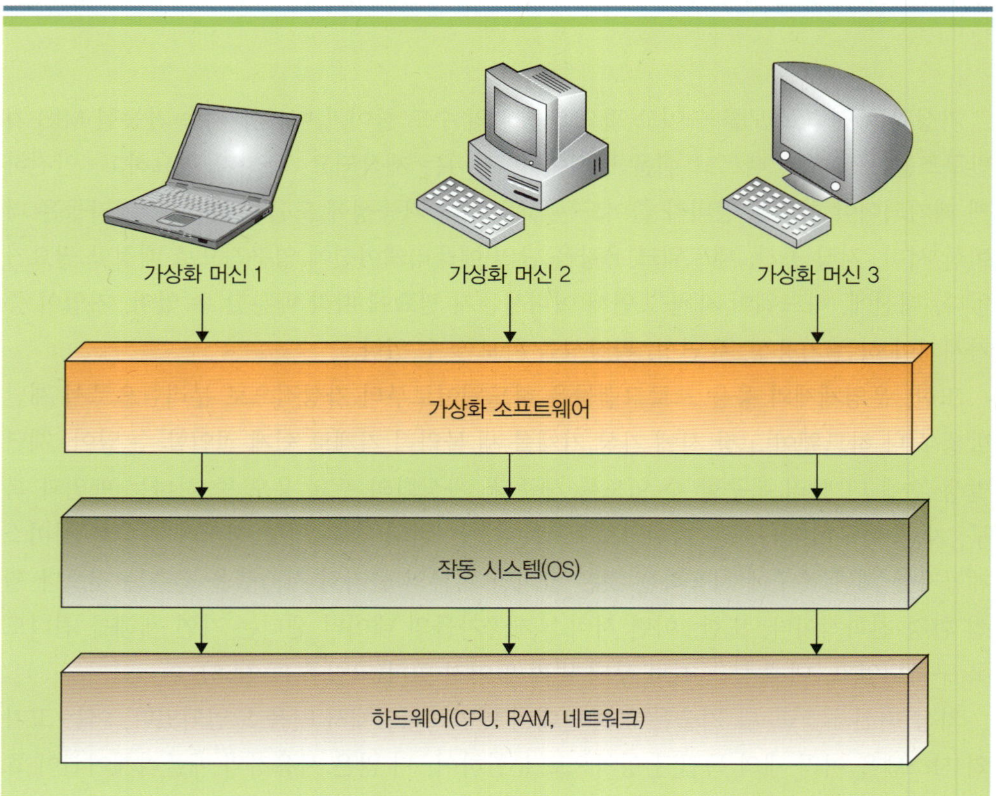

비즈니스 중심적 토론

낡은 PC를 업사이클하세요

당신이 친구 집에 갔는데 그 친구 컴퓨터 안에 살아 있는 물고기가 헤엄치고 있다고 상상해 보라. 자세히 살펴보니 친구가 오래된 맥 컴퓨터를 어항으로 더 좋게 재활용하고 있던 것이다. 몇몇의 젊은 사업가들은 맥 컴퓨터를 어항으로 재활용하여 수익을 만들고 있다. 더 좋게 재활용이란 버려진 전자제품을 다시 사용하거나 활용하여 새로운 제품으로 만드는 것을 의미한다. 버려지는 전자제품이 늘수록 이런 제품들을 재활용하여 집안에 필요한 혁신적인 제품을 만들거나 개인에게 필요한 부가적인 제품을 만들 수 있다. 당신이 현재 사용하고 있는 물건들 중에 미래에 더 좋게 재활용될 수 있는지 살펴보자. 아래 리스트는 당신이 참고하여 더 좋게 재활용될 만한 제품들이다.

- 키보드 자석
- 케이블 팔찌
- 키보드 달력
- 램 열쇠고리
- 마우스 혁대 버클
- 컴퓨터 어항
- 맥 우편함
- 회로판 열쇠고리
- 마더보드 시계

부분적으로 가상화를 통해 물리적 서버의 수를 줄임으로서 이루어진다. 이런 이유에서 가상화는 데이터 센터에 깊은 영향을 가지고 있는데, 왜냐하면 기업이 가동하는 데 필요로 하는 실제 서버 수를 줄여, 성장과 퍼포먼스는 가속화시키면서 한편으로는 환경에 대한 영향을 줄이기 때문이다. 이는 그림 5.19에 나타나 있다.

구글, 마이크로소프트, 아마존, 야후는 모두 모두 미국 북서쪽의 콜럼비아 강을 따라서 데이터 센터를 만들어 두었다. 이 지역에서 각 기업은 충분한 토지, 빠른 속도의 인터넷 접속, 냉각에 필요한 충분한 물과 특히 저렴한 전기의 혜택을 누릴 수 있다. 이런 요소들은 오늘날의 대규모 데이터 센터에서 매우 중요한데, 이 센터들의 크기와 전력 요구

그림 5.19
데이터 센터가 지속가능화가 될 수 있는 방법들

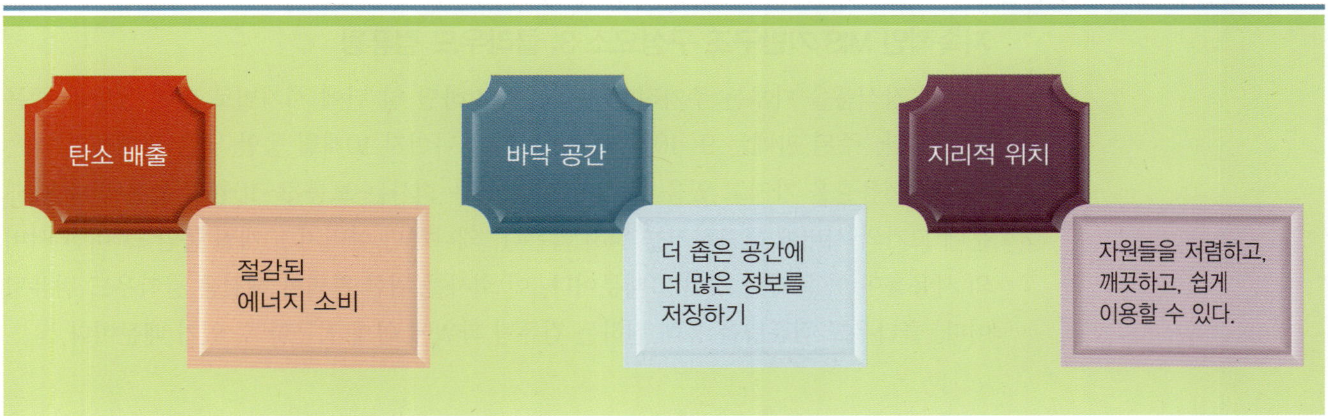

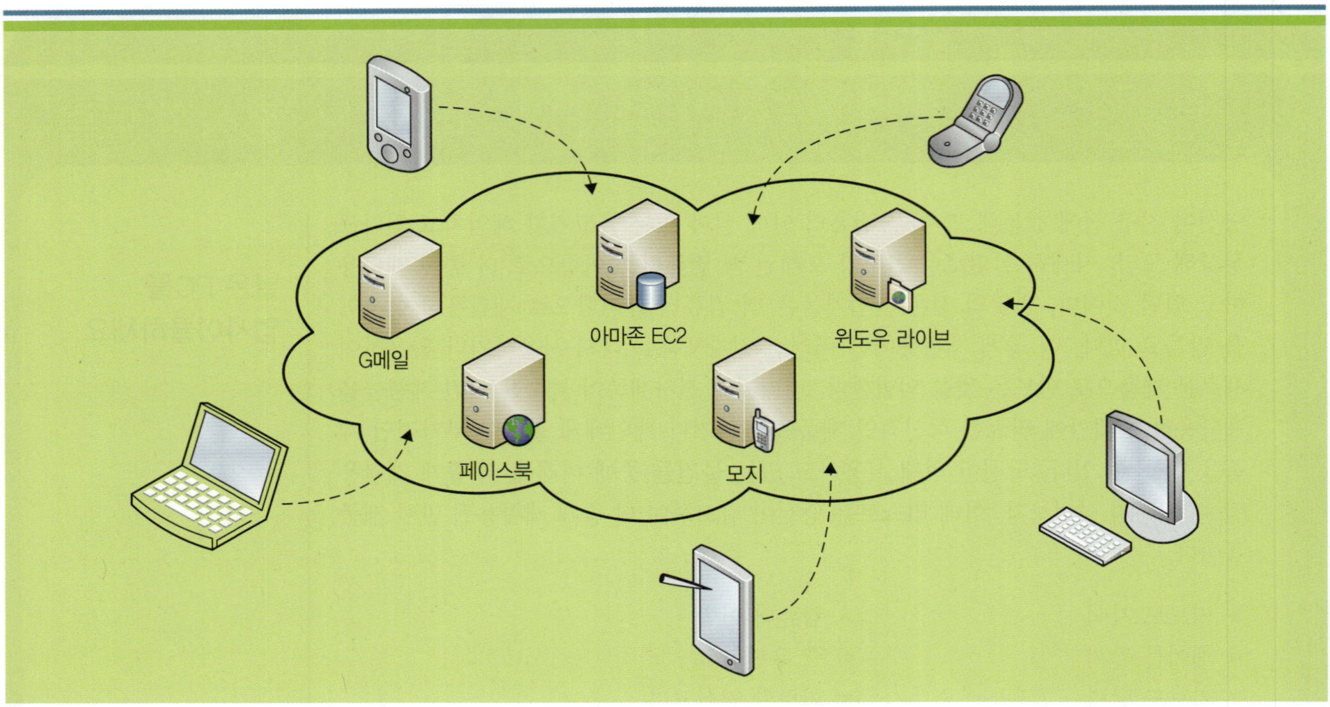

그림 5.20

클라우드 컴퓨팅 예시

는 이전 세대들을 훨씬 뛰어넘는다. 워싱턴의 퀸시에 있는 마이크로소프트의 데이터 센터는 축구장 10개보다도 크고, 모든 전력을 수력 발전으로 공급하는데, 수력 발전은 석탄이나 다른 화석 연료를 연소해서 전기를 얻는 것이 아닌, 물이 흐르는 것에서 전력을 얻는 발전 방법이다.

만약 우리가 기업의 성장 전반에 대해 총체적이고 통합적으로 접근한다면, 통합된 정보 MIS 기반구조, 환경 친화적 MIS 기반구조, 지속 가능한 MIS 기반구조의 이점이 더욱 확실해진다. 예를 들어, 기업에서는 클라우드 컴퓨팅을 이용하여 더 쉽게 소프트웨어나 중요한 정보의 백업을 지리적으로 서로 떨어진 장소에 만들 수 있다. 이 방법은 나라 안의 다른 여러 곳에 독자적인 핫 사이트와 콜드 사이트를 건설하는 것보다 훨씬 더 저렴한 방법이다. 보안 침입의 측면에서 보자면, 클라우드의 한 지점에 있는 가상 기계를 다운시키고 클라우드의 다른 지점에 있는 가상 기계를 온라인에 배치함으로써 장애를 극복할 수 있다.

지속적인 MIS 기반구조 구성요소 3: 클라우드 컴퓨팅

할로윈 장식품을 다루는 주기적인 사업을 생각하면 일 년에 시기별로 판매 동향과 주문이 다르다. 주된 판매는 9~10월에 이루어지고 나머지 10개월 동안 낮은 판매율와 낮은 시스템 이용률을 가지고 있을 것이다. 이런 경우 회사는 보통 9~10월의 높은 판매율 때문에 고가의 서버에 투자하기를 원치 않는다. 왜냐하면 나머지 10개월 동안 그 비싼 서버의 사용률이 아주 낮을 것이기 때문이다. 이 회사를 위한 완벽한 해결은 클라우드 컴퓨팅이다. 클라우드 컴퓨팅을 통해 원하는 컴퓨팅 파워에 쉽게 접근할 수 있기 때문이다.

클라우드 제공자	
아마존: 클라우드 드라이버, 클라우드 플레이어, 아마존 프라임	아마존은 아마존 프라임과 클라우드 플레이어를 통해 동영상 보거나 음악을 들을 수 있는 아마존 킨들 파이어를 손실을 보면서까지 팔고 있다.
애플: 아이클라우드, 아이워크, 아이북스, 아이튠즈	아이클라우드는 애플의 제품들(아이폰, 아이패드 그리고 맥)을 동기화시켜 준다. 아이워크는 사용자들이 협업을 하게 도와준다.
구글: 구글앱스, 구글 드라이브, 지메일, 구 글 캘른더	구글은 데이터를 저장할 수 있는 구글앱, 지메일과 구글 드라이브를 포함하여 여러 개의 클라우드 서비스를 제공한다.
마0 크로소프트: 오피스 365, 원드라이브, 원노트, 익스체인지	원드라이브와 오피스 365는 협업하고 데이터, 사진, 이메일 그리고 파일을 공유할 수 있는 방법을 제공한다.

그림 5.21

클라우드 제공자의 개요

- **국립 표준과 기술 기관**NIST, National Institute of Standards and Technology에 의하면, 클라우드 컴퓨팅cloud computing은 개인 컴퓨터나 서버 대신 인터넷상에서 데이터와 애플리케이션을 저장하고 관리하고 처리하는 것을 말한다.

클라우드 컴퓨팅은 인터넷이 가능한 지구상 어느 곳에서든지 사람과 자원을 연결하고, 정보를 저장, 접속, 처리, 분석할 수 있는 새로운 방식을 제공해 준다. 그림 5.20에서 블 수 있듯이, 사용자들은 웹브라우저와 같은 클라이언트를 이용해 PC나 다른 휴대용 장치에서 클라우드로 접속한다. 이런 개인 사용자들에게는 클라우드가 개인 응용 프로그램이나 장치, 데이터처럼 보일 것이다. 이것은 마치 모든 소프트웨어와 데이터들을 "클라우드 안에" 저장해 두고, 클라우드에 접속할 수 있는 장치만 있으면 되는 것과 같다. 하드 드라이브, 소프트웨어, 처리 능력도 필요 없다. 이 모든 것이 사용자가 쉽게 접근할 수 있는 클라우드에 들어 있다.

사용자들은 한 컴퓨터나 네트워크에 물리적으로 얽매이지 않아도 되며, 언제, 어디서든지 그들의 프로그램과 파일들에 접속할 수 있다. 당신의 하드 드라이브가 하늘에 떠있어서, 어떤 장치를 사용해도, 당신이 어디에 있어도 당신의 정보와 프로그램에 접속할 수 있다고 생각해 보라. 게다가 가장 좋은 점은, 당신의 기계가 부서지거나, 도둑맞거나, 당신이 잃어버렸다고 해도, 클라우드에 저장된 당신의 정보는 안전하며 언제든지 사용가능하다는 것이다(그림 5.21은 클라우드 제공자의 개요 그리고 그림 5.22는 클라우드 컴퓨팅의 장점 참조).

클라우드는 더 높은 가용성, 더 큰 신뢰성, 더 향상된 접근성, 그리고 이것들을 가능하게 하는 빠른 접속을 제공한다. 유연성, 확장성, 비용 효율성 면에서도 클라우드 컴퓨팅은 모든 규모의 기업들의 실행 가능한 선택사항이 되어가고 있다. 당신의 컴퓨터에서 마이크로소프트 오피스나 아웃룩과 같은 프로그램을 다 살 필요가 없다고 상상해 보라. 클라우드를 이용하면, 당신은 훨씬 싼 가격에 라이선스 하나를 사기만 하면 된다. 설치하거나 갱신하기 위해서 애쓸 필요도 없다. 클라우드에서 소프트웨어뿐 아니라 하드웨어도 제공해 주기 때문에, 새 프로그램을 실행할 때 메모리가 부족할 염려도 없다. 그 프

비즈니스 중심적 윤리와 보안

e-폐기물 문제 해결하기

일렉트로닉 테이크백 연합Electronic TakeBack Coalition에 의하면, 미국에서 연간 3억 84백만 개의 e-폐기물이 나오고 이중 20%만 재활용된다고 한다. 나머지 80%는 수은, 납, 카드뮴, 비소 그리고 베릴륨과 같은 유해한 물질들이 방출되면서 소각되거나 땅에 매장된다. 보고서에 의하면, 2017년에는 이렇게 매장된 e-폐기물의 무게가 엠파이어 스테이트 빌딩 200개를 합쳐 놓을 정도라고 한다. UN, 정부단체들 그리고 과학단체들에 의해 만들어진 'e-폐기물 문제 해결하기StEP-Solving the Ewaste Problem'라는 단체는 e-폐기물의 안전과 처리를 임무로 하고 있다.

StEP는 미국과 중국이 가장 큰 원인제공자이며, e-폐기물의 양이 5년 안에 3배가 될 것이라고 예측한다. 최근까지도 e-폐기물에 대한 각국의 정의가 달라 전 세계적으로 이와 관련한 데이터를 구하기가 힘들다. 예를 들면, 미국은 텔레비전과 컴퓨터와 같이 가전제품만을 e-폐기물에 포함한 반면, 유럽은 배터리와 전기선이 있는 모든 제품을 e-폐기물에 포함한다.

e-폐기물의 증가는 창업 정신을 가진 사람들에게는 기회이다. 인터넷에서 e-폐기물과 관련된 예를 찾아보자. 팀을 만들어 e-폐기물로 야기되는 문제를 어떻게 해결할지 계획을 만들어 보자.

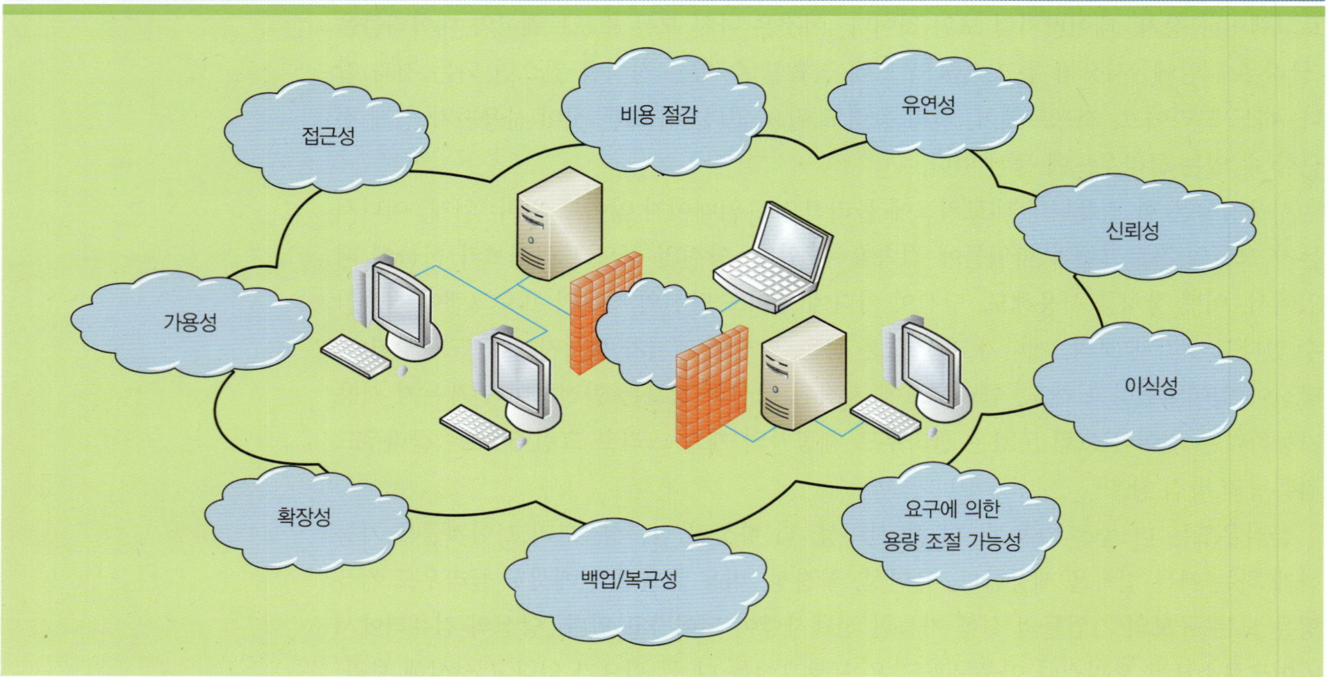

그림 5.22
클라우드 컴퓨팅 장점들

로그램에 접속하기 위한 라이선스를 구매하기만 하면 된다. 이런 방식은 전화 서비스를 사용하는 방식과 비슷하다. 당신이 전화 서비스를 사용할 때, 회사의 서비스에 접속하기

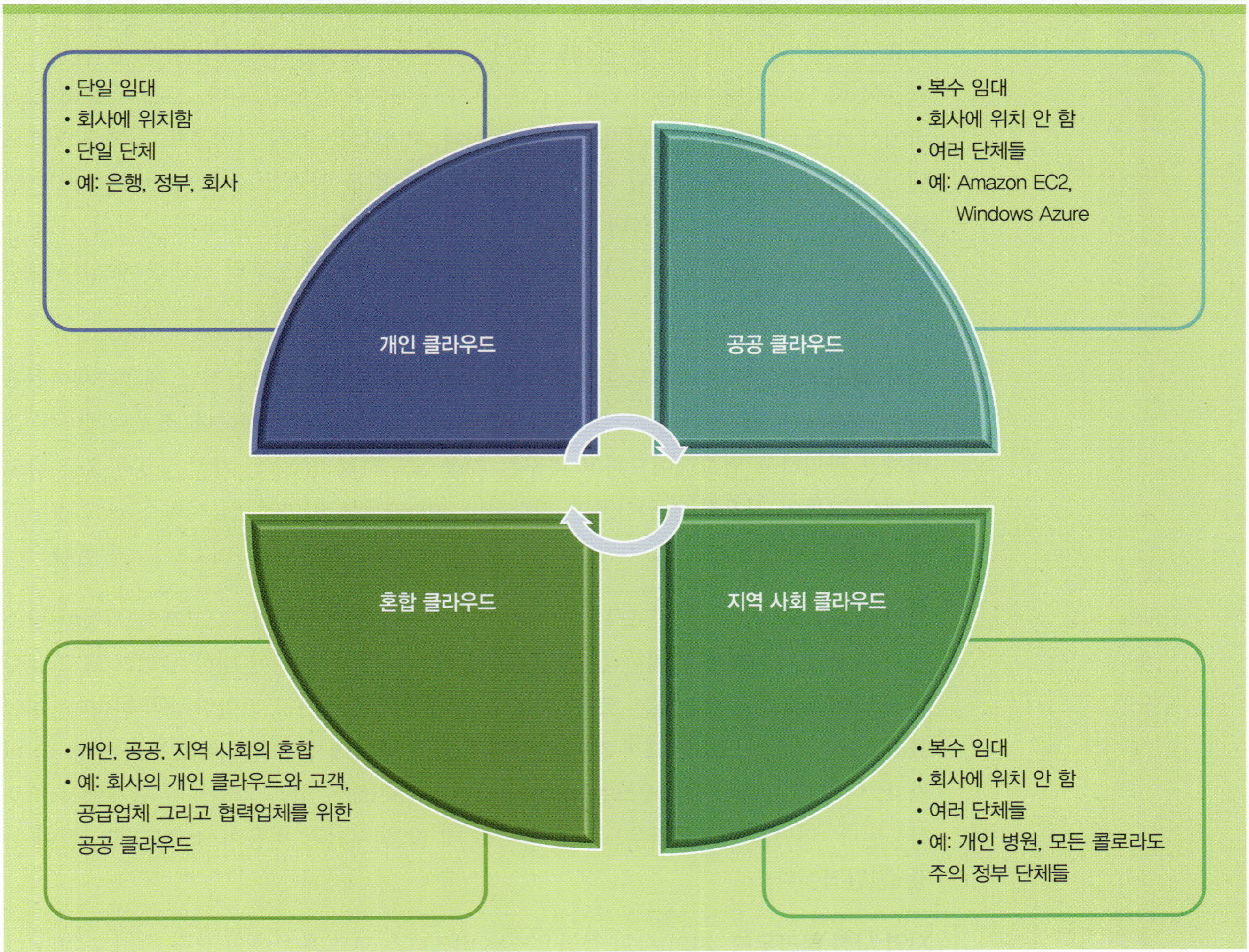

그림 5.23
클라우드 컴퓨팅의 환경

위한 비용만 지불하면 되지, 지구 전체에 전화를 연결할 수 있도록 해주는 장비를 구매하기 위해 돈을 지불할 필요는 없다. 시스템이 자동적으로 피크 부하를 통제하기 때문에 확장성에 대해서도 걱정할 필요가 없다. 이것을 전화 서비스를 이용하는 방식과 같다고 생각해 보자.

당신은 업체의 서비스를 이용하는 요금만 지불할 뿐, 전 세계로 전화를 연결하는 데 필요한 장비 비용은 따로 부담하지 않는다. 또한 확장성scalability에 대해서도 걱정할 필요가 없다. 왜냐하면, 클라우드 시스템은 자동으로 최대 부하를 처리하며, 그 부하는 클라우드 내 여러 시스템에 분산되어 관리되기 때문이다.

클라우드 컴퓨팅을 사용하면, 개인이나 기업은 자신이 원하는 때 원하는 장소에서 자신이 필요로 하는 서비스에 대해서만 비용을 지불하면 된다. 마치 전기를 사용하고 값을 지불하는 것처럼 말이다. 과거에는 급여관리 시스템이나 판매 관리 시스템과 같은 대형 시스템을 돌리기 위해서는 하드웨어, 소프트웨어와 네트워크 장비를 갖추는 데 수백만 달러가 필요했다.

클라우드 컴퓨팅 사용자는 단지 클라우드에 접속해서 급여관리 애플리케이션에 대한 라이선스를 요청하기만 하면 된다. 사용자들은 어떠한 하드웨어나 소프트웨어를 구매할 필요도, 네트워크 비용을 낼 필요도 없다. 비즈니스가 성장하고 시스템에 접속하는 직원들이 더 많아지면, 단순히 라이선스를 추가 구매하기만 하면 된다. 로컬 컴퓨터나 서버에서 소프트웨어를 실행시키는 것을 벗어나, 기업들은 이제 클라우드를 통해 소프트웨어 애플리케이션과 저장된 자료, 충분한 계산 능력을 결합할 수 있다. 비즈니스를 위해 어떤 클라우드 모델을 선택하든지 4개(공공 클라우드, 개인 클라우드, 지역 사회 클라우드, 그리고 혼합 클라우드)의 클라우드 컴퓨팅의 환경으로부터 선택할 수 있다(그림 5.23 참조).

공공 클라우드 공공 클라우드는 거대하고 전 세계적이고 전산업적인 애플리케이션을 일반 대중에게 제 공한다. 공공 클라우드에서는 고객이 하드웨어나 소프트웨어를 준비하고 관리하고 업그레이드하고 바꾸는 것을 요구하지 않는다. 가격은 공공요금 같고 고객은 그들이 사용한 자원만큼만 지불한다. 이 예로는 아마존 웹 서비스AWS, Amazon Web Services, 윈도우 아주라Windows Azure 그리고 구글 클라우드 커넥트Google Cloud Connect가 있다.

개인 클라우드 개인 클라우드는 한 개인이나 회사에만 제공되고 그 고객이 지정한 장소에서 서버와 데이터를 관리한다. 개인 클라우드는 데이터 보안에 대한 우려가 크고 정보의 프라이버시를 중요시하는 조직, 예를 들어 정부기관에 가장 적합한 솔루션이다. 개인 클라우드는 비용이 여러 고객 간에 분산되지 않기 때문에 공공 클라우드보다 훨씬 더 비싸다. 이러한 유형의 클라우드는 데이터 보안을 유지해야 하는 기업이나 단체에서 주로 사용된다. 다만, 개인 클라우드는 구축하는 데 많은 시간과 비용이 소요된다는 점이 가장 큰 단점이다.

지역 사회 클라우드 지역 사회 클라우드는 비즈니스 모델과 보안의 요구 그리고 기타 다른 문제를 공유하는 특정 지역에 필요하다. 금융 서비스와 제약 회사들과 같이 제약조건이 많은 산업에 새롭게 등장하고 있다. 지역 사회 클라우드는 프라이빗 클라우드의 성격을 가지면서도, 하나의 조직 내 여러 부서나 그룹에 걸쳐 공유되는 형태이다. 클라우드의 각 섹션은 부서나 그룹별로 특화되게 구성될 수 있으며, 이를 통해 보안성과 협업 효율성을 동시에 확보할 수 있다.

혼합 클라우드 혼합 클라우드는 개인, 공공, 지역 사회 클라우드를 2개 이상 포함하고 각 클라우드는 기술적으로 연결되어 데이터와 에플리케이션을 서로 사용할 수 있게 되어 있다. 예를 들면, 한 회사가 개인정보에 민감한 데이터는 개인 클라우드를 이용하고 그렇지 않은 데이터는 공공 클라우드를 사용할 수 있다. 개인과 공공의 클라우드를 같이 사용하는 것이 혼합 클라우드의 예이다. 클라우드 버스팅cloud bursting이란 한 회사가 평상시 그 회사의 기반 시설물을 사용하지만, 필요시 클라우드를 사용하여 과부하에 걸리지 않고 원활하게 성능을 유지한다는 것을 의미한다.

경영정보시스템을 클라우드에 설치한다는 것은 회사가 경영정보시스템을 개발, 설치, 유지 그리고 관리함에 있어 새로운 세계로 접어든다는 것을 의미한다. 클라우드로 옮긴다는 것은 물질적인 세계에서 논리적인 세계로 옮겨가는 것이며, 에플리케이션이나 데이터가 개인의 서버에 있다는 것을 무의미하게 한다. 그 결과 회사들과 경영정보시스템 부서는 그들이 시스템을 보는 관점을 바꾸고 경쟁에서 우위를 차지하기 위해서는 새로운 기회를 찾아야 할 것이다.

유틸리티 컴퓨팅: 클라우드의 이점

유틸리티 컴퓨팅 모델은 사용자가 필요에 따라 서비스를 활용하고, 수요에 따라 자원을 확장하거나 축소할 수 있도록 하며, 사용한 만큼만 비용을 지불하는 방식을 가능하게 한다. 이는 마치 전기나 수도와 같이, 공공요금을 지불하는 방식과 유사하다.

- **유틸리티 컴퓨팅**Utility Computing: 가스나 전기와 같은 계량형 서비스metered service와 유사한 사용량 기반 과금 수익 모델을 제공한다.

유틸리티 컴퓨팅의 개념은 컴퓨팅 자원을 전기와 같은 공공 서비스처럼 취급하는 발상에 기반을 두고 있다. 사용자는 물리적인 인프라에 직접 투자하거나 이를 유지 · 관리하지 않고도, 서비스 제공업체의 자원을 활용해 자신의 컴퓨팅 수요를 충족시킬 수 있다. 유틸리티 컴퓨팅 모델이 제공하는 주요 이점은 다음과 같다:

- **유연성**Flexibility: 자원이 온디맨드On-Demand 방식으로 할당된다. 사용자는 자신의 요구에 따라 자원을 할당할 수 있으며, 인터넷 연결만 있으면 어디서든 접근 가능해 원격 근무 및 협업을 가능하게 한다.
- **신뢰성**Reliability: 고가용성과 안정성을 보장한다. 중복 구성, 장애 조치failover 메커니즘, 백업 시스템 등을 통해 다운타임을 최소화하고 업무 연속성을 확보할 수 있다.
- **비용 효율성**Cost Efficiency: 기업은 인프라를 구축하고 유지하는 데 필요한 막대한 초기 비용을 피할 수 있으며, 대신 사용한 자원에 대해서만 요금을 지불한다. 이는 특히 대규모 IT 인프라에 투자할 여력이 부족한 중소기업에게 비용 절감 효과를 가져다줄 수 있다.
- **확장성**Scalability: 사용자는 수요에 따라 컴퓨팅 자원을 신속하고 유연하게 확장하거나 축소할 수 있다. 필요한 경우 컴퓨팅 성능, 저장 용량, 네트워크 용량 등을 손쉽게 조정할 수 있으며, 예를 들어 세금 시즌에 세무 인력을 추가 채용할 때와 같은 수요 변동 상황에 특히 유용하다.

유틸리티 컴퓨팅은 기업이 인프라 관리 부담을 서비스 제공업체에 맡기고, 핵심 비즈니스 활동에 집중할 수 있도록 해주는 유연하고 비용 효율적인 컴퓨팅 자원 접근 방식을 제공한다.

유틸리티 컴퓨팅은 클라우드 컴퓨팅과 밀접하게 연관되어 있으며, 클라우드 인프라를 활용하여 필요할 때 컴퓨팅 자원을 제공하는 방식을 의미한다. 클라우드 서비스 제공업체들은 이러한 유틸리티 컴퓨팅 개념에 기반하여 다양한 서비스 모델을 제공한다. 대표적인 예로는 서비스형 인프라IaaS, 서비스형 플랫폼PaaS, 서비스형 소프트웨어SaaS가 있으며, 이러한 모델들은 모두 사용자에게 유연하고 효율적인 방식으로 컴퓨팅 자원을 제공한다(그림 5.24 참조).

그림 5.24

세 가지 클라우드 컴퓨팅 서비스 제공 모델

서비스로서의 기반구조Iaas

서비스로서의 기반구조IaaS, Infrastructure as a service는 클라우드를 통해 서버, 네트워크, 저장공간을 포함한 하드웨어 네트워크 능력을 제공해 주는 서비스를 말하며, 사용량에 따라 비용을 지불하는 수익 구조를 사용한다. 사용자들은 IaaS를 통해 하드웨어를 빌리고 자신의 맞춤형 애플리케이션이나 프로그램을 제공받는다. IaaS 사용자들은 값비싼 서버들을 사기 위해 큰 규모의 예산을 사용하지 않아도 되므로 비용을 아낄 수 있다. 어떤 서버들은 가격이 십만 달러가 넘는다는 것을 생각하면 이는 정말로 비즈니스 측면에서 볼 때 이득이다. 이 서비스는 사용량을 기준으로 비용을 책정하는데, 전기나 가스와 같은 기본적인 공공서비스와 비슷하다고 보면 된다. IaaS는 업무 변화에 따라 전산자원이 증감되어야 할 필요가 있는 기업들에게 비용 효율적인 해결책을 제시한다. 이것을 동적 스케일링dynamic scaling이라고 하는데, 필요에 따라서 MIS 기반구조가 자동적으로 확장되거나 축소되는 것을 말한다.

서비스로서의 재난 복구DRaaS, disaster recovery as a service는 재난으로부터 데이터나 애플리케이션을 보호하기 위해 클라우드 자원을 이용하여 백업 서비스를 제공한다. 시스템이 고장인 경우에도 회사가 업무를 지속할 수 있게 완전 시스템 백업을 제공한다. DRaaS는 전형적으로 재난 복구 계획이나 업무 지속 계획의 일부이다.

서비스로서의 소프트웨어SaaS

서비스로서의 소프트웨어SaaS, Software as a Service는 클라우드 컴퓨팅의 가장 첫 적용사례 중 하나였다. SaaS는 사용당 요금 모델을 이용해 클라우드에 애플리케이션들을 제공한다. SaaS의 도입 이전에 기업들은 업무 요구에 맞는 특수화된 애플리케이션을 만들고 적용하기 위해 종종 엄청나게 많은 돈을 들였다. 이런 애플리케이션의 대부분은 시행하기 어렵고, 유지하는데 돈이 많이 들고, 사용하기 어려웠다. 사용성은 클라우드 컴퓨팅 서비스 제공자들에게 관심과 성공을 안겨 주는 중요한 역할을 했다.

SaaS는 다양한 이점을 제공해 준다. 가장 두드러지는 것은 엄청난 비용 절감 효과다. 이 소프트웨어는 선행 비용 없이 사용량을 기준으로 가격을 매기기 때문에, 기업들은 즉각적인 자본 지출 절감 효과를 볼 수 있다. 또한 기업들은 확장성과 유연성의 혜택도 받을 수 있는데 임대 조건으로 새로운 소프트웨어들을 시험해 볼 수 있는 것이 그 예이다.

세일즈포스닷컴saleforce.com은 가장 대중적인 SaaS 제공자 중 하나다. 세일즈포스닷컴은 업무 자동화 어플리케이션을 구축하고 제공한다. 이 애플리케이션은 주요 고객들을 추적하는 기능이나 전망, 예측과 같은 기능들을 자동화하는데, 일반 영업사원들이 사용하기에 적합하다. SaaS를 이용하면 대규모의 안전한 기반구조 및 모든 필요한 자원에 접속할 수 있는데, 이는 재정적인 자원이 적은 신생 혹은 중소기업들에게 특히 유용하다.

서비스로서의 플랫폼PaaS

서비스로서의 플랫폼PaaS, Platform as a Service은 하드웨어, 네트워크, 애플리케이션을 포함하는 전체 시스템을 배치하는 것을 사용량에 따라 비용을 지불하는 수익 구조를 사용해 지원한다. PaaS는 웹 개발 소프트웨어를 구입하고, 관리하고, 유지하는 어려움과 골치 아픔을 모두 서비스 제공자에게 맡기는 완벽한 기업 솔루션이다. PaaS를 사용하면 개발, 배치, 관리, 유지는 모두 클라우드에 속하며, PaaS 제공자에 의해 수행되기 때문에, 기업은 기업의 자원을 중점 계획들에만 집중시킬 수 있게 된다. 개발에 필요한 소프트웨어와 가동시키기 위한 하드웨어를 비롯한 개발의 모든 것들이 클라우드에 있다. PaaS는 개발자들이 기본적인 MIS 인프라를 걱정하지 않고 애플리케이션을 구축하고, 테스트하며, 배포할 수 있도록 플랫폼을 제공하는 서비스이다. PaaS는 일반적으로 사전 구성된 구성 요소들과 도구들을 포함하고 있어, 개발 과정을 보다 간소화할 수 있다.

PaaS를 사용하면, 사용자는 애플리케이션 개발, 데이터 관리, 비즈니스 로직 구현에 집중할 수 있으며, 서버, 스토리지, 네트워킹을 포함한 인프라 전반은 서비스 제공업체가 관리하게 된다. PaaS는 인프라 관리의 복잡성을 감추어, 개발자들이 애플리케이션을 보다 효율적으로 구축하고 배포할 수 있도록 돕는다. PaaS 제공업체의 예시로는 Heroku, Google App Engine, Microsoft Azure App Service 등이 있다. PaaS의 주요 장점은 다음과 같다:

- 강화된 보안
- 언제 어느 때나 정보에 접속 가능
- 중앙 집중적 정보 관리
- 파트너, 공급자, 고객과의 쉬운 협업
- 더 저렴한 비용과 빠른 시장 출시 기간

비즈니스 중심적 DEI

클라우드 컴퓨팅: 포용적 공동체 형성을 위한 기반

클라우드 컴퓨팅 기술의 도입은 조직 내 다양성Diversity, 형평성Equity, 포용성Inclusion을 증진하는 데 있어 클라우드가 얼마나 강력한 역할을 할 수 있는지를 잘 보여준다. 클라우드 기반의 인프라, 도구, 분석 기능을 활용함으로써, 기업은 보다 포용적인 근무 환경을 조성하고, 장벽을 제거하며, 자원에 대한 동등한 접근을 촉진하고, 데이터를 기반으로 한 의사결정을 통해 DEI(다양성 · 형평성 · 포용성) 활동을 지속적으로 개선할 수 있다.

- **원격 근무 지원**Remote Work Enablement: 클라우드 서비스를 도입한 기업은 직원들이 장소에 구애받지 않고 근무할 수 있도록 하여 지리적 제약을 허물고, 개인적인 사정으로 인해 제한을 겪는 이들에게도 일자리 접근 기회를 제공한다. 클라우드 기반 인프라는 물리적 위치와 관계없이 팀원 간의 원활한 협업과 소통을 가능하게 하며, 포용성과 더불어 일과 삶의 균형을 촉진한다.
- **자원에 대한 동등한 접근**Equal Access to Resources: 클라우드 기반 저장소와 협업 도구는 모든 직원이 동일한 방식으로 문서와 프로젝트에 접근하고, 안전하게 공유하며, 협력할 수 있도록 지원한다. 이는 물리적 저장의 한계를 없애고, 위치나 직무와 관계없이 모든 구성원이 효과적으로 기여하고 그 공로를 인정받을 수 있는 환경을 조성한다.
- **채용 및 인재 선발 강화**Enhanced Hiring and Recruitment: 클라우드 기반의 지원자 추적 시스템과 화상 회의 도구를 활용해 가상 면접 및 평가를 실시함으로써, 채용 과정에서의 지리적 · 물리적 장벽을 줄일 수 있다. 또한 인공지능 기반 알고리즘은 채용 과정에서 발생할 수 있는 무의식적 편향을 줄이고, 공정하고 객관적인 후보자 평가를 가능하게 한다.
- **교육 및 역량 개발**Training and Skill Development: 클라우드 기반 학습관리시스템LMS을 통해 모든 직원이 장소나 배경에 관계없이 다양한 학습 자원에 접근할 수 있다. 이들 플랫폼은 개인 맞춤형 학습 경로를 제공하고, 가상 교실이나 영상 강의와 같은 상호작용 요소를 포함하여, 누구나 자신의 속도에 맞춰 역량을 개발할 수 있는 포용적인 학습 문화를 조성한다.

클라우드 컴퓨팅이 다양하고 공정하며 포용적인 직장을 만들고자 하는 조직에 어떻게 도움이 될 수 있는지 설명하시오. 또한 클라우드 컴퓨팅이 포용적 공동체communities of inclusion를 구축하는 데 기여할 수 있는 추가적인 방법에는 무엇이 있을지 생각해 보시오.

IaaS와 PaaS의 주요 차이점은 사용자가 기본 인프라에 대해 가지는 제어 수준과 책임 범위에 있다. IaaS는 사용자가 직접 관리하고 구성할 수 있는 가상화된 인프라 자원을 제공하며, 반면 PaaS는 인프라 계층을 추상화하여, 사용자가 애플리케이션 개발 및 배포에 주로 집중할 수 있도록 한다. IaaS는 인터넷을 통해 가상화된 컴퓨팅 자원을 제공한다. 이는 본질적으로 가상 머신, 스토리지, 네트워크 구성 요소 등과 같은 MIS 인프라의 기본적인 구성 요소들을 제공하는 것이다. IaaS 사용자는 기본 인프라에 대한 관리 및 구성에 더 많은 제어권과 책임을 가지며, 운영체제, 미들웨어, 가상 머신에서 실행되는 애플리케이션을 직접 설치하고 관리할 책임이 있다.

반면 PaaS는 더 높은 수준의 추상화를 제공하며, 인프라 관리보다는 애플리케이션의 개발 및 배포에 중점을 둔다. PaaS는 개발자들이 기본 인프라에 대한 걱정 없이 애플리케이션을 구축하고, 테스트하며, 배포할 수 있도록 플랫폼을 제공한다. 이 플랫폼은 일반적으로 개발 과정을 간소화할 수 있도록 사전 구성된 구성 요소와 도구를 포함하고 있다.

학습 성과 복습

5.1 MIS 기반구조와 이것의 세 가지 주요 유형에 대해 설명할 수 있다.

전사적 아키텍트가 기업의 MIS 기반구조를 유지할 때 중점적으로 다루는 세 가지 영역들은 다음과 같다.

- 업무 지원: 정보 MIS 기반구조는 고객 관리 기록과 같은 중요한 정보들이 어디에, 어떻게 유지되고 보호되는지를 확인해준다.
- 변화 지원: 애자일 MIS 기반구조는 서로 협동하여 조직의 목표를 지원해주는 하드웨어, 소프트웨어, 원격통신 설비를 포함한다.
- 환경 지원: 지속 가능한 MIS 기반구조는 기업이 전산 자원의 측면에서는 성장함과 동시에 하드웨어와 에너지 사용에 있어서는 덜 의존적일 수 있도록 하는 방법을 보여준다.

5.2 정보 MIS 기반구조와 관련된 세 가지 주요 영역을 파악할 수 있다.

정보 기반구조가 지속 가능한 업무를 지원하기 위해 제공하는 세 가지 주요 영역은 다음과 같다.

- 백업과 복구 계획: 백업은 시스템의 정보를 복사해두는 것을 말한다. 복구는 시스템의 파괴나 고장에도 불구하고, 다시 시스템을 일으키고 운영할 수 있는 능력을 말하며, 백업된 정보를 다시 가져오는 것도 여기에 포함된다.
- 재해 복구 계획: 비극적인 재난의 상황에서 정보나 시스템을 복구하기 위한 상세한 프로세스이다.
- 업무 지속 계획: 재난이나 광범위한 파괴 이후에 기업이 어떻게 중요한 업무와 시스템을 복구하고 이어 받을 수 있는지에 대해 상세히 다룬다.

5.3 애자일 MIS 기반구조의 특성을 설명할 수 있다.

- 접근성accessibility이란 어떤 사용자가 시스템을 사용할 때 어떤 것에 접속할 수 있고, 볼 수 있고, 무엇을 할 수 있는지 정의하는 서로 다른 접근 등급을 말한다.
- 가용성availability은 시스템이 작동하는 시간 범위를 말한다.
- 유지보수성maintainability 혹은 유연성flexibility은 어떤 시스템이 환경의 변화에 대해 얼마나 빨리 대응해 변화할 수 있는가를 나타낸다.
- 이식성protability이란 어떤 애플리케이션이 서로 다른 장치나 소프트웨어 플랫폼에서도 작동할 수 있는 능력을 말한다.
- 신뢰성reliability 혹은 정확성accuracy은 시스템이 제대로 작동하고, 정확한 정보를 제공하는 것을 말한다.
- 확장성scalability은 시스템이 증가된 수요에 얼마나 잘 적응할 수 있는지를 말한다.
- 사용성usability은 어떤 시스템이 얼마나 배우기 쉽고, 또한 사용하기에 효율적이며 만족스러운가에 대한 척도이다.

5.4 MIS와 관련된 환경적 영향들을 인식할 수 있다.

에너지 사용량 증가, e-폐기물의 증가, 탄소 배출량 증가는 모두 MIS와 관련이 있다. e-폐기물은 버려지거나, 낡았거나, 망가진 전자 기구들을 말한다. 지속 가능한 MIS 폐기는 수명이 다된 MIS 자산을 안전하게 처리하는 것을 말한다.

5.5 지속 가능한 MIS 기반구조의 세 가지 요소들과 그들의 비즈니스 혜택에 대해 설명할 수 있다.

지속 가능한 MIS 기반구조의 구성요소는 다음과 같다.

- 그리드 컴퓨팅은 한 문제를 같이 풀도록 조정된 컴퓨터들의 집단을 말하는데, 이 컴퓨터들은 대개 지리적으로 떨어져 있다.
- 클라우드 컴퓨팅은 인터넷을 통해 원격으로 제공되는 자원이나 애플리케이션을 사용하는 것을 말한다.
- 가상화는 하나의 컴퓨터에 여러 개의 '가상의' 기계를 생성한다.

복습 문제

1. 비즈니스에서 얼마나 자주 자료를 백업해야 하는가?
2. 백업이 작동하고 백업한 것을 복구하여 사용할 수 있는지를 확인하는 것이 왜 중요한가?
3. 재난 복구 계획과 업무 지속 계획의 차이점은 무엇인가?
4. MIS 인프라의 세 가지 형태는 무엇이며, 각각은 어떤 것을 지원하는가?
5. 애자일 MIS 기반구조의 특성을 열거하고, 그 특성들이 변화를 지원하는데 왜 모두 중요한지를 설명하라.
6. 용량 계획은 무엇이며, 기업의 성장을 대비하는 데 어떻게 도움을 주는지를 설명하라.
7. 자동복구능력과 장애 극복failover의 차이점을 설명하라.
8. 핫 사이트, 콜드 사이트, 웜 사이트를 차이점을 비교하라.
9. 무어의 법칙이란 무엇이며, 기업에 어떤 영향을 끼치는가?
10. 그리드 컴퓨팅 사용의 비즈니스측면에서의 이점을 열거하시오.
11. 클라우드 컴퓨팅의 이로운 점과 어려운 점을 정리하시오.
12. 데이터 센터는 무엇이며, 왜 기업에서 데이터 센터를 개발해야 하는지 설명하시오.
13. 세 개의 대표적인 클라우드 컴퓨팅 제공 모델을 열거하고 묘사하시오.
14. 기업이 가상화를 필요로 하는 이유를 설명하시오.
15. 오늘날의 사업이 왜 지속 가능한 MIS의 방식을 따르고 싶어할 것인지 설명하시오.

비즈니스 중심적 사례 1

바르셀로나의 스마트 시티Smart City

바르셀로나는 도시 관리와 지역사회 협력 전반에 걸쳐 도시 개발 및 기술 활용에서 혁신적인 접근을 보여주는 대표적인 도시로 잘 알려져 있다. 특히, 바르셀로나는 스마트 시티 구축을 위해 클라우드 컴퓨팅 기술을 적극적으로 도입하며 주목할 만한 성과를 이뤘다. 클라우드 인프라는 데이터 수집, 저장, 처리, 분석을 효율적으로 수행할 수 있도록 함으로써 다양한 스마트 서비스 개발과 도시 운영의 효율화를 가능하게 했다. 다음은 바르셀로나가 클라우드 컴퓨팅을 스마트 시티에 어떻게 적용했는지에 대한 설명이다.

- 인프라 구축: 바르셀로나는 스마트 시티 구상을 실현하기 위해 견고하고 확장 가능한 인프라의 필요성을 인식했다. 이를 위해 다양한 기술 파트너와 협력하고, 고속 · 고신뢰 네트워크 인프라를 구축하는 데 투자했다. 여기에는 광섬유 케이블 설치와 데이터 센터 구축 등이 포함되며, 방대한 데이터 처리 수요를 충족시키기 위한 기반이 되었다.
- 데이터 수집: 스마트 시티 구축을 위해 바르셀로나는 센서, IoT 기기, 도시 인프라 등 다양한 소스로부터 방대한 데이터를 수집해야 했다. 도시 전역에 실시간 데이터를 수집할 수 있는 센서와 연결 장치를 설치하여 교통 흐름, 공기 질, 폐기물 관리, 에너지 소비 등 다양한 항목에 대한 정보를 모았다. 이 데이터는 클라우드로 전송되어 저장 및 처리되었다.
- 클라우드 저장소 활용: 바르셀로나는 AWS, Microsoft Azure, Google Cloud 등 글로벌 클라우드 플랫폼을 활용해 수집된 데이터를 저장하고 관리했다. 클라우드 저장소는 확장성, 내구성, 접근성 측면에서 뛰어나며, 승인된 이해관계자들이 안전하고 효율적으로 데이터에 접근할 수 있도록 지원했다.
- 데이터 처리 및 분석: 클라우드 인프라는 방대한 데이터를 효율적으로 처리하고 분석할 수 있는 환경을 제공했다. 클라우드 컴퓨팅 자원을 활용함으로써 대규모 데이터 분석과 복잡한 연산 작업을 수행할 수 있었으며, 머신러닝과 인공지능 등의 고급 기술을 통해 도시 운영과 관련된 데이터 기반 의사결정이 가능해졌다.
- 스마트 서비스 개발: 바르셀로나는 시민의 삶의 질을 향상시키기 위한 다양한 스마트 서비스 및 애플리케이션을 개발했다. 여기에는 지능형 교통 시스템, 스마트 주차 관리, 폐기물 관리 최적화, 에너지 효율 건물, 공공 안전 애플리케이션 등이 포함된다. 이러한 서비스는 클라우드 컴퓨팅이 제공하는 연산 능력과 저장 용량을 기반으로 운영된다.
- 오픈 데이터 및 API 제공: 바르셀로나는 오픈 데이터 전략도 함께 추진하여, 수집 · 처리된 데이터를 공공 및 외부 개발자들이 활용할 수 있도록 API 형태로 공개했다. 이를 통해 외부 이해관계자들이 혁신적인 애플리케이션과 서비스를 개발할 수 있게 되었고, 이는 바르셀로나의 스마트 시티 생태계 확장에 기여했다.
- 협력과 파트너십: 클라우드 컴퓨팅 기반의 스마트 시티 구현에는 기술 기업, 학계, 민간 부문과의 협력이 필수적이었다. 이러한 협력을 통해 전문성, 자원, 재정 지원을 확보하고, 클라우드 기반 솔루션의 효율적인 도입과 확산이 가능했다.

질문

1. 클라우드 컴퓨팅은 바르셀로나의 스마트 시티에서 어떻게 작동하는가?
2. 신생 기업이 바르셀로나의 스마트 시티를 기반으로 PaaSPlatform as a Service를 어떻게 활용할 수 있는가?
3. 스마트 시티는 기술을 활용하고 다양한 전략을 채택함으로써 모든 주민에게 평등한 기회, 접근성, 참여를 보장하여 포용적 공동체를 촉진할 수 있다. 스마트 시티가 포용적 공동체를 촉진할 수 있는 몇 가지 방법을 설명하시오

비즈니스 중심적 사례 2

무어의 법칙은 죽었다

무어의 법칙은 인텔 공동 창업자 고든 무어의 이름을 따서 이름이 붙여졌다. 1965년에 트랜지스터가 너

무 빨리 크기가 줄어들어 매년 칩에 들어갈 수 있는 양이 두 배가 되었으며, 1975년에는 속도를 2년마다 두 배로 맞출 수 있었다. 칩 산업은 인텔이 주도하는 무어의 예측을 그대로 유지했다. 그리고 컴퓨팅 회사는 이것이 트랜지스터의 지속적인 공급과 관련이 있다는 것을 발견했다.

모바일 앱, 비디오 게임, 스프레드시트, 정확한 일기예보 이런 것들은 지난 50년 동안 컴퓨터 칩의 성능이 안정적이고 기하급수적으로 성장하면서 가능해진 삶의 변화 모습이었다. 그러나 몇 년 안에 기술 회사는 컴퓨터를 새롭게 활용하는 사례를 만들기 위해 더 열심히 노력해야 할 수도 있다. 무어의 법칙으로 알려진 칩에 더 많은 실리콘 트랜지스터를 계속해서 집어넣는 것은 컴퓨팅 분야에서 활발한 혁신의 원천이 되었다. 그러나 이제 이러한 속도는 느려질 것 같다. 지난 몇 년 동안 칩 개발이 침체된 모습을 보면 기후 변화를 이해하고, 배터리 및 초전도체용 신소재를 개발하며, 약물의 설계를 개선하는 등의 슈퍼컴퓨터에 의존하는 연구 프로그램 등에는 좋지 않은 소식이 된다.

인텔은 최근 차세대 트랜지스터 기술을 좀 뒤로 미루고 미래를 위한 시간을 늘리기로 결정했다. 그리고 세계 최대 칩 제조사를 포함한 산업 그룹이 유지하고 있는 무어의 법칙에 대한 기술 로드맵을 폐기하고 있다. 인텔은 실리콘 트랜지스터가 앞으로 5년 동안만 계속 크기를 줄일 수 있다고 의견을 내었다. 세계 최고의 슈퍼컴퓨터는 예전의 속도로 나아지지 않고 있으며, 이미 무어의 법칙 종말의 영향을 느끼고 있다 모바일 장치는 인텔 이외의 회사에서 만든 칩에 영향을 받고 있다.

그러나 모바일 장치가 할 수 있는 많은 유용한 작업은 무어의 법칙의 결과를 더 골칫거리로 만드는 수십억 달러의 데이터 센터에 영향을 받고 있다. 구글 및 마이크로소프트와 같은 회사가 트랜지스터로 더 조밀하게 집약된 가장 발전된 칩의 새로운 생산물을 적극적으로 집어 삼키고 있다. 더 많은 컴퓨팅 성능을 얻을 수 있는 다른 방법에는 칩 디자인을 개선하기 위해 더 열심히 노력하고 특정 중요한 알고리즘을 강화하도록 칩을 전문화하는 것이 포함된다.

질문

1. 무어의 법칙이 끝난다는 데 동의하는가? 아니면 동의하지 않는가?
2. 무어의 법칙이 사라진다면 비즈니스 환경은 어떻게 될까?
3. 하드웨어 발전이 기업을 발전시키지 못할 때 기업은 경쟁력을 유지하기 위해 무엇을 할 수 있는가?

비즈니스 중심적 의사결정

1. 열은 없지만, 바이러스가 있다는 것은 확실해요

당신이 학기말 레포트를 새벽 4시가 되어서야 마쳤는데, 당신의 컴퓨터가 바이러스에 걸려서 당신이 작성한 문서 전체를 잃었다면 얼마나 끔찍할지 생각해 보자. 아니면, 당신이 성적의 50%를 차지하는 기말 레포트를 제출하고 콜로라도로 겨울방학을 즐기러 갔다고 생각해 보자. 콜로라도에서 돌아와서 그 과목에서 낙제했다는 것을 알았을 때, 당신은 아마도 무슨 일이 일어난 것인지 확인하기 위해 미친 듯이 이메일을 확인할 것이다.

그리고 당신은 스키를 타느라 확인하지 못했던 메시지를 발견한다. 당신이 보낸 문서가 깨져서 열 수가 없으니 레포트를 다시 보낼 시간을 24시간 주겠다는 메시지를 말이다.

당신은 이렇게 문서가 깨지는 일을 경험해 본 적이 있는가? 만일 그렇다면, 이런 상황을 만회하기 위해 어떤 일을 할 수 있었는가? 당신의 교사가 정말 깨진 파일을 받았다고 생각하는가? 왜 파일이 깨졌을까? 당신이 깨진 파일을 보냈다면 당신의 교사가 당신을 의심스럽게 생각할까?

2. 지속 가능한 부서들

에너지 비용과 지구 온난화는 매일같이 뉴스에서 다루어지고 있고, 요즘엔 e-폐기물들이 환경에 미치는 영향에 대해 사람들이 서서히 관심을 갖기 시작했다. 지속 가능성과 기업의 사회적 책임은 모든 경영자들에 의해 심각하게 고려되어야 한다. 비즈니스의 다양한 부서들의 목록을 만들고 각 부서들이 마주칠 수 있는 환경적 이슈들에는 어떤 것들이 있을지 생각해 보자. 어떤 부서가 가장 많은 e-폐기물을 만들어낸다고 생각하는가? 어떤 부서가 가장 많은 전력을 사용하는지, 혹은 가장 큰 탄소 이력carbon footprint을 갖고 있는가? 각 부서에서 그들의 환경과 관련된 문제점들을 해결하기 위해 어떤 것들을 할 수 있는가? 왜 모든 경영자들과 직원들이 환경적 이슈들과 지속 가능한 MIS 기반 구조를 만들기 위한 방법을 알고 있어야 하는가?

3. 페이스북의 에너지 사용

저렴한 전력은 비즈니스 비용을 적게 유지하는 데에는 도움이 되지만, 한편으로는 전력 공급을 석탄에 의존하게 만든다. 페이스북은 최근에 오레곤에 있는 새로운 전산 시설과 계약을 맺었는데, 이 전산 시설은 퍼시피코프라는 전력 공급 시설에서 전력을 공급받고 있다. 이 전력 공급 시설은 전력의 대부분이 온실가스 배출의 주범인 석탄일 때는 화력발전소를 통해 얻는다. 점점 더 많은 사람이 페이스북을 이용하게 됨에 따라, 페이스북이 필요로 하는 에너지 또한 기하급수적으로 증가하게 될 것이다.

당신은 페이스북이 석탄을 때는 화력발전소를 사용하는 전력회사를 택한 것이 현명한 비즈니스 의사결정이라고 생각하는가? 페이스북이 전산시설에 전력을 공급하기 위해 사용할 수 있었을 다른 에너지원에는 무엇이 있는가? 당신은 페이스북의 주된 고객들이 환경에 대한 염려를 하고 있다고 생각하는가? 페이스북이 계속 석탄을 때는 화력발전소를 사용할 경우 앞으로 발생하게 될 비즈니스 문제점에는 어떤 것들이 있을까?

4. BCP 만들기

비즈니스 중단에는 비용이 든다. 재난이나 긴급 상황이 발생하면 수익을 잃을 뿐만 아니라 추가 비용도 발생한다. 보험이 손실을 보상할 것으로 기대한다면 주의해라. 판매 손실, 비즈니스 인텔리전스 손실, 고객 손실과 같이 보험이 보상하지 않는 많은 손실이 있다.

재앙의 위험을 완화하기 위해 상세한 비즈니스 연속성 계획을 수립하고 싶을 것이다. 비즈니스 연속성 계획BCP은 좋은 아이디어일 뿐만 아니라 회사에서 개발할 수 있는 가장 저렴한 계획 중 하나이다. BCP는 직원들이 어떻게 서로 연락하고 화재나 홍수와 같은 재난이나 비상사태가 발생할 경우 계속해서 운영 기능을 유지하는지 자세히 설명한다. 유감스럽게도 많은 회사는 너무 늦을 때까지 그러한 계획을 개발하는 데 시간을 들이지 않는다.

소규모 비즈니스 또는 신생 기업을 위한 샘플 BCP에 대해 조사해라. 원하는 스타트업에 대한 BCP를 만들어라. 데이터 저장, 데이터 액세스, 트랜잭션 처리, 직원 안전 및 고객 커뮤니케이션과 같은 사항을 반드시 고려해라.

5. e-폐기물과 환경

어떤 추정치에 따르면, 전 세계에 있는 잉여 혹은 구식 컴퓨터와 모니터는 10억 개에 달한다고 한다. 캘리포니아에서는 매일 6,000대의 컴퓨터가 못쓰게 된다. 만약 적절하게 처리되지 않는다면, 1,000여 가지의 서로 다른 독성 물질을 함유한 이 엄청난 e-폐기물들은 인류와 환경에 매우 해로운 것이다. 컴퓨터의 마더보드에서는 베릴륨이 발견되고, 플로피디스크에는 크롬, 모니터와 배터리에는 납, 알카라인 건전지에는 수은이 있다. 알려진 것 중에 가장 위험한 독성 화학물질은 카드뮴인데, 카드뮴은 다수의 오래된 노트북과 컴퓨터 칩에 들어 있다.

미국과 유럽이 자국에서 발생하는 e-폐기물을 수출하는 가난한 나라들에서는 e-폐기물에 의한 환경 파괴의 영향이 급속하게 현실화되고 있다. 이런 나라들에서는 구식 전자 장비들이 별로 쓸모가 없기 때문에 현지의 재활용업자들은 일부분은 되팔고 나머지들은 대개 거주 지역 근처에 있는 불법 쓰레기 처리장에서 태우는데, 이 과정에서 독성의 발암성 물질들이 공기, 토양, 물로 스며든다.

당신은 e-폐기물을 버려본 적이 있는가? 배터리를 포함한 전자기기들이 안전하게 처리될 수 있도록 당신이 할 수 있는 일은 무엇이 있는가? 기업들이 e-폐기물을 안전하게 폐기하도록 하기 위해 정부가 할 수 있는 일은 무엇이 있을까? 가난한 나라들이 e-폐기물을 넘겨받지 않도록 하기 위해서 무엇을 할 수 있는가? 휴대전화 컴퓨터, 프린터, 잉크 카트리지, MP3 플레이어, 배터리를 안전하게 폐기할 수 있는 방법의 목록을 작성해 보라. 시민들에게 e-폐기물에 관련된 이슈들을 알리고, 안전하게 처리하는 습관을 가르치기 위해 당신이 할 수 있는 일은 무엇인가?

6. 폭스바겐 배기가스 스캔들

이것은 "디젤 속임수disel dupe"라고 불린다. 미국 환경 보호국EPA은 미국에서 판매되는 많은 폭스바겐 자동차 디젤 엔진에 "배기가스 임의조작 장치(또는 소프트웨어)"가 있어 테스트 중일 때 이를 감지하고 결과를 개선하기 위해 차량의 성능을 변경할 수 있음을 발견했다.

이후 독일 자동차 대기업 폭스바겐은 미국에서 부정행위 배출가스 테스트를 인정했다. EPA는 엔진에 속도, 엔진 작동, 공기 압력, 심지어 스티어링 휠의 위치까지 모니터링하여 테스트 시나리오를 감지할 수 있는 컴퓨터 소프트웨어가 있다고 말했다.

자동차가 통제된 실험실 조건에서 작동할 때(일반적으로 고정된 테스트 시스템에 두는 것이 포함됨) 이 장치는 차량 엔진이 정상 출력 및 성능 아래로 작동하는 일종의 안전 모드로 전환한 것을 확인하였다. 그 결과 엔진은 미국에서 허용되는 것보다 최대 40배 많은 질소 산화물 오염 물질을 배출하였다.

모든 차량이 EPA 테스트 제한을 준수하는 것이 중요한 이유는 무엇인가? 폭스바겐의 잘못된 배기가스 테스트로 인해 어떤 환경 영향이 발생하였나? EPA는 자동차가 예상대로 작동하는지 확인하기 위한 테스트 메트릭을 어떻게 만들 수 있었나? EPA는 폭스바겐 스캔들을 어떻게 처리해야 할까?

7. 노트북? 넷북? 태블릿?

무어의 법칙에 의해 컴퓨터는 매년 점점 작아지고, 저렴해지고, 빨라지고 있으며, 혁신적인 기업들이 더 작고 더 강력한 장치들을 개발할 수 있게 되었다. 데스크톱, 노트북, 태블릿 컴퓨터는 사용자들이 전 지구상에서 연결된 컴퓨팅을 할 수 있도록 해주는 장치들이다. 무어의 법칙은 매 18개월마다. 대략 2배 정도로 전산 능력이 증가한다는 데에 있어서는 맞았다. 당신은 다음 20년 동안에도 무어의 법칙이 계속 적용될 것이라고 생각하는가? 왜인가, 혹은 왜 그렇지 않은가?

8. 누가 내 아이폰을 고칠 수 있을까?

미국 일부 주에서는 '공정 수리법Fair Repair Act'이라고도 불리는 Right to Repair(수리할 권리) 법안이 제안되고 있다. 이 법안은 휴대전화, 컴퓨터, 가전제품, 카메라, 심지어는 농기계와 같은 전자기기를 보다 쉽게 수리할 수 있도록 하기 위한 목적으로 추진된다. 이 법안이 통과되면 제조사는 수리 관련 정보와 부품을 일반 소비자 및 독립 수리점에 공개하고 판매해야 하며, 소비자들은 제조사 외의 수리 선택지를 가질 수 있게 된다.

미국에서 판매되는 아이폰 10대 중 1대는 리퍼비시Refurbished 제품이다. 리퍼비시는 보통 제품이 반품되거나 문제로 인해 제조사 또는 판매자에게 다시 돌아온 후 재포장하여 중고이지만 새것처럼 인증된 상태로 판매되는 제품을 말한다. 프랑스 파리에 본사를 둔 중고 전자제품 마켓플레이스

Back Market은 250개 이상의 수리점과 협력하고 있으며, 머신러닝 기술로 수요를 예측한다. 이 기업은 작년에만 1억 달러 이상의 수익을 올렸다.

하지만 애플Apple과 존 디어John Deere를 포함한 주요 테크 기업들은 Right to Repair 법안에 반대하고 있으며, 이는 스마트폰 사용자와 농민들이 자신이 구매한 제품을 수리하는 데 더 많은 제한을 받도록 만드는 결과를 초래한다. 기기들의 지적 재산권(지식재산권, IP)을 고려했을 때, 당신은 Right to Repair 법안에 찬성하는가, 아니면 반대하는가? 당신의 입장을 설명해 보시오.

9. 당신의 휴대전화를 재활용하세요

새로운 아이폰의 다양한 애플리케이션과 멋진 게임에 들떠 있는 많은 사람들에게 한 가지 질문이 있습니다. 이전 휴대전화는 어떻게 할 계획인가요?

휴대전화, PDA, 충전기, 배터리를 재활용함으로써 환경 보호에 기여할 수 있습니다. 휴대전화를 재활용하면 에너지를 절약할 수 있고, 재사용이 가능한 자원이 매립지로 버려지는 것을 방지할 수 있습니다. 휴대전화는 플라스틱, 구리, 귀금속 등으로 구성되어 있으며, 이 자원들을 채굴하고 제조하는 데는 상당한 에너지가 소모됩니다. 휴대전화를 재활용하기로 결정했다면, 먼저 통신 서비스를 해지하고, 연락처 및 저장된 정보를 삭제한 뒤, SIM 카드를 제거해야 합니다.

만약 이전 휴대전화가 여전히 작동한다면, 기부를 고려해보는 것도 좋은 방법입니다. 작동하는 휴대전화는 가정 폭력 생존자와 같은 도움이 필요한 이들에게 기부될 수 있으며, 서비스가 해지된 후에도 911 긴급전화는 여전히 이용 가능하기 때문에 유용하게 사용될 수 있습니다. 휴대전화를 기부할 수 있는 기관을 찾고 싶다면 ncadv.org를 방문해보세요. 휴대전화는 매년 기업들이 교체하는 전체 컴퓨터 장비 중 극히 일부분일 뿐입니다. 그렇다면, 수많은 노후된 노트북, 서버, 모니터는 어떻게 처리되고 있을까요? 이러한 전자기기들을 매립지에 버릴 경우 환경에 어떤 영향을 미칠까요? 기업들은 자사의 컴퓨터 장비를 어떻게 재활용할 수 있을까요? 정부는 기업과 개인이 전자기기를 재활용하도록 어떤 방식으로 동기를 부여할 수 있을까요?

10. 변명, 변명, 또 변명

다음은 직원들이 결근할 때 사용한 가장 이상하고 기묘한 변명들이다.

- 햇볕에 데었어요.
- 왜 그런지는 모르겠지만, 아침에 보니 캐나다에서 깼어요.
- 악어를 팔다가 걸렸어요.
- 버려진 차 트렁크에 갇혔어요.
- 어제 출근하지 못했다는 내용의 쪽지를 엄마가 써주셨어요.
- 그냥 오늘은 출근할 기분이 아니에요.
- 오토바이를 타다가 수녀님을 치었어요.
- 누군가 나에게 독성 덩굴을 던졌고, 얼굴에 발진이 났어요.
- 배우자의 외도를 잡을 수 있을 것 같아서 집에 있어야 해요.
- 갈매기를 쫓다가 넘어져서 병원에 갔어요.
- 할라피뇨 고추를 너무 많이 먹어서 편두통이 생겼어요.

이 장에서는 MIS 인프라, 즉 조직 전체 시스템을 함께 작동시키는 핵심 구성 요소들에 대해 다룬다. 시스템이 작동하지 않으면 조직도 제대로 기능할 수 없다. 이는 건강 상태가 우리의 업무 수행 능력에 영향을 주는 것과 마찬가지다. 시스템이 다운되었거나, 인터넷이 끊기거나, 무선 네트워크가 고장 난 상태에서 그 조직과 비즈니스를 하려는 것은 매우 답답한 경험이 될 수 있다. 기업들은 이런 기술적 문제가 발생했을 때, 해커의 공격, 미납된 공과금, 혹은 데이터 센터에 침입한 다람쥐가

케이블을 갉아먹은 것(실제로 있었던 일!) 등의 실제 이유를 외부에 공개하고 싶어 하지 않는다.

고객센터에 전화를 걸었을 때, "오늘 시스템이 다운됐어요." 또는 "시스템이 너무 느려요."라는 말을 들어본 적이 몇 번이나 있나요? 인터넷이 끊겨서 과제를 제출하지 못한 적은 몇 번이나 있었나요? 조직의 시스템이 24시간, 주 7일, 연중무휴(24/7/365)로 가동되는 것이 왜 중요할까요? 기업이 시스템 오작동의 실제 원인을 숨기려는 이유는 무엇일까요? 고객에게 "해킹으로 시스템이 다운됐다"는 사실을 알리면 어떤 일이 벌어질 수 있을까요? 조직은 시스템을 어떻게 보호할 수 있을까요?

11. 전자폐기물E-waste을 줄이면, 더 많은 자원을 절약할 수 있다

매년 지구의 날Earth Day을 맞아 많은 사람들과 기업 시민들은 재활용과 자원 절약, 그리고 재사용 가능한 물품을 찾는 활동에 참여한다. Dell과 Microsoft와 같은 대표적인 IT 제조 기업들도 결국 전자폐기물로 전환되는 제품들을 만들고 있지만, 이들은 Goodwill Industries International이 운영하는 전자제품 재활용 프로그램에 동참해 왔다. Goodwill은 이 프로그램을 통해 약 9,600만 파운드(약 4.35만 톤)의 전자제품을 매립지로부터 전환시켰다고 보고했다.

이와 유사한 노력으로 Office Depot과 Staples 같은 사무용품 전문 유통기업들도 자체적인 전자제품 분류 및 재활용 서비스를 제공하고 있다. 심지어 Apple 또한 이 흐름에 동참하여, 고객들이 새로운 제품을 구매할 때 기존의 구형 제품을 매장에 반납할 수 있는 제도를 운영하고 있다.

전자폐기물e-waste을 줄일 수 있는 기회는 매우 많다. 먼저, 대표적인 기술 제조업체들이 전자폐기물을 줄이기 위해 이미 시행하고 있는 방법들을 목록으로 정리해 보자. 그 다음으로, 중고 컴퓨터나 기타 기술 장비를 재사용할 수 있도록 도와주는 회사를 창업하는 것이 가치 있는 사업이 될 수 있는지에 대해 생각해보자. 그 이유는 무엇인가? 또는 그렇지 않다면 왜 그렇지 않은가? 마지막으로, 어떠한 기업이라도 전자폐기물을 재사용하고, 재활용하며, 감축하기 위해 채택할 수 있는 새로운 대안들을 목록으로 작성해보자.

12. 모든 아이에게 노트북을

One Laptop Per Child(OLPC) 프로젝트는 세계에서 가장 가난한 어린이들에게 배포하기 위해 100달러짜리 노트북을 만들려는 의도를 가지고 있다. OLPC 또는 XO 노트북이라 불리는 이 기기는 고무 키보드와, 햇빛 아래에서도 읽을 수 있는 매우 밝은 화면을 가지고 있다. 화면을 뒤집으면 전자책 리더기로 변환된다. 가능한 한 비용을 낮게 유지하기 위해(현재는 목표보다 조금 높은 175달러 수준) 이 컴퓨터에는 다양한 무료 소프트웨어와 학습 기회를 지원하는 도구들이 탑재되어 있다. 특별한 유형의 네트워크는 반경 약 100피트 내에 있는 기기들끼리 서로 통신할 수 있도록 해주며, 인터넷이 가능한 경우 하나의 인터넷 연결을 공유해 사용할 수 있도록 한다. XO는 전력 공급이 불안정하거나 전혀 없는 지역을 대상으로 하며, 손으로 돌리는 크랭크, 줄을 당기는 코드, 또는 발 페달을 통해 전력을 공급받는다.

당신은 One Laptop Per Child 프로젝트가 전 세계 어린이들의 교육을 돕는다고 생각하는가? XO 컴퓨터는 어떻게 가난한 지역의 어린이들에게 학습 기회를 제공하는가? 이 어린이들이 XO 노트북을 갖게 되면 어떤 문제를 겪을 수 있는가? 클라우드 컴퓨팅은 비용 절감과 데이터 안전 측면에서 XO 노트북에 어떤 중요한 역할을 할 수 있는가? XO 노트북이 사용될 전형적인 환경은 어떤 모습일까? XO 노트북 사용자들이 미국에서는 흔하지 않은 어떤 문제들을 겪게 될까? XO 노트북 제작자들은 가장 극단적인 환경에서도 기능이 유지되도록 무엇을 할 수 있을까?

13. 휴대전화 가상화하기

가상화Virtualization는 이해하기에 다소 어려운 개념이다. 공식적인 정의에 따르면, 가상화는 하나의 컴퓨팅 장치에서 여러 개의 가상 머신을 생성하는 것을 의미한다. 자, 그럼 좀 더 쉬운 말로 설명해보

자. 당신에게 휴대전화가 세 대 있다고 가정해보자. 하나는 당신이 일하는 회사용, 하나는 당신이 사이드 프로젝트로 창업한 회사용, 그리고 하나는 개인 통화용이다. 대부분의 경우 이 전화기들은 대기 상태이며, 동시에 벨이 울리는 일은 거의 없다. 전화기들이 대부분의 시간을 사용하지 않고 있다는 사실에 주목하게 되면, 각각의 전화에 대해 요금을 지불하고 있는 상황에서 시간과 자원을 낭비하고 있다는 느낌이 들 수 있다. 그래서 당신은 이러한 상황을 개선하기 위해 가상화 기술을 활용하기로 결정한다. 이 개념을 적용하면, 하나의 장치에 세 개의 가상 휴대전화를 설치하는 셈이 된다. 각 전화기에 필요한 서비스와 애플리케이션은 개별적으로 하나의 장치에 저장된다. 이 장치의 입장에서는 세 개의 서로 다른 가상 전화기를 인식하게 되며, 이로 인해 비용과 유지관리 시간이 절감된다.

최근 가상화는 매우 뜨거운 화두다. 그 이유는 점점 더 많은 기업들이 사회적 책임Social Responsibility에 관심을 갖고, 탄소 발자국Carbon Footprint을 줄일 방법을 찾고 있기 때문이다. 휴대전화 사례처럼 가상화를 설명하는 유사한 비유를 하나 만들어보자. 가상화와 관련된 환경적 영향에는 어떤 것들이 있을까? 가상화의 비즈니스적 이점에는 어떤 것들이 있는가? 반대로, 가상화로 인한 비즈니스 위험에는 어떤 것이 있을까?

14. 바다 위의 데이터 센터

구글은 해안에서 3~7마일 떨어진 해상에 부유식 데이터 센터를 건설하는 방안을 고려 중이다. 이 데이터 센터는 바지선이나 다른 해상 플랫폼 위에 서버, 데이터 저장 시스템, 네트워크 장비가 탑재된 컨테이너들을 쌓아올리는 형태로 구성되며, 육상에 건설하는 것이 불가능하거나, 비효율적이거나, 비용이 많이 드는 지역의 사용자 가까이에 위치할 수 있다. 데이터를 사용자 가까이 위치시키면 데이터 전송 속도가 빨라진다. 또한 바다는 임대료가 없는 공간이기 때문에, 데이터 센터의 규모를 약 10만 평방피트(약 9,300㎡)까지 확장할 수 있으며, 부동산 비용 없이 운영할 수 있다. 바다는 지속 가능한 MIS 인프라를 위한 두 가지 핵심 요소인 냉각용 물과 전력을 동시에 제공할 수 있다.

바다에 데이터 센터를 구축하는 것의 장점과 단점은 무엇인가? 이러한 데이터 센터가 자연재해에 직면할 수 있는 위험에는 어떤 것이 있는가? 구글이 바다 위 데이터 센터에서 직면할 수 있는 보안 문제에는 어떤 유형이 있을까? 데이터 센터를 바지선에 설치해 바다 위에 운영하는 것이 좋은 비즈니스 전략이라고 생각하는가? 그 이유는 무엇인가?

15. 탄소 배출을 에너지로 바꾸다

시카고에 본사를 둔 기업 LanzaTech는 공장에서 배출되는 탄소 폐가스(굴뚝에서 나오는 연기처럼 보이는 배출물)로부터 에탄올을 생산하는 방법을 개발했다. 이 과정은 토끼의 장에서 발견된 특정 박테리아를 활용하는데, 이 박테리아가 공장의 폐가스를 발효시켜 에탄올을 생성한다. 이제 토끼 장내 박테리아가 자동차를 보다 친환경적으로 움직이게 도와주는 셈이다.

이 기술은 기존의 에탄올 생산 방식과 유사하지만, 설탕이 아닌 오염 물질을 발효해 에탄올을 만든다는 점에서 차이가 있다. 이 과정은 폐가스를 에탄올로 전환시키면서 오염 물질의 대기 배출 자체를 줄이는 효과도 함께 제공한다. 이렇게 생성된 에탄올은 현재 자동차용 휘발유와 혼합하여 사용할 수 있으며, 장기적으로는 항공유와의 혼합 사용도 가능하다.

LanzaTech의 추산에 따르면, 세계 주요 제철소(전체 생산량의 약 65% 차지)에 이 바이오리액터를 설치할 경우, 이는 전 세계 도로에서 5,500만 대의 차량을 줄이는 것과 같은 효과를 낼 수 있다.

LanzaTech는 Virgin Atlantic, United Airlines와 같은 기업들이 화석연료에 대한 백업 계획을 마련하는 데 어떤 도움을 주고 있는가? 자동차 제조업체나 항공사 외에, 이러한 기술로 혜택을 받을 수 있는 다른 산업에는 어떤 것이 있을까?

데이터: 비즈니스 인텔리전스

6

CHAPTER

SECTION 6.1
데이터, 정보, 데이터베이스

- 데이터 품질
- 관계형 데이터베이스 관리 시스템을 이용한 데이터 저장
- 비즈니스 이익을 위해 관계형 데이터베이스를 이용하기

SECTION 6.2
데이터 웨어하우스와 블록체인

- 비즈니스 인텔리전스
- 데이터 웨어하우스
- 블록체인: 분산 컴퓨팅

IT는 나에게 무엇을 제공해 주는가?

이 장은 정보와 데이터의 개념과 전문 경영인과와 기업에 대해 이들이 가지는 상대적인 중요성을 다룬다. 이 장은 업무용 데이터베이스에 저장된 데이터와 데이터 웨어하우스로부터 얻는 강력한 비즈니스 인텔리전스BI: business intelligence의 차이점에 대해 알려줄 것이다. 데이터베이스에 접속하여 데이터를 다루고, 요약하고, 분류하고, 분석하여 결정을 내릴 줄 아는 학생은 성공할 수 있을 것이다. 정보에는 힘이 있으며, 그 힘을 이해하면 세계시장에서 경쟁하는 데 도움이 된다. 이 장은 데이터베이스의 기초와 고품질 데이터와 관련된 특성들의 개요를 보여줄 것이다. 또한 여러 개의 운영 데이터베이스에 저장된 막대한 양의 데이터들이 어떻게 데이터 웨어하우스에 저장된 요약 정보의 중앙 리포지토리centralized repository로 변환되어 비즈니스 인텔리전스를 발견하는 데 사용될 수 있는지를 설명할 것이다.

경영을 배우는 학생으로서, 당신은 업무 데이터와 요약된 정보 간의 차이와, 그리고 업무 데이터와 데이터 웨어하우스를 이용해서 대답할 수 있는 질문들이 서로 어떻게 다른지를 이해해야 한다. 당신은 데이터베이스에 데이터를 저장하는 일이 얼마나 복잡한지, 데이터를 의미 있는 요약된 정보로 변환시키는 데 얼마만큼의 노력이 필요한지 알아야 할 필요가 있다. 당신은 정보의 힘을, 그리고 비즈니스 인텔리전스를 통해 데이터 웨어하우스가 조직에 가져다 주는 경쟁 이점을 깨달아야 한다. 경영을 공부하는 학생들은 정보의 힘으로 무장함으로써 똑똑하게, 제대로 알고서 데이터에 기반을 둔 경영 의사결정을 내릴 수 있을 것이다.

시작 사례 연구

Netflix에서 벌어지는 오징어게임

"오징어게임"을 시청했다면 이미 Netflix를 사용하고 있는 것이다. 오징어게임을 좋아한다는 이유로 Netflix에서 추천하는 다른 영화나 TV 프로그램을 시청하고 있다면, 이미 Netflix의 추천 엔진을 사용하고 있는 것이다.

Netflix가 시청한 콘텐츠를 기반으로 다른 영화를 어떻게 추천하는지 궁금했던 적이 있는가? Netflix는 사용자가 콘텐츠와 어떻게 상호작용하는지에 대한 데이터를 지속적으로 수집하고 있다. Netflix는 사용자가 시청하는 영화와 TV 프로그램, 평점, 플랫폼과의 상호작용 등 사용자 행동 데이터를 수집한다. 이 데이터는 데이터베이스에 저장 및 분석되어 각 사용자에게 맞춤 추천을 제공한다. Netflix는 예측 분석 알고리즘을 사용하여 사용자의 과거 데이터를 기반으로 사용자가 즐길 만한 콘텐츠를 추천한다. Netflix 데이터베이스에는 다음과 같은 정보를 저장하는 테이블 또는 컬렉션이 포함될 수 있다.

- **사용자**: 고유 사용자 ID, 사용자 이름, 이메일 주소 및 기타 계정 정보와 같은 필드를 포함한 사용자별 데이터
- **콘텐츠**: 영화, TV 프로그램, 다큐멘터리 데이터로 각 콘텐츠의 제목, 장르, 설명, 개봉 연도, 감독, 배우, 평점 등의 필드를 포함
- **평점**: 사용자 ID, 콘텐츠 ID, 사용자가 부여한 평점 등의 필드를 포함하는 사용자 평점 및 리뷰 데이터
- **시청 기록**: 콘텐츠 ID, 사용자 ID, 타임스탬프, 진행 상황(콘텐츠 시청 시간) 등의 필드를 포함하는 시청 기록 데이터
- **추천**: 사용자 ID, 추천 콘텐츠 ID, 각 추천과 관련된 신뢰도 또는 관련성 점수 등의 필드를 포함하는 개인화된 추천 데이터
- **결제 및 구독**: 결제 정보, 결제 방법, 구독 플랜 등의 필드를 포함하는 사용자 구독 데이터
- **기기**: 사용자 계정, 기기 ID, 기기 유형, 마지막 로그인 타임스탬프 등의 필드를 포함하는 기기 데이터

이 데이터베이스는 방대한 양의 데이터를 저장하고 처리하는 데 중요한 역할을 하며, Netflix가 전 세계 수백만 명의 구독자에게 개인화된 콘텐츠 추천을 제공할 수 있도록 지원한다. Netflix는 사용자 데이터를 지속적으로 분석하고 업데이트함으로써 시간이 지남에 따라 추천의 정확도를 향상시킬 수 있다.

데이터베이스로서의 오징어게임 분석

오징어게임을 사용하여 데이터베이스 요소에 대한 간단한 예를 살펴보면 이 장의 용어와 개념을 이해하는 데 도움이 될 것이다.

구조: 데이터베이스는 행과 열로 구성된 표로 구성된다. 마찬가지로, 오징어게임은 에피소드를 통해 전개되는 구조화된 서사를 가지고 있으며, 각 에피소드는 행을 나타내고 다양한 줄거리와 등장인물 전개는 열로 표현된다. 데이터베이스가 효율적인 검색을 위해 데이터를 구성하는 것처럼, 이 드라마는 시청자의 참여를 유도하기 위해 스토리라인을 구성한다.

등장인물: 데이터베이스에서 각 표는 서로 다른 개체를 나타내며, 표 간의 관계는 키로 정의된다. 마찬가지로, 오징어게임은 다양한 등장인물들을 특징으로 하며, 각 등장인물은 드라마 내러티브 내에서 고유한 개체를 나타낸다. 이러한 등장인물들은 데이터베이스의 표 간의 관계처럼 상호 작용하고 관계를 형성하며, 전체 스토리라인에 포함된다.

줄거리 및 사건: 데이터베이스는 쿼리하고 분석할 수 있는 정보와 사건을 저장한다. 마찬가지로, 오징어게임은 데이터 포인트로 간주될 수 있는 일련의 사건, 미스터리, 그리고 줄거리 전개를 제시한다. 이러한 사건과 반전은 서사 구조를 형성하는데, 이는 데이터베이스의 데이터가 전체 스토리 전개에 기여하는 것과 같다.

연속성과 일관성: 잘 설계된 데이터베이스는 데이터 일관성을 보장하고 참조 무결성을 유지한다. 마찬가지로, 〈오징어게임〉은 스토리텔링의 연속성과 일관성을 유지하며, 시리즈 전체에 걸쳐 줄거리와 등장인물의 전개가 일관성을 유지하도록 노력한다. 이러한 일관성은 시청자가 드라마의 세계에 몰입하고 서사에 대한 일관된 이해를 유지하는 데 도움이 된다.

section 6.1 | 데이터, 정보, 데이터베이스

학습 성과

6.1 데이터의 가치를 결정하는 네 가지 기본 특성을 설명할 수 있다.
6.2 데이터베이스, 데이터베이스 관리 시스템, 관계형 데이터베이스 모델에 대해 설명할 수 있다.
6.3 관계형 데이터베이스의 사업상 이점을 설명할 수 있다.

데이터 품질

정보는 강력하다. 정보는 기업에게 현재의 업무가 어떻게 수행되고 있는지를 알려주고, 미래의 업무를 어떻게 수행할 것인가에 대한 추정과 전략 수립을 도와준다. 데이터를 이해하고, 소화하고, 분석하고, 걸러내는 것은 모든 업계의 모든 전문가에게 성장과 성공의 열쇠이다. 당신이 제대로 된 데이터를 가지고 정보로, 또 궁극적으로 BI로 변환시킬 수 있을 때 새로운 관점과 기회가 온다는 것을 기억하라.

데이터는 조직 어디에나 있다. 판매, 마케팅, 인적 자원 관리 영역의 관리자들은 그들의 부서를 운용하고 매일의 결정을 내리기 위해 데이터를 필요로 한다. 어떤 특정한 사안을 다룰 때, 직원들은 적절한 데이터를 얻고 분석하여 가능한 최선의 결정을 내릴 수 있어야 한다. 데이터는 서로 다른 수준, 서식, 입상도로 주어진다.

- **데이터 입상도**data granularity는 데이터가 가지고 있는 세밀함의 정도(세밀하고 상세하

그림 6.1
조직의 데이터에 대한 수준, 양식, 입상도

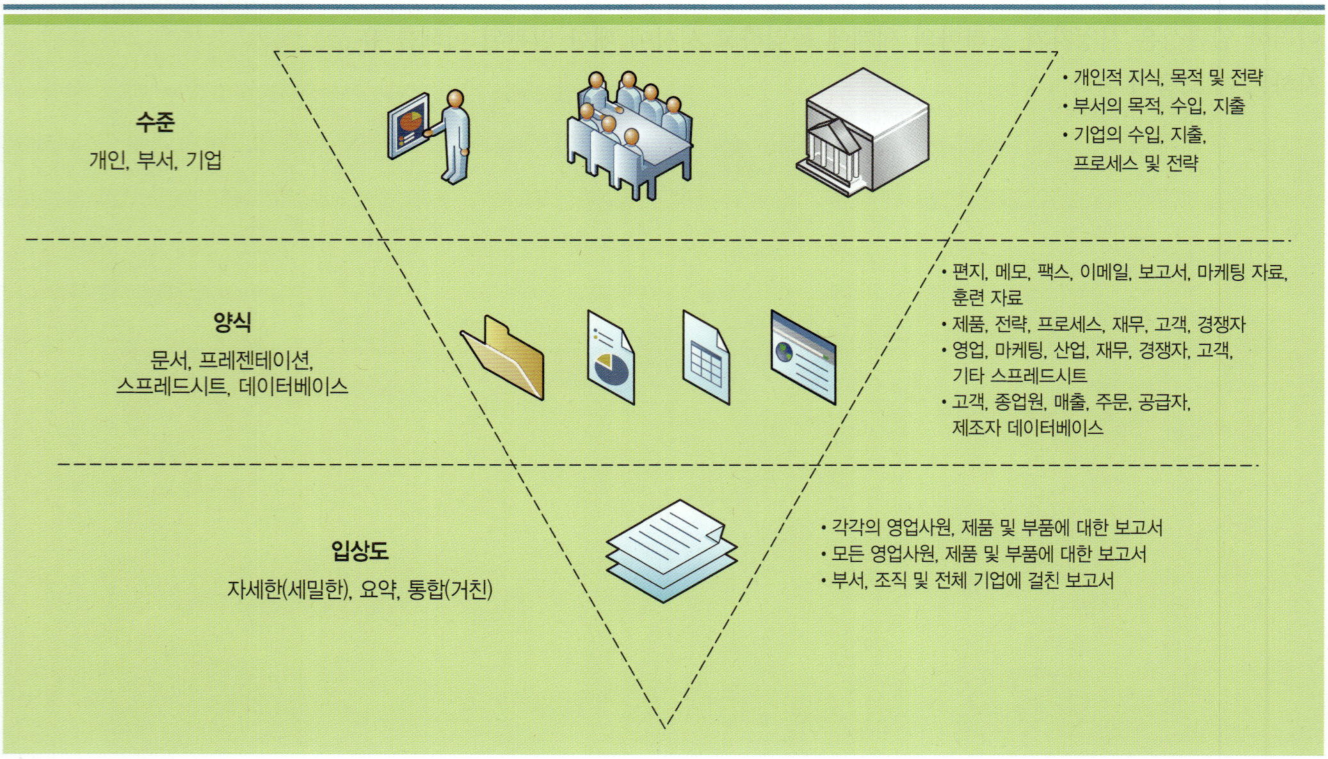

그림 6.2

데이터 가치에 대한 4가지 기초적 특성

거나, 거칠고 개략적인)를 나타낸다. 고용주들은 결정을 내릴 때 서로 다른 수준, 서식, 입상도를 가진 데이터들을 연관시킬 수 있어야 한다. 예를 들어, 어떤 기업은 필요한 결정을 내리기 위해 여러 공급자들로부터 온 데이터들을 수집하고서는 그저 그 데이터들이 서로 다른 수준, 서식, 입상도를 가지고 있다는 것밖에 알아낼 수 없을 수도 있다. 한 공급자는 스프레드시트 상의 상세한 데이터를 보내온 한편, 다른 공급자는 워드 문서 형태의 요약된 데이터를 보내올 수도 있다. 고용주들은 이 다양한 종류의 데이터를 그들이 전략적 결정을 내릴 때 일반적으로 사용하는 형식과 비교해야 할 것이다. 그림 6.1은 조직 데이터의 다양한 수준, 서식, 입상도를 보여준다.

여러 수준에서 온 다양한 서식의 서로 다른 입상도를 가진 데이터를 성공적으로 수집하고, 편집하고, 분류하고, 분석하는 것은 조직이 어떻게 운영되고 있는가에 대한 엄청난 통찰력을 제공해준다. 가능한 신규 시장, 고객에게 다가갈 수 있는 새로운 방식, 심지어 사업을 하는 새로운 방법을 포함하는 흥미롭고 예상하지 못한 결과들을 가져다준다. 서로 다른 수준, 서식, 입상도의 데이터를 이해한 후에는, 경영자들은 데이터의 가치를 결정하는 다음의 네 가지 기초적인 특성들에 대해 알고 싶어할 것이다.

데이터 특성의 가치 1: 데이터 유형: 업무 및 분석

데이터의 두 가지 기본적인 종류에는 거래transactional[1] 데이터와 분석 데이터가 있다. 거래 데이터는 하나의 비즈니스 프로세스나 단위 작업에 포함된 모든 데이터를 아우르며, 그 기본적인 목적은 매일의 과업을 지원하는 것이다. 조직들은 과업을 수행하고, 재고 수준을 결정하기 위해서 매일의 판매 보고서와 제작 일정을 분석하는 것과 같은 반복적인 결정을 내리기 위해 거래 데이터를 수집하고 저장해야 한다. 월마트의 경우에는 매 시간마다 200만 명이 넘는 고객 거래를 처리하고 있고, 페이스북은 800백만 명의 활성 사용자(그리고 그 사용자들의 사진, 친구, 웹 링크들도)를 관리해야만 한다. 뿐만 아니라, 금전

1) 일반적으로는, "transaction"은 ① 거래, 매매, ② (업무 및 일의) 처리 또는 처리 과정의 두 가지 뜻을 가지고 있으며, "transactional"은 '업무/거래의, 업무적인'의 뜻으로 쓰인다. 데이터베이스 또는 IT에서는 "transaction"은 주로 중간에 중단 또는 분할할 수 없는 최소의 처리 과정 또는 자료를 의미한다. 이 장에서 "transaction"은 주로 '거래'의 뜻으로 사용되었으나, "transactional information"은 문맥에 다라 '업무 정보' 또는 '거래 정보'로 번역하였다.

그림 6.3

거래 데이터와 분석 데이터

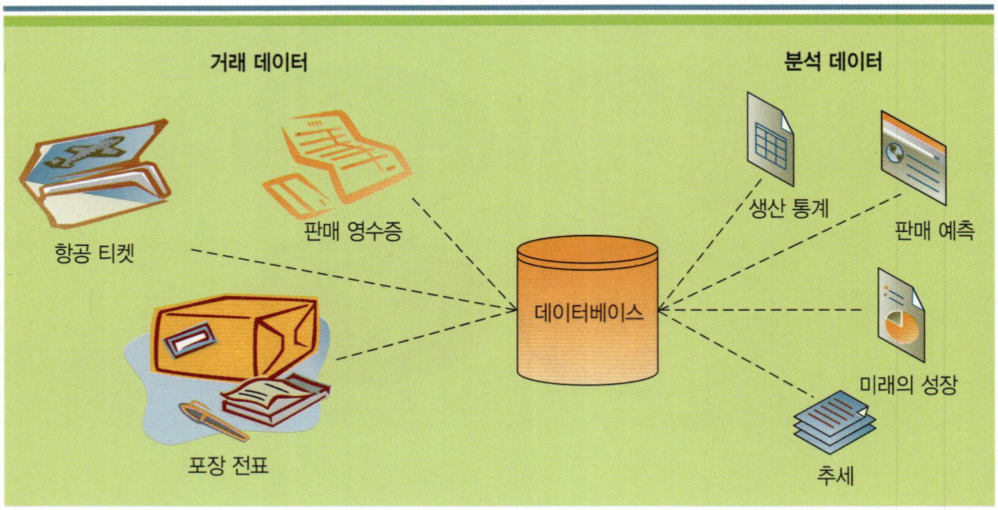

등록기에서 하나의 판매가 끝났다는 종이 울릴 때마다, ATM에서 입금 또는 인출될 때마다, 주유소에서 영수증을 발급할 때마다 매번 그에 대한 거래 데이터를 저장해야 한다.

분석 데이터는 모든 조직상의 데이터를 아우르며, 그 기본 목적은 경영 분석 과업 수행을 지원하는 것이다. 분석 데이터는 조직이 새로운 제조 공장을 지어야할 것인가 또는 새로운 영업 직원을 뽑아야 할 것인가를 결정할 때와 같이 중요한 결정을 내릴 때 유용하다. 분석 데이터는 비즈니스 추세를 발견하거나 질병을 예방하고, 범죄에 대항하는 등 이전에는 달성하기 어려웠던 많은 일들을 가능하게 해준다. 예를 들어, 신용카드 회사는 사기 행위를 밝혀내기 위해 수십억 건의 거래 기록을 처리한다. 해외에서의 지불 또는 휘발유의 연속적인 구매와 같은 지표들은 잠재적인 사기행위를 경고하는 적신호를 발동시킨다.

월마트는 방대한 양의 분석 정보를 활용해 폭풍이 치는 것과 팝 타르트 사이의 연관관계와 같은 흔치 않은 경향성을 밝혀낼 수 있었다. 즉, 폭풍이 치는 기간에는 팝 타르

그림 6.4

다른 데이터 유형

데이터 유형	정의
정량 데이터	정량적 데이터에는 정수, 소수 또는 부동 소수점이 포함된다. 수량, 측정값 또는 계산을 나타내는 데 사용된다. 직원 급여, 주가, 고객 연령 등이 그 예이다.
범주형 데이터	텍스트 데이터는 영숫자로 구성되며, 이름, 주소, 설명, 의견 등의 텍스트 정보를 저장하는 데 사용된다. 일반 텍스트, 서식이 적용된 텍스트 또는 대용량 문서까지 포함될 수 있다.
날짜와 시간	데이터베이스는 종종 타임스탬프, 달력 날짜, 기간 또는 간격을 포함하여 날짜 및 시간과 관련된 데이터를 저장한다. 이러한 데이터 유형을 사용하면 시간 정보를 정확하게 추적하고 조작할 수 있다.
이진 데이터	부울 데이터는 일반적으로 "참" 또는 "거짓"의 이진 값을 나타내며, 논리적 조건이나 플래그에 사용된다. 데이터베이스 작업에서 예/아니요, 켜짐/꺼짐, 참/거짓 조건을 표현하는 데 유용하다.
이미지와 동영상	데이터베이스는 이미지, 오디오 파일, 비디오와 같은 멀티미디어 콘텐츠를 나타내는 이진 데이터도 저장할 수 있다. 이러한 데이터 유형에는 특정 저장 메커니즘이 필요하며, 콘텐츠 관리 시스템이나 미디어 아카이브와 같은 애플리케이션에서 사용될 수 있다.

트의 수요가 늘어난다는 것을 알아낸 것이다. 이 유통 연쇄업체는 가치 있는 정보로 무장함으로써, 고객들에게 바로 판매할 수 있도록 팝 타르트를 비축해둘 수 있었다. 그림 6.3과 6.4는 서로 다른 종류의 데이터를 보여준다.

데이터 특성의 가치 2: 데이터 적시성

적시성은 상황에 의존한다는, 데이터의 특성이다. 어떤 기업이나 산업에서는, 며칠이나 몇 주가 지난 데이터라도 유의미할 수 있지만, 다른 곳에서는 단 몇 분만 지난 정보라 하더라도 거의 아무런 가치가 없을 수도 있다. 911 대응센터, 주식 투자자, 은행과 같은 조직에서는 방금 들어온 최신의 데이터가 필요하다. 보험회사나 건설회사와 같은 조직에서는 매일이나 매주의 데이터 정도면 충분하다.

- **실시간 데이터**real-time data는 즉각적인, 최신의 데이터를 뜻한다.
- **실시간 시스템**real-time system은 요청에 따라 실시간 데이터를 제공해 준다.

많은 조직들이 기업의 중요 업무 데이터를 확인하기 위해 실시간 시스템을 사용한다. 기업이 많은 결정들을 더 신속하고 효율적으로 내려야 하고, 재고를 줄이고, 더 효율적으로 업무를 처리해야 하고, 더 조심스럽게 성과를 추적해야 함에 따라 실시간 데이터 시스템의 필요성도 또한 증가하고 있다. 직원의 요구에 맞추어 데이터의 적시성을 갖추어야 할 필요가 있지만, 그 이상으로 때를 맞추어야 할 필요는 없다. 만일 직원이 매 시간, 혹은 매일 단위로 밖에는 정보를 받아들일 수 없다면, 더 작은 단위로 실시간 데이터를 제공할 필요는 없다.

대부분의 사람들은 실시간 데이터의 가장 큰 위험 중의 하나를 이해하지 못한 채 실시간 데이터를 요구한다. 그 위험은 바로 지속적인 변화이다. 다음과 같은 시나리오를 상상해 보자: 세 관리자가 일과 끝 무렵에 만나서 경영상의 문제를 놓고 논의한다. 각 관리자들은 상황 파악에 필요한 데이터를 서로 다른 시점에서 모았다. 각 관리자의 상황 분석은 시간 차이로 인해 서로 다를 수 있다. 그들이 분석에 참고한 데이터가 시간에 따라 끊임없이 변화하기 때문에 이 문제에 대한 세 사람의 견해가 서로 부합되지 않을 수 있다.

이런 방식은 의사 결정을 빠르게 해주지 못하며, 실상은 더 느리게 만들 것이다. 기업의 의사결정자들은 모든 결정에 있어서 데이터의 적시성을 평가해야 한다. 어떤 조직도 나쁜 결정을 더 빨리 내리기 위해 실시간 데이터를 사용하기를 원하지는 않을 것이다.

데이터 특성의 가치 3: 데이터의 품질

경영 의사결정은 그 결정을 내리기 위해 사용한 데이터의 품질이 좋은 만큼만 좋은 결정이 될 수 있다.

- **데이터 불일치**data inconsistency는 같은 데이터 요소가 서로 다른 값을 가질 때 발생한다. 예를 들어, (미국에서) 결혼을 해서 성을 바꾼 어떤 여성 고객이 있다고 했을 때, 갱신해야 할 일의 양을 생각해 보라. 몇몇 조직 시스템에서만 이 정보를 바꾸게 되면 고객 123456이 두 개의 서로 다른 성에 연결되는 데이터 불일치가 발생하게 될 것이다.
- **데이터 무결성**data integrity 문제는 시스템이 부정확하거나, 불일치하거나, 중복된 데이

그림 6.5

고품질 데이터의 다섯 가지 공통적인 특징

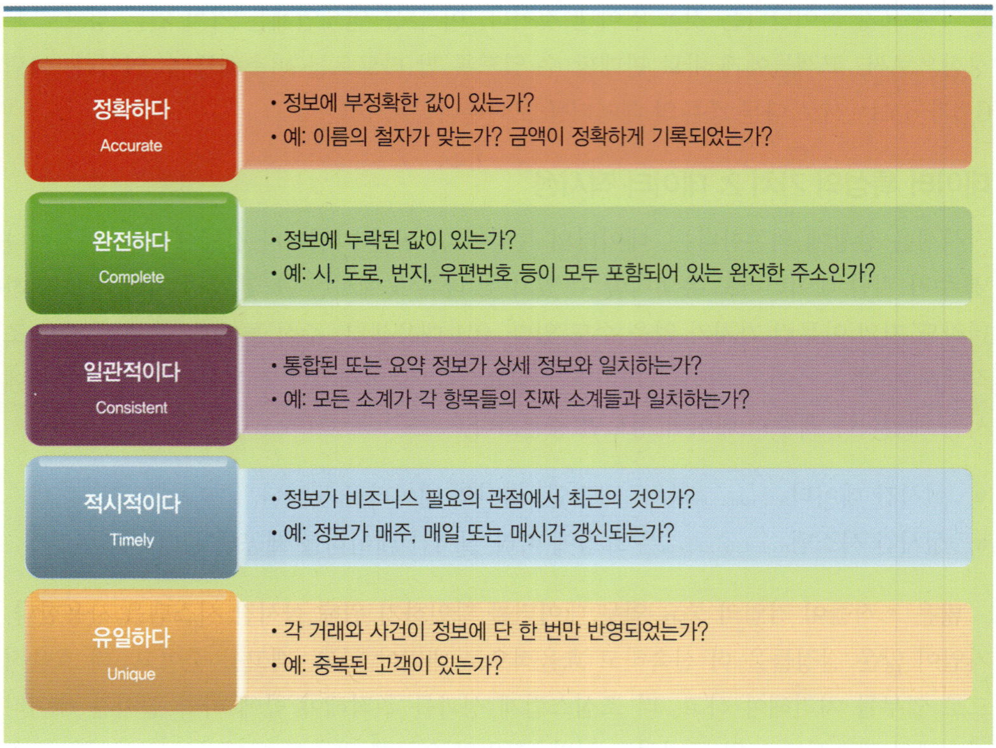

터를 제공할 때 발생한다. 데이터 무결성 문제는 경영진들이 시스템 보고서를 신뢰하지 못하고, 다른 데이터 원천에 근거해 결정을 내리게 할 수도 있다.

당신의 시스템이 데이터 무결성 문제를 겪지 않도록 하기 위해, 그림 6.5의 고품질 데이터의 다섯 가지 보편적인 특성, 즉 정확성, 완전성, 일관성, 적시성, 고유성을 살펴보도록 하라. 그림 6.6은 다음과 같은, 저품질 데이터를 사용하는 것과 관련된 몇 가지 문제들의 예를 보여준다.

1. 완전성 고객의 이름이 누락되었다.

그림 6.6

저품질 데이터의 예

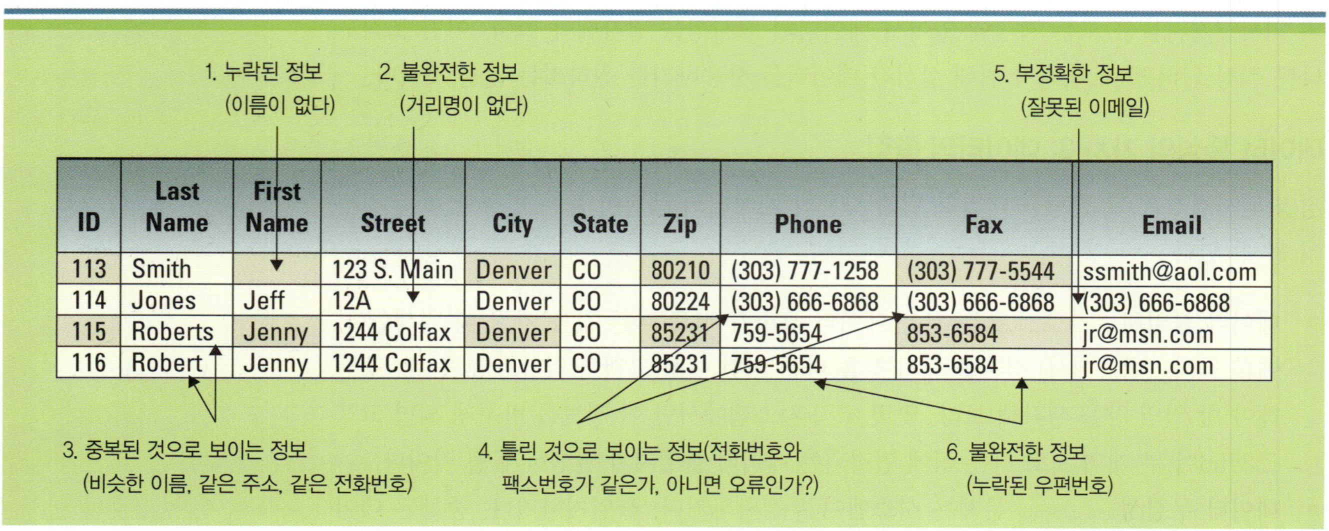

ID	Last Name	First Name	Street	City	State	Zip	Phone	Fax	Email
113	Smith		123 S. Main	Denver	CO	80210	(303) 777-1258	(303) 777-5544	ssmith@aol.com
114	Jones	Jeff	12A	Denver	CO	80224	(303) 666-6868	(303) 666-6868	(303) 666-6868
115	Roberts	Jenny	1244 Colfax	Denver	CO	85231	759-5654	853-6584	jr@msn.com
116	Robert	Jenny	1244 Colfax	Denver	CO	85231	759-5654	853-6584	jr@msn.com

비즈니스 중심적 스킬셋

정보 품질 결정하기

리얼 피플Real People 매거진은 직장인들을 대상으로 하며, 차량 유지부터 가족계획에 이르기까지 모든 것에 관한 기사와 조언을 제공한다. 이 잡지는 최근 배포 목록과 관련된 문제를 겪고 있다. 이 잡지가 발송되는 주소의 30 퍼센트가 부정확한 주소 정보로 인해 반송되고 있고, 잡지를 받지 못해 화가 난 고객들의 전화가 매달 걸려온다. 아래는 리얼 피플의 고객 정보 샘플이다. 이 정보와 관련된 모든 문제와 그 문제의 원인, 그리고 이 상황을 해결하기 위해 기업에서 따를 수 있는 대처 방법에 관한 상세한 보고서를 작성하시오.

ID	First Name	Middle Initial	Last Name	Street	City	State	Zip Code
433	M	J	Joness	13 Denver	Denver	CO	87654
434	Margaret	J	Joness	13 First Ave.	Denver	CO	87654
434	Brian	F	Hoover	Lake Ave.	Columbus	OH	87654
435	Nick	H	Schweitzer	65 Apple Lane	San francisco	OH	65664
436	Richard	A		567 55th St.	New York	CA	98763
437	Alana	B	Smith	121 Tenny Dr.	Buffalo	NY	142234
438	Trevor	D	Darrian	90 Fresrdestil	Dallas	TX	74532

2. **또 다른 완전성 문제** 거리 주소가 숫자만 있고 거리명이 빠져 있다.
3. **일관성** 두 고객의 성의 철자가 거의 비슷한 것으로 보아 데이터의 중복일 수 있다. 주소와 전화번호가 같은 것으로 보아 더욱 그럴 가능성이 크다.
4. **정확성** 고객의 전화번호와 팩스번호가 같은 것으로 보아 부정확한 데이터일 수 있다. 어떤 고객의 경우 정말로 전화와 팩스 번호가 같을 수도 있으나, 이메일 주소란에도 같은 숫자가 적혀 있는 것을 보아 의심스럽다.
5. **또 다른 정확성 문제** 전화번호가 이메일 주소란에 적혀 있는 것으로 보아 부정확한 데이터이다.
6. **또 다른 완전성 문제** 전화와 팩스 번호에 유효한 지역 번호가 나와 있지 않으므로 완전하지 않은 데이터이다.

어떻게 저품질 정보 문제가 발생하는지를 알면 일반적으로 기업이 이 문제를 고치는 데 도움이 된다. 이런 오류들을 제거하는 것은 기업의 정보의 질과 그 정보들로부터 얻어지는 가치를 눈에 띄게 향상시킨다. 저품질 정보의 기본적인 원인 네 가지는 다음과 같다.

1. 온라인상의 고객들은 사생활 보호를 위하여 고의로 부정확한 정보를 입력한다.
2. 서로 다른 시스템들은 서로 다른 정보 기입 기준과 서식을 가지고 있다.
3. 자료를 입력하는 사람은 시간을 절약하기 위해 간략한 정보만 입력하거나, 실수로 잘못된 정보를 입력한다.
4. 제3자가 제공한 정보나 외부의 정보는 일관되지 않고, 부정확하며, 오류가 있다.

저품질 정보를 사용하는 데 따른 손실에 대한 이해 잘못된 정보를 사용하는 것은 경영자들이 잘못된 결정을 내리도록 할 수 있다. 잘못된 결정은 시간, 돈, 명성 그리고 심지어 직업을 잃게 할 수 있다. 결정을 내리는 데 저품질 정보를 사용함으로 인해 발생하는 심각한 결과에는 다음과 같은 것들이 있다.

- 고객들을 정확히 추적할 수 없다.
- 조직의 가장 귀중한 고객들을 식별하기 어렵다.
- 판매 기회를 식별할 수 없다.
- 존재하지 않는 고객에 대한 마케팅 때문에 수익 기회를 상실한다.
- 수신 불가한 메일을 보내는 데에 따르는 손실이 생긴다.
- 부정확한 송장으로 인해 수입을 추적하기 어렵다.
- 고객과 견고한 관계를 형성할 수 없다.

데이터 격차 분석은 회사가 데이터를 조사하여 비즈니스 기대치를 충족할 수 있는지 확인하는 동시에 가능한 데이터 격차 또는 누락된 데이터가 존재할 수 있는 위치를 식별할 때 활용된다.

고품질 정보를 사용함에 따른 이득에 대한 이해 고품질 정보는 좋은 결정을 내릴 기회를 눈에 띄게 증가시켜 주고 조직의 순익을 직접적으로 증가시켜 준다.

- **데이터 관리자**Data steward: 조직 전체에서 정책과 절차가 구현되도록 책임지고 MIS 부서와 비즈니스 간의 연락 담당자 역할을 함
- **데이터 관리**Data stewardship는 기업 사용자에게 일관된 방식으로 쉽게 액세스할 수 있는 고품질 데이터를 제공하는 데 도움이 되도록 조직의 데이터 자산을 관리하고 감독하는 것

한 기업은 아리조나 주의 피닉스 시에 있는 골프 코스는 매우 많지만 골프 클럽을 팔기에는 좋지 않다는 것을 발견했다. 분석을 한 결과 피닉스에서 골프를 치는 사람들은 대부분 여행자나 대회 출전자로, 자기 클럽을 가지고 온다는 사실이 드러났다. 이 분석 결과는 또한 미국에서 골프 클럽을 팔기 가장 좋은 두 곳이 뉴욕 주 로체스터 시와 미시간 주 디트로이트 시라는 것도 밝혀냈다. 이런 귀중한 정보를 바탕으로, 이 기업은 전략적으로 매장을 배치하고 마케팅 캠페인을 할 수 있었다.

고품질 정보가 모든 결정이 좋은 결정이 되도록 자동적으로 보장해 주지는 않는데, 이는 결국 모든 결정은 사람이 내리는 것이며, 완벽한 사람은 없기 때문이다. 그러나 이런 정보는 결정의 기반이 확실해지도록 해준다. 조직의 성공은 시기적절한 고품질 정보의

진정한 가치를 바르게 판단하고 평가하는 데에 달려 있다.

데이터 특성의 가치 4: 정보 거버넌스

정보는 필수적인 자원이며, 사용자는 그것으로 무엇을 할 수 있고 없는지를 배워야 한다. 기업이 정보를 정확하게 관리하기 위해서는 정보가 어떻게 조직되고, 갱신되고, 유지되고, 접속되는지에 대한 규칙을 정립하는 특별한 정책과 절차가 필요하다. 크든지 작든지 모든 회사는 데이터 거버넌스를 다루는 정보 정책을 수립해야 한다.

- **데이터 거버넌스**data governance는 기업 자료의 가용성, 이용성, 무결성, 보안성의 전반적인 관리를 뜻한다.
- **마스터 데이터 관리**Master Data Management, MDM는 데이터를 수집하고 고객, 공급업체, 제품, 영업, 직원 등이 조직 내 시스템 전반에 걸쳐 통합되도록 데이터가 균일하고 정확하며 일관성 있고 완전하도록 하는 수단이다. MDM은 일반적으로 데이터 거버넌스에 포함된다.

데이터 거버넌스 프로그램을 지원하는 기업은 정확성, 완전성, 일관성, 적시성, 고유성을 포함하는 자료의 여러 측면을 책임지는 사람이 누구인지 확실히 하는 잘 정의된 정책을 가지고 있다. 이 정책은 어떻게 자료를 저장하고, 보관하고, 백업하고, 지킬 것인지를 명료하게 정의해야 한다. 이에 더해, 기업은 직원들의 접속 수준을 규정하는 일련의 절차를 구축해야 한다. 그리고는 기업은 정부의 규제와 사베인스-옥슬리Sarbanes-Oxley 법을 준수하는 통제와 절차를 사용해야 한다.

데이터 거버넌스와 데이터 스튜어드십의 차이점을 알아두어야 한다. 데이터 거버넌스는 전사적 정책 및 절차에 초점을 맞추고 데이터 관리는 정책 및 절차의 전략적 구현에 중점을 둔다.

- **데이터 유효성**은 데이터의 정확성을 보장하기 위해 데이터 거버넌스 정책을 준수하는지 확인하는 데 사용되는 테스트 및 평가가 포함된다. 데이터 유효성 검사는 모든 데이터 값이 정확한지 확인하는 것이다. 엑셀에서 데이터 유효성 검사를 사용하여 데이터 유형이나 사용자가 셀에 입력하는 값을 제어할 수 있다. 예를 들어, 데이터 입력을 특정 날짜 범위로 제한하거나, 목록을 사용하여 선택을 제한하거나, 양의 정수만 입력되도록 할 수 있다.

관계형 데이터베이스 관리 시스템에 데이터를 저장하기

데이터베이스는 조직 내 방대한 양의 정보를 관리하고 정리한다. 데이터베이스는 고객 관계 관리CRM, 재고 관리, 재무 거래, 데이터 분석을 포함한 다양한 비즈니스 운영의 중추이다.

- **데이터베이스**: 다양한 유형의 객체(재고), 이벤트(거래), 사람(직원), 장소(창고)에 대한 데이터를 유지한다.

비즈니스 중심적 토론

데이터 정제 토론

완벽한 데이터를 갖는 것은 현실적이지 않다. 데이터를 정제하는 데 드는 비용은 높으며, 대부분의 조직은 비즈니스 결정을 내리기 전에 데이터를 얼마나 정제할지 결정해야 한다. 다음 각각에 대해 결정을 내리는 데 주어진 데이터를 사용하는 것에 대해 논의하라.

- **마케팅 데이터 정제**: 흥미로운 신제품에 대해 잠재 고객과 현재 고객에게 간단한 전자 설문 조사를 보냈다. 설문 조사는 선택 사항이며, 누가 설문 조사를 완료했는지 추적하지 않는다. 여러분은 100% 완결된 설문 조사 결과 데이터를 받았다. 그러나 누가 설문조사를 완료했는지 알지 못하며, 데이터가 약 50% 정확하다고 믿는다. 설문 결과를 사용하여 신제품을 출시하겠는가? 아니면 각 참여자의 인증을 요구하는 설문조사를 다시 수행하겠는가?
- **인사 관리 데이터 정제**: 직원 500명 모두에게 직무만족도 조사를 위해 빠른 전자 설문조사를 보냈다. 직원의 30%만이 100% 완료로 설문조사를 완료했다. 20%는 설문조사 중 50%를 완료했으며, 50%는 설문조사에 응하지 않기로 하였다. 그 결과를 직업 만족도의 정확한 예측 변수로 사용하겠는가?
- **급여 비교 데이터 정제**: 직원 중 한 명이 회사의 각 채용 공고에 대한 평균 급여에 대해 4개의 외부 소스에서 데이터를 수집했다. 그 직원은 최근에 그만 두고 데이터가 어디에서 수집되었는지 문서화하지 않았다. 수집 데이터를 사용하여 급여를 분석하겠는가?

데이터베이스의 작동 방식을 이해하여 학생들이 데이터를 효과적으로 설계, 쿼리 및 조작할 수 있도록 지원함으로써 의사 결정 개선, 프로세스 간소화, 생산성 향상으로 이어진다. 또한, 오늘날의 비즈니스 환경에서 데이터 기반 인사이트의 중요성이 커짐에 따라 데이터베이스 개념에 대한 숙달은 경영대학 학생들이 추세 분석, 패턴 파악, 정확하고 신뢰할 수 있는 정보를 기반으로 정보에 기반한 전략적 의사 결정을 내리는 데 필요한 귀중한 기술을 갖추도록 한다. 데이터베이스는 모든 산업, 사업 및 기업 내 기능 영역에서 사용된다. 몇 가지 예를 들면 다음과 같다.

- **은행**: 고객 계좌, 예금, 인출, 대출, 이자율 등에 대한 데이터를 유지
- **기업**: 고객, 공급업체, 경쟁사, 재고, 재무, 거래 데이터 등에 대한 데이터를 유지
- **정부**: 소득세 납부, 범죄 통계, 차량 번호판, 인식표, 재산 평가 등에 대한 데이터를 유지
- **학교**: 학생, 출석, 교직원, 성적, 학비 납부 등에 대한 데이터를 유지
- **소셜 미디어**: 사용자, 연결, 콘텐츠 제작, 비디오, 게시물, 좋아요 등에 대한 데이터를 유지

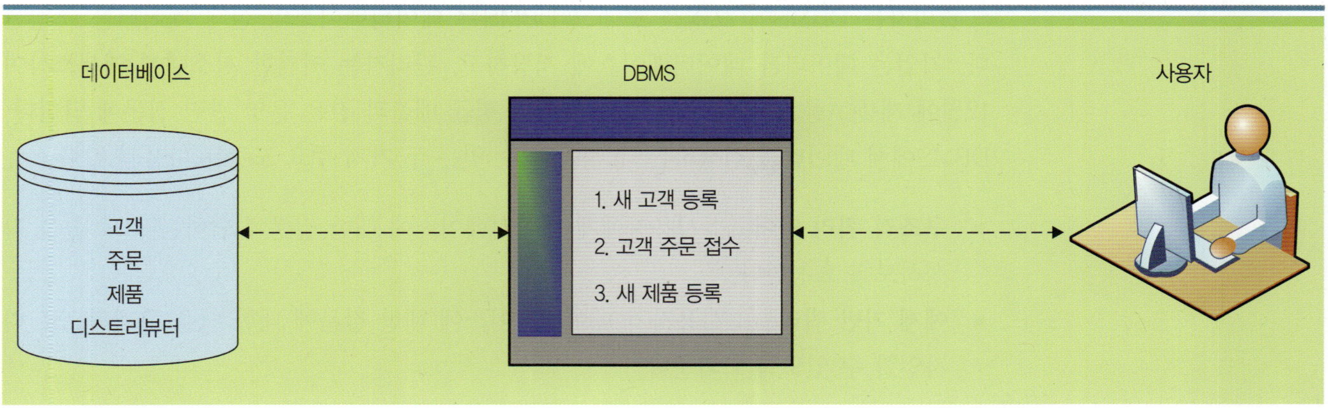

그림 6.7

데이터베이스, DBMS, 사용자의 관계

- **병원**: 환자, 보험, 의료 기록, 직원 배치, 식음료 서비스, 병상 배정 등에 대한 데이터를 유지

DBMS(데이터베이스 관리 시스템)는 대량의 데이터를 효율적으로 구성하고 관리하는 데 드움이 되는 소프트웨어 도구이다. 기업 및 조직의 가상 파일 캐비닛으로 고객 정보, 제품 재고, 재무 기록 등을 저장한다.

- **데이터베이스 관리 시스템**DBMS: 액세스 및 보안을 제어하면서 데이터베이스에서 데이터를 생성, 읽기, 업데이트 및 삭제한다.

DBMS는 사용자가 구조적이고 체계적인 방식으로 데이터를 생성, 검색, 업데이트 및 삭제할 수 있도록 한다. 안전하고 신뢰할 수 있는 데이터 저장 방식을 제공하고, 데이터 무결성과 일관성을 보장하며, 여러 사용자가 동시에 데이터에 액세스하고 조작할 수 있도록 한다.

또한, DBMS는 데이터 백업, 데이터 복구 및 데이터 보안 조치와 같은 기능을 제공하여 귀중한 정보를 보호한다. 다양한 비즈니스 운영 및 의사 결정 프로세스에서 데이터 접근성, 정확성 및 신뢰성을 보장하는 데 중요한 역할을 한다. 모든 시스템의 핵심 구성 요소는 규모에 관계없이 데이터베이스와 데이터베이스 관리 시스템이다.

그림 6.8

공통의 데이터베이스 용어들

용어	정의	예시
데이터 요소 (또는 데이터 필드)	데이터의 가장 작은 기본 단위	데이터 요소에는 고객 이름, 주소, 이메일, 할인율, 선호 배송 방법, 제품명, 주문 수량 등이 포함될 수 있다.
데이터 모델	그래픽이나 그림을 사용하여 데이터 요소 간의 관계를 상세히 설명하는 논리적 데이터 구조	각 데이터 요소에는 고객 이름과 같은 설명이 제공된다. 데이터 유형(텍스트, 숫자, 영숫자, 날짜, 이미지, 이진값)에 대한 메타데이터와 특정 지역 번호와 같은 미리 정의된 값에 대한 설명이 제공된다. 마지막으로 관계가 정의된다.
메타데이터	데이터에 대한 세부 정보를 제공	이미지의 메타데이터에는 크기, 해상도, 생성 날짜가 포함될 수 있다. 텍스트 문서의 메타데이터에는 문서 길이, 생성된 데이터, 작성자 이름, 요약이 포함될 수 있다.
데이터 사전	데이터 모델의 데이터 요소에 대한 모든 메타데이터를 수집	데이터 모델을 살펴보고 데이터 사전을 검토하면 데이터베이스의 기능, 목적 및 비즈니스 규칙에 대한 심도 있는 통찰력을 얻을 수 있다.

관리자는 DBMS에 요청을 보내고 DBMS는 데이터베이스의 실제 데이터를 조작한다. 기업은 데이터를 데이터베이스에 저장하고, 관리자는 이러한 시스템에 액세스하여 12월에 제품 A를 구매한 고객 수나 지역별 평균 매출과 같은 운영 관련 질문에 답한다. DBMS에서 데이터를 검색하는 데 사용할 수 있는 두 가지 주요 도구는 다음과 같다.

- **구조적 쿼리 언어**SQL: 사용자에게 데이터베이스에 대한 질문에 답하는 코드 줄을 작성하도록 요청한다.
- **예제 기반 쿼리**QBE: 사용자가 데이터베이스에 대한 질문에 대한 답을 그래픽으로 디자인할 수 있도록 도와준다.

SQL은 비즈니스 전문가가 데이터베이스와 소통하고 방대한 데이터에서 귀중한 통찰력을 추출할 수 있도록 해주는 강력한 도구이다. SQL은 데이터베이스를 관리하고 조작하는 데 사용되는 범용 언어로, 사용자가 특정 정보를 검색하고, 데이터를 수정하고, 복잡한 쿼리를 수행할 수 있도록 한다. SQL을 사용하면 데이터를 생성, 업데이트, 삭제하는 명령을 작성할 수 있을 뿐만 아니라 특정 기준에 따라 정보를 필터링, 정렬, 집계하여 데이터를 검색하고 분석할 수도 있다. 관리자는 일반적으로 QBE 도구를 사용하며, MIS 전문가는 SQL을 코딩하는 데 필요한 기술을 갖추고 있다. 그림 6.7은 데이터베이스, DBMS, 사용자 간의 관계를 보여준다. 널리 사용되는 DBMS로는 MySQL, Microsoft Access, SQL Server 등이 있다.

그림 6.8은 데이터베이스에 대해 배울 때 익숙해져야 할 몇 가지 추가 용어를 보여준다.

데이터 요소를 엔터티와 속성으로 저장하기

비즈니스 운영을 유연하게 지원하기 위해 관리자는 특정 달에 가장 많은 앨범을 판매한 아티스트와 같은 비즈니스 질문에 대한 답변을 쿼리하거나 검색해야 한다.

- **관계형 데이터베이스 모델**relational database model은 논리적으로 연관된 이차원적인 표의 형태로 정보를 저장한다.
- **관계형 데이터베이스 관리 시스템**relational database management system은 사용자들이 관계형 데이터베이스의 자료를 생성하고, 읽고, 갱신하고, 지우도록 한다. 관계형 자료 모델 안의 관계들은 경영자들이 이런 정보들을 추출해낼 수 있도록 도와준다. 그림 6.9는 관계형 자료 모델의 기본적인 개념들인 엔터티, 속성, 키, 관계에 대해 보여준다.
- **엔터티**entity(또는 표라고도 한다)는 사람, 장소, 물건, 판매, 사건에 대한 정보를 저장한다. 그림 6.9에서는 트랙, 레코딩, 뮤지션, 카테고리가 엔터티에 속한다. 각각의 엔터티는 서로 다른 이차원 상의 표(열과 행)에 저장되어 있음을 주목하라.
- **속성**attribute(또는 열column, 필드field라고도 한다)은 엔터티에 연관된 자료 요소들을 말한다. 그림 6.9에서 TRACK 엔터티에 관련된 속성은 TrackNumber, TrackTitle, TrackLength, RecordingID이다. MUSICIAN 엔터티에 대한 속성은 MusicianID, MusicianName, MusicianPhoto, MusicianNotes이다.

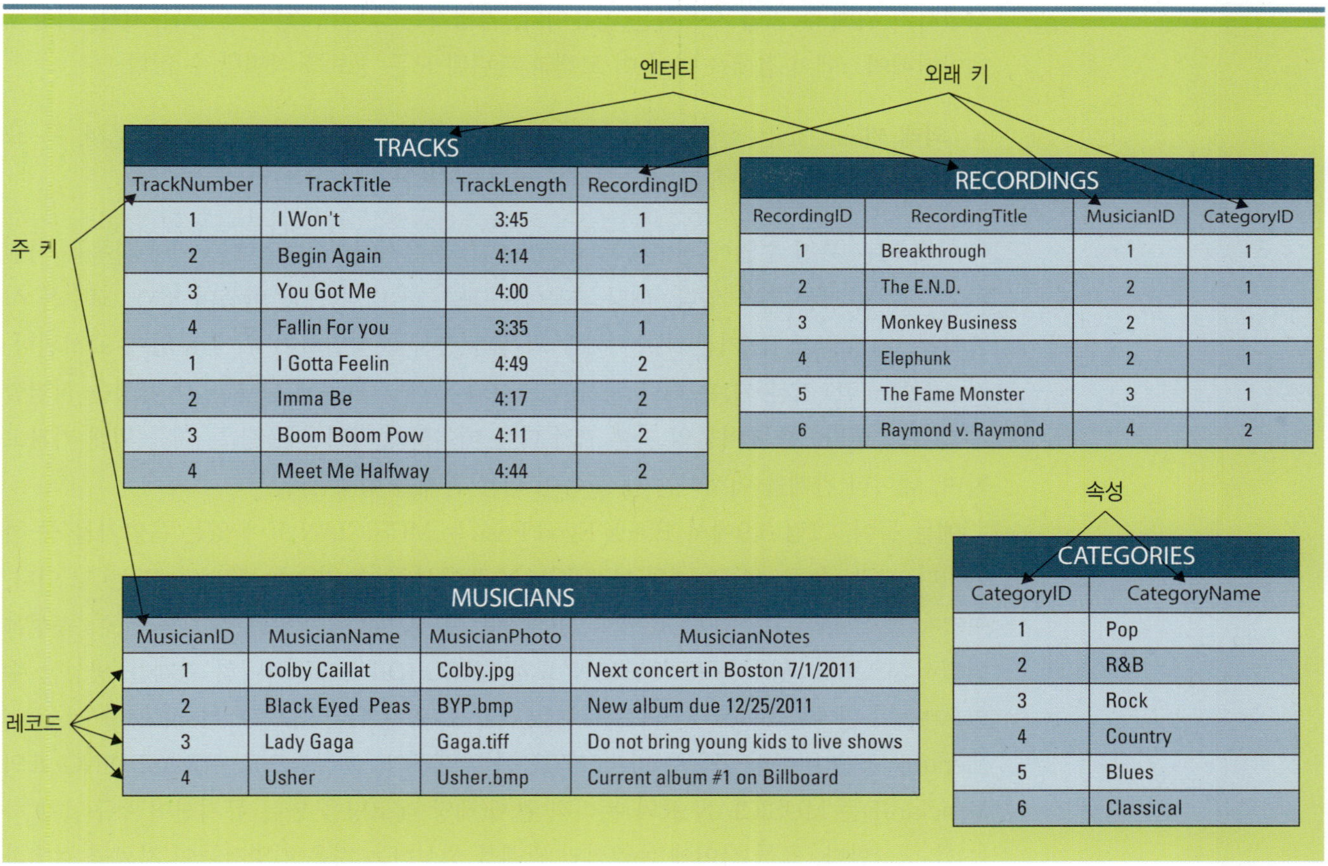

TRACKS

TrackNumber	TrackTitle	TrackLength	RecordingID
1	I Won't	3:45	1
2	Begin Again	4:14	1
3	You Got Me	4:00	1
4	Fallin For you	3:35	1
1	I Gotta Feelin	4:49	2
2	Imma Be	4:17	2
3	Boom Boom Pow	4:11	2
4	Meet Me Halfway	4:44	2

RECORDINGS

RecordingID	RecordingTitle	MusicianID	CategoryID
1	Breakthrough	1	1
2	The E.N.D.	2	1
3	Monkey Business	2	1
4	Elephunk	2	1
5	The Fame Monster	3	1
6	Raymond v. Raymond	4	2

MUSICIANS

MusicianID	MusicianName	MusicianPhoto	MusicianNotes
1	Colby Caillat	Colby.jpg	Next concert in Boston 7/1/2011
2	Black Eyed Peas	BYP.bmp	New album due 12/25/2011
3	Lady Gaga	Gaga.tiff	Do not bring young kids to live shows
4	Usher	Usher.bmp	Current album #1 on Billboard

CATEGORIES

CategoryID	CategoryName
1	Pop
2	R&B
3	Rock
4	Country
5	Blues
6	Classical

그림 6.9

관계형 자료 모델의 기본적인 개념들

- **레코드**record는 서로 관련된 자료 요소들의 집합이다(MUSICIAN 관계표에서 "3, Lady Gaga, Gaga.tiff, Do not bring young kids to live shows"는 레코드의 한 예이다). 한 엔터티 안의 각각의 레코드는 해당하는 관계표에서 한 행row씩을 차지한다.

키를 통해 관계 생성하기

관계형 자료 모델의 다양한 엔터티들을 관리하고 조직하기 위해서는 주 키와 외래 키를 사용해 논리적인 관계를 생성해야 한다.

- **주 키**primary key는 표에서 주어진 레코드를 독특하게 식별하는 필드(혹은 필드의 그룹). RECORDINGS 테이블에서 주 키는 RecordingID 필드로, 표의 각 레코드를 유일하게 구분한다.

주 키는 관계형 데이터베이스에서 아주 핵심적인 부분인데, 왜냐하면 주 키는 표의 각 레코드를 식별할 수 있는 방법을 제공해주기 때문이다; 예를 들어, 당신이 스티브 스미스라는 이름의 고객에 대한 정보를 찾아야 한다고 생각해 보자. 스티브 스미스라는 이름의 고객이 20명이나 있을 수도 있으므로 단순히 이 고객의 이름으로 검색하는 것은 별로 좋은 방법이 아니다. 이것이 바로 관계형 데이터베이스 모델에서 각 레코드를 독특하게 식별하기 위해 주 키를 사용하는 이유이다. 경영자는 스티브 스미스의 고유 ID를 사용해 데이터베이스에서 검색을 하여 이 고객과 관련된 모든 정보를 식별할 수 있다.

- **외래 키**foreign key는 한 표에서는 주 키이지만, 다른 표에서는 속성인 것으로서, 두 표 사이에 논리적인 관계를 제공해주는 역할을 한다.

외래 키는 특정 수업에 참여하는 student ID와 유사하다. 수업에는 해당 과목을 식별하는 고유한 기본 키가 있다. 해당 과목에는 교수 한 명과 여러 학생이 있다. 교수를 식별하는 professor ID(기본 키)는 해당 과목의 강사를 식별하기 위해 수업에 표시된다. 각 student ID(기본 키)는 해당 과목에 표시되어 해당 과목에 등록한 각 학생을 식별할 수 있도록 한다. 한 테이블의 기본 키가 다른 테이블에 나타나는 경우, 이를 외래 키라고 하며, 데이터 관계를 이해하는 데 도움이 되는 관계를 형성한다.

예를 들어, 그림 6.9에서 'Black Eyed Peas'는 MUSICIAN 표에 있는 음악가들 중 하나이다. 'Black Eyed Peas'의 MUSICIAN 표에서의 주 키, 즉 MisicianID는 "2"이다. 여기서 MisicianID는 RECORDING 표에서는 속성으로 표시됨을 주목하라. 이 속성을 연결시킴으로써, 당신은 MUSICIAN 표와 RECORDING 표 사이의 관계를 생성할 수 있으며, 이 관계는 Black Eyed Peas(MisicianID 2)가 The E.N.D, Monkey Business, Elepunk 등을 비롯한 곡들을 가지고 있음을 말해준다. 본질적으로, RECORDING 표의 MisicianID는 MUSICIAN 표와 논리적 관계(해당 레코딩을 만든 뮤지션이 누구인가 하는)를 생성한다. 표들 사이에 논리적인 관계를 생성하는 것은 경영자들이 자료를 검색하여 유용한 정보로 만들 수 있도록 해준다.

코카콜라의 관계형 데이터베이스 예제

그림 6.10은 코카콜라로부터 소다에 대한 샘플 주문에 대한 관계형 데이터베이스 모델의 기본적인 개념을 설명하고 있다. 그림은 하나의 데이터베이스에 어떤 방법으로 데이터가 저장되는가에 대한 훌륭한 예시를 제공한다. 예를 들어, 주문번호는 ORDER 테이블에 저장되고, 각 라인항목은 ORDER LINE 테이블에 저장된다. 개체는 CUSTOMER, ORDER, ORDER LINE, PRODUCT, DISTRIBUTOR를 가진다. CUSTOMER의 속성들은 Customer ID, Customer Name, Contact Name, Phone이 있다. PRODUCT의 속성들은 Product ID, Description, Price가 있다. 테이블에 있는 컬럼들은 속성을 보여준다.

DISTRIBUTOR 테이블에 있는 Distributor 중 하나인 Hawkins Shipping을 보자. 주요 키, Distributor ID는 DEN8001이다. Distributor ID는 ORDER 테이블에 하나의 속성으로 포함되어 있다. 이것은 Hawkins Shipping(Distributor ID가 DEN8001)이 주문번호 34561과 34562를 적절한 고객에게 배달해야 한다는 것을 표시한다. 그러므로 ORDER 테이블에 있는 Distributor ID는 ORDER와 DISTRIBUTOR 사이와 어떤 주문을 누구에게 배달해야 하는지에 대한 논리적 관계를 만드는 것이다.

Order Number: 34562

Coca-Cola Bottling Company of Egypt
Sample Sales Order

Customer: Dave's Sub Shop | Date: 8/6/2008

Quantity	Product	Price	Amount
100	Vanilla Coke	$0.55	$55

Distributor Fee $12.95
Order Total $67.95

CUSTOMER

Customer ID	Customer Name	Contact Name	Phone
23	Dave's Sub Shop	David Logan	(555)333-4545
43	Pizza Palace	Debbie Fernandez	(555)345-5432
765	T's Fun Zone	Tom Repicci	(555)565-6655

ORDER

Order ID	Order Date	Customer ID	Distributor ID	Distributor Fee	Total Due
34561	7/4/2008	23	DEN8001	$22.00	$145.75
34562	8/6/2008	23	DEN8001	$12.95	$67.95
34563	6/5/2008	765	NY9001	$29.50	$249.50

ORDER LINE

Order ID	Line Item	Product ID	Quantity
34561	1	12345AA	75
34561	2	12346BB	50
34561	3	12347CC	100
34562	1	12349EE	100
34563	1	12345AA	100
34563	2	12346BB	100
34563	3	12347CC	50
34563	4	12348DD	50
34563	5	12349EE	100

DISTRIBUTOR

Distributor ID	Distributor Name
DEN8001	Hawkins Shipping
CHI3001	ABC Trucking
NY9001	Van Distributors

PRODUCT

Product ID	Product Description	Price
12345AA	Coca-Cola	$0.55
12346BB	Diet Coke	$0.55
12347CC	Sprite	$0.55
12348DD	Diet Sprite	$0.55
12349EE	Vanilla Coke	$0.55

그림 6.10

코카콜라 회사의 관계형 데이터베이스 예제

비즈니스 중심적 분석

거짓말, 거짓말, 그리고 더 많은 거짓말: 통계를 이용한 거짓말

이제 모든 규모와 형태의 기업을 위해 방대한 양의 풍부하고 세분화된 데이터를 수집할 수 있다는 것은 매우 좋은 일이다. 하지만 이러한 방대한 양의 데이터를 어떻게 활용해야 할지 파악하는 것은 어렵고 비용이 많이 들 수 있으며, 적절한 도구를 사용하더라도 감당하기 어려울 수 있다. 다음과 같은 일반적인 빅데이터 분석 오류를 분석하고, 부정확한 분석으로 인한 문제에 가장 큰 피해를 입히는 오류부터 데이터 분석에 미치는 피해를 최소화하는 오류까지 순위를 매겨 보라.

- **분석 마비**: 엄청난 양의 데이터 수집으로 인해 의사 결정이 불가능함
- **데이터 관리자 부재**: 데이터 관리자가 없으면 데이터 수집 방식에 대한 규칙이 부족하여 중복, 잘못된 열 사용, 부정확한 입력 등이 발생할 수 있다. 데이터 정제를 담당하는 역할(또는 위원회)과 데이터 정제를 유지해야 하는 의무를 항상 부여해야 한다.
- **데이터 사일로**: 데이터는 새로운 석유이다. 그 결과, 수많은 기업이 최대한 많은 데이터를 수집하고 저장하고 있지만, 분석의 필요성이나 방향성이 없이 방치되고 있다. 데이터를 단순히 고립된 곳에 두지 말라. 데이터는 운영을 개선하고, 제품 로드맵에 정보를 제공하고, 오랜 난관을 해결할 수 있는 힘을 가지고 있다. 단, 실제로 데이터를 활용해야 한다.
- **분석 부족**: 기업들은 수집하는 방대한 양의 데이터를 제대로 분석할 수 있는 재능이나 전문 지식이 부족하다는 것을 깨닫고 있다. 예를 들어, 센서와 같은 예측 유지 관리 도구는 때로는 분석되지 않는 방대한 양의 데이터를 수집한다. 빅데이터를 위한 좋은 방법은 데이터에서 통찰력을 공유하는 것뿐만 아니라 조직 변화를 주도하는 데 전념하는 사람을 고용하는 것이다.
- **데이터를 통제한다고 생각하기**: 어떤 기업이나 개인도 자신의 데이터를 완전히 통제할 수 없다. 현재의 방식대로라면 새로운 사람이나 애플리케이션이 데이터를 사용할 때마다 데이터가 복제된다. 이로 인해 수천 개의 데이터 사본이 생성되어 어떤 것도 진정으로 통제할 수 없게 된다. 아무리 최고의 보안을 갖추고 있더라도, 수천 개의 사본 중 하나만 보호하는 것에 불과하다.

경영상 이점을 위한 관계형 데이터베이스 사용

많은 기업 경영자들은 기업 자료를 저장하는 데 사용할 수 있는 엑셀이나 다른 스프레드시트 프로그램에 익숙하다. 스프레드시트는 어떤 자료 분석을 지원하는 데에는 훌륭하지만, 보안, 접근성, 유연성에 있어서는 제한적인 기능을 제공하며, 기업 성장을 지원하기 위해 확장하기가 거의 불가능하다. 기업 관점에서 보자면, 관계형 데이터베이스는 텍스트 문서나 스프레드시트를 사용하는 것보다 많은 이점들을 제공하는데, 그 이점들은 다음과 같다.

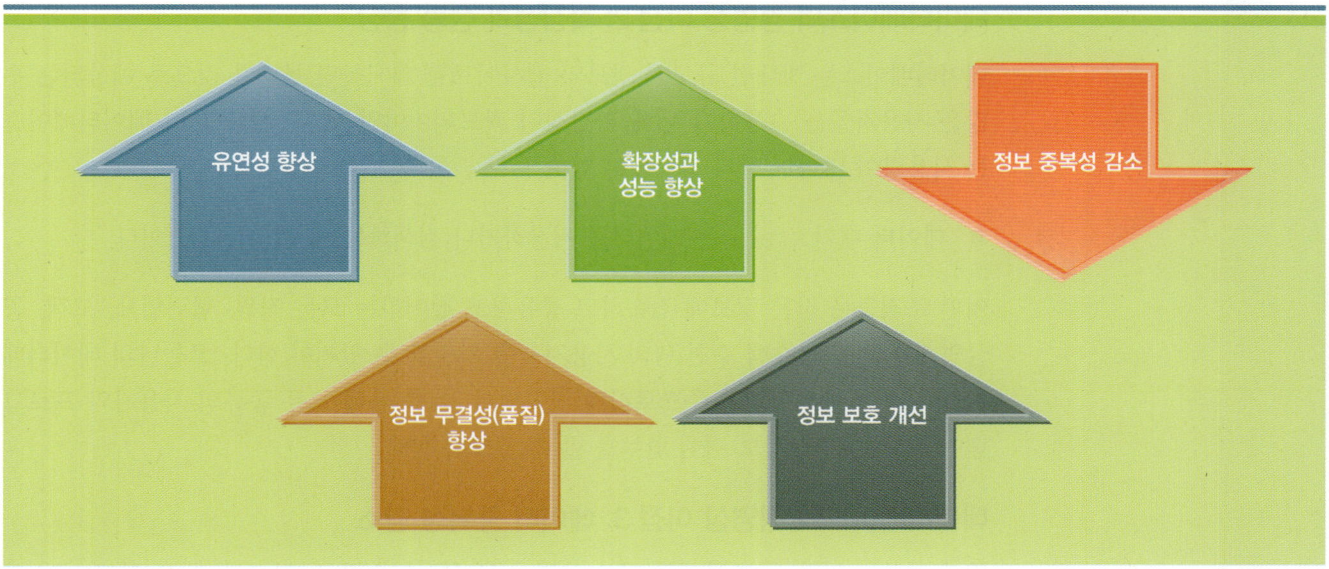

그림 6.11
관계형 데이터베이스의 경영상 이점

데이터베이스의 경영상 이점 1: 유연성 향상

데이터베이스는 기업 구조를 반영하는 경향이 있어서, 어느 사업이나 변화를 신속하고 수월하게 처리해야 하듯이 데이터베이스도 그러해야 한다. 마찬가지로 사용자가 자신의 필요에 가장 알맞은 방법으로 정보에 접근할 수 있게 해주는 유연성을 데이터베이스가 제공하는 것이 중요하다. 논리적 관점과 물리적 관점의 구별은 유연한 데이터베이스 사용자 뷰view를 이해하는 데 중요하다.

- **데이터의 물리적 뷰**physical view는 저장 장치에 정보를 물리적으로 저장하는 것을 다룬다.
- **데이터의 논리적 뷰**logical view는 사용자가 특정 업무상 필요에 따라 정보에 어떻게 접근하는지에 중점을 둔다.

그림 6.9의 데이터베이스 예제를 살펴보자. 어떤 사용자는 예를 들어 길이가 4분 이상인 곡들을 질의를 통하여 알아볼 수 있다. 동시에, 다른 사용자는 서로 다른 범주에 연결되어 있는 레코딩의 분포에 대한 분석을 수행할 수 있다. 예를 들면, 알앤비R&B가 락Rock보다 많은가, 혹은 비슷하게 분포하고 있는가와 같은 분석을 할 수 있다. 이 예시는 데이터베이스가 하나의 물리적 뷰로 보이지만, 유연성을 위해 다양한 논리적 뷰를 제공할 수 있음을 보여준다.

또 다른 예로 통신판매업을 생각해보자. 어떤 사용자는 보고서가 알파벳순으로 표시되기를 바랄 수 있다. 이 경우에는 성이 이름보다 앞에 나와야 한다. 상품목록 메일링 시스템을 사용하는 다른 사용자는 고객 이름이 성이 아니라 이름으로 표시되기를 원할 수도 있다. 두 가지 요구 모두 같은 물리적 정보에 대한 다른 논리적 뷰를 통해 쉽게 성취될 수 있다.

데이터베이스의 경영상 이점 2: 확장성과 성능 향상

데이터베이스는 방대한 규모의 정보와 웹사이트를 개시하면 몰려들 것으로 예상되는 수많은 사용자들을 수용하기 위해 확장성이 확보되어야만 했다. 게다가 이 데이터베이스는 사용량이 많아도 빨리 작동해야 했다.

- **데이터 대기**Data latency는 데이터를 저장하거나 검색하는 데 걸리는 시간이다.

어떤 조직들은 같은 정보에 접속하고 공유하고 싶어하는 모든 직원, 협력업체, 고객, 공급업체를 비롯한 수백 수천 명의 사용자들을 지원할 수 있어야 한다. 오늘날의 데이터베이스는 극히 예외적인 수준으로까지 확장되며, 이를 통해 모든 종류의 사용자와 프로그램이 정보 처리와 정보 검색 업무를 할 수 있도록 한다.

데이터베이스의 경영상 이점 3: 데이터 중복성 감소

중복 자료는 저장 용량 문제와 자료 무결성 문제를 일으킬 수 있으며, 이로 인해 어떤 값이 가장 최신의 것인지, 혹은 가장 정확한 것인지를 결정하기 어렵게 한다.

- **데이터 중복성**data redundancy은 정보의 복제, 즉 동일한 자료가 복수의 장소에 저장된 것을 의미한다.

직원들은 부정확한 정보로 인해 혼란과 좌절에 빠지게 되고, 업무 처리와 절차에 혼란이 생긴다. 데이터베이스의 근본 목표는 하나의 정보를 데이터베이스의 한 장소에 기록함으로써 정보 중복을 제거하는 것이다. 정보 중복의 제거는 공간을 절약하고 갱신을 수월하게 하며, 품질을 향상시킨다.

데이터베이스의 경영상 이점 4: 무결성(품질) 향상

데이터베이스에 스트리밍되는 데이터는 시스템에 입력되는 것 이상으로 정확성을 보장하기 위해 검증 및 검사를 거쳐야 합니다.

- **정보 무결성**information integrity은 정보 품질의 척도이다.
- **비즈니스 규칙**: 회사가 특정 사업 영역을 수행하는 방식을 정의하며, 일반적으로

그림 6.12

관계형과 비즈니스에 중요한 제약조건

용어	정의	예시
관계 무결성 제약 조건	기본적이고 근본적인 정보 기반 제약 조건을 적용하는 규칙	관계 무결성 제약 조건은 존재하지 않는 고객을 위해 주문을 생성하거나, 음수 마크업 비율을 제공하거나, 공급업체로부터 원자재를 0파운드 주문하는 것을 허용하지 않는다.
비즈니스에 중요한 무결성 제약 조건	조직의 성공에 필수적인 비즈니스 규칙을 적용하며, 관계 무결성 제약 조건보다 더 많은 통찰력과 지식이 필요한 경우가 많음	크로거와 같은 대형 식료품 체인점에 신선 농산물을 공급하는 공급업체를 생각해 보자. 이 공급업체는 배송 후 15일이 지난 제품은 반품을 받지 않는다는 비즈니스에 중요한 무결성 제약 조건을 구현할 수 있다. 이는 농산물 부패 가능성을 고려했을 때 타당하다. 비즈니스에 중요한 무결성 제약 조건은 조직이 성공을 달성하는 데 필요한 규칙과 유사한 경향이 있다.

예/아니요 또는 참/거짓으로 답한다. 구매 후 10일 이내에 상품을 반품할 수 있도록 하는 것이 비즈니스 규칙의 한 예이다.

- **무결성 제약조건**integrity constraints은 데이터의 품질을 보증하는 규칙이다.

데이터베이스의 설계 시에 무결성 요소를 고려해야 할 필요가 있다. 데이터베이스는 사용자가 무결성 제약조건을 절대 위반하지 못하도록 구성되어 있다. 그림 6.12는 두 가지 유형의 무결성 제약 조건, 즉 (1) 관계형 제약 조건과 (2) 비즈니스에 중요한 제약 조건을 보여준다.

무결성 제약 조건을 명시하고 적용하면 비즈니스 의사 결정에 더 나은 지원을 제공하는 고품질 데이터가 생성된다. 무결성 제약 조건 개발을 위한 구체적인 절차를 수립하는 조직은 일반적으로 정확도가 향상되고, 이를 통해 비즈니스 전문가의 조직 데이터 활용도가 높아진다.

데이터베이스의 경영상 이점 5: 정보보안 향상

다른 자산과 마찬가지로, 관리자들은 권한이 없는 사용자나 오남용으로부터 정보를 보호해야 한다. 시스템이 점점 복잡해지고 인터넷 상으로도 활용 가능하게 됨에 따라 보안은 더 중요한 쟁점이 되었다. 데이터베이스는 암호, 접근 수준, 접근 통제를 포함하여 여러 보안 기능을 제공한다.

예를 들어, 고객 서비스 대행자들에게는 고객 주문 정보에 대해 읽기 전용 접속을 허용해야 하는데, 이를 통해 고객 주문 질문에 대해서는 대답할 수 있으면서 주문 정보를 변경하거나 지우는 권한은 가지지 못하도록 할 수 있다. 관리자는 직원 파일에의 접근 권한을 필요로 하지만, 모든 직원 파일에 대한 접근이 아니라 자신의 관리 범위에 있는 직원 파일에 대해서만 접근 권한이 주어져야 한다. 데이터베이스의 다양한 보안 기능은 개인에게 정해진 정보에 대해서 특정 유형의 접근 권한만 주어지도록 관리한다.

- ID 관리는 시스템(예: 국가, 네트워크 또는 기업)에서 개인을 식별하고 사용자 권한 및 제한을 설정된 ID와 연결하여 해당 시스템 내 리소스에 대한 액세스를 제어하는 작업을 처리하는 광범위한 관리 영역이다.

데이터베이스와 DBMS가 점점 더 클라우드cloud 상의 데이터 센터로 이동해 감에 따라 보안성 문제도 점점 증가하고 있다. 클라우드 컴퓨팅을 사용할 때의 가장 큰 위험은 데이터베이스에 저장된 정보의 보안과 비밀 유지 문제이다. 자료 관리 요구의 윤곽을 잡아주는 데이터 거버넌스 정책과 절차를 도입하는 것은 클라우드 컴퓨팅을 안전하고 확실하게 해준다.

비즈니스 중심적 활동

Integrity Information Inc.

축하합니다! 신생 비즈니스 인텔리전스 컨설팅 회사인 Integrity Information Inc.의 컨설턴트로 채용되셨습니다. 첫 번째 업무는 영업 부서와 협력하여 신규 고객인 The Warehouse를 확보하는 것입니다. The Warehouse는 10년 이상 미국에서 운영되어 왔으며, 주요 사업은 저가 제품 도매 판매입니다. The Warehouse는 미국 데이터베이스에 저장된 데이터 정리 작업을 위해 Integrity Information Inc.에 의뢰하고자 합니다.

귀하의 업무 성과를 확인하기 위해 고객은 다음 스프레드시트에 대한 분석을 원합니다. The Warehouse는 또한 글로벌 확장에 관심이 있으며, 호주, 태국, 중국, 일본, 영국에 위치한 여러 독립 도매 매장을 인수하고자 합니다. The Warehouse는 사업 추진에 앞서, 각 글로벌 사업체에서 데이터 웨어하우스로 데이터를 전송할 때 발생할 수 있는 데이터 문제 유형을 파악하고자 합니다. The Warehouse가 글로벌 데이터베이스를 단일 데이터 웨어하우스로 통합할 때 발생할 수 있는 잠재적 문제를 자세히 나열한 목록을 작성해 주십시오.

CUST ID	First Name	Last Name	Address	City	State	Zip	Phone	Last Order Date
233620	Christopher	Lee	12421 W Olympic Blvd	Los Angeles	CA	75080-1100	(972)680-7848	4/18/2028
233621	Bruce	Brandwen	268 W 44th St	New York	PA	10036-3906	(212)471-6077	5/3/2028
233622	Glr	Johnson	4100 E Dry Creek Rd	Littleton	CO	80122-3729	(303)712-5461	5/6/2028
233623	Dave	Owens	466 Commerce Rd	Staunton	VA	24401-4432	(540)851-0362	3/19/2028
233624	John	Coulbourn	124 Action St	Maynard	MA	1754	(978)987-0100	4/24/2028
233629	Dan	Gagliardo	2875 Union Rd	Cheektowaga	NY	14227-1461	(716)558-8191	5/4/2028
23362	Damanceee	Allen	1633 Broadway	New York	NY	10019-6708	(212)708-1576	
233630	Michael	Peretz	235 E 45th St	New York	NY	10017-3305	(212)210-1340	4/30/2028
233631	Jody	Veeder	440 Science Dr	Madison	WI	53711-1064	(608)238-9690 X227	3/27/2028
233632	Michael	Kehrer	3015 SSE Loop 323	Tyler	TX	75701	(903)579-3229	4/28/2028
233633	Erin	Yoon	3500 Carillon Pt	Kirkland	WA	98033-7354	(425)897-7221	3/25/2028
233634	Madeline	Shefferly	4100 E Dry Creek Rd	Littleton	CO	80122-3729	(303)486-3949	3/33/2028
233635	Steven	Conduit	1332 Enterprise Dr	West Chester	PA	19380-5970	(610)692-5900	4/27/2028
233636	Joseph	Kovach	1332 Enterprise Dr	West Chester	PA	19380-5970	(610)692-5900	4/28/2028
233637	Richard	Jordan	1700 N	Philadelphia	PA	19131-4728	(215)581-6770	3/19/2028
233638	Scott	Mikolajczyk	1655 Crofton Blvd	Crofton	MD	21114-1387	(410)729-8155	4/28/2028
233639	Susan	Shragg	1875 Century Park E	Los Angeles	CA	90067-2501	(310)785-0511	4/29/2028
233640	Rob	Ponto	29777 Telegraph Rd	Southfield	MI	48034-1303	(810)204-4724	5/5/2028
233642	Lauren	Butler	1211 Avenue Of The Americas	New York	NY	10036-8701	(212)852-7494	4/22/2028
233643	Christopher	Lee	12421 W Olympic Blvd	Los Angeles	CA	90064-1022	(310)689-2577	3/25/2028
233644	Michelle	Decker	6922 Hollywood Blvd	Hollywood	CA	90028-6117	(323)817-4655	5/8/2028
233647	Natalia	Galeano	1211 Avenue Of The Americas	New York	NY	10036-8701	(646)728-6911	4/23/2028
233648	Bobbie	Orchard	4201 Congress St	Charlotte	NC	28209-4617	(704)557-2444	5/11/2028
233650	Ben	Konfino	1111 Stewart Ave	Bethpage	NY	11714-3533	(516)803-1406	3/19/2028
233651	Lenee	Santana	1050 Techwood Dr NW	Atlanta	GA	30318-KKRR	(404)885-2000	3/22/2028
233652	Lauren	Monks	7700 Wisconsin Ave	Bethesda	MD	20814-3578	(301)771-4772	3/19/2005
233653	Mark	Woolley	10950 Washington Blvd	Culver City	CA	90232-4026	(310)202-2900	4/20/2028

section 6.2 | 데이터 웨어하우스와 블록체인

학습 성과

6.4 경영 의사결정을 지원하기 위해서 비즈니스 인텔리전스를 사용하는 장점을 설명하시오.
6.5 한 조직 내 데이터 웨어하우스와 데이터마트의 역할과 목적을 설명하시오.
6.6 중앙집중식 관계형 데이터베이스와 비교하여 블록체인과 그 장점을 설명하시오.

비즈니스 인텔리전스

오늘날 많은 조직들은 그들의 강점과 약점을 이해하지 못하고 가장 큰 경쟁사를 따라잡지 못하는데 그 이유는 엄청난 조직의 데이터에 MIS 부서 이외에는 접근할 수 없기 때문이다.

- 데이터포인트는 그래프나 차트 형식으로 된 하나의 개별 아이템

조직의 데이터는 데이터베이스에 있는 단순하고 구조화된 데이터보다도 훨씬 많은 것을 포함하고 있다; 데이터 세트는 음성 메일, 고객 전화 내역, 텍스트 메시지, 비디오 모음, 트위터 상의 트윗 등의 많은 새로운 유형의 데이터를 포함한다.

비즈니스 인텔리전스에 대한 초기 언급은 손자병법이라는 책에서 나온다. 손자는 전쟁에서 승리하려면 자신의 강점과 약점을 잘 알고 적의 강점과 약점을 잘 알아야 한다고 주장한다. 이 중 하나라도 부족하면 패배할 수 있다. 어떤 학파는 비즈니스의 도전과 전쟁의 도전 사이에 유사점을 제시한다. 구체적으로 다음과 같다.

- 데이터 수집
- 데이터의 패턴과 의미를 식별
- 결과 데이터에 대한 응답

20세기 후반 정보화 시대가 시작되기 전에 기업은 자동화되지 않은 소스에서 데이터를 수집하는 경우가 있었다. 기업은 데이터를 적절하게 분석할 컴퓨팅 리소스가 부족했고 주로 직관을 기반으로 상업적 결정을 내리는 경우가 많았다.

기업이 점점 더 많은 시스템을 자동화하기 시작하면서 특히 IoT 및 M2M을 이용할 때 더 많은 데이터를 사용할 수 있게 되었다. 그러나 데이터 교환을 위한 인프라 부족 또는 시스템 간 비호환성으로 인해 데이터 수집이 여전히 어려운 과제였다. 보고서를 생성하는 데 몇 달이 걸리는 경우도 있다. 이러한 리포트를 통해 정보에 입각한 장기 전략적 의사결정을 내릴 수 있었다. 그러나 단기적인 전술적 의사결정은 계속해서 직관에 의존했다. 현대 비즈니스에서는 표준, 자동화 및 기술이 증가함에 따라 방대한 양의 사용 가능한 데이터가 생성되었다. 이제 비즈니스 인텔리전스는 많은 양의 데이터를 선별하고 정보를 추출하고 해당 정보를 실행 가능한 지식으로 전환하는 기술이 되었다(그림 6.13 참조).

그림 6.13

데이터 분석 사이클

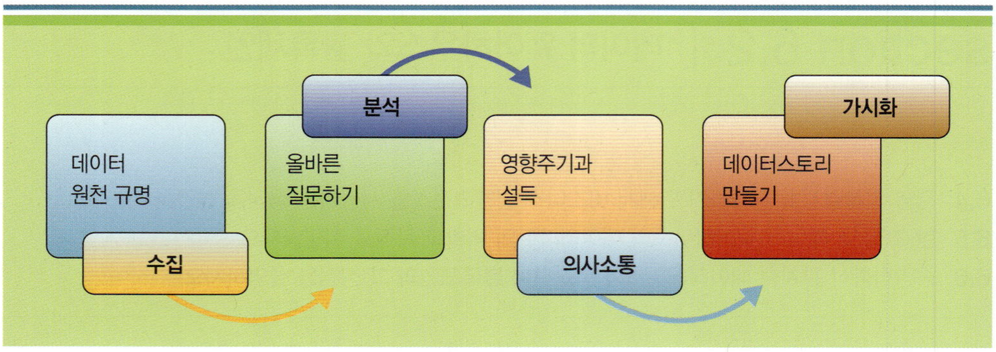

문제점: 풍부한 데이터, 부족한 정보

다음은 이상적인 경영 시나리오의 하나의 사례이다; 관리자가 고객과 만나기 위해 가는 도중에 고객과의 접촉이력 데이터를 검토하면서 고객의 주문 물량이 상당히 줄고 있다는 것을 알게 되었다. 그는 데이터에 대한 세부 분석을 통해 고객이 제품 지원 이슈가 있다는 것을 알게 되었으며, 지원팀에게 관련된 모든 정보를 찾아보도록 요청하였으며, 24시간 안에 불량 부품에 대한 대체 부품이 필요한 것으로 판단하였다. 추가로 관리자는 고객이 웹사이트를 방문하여 새로운 제품 라인업에 대한 정보를 요청한 것을 알게 되었다. 이러한 정보들을 파악한 후 관리자는 고객과의 생산적인 미팅을 준비하였다. 지금 관리자는 고객의 요구와 이슈를 이해하고 있었으므로 확신을 가지고 새로운 영업 기회를 제시할 수 있었다.

많은 기업들에게 앞선 예제를 허황된 꿈이다. 모든 고객 정보를 모으는 것은 몇 시간이 걸리며, 심지어 분석하는 데 며칠이 걸린다. 그렇게 많은 가용한 자료를 가지고 관리자가 재고 수준, 과거 주문 이력, 배송 상세정보 등의 정보를 갖게 되는 것은 상당히 어렵다. 관리자가 MIS 부서에 정보 요구를 보내고 전담자가 다양한 리포트를 분석한다. 통상적인 상황에서는 반응은 며칠이 걸릴 수도 있으며, 그로 인해 정보가 최신이 아니어서 판매 기회를 놓칠 수 있다. 많은 기업들은 데이터는 풍부하지만, 정보가 부족한 상황에 있다. 심지어 오늘날의 전자화 시대에서도 관리자들은 경영 데이터를 비즈니스 인텔리전스로 바꾸는 데 어려움을 겪고 있다.

해결책: 비즈니스 인텔리전스

회사원들은 서비스 정보 제공, 신제품 제시, 실망한 고객 지원 등의 수많은 의사결정을 한다.

- **데이터 세트**Dataset: 조직화된 데이터 집합이다.
- **비교 분석**Comparative analysis: 두 개 이상의 데이터 세트를 비교하여 패턴과 추세를 식별할 수 있다.

종업원들은 데이터, 경험, 지식 또는 세 가지의 결합 등을 사용하여 의사결정을 한다. 비즈니스 인텔리전스는 관리자에게 좋은 의사결정을 할 수 있도록 도와준다. 다음의 사

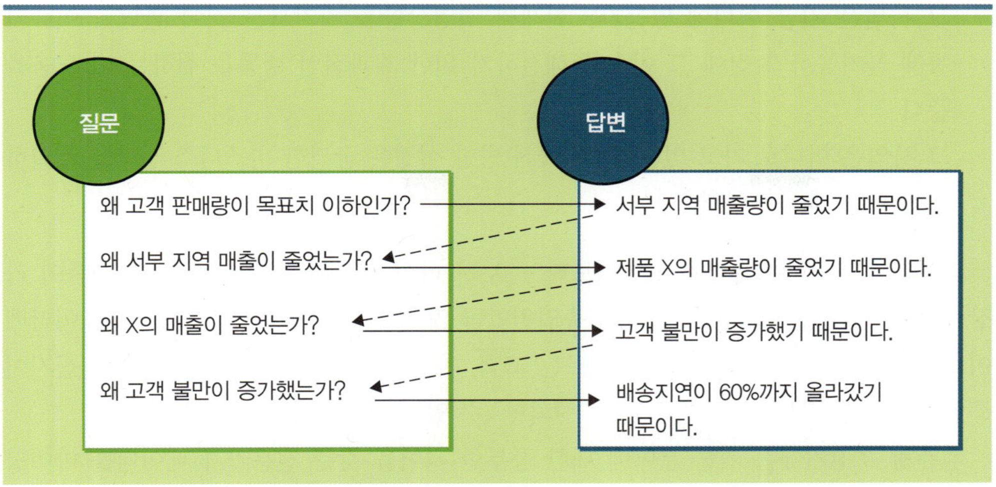

그림 6.14

어려운 고객 질문에 답하기 위해 BI를 사용하는 방법

례는 비즈니스 인텔리전스가 사용되는 다른 산업의 예시를 보여준다;

- 항공사: 현재의 비행자료를 사용한 인기 있는 휴가 장소 분석
- 은행: 고객 신용카드 사용 내역 및 미사용 내역에 대한 이해
- 헬스케어: 환자의 신상정보를 심각한 질병과 비교
- 보험: 클레임의 양과 의료 보상 비용의 예측
- 법 집행: 범죄 패턴, 지역 및 범죄 행위 추적
- 마케팅: 고객 신상정보 분석
- 소매: 판매량, 재고수준, 유통량 예측
- 기술: 하드웨어 고장 예측

그림 6.14는 기업이 BI를 사용해서 단순히 "왜?"라고 질문하여 많은 이슈와 문제에 대해서 원인을 찾는 방법을 보여주고 있다. 과정은 분기별 판매량과 같은 보고서를 분석하면서 시작한다. 관리자는 왜 판매량이 올라갔는지 내려갔는지에 대한 이유를 찾기 위해 보고서를 자세히 드릴다운할 것이다. 일단 관리자들이 특정 지역 혹은 제품의 매출이 증가한 이유를 알게 된다면 기업 차원의 판매량을 증가시키기 위한 노력의 일환으로 그 정보를 공유할 수 있다. 또한, 판매량 감소의 원인을 알게 된다면 이 이슈를 해결하기 위해 효과적인 행동을 취할 수 있다. BI는 관리자의 경쟁 모니터링에 도움을 줄 수 있다.

- **경쟁적 모니터링**: 기업이 할인 및 신제품 출시와 같은 모든 경쟁사 웹사이트 활동을 자동으로 추적하는 소프트웨어를 사용하여 웹에서 경쟁사의 활동을 지속적으로 파악하는 것을 의미한다.

다음의 예시는 관리자들이 어려운 경영 질문에 답하기 위해 BI를 사용하는 방법들이다.

- **그 사업은 어디에 있었는가?** 이력정보 관찰의 관점이 추세와 패턴을 결정하기 위한 중요한 변수를 제공한다.

- **그 사업은 지금 어디에 있는가?** 현재의 경영상황을 지켜보는 것이 관련된 이슈가 통제 불가능하기 전에 그 이슈를 해결하기 위한 효과적인 행동을 취하는 데 도움을 준다.
- **그 사업은 어디로 가고 있는가?** 전략적 방향 설정은 굳건한 비즈니스 전략을 계획하고 만드는 데 중요하다.

다음과 같은 단순한 질문에 답해보라 – 누가 나의 최상의 고객이며, 어떤 제품이 가장 안 팔리는 제품인가 – 여러분의 종업원만큼 많은 수의 답을 가질 수 있다. 데이터베이스, 데이터 웨어하우스, 데이터마트는 고객, 제품, 공급자, 생산, 재무, 사기, 심지어 종업원에 대한 질문에 답할 수 있는 "신뢰할" 수 있는 데이터의 단일 소스이다.

컴퓨팅 초창기에는 기술 분야에 대한 풍부한 경험을 갖춘 전문가가 데이터를 마이닝하여 정보를 수집해야 했다. 데이터베이스와 데이터 웨어하우스의 작동 방식을 이해해야 했기 때문이다. 오늘날 비즈니스 인텔리전스 도구는 MIS 부서의 지원을 거의 필요로 하지 않는다. 비즈니스 관리자는 대시보드를 사용자 지정하여 원하는 데이터를 표시하고 맞춤형 보고서를 즉시 실행할 수 있다. 데이터 마이닝 및 시각화 방식의 변화로 기술 관련 지식이 없는 경영진도 분석 도구를 활용하여 데이터 기반 의사 결정을 내릴 수 있다.

- 비즈니스 인텔리전스 대시보드: 중요 성공 요인 및 핵심 성과 지표와 같은 기업 지표를 추적하고 대화형 컨트롤과 같은 고급 기능을 통해 사용자가 분석을 위해 데이터를 조작할 수 있다.

기본적인 비즈니스 인텔리전스 대시보드든 포괄적인 대시보드든, 모든 비즈니스 인텔리전스 대시보드는 결과를 신속하게 제공한다. 사용이 간편해짐에 따라, 더 많은 직원이 MIS 직원에게 질문이나 보고서 요청으로 골머리를 앓지 않고도 직접 분석을 수행할 수 있다. 비즈니스 인텔리전스 대시보드는 직원들이 단순한 보고를 넘어 정보를 활용하여 비즈니스 성과를 직접 향상시킬 수 있도록 지원한다. 이를 통해 직원들은 정보가 제공되는 즉시 대응하고, 매달이 아닌 매일 의사결정을 내리고, 문제를 해결하고, 전략을 변경할 수 있다. 비즈니스 인텔리전스 대시보드는 그림 6.15에서 볼 수 있듯이 통합, 드릴다운, 분석 및 피벗을 포함한 분석 기능을 제공한다.

데이터마이닝 분석 기술들

데이터 마이닝은 가격, 제품 포지셔닝, 직원 역량과 같은 내부 요인과 경제 지표, 경쟁, 고객 인구 통계와 같은 외부 요인 간의 관계를 파악할 수 있다. 또한, 판매, 고객 만족도, 기업 이익에 미치는 영향을 파악하고 요약 정보를 분석하여 자세한 거래 데이터를 확인할 수 있다. 데이터 마이닝을 통해 소매업체는 고객 구매 POS 기록을 활용하여 개인의 구매 내역을 기반으로 맞춤형 프로모션을 제공할 수 있다. 또한, 상품평이나 보증서에서 인구 통계 데이터를 마이닝하여 특정 고객층에 어필하는 제품과 프로모션을 개발할 수 있다.

- **협업 필터링:** 추천 시스템에서 다른 사용자와의 유사성을 기반으로 사용자에게 개인

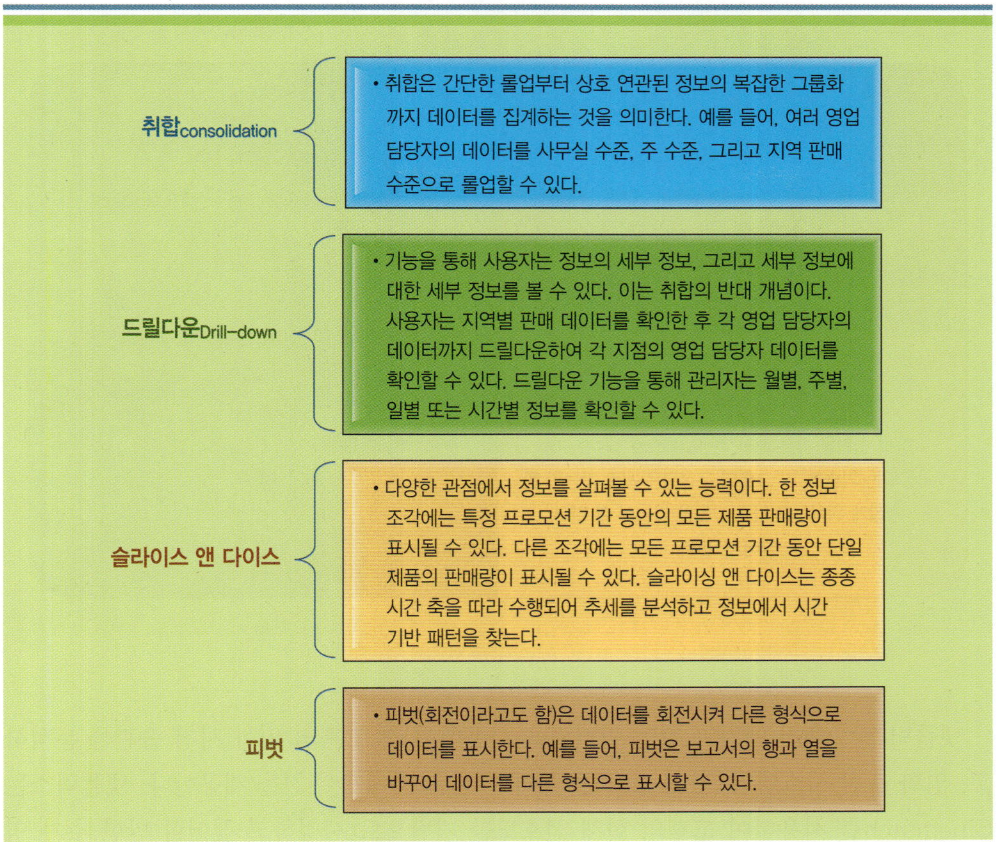

그림 6.15

BI 대시보드의 분석역량

화된 추천을 제공하는 데 사용되는 기법이다. 과거에 유사한 선호도나 행동을 보인 사람들은 미래에도 유사한 선호도를 보일 가능성이 높다는 가정에 근거한다.

- **추천 엔진**: 웹사이트에서 고객의 구매 및 행동을 분석한 다음, 이 데이터를 사용하여 보완 제품을 추천하는 데이터 마이닝 알고리즘이다.

비즈니스 중심적 DEI

100people.org

100people.org는 전 세계 인구와 세계 통계에 대한 이해를 높이고자 하는 비영리 단체이다. 100people.org는 전 세계 인구 약 79억 명을 100명의 가상 집단으로 표현한다. 100people.org는 전 세계 인구를 더 작은 표본 크기로 압축함으로써 복잡한 통계를 단순화하고 이해하기 쉽게 만든다.

100people.org를 살펴보고, 훌륭한 데이터 시각화를 활용한 간소화된 데이터 모델이 전 세계 사람들이 교육, 성별, 연령, 건강, 종교, 지리적 경계를 넘어 발생하는 문제를 이해하는 데 어떻게 도움이 될 수 있는지 설명하라. 100people.org가 어떻게 사람들의 인식과 공감을 증진하여 전 세계적 문제의 규모를 파악하고 다양한 배경과 환경을 가진 사람들의 경험을 고려할 수 있도록 지원하는지 설명하라.

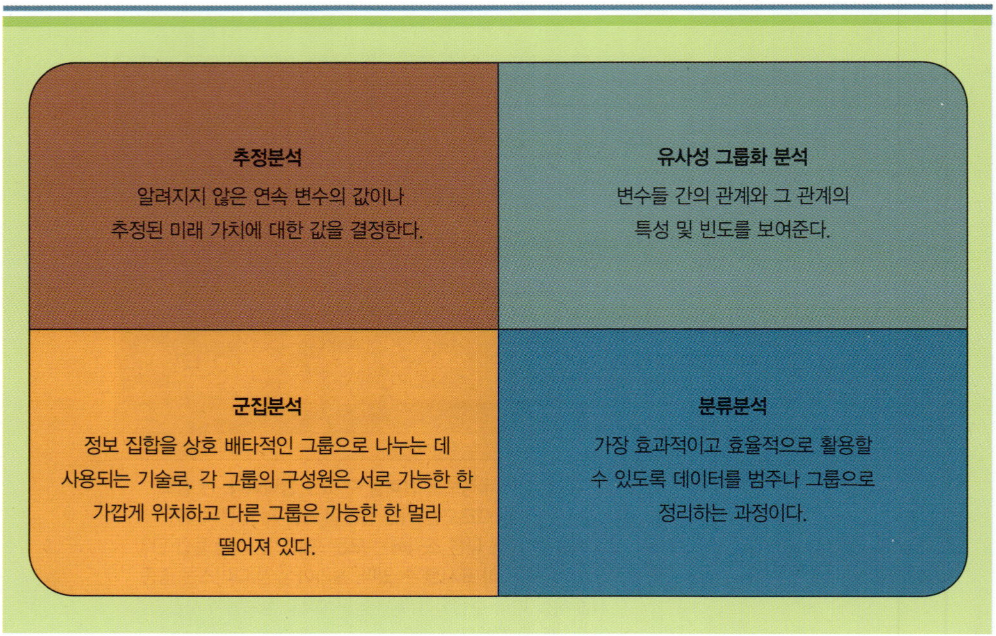

그림 6.16
데이터마이닝 기법들

넷플릭스는 추천 엔진과 협업 필터링을 사용하여 각 고객의 영화 시청 습관을 분석하고, 영화 추천 시스템인 Cinematch를 통해 다른 고객에게 추천을 제공한다. 넷플릭스는 Cinematch를 사용하여 고객의 현재 선호도를 기반으로 시청하고 싶어할 만한 추가 영화를 제시할 수 있다.

넷플릭스는 혁신적인 데이터 마이닝 기술을 통해 영화 대여 업계에서 경쟁 우위를 확보하고 있다. 그림 6.16은 넷플릭스의 Cinematch와 같은 고급 분석을 수행하는 데 사용되는 일반적인 데이터 마이닝 기술을 보여준다. 여기에는 추정 분석, 유사성 그룹화 분석, 군집 분석 및 분류 분석이 포함된다.

데이터 마이닝 기법 1: 추정 분석

추정 모델은 과거 데이터를 기반으로 수치적 결과를 예측한다. 예를 들어, 학생–교사 비율이나 소득 수준에 따라 고등학교 졸업 예정 학생의 비율을 예측한다.

- **추정 분석**: 알려지지 않은 연속 변수에 대한 추정된 미래 가치에 대한 값을 결정한다.

추정은 추측과 유사하며, 가장 비용이 적게 드는 모델링 기법 중 하나이다. 많은 조직에서 추정 분석을 사용하여 프로젝트의 시작부터 완료까지 전체 비용을 파악하거나 신제품 출시로 인한 수익을 추정한다.

데이터 마이닝 기법 2: 유사성 그룹화 분석

예측 분석의 경우 어떤 이벤트가 함께 발생하는지 아는 것이 유용하다.

- 유사성 그룹화 분석: 변수 간의 관계와 관계의 특성 및 빈도를 보여준다.

그림 6.17

장바구니 분석의 예시

많은 사람들이 유사성 그룹화 알고리즘을 연관 규칙 생성기라고 한다. 특정 시간에 이벤트가 함께 발생하거나 논리적 순서로 순차적으로 발생할 가능성을 결정하는 규칙을 생성하기 때문이다. 백분율은 일반적으로 이러한 이벤트의 패턴을 반영한다. 예를 들어, "이벤트 A와 B가 함께 발생한 경우의 55%" 또는 "항목 A와 B가 함께 발생한 경우의 80%의 경우 3일 이내에 항목 C가 발생했다."와 같이 정의할 수 있다. 가장 일반적인 연관성 탐지 분석 유형 중 하나는 장바구니 분석이다.

- **장바구니 분석**: 웹사이트 및 결제 스캐너 정보와 같은 항목을 평가하여 고객의 구매 행동을 탐지하고 고객이 선택한 제품 및 서비스 간의 연관성을 파악하여 미래 행동을 예측한다(그림 6.17 참조).

장바구니 분석은 교차 판매 제품 및 서비스(특히 은행, 보험 및 금융)를 위한 마케팅 캠페인 개발, 재고 관리, 진열대 제품 배치 및 기타 소매 및 마케팅 애플리케이션에 자주 사용된다.

데이터 마이닝 기법 3: 군집 분석

군집 분석은 데이터 집합 간의 유사점과 차이점을 파악하여 유사한 데이터 집합을 군집화할 수 있도록 한다.

- **군집 분석**: 정보 집합을 상호 배타적인 그룹으로 나누는 데 사용되는 기법으로, 각 그룹의 구성원은 서로 최대한 가깝게, 다른 그룹은 최대한 멀리 떨어져 있도록 군집을 만든다.

고객 데이터베이스에는 이름 및 주소와 같은 속성, 성별 및 연령과 같은 인구 통계학

그림 6.18

군집분석의 예시

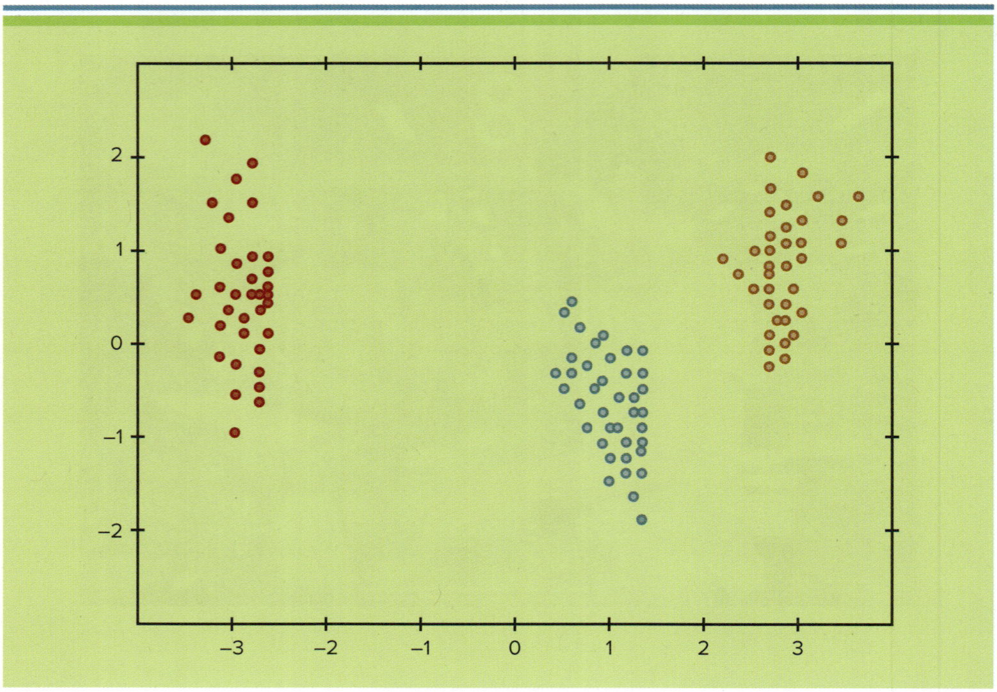

그림 6.19

분류분석의 예시

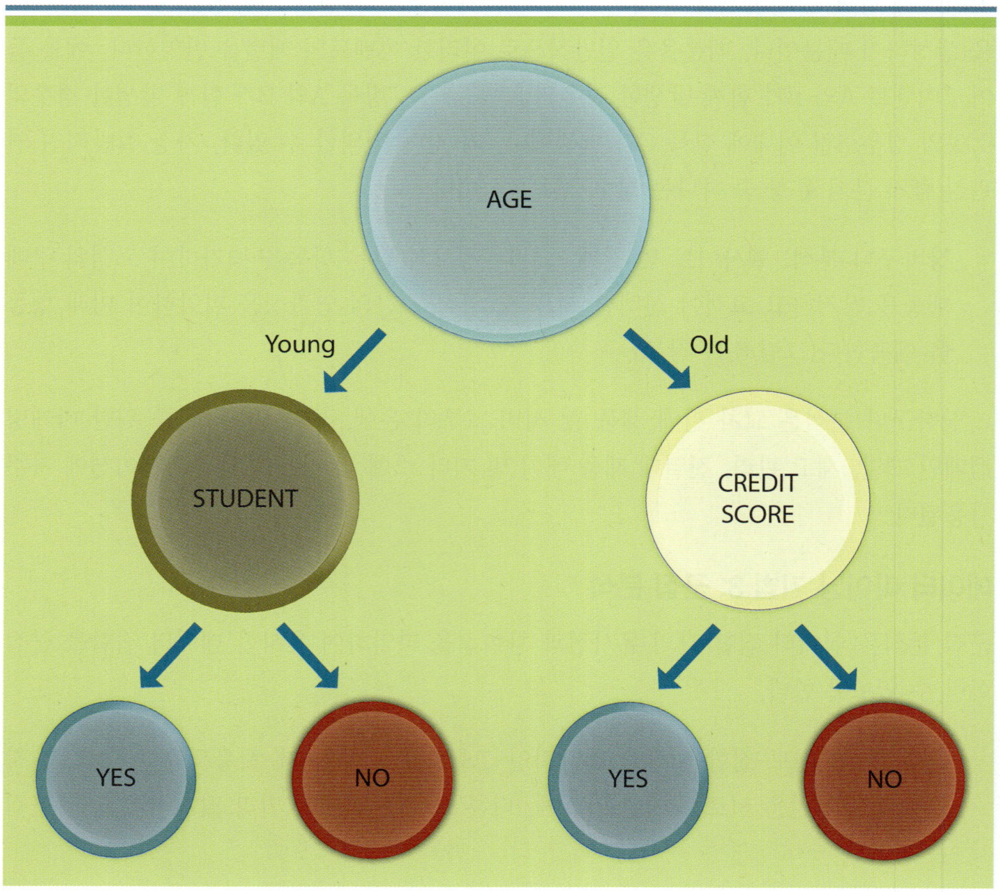

비즈니스 중심적 윤리와 보안

비윤리적 데이터 마이닝

대량의 데이터를 마이닝하는 것은 기업, 사회, 정부에게 상당한 이익을 만들어 주지만, 프라이버시 침해나 정보의 부정 사용과 같은 수많은 윤리적 질문들을 만들 수 있다. 페이스북은 최근에 상당히 감성적인 콘텐츠를 가진 게시물이 보다 전염성이 있는지를 알기 위해 700,000계정을 팔로우하는 데이터마이닝 실습 때문에 맹비난을 받았다.

이 연구는 실제 사람 간 관계에서처럼 감성이 충만한 글들이 전염성이 있다는 결론을 내렸다. 감성이 충만한 긍정적인 게시물은 여러 개의 긍정적인 답변을 받았고 부정적인 게시물은 여러 개의 부정적인 답변을 받았다. 비록 이 연구가 아무 잘못이 없어 보이지만, 많은 페이스북 사용자들은 격분했었다; 사용자들은 이 연구가 프라이버시 침해라고 느꼈는데 그 이유는 700,000계정 사용자들은 페이스북이 그들의 게시글을 마이닝하고 있다는 것을 알지 못했기 때문이다.

페이스북 사용자로서 여러분은 페이스북이 당신이 게시하는 글의 모든 것을 소유하고 있다는데 전적으로 동의할 것이며, 일단 여러분이 제출 버튼을 누르면 페이스북은 그 데이터가 무엇이든 가질 수 있다. 여러분은 페이스북이 원한다면 그 사이트에 15억 사용자들이 게시한 데이터를 무엇이든지 소유할 권한이 있다는 데 동의하는가, 동의하지 않는가?

적 정보, 그리고 소득 및 지출 금액과 같은 재무적 속성이 포함된다. 군집 분석은 유사한 속성을 그룹화하여 세그먼트 또는 군집을 찾은 다음, 군집 또는 세그먼트를 정의하는 속성과 값을 분석한다. 마케팅 관리자는 군집 분석을 통해 확인된 특정 그룹을 타깃팅하는 프로모션 전략을 추진할 수 있다(그림 6.18 참조).

비즈니스에서 군집 분석을 활용하는 좋은 예는 우편번호를 기반으로 타깃 마케팅 전략을 수립하는 것이다. 우편번호로 고객 세그먼트를 평가하면 기업은 각 세그먼트의 중요도를 지정할 수 있다. 우편번호는 소득 수준, 인구 통계, 라이프스타일, 소비 습관 등에 더한 귀중한 통찰력을 제공한다. 타겟 마케팅을 통해 기업은 마케팅 캠페인의 성공률을 높이는 동시에 비용을 절감할 수 있다.

데이터 마이닝 기법 4: 분류 분석

분류 분석의 주요 목표는 관심 있는 세그먼트를 찾기 위해 데이터를 탐색하는 것이 아니라, 레코드를 분류하는 가장 좋은 방법을 결정하는 것이다.

- **분류 분석**: 가장 효과적이고 효율적인 사용을 위해 데이터를 범주 또는 그룹으로 구성하는 프로세스이다. 예를 들어, 정치적 입장 및 자선 단체 기부자 그룹의 분류 등이 있다.

분류 분석은 데이터를 클래스라는 별개의 세그먼트로 분할하기 때문에 군집 분석과 유사하다. 그러나 군집 분석과 달리 분류 분석은 분석을 시작하기 전에 모든 클래스를 정의해야 한다. 예를 들어, 분류 분석에서 분석가는 (1) 대출을 연체한 고객 클래스와 (2) 대출을 연체하지 않은 고객 클래스, 두 가지 클래스를 정의한다. 군집 분석은 탐색적 분석이며, 분류 분석은 탐색적 분석보다는 그룹화에 더 가깝다(그림 6.19 참조).

데이터 웨어하우스

- 소스 데이터는 데이터가 수집된 기본 위치를 알려준다. 소스 데이터에는 송장, 스프레드시트, 작업표, 거래 및 기타 데이터베이스와 같은 전산 소스가 포함될 수 있다.
- 원천raw 데이터는 사용을 위해 처리되지 않은 데이터이다. 처리를 거친 원천 데이터를 쿠킹된 데이터라고도 한다.

원천 데이터는 "정보"가 될 가능성이 있지만, 선별적 추출, 구성, 그리고 프레젠테이션을 위한 분석 및 형식 지정이 필요하다. 예를 들어, 바쁜 슈퍼마켓의 POS(Point-of-Sale) 단말기는 매일 엄청난 양의 원천 데이터를 수집하지만, 해당 데이터는 처리될 때까지 많은 정보를 보여주지 못한다. 일단 처리되면 데이터는 각 고객이 구매하는 특정 품목, 구매 시기 및 가격을 보여준다. 이러한 정보는 소유자가 향후 마케팅 캠페인을 기획하는 데 도움이 되도록 예측 기술 분석을 추가로 수행하는 데 사용된다. 처리의 결과로 원천 데이터가 데이터베이스에 저장되는 경우가 있으며, 이를 통해 데이터는 다양한 방식으로 추가 처리 및 분석에 액세스할 수 있다.

- **데이터 취합**Data aggregation은 데이터 처리를 목적으로 다양한 소스에서 데이터를 수집하는 것이다.

데이터 취합의 한 가지 예는 연령, 직업 또는 수입과 같은 특정 변수를 기준으로 특정 그룹(예로, 20대 데이터)에 대한 데이터를 수집하는 것이다. 기업은 일상적인 작업의 일부로 엄청난 양의 거래 데이터를 수집한다. 마케팅, 영업 및 기타 부서는 이러한 데이터를 분석하여 운영현황을 더 잘 이해하고자 한다. 데이터베이스가 모든 거래(예: 제품 판매) 및 이벤트(신규 직원 고용)에 대한 세부 정보를 저장하지만, 데이터 웨어하우스는 동일한 데이터를 저장하지만, 의사결정 작업을 지원하는 데 더 적합한 취합 형식으로 저장한다. 이 경우 취합에는 총계, 개수, 평균 등의 요약정보를 포함할 수 있다.

관계형 데이터베이스는 모두 자체 데이터베이스를 갖고 있는 마케팅, 회계, 재무 등 다양한 기능 영역을 실행하는 데 필요한 비즈니스 규칙 및 프로세스를 지원하는 데 탁월하다. 기업이 직면한 유일한 문제는 비즈니스에 대한 전체적인 관점을 얻기 위해 기능 지원 시스템 간에 데이터를 통합하는 방법이다. 운영적 데이터베이스는 각 부서를 지원하도록 특별히 설계되었다. 그러나 부서 간 연계를 살펴보면 그림 6.12에 표시된 것처럼 많은 문제가 있음을 알 수 있다.

많은 대기업은 스프레드시트, 데이터베이스 및 워드 프로세싱 파일과 같은 파일 유형이 다른 여러 시스템에 데이터가 흩어져 있어서 누구나 여러 소스의 데이터를 사용하는

불일치 데이터 정의	• 부서마다 데이터를 기록하는 방식이 다르기 때문에 정보를 공유하려고 할 때 데이터가 일치하지 않고 사용자가 실제로 필요한 데이터를 얻지 못함
데이터 표준 결여	• 관리자는 입상도, 형식 및 수준이 다른 모든 부서의 데이터를 사용하여 교차 기능 분석을 수행해야 함
데이터 저품질	• 사용 가능한 경우 데이터가 종종 부정확하거나 불완전함. 따라서 사용자는 데이터에 의존하여 결정을 내릴 수 없음
부적절한 데이터 활용	• 사용자가 필요로 하는 데이터를 얻을 수 없음; 수입된 데이터가 의도된 목적을 위해 유용하지 않음
비효과적 직접 데이터 접근	• 운영계 데이터베이스에 저장된 대부분 데이터는 사용자에게 직접 접근을 허용치 않음. 사용자는 그들의 쿼리나 질문에 대해 SQL을 실행할 수 있는 MIS 전문가의 답변을 기다려야 함

그림 6.20

비즈니스 분석이 운영계 데이터베이스를 이용하면 어려운 이유

것이 거의 불가능하다. 사업 운영에 비효율적인 구식 리포팅 도구를 사용하여 운영체제 전반에 걸쳐 리포팅 요청을 완료하는 데 며칠 또는 몇 주가 걸릴 수 있다. 이 같은 아이디어로부터 데이터 웨어하우스는 전략적 쿼리 및 보고서 작성을 위해 관련 데이터를 저장하고 액세스할 수 있는 수단으로 만들어졌다.

- **데이터 웨어하우스**data warehouse는 정보의 논리적인 모음으로, 다양한 업무 데이터베이스로부터 모아지며, 비즈니스 분석 활동과 의사 결정 업무를 지원해 준다.

데이터 웨어하우스의 기본적인 목적은 정보를, 더 정확하게는 전략적 정보를 결합하여 전 조직을 통틀어 정보를 필요로 하는 사람들이 결정을 내리고 경영 분석을 할 수 있도록 하나의 리포지토리repository에 모으는 것이다. 데이터 웨어하우징의 핵심 아이디어는 여러 시스템의 정보를 하나의 동일한 장소에 수집하여 보편적인 질의 도구를 사용하는 것이다. 이는 업무 데이터베이스가 경영에서 가장 효율적으로 쓰일 수 있는 장소에서 작동할 수 있도록 해주며, 동시에 친숙한 서식을 사용해서 전략적, 혹은 전사적인 보고 정보를 위한 공통의 장소를 제공해준다.

데이터 웨어하우스는 여기서 한 발 더 나아가 정보를 표준화한다. 예를 들어 성별은 다양한 방법으로 표시될 수 있지만(남성/여성, 남/여, 1/0), 데이터 웨어하우스에서는

그림 6.21

데이터 웨어하우스 모델

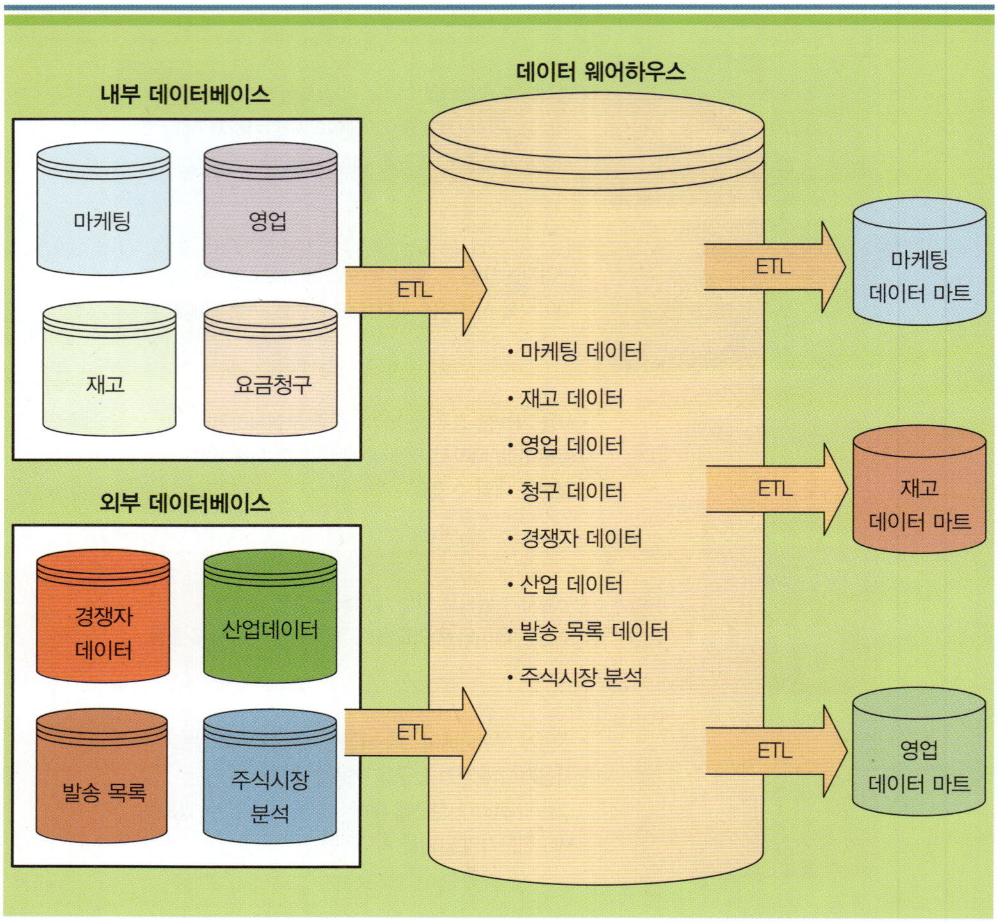

성을 저장하는 각 자료 요소들에서 한 가지의 공통된 방식(남/여)으로 표준화가 되어야 한다. 자료 요소의 표준화는 정확성과 완전성, 일관성을 향상시켜줌과 동시에 전략적인 비즈니스 결정을 내릴 때 정보의 품질을 향상시켜 준다. 데이터 웨어하우스의 3계층은 다음과 같다:

1. **ETL 또는 통합 계층**: 추출, 변환 및 로드(ETL; Extraction, Transformation, and Loading)는 내부 및 외부 데이터베이스에서 데이터를 추출하고 전사적 정의 집합을 사용하여 변환한 다음 데이터 웨어하우스에 적재하는 프로세스이다.
2. **데이터 웨어하우스 계층**: 이 계층은 시간에 따라 모든 소스 시스템의 데이터를 저장한다. 데이터 웨어하우스는 트랜잭션 처리가 아닌 쿼리 및 분석을 위해 설계되었으며, 소스 시스템 및 외부 시스템의 데이터를 저장한다.
3. **데이터 마트 계층**: 데이터 마트는 데이터 웨어하우스 데이터의 부분으로 볼 수 있다. 데이터 웨어하우스와 데이터 마트를 구별하기 위해 데이터 웨어하우스는 보다 조직적인 관점을 갖고 데이터 마트는 기능적 관점을 갖는 것으로 생각하자. 생산, 판매 및 날씨 보고서의 데이터가 필요한 마케팅 담당자를 상상해 보자. 이 사람은 일반적으로 이러한 운영 또는 거래 시스템에 접근할 수 없다. 데이터 웨어하우스는 거래 시스템에서 데이터를 가져와서 정리하고 마케팅 담당자가 분석할 수 있도록 데이터 마트에

스 컴파일해 준다.

그림 6.21에서 모델링된 데이터 웨어하우스는 추출, 변환 및 로드를 통해 내부 데이터베이스(또는 트랜잭션 및 운영 데이터베이스)와 외부 데이터베이스의 데이터를 컴파일한다. 그런 다음 데이터 웨어하우스는 데이터의 일부(또는 하위 집합)를 데이터 마트로 보낸다. 그림 6.21은 데이터 웨어하우스와 내부 및 외부 데이터베이스, ETL 및 데이터 마트와의 관계를 보여준다.

데이터 분석

관계형 데이터베이스는 여러 개의 2차원 테이블에 데이터를 포함한다. 빅데이터에서 데이터는 다차원적이며, 열과 행의 레이어를 포함한다. 차원은 데이터의 특정 속성이다. 빅데이터의 각 계층은 추가 차원에 따라 데이터를 표현한다.

- **데이터 큐브**data cube는 다차원 데이터를 나타내는 공통 용어이다.

그림 6.22는 매장 데이터(계층), 제품 데이터(행) 및 판촉 데이터(열)를 나타내는 큐브(Cube a)를 표시한다.

정보 큐브가 생성되면, 사용자는 정보를 파헤치기 위해 큐브를 잘라낼 수 있다. 그림 6.22의 둘째 큐브 b는 모든 점포에서 모든 상품에 관한 판매 촉진 Ⅱ 정보를 나타내는 조각이다. 셋째 큐브 c는 점포 2에서 상품 B에 대한 판매 촉진 Ⅲ 정보만을 나타낸다. 다차원 분석을 통하여 사용자는 몇 차원이든지 여러 가지 방법으로 정보를 분석할 수 있다. 사용자는 현재의 분석에 상품 범주, 지역, 심지어 일기예보와 실제 날씨 등을 포함하여 정보 차원을 추가할 수 있다. 데이터 웨어하우스의 진가는 사용자가 정보에 대한 통찰력을 얻을 수 있도록 다차원 분석을 제공하는 능력에 있다.

빅데이터 분석은 데이터베이스에 대한 질의 부담을 없애는 데 안성맞춤이다. 예를 들면, 광고 Ⅲ이 진행되는 동안 점포 2에서 상품 B에 관한 평균 매출을 알기 위해 데이터

그림 6.22
세 개의 점포에서의 다섯 가지 제품에 대한 네 건의 판매 촉진에 대한 다차원 분석을 위한 정보 큐브

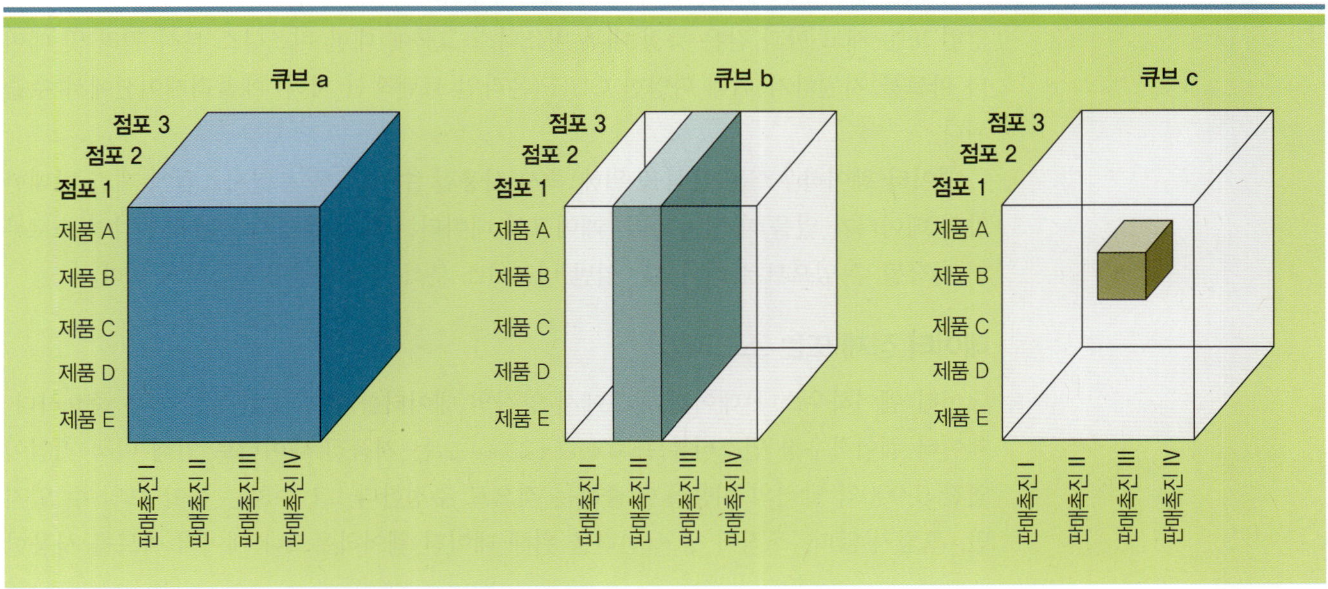

베이스에 질의하면 데이터베이스에 상당한 처리 부담을 안겨주어, 필연적으로 다른 사람이 같은 데이터베이스에 신규 매출을 입력하는 데 오래 걸리게 된다. 한 조직이 하나 또는 다수의 데이터베이스에 다수의 질의를 실행시키려면, 빅데이터 데이터베이스로 정보를 종합하는 것이 바람직하다.

데이터 호수Data Lake

전통적인 데이터 웨어하우스는 파일이나 폴더로 데이터를 저장하지만. 데이터 레이크는 플랫(문자열 저장방식) 아키텍처를 사용하여 데이터를 저장한다.

- 데이터 레이크는 비즈니스에서 필요할 때까지 원본 형식으로 방대한 양의 원시 데이터를 보관하는 스토리지 저장소이다.

데이터 레이크의 각 데이터 요소에는 고유한 id가 할당되고 확장된 메타데이터 태그 집합으로 태그가 지정된다. 사업상 질문이 발생하면 모든 관련 데이터에 대해 데이터 레이크를 쿼리하여 질문에 답할 수 있도록 분석한 작은 데이터 세트를 제공한다.

데이터 레이크라는 용어는 종종 Hadoop 스토리지와 관련이 있다. Hadoop에서는 조직의 데이터는 먼저 Hadoop 플랫폼에 로드된 다음 비즈니스 분석 및 데이터 마이닝 도구가 Hadoop 클러스터에 있는 데이터에 적용된다. Hadoop 데이터 레이크는 하나 이상의 Hadoop 클러스터로 구성된 데이터 관리 플랫폼이다. 주로 로그 파일, 인터넷 클릭스트림 기록, 센서 데이터, 이미지 및 소셜 미디어 게시물과 같은 비관계형 데이터를 처리하고 저장하는 데 사용된다. 이러한 시스템은 관계형 데이터베이스에서 가져온 트랜잭션 데이터도 보유할 수 있지만, 트랜잭션을 단순 처리하는 것이 아니라 분석 애플리케이션을 지원하도록 설계되었다. 공공 클라우드 플랫폼이 데이터 저장을 위한 공통 사이트가 되면서 많은 사람들이 클라우드에 Hadoop 데이터 레이크를 만든다.

데이터 레이크와 데이터 웨어하우스는 모두 빅데이터를 저장하는 데 사용되지만, 각 방법은 고유한 용도가 있다. 일반적으로 데이터 웨어하우스는 엔터프라이즈 메인프레임 서버 또는 클라우드에 보관된 관계형 데이터베이스이다. 웨어하우스에 저장된 데이터는 영업 또는 재고 팀과 같은 특정 내부 비즈니스 그룹에 대한 비즈니스 분석 쿼리 및 데이터 마트를 지원하기 위해 다양한 OLTP(온라인 트랜잭션 처리) 애플리케이션에서 추출된다.

데이터 웨어하우스는 분석을 위해 즉시 사용할 수 있도록 운영시스템에 대한 방대한 양의 데이터가 있을 때 유용하다. 레이크의 데이터는 회사 운영시스템 외부의 소스로부터 시작될 수 있으므로 레이크는 일반 비즈니스 분석 사용자에게 적합하지 않다.

데이터 정제 또는 스크러빙

데이터 웨어하우스나 데이터 마트에서 양질의 데이터를 유지하는 것은 매우 중요하다. 데이터 웨어하우징 인스티튜트Data Warehousing Institute는 저품질 데이터로 인해 미국 기업이 연간 6,000억 달러의 비용을 지출하는 것으로 추정한다. 그 수치는 높아 보일 수 있지만, 그렇지 않다. 조직이 광고 전략을 위해 데이터 웨어하우스나 데이터 마트를 사용한

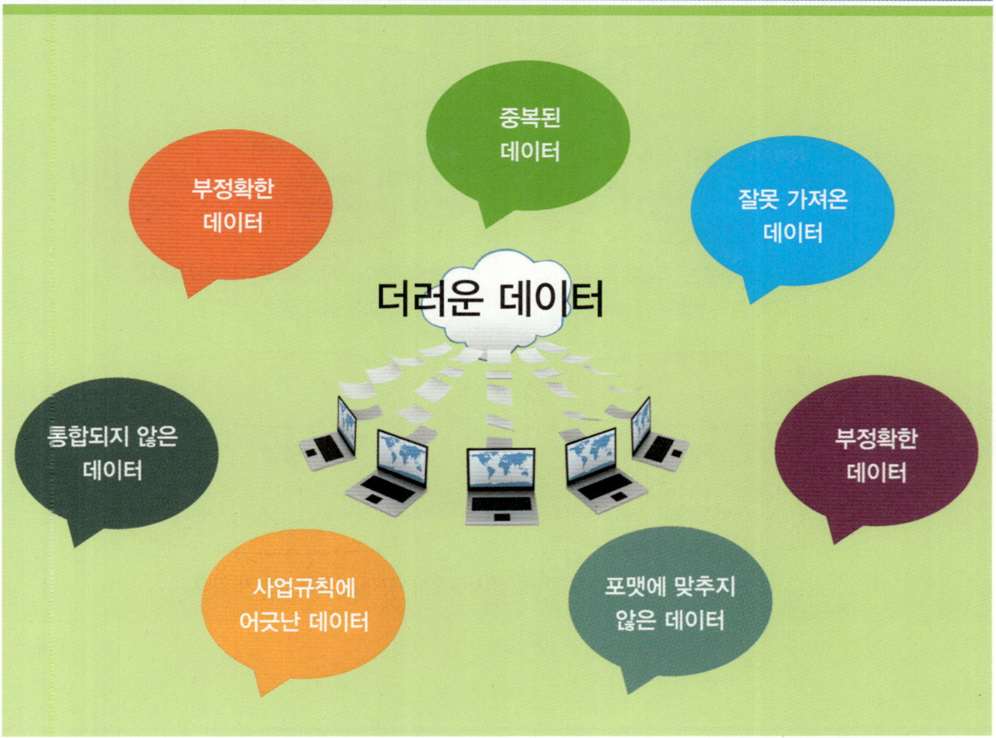

그림 6.23
더러운 데이터 문제

다면 품질이 낮은 데이터는 올바른 결정을 내리는 부정적인 영향을 미칠 것이다.

- **더러운 데이터**Dirty data: 오류가 있거나 결함이 있는 데이터
- **데이터 정리 또는 스크러빙**: 일관성이 없고, 잘못되었거나 불완전한 데이터를 제거하고 수정하거나 삭제하는 프로세스

소스에서 더러운 데이터를 완전히 제거하는 것은 비현실적이거나 사실상 불가능하다. Gartner Inc.에 따르면 더러운 데이터는 MIS 문제가 아니라 비즈니스 문제이다. 향후 2년 등안 Fortune 1,000대 기업의 중요 데이터 중 25% 이상이 계속해서 결함이 있을 것이다. 즉, 데이터가 부정확하거나 불완전하거나 중복된다는 것이다(그림 6.23 참조).

데이터 웨어하우스나 데이터 마트에서 양질의 데이터를 유지하는 것은 매우 중요하다. 조직 데이터의 품질을 높이고 의사 결정의 효율성을 높이려면 기업은 데이터를 깨끗하게 유지하기 위한 전략을 수립해야 한다. 데이터 정제 또는 스크러빙은 일관되지 않거나 브정확하거나 불완전한 데이터를 제거하고 수정하거나 삭제하는 프로세스이다.

정교한 절차를 사용하여 데이터 웨어하우스 데이터를 분석, 표준화, 수정, 일치 및 통합하는 특수 소프트웨어 도구가 있다. 이 단계는 데이터 웨어하우스에 여러 데이터베이스의 데이터가 포함되는 경우가 많으며, 그 중 일부는 조직 외부에 있을 수 있기 때문에 매우 중요하다. 데이터 웨어하우스에서 데이터 정제는 ETL 프로세스 중에 먼저 발생하고 데이터가 데이터 웨어하우스에 있으면 다시 수행된다. 이상적으로 스크러빙된 데이터는 정확하고 일관성이 있다.

고객 정보를 살펴보면 왜 데이터 정제가 필요한지 밝혀진다. 고객 정보는 여러 운영

그림 6.24
운영 시스템들 내의 접촉 정보

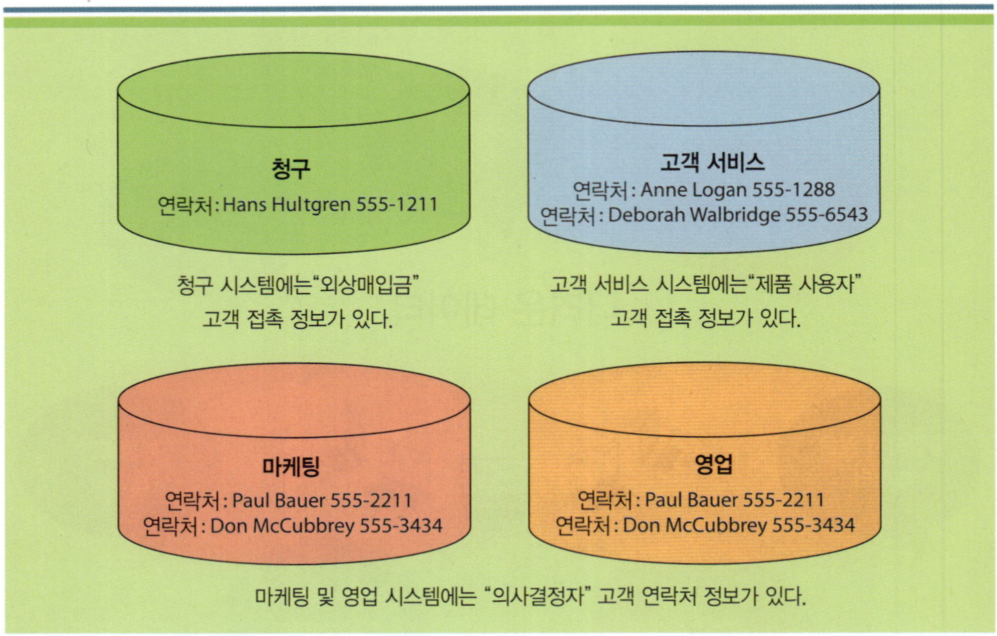

그림 6.25
운영 시스템들 내의 고객명을 표준화하기

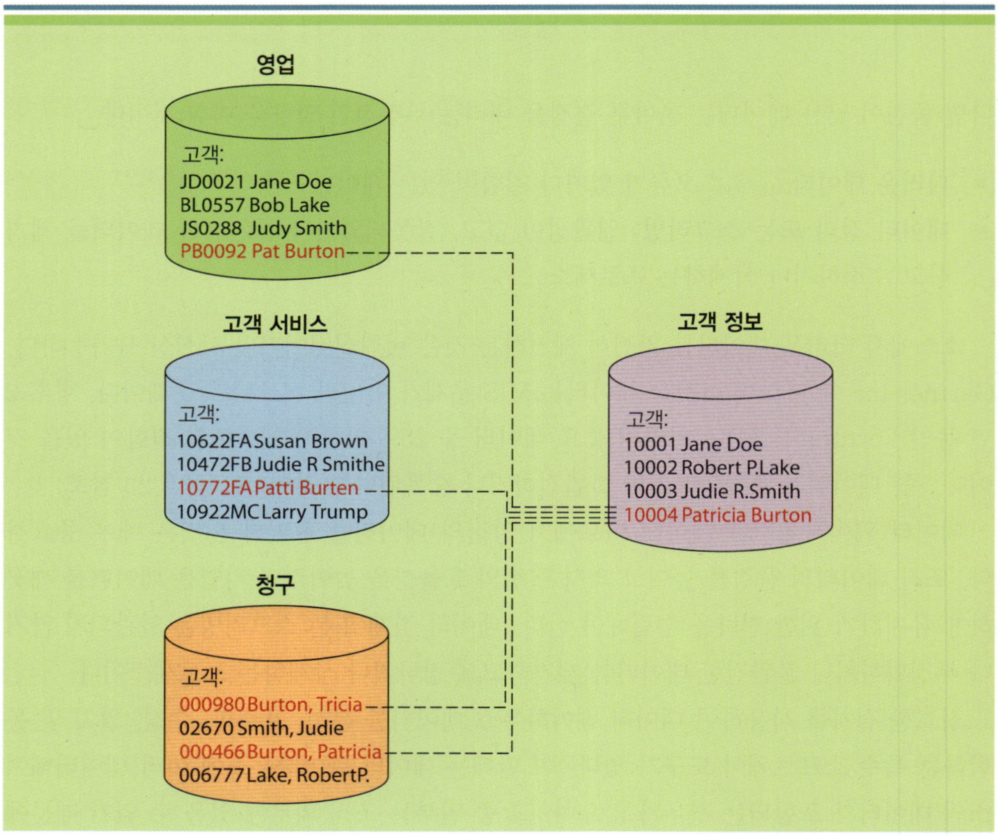

시스템에 존재한다. 각 시스템에서 고객 정보의 세부 항목은, 그 고객이 어떤 업무 프로세스에 연관되는지에 따라서, 고객 번호부터 연락처에 이르기까지 다양하다(그림 6.24

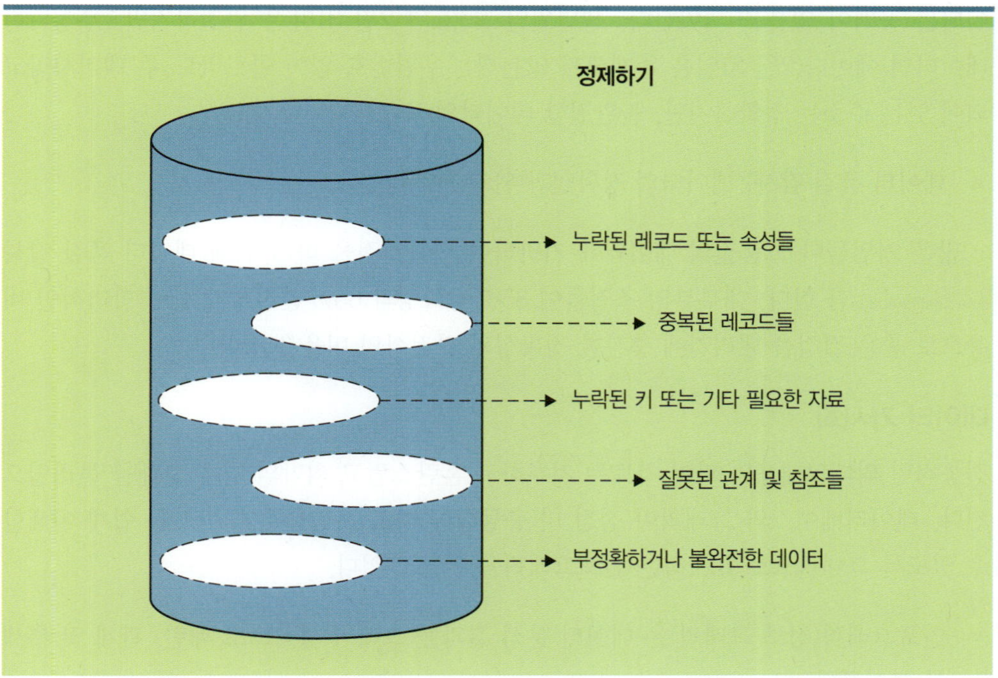

그림 6.26

데이터 정제 활동들

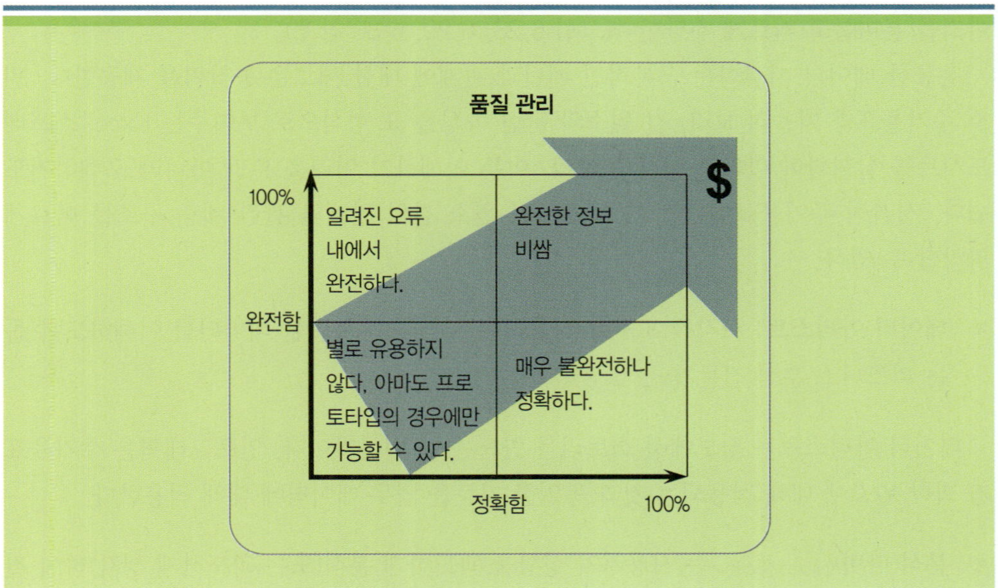

그림 6.27

정확하고 완전한 정보의 비용

참조).

그림 6.25는 다수의 운영 시스템에 다르게 입력된 고객명을 보여준다. 데이터 정제는 조직이 데이터 웨어하우스에서 이런 유형의 불일치를 수정하도록 한다. 그림 6.26은 데이터 정제 동안 발생하는 일반적인 일들을 보여준다.

완벽한 데이터를 얻는 것은 거의 불가능하다. 더 완전하고 정확한 정보를 원할수록 들어가는 비용이 더 커진다(그림 6.27 참조). 기업들은 또한 완전성을 위해 정확성은 어느 정도 포기해야 할 수도 있다. 정확한 데이터는 틀리지 않음을 의미하는 반면, 완전한 데이터는 공백이 없음을 의미한다. 생년월일 '2025년 2월 31일'은 완전하지만, 부정확한 데이터의 예이다(2월 31일은 존재하지 않는다). 우편번호 없이 콜로라도 주 덴버시라고 되어 있는 주소는 정확하지만, 불완전한 데이터의 예시이다.

- **데이터 품질 감사**: 데이터의 정확성과 완전성을 확인

많은 기업들이 고품질의 데이터에 기반하여 의사결정을 하기 위해 데이터 품질 감사 data quality audits를 한다. 대부분의 조직들이 85% 정확성과 65% 완전성과 같이 합리적인 비용으로 좋은 결정을 내리기에 충분한 정확성과 완전성의 비율을 정한다.

데이터 가시화

전통적인 막대그래프와 파이 차트는 지루하고 혼란스럽고 최악의 경우 오해를 불러일으킨다. 데이터베이스와 그래픽이 점점 더 충돌함에 따라 사람들은 데이터를 쉽게 이해할 수 있도록 그래픽으로 표시하는 인포그래픽을 만들고 있다.

- 인포그래픽(정보 그래픽)은 데이터 분석 결과를 그래픽 형식으로 패턴, 관계 및 추세를 보여준다.

인포그래픽은 사용자가 숫자, 표, 지루한 차트를 분석하지 않고도 이해할 수 있는 이야기를 흥미롭고 빠르게 전달한다(그림 6.28, 6.29, 6.30 참조).

훌륭한 데이터 시각화는 근본적인 패턴과 관계에 대한 새로운 통찰력을 제공한다. 원소 주기율표를 떠올려 보라. 각 원소와 관련 속성을 표 형식으로 보여주는 Excel 스프레드시트를 살펴봐야 한다고 상상해 보라. 이는 이해하기 어려울 뿐만 아니라 오해하기도 쉽다. 시각적 주기율표에 원소를 배치하면 원소 간의 관계와 관련 계층 구조를 빠르게 파악할 수 있다.

- **데이터 아티스트**: 시각적 도구를 사용하여 사람들이 복잡한 데이터를 이해하도록 돕는 비즈니스 분석 전문가

데이터 아티스트는 정보에서 스토리를 만드는 데 전문가이다. 인포그래픽은 주기율표가 화학 원소에 대해 적용되는 것과 동일한 기능을 업무 데이터에 대해 적용한다.

- **분석 마비** Analysis paralysis는 사용자가 상황을 과도하게 분석(또는 과도하게 생각)하여 결정이나 조치를 취하지 않는 감정 상태에 빠져 결과를 사실상 마비시키는 경우 발생

빅데이터 시대에 분석 마비가 문제가 되고 있다. 한 가지 솔루션은 데이터 시각화를 사용하여 사람들이 더 빨리 결정을 내릴 수 있도록 하는 것이다.

- **데이터 시각화**: 사용자가 정보를 비즈니스 관점으로 변환할 수 있도록 데이터를 보여주는 기술을 말한다. 데이터 시각화는 원시 데이터만 사용하는 것보다 훨씬 빠르게 파악하고 이해할 수 있는 형식으로 데이터를 배치하여 복잡한 데이터 세트를 단순화하는 강력한 방법이다.

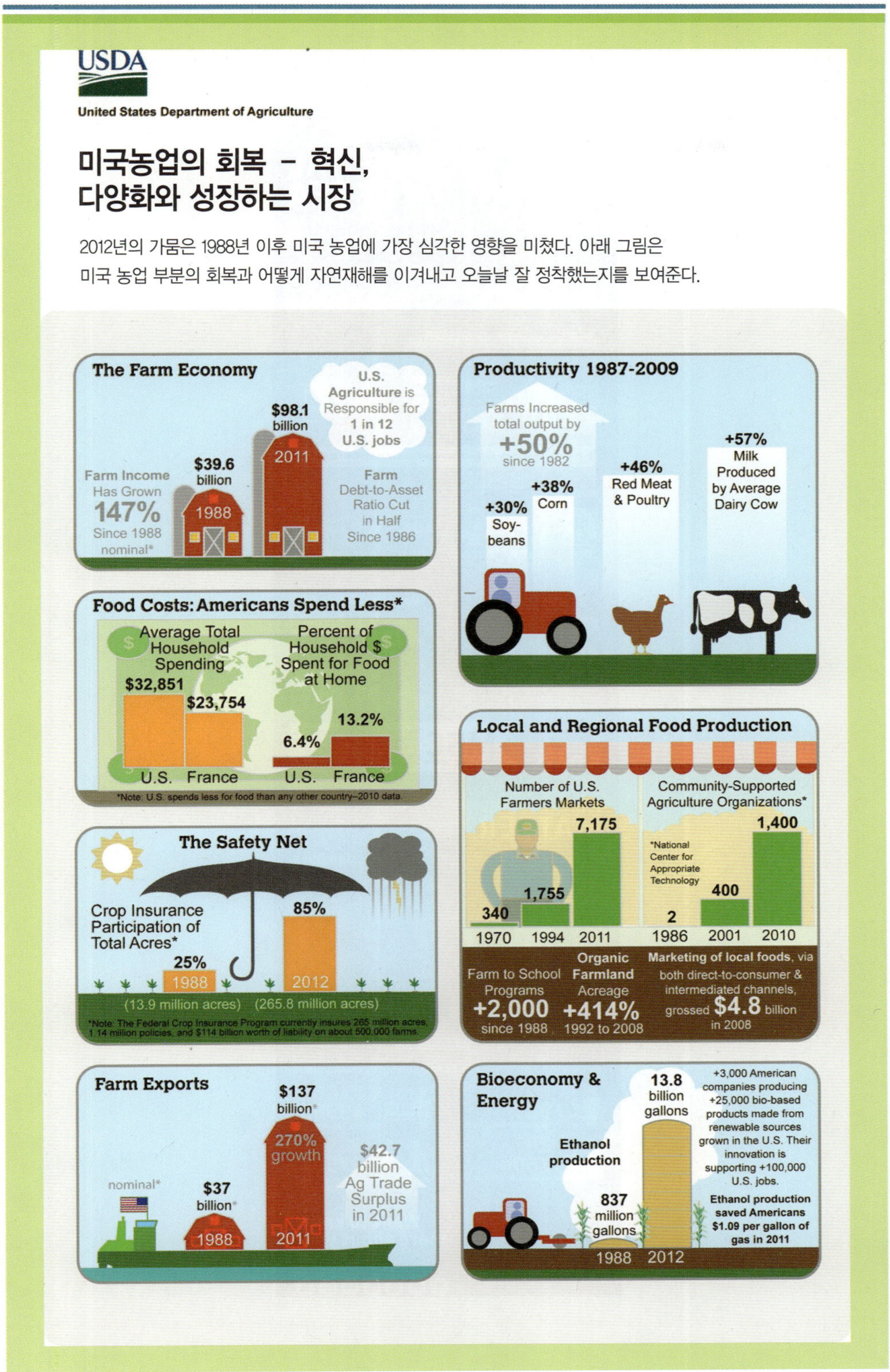

그림 6.28

인포그래픽 뉴스 예시

- 데이터 시각화 도구는 Excel 그래프 및 차트를 넘어 컨트롤, 도구, 지도, 시계열 그래프 등과 같은 정교한 분석 기술로 만들어준다. 데이터 시각화 도구는 인식할 수 없었던 데이터의 상관관계와 추세를 발견하는 데 도움이 된다.

그림 6.29

인포그래픽 예시

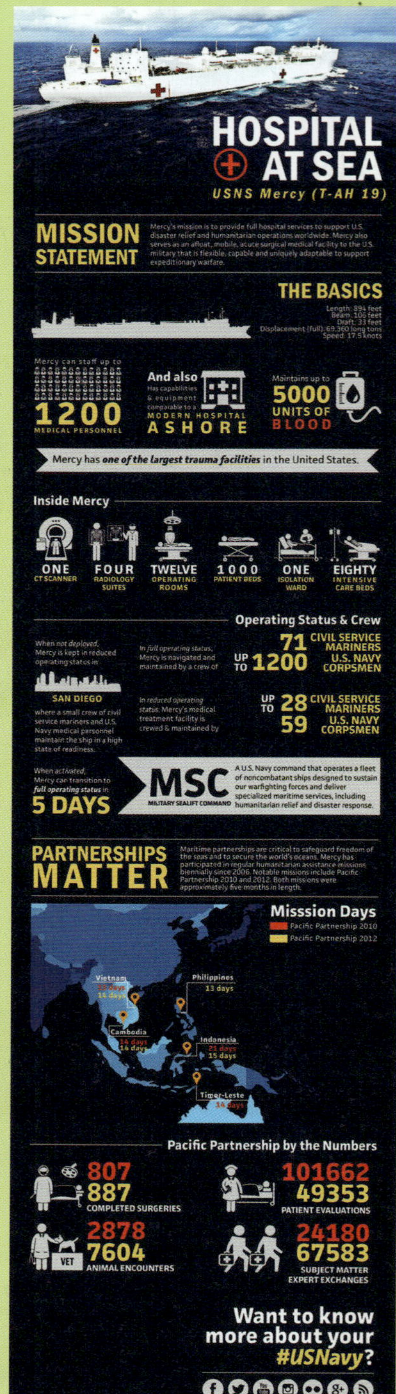

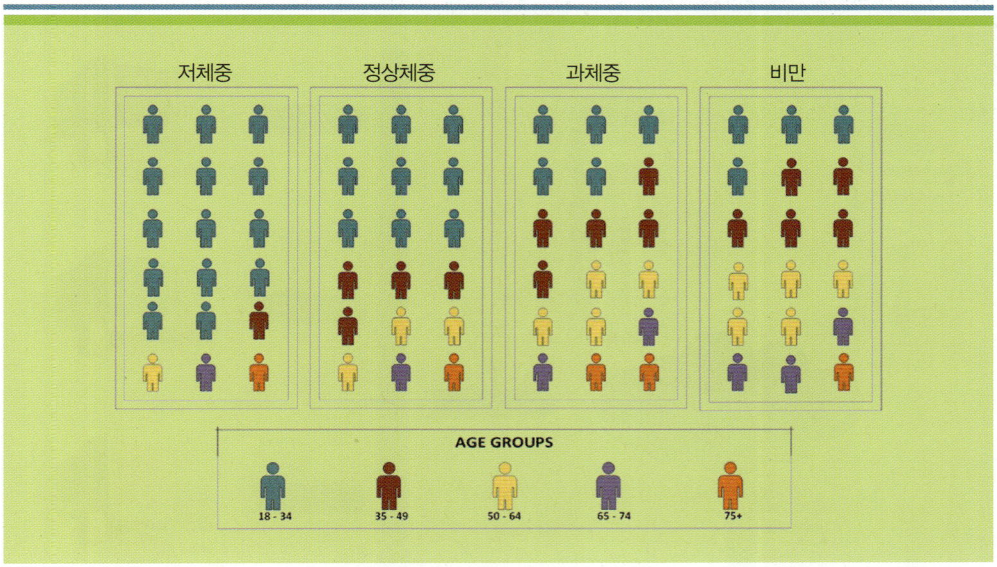

그림 6.30
인포그래픽 헬스 예시

블록체인: 분산 컴퓨팅

블록체인은 사회를 변화시킬 파괴적인 기술로 거론되고 있다. 1990년대 중반 인터넷이 그랬던 것처럼 블록체인이 글로벌 비즈니스 환경을 대폭 변화시킬 것이라 한다. 블록체인의 파괴적인 잠재력과 그 활용은 금융, 뉴스 미디어, 의료, 법률 및 공급망과 같은 산업 운영에 혁신적인 영향을 가져올 것이다. 블록체인에 대해 자세히 알아보기 전에 분산 컴퓨팅이 어떻게 작동하는지 간단히 살펴보자.

- 분산 컴퓨팅은 컴퓨팅 환경에서의 여러 설비들에서 알고리즘을 처리하고 관리한다.

빅 데이터 및 블록체인 기술의 핵심 구성 요소는 메모리에서 네트워크, 스토리지에 이르기까지 자원을 공유하는 분산 컴퓨팅 환경이다. 분산 컴퓨팅을 사용하면 개별 컴퓨터가 지리적으로 떨어져 있어도 함께 네트워크로 연결되어 하나의 단일 컴퓨팅 환경인 것처럼 작업 또는 컴퓨팅 프로세스를 실행한다. 예를 들어, 동일한 물리적 서버에 수행할 프로그램을 전달하고 메시지 서비스를 사용하여 통신하고 데이터를 전달할 수 있다. 또한 각각 고유한 컴퓨팅 메모리가 있는 여러 시스템이나 서버가 함께 작동하여 공통 문제를 해결하는 분산 컴퓨팅 환경을 가질 수 있다. 그림 6.31은 전형적인 분산 환경을 보여준다.

블록체인은 생각보다 빨리 데이터 기록의 표준이 될 수 있다. 우리는 블록체인과 스마트 계약 플랫폼이 확대되길 기대한다. 세상을 바꿀 수 있는 진정으로 파괴적인 아이디어로 디지털 자산을 안전하게 저장하고 전송할 수 있는 P2P 불변 데이터베이스이다. 블록체인을 사용하여 서비스할 산업은 다음과 같다.

- **뱅킹**: 블록체인 기반 솔루션은 금융 분야에서 차세대 화두가 될 것이다. 블록체인 기반 뱅킹 시스템은 보다 안전하고 비용 효율적이다.
- **위조 및 사기 감지**: 공급망의 어딘가에서 이상이 감지되면 블록체인 시스템이 사용

그림 6.31

분산컴퓨팅 환경

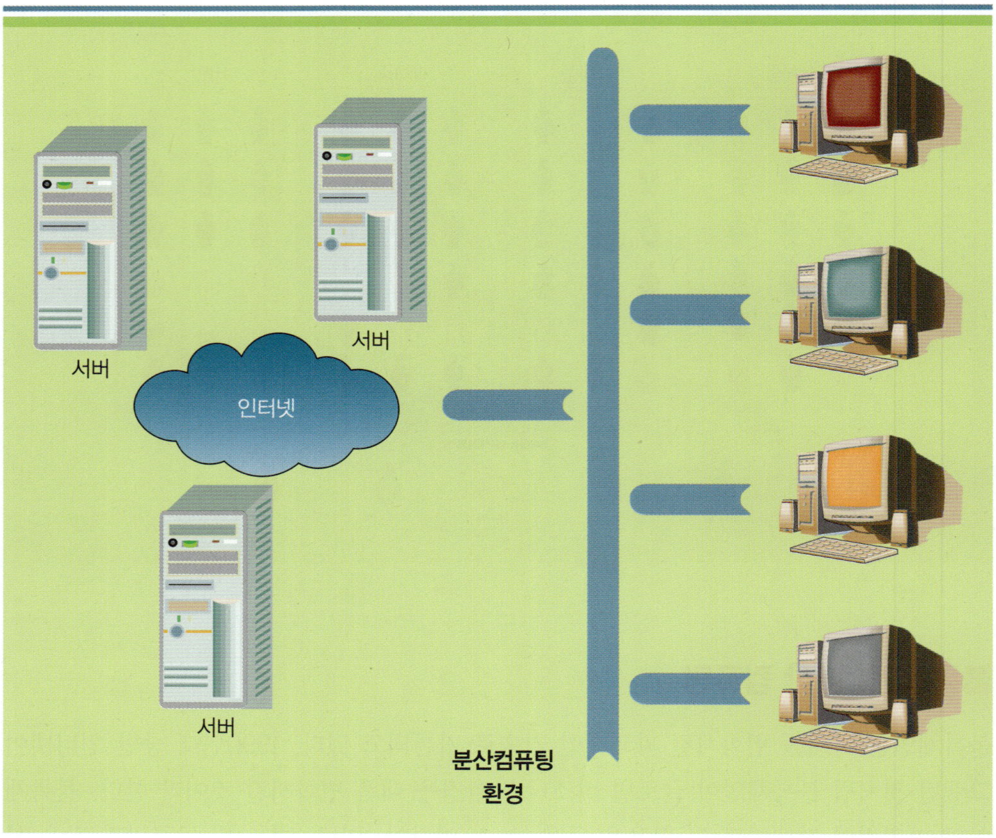

자를 원점으로 데려갈 수 있다. 이를 통해 기업은 조사를 수행하고 필요한 조치를 더 쉽게 수행할 수 있다. 예를 들어, 식품 부문에서 원산지, 배치 데이터 및 기타 중요한 세부 정보를 추적하는 것이 품질 보증 및 안전에 매우 중요하다.

- **결제**: 블록체인은 거래 비용이 없는 직접적이고 빠르고 안전한 결제 방식으로 결제 솔루션의 미래가 될 것이다.
- **헬스케어**: 블록체인은 플랫폼 간의 환자 데이터 공유를 보호하고 건강 데이터 제공자 간의 더 나은 협업을 촉진하여 정확한 진단 가능성을 높이는 데 도움이 된다.
- **법률 및 스마트 계약**: 시간이 많이 소요되는 계약 거래는 특히 지속적으로 수많은 의사소통을 처리하는 기업의 경우 비즈니스 성장에 병목 현상을 일으킬 수 있다. 스마트 계약을 사용하면 블록체인 구성을 통해 계약을 자동으로 검증, 서명 및 시행할 수 있다. 이를 통해 중재자가 필요하지 않으므로 회사의 시간과 비용이 절약된다.
- **공급망**: 물류 네트워크에 대한 블록체인의 주요 이점은 네트워크 전반에 걸쳐 공유되고 안전한 데이터 기록을 만드는 것이다. 공급망 관리를 위해 블록체인 기술은 추적성과 비용 효율성의 이점이 있다. 간단히 말해서 블록체인은 상품의 이동, 원산지, 수량 등을 추적하는 데 사용할 수 있다. 이는 B2B 생태계에 새로운 차원의 투명성을 제공하여 소유권 이전, 생산 프로세스 보증 및 지불과 같은 프로세스를 단순화한다.
- **투표**: 공급망 관리에서와 마찬가지로 투표에서 블록체인은 모두 신뢰로 귀결된다. 현재, 정부 선거와 관련된 기회들이 생기기도 한다. 예시로 지방 선거에서 블록체인

비즈니스 중심적 ESG

암호화폐는 에너지 소비의 주요 원인이 되었으며, 전 세계 비트코인 네트워크는 2018년 아일랜드 전체의 전력 사용량과 맞먹는 전력을 사용했다. 빌 게이츠는 기후 변화에 맞서 싸우는 옹호자이다. 게이츠는 비트코인이 다른 어떤 방식보다 거래에 더 많은 전력을 사용함으로써 환경 피해를 유발한다고 생각한다. 다른 사람들은 암호화폐가 포함된 디지털지갑이 기존 은행 방식을 대체할 것이라고 생각한다.

점점 더 많은 사람들이 이러한 유형의 거래와 관련된 환경 문제를 이해하게 되면 암호화폐가 사라질 것이라고 생각하는가, 아니면 디지털지갑이 기존 은행 방식을 대체할 것이라고 생각하는가?

암호화폐는 환경에 해를 끼치는가?

의 효율성을 테스트하기 위한 모스크바 정부의 시도이다. 그렇게 하면 전자 투표 시스템의 보급에도 불구하고 큰 문제인 부정 선거의 가능성이 크게 줄어든다.

블록체인은 어떻게 운영되는가?

변경 불가한 데이터 레코드를 저장하는 분산 시스템을 구축해야 한다면 블록체인이 답이다.

- **원장**Ledger: 분류된 요약 거래 데이터를 기록한다.
- 블록체인은 거래 데이터에 대한 영구적이고 변조 방지 기록을 유지하는 데이터 블록으로 구성된 일종의 분산 원장이다.

분산 원장을 사용하면 전 세계의 다양한 당사자가 동일한 데이터에 액세스하고 확인할 수 있다. 블록체인은 분산된 데이터베이스가 네트워크에 속한 컴퓨터에 의해 관리되는 분산 컴퓨팅의 한 형태이다. 분산 네트워크상에 있는 각 컴퓨터는 하나의 기록 실패도 방지하기 위해 원장의 복사본을 유지 관리하고 모든 복사본은 동시에 업데이트되고 유효성이 검사된다. 수천 또는 수백만 대의 컴퓨터에서 데이터를 공유하고 지속적으로 조정하기 때문에 블록체인을 손상시키는 것은 거의 불가능하다.

블록체인이 금융 거래를 돕는 방법의 예를 살펴보자. 전통적인 지불 방법은 거래를 실행하기 위해 제3자(예: Visa, PayPal, 은행)에 의한 신뢰를 필요로 한다. 제3자는 각 계정의 거래 및 잔액을 저장하는 자체 개인 원장을 유지한다. 예를 들어, Hannah가 Sophie에게 150달러를 지불하기를 원하는 경우 신뢰할 수 있는 제3자 서비스는 Hannah의 계좌에서 인출하고 Sophie의 계좌에 입금하며 두 참가자 모두 제3자가 올바른 일을 할 것이라고 믿는다. 블록체인은 블록에 대한 연결고리일 뿐이며, 각각의 새로운 블록은 이전 블록을 참조로 통합된다. 각 블록에는 블록 또는 당사자 간에 디지털 자산을 전송하는 거래 데이터가 포함될 수 있다. 유효한 블록체인은 상충되는 거래를 포함

그림 6.32

중앙집중식 원장과 분산 원장의 예시

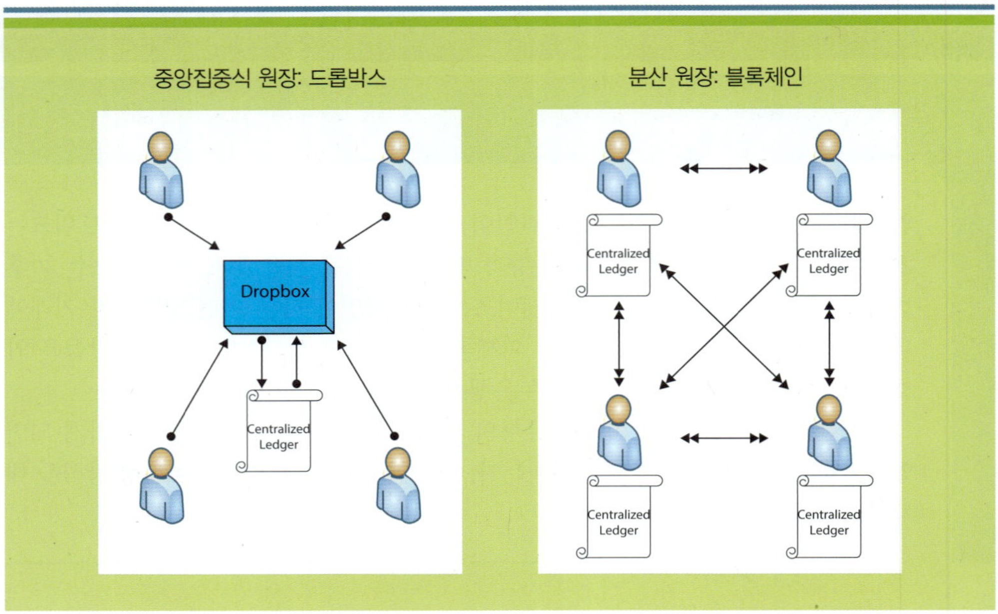

할 수 없다. 유효하지 않은 블록체인은 모든 참가자가 무시한다. 참가자는 Hannah에서 Sophie로 전달되는 $150 지불을 볼 때 Hannah에서 Sophie로 전달되는 동일한 $150의 블록체인에 대한 이전 거래가 없는지 쉽게 확인할 수 있다.

하나 이상의 유효한 블록체인이 있을 수 있으므로 이것만으로는 문제를 해결할 수 없다. Hannah가 Sophie에 지불한 금액과 Hannah가 Louey에 지불한 금액을 포함하는 항목이 있을 수 있다. 시스템이 유용하려면 어떤 블록체인이 "승리(제대로 됨)"할지 알 때까지 두 지불 모두 확인된 것으로 간주하지 않도록 하는 방법이 필요하다.

- **작업 증명**proof-of-work: 분산 원장 또는 블록체인에서 새로운 무신뢰 트랜잭션(블록) 그룹을 생성하기 위해 수행해야 하는 값비싼 컴퓨터 계산(마이닝이라고도 함)을 정의하기 위한 요구 사항

작업 증명에는 두 가지 주요 목표가 있다.

1. 거래의 적법성을 확인하거나 소위 이중 지출을 방지하기 위해
2. 이전 작업을 수행한 채굴자에게 보상하여 새로운 디지털 통화를 생성하기 위해

작업 증명이 없다면 누구나 트랜잭션을 편집하고 모든 해시 값을 다시 계산하여 자체 유효한 해시 연결 트랜잭션 세트로 새로운 블록체인을 만들 수도 있다. 작업 증명은 블록체인의 참가자가 특정 블록이 제대로 된 블록체인의 일부로 영원히 남을 것이라는 확신을 갖도록 한다. 이것은 블록체인에 수십억 개의 값비싼 계산을 추가하고 가장 긴 블록체인을 확장한 채굴자에게 보상함으로써 달성된다. 다음은 블록체인 거래에서 일어나는 일의 예시이다.

- 트랜잭션은 블록으로 함께 묶인다.

- 채굴자는 각 블록 내의 거래가 합법적인지 확인한다.
- 그렇게 하기 위해 광부는 작업 증명 문제로 알려진 수학적 퍼즐을 풀어야 한다.
- 각 블록의 문제를 가장 먼저 해결한 채굴자에게 (비트코인 등) 보상이 주어진다.
- 검증된 거래는 퍼블릭 블록체인에 저장된다.

그림 6.32는 하나의 중앙 사본이 저장되고 모든 참가자가 중앙 사본에 액세스하는 Dropbox와 같은 중앙 집중식 원장의 예와 네트워크의 모든 노드에서 분산 원장에 액세스하는 분산형 블록체인의 예를 보여준다.

분산 원장에는 수많은 장단점이 있다. 누구의 도움도 없이 비밀번호를 잃어버리는 것은 분명히 단점이다. 비트코인이 가치가 있다고 생각하는 이유는 무엇인가? 비트코인을 구매할 것인가? 비트코인을 사용하는 것의 장단점은 무엇인가?

- **비트코인**: 거래 기록이 유지되고 수학 문제의 계산적 해법을 통해 새로운 화폐 단위가 생성되는 디지털 화폐의 한 유형으로, 중앙은행의 개입 없이 독립적으로 운영된다.

비트코인은 2009년 사토시 나카모토라는 가명을 사용하는 익명의 인물이 만든 새로운 화폐이다. 같은 해에 사토시 나카모토가 블록체인을 도입했다.

비트코인 거래는 중개자 없이, 즉 은행 없이 이루어진다. 비트코인은 어떤 국가에도 구속되지 않으며, 규제의 대상이 되지 않는다! 거래 수수료도 없고 실명도 공개할 필요가 없다. 비트코인은 비트코인 채굴기라고 불리는 대규모 기계 네트워크를 통해 운영되도록 설계된 시스템이었고, 지구상의 누구든 이러한 기계 중 하나를 운영할 수 있다.

이 분산 소프트웨어는 새로운 화폐의 시드를 형성하여 소수의 비트코인을 생성했다. 기본적으로 비트코인은 블록체인이라는 온라인 원장에 저장된 긴 디지털 주소와 잔액일 뿐이다(앞서 설명한 "블록체인: 분산 컴퓨팅" 섹션 참조). 하지만 이 시스템은 또한 화폐의 사용이 점진적으로 확대되고 사람들이 시스템 자체의 성장을 위해 비트코인 채굴기를 운영하도록 장려하도록 설계되었다.

비트코인은 사용자가 비트코인을 주고 받거나, 상품을 구매하거나, 돈을 저축할 수 있는 일종의 가상 은행 계좌인 디지털지갑에 저장된다. 각 비트코인 거래는 공개 로그에 기록되지만, 구매자와 판매자의 이름은 절대 공개되지 않으며, 지갑 ID만 공개된다. 비트코인 사용자의 거래 내역은 비공개로 유지되지만, 거래 내역을 쉽게 추적할 수 없다. 바로 이러한 이유로 비트코인은 온라인에서 마약을 구매하거나 기타 불법 행위에 가담하는 사람들이 선호하는 화폐가 되었다. 비트코인의 미래는 아무도 모른다. 대부분 규제되지 않지만, 이러한 상황은 바뀔 수 있다. 정부는 과세와 통화에 대한 통제력 부족을 우려하고 있다.

- **이더리움**: 스마트 계약 기능을 갖춘 탈중앙화 오픈 소스 블록체인. 이더는 이 플랫폼의 기본 암호화폐이다. 비트코인에 이어 시가총액 기준 두 번째로 큰 암호화폐이다. 이더리움은 가장 활발하게 사용되는 블록체인이다.
- **블록**: 해시, 이전 해시, 그리고 데이터를 포함하는 데이터 구조

그림 6.33

블록체인에서 블록 구성 요소

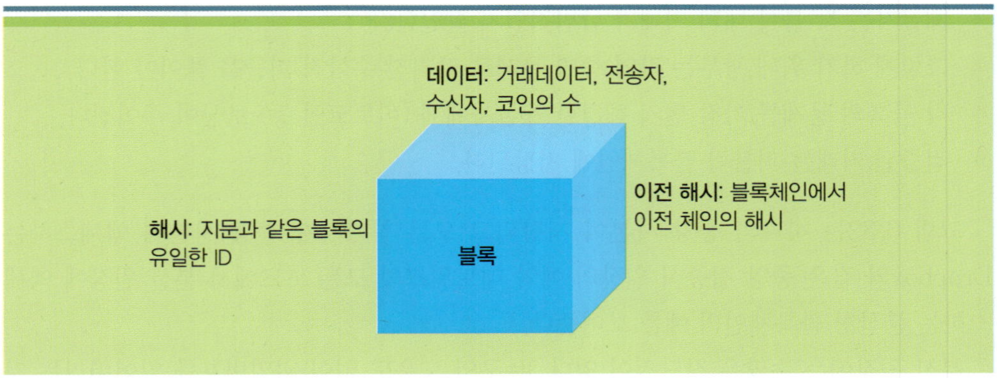

그림 6.34

블록체인에서 멀티플 블록

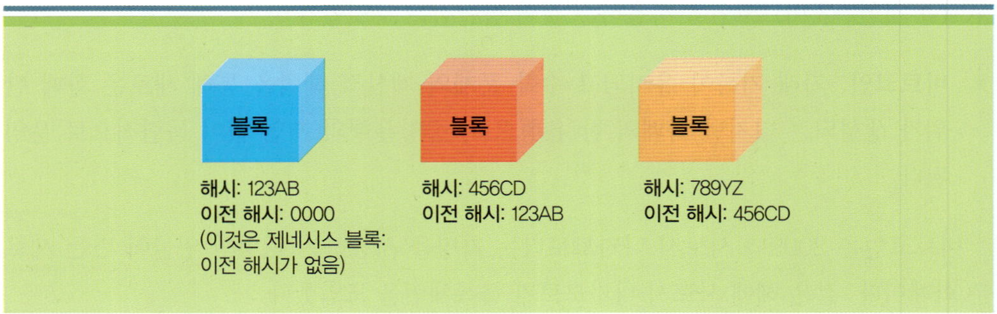

- **제네시스 블록**: 블록체인에서 생성된 첫 번째 블록
- **해시**: 문자와 숫자 입력을 고정 길이의 암호화된 출력으로 변환하는 함수(그림 6.33 참조)

해시는 블록체인의 연결 고리이다. 각 비트코인 거래에는 이전 거래의 해시가 포함되어 있다. 거래 데이터가 변경되면 컴퓨터는 데이터가 정확하지 않다는 것을 확인할 수 있다. 따라서 거래의 무결성과 순서가 보호된다. 해시는 알고리즘을 사용하여 생성되며, 블록체인 관리에 필수적이다. 새로운 거래가 발생할 때마다 새 블록이 블록체인에 추가되며, 이 블록에는 새 데이터, 고유 해시, 그리고 이전 블록의 해시가 포함된다. 블록체인 네트워크에서 검증된 각 거래는 타임스탬프가 찍히고 해싱 프로세스에 의해 암호화된 데이터 "블록"에 포함된다. 이 해싱 프로세스는 이전 블록의 해시와 연결되고 통합되어 다음 시간 순서대로 체인에 추가된다.

컴퓨터는 해시를 사용하여 사물을 비교한다. 두 이미지가 정확히 같은지 알아야 한다고 가정해 보자. 한 가지 방법은 각 픽셀을 검사하여 일치하는지 확인하는 프로그램을 작성하는 것이다. 이 작업에는 엄청난 시간이 소요된다. 또 다른 방법은 각 이미지의 해시를 계산하고 해시를 비교하는 것이다. 해시가 일치하면 두 이미지는 동일하다. 이 작업은 평균적인 컴퓨터에서 초당 수백만 번 수행될 수 있다.

해싱 프로세스는 체인을 "깨지지 않게" 만든다. 즉, 검증을 거쳐 블록체인에 저장된 데이터는 조작하거나 삭제할 수 없다. 조작을 시도하면 체인의 후속 블록이 해시가 유효하지 않기 때문에 해당 수정 시도를 거부하기 때문이다. 다시 말해, 데이터가 변조되면 블록체인이 손상되고 그 원인을 쉽게 파악할 수 있다. 이러한 특징은 데이터를 쉽게 수정하거나 삭제할 수 있는 기존 데이터베이스에서는 찾아볼 수 없다.

블록체인은 본질적으로 특정 시점의 사실들을 기록한 원장이다. 비트코인의 경우, 이러한 사실들에는 주소 간 비트코인 전송에 대한 데이터가 포함된다. 그림 6.34는 거래 데이터의 체크섬이 헤더의 일부로 추가되고, 이 체크섬이 해시되어 전체 블록의 체크섬이 되는 방식을 보여준다.

작업 증명 알고리즘이 거래를 검증하고 새로운 블록을 생성하는 것을 목표로 수학 문제를 푼 채굴자에게 보상을 제공하는 것과 달리, 지분 증명 알고리즘에서는 새로운 블록의 생성자가 결정론적 방식으로 선택되며, 이는 지분으로 정의된다.

- **지분 증명**: 거래를 검증하고 분산 합의를 달성하는 방식. 여전히 알고리즘이며, 목적은 작업 증명과 동일하지만, 목표에 도달하는 과정은 상당히 다르다.

블록체인의 이점

블록체인 기술 구현의 세 가지 이점은 다음과 같다.

1. **불변성**Immutability: 블록체인은 암호화 기술의 엄청난 발전을 제공하여 기존의 중앙 집중식 데이터베이스보다 훨씬 더 안전한 네트워크를 생성한다. 기존 데이터베이스에서 악의적인 직원이나 해커는 데이터에 접근 권한이 있어서 이전 기록 트랜잭션을 잠재적으로 변경할 수 있다.

   - 불변은 변경 불가하다는 것을 의미
   - 불변성은 블록체인 원장이 영구적이고 지울 수 없으며, 변경할 수 없는 거래 내역으로 남을 수 있는 능력

   불변성은 감사 프로세스를 빠르고 효율적이며 비용 효과적인 절차로 변환하고 기업이 매일 사용하고 공유하는 데이터에 더 많은 신뢰와 무결성을 가지게 된다. 이것이 블록체인 기술의 주요 이점이다.

   전통적인 데이터베이스에는 만들기, 읽기, 업데이트 및 삭제CRUD 옵션이 있다. 블록체인에서는 만들기 및 읽기 옵션만 허용되므로 트랜잭션을 업데이트하거나 삭제할 수 없다. 각 트랜잭션은 한 번 생성되고 영원히 유지되므로 블록체인의 데이터가 지속적으로 증가한다. 그러나 데이터 센터 전반에 걸쳐 블록체인을 구현하면 과거 데이터를 수정하기 위해 데이터 센터 전반에 걸쳐 많은 팀이 협력해야 하므로 데이터 변조 가능성이 크게 줄어든다. 환경이 광범위할수록 데이터를 조작하기가 더 어려워진다.
2. **디지털 트러스트**: 원장은 단일 위치에 저장되지 않으며, 특정 기업에 의해 관리되지 않는다. 블록 간의 암호화 연결은 데이터 불변성을 보장한다. 데이터는 수백만 대의 컴퓨터에서 동시에 호스팅되기 때문에 공개되고 쉽게 확인할 수 있다. 누구나 사본을 유지하고 정확성을 확인할 수 있다. 즉, 서버와 클라우드는 전 세계의 자원하는 사람들에 의해 운영되는 수많은 노드로 대체된다. 이것은 제3자 없이 탄력성과 신뢰를 제공한다.

비즈니스 중심적 토론

인테그러티 인포메이션 회사

마이클 조셉 윙켈만Michael Joseph Winkelmann은 Beeple 또는 Beeple Crap이라는 예명으로 활동하는 미국의 디지털 아티스트, 그래픽 디자이너, 애니메이터이다. 사우스캐롤라이나 주 찰스턴에 있는 그의 집에서 그는 단편 영화와 Everydays(하루에 한 그래픽)를 포함한 다양한 디지털 아트워크를 제작한다. Beeple은 다양한 매체를 사용하여 정치적, 사회적 논평을 담은 코믹하고 환상적인 작품을 제작하며, 대중문화 인물을 참고 자료로 활용한다.

다음은 이러한 새로운 유형의 예술 작품이 판매된 몇 가지 사례이다.

- 2021년, 이전에는 실물 작품만 판매했던 225년 역사의 경매장 크리스티는 Beeple이 Everydays 5,000일을 담은 완전 디지털 작품을 경매에 부쳤다. 이 작품은 6,934만 6,250달러라는 기록적인 가격에 낙찰되었다.
- 9만 5천 달러에 달하는 뱅크시Banksy 작품은 최근 불에 타 NFTNon-Functional Print로 제작되어 거의 40만 달러에 판매되었다.
- 고양이 밈은 최근 60만 달러에 판매되었다.
- 트위터 공동 창립자이자 CEO인 잭 도시는 자신의 첫 트윗(NFT)을 290만 달러(약 30억 원) 이상에 판매했다. "저희 트위터를 새로 만들었어요"라는 내용의 이 트윗은 도시가 2006년 3월 21일에 처음 게시했다.

모임에서 NFT의 가치에 대해 토론해 보라. 트윗 하나에 수백만 달러를 지불하겠는가? NFT는 앞으로 예술계에 어떤 변화를 가져올까?

3. **사물 인터넷 통합**: 블록체인 네트워크에 무선으로 연결된 IoT 장치는 자동으로 다자간 거래의 분산 원장을 자동으로 업데이트하고 내부적으로 네트워크의 다른 장치에 또는 외부적으로는 사전 계약에 따라 데이터에 액세스할 권한이 있는 운영자에게 데이터를 전달할 수 있다. 유료 주문형 접근을 지원하기 위해 IoT 네트워크에는 분산 원장 기술이 기본적으로 지원할 수 있는 내장 결제 시스템이 필요하다.

블록체인 기반 스마트 계약은 IoT로 연결된 스마트 장치와 외부 세계와의 IoT 인터페이스 간에 필요한 조정을 제공할 수 있다. 스마트 계약의 조건에 따라 자동차에 대한 비용이 지불된 경우에만 자동차 잠금 장치가 작동하는 IoT 시나리오를 상상해 보라.

대체 불가능 토큰NFT

모든 비트코인이 설계상 동일한 반면, NFT는 고유하다.

- **대체 불가능 토큰**NFT: 블록체인 기술로 뒷받침되는 디지털 서명으로, 무언가의 소유

권을 증명한다.

NFT가 제공하는 것은 어느 정도 희소성이다. 물리적 세계의 예술 작품을 나타내는 토큰을 구매할 수 있지만, NFT는 이미지나 트윗과 같은 디지털 자산도 지원한다. 현재 NFT 시장의 상당 부분은 디지털 아트워크, 스포츠 카드, 희귀품과 같은 수집품을 중심으로 이루어진다. 실물 화폐와 마찬가지로 암호화폐는 대체 가능하다(즉, 거래 또는 교환이 가능함). 예를 들어, 하나의 비트코인은 다른 비트코인과 항상 동일한 가치를 가진다. NFT는 사진, 비디오, 오디오 및 기타 유형의 디지털 파일과 같은 항목을 표현하는데 사용될 수 있다. 블록체인의 암호화 자산에는 고유한 식별 코드와 메타데이터가 있어 서로 구별된다. 암호화폐와 달리 NFT는 등가로 거래되거나 교환될 수 없다. 이는 서로 동일하여 상업 거래의 매개체로 사용될 수 있는 암호화폐와 같은 대체 가능 토큰과는 다르다.

NFT는 각 토큰을 고유하고 대체 불가능하게 만들어 하나의 대체 불가능 토큰이 다른 토큰과 동일할 수 없도록 함으로써 암호화폐의 패러다임을 변화시킨다. NFT는 자산의 디지털 표현이며, 각 토큰이 다른 토큰과 구별되는 고유하고 양도 불가능한 신원을 포함하고 있기 때문에 디지털 여권에 비유되기도 한다. 또한 확장성이 뛰어나 하나의 NFT를 다른 NFT와 결합하여 세 번째의 고유한 NFT를 "형성"할 수 있다.

비트코인과 마찬가지로 NFT에는 토큰 소유자 간의 쉬운 식별 및 양도를 위한 소유권 정보가 포함되어 있다. 소유자는 NFT에 자산과 관련된 메타데이터 또는 속성을 추가할 수도 있다. 예를 들어, 커피 원두를 나타내는 토큰은 공정 거래로 분류될 수 있다. 또는 예술가는 메타데이터에 자신의 서명을 넣어 디지털 아트워크에 서명할 수 있다.

학습 성과 복습

6.1 정보의 가치를 결정하는 네 가지 기본 특성을 설명할 수 있다.

정보란 의미 있고 유용한 내용으로 변환된 자료를 말한다. 정보는 조직에게 현재의 업무가 어떻게 수행되고 있는지를 말해주며, 미래에 업무가 어떻게 수행될지에 대한 평가와 전략을 제공하여 준다. 데이터의 서로 다른 수준, 서식, 입상도와 함께 데이터의 가치를 결정하는 네 가지 기초적인 특성들을 이해하는 것은 매우 중요한데, 그 네 가지 특성들은 다음과 같다. (1) 데이터 종류: 업무transactional, 분석analytical; (2) 데이터 적시성; (3) 데이터 품질; (4) 데이터 거버넌스

6.2 데이터베이스, 데이터베이스 관리 시스템, 관계형 데이터베이스 모델에 대해 설명할 수 있다.

데이터베이스는 다양한 형태의 사물(재고), 사건(거래), 사람(직원), 장소(창고)에 대한 데이터를 유지한다. 데이터베이스 관리 시스템DBMS은 데이터베이스 내의 데이터를 생성하고, 읽고, 갱신하고, 지우며, 동시에 접속과 보안을 통제한다. DBMS는 데이터베이스 상의 데이터를 생성하고, 갱신하고, 저장하고, 검색하는 방법을 제공한다. 관계형 데이터베이스 모델은 사용자들이 관계형 데이터베이스 상의 데이터를 생성하고, 읽고, 갱신하고, 삭제할 수 있도록 해준다.

6.3 관계형 데이터베이스의 경영상 이점을 설명할 수 있다.

많은 기업 경영자들은 업무 데이터를 저장하는 데 사용할 수 있는 엑셀이나 다른 스프레드시트 프로그램에 익숙하다. 스프레드시트는 어떤 데이터 분석을 지원하는 데에는 훌륭하지만, 보안, 접근성, 유연성에 있어서는 제한적인 기능을 제공하며, 사업 성장을 지원하기 위해 확장하기가 거의 불가능하다. 기업 관점에서 보자면, 관계형 데이터베이스는 텍스트 문서나 스프레드시트를 사용하는 데 있어 많은 이점들을 제공하는데, 그 이점들은 유연성 향상, 확장성과 성능 향상, 중복 감소, 무결성(품질) 향상, 보안성 향상을 포함한다.

6.4 경영 의사결정을 지원하기 위해 비즈니스 인텔리전스를 사용할 때의 이점을 설명할 수 있다.

오늘날 많은 조직은 방대한 양의 조직 데이터로 인해 MIS 부서를 제외한 모든 사람이 액세스할 수 없어서 가장 큰 경쟁자는 차치하고라도 자신의 강점과 약점을 이해하는 것이 거의 불가능하다고 생각한다. 조직 데이터에는 데이터베이스에 있는 단순한 구조화된 데이터 요소보다 훨씬 더 많은 것이 포함된다. 이 데이터 집합에는 음성 메일, 고객 전화 통화, 문자 메시지 및 비디오 클립과 같은 비정형 데이터와 Twitter의 트윗과 같은 수많은 새로운 형태의 데이터도 포함된다. 오늘날 관리자는 데이터가 풍부하나 정보가 부족한 상황에 있으며, 이 문제를 해결하기 위해 비즈니스 인텔리전스 시스템을 구현해야 한다.

6.5 조직에서 데이터 웨어하우스 및 데이터 마트의 역할과 목적을 설명할 수 있다.

데이터 웨어하우스는 정보의 논리적인 집합으로, 여러 업무 데이터베이스로부터 모아졌으며, 경영 분석 활동과 의사 결정 업무를 지원해준다. 데이터 웨어하우스의 주요한 가치는 정보를, 더 정확하게는 전략적 정보를 결합하는 것으로, 전 조직을 통틀어 정보를 필요로 하는 사람들이 결정을 내리고 경영 분석을 할 수 있도록 하나의 리포지터리에 정보를 모으는 것이다.

6.6 증앙집중식 관계형 데이터베이스에 비해 블록체인의 장점을 설명할 수 있다.

블록체인은 거래 데이터의 영구적이고 변조 방지 기록을 유지하는 데이터 블록으로 구성된 일종의 분산 원장이다. 분산 원장을 사용하면 전 세계의 다양한 당사자가 동일한 데이터에 액세스하고 확인할 수 있다. 블록체인은 분산된 데이터베이스가 네트워크에 속한 컴퓨터에 의해 관리되는 분산 컴퓨팅의 한 형태이다. 분산 네트워크의 각 컴퓨터는 하나의 기록 실패도 방지하기 위해 원장의 복사본을 유지 관리하고 모든 복사본은 동시에 업데이트되고 유효성을 검사한다. 수천 또는 수백만 대의 컴퓨터에서 데이터를 공유하고 지속적으로 조정하기 때문에 블록체인을 손상시키는 것은 거의 불가능하다.

복습 문제

1. 왜 기업은 데이터의 품질에 대해 관심을 가져야 하는가?
2. 왜 기업은 데이터의 시기 적절성에 신경을 써야 하는가?
3. 그품질 데이터의 다섯 가지 보편적인 특성은 무엇인가?
4. 데이터의 가치를 결정하는 것을 돕는 네 가지 기초적인 특성들은 무엇인가?
5. 엔터티와 속성 간의 차이는 무엇인가?
6. 데이터 웨어하우스는 무엇이며, 경영에서 이를 필요로 하는 이유는 무엇인가?
7. ETL은 데이터 웨어하우스 안으로 그리고 바깥으로 어떻게 데이터를 전달하는가?
8. 데이터 정제의 목적은 무엇인가?
9. 더러운 데이터의 원인은 무엇인가?
10. 비즈니스 인텔리전스는 무엇이고, 어떻게 BI가 기업이 성공하는데 도움을 주는가?
11. 왜 기업은 데이터는 풍부한데 정보는 부족하게 될까?
12. 데이터베이스와 블록체인의 관계는 무엇인가?

비즈니스 중심적 사례 1

빅데이터, 빅비즈니스, 큰 기회

10년 동안 대규모 소매 조직에서 수석 마케팅 임원이 되기 위해 일했지만, 경쟁자가 매년 시장 점유율을 20%씩 침범하고 있다는 사실을 알게 되었다고 상상해 보자. 당신은 신속하게 제품을 개선하면서 여러 온라인 마케팅 프로모션을 시작하기로 결정했지만, 경쟁자가 계속해서 고객을 뺏어가서 당신 회사의 이익을 파괴하면서 자신의 이익을 늘리기 때문에 노력이 무익하다는 것을 알게 되었다.

경쟁업체의 비즈니스 전략을 분석하기 시작하면서 판매 보고서, 제품 재고 분석 및 기타 전통적인 마케팅 활동에 집중하는 동안 경쟁업체는 모든 MIS를 업그레이드하는 데 막대한 투자를 하고 있음을 알게 되었다. MIS에는 시장의 모든 상점, 제품 및 영업 담당자로부터 데이터를 수집, 저장 및 분석할 수 있는 시스템이 포함된다. 실제로 경쟁자는 이제 당신보다 당신 회사의 제품과 판매 주기에 대해 더 많이 알고 있다. 새로운 시스템은 경쟁사 전체뿐만 아니라 전 세계의 공급업체, 소매업체 및 유통업체 집단으로 부터 더 이터를 수집한다. 이 새로운 시스템은 경쟁자에게 날마다 고객 트래픽 패턴에 따라 즉시 가격을 조정하고, 공급망의 모든 기업에서 자동으로 재주문하고, 최대 판매 효율성을 위해 매장 내 또는 매장 간에 품목을 이동할 수 있는 기능을 제공한다.

당신의 경쟁자가 승리한 것은 더 높은 품질의 제품이나 더 나은 판매 및 마케팅 전략을 가지고 있기 때문이 아니라 조직 안팎에서 빅데이터에 즉시 액세스할 수 있는 능력과 결합된 MIS의 가치를 식별했기 때문이다. 경쟁자의 엄청난 경쟁 우위를 제공한 민첩성은 단순히 모방할 수 없다는 것을 바로 알게 되었다. 빅데이터 시대의 역동성을 이해하지 못하여 회사가 큰 어려움에 처해 있다는 사실을 깨닫고 한숨을 쉬게 된다. 우리는 모두 정보화 시대에 익숙해져서 전 세계 조직이 직원을 더 잘 관리하고 판매 데이터를 추적하고 고객 구매 패턴을 분석하면서 개선을 이룬다는 것을 알고 있다. 그러나 이 시나리오는 지난 몇 년 동안 인간과 기계가 수집한 방대한 양의 데이터인 빅데이터의 판도를 바꾸는 영향의 한 예시이다. 기업은 이제 운영 및 재무에서 날씨 패턴 및 주식 시장 동향에 이르기까지 모든 것에 대해 수백 테라바이트의 데이터를 수집하고 있다. 이제 센서는 제품 및 기계에서 매장 바닥에 이르기까지 모든 것에 내장되어 운영 및 고객에 대한 실시간 데이터를 수집한다.

조직이 방대한 양의 데이터를 분석함에 따라 획기적인 고객 맞춤, 지속적인 실험 및 정보 중심 비즈니스 모델은 경쟁의 새로운 상표가 되었다. 데이터 볼륨은 폭발적으로 증가하고 있으며, 인류의 이전 역사 전체보다 지난 2년 동안 더 많은 데이터가 생성되었다. Forbes 잡지에 따르면 모든 관리자가 빅데이터에 대해 알아야 할 상위 20가지 사실은 다음과 같다.

- 데이터는 그 어느 때보다 빠르게 증가하고 있으며, 2020년에는 지구상의 모든 인간에 대해 초당 약 1.7MB의 새로운 정보가 생성될 것이다.
- 2020년까지 축적된 디지털 데이터 세상은 현재 4.4제타바이트에서 약 44제타바이트 또는 44조 기가바이트로 증가할 것이다.
- 매초 우리는 새로운 데이터를 생성한다. 예를 들어, 우리는 초당 40,000건의 검색 쿼리를 수행한다(Google에서만). 하루에 3.5건의 검색과 연간 1조 2천억 건의 검색을 한다.
- 2015년에는 매일 10억 명이 넘는 사람들이 Facebook을 사용했다.
- Facebook 사용자는 1분에 평균 3,125만 개의 메시지를 보내고 277만 개의 동영상을 본다.
- YouTube에만 1분에 최대 300시간 분량의 동영상이 업로드된다.
- 연간 15억 대의 스마트폰이 출하되며, 사용자가 직접 생성하는 데이터는 물론 모든 종류의 데이터를 수집할 수 있는 센서가 탑재되어 있다.
- 2020년까지 전 세계적으로 61억 명 이상의 스마트폰 사용자가 있을 것이다(기본 고정 전화 가입을 추월).
- 2020년까지 모든 데이터의 최소 1/3이 클라우드(인터넷을 통해 연결된 서버 네트워크)를 통과할 것이다.
- 분산 컴퓨팅(클라우드에서 컴퓨터 네트워크를 사용하여 컴퓨팅 작업 수행)은 매우 현실적이다. Google은 매일 이를 사용하여 하나의 검색어에 약 1,000대의 컴퓨터를 사용하며, 완료하는 데 1초도 걸리지 않는다.
- Hadoop(분산 컴퓨팅을 위한 오픈 소스 소프트웨어) 시장은 58%의 연평균 성장률로 성장하여 2020년까지 10억 달러를 초과할 것으로 예상된다.
- 추정에 따르면 빅데이터를 더 잘 통합하면 연간 3,000억 달러의 의료 비용을 절감할 수 있다. 이는 모든 남성, 여성 및 어린이의 연간 비용을 1,000달러 절감하는 것과 같다.
- 백악관은 이미 빅데이터 프로젝트에 2억 달러 이상을 투자했다.
- 일반적인 Fortune 1,000대 기업의 경우 데이터 접근성이 10%만 증가해도 6,500만 달러 이상의 추가 순이익이 발생한다.
- 빅데이터를 최대한 활용하는 소매업체는 영업 마진을 최대 60%까지 높일 수 있다.

- 조직의 거의 80%가 빅데이터에 이미 투자했거나 투자할 계획이다.
- 현재 전체 데이터의 0.5% 미만이 분석되거나 사용된다.

질문

1. 기업이 정보를 그래픽 또는 시각적 형식으로 표시하려는 이유를 나열하라.
2. 저품질 데이터 문제가 빅데이터에 어떤 영향을 미치는지 설명하라.
3. 마케팅 부서에서 데이터 시각화 도구를 사용하여 신제품 출시를 지원하는 방법을 설명하라.
4. 고품질 데이터의 5가지 공통된 특성을 분류하고 빅데이터에 대한 중요도 순서대로 순위를 주시오.
5. 마케팅 데이터베이스에 있는 몇 가지 가능한 엔터티 및 속성 목록을 제시하시오.
6. 비즈니스 운영 방식을 이해하기 위해 몇 가지 데이터 분석 기술을 사용할 수 있는 방법을 평가하시오.

비즈니스 중심적 사례 2

여러분이 데이터에 대해 생각하는 방법을 변화시키기

인류가 시작된 이래로 우리는 그림과 이미지를 통해 소통해 왔으며, 동굴 벽화에서 상형문자, 그리고 인터넷으로 그 영역을 확장해 왔다. 오늘날 기술 발전 덕분에 10만 단어에 해당하는 그림을 그리는 것이 그 어느 때보다 쉬워졌다. 이러한 기술의 주요 이점은 방대한 양의 데이터를 수집하는 데이터베이스와 데이터 웨어하우스이다. 정보 전달은 다양한 경영 정보 시스템에서 방대한 양의 데이터에 접근하는 것을 의미한다. 시각적 이미지를 사용하는 모든 기사나 광고는 메시지 조회수를 크게 향상시킬 수 있다. 이는 디지털 시대에 진정한 경쟁 우위가 될 수 있다.

좋은 데이터만으로는 좋은 데이터 스토리를 만들 수 없다. 데이터 스토리텔링은 사람들에게 새로운 것을 가르치거나, 새로운 관점을 제공하거나, 행동을 유도하는 등 가치를 제공할 때에만 효과적이다. 데이터 시각화는 트렌드, 패턴, 그리고 예외를 파악하는 데 도움을 줄 수 있다. 기업은 더욱 정보에 기반한 장기적인 의사 결정을 내리고 고객 및 잠재 고객과 더욱 효과적으로 소통할 수 있다. 스토리를 전달하는 방식에 따라 메시지의 전달 여부가 결정된다. 여러분의 서술은 독자들에게 데이터 스토리를 안내하고, 데이터 스토리에 대한 맥락을 제공하며, 가능한 한 효과적으로 데이터를 종합할 수 있도록 도와야 한다.

질문

데이터 스토리는 데이터를 더욱 흥미롭게 만들 수 있도록 시각적으로 표현해야 한다. 그룹으로 나눠 예시(그림 6.35, 6.36, 6.37 참조)를 검토하고 다음 사항을 확인하시오.

1. 시각화가 전체 스토리를 보여주는가? 시각화 검토만으로는 답할 수 없는 질문이 있는가?
2. 시각화를 더욱 흥미롭게 만들기 위해 삭제하거나 추가해야 할 데이터 요소가 있는가?
3. 시각화를 최고의 데이터 스토리(1)에서 최악의 데이터 스토리(3) 순으로 순위를 매겨 보시오. 시각화 순위를 매기는 기준은 무엇인가?
4. 인터넷에서 데이터 스토리 예시를 찾아 동료들과 공유하시오. 데이터 스토리의 장단점을 강조하는 것이 중요하다.

그림 6.35

석유 유출 인포그래픽

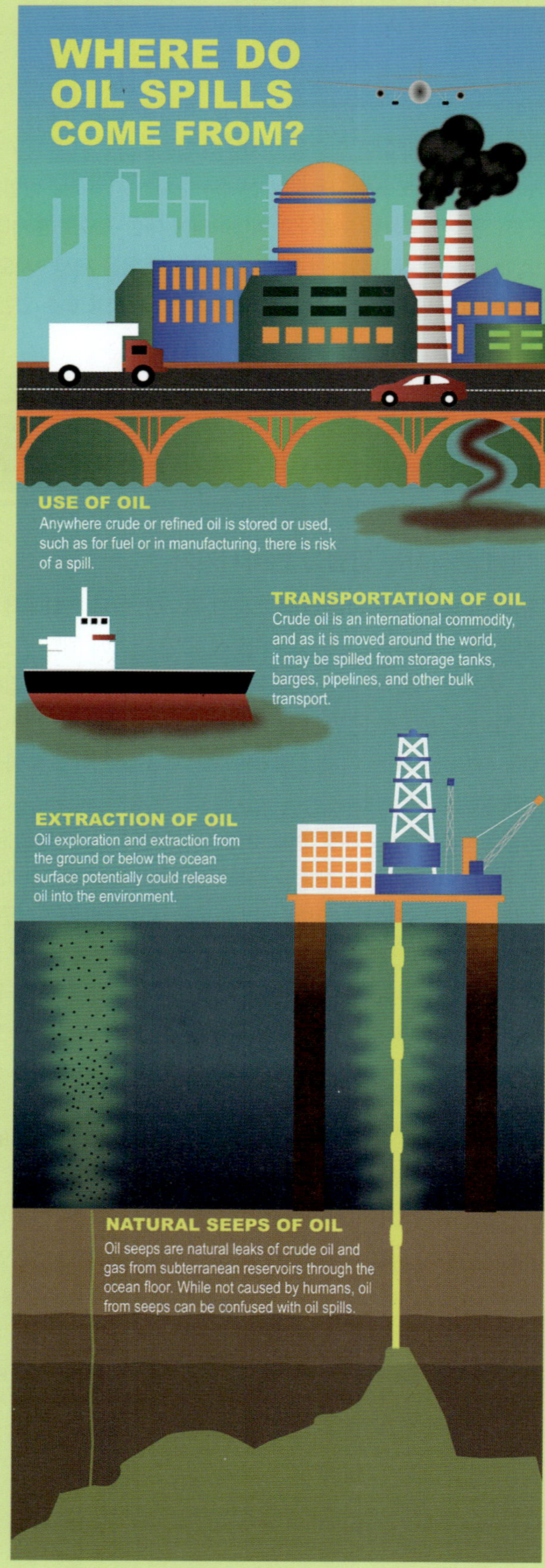

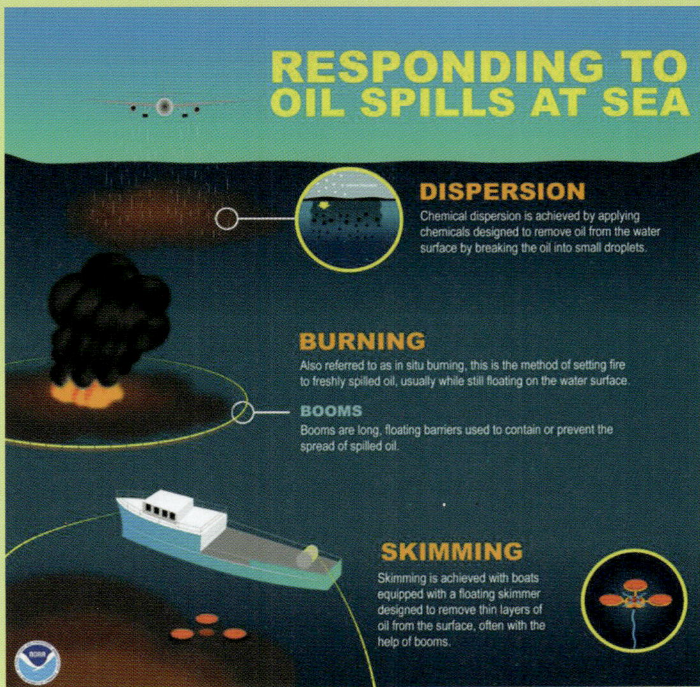

그림 6.36

석유 유출 반응 인포그래픽

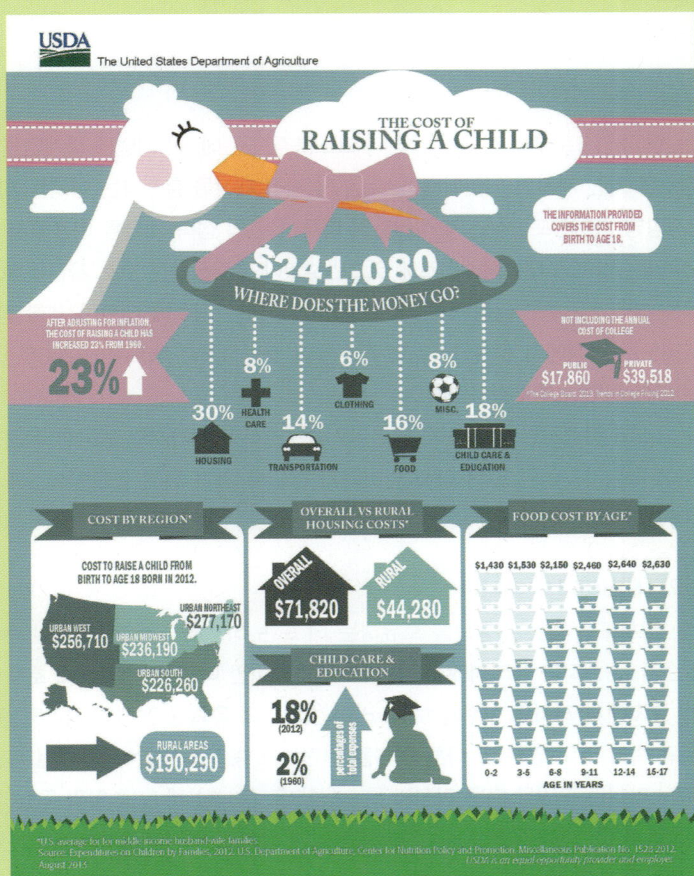

그림 6.37

자녀 양육비용 인포그래픽

비즈니스 중심적 의사결정

1. 데이터 품질 향상

주식회사 행업은 옷장 정리하는 구조물들을 설계하고 배급하는 일을 한다. 이 기업은 주문 입력, 판매, 재고 관리, 선적, 청구서 작성의 다섯 개 시스템을 운용하고 있다. 이 기업은 자료 누락, 부정확, 중복, 불완전 데이터 등 심각한 데이터 품질 문제를 겪고 있다. 이 기업은 다섯 부서들의 정보들을 한데 모으는 데이터 웨어하우스를 도입하여 단일 고객 뷰를 유지하고, 경영 의사결정을 이끌어가고, 다차원 분석을 수행하는 데 도움을 주고자 한다. 이 조직이 데이터 웨어하우스를 설계하고 구축함에 따라 어떻게 데이터 품질이 향상될 것인지 구체적으로 설명하라.

2. 데이터 적시성

데이터 적시성은 모든 조직에서 주요한 고려 사항의 하나이다. 조직들은 데이터 웨어하우스의 백업의 빈도와 갱신 빈도를 결정해야 한다. 팀을 이뤄서 데이터 웨어하우스 백업과 갱신의 적합성 필요에 대해서 다음의 경우들을 가지고 설명하도록 하시오.

- 날씨 추적 시스템
- 자동차 판매 대리점 재고
- 타이어 판매 예측
- 이자율
- 음식점 재고
- 식료품점 재고

3. 자료 불법 접속

골드만삭스는 한 기업으로부터 삼백만 달러의 고소를 당했는데, 이 기업은 중개업을 하는 골드만삭스가 시장 정보를 가진 자사의 데이터베이스로부터 지적 재산을 훔쳤다는 혐의를 제기하였다. 뉴욕 남부 미연방지방법원은 골드만삭스의 직원들이 다른 사람의 접속 계좌를 이용해서 아이프레오Ipreo 소유의 빅도우라는 별명의 데이터베이스에 로그인하였다고 주장하는 고소 사건을 2010년에 접수하였다. 빅도우는 예약구독제로 금융계 안의 80,000건이 넘는 접촉에 대한 상세한 정보를 제공하여 준다. 아이프레오는 법정에서 골드만삭스의 직원들이 불법적으로 빅도우에 2008년과 2009년에만 적어도 264번 접속하였다고 주장하였다.

당신은 이 고소에 찬성하는가, 그렇지 않은가? 골드만삭스는 자사의 불량한 직원들의 행동에 대해 책임을 져야 하는가? 이런 일이 다시 일어나지 않도록 하기 위해 골드만삭스에서 수립해야 할 정책들에는 어떤 것들이 있을까?

4. 그것은 관속의 내 어머니가 아니다

정보—올바른 정보(또는 잘못된 정보를 보유하는 데 드는 비용)에 가치를 부여할 수 없다. 거의 70명의 자녀와 손자, 증손자가 장례식에 참석한 85세의 라이언 여사를 매장할 때 호주 빅토리아에 있는 Crib Point 묘지에서 저지른 실수를 보자. 라이언 부인의 유족은 장례를 치르던 중 관 뚜껑을 열고 옷과 장신구 속에 누워 있는 또 다른 여성을 발견하고 충격을 받았다. 라이언 부인의 시신은 어디에 있습니까? 라이언 부인은 다른 여성의 옷, 보석으로 장식한 채 그날 일찍 묻혔다.

누군가가 잘못된 옷, 관에 묻히도록 하기 위해 어떤 유형의 데이터 실수가 있었던 것일까? 묘지 관리소는 고객이 올바른 장소에 묻히도록 하기 위해 무엇을 할 수 있는가? 데이터 품질이 모든 비즈니스에 중요한 이유는 무엇인가? 비즈니스에서 의사 결정을 위해 품질이 낮은 데이터를 사용할 때 어떤 문제가 발생할 수 있는가?

5. 당신 인생을 추적하라

웨어러블 기술을 사용하면 평생을 추적할 수 있다. Nike의 FuelBand와 Jawbone의 UP은 모든 신체 활동, 칼로리 소모 및 수면 패턴을 추적한다. 운전 패턴, 칫솔질 습관, 세탁 상태까지 추적할 수 있다. 이제 문제는 모든 트래커를 추적하는 방법이다.

Exist라는 신생 기업은 날씨 데이터, 음악 선택, Netflix 즐겨찾기 및 Twitter 활동이 포함된 추적 장치를 하나의 디지털 대시보드에 통합한다. Exist는 삶의 모든 영역을 이해하고 개인 생산성과 기분과 같은 것들 간의 상관관계 데이터를 제공하고자 한다. 다양한 유형의 데이터가 확장됨에 따라 Exist가 지적할 수 있는 상관관계의 폭도 확장된다. 예를 들어, 집에서 일할 때 트윗을 더 많이 하는가? 그렇다면 생산성이 향상되는가? Exist는 모든 트래커를 추적하고 데이터를 분석하여 더 효율적이고 효과적이기를 원한다.

당신의 삶을 추적하기 위한 디지털 대시보드를 만드시오. 추적하려는 4개의 영역을 선택하고 각 영역을 측정할 3가지 방법을 결정하라. 예를 들어, 식습관을 추적하는 경우 칼로리를 측정하고 허용할 수 없는 수준을 빨간색으로, 허용 가능한 수준을 녹색으로 표시할 수 있다. 완료된 후 삶의 영역 간에 상관관계를 찾을 수 있는지 확인하시오.

6. 공짜 데이터!

미국 노동 통계청은 스스로의 역할을 "광범위한 노동 경제와 통계에 대한 연방 정부를 위한 주요한 조사 기관"이라고 명시하고 있다. 그리고 이 기관에서 자체 웹사이트를 통해 제공하는 자료는 무료로 모든 사람이 이용할 수 있다. 이 사실은 이 정보원을 이용하는 사람들에게 BI와 데이터 마이닝의 보물 창고를 의미한다. www.bls.gov 웹사이트를 방문해 보시오. 사이트가 제공하는 정보의 종류는 어떤 것이 있는가? 당신이 보기에 가장 유용한 정보는 무엇이었는가? 고용과 임금에 관한 정보 중에 어떤 종류의 것들이 사용 가능한가? 이 정보는 어떻게 분류되는가? 이런 종류의 정보는 기업 경영진에게 어떻게 도움을 주는가? 어떤 종류의 인구통계 정보가 사용 가능한가? 이것은 새로 시작하는 사업에 어떻게 도움을 줄 수 있는가?

7. 죄송합니다. 사회보장번호를 인터넷에 게시할 의도는 없었습니다

프로그래밍 101은 모든 학생들에게 보안이 모든 시스템의 핵심임을 가르친다. 데이터 보안은 필수이다! 오클라호마 주에서 일하는 일부 직원들이 이 중요한 교훈을 잊은 것 같다. 수만 명의 오클라호마 주민들의 민감한 데이터(번호 포함)가 일반 대중이 접근할 수 있도록 인터넷에 게시되었다. 이런 종류의 보고는 들어보았겠지만, 오류가 3년 동안 발견되지 않았다는 사실은 들어보았는가? 한 프로그래머가 브라우저가 가리키는 페이지를 쉽게 변경하여 오클라호마 주 데이터베이스 전체를 탈취할 수 있는 방법을 설명하며 문제를 보고했다. 또한, 이러한 프로그래밍으로 인해 악의적인 사용자가 데이터를 변경하거나 허위 데이터를 추가하여 데이터베이스를 쉽게 조작할 수 있었다.

그래도 별일 아니라고 생각한다면, 더 심각한 문제가 있다. 해당 웹사이트에는 성폭력 범죄자 등록부도 게시되어 있었다. 그렇다, 교정국 직원 데이터도 일반 대중이 열람할 수 있었다. 그룹으로 다음 사항에 대해 토론해 보시오.

- 데이터 보안이 중요한 이유는 무엇인가?
- 누군가 고객 데이터베이스에 접근하면 어떻게 될까?
- 누군가 고객 데이터베이스의 데이터를 변경하고 허위 데이터를 추가하면 어떻게 될까?
- 오클라호마 주 데이터 유출 사고에 대한 책임은 누구에게 있을까?

- 데이터베이스 보안과 관련된 비즈니스 위험은 무엇일까?

8. 나비효과

수학의 카오스 이론에서 나온 아이디어인 나비 효과는 나비 날개의 움직임과 같은 사소한 이벤트가 날씨와 같은 복잡한 시스템에 큰 영향을 미칠 수 있다는 것이다. 더러운 데이터는 비즈니스에 나비 효과와 동일한 영향을 미칠 수 있다. 조직은 조직 전체의 데이터 이동 및 공유에 의존하므로 데이터 품질 오류의 영향은 비용이 많이 들고 광범위하다. 이러한 데이터 문제는 조직의 한 부분에서 작은 실수로 시작되는 경우가 많지만, 나비 효과는 MIS 시스템을 통해 데이터 웨어하우스 및 기타 엔터프라이즈 시스템으로 확산되는 재앙적인 결과를 초래할 수 있다. 더러운 데이터나 낮은 품질의 데이터가 조직 시스템에 입력되면 철자 오류와 같은 작은 오류가 수익 손실, 프로세스 비효율, 산업 및 정부 규정 준수 실패로 이어질 수 있다. 다음 오류가 조직에 어떤 영향을 미칠 수 있는지 설명하라.

- 연속적인 철자 오류
- 부정확한 고객 기록
- 불완전한 구매 내역
- 부정확한 우편 주소
- 다른 고객에 대해서 중복된 고객 번호

9. 엑셀인가 액세스인가?

Excel은 비즈니스 분석을 수행하는 데 사용할 수 있는 훌륭한 도구이다. 당신의 친구인 John Cross는 DIY 책을 전문으로 하는 성공적인 출판사를 소유하고 있다. John은 10년 전에 사업을 시작했으며, 천천히 직원 50명과 매출 100만 달러로 성장했다. John은 책 주문, 생산 주문, 배송 주문 및 청구를 추적하는 업무의 대부분을 Excel을 사용하여 운영하고 있다. John은 Excel을 사용하여 직원 급여 및 휴가 날짜를 기록하기도 한다. 지금까지 Excel이 그 일을 해냈지만, 회사가 계속 성장함에 따라 도구가 부적절해지고 있다.

John이 Excel에서 Access로 전환함으로써 이점을 얻을 수 있다고 생각한다. John은 Excel이 지금까지 일을 해왔고 그의 직원들이 현재 프로세스와 기술에 익숙하기 때문에 이러한 변화에 회의적이다. John은 Excel의 한계와 Access의 이점을 설명하는 프레젠테이션을 준비하도록 요청했다. 그룹을 만들어 John이 직원을 설득하는 데 도움이 될 프레젠테이션을 준비하라.

10. 넷플릭스 예측하기

넷플릭스는 2억 명이 넘는 구독자를 보유하고 있으며, 220만 분 이상의 콘텐츠를 제공한다. 이는 거의 4년 동안 지속적으로 시청할 수 있는 양이다. 넷플릭스는 데이터와 정보를 매우 중요하게 생각하여, 이전 시청률을 기반으로 영화 시청률 예측에 사용되는 데이터를 개선할 수 있는 사람을 대상으로 하는 공개 경연 대회인 넷플릭스 프라이즈Netflix Prize를 만들었다. 우승자는 100만 달러의 상금을 받는다.

정보를 검색하고, 분석하고, 이해하는 능력은 어느 조직에든지 성공을 위해서 매우 중요하다. 넷플릭스에게는 특히 그랬는데, 그래서 넷플릭스는 자사의 정보 품질을 향상시켜 준 그 누구에게든 기쁘게 백만 달러를 주는 것이다. 그룹으로 모여서 넷플릭스가 어떻게 데이터베이스, 데이터 웨어하우스, 데이터 마트를 이용해 고객 영화 추천을 예측할 것인지 설명하시오. 이를 시작하기 위해 다음의 몇 가지 분석할만한 특성들을 살펴보시오:

- 고객의 인구사회학적 자료
- 영화 장르, 순위, 연도, 제작자, 종류

- 배우 정보
- 인터넷 접속
- 메일 수집 장소

11. 트위터 버즈

다음 주의 판매량을 예측하고, 언제 재고를 늘릴지를 결정하고, 언제 새로운 직원이 필요할 지 결정하는 기술적인 도구는 엄청난 가치를 가진다. 트위터는 이제 더 이상 당신의 근황에 대해서 떠들어대는 곳이 아니다. 트위터와 다른 소셜 미디어 사이트들은 이제 고객들이 무엇을 좋아하고, 싫어하고, 필요로 하고, 원하는지를 포함하는 고객에 대한 BI를 수집하는 좋은 도구가 되었다. 트위터는 사용하기 쉽고, 어떤 고객이 특정 제품이나 서비스에 대한 글을 올릴 때마다 바로 추적이 가능하다. 좋은 기업은 이 가치 있는 정보를 고객 의견의 추세와 경향을 밝히는 지능으로 바꾼다.

당신은 기업에서 BI를 얻는 데 트위터를 사용할 수 있다는 데에 동의하는가? 당신이 생각하기에 얼마나 많은 기업들이 트위터를 사용할 수 있을 것이며, 구체적으로 어떻게 이것을 BI를 얻는 데 사용할 수 있을 것 같은가? 트위터가 데이터 웨어하우스를 사용하는 것에 대해 어떻게 생각하는가? 기업들이 트위터의 정보를 저장하는 것에 대해서는 어떻게 생각하는가? 기업들은 데이터 마트에서 트위터를 어떻게 사용할 수 있을까? 기업들은 트위터 자료를 분석하기 위해 어떻게 큐브를 이용할 수 있을까?

12. 2조 행 분석? 문제없습니다!

eBay는 세계 최대 규모의 온라인 마켓플레이스로, 전 세계 9,700만 명의 사용자가 누구에게나 무엇이든 판매하고 있으며, 연간 총 620억 달러 규모의 거래를 하고 있다. 즉, 매초 2,000달러 이상이 거래된다는 뜻이다. 물론, 이렇게 많은 판매 실적을 올리면서 eBay는 3일마다 미국 의회도서관 자료에 해당하는 데이터를 수집하고 있으며, 성공적인 사업 운영을 위해서는 이러한 데이터를 분석해야 한다. 다행히 eBay는 Tableau를 발견했다!

Tableau는 스탠퍼드 대학교에서 컴퓨터 과학자 Chris Stolte, 아카데미상 수상 교수 Pat Hanrahan, 그리고 통찰력 있는 비즈니스 리더 Christian Chabot이 일반인들이 빅데이터를 이해하도록 돕는 문제를 해결하기로 결심하면서 시작되었다. 이들은 컴퓨터 그래픽과 데이터베이스라는 두 가지 컴퓨터 과학 분야를 연결하는 Tableau를 개발했다. 더 이상 코드를 작성하거나 관계형 데이터베이스 키와 범주를 이해할 필요가 없다. 사용자는 분석하려는 대상의 그림을 드래그 앤 드롭하기만 하면 된다. Tableau는 시장에서 가장 성공적인 데이터 시각화 도구 중 하나로 자리매김했으며, 수많은 상을 수상했다. Tableau는 국제적으로 확장되었고, 수많은 상을 수상했으며, 수백만 달러의 매출을 올렸고, 수많은 새로운 발명품을 탄생시켰다.

Tableau는 비즈니스 분석에 혁신을 일으키고 있으며, 이는 시작에 불과하다. Tableau 웹사이트를 방문하여 몇 가지 데모를 시청하며 도구를 사용해보시오. 도구를 충분히 이해한 후에는 eBay가 Tableau를 사용하여 답을 찾을 수 있는 세 가지 질문을 생각해 보시오. 여기에는 판매 데이터를 분석하여 패턴, 비즈니스 인사이트, 트렌드를 찾는 것도 포함된다.

13. 빅데이터, 구원 방법

하드웨어 저장 공간이 증가함에 따라 막대한 양의 데이터를 저장할 수 있는 능력이 생겨났다. 빅데이터는 이미 존재하며, 이를 통해 얻을 수 있는 수많은 비즈니스 이점은 일일이 나열할 수 없을 정도이다. 다음은 세 가지 일반적인 이점이다.

1. 질문에 빠르고 완벽하게 답변: 과거에는 누가 가장 좋고 나쁜 고객인가와 같은 간단한 질문에 답하는 데 몇 주 또는 몇 달이 걸렸다. 빅데이터를 활용하면 질문에 대한 답변이 비교적 간단해져

며칠, 몇 시간 또는 몇 분 만에 완료된다.

2. 데이터에 대한 신뢰: 잘못된 데이터에 대한 의사 결정은 잘못된 결정을 의미한다. 빅데이터는 다양한 출처에서 방대한 양의 데이터를 수집하여 데이터가 고립될 위험을 줄일 수 있다. 각 기능 영역의 모든 데이터를 완벽하게 파악하면 데이터의 정확성을 검증하는 데 도움이 된다.
3. 직원 역량 강화: 과거에는 데이터 세트가 제한되어 있어 기업이 몇 가지 질문만 하고 답변할 수 있었다. 이제 빅데이터 분석을 통해 기업은 더 많은 질문에 빠르게 답변할 수 있을 뿐만 아니라, 질문 자체에 대한 질문도 더 많이 할 수 있다.

그룹으로 모여서 기업과 직원이 빅데이터로부터 얻을 수 있는 세 가지 추가적인 이점을 브레인스토밍해 보라.

14. 데이터하우스와 데이터 레이크?

데이터 레이크는 아직 목적이 정의되지 않은 방대한 원천 데이터 풀이다. 데이터 웨어하우스는 특정 목적을 위해 이미 처리된 구조화되고 필터링된 데이터의 저장소이다. 다음은 데이터 레이크와 데이터 웨어하우스 간의 몇 가지 주요 차이점이다.

- 데이터 저장: 데이터 웨어하우스를 개발하는 동안 데이터 소스를 분석하고, 비즈니스 프로세스를 이해하고, 데이터를 프로파일링하는 데 상당한 시간이 소요된다. 그 결과 보고용으로 설계된 고도로 구조화된 데이터 모델이 만들어진다. 데이터 레이크는 현재 사용 중인 데이터뿐만 아니라 사용할 수도 있는 데이터와 언젠가는 가치가 있다는 이유로 사용된 적이 없는 데이터까지 모든 데이터를 보유한다.
- 데이터 유형: 데이터 웨어하우스는 일반적으로 거래시스템 또는 소스 시스템에서 추출된 데이터로 구성되며, 정량적 지표와 지표를 설명하는 속성으로 구성된다. 데이터 레이크는 소스 및 구조에 관계없이 모든 데이터를 원시 형식으로 저장한다.
- 데이터 사용자: 데이터 웨어하우스는 KPI 및 CSF에 대한 보고서를 생성하는 운영 및 관리 사용자를 지원한다. 이러한 사용자가 가장 좋아하는 도구는 스프레드시트이며, 조직 전체에 자주 배포되는 새 보고서를 만든다. 데이터 웨어하우스는 데이터 소스이지만, 종종 업무 기능적 경계를 넘어선다. 데이터 레이크는 이러한 모든 사용자를 동등하게 지원한다. 데이터 과학자는 레이크로 이동하여 필요한 매우 크고 다양한 데이터 세트로 작업할 수 있으며, 다른 사용자는 사용을 위해 제공된 데이터의 보다 구조화된 뷰를 사용할 수 있다.
- 데이터 변경: 데이터 웨어하우스에 대한 가장 큰 불만 중 하나는 데이터 웨어하우스를 변경하는 데 시간이 걸린다는 것이다. 웨어하우스의 구조를 올바르게 만드는 개발 단계에서 상당한 시간이 소요된다. 좋은 웨어하우스 설계는 변경 사항에 적응할 수 있지만, 데이터 로드 프로세스의 복잡성과 분석 및 보고를 쉽게 하기 위해 수행되는 작업으로 인해 이러한 변경 사항은 필연적으로 일부 개발자 리소스를 소비하고 시간이 많이 걸린다. 반면에 데이터 레이크에서는 모든 데이터가 원시 형식으로 저장되고 이를 사용해야 하는 사람이 항상 액세스할 수 있기 때문에 사용자는 웨어하우스의 구조를 넘어 새로운 방식으로 데이터를 탐색하고 원하는 시간에 답을 찾을 수 있도록 사용 권한이 부여된다.

그룹을 만들어서, 데이터 웨어하우스를 사용하기로 선택한 경우와 데이터 레이크를 사용하기로 선택한 경우에 대한 비즈니스 예를 알아보고 토론하시오.

15. 비트코인: 비밀번호와 2억 달러를 잃어버리다

비트코인 소유자들은 암호화폐 가격 급등으로 부자가 되고 있다. 하지만 비밀번호를 잃어버렸는

데 중앙 기관이 없어 도움을 요청할 곳이 없다면 어떻게 될까? 현재 1,800만 개의 비트코인 중 약 20%, 현재 가치로 약 1,400억 달러에 달하는 비트코인이 비밀번호 없이 분실된 것으로 추정된다. 많은 사람들이 10여 년 전, 당시 비트코인의 가치가 전무했을 때 이 코인을 획득했다. 10년 전 비밀번호를 기억할 수 있을까?

샌프란시스코에 거주하는 독일 태생 프로그래머 슈테판 토마스는 2억 2천만 달러가 넘는 가치를 지닌 비밀번호를 알아내기 위해 두 번의 추측을 해야 한다. 이 비밀번호는 7,000개의 비트코인을 보유한 그의 디지털 지갑의 개인 키가 들어 있는 IronKey라는 소형 하드 드라이브의 잠금을 해제한다. 문제는 토마스 씨가 IronKey의 비밀번호를 적어둔 종이를 몇 년 전 잃어버렸다는 것이다. IronKey는 사용자에게 10번의 추측을 허용하며, 그 후에는 내용이 영구적으로 암호화된다. 그 이후로 그는 가장 흔히 사용하는 비밀번호 8가지를 시도해 보았지만, 아무 소용이 없었다.

16. 서로 다른 차원들

데이터 웨어하우징은 자료 변환을 확장시켜 정보로 만드는 데 집중한다. 데이터 웨어하우스는 전략적인 수준, 외부, 통합, 이력 정보를 제공하여 기업에서 예측하고, 추세를 식별하고, 중요한 경영 의사결정을 내릴 수 있도록 한다. 데이터 웨어하우스는 통합된 여러 세트의 정보를 여러 업무 시스템으로부터 수집하고 저장하여 하나 이상의 데이터 마트에 제공한다. 데이터 웨어하우스는 또한 최종 사용자가 정보의 전사적 뷰를 갖기 위해 접속할 수 있도록 해준다.

그림 6.38
데이터 웨어하우스 데이터

차원	순위(1–5)	차원	순위(1–5)
제품 번호		시즌	
점포 위치		프로모션	
소비자 순 가치		지불 방식	
판매원 수		정책	
소비자들의 식사 습관		제조업자	
영업 시간		교통 보고서	
판매원 ID		소비자들이 사용하는 언어	
제품 스타일		날씨	
주문 일자		소비자 성별	
제품 수량		지역 세금 정보	
배송 날자		지역 문화 인구통계	
현재 이자율		증시 마감	
제품 비용		소비자의 종교적 성향	
소비자의 정치적 성향		구매 이유	
지역 시장 분석		직원 복장 정책	
주문 시간		소비자 나이	
소비자의 지출 습관		직원 휴가 정책	
제품 가격		직원 혜택	
환율		현재 관세 정보	
제품 매상 총수익			

당신은 현재 전 세계에 장신구를 판매하는 대형 기업의 마케팅 팀에서 일하고 있다. 당신의 상사는 당신에게 자료들의 그림 6.38과 같은 차원들을 살펴보고 판매와 시장 분석을 수행하는 데이터 마트에 어떤 것을 넣을 것인지를 결정하라고 했다. 한 팀으로 각각의 차원들을 1부터 5까지 순위를 매기는데, 1은 이 차원이 가장 높은 가치를 가지고 있어 데이터 마트에 반드시 포함되어야 함을 말하고, 5는 이 차원이 가장 낮은 가치를 가지고 있어 데이터 마트에 포함시킬 필요가 없음을 말한다.

7

CHAPTER

디지털 생태계: 디지털 생활, 비즈니스, 사회를 연결하기

SECTION 7.1
연결성: 디지털 시대의 소통의 핵심

- 디지털 생태계
- 디지털 시대를 위한 선도적 연결성
- 무선 네트워크: 모바일 환경의 핵심
- 보안: 디지털 생태계를 보호하다

SECTION 7.2
디지털 생활, 비즈니스, 사회

- 디지털 비즈니스 생태계
- 비즈니스 와이파이 애플리케이션
- 모바일 기업 관리
- 디지털 격차 해소

IT는 나에게 무엇을 제공해 주는가?

오늘날의 유치원 교실에서는 파워포인트를 가르치며, 초등학교 학생들은 각자의 휴대전화를 가지고 다니는 풍경이 우리를 놀라게 하는 등, 기술 변화의 속도는 줄어들 기미를 보이지 않고 있다. 모뎀을 사용해서는 몇 시간이 걸려야 다운로드를 받을 수 있던 것들을 이제는 보이지 않는, 수천 마일 떨어진 컴퓨터와의 무선 네트워크 연결을 통해 몇 초 만에 다운로드 받을 수 있다 우리는 놀라울 정도로 무선화된 현대를 살고 있으며, 무선화된 미래를 향해 이전 어느 때보다도 더 빨리 질주해 나가고 있다

경영학을 공부하는 학생으로서 네트워크 인프라와 무선 기술을 이해하는 것은 당신이 모바일 노동력의 장점들을 취할 수 있도록 해줄 것이다. 이동성의 이점과 개선점을 이해하는 것은 경영 간부에게 매우 중요한 기술이며, 이는 당신이 초보자이던지 노련한 포춘지 500대 기업 종업원이든지에 상관없이 중요하다. 이 장에서 다루는 여러 개념들을 배움으로서, 당신은 어떻게 경영이 네트워크 기술을 활용하여 네트워크 종류를 분석하고, 무선의 이동성 업무 과정을 향상시키며, 네트워크의 여러 대안들의 가치를 평가할 수 있는지에 대해 더 잘 이해할 수 있게 될 것이다.

Apple Vision Pro 활용 사례

Apple은 증강 현실AR 및 컴퓨터 비전 기술에 막대한 투자를 해왔으며, 오랜만에 새로운 제품인 Apple Vision Pro를 출시했다. Apple의 AR 기술과 기기 성능이 결합하면, 사용자들에게 몰입감 있고 상호작용이 가능한 AR 경험을 제공할 수 있다. Apple Vision Pro는 디지털 콘텐츠와의 상호작용 방식을 혁신할 수 있으며, 이를 통해 엔터테인먼트, 게임, 교육, 생산성 애플리케이션이 더욱 발전할 가능성이 있다. 다음은 몇 가지 주요 AR 활용 사례이다.

광고 및 마케팅 Advertising and Marketing: AR은 인터랙티브하고 매력적인 광고 경험을 만들 수 있다. 브랜드는 AR을 활용하여 가상 제품 시연, 게임, 체험형 콘텐츠를 물리적 광고에 오버레이할 수 있으며, 이를 통해 사용자들이 새로운 방식으로 광고에 참여하도록 유도할 수 있다.

향상된 시각 보조 Enhanced Visual Assistance: AR은 사물 인식Object Recognition, 장면 이해Scene Understanding, 실시간 정보 오버레이를 제공하여 다양한 방식으로 사용자들을 지원할 수 있다. 특히 시각 장애인에게 증강된 시각적 도움을 제공하여, 주변 환경에 대한 정보 접근성을 높일 수 있다.

교육 및 학습 Education and Learning: AR은 교육 방식을 혁신할 수 있으며, 학습 내용을 더 생동감 있게 표현할 수 있다. AR 애플리케이션은 3D 모델, 인터랙티브 다이어그램, 애니메이션을 활용하여 복잡한 개념을 더욱 쉽게 이해할 수 있도록 한다. 학생들은 가상 환경을 탐험하거나 가상 객체와 상호작용하면서 학습을 심화할 수 있다.

향상된 내비게이션 및 길 찾기 Enhanced Navigation and Wayfinding: AR은 실시간 안내 및 주변 환경에 대한 정보 오버레이를 제공하여 내비게이션 경험을 향상할 수 있다. 이는 실내 및 실외 내비게이션에 유용하며, 사용자가 목적지를 더 쉽게 찾고 관심 지점을 탐색할 수 있도록 돕는다.

내비게이션 및 길 찾기 Navigation and Wayfinding: AR은 실제 환경 위에 경로 안내 및 실시간 정보를 오버레이하여 길 찾기를 개선할 수 있다. AR 내비게이션 애플리케이션은 화살표나 마커를 화면에 표시하여 사용자가 목적지까지 이동하는 것을 돕는다. 이를 통해 낯선 환경에서도 쉽게 길을 찾을 수 있다.

인테리어 디자인 및 홈 인테리어 개선 Interior Design and Home Improvement: AR은 인테리어 디자인 프로젝트를 시각화하고 계획하는 데 도움을 줄 수 있다. 사용자는 AR 애플리케이션을 통해 가상으로 가구, 예술품, 기타 장식품을 실제 공간에 배치해 볼 수 있으며, 이를 통해 실제 변경을 가하기 전에 미리 디자인을 확인할 수 있다.

향상된 의료 및 의료 응용 프로그램 Improved Health Care and Medical Applications: AR과 컴퓨터 비전 기술은 의료 분야에서도 중요한 역할을 할 수 있다. AR은 의료 교육, 수술 계획, 환자 모니터링 등에 활용될 수 있으며, 혁신적인 진단 도구 및 맞춤형 헬스케어 솔루션(예: 홀로그램 기반 수술) 개발을 가능하게 한다.

실시간 정보 오버레이 Real-Time Information Overlay: AR은 물리적 세계 위에 실시간 정보 오버레이를 제공할 수 있다. 예를 들어, AR 애플리케이션은 랜드마크를 인식하여 역사적 정보, 리뷰, 길 안내 등을 표시할 수 있다. 이를 통해 관광 경험을 향상시키고, 사용자가 상황에 맞는 정보를 쉽게 얻을 수 있도록 돕는다.

교육 및 시뮬레이션 Training and Simulations: AR은 의료, 제조, 항공 등의 분야에서 현실감 있는 훈련 시뮬레이션을 제공할 수 있다. 이를 통해 교육생들은 안전하고 통제된 환경에서 절차, 작업, 시나리오를 연습할 수 있으며, 이는 학습 효과를 높이고 위험을 줄이는 데 도움이 된다.

소셜 미디어 필터 및 효과 Social Media Filters and Effects: AR은 소셜 미디어 플랫폼에서 널리 사용되며, 사용자들이 사진 및 동영상에 필터와 효과를 적용할 수 있도록 한다. 이러한 필터는 마스크, 애니메이션, 특수 효과 등 가상 요소를 오버레이하여 소셜 미디어 콘텐츠를 더욱 재미있고 창의적으로 만들 수 있도록 돕는다.

산업 및 유지보수 지원 Industrial and Maintenance Support: AR은 기술자 및 유지보수 작업자에게 실시간 지원과 가이드를 제공할 수 있다. AR 기능이 탑재된 기기를 착용하면, 작업자는 단계별 지침, 3D 시각화, 데이터 오버레이를 받을 수 있다. 이를 통해 작업의 효율성과 정확성을 향상시킬 수 있다.

section 7.1 | 연결성: 디지털 시대의 소통의 핵심

학습 성과

7.1 디지털 생태계를 설명한다.
7.2 디지털 네트워크의 구성요소를 식별한다.
7.3 5G와 Wi-Fi 6가 스트리밍을 통해 비즈니스를 어떻게 변화시키는지 설명한다.
7.4 디지털 생태계에서의 보안 우려사항을 식별한다.

디지털 생태계

디지털 시대를 살아가는 것은 오늘날 상호 연결된 세계에서 점점 더 일반화되고 있다. 우리는 아침에 일어나자마자 스마트폰, 노트북 또는 기타 디지털 기기를 찾는다. 디지털 환경은 우리가 소통하고, 일하고, 주변 세계와 상호작용하는 방식을 혁신적으로 변화시켰다. 이를 통해 사회적 연결, 정보 공유, 라이브 스트리밍 엔터테인먼트 등 새로운 기회가 열렸다.

디지털 생활의 주요 측면 중 하나는 지리적 거리에 관계없이 전 세계의 사람들과 연결할 수 있는 능력이다. 우리는 실시간으로 업데이트를 공유하고, 사진과 경험을 나누며, 소속감과 친밀감을 형성할 수 있다. 또한, 온라인 커뮤니티와 포럼을 통해 비슷한 관심

그림 7.1
디지털 생활 생태계

비즈니스 중심적 스킬셋

Discord: 소통 및 개발 플랫폼

Discord는 커뮤니티를 생성하고 사람들을 연결하며 실시간 커뮤니케이션을 지원하는 인기 플랫폼이다. Discord는 주로 음성, 영상, 그리고 텍스트 기반 커뮤니케이션에 초점을 맞추고 있다. 처음에는 게이머들 사이에서 널리 사용되었지만, 점차 다양한 관심 그룹, 전문 커뮤니티 및 소셜 네트워크에서도 활용되고 있다.

Discord는 데스크톱 및 모바일 애플리케이션을 제공하여 여러 플랫폼과 기기에서 쉽게 접근할 수 있도록 한다. 사용자 친화적인 인터페이스, 유연성, 그리고 같은 관심사를 가진 사람들과 커뮤니티를 형성하고 참여할 수 있는 기능 덕분에 큰 인기를 얻고 있다.

게임 외에도 Discord는 사교 활동, 이벤트 조직, 정보 공유, 그리고 공통 관심사를 기반으로 한 커뮤니티 구축을 위한 플랫폼이 되었다.

- **서버**servers: 회원들이 모여 채팅하고 콘텐츠를 공유할 수 있는 가상공간 역할을 한다.
- **채널**channels: 서버 내에서 다양한 주제나 논의를 위한 여러 개의 채널을 생성할 수 있다. 채널은 텍스트 기반 또는 음성 기반일 수 있으며, 실시간 대화 및 비동기식 커뮤니케이션을 가능하게 한다.
- **음성 및 영상 통화**voice and video calls: Discord는 고품질 음성 및 영상 통화를 지원하며, 사용자는 서버 내에서 개인 또는 그룹 통화를 할 수 있다. 이 기능은 특히 게이머들이 게임 중 실시간 음성 채팅을 할 때 널리 활용된다.
- **개인 메시지**direct messaging: 사용자들은 개별적으로 직접 메시지를 보내거나, 서버 외부에서 그룹 채팅을 생성할 수 있다.
- **리치 미디어 지원**rich media support: Discord는 이미지, 동영상, 링크, 문서를 공유할 수 있도록 지원하며, 이를 통해 커뮤니티 내에서 다양한 콘텐츠를 쉽게 공유하고 논의할 수 있다.
- **봇 및 통합 기능**bots and integrations: Discord는 강력한 API를 제공하여 개발자들이 서버 기능을 확장할 수 있도록 지원한다. 봇을 활용하면 채팅 관리, 음악 재생, 정보 제공, 특정 작업 자동화 등이 가능하다.

Discord는 학생들이 학업 및 사회적 활동에서 커뮤니케이션, 협업, 커뮤니티 구축 경험을 향상하는 데 유용한 도구가 될 수 있다. Discord를 활용하여 그룹 프로젝트, 동아리 활동, 또는 사교 모임을 위한 플랫폼을 구축하는 방법을 논의하시오.

사와 열정을 가진 사람들을 만나 가상 연대감을 형성하고, 사회적 네트워크를 확장할 수 있다(그림 7.1 참조).

- **디지털 생활**digital life: 소셜 미디어 플랫폼, 메시징 앱, 화상 회의 도구를 사용하여 전 세계 사람들과 연결할 수 있는 능력

- **디지털 생태계**digital ecosystem: 조직, 개인, 디지털 플랫폼, 기술 및 데이터 등 상호 연결된 요소들이 협력하고 상호작용하는 복잡한 네트워크를 의미한다. 다양한 이해관계자들 간의 상호 의존적인 관계가 형성되며, 각 구성 요소는 생태계에 기여하면서 동시에 혜택을 받는다.
- **참여자**participants: 디지털 생태계에 속한 개인, 조직 또는 기관을 의미한다. 여기에는 사용자, 고객, 개발자, 파트너, 공급업체 및 기타 이해관계자들이 포함되며, 이들은 생태계 내에서 상호 작용한다.
- **디지털 비즈니스 플랫폼**digital business platform: 참여자 간 상품, 서비스 또는 정보 교환을 가능하게 하는 인프라를 의미한다. 예로는 소셜 미디어 플랫폼, 전자상거래 마켓플레이스, 클라우드 컴퓨팅 플랫폼 등이 있다. 디지털 플랫폼은 디지털 생태계의 기반이 된다.

디지털 생태계에서는 다양한 구성 요소들이 디지털 형식으로 정보를 교환하고, 자원과 서비스를 공유하며 상호작용한다. 이러한 상호작용에는 데이터 공유, 프로젝트 협업, 온라인 서비스 제공, 디지털 도구 및 기술 활용 등이 포함된다. 디지털 생태계는 비즈니스, 고객, 개발자, 콘텐츠 제작자, 제3자 제공업체 등을 하나로 연결하며, 여러 산업과 분야를 아우른다. 디지털 생태계의 주요 특징은 다음과 같다.

- **데이터 중심**data-driven: 데이터는 디지털 생태계에서 핵심적인 역할을 하며, 구성 요소들은 데이터를 생성, 공유 및 분석하여 인사이트를 도출하고, 의사 결정을 개선하며, 혁신적인 솔루션을 개발한다.
- **상호 연결성**interconnectivity: 생태계 내의 구성 요소들은 디지털 네트워크 및 커뮤니케이션 채널을 통해 연결되며, 이를 통해 원활한 상호작용 및 정보 교환이 가능해진다.
- **상호 의존성**interdependence: 생태계 내의 각 구성 요소들은 서로의 기여와 서비스를 기반으로 가치를 창출하고, 공동의 목표를 달성하기 위해 협력과 파트너십을 형성한다.
- **확장성과 유연성**scalability and flexibility: 디지털 생태계는 변화하는 요구사항과 기술 발전에 맞춰 확장 및 적응할 수 있다. 또한, 새로운 참여자, 기술 및 서비스를 유연하게 수용할 수 있다.

디지털 생태계는 전자상거래, 소셜 미디어, 클라우드 컴퓨팅, 앱 개발, 사물인터넷IoT 등 다양한 분야에서 활용된다. 이는 디지털 혁신을 촉진하고, 디지털 전환을 가능하게 하며, 새로운 비즈니스 모델을 창출하는 데 중요한 역할을 한다.

디지털 비즈니스 플랫폼은 디지털 경제의 핵심 요소로 자리 잡았으며, 이는 다양한 디지털 서비스, 비즈니스 모델 및 생태계의 기반이 된다. 디지털 플랫폼은 사용자, 자원 및 서비스를 효율적이고 접근하기 쉬운 방식으로 연결함으로써, 혁신과 협업을 촉진하며, 새로운 가치를 창출할 수 있도록 한다.

디지털 시대를 위한 선도적 연결성

모든 디지털 생태계의 핵심에는 하드웨어, 소프트웨어, 앱, 데이터 등을 연결하는 디지털 네트워크가 존재한다(그림 7.2 참조). 디지털 네트워크는 우리의 기기를 연결하고, 서로 소통할 수 있도록 하며, 우리의 집이나 자동차와 같은 환경과도 연결될 수 있도록 해준다. 네트워크는 두 개의 컴퓨터를 연결하는 작은 규모의 네트워크부터, 전 세계를 연결하는 가장 방대한 네트워크인 인터넷까지 다양할 수 있다. 네트워크는 두 가지 주요한 이점을 제공한다: 통신 기능과 데이터 공유 기능. 5장에서 배운 네트워크의 기본 개념을 다시 떠올려 보자.

- **네트워크**network: 두 개 이상의 장치를 연결하여 통신할 수 있도록 하는 시스템으로 표준적인 방식으로 데이터를 송수신할 수 있도록 한다.
- **하드웨어**hardware: 컴퓨터 시스템과 관련된 물리적 장치들
- **소프트웨어**software: 하드웨어가 특정 작업을 수행하도록 실행하는 명령어의 집합
- **애플리케이션**applications(apps): 특정 작업을 수행하도록 설계된 소프트웨어 프로그램

많은 사람들이 소프트웨어와 애플리케이션이라는 용어를 혼동하지만, 소프트웨어는 컴퓨터 시스템의 모든 비물리적(무형) 구성 요소를 포함하는 광범위한 개념이다. 반면, 애플리케이션은 사용자가 직접 상호 작용하면서 특정 작업을 수행하도록 설계된 소프트웨어의 한 유형이다. 즉, 소프트웨어는 더 포괄적인 개념이며, 애플리케이션은 소프트웨어의 하위 개념으로 사용자 중심의 기능을 수행하는 프로그램을 의미한다.

컴퓨터 네트워크에는 항상 데이터가 어떻게 전송되고 수신되는지를 관리하는 일련의 규칙과 프로토콜이 존재한다. 이 프로토콜들은 장치 간 원활한 통신과 정확한 정보 전달을 보장한다.

- **프로토콜**protocol: 네트워크에서 데이터가 전송되고 수신되는 방식을 규정하는 규칙과 표준의 집합
- **IP 주소**IP address: 네트워크에서 컴퓨터의 위치를 식별하는 고유한 번호. IP 주소는 네

그림 7.2
디지털 네트워크

트워크 상의 가상 "주소" 역할을 하며, 발신지source와 목적지destination IP 주소를 지정하여 데이터 송수신을 가능하게 한다.

API는 서로 다른 소프트웨어 애플리케이션이 통신하고 상호작용할 수 있도록 하는 규칙과 프로토콜의 집합이다. API는 소프트웨어 간 연결을 구축하고, 데이터 교환을 활성화하며, 각 애플리케이션이 서로의 기능을 활용할 수 있도록 하는 방법을 정의한다.

- **애플리케이션 프로그래밍 인터페이스**application programming interface(API): 소프트웨어 애플리케이션을 개발하기 위한 루틴, 프로토콜 및 도구의 집합

세 가지 종류의 컴퓨터 네트워크: LAN, WAN, MAN

네트워크에는 근거리 통신망LAN, 광역 네트워크WAN, 대도시 지역 네트워크MAN가 포함된다(그림 7.3 및 7.4 참조).

1. **근거리 통신망**Local Area Network(LAN): 근거리 통신망LAN은 사무실 건물, 학교 또는 가정과 같이 물리적으로 가까운 범위 내에 있는 컴퓨터 그룹을 연결하는 네트워크이다. LAN은 파일, 프린터, 게임 및 기타 리소스를 공유할 수 있도록 지원한다. 또한, LAN은 종종 다른 LAN 및 광역 네트워크WAN에 연결되기도 한다.
2. **광역 네트워크**Wide Area Network(WAN): 광역 네트워크WAN는 주, 도, 국가와 같이 광범위한 지리적 영역을 연결하는 네트워크이다. WAN의 대표적인 예는 인터넷Internet이다. WAN은 많은 기업과 정부 기관이 일상적인 운영을 수행하는 데 필수적이며, 직원, 고객, 공급업체, 비즈니스 파트너 및 기타 조직 간에 정보를 전송하고 수신할 수 있도록 지원한다. 또한, WAN은 종종 여러 개의 작은 네트워크(LAN 또는 MAN)를 연결하는 역할을 한다.

그림 7.3
LAN 네트워크 개요

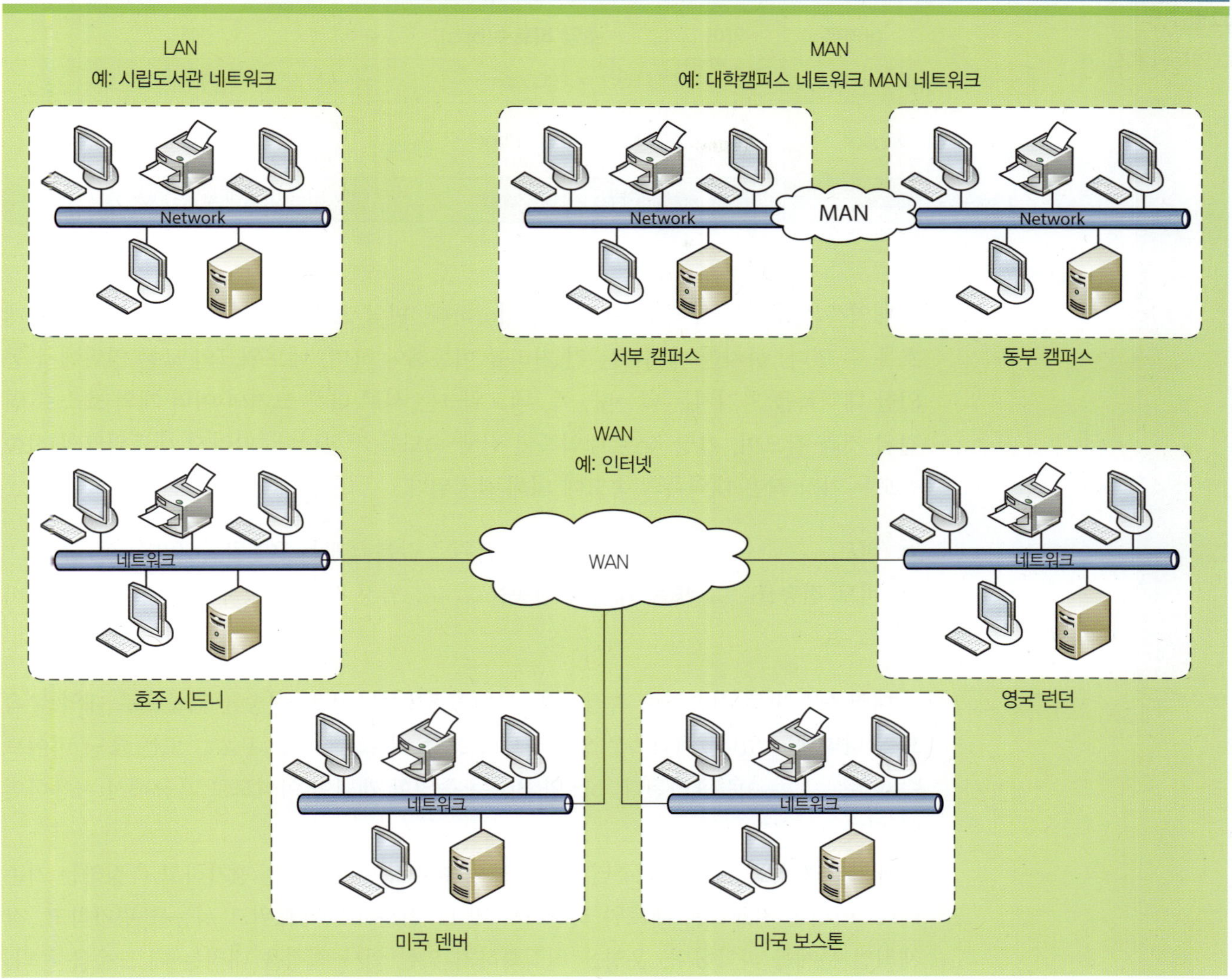

그림 7.4

Wi-Fi 네트워크

3. **대도시 지역 네트워크**Metropolitan Area Network(MAN): 대도시 지역 네트워크MAN는 일반적으로 한 도시 전체를 연결하는 대규모 컴퓨터 네트워크이다. 대부분의 대학, 대학교, 그리고 캠퍼스를 운영하는 대기업들은 MAN 인프라를 활용하여 네트워크를 구축하는 경우가 많다.

네트워크 성능 측정

네트워크 성능은 LAN, WAN 또는 MAN의 궁극적인 목표이다. 이는 데이터 전송 속도와 전송 용량과 직접적으로 관련이 있다. 충분한 성능을 제공하지 못하는 네트워크는 그 네트워크에 의존하는 사용자들에게 원활한 작업을 보장할 수 없다. 네트워크 성능은 대역폭bandwidth을 기준으로 측정된다.

- **대역폭**bandwidth: 일정 시간 동안 한 지점에서 다른 지점으로 전송될 수 있는 최대 데이터량

그림 7.5

대역폭의 속도

대역폭	약어	초당 비트수(bps)	예
Kilobit	Kb	1 Kbps = 1,000bps	전통적 모뎀 = 56Kbps
Megabit	Mb	1 Mbps = 1,000Kbps	전통적 이더넷 = 10Mbps 고속 이더넷 = 100Mbps
Gigabit	Gb	1 Gbps = 1,000Mbps	기가비트 이더넷 = 1,000Mbps

대역폭은 호스를 통해 흐르는 물과 비슷하다. 만약 호스의 크기가 크면, 물이 빠르게 흐를 수 있다. 하지만 데이터는 긴 거리를 이동해야 하며, 네트워크의 모든 영역에서 동일한 대역폭을 가지지는 않는다. 즉, 네트워크는 서로 다른 크기의 여러 개의 호스로 연결된 것과 같으며, 가장 작은 대역폭이 전체 속도를 제한한다. 따라서 네트워크의 전송 속도는 가장 작은 대역폭의 속도에 의해 결정된다.

- **비트**binary digit(bit): 데이터의 가장 작은 단위로 값은 0 또는 1이 될 수 있다.
- **비트 전송률**bit rate 또는 **데이터 전송률**data rate: 일정 시간 동안 전송되거나 수신된 비트 수

대역폭은 비트 전송률로 측정된다. 그림 7.5에서는 비트 전송률 기준으로 대역폭 속도를 나타내고 있다. 대역폭은 일반적으로 초당 비트 수bps, bits per second 또는 초당 바이트 수Bps, bytes per second로 표기된다. bps와 Bps는 동일한 개념이 아니므로 혼용해서 사용하면 안 된다.

네트워크 성능 지표는 컴퓨터 네트워크의 효과성과 효율성을 평가하고 측정하는 기준이다. 이러한 지표들은 네트워크 관리자 및 IT 전문가가 네트워크 성능을 평가하고, 잠재적인 문제를 파악하며, 운영을 최적화하기 위한 의사 결정을 내리는 데 도움을 준다. 다음은 일반적인 네트워크 성능 지표에 대한 간략한 설명이다.

- **대역폭**bandwidth: 대역폭이 높을수록 데이터 전송 속도가 빨라지고 네트워크 성능이 향상된다.
- **지연 시간**latency: 지연 시간이 낮을수록 응답 속도가 빨라지고 네트워크 성능이 향상된다. 지연 시간이 높으면 데이터 전송이 지연되며, 특히 화상 회의나 온라인 게임과 같은 실시간 애플리케이션에서 성능 저하가 발생할 수 있다.
- **패킷 손실**packet loss: 패킷 손실은 네트워크를 통해 이동하는 데이터 패킷이 목적지에 도달하지 못하는 현상을 의미한다. 일반적으로 손실된 패킷의 비율(%)로 표현된다. 네트워크 혼잡, 하드웨어 고장 또는 기타 문제로 인해 발생할 수 있다. 패킷 손실이 많으면 데이터 재전송이 필요해지고, 성능 저하 및 실시간 애플리케이션(예: 영상 통화, 온라인 게임)의 중단이 발생할 수 있다.
- **네트워크 가용성**network availability: 네트워크 가용성이 높을수록 네트워크의 안정성과 성능이 향상되며, 사용자가 네트워크 리소스에 지속적으로 액세스할 수 있음을 보장한다.

- **처리량**throughput: 처리량은 네트워크에서 실제로 달성된 데이터 전송 속도를 반영한다. 대역폭, 지연 시간, 패킷 손실 등에 의해 영향을 받을 수 있다.

무선 네트워크: 모바일 환경의 핵심

무선 네트워크에 대한 논의에 들어가기 전에, 모바일mobile과 무선wireless의 차이를 구별해야 한다. 이 두 용어는 종종 같은 의미로 사용되지만, 실제로는 서로 다른 개념을 의미한다.

- **모바일**mobile: 기술이 사용자를 따라 이동할 수 있음을 의미한다. 예를 들어, 사용자는 소프트웨어, 이메일, 웹페이지 등을 노트북이나 모바일 기기에 다운로드하여 이동 중에도 읽거나 참고할 수 있다.
- **무선**wireless: 유선 연결 없이 작업을 수행할 수 있는 모든 형태의 운영 방식을 의미한다.

일부 환경에서는 네트워크 장치가 무선이지만, 모바일은 아닌 경우가 있다. 예를 들어, 무선 홈 네트워크 또는 사무실 네트워크에서 정적인(고정된) PC나 프린터를 사용하는 경우가 이에 해당한다. 또한, 일부 형태의 모바일 기술은 무선 연결을 필요로 하지 않는다. 예를 들어, 직원이 집에서 유선 인터넷을 사용하는 노트북을 끄고, 출근 후 회사의 유선 네트워크에 다시 연결하는 경우이다. m비즈니스mBusiness의 핵심 기술은 웹 사용이 가능한 마이크로 브라우저를 탑재한 모바일 기기이며, 다음과 같은 서비스를 수행할 수 있다.

- **모바일 엔터테인먼트**mobile entertainment: 음악, 동영상, 게임, 투표, 벨소리 다운로드
- 문자 기반 메시징 서비스
- **모바일 판매 및 마케팅**mobile sales/marketing: 광고, 캠페인, 할인, 프로모션, 쿠폰 제공
- **모바일 뱅킹**mobile banking: 계좌 관리, 청구서 결제, 알림 수신, 송금
- **모바일 티켓팅**mobile ticketing: 공연, 교통, 주차권 구매 및 자동 주차 미터 충전 기능
- **모바일 결제**mobile payments: 매장 내 구매, 홈 딜리버리, 자판기, 택시, 주유소 등에서 결제 가능

무선인터넷wireless fidelity(Wi-Fi)은 물리적인 유선 연결 없이도 무선 인터넷 접속 및 데이터 전송이 가능하며, 컴퓨터, 스마트폰, 태블릿, 네트워크 지원 장치 간 연결을 지원한다.

- **연결성**connectivity: 장치들이 서로 또는 네트워크와 연결하고 통신할 수 있는 능력을 의미한다. 이는 유선 연결(예: 이더넷 케이블) 또는 무선 연결(예: Wi-Fi, 블루투스, 셀룰러 네트워크)을 통해 이루어질 수 있다.
- **무선 인터넷**wreless fidelity(Wi-Fi): 휴대용 기기가 로컬 네트워크에 무선으로 연결할 수 있도록 지원하는 기술이다. Wi-Fi는 액세스 포인트를 사용하여 라디오파radio waves를 통해 데이터를 송수신한다.
- **Wi-Fi 인프라**wi-fi infrastructure: Wi-Fi 서비스를 제공하는 기본적인 하드웨어 구성 요

소를 포함한다. 신호 송신기, 타워, 폴대 및 Wi-Fi 신호 전송에 필요한 추가 장비를 포함한다.

대부분의 네트워크는 Wi-Fi 인프라를 사용하여 무선 장치(예: 노트북)가 액세스 포인트 또는 기지국을 통해 통신할 수 있도록 한다. Wi-Fi의 구성 요소는 다음과 같다.

- **라우터**router: 데이터 패킷을 분석하고, 목적지로 전송할 최적의 경로를 결정하는 장치. 여러 네트워크를 연결하고 트래픽을 관리하는 역할
- **무선 액세스 포인트**wireless access point(WAP): 장치들이 무선 네트워크에 연결하여 서로 통신할 수 있도록 지원하는 장치. Wi-Fi 네트워크는 WAP 또는 라우터를 사용하여 생성된다. 이 장치들은 데이터를 무선으로 송수신하며, 여러 장치를 연결하는 중앙 허브 역할을 한다.
- **라디오 신호**radio signals: 무선 통신을 위해 사용되는 전자기파의 한 형태. 물리적인 케이블 없이 정보를 전달할 수 있도록 하는 에너지원. Wi-Fi는 라디오파radio waves를 이용하여 데이터를 송수신한다. 액세스 포인트AP는 전자기파 형태의 신호를 송출하며, Wi-Fi 범위 내에 있는 장치들이 이를 수신한다.
- **Wi-Fi 표준**Wi-Fi standards: Wi-Fi는 국제전기전자공학회IEEE, Institute of Electrical and Electronics Engineers의 특정 표준을 기반으로 작동한다. 가장 일반적인 Wi-Fi 표준에는 802.11a, 802.11b, 802.11g, 802.11n, 802.11ac, 802.11ax(Wi-Fi 6) 등이 포함된다. 각 표준은 다른 데이터 전송 속도, 주파수 대역, 기능을 제공한다.
- **서비스 세트 식별자**service set identifier(SSID): 무선 네트워크를 구별하기 위해 할당된 고유 식별자 또는 이름. SSID는 무선 장치들이 특정 Wi-Fi 네트워크를 식별하고 인증할 수 있도록 한다. 사용자가 Wi-Fi 네트워크에 연결할 때, WAP가 제공하는 SSID를 선택해야 하며, 보안 설정에 따라 비밀번호 또는 암호를 입력해야 할 수도 있다.
- **데이터 전송**data transmission: 연결된 장치들은 네트워크 내에서 무선으로 데이터를 주고받을 수 있다. Wi-Fi는 인터넷 통신 표준인 TCP/IP 프로토콜을 사용하여 데이터를 전송한다. 이를 통해 장치들은 인터넷에 접속하고, 파일을 공유하며, 미디어를 스트리밍하고, 네트워크 내 다른 장치들과 통신할 수 있다.

Wi-Fi는 현대 사회에서 핵심적인 연결 기술로 자리 잡았으며, 가정, 사무실, 공공장소 및 다양한 환경에서 무선 인터넷 접속을 가능하게 한다. Wi-Fi는 물리적인 연결이 필요하지 않아 유연성과 편리성을 제공하며, 이를 통해 장치들이 무선 네트워크에서 원활하게 연결 및 통신할 수 있도록 한다. 사무실 Wi-Fi 네트워크의 주요 이점 두 가지는 다음과 같다.

- **무선 인쇄**wireless printing: Wi-Fi를 활용하면 사무실 내에서 무선 프린팅 기능을 사용할 수 있다. 직원들은 자신의 기기에서 Wi-Fi 프린터로 문서를 무선으로 출력할 수 있으며, 이를 통해 편리성이 향상되고 유선 연결이 필요 없어 공간 활용도가 높아진다.
- **게스트 Wi-Fi 액세스**guest Wi-Fi access: 많은 기업들은 방문객과 고객을 위해 게스트

비즈니스 중심적 토론

미국 연방 통신 위원회는 비행기가 10,000피트 상공에서 운행하는 동안 승객들이 휴대전화를 포함한 무선 모바일 기기들을 사용할 수 있도록 하는 법안을 발의했다. 비행기 내에서 사용하는 휴대폰은 일반적인 휴대폰 네트워크를 사용하지 않는다. 이 네트워크가 35,000피트 이상에서는 작동하지 않기 때문이다. 항공기 전화 시스템은 일괄 처리 방식이며, 위성이나 특수 공대지 셀룰러 시스템을 통해 지상과 연결된다. 그러므로 비행기들은 일반 통신사 요금보다 분당 더 많은 요금을 부과할 것이다.

찬성론자들은 휴대폰 사용이 항공 안전에 지장을 주지 않으며, 이것이 허용된 외국 항공기의 경우 승객들의 통화가 짧고 그다지 요란스럽지 않았다고 말한다.

반대론자들은 운행 중에 음성 통화를 허용하는 것은 비상시 승무원의 질서 유지 능력을 위태롭게 하고, 기내 안의 소음과 승객간의 긴장감을 증가시킬 것이며, 항공 안전에 막대한 위험을 초래할 것이라고 주장한다. 그들은 또한 여행객들 대다수가 휴대폰 금지 규정이 유지되기를 원한다고 말한다. 당신은 비행기 내에서 휴대폰을 사용하는 것에 찬성하는가, 반대하는가?

항공기 운행 중 휴대폰 통화를 허용해야 하는가?

Wi-Fi 액세스를 제공한다. 이를 통해 방문객들이 인터넷에 연결할 수 있으며, 고객 경험을 개선하고 기업과의 상호작용을 강화할 수 있다.

무선 브로드밴드 기술에는 Wi-Fi, 셀룰러 네트워크(이동통신망), 위성 인터넷, 고정 무선 액세스fixed wireless access가 포함된다. 무선 브로드밴드는 이동성, 확장성, 쉬운 설치 과정을 제공하여, 가정, 기업, 공공장소 및 유선 연결이 어렵거나 불가능한 외딴 지역에서 널리 사용된다.

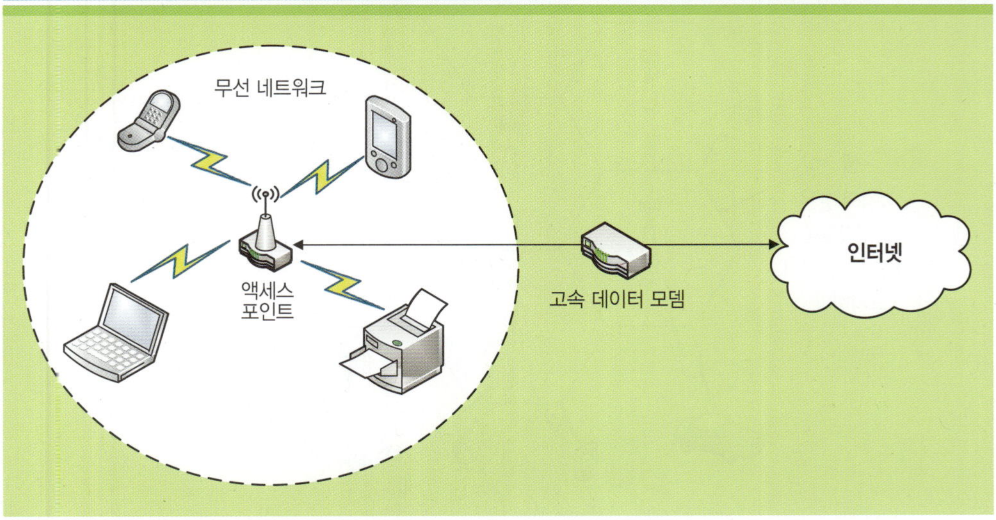

그림 7.6
Wi-Fi 네트워크

- **무선 브로드밴드**wireless broadband: 유선 연결 없이도 고속 인터넷 접속을 가능하게 하는 무선 통신 기술을 의미한다(그림 7.6 참조).

Wi-Fi는 컴퓨터, 모바일 기기 및 기타 장비(예: 프린터)가 서로 연결되고 정보를 교환할 수 있도록 하여 네트워크를 형성한다. Wi-Fi의 최대 범위는 개방된 공간(예: 도심 공원)에서 약 1,000피트(약 305m), 폐쇄된 공간(예: 사무실 건물)에서 약 250,400피트(약 76,122m) 정도이다. Wi-Fi 신호의 범위는 환경, 장애물, 액세스 포인트(AP)의 출력 세기 등의 요소에 따라 달라질 수 있다. 또한, 전자레인지, 무선 전화기 등과 같은 동일한 주파수 대역에서 작동하는 장치들의 간섭이 Wi-Fi 신호의 품질과 범위에 영향을 미칠 수 있다.

- **Wi-Fi 네트워크 식별자**Wi-Fi network identification: SSID는 무선 네트워크의 이름 역할을 하며, 무선 액세스 포인트WAP 또는 라우터가 이를 브로드캐스트하여 주변 기기들이

그림 7.7
셀폰의 세대

무선 통신		속도
1세대	– 아날로그 셀폰 서비스	14.4Kbps
2세대	– 디지털 셀폰 서비스	10~144Kbps
3세대	– 셀룰러 네트워크를 통한 광대역 인터넷 서비스 – MMS(멀티미디어 메시지 서비스) 또는 사진 메시지 서비스 추가	144Kbps~4Mbps
4세대	– 언제, 어디서나, 모든(오디오, 비디오, 텍스트) – 향상된 비디오 전송	100Mbps
5세대	– 월등한 데이터 통신 속도 – 인공 지능 기능을 탑재한 웨어러블 장치	90미터 이상의 거리에서 1.5Gbps

그림 7.8
셀룰러 통신 개요

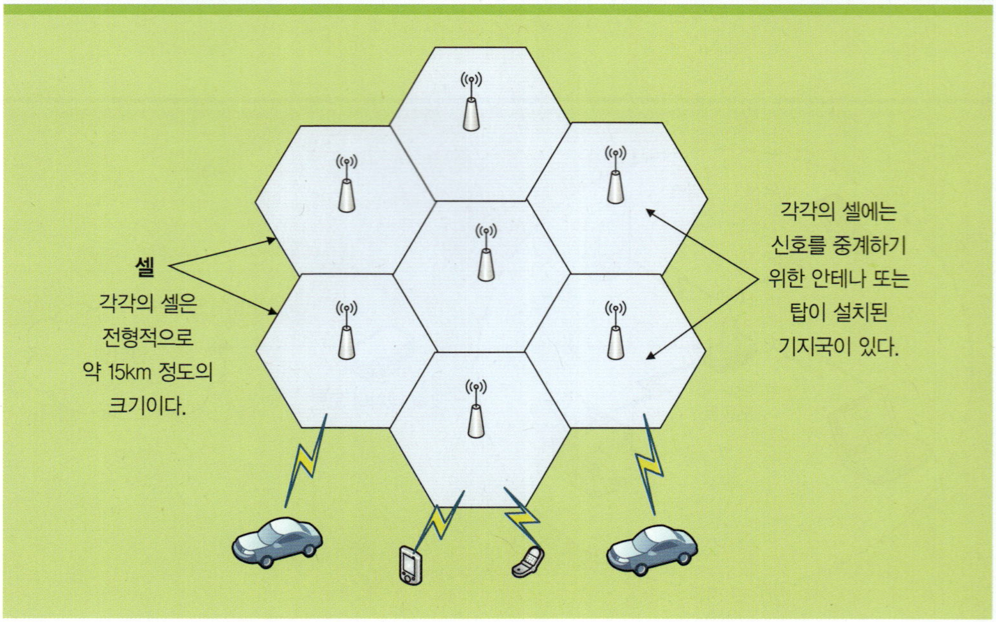

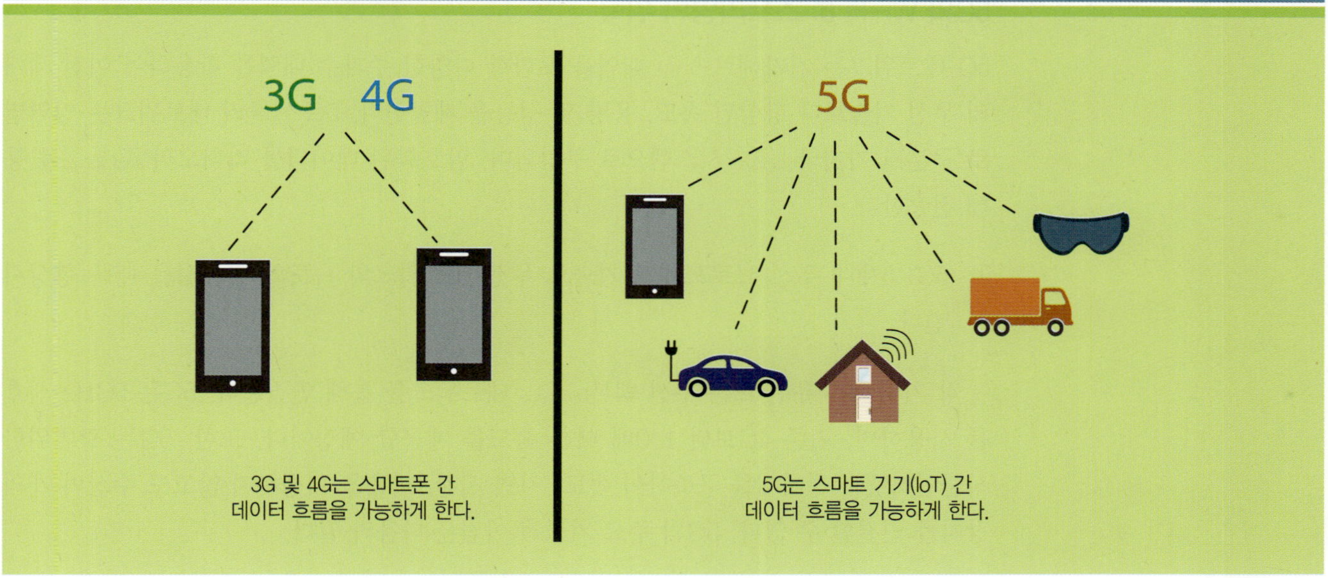

그림 7.9
3G, 4G, 5G 셀룰러 네트워크의 비교

네트워크를 감지하고 연결할 수 있도록 한다.

- **Wi-Fi 대역**Wi-Fi bands: Wi-Fi 대역은 Wi-Fi 네트워크에서 무선 통신을 위해 사용되는 특정 주파수 범위를 의미한다.
- **기가헤르츠**Gigahertz(GHz): 기가헤르츠는 초당 수십억 개의 CPU 사이클을 의미하는 단위이다. 기가헤르츠는 Wi-Fi, 라디오, 컴퓨터 프로세서 등 다양한 기술에서 사용되는 전자기파의 주파수를 측정하는 단위이다.

Wi-Fi는 두 개의 주요 주파수 대역에서 작동한다. 2.4GHz 대역은 더 넓은 범위를 제공하지간, 간섭에 더 취약하다. 5GHz 대역은 더 높은 속도를 제공하지만, 범위가 짧다. 듀얼 밴드dual-band 라우터는 두 개의 주파수 대역을 모두 지원하며, 각 기기가 가장 적합한 대역에 연결되도록 한다.

- **블루투스**bluetooth: 짧은 거리에서 휴대전화, 컴퓨터 및 기타 장치 간 신호를 전송하는 무선 기술
- **핫스팟**hotspots: 공공장소에서 Wi-Fi 액세스 포인트가 제공되는 지정된 위치
- **스마트폰**smartphones: 기본 휴대전화보다 더 고급화된 컴퓨팅 기능과 연결성을 제공하는 장치

스마트폰은 웹 브라우징, 이메일, 음악 감상, 동영상 시청, 컴퓨팅 작업, 연락처 관리, 문자 메시지 전송, 사진 촬영 및 공유 등의 기능을 지원한다. 스마트폰의 대표적인 예로는 Apple iPhone, Google Pixel, Samsung Galaxy 등이 있다. 그림 7.7은 이동통신 서비스 세대generation의 목록을 제시하고, 그림 7.8은 셀룰러 통신cellular communication의 예시를 보여주며, 그림 7.9는 3G, 4G, 5G의 차이점을 비교하고 있다.

5G와 Wi-Fi 6: 스트리밍의 위력

5G 네트워크는 기가헤르츠GHz 대역을 포함한 다양한 주파수 대역을 활용하여 이전 세대의 무선 기술보다 향상된 속도, 용량 및 성능을 제공한다. 5G 셀룰러 네트워크는 영역별로 구분된 기지국cell sites 시스템으로 구성되며, 암호화된 데이터를 라디오파radio waves를 통해 전송한다.

- **5G**: 5세대 무선 브로드밴드 기술로 무선 네트워크의 속도와 반응성을 대폭 향상시킨다.

각 기지국은 유선 또는 무선 백본backbone 네트워크를 통해 연결된다. 5G는 5GHz 신호를 사용하며, 기존 4G보다 100배 빠른 속도를 제공할 예정이다. 또한, 5G는 광범위한 사물인터넷IoT 생태계를 구축하여 속도, 지연 시간, 비용을 희생하지 않고도 수십억 개의 장치를 연결할 수 있다. 5G의 주요 기술적 이점은 다음과 같다.

- **낮은 지연 시간**low latency: 작은 데이터 패킷이 즉각적으로 교환될 수 있다.
- **빠른 연결 속도**fast connection speeds: 넓은 대역폭과 향상된 안테나 기술을 활용하여 현재보다 4배 높은 데이터 전송 용량을 제공한다.
- **장치 연결**device connections: 수백만 개의 IoT 장치를 하나의 네트워크에서 연결할 수 있다.

5G 배포를 위한 주파수 대역은 국가 및 지역에 따라 규제 기관과 주파수 할당 정책에 따라 다를 수 있다. 각 주파수 대역은 커버리지 범위, 용량 및 성능 측면에서 고유한 이점과 고려 사항이 있다. Wi-Fi 6는 최신 Wi-Fi 기술 세대로, 이전 세대인 Wi-Fi 5(802.11ac)보다 속도, 용량, 효율성 및 전반적인 성능이 향상되었다.

- **Wi-Fi 6(802.11ax)**: 최대 9.6Gbps 속도로 작동하는 차세대 Wi-Fi 기술

5G와 Wi-Fi 6는 모두 무선 통신 기술이지만, 각각 다른 목적을 위해 설계되었으며, 다른 주파수 대역에서 작동한다. 두 기술은 속도와 성능 향상 측면에서 유사점이 있지만, 특정한 사용 사례 및 환경에 맞춰 설계되었다. 5G와 Wi-Fi 6의 결합은 기업들이 어디서든 업무를 수행할 수 있도록 지원하고, 생산성을 높이며, 최상의 사용자 경험을 제공할 수 있도록 한다.

5G는 셀룰러 네트워크용으로 설계되었으며, 광범위한 지역에서 무선 연결을 제공하는 것이 목표이다. 향상된 모바일 브로드밴드mobile broadband, 대규모 IoT 연결massive machine-type communications, 초고신뢰 · 저지연 통신ultra-reliable and low-latency communications(URLLC), 자율주행차, 산업 자동화 등의 애플리케이션을 지원한다. Wi-Fi 6는 근거리 통신망용으로 설계되었으며, 실내 환경에서 고밀도 장치 연결을 위해 사용된다. 가정, 사무실, 공공장소 등에서 여러 장치를 효율적으로 연결한다.

- Wi-Fi 6는 실내 네트워크에서 선호되는 선택지이며, 속도, 지연 시간, 연결 장치 밀도가 향상된다. 가정 네트워크, 대학 캠퍼스, 경기장, 컨벤션 센터 등에 적합하다.

LAN에서 작동하며, Wi-Fi 액세스 포인트 또는 라우터를 통해 장치를 연결한다. 비면허 주파수를 사용하여 개인 또는 기업이 자체적으로 네트워크를 구축 가능하다.

- 5G는 실외 네트워크 및 초기 비즈니스 환경에서 활용될 예정이다. 셀룰러 기술 기반으로 설계되었으며, 광범위한 지역을 커버할 수 있도록 개발되었다. 모바일 네트워크 사업자가 운영하는 셀룰러 네트워크를 통해 인터넷 연결을 제공한다. 면허 주파수를 사용하며, 기지국 및 기지국 기반 인프라가 필요하다(예: 커넥티드 카connected cars, 드론, 스마트 시티smart cities 등(그림 7.10 참조)).

스트리밍streaming은 오디오 또는 비디오 콘텐츠를 인터넷을 통해 지속적으로 제공하는 방식이다. 사용자는 파일을 완전히 다운로드하지 않고도 실시간으로 미디어를 소비할 수 있다. 네트워크의 가장 큰 장점 중 하나는 기가바이트gigabytes 단위의 데이터를 실시간으로 즉각적으로 스트리밍할 수 있다는 점이다.

- **스트리밍**streaming: 오디오 및 비디오 파일을 인터넷을 통해 전송하여, 사용자가 전송과 동시에 콘텐츠를 재생할 수 있도록 하는 방식
- **스트리밍 데이터**streaming data: 수천 개의 데이터 소스에서 지속적으로 생성되는 데이터. 일반적으로 작은 크기(킬로바이트 단위)의 데이터 패킷을 동시에 송수신

스트리밍 데이터에는 모바일 또는 웹 애플리케이션 사용자의 로그 파일, 전자상거래 거래 정보, 소셜 네트워크 데이터, 연결된 장치에서 생성된 금융 거래 데이터 및 데이터 센터 정보 등이 포함된다. Netflix, Spotify, Uber는 스트리밍 데이터를 활용하여 전통적인 비즈니스를 혁신한 대표적인 사례이다. 스트리밍은 미디어 소비 방식을 혁신하며, 편리성, 유연성, 그리고 방대한 콘텐츠 선택권을 제공한다. 개인화된 온디맨드(맞춤형) 미디어 접근성을 보장하여, 언제 어디서든 사용자가 원하는 콘텐츠를 소비할 수 있도록 지원한다.

디지털 라이프를 산다는 것은 스트리밍을 통해 방대한 정보에 즉각적으로 접근할 수 있음을 의미한다. 검색 엔진, 온라인 데이터베이스, 교육 플랫폼을 통해 언제든 지식을 얻을 수 있는 환경이 조성되었다. 질문에 대한 답을 찾거나, 새로운 기술을 배우거나, 최신 뉴스 및 트렌드를 파악하는 데 도움을 받는다. 또한, 디지털 생태계는 미디어 및 엔터테인먼트 소비 방식을 변화시켰다. 스트리밍 서비스, 온라인 출판, 전자책e-books 등의 발전으로 인해 영화, TV 프로그램, 음악, 도서, 뉴스 등에 더 쉽게 접근 가능하다. 또한, 언제 어디서든 원하는 콘텐츠를 즐길 수 있도록 지원한다. 스트리밍의 핵심 요소는 다음과 같다.

- **온디맨드 접근**on-demand access: 사용자는 영화, TV 프로그램, 음악, 팟캐스트 등 다양한 미디어 콘텐츠에 온디맨드on-demand 방식으로 접근 가능하다. 전체 파일을 다운로드하지 않고도 즉시 재생 가능하다.
- **실시간 데이터 전송**real-time delivery: 스트리밍 미디어는 연속적인 데이터 흐름을 통해 전송되며, 사용자는 콘텐츠가 다운로드되는 동시에 재생할 수 있어 끊김 없는 시청 경험을 제공받는다.

그림 7.10

Wi-Fi 6와 5G의 활용 사례

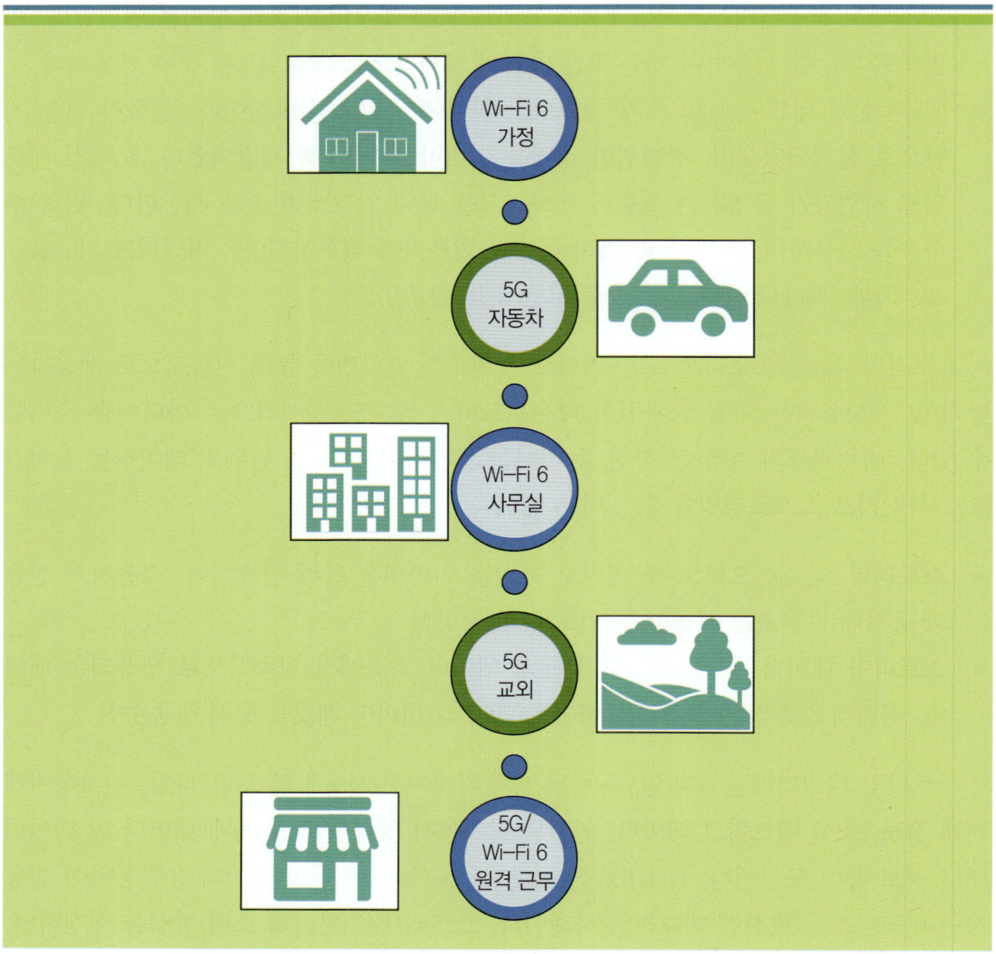

- **인터넷 기반 콘텐츠 전달**Internet-based delivery: 스트리밍은 인터넷을 통해 데이터를 전송한다. 사용자는 전용 스트리밍 플랫폼, 웹사이트, 애플리케이션을 통해 콘텐츠를 소비하며, 콘텐츠 제공을 위한 인프라가 포함된 스트리밍 서비스를 활용한다.
- **라이브 스트리밍**live streaming: 주문형 스트리밍on-demand streaming 외에도, 라이브 스트리밍은 사용자가 실시간으로 이벤트나 방송을 시청할 수 있도록 한다. 라이브 스트리밍은 스포츠 경기, 콘서트, 게임 방송, 웨비나webinars, 기타 라이브 공연 및 이벤트에 널리 사용된다.
- **멀티 플랫폼 접근성**multi-platform accessibility: 스트리밍 미디어는 다양한 기기와 플랫폼에서 접근 가능하다. 스마트폰, 태블릿, 컴퓨터, 스마트 TV, 게임 콘솔, 스트리밍 전용 장치 등을 통해 사용자는 원하는 기기에서 콘텐츠를 감상할 수 있다.

위성

1990년대 처음 위성 시스템이 고려되었을 때의 목표는 전 세계에 무선 음성 및 데이터 서비스를 제공하는 것이었다. 이를 통해 모바일 기기가 여러 네트워크 제공업체를 경유하며, 로밍할 필요 없이 연결될 수 있도록 하는 것이 목적이었다. 그러나 위성 네트워크

비즈니스 중심적 토론

미신 깨기: 5G는 안전한가?

나는 여러분이 온라인에서 떠도는 5G 전자기파(방사선Radiation) 음모론을 들어본 적이 있을 것이라고 확신한다. 이러한 음모론은 5G가 암을 유발하거나 면역 체계를 약화시켜 COVID-19의 급속한 확산을 초래했다는 주장을 포함하고 있다. 그러나 현재까지 이러한 주장에 대한 과학적 증거는 전혀 없다. 이 논쟁을 이해하려면, 방사선에는 두 가지 종류가 있다는 점을 먼저 알아야 한다.

- **전리 방사선**Ionizing Radiation, X-레이 및 전자레인지에서 사용됨: 원자로부터 방출되는 에너지가 감마선gamma rays 또는 X-선과 같은 전자기파 형태 또는 중성자neutrons, 베타beta 또는 알파alpha 입자 형태로 이동하는 유형의 방사선이다. 원자의 자발적인 붕괴disintegration를 방사성 붕괴radioactivity라고 한다.
- **비전리 방사선**Non-Ionizing Radiation, AM/FM 라디오 및 Wi-Fi 네트워크에서 사용됨: 진동하는 전기 및 자기장이 결합된 에너지 파동이 빛의 속도로 이동하는 형태로 AM/FM 라디오 주파수, Wi-Fi 신호 등에서 사용된다.

현재까지 Wi-Fi 방사선이 위험하다는 과학적 증거는 없으며, 이는 휴대용 무전기에서 사용하는 라디오파(방사선)도 위험하지 않다는 것과 동일하다.

그룹을 구성하여 다음 주제에 대해 연구하고 토론하시오. "5G 전자기파가 건강에 해롭다고 생각하는가? 동의 또는 반대하는 이유를 제시하시오."

가 상업적으로 사용될 준비가 되었을 때는 이미 셀룰러(이동통신) 시스템이 발전하여 시장을 주도하고 있었다.

- **위성**satellite: 지구를 공전하며, 지상의 기지국에서 신호를 수신하고 송신하는 우주 정거장. 위성은 광범위한 지역에서 신호를 전송할 수 있다.

위성 통신에 사용되는 기기는 휴대용 장치, 이동식 기지국, 고정된 위성 접시 수신기 등 다양하다. 위성을 통한 데이터 전송 속도는 최저 2.4Kbps에서 최대 2Mbps까지 가능하다. 일반적인 이동 업무를 수행하는 직장인에게 위성 통신은 큰 이점이 되지 않을 수 있지만, 외딴 지역에서 음성 및 데이터 접근이 필요한 사람들에게는 중요한 해결책이 될 수 있다.

전통적인 통신 위성은 지구 상공 약 22,000마일(약 35,400km)에서 정지 궤도geostationary orbit로 이동한다. 반면, 저궤도 위성low-orbit satellite은 지구에 더 가까이 위치하며, 상대적으로 약한 신호도 수신할 수 있다. 저궤도 위성은 전력 소비가 적고, 발사 비용이 전통적인 위성보다 저렴하다. 위성 네트워크를 이용하면 전 세계 어디서든 기업 관계자들이 완전한 통신 기능을 이용할 수 있다. 이를 통해 음성 통화, 화상 회의, 인터넷 접속이 가능하다. 그림 7.11은 위성 통신 시스템을 간략히 설명하고 있다.

그림 7.11
위성 통신 시스템

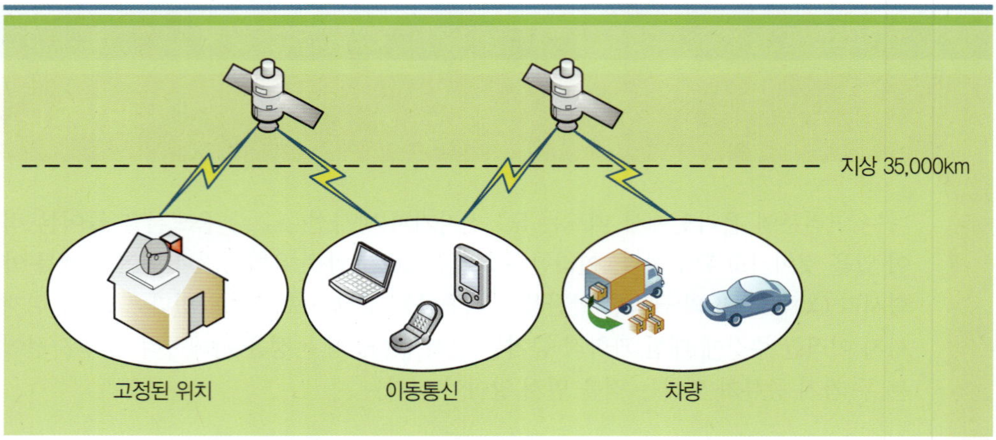

보안: 디지털 생태계를 보호하다

디지털 생태계는 비즈니스 내에서 혁신과 민첩성을 촉진한다. 다양한 디지털 구성 요소와 리소스를 사용할 수 있기 때문에 기업들은 새로운 제품이나 서비스를 더 빠르게 실험하고 반복하며 개발할 수 있다. 스타트업과 소규모 기업들은 모든 것을 처음부터 구축하는 대신 기존 생태계의 구성 요소를 활용할 수 있어 시장 출시 시간과 비용을 절감할 수 있다. 또한, 생태계는 오픈 API 또는 서드파티 서비스 등 외부 혁신에 대한 접근을 용이하게 하여, 기업들이 경쟁력을 유지하고 변화하는 시장 환경에 적응할 수 있도록 지원한다.

컴퓨터 네트워크는 파일 및 리소스를 공유하고, 인터넷에 접속하며, 이메일 또는 메시지를 통해 커뮤니케이션하고, 애플리케이션이나 서비스를 실행하는 등 다양한 용도로 활용될 수 있다. 네트워크는 현대 디지털 환경에서 연결성을 가능하게 하고 정보 교환을 촉진하는 중요한 역할을 한다.

- IAMIdentity and Access Management: IAM 구성 요소는 디지털 생태계 내에서 사용자 신원 및 접근을 안전하게 관리하도록 보장한다. 여기에는 인증, 인가, 사용자 관리 시스템이 포함되며, 이를 통해 다양한 애플리케이션 및 리소스에 대한 사용자 접근 권한을 제어하고 모니터링할 수 있다.

IAM이 중요한 이유는 다음과 같다. 보안을 강화하고, 데이터를 보호하고, 접근 관리를 간소화하고, 사용자 경험을 개선하고, 컴플라이언스 준수를 지원하고, 기술 발전에 대응하게 해준다. IAM을 효과적으로 구현하면, 기업은 디지털 리소스에 대한 접근을 안전하게 관리하고, 보안 위험을 줄이며, 효율적인 운영이 가능하게 할 수 있다.

무선 네트워크 보안 모범 사례

인터넷이 등장하기 전, 해커들은 물리적으로 사무실 건물 내에 있어야 유선 네트워크에 접근할 수 있었다. 그러나 무선 네트워크는 수천, 아니 수백만 개의 액세스 포인트를 제공하면서, 해커들이 원격에서 공격을 수행할 수 있는 기회를 제공하게 되었다. 무선 네트워크를 보호하는 다양한 방법이 있으며, 이는 개별적으로 또는 조합하여 사용될 수 있

비즈니스 중심적 활동

스스로 보호하기

기숙사, 공유주택, 또는 자택에서 생활하든지 간에, Wi-Fi 네트워크를 보호하는 것은 디지털 프라이버시와 보안을 유지하는 데 매우 중요하다. 다음은 데이터를 안전하게 보호하기 위한 주요 방법이다.

- **강력하고 고유한 비밀번호 설정**: Wi-Fi 네트워크에 강력한 비밀번호를 설정하여 무단 접속을 방지해야 한다. 대문자, 소문자, 숫자, 특수문자를 조합하여 설정하는 것이 좋다. 이름, 생년월일, "password123" 같은 쉽게 추측할 수 있는 비밀번호는 피해야 한다.
- **네트워크 암호화 설정**: Wi-Fi 네트워크가 WPA2Wi-Fi Protected Access 2 또는 WPA3Wi-Fi Protected Access 3 암호화를 사용하고 있는지 확인해야 한다. 이 두 가지는 현재 가장 안전한 무선 네트워크 암호화 옵션이다.
- **기본 로그인 정보 변경**: 자신의 라우터를 설정할 경우, 기본 사용자 이름 및 비밀번호를 변경해야 한다. 기본 로그인 정보는 인터넷에서 쉽게 검색될 수 있기 때문에, 이를 그대로 사용하면 해커가 접근하기 쉬워진다.
- **안전한 네트워크 이름SSID 설정**: Wi-Fi 네트워크 이름SSID에 개인 정보를 포함하지 않도록 해야 한다. 예를 들어, 이름, 생년월일, 주소 등의 정보를 포함하면 해커가 비밀번호를 추측하는 데 이용할 가능성이 높다.
- **게스트 네트워크 설정**: 친구나 룸메이트가 Wi-Fi를 사용할 경우, 게스트 네트워크를 설정하는 것이 좋다. 이렇게 하면 개인 기기 및 데이터가 포함된 네트워크에 대한 접근을 허용하지 않고도 인터넷을 사용할 수 있도록 할 수 있다.
- **피싱 공격 주의**: Wi-Fi 비밀번호나 기타 로그인 정보를 요구하는 메시지나 이메일을 주의해야 한다. 해커들은 이러한 수법을 사용하여 네트워크에 접근하려고 시도한다.
- **방화벽 사용**: 라우터에 내장된 방화벽이 활성화되어 있는지 확인해야 한다. 추가적인 보호를 위해 컴퓨터에 별도의 방화벽 소프트웨어를 설치하는 것도 고려할 수 있다.

위의 방법들은 무단 사용자들이 네트워크에 접근하는 것을 최대한 어렵게 만들어, 사용자의 데이터와 네트워크를 보호하는 것이 목표이다. 자신의 무선 네트워크 보안 설정을 점검하고 데이터가 안전하게 보호되고 있는지 확인해야 한다.

다. Wi-Fi 액세스 포인트를 인증하는 방법이 그중 하나이다.

Wi-Fi 통신은 무선으로 전송되므로, 누구나 수신 범위 내에서 신호를 가로챌 수 있다. 공용 Wi-Fi 액세스 포인트에서 보안이 설정되지 않은 웹사이트를 사용할 경우, 사용자의 로그인 이름 및 비밀번호가 공중에서 전송되며, 해커가 이를 도청하거나 탈취할 위험이 높다. 즉, 로그인 정보, 비밀번호, 신용카드 번호 등이 유출될 수 있다. Wi-Fi 네트워크를 보호하는 두 가지 주요 기술은 다음과 같다.

- **WEP**Wired Equivalent Privacy: 무선 데이터 전송을 보호하기 위해 설계된 암호화 알고리즘이다. Wi-Fi 연결 시, WEP는 데이터를 사람이 읽을 수 없는 형태로 변환하는 키Key를 사용하여 암호화하고, 무선 네트워크를 유선 네트워크와 동일한 수준의 보안으로 보호하는 것이 목표이다. 그러나 WEP는 현재 기술 기준에서 보안성이 취약한 것으로 입증되었으며, 최신 프로토콜에 비해 안전성이 떨어진다.
- **WPA**Wi-Fi Protected Access: Wi-Fi 네트워크를 보호하기 위한 무선 보안 프로토콜이다. WPA는 기존의 Wi-Fi 보안 기준인 WEP를 더 향상시킨 것으로서, 더 정교한 데이터 암호화와 사용자 인증을 제공한다. Wi-Fi 네트워크에 접속하려는 사람은 WPA 암호화 키를 알아야만 한다.

네트워크 침입은 접근 코드 또는 비밀번호가 저장된 장치가 분실되거나 도난당할 경우에도 발생할 수 있다. 이를 추가로 보호하는 방법으로는 네트워크에서 전송되는 데이터를 암호화하는 것이 있다. 즉, 해커가 인증 및 인가 보안을 우회하더라도, 암호화된 데이터는 안전하게 보호된다. 웹에서 네트워크 트래픽을 암호화하는 두 가지 방법은 다음과 같다.

- **SSL**Secure Sockets Layer: 웹 서버와 브라우저 간 암호화된 연결을 설정하는 표준 보안 기술로 전송되는 모든 데이터가 비공개로 유지되도록 보장해준다. 수백만 개의 웹사이트가 온라인 거래 보호를 위해 SSL을 사용하고 있다.
- **SSL 인증서**SSL Certificate: 웹사이트 또는 서버의 신원을 확인하는 전자 문서이고, 공개키public key가 신뢰할 수 있는 개인 또는 회사에 속해 있음을 검증해 준다.

SSL 연결을 생성하려면 웹 서버에 SSL 인증서가 필요하다. 일반적으로 SSL 인증서에는 도메인 이름, 회사 이름과 주소, 인증서의 만료 날짜 및 기타 세부 정보가 포함된다. 베리사인Verisign은 SSL 인증서를 발급하는 주요 인터넷 인증 기관이다. 브라우저가 보안 사이트에 연결될 때, 해당 사이트의 SSL 인증서를 검색하고 만료되지 않았는지 확인하며, 공인된 인증기관에서 발급했는지를 검증한다. 만약 인증서가 이들 검증 항목 중 하나라도 통과하지 못하면, 브라우저는 최종 사용자에게 해당 사이트가 안전하지 않다는 경고를 표시한다. 웹사이트가 SSL을 사용할 경우, 사용자의 웹 브라우저 오른쪽 하단에 자물쇠 아이콘이 나타난다.

- **보안 하이퍼텍스트 전송 프로토콜**Secure Hypertext Transfer Protocol, SHTTP 또는 HTTPS: HTTP와 SSL을 결합하여 인터넷 서버의 암호화 및 보안 인증을 제공한다.

HTTPS는 통신 도청을 방지하며, 신용카드 정보 전송 시 특수한 암호화 기법을 사용하여 안전하게 보호한다. 사용자가 https://로 시작하는 웹 주소를 입력하면, 브라우저가 메시지를 암호화한다. 하지만 이를 수신하는 서버 역시 HTTPS 메시지를 수신할 수 있도록 설정되어 있어야 한다. 각 기업은 데이터 무결성, 가용성, 기밀성, 책임성, 인증을 포함하는 네트워크 보안 정책을 마련해야 한다. SSL 및 SHTTP와 같은 다양한 보안 방법을 통해 기업은 가장 중요한 자산인 데이터를 보호할 수 있다.

사용 중인 데이터data in use는 하나 이상의 사용자가 직접 접근할 수 있기 때문에 공격과 취약점에 쉽게 노출될 수 있다. 또한, 권한이 많아지고 연결된 장치가 증가할수록 보안 위협도 커진다. 사용 중인 데이터에는 디지털 인증서, 암호화 키, 지적 재산이 포함될 수 있으므로, 기업들은 이를 지속적으로 모니터링하는 것이 필수적이다.

데이터 보호를 위한 일반적인 방법은 데이터 접근을 추적하고 보고하여 의심스러운 활동 및 잠재적 위협을 탐지하는 것이다. 예를 들어, 민감한 정보가 포함된 플랫폼의 로그인 시도를 모니터링하는 것이다. 무선 기술의 보안을 유지하고 가용성을 보장하기 위해서는 무선 네트워크를 지속적으로 업데이트하고 개선해야 한다. 다음은 무선 네트워크 환경에서 고려해야 할 3가지 핵심 보안 요소이다.

1. **적절한 장비 선택**: 가정용 무선 장비는 기업 환경의 높은 보안 및 네트워크 요구 사항을 충족하도록 설계되지 않았다. 기업 환경에서는 보안 기능이 포함된 기업용 무선 장비를 사용해야 한다. 내장 방화벽이 포함된 장비를 사용하여 무단 접근을 방지하는 것이 중요하다.
2. **보안을 지속적인 프로세스로 관리**: 보안 환경은 지속적으로 변화하므로, 최신 위협을 반영하여 보안 체계를 업데이트해야 한다. 연구자들은 새로운 보안 위협을 지속적으로 식별하며, 자동화 장비에서도 새로운 취약점이 드러날 수 있다. 따라서 네트워크를 모니터링하고 정기적으로 업데이트하는 것이 필수적이다.
3. **모든 위협이 의도적인 것은 아니다**: 많은 사이버 보안 사고는 직원들의 실수나 부주의로 인해 발생한다. 보안 사고를 방지하려면 기업 내에서 정책과 프로세스를 마련하여 직원들이 의도치 않게 무선 네트워크에 취약점을 도입하지 않도록 해야 한다.

section 7.2 | 디지털 생활, 비즈니스, 사회

학습 성과

7.5 증강 현실(AR)과 가상현실(VR)을 설명한다.
7.6 무선 기술의 3가지 주요 비즈니스 응용을 설명한다.
7.7 모바일 기업 관리의 사업에서의 중요성을 설명한다.
7.8 디지털 격차와 관련된 윤리적 문제를 식별한다.

디지털 비즈니스 생태계

디지털 생태계는 다양한 디지털 구성 요소들의 연결성과 기능을 활용하여 기업이 가치를 창출할 수 있는 기회를 제공한다.

- **가치 창출**value creation: 제품, 서비스 또는 비즈니스의 가치를 증가시키거나 향상시키는 것을 의미한다.

가치 창출은 고객, 이해관계자, 조직에 혜택을 제공하는 활동, 전략 또는 혁신을 포함한다. 예를 들어, 전자상거래 플랫폼은 결제 게이트웨이, 물류 제공업체, 마케팅 채널과 협력하여 원활한 엔드 투 엔드end-to-end 고객 경험을 제공할 수 있다. 가치 창출은 제

그림 7.12
산업별 디지털 비즈니스 생태계

품 기능 향상, 고객 경험 개선, 운영 효율성 최적화, 비용 절감, 경쟁사와의 차별화와 같은 형태를 가질 수 있다. 가치 창출의 목표는 투자비용보다 높은 결과를 만들어내는 것이며, 이를 통해 고객 만족도 증가, 고객 충성도 강화, 시장 점유율 확대, 수익성 증가 등의 효과를 기대할 수 있다.

디지털 생태계는 또한 기업과 산업 간의 강력한 협업과 파트너십을 장려하여 가치 창출을 촉진한다(그림 7.12 참조). 기업들은 전략적 제휴를 맺고, 자원을 공유하며, 공동으로 솔루션을 개발하여 시장 요구에 보다 효과적으로 해결할 수 있다. 협업의 형태는 시스템 통합, 데이터 공유, 공동 프로젝트 개발 등이 있다.

예를 들어, 소프트웨어 회사가 하드웨어 제조업체와 협력하여 번들 제품을 개발할 수 있다. 디지털 생태계를 변화시키고 있는 세 가지 신기술은 증강 현실augmented reality(AR), 가상현실virtual reality(VR), 몰입형 현실immersive reality이다. 이러한 기술들은 기업 생태계를 디지털화하고 새로운 가치를 창출하는 데 중요한 역할을 할 것이다.

디지털 생태계 기술 1: 증강 현실AR

증강 현실augmented reality(AR)은 제품 시각화, 원격 협업, 교육 및 훈련, 유지보수 및 수리, 소매 경험 등 다양한 분야에서 활용된다.

- **증강 현실**augmented reality(AR): 기업이 3D 모델, 정보, 인터랙티브 인터페이스 등의 디지털 콘텐츠를 물리적 세계에 오버레이overlay할 수 있도록 지원한다. 이를 통해 직원 및 고객에게 실시간, 상황인식 정보 및 상호작용 기능을 제공할 수 있다(그림 7.13 참조).

AR을 활용하면 기업은 생산성을 향상시키고, 고객 참여를 강화하며, 프로세스를 간소화하고, 몰입형이고 개인화된 경험을 제공할 수 있다. 이를 통해 비즈니스 성장과 경쟁 우위를 확보하는 데 기여한다.

그림 7.13
증강 현실의 예시

- **스마트 글래스**Smart Glasses, AR Glasses, Smart Eyewear: 통합 디스플레이, 센서 및 컴퓨팅 기능이 포함된 웨어러블 장치로써 전통적인 안경과 첨단 기술을 결합하여 증강 현실 경험을 제공한다.

스마트 글래스는 디지털 정보를 사용자의 시야에 오버레이overlay하여, 현실 세계를 인식하면서도 가상 콘텐츠와 상호작용할 수 있도록 한다. 일반적으로 소형 디스플레이 또는 프로젝터를 렌즈에 투영하며, 투명 또는 반투명 기술을 사용한다. 카메라, 자이로스코프gyroscope, 가속도계accelerometer, GPS 센서를 포함하여, 사용자의 위치, 움직임, 방향을 추적할 수 있다. 이러한 센서를 통해 사용자의 환경을 이해하고, 표시되는 정보를 자동으로 조정한다.

- **마커 기반** AR marker-based AR: QR 코드 또는 특정 이미지와 같은 사전 정의된 시각적 마커를 감지하여 가상 콘텐츠를 활성화한다. 카메라가 마커를 인식하면 디지털 콘텐츠가 기기의 화면에 렌더링되며, 마커의 위치 및 방향에 맞게 정렬된다. 이 기술은 광고, 게임, 교육 애플리케이션에서 널리 사용된다.
- **마커리스** AR markerless AR: 위치 기반 또는 지리적 AR로도 알려져 있는데, 특정 마커 없이도 작동하며, GPS, 나침반, 기타 센서를 사용하여 사용자의 위치 및 방향을 결정한다. 이를 기반으로 가상 콘텐츠가 실제 세계에 배치된다(예: Pokémon GO 같은 위치 기반 게임, 실제 환경 위에 길 안내를 오버레이하는 내비게이션 앱).
- **SLAM**simultaneous localization and mapping: 컴퓨터 비전, 깊이 감지, 매핑 기술을 결합하여 AR 기기가 실제 환경을 실시간으로 이해하고 탐색하도록 지원한다. 가상 객체가 현실 세계와 더욱 정밀하게 상호작용하도록 하며, 사용자의 이동에 따라 공간적 일관성을 유지한다.
- **홀로그래픽** AR holographic AR: 3D 가상 객체를 현실 세계에서 존재하는 것처럼 보이게 만드는 기술로써, 홀로그래픽 디스플레이 또는 광학적 착시를 활용하여 깊이 및 공간적 존재감을 생성한다. Microsoft HoloLens와 같은 특수 장치를 통해 디자인 프로토타이핑, 의료 시각화, 몰입형 엔터테인먼트에서 활용한다.

AR 기술은 다양한 산업에서 활용되며, 게임, 엔터테인먼트, 교육, 의료, 건축, 소매, 제조업 등에서 사용자의 몰입도를 높이고, 정보 시각화를 개선하며, 생산성을 향상시키는 데 기여한다.

디지털 생태계 기술 2: 가상현실Virtual Reality, VR

VR은 하드웨어와 소프트웨어를 결합하여 현실감 있는 가상의 세계를 생성하고, 사용자가 이를 탐색하고 상호작용할 수 있도록 지원한다.

- **가상현실**VR: 컴퓨터로 생성된 3D 가상 환경을 통해 사용자를 몰입시키는 기술(그림 7.14 참조)

AR은 현실 세계 위에 가상 레이어를 추가하는 기술이지만, VR은 완전히 새로운 가상

비즈니스 중심적 ESG

페이스북(현재 Meta Platforms Inc., 또는 줄여서 메타)은 메타버스metaverse 구축을 위한 야심찬 계획을 발표했다. 메타버스는 가상으로 확장된 물리적 현실과 물리적으로 지속되는 가상현실이 융합하여 만들어진 공동의 가상 공유 공간이다. 페이스북이 구상하는 메타버스는 사용자가 다양한 기기 간에 원활하게 이동할 수 있으며, 원하는 수준만큼 몰입형으로 조정할 수 있는 디지털 세계이다.

메타버스는 미래 지향적인 개념처럼 들리지만, 증강 현실AR과 가상현실VR을 활용하면 현실 세계에 상당한 가치를 추가할 수 있다. 예를 들어, 몰입형 가상 회의 기술을 통해 물리적 회의의 대안을 제공할 수 있다. 이를 통해 출장을 줄이고 자동차 및 항공기 여행에 따른 탄소 배출을 감소시킬 수 있다.

가상 관광 산업이 떠오를 가능성이 있다. 예를 들어, 프랑스 루브르 박물관의 모나리자나 이집트의 피라미드를 집에서 감상할 수 있다면? 물리적으로 이동하지 않고도 세계 명소를 경험할 수 있는 새로운 산업이 탄생할 것이다. 메타버스는 교육 플랫폼으로 활용되어 환경 문제에 대한 인식을 높이는 데 기여할 수 있다. 학생들은 시뮬레이션된 가상 환경에서 기후 변화의 영향을 직접 체험하며, 환경 문제에 대한 깊은 이해를 가질 수 있다. 완전히 발전된 메타버스에서는 물리적 상품 소비에서 가상 상품 소비로 이동할 가능성이 높다. 천연 자원의 수요를 줄이고, 폐기물 감소에 기여할 수 있다.

메타버스와 같은 공동 가상 공유 공간이 ESG(Environmental, Social, and Governance)를 촉진하는 데 기여할 수 있는 세 가지 방법을 생각해 보시오.

메타버스에 오신 것을 환영합니다

그림 7.14

가상현실의 예시

의 현실을 창조하여, 시각 및 청각을 포함한 감각적 경험을 더욱 사실적으로 구현한다.

VR은 사용자가 가상 환경에 실제로 존재하는 것처럼 느끼도록 하여 몰입감을 제공하는 것이 목표이다. VR 기술의 주요 특징 및 구성 요소는 다음과 같다.

- **헤드 마운트 디스플레이**Head-Mounted Display(HMD): 각 눈에 맞춘 두 개의 소형 디스플레이를 사용하여 스테레오스코픽 3DStereoscopic 3D 효과를 생성한다. 디스플레이가 사용자의 눈에 가깝게 배치되어 넓은 시야와 몰입감을 제공한다.
- **VR 모션 트래킹**: 사용자의 움직임을 모니터링하고, 이를 가상 환경에서 반영하는 기술이다. 사용자가 자연스럽게 가상 세계를 둘러보고 상호작용할 수 있도록 지원한다.
- **일반적인 모션 트래킹 방식**: 자이로스코프, 가속도계, 외부 카메라, 적외선 센서 등을 활용하여, 게임, 시뮬레이션, 훈련, 의료, 건축 설계 등 다양한 분야에서 몰입형 경험을 제공하며, 현실 세계와의 상호작용을 극대화하는 데 기여한다.
- **VR 입력 장치**: 핸드헬드 컨트롤러handheld controllers, 데이터 장갑data gloves, 모션 감지 장치motion-sensing devices 등을 사용하여, 사용자가 가상 세계에서 객체를 조작하고, 가상공간을 탐색하며, 다양한 동작을 수행할 수 있도록 한다. 이러한 장치는 햅틱 피드백haptic feedback을 제공하여, 사용자가 가상의 물체를 만지거나 물리적인 반응을 느낄 수 있도록 지원한다.
- **공간 음향 시스템**: 사용자의 위치와 방향에 따라 3D 사운드를 제공하여, 몰입감을 높이는 역할을 한다. 정확한 오디오 단서를 제공하여, 사용자가 가상 객체의 위치를 파악하고, 깊이를 인식하며, 보다 현실적인 사운드 환경을 경험할 수 있도록 지원한다. VR 환경에서 소리는 현실감을 조성하는 데 중요한 요소이다.

VR 기술은 다양한 산업에서 활용될 수 있다. 이는 게임 및 엔터테인먼트 산업에서 몰입형 및 인터랙티브 경험을 제공하는 데 널리 사용된다. VR은 또한 교육, 의료, 건축 및 엔지니어링, 군사 훈련, 가상 관광 같은 분야에서도 활용된다. VR은 사용자가 기술을 연습하고, 가상 여행을 경험하며, 특정 시나리오를 시뮬레이션하고, 현실 세계에서 접근하기 어렵거나 위험한 환경을 탐색할 수 있도록 지원한다.

VR 기술은 디스플레이 해상도, 트래킹 정확도, 인터랙션 방식 등의 발전과 함께 빠르게 진화하고 있다. 기술이 발전함에 따라, VR은 우리 삶의 다양한 측면을 변화시킬 가능성을 지니고 있으며, 새로운 방식의 커뮤니케이션, 학습, 엔터테인먼트 경험을 제공할 수 있을 것이다.

디지털 생태계 기술 3: 몰입 현실Immersive Reality

비즈니스 생태계와 AR/VR 기술의 융합은 고객과 기업을 위한 혁신적이고 몰입감 있는 경험을 창출한다. AR/VR 기술이 비즈니스 생태계에 통합되면서, 이러한 기술을 활용한 새로운 제품, 서비스 및 비즈니스 모델 개발이 가능해졌다. AR/VR은 대화형 및 몰입형 경험을 제공함으로써 고객 참여를 향상시킬 수 있다. 이를 통해 기업들은 가상 환경에서 제품을 시연하거나, 현실 세계에 디지털 정보를 오버레이overlay하여 상품과 서비스를 보다 효과적으로 홍보할 수 있다. 또한, AR/VR 기술은 기업 간 협업을 위한 새로운 가능성을 열어준다.

그림 7.15

몰입형 현실의 예시

예를 들어, 가상 회의, 직원 교육, 제품 개발 등을 위한 공동 가상공간 구축이 가능하다. 이뿐만 아니라, AR/VR 기술은 게임, 엔터테인먼트, 소매, 교육 등의 산업을 혁신하며, 새로운 수익 창출 및 차별화 기회를 제공할 수 있다. 기업이 자신들의 생태계 내에 AR/VR 기술을 도입하면, 새로운 가치를 창출하고, 혁신을 촉진하며, 디지털 시대에서 경쟁 우위를 확보할 수 있다.

- **혼합 현실**mixed reality(MR): VR(가상현실)과 AR(증강 현실)의 요소를 결합하여, 사용자가 가상 객체와 상호작용하면서도 현실 세계를 인식하고 상호작용할 수 있도록 하는 기술이다. 가상 콘텐츠가 사용자의 환경에 자연스럽게 고정되거나 통합된 것처럼 보이도록 구현한다.
- **몰입형 현실**immersive reality: 사용자를 가상 환경에서 몰입감을 느낄 수 있도록 하는 다양한 기술과 경험을 포함하는 포괄적 개념이다. 센서 기술과 공간 컴퓨팅을 활용하여, 현실, 증강 현실, 가상현실이 혼합된 새로운 시각적 경험을 제공한다(그림 7.15 참조).

몰입형 현실은 현실과 디지털 세계의 경계를 허물며, 상호작용 가능한 몰입형 경험을 창출한다. 몰입형 현실은 다양한 산업에서 활용 가능하며, 주요 응용 분야는 게임, 엔터테인먼트, 교육, 훈련, 의료, 건축 등이다. 몰입형 현실 기술은 현실적인 시뮬레이션, 대화형 스토리텔링, 몰입형 교육 및 훈련, 가상 여행, 데이터 시각화, 원격 협업 환경 등의 기회를 제공한다. 몰입형 현실 기술의 목표는 사용자를 새로운 디지털 환경으로 이동시키거나, 기존 현실을 디지털 콘텐츠로 확장하여, 엔터테인먼트, 교육 및 유용한 정보 제공 등의 몰입감 있는 경험을 창출하는 것이다.

비즈니스 Wi-Fi 애플리케이션

무선 기술은 새로운 애플리케이션 개발을 촉진하고 있다. 일부 애플리케이션은 기존 기능을 기반으로 구축되며, 이를 개선하는 역할을 한다. 예를 들어, UPS는 블루투스Bluetooth부터 WWANWireless Wide Area Networks까지 다양한 유형의 무선 네트워크 기술을 결합하고 있다. 이를 통해 스캐너 및 웨어러블 데이터 수집 단말기를 배포하여 모든 배송 센터에서 패키지 관리 및 추적을 자동화하고 표준화하고 있다. 그림 7.16에서는 RFID, GPS, GIS 등의 무선 기술을 활용하는 세 가지 주요 비즈니스 애플리케이션을 보여준다.

Wi-Fi 비즈니스 애플리케이션 1: RFID(무선 주파수 식별)

RFIDRadio-Frequency Identification(무선 주파수 식별)는 전자 태그 및 라벨을 사용하여 짧은 거리에서 무선으로 객체를 식별하는 기술이다. 이 기술은 기존의 바코드와 같은 식별 기술을 대체할 가능성이 있다. RFID는 태그가 부착된 객체와 리더/라이터 간에 무선으로 정보를 교환하는 방식으로 작동한다.

- **RFID 태그**RFID tag: 칩chip과 안테나로 구성된 전자식 식별 장치
- **RFID 리더**RFID Reader 또는 **RFID 인터로게이터**interrogator: RFID 태그의 내용을 무선으

그림 7.16
무선 비즈니스 애플리케이션

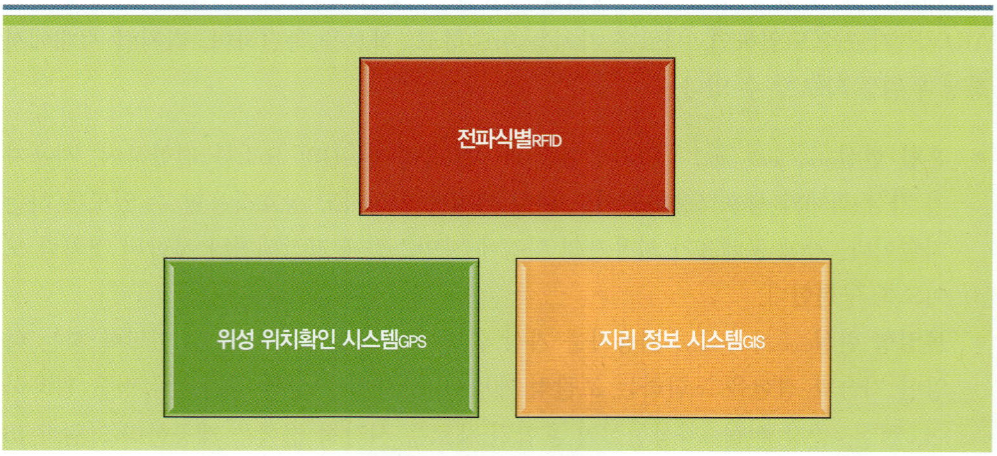

그림 7.17
RFID 구성 요소

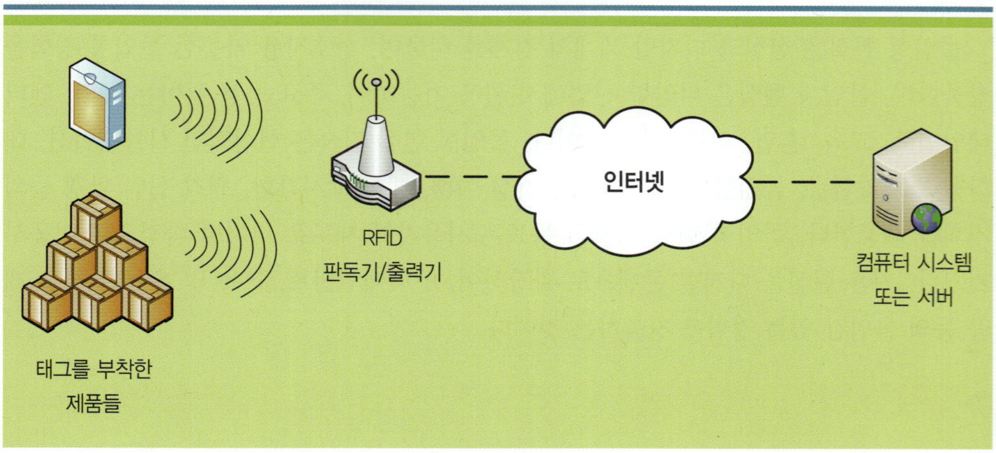

로 읽어 들이는 송수신 장치

RFID 시스템은 하나 이상의 RFID 태그, 하나 이상의 RFID 리더(리더마다 안테나 포함), RFID 애플리케이션 소프트웨어, 컴퓨터 시스템 또는 서버 등의 구성 요소로 이루어진다(그림 7.17 참조). RFID 태그는 쌀알보다 작은 크기로 제작될 수 있으며, 책이나 의류 상품에 부착되거나 신분증(ID 카드), 포장 라벨 등에 포함될 수 있다. 리더는 슈퍼마켓의 셀프 계산 장치처럼 독립형stand-alone으로 사용될 수도 있고, 모바일 장치와 통합되거나 프린터 등에 내장될 수도 있다. RFID 리더가 무선 요청을 보내면, 해당 신호를 수신하도록 프로그래밍된 태그가 응답한다. 태그는 안테나를 통해 신호를 수신하고, 저장된 데이터를 전송하여 제품 번호, 설치 지침, 출고 날짜 등의 정보를 제공할 수 있다. 리더는 태그로부터 신호를 수신한 후 해당 데이터를 해석하여 컴퓨터 시스템 또는 서버로 전송한다.

- **자산 추적**asset tracking: 기업은 비싼 제품이나 자산에 RFID 태그(Active 또는 Semi-Passive)를 부착하여, 수동 개입 없이도 위치 데이터를 수집하고 관리할 수 있다.

이를 통해 공급망 관리 개선, 도난 방지, 마지막 사용자의 식별, 유지보수 자동화가 가능하다. 철도 차량처럼 장거리에서 추적해야 하는 고가의 자산에는 Active 또는 Semi-Passive RFID 태그가 유용하지만, 비용이 높기 때문에 저렴한 제품에는 Passive RFID 태그가 주로 사용된다.

Wi-Fi 비즈니스 애플리케이션 2: GPS(글로벌 위치확인 시스템)

미국 국방부는 1970년대 초반에 GPS를 개발했으며, 이후 이를 대중에게 공개했다.

- **GPS**Global Positioning System, **글로벌 위치확인 시스템**: 위성을 기반으로 정확한 위치, 시간, 속도 정보를 제공하는 내비게이션 시스템(그림 7.18 참조)

그림 7.18

글로벌 위치확인 시스템GPS의 예시

GPS는 지구 궤도를 도는 24개의 위성을 활용하여 신호를 송신한다. GPS 수신기는 동시에 3~4개의 위성과 통신하여 정확한 위치를 계산한다. GPS 수신기는 모바일 기기와 연결되는 별도의 유닛(유선 또는 블루투스 연결 가능) 형태거나, 스마트폰, 차량 내비게이션 시스템 등과 내장형으로 통합된 형태로 사용할 수 있다.

- **자동 차량 위치 추적**Automatic Vehicle Location, AVL: GPS 추적 시스템을 이용하여 차량의 위치를 실시간으로 추적하는 기술

AVL 시스템은 차량 내부에 탑재된 GPS 수신기가 중앙 제어 센터와 연결되는 방식으로 작동한다. Garmin과 같은 GPS 트래킹 시스템 제조업체는 차량 추적, 스마트폰 및 노트북 통합, 하이킹 및 항공 · 해양 내비게이션 지원 등의 기능을 제공한다.

위성은 지속적으로 신호를 송출하며, 수신기는 신호가 도착하는 데 걸리는 시간을 측정한다. 이 측정값을 사용하여 신호의 속도를 기반으로 거리를 계산하며, 정확한 위치 정보를 제공하기 위해 세 개의 위성으로부터 데이터를 수집한다. 시간 측정은 각 위성에 있는 고정밀 시계를 기반으로 하며, 1/1,000초의 오차만 발생해도 위치가 200마일 이상 차이가 날 수 있다. GPS는 일반적으로 실제 위치에서 5~50피트 이내의 정확도를 제공하며(군사용 GPS는 더욱 정밀하다), 위도, 경도 및 고도 정보를 제공한다.

- **지오캐시**Geocache: GPS 기술을 활용한 모험 게임으로, 특정 아이템의 위도와 경도 좌표가 인터넷에 게시되며, 사용자가 이를 찾아가는 방식이다. GPS 사용자는 지오캐시를 찾아내어 방명록에 서명하거나 아이템을 교환하며, 이후 다른 참가자들이 새로운 아이템을 찾을 수 있도록 남겨둔다. 캐시는 보통 사람들이 발견하기 어렵거나 도전적인 장소에 배치된다.
- **지오코인**Geocoin: 고유한 번호가 새겨진 동전 크기의 물체로, 지오캐시에 숨겨져 있다. 지오코인은 특정 테마(예: 콜로라도 주, 생일 파티 모자)를 반영하여 제작될 수 있으며, 장식용 또는 기념용으로 활용되며, 기술 모험을 위한 수집 가치가 높은 경우가 많다.

GPS 애플리케이션은 경찰차, 불도저, 덤프트럭, 시장 전용 리무진 등 다양한 차량에서 사용된다. 긴급 대응 시스템은 GPS를 이용하여 차량의 위치를 추적하고, 사고 발생 시 가장 가까운 차량을 신속히 배치한다. 또한 도난당한 차량의 GPS 위치 정보를 통해 차량을 찾는 데 활용될 수 있다.

Wi-Fi 비즈니스 애플리케이션 3: 지리 정보 시스템GIS

GPS는 지리 정보 시스템GIS의 핵심 기반 기술이다.

- **지리 정보 시스템**Geographic Information System(GIS): 지리 데이터를 저장, 조회 및 분석하여 다차원 차트 또는 지도를 생성하는 시스템. 예를 들어, GIS는 캐나다, 그린란드 및 남극의 빙하가 녹는 속도를 측정하여 지구온난화를 모니터링하는 데 사용된다.
- **지도 제작**: 지도 또는 차트를 제작하는 과학 및 기술. GIS는 사용자가 데이터를 해

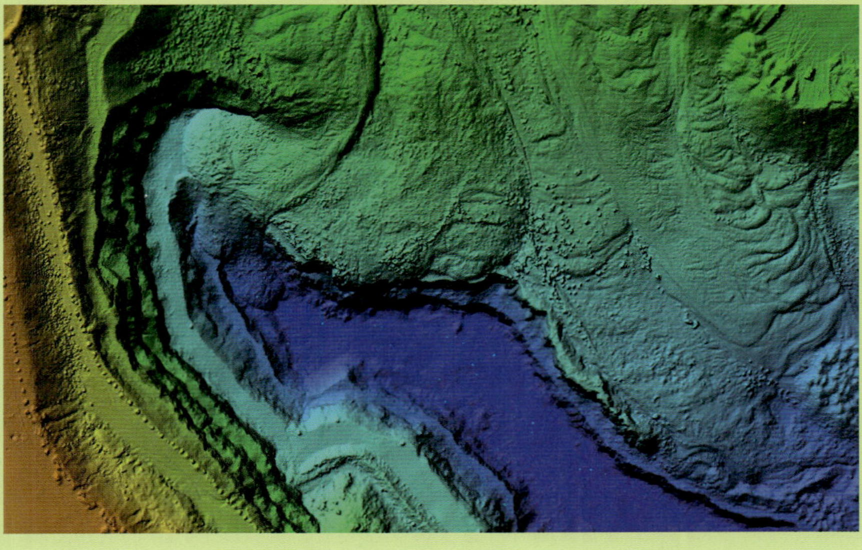

그림 7.19
지리 정보 시스템GIS의 예시

석, 분석 및 시각화하여 보고서, 차트 및 지도 형태로 패턴과 트렌드를 식별할 수 있도록 지원한다.

- **공간 데이터**Spatial Data**(지리 공간 데이터 또는 지리 정보)**: 지구상의 지형지물이나 경계를 식별하는 데이터로, 자연적 또는 인공적 구조물, 해양 등이 포함된다. 공간 데이터는 좌표 및 위상 정보를 포함하여 저장되며, GIS를 통해 검색, 조작 및 분석될 수 있다.

운송 산업에서는 GIS, 데이터베이스 및 GPS 기술을 결합하여 실시간 위치를 추적한다. 항공사 및 해운사는 모든 운송 차량의 실시간 위치 데이터를 바탕으로 최적의 경로를 계획할 수 있다. 병원에서는 GIS와 센서를 결합하여 의료진의 위치를 추적할 수 있으며, 자동차 내비게이션 시스템은 GPS와 GIS 데이터를 활용하여 운전자에게 실시간 경로 안내를 제공한다. GM의 OnStar 시스템은 차량의 위치 정보를 실시간으로 OnStar 센터로 전송한다.

일부 모바일 서비스 제공업체는 GPS와 GIS를 결합하여 사용자의 위치를 테니스 코트 크기 범위 내에서 파악할 수 있으며, 이를 긴급 서비스(예: 911)에 활용한다. 농부들은 GIS를 이용하여 필드를 매핑하고 분석함으로써 적절한 양의 씨앗, 비료 및 제초제를 적용할 수 있다.

GIS는 가까운 주유소나 은행을 찾거나 특정 위치로 가는 최적의 경로를 파악하는 데 활용될 수 있다. 또한 데이터 패턴을 분석하여 기업이 컨퍼런스를 개최할 가장 적절한 위치를 결정하는 등의 비즈니스 활용도 가능하다. GIS는 데이터를 효과적으로 시각화하여 의사결정을 지원할 수 있다(그림 7.19 및 7.20 참조).

GIS는 고정된 위치의 사용자뿐만 아니라 모바일 사용자에게도 유용한 정보를 제공한다. Google Earth는 위성 이미지, 지리 데이터 및 Google 검색 기능을 결합하여 사용자가 다운로드하여 활용할 수 있는 가상 지구virtual globe를 생성한다. 이는 비즈니스 분석뿐

그림 7.20

지리 정보 시스템의 용도

지리 정보 시스템의 용도	
근처에 무엇이 있는지를 찾는다.	어떤 특정한 장소가 주어지면, GIS는 주어진 반경 내에서 원하는 것을 찾아준다. 찾는 것은 극장, 의료 시설, 식당, 주유소 등이 될 수 있다. 사용자들은 GIS를 이용하여 그들이 사고자 하는 특정한 상품을 파는 가게의 위치를 주변 지역의 지도나 주소의 형태로 찾아볼 수도 있다.
경로 정보	사용자들이 어디로 가고 싶은지를 결정하면, GIS는 지도나 경로 안내를 통해 가야하는 방향을 제시해줄 수 있다. 경로 정보는 검색 서비스와 함께 결합하여 사용하면 더 효과적이다.
정보 수신	사용자들은 자신이 있는 곳 근처에 관심이 있을 만한 정보가 있을 경우 알려주기를 바랄 수도 있다. 통근자는 고속도로의 어떤 부분에 교통체증이 있는지 알고 싶어 할 것이고, 쇼핑을 하는 사람은 좋아하는 가게가 특정 품목에 대해 할인을 하고 있을 경우 그 정보를 알고 싶어 할 것이다.
밀도 표시	GIS는 평방 마일과 같이 정해진 기준 단위 면적에 기초하여 인구나 사건의 밀도 등을 표시하여, 분포와 집중도를 알아보기 쉽도록 한다. 경찰은 추가적으로 순찰을 돌아야 할 곳이 어딘지를 결정하기 위해 범죄 사건을 지도에 표시할 수 있고, 가게들은 이상적인 배달 경로를 찾기 위해 고객들의 주문사항을 지도에 표시할 수 있다.
수량 표시	사용자들은 어떤 것이 가장 많거나 적은 곳을 찾아내기 위해 지도상에 그 수를 표시할 수 있다. 예를 들어, 어떤 사람이 커피 전문점을 개업하고자 한다면 어떤 지역에 얼마나 많은 가게들이 이미 있는지를 알아볼 수 있고, 도시계획을 하는 사람은 어느 곳에 더 많은 공원을 만들어야 하는지 결정할 수 있다.

만 아니라 교육적 기회도 제공하며, 예를 들어 강사가 단순히 그랜드 캐니언에 대해 설명하는 대신 Google Earth를 활용하여 해당 지역을 직접 탐색하도록 할 수 있다.

Wi-Fi 네트워크는 실내 위치 측정 시스템 및 자산 추적과 같은 위치 기반 서비스에 활용될 수 있다. Wi-Fi 신호와 그 강도를 분석함으로써, 기업은 자사 건물 내에서 장치 또는 자산의 위치를 파악할 수 있으며, 이를 통해 내비게이션, 자산 관리, 타깃 마케팅과 같은 다양한 애플리케이션을 구현할 수 있다.

- **LBS**location-based services: 서비스를 제공하기 위해 위치 정보를 사용하는 애플리케이션을 말한다.

LBS는 이동하는 사용자들이 개인에 맞춘 지역 콘텐츠에 바로 접속하게 하도록 설계되었는데, 그 범위는 911 애플리케이션에서부터 친구 찾기("내 친구가 1,000피트 반경 안에 있으면 알려달라."), 게임(보물찾기), 지역 기반 광고("모퉁이의 스타벅스에 방문해 라떼를 1달러 할인 받으세요.")에까지 이른다. GPS와 GIS를 보완하는 여러 가지 LBS 애플리케이션에는 다음과 같은 것들이 있다.

- 긴급 서비스
- 현장 서비스 관리
- 검색 서비스
- 지도

비즈니스 중심적 윤리와 보안

나는 여러분 모두가 엉덩이 전화를 경험해 본 적이 있을 거라고 확신한다. 엉덩이 전화란 사용자가 자신도 모르게 실수로 모바일 전화를 거는 것을 의미한다. 2014년에 있었던 한 유명한 사례로, 당시 미국 대통령이었던 버락 오바마가 시카고에서 열린 기금 마련 행사에 참석하던 중 그의 아이폰이 주머니에서 실수로 미셸이라는 여성에게 전화를 걸었다. 이 통화는 몇 분 동안 지속되었으며, 대통령과 참모진 간의 대화에서 한 상원의원에 대한 언급과 곧 있을 기자회견에 대한 이야기가 포함되었다. 이 사건은 상당한 미디어의 관심을 받았으며, 민감한 정보가 의도치 않게 노출되었다는 점에서 개인정보 보호와 보안에 대한 우려를 불러일으켰다.

엉덩이 전화를 듣는 것이 합법적인지 여부는 관할 지역과 구체적인 상황에 따라 다를 수 있다. 타인의 사적인 대화를 본인의 동의 없이 고의로 도청하는 것은 사생활 침해로 간주되며 불법일 수 있다. 그러나 만약 통화가 실수로 걸려왔고, 내가 의도적으로 들으려고 하지 않았는데 우연히 듣게 되었다면 이는 불법이 아닐 수도 있다.

도청, 도청 장치 사용, 개인정보 보호와 관련된 법률은 나라마다 다르며, 같은 나라에서도 주나 지역별로 차이가 있을 수 있다. 따라서 자신이 속한 지역에서 적용되는 법률을 숙지하는 것이 중요하다.

예를 들어, 만약 당신이 우연히 대학교 총장이 교수들의 급여에 대해 논의하는 엉덩이 전화를 받는다면, 당신은 어떤 행동을 취할 것인가? 전화를 끊거나 무시하여 실수로 전화를 건 사람의 사생활을 존중할 것인가? 계속 전화를 들을 것인가? 전화를 건 사람에게 이를 알려주어, 사생활 보호 조치를 취할 수 있도록 할 것인가? 당신이라면 어떤 선택을 하겠는가? 그리고 그 이유는 무엇인가?

엉덩이로 걸린 전화(실수로 걸린 전화)를 듣는 것은 비윤리적인가?

- 네비게이션
- 자산 추적
- 교통 정보
- 차량 위치
- 날씨 정보
- 무선 광고

정보 이동성 관리

오늘날의 노동력은 인터넷과 함께 성장했으며, 개인 기술과 기업 기술을 구분하지 않는다

- **IT 소비자화** IT Consumerization: 개인 및 업무용 기술 장치와 애플리케이션이 혼합되는 현상

직원들은 집에서 사용하는 것과 동일한 기술을 사무실에서도 사용하고자 한다. 이러한 개인 및 업무 기술의 융합은 기업의 MIS 부서에 큰 영향을 미치고 있으며, MIS 부서는 이제 승인하지 않거나 권장하지 않은 기술을 보호하고 관리하는 방법을 결정해야 한다. 유비쿼터스 컴퓨팅, IT 소비자화 및 무선 네트워크가 전 세계적으로 확산되면서, 비즈니스 관리자들은 데이터가 조직 내부뿐만 아니라 전 세계적으로 어떻게 이동하는지에 집중해야 한다.

- **편재형 컴퓨팅**pervasive computing: 일상적인 사물에 컴퓨터 기능을 내장하여 사용자가 컴퓨터와 직접 상호작용할 필요 없이 효과적으로 정보를 교환하고 유용한 작업을 수행할 수 있도록 하는 기술

편재형 컴퓨팅 장치의 예로는 Apple Watch, Amazon Echo 스피커, Fitbit, 스마트 신호등, 자율 주행 자동차 등이 있다. 이러한 장치는 작고 인터넷에 연결되며, 항상 켜져 있다. 편재형 컴퓨팅의 목표는 기기를 "스마트"하게 만들어 데이터를 실시간으로 수집, 처리 및 전송함으로써 환경을 이해하고 인간의 경험과 삶의 질을 향상시키는 것이다. 예를 들어, Apple Watch는 사용자의 칼로리 소모량, 현재 심박수 및 수면 패턴을 측정하여 지속적으로 데이터를 수집하고 분석함으로써 건강관리를 지원한다.

편재형 컴퓨팅의 발명은 이동성 시대를 주도하였으며, 직원들은 언제 어디서나 원하는 기기를 사용하여 업무를 수행할 수 있게 되었다. 그러나 이로 인해 기업 보안 문제도 심각해졌다. 기업 보안 침해의 상당 부분은 모바일 장치의 분실 또는 보안 침해로 인해 발생한다. 따라서 관리자는 원격 근무와 개인 기기 사용의 증가에 대응하여 이러한 장치들을 안전하게 관리할 방법을 찾아야 한다.

- **개인 기기 사용 정책**Bring-Your-Own-Device, BYOD: 직원이 개인 모바일 장치 및 컴퓨터를 사용하여 기업 데이터 및 애플리케이션에 접근할 수 있도록 허용하는 정책

BYOD 기업 문화는 보안 위험을 초래하며, 개인 및 업무용 장치 간의 경계를 흐리게 만든다. MIS 관리자는 개인 기기의 사용을 지원하면서도 업무 및 개인 데이터를 분리하고 보안을 유지하는 방법을 찾아야 한다. 이러한 위험을 완화하기 위해 기업은 기업 이동성 관리 전략을 수립해야 한다.

- **기업 이동성 관리**Enterprise Mobility Management, EMM: 기업 전체에 걸쳐 기업 정책을 적용하면서도 스마트폰 및 태블릿과 같은 직원들의 모바일 기기 사용을 지원하는 보안 전략

EMM은 모바일 장치에서 기업 애플리케이션 및 데이터에 대한 무단 접근을 방지한다. EMM의 목표는 원격 근무 환경 내외에서 기기, 애플리케이션 및 정보 관리를 위한 맞춤형 전략을 개발하는 것이다. 그림 7.21은 EMM의 주요 영역인 모바일 기기 관리Mobile Device Management, MDM, 모바일 애플리케이션 관리Mobile Application Management, MAM, 모바일 정보 관리Mobile Information Management, MIM를 보여준다. 기업은 이러한 EMM 전략을 통해 직원들의 개인 기기 사용을 효과적으로 관리하면서도 보안을 유지할 수 있다.

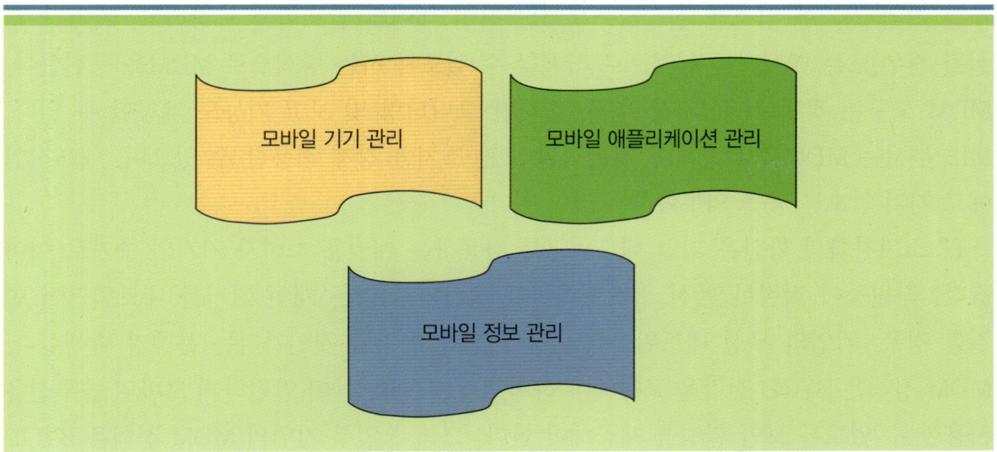

그림 7.21
기업 이동성 관리 전략의 3가지 주요 영역

이동성 전략 1: 모바일 기기 관리(Mobile Device Management, MDM)

모바일 기기 관리는 다양한 플랫폼과 지리적 위치에서 MIS 부서가 원하는 수준의 e정책을 유지하도록 지원하는 역할을 한다.

- **모바일 기기 관리**mobile device management(MDM): 스마트폰, 노트북, 태블릿과 같은 모바일 기기에 대한 원격 지원을 제공하는 제품 및 서비스로 구성된 보안 전략

전국 또는 전 세계에 영업팀이 배치되어 있고, 모든 네트워크가 안전하게 사용되고 있으며, 모든 장치가 보호되고 있는지 보장하려고 한다고 가정해 보자. 대부분의 MIS 부

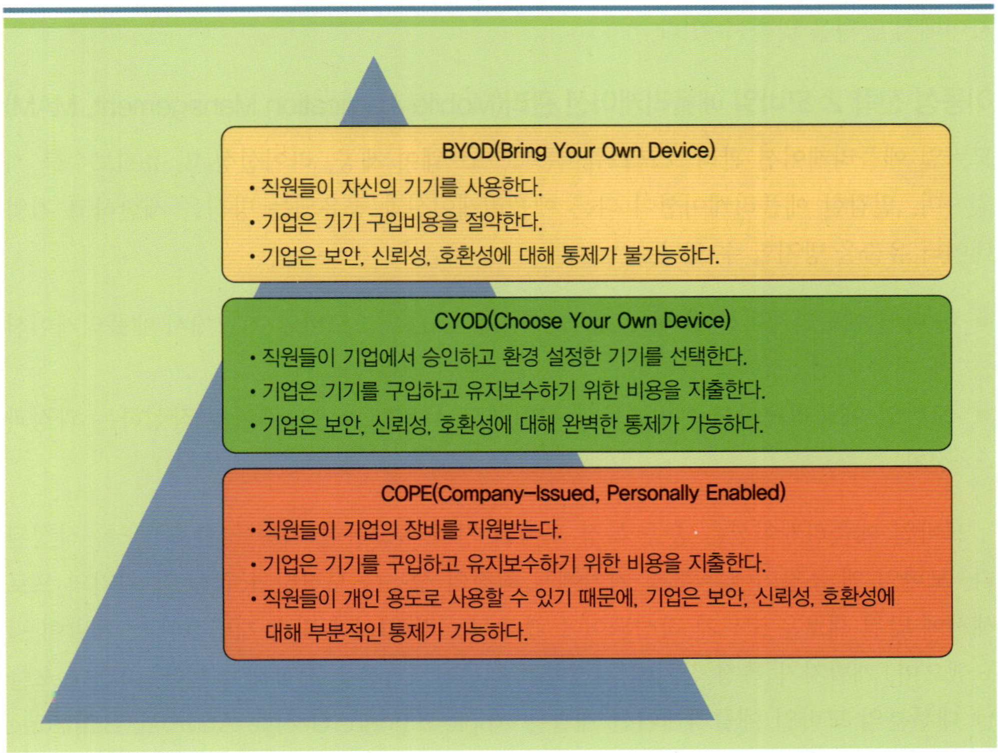

그림 7.22
MDM 기기 정책

서는 기업 기기에 암호를 설정하도록 요구하여 데이터 암호화를 보장하고, 기기가 분실될 경우 모든 데이터를 원격으로 삭제할 수 있도록 하는 방식으로 MDM을 구현한다. MDM 도구는 정책 적용, 자산 추적, 실시간 모니터링 및 보고 기능도 제공할 수 있다. MIS 부서는 MDM을 활용하여 기본적인 보안 조치를 강제 적용할 수 있으며, 대표적인 예로 기기 암호 사용을 의무화하는 것이 있다.

IT 소비자화의 확산은 기업 네트워크를 사용하는 개인용 소비자 기기의 증가로 이어졌다. 직원들이 적절한 백신 소프트웨어가 설치되지 않은 개인 기기를 네트워크에 연결할 경우, 기업의 무선 네트워크 보안을 어떻게 유지할 것인가라는 문제가 발생한다. MDM 정책은 BYOD 전략을 포함해야 하며, BYOD 직원들이 안전하게 모바일 솔루션을 사용할 수 있도록 보안 환경을 제공해야 한다. 그러나 일부 기업의 MDM 정책은 BYOD 직원들에게 지나치게 엄격할 수 있다. 예를 들어, 직원들은 휴대폰을 분실했을 때 MDM 정책에 따라 개인 사진(예: 가족사진, 애완동물 사진 등)이 원격으로 삭제되는 이유에 의문을 가질 수 있다. 또한, 개인 스마트폰에서 가끔 회사 이메일을 확인할 뿐인데, 왜 기업 보안 정책상 암호를 반드시 설정해야 하는지 의문을 가질 수도 있다.

MDM의 중요한 기능 중 하나는 기업 네트워크 관리자가 직원의 모바일 기기에서 기업용 애플리케이션을 원격으로 삭제할 수 있는 기능이다. 예를 들어, 스페인에서 휴가 중인 직원의 휴대폰과 노트북이 도난당하는 상황을 가정해 보자. 이 직원의 스마트폰에 기업용 이메일 애플리케이션이 설치되어 있다면, 본사가 원격으로 기기에 접근하여 이메일 애플리케이션을 삭제할 수 있다. 이를 통해 도둑이 기업 애플리케이션과 데이터에 접근하지 못하도록 보호할 수 있다. 그림 7.22를 참고하여, 기업이 MDM을 효과적으로 관리하기 위해 적용할 수 있는 BYOD, CYOD, COPE의 세 가지 정책을 살펴보자. 기업은 이러한 다양한 정책을 활용하여 MDM을 효과적으로 운영하고, 보안과 직원 편의성 사이에서 균형을 맞출 수 있다.

이동성 전략 2: 모바일 애플리케이션 관리(Mobile Application Management, MAM)

모바일 애플리케이션 관리 소프트웨어는 소프트웨어 제공, 라이선싱 및 유지보수를 지원하며, 민감한 애플리케이션이 다른 애플리케이션과 공유되는 방식을 제한하고 기업 데이터 유출을 방지할 수 있다.

- **모바일 애플리케이션 관리**mobile application management, MAM: 모바일 기기에서 애플리케이션에 대한 기업 e정책을 관리하고 적용하는 보안 전략
- **모바일 애플리케이션 개발**: 무선 장치에서 사용할 소프트웨어를 작성하는 과정과 절차

모바일 애플리케이션은 종종 특정 모바일 기기의 고유한 기능을 활용하도록 작성된다. 모바일 앱 초창기에는 특정 기기에서 최적의 성능을 보장하기 위해 각 기기의 프로세서에 맞춰 새로운 코드가 작성되어야 했다. 즉, 각 기기에 맞춘 개별적인 앱 개발이 필요했으며, 개발자가 특정 장치에 최적화된 애플리케이션을 제작해야 했다. 그러나 오늘날 대부분의 모바일 애플리케이션 개발은 Apple iPhone, Google Android, Samsung

비즈니스 중심적 분석

CAP_ABLE: 이동 중 데이터의 보호

덴버 국제공항의 세관을 통과할 때, 세관 직원이 여권을 요구하지 않고도 이미 당신이 누구인지, 어디에서 왔으며, 어디로 가는지를 알고 있다고 가정해 보자. 이는 Wi-Fi 네트워크와 얼굴 인식 기술이 비행기에서 내린 순간부터 세관을 향해 걸어가는 동안 당신의 신원을 확인했기 때문이다. 공항이 네트워크와 얼굴 인식 기술을 사용하여 당신의 움직임을 추적한다는 이 시나리오가 불안하게 들린다면, 당신만 그런 것이 아니다.

이탈리아 기반의 회사 Cap_able은 이러한 첨단 감시 기술에 대응하기 위해 특수 의류를 개발하고 있다. 이 회사는 AI가 착용자를 잘못 분류하도록 하는 패턴을 활용하여 생체 데이터를 보호하는 의류 라인을 출시했다.

Cap_able의 Manifesto Collection은 신원을 보호하기 위해 설계된 웨어러블 알고리즘이다. 이 회사는 옷에 특수 패턴을 직조하여 AI가 착용자를 기린이나 고릴라로 인식하도록 혼란을 준다. 이러한 옷은 첨단 감시 네트워크가 개인을 지속적으로 감시함으로써 개인의 자유와 프로파일링으로부터의 자유가 침해된다는 회사의 신념을 반영하여 제작되었다.

만약 당신이 이동 중 데이터data in motion를 혼란스럽게 하는 의류 라인을 제작한다면, 그것은 어떤 모습일 것이며, 어떤 방식으로 기술이 오작동하도록 만들 것인가? 또한, 고급 감시 기술로부터 시민들을 보호할 수 있는 다른 개인 소지품을 만든다면 어떤 것이 있을까? 마지막으로, 매장이나 학교에서 개인을 인식하기 위해 첨단 감시 기술을 도입하는 것에 대해 어떻게 생각하는가?

Galaxy 등 다양한 기기에서 실행될 수 있도록 범용적인 앱을 구축하는 것에 집중하고 있다.

MAM은 조직 내 모바일 애플리케이션을 관리하고 보호하기 위한 프로세스 및 도구의 집합을 의미한다. MAM은 사용자 기기에서 모바일 애플리케이션의 배포, 배급, 구성 및 모니터링을 중점적으로 다룬다. MAM의 주요 목표는 모바일 애플리케이션을 효과적으로 관리하고 통제하여 보안, 규정 준수 및 생산성을 유지하는 것이다.

이동성 전략 3: 모바일 정보 관리(Mobile Information Management, MIM)

디지털 생태계는 다양한 소스로부터 방대한 양의 데이터를 생성한다. 이 데이터를 분석함으로써, 기업은 고객 행동, 시장 동향, 운영 효율성, 성과 지표에 대한 귀중한 인사이트를 얻을 수 있다. 이러한 인사이트는 데이터 기반 의사결정을 가능하게 하며, 기업이 프로세스를 최적화하고, 새로운 기회를 식별하며, 맞춤형 경험을 제공할 수 있도록 한다. 데이터 공유 및 생태계 내 협업은 인사이트의 깊이와 질을 더욱 향상시킬 수 있다. "빠른 데이터fast data"라는 용어는 종종 비즈니스 인텔리전스와 관련이 있으며, 그 목적은 구조화된 데이터와 비구조화된 데이터를 빠르게 수집 및 분석하여 즉각적인 조치를 취할 수 있도록 하는 것이다.

- **빠른 데이터**fast data: 실시간 또는 거의 실시간으로 소규모 데이터 세트를 분석하여 문제를 해결하거나 비즈니스 가치를 창출하는 것

사물인터넷의 센서, 액추에이터, 기계 간 통신M2M에서 생성되는 데이터가 폭발적으로 증가하면서, 조직은 어떤 데이터가 즉시 처리되어야 하는지, 어떤 데이터는 데이터 웨어하우스나 데이터 레이크에 저장되었다가 후에 분석해야 하는지 식별하는 것이 그 어느 때보다 중요해졌다.

- **모바일 정보 관리**Mobile Information Management(MIM): 민감한 데이터를 암호화하고 승인된 애플리케이션만이 해당 데이터를 액세스하거나 전송할 수 있도록 하는 보안 전략

MIM은 기업 데이터가 애플리케이션 간에 공유되는 방식을 제한하며, 모바일 근무 환경에서 안전한 정보 관리 전략을 보장한다. 모든 MIM 전략의 출발점은 데이터 암호화와 비밀번호 보호이다. MIM은 모바일 기기나 애플리케이션 자체가 아닌, 데이터 자체를 보호하는 것에 초점을 맞춘다.

MIM 전략은 기업의 데이터 자산이 이동하면서도 보안이 유지되도록 설계되었으며, 기업 외부로 이동하는 데이터도 방화벽 외부에서 관리될 수 있도록 e정책을 적용할 수 있도록 한다. MIM 정책을 통해 기업은 디지털 자산이 어떻게 생성되고, 저장되고, 액세스되며, 수정되고, 전송되고, 보존되고, 삭제되는지를 완전히 제어할 수 있다. 예를 들어, 기업의 내부 기밀문서를 외부인과 공유하는 것이 IT 정책에 위배된다면, MIM은 해당 데이터를 사용하는 모든 애플리케이션에서 공유 기능을 비활성화할 수 있다. 반면, 운동 루틴을 기록한 개인 문서는 자유롭게 공유할 수 있도록 허용할 수도 있다.

데이터 상태 Data States 데이터 상태는 정보보호 전문가에게서 데이터가 암호화되어야 하는 엔드포인트를 식별하는 데 사용된다. 암호화 외에도, 사용 중인 데이터가 보호받는 방법은 모든 단계에서의 사용자 인증, 강력한 신원관리, 조직 내 인물에 대한 승인 관리 등이 있다(그림 7.23 참조).

휴식 중 데이터는 네트워크를 이동 중이거나, 읽거나 갱신하기 위해 컴퓨터 메모리에 임시 상주하고 있는 데이터를 포함하지는 않는다.

1. 휴식 중 데이터data at rest: 컴퓨터 저장장치에 있는 데이터를 말한다.

휴식 중 데이터는 거의 또는 전혀 변화하지 않는 기록저장소 또는 참조 파일일 수 있다. 휴식 중 데이터는 정기적이지만 일정하지 않게 변화하는 파일일 수 있다. 예를 들면, 직원 랩탑의 하드드라이브에 저장되어 있는 중요한 기업 파일, 외부 백업장치에 있는 파일, 오프사이트 백업서비스 사업자의 서버에 있는 파일 등이다.

기업체, 정부기관, 기타 기관들은 휴식 중 데이터에 대한 해커의 위협에 우려하고 있다. 휴식 중 데이터가 인가받지 않은 사람들에 의해 접근되거나, 도난되거나, 변경되지

그림 7.23
MIM의 데이터 특성

않게 하기 위해 데이터 암호화, 계층적 패스워드 같은 보안 조치들이 흔히 사용된다. 몇 가지 유형의 데이터에 대해서는 특정한 보안조치가 법에 의해 규정되어 있다.

2. **이동 중 데이터**data in motion: 컴퓨터 내에 담겨 이동 중이거나 컴퓨터 간에 전송 중인 데이터 스트림이다.

갱신되거나 처리되거나 접근되거나 읽히기 위해 컴퓨터의 RAM 메모리에서 대기 중인 데이터를 이렇게 부를 수도 있다. 이동 중 데이터는 컴퓨터 내에서, 무선 또는 유선을 통해서 이동할 수 있다. 이동 중 데이터의 구체적인 예로는 클라우드와 로컬 파일 저장소 사이에서의 데이터 이동, 네트워크 간 전송되는 데이터, FTP 사이트 내에서의 파일 드래깅 등이 있다. 데이터가 목적지에 도달하게 되면 휴식 중 데이터가 된다.

3. **사용 중 데이터**data in use: 현재 시스템에 의해 갱신되고 있거나, 처리되고 있거나, 삭제되고 있거나, 접근되고 있거나, 읽히고 있는 데이터이다.

이 유형의 데이터는 수동적으로 저장되어 있지 않고, 능동적으로 MIS 인프라 각 부분을 이동한다. 사용 중 데이터는 디지털 데이터의 세 가지 상태 중 하나이다. 사용 중 데이터의 예로는, RAM, 데이터베이스, CPU에 저장되거나 처리된 데이터를 포함한다. 뱅킹 사이트에서 거래 이력에 대한 접근을 요청하거나 사용자 로그인 입력을 승인하는 것이 사용 중 데이터의 응용이다.

디지털 격차 해소

디지털 생태계는 기업이 운영을 확장하고 더 넓은 시장에 진출할 기회를 제공한다. 기존의 생태계 구성 요소와 파트너십을 활용하면, 기업은 신속하게 새로운 시장, 지역 또는 고객 세그먼트로 서비스를 확장할 수 있다. 예를 들어, 앱 개발자는 기존 앱 스토어를 통해 애플리케이션을 배포함으로써 광범위한 유통 네트워크 없이도 전 세계 사용자에게 접근할 수 있다.

- **인터넷 접근성**Internet Accessibility: 모든 개인, 특히 장애인을 포함한 모든 사람이 인터넷을 효과적으로 사용할 수 있는 능력

이러한 놀라운 글로벌 디지털 생태계에도 문제점이 존재한다. 전 세계 인구 중 인터넷 접근성을 가진 사람들은 소수에 불과하며, 과거에 인터넷을 사용할 수 있었던 일부 사람들도 실업, 빈곤 등의 상황 변화로 인해 인터넷 접근성을 잃는 경우가 있다. 이에 따라, 인터넷을 필요로 하거나 원하는 사람들에게 인터넷 접근을 제공하는 글로벌 이니셔티브가 진행 중이며, 이는 기회 평등을 실현하는 데 중요한 역할을 한다.

- **디지털 격차**digital divide: 기술 접근성을 가진 사람들에게 유리한 기회를 제공하는 전 세계적 불평등
- **디지털 포용**digital inclusion: 디지털 격차를 줄이기 위해 동등한 기술 기회와 접근성을 제공하려는 노력
- **디지털 리터러시**digital literacy: 디지털 기술, 커뮤니케이션 도구 또는 네트워크를 사용하여 정보를 찾고, 평가하고, 활용하며, 생성할 수 있는 능력

디지털 격차는 컴퓨터, 인터넷, 기타 디지털 기술을 사용할 수 있고 효과적으로 활용하는 사람들과 그렇지 못한 사람들 간의 격차를 의미한다. 이는 사회·경제적 및 기술적 불균형으로, 지역, 국가, 소득 수준, 교육 수준 및 인구 통계 그룹 간에 존재한다. 디지털 격차는 다음과 같은 형태로 나타날 수 있다.

- **접근성 격차**access divide: 디지털 기술 및 인터넷에 대한 불평등한 접근성을 의미한다. 인터넷 인프라가 부족한 농촌 지역이나 소외된 지역에서는 브로드밴드 연결이 제한되거나 전혀 제공되지 않을 수 있다. 컴퓨터나 스마트폰과 같은 장치의 부족, 저렴한 인터넷 서비스에 대한 접근성 부족도 포함된다(그림 7.24 참조).
- **기술 격차**skills divide: 디지털 리터러시와 디지털 환경에 참여할 수 있는 기술 수준의 차이를 의미한다. 예를 들어, 디지털 플랫폼을 탐색하는 능력, 효과적인 정보 검색, 온라인 콘텐츠의 신뢰성 평가, 개인정보 보호 및 보안 관리 능력, 디지털 도구 활용 능력 등에서 차이가 발생할 수 있다(그림 7.25 참조).
- **활용 격차**usage divide: 인터넷 접근성이 있다고 하더라도, 디지털 기술을 어떻게 활용하는지에 따라 차이가 발생할 수 있다. 디지털 리터러시 수준, 교육 수준, 언어 장벽, 문화적 차이, 연령과 관련된 문제 등이 디지털 기술의 효과적인 사용을 제한할 수 있다.

디지털 격차는 개인과 지역사회에 심각한 영향을 미칠 수 있다. 디지털 접근성이 부족한 사람들은 다음과 같은 문제를 겪을 수 있다. 교육 자원 부족, 취업 기회 제한, 보건 서비스 및 전자정부 서비스 접근 제한, 사회적 연결 감소, 디지털 경제 참여 기회 제한. 이는 기존의 사회적, 경제적 불평등을 더욱 심화시키고, 사회 통합, 경제 발전, 전반적인 사회적 발전을 저해하는 장애물이 될 수 있다.

디지털 격차를 해소하기 위한 노력에는 다음과 같은 이니셔티브가 포함된다: 인터넷 연결 확대 및 디지털 인프라 개선, 저렴한 인터넷 서비스 제공, 디지털 리터러시 교육 및 기술 훈련 강화, 포괄적인 디지털 정책 수립 및 시행. 이러한 노력에는 공공-민간 파트너십, 지역사회 단체, 정부의 개입이 필수적이며, 이를 통해 디지털 격차를 줄이고, 모든 사람이 디지털 시대에 동등하게 접근하고 참여할 수 있도록 보장하는 것이 중요하다.

그림 7.24

디지털 격차에서 접근성 격차

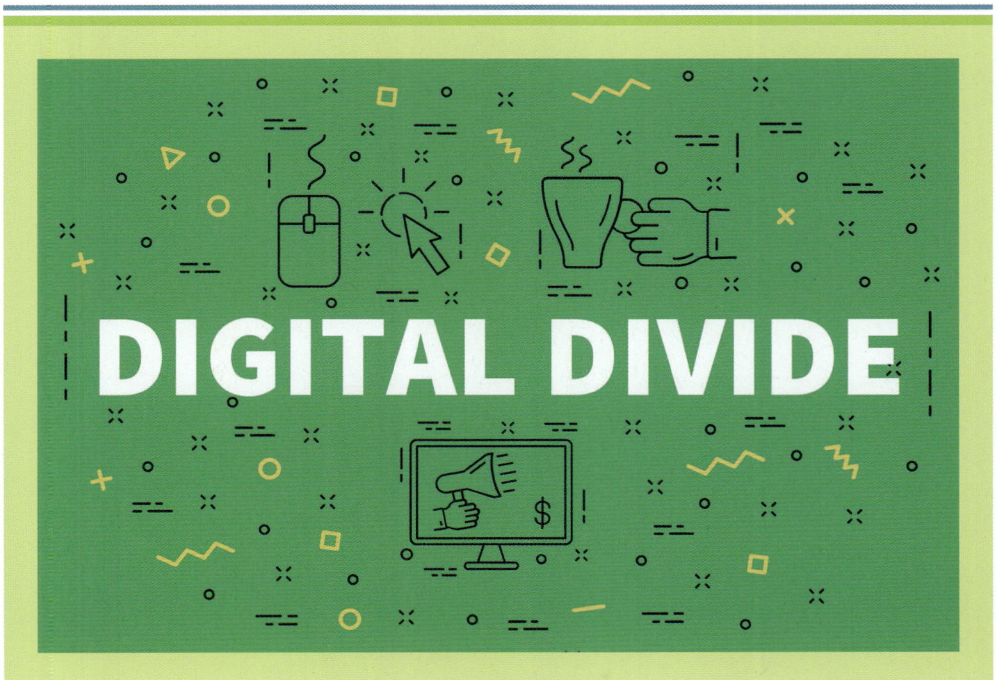

그림 7.25

디지털 격차에서 기술 격차

비즈니스 중심적 DEI

디지털 무격차: MARTHA.EDU

Martha.edu는 2세에서 5세까지의 청각 장애 아동을 위한 교육 도구 개발에 전념하는 사회적 기업이다. 이 기업은 문해력과 의사소통 능력 향상을 돕기 위해 증강 현실AR 기반의 모바일 애플리케이션을 개발하고 있다. 이 애플리케이션은 수어(수화)를 활용한 교육 카드 형식으로 학습을 지원하여, 사용자에게 몰입감 있고 상호작용적인 교육 경험을 제공하며, 청각 장애 아동의 특별한 학습 요구에 맞춘 콘텐츠를 제작하는 것이 목표이다. Martha.edu의 최종 목표는 요르단 및 중동 지역의 모든 어린이가 양질의 교육을 받을 권리를 보장하는 것이다.

증강 현실AR과 가상현실VR은 시각적으로 풍부한 학습 환경을 조성하여, 학생들이 관찰 및 상호작용을 통해 학습할 수 있도록 한다. 예를 들어, AR 애플리케이션은 카메라를 이용해 사용자의 손짓을 인식하고, 실시간으로 수어(수화) 퍼포먼스에 대한 피드백을 제공할 수 있다. 인터랙티브 자막을 통해, 음성 대화의 이해를 돕는 기능을 추가할 수 있다. 비주얼 스토리텔링을 활용하면, 고품질의 그래픽 및 애니메이션을 사용하여 개념을 쉽게 전달할 수 있다. 시뮬레이션 기술을 적용하면, 실제 생활에서의 상황을 가상으로 구현하여, 학생들이 안전한 환경에서 기술을 연습하고 익힐 수 있도록 지원할 수 있다.

AR 및 VR 기술을 활용하여, 경제적 차이에 상관없이 모든 어린이가 양질의 교육을 받을 수 있도록 하는 방법을 생각해 보시오.

학습 성과 복습

7.1 디지털 생태계를 설명할 수 있다.

디지털 생태계는 조직, 개인, 디지털 플랫폼, 기술, 데이터 등으로 구성된 복잡한 네트워크로, 디지털 환경 내에서 상호 작용하고 협업하는 시스템을 의미한다. 디지털 생태계는 다양한 이해관계자 간의 상호의존적인 관계를 포함하며, 각 요소는 생태계에 기여하고 동시에 혜택을 받는 구조를 가진다. 디지털 생태계의 주요 특징은 다음과 같다.

- 데이터 중심: 데이터는 디지털 생태계에서 중요한 역할을 한다. 각 요소는 데이터를 생성, 공유, 분석하여 시사점을 도출하고, 의사 결정을 개선하고, 혁신적인 솔루션 창출에 기여한다.
- 상호 연결성: 디지털 생태계 내 모든 요소는 디지털 네트워크 및 커뮤니케이션 채널을 통해 연결된다. 이를 통해 원활한 상호작용 및 정보 교환이 가능하다.
- 상호 의존성: 각 요소는 상호 협력과 서비스 제공을 통해 가치를 창출한다. 공동의 목표를 달성하기 위해 협업과 파트너십이 일반적으로 이루어진다.
- 확장성과 유연성: 디지털 생태계는 변화하는 필요와 기술에 맞게 확장 및 적응 가능하다. 새로운 참여자, 기술, 서비스 등을 추가하며 지속적으로 진화할 수 있다.

7.2 디지털 네트워크의 구성 요소를 식별할 수 있다.

모든 디지털 생태계의 중심에는 소프트웨어, 하드웨어, 데이터를 연결하는 디지털 네트워크가 존재한다.

- 하드웨어: 컴퓨터 시스템과 관련된 컴퓨터, 서버, 라우터, 스위치, 스마트폰 등의 물리적 장치로 구성된다.
- 소프트웨어: 하드웨어가 특정 작업을 수행하도록 실행하는 명령어의 집합으로, 운영 체제(OS), 프로그램, 시스템 소프트웨어 등이 포함된다.
- 애플리케이션: 특정 작업을 수행하기 위해 설계된 소프트웨어 프로그램으로, 모바일 앱, 웹 애플리케이션, 데스크톱 프로그램 등이 포함된다.
- 네트워크: 두 개 이상의 장치를 연결하고 표준화된 통신 방식을 통해 데이터 교환이 가능하도록 구성된 통신 시스템으로, LAN(Local Area Network), WAN(Wide Area Network), Wi-Fi 네트워크 등이 포함된다.

7.3 5G와 Wi-Fi 6가 스트리밍을 통해 비즈니스를 어떻게 변화시키는가?

5G: 5세대 무선 브로드밴드 기술로, 무선 네트워크의 속도와 반응성을 크게 향상시킬 것이다. 5G 네트워크는 기가헤르츠GHz 범위를 포함한 다양한 주파수 대역을 활용하여 이전 세대의 무선 기술보다 향상된 속도, 용량 및 성능을 제공한다. 5G 셀룰러 네트워크는 영토별로 나뉜 기지국 시스템으로 구성되며, 암호화된 데이터를 라디오파를 통해 전송한다.
Wi-Fi 6(802.11ax로도 알려짐): 차세대 Wi-Fi 기술로, 최대 9.6Gbps 속도로 작동할 것으로 예상된다. 5G 배포를 위한 특정 주파수 대역은 규제 기관 및 주파수 할당 정책에 따라 국가 및 지역별로 다를 수 있다. 각 주파수 대역은 커버리지, 용량 및 성능 측면에서 각각의 장점과 고려 사항을 가진다. Wi-Fi 6는 최신 Wi-Fi 기술로서, 이전 세대인 Wi-Fi 5(802.11ac)보다 속도, 용량, 효율성 및 전반적인 성능 면에서 여러 가지 개선 사항과 발전을 제공한다.

5G와 Wi-Fi 6는 모두 무선 통신 기술이지만, 서로 다른 목적을 가지고 있으며, 다른 주파수 대역에서 작동한다. 두 기술은 속도 및 성능 향상 측면에서 유사점을 공유하지만, 각각의 사용 사례와 환경이 다르게 설계되었다. 두 기술의 융합은 조직이 어디서든 비즈니스를 수행할 수 있도록 하며, 생산성을 증가시키고 최상의 사용자 경험을 제공할 수 있도록 한다.

7.4 디지털 생태계의 보안 문제를 식별할 수 있다.

컴퓨터 네트워크는 파일 및 리소스 공유, 인터넷 접속, 이메일 및 메시징 통신, 애플리케이션 및 서비스 운영 등 다양한 용도로 사용된다. 이러한 네트워크는 현대 디지털 환경에서 연결성을 제공하고 정보 교환을 가능하게 하는 중요한 역할을 하지만, 동시에 데이터 도난과 같은 보안 문제를 초래할 수 있다.

신원 및 접근 관리Identity and Access Management, IAM: IAM은 디지털 생태계 내 사용자 신원 보안 및 접근 관리를 보장하는 시스템이다. IAM은 인증, 인가, 사용자 관리를 포함하며, 다양한 애플리케이션과 리소스에서 사용자의 접근 권한을 제어하고 모니터링한다.

IAM은 보안을 강화하고, 데이터를 보호하고, 접근 관리를 간소화하고, 사용자 경험을 개선하고, 컴플라이언스를 지원하고, 기술 변화를 수용할 수 있도록 해준다. 기업이 강력한 IAM 보안 정책을 도입하면, 디지털 리소스에 대한 접근을 체계적으로 관리하고, 보안 위험을 줄이며, 보다 안전하며 효율적인 운영을 가능하게 할 수 있다.

7.5 증강 현실AR 및 가상현실VR을 설명할 수 있다.

- 증강 현실Augmented Reality, AR: AR은 기업이 3D 모델, 정보, 인터랙티브 인터페이스 등 디지털 콘텐츠를 실제 세계에 오버레이할 수 있도록 지원하는 기술이다. 이를 통해 직원 및 고객에게 실시간, 상황인식 정보 및 상호작용 기능을 제공한다. AR은 제품 시각화, 원격 협업, 교육 및 훈련, 유지보수 및 수리, 리테일 경험 등 다양한 분야에서 활용된다.
- 가상현실Virtual Reality, VR: VR은 사용자가 몰입할 수 있는 3D 인터랙티브 환경을 컴퓨터로 생성하여 제공하는 기술이다. VR은 하드웨어 및 소프트웨어를 결합하여 현실적인 인공 세계를 만들고, 사용자가 이를 탐색하고 상호작용할 수 있도록 한다.

7.6 세 가지 무선 네트워크 비즈니스 애플리케이션을 설명할 수 있다.

이동 및 무선 비즈니스 애플리케이션과 서비스는 위성 기술을 사용한다. 이런 기술들로는 GPS, GIS, LBS가 있다. 위성위치확인 시스템GPS은 위성에 기반을 두고 극도로 정확한 위치와 시간, 속도 정보를 알려주는 네비게이션 시스템이다. 지리 정보 시스템GIS은 지도상에 표시할 수 있는 위치정보이다. 위치 기반 서비스LBS는 GPS와 GIS 모두에서 서비스를 제공하는 데에 위치 정보를 사용하는 어플리케이션들을 말한다.

7.7 기업 모빌리티 관리와 그것의 사업에 대한 중요성을 설명할 수 있다.

기업 모빌리티 관리EMM는 직원들이 스마트폰이나 태블릿 같은 모바일 기기의 사용을 가능하게 해주면서, 기업의 e정책을 집행하기 위한 기업 차원의 보안 전략이다. EMM은 모바일 기기에 있는 기업용 애플리케이션과 데이터에 대한 인가받지 않은 접근을 방지한다. EMM의 목표는 작업장 내부든 외부든 상관없이 원격 근무하는 직원들이 기기, 애플리케이션, 데이터 관리에 대한 전략을 맞춤화하는 것이다.

복습 문제

1. 디지털 생태계란 무엇인가?
2. 디지털 네트워크의 구성 요소는 무엇인가?
3. 모빌리티와 무선의 차이는 무엇인가?
4. 스트리밍이 기업에 제공하는 장점은 무엇인가?
5. 관리자가 대역폭에 대해 걱정하는 이유는 무엇이며, 대역폭은 어떻게 측정되는가?
6. 5G와 Wi-Fi 6는 기업에 어떤 도움을 주는가?
7. 스트리밍 데이터는 비즈니스를 어떻게 변화시켰는가?
8. 증강 현실AR과 가상현실VR의 차이는 무엇인가?
9. WEP와 WPA의 차이는 무엇인가?
10. 기업 모빌리티 관리의 세 가지 주요 영역은 무엇인가?
11. 디지털 격차란 무엇인가?
12. 데이터의 세 가지 주요 상태는 무엇인가?
13. RFID란 무엇이며, 제품 추적에 어떻게 도움이 되는가?
14. 무선 기술의 세 가지 주요 비즈니스 활용 사례는 무엇인가?
15. 기업들은 경쟁 우위를 구축하기 위해 무선 기술을 어떻게 활용하고 있는가?

비즈니스 중심적 사례 1

5G: 위대한 변화를 이끌다.

여러분 모두 디지털 세계에서 5G가 새로운 기술로 홍보되는 것을 어디서든 들어보았을 것이다. 하지만 왜 모두가 5G에 이렇게 열광하는지 알고 있는가? 우선 4G가 어떻게 발전해왔는지 살펴보고, 5G가 우리의 삶에 어떤 영향을 미칠지 예측해 보자. 미국에서 최초의 4G 휴대전화가 등장한 것은 2010년이다. 그러나 우리의 세상을 바꾼 많은 4G 기반 애플리케이션은 몇 년 후에야 등장했다.

- 2010년: 페이스타임(실시간 영상 통화)
- 2010년: 넷플릭스 스트리밍(실시간 모바일 동영상)
- 2012년: 스냅챗(실시간 추적 및 커뮤니케이션)
- 2012년: 인스타그램(모바일 커뮤니케이션)
- 2012년: 마이크로소프트 Xbox Live(실시간 게임)
- 2013년: 우버(위치 기반 차량 공유)

5G는 5세대 이동통신 기술을 의미한다. 이 기술은 셀 사이트cell site 시스템으로 구성된 이동통신 네트워크이며, 특정 지역에 나누어 배치된 기지국들이 무선 주파수RF 신호를 통해 데이터를 인코딩하여 송수신한다. 이 기지국들은 유선 또는 무선 백본을 통해 서로 연결된다. 5G 네트워크는 스마트 네트워크로, 수천 개의 IoT(사물인터넷) 기기를 연결할 수 있다. 5G의 기술적 장점은 다음과 같다.

- 저지연Low Latency: 작은 데이터 패킷을 즉시 교환할 수 있음

- 빠른 연결 속도: 넓은 대역폭과 고급 안테나 기술을 활용하여 기존보다 4배 더 빠른 데이터 전송 용량 제공
- 장치 연결: 수백만 개의 IoT 기기들을 동시에 연결할 수 있음

앞으로 몇 년간 5G는 다시 한 번 우리가 소통하고, 일하고, 생활하는 방식을 변화시킬 것이다. 주목할 만한 5G 기반 애플리케이션에는 다음과 같은 것들이 있다.

- 인공지능: IoT 장치에서 클라우드로 데이터를 전송하여 AI 모델을 학습하거나 개선함
- 게임 스트리밍: 5G 환경에서는 고성능 장치가 없어도 고사양 게임을 스트리밍하여 즐길 수 있음
- 머신러닝 기반 자율주행차: 자율주행차가 서로 정보를 교환하며 교통 흐름을 조정함
- 머신 비전: 스마트 감시 시스템을 통해 보안 시설을 자동으로 모니터링하고, 보안 위협이나 무단 침입을 감지함
- 스마트 시티: 신축 아파트 단지가 개장되면 교통 신호 데이터를 자동으로 조정하여 새로운 패턴을 적용함
- 스마트 도로: 도로 위 모든 차량과 인프라가 실시간으로 통신하며 교통 흐름을 최적화하고 안전성을 향상시킴
- 가상현실VR: 빠른 응답 속도를 제공하는 5G를 통해 몰입감 있는 VR 환경이 구현됨. VR 애플리케이션에는 원격 물리치료, 건강 검진, 상처 치유 과정을 추적하는 스마트 밴드 등이 있음

질문

1. 5G란 무엇이며, 기업들이 이를 경쟁력으로 보는 이유는 무엇인가?
2. 5G가 증강현실AR 및 가상현실VR 애플리케이션을 어떻게 지원하는가?
3. 5G와 관련된 보안 문제는 무엇인가?
4. 5G와 관련된 윤리적 문제는 무엇인가?

비즈니스 중심적 사례 2

스포티파이: 음악을 모바일 서비스로 제공하기

대니얼 에크는 음악 산업에서 사업 기회를 포착했다. 음악을 무료로 간편하게 제공하면 고정 청취자를 확보할 수 있을 것이라고 확신한 것이다. 에크는 휴대폰을 통해 온디맨드 형태로 제공되는 아이팟을 대체함으로써 기존의 디지털 다운로드 방식의 음악산업을 붕괴시키길 원했다. 사용자들에게 이용 습관이 만들어지면, 무료로 얻던 것에 놀랍게도 지불 의사가 생기게 될 것이다. 에크가 창업한 스포티파이는 많이 재생하게 되면, 많이 지불하게 될 것이라는 전제에서 운영된다. 이러한 직관에 반하는 아이디어가 스포티파이의 비즈니스모델의 근간을 구성하게 되고, 음반회사와 아티스트들을 당황하게 만들고 있다.

스포티파이가 서비스를 시작한 2008년 이후로 스포티파이는 클라우드를 이용해서 음악을 스트리밍 서비스하는 세계적인 선도 기업으로 남아 있고, 음악을 소비자가 소유하는 상품이라기보다는 서비스라는 아이디어를 보편화시켰다. 애플과 구글이 빠르게 쫓아오고 있지만, 1억 명의 가입자를 보유하고 있는 스포티파이는 클라우드 음악 서비스의 선두기업이다.

2000년대 아이튠스를 이용해서 디지털 다운로드 음악사업을 지배했던 애플은 2015년에 가입형 음악 서비스를 시작했다. 어떤 분석가는 아이폰 사용자 기반과 에코 스마트 스피커의 영향으로 애플이 1년 이내에 가입자 수 기준에서 스포티파이를 추월할 것이라고 예측했다. 아마존 프라임 뮤직의 이용자들은 무

리를 지어 아마존의 클라우드 뮤직 서비스에 가입하고 있다.

구글은 세계에서 가장 보편화된 디지털 음악 청취 기능을 유튜브에 보유하고 있고, 더 많은 매출을 창출하기 위해 스포티파이와 유사하게 유튜브 뮤직의 가입형 서비스를 시작했다.

질문

1. 스포티파이는 모바일 기기의 특성을 어떻게 활용했는가?
2. 스포티파이는 모바일 애플리케이션 관리에 왜 신경을 써야 할까?
3. 무선 기술과 모바일 기기가 없었다면, 스포티파이는 성공할 수 있었을까? 그 이유는 무엇인가?

비즈니스 중심적 의사결정

1. **해킹당한 차**

   누가 차가 해킹당할 수도 있다고 생각했을 것인가? 그러나 이는 텍사스 주 오스틴에서 실제로 일어났던 일이다. 백대 정도의 차량이 차의 잠금장치를 따거나 유리창을 부수는 것과 같은 일반적인 방법이 아닌, 와이파이 연결을 통해 침입을 당했다. 침입 당한 모든 차들을 판매한 지역 대리점은 차를 사 간 사람이 대금을 지불하지 않을 경우 차를 움직이지 못하게 하고 경적이 울리지 않도록 하기 위해 와이파이가 가능한 블랙박스를 대시보드 밑에 설치하고 있었다. 그러나 이 경우에, 차 소유주들의 대금이 밀린 것은 아니고, 최근 그 대리점의 임시해고 때 해고당한 직원이 웹기반 시스템을 통해 차량들을 하나하나 사용 불가능하게 만듦으로서 복수를 하려고 했던 것이었다. 대리점의 직원이 차량들이 해킹당한 것을 발견한 후에, 블랙박스에 접속할 수 있는 권한의 비밀번호를 급히 바꾸었다. 이런 블랙박스는 좋은 아이디어인가? 당신은 이런 방법이 도덕적인 경영 사례라고 생각하는가? 만일 당신이 블랙박스가 장착된 자동차를 샀다면, 당신은 블랙박스를 제거하겠는가? 당신이 생각하기에 이 대리점에서 다시 다른 차를 살 고객이 얼마나 될 것 같은가?

2. **구글이 공공 와이파이 데이터를 수집하다 … 실수로**

   구글이 스트리트 뷰 자동차를 이용해 실수로 보호되지 않은 와이파이 네트워크를 통해 보내진 자료를 수집했음을 시인하였다. 구글은 일단의 기업 자동차들을 사용해 공공 도로 상에서 보이는 집들을 사진으로 찍는다. 구글은 와이파이 네트워크의 위치와 강도, 배치에 대한 정보를 수집하여 구글 맵스나 네비게이션과 같은 위치 기반 서비스를 더 정확하게 제공하고자 했다고 한다. 그러나 그 과정에서 구글은 각 집들의 무선 네트워크로부터 비밀번호를 통해 보호되지 않는 이메일이나 다른 인터넷 활동들을 수집하였다. 구글은 이 일이 프로그래밍 에러 때문이며, 스트리트 뷰 데이터를 수집하는 일을 임시로 중단하고, 와이파이 데이터를 수집하는 것을 그만두겠다고 하였다. 당신은 이 일이 정말로 구글의 실수라고 생각하는가? 만일 가정의 무선 네트워크 사용자들이 네트워크를 보호하지 않으면, 이웃들이 같은 정보를 수집하는 일을 막을 수 있을 것인가? 이 문제에서 책임을 져야 할 사람은 누구인가?

3. **홈 무선 네트워크 보안**

   무선 네트워크는 이제 아주 흔해졌고, 값도 저렴해져서 100달러도 안 되는 가격의 장비로 쉽게 구축할 수 있을 정도이다. 그러나 무선 네트워크는 그 이름 그대로 무선, 즉 벽에 가로막히지 않는다. 아파트나 기숙사, 집에서 네트워크를 사용한다는 것은 당신의 이웃들이 당신의 네트워크를 사용할 수 있다는 뜻이다.

이웃들이 설탕이나 커피 한 잔 정도 빌리러 오는 것은 그럴 수 있다 치더라도, 당신의 무선 네트워크를 빌리도록 내버려두는 것은 문제를 일으킬 수 있다. 가정의 무선 네트워크를 빌려주지 말아야 할 이유에는 다음과 같은 것들이 있다.

- 인터넷 성능 저하
- 다른 사람들이 당신의 컴퓨터에 있는 파일들을 볼 수 있게 되거나 바이러스와 같이 위험한 소프트웨어를 유포할 가능성
- 다른 사람들이 네트워크를 돌아다니는 중에 당신이 방문하는 웹사이트들을 감시하고, 당신의 이메일과 메시지를 읽고, 당신의 아이디와 비밀번호를 복사할 가능성
- 다른 사람들이 당신의 인터넷 연결을 이용해 스팸 메일을 보내거나 불법 활동을 할 가능성

홈 무선 네트워크를 보호하는 것은 초대받지 않은 손님들이 당신의 무선 네트워크에 접속하는 일을 어렵게 만든다. 당신이 홈 무선 네트워크를 보호할 방법에 대해서 보고서를 작성하라.

4. 날씨 로봇

워렌 잭슨은 그가 펜실베니아 대학교의 대학원생이었을 때 GPS가 장착된 로봇을 설계했다. 이 로봇은 기상 관측 기구를 지구로 끌어내려 미리 예측된 장소에 착륙하도록 만들어졌다. 미국의 국립기상국은 대부분의 정보를 기압, 바람, 습도 등을 측정하는 기기들을 운반하는 기상 관측 기구를 통해서 수집하였다. 기구가 100,000피트 정도의 고도에 도달하면 기압으로 인해 터지게 되고, 기기는 떨어지면서 띄워 올린 지점에서 한참 떨어진 곳에 착륙하게 된다. 기상국과 연구자들은 때로 200달러나 하는 기기들을 찾아 헤매지만, 매년 띄워 올려지는 80,000개 기구들 중 많은 수가 분실된다.

잭슨의 아이디어는 매우 독창적이어서, 펜실베이니아 대학의 바이스 텍 하우스(학생들이 발명을 하고, 발명품을 시장에 내놓을 수 있도록 격려하는 대학 기관)에서 잭슨과 공대 대학원생인 그 친구들이 함께 세 번째 펜벤션 대회PenVention Contest에서 일등상을 받았다. 잭슨은 5,000달러를 상금으로 받았고, 프로토타입을 만들고 법적인 사항을 처리하고, 브랜드화 하는 데 전문가의 도움을 받을 수 있게 되었다.

GPS와 GIS는 모든 종류의 기기에 사용될 수 있으며, 여러 다양한 산업에서 다양한 목적으로 사용될 수 있다. 당신은 내년에 펜벤션에 나가서 일등상을 받고 싶다. 당신이 내년 펜벤션에 내놓을 수 있도록 GPS와 GIS를 사용하는, 현재 시장에 없는 제품을 개발하라.

5. 아프리카의 공짜 와이파이

아프리카 전역에서 무료 및 저가의 와이파이가 가능하도록 하는 것은 그다지 현명한 일처럼 보이지 않을 테지만, 이는 실제로 여행 검색 엔진인 Kayak.com의 공동설립자인 폴 잉글리쉬가 하려고 하는 일이다. 잉글리쉬는 아프리카에서 두 단계의 와이파이 접속 시스템의 구축을 추진하기 위해서 비영리/영리 혼합의 기업인 조인아프리카JoinAfrica를 설립했다. 첫 단계는 무료로 기본적인 이메일 서비스(G메일, 야후! 등)와 웹 검색 서비스(위키피디아, BBS 등)를 제공하는 것이 될 것이다. 두 번째 단계는 요금을 내고 더 많은 기능을 공급하는 것으로, 오디오, 비디오, 고품질 이미지 등을 포함한다.

많은 기업들이 아프리카에서 마실만한 물이나 효율적인 전력을 구하기 위해 분투하고 있지만, 잉글리쉬와 조인아프리카 계획은 인터넷 접속이 그런 것들만큼이나 중요하다고 믿는다. 조인아프리카는 아프리카의 비영리 원격통신 기업과 함께 마을들에 기존에 있었던 연결들을 이용하여 첫 번째 지점을 낼 것이다. 이 지점은 주민들에게 첫 번째 단계의 서비스를 제공하며, 주민들은 돈을 내고 두 번째 단계로 업그레이드를 할 수 있다. 네트워크가 성장함에 따라 비디오나 포르노그라피를 스트리밍하는 것과 같이 더 많은 대역폭을 필요로 하는 서비스들은 다른 기본적인 서비스의 안정을 위해 제한될 것이다.

- 무선 접속이 아프리카의 오지에 있는 마을들을 어떻게 도와줄 수 있는지 그 방법을 열 가지 열거하라.
- 프로젝트의 성공을 확실하게 하기 위해 조인아프리카가 도입할 필요가 있는 인프라에는 또 무엇이 있겠는가?
- 앞으로 십년간의 기술 변화는 조인아프리카 프로젝트에 어떻게 영향을 끼칠 것인가?
- 조인아프리카가 직면하게 될 보안 및 윤리 문제에는 무엇이 있을 수 있는가?
- 만일 당신에게 백만 달러가 주어진다면 당신은 조인아프리카에 투자하겠는가?

6. 얼간이가 내 400달러를 가져갔어!

한 위성 텔레비전 고객이 서비스의 연결 상태가 나쁘다는 이유로 서비스를 해지해 달라는 요청을 하였다. 서비스를 해지한 후에 그 고객은 위성서비스 사업자가 은행 계좌에서 430달러의 조기 해지 요금을 인출했다는 것을 알았다. 더 나쁜 것은 이 불시의 청구로 인해 수백 달러의 잔고 부족이 발생했다는 것이다. 설상가상으로 딩어링이라는[1] 이름의 서비스 대리인이 그녀에게 전화해 서비스를 다시 가입할 의향이 있느냐고 물었다고 한다.

절대로 어떤 기업에게나 당신의 은행계좌의 번호를 알려주거나 당신의 은행계좌로 직접 접속하도록 하지 말라. 만일 당신이 기업과 좋은 관계를 유지하고 싶다면, 신용카드 번호를 주도록 하라. 공급자와 관계가 나빠지는 경우에, 가장 최악의 사건은 그 회사가 당신의 계좌에 직접 접근할 수 있는 것이다.

당신은 그 위성서비스 사업자가 한 일이 윤리적이라고 생각하는가? 고객이 서비스를 해지할 때 이런 종류의 문제를 피하려면 어떻게 해야 하겠는가? 신용카드 회사가 당신의 은행 계좌에 연결해 당신이 빚진 만큼의 돈을 상시 꺼내갈 수 있겠는가? 공급자가 당신의 비즈니스 예금 계좌에 직접 접속할 수 있도록 하지 말아야 하는 것이 왜 그토록 중요하겠는가?

7. 911 맥너겟

셀룰러 기술은 비즈니스를 하는 방법을 바꾸어 놓았고, 이제는 휴대전화 없이 사는 삶이란 상상할 수조차 없다. 비즈니스에서 무선 기술을 사용하는 일에는 놀라운 이점들이 있으나, 심각한 약점들도 있는데, 이런 약점에는 나쁜 결정을 더 빨리 내리도록 한다는 점이 있다.

플로리다에 사는 한 여성은 맥도날드의 직원들이 그녀에게 치킨 맥너겟이 다 떨어졌다고 말한 뒤에 911에 세 번이나 전화를 걸었다. 이 여성은 그 상황이 긴급 상황이었고, 만일 맥너겟이 다 떨어진 줄 알았더라면 돈을 주지 않았을 것이라고 말했다. 그녀는 맥도날드가 그녀에게 맥더블을 주었지만, 그녀는 그것을 원하지 않았다고 한다. 그녀는 911을 오용한 데에 대한 기소로 법정에 소환되었다.

어디에서나, 어느 때나, 전화를 들어서 좋지 않은 통화를 하기란 너무나 쉬운 일이다. 당신은 사람들이 적절하지 않은 장소에서 전화를 거는 것을 얼마나 자주 보았는가? 만일 이 여성이 돈을 내고 전화를 걸기 위해 긴 줄을 서서 기다려야 했다면, 그녀가 진정하고 그녀의 결정에 대해 다시 생각해볼 수 있었을까? 손가락 끝만 까닥해서 통신할 수 있는 기술과 능력으로 인해서 나쁜 결정을 내리기가 더 쉬워졌다고 생각하는가? 당신이 통신을 하기 전에 한 번 더 생각하도록 하기 위해 무엇을 할 수 있겠는가?

8. 무선 네트워크와 가로등

하버드 대학교의 연구자들과 BBN 테크놀로지는 시티센스라는 이름의, 가로등에 설치되어 메사추세츠 주 캠브리지 시의 모든 지역의 실시간 정보를 기록하는 무선 네트워크를 설계하고 있다. 시티센

---

1) Ding-a-Ling: 바보, 얼간이, 괴짜라는 뜻

스 네트워크는 시의 전력망에 연결되어 있는 시 가로등 단자에 장착된다. 각각의 단자는 와이파이 인터페이스, 기상 센서와 함께 자료를 다운로드하고 업로드할 수 있는 능력을 갖추고 있다.

당신은 시티센스 네트워크를 도시에 설치하는 일에 참여하게 되었다. 당신은 도시 내 날씨와 오염도를 감시하는 것 외에 이 시스템에서 할 수 있는 목표로 무엇을 추가시키겠는가? 시티센스 네트워크가 제공할 수 있는 다른 이점에는 무엇이 있을까? 지역 비즈니스와 시민들이 네트워크로부터 어떻게 이익을 얻을 수 있겠는가? 당신이 네트워크를 설치하기 전에 알아야 할 법적, 윤리적 문제에는 어떤 것이 있는가? 당신이 이런 문제들로부터 당신의 도시와 네트워크를 보호하기 위해 무엇을 할 수 있을까?

9. 수호자곰

런던에 본사를 둔 두 기업이 아픈 아이들이 병원을 병문할 때 디즈니랜드를 방문하는 것과 같은 즐거움을 주기 위해 껴안고 싶은 곰을 개발했다. 수호자곰은 어린 아이가 곰인형을 껴안으며 그 발을 잡으면 아이의 심장 박동, 체온, 혈액 내 산소 농도 등을 측정한다. 모든 측정 수치는 무선으로 간호사들과 부모의 모바일 기기로 전송된다. 이 귀여운 곰인형은 아이들의 심장 박동을 측정하여 잠재된 문제들을 재빨리 발견할 수 있도록 설계된 센서들로 구성되어 있다. 수호자곰이 이것들을 측정하는 데 걸리는 시간은 5~7초 정도이며, 한 시간에 5회가 작동하도록 되어 있다. 이 수호자곰은 향후에 상호작용 기능을 추가할 예정에 있으며, 이 기능은 아이들이 좀 더 즐겁게 병원을 방문할 수 있도록 아이가 좋아하는 노래나 동화를 알아내어 관련된 컨텐츠를 재생할 것이다. 미국의 대형 약국들이 이미 50만 달러어치의 주문을 마친 상태이며, 이 곰인형들은 가까운 병원에 기증될 계획이다.

이것은 분명 매우 획기적인 아이디어임에는 틀림없으며, 우리는 머지않아 주변의 많은 병원에서 수호자곰을 볼 수 있을 것이다. 그렇다면 수호자곰이 주목해야 할 또 다른 시장이 있을까? 이 곰인형과 관련해서 어떤 윤리적 문제가 발생할 수 있을까? 이 인형과 관련된 보안 문제에는 어떤 것들이 있을까?

10. 물고기를 위한 와이파이

얼마 전 시애틀 아쿠아리움은 기존의 네트워크 기반을 활용해 수족관의 깊은 물 속에도 무선 시스템을 적용하기로 결정했다. 아쿠아리움의 웹 및 소셜 미디어 담당자 팸 라몬은 일 년 반이 지난 지금 아쿠아리움은 방문객들을 위한 독특한 서비스뿐만이 아니라 직원들과 공동체 간의 소통을 강화하는 데도 와이파이를 사용하고 있다고 말한다. 20kg에 달하는 거대 태평양 문어 우미가 오랜 기간 미동조차 하지 않으면 이제 직원들은 태블릿을 손에 들고 전시관을 누비며 우미가 젖을 먹이는 영상을 방문객들에게 보여주고 그들의 궁금증을 해소시켜 준다.

무선 시스템은 아쿠아리움을 방문하지 못하는 사람들과도 소통할 수 있도록 한다. 최근 구글 생방송 서비스Google+ Hangout on Air 중에 동부 해안 지방에 사는 한 어린 소년이 탱크 안에 몇 마리의 물고기가 있는지 다이버에게 물은 적이 있었다. 잠수복과 마이크와 스피커가 달린 마스크를 착용하고 있던 다이버는 물고기들을 가리키며 숫자를 세기 시작했다. "하나, 둘, 셋, 넷, 다섯, 여섯, 일곱." 500까지 세고 나서 지친 다이버는 아이에게 수족관 안에 대략 500마리의 물고기가 있다고 알려주었다. 그러고 나서 그녀는 농담조로 말했다. "물고기들은 세는 동안 쉬지 않고 움직이기 때문에 그 수를 정확히 세기는 어렵답니다."

시애틀 아쿠아리움은 서비스를 확장하거나 개선하기 위해 와이파이를 이용하는 회사나 조직과는 다르다. 와이파이는 이제 기업의 직원과 고객에게 주는 특별한 서비스에서 필수품으로 바뀌었다. 많은 기업들은 와이파이 없이, 또는 제한된 와이파이 서비스로 더 이상 만족할 수 없다. 더 나은 해결책을 가능하게 하는 기술들이 존재하며, 기업들은 네트워크 문제를 해결하기 위해 더욱더 복잡한 장비를 이용하고 있다. 차세대 무선중계기부터 클라우드를 기반으로 하는 관리 시스템에 이르기까지 와이파이는 기업의 역량을 확장시키는 데 도움을 주고, 관리도 쉬우며, 그리 비싸지 않은 비용으로 이용 가능하다.

그룹을 만들어 시애틀 아쿠아리움처럼 와이파이 기술을 이용해 이득을 얻을 수 있는 주변의 회사를 찾아보자. 그리고 고객들에게 제공할 수 있는 추가적인 서비스를 담은 구체적인 계획을 설계해 보자.

11. 운동장을 활용한 포켓몬 고

포켓몬 고의 개발사인 나이언틱의 CEO 존 행크는 게임에서의 증강현실 플레이그라운드(운동장) 기능을 테스트하기 위해 자신의 비디오를 게시했다. 이 게임의 목적은 어린이들이 움직이면서 즐기게 하는 것이다. 전 세계 4,000개의 운동장에 설치되어 있는 이 기술을 이용해서, 포켓몬 고는 강화된 술래잡기 같은 신체활동을 촉진하는 증강현실 모바일 게임을 통해서 앉아서 지내던 어린이들을 움직이게 만들었다. 어린이들은 포켓몬 고를 이용하는 시간의 80% 정도를 움직이게 된다.

당신은 무선기술을 이용하여 아이들이 움직이게 만들 다른 방법을 생각해낼 수 있는가? 포켓몬 고를 어떻게 사용하면 아이들이 운동장을 벗어나서 운동을 하게 할 수 있는가? 체육관에서 이 기술은 성인들을 위해 어떻게 사용할 수 있을까?

12. 고프로GoPro를 어디에 사용할까?

프랑스 알프스 상공 높이 날아오르는 새하얀 꼬리가 달린 아름다운 독수리를 상상해 보자. 이제 당신은 이 아름다운 생명체와 함께 날아오를 수 있다. 이 독수리의 등에 부착된 고프로 카메라가 전송하는 무선 스트리밍 비디오를 통해 당신은 진짜 새의 눈으로 바라보는 광경을 느낄 수 있다. 이 굉장한 영상은 순식간에 인터넷을 통해 퍼졌고 이제 얼마 전 아버지가 된 사람부터 올림픽 운동선수들에 이르기까지 모든 사람들이 자신들의 고프로 영상을 공유한다. 40명의 직원으로 이루어진 고프로 제작팀을 이끄는 월 티드먼은 "카메라의 다양한 이용 방법을 보여주고 사용자들이 온라인상에서 비디오를 편집하고 공유할 수 있도록 하는 것이 우리의 목표"라고 말했다. 현재 일분당 유튜브에 업로드 되는 비디오 중 평균적으로 세 건은 고프로 해시태그가 붙어 있다.

갖가지 장면을 영상에 담는 사람들

- 군인부터 오일 정비사에 이르기까지 특수한 직업을 가진 사람들은 자신들의 업무에 고프로를 이용한다. 티드먼의 팀은 히트를 칠 잠재력이 있는 영상을 찾기 위해 인터넷을 샅샅이 뒤진다. 그는 소방관이 불이 난 건물에서 고양이를 구조하는 영상을 발견했고 이 영상은 유튜브에서 천 8백만의 조회수를 기록했다.
- 2013년에 고프로는 40대의 카메라를 이용해 롤링 스톤즈의 콘서트 투어를 촬영했다. 티드먼의 팀은 개인 제작자들 또한 지원하고 있으며, 이들의 영상은 그들에게 상당한 명성을 가져다 주었고, 고프로의 인지도를 상승시키는 데 일조했다.

그룹을 만들어 가장 좋아하는 제품이나 서비스를 선택한 후 고프로를 이용하여 마케팅 전략을 짜보자.

13. 절도범 잡기

스마트폰을 잃어버린 적이 있는가? 당신에게만 일어나는 일이 아니다. 뛰어난 사업가는 바로 이런 데서 사업 기회를 포착한다. 새롭게 개발된 도난 방지 앱은 스마트폰을 목표로 하는 절도범들보다 한 발 앞서 있다.

룩아웃Lookout은 성장하고 있는 도난방지 산업에 등장한 최신 앱으로, 스마트폰의 절도를 방지할 수 있는 똑똑한 기능들을 갖췄다. 스마트폰의 전면 카메라는 셀프카메라용으로만 인식된다. 그러나 룩

아웃은 누군가가 핸드폰 패스워드를 세 번 틀리게 되면 이 전면 카메라를 이용해 사진을 찍는다. 이 사진은 휴대폰의 위치 정보와 함께 즉시 휴대폰 소유자의 이메일로 전송된다. 도난 방지 앱은 무료 프로그램이다. 그러나 이 편리한 사진 기능은 애플의 제한정책으로 인해 아이폰에서는 이용 불가하며 매년 30달러의 사용료를 내야 한다.

룩아웃은 도둑들이 핸드폰을 몰래 훔쳐가기 위해 사용하는 방법에 착안하여 앱에 새로운 경고 기능을 추가했다. 또한 누군가 핸드폰의 SIM카드를 제거하려 하거나, 비행모드로 변경하거나, 장치를 끄려고 하면 핸드폰 소유자에게 이메일을 전송한다. 그러면 소유자는 원격으로 핸드폰을 잠글지 정보를 삭제할지 선택할 수 있다.

당신은 이 도난 방지 앱이 훌륭한 사업이라고 생각하는가? 도둑을 잡는 것과 관련해 발생할 수 있는 윤리적 문제들은 없는가? 회사 보안 정책이 당신의 휴대폰에 룩아웃을 설치하도록 요구한다면 어떤 기분이 들 것 같은가? 당신이 룩아웃에 새로운 기능을 추가한다면 어떤 기능을 추가하겠는가? 그것이 스마트폰 절도를 근절하는 데 도움이 될 수 있을까?

14. 서비스형 모빌리티 스타트업

"당신은 돈을 절약하기 위해 개인정보를 희생할 수 있습니까?" 바로 이것이 보험 회사들이 트래킹 장치Tracking Device를 제공하며, 저렴한 보험료를 제안하는 방식이다. 이 트래킹 장치는 차량의 컴퓨터에 연결되며, 차량 컴퓨터가 수집하는 모든 데이터를 확인하고, 보험사가 프로그래밍한 정보를 가져올 수 있다. 이후, 해당 정보를 무선으로 보험 회사 또는 데이터를 분석하는 제3자 기업에 전송한다.

어떤 데이터를 수집하는가? 보험사가 운전자의 운전 습관을 평가하는 데 필요하다고 판단하는 모든 정보를 수집할 수 있다. 이 데이터는 보험사로 다시 전송되며, 보험사가 원하는 운전 패턴을 발견하면 보험료를 낮추거나 자동차 보험료 크레딧을 제공할 수 있다. 대부분의 고객들은 보험사가 속도 데이터를 확인하는 이유를 이해한다. 속도가 빠를수록 사고 위험이 증가하기 때문이다. 주행거리도 중요한 요소이며, 운전할수록 사고 위험이 높아지므로 보험료 책정에 영향을 미칠 수 있다.

당신이라면 어떻게 하겠는가? 보험사가 당신의 운전 습관을 추적하도록 허용할 의향이 있는가? 자동차 보험사와 운전 데이터를 공유하는 것의 잠재적 위험은 무엇인가? 소액의 보험료 할인을 위해 개인정보 보호를 희생할 가치가 있는가?

15. 모바일 데이터 공유

T-Mobile은 2021년 2분기부터 고객이 직접 거부opt-out하지 않는 한, 고객의 검색 기록 및 애플리케이션 데이터를 마케팅 및 광고 회사와 공유하기 시작했다. 이 회사는 더 맞춤화된 광고 제공을 목적으로 이 정책을 도입했다고 밝혔다. T-Mobile은 가입자의 신원을 가린 상태에서 데이터를 공유하며, 방문한 웹사이트나 설치한 앱의 목록을 직접 공유하지는 않는다. 그러나 일부 단체들은 이러한 데이터 공유 관행에 대한 우려를 제기하고 있다. 사이버 보안 연구원들은 익명화된 데이터도 특정 개인을 식별하는 데 활용될 수 있음을 입증한 사례가 있다.

새로운 데이터 공유 정책은 기업 고객과 18세 미만 어린이에게는 적용되지 않는다. 하지만 선불 요금제를 포함한 8천만 명 이상의 고객이 거부 의사를 밝히지 않는 한, 자동으로 정책 적용 대상이 된다. 데이터 공유 거부opt-out 방법은 어렵지 않다. T-Mobile 앱을 실행하고, "더 보기More, 광고 및 분석Advertising & Analytics" 탭을 클릭한 후에, "내 데이터를 사용하여 광고를 더 맞춤화하기Use my data to make ads more relevant to me" 옵션을 비활성화toggle off하면 된다.

이동통신사가 고객의 검색 및 앱 데이터를 광고업체와 공유할 권리가 있다고 생각하는가? 이러한 정책 변경으로 인해 발생할 수 있는 문제는 무엇인가? 이러한 데이터 공유를 통한 수익은 T-Mobile이 가져야 하는가, 아니면 고객이 받아야 하는가?

전사적 MIS

MODULE 3

조직은 일상 업무를 처리하기 위해 다양한 정보 시스템들을 이용한다. 대표적인 것이 거래처리 시스템TPS이다. 이 시스템은 주로 구매나 주문 배달과 같은 기본적 비즈니스 프로세스의 자료 관리나 낮은 수준의 자료 흐름에 초점을 맞춘다. 의사결정 지원 시스템DSS은 이러한 자료들을 누적하고 요약해서 조직 내에서 무엇이 일어나고, 어떻게 대응하는 것이 최선인지에 대한 통찰력을 얻기 위해 사용한다. 조직은 단절 없고 효율적인 자료 처리와 정보에 근거한 의사결정을 달성하기 위해 자신의 전사적 시스템enterprise systems을 고도로 통합하고, 업무에 대한 처음부터 끝까지의 모든 활동을 알 수 있도록 해야 한다.

이 모듈은 다양한 종류의 전사적 정보 시스템과 이것의 전략적 목적 달성을 위한 역할을 소개한다. 전사적 정보 시스템에는 공급 사슬 관리, 고객 관계 관리, 전사적 자원 관리 등이 포함된다. 전사적 정보를 통합하고 요약할 수 있는 조직들은 전략적인 비즈니스 목적들을 달성하고 경쟁자들을 압도할 수 있다.

이 모듈은 또한 어떻게 전사적 시스템들이 전 세계적 비즈니스를 지원하는가와 그러한 과정에서 극복해야 할 여러 가지 난관이 무엇인가에 대해 살펴본다. 그리고 바람직한 설계 원칙과 효과적인 관리 원칙, 그리고 끊임없이 변하는 비즈니스 요구사항들의 유연한 지원 등을 고려하여 시스템을 구축했을 때 조직이 얻게 되는 이점에 대해 살펴본다. 이러한 것들을 실현하기 위해서는 철저한 계획만이 아니라 숙련된 인적 기술도 필요하다.

MODULE 1
비즈니스 중심적 MIS

MODULE 2
MIS의 기술적 기초

MODULE 3
전사적 MIS

MODULE 3 전사적 MIS

전사적 애플리케이션: 비즈니스 커뮤니케이션

8
CHAPTER

SECTION 8.1
공급 사슬 관리

- 통합하여 연결된 기업 구축하기
- 공급 사슬 관리
- 공급 사슬을 최적화하는 기술들

SECTION 8.2
고객 관계 관리와 전사적 자원 관리

- 고객 관계 관리
- 운영적 CRM과 분석적 CRM
- 전사적 자원 관리
- ERP를 이용한 조직 통합

IT는 나에게 무엇을 제공해 주는가?

이 장은 공급 사슬 관리SCM, 고객 관계 관리CRM, 전사적 자원 관리ERM에 대해 살펴본다. 이것은 조직이 비즈니스 효율성을 달성하고 경쟁 우위를 점하기 위해 취할 수 있는 전략적인 조치들이다. 가장 단순한 수준에서 조직들은 비즈니스 프로세스에서의 효율성, 공급 사슬에서의 효과성, 고객 요구와 행동의 전반적인 이해를 얻기 위해 기업 시스템을 도입한다. 성공적인 조직들은 직원, 고객, 공급자, 파트너와 긴밀한 관계를 유지하는 것이 경쟁 이점이라는 사실을 알고 있다. 그렇게 하는 것은 수익에 직접적이고 긍정적인 효과가 있고, 기업의 이윤을 크게 증가시킨다.

경영학을 공부하는 학생으로서 당신은 직원, 고객, 공급자, 파트너와의 관계 관리가 지니는 중요성을 이해해야만 한다. 당신이 고객 만족을 넘어서 고객 감동을 실현하려면 조직의 정보를 어떻게 분석해야 하는지를 이해해야 한다. 기업들은 통합, 분석, 지능적인 의사결정이라는 목표에 도달하기 위한 기술적 능력을 이전 어느 때보다도 더 많이 갖고 있다.

시작 사례 연구

바비 핑크색 페인트는 어디에 있는가?

공급망 관리는 공급업체로부터 제조업체, 궁극적으로는 고객에게 이르기까지 자재와 자원의 원활한 흐름을 보장하는 데 중요한 역할을 한다. 그러나 예기치 못한 혼란이 발생할 수 있으며, 이는 핵심 부품의 가용성에 영향을 미치고 생산 일정에 차질을 줄 수 있다. 최근 선명한 핑크색 페인트의 전 세계적인 부족 현상이 발생하였다. 그 이유가 무엇인지 상상할 수 있는가? 만약 그 이유가 새로 제작 중인 바비 영화 때문이라고 한다면 믿을 수 있겠는가?

한 유명 장난감 제조업체가 대형 영화 제작사와 협업하여 바비 테마의 영화 세트를 제작하고 있다. 영화 세트의 디자인에는 특정한 선명한 핑크색 페인트가 사용되며, 이는 바비 브랜드의 정체성을 구현하는 데 필수적인 요소이다. 그러나 예기치 못한 상황으로 인해 해당 색상의 페인트가 전 세계적으로 부족해지면서, 영화 제작 일정에 차질이 생기고 영화의 성공에도 부정적인 영향을 줄 가능성이 제기되었다.

이처럼 바비 영화 세트를 위한 선명한 핑크색 페인트 부족과 같은 공급망 교란을 관리하기 위해서는 사전 예방 조치와 공급망 전반에 걸친 효과적인 협력이 요구된다. 이제 이 문제에 대해 심도 있게 살펴보고, 가능한 해결 방안을 모색하고자 한다.

- **영향 파악:** 선명한 핑크색 페인트의 부족은 공급망에 즉각적인 영향을 미친다. 영화 세트 제작이 지연되면서 영화 촬영 일정에도 차질이 생기며, 이는 재정적인 손실로 이어질 수 있다. 더 나아가 장난감 제조업체와 영화 제작사의 명성 또한 일정 미이행이나 바비 브랜드의 품질 및 정체성 훼손으로 인해 손상될 수 있다.
- **공급업체 평가 및 소통:** 부족 문제에 대응하기 위한 첫 번째 단계는 기존 공급업체의 수요 충족 능력을 평가하는 것이다. 공급망 팀은 공급업체와의 열린 소통을 통해 부족의 원인, 해결 예상 시점, 대안 마련 가능성 등을 파악해야 한다. 만약 기존 공급업체가 수요를 충족할 수 없다면, 다른 공급업체를 평가하거나 신규 파트너십을 탐색하여 필요한 페인트 확보에 나서야 한다.
- **다변화 및 리스크 완화:** 향후 혼란에 대한 영향을 최소화하기 위해 공급망 팀은 선명한 핑크색 페인트의 공급처를 다변화하는 방안을 고려해야 한다. 단일 공급업체에 의존하는 경우, 예기치 못한 사건에 더욱 취약해진다. 다수의 공급업체를 사전에 발굴하고 인증함으로써, 향후 발생할 수 있는 재고 부족 위험을 줄이고 보다 탄력적인 공급망을 구축할 수 있다.
- **협업 계획 및 수요 예측:** 장난감 제조업체, 영화 제작사, 페인트 공급업체 간의 협업은 효과적인 계획 수립과 예측에 필수적이다. 정확한 생산 일정, 수요 예측,

주요 프로젝트 일정을 공유함으로써, 공급업체는 생산 능력을 수요에 맞춰 조정할 수 있다. 이러한 협업은 문제에 대한 선제적 대응을 가능하게 하며, 공급망 전반의 가시성을 높이고 파트너 간의 관계를 강화한다.

- **비상 계획 및 안전 재고 확보**: 공급 혼란의 영향을 완화하기 위해, 공급망 팀은 비상 대응 계획을 수립해야 한다. 이는 예상치 못한 수요 급증이나 공급 지연에 대비하여 선명한 핑크색 페인트의 안전 재고를 유지하는 것을 포함할 수 있다. 안전 재고는 생산 중단을 방지하고 공급망 교란 상황에서도 작업의 연속성을 유지할 수 있도록 하는 안전망 역할을 한다.

section 8.1 | 공급 사슬 관리

학습 성과

8.1 통합에 대해 설명하고, 이것이 기업 내 부서들을 연결하는 데 어떤 역할을 수행하는지 설명할 수 있다.
8.2 공급 사슬 관리가 비즈니스에 미치는 영향을 설명할 수 있다.
8.3 공급 사슬 관리의 이점에 대해 설명할 수 있다.

통합하여 연결된 기업 구축하기

1990년대 이전까지는 영국 국방부 본부의 각 부서들은 각각 고유의 정보 시스템을 가지고 있었고, 각각의 시스템은 고유의 데이터베이스를 가지고 있었다. 정보를 공유하는 것은 매우 어려웠으며, 직원들이 여러 다른 시스템에 여러 번에 걸쳐 수작업으로 같은 정보를 다시 입력해야 했다. 대부분의 경우, 경영진들은 질문에 답하고, 문제를 해결하고, 결정을 내리기 위한 정보를 모으기조차도 불가능했다.

이 문제를 해결하기 위해 미 국방부에서는 시스템들을 통합하거나, 데이터베이스를 연결하였다. 이런 연결이 통합이다.

- **통합**integration: 서로 연결되지 않은 시스템들이 직접적으로 서로 소통할 수 있도록 하고, 여러 시스템에 수작업으로 입력해야 할 필요를 없애준다.

통합은 데이터베이스 간에 정보를 공유하게 해주는 동시에 품질을 극적으로 향상 시켜준다. 군대는 이제 현재의 준비 상태와 다른 기초적인 기밀 정보에 대해 자세한 보고서를 작성할 수 있다. 이는 통합을 하기 이전에는 거의 불가능에 가까웠던 일이었다. 통합에는 두 가지가 있다.

- **애플리케이션 통합**application integration: 기업이 기존에 가지고 있는 경영 정보 시스템들을 통합하는 것이다.
- **데이터 통합**data integration: 모든 데이터에 대한 통일된 관점을 제공할 수 있도록 다양한 데이터 원천들을 통합하는 것이다.

데이터베이스를 통합하는 데에는 전후방 통합과 중앙저장소 구축의 두 가지 방법이 있다. 그 첫째는 전후방 통합을 생성하여 가치 사슬 상의 절차들(그리고 그와 관련된 데이터베이스들)을 연결하는 것이다.

- **전방 통합**forward integration: 주어진 시스템에 입력된 정보들을 하류의downstream 모든 시스템과 절차에 전송하여 통합해 가는 방식이다.
- **후방 통합**backward integration: 주어진 시스템에 입력된 정보들을 상류의upstream 모든 시스템과 절차에 전송하여 통합해 가는 방식이다.

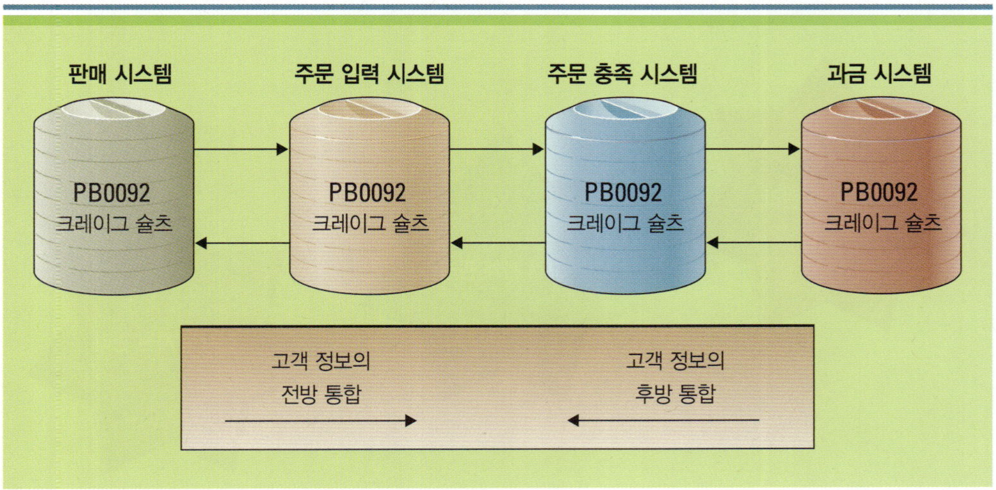

그림 8.1

전방 및 후방 고객 정보 통합의 예

그림 8.1은 이 방법이 판매, 주문 입력, 주문 충족, 결제와 같은 시스템이나 절차 사이에서 어떻게 작동하는지를 보여준다. 예를 들어, 주문 입력 시스템에서 한 직원이 고객의 정보를 갱신한다. 그러면 통합 방식에 의해서, 그 정보는 상류로는 판매 시스템에, 하류로는 주문 충족과 결제 시스템에 보내진다. 이상적으로 조직은 어떤 시스템에서든지 정보를 생성하고, 갱신하고, 삭제할 수 있는 유연한 전방 통합과 후방 통합 모두를 구축하고 싶어 한다. 그러나 통합에는 돈이 많이 들며, 구축하고 유지하기 어렵다. 따라서 대부분의 조직은 전방 통합에만 투자를 한다.

두 번째 통합 방법은 특정한 정보 유형을 위한 공통 데이터 저장소common data repository를 구축하는 것이다.

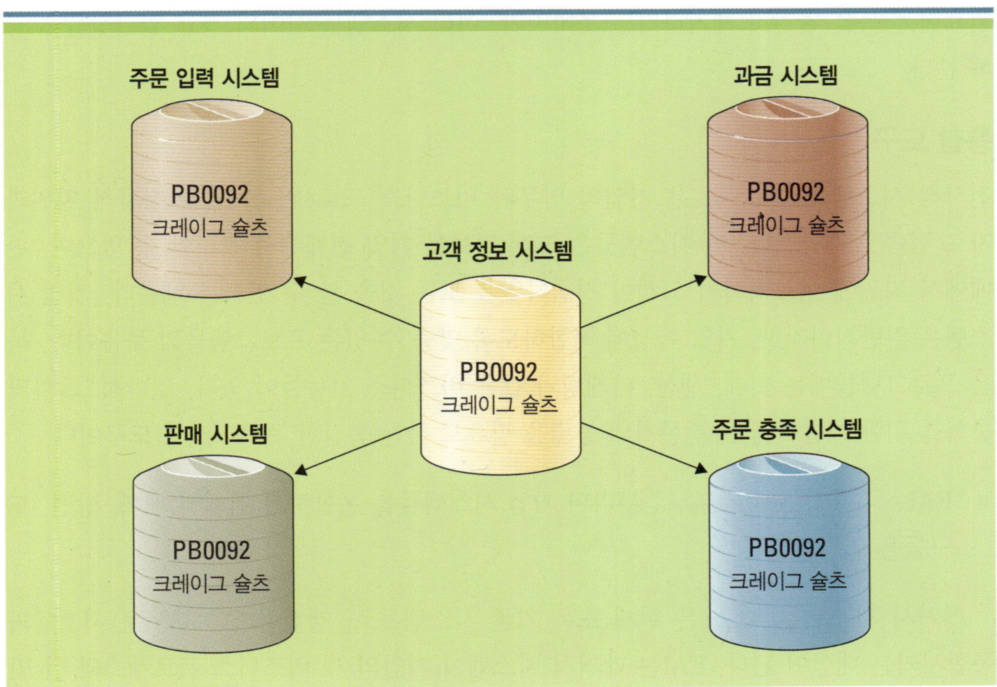

그림 8.2

데이터베이스 내의 고객 정보 통합하기

그림 8.3

세 가지 주요 전사적 시스템

- **공통 데이터 저장소**common data repository: 기업의 모든 부서들은 공통 데이터 저장소를 통해 실시간으로 정보를 저장하고 검색할 수 있으므로 정보의 신뢰성과 접근성이 향상된다.

공통 데이터 저장소는 네트워크를 타고 배포되는 데이터베이스나 파일들이 위치해 있는 공간일 수 있고, 네트워크를 타고 배포되지 않고 사용자가 직접 액세스하는 공간일 수도 있다. 그림 8.2는 서로 다른 네 시스템을 이 방법에 의해 통합한 고객 정보의 예를 보여준다. 사용자들은 오직 중앙의 고객 데이터베이스에서만 고객 정보를 생성하고, 갱신하고, 삭제할 수 있다. 사용자들이 생성, 갱신, 삭제 작업을 수행하면, 통합 기능에 의해 생성, 갱신된 고객 정보가 나머지 네 시스템에 자동으로 전송된다. 사용자는 네 시스템에 저장된 고객 정보를 단지 읽기만 할 수 있다. 이 두 가지 통합 방법들은 정보의 불필요한 중복을 완전히 제거하지는 못하지만, 여러 시스템들 사이의 정보 일관성을 보장해 준다.

통합 도구

전사적 시스템enterprise systems은 기업의 업무와 비즈니스 프로세스를 위한 전사적 지원과 자료 접속을 제공한다. 이 시스템들은 고객 정보를 기업 전체에서 관리할 수 있으며, 판매에서 지원에 이르기까지 고객이 경험하였을 모든 것을 볼 수 있도록 해준다. 기업 시스템은 일반적이지만, 기업 특성에 적합하도록 맞출 수 있는 프로그램들의 묶음이다. 묶음 프로그램들에는 회계, 생산, 마케팅과 같은 비즈니스 기능들이 있다. 일반적으로, 맞춤화를 위한 개발 도구는 전문가의 능력을 필요로 하는 복잡한 프로그래밍 도구이다.

- EAIenterprise application integration: 분리된 기업 시스템들을 통합하기 위해서 계획, 방법, 도구들을 연결시킨다.

레거시 시스템legacy system은 현재 또는 기존 시스템들로, 갱신하거나 새로운 시스템과 통합시키는 대상이 된다. EAI는 레거시 시스템이 기업의 새 비즈니스 프로세스와 잘 맞

비즈니스 중심적 ESG

비욘드굿의 초콜릿 비즈니스 모델

비욘드굿Beyond Good은 마다가스카르 초콜릿 바를 통해 코코아 산업의 변혁을 꾀하고, 사회적 · 환경적으로 긍정적인 영향을 창출하는 것을 목표로 하는 사회적 기업이다. 이 기업은 마다가스카르의 코코아 농부들과의 직거래 관계를 우선시하며, 장기적인 파트너십을 구축하고 시장 평균 가격보다 높은 금액으로 코코아 원두를 구매한다. 이러한 공정한 보상 모델을 통해 비욘드굿은 농부들의 자립을 지원하고 해당 지역의 경제적 안정을 도모한다. 농부들은 공정한 가격을 통해 지역사회에 재투자하고, 생활 환경을 개선하며, 지속 가능한 농업 관행을 실현할 수 있게 된다.

비욘드굿은 빈 투 바bean-to-bar 방식을 채택하여 생산 전 과정에서의 투명성과 품질 관리를 보장한다. 농부들로부터 직접 코코아를 공급받고 초콜릿 제조의 전 과정을 자체적으로 관리함으로써, 원재료의 추적 가능성을 확보하고 품질 기준을 모니터링하며 중간 유통 과정을 제거한다. 이러한 접근 방식은 초콜릿 바가 아동 노동 없이 윤리적으로 생산되었으며, 최고의 품질을 유지하고 있음을 의미한다.

비욘드굿은 지속 가능한 생계 기반을 마련하고 농업 공동체의 전반적인 복지를 향상시키는 것을 목표로 한다. 윤리적 경영과 지속 가능성에 대한 이들의 노력은 단지 농부들에 그치지 않는다. 비욘드굿은 전체 공급망을 통한 사회적 영향력을 확대하고자 하며, 지역 고용 기회 창출, 공정 노동 관행, 성평등 이니셔티브를 지원한다. 또한 교육 및 역량 강화 프로그램을 통해 농부들과 노동자들이 코코아 산업의 능동적인 주체로 성장할 수 있도록 돕는다.

만약 당신이 어떤 제품을 만들기 위해 소외된 인구 집단으로부터 원재료를 공급받을 수 있다면, 어떤 제품을 선택하겠으며, 그것이 해당 지역 시민들에게 어떤 도움을 줄 수 있을까?

는지 검토하고, 새로운 시스템이나 자료를 추가할 때 어떻게 기존의 것 들을 재사용 할 수 있을지를 제시한다.

통합은 미들웨어middleware를 이용하여 이루어진다. 미들웨어는 둘 이상의 소프트웨어 애플리케이션들을 연결하기 위해 둘 사이에 존재하는 소프트웨어이다. 미들웨어는 이질적인 시스템들 사이에서 정보를 번역한다. 이 장의 나머지 부분은 서로 다른 부서들과 업무 시스템들을 통합시키기 위해 대부분의 기업들이 사용하는 공급 사슬 관리SCM, 고객 관계 관리CRM, 전사적 자원 관리ERP의 세 가지 전사적 시스템을 다룬다(그림 8.3 참조).

공급 사슬 관리

보통의 기업들은 총 지출액의 거의 절반을 제품 제작을 위한 원자재와 공급자를 위해 지출한다. 흔히 거론되는 핵심 성공 요인들은 종종 적절한 제품을 적절한 장소에, 적절한

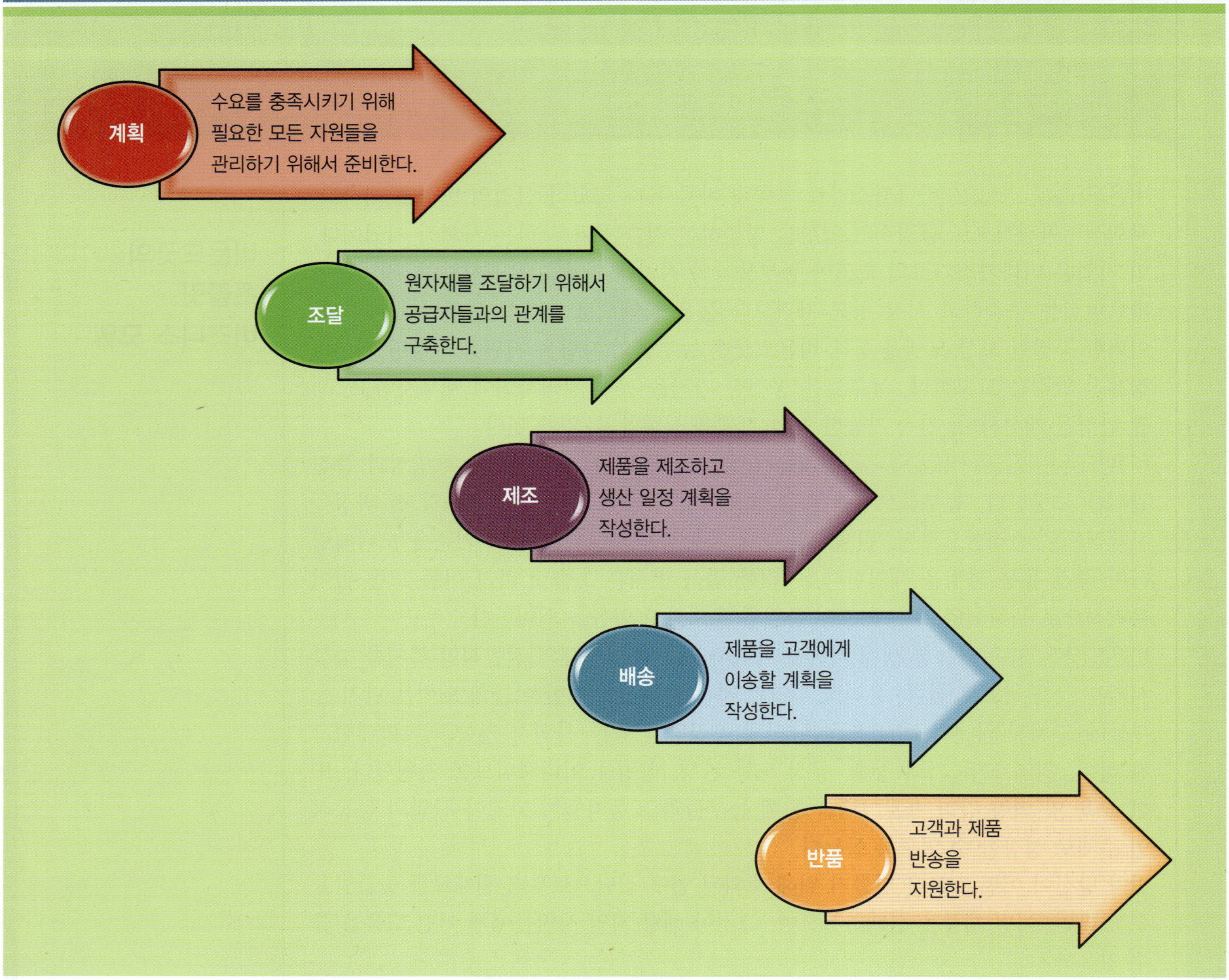

그림 8.4

다섯 가지 기본적 공급 사슬 활동들

시간에, 적절한 가격으로 배치하는 것에 초점을 맞춘다. 이런 이유에서 기업이 원자재를 확보하고, 제품을 제조하고, 완성된 제품을 소매상과 고객들에게 배송하는 일을 지원하는 시스템에 대한 수요가 크다.

- **공급 사슬**supply chain: 원자재 및 제품 획득과 직접적 또는 간접적으로 관련된 모든 부분들로 구성된다.

그림 8.4는 기업이 제조와 제품 배송을 위 해 수행하는 다섯 가지 기본적인 공급 사슬 활동들을 보여준다. 이러한 핵심 영역들에서 정교한 의사결정을 실현하고 또 자동화하기 위해, 기업들은 수요 및 공급 사이의 활동, 예컨대 수요 예측, 재고 통제, 정보 흐름을 지원하는 시스템에 눈을 돌리고 있다.

- **공급 사슬 관리**SCM: supply chain systems: 전체 공급 사슬의 효율성과 기업 이윤을 극대화하기 위해 공급 사슬 안의 활동들 사이의 정보 흐름을 관리하는 것이다.

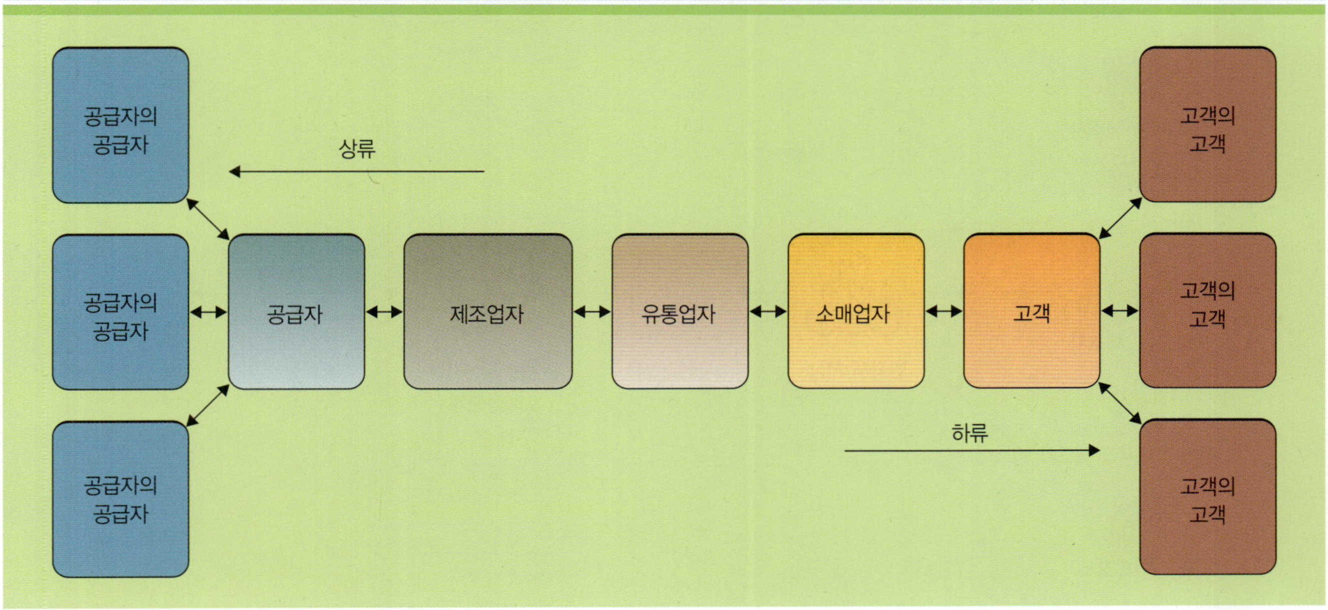

그림 8.5

전형적인 공급 사슬

과거에는 제조에 기울이는 노력은 주로 기업 내에서의 품질 향상에 집중되었다. 오늘날에는 고객, 고객의 고객, 공급자, 공급자의 공급자를 포함한 전체 공급 사슬에 걸친다. 오늘날의 공급 사슬은 커뮤니케이션 채널과 관계들로 서로 연결된 비즈니스 파트너들의 복잡한 네트워크이다. SCM 시스템은 개념 구상에서 시장 출시에 이르기까지의 제품을 다루는 빠르고, 효율적이고, 그리고 저가의 비즈니스 관계 네트워크를 구축하는 것을 목표로 이런 관계들을 관리하고 강화한다. SCM 시스템은 공급 사슬의 모든 참여자들 사이의 긴밀한 절차, 정보 연결, 또는 통합을 제공한다. 공급 사슬 관리는 다음 세 가지 주요 비즈니스 프로세스를 수행한다(그림 8.5 참조).

- 공급자 및 모든 상류 단계의 공급자들로부터 자재를 공급 받는다.
- 자재가 반제품이나 완제품으로 변환된다. – 조직 고유의 제품 제작 과정
- 제품이 고객과 모든 하류 단계의 고객들에게 배달된다.

산악자전거를 구매하려는 한 고객을 생각해 보자. 시작에서부터 끝까지 거래를 완결하기 위해서는 수십 가지의 과정이 필요하다. 고객이 주문을 한다. 판매상은 제조회사로부터 자전거를 구매한다. 제조회사는 알루미늄, 타이어, 브레이크, 액세서리, 패키징과 같이 자전거를 만드는 데 필요한 원자재들을 여러 공급자들로부터 구매한다. 원자재들은 제조자의 창고에 보관되다가, 완성된 제품이 판매자나, 경우에 따라서는 고객에게 바로 보내져야 할 시점에 맞추어서 발행된 생산 지시에 따라서 투입된다(그림 8.6 참조).

월마트와 프록터앤드갬블P&G은 월마트의 배송 센터를 P&G의 제조 센터와 직접 연결하는 성공적인 SCM 시스템을 구축하였다(그림 8.7 참조). 고객이 월마트에서 제품을 구매하면 주문 정보가 생성된다. 월마트는 주문 정보를 창고나 배송회사에게 보낸다. 창고나 배송회사는 주문 정보를 P&G로 전달하면, P&G는 해당 매점에 가격과 보충 가능

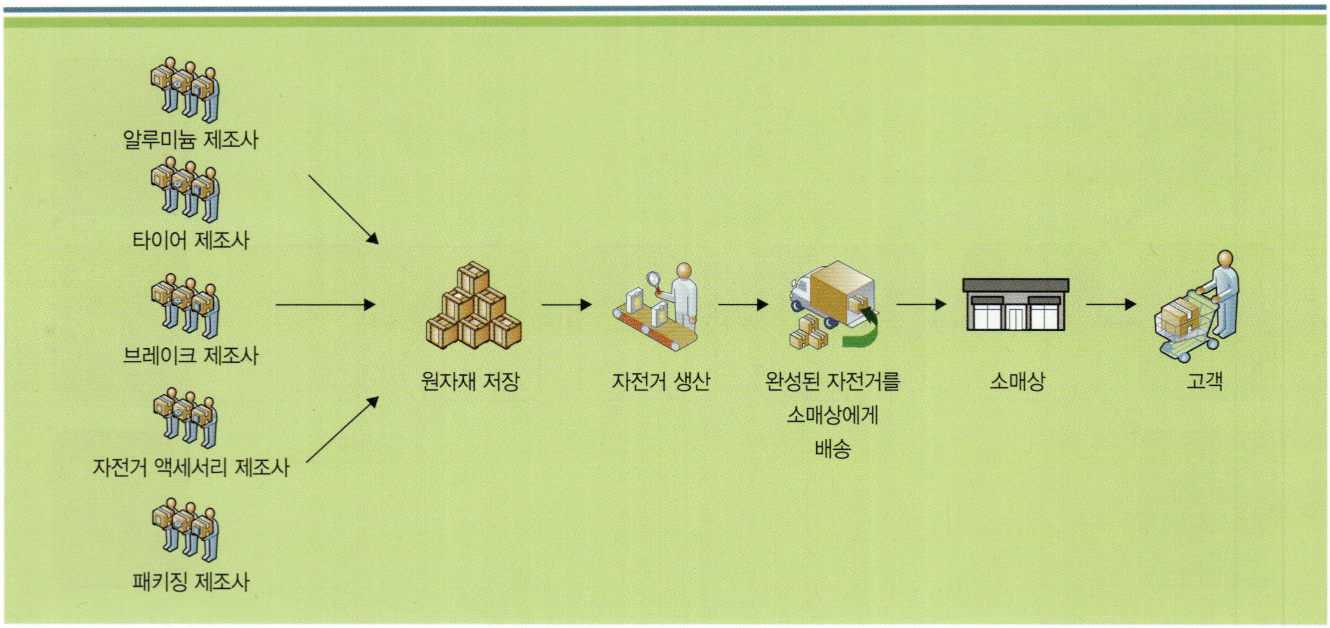

그림 8.6

자전거 제조사의 공급 사슬

여부 정보를 보내고 배송회사에게 제품을 보내 보충한다. 결제 내역은 전자적으로 전송된다.

SCM과 포터의 다섯 가지 경쟁 세력

조직은 효율적이고 효과적인 SCM 시스템을 구축함으로써 포터의 다섯 경쟁 요인에 다음과 같은 영향을 미칠 수 있다.

- 구매자의 힘을 줄인다.
- 자신의 공급 능력을 키운다.
- 구매자의 전환비용을 증가시켜 대체 제품이나 서비스의 위협을 줄인다.

그림 8.7

월마트에서 구매된 제품에 대한 공급 사슬

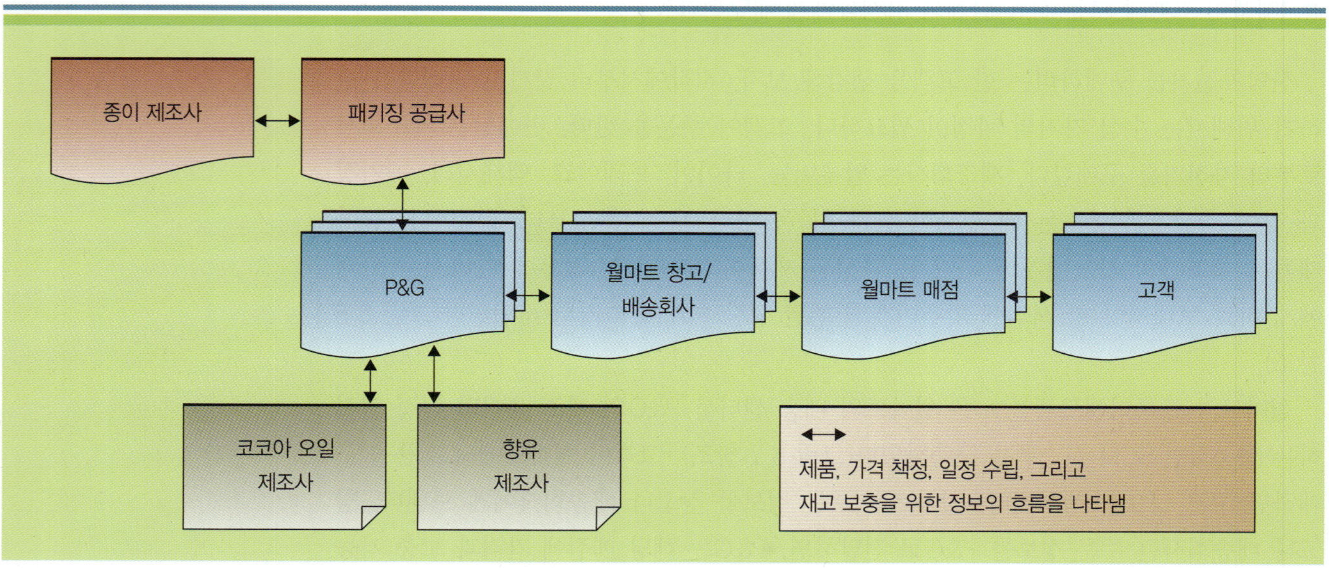

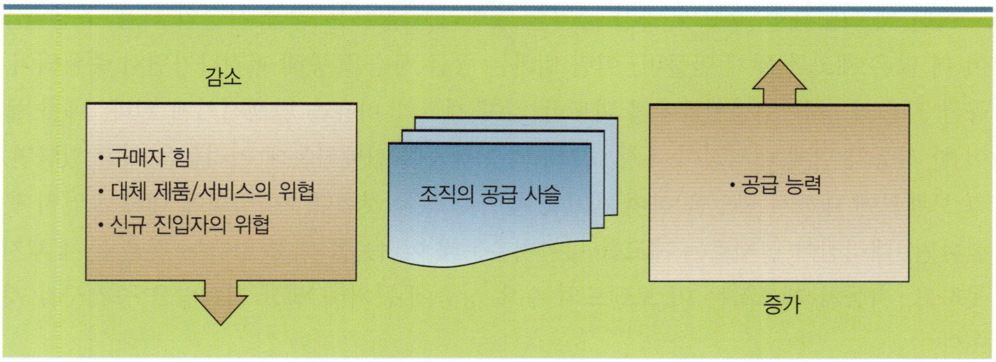

그림 8.8

효과적이고 효율적인 SCM이 포터의 다섯 경쟁 요인에 미치는 영향

- 진입 장벽을 높여 새로운 경쟁자가 진입하는 것을 어렵게 만든다.
- 효율성을 향상시켜 저비용의 경쟁 우위를 확보한다(그림 8.8 참조).

SCM 측정 지표

SCM 시스템은 조직 전체에 걸쳐 이윤을 향상시켜줄 수 있다. 예를 들어 생산 관리자 는 제품 A의 재고를 가능한 한 최소로 줄이는데 집중함으로써 제조비용을 줄여, 훌륭한 생산 관리자라는 평가를 받을 수도 있다. 그러나 이 생산 관리자는 이렇게 비용을 절감하는 것이 다른 영역에서 오히려 비용을 더 많이 늘린다는 것을 깨닫지 못할 수도 있다. 예를 들어 긴급하게 주문 들어 온 것을 맞추기 위해 급하게 자재를 주문하면 비용이 훨씬 더 들게 된다거나, 선적을 보다 신속하게 처리해야 함에 따라 추가 비용이 들 수도 있다. 시작쿠터 끝까지의 시야, 즉 통합된 공급 사슬만이 이런 문제를 해결 수 있으며, 기업이 전체적으로 이윤을 향상시킬 수 있는 비즈니스 전략을 적용할 수 있도록 해줄 수 있다.

SCM 분석의 주요 부분이 최적화 분석optimization analytics이다. 최적화 분석은 제약 조건을 충족하면서 변수들을 반복적으로 변경하면서 목표 변수에 대한 최적해를 발견한다. 일반적인 공급 사슬 관리 지표는 다음을 포함한다.

- **이월 주문**back order: 상품 재고 부족으로 미충족된 고객의 주문
- **재고 보충 사이클 타임**inventory replenishment cycle time: 제품을 제작해서 소매상에게 배달하기까지 걸리는 시간
- **고객 주문 사이클 타임**customer order cycle time: 제품의 구매 주문에서부터 배달에까지 소요되는 시간
- **재고 회전율**inventory turnover: 재고의 보충 빈도

공급 사슬은 사슬의 가장 약한 연결 부위의 강도만큼만 강하다. 기업들은 공급 사슬의 성능을 측정해 가장 약한 연결 고리를 빨리 확인하기 위해서 공급 사슬 관리 지표를 사용한다. 채찍 효과는 기업이 전체 공급 사슬에 대해 깨끗한 시야를 확보하지 못했을 때 발생하는 재고 문제의 좋은 예이다.

- **채찍 효과**bullwhip effect: 종종 잘못된 제품 수요 정보가 공급 사슬을 통해 한 파트너에서 다른 참여자들에게로 퍼져나가면서 왜곡되고 증폭되는 것을 말한다.

어떤 제품에 대한 수요가 약간 증가할 것이라는 정보는 공급 사슬의 다음 구성원들이 더 많은 재고를 쌓게 만들며, 이런 변화는 공급 사슬을 통해 퍼져나가면서 증폭되어, 공급 사슬의 상류 구성원들에게 과도한 잉여 재고와 비용을 발생시키게 된다. 예를 들어 한 자동차 판매 대리점이 특정 브랜드의 자동차를 판매하는데 어려움을 겪고 있다면, 그 브랜드에 대해서 할인을 하여 재고를 줄이려고 할 것이다. 이 사실에 대해서 알지 못한다면, 대리점이 실제로는 재고를 팔아치우는데 어려움을 겪고 있다는 것을 눈치 채지 못하고, 자동차 제조자는 이 브랜드의 수요 상승에 근거해 생산 지시량을 증가시킬 것이다.

SCM 데이터셋과 분석

공급망 분석을 위해 조직과 공급망 전반에 걸쳐 방대한 변수들이 추적되고 있다. 다음은 공급망 운영을 분석하고 관리하는 데 일반적으로 활용되는 주요 데이터셋 유형들이다.

1. **재고 데이터**inventory data: 이 데이터셋은 재고 수준, SKUStock Keeping Unit 정보, 제품 설명, 위치, 수량 등에 대한 정보를 포함한다. 원자재, 재공품WIP, 완제품 등 공급망의 다양한 단계에서 재고를 추적하고 관리하는 데 활용된다.
2. **수요 데이터**demand data: 수요 데이터셋은 제품 또는 자재에 대한 과거 및 예측 수요를 포착한다. 이 데이터는 고객의 수요 패턴, 계절성, 트렌드 등을 파악하여 수요 예측 및 재고 계획 수립에 기여한다.
3. **공급업체 데이터**supplier data: 공급업체 데이터셋에는 회사 정보, 연락처, 리드타임, 가격, 품질 지표, 성과 평가 등 공급업체 관련 정보가 포함된다. 이를 통해 공급업체 관리, 성과 평가, 조달 전략 최적화 등에 활용할 수 있다.
4. **물류 및 운송 데이터**logistics and transportation data: 이 데이터셋은 운송 및 배송과 관련된 정보를 포함하며, 구체적으로는 배송 세부 정보, 운송사 정보, 운임 비용, 배송 시간, 추적 정보, 경로 최적화 데이터 등을 포함한다. 운송 및 물류 운영을 최적화하고, 배송 성과를 개선하며, 비용을 관리하는 데 중요한 역할을 한다.
5. **창고 운영 데이터**warehouse operations data: 창고 운영 데이터셋에는 입출고 물류, 선별 및 포장 과정, 저장 공간 활용도, 주문 이행 지표, 창고 노동 생산성 등의 정보가 포함된다. 이를 통해 창고 운영을 최적화하고 주문 정확성을 높이며, 전반적인 운영 효율성을 향상시킬 수 있다.
6. **품질 및 규제 준수 데이터**quality and compliance data: 이 데이터셋은 제품 품질 검사, 규정 준수 기준, 인증, 규제 요건 등에 관한 정보를 포함한다. 제품 품질을 모니터링하고, 규제 준수compliance를 확보하며, 공급업체 품질 프로그램을 관리하는 데 기여한다.
7. **리드타임 데이터**lead time data: 리드타임 데이터셋은 주문에서 배송까지 제품이나 자재가 공급망을 통과하는 데 소요되는 시간을 추적한다. 이는 정확한 수요 예측, 생산 계획 수립, 고객 기대치 관리에 필수적인 요소이다.
8. **비용 데이터**cost data: 비용 데이터셋에는 조달 비용, 운송 비용, 재고 보유 비용, 창고 운영비, 주문 이행 비용 등 다양한 공급망 관련 비용 정보가 포함된다. 공급망 비용 분석 및 최적화, 비용 절감 기회 발굴, 전반적인 재무 성과 평가에 활용된다.

비즈니스 중심적 분석

드론 경쟁

월마트는 최근 미국 규제 기관에 택배, 커브사이드 픽업curbside pickup, 창고 재고 등을 위한 드론 사용 테스트 허가를 신청했다. 이것은 드론을 이용하여 온라인 주문을 받고 배송하는 아마존과의 정면 대결을 알리는 신호이다.

월마트는 드론을 이용하여 공급 사슬을 보다 효율적으로 만들고, 매장, 유통 센터, 주문 처리 센터, 운송 차량 등의 네트워크를 연결할 계획이다. 월마트는, 매출 기준으로 세계 최대의 소매업체로서, 지난 몇 개월 동안은 실내에서 소형 무인 항공기 시스템(드론) 테스트를 수행해 왔고, 이제는 처음으로 드론 실전 테스트를 준비하고 있다. 월마트는 드론으로 창고 밖에 있는 트레일러 목록을 확인하고, 유통 시스템을 보다 효율적으로 만들기 위한 작업들을 진행하고 있다. 그리고 드론으로 월마트 시설 내에 있는 고객들에게 물건을 가져다 주는 것과 고객 집까지 배송하는 것에 대한 테스트 허가를 연방항공청Federal Aviation Administration, FAA에 요청하고 있다. 아마존, 구글, 여타 기업들은 FAA가 곧 광범위한 상업적 사용에 대한 규정을 마련할 것이 라는 기대 속에 드론 사용을 테스트하고 있고, 이러한 움직임에 월마트도 가세하고 있다.

그룹을 지어서, 월마트가 드론으로 공급 사슬의 효율성을 높일 수 있는 세 가지 추가적 방법에 대해 브레인스토밍해 보자. 그리고 패션, 식품 서비스, 스포츠와 같은 다른 산업을 선정하여 해당 산업이 드론으로 자신의 공급 사슬을 개선할 수 있는 방법을 세 가지 정도 찾아보자.

9. **지속가능성 및 환경 데이터**sustainability and environmental data: 이 데이터셋은 환경 영향, 탄소 배출량, 폐기물 관리, 에너지 소비 등 지속가능성과 관련된 지표를 포함한다. 이를 통해 기업은 공급망 내에서 지속가능한 경영을 실현하고 개선할 수 있다.
10. **위험 및 공급망 중단 데이터**risk and disruption data: 이 데이터셋은 자연재해, 지정학적 사건, 공급업체 중단 등 공급망 연속성에 영향을 줄 수 있는 잠재적 위험 요인들에 대한 정보를 포함한다. 이를 통해 위험 평가, 완화 전략 수립, 회복력 있는 공급망 구축이 가능하다.

이와 같은 공급망 데이터셋들은 공급망 운영의 다양한 측면에 대한 통찰을 제공하며, 기업이 프로세스를 최적화하고 효율성을 향상시키며, 위험을 완화하고 전반적인 성과를 개선하는 데 중요한 기반이 된다.

공급 사슬을 최적화하는 기술들

차세대 공급망 관리는 디지털 공급망digital supply chain의 개념을 포함한다.

- 디지털 공급망이란, 연결성connectivity, 시스템 통합, 그리고 스마트 디바이스의 정보 생성 능력을 최대한 활용하는 공급망을 의미한다.

디지털 공급망은 사물인터넷IoT 장치, 첨단 로봇공학 기술, 빅데이터의 고급 분석 기법을 포함한다. 이는 모든 사물에 센서를 설치하고, 어디에서든 네트워크를 형성하며, 가능한 모든 것을 자동화하고, 모든 데이터를 분석하여 성과와 고객 만족도를 획기적으로 향상시키는 것을 목표로 한다. 이러한 신기술은 공급망 관리SCM에 전 세계적인 경제적 영향을 미치며, SCM의 변화는 불가피하다.

오늘날의 통합 공급망은 관리자들에게 공급업체와 고객의 공급망을 가시적으로 보여주어, 수요에 맞춘 공급이 항상 이루어지도록 지원한다.

그림 8.9는 공급망을 분석하는 세 가지 최적화 모델을 보여준다. 공급망의 최적화는 모든 성공적인 조직에 있어 필수적인 비즈니스 프로세스이다. 월마트Walmart의 공급망 복잡성을 생각해 보라. 전 세계적으로 수십억 개의 제품이 이동하며, 모든 매장의 진열대가 항상 꽉 차 있도록 보장되어야 한다.

기업이 효율성을 확보하기 위해 집중하는 공급망 관리의 세 가지 핵심 구성 요소는 조

그림 8.9

세 가지 공급 사슬 최적화 모델

공급 사슬 최적화: 조직의 운영 활동과 자원을 기반으로 유연한 공급 사슬 전략을 정의하고 추천하고 수립한다. 기업은 비즈니스 분석과 고급 모델링 도구를 이용하여 서비스 수준 요구 사항을 충족하면서 기업의 공급 사슬 인프라와 프로세스와 정책을 최적화하고, 수익성과 고객 만족도를 향상시킬 수 있다. 공급 사슬 최적화는 수송 및 배송inbound and outbound transportation, 설비 위치, 제품 조달, 설비 용량, 재고 등을 포함한 모든 물류 요소들을 분석하여, 현재의 비용 구조를 확인하고, 서비스를 개선하고 비용을 최소화하는 최적 유통망 대안을 개발한다.

재고 최적화: 공급 사슬 전체의 재고 수준에 대한 가시성을 제공한다. 모든 수준의 재고는 공급 사슬의 상류 및 하류에 영향을 줄 수 있다. 재고 최적화는 회사 내부의 채널과 노드channels and nodes에 있는 원자재 및 부품 재고뿐만 아니라 심지어 소매점 선반에 있는 것들까지도 검토한다. 그래서 비즈니스 요구 사항을 충족하는 맞춤화된 재고 최적화 계획을 수립한다. 재고 최적화는 공급 사슬 전반에 걸쳐 있는 원자재, 재공품, 완제품 등의 재고를 전략적으로 배치한다. 이는 재고 회전율과 서비스 수준을 향상시키고, 운전 자본을 확보하고 현금 흐름을 높인다.

운송 및 물류 최적화: 효과적 운송 관리를 통한 효율적 제품 이동에 초점을 두고, 여러 운송 방식, 운송업체, 경로, 운송 전략 등을 평가하여 최소의 비용 조합을 찾는다. 운송 및 물류 최적화는 비용과 서비스라는 두 가지 핵심 영역에 중점을 둔다. 서비스 요구 사항이 잘못 정의되면 고객을 실망시킬 수 있고, 낮은 수준의 고객 서비스로 인해 예상치 못한 비용이 발생할 수도 있다. 운송 및 물류 최적화는 비용을 낮추고 고객 만족도를 높일 수 있다.

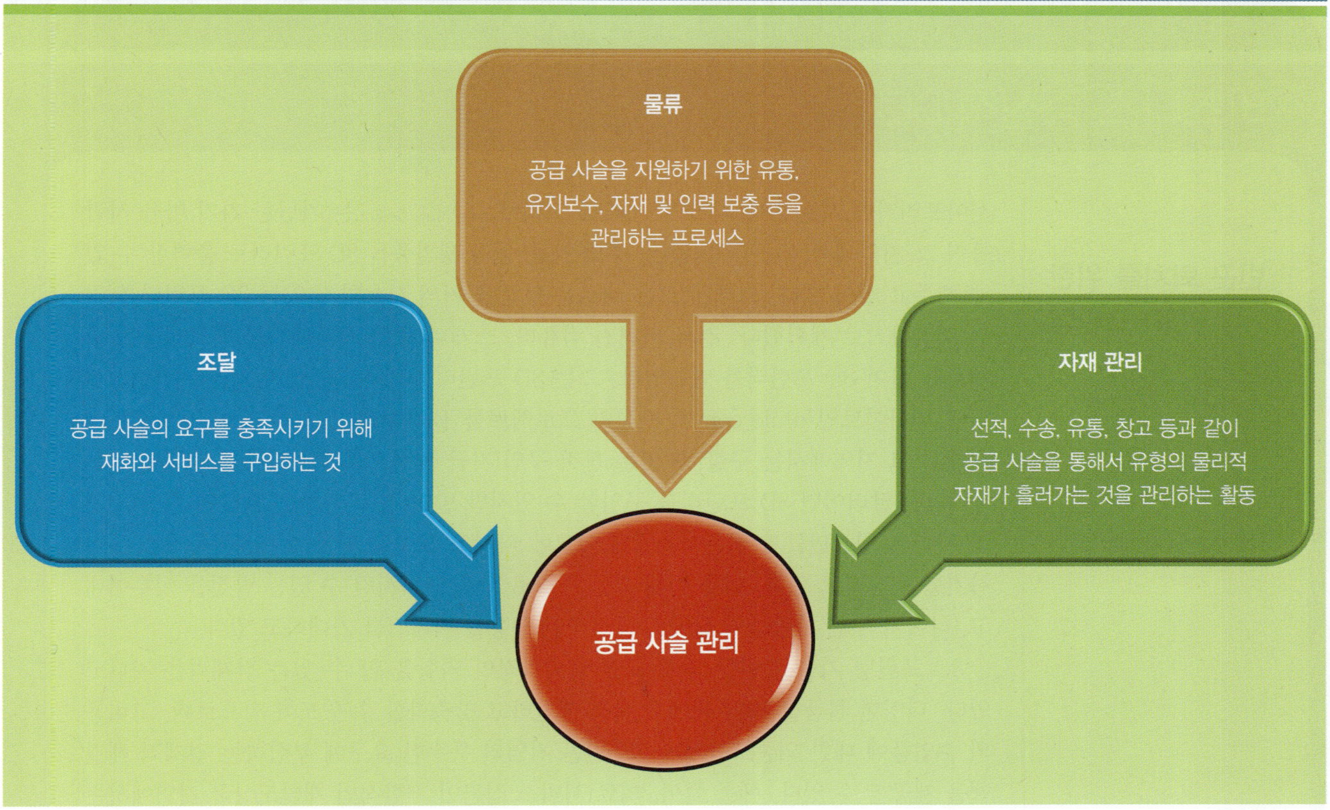

그림 8.10

공급 사슬 관리의 세 가지 비즈니스 영역

달procurement, 물류logistics, 그리고 자재 관리materials management이다(그림 8.10 참조).

적절한 투입물이 없다면, 기업은 비용 효율적인 산출물을 만들어낼 수 없다. 예를 들어, 맥도날드가 감자를 조달할 수 없거나 감자를 터무니없는 가격에 구매해야 한다면, 자사의 대표 메뉴인 프렌치프라이를 생산하고 판매할 수 없게 된다. 실제로, 일부 국가에서는 현지에서 재배되는 감자의 크기가 작아, 맥도날드가 요구하는 길고 일정한 크기의 프렌치프라이 생산이 어려운 경우도 있다.

1. **조달**procurement: 공급 사슬의 요구를 충족시키기 위해 재화와 서비스를 구입하는 것이다.

조달 프로세스는 핵심적인 공급 사슬 전략이다. 왜냐하면 투입 자재를 적정 가격에 구매하는 능력이 기업의 운영 능력과 직접 연관되기 때문이다. 기업은 다음과 같은 조달 관련 질문에 답할 수 있어야 한다.

- 부패 최소화를 위해 우리가 구매해야 하는 적정 원자재 수량은 얼마인가?
- 우리의 원자재로 생산 요구를 반드시 충족시키려면 어떻게 해야 할까?
- 수익성을 담보하려면 우리는 원자재를 얼마에 구매해야 할까?
- 모든 제품을 단 하나의 공급자로부터 구매한다면 추가적 할인 혜택을 받을 수 있을까?

1장에서 학습한 가치 사슬 분석을 떠올려 보자. 조직의 핵심가치 활동에 조달 물류(내부 물류)inbound logistics와 판매 물류(외부 물류)outbound logistics가 포함된다.

비즈니스 중심적 DEI

빈곤 퇴치를 위한 3D 프린팅

서아프리카에 사는 33살의 코조 아파테 그리쿠kodjo Afate Grikou는 가난한 자기 마을 사람들이 그 지역에서는 구할 수 없는, 부엌 용품 등의 생필품을 3D 프린터로 출력할 수 있게 해주고 싶어 했다. 그래서 그는 새로운 부품을 거의 사용하지 않는 3D 프린터를 직접 제작하기로 계획했다. 결국 버려진 컴퓨터, 스캐너 등의 전자폐기물과 고철들을 주재료로 하여 3D 프린터를 만들었다. 그는 3D 프린터를 제작하기에 앞서, 유럽의 소셜 펀딩 웹사이트인 ulule.com에 자신의 프로젝트를 올려놓았다. 그리고 이 프로젝트에 대해서 그 지역에서는 구할 수 없는 장비 구입 자금 명목으로 1만 달러를 지원받았다. 비록 1천 달러이면 3D 프린터를 구입할 수 있지만 말이다. 그리쿠는 자신의 혁신이 지역 사회의 청소년들과 젊은이들에게 학교에 다니고 교육을 받을 수 있는 동기를 부여하기를 희망하고 있다. 이를 통해 그들 스스로 삶을 변화시킬 수 있는 발전을 이루어내고, 나아가 주변 사람들의 삶에도 긍정적인 영향을 미치기를 기대하고 있다.

3D 프린팅 기술은 빈곤 퇴치에 있어 획기적인 역할을 할 수 있는 잠재력을 지니고 있다. 다양한 물품을 지역 내에서 직접 생산하고 맞춤화할 수 있도록 함으로써, 고비용의 수입품에 대한 의존도를 줄이고, 빈곤 지역의 특수한 요구에 부합하는 경제적 해결책을 제공할 수 있다. 예를 들어, 의료 서비스 접근이 제한적인 개발도상국 지역에서는 3D 프린팅을 통해 저비용의 의료기기, 의수 · 의족, 보조기기 등을 제작할 수 있다. 이는 장애인 및 의료 지원이 필요한 이들에게 저렴하면서도 개인에게 맞춤화된 해결책을 제공함으로써, 삶의 질을 향상시키는 데 기여할 수 있다. 더불어, 3D 프린팅은 저렴한 주택, 정수 필터, 에너지 효율적인 도구와 같은 필수 품목의 생산을 가능하게 하여, 소외된 지역사회의 기본적인 생활 여건을 개선할 수 있다. 3D 프린팅의 분산된 생산 특성은 지역 내에서의 창업과 고용 창출을 촉진하며, 개인이 소규모 사업을 시작하고 지역 수요를 충족시킬 수 있는 기반을 제공한다. 전반적으로 3D 프린팅은 비용 효율적이고 지역 맞춤형 해결책을 통해 공동체를 역량 강화시키고, 생활 환경을 개선하며, 지속 가능한 발전을 촉진함으로써 빈곤 완화 노력에 있어 혁신적인 전환점을 제공할 수 있는 기술이다. 그룹을 지어, 3D 프린팅 기술이 공급망에서 어떻게 활용되어 농촌 지역 사회의 빈곤 문제를 해결하는 데 기여할 수 있을지에 대한 방안을 브레인스토밍하시오.

2. **물류(物流)**logistics: 공급 사슬을 지원하기 위한 유통, 유지보수, 자재 및 인력 보충 등을 관리하는 프로세스이다.

   - **조달 물류**inbound logistics: 원자재 및 자원을 확보하여 필요로 하는 생산부서로 분배하는 활동이다.
   - **판매 물류**outbound logistics: 고객에게 재화와 서비스를 유통시키는 것이다. 물류는 기업 내부 프로세스(창고 물류)와 기업 외부 프로세스(운송 물류)를 관리하며, 주로 공급 사슬의 물리적 실행 부분에 초점을 둔다. 물류는 제품을 요람에서 무덤까지 가져가는 점차 복잡해지는 프로세스, 정보, 커뮤니케이션을 관리해야 한다.

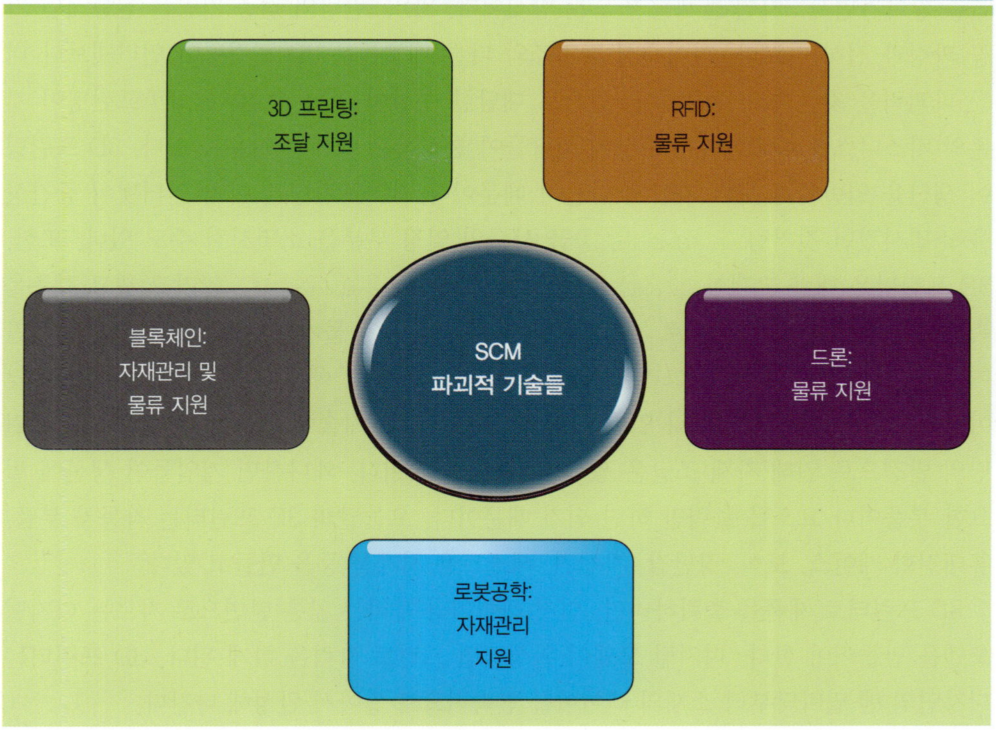

그림 8.11

공급사슬 변화를 이끄는 파괴적 기술들

- **요람에서 무덤까지**cradle to grave: 물류 지원을 전체 시스템에 걸쳐, 즉 제품의 시작에서 끝까지 제공하는 것이다.

3. **자재 관리**materials management는 선적, 수송, 유통, 창고 등과 같이 공급 사슬을 통해서 유형의 물리적 자재가 흘러가는 것을 관리하는 활동이다. 이는 액체, 연료, 농산물, 식물 등 잠재적으로 유해한 다양한 물질의 취급을 포함할 수 있다. 자재 관리에서는 액체 연료, 농산물, 식물, 기타 위험 물품 등을 취급하고, 또한 모든 자재를 안전하고, 효율적이며, 법적 규정이나 및 폐기물 처리 규정에 적합하도록 다루어야 한다. 기업은 다음과 같은 자재 관리 관련 질문에 답할 수 있어야 한다.

- 우리의 현 재고 수준은 얼마인가?
- 창고에서 어떤 물량이 점차 부족해지고 있는가?
- 창고에서 못쓰게 될 위험이 있는 물품은 어떤 것인가?
- 못쓰게 된 물품은 어떻게 폐기하는가?
- 위험한 자재를 저장하려면 어떤 법을 준수해야 하는가?
- 저장 및 운송할 때 어떤 물품을 냉장 보관해야 하는가?
- 깨지기 쉬운 물품을 저장 및 운송할 때 어떤 요구사항을 준수해야 하는가?

기업은 다른 영역에서처럼, 공급 사슬의 각 영역에서도 파괴적 기술을 지속적으로 이용함으로써 경쟁 우위를 발견하고 있다. 그림 8.11을 참조해 보자.

파괴적 기술 1: 조달을 지원하는 3D 프린팅

3D 프린팅 과정, 즉 적층 가공additive manufacturing은 디지털 모델에 따라 레이어layer를 한층

한층 쌓아가면서 3차원 물체를 만드는 방식이다. 3D 프린팅의 적층 가공은 전통적인 가공 과정과 전혀 다르다. 파이낸셜 타임즈와 다른 매체들은 3D 프린팅이 인터넷보다 더 큰 파괴력을 갖는다고 주장한다. 참으로 대담한 주장이 아닐 수 없다. 3D 프린팅이 기존의 비즈니스를 파괴한다는 주장에 사람들이 찬성하는 데에는 이유가 있다. 3D 프린팅이 생산을 일반인과 보다 가깝게 만들기 때문이다. 3D 프린팅은 마치 인터넷이 중간상을 소멸시켰던 것처럼disintermediation, 공급 사슬의 일정 부분을 소멸시킬 수도 있다. 또한, 3D 프린팅은 대량 고객화mass customization, 소량 생산small production batches, 그리고 재고 감축을 촉진시킬 것이다. 전통적으로 3D 프린팅은 비용이 많이 들기 때문에, 단지 대기업들만이 이를 이용할 수 있었다. 그러나 지금은 프린터, 스캐너, 애플리케이션 등의 비용이 낮아졌기 때문에, 중소기업이나 일반 개인 사용자들도 이 기술에 접근할 수 있다. 3D 프린팅의 발전으로 인해 자재 조달은 훨씬 더 쉬워질 것이다. 왜냐하면 기업들이 생산에 필요한 부품이나 요소를 출력만 하면 되기 때문이다. 오늘날의 3D 프린터는 자동차 부품, 휴대전화 케이스, 보석, 장난감, 자전거, 테스트용 시제품 등을 만들고 있다.

3D 프린터로 제품을 출력하려면, 먼저 레이어라 불리는 얇은 단면으로 자르는 디지털 모델을 만들어야 한다. 디지털 모델이 완성되면 프린트 출력을 하게 된다. 3D 프린터는 디자인의 맨 밑바닥부터 소재의 레이어를 연속적으로 쌓아서 완성해 나간다.

3D 프린팅에 사용되는 두 가지 주요 방법은 다음과 같다.

1. CADComputer-Aided Design는 건축가, 엔지니어, 계획 입안자, 아티스트 등이 정밀 도면이나 테크니컬 일러스트레이션technical illustration을 작성하는 데 사용하는 소프트웨어이다. CAD 소프트웨어를 사용하여 2차원2D 도면이나 3차원3D 모델을 작성할 수 있다. CAD 소프트웨어는 레이저로 자르고 싶은 부분을 보여주는 래스터 이미지raster image처럼 단순할 수도 있고, 여러 재료와 파라미터가 있는 조립을 위한 3D 모델처럼 복잡할 수도 있다.
2. CAMComputer-Aided Manufacturing은 소프트웨어와 기계를 사용하여 제조 과정을 용이하게 하고 자동화한다. CAM은 종종 CAD와 함께 사용된다. CAM 소프트웨어는 CAD 파일에 있는 모양대로 제작하는 데 필요한 이동, 절단, 기타 작업의 정확한 순서를 정한다. CAM은 또한 시뮬레이션이나 최적화와 같은 고급 생산성 향상 도구를 실행할 수 있다. 최신의 CAM 시스템은 자재 소요 계획, 실시간 제어, 로봇 공학 등의 기능을 포함하고 있다.

예를 들어 사용자는 CAD 애플리케이션으로 디자인을 만들고, CAM 시스템으로 제품을 제조한다. 3D 프린터가 존재하기 이전에 시제품을 만드는 데는 많은 시간과 비용이 소요되었고, 숙련된 기술자와 전용 기계가 필요했다. 그러나 3D 프린팅 출현으로 이제는 모델링 지시서를 제조업자에게 보내지 않고, 대신에 사용자들이 자신의 책상에서 시제품이나 완제품을 필요로 할 때 바로 만들 수 있다. 따라서 필요한 부품을 세계 여러 나라들로부터 조달하는 일은 이제 점차 불필요해지고 있다. 예비 부품을 필요로 할 때 곧바로 3D 프린터로 출력할 수 있기 때문이다.

미래에는 4D 프린팅 기술이 공급망을 변화시키는 모습을 보게 될 것이다.

- **4D 프린팅**: 형태 변화 및 자가 조립이 가능한 물체를 출력하는 적층 제조 기술이다.

3D 프린팅은 제품을 출력한 후 수작업으로 조립하는 방식을 따르나, 4D 프린팅의 등장으로 제품이 출력된 후 최소한의 인간 개입만으로 형태를 변화시키거나 스스로 조립이 가능하게 될 것이다. 4D 프린팅의 상업적 이점으로는 자가 조립형 제품을 가정에서 직접 조립할 수 있게 되어, 운송 비용을 획기적으로 절감할 수 있다는 점이 있다. 이러한 변화는 향후 대기업은 물론 중소기업에 이르기까지 글로벌 차원에서 비즈니스 운영 방식과 상호작용 방식에 중대한 영향을 미칠 것으로 기대된다.

- **메이커 운동**maker movement: 개인이 뭔가를 소비할 뿐만 아니라 생산할 능력이 있다는 데 가치를 두는 문화 트렌드이다.
- **메이커 스페이스**makerspaces: 일종의 커뮤니티 센터로 기술, 제조 장비, 교육 기회 등을 일반 대중에게 제공한다.

메이커 운동에서 메이커란 소비자에 머무르지 않고 필요한 물건을 만들어 쓰는 사람들을 의미한다. 이 운동은 점차 확대되고 있고, 경제적으로 파괴적인 영향을 미칠 것이다. 사람들이 자급자족할 수 있는 능력이 더 높아지고 있다. 사람들은 상점에서 상표가 붙어 있는 제품을 구매하는 대신에 자신이 직접 만든 제품을 사용할 수 있게 될 것이다. 기술이 다양해지고 관심이 높아짐에 따라 각계각층에서 메이커가 나올 것이다. 이들은 공통적으로 창의성, 디자인, 생산을 가능하게 하는 도구 및 원자재에 관심을 갖고 있다.

파괴적 기술 2: 물류를 지원하는 RFID

TV 광고에서 유니폼을 입은 한 남자가 가정집으로 조용히 들어선다. 이 남자는 배고픈 어린 아이들이 텅 빈 시리얼 용기를 열기 전에 새것으로 교체한다. 다음으로, 이 남자는 배고픈 불독의 경계의 눈빛을 마주하면서 새로운 먹이 봉투를 열어 먹이통에 넣는다. 끝으로, 이 남자는 샤워 중인 남자에게 이제 막 떨어진 샴푸 대신 새 샴푸를 건넨다. 공급 사슬 관리의 다음 물결은 가정을 위한 공급 사슬이 될 것이다. 월그린Walgreens은 자신을 가정의 JITjust-in-time 공급업자로서 마케팅하면서 다른 전국적 체인점들과 차별화하고 있다. 오늘날 고객들은 편리하게 자신이 원할 때 원하는 방식으로 원하는 가격에 온라인에서 상품을 구매한다. 월그린은 가정을 위한 고객 웹사이트를 구축하고 있다. 여기서 가족들은 온라인으로 주문한 다음, 자신이 편할 때 점포의 셀프 서비스 카운터에서 주문한 상품을 받거나 차에 탄 채 서비스 받는 창구에서 주문한 상품을 받을 수 있다. 월그린은 저가격과 고객 서비스를 넘어 가정에까지 JIT 서비스를 제공하고 있다.

- **RFID**radio-frequency identification: 전자태그와 라벨을 사용하여 단거리 무선으로 사물을 식별한다.

이것은 기존의 바코드와 같은 인식 기술을 대체시키고 있다. 계속 발전하고 있는 RFID 태그는 보다 자세한 정보를 기업 소프트웨어에 제공하게 될 것이다. RFID 태그는 공급 사슬에서 제품 정보를 저장하는데 널리 사용되고 있다. MIS 시스템이 태그를 자동으로 읽어 처리하고 있다. 따라서 이렇게 논리적 추론을 해볼 수 있다. 이것을 물류 분야의 스마트 계약에 적용해 보면 어떨까? 다음과 같은 방법을 생각해 볼 수 있다. 상자나 팔레트carton or pallet에 RFID 태그를 부착하여 여기에 배송 위치 및 날짜 정보를 입력한다.

소매 공급 사슬에서의 RFID

태그 – 마이크로칩이 데이터를 보관하고 있다. 이 데이터는 물품마다 고유하게 부여되는 한 숫자 조합으로 EPC전자 상품 코드, electronic product code를 예로 들 수 있다. 태그에 또한 데이터를 리더로 전송하는 안테나를 갖고 있다.
EPC 예: 01-0000A77-000136BR5

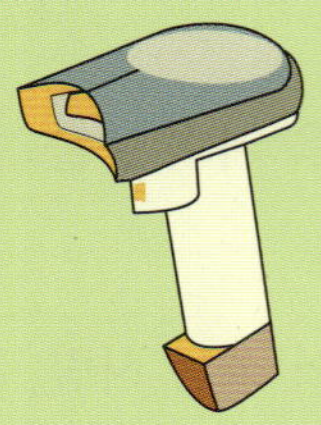

리더 – 리더는 라디오파를 사용하여 태그를 읽고 EPC를 공급 사슬에 있는 컴퓨터에 전달한다.

컴퓨터 네트워크 – 공급 사슬 상의 각각의 컴퓨터들은 EPC를 인식하고, 제조일자, 선적일자, 가격, 사용방법 등의 제품 관련 정보를 제조업체 서버로부터 가져온다. 이 컴퓨터들은 물품이 공급 사슬 상의 어디에 있든 그 위치를 추적할 수 있다.

그림 8.12
RFID 시스템의 세 가지 구성요소

그러면 물류 업체들이 앱을 실행하여 이 태그를 검색하고 운송 계약 입찰에 참여한다. 최적의 가격과 서비스를 제공하는 업체가 낙찰 받아 운송을 시작하고, 스마트 계약이 상황 및 최종 운송 성과를 추적합니다. RFID EPCelectronic product code는 일련번호화serialization를 촉진시킨다. 일련번호화는 고유한 일련번호를 RFID 태그에 부여하고, 이를 물품에 부착하여 물품의 상태와 위치를 추적하는 방식이다. 바코드도 샐러드 드레싱 병 제품을 식별할 수 있다. 그러나 RFID EPC 태그는 각각의 병을 식별할 수 있고, 또한 박스 단위의 제품 추적으로 유효기간 경과 여부를 확인할 수 있다. 사용자는 RFID 칩의 데이터를 단지 수집함으로써 모든 물품의 위치를 공급 사슬에서 자동 식별할 수 있다. RFID가 주요 영향을 미치는 분야는 물류로 그 가능성은 무한하다. RFID 태그는 고속도로 통행료 징수, 컨테이너 추적 등의 분야에서 수년 동안 응용되어 왔다. RFID 태그는 일반 전자 부품처럼 경질기판rigid substrate에 부착되어 플라스틱 용기 안에 포장된다. 일반 태그와 달리, 상자carton에 붙이는 태그는 사용 기간이 훨씬 짧다. 이러한 일회용 태그는 잘 휘어지는 인쇄 가능한 라벨에 부착되고, 이것은 다시 상자에 붙여진다. 이러한 스마트 라벨 뒷면에는 RFID 칩과 안테나가 내장된다. 감열식 인쇄기가 라벨에 숫자와 바코드 데이터를 프린트하면서 동시에 칩에 코드를 부여한다. 그림 8.12와 그림 8.13은 공급 사슬에서 RFID 시스템이 어떻게 작동하는지를 보여준다.

물론, RFID는 블록체인 기술과 함께 사용할 수 있다. 식품이나 의약품은 종종 보관 요구 사항이 전문적이다. 기업들은 창고나 물류 센터를 공유하는 것이 각자가 소유하고 비용 지불하는 것보다 더욱 경제적임을 알고 있다. 까다로운 제품에 센서를 달아 온도,

소매 공급 사슬에서의 RFID

모든 제품과 운반용 박스에 RFID 태그를 붙인다. 제품이 이동되는 모든 단계에서 리더카 태그를 스캔하고 서버 정보를 갱신한다.

제조업체

제품이 공장을 떠난 때 리더가 태그를 스캔한다.

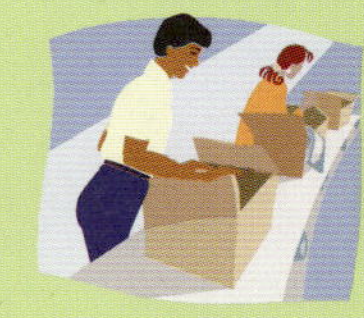

배송센터

배송센터에 제품이 도착하면 포장을 열지 않고도 박스에 있는 태그를 스캔하고 재고정보를 갱신한다.

상점

제품이 도착하면 태그를 스캔하고 재고를 갱신한다. 셔츠가 선반에 놓일 때 리더가 스캔한다. 계산대에서 출납원이 개별 상품을 휴대용 리더로 스캔할 수 있다. 제품이 팔려 상점을 떠날 때 재고가 갱신된다. 제조업자와 소매업자는 판매 패턴을 실시간으로 관찰하고 생산, 주문, 가격에 대한 의사결정을 신속하게 내릴 수 있다.

가정

소비자는 옷에 붙은 태그를 리더기가 스캔하도록 하여 옷 착용 패턴을 추적할 수도 있고, 프라이버시에 민감한 소비자는 옷 구매 시 상점에서 태그 기능을 제거할 수도 있다. 고객이 승인해주면, 상점에서는 구매 패턴을 관찰하여 해당 고객에게 옷 세일 정보를 제공할 수도 있다.

그림 8.13
공급 사슬에서의 RFID

습도, 진동, 여타의 환경 조건을 기록할 수 있다. 그런 다음, 이 값들을 읽어 블록체인에 저장할 수 있다. 이 기록은 영구적이고 변경이 불가능하다. 보관 상태가 합의한 것에서 벗어나는 일이 발생하면 블록체인의 각 구성원들은 이를 알게 된다. 벗어난 상태를 바로 잡도록 스마트 계약이 작동할 수 있다. 예를 들어, 벗어난 상태에 따라 보관 상태를 조정하는 조치가 내려질 수 있고, 유효 기간 변경, 제품 부적합 통보, 페널티 적용 등의 후속 조치가 내려질 수도 있다.

파괴적 기술 3: 물류를 지원하는 드론

도미노피자는 드론을 사용한 피자 배달 비디오 마케팅 캠페인을 진행했다. 네덜란드 엔지니어 알렉 모몬트는 드론으로 심장마비 환자에게 제세동기를 전달하였다. 농부는 농업용 드론으로 비옥한 밭을 신속하게 정찰하고 토양영양분의 수분과 작물의 건강상태에 대한 이미지를 처리할 수 있다. 이는 시간단축, 비용절약, 물 절약, 식량 생산성 향상 등에 크게 기여할 수 있다.

- **드론**drone: 자율적으로, 또는 사람의 도움 없이 비행할 수 있는 무인 항공기이다.

드론을, 군사적으로는, 감시용으로 사용하거나 정밀 타격용 미사일을 장착할 수 있다. 비군사적으로는 산불 진압, 법 집행, 교통 통제, 영화 제작, 과학 연구 등으로 사용할 수 있다. 다음은 드론의 세 가지 요소이다.

그림 8.14

상품을 배송하는 아마존 드론

- **센서**sensor: 드론은 다양한 센서들을 이용하여 세상의 풍부한 정보를 수집할 수 있다. 드론 모델에 따라 카메라, 레이더, 적외선 영상, 레이저 등을 부착할 수 있다.
- **네비게이션**navigation: 드론 조종사는 무선 전파를 공중으로 보내는 리모트 안테나를 통해 드론에 명령을 내린다. GPS 위성은 무선 전파를 포착한 다음 수신기 안테나가 장착된 드론으로 지시를 보낸다.
- **안정화**stabilization: 드론은 다양한 모양과 크기로 제작될 수 있고, 끝에 프로펠러가 있는 수평 안정기로 안정적으로 비행할 수 있다. 전체적 드론 본체는 강하면서도 가벼운 재료로 만들어진다. 군용 드론은 엔진이나 태양광에서 동력을 얻지만 일반 소비자들이 사용할 수 있는 드론은 배터리로 작동한다.

아마존Amazon.com은 소포 배달을 위해 드론을 시범 운영하고 있다. 가까운 미래에 작은 드론이 고객에게 소포를 30분 이내 배달할 수 있을 것이다. UPS와 페덱스FedEx 또한 그들만의 소포 항공 운송을 준비 중이다. 드론은 이미 우리에게 현실로 다가와 있고, GPS를 통해 소포 운송 물류를 조정하고 있다. 현재 드론 관련 문제는 FAA 승인을 받아야 한다는 것과, 사물을 감지하고 피하는 첨단 능력이 필요하다는 점이다. 드론은 GPS 좌표를 통해 소포 배달 위치를 확인할 수 있지만, 자동차, 개, 어린이 등의 대상물을 GPS로는 감지하거나 피할 수는 없다.

파괴적 기술 4: 자재 관리를 지원하는 로봇 공학

로봇robot이란 용어는 체코의 희곡 작가 카렐 차페크Karel Capek가 쓴 희곡 로섬의 유니버셜 로봇R.U.R: Rossum's Universal Robots에서 처음 사용하였다. 이 희곡은 1921년 프라하에서 공연되었다. 체코 말로 로보타robota는 '노예 같은 노동forced labor'을 뜻한다.

- **로봇 공학**robotics: 센서 입력에 따라 움직이고 반응하는 인공 지능 장치를 만드는데 초

그림 8.15

키바 로봇

점 이 맞추어져 있다. 로봇 공학robotics이란 용어는 작가 아이작 애시모프Isaac Asimov가 처음 사용한 것으로, 그는 1950년에 출간된 자신의 공상 과학 소설 《I, Robot》에서 로봇 공학의 세 법칙을 제시했다.

1. **제1법칙**: 로봇은 사람을 해치거나 행동하지 않음으로써 사람이 해를 입도록 해서는 안 된다.
2. **제2법칙**: 로봇은 사람이 내린 명령들(명령들이 제1법칙과 상충하지 않는 한)을 따라야 한다.
3. **제3법칙**: 로봇은 자신의 존재를 보호(보호가 제1법칙이나 제2법칙과 상충하지 않는 한)해야 한다.

당신은 로봇이 공장에서 초정밀 업무를 수행하거나, 가정에서 바닥이나 풀장을 청소하거나, 위험한 환경에서 유독성 폐기물을 정화하거나 폭발물을 해체하는 것을 본 적이 있을 것이다. 아마존만 해도 1만대 이상의 로봇들이 고객의 주문을 처리하기 위해 창고에서 물건을 집어 들고, 포장하고, 관리하고 있다.

아마존은 2012년에 키바 시스템즈Kiva Systems가 생산한 로봇들을 7억 7,500만 달러에 구입했다. 키바는 적게는 수백만 달러에서 많게는 2,000만 달러에 달하는 로봇을 이용하여 자재를 관리함으로써 업무를 단순화하고 비용을 절감할 수 있다고 홍보하고 있다. 복잡한 그리드에 배치되어 있는 로봇들은 창고에서 물품 배치를 최적화하고, 재고 물품을 들어 작업자에게 가져다 줄 수 있다. 키바 로봇이 일하는 주문 처리 센터를 실제 눈으로 보면 참으로 놀랍다. 오퍼레이터가 가만히 서 있으면 제품들이 이들에게 온다. 재고 보관 용기inventory pod는 작은 오렌지색 로봇들이 들여오고 내가는 제품을 보관한다. 이로써 운반 장치나 분류기와 같은 전통 시스템들이 불필요해진다. 로봇과 인간의 비용 및 혜택을 평가하기란 쉬운 일이 아니다. 그럼에도 불구하고, 포장 담당 직원이 키바 로봇

비즈니스 중심적 윤리와 보안

무기를 프린트해도 될까?

2013년 5월 6일 온라인 오픈 소스 공유 회사인 디펜스 디스트리뷰티드Defense Distributed는 총을 3D 프린터로 프린트 할 수 있는 파일을 대중들에게 세계 최초로 공개했다. 미 국방부는 이 파일을 이틀 안에 삭제할 것을 요구했다. 그러나 파일이 10만회 이상 다운로드 돼서야 삭제되었다.

자동차, 칼, 총, 컴퓨터에 대해 잠시 생각해 보자. 이러한 것들은 모두 법을 어기는 데 사용되었다. 만약 사람들이 사용에 책임지도록 했다면, 어느 누구도 이것을 생산하는 것에 동의하지 않았을 것이다. 만약 당신이 어떤 도구를 만들어 누군가에게 판매했는데 구매자가 법을 어겨 사용할 경우에 제작 판매한 당신이 이에 대해 책임져야 한다면 이 점에 동의하겠는가? 3D 프린터가 저작권, 상표권, 특허권을 침해할 수 있다는 생각하는가? 그러면 3D 프린터는 금지되어야 하는가?

을 가지고 일한다면, 주문을 시간당 서너 배는 더 많이 처리할 수 있다고 키바 시스템즈는 자랑하고 있다. 자포스, 스테이플, 아마존 등은 컨베이어 벨트와 같은 전통적 주문 처리 기술을 키바의 작은 오렌지색 로봇으로 대체하여, 최근 창고 관리를 혁신하였고, 그로 인한 혜택을 누리고 있다.

- **라즈베리파이**Raspberry Pi: 신용카드 크기의 저렴한 컴퓨터로 컴퓨터 모니터나 TV에 연결하여 키보드와 마우스로 사용할 수 있다.

이것은 모든 연령대가 사용 가능한 소형 디바이스로서 컴퓨팅 처리를 하고, 스크래치나 파이썬과 같은 언어로 프로그래밍하는 방법을 학습할 수 있다. 이것은 일반 데스크탑 컴퓨터가 수행하는 인터넷 검색, 고화질 비디오 재생, 스프레드시트나 워드 프로세스 작업, 게임 등의 작업을 모두 수행할 수 있다. 게다가 라즈베리파이는 외부 세계와 상호 작용할 수 있는 기능이 있어서 다양한 디지털 제작 프로젝트, 가령, 뮤직 머신music machine이나 부모 감시parent detector에서부터 기상 관측소나 새집에 적외성 카메라를 설치하여 트위터로 전송하는 데 이르는 광범위한 분야에 사용되고 있다. 우리는 전 세계 모든 어린이들이 라즈베리파이를 이용하여 프로그래밍을 배우고, 컴퓨터 작동 원리를 이해하게 되기를 원한다.

라즈베리파이와 같은 저렴한 저전력 마이크로컨트롤러가 있다는 것은 진정 모든 로봇 애호가에게 축복이다. 마이크로컨트롤러와 몇 가지 기본적인 코딩 기술만 있으면 깜박이는 LED 손전등부터 트위터와 연동되는 주방 가전까지 무엇이든 만들 수 있다. 다음은 마이크로컨트롤러에 포함된 기능이다.

- **읽기 쓰기**: 취미로 구매할 수 있는 대부분의 마이크로컨트롤러는 다시 쓰고 지울 수 있는 메모리가 있다. 자신이 원하는 프로젝트에 적합한 것을 잘 선택할 필요가 있다.

- **확장성**: 자신이 수행하는 프로젝트가 복잡하다면, 내장 메모리 용량이 크거나 메모리 카드를 꽂아 사용할 수 있는 확장 포트가 있는 마이크로컨트롤러를 선택할 필요가 있다.
- **사용 용이성**: 숙련된 사용자라면 핀 간격이 넓어서 조작이 쉽고, 자신에게 친숙한 프로그래밍 언어를 지원하는, 보드가 넓은 마이크로컨트롤러를 선택할 필요가 있다.

파괴적 기술 5: 블록체인을 통한 공급망 혁신

SCM 분야는 블록체인 기술 적용하여 비용과 비효율성을 줄일 수 있는 주요 분야이다. 실제로 이 분야는 기업 수익에서 수십억 달러를 차지하지만, 리스크, 사기, 수작업 서류 처리로 인한 지연 등으로 인해 손실과 비효율성이 내재한다. 글로벌 공급 사슬은 제품의 정확한 출처, 그 공급업체, 이들이 수행하는 품질 관리 상세 내역 등을 보고하지 않거나 잘못 보고하는 비양심적인 업무처리로 인해 위조의 위험이 있다. 공급 사슬에 있어서 품질 관리는 식품, 의약품, 화장품, 유아의 독성 물질 흡입이 가능한 장난감 등의 분야에서 매우 중요하다.

블록체인blockchain은 불가변적인 디지털 장부로서 모든 제품에 대한 기록을 효과적으로 저장할 수 있다. 블록체인은 제품이 사람의 손을 거칠 때마다 누가 구매했는지, 얼마에 구매했는지와 같은 데이터 기록을 저장한다. 하나의 제품이 만들어지고, 포장, 배송, 전시, 관매될 때까지의 전 과정에서 생성된 데이터가 모두 기록되어 영구적으로 저장된다는 것을 상상해 보자. 전용 블록체인private blockchain은 그 영역 내에서만 성취 가능하다. 그러나 블록체인 기술의 대부분 가치는 서로 다른 장부들 또는 데이터 포인트들을 연결하여 하나의 중앙 집중식 정보 뱅크를 만드는 데서 비롯된다.

공급 사슬 분야에 블록체인 기술을 적용하면 손으로 써서 업무처리하는 것을 전자 적 데이터베이스로 전환하는 것에 버금가는 생산성 증가가 가능하다. 서류 작업을 디지 털화하고 자동화함으로써 종이 없는 거래를 실현할 수 있다.

- **공급 사슬 가시성**supply chain visibility: 공급 사슬의 위(상류)와 아래(하류)의 모든 영역을 실시간으로 볼 수 있는 능력이다.

운송 정보 파이프라인shipping information pipeline은 양끝단end-to-end의 공급 사슬 가시성을 제공하고, 공급 사슬을 관리하는 모든 사람들이 안전하고 원활하게 정보를 실시간 교환할 수 있도록 한다.

- **EDI**electronic data interchange, 전자 문서 교환: 공급 사슬 참여자 간에 정보를 전자적으로 교환하기 위한 표준이다.

현재의 EDI 방식이나 종이 기반 방식으로는 컨테이너를 입고장에 몇 주 동안 보관해야 한다. 이러한 방식을 블록체인 인프라로 대체하면, 글로벌 운송 업체들은 연간 수십억 달러를 절약할 수 있다. 이 기술의 장점은 납기 지연을 줄이고, 인적 오류를 제거하는 새로운 방식을 통해 시간과 자원을 모두 절약할 수 있다는 점이다. 블록체인은 자산의 이전 내역을 기록하고, 영수증, 구매 주문, 기타의 관련 서류들을 추적할 수 있다. 블록

그림 8.16

공급 사슬에서의 블록체인의 이점

사기 및 위조: 블록체인은 기록을 변경하는 것이 불가능하다는 점과 참가자들 간의 신뢰를 바탕으로 사기 및 기타 문제를 대처한다. 문서에서 변경 사항이 있으면 즉시 모든 사람이 볼 수 있다.

불변성: 어떤 주체도 분산 거래 장부의 항목을 위조 및 변조할 수 없다. 비트코인에서 거래를 삭제하는 것은 불가능하고, 새로운 거래가 발생해야만 이전 거래가 영향을 받는다. 마찬가지로, 공급 사슬에 블록체인을 적용하면, 공급 사슬 지불 거래 위조가 불가능하고, 재고량, 창고 조건, 배송 시간 및 날짜 등의 기록을 위조할 수 없다.

상호 운용성: 블록체인 데이터는 상호 운용성이 매우 높다. 기업들은 제조업체, 배송업체, 공급업체, 판매업체 등과 정보를 쉽게 공유할 수 있다. 이러한 증가된 투명성으로 지연이나 분쟁이 감소하고, 운송 화물이 어딘가에 멈추어 있지 않도록 예방할 수 있다. 실시간으로 추적은 분실을 예방한다.

출처: 공급 사슬의 참가자들은 각 자산의 출처를 안다. 또한, 이전 소유주가 누구인지 그리고 언제 소유했는지를 안다. 비트코인의 경우에는 돈이 자산이다. 공급 사슬의 경우에는 철광석이나 밀에서부터 현금, 기계, 저작권 등에 이르는 것이 다 자산이다.

리콜: IBM의 시나리오이다. 부품에 결함이 있어 리콜이 필요하다면 어떻게 될까? 현재 상황은 매우 비효율적이다. 블록체인은 대안을 제공한다. 스마트 계약에 만일의 상황이 발생하면 어떻게 조치할 것인지를 포함할 수 있다. 예를 들어, 공급업체가 결함을 발견하면, 계약 조항이 작동하여 발견된 결함이 블록체인에 영구적으로 기록되고, 이것은 이해 관계자들에게 즉시 통지된다.

확장성: 블록체인은 전 세계 여러 접점에서 액세스할 수 있는 거의 무한한 데이터베이스를 제공한다.

보안: 블록체인은 높은 수준의 보안 표준을 제공한다. 그리고 전문 응용을 맞춤 제공한다. 기업은 전용 블록체인을 만들어 사내에 데이터를 보관하고 사용권한이 있는 사람들만이 이를 이용하도록 할 수 있다. 전용, 즉, 사용 권한이 있는 이용자들만 사용하는 블록체인은 기업 내부에서만 또는 신뢰할 수 있는 파트너들끼리만 사용할 수 있고, 중앙 관리로 네트워크 상으로 정보에 접근할 수 있는 사람들을 통제할 수 있다.

스마트 계약: 공급 사슬은 복잡하다. 제조업체와 공급업체 간에 또는 고객과 판매자 간에 지불 과정을 완료하려면 며칠이 소요된다. 계약상 합의를 위해 변호사와 은행이 참여해야 하고, 이를 위해 추가 비용과 지연이 발생한다. 제품이나 부품의 납품업체들을 추적해 올라가는 것이 종종 어렵기 때문에 결함을 제거하기가 쉽지 않다. 스마트 계약은 이를 가능하게 한다.

추적 가능성: 블록체인 기술은 공급 사슬 전반에 걸친 추적 가능성을 제공한다. 이 기술은 또한 제조업체, 배송업체, 고객 등이 데이터를 수집하고, 추세를 분석하고, 모니터링하여 예측하는 것을 가능하게 한다. 글로벌 소매업체인 월마트는 블록체인을 이용하여 중국에서 돼지고기 판매 과정을 추적한다. 월마트는 이 시스템을 이용하여 각 고기 조각의 출처, 공급 사슬 각 단계의 가공 및 저장 내역, 제품의 유통 기한 등을 확인할 수 있다. 제품 리콜이 발생하면, 월마트는 어느 활동이 관련되어 있고 누가 구매했는지를 확인할 수 있다.

체인은 또한 포장물을 주의해서 취급해야 하는지, 신선상품이 유기농인지 아닌지와 같은 식별 데이터를 저장할 수 있다. 또한 기업 전체가 데이터를 공유하면 여러 부서가 공통 목표를 위해 더 긴밀하게 협력할 수 있다. 이로써 일하는 방식을 근본적으로 바꿀 수 있게 되는 것이다. 그림 8.16은 공급 사슬에서의 블록체인의 이점을 보여준다.

공급 사슬의 체계적 혁신은 하루아침에 이루어지지는 않을 것이다. 그렇지만 공급 사슬의 일부 영역에서 바로 블록체인을 사용할 수 있다. 스마트 계약smart contract 기술을 이용하면, 수작업 서류 처리로 인한 고비용의 지연과 낭비를 제거할 수 있다. 이것으로부터 시작해서 새로운 문이 열리고 있다. 공급 사슬 전체가 더 빠르고 지능적이며, 더 안전한 프로세스로 진화할 수 있다.

section 8.2 | 고객 관계 관리와 전사적 자원 관리

학습 성과

8.4 운영 CRM과 분석 CRM에 대해 설명할 수 있다.
8.5 핵심 ERP와 확장 ERP에 대해 설명할 수 있다.
8.6 조직이 현재의 어떤 기술들을 ERP 시스템 내부로 통합하고자 하는지를 설명할 수 있다.

고객 관계 관리

오늘날 대부분의 경쟁업체들은 마우스 클릭으로 쉽게 닿을 수 있다. 시장의 경쟁이 더욱 치열해져서 기업들은 비즈니스의 초점을 영업 중심에서 고객 중심으로 전환하고 있다.

- **고객 관계 관리**customer relationship management, CRM: 고객과 관련된 모든 부문을 관리하여 고객의 충성도와 유지율을 높이고 수익성을 향상시키는 것이다.

기업은 CRM을 통해 고객의 쇼핑 및 구매 행동에 대한 통찰력을 얻고 전사적 전략을 개발하고 추진할 수 있다. CRM의 핵심 영역이 그림 8.17에 요약되어 있다. CRM의 전략적 목표는 다음과 같다.

- **수익성 있는 신규 고객 찾기**: CRM은 수익성이 가장 큰 세분 시장은 SUV를 운전하고, 시 경계로부터 50km 이내에 거주하는, 35세에서 45세 사이의 여성이라 제시할 수 있다. 그런 다음, 이렇게 발견한 고객들에게 우편이나 그외 어떤 수단을 통해 다가갈 수 있는지를 알려줄 수 있다.

그림 8.17
고객 관계 관리의 핵심 영역

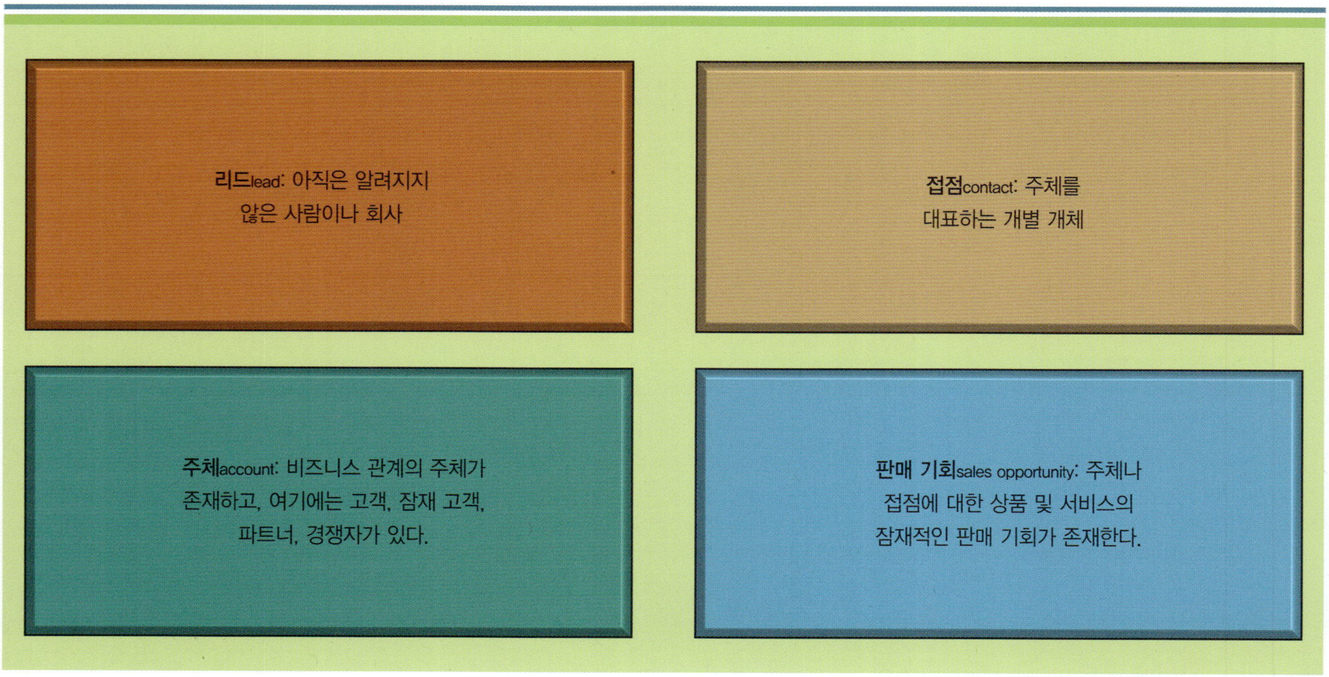

그림 8.18

고객의 접촉 수단

- **현재 고객의 기대를 초과달성**: CRM은 "Dear Mr. Smith"와 같이 개인화된 커뮤니케이션을 수행할 수 있다. 예를 들어, 고객이 가장 좋아하는 신발 브랜드와 사이즈를 알고 있다면, 고객이 이 다음에 매장을 방문할 때 신어볼 수 있도록 사이즈 12의 나이키 크로스 운동화를 제시할 수 있다.
- **경쟁에서 승리**: CRM은 구매 트렌드를 파악하여 특가 상품을 고객에게 제공함으로써 경쟁에서 승리할 수 있도록 도와준다. 스포츠 매장은 최적의 아웃도어 의류 고객을 식별하여 프라이빗 세일private sale에, 경쟁자보다 먼저 초대할 수 있다.

CRM 퍼즐의 복잡성은 고객을 확인하고 커뮤니케이션 채널을 식별하는 데 있다. 기업들은 콜센터, 웹사이트, 이메일, 영업 담당자, 휴대 전화 등의 다양한 커뮤니케이션 채널을 통해 고객과 소통한다. CRM 시스템은 고객과 조직 간의 모든 커뮤니케이션을 추적하며, 회계부터 주문 처리에 이르기까지 모든 비즈니스 영역에서 통합된 고객 정보를 열람할 수 있도록 지원한다. 고객과의 모든 커뮤니케이션을 이해함으로써 조직은 각 고객과 효과적으로 소통할 수 있으며, 고객이 선호하는 커뮤니케이션 채널과 무관하게 해당 고객의 제품 및 서비스 이용 내역을 상세히 파악할 수 있게 된다. 예를 들어, 고객 서비스 담당자는 CRM 시스템을 통해 고객에게 예상 배송일, 보완 제품 정보, 결제 및 청구 관련 정보와 같은 내용을 제공할 때, 고객 계정 정보 및 이력을 손쉽게 확인할 수 있다.

하나의 고객은 서로 다른 여러 채널로 기업과 수차례 소통한다(그림 8.18 참조). CRM 시스템은 고객 접점에서 이루어지는 활동 내역을 판매 및 재무 정보와 함께 수집하여 각 고객에 대해 보다 완전하게 알 수 있도록 도와준다(그림 8.19 참조).

고객 개개인의 니즈를 잘 이해하는 기업들은 성공을 달성할 수 있는 가장 좋은 위치에

그림 8.19

CRM 개요

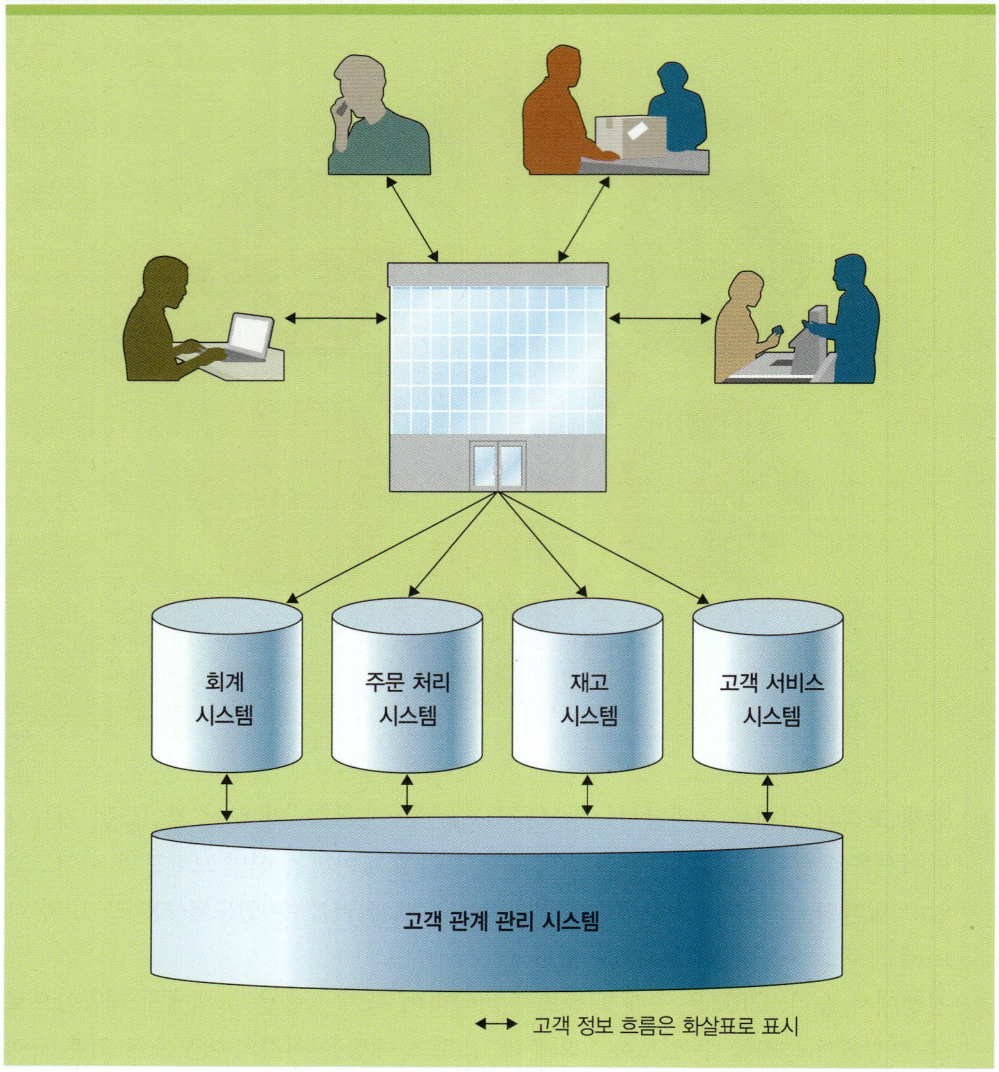

있다고 볼 수 있다. 물론, 성공적인 고객 관계를 구축하는 것은 전혀 새로운 비즈니스 관행은 아니다. 그러나 기업은 CRM 시스템을 구현함으로써 고객의 니즈를 보다 효율적이고 효과적으로 충족시킬 수 있다. CRM은 고객의 니즈를 파악하고, 각 고객에 적합한 마케팅 캠페인을 설계함으로써 기술 그 이상의 것을 제공할 수 있다. 기업은 CRM으로 고객의 구매 선호도와 쇼핑 행동에 대한 통찰력을 얻음으로써 각각의 고객들에게 개별화된 서비스를 제공할 수 있다. 고객에게 잘 응대하는 기업들은 그에 대한 보상을 얻어내고, 일반적으로 더 많은 이윤과 충성도 높은 고객을 얻는다.

기업은 구매 가능성이 있는 고객을 발견하면 이들에게 우수한 고객 서비스를 제공하고 신제품을 우선적으로 구매할 기회를 제시한다.

- **고객 분석**customer analytics: 고객 데이터의 수집, 분류, 비교, 학습을 수행하여 구매 추이, 위험 고객, 구매 가능성이 높은 잠재적 미래 기회 고객 등을 식별한다.
- **판매 분석**sales analytics: 판매 데이터의 수집, 분류, 비교, 학습을 수행하여 제품 사이클,

비즈니스 중심적 토론

AI는 나의 동료

걱정 마세요! 이 말은 챗봇, 즉 인공 지능artificial intelligence, AI 프로그램이 한 말이다. 챗봇은 미리 정의된 주요 문구, 음성, 텍스트 기반 신호를 사용하여 상호 작용적인 인간의 대화를 모방한다.

다음은 챗봇이 하는 답변의 몇 가지 예이다. 동료가 회의 일정을 변경하고 싶어 합니까? 챗봇 답변: 확실합니다! 다른 시간은 어떨까? 가능합니다! 당신이 지메일 스마트 답장Gmail's Smart Replies을 사용하고 있다면, 이러한 대화가 친숙할 것이다. 지메일 스마트 작성Gmail's Smart Compose은 스마트 답장의 사촌뻘 되는 기능으로, 당신이 이메일을 작성할 때 완성할 문구를 실제 제시해주는데, 다음에 당신이 말하려는 것을 상당히 잘 예측한다.

마이크로소프트 또한 생산성 도구 제품군에 AI 기능이 있다. 워드는 사용자가 해야 할 업무 목록을 언제 만들지를 알고, 업무 목록의 해당 항목을 추적한다. 파워포인트는 컴퓨터 비전과 기계 학습을 이용하여 추가한 사진의 색조와 슬라이드의 색상을 어울리게 맞춘다. 엑셀은 종이책에 있는 표를 사진으로 찍으면 디지털 변환의 과정을 거쳐 엑셀 표로 전환한다.

고객 관계 관리를 위해 고객 서비스가 얼마나 중요한가 설명해 보자. 기업이 AI를 이용하여 고객 서비스를 개선할 수 있다는 데 동의하는가? 우리 모두가 AI가 작성한 동일한 메시지를 주고 받는다면, 과연 그러한 채팅이나 이메일은 어떻게 느껴질까? 만약 AI가 문서를 작성하게 한다면, 우리의 문서는 모두 동일하게 보일까? 아니면 AI가 지루한 일상 업무를 처리하게 하여 사람들이 더 많은 시간을 창조적으로 보내게 될까? 당신은 장차 어떻게 될 것이라 생각하는가?

서일즈 파이프라인sales pipeline, 경쟁 인텔리전스 등을 식별한다.

- **반응 향상 모델링**uplift modeling: 마케팅 캠페인을 추진하기 위해 제품 구매 가능성이 높은 목표 시장이나 목표 고객을 발견하기 위한 예측 분석의 형태이다. 반응 향상uplift은 CRM 분석 이후의 매출 향상을 의미한다. CRM 분석은 기업이 반응 향상 모델링에 필요한 가치 있는 고객 정보를 확인하는데 도움을 준다.

고급 분석 기능을 갖춘 소프트웨어는 충성도 높고 수익성 있는 고객을 유치하고 유지하는 데 도움을 주며, 수익 증대, 고객 만족도 향상, 고객 충성도 제고에 필요한 통찰력을 제공한다. 기업들은 가치 있는 고객들을 RFMrecency, frequency, monetary value 공식을 이용해 찾아낼 수 있다. 다음은 기업들이 추적할 항목들이다.

- 고객이 얼마나 최근에recently 제품을 구매하였는가?
- 고객이 얼마나 자주frequently 제품을 구매하였는가?
- 고객이 각 제품 구매 시에 얼마나 많은 금액을monetary value 지출하였는가?

그림 8.20

CRM의 발전

보고하기 고객 식별: 무엇이 발생했나를 질문하기	분석하기 고객 세그먼테이션: 발생한 이유를 질문하기	예측하기 고객 예측: 무엇이 발생할 것인가에 대해서 질문하기
• 고객별 총 수입이 얼마나 되는가? • 생산량은 얼마나 되는가? • 제품별 총 매출은 얼마인가? 총 고객수는 얼마인가? • 현재 재고 수준은 얼마나 • 되는가?	• 왜 매출이 예측과 다른가? • 왜 생산량이 이렇게 적은가? • 왜 작년도에 비해서 매출이 부진한가? • 누가 우리의 고객인가? • 왜 수입이 이렇게 많은가? • 왜 재고가 이렇게 적은가?	• 어느 고객이 떠날 위험성이 있는가? • 어느 제품을 우리 고객이 구입할 것인가? • 누가 마케팅 캠페인의 최적 대상 고객인가? • 어떻게 고객에게 다가갈 것인가? • 올해의 매출이 얼마나 될 것인가? • 얼마나 많은 재고를 미리 주문해야 할 것인가?

이런 기초적인 CRM 정보를 수집한 후에, 기업은 이 정보들을 분석하여 패턴을 찾고 각각의 세분 시장customer segment을 위한 마케팅 캠페인과 판촉 활동을 수립할 수 있다. 예를 들어, 만일 한 고객이 성수기에만 구매를 한다면, 기업은 비수기일 때 할인가격을 제시할 수 있다.

만일 어떤 고객들이 구두만 사고 액세서리는 사지 않는다면, 구두를 사면 액세서리가 할인되도록 할 수 있다. 만일 상위 20%의 고객들이 전체 수익의 80%를 차지한다면, 이 고객들이 언제나 만족할 수 있도록 해야 하며, 가장 높은 수준의 고객서비스를 제공해야 한다.

CRM의 발전

다음은 CRM 발전의 세 단계이다.

1. **보고**: CRM 보고 기술RM reporting technologies은 여러 시스템에 흩어져 있는 고객을 식별할 수 있도록 도와준다.

1. **분석**: CRM 분석 기술CRM analysis technologies은 이들 고객을 종류별로, 예를 들면 우수 고객과 문제 고객 등으로 세분화할 수 있도록 도와준다.

3. **예측**: CRM 예측 기술CRM predicting technologies은 고객의 행동에 관하여 예측할 수 있도록 도와준다. 예를 들어 어떤 고객이 떠날 가능성이 있는지를 알 수 있도록 도와준다. 그림 8.20은 CRM 기술을 활용하여 해답을 얻을 수 있는 중요한 질문들 중 몇 가지의 예를 보여준다.

고객의 힘

고객이 항상 옳다는 것은 표준 비즈니스 규칙이다. 비록 많은 기업들이 이것을 자신의

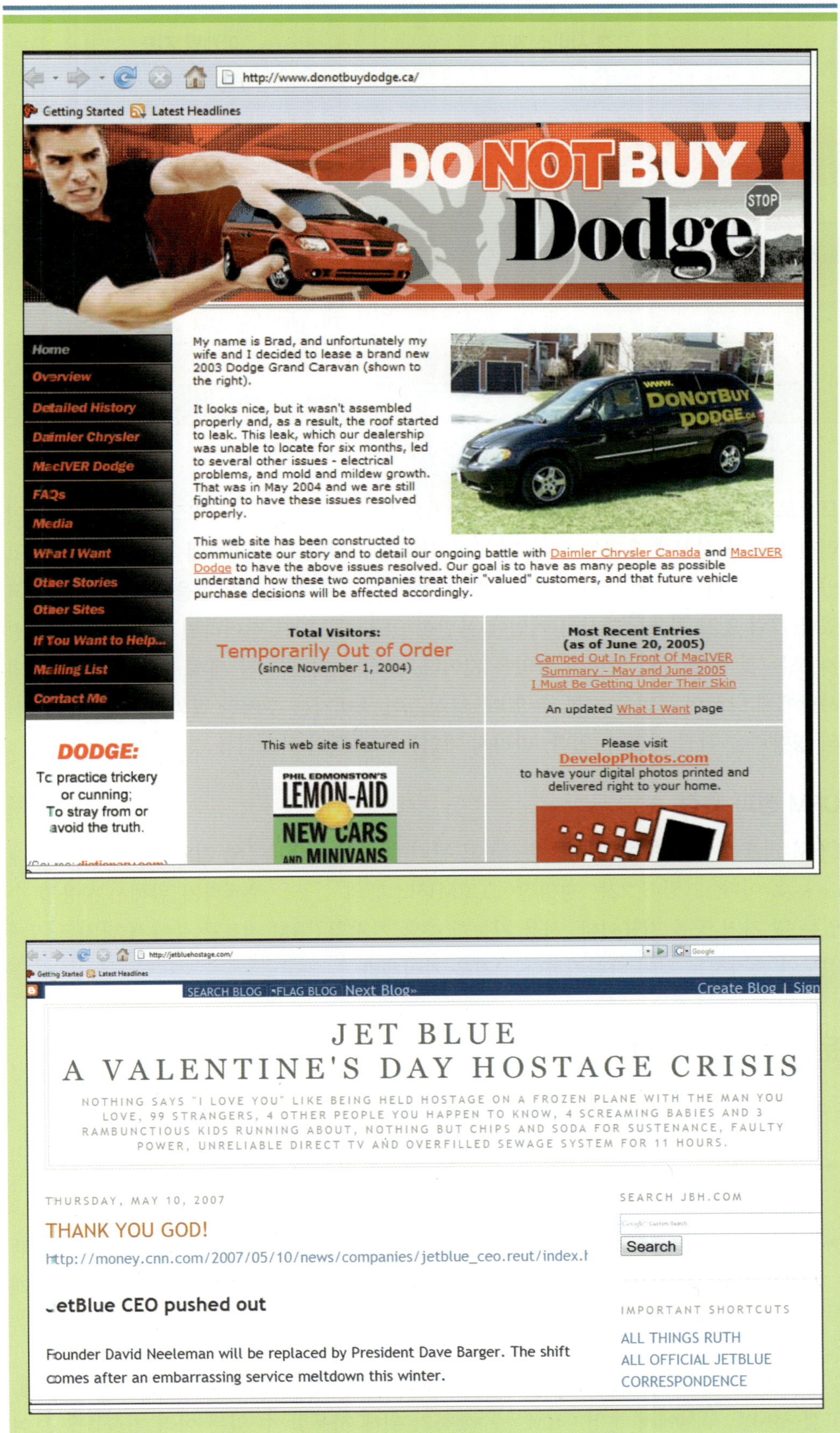
http://www.donotbuydodge.ca/
Getting Started
Latest Headlines
DO NOT BUY Dodge
STOP
Home
Overview
Detailed History
Daimler Chrysler
MacIVER Dodge
FAQs
Media
What I Want
Other Stories
Other Sites
If You Want to Help...
Mailing List
Contact Me
My name is Brad, and unfortunately my wife and I decided to lease a brand new 2003 Dodge Grand Caravan (shown to the right).
It looks nice, but it wasn't assembled properly and, as a result, the roof started to leak. This leak, which our dealership was unable to locate for six months, led to several other issues - electrical problems, and mold and mildew growth. That was in May 2004 and we are still fighting to have these issues resolved properly.
This web site has been constructed to communicate our story and to detail our ongoing battle with Daimler Chrysler Canada and MacIVER Dodge to have the above issues resolved. Our goal is to have as many people as possible understand how these two companies treat their "valued" customers, and that future vehicle purchase decisions will be affected accordingly.
Total Visitors:
Temporarily Out of Order
(since November 1, 2004)
Most Recent Entries
(as of June 20, 2005)
Camped Out In Front Of MacIVER
Summary - May and June 2005
I Must Be Getting Under Their Skin
An updated What I Want page
DODGE:
To practice trickery or cunning;
To stray from or avoid the truth.
This web site is featured in
PHIL EDMONSTON'S LEMON-AID NEW CARS AND MINIVANS
Please visit
DevelopPhotos.com
to have your digital photos printed and delivered right to your home.
http://jetbluehostage.com/
SEARCH BLOG
FLAG BLOG
Next Blog»
Create Blog | Sign
JET BLUE
A VALENTINE'S DAY HOSTAGE CRISIS
NOTHING SAYS "I LOVE YOU" LIKE BEING HELD HOSTAGE ON A FROZEN PLANE WITH THE MAN YOU LOVE, 99 STRANGERS, 4 OTHER PEOPLE YOU HAPPEN TO KNOW, 4 SCREAMING BABIES AND 3 RAMBUNCTIOUS KIDS RUNNING ABOUT, NOTHING BUT CHIPS AND SODA FOR SUSTENANCE, FAULTY POWER, UNRELIABLE DIRECT TV AND OVERFILLED SEWAGE SYSTEM FOR 11 HOURS.
THURSDAY, MAY 10, 2007
THANK YOU GOD!
http://money.cnn.com/2007/05/10/news/companies/jetblue_ceo.reut/index.
JetBlue CEO pushed out
Founder David Neeleman will be replaced by President Dave Barger. The shift comes after an embarrassing service meltdown this winter.
SEARCH JBH.COM
Search
IMPORTANT SHORTCUTS
ALL THINGS RUTH
ALL OFFICIAL JETBLUE CORRESPONDENCE

그림 8.21

고객의 힘

판매 지표	고객 서비스 지표	마케팅 지표
잠재적 고객 수	일별 서비스 완료 건수	마케팅 캠페인 건수
신규 고객 수	담당자별 서비스 처리 건수	신규 고객 유치율
유지된 고객 수	서비스 요청 건수	마케팅 캠페인 당 반응 건수
유효한 판매 기회 건수	유형별 서비스 요청 평균 건수	마케팅 캠페인 당 구매 건수
판매 요청 건수	평균 해결 시간	마케팅 캠페인 당 수입액
유효한 판매 기회 당 판매 요청 건수	일별 평균 서비스 요청 건수	마케팅 캠페인 당 1회 상호작용 비용
신규 수입액	SLAservice level agreement 준수율	마케팅 캠페인 당 신규 고객 획득 건수
반복해서 발생하는 수입액	서비스 갱신율	고객 유지율
제안 받은 건수	고객 만족도 수준	제품 당 신규 판매 기회 건수

그림 8.22

CRM 지표들

모토로 삼고 있지만, 실제 그렇게 행동하지는 않는다. 그러나 e-비즈니스 기업들은 이러한 모토를 실천에 옮겨야 한다. 정보화 시대에 고객의 힘이 기하급수적으로 증가하고 있기 때문이다. 웹사이트나 유튜브 비디오들이 소비자 개개인의 힘을 여실히 보여주고 있다(그림 8.21 참조). 당신이 기업에 불만이 있을 때, 10년 전이라면 전화를 걸거나 편지 쓰는 것 외에 달리 방법이 없었을 것이다. 그러나 지금은 전 세계 수백, 또는 수천의 사람에게 당신의 불만을 전할 수 있다. 당신, 곧, 소비자는 수백만 명의 사람들에게 자신의 영향력을 직접 미칠 수 있다. 따라서 기업들은 고객의 목소리를 경청해야만 한다.

CRM 성과 측정

CRM 지표를 사용하여 성과를 추적하고 관리하는 것은 대부분의 기업을 위한 모범사례best practice이다. 그림 8.22는 경영진이 CRM 시스템의 성공을 추적하기 위해서 사용할 수 있는 몇 가지 공통 지표이다. 사용 가능한 수백 가지의 CRM 지표들 중에서 단지 5~7개 정도만 측정하는 것이 바람직하다는 것을 기억해라.

운영 CRM과 분석 CRM

CRM 전략의 두 가지 기본적인 구성요소는 운영 CRM과 분석 CRM이다.

- **운영 CRM**operational CRM: 고객과 직접 마주하며 거래를 처리하는 프런트 오피스front-office 운영 및 시스템을 지원한다.
- **분석 CRM**analytical CRM: 고객과 직접 마주하지 않는 백 오피스back- office 운영 및 시스템 그리고 전략적 분석 등을 지원한다. 운영 CRM과 분석 CRM의 차이는 조직과 고객 사이의 직접적 접촉 여부에 있다.

그림 8.23은 운영 CRM과 분석 CRM의 개요를 보여준다. 그림 8.24는 마케팅, 판매, 고객 서비스 부서에서 운영 CRM을 수행하기 위해 사용할 수 있는 여러 기술들을 보여준다.

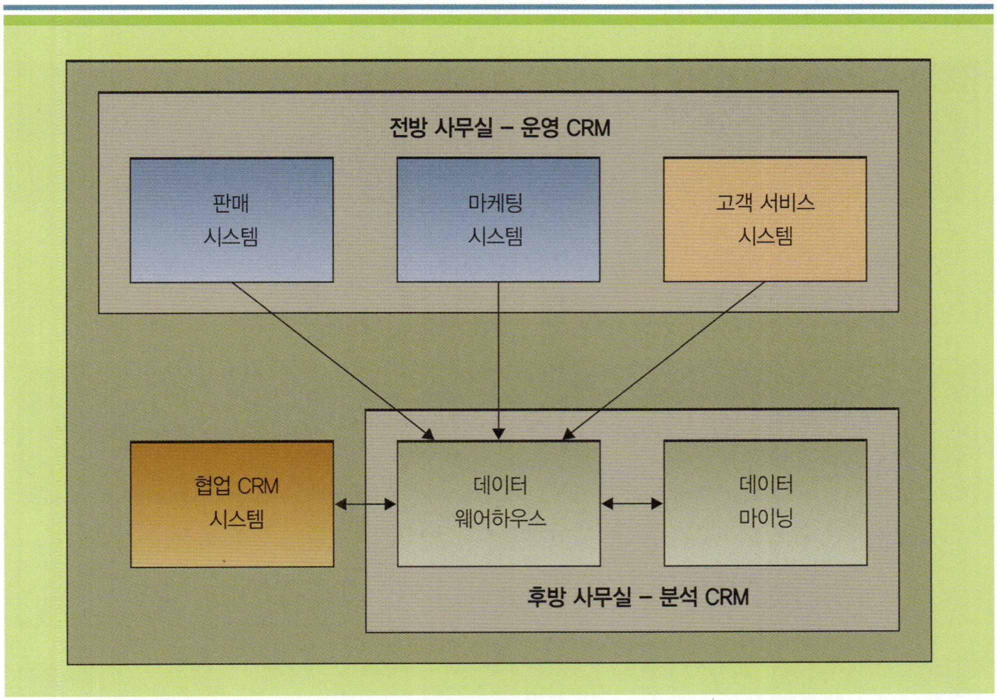

그림 8.23
운영 CRM과 분석 CRM

마케팅 CRM과 운영 CRM

오늘날의 기업들은 하나의 제품을 가능한 한 많은 고객들에게 판매하려고 하기보다는 한 사람의 고객에게 가능한 한 많은 제품을 팔려고 노력하고 있다. 마케팅 부서는 CRM 기술 덕분에 이러한 새로운 방법으로 판매를 할 수 있다. CRM 기술은 고객 정보를 수집하고, 분석하여, 성공적인 마케팅 캠페인을 전개할 수 있도록 도와준다. 실제로, 마케팅 성공 여부는 정확한 정보를 수집하고 분석하는 조직의 능력과 직결된다. 고객 만족을 증대시키기 위하여 마케팅 부서가 사용하는 세 가지 운영 CRM의 기술은 다음과 같다.

1. 목록 생성기
2. 캠페인 관리
3. 교차 판매 및 상향 판매

목록 생성기 목록 생성기list generators는 다양한 출처에서 고객 정보를 수집하고 이들 정보를 마케팅 캠페인을 위하여 세분화한다. 정보의 출처로는 웹사이트 방문, 질문서, 온라인과 오프라인 조사, 전단지, 무료 전화번호, 사용 중인 고객 목록 등이 있다. 고객목록을 작성한 다음에는 잠재 고객 발굴을 위하여 여과filtering와 정렬을 위한 기준을 마련한다. 여과와 정렬 기준으로는 가구 소득, 교육수준, 연령 등을 사용한다. 이러한 목록 작성기는 마케팅 캠페인의 목표 대상이 되는 고객의 유형을 정확하게 파악할 수 있도록 도와준다.

캠페인 관리 캠페인 관리 시스템campaign management system은 캠페인의 정의, 계획 수립, 일정 관리, 세분화, 성공 여부 분석 등의 작업을 통해 마케팅 캠페인을 지원한다. 이들 선

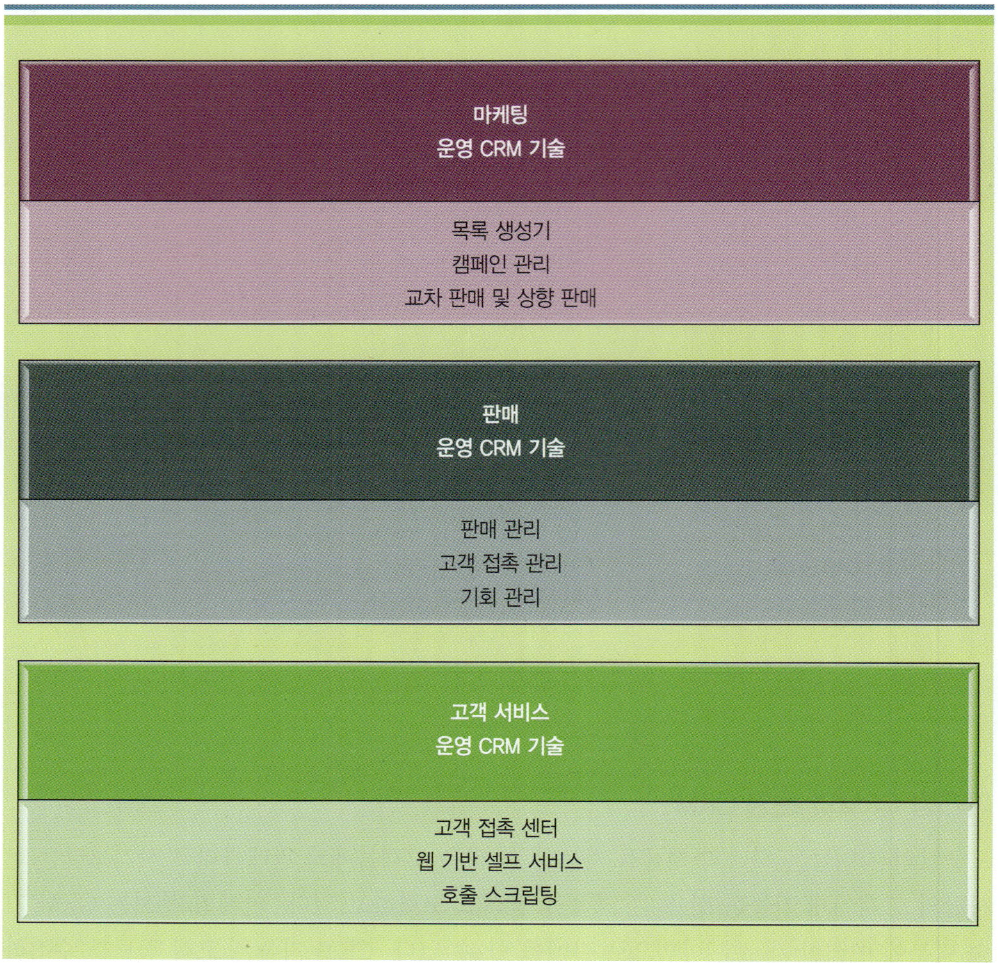

그림 8.24
운영 CRM 기술들

진 기법은 각 마케팅 캠페인의 수익성을 계산하고, 캠페인 결과를 추적할 수 있게 도와준다.

교차 판매 및 상향 판매 마케팅 캠페인의 두 가지 핵심 판매 전략은 교차 판매 및 상향 판매cross-selling and up-selling이다. 교차 판매cross-selling는 한 상품을 구입한 고객이 연관된 다른 상품도 구매하도록 하는 것이다. 예를 들면 당신이 아마존에서 팀 버튼의 영화 '이상한 나라의 앨리스'를 구매하면, 영화의 OST나 원작 책도 구매할 것인지 물어본다. 아마존은 고객들에게 책, 영화, 음악 제품 라인들을 제공하여 교차 판매의 이득을 얻는다. 상향 판매up-selling는 특정한 상품 범주 내에서 상위의 상품 구매를 유도하는 것을 말한다. 맥도날드는 고객에게 비용을 더 내고 식사를 큰 사이즈로 주문할 것인지의 여부를 질문함으로써 상향 판매를 한다. CRM 시스템은 마케팅 부서에 고객과 제품에 대한 여러 종류의 정보를 제공하며, 수익을 증가시킬 수 있도록 교차 판매와 상향 판매의 기회를 알아볼 수 있게 지원한다.

판매 CRM과 운영 CRM

CRM 시스템 개발을 가장 먼저 시작한 부서는 판매 부서이다. 판매 부서가 고객 판매 정

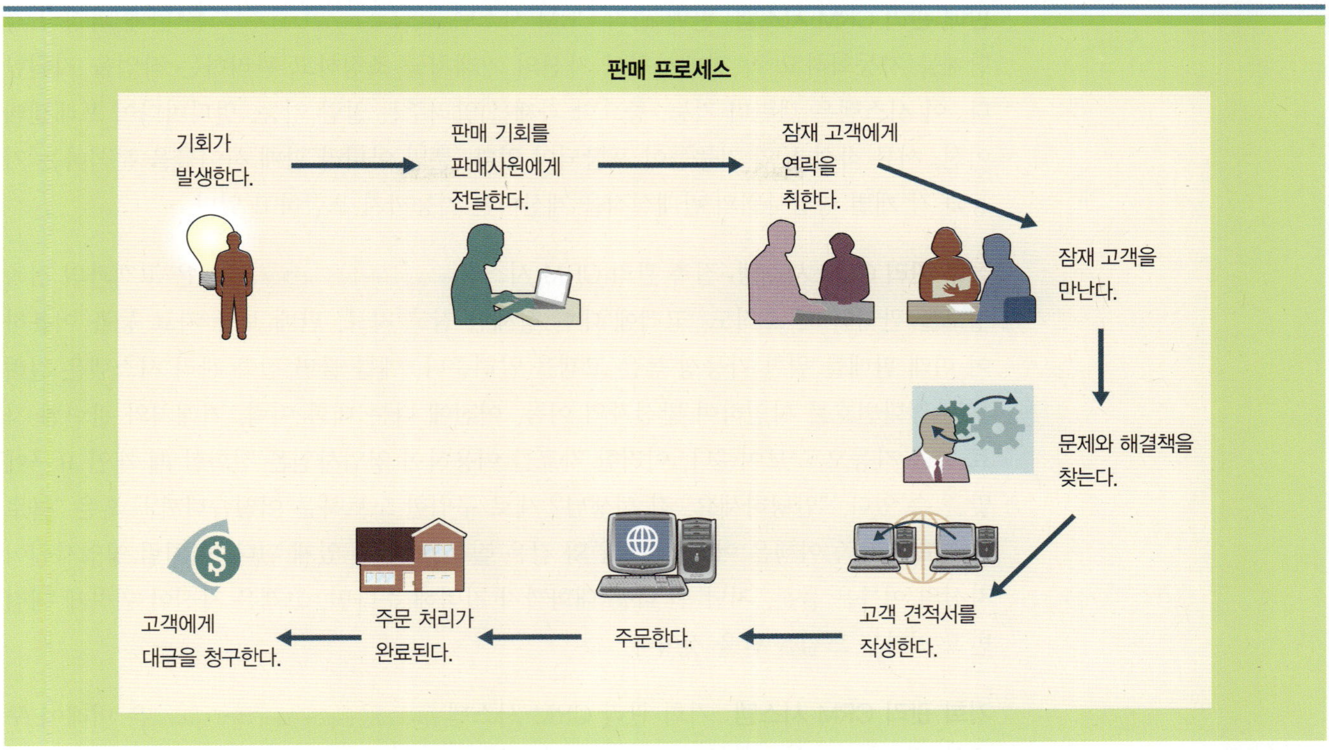

그림 8.25
전형적인 판매 프로세스

보를 전산으로 처리하고자 하는 중요한 이유는 다음의 두 가지이다. 첫째로 영업사원들이 보관하고, 유지하고, 추적해야 할 고객 정보가 너무 방대하여 관리의 어려움을 겪기 때문이다. 둘째로 고객 및 판매에 관한 핵심 자료의 대부분이 영업사원의 머리에서만 관리되고 있어 영업사원이 퇴사하고 나면 경영진들이 이로 인해 어려움을 겪기 때문이다. 고객 정보를 추적하는 방법을 찾는 일은 여러 판매 부서들의 핵심 성공 요인CSF이 되고 있다.

- **고객 서비스 및 각종 지원 서비스**CSS: customer service and support: 운영 CRM의 한 부분으로, 서비스 요청, 불평, 제품 반품, 정보 지원 등의 업무를 자동화한다.

그림 8.25는 전형적인 판매 프로세스이다. 이 과정은 판매 기회 발생에서 시작해서 대금 청구에서 끝난다. 컴퓨터를 팔던지, 옷이나 컨설팅 혹은 차를 팔던지 간에 판매 기회와 잠재 고객은 모든 영업부서의 생명수와 같다. 판매기회를 어떻게 다루느냐가 수익의 성장과 감소를 결정한다.

판매 관리 시스템SFA: sales force automation은 판매 전 과정의 각 단계를 자동적으로 추적하는 시스템이다. SFA는 고객 만족 향상, 고객 관계 구축, 매출액 증대에 초점을 두고 있다. 판매 부서가 도입할 수 있는 기본적인 업무 CRM 기술에는 다음의 세 가지가 있다.

1. 판매 관리 CRM 시스템
2. 접촉 관리 CRM 시스템
3. 기회 관리 CRM 시스템

판매 관리 CRM 시스템 판매 관리 CRM 시스템sales management CRM systems은 판매 과정의 각 단계를 자동화하고 각 판매사원이 자신의 거래처를 조정하고 관리하는 작업을 지원한다. 이 시스템은 캘린더 기능, 중요한 과제를 알려주는 알람 기능, 멀티미디어 프레젠테이션, 서류 작성 등의 기능들이 포함되어 있다. 뿐만 아니라 판매 사이클을 분석하는 기능과 각 개별 영업사원의 판매실적을 계산하는 기능까지 포함하고 있다.

접촉 관리 CRM 시스템 접촉 관리 CRM 시스템contact management CRM systems은 고객과의 접촉 정보를 관리하고, 조직도, 고객에 대한 상세한 참고 자료, 판매 보충 자료 등을 이용하여 미래 판매를 위한 가능성 높은 고객을 알려준다. 예를 들면 접촉 관리 시스템은 걸려오는 전화번호를 확인하여 발신자의 이름, 이전에 나눈 대화 이력, 거래처와 관련된 자료 등을 자동으로 보여준다. 이러한 자료를 이용하여 영업사원은 전화할 때 개인 요구에 맞출 수 있다. "안녕하세요, 김 선생님? 새로 구입한 노트북은 어떻습니까?" 혹은 "콜로라도로의 가족 여행은 어떠셨나요?"와 같은 질문을 할 수 있게 된다. 이처럼 영업사원이 자신의 이름은 물론, 지난 번 나눈 대화까지 기억해 준다면, 고객은 자신이 귀하게 대접받고 있다는 느낌을 받을 것이다.

기회 관리 CRM 시스템 기회 관리 CRM 시스템opportunity management CRM systems은 미래에 구매할 새로운 개인 고객이나 기업 고객을 찾음으로써 판매 기회를 탐색한다. 기회 관리 시스템은 잠재적 고객과 잠재적 경쟁자를 알아내며, 예산과 일정을 포함한 판매 계획을 수립할 수 있게 해 준다. 보다 진보된 기회 관리 시스템은 영업사원에게 판매 확률을 계산하여 알려줌으로써 신규 고객 평가에 따른 많은 시간과 돈을 절약할 수 있게 한다. 접촉 관리 시스템과 기회 관리 시스템의 기본적인 차이는 접촉 관리는 기존 고객을 다루며, 기회 관리는 신규 고객이나 잠재 고객을 다룬다는 점이다.

고객 서비스와 운영 CRM

많은 기업들은 마케팅 및 판매 활동 기간에 고객과의 긴밀한 관계 구축이 중요하다는 점을 깨닫게 된다. 그러나 기업들은 판매 후에도 고객과의 관계를 긴밀하게 구축함으로써 이러한 노력을 계속 이어나가야 한다. 기업들이 고객을 떠나게 만드는 주요 이유는 부정적인 고객 서비스 경험이다. 탁월한 고객 서비스를 제공하는 것은 쉽지 않은 일이다. CRM 기술들은 기업의 이러한 주요 활동을 지원한다. 세 가지 중요한 운영 CRM 기술은 다음과 같다.

1. 고객 접촉 센터
2. 웹 기반 셀프 서비스
3. 전화 문의 답변 생성 시스템

고객 접촉 센터 고객 접촉 센터 또는 콜 센터contact center or call center는 고객 서비스 직원이 이메일이나 문자 또는 전화로 고객의 문의사항에 응답하고, 문제를 해결하는 장소이다. 고품질의 고객 서비스를 유지하는 것이 고객을 유치하고 유지하는데 중요하기 때문에 콜 센터는 고객 중심 조직의 최고의 자산 중의 하나이다. 첫 통화 해결first call resolution, FCR

은 고객이 처음 전화할 때, 고객의 요구를 적절하게 처리하여 두 번씩 전화할 필요가 없게 하는 것이다. 통화 시간(상담원이 각 통화에 소요하는 평균 시간)은 콜센터의 일반적 성과 지표이다.

FCR은 고객 요구가 처음 제기될 때에 바로 완전하게 충족시키는 것을 의미한다. FCR은 상당히 인기 있는 MIS 효과성 지표로 자리잡고 있다. 그림 8.26은 이러한 접촉 센터 시스템이 제공하는 서비스의 예이다.

웹 기반 셀프 서비스 웹 기반 셀프 서비스 시스템web-based self-service systems은 고객이 웹을 사용하여 질문에 대한 해답이나 문제에 대한 해법을 스스로 찾도록 지원한다. 페덱스는 이러한 시스템을 이용하여 고객이 서비스 직원에게 문의할 필요 없이 직접 자신들의 화물을 추적할 수 있도록 하였다.

전화 문의 답변 생성 시스템 전화 문의 답변 생성 시스템call scripting systems은 제품의 세부 사항과 문제 해결 정보를 수집하고, 이를 다시 답변글로 자동 생성해 놓으면, 담당자는 고객에게 문제 해결 정보를 찾아 알려준다. 이 시스템은 문제점 목록도 제공하기 때문에 고객 서비스 직원이 고객에게 예상 문제와 해법까지 제시할 수 있다. 기업이 유능한 고객 서비스 직원을 확보하는 것은 쉽지 않다. 특히 수준 높은 기술 제품을 마케팅 및 판매하는 경우는 더욱 그렇다. 전화 문의 답변 생성 시스템을 이용하여 고객 서비스 직원은 어려운 문제를 쉽게 답할 수 있을 뿐 아니라, 서로 다른 고객에게 서로 다른 해답을 제공하지 않는 일관된 답변을 제공할 수 있다.

분석 CRM

CRM 분석은 인구 통계학적, 고객 행동적, 심리 통계학적 통찰력을 제시하고, 서비스, 가격 변화, 마케팅에 대한 반응 등에 대한 고객 만족도를 알려줄 수 있다. 분석 CRM은 다음과 같은 질문에 답해줄 수 있다. 내 고객의 가족이나 내 고객이 근무하는 부서의 구성원에 대해 나에게 알려줄 수 있나요? 그들도 또한 내 고객이 될 수 있나요? 소셜 미디어가 내 고객의 행동에 영향을 주나요? 내 단골 고객의 옹호 수준을 나에게 측정해줄 수 있나요?

분석형 CRM 도구는 방대한 양의 정보를 세분화하여 고객, 제품, 시장 세그먼트에 대한 맞춤형 뷰를 생성할 수 있으며, 교차 판매cross-selling 및 상향 판매up-selling의 기회를 강조한다.

- **고객 세분화**customer segmentation: 시장을 연령, 위치, 성별, 습관 등과 같은 유사한 속성을 공유하는 범주로 나누는 것을 의미한다. 고객을 그룹으로 세분화함으로써 보다 정밀한 마케팅 및 영업 캠페인을 수립할 수 있으며, 부적절한 고객에게 제품을 마케팅하여 자원을 낭비하는 일을 방지할 수 있다.

분석 CRM은 기존 시스템에서는 불가능했던 고객 및 제품 정보를 제공해 준다. 분석 CRM은 어떤 유형의 마케팅 및 판매 캠페인을 실시할 것인가 또는 어떤 고객을 언제 타겟팅할 것인가 하는 것을 알려준다. 운영 CRM은 고객 서비스 향상을 목표로 콜센터와

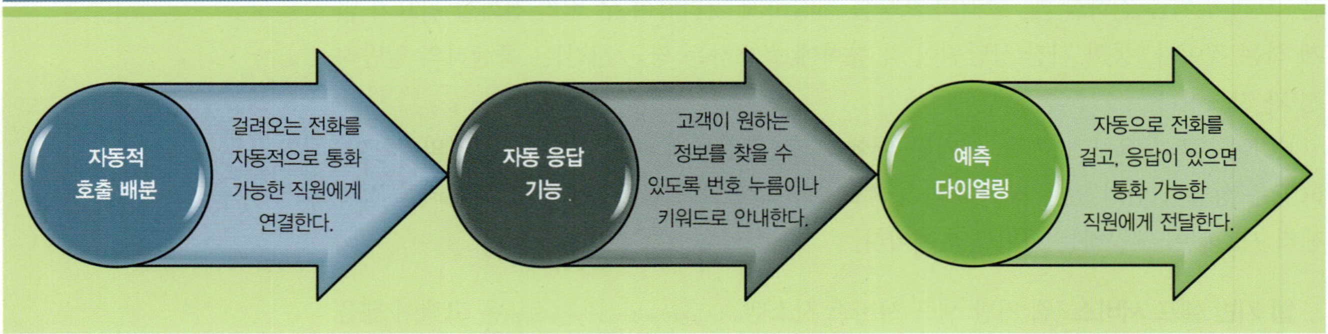

그림 8.26

접촉 센터 서비스

영업 활동을 자동화한다. 이와 달리, 분석 CRM은 비즈니스 인텔리전스 분석 기능을 이용하여 제품 판매 패턴이나 고객 행동 패턴을 발견해 낸다. 분석 CRM은 돈으로 살 수 없는 고객 정보를 제공하고, 중요한 경영 의사결정을 지원하며, 당신 조직의 성공에 핵심적인 역할을 수행한다.

- **고객 수익성**customer profitability, CP: 특정 기간 동안의 고객 가치를 측정한 것이다.
- **고객 생애 가치**customer lifetime value, CLV: 회사가 고객으로부터 창출하는 순이익 합계를 측정한 것이다.

CLV는 기업이 신규 고객을 유치하기 위해 얼마만큼의 비용을 지출할 것인지, 그리고 특정 소비자로부터 얼마나 반복적인 거래를 기대할 수 있는지를 결정하는 데 있어 중요한 지표이다. CLV는 CP와는 다른 개념으로, CLV는 미래를 예측하는 지표인 반면, CP는 과거를 측정하는 지표이다. 단순히 고객의 매출 기록만을 본다면, 그 고객과의 관계가 수익성 있다고 잘못 판단할 수 있다. 예를 들어, 지출 규모가 큰 고객이라 하더라도, 그 고객을 응대하고 관리하는 데 드는 비용이 과다할 경우 실제로는 수익성이 낮을 수 있다. 반대로, 지출 규모는 작지만 응대 비용이 적어 수익성이 높은 고객이라면, 이익률을 해치지 않고 더 많은 지출을 유도할 수 있는 가능성이 있다. 따라서 고객의 과거 구매 기록만으로는 해당 고객의 전체적인 수익성을 판단하는 데 충분하지 않다. 고객의 실제 가치를 정확히 산출하는 것이 무엇보다 중요하다.

CRM 데이터셋

다음은 고객 관계를 관리하고 고객 행동을 분석하는 데 일반적으로 활용되는 CRM 데이터셋의 유형들이다.

1. **고객 프로파일 데이터**customer profile data: 고객의 인구통계학적 정보, 연락처, 선호도, 구매 이력, 기업과의 상호작용 이력을 포함한다. 이 데이터는 고객을 이해하고 특성과 행동에 따라 세분화하는 데 유용하다.
2. **판매 데이터**sales data: 고객의 거래 정보(구매한 제품, 수량, 가격, 주문일, 판매 채널 등)를 포함한다. 판매 실적 추적, 우수 고객 식별, 구매 패턴 분석, 판매 효과 측정 등에 활용된다.

3. **고객 상호작용 데이터**customer interactions data: 고객 문의, 티켓 제공, 이메일, 실시간 채팅 기록, 콜센터 기록 등 고객과의 커뮤니케이션 데이터를 포함한다. 고객 참여도와 커뮤니케이션 이력을 파악하여 서비스 품질을 향상시키는 데 기여한다.
4. **마케팅 캠페인 데이터**marketing campaign data: 이메일 오픈률, CTRclick-through rate, 캠페인 전환률, 고객 선호도 등 마케팅 캠페인에 대한 고객 반응을 담는다. 마케팅 효과 분석 및 향후 캠페인 맞춤화에 활용된다.
5. **고객 만족도 데이터**customer satisfaction data: 고객 피드백, 설문, 평점, 리뷰 등을 포함하며, 고객 만족 수준을 측정하고, 개선이 필요한 영역을 파악하여 고객 경험과 충성도를 높이는 데 기여한다.
6. **리드 데이터**lead data: 잠재 고객 또는 유망 고객에 대한 정보(연락처, 유입 경로, 리드 점수)를 담고 있다. 리드 관리, 리드 육성, 고객전환률 추적에 사용된다.
7. **이탈 데이터**churn data: 고객 이탈 현황, 이탈 사유, 이탈률, 고객 유지 지표 등을 포함하며, 이탈 패턴과 예측 요인을 파악하고 유지 전략을 설계하는 데 도움이 된다.
8. **고객 생애 가치 데이터**customer lifetime value data: 고객의 잠재 수익 가치(수익성, 반복 구매, 충성도 등)를 추정한다. 고가치 고객 식별, 우선순위 설정, 자원 배분 최적화에 활용된다.
9. **소셜미디어 데이터**social media data: 소셜 플랫폼에서의 고객 반응, 감정 분석, 참여 지표를 포함한다. 브랜드 언급 모니터링, 고객 감정 분석, 트렌드 및 이슈 파악에 유용하다.
10. **웹 분석 데이터**web analytics data: 웹사이트 또는 디지털 플랫폼에서의 고객 행동 데이터(방문 횟수, 페이지 뷰, 클릭 흐름, 전환률, 사용자 여정 등)를 수집한다. 온라인 행동 분석, 사이트 성능 최적화, 맞춤형 디지털 경험 설계에 기여한다.

이러한 CRM 데이터셋들은 고객의 행동, 선호도, 상호작용에 대한 귀중한 인사이트를 제공하며, 기업이 고객과의 관계를 강화하고, 맞춤형 경험을 제공하며, 전반적인 고객 만족도를 향상시키는 데 기여한다.

전사적 자원 관리

오늘날의 비즈니스 리더들은 비즈니스 관련 수많은 정보를 쉽게 실시간 확인함으로써, 별도의 시간을 들여 데이터 추적 및 보고서를 작성하지 않고, 필요한 때 바로 의사결정하 기를 원한다.

- **전사적 자원 관리**ERP: enterprise resource planning: 조직 내의 모든 부서와 기능을 하나의 IT 시스템(또는 시스템들의 통합체)으로 통합하고, 직원들이 기업 활동에 필요한 정보를 전사적인 차원에서 보고 의사결정을 할 수 있게 한다.

복잡한 ERP 시스템을 제대로 이해하려면, 비즈니스의 다양한 기능과 관련 비즈니스 프로세스는 물론 공급 사슬 관리 및 고객 관계 관리 등의 교차 기능cross-functional 비즈니스 프로세스를 알아야 한다. ERP 소프트웨어는, 가장 기본적인 수준에서는, 조직 전체의 비즈니스 프로세스와 정보를 효율화하기 위해 비즈니스의 다양한 기능들을 하나의 완전

비즈니스 중심적 토론

챗봇 열풍

오늘날 챗봇은 다양한 기업의 마케팅 전략에서 활발히 사용되고 있으며, 다음은 이를 효과적으로 활용하고 있는 몇몇 기업의 사례이다.

- **세포라**Sephora: 인기 있는 화장품 소매업체인 세포라는 "Sephora Virtual Artist"라는 챗봇을 통해 사용자가 다양한 메이크업 제품을 가상으로 체험할 수 있도록 하며, 개인 맞춤형 제품 추천과 뷰티 튜토리얼, 팁을 제공한다.
- **H&M**: 유명한 패션 브랜드 H&M은 고객 서비스에 "H&M Assistant"라는 챗봇을 도입하여 고객의 제품 검색을 돕고, 스타일링 조언을 제공하며, 주문 상태 및 반품 관련 정보를 안내한다.
- **도미노 피자**Domino's Pizza: 도미노 피자는 "Domino's AnyWare"라는 챗봇을 통해 페이스북 메신저, 슬랙, 아마존 알렉사 등 다양한 메시징 플랫폼에서 손쉽게 주문할 수 있도록 지원함으로써 주문 과정을 간소화하고 있다.
- **메리어트 호텔**Marriott Hotel: 메리어트 호텔은 고객 경험 강화를 위해 "MC(Marriott ChatBot)"라는 챗봇을 도입하였다. 이 챗봇은 호텔 예약을 돕고, 편의시설 안내, 자주 묻는 질문 응답, 지역 추천 정보를 제공한다.
- **홀푸드 마켓**Whole Foods Market: 홀푸드는 "ChatGenie"라는 챗봇을 활용하여 고객과 소통하고 레시피를 추천한다. 사용자가 새로운 요리를 발견하고 요리 팁을 얻으며, 매장 내 제품 정보도 확인할 수 있도록 돕는다.

챗봇은 비즈니스에 다양한 장점을 제공하지만, 동시에 문제점도 발생할 수 있다. 예를 들어, 아마존Amazon에서 실제 직원과 대화하고 싶을 때 챗봇 외에는 선택지가 없는 경우가 있다. 이러한 점에서, 챗봇의 효율성과 인간 상담 지원의 균형을 유지하는 것은 우수한 고객 서비스를 제공하고 긍정적인 사용자 경험을 보장하는 데 필수적이다. 챗봇을 비즈니스에 활용할 때의 장점과 단점은 무엇인가? 어느 시점에서 챗봇의 사용을 멈추고, 실제 상담원이 고객 지원을 담당하도록 해야 하는가?

한 시스템으로 통합한다. 그래서 부서 간 장벽을 허물고 직원들이 업무를 보다 효율적으로 수행할 수 있도록 지원한다.

많은 조직들은 비즈니스 운영의 일관성을 유지하는 데 실패한다. 만약, 영업 부서가 마케팅, 회계 등의 다른 부서들을 고려하지 않고 새로운 시스템을 도입한다면, 기업 전체적으로 비일관성이 초래된다. 조직에 구축된 정보시스템들이 서로 소통하고 데이터 공유하는 것이 불가능한 경우가 종종 있다. 만약 영업부서에서 새로운 시스템을 구축했는데, 이것을 마케팅이나 회계 부서가 사용할 수 없거나, 정보를 다루는 방식이 서로 치하지 않는다면, 이 조직은 사일로silo처럼 운영이 고립될 수밖에 없다. 그림 8.27은 영업 데이터베이스의 데이터 샘플이고, 그림 8.28은 회계 데이터베이스의 데이터 샘플이다. 데이터 형식, 숫자, 식별자identifier에서 차이점을 확인해 보자. 데이터를 서로 연결하기가

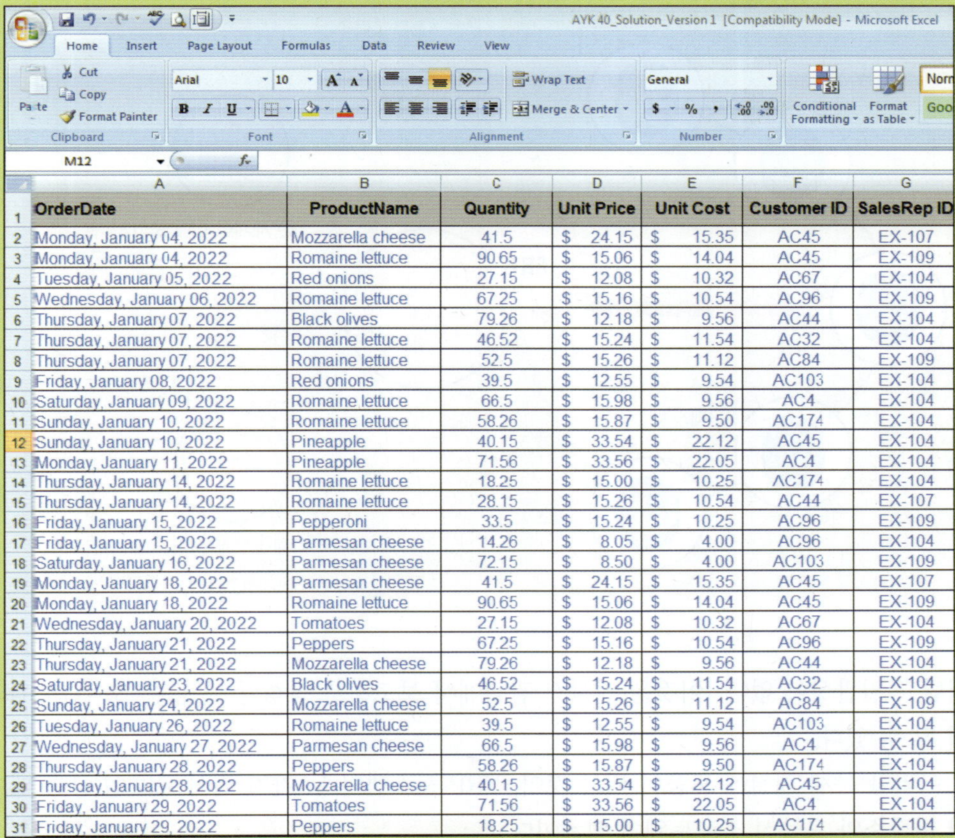

	OrderDate	ProductName	Quantity	Unit Price	Unit Cost	Customer ID	SalesRep ID
2	Monday, January 04, 2022	Mozzarella cheese	41.5	$ 24.15	$ 15.35	AC45	EX-107
3	Monday, January 04, 2022	Romaine lettuce	90.65	$ 15.06	$ 14.04	AC45	EX-109
4	Tuesday, January 05, 2022	Red onions	27.15	$ 12.08	$ 10.32	AC67	EX-104
5	Wednesday, January 06, 2022	Romaine lettuce	67.25	$ 15.16	$ 10.54	AC96	EX-109
6	Thursday, January 07, 2022	Black olives	79.26	$ 12.18	$ 9.56	AC44	EX-104
7	Thursday, January 07, 2022	Romaine lettuce	46.52	$ 15.24	$ 11.54	AC32	EX-104
8	Thursday, January 07, 2022	Romaine lettuce	52.5	$ 15.26	$ 11.12	AC84	EX-109
9	Friday, January 08, 2022	Red onions	39.5	$ 12.55	$ 9.54	AC103	EX-104
10	Saturday, January 09, 2022	Romaine lettuce	66.5	$ 15.98	$ 9.56	AC4	EX-104
11	Sunday, January 10, 2022	Romaine lettuce	58.26	$ 15.87	$ 9.50	AC174	EX-104
12	Sunday, January 10, 2022	Pineapple	40.15	$ 33.54	$ 22.12	AC45	EX-104
13	Monday, January 11, 2022	Pineapple	71.56	$ 33.56	$ 22.05	AC4	EX-104
14	Thursday, January 14, 2022	Romaine lettuce	18.25	$ 15.00	$ 10.25	AC174	EX-104
15	Thursday, January 14, 2022	Romaine lettuce	28.15	$ 15.26	$ 10.54	AC44	EX-107
16	Friday, January 15, 2022	Pepperoni	33.5	$ 15.24	$ 10.25	AC96	EX-109
17	Friday, January 15, 2022	Parmesan cheese	14.26	$ 8.05	$ 4.00	AC96	EX-104
18	Saturday, January 16, 2022	Parmesan cheese	72.15	$ 8.50	$ 4.00	AC103	EX-109
19	Monday, January 18, 2022	Parmesan cheese	41.5	$ 24.15	$ 15.35	AC45	EX-107
20	Monday, January 18, 2022	Romaine lettuce	90.65	$ 15.06	$ 14.04	AC45	EX-109
21	Wednesday, January 20, 2022	Tomatoes	27.15	$ 12.08	$ 10.32	AC67	EX-104
22	Thursday, January 21, 2022	Peppers	67.25	$ 15.16	$ 10.54	AC96	EX-109
23	Thursday, January 21, 2022	Mozzarella cheese	79.26	$ 12.18	$ 9.56	AC44	EX-104
24	Saturday, January 23, 2022	Black olives	46.52	$ 15.24	$ 11.54	AC32	EX-104
25	Sunday, January 24, 2022	Mozzarella cheese	52.5	$ 15.26	$ 11.12	AC84	EX-109
26	Tuesday, January 26, 2022	Romaine lettuce	39.5	$ 12.55	$ 9.54	AC103	EX-104
27	Wednesday, January 27, 2022	Parmesan cheese	66.5	$ 15.98	$ 9.56	AC4	EX-104
28	Thursday, January 28, 2022	Peppers	58.26	$ 15.87	$ 9.50	AC174	EX-104
29	Thursday, January 28, 2022	Mozzarella cheese	40.15	$ 33.54	$ 22.12	AC45	EX-104
30	Friday, January 29, 2022	Tomatoes	71.56	$ 33.56	$ 22.05	AC4	EX-104
31	Friday, January 29, 2022	Peppers	18.25	$ 15.00	$ 10.25	AC174	EX-104

그림 8.27

판매 정보의 예

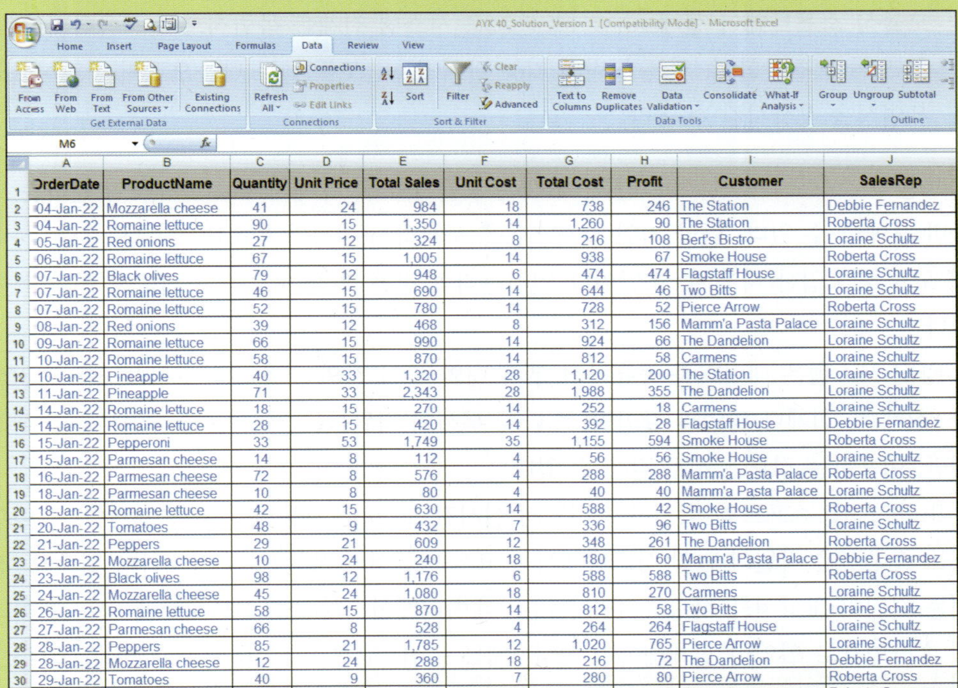

	OrderDate	ProductName	Quantity	Unit Price	Total Sales	Unit Cost	Total Cost	Profit	Customer	SalesRep
2	04-Jan-22	Mozzarella cheese	41	24	984	18	738	246	The Station	Debbie Fernandez
3	04-Jan-22	Romaine lettuce	90	15	1,350	14	1,260	90	The Station	Roberta Cross
4	05-Jan-22	Red onions	27	12	324	8	216	108	Bert's Bistro	Loraine Schultz
5	06-Jan-22	Romaine lettuce	67	15	1,005	14	938	67	Smoke House	Roberta Cross
6	07-Jan-22	Black olives	79	12	948	6	474	474	Flagstaff House	Loraine Schultz
7	07-Jan-22	Romaine lettuce	46	15	690	14	644	46	Two Bitts	Loraine Schultz
8	07-Jan-22	Romaine lettuce	52	15	780	14	728	52	Pierce Arrow	Roberta Cross
9	08-Jan-22	Red onions	39	12	468	8	312	156	Mamm'a Pasta Palace	Loraine Schultz
10	09-Jan-22	Romaine lettuce	66	15	990	14	924	66	The Dandelion	Loraine Schultz
11	10-Jan-22	Romaine lettuce	58	15	870	14	812	58	Carmens	Loraine Schultz
12	10-Jan-22	Pineapple	40	33	1,320	28	1,120	200	The Station	Loraine Schultz
13	11-Jan-22	Pineapple	71	33	2,343	28	1,988	355	The Dandelion	Loraine Schultz
14	14-Jan-22	Romaine lettuce	18	15	270	14	252	18	Carmens	Loraine Schultz
15	14-Jan-22	Romaine lettuce	28	15	420	14	392	28	Flagstaff House	Debbie Fernandez
16	15-Jan-22	Pepperoni	33	53	1,749	35	1,155	594	Smoke House	Roberta Cross
17	15-Jan-22	Parmesan cheese	14	8	112	4	56	56	Smoke House	Loraine Schultz
18	16-Jan-22	Parmesan cheese	72	8	576	4	288	288	Mamm'a Pasta Palace	Roberta Cross
19	18-Jan-22	Parmesan cheese	10	8	80	4	40	40	Mamm'a Pasta Palace	Loraine Schultz
20	18-Jan-22	Romaine lettuce	42	15	630	14	588	42	Smoke House	Roberta Cross
21	20-Jan-22	Tomatoes	48	9	432	7	336	96	Two Bitts	Loraine Schultz
22	21-Jan-22	Peppers	29	21	609	12	348	261	The Dandelion	Roberta Cross
23	21-Jan-22	Mozzarella cheese	10	24	240	18	180	60	Mamm'a Pasta Palace	Debbie Fernandez
24	23-Jan-22	Black olives	98	12	1,176	6	588	588	Two Bitts	Roberta Cross
25	24-Jan-22	Mozzarella cheese	45	24	1,080	18	810	270	Carmens	Loraine Schultz
26	26-Jan-22	Romaine lettuce	58	15	870	14	812	58	Two Bitts	Loraine Schultz
27	27-Jan-22	Parmesan cheese	66	8	528	4	264	264	Flagstaff House	Loraine Schultz
28	28-Jan-22	Peppers	85	21	1,785	12	1,020	765	Pierce Arrow	Loraine Schultz
29	28-Jan-22	Mozzarella cheese	12	24	288	18	216	72	The Dandelion	Debbie Fernandez
30	29-Jan-22	Tomatoes	40	9	360	7	280	80	Pierce Arrow	Roberta Cross

그림 8.28

회계 정보의 예

그림 8.29

ERP 시스템 개요

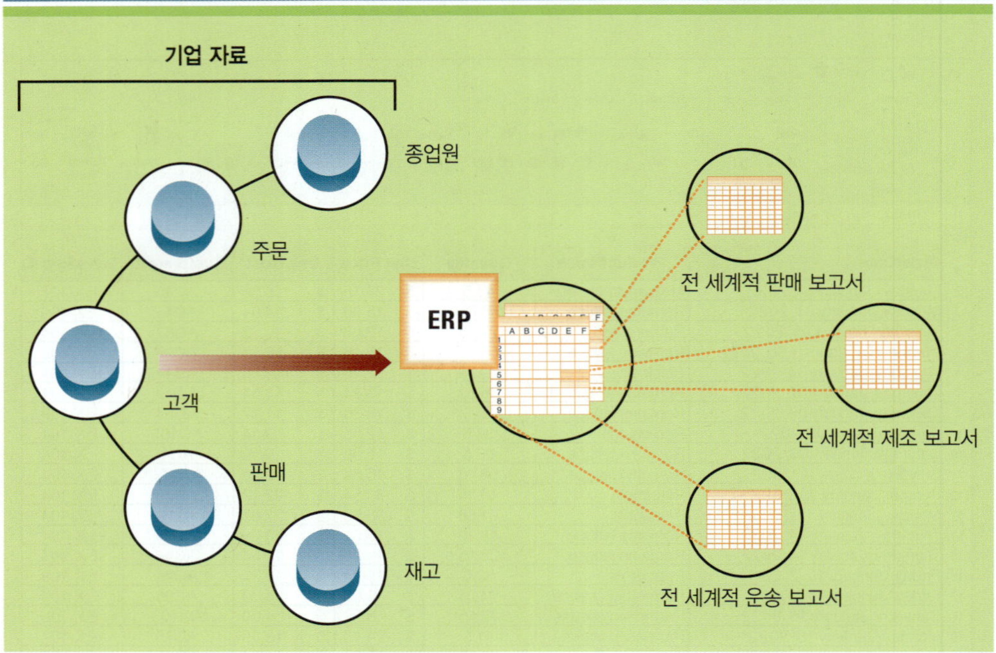

어렵고 일관성이 없다. 이것은 전사적 관점에서 보고서를 작성할 때 많은 오 류의 원인이 될 수 있다.

이러한 문제 해결에 도움이 되는 것이, ERP 시스템의 두 가지 핵심 요소인 공통 데이터 저장소와 모듈식 소프트웨어 설계이다.

- **공통 데이터 저장소**common data repository: 회사의 모든 부서가 실시간으로 정보를 저장 하고 검색할 수 있게 하여, 정보의 신뢰성과 접근성을 높인다.
- **모듈식 소프트웨어 설계**modular software design: 시스템 전체를 독립적으로 사용하거나 다른 모듈과 결합할 수 있는 일련의 기능 단위(또는, 모듈)들로 나눔으로써 비즈니스의 유연성을 향상시킬 수 있다.

모듈식 소프트웨어 설계로 인해, 고객은 모듈들을 믹스 매치mix and match하여 원하는 모듈만 구매할 수 있다. 만약 기업이 시스템을 서서히 구현하기 원하면, 회계와 같은 하나의 모듈을 도입한 다음에, 조달이나 일정관리와 같은 추가 모듈을 도입하여 통합할 수 있다.

ERP 시스템은 데이터를 공유하여 부서 내와 부서 간의 비즈니스 프로세스를 지원한다. 실제로, 회계나 영업과 같이 서로 다른 부서의 직원들은 자신의 고유 업무를 수행하지만, 이용하는 정보는 서로 같을 수 있다.

또한, ERP 소프트웨어는 어느 정도의 실시간 보고 및 자동화 기능을 제공한다. 일부 ERP 솔루션은 직원이 단일 시스템에서 보고서를 끌어다 쓰는 것을 가능하게 해준다. 전에는 직원이 보고서를 작성하려면 분리된 데이터베이스와 스프레드시트에 있는 데이터를 수작업으로 일일이 집계해야만 했다. 예를 들어, 고객 주문이 재무 시스템에 자동으로 입력되어 수동으로 재입력할 필요가 없다. 따라서 영업 부서는 주문을 더 빠르고 정확하게 처리할 수 있고, 재무 부서는 장부를 더 빨리 마감할 수 있게 된다. 또다른 ERP 시스템은 포털이나 대시보드 기능을 포함하고 있어서 주요 지표에 대한 비즈니스 성과를 빠르게 확인할 수 있다.

그림 8.29는 ERP 시스템이 어떻게 기업 전체의 자료를 연결 · 통합하고, 전사적 차원의 기업 보고서들을 작성하는지를 보여준다. 당초에 ERP는 모든 정보를 하나의 "전사적 enterprise" 시스템에 넣은 다음, 조직 내 모든 비즈니스 프로세스를 감당한다고 약속했다. 불행히도 ERP 솔루션은 조직 프로세스의 15~20% 정도만을 감당함으로써 당초의 약속을 지키지 못했다. 현재 많은 조직들은 지식을 사일로silo에 보관하고 선택된 소수가 이를 관리하고 있다. 아직은 지식을 조직 전체적으로 공유할 능력이 없기 때문에 비즈니스 운영 전반에서 불일치가 야기되고 있다. 이점은 ERP가 앞으로 풀어야 할 과제이다.

ERP 시스템의 심장은 중앙의 데이터베이스이다. 이것이 ERP 시스템의 모든 개별 컴포넌트들(일명 모듈)로부터 정보를 수집하고 또한 이들에게 필요한 정보를 공급해 줌으로써 회계, 제조, 마케팅, 인사와 같은 다양한 비즈니스 기능을 지원한다. 한 사용자가 어떤 한 모듈에 정보를 입력하거나 수정하면, 그림 8.30과 같이 전체 시스템에 즉시 자동으로 업데이트된다. ERP 시스템은 주문 처리와 같은 비즈니스 프로세스를 자동화한다. 즉, 고객으로부터 주문을 받으면, 자동으로 구매한 상품을 배송하고, 청구서를 발행한다. 고객 서비스 담당자는 ERP 시스템을 이용하여 고객의 주문을 받는 즉시 (고객의 신용 등급과 주문 내역, 회사의 재고 수준, 배송 일정 등) 주문 처리에 필요한 모든 정보를 알 수 있다. 회사의 모든 사람들은 동일한 정보를 보고, 새 주문 내역이 들어 있는 데이터베이스에 액세스할 수 있다. 한 부서의 주문 처리 업무가 완료되고 나면, ERP 시스템은 해당 업무를 다음 부서로 자동 이관한다. 주문 처리 업무가 어느 단계에서 처리 중인지 알고 싶다면, 그림 8.31과 같이 ERP 시스템에 로그인하고 추적하기만 하면 된다.

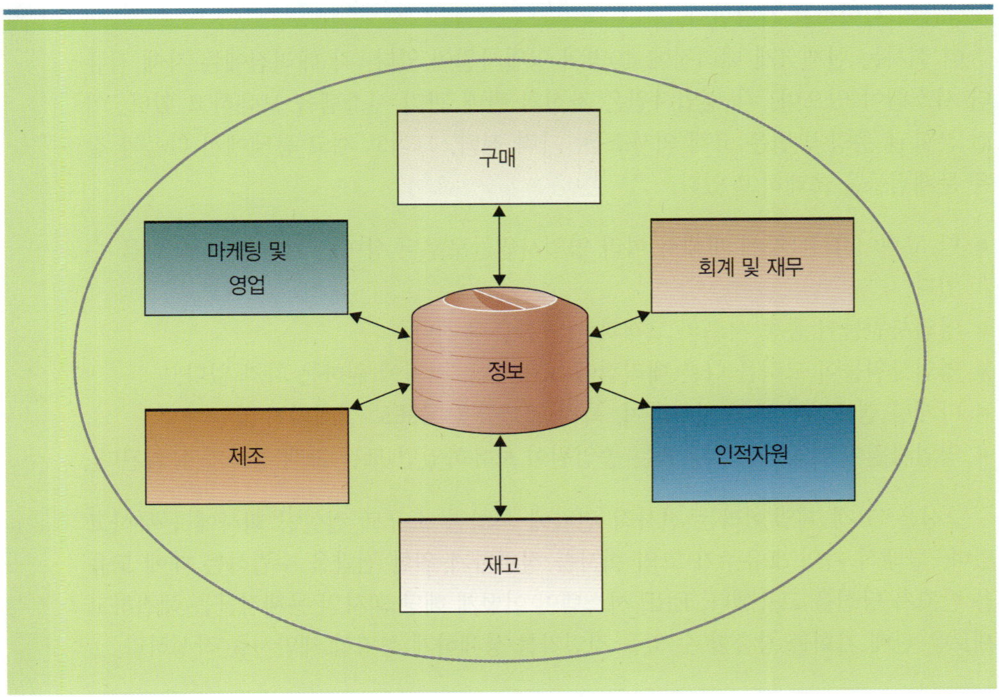

그림 8.30

ERP 통합 데이터 흐름

그림 8.31

ERP 프로세스 흐름

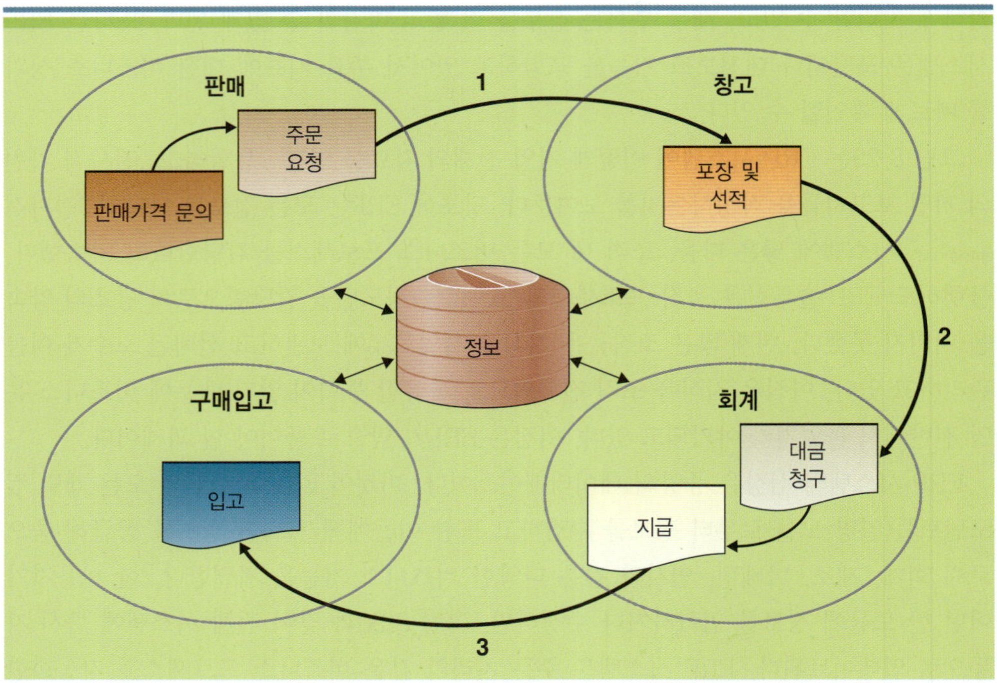

비즈니스 중심적 스킬셋

클래식 카

클래식 카Classic Cars Inc.는 고급 자동차를 판매하는 고급 자동차 딜러이다. 이 회사는 다양한 재고, 고급 기술자들, 특히 각 대리점마다 마련된 카푸치노 바를 포함하는 최상급의 서비스를 자랑한다.

이 회사는 현재 4개 대리점에 40명의 영업사원이 있다. 각 대리점에는 자체 컴퓨터 시스템이 있으며, 각 영업사원은 자신의 판매 관리 시스템을 보유하고 있다. 이런 분할된 운영 방법은 고객 의사소통, 가격 전략, 그리고 재고 통제에서 다음과 같은 문제점들을 초래하고 있다.

- 한 고객이 같은 차에 대해서 여러 영업사원들로부터 상이한 가격을 제안 받을 수 있다.
- 영업사원들이 종종 서로의 고객과 커미션을 훔친다.
- 영업사원들이 고객을 다른 대리점에 보내지만, 거기에 원하는 차가 없다.
- 마케팅 캠페인이 보통 밋밋하며, 특정 고객들을 목표로 설계되지 않는다.
- 영업사원이 이직하는 경우에는 종업원이 보유하였던 모든 고객 정보가 유실된다.

당신은 '고객 제일'이라는 전사적 전략에 특화한 소규모 컨설팅 회사에 근무하고 있다. 클래식 카의 소유주가 그의 회사를 정비하기 위한 전략을 수립하는 데에 도움을 받고자 당신을 고용했다. ERP 시스템이 어떻게 해당 회사의 문제점들을 해결하고 새로운 판매 기회를 창출할 수 있을 것인가를 상세하게 설명할 제안서를 작성하라.

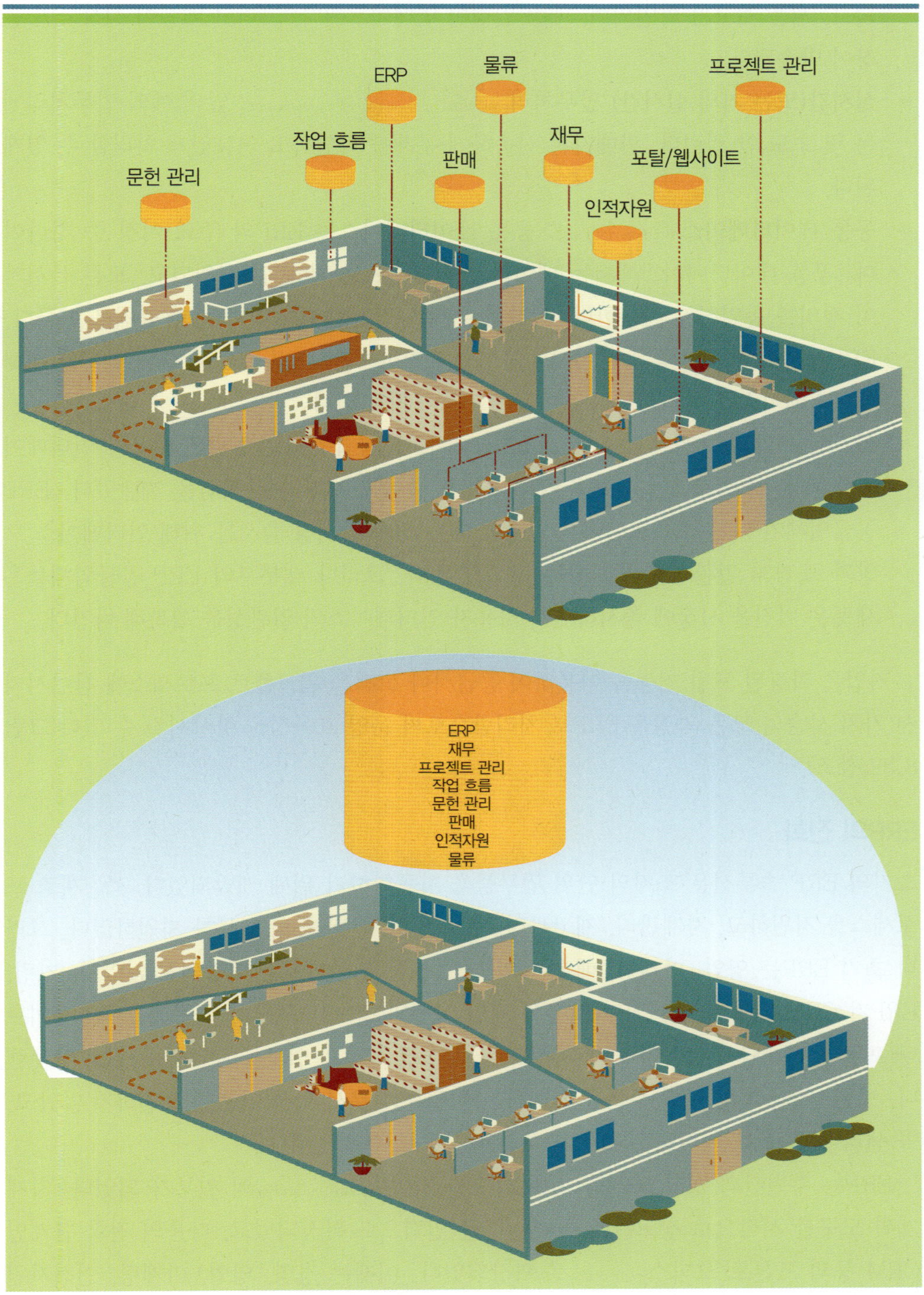

그림 8.32

ERP 도입 이전과 이후의 조직

전통적으로 대부분의 조직은 정보를 특정 부서 내의 데이터베이스나 파일 캐비닛이나 직원의 PC에 분리하여 관리하였다. ERP는 조직 전체의 직원들이 하나의 중앙 집중식 데이터베이스를 이용하여 정보를 공유하도록 함으로써 다음과 같은 이점을 제공한다.

- **전사적 통합**enterprisewide integration: 부서와 기능을 가로지르는 비즈니스 프로세스들이 단대단end-to-end 통합된다. 예를 들어, 새로운 주문이 들어오면 자동으로 신용 조회가

되고, 제품 재고가 확인되며, 배송 일정이 업데이트된다. 그리고 배송이 시작되면 송장이 발송된다.

- **실시간(또는 거의 실시간) 업무처리**real-time or near real-time operation: 앞의 예의 업무처리에는 몇 초도 안 걸린다. 판매자는 신속하게 문제를 확인하고 여유있게 처리할 수 있게 된다.
- **공통 데이터베이스**common database: 공통 데이터베이스는 ERP의 주요 이점 중 하나이다. 공통 데이터베이스에서는 데이터가 전사적으로 한 번만 정의되고, 모든 부서가 이 정의를 동일하게 사용한다. 각각의 부서는 결정된 데이터 표준과 규칙을 따른다. ERP에서는 하나의 공통 데이터베이스를 유지하지만, 어떤 ERP는 성능 향상을 위해 데이터베이스를 물리적으로 분할하여 사용하기도 한다.
- **일관된 모양과 느낌**consistent look and feel: 초기 ERP 공급업체는 일관된 사용자 인터페이스를 갖춘 소프트웨어가 교육훈련 비용을 줄이고 보다 전문적임을 깨달았다. ERP 공급업체가 다른 소프트웨어를 인수할 때는 신속한 시장 출시를 위해 인터페이스 모양과 느낌의 일관성을 포기하는 경우가 있다. 그러나 대부분의 ERP 공급업체들은 새로운 버전을 시장에 출시하면서 사용자 인터페이스의 일관성을 회복해 나간다.

기업은 확장된 포털 기능을 이용하여 공급사나 고객을 워크플로 프로세스에 참여시켜서 가치 사슬의 모든 과정을 ERP로 처리함으로써 운영 효율성을 향상시킬 수 있다(그림 8.32 참조).

ERP의 진화

초기의 ERP 솔루션은 조직의 단위 업무들을 자동화하기 위해 개발되었다. 즉, 제조 프로세스를 지원하고, 자재관리, 재고관리, 주문 입력, 운반 등의 업무를 지원하였다. 그러나 초기 ERP는 영업, 마케팅, 배송 등의 다른 기능 영역까지는 확장되지 않았다. 가령, ERP가 CRM 기능과 연계되지 않아서 개별 고객의 정보를 포착하지 못했고, 웹 사이트나 포털과 연계되지 않아서 고객 서비스나 주문 접수 등의 업무를 ERP가 지원하지 못했다. 또한, 계약서 및 구매 주문을 처리하는데 필요한 문서 작성 기능을 지원하지 않았고, 콜 센터나 품질 보증 직원은 ERP 솔루션을 활용할 수 없었다.

ERP는 수년간의 성장 과정을 거쳐 확장된 기업extended enterprise의 일부가 되었다. 자재계획 도구를 시작으로 창고관리, 배송, 주문 입력으로 확장되었고, 다음의 진화 단계인 CRM 등의 프론트 오피스front office로 확장되었다. 이제는 경영, 영업, 마케팅, 인적자원 등의 영역에서 명실상부한 전사적 도구로서 공유되고 있다. 오늘날 기업은 기능 수준에서 경쟁compete on a functional level하기 위해 ERP를 전사적으로 접근해야 한다. 즉, 인터넷을 이용하고, 가치 사슬의 모든 영역을 연결해야 한다. 그림 8.33은 전체 조직의 요구를 충족하기 ERP가 어떻게 성장해 왔는지를 보여준다.

SCM, CRM, ERP와 같은 애플리케이션은 e비즈니스의 근간이다. 이러한 애플리케이션을 통합Integration하는 것은 많은 기업에게 성공의 열쇠가 된다. 애플리케이션 통합으로 정보 잠금이 해제되고, 모든 사용자가 정보를 언제 어디서나 이용할 수 있게 된다.

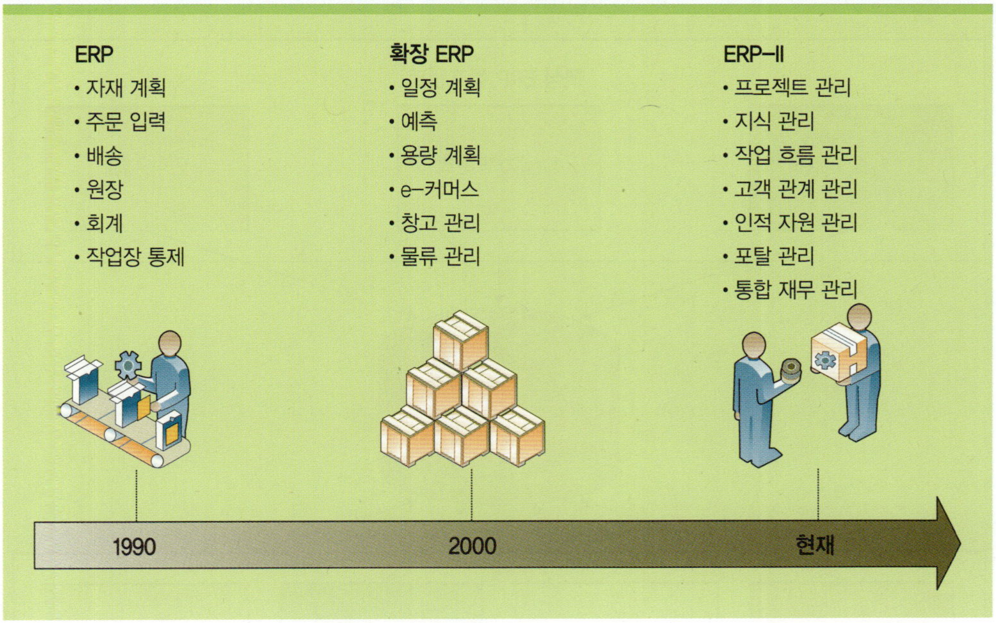

그림 8.33

ERP의 발전

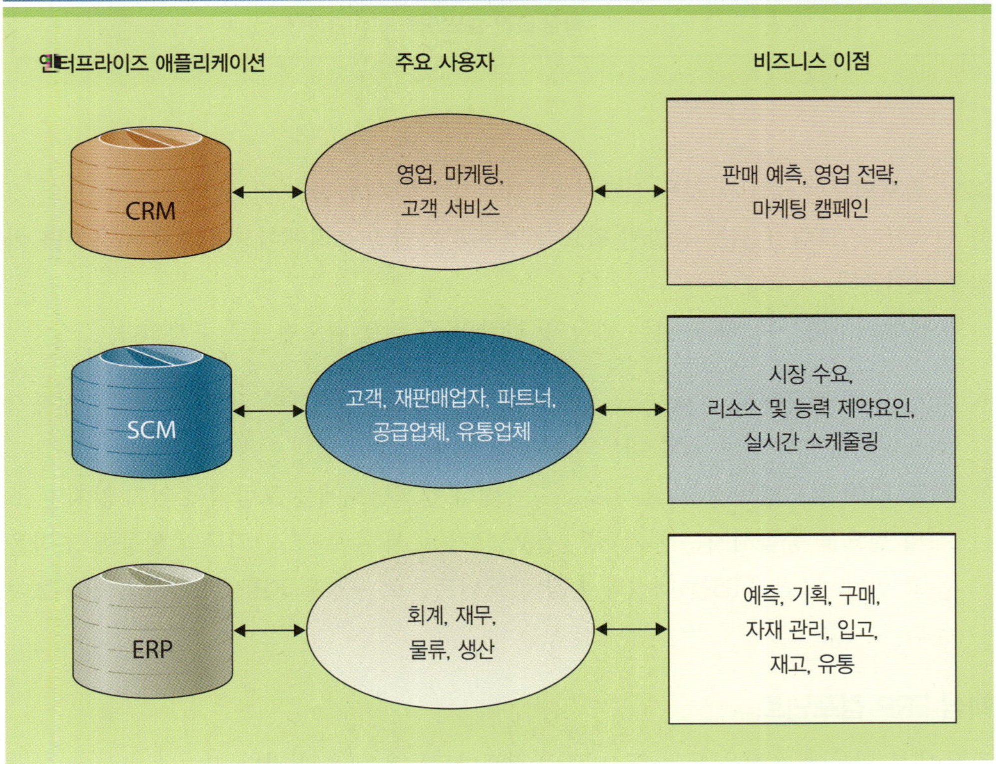

그림 8.34

주요 사용자와 전략적 비즈니스 이점

오늘날 대부분의 조직은 분리된 SCM, CRM, ERP 애플리케이션을 통합해야 한다. 한 벤더가 조직의 모든 요구를 충족할 수 없고, 조직은 어플리케이션들을 여러 벤더들로부터 구매할 수밖에 없다. 결과적으로, 조직은 시스템을 통합해야 하는 과제에 직면하게 된다. 예를 들어, 한 기업이 CRM 컴포넌트는 SalesForce.com의 것을 선택하고,

그림 8.35

핵심 ERP 컴포넌트와 확장 ERP 컴포넌트

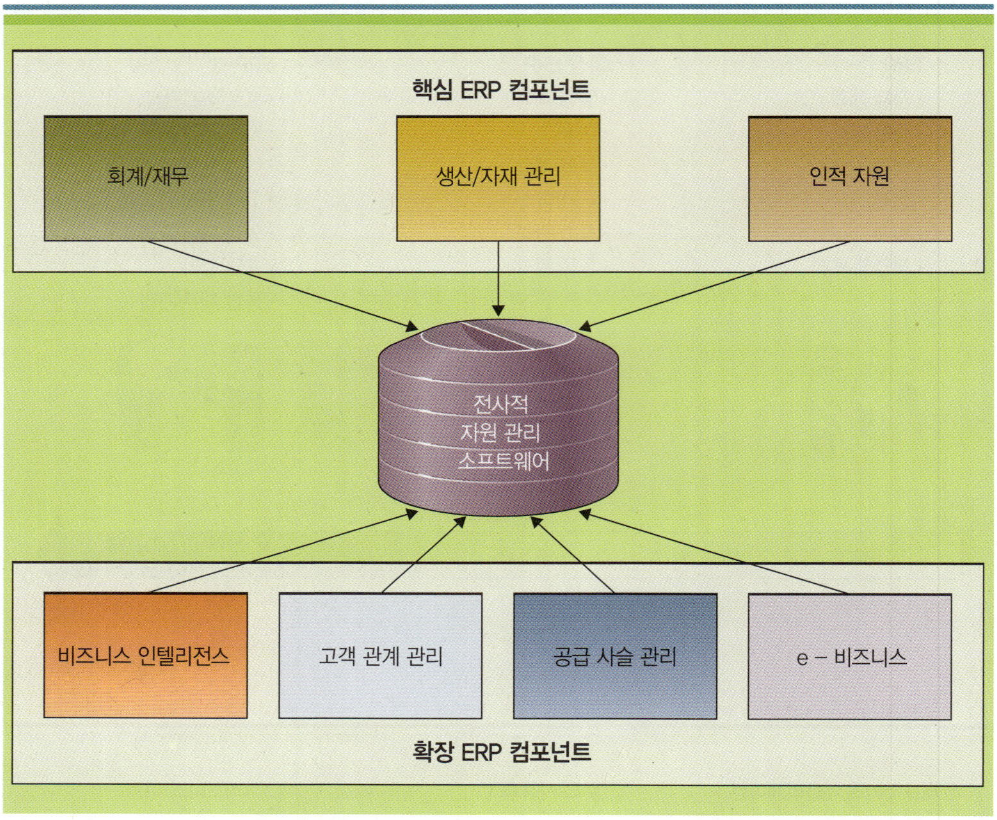

SCM 컴포넌트는 SAP의 것을 선택하며, 재무 및 인적자원관리 컴포넌트는 Oracle의 것을 선택한다. 그림 8.34는 통합될 필요가 있는 각각의 어플리케이션과 주요 사용자와 이점을 보여준다.

현 세대의 ERP, 즉 ERP-II는 핵심 및 확장의 두 주요 컴포넌트로 구성된다.

- **핵심 ERP 컴포넌트**core ERP components는 대부분의 ERP 시스템에 포함되어 있는 전통적 컴포넌트들로서 주로 조직 내부의 활동에 초점을 두고 있다.
- **확장 ERP 컴포넌트**extended ERP components는 핵심 컴포넌트에는 포함되어 있지 않지만 조직의 필요를 충족시키는 부가적인 컴포넌트들로서 주로 조직 외부의 활동에 초점을 두고 있다. 그림 8.35는 핵심과 확장 컴포넌트들로 구성된 ERP 시스템의 예를 보여준다.

핵심 ERP 컴포넌트

조직 내부 활동에 초점을 두는 핵심 ERP 컴포넌트들은 다음과 같다.

1. 회계 및 재무
2. 생산 및 자재 관리
3. 인적 자원

회계 및 재무 **회계 및 재무 ERP 컴포넌트**accounting and finance ERP components는 회사 내부의 회

계 자료와 재무 프로세스를 관리한다. 이것은 총계정 원장, 지불 계정, 수취 계정, 예산, 자산 관리 등의 기능을 가지고 있다. 이 컴포넌트의 가장 유용한 기능 중의 하나는 신용 관리이다. 대부분의 조직들은 신용 한도 설정을 통해, 즉 고객이 한 번에 얼마나 많이 가져갈 수 있는가 하는 한도를 설정함으로써 고객과의 관계를 관리한다. ERP 재무 시스템은 고객이 주문을 요청하면 자동으로 그 고객의 계정 잔고를 체크하여 신용 거래가 얼마만큼 가능한지를 알려준다. 이것은 또한 다양한 유형의 진보된 수익성 모델 기법들을 가지고 있다.

생산 및 자재 관리 **생산 및 자재 관리 ERP 컴포넌트**production and material management ERP components는 수요 예측, 생산 일정, 작업 원가 계산, 품질 관리 등과 같은 생산 계획 및 집행의 모든 부분을 다룬다. 수요 예측은 생산 일정과 자재 구매를 결정하는 데에 도움이 된다. 자체 제품을 생산하는 기업은 상세한 생산 일정을 준비하며, 재판매를 위해서 제품을 구매하는 기업은 자재 소요 계획MRP을 작성한다.

인적 자원 **인적 자원 ERP 컴포넌트**human resource ERP components는 급료, 복리 후생, 보상, 실적 평가 등을 포함하는 직원 정보를 관리하며 법률을 준수하는지를 확인한다. 이것은 직원을 상세하게 분석한다. 가령, 추가적인 보상이나 복리 후생이 제공되지 않으면 이직할 가능성이 높은 직원을 확인하고, 가장 중요한 부서에 가장 유능한 직원이 배치되어 일하고 있는지를 분석한다. 이것은 또한 어떤 직원이 어떤 자원(예를 들어 온라인 훈련이나 장거리 전화 통화와 같은)을 많이 사용하는지도 확인할 수 있다.

확장 ERP 컴포넌트

모든 기업이 사람을 관리하고, 제품과 서비스를 구매하며, 무언가를 판매(제공)하고, 돈을 셈한다. 이러한 각 활동이 처리되는 방식은 다르지만, 기업이라면 모두 이러한 기본 기능을 수행한다. 이러한 프로세스들은, 대부분의 경우, 함께 작동하지 않는 여러 애플리케이션보다는 통합된 애플리케이션으로 처리하도록 하는 것이 더 효과적이다. 이것이 전사적 자원 관리ERP 시스템이 필요한 이유다.

초기 ERP는 제조 회사를 위해 제작되었다. 그러나 사용범위가 서비스 산업, 고등 교육 기관, 호텔, 의료, 금융 서비스, 정부 등으로 넓어졌다. 각각의 산업은 고유한 특성이 있다. 예를 들어, 정부기관은 ERP가 기존의 구매 방식 대신에 계약 주기 관리Contract Lifecycle Management, CLM 방식을 지원하고, GAAP가 아닌 정부 회계 규칙을 준용하기 원한다. 은행은 ERP가 수표, 신용 카드, 직불 카드 등의 다양한 백오피스 결제 프로세스를 지원하기 원한다.

확장 ERP 컴포넌트는 핵심 컴포넌트에는 포함되어 있지 않지만 조직의 필요를 충족시키는 부가적인 컴포넌트들로 주로 조직의 외부 활동에 초점을 두고 있다. 확장 ERP 컴포넌트의 대부분은 인터넷을 기반으로 하며 조직 외부의 고객, 공급자, 사업 파트너 등과의 상호작용을 담당한다. 가장 일반적인 확장 ERP 컴포넌트들은 다음과 같다.

1. 비즈니스 인텔리전스

2. 고객 관계 관리
3. 공급 사슬 관리
4. e-비즈니스

비즈니스 인텔리전스 ERP 컴포넌트business intelligence ERP components 많은 조직은 ERP 도구에 강력한 비즈니스 인텔리전스 시스템을 추가함으로써 많은 가치를 창출할 수 있다는 것을 발견했다. ERP 시스템의 비즈니스 인텔리전스 컴포넌트는 다른 ERP 컴포넌트에서 사용되는 정보는 물론 조직 전체에서 사용되는 정보를 수집하고, 조직화하며, 분석도구를 이용하여 관리자들의 의사결정을 지원한다.

고객 관계 관리 ERP 컴포넌트customer relationship management ERP components ERP 공급사들은 과거에는 CRM 시스템에만 있던 기능들을 ERP 시스템에 추가하였다. ERP 시스템 내의 CRM 컴포넌트들은 고객 접촉 센터(콜센터), 판매 조직 자동화, 그리고 첨단 마케팅 기능 등을 포함한다. 그 목적은 기업이 가장 가치 있는(또는 가치 없는) 고객을 발견함으로써 마케팅 자원을 좀 더 잘 배분함과 동시에 고객의 필요와 요구에 좀 더 잘 반응함으로써 고객 관계를 좀 더 효과적으로 관리할 수 있도록 고객 자료에 대한 통합된 관점을 제공하는 것이다.

공급 사슬 관리 ERP 컴포넌트supply chain management ERP components ERP 공급사들은 SCM 기능을 ERP 시스템에 포함하여 확장하고 있다. 그래서 공급 사슬 단계 내부 및 단계 간의 정보 흐름을 관리하여 전체 공급 사슬의 효과성과 수익성을 극대화하고 있다. SCM 컴포넌트들은 기업이 원자재의 취득에서 고객의 최종 제품 수취에 이르는 공급 사슬의 전체 단계들을 추적하고 통제할 수 있게 한다.

e-비즈니스 ERP 컴포넌트e-business ERP components 가장 최신의 확장 ERP 컴포넌트는 e-비즈니스 컴포넌트이다. 이것은 기업이 인터넷에서 사업하는 것을 가능하게 하고, 주문을 받고 처리하는 것을 가능하게 한다. 많은 기업들이 전체 조직을 ERP 시스템에서 적절히 통합하지 않고 온라인 비즈니스에 뛰어드는 실수를 범한다. 한 대형 장난감 제조회사는 크리스마스 일주일 전에 그 어떤 온라인 주문도 충족시킬 수 없다고 발표했다. 왜냐하면 이 회사는 모든 장난감을 창고에 갖고 있었으나, 장난감을 적시에 고객에게 배달하는데 필요한 기본적인 주문 처리 기능을 소화할 수 없었기 때문이다.

ERP 성공을 측정하기

ERP 시스템의 성과를 측정하기가 쉽지 않기 때문에 성공을 확신하기란 쉽지 않다. 왜냐하면 하나의 시스템이 전체 조직을 포괄하고 있고, 수천 명의 직원들이 전 세계적으로 활동하고 있기 때문이다. 기업의 운영 활동을 최적화하는 데에는 상당한 시간과 노력이 소요된다.

ERP 실패의 두 가지 주요 원인은 소프트웨어 맞춤화와 ERP의 비용이다.

- **소프트웨어 맞춤화**software customization: 보편적인 용도에서 사용되는 기존의 소프트웨어

소프트웨어 맞춤화	
비즈니스 프로세스 또는 작업 흐름	비즈니스나 부서는 제각각 고유한 비즈니스 프로세스나 작업 흐름을 갖고 있다. 이러한 고유한 요구를 지원하도록 소프트웨어를 맞춤화할 수 있다.
코드 변경	애플리케이션 코드를 수정해야 할 때 맞춤화의 비용이 매우 높아진다. 기업은 코드 변경으로 경쟁 우위를 얻을 수 있을 때에 한해서만 코드를 변경해야 한다.
통합	여러 기능 영역들과 구형 시스템들legacy systems을 가로지르는 비즈니스 프로세스를 지원하려면 데이터 통합이 필수적이다.
보고서, 서류, 양식	보고서, 서류, 양식 등의 맞춤화는 레이아웃이나 디자인과 같은 단순한 변경이 있는가 하면, 특정 비즈니스 요구를 맞추기 위한 프로그래밍 규칙 논리의 복잡한 변경도 있다.
사용자 인터페이스 변경	각 사용자가 애플리케이션을 효율적이고 효과적으로 보고 이용할 수 있도록 ERP 시스템을 맞춤화할 수 있다.

그림 8.36

소프트웨어 맞춤화의 예

ERP 비용	
소프트웨어 비용	대기업의 경우 소프트웨어 구입비용은 수백만 달러에 달한다.
컨설팅 비용	시스템을 제대로 구현하기 위해 외부 전문가를 고용하려면 수백만 달러의 비용이 든다.
프로세스 재작업	기업의 프로세스가 가장 효율적이고 효과적일 수 있도록 하려면 프로세스를 재설계해야 한다.
맞춤화	만약 소프트웨어 패키지가 기업의 모든 요구를 충족시키지 못한다면 소프트웨어를 맞춤화할 수 있다.
통합	ERP 시스템의 여러 기능들은 당연히 통합적으로 잘 운영되어야 하지만, ERP 시스템과 전혀 관련이 없는 별개의 시스템들도 통합적으로 잘 운영되어야 한다.
테스팅	개개의 기능들이 모두 잘 작동되는지 테스트해야 하고, 각 기능들이 모인 전체가 잘 작동되는지도 테스트해야 한다.
교육훈련	모든 신규 사용자들이 교육훈련을 받도록 해야 하고, 교육훈련용 사용자 매뉴얼도 작성해야 한다.
데이터 웨어하우스 통합 및 데이터 변환	구형 시스템에서 신형 ERP 시스템으로 데이터를 이관해야 한다.

그림 8.37

ERP 비용

를 비즈니스나 사용자의 요구에 맞추어 수정하는 것을 의미한다.

ERP 시스템은 비즈니스 프로세스와 잘 맞아야 한다. 따라서 많은 기업들은 ERP 시스템이 자신의 비즈니스와 사용자의 요구를 충족시킬 수 있도록 ERP 시스템을 맞춤화하는 방식을 선택한다. 그림 8.36은 성공적인 ERP 구현을 위해 기업이 선택할 수 있는 소프트웨어 맞춤화의 다양한 방식을 보여준다.

맞춤화를 많이 하면 코드가 복잡해지기 때문에 지속적으로 유지 보수해야 하는 일이 많이 발생한다. ERP 시스템을 맞춤화하는 데는 비용이 많이 소요되고 복잡하다. 그래서 맞춤화는 명확한 비즈니스 우위를 달성할 수 있을 때에만 추진해야 한다. 메타 그룹Meta Group에 따르면, 일반 기업이 ERP 시스템으로부터 어떤 혜택을 얻으려면 8~18개월이 소요된다. 그림 8.37에 나타난 바와 같이 비용은 ERP 도입에 따른 리스크의 주요 요인이다.

ERP를 이용한 조직 통합

ERP의 목적은 통합integration이다. 즉, 조직의 모든 시스템들을 하나로 통합하여 온전히 작동하도록 하고, 비즈니스 및 사용자의 모든 요구를 충족시키며, 높은 성과를 달성할 수 있도록 하는 것이다. 기존의 ERP 시스템은 대부분 고객사의 사내, 즉 사무실에서 접근이 가능하였다. 내일의 ERP 시스템은 조직이 의사결정에 컨텍스트context를 적용하고, 변화하는 이벤트changing events에 더 쉽게 적응하도록 해줄 것이다. 그래서 앞으로의 ERP 시스템은 사용성, 편재성, 접근성, 이동성을 제공하며 다음과 같은 많은 이점을 가져올 것이다.

- 높은 비용 효율성
- 시장 출시 기간 단축
- 더 많은 모바일 업무
- 더 나은 데이터 활용으로 통찰력 제공
- 신제품 개발

ERP 데이터셋

기업에서 활용되는 ERP 데이터는 산업, 운영 방식, 분석 목적에 따라 다양하게 구성된다. 다음은 여러 산업에서 일반적으로 사용되는 주요 ERP 데이터셋의 예시이다.

- **판매 및 고객 데이터**sales and customer data: 고객의 인구통계학적 정보, 구매 이력, 거래 내역, 판매량, 수익 등을 포함한다. 기업은 이 데이터를 통해 고객 행동을 분석하고, 판매 추세를 파악하며, 마케팅 전략을 개선할 수 있다.
- **마케팅 캠페인 데이터**marketing campaign data: 캠페인의 도달 범위, 참여 지표, 전환률, 고객 반응 등 마케팅 캠페인과 관련된 데이터를 포함한다. 이를 통해 캠페인 효과를 평가하고 마케팅 활동을 최적화할 수 있다.
- **웹 분석 데이터**web analytics data: 웹사이트 트래픽, 사용자 행동, 페이지 조회 수, 클릭률, 이탈률, 전환 지표 등을 추적하는 데이터이다. 이 데이터는 웹사이트 성능, 사용자 경험, 온라인 마케팅 효과에 대한 통찰을 제공한다.
- **공급망 및 재고 데이터**supply chain and inventory data: 재고 수준, 공급업체 정보, 주문 이력, 배송 데이터, 물류 세부사항 등을 포함한다. 기업은 이 데이터를 활용하여 공급망 운영을 최적화하고 재고를 효율적으로 관리할 수 있다.
- **재무 데이터**financial data: 재무제표, 재무상태표, 손익계산서, 현금 흐름 데이터, 주요 재무 비율 등을 포함한다. 이 데이터는 기업의 재무 건전성과 수익성을 분석하고 전반적인 재무 성과를 평가하는 데 활용된다.

그림 8.38
선택 가능한 ERP 구현 방법

- **인사 데이터**human resources data: 직원의 인구통계 정보, 직무, 성과 평가, 보상 내역, 출결 기록 등을 포함한다. 기업은 이 데이터를 통해 인력 계획을 수립하고, 인재를 확보하며, 성과를 평가하고, 직원 몰입도를 향상시킬 수 있다.
- **고객 지원 데이터**customer support data: 고객 문의, 지원 티켓, 문제 해결 소요 시간, 고객 만족도, 피드백 등으로 구성된다. 이를 통해 고객 서비스 품질을 개선하고, 반복되는 문제를 식별하며, 고객 만족을 높일 수 있다.
- **소셜 미디어 데이터**social media data: 페이스북, X(구 트위터), 인스타그램, 링크드인 등의 플랫폼에서 수집한 사용자 상호작용, 참여 지표, 감성 분석, 인구통계 정보 등을 포함한다. 이 데이터는 고객 감정을 파악하고, 브랜드 평판을 관리하며, 소셜 미디어 캠페인의 효과를 평가하는 데 활용된다.
- **시장 조사 데이터**market research data: 시장 조사 설문, 포커스 그룹 응답, 소비자 피드백, 시장 동향 등을 포함한다. 이를 통해 소비자 선호, 시장 수요, 경쟁 환경을 분석할 수 있다.
- **전자상거래 데이터**e-business data: 온라인 제품 목록, 고객 리뷰, 판매 거래, 전자상거래 플랫폼에서의 고객 행동 등을 포함한다. 이 데이터는 제품 성과 분석, 고객 세분화, 전자상거래 전략의 최적화에 기여한다.

미래의 ERP 시스템은 데이터 관리, 원천 기록 관리, 통합 및 지원 활동 조정 등 다양한 과제를 안고 있다. 그림 8.38은 차세대 기업 운영을 주도하는 세 가지 주요 ERP 도입 방안을 보여준다.

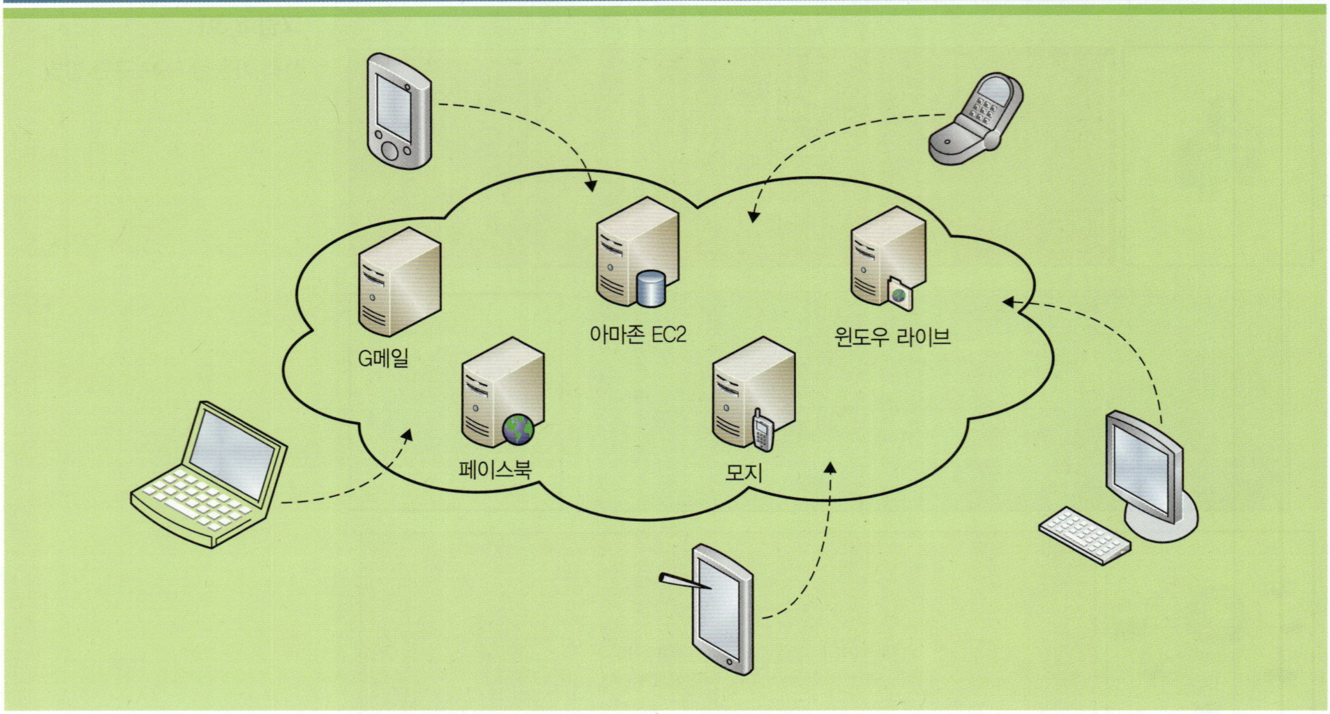

그림 8.39
클라우드 컴퓨팅의 예

사내 ERP

10년 전까지만 해도 거의 모든 ERP는 사내에on-premise 설치되는 시스템이었다.

- **사내 시스템**on-premise system: 사내 네트워크를 사용하여 사내에서만 접근하는, 물리적 위치가 있는 서버가 있고, 사용자가 원격으로 접근하여 사용하도록 해주는 방화벽firewall이 있다.

원격 사용자는 무단 액세스로부터 시스템을 보호하는 방화벽을 통해서만 ERP 시스템에 접속할 수 있었다. 이러한 시스템은 사내 시스템on-premise system으로 알려져 있으며, 오늘날에도 여전히 널리 사용되고 있다. 사내에서 실행되고 있는 ERP, SCM, CRM 시스템을 레거시 시스템legacy system이라고 부른다.

- **레거시 시스템**legacy system: 오래된 시스템으로, 조직 내에서의 사용 수명이 빠르게 다가오고 있거나, 수명이 지난 시스템이다.

클라우드 ERP

클라우드cloud가 레거시ERP 구현 방식을 바꾸어 놓았다.

- **클라우드 컴퓨팅**cloud computing: 미국표준기술연구소National Institute of Standards and Technology, NIST에 따르면, 클라우드 컴퓨팅은 데이터와 애플리케이션을 개인용 컴퓨터나 서버에서가 아니라 인터넷을 통해서 저장하고, 관리하고, 처리한다.

클라우드 컴퓨팅은 새로운 방식으로 정보를 저장하고, 액세스하고, 처리하고, 분석한

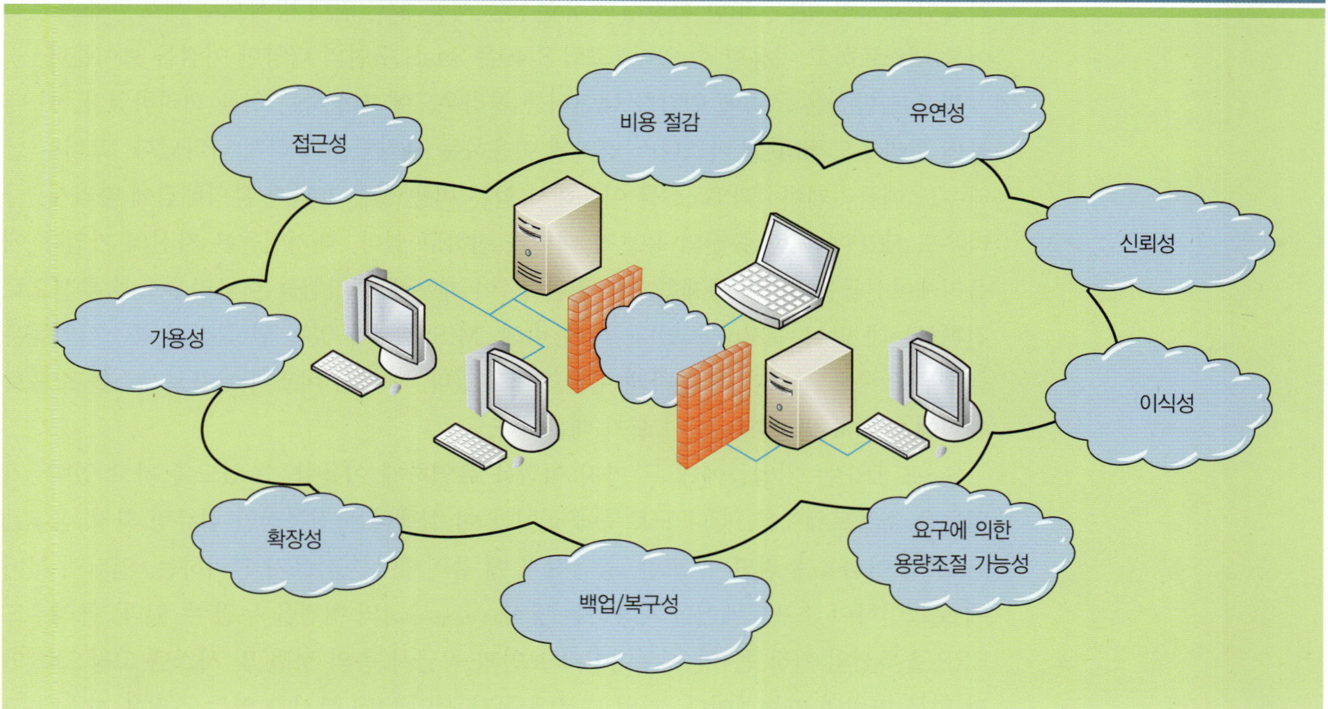

그림 8.40
SaaS 구현의 이점

다. 그리고 인터넷 연결만 가능하면, 전 세계 모든 곳에서 사람과 리소스에 닿을 수 있다. 그림 8.39과 같이, 사용자는 개인용 컴퓨터나 휴대용 장치의 웹 브라우저와 같은 클라이언트를 이용하여 클라우드에 접속한다. 각각의 사용자에게 클라우드는 자신의 애플리케이션, 디바이스 또는 문서처럼 보인다.

모든 소프트웨어와 문서가 클라우드에 저장되어 있어서, 클라우드 연결 장치만 있으면 된다. 더 이상 하드 드라이브, 소프트웨어, 처리 능력을 소유할 필요가 없다. 이 모든 것이 클라우드에 있기 때문이다. 사용자는 단일 컴퓨터나 네트워크에 물리적으로 매여 있지 않다. 언제 어디서나 프로그램과 문서에 액세스할 수 있다. 하드 드라이브가 하늘에 있고, 여기에 있는 정보와 프로그램을 어디에서나 어느 장치로든 이용할 수 있다고 상상해 보자. 그러면 컴퓨터가 고장하거나 분실되거나 도난당한다 해도 클라우드에 호스팅된 정보는 안전하고 언제든 이용할 수 있다. 이 얼마나 좋은가!

SaaS Software as a Service는 클라우드를 통해 애플리케이션을 사용하고, 사용한 양만큼 돈을 지불하는 방식 pay-per-use revenue model이다. 애플리케이션들은 구현하기 어렵고, 유지 관리 비용이 많이 들며, 사용하기 어려웠다.

클라우드 서비스 공급사들에게 사용성 usability은 관심을 유발하고 성공에 이르는 큰 동력이다. 클라우드 플랫폼을 기반으로 하는 SaaS ERP는 조직이 비즈니스 프로세스를 통합하고, 공급 네트워크와 공급 사슬 전반에 걸쳐서 클라우드 데이터를 수집하여 효율성을 크게 향상시킬 수 있게 한다. 중소기업들에게 SaaS ERP는 매력적이다. 기존의 ERP 구현방식은 많은 비용이 소요되어서 부담이 컸기 때문이다.

SaaS는 여러 가지 이점들이 있는데, 가장 두드러진 것은 막대한 비용 절감이다. 초기 비용 없이, 소프트웨어를 사용한 양만큼 지불하면 된다. 그래서 자본 지출을 줄이는 즉각적인 효과가 있다. 또한 확장성과 유연성을 제공해서, 임대 방식으로 새로운 소프트웨어를 테스트하고 이용할 수 있다. 그림 8.40은 SaaS 구현의 다양한 이점을 보여준다.

많은 사람들은 초기에 민감한 데이터를 클라우드에 저장하는 것을 꺼려하였다. 이 때문에 클라우드 ERP를 비즈니스 영역에 이용하는 움직임은 느리게 나타났다. 그러나 클라우드 애플리케이션과 SaaS를 이용해서 얻는 비용 절감 효과가 분명해짐에 따라서, 클라우드 ERP에 대한 종전의 유보적 태도가 변하고 있다. 대기업들은 자신의 기업용 애플리케이션들을 더 잘 통제하기를 원한다. 이 때문에 대기업들은 클라우드 솔루션으로 전환하는데 많이 주저하고 있다. 이에 비해, MIS 부서가 없는 덜 복잡한 중소기업들은 클라우드 쪽으로 보다 더 강하게 이끌려가고 있다. 자신의 비즈니스 프로세스를 소프트웨어에 맞도록 변경하는 것이 쉽기 때문이다.

SaaS ERP는 기업들에게 두 가지 이점을 유연하게 이용할 수 있도록 하고 있다. 기업들은 소프트웨어를 PC나 노트북에 설치하 여 실행하는 전통적인 컴퓨팅 환경on-premise software의 이점을 누리면서, 또한, 공급사가 애 플리케이션을 유지 관리하는, 인터넷 서버에 로그인하여 소프트웨어를 사용하는 방식off the premises의 이점을 누릴 수 있다. 클라우드 ERP 솔루션의 가장 큰 이슈는 데이터 보안과 공급사 측의 정전 및 시스템 고장으로 인한 업무 마비의 가능성이다. 기업 내부에 독자 적인 MIS 부서가 없는 조직은 시스템 고장 시에 오로지 공급사만을 바라볼 수밖에 없게 된다. ERP와 같이 조직 전체적으로 돌아가는 중요한 시스템의 경우에는 이러한 위험을 감수하기 어렵다.

하이브리드 ERP

포트폴리오 방식의 주식 분산 투자가 투자 위험을 효과적으로 낮춘다는 것은 널리 알려진 지혜이다. 같은 이유로, ERP 클라우드 컴퓨팅으로 완전히 전환하면 통제력을 상실할 수 있어서 불편해 하면서도 진화하는 인프라의 가능성을 계속해서 탐색하려는 기업들에게 하이브리드 ERP 접근 방식은 좋은 대안이 될 수 있다. "하이브리드 ERP 접근 방식"은 대부분은 사내에서 진행하지만, 일부는 애플리케이션 호스팅 방식으로 조심스럽게 진행하는 것을 의미한다.

전통적으로, 모든 기능을 지원하기 위한 ERP 시스템 구축 노력은 값비싼 실패로 끝났다. 나이키Nike, 케이마트K-mart, 허시Hershey 등은 ERP 구축 실패로 1억 달러 이상의 손실을 보았다. 클라우드 컴퓨팅의 출현으로, 기업들은 이제 값비싼 실패를 경험하지 않기 위해 하이브리드 ERP 아키텍처를 채택하고 있다.

- **하이브리드 ERP**: ERP 기능들을 사내 ERP와 SaaS로 하나 이상의 기능들을 처리하는 클라우드 ERP로 구분하는 것이다.

일반적으로, 사내 레거시 애플리케이션on-premise legacy application은 본사에서 운영되는 반면, 클라우드로 제공되는 애플리케이션은 이동성이나 웹 기반 기능과 같은 비즈니스 요구를 지원한다. 하이브리드 ERP가 점차 인기를 얻고 있다. 실제로 많은 분석가들은 하이브리드 ERP가 향후 몇 년 안에 ERP 시장의 주류가 될 것이라고 예측하고 있다.

보통, 두 가지 이유로 하이브리드 ERP 시스템이 채택된다. 첫째는 레거시 시스템의

계층 ERP 공급사		
	기업 규모	ERP 공급사
1계층	대기업	■ SAP ■ Oracle ■ Microsoft
2계층	중기업	■ Infor ■ Lawson ■ Epicor ■ Sage
3계층	소기업	■ Exact Globe ■ Syspro ■ NetSuit ■ Consona

그림 8.41
계층 ERP 공급사

그림 8.42
ERP를 이용한 조직 통합

규모가 매우 커서 커스터마이즈, 유지관리, 업그레이드에 비용이 많이 발생하는 경우이고, 다음은 인수 합병mergers and acquisitions으로 인해 기업은 하나지만 ERP 솔루션은 여러 개

비즈니스 중심적 활동

원두 통합

프리미엄 커피점인 플레이버Flavors에서는, 고객은 커피 한 잔 이상의 것을 받는다. 고객은 음악, 미술, 문학, 그리고 도시 이벤트 등도 경험하는 것이다. 플레이버가 제공하는 것은 다음과 같다.

- **뮤직 센터**: 지역의 모든 생음악 이벤트에 대한 정보 및 일주일에 두 번의 지역 음악가들의 연주
- **아트 갤러리**: 지역 미술가들의 작품 전시실 제공
- **북 클럽**: 고객들에게 현대 및 고전 문학에 대해서 토론하기 위해서 만날 수 있는 기회를 제공
- **커피 샘플러**: 전문가가 전 세계의 커피를 전시하여 무료로 시음할 수 있게 제공
- **지역 행사표**: 고객들이 지역에 좀 더 참여할 수 있도록 도와주는 주간별 모임 개최
- **브류잉 강좌**: 전통적인 압축기로부터 디지털 에스프레소 기계에 이르는 플레이버에서 판매하는 브류잉, 그라인딩 및 블렌딩 장치들의 상세 내역에 대한 레슨 제공

플레이버의 매출은 높고, 계속 치솟고 있으나 운영은 대대적인 개편이 필요하다. 다음은 플레이버가 제공하는 있는 것들에 대한 간단한 요약이다.

- 플레이버는 얼마나 많은 고객이 뮤직 센터를 이용하는지에 대한 정보가 없다. 음악가들은 보통 팬 이메일 목록과 이벤트에서의 CD 판매 기록을 유지하나, 반드시 그것을 매점에 보고하지는 않는다.
- 아트 갤러리는 각 판매마다 플레이버에 약간의 수수료를 내는 몇몇의 지역 미술가들이 운영한다. 플레이버는 매점에 전시된 작품에 투자하지 않으며 누가 그것을 사는지에 대한 정보도 없다.
- 북 클럽 행사들은 지역 서점에 의해서 예약되고 운영된다. 지역 서점은 각 월말에 약간의 수수료를 플레이버에 지불하나, 플레이버는 북 클럽 고객 정보나 판매 정보에 접근할 수 없다.
- 커피 샘플러 행사는 플레이버의 주요 운영활동을 통해서 진행된다.
- 지역 행사 정보는 지역의 모든 사람들에게 공개된다. 각각의 행사는 독립된 조직들 각각에 의해서 수행되며, 이들 조직 각각은 매달 워드 또는 액세스 파일 등의 다양한 양식으로 플레이버에 보고한다.
- 브류잉 및 기계 강좌는 해당 장비 제조사에 의해서 운영되며, 모든 고객 및 판매 정보는 연말에 워드 문서로 플레이버에 제공된다.

플레이버의 소유주는 전사적 시스템의 장점을 살릴 수 있는 방향으로 기업의 운영 방식을 개편하기 원하며, 당신을 통합 전문가로 채용하였다. 그들은 또한 그들이 주최하는 다양한 행사들이 그들 비즈니스의 다양한 측면에 미치는 영향에 대해서 좀 더 잘 이해하기를 원한다. 예를 들어서, 공개 연주는 늘리고 북클럽은 줄여야 할까, 아니면 그 반대인가? 현재로는 어느 행사가 판매를 더 많이 촉진하는지 판단할 수 없다. 플레이버가 기업 전체에 걸쳐서 CRM, SCM 그리고 ERP의 이점을 최대한 살릴 수 있는 통합 전략을 수립하라.

가 있게 되지만, 이것들을 하나의 ERP 시스템으로 통합하기 어려운 경우이다. 하이브리드 ERP 아키텍처는 또한 여러 지역에서 다양한 활동을 하는 기업들을 지원한다. 다음은 하이브리드 ERP 아키텍처를 채택하는 조직의 일반적인 시나리오이다.

- 비즈니스가 지부를 중심으로 매우 독특하게 운영될 때
- 비즈니스가 본부 중심적 특성이 약하고 산업적 특성이 강하게 운영될 때
- 잘 맞지 않는, 복수의, 구형의, 지원이 어려운 ERP 기능들을 이용하여 새로운 운영 활동을 추진해야 할 때
- 소규모의 자회사로서 운영중인 공식적인 ERP가 없을 때

데이터를 전사적으로 관리하는 것은 하이브리드 ERP 아키텍처를 도입하는 기업들의 매우 중요한 이슈이다. 두 ERP 시스템 사이에 중복을 없애는 것은 기업에게 있어서 매우 중요한 사항이다. 하이브리드 애플리케이션에서 데이터의 일관성을 유지하려면, 회계, 재무, 고객 서비스, 생산 등에서 최초 생성된 정보를, 다른 시스템에서 재입력하는 일 없이, 잘 공유해야 한다. ERP 공급사들이 수백 개 있다. 이들은 동급 최고의 개별제품best-of-breed이 모아진 ERP 애플리케이션을 제공하거나 제조, 유통, 소매 등 특정 산업의 고유한 요구사항을 충족하는 통합된 수직 시장vertical market ERP 솔루션을 제공하고 있다. 그림 8.41은 기업 규모에 따른 ERP 공급사이다. 그림 8.42는 ERP의 미래를 주도하는 중요한 요소들이다.

학습 성과 복습

8.1 통합에 대해 설명하고, 이것이 기업 내 부서들을 연결하는 데 어떤 역할을 수행하는지 설명할 수 있다.

통합은 서로 연결되지 않은 시스템들이 직접적으로 서로 소통할 수 있도록 하고, 여러 시스템에 수작업으로 입력해야 할 필요를 없애준다. 통합은 데이터베이스 간에 정보를 공유하게 해주는 동시에 품질을 극적으로 향상시켜준다.

8.2 공급 사슬 관리가 비즈니스에 미치는 영향을 설명할 수 있다.

공급 사슬은 원자재 및 제품 획득과 직접적 또는 간접적으로 관련된 모든 부분들로 구성된다. 이러한 핵심 영역들에서 정교한 의사결정을 실현하고 또 자동화하기 위해, 기업들은 수요 예측, 재고 통제, 공급자와 고객들 사이의 정보를 제공하는 시스템을 채택하고 있다. SCM은 전체 공급 사슬의 효율성과 기업 이윤을 극대화하기 위해 공급 사슬 안의 활동들 사이의 정보 흐름을 관리하는 것이다. 과거에는 제조에 기울이는 노력은 주로 기업 내에서의 품질 향상에 집중되었다. 오늘날에는 고객, 고객의 고객, 공급자, 공급자의 공급자를 포함한 전체 공급 사슬에 걸친다. 오늘날의 공급 사슬은 통신 채널과 관계들로 서로 연결된 비즈니스 파트너들의 복잡한 네트워크이다.

8.3 공급 사슬 관리의 이점에 대해 설명할 수 있다.

공급 사슬에서 가시성을 향상시키는 것과 기업의 수익성을 향상시키는 것은 기업이 SCM 시스템을 구현함으로써 얻는 주요 이점이다. 공급 사슬 가시성은 공급 사슬의 상류와 하류의 모든 영역을 실시간으로 볼 수 있는 능력을 말한다. 공급 사슬 관리의 주요 이슈는 비용과 복잡성이다. 공급 사슬 관리의 다음 물결은 가정 기반의 공급 사슬 실행이 될 것이다. 당신의 집에서 다 쓴 물품을 보충하기 위해 가게로 달려하는 것은 이젠 불필요해질 것이다. 왜냐하면 당신이 물품 보충의 필요를 인식하기 무섭게 당신이 즐겨 방문하는 점포의 직원이 직접 와서 부족한 물품을 보충해줄 것이기 때문이다.

8.4 운영 CRM과 분석 CRM에 대해 설명할 수 있다.

CRM은 고객의 충성도를 높이고 기존 고객을 유지하며 기업의 수익성을 제고하기 위하여, 기업과 고객 간의 관계에 관한 제반 문제를 다룬다. CRM은 조직이 고객의 쇼핑과 구매 행위를 파악할 수 있도록 해 준다. 고객이 기업과 소통을 할 때마다 기업은 특정 고객과 신뢰 관계를 구축할 기회를 갖게 된다.

기업이 개별 고객의 요구를 이해할 수 있다면 성공하는데 매우 유리할 것이다. 성공적인 고객 관계를 구축하는 것이 전혀 새로운 비즈니스 전략은 아니다. 그러나 CRM 시스템의 도입은 기업이 더 효율적이고 효과적으로 고객의 필요를 지원할 수 있도록 해 준다. CRM은 기술 이상의 것이다. CRM은 고객의 필요를 인식하고, 고객 각자에게 적합한 개별 마케팅 캠페인을 설계할 수 있다.

CRM 전략의 두 가지 기본적인 구성요소는 운영 CRM과 분석 CRM이다. 운영 CRM은 고객과 직접 마주하며 거래를 처리하는 프런트 오피스 운영 및 시스템을 지원하며, 분석 CRM은 고객과 직접 마주하지 않는 백 오피스 운영 및 시스템 그리고 전략적 분석 등을 지원한다.

8.5 핵심 ERP와 확장 ERP에 대해 설명할 수 있다.

전사적 자원 관리ERP는 조직 내의 모든 부서와 전 기능을 하나의 IT 시스템(또는 시스템들의 통합체)으로 통합하고 직원들이 기업 활동에 필요한 정보를 전사적인 차원에서 보고 의사결정을 할 수 있게 한다. 현 세대의 ERP, 즉 ERP-II는 핵심 및 확장의 두 개의 주요 컴포넌트로 구성된다. 핵심 ERP 컴포넌트는 대부분의 ERP 시스템에 포함되어 있는 전통적 컴포넌트들로서 주로 조직 내부의 활동에 초점을 두고 있다. 확장 ERP 컴포넌트는 핵심 컴포넌트에는 포함되어 있지 않지만 조직의 필요를 충족시키는 부가적인 컴포넌트들로서 주로 조직 외부의 활동에 초점을 두고 있다.

8.6 조직이 현재의 어떤 기술들을 ERP 시스템 내부로 통합하고자 하는지를 설명할 수 있다.

ERP의 목적은 통합이다. 즉, 조직의 모든 시스템들을 하나로 통합하여 온전히 작동하도록 하고, 비즈니스 및 사용자의 모든 요구를 충족시키며, 높은 성과를 달성할 수 있도록 하는 것이다. 물론 이러한 목적은 달성하기 매우 어려운 일이다. 왜냐하면 비즈니스와 기술들이 매우 빠르게 변화하고 있고 ERP는 이동성, 클라우드, SaaS, 다계층 아키텍처를 지원해야 하기 때문이다.

복습 문제

1. 통합이 어떻게 하나의 기업을 연결하는가?
2. 전방 통합과 후방 통합 간의 차이는 무엇인가?
3. 공급 사슬 내의 다섯 개 주요 활동은 무엇인가?
4. 채찍 효과는 무엇이며, 그것은 어떻게 공급 사슬과 기업의 수익성에 영향을 미치는가?
5. 왜 고객 관계가 기업에 중요한가? 당신은 정보화 시대에 생존하기 위해서 모든 비즈니스가 고객에게 초점을 맞추어야 한다는 데에 동의하는가?
6. 운영 CRM과 분석 CRM 간의 차이는 무엇인가?
7. 판매 부서가 운영을 개선하기 위해서 어떻게 CRM을 활용할 수 있는가?
8. 마케팅 부서가 운영을 개선하기 위해서 어떻게 CRM을 활용할 수 있는가?
9. ERP 시스템은 무엇인가?
10. 핵심 ERP 컴포넌트와 확장 ERP 컴포넌트에는 어떤 것들이 포함되는가?

비즈니스 중심적 사례 1

꿈꾸고, 설계하고, 3D 프린터로 출력하라

사랑하는 강아지를 잃어본 적이 있는가? 더 이상 마음 아파하지 마라. 당신의 애완견 그림을 그린 다음, 3D 탁상용 프린터로 그것의 플라스틱 복제물을 출력할 수 있다. 그러면 당신이 좋아하는 개나 고양이가 언제나 당신의 책상 위에 있을 수 있다. 당신이 그린 그림을 3D로 프린팅 한다는 것을 상상할 수 있겠는가? 그러나 상상만이 아니라 실제 가능한 일이다. 300달러면 3D 프린터를 구입할 수 있기 때문이다. 당신이 소유한 3D 프린터로 풀 수 있는 문제들을 모두 생각해 보자. 최근에 당신 자동차의 루프 랙roof rack

열쇠를 잃어버렸는가? 걱정하지 마라. 그 사양을 다운로드한 다음 프린트하면 된다. 여자 친구의 생일을 깜빡했는가? 걱정하지 마라. 예쁜 은팔찌를 다운로드한 다음, 여기에 여자 친구의 이니셜을 넣고, 그녀의 손목에 채워줄 아름다운 맞춤 선물을 30분 안에 프린트할 수 있다. 당신은 아파트 밖으로 나갈 필요 없이 바로 당신 집에서 말이다.

3D 프린팅의 놀라운 세계로 당신을 초대한다. 3D 프린팅은 지난 30년 동안 주로 대형 제조업체에서 맞춤 부품에서 작업용 시제품에 이르는 것들을 제작하는데 사용해 왔다. 의료 산업은 3D 프린팅을 사용하여 맞춤형 보청기, 인공 수족, 인공 관절 등을 제작하고 있다. 미술 디자이너와 건축가는 3D 프린터를 사용하여 모형을 만들거나 조상 및 건물의 프로토타입을 제작하고 있다. 전통적으로 3D 프린터는 복잡한 장치를 프로그래밍할 수 있는 대기업이나 전문 엔지니어들만이 이용할 수 있었다. 그러나 이제는 제1세대 소비자용 3D 프린터가 적정 가격에, 어린이도 쉽게 사용할 수 있는 소프트웨어를 갖추고, 시장을 두드리고 있다.

3D 프린팅 세계에서의 혁신은 물론 무어의 법칙에 의해 가능해진 것이다. 기술 발전에 따라 용량과 처리 능력은 증가하지만 크기와 비용은 감소한다는 그 법칙 말이다. 이제 당신은 3D 프린터를 3백 달러에서 5천 달러 사이에 구매할 수 있다. 당신은 이것을 와이파이 네트워크에 연결한 다음, 만들고 싶은 것을 다운로드하여 3D로 출력하면 된다. 요즘의 3D 프린터는 플라스틱, 금속, 유리, 심지어 초콜릿과 같은 다양한 재료를 이용하여 다양한 색상으로 출력할 수 있다. 정말이지, 당신은 이제 당신만의 고유한 발렌타인 초콜릿을 직접 프린트할 수 있다. 3D 프린팅이 넘어야 할 한 가지 장벽이 있다. 3D 프린터 제어 소프트웨어가 일반인이 사용하기 다소 어렵다는 점이다. 그러나 이러한 상황은 곧 바뀔 전망이다. 오토데스크와 같은 소프트웨어 제작사들이 새롭고, 사용자 친숙한 애플리케이션을 빠르게 내놓고 있기 때문이다. 오토데스크는 무료 3D 모델링 프로그램인 123D를 공개했다. 이것을 이용하면 일반인도 자신의 PC나 심지어는 아이패드로도 대상물을 디자인하고, 원하는 대로 수정한 다음, 프린터로 출력할 수 있다.

3D 프린터 출력을 하려면 먼저 모델링을 해야 한다. 모델링은 3D CADcomputer aided design나 3D 모델링 프로그램 또는 3D 스캐너 등을 이용하여 3D 도면을 제작하는 단계이다. 소프트웨어는 이러한 3D 도면을 3D 프린터가 이해할 수 있도록 가로로 수백 또는 수천 개 이상 잘게 자른다. 모델링이 끝나면 프린팅할 수 있다. 전형적으로, 3D 프린팅 방식에서는 노즐을 통해 플라스틱 재료를 녹여 압출시켜 한층씩 쌓아 가는 압출 적층 방식fused deposition modeling, FDM과 작은 플라스틱 분말, 세라믹 분말, 유리 분말 등의 재료를 레이저로 녹여 입체 조형하는 레이저 소결 조형 방식laser sintering이 있다. 3D 시스템즈, 아피니아, 메이커봇 등의 업체들이 소비자 및 중소기업들을 위해 수천 달러의 3D 프린터를 생산한다. 그림 8.43은 PC Magazine과 Wired에 실린 최고의 3D 프린터 출력물 중 일부이다.

그림 8.43

3D 프린터 출력물

어쿠스틱 기타

왜 기타를 프린트하는가? 수입 목재 공급이 매우 부족하다는 것은 거의 알려지지 않은 사실이다. 그래서 악기 제조업자들은 수입 목재를 대신할 대안을 찾을 필요가 있다. 비스포크 이노베이션 공동 설립자인 스콧 서밋은 "기타는 바이올린과 같은 다른 현악기에 비해 확실한 표준이 없다."고 말한다. 기타는 이러한 특성 때문에 어떤 재료로도 만들 수 있다. 게다가 기타리스트들은 기타의 앞면을 자기 취향에 맞추는 것을 좋아하고, 자신만의 고유한 소리를 선호한다. 그래서 3D로 프린트한 진정한, 단 하나의, 기타는 말이 되는 것이다.

비키니

옷감 소재인 Nylon 12의 이름을 딴 N12는 컨티늄 패션이 3D 프린트 기술로 만든 최초의 비키니이다. 나일론 12는 방수라서 수영복으로 아주 이상적인 소재이다. N12는 3D로 출력한 최초의 비키니일 뿐만 아니라 물에 젖었을 때 실제로 매우 편안한 최초의 비키니이다.

생체 공학적 귀

프린스턴 대학 연구팀이 생체 공학적 귀Bionic Ear를 3D 프린터로 출력하여 만들었다. 이 연구팀은 세포와 은 나노 입자를 배양하여 3D 프린터로 출력하여 연골 조직을 만들었다. 그리고 이 속에 코일 안테나를 결합시켰다. 이 안테나가 라디오 주파수 신호를 잡아서, 달팽이관으로 전달하면, 달팽이관은 이것을 뇌 신호로 변환한다. 이제 연구팀은 이 인공 귀를 사람의 머리에 붙일 계획을 수립할 차례다.

자동차

2011년에 스트라타시스Stratasys와 코어 에콜로직Kor Ecologic은 팀을 결성하여 어비Urbee를 제작했다. 어비는 자동차 차체 전체를 3D 프린팅 기술로 소재를 층별로 쌓아가면서 완성한 최초의 자동차다.

제이 레노를 위한 자동차 부품

코미디언이자 자동차 매니아 제이 레노Jay Leno는 1907년형 화이트 스티머 자동차를 소유하고 있었다. 그런데 실린더에 고정시키는 부품인 급수가열기가 크게 손상된 상태였다. 레노는 넥스트엔진 3D 스캐너와 디멘전 3D 프린터를 이용하여 33시간 만에 필요한 부품을 새로 신속하게 만들어 낼 수 있었다. 레노는 이러한 경험을 자신의 웹사이트에 썼다. "3D 프린터는 정말 다재다능한 기술입니다. 내 에코젯 슈퍼카는 에어콘 배관이 필요했습니다. 우리는 이것을 디자인하고 플리스틱 소재를 사용해서 3D 프린터로 출력했습니다. 이 공기 흡입구를 굳이 알루미늄으로 말들 필요가 없었습니다. 사람들도 실제 자동차에서 플라스틱 부품을 사용하고 있습니다. 완성된 부품은 공장에서 새로 생산한 부품처럼 좋아 보였습니다."

초콜릿 두상

어떤 사람은 장미꽃을 주고, 어떤 사람은 3D 프린터로 출력한 보석을 주며, 또 어떤 사람은 자신의 영원한 사랑을 준다. 그러나 일본에서는 자신이 사랑하는 연인에게 자신의 초콜릿 두상을 줄 수 있다. 이를 받은 사람은 극적인 사랑의 표시로 그 두상을 크게 한 조각 베어 문다.

옷

독일 디자이너 아이리스 반 헤르펜Iris van Herpen은 파리의 패션위크에서 MIT 미디어 랩의 네리 옥스만Neri Oxman과 함께 3D 프린팅 기술로 만든 옷을 선보였다. 이 옷은 오브젝트 콘넥스500 멀티머티리얼 3D 프린터로 출력된 것이다. 대부분의 3D 프린터는 단지 한 가지 옷감이나 소재만으로 출력할 수 있지만, 콘넥스 500은 여러 가지 다른 재료를 섞어 사용할 수 있다.

구글 글래스

중국 기업가 서니가오Sunny Gao는 상해의 해커톤 행사에서 정상 작동하는 구글 글래스를 출력했다. 그러나 불행히도 3D로 출력한 구글 글래스는 와이파이나 블루투스를 지원하지는 않는다. 나머지는 실제 구글 글래스와 유사하다.

고기

BBC 보도에 따르면, 미국 벤처기업인 모던 미도우는 3D 바이오프린터로 인공 고기를 만들 수 있다고 믿고 있다. 피터 티엘Peter Thiel은 이 기업에게 35만 달러를 후원했다. 티엘은 실리콘 밸리에서 가장 유명한 벤처 투자가 중의 하나로 페이팔PayPal의 공동설립자이자 초기 페이스북 투자가이다. 보도에 따르면, 이 팀은 시제품을 갖고 있지만, "아직은 식용 단계는 아니다."

로봇 인공 기관

콜로라도 출신의 17세 고등학생인 이스톤 라차펠리Easton LaChappelle는 3D 프린터용 무료 온라인 리소스를 이용하여 정상 작동하는 인공 팔과 손을 만들었다. 이 고등학생은 자신이 14세 때, 레고만으로 로봇 손을 만든 적이 있는데, 이 프로젝트 경험에서 영감을 얻었다. 그가 만든 것은 낚시 줄과 서보 모터를 사용해서 손가락을 쥐었다 폈다 할 수 있다.

질문

1. 3D 프린팅에 대해 설명하고, 이것이 비즈니스에 미치는 영향을 설명하시오.
2. CRM에 대해 설명하고, 3D 프린팅이 고객 관계에 어떤 영향을 미칠 수 있는지 설명하시오.
3. SCM에 대해 설명하고, 3D 프린팅이 글로벌 공급 사슬에 어떤 영향을 미칠 수 있는지 설명하시오.
4. 다음 주장에 찬성하는가 아니면 반대하는가: "비즈니스에 미치는 영향이 3D 프린팅이 인터넷보다 더 파괴적일 것이다."

비즈니스 중심적 사례 2

공급 사슬에서 파괴적 기술로 작용하는 블록체인

블록체인blockchain은 불가변적인 디지털 장부로서 모든 제품에 대한 기록을 효과적으로 저장할 수 있다. 블록체인에는 제품이 사람의 손을 거칠 때마다 누가 구매했는지, 얼마에 구매했는지와 같은 데이터 기록이 저장된다. 하나의 제품이 만들어지고, 포장, 배송, 전시, 판매될 때까지의 각 과정에서 생성된 데이터가 모두 기록되어 영구적으로 저장된다는 것을 상상해 보자. 예를 들어, 상품이 한 장소에서 다른 장소로 이동하거나 회사 내 한 부서에서 다른 부서로 이동할 때에, 기업들은 블록체인을 사용하여 상품이 어떻게 이동하고, 날씨, 온도, 공급업체, 유통업체와 같은 납품 프로세스 상의 모든 데이터 속성은 어떻게 되는지를 추적하고 싶어한다.

블록체인 기술은 공급 사슬 전반을 추적할 수 있는 능력을 제공한다. 이 기술은 또한 제조업체, 배송업체, 고객 등이 데이터를 수집하고, 추세를 분석하고, 모니터링하여 예측하는 것을 가능하게 한다. 이 기술은 장점은 뚜렷하다. 분석가들은 납기 지연을 줄이고, 인적 오류를 제거하는 새로운 방식을 발견함으로써 시간과 자원을 모두 절약할 수 있다. 또한 기업 전체가 데이터를 공유하여 여러 부서가 공통 목표를 위해 더 긴밀하게 협력할 수 있다. 일하는 방식을 근본적으로 바꿀 수 있게 되는 것이다.

블록체인은 자산의 이전 내역을 기록하고, 영수증, 구매 주문, 기타의 관련 서류들을 추적함으로써 공급 사슬 관리를 다양한 방식으로 지원할 수 있다. 블록체인은 또한 포장물을 주의해서 취급해야 하는지, 신선 상품이 유기농인지 아닌지와 같은 식별 데이터를 저장할 수도 있다. 공급 사슬에서 파괴적 기술로 작용하는 블록체인의 몇 가지 예는 다음과 같다.

- **상품 배송**: 냉장 제품을 동아프리카에서 유럽으로 한 번 배송하려면, 대략 사람이나 조직을 30군데를 거쳐야 하고 상호 작용은 200회 이상 필요하다. 블록체인 기술은 공급 사슬 전반에 걸쳐 추적 가능성을 제공하기 때문에 출처를 분명하게 할 수 있다. 이렇게 하면 위조가 불가능하여 안전이 보장된다.
- **추적 가능성 제공**: 데이터 및 추적 가능성이 결여되면, 불필요한 낭비, 리콜의 경제적 부담, 교차오염cross-contamination, 식품매개성 질병foodborne illness 확산 등이 더욱 심각해진다. 오염원을 알아내거나 제품이 오염된 정확한 장소를 확인하는 데에 몇 주, 때로는 몇 달이 걸린다. 코인데스크에 따르면, 블록체인이 식품매개성 질병의 원천을 식별하고 근절하는 데 걸리는 시간을 줄일 수 있다. IBM에 따르면, 기업은 블록체인 기술을 이용하여 오염된 제품의 원인을 신속하게 추적하여 매장 선반이나 식당에 있는 오염 제품을 확실하게 제거할 수 있다.
- **사기 및 위조품 제거**: 블록체인의 투명성은 의약품 사기를 줄이는 데 기여할 수 있다. 전 세계 위조 의약품 시장 규모는 약 2,000억 달러로 엄청나게 크다. 블록체인의 불가변성은 제조업체에서 최종 소비자까지의 약품 흐름을 추적하고, 문제가 있는 공급 사슬을 식별하는 기반이 된다. 블록체인은 손실을 낮추는 것 외에도, 소비자의 안전을 향상시키고, 위조 의약품으로 인한 연간 약 100만 명 사망 사고를

예방하는 잠재력이 있다.

질문

1. 분산 컴퓨팅 환경에서 블록체인 기술이 어떻게 작동하는지 설명하시오.
2. 기업이 SCM에 블록체인 기술을 도입함으로써 어떠한 이점을 얻을 수 있는지 설명하시오.
3. SCM 시스템에서 블록체인을 사용할 때 발생할 수 있는 보안 위험은 무엇인지 설명하시오.

비즈니스 중심적 의사결정

1. CRM 전략

평균적으로 새로운 고객에게 제품을 팔려면 기존 고객보다 6배의 비용이 소요된다. 수화물 유통업 회사의 공동 소유자인 당신이 최근 3개월 동안의 매출이 평균 17% 감소하였다는 통보를 받았다. 매출 감소의 이유는 여러 가지로 경제가 전체적으로 어렵고, 테러리스트 공격 이후에 여행 수요가 줄었으며, 제품 결함과 관련하여 회사의 부정적인 이미지가 퍼졌다는 점 등이다. 그룹으로 나누어 CRM 시스템의 실행으로 매출 감소에 효과적으로 대처할 수 있을지 설명해 보자. 그리고 CRM 시스템이 당신의 사업과 향후 성장에 왜 중요한지 타당성을 제시해 보자.

팀을 구성하고 인터넷을 이용하여 상용화된 CRM 시스템들을 비교하고 기능을 평가한 논문이나 기사를 적어도 하나 이상 찾아보자. 목록 중에서 2개의 패키지를 선택하여 이들 기사에 실려 있는 시스템의 기능과 특징을 비교하고, 이들 회사의 웹사이트도 함께 비교해 보자. 이들 각 패키지를 사용한 회사의 경험(패키지의 장점과 단점)을 기록한 문헌을 찾아보자. 각 패키지의 장단점을 수업시간의 발표에서 밝혀 보고 어떤 것을 당신이 선호하는지와 그 이유를 설명해 보자.

2. 충성도를 높여 이익 증대하기(또는 줄이기?)

버터플라이 카페는 샌프란시스코의 번화가 한 가운데 자리 잡고 있으며 전문 커피, 차, 유기농 과일 과 채소를 팔고 있다. 이 카페는 고객 유치를 위하여 생음악, 시 낭송, 북 클럽, 자선 행사 및 연예인의 밤 등 다채로운 행사를 개최하고 있다. 각 행사에 참석하는 참석자 명단이 회사의 데이터베이스에 수록되어 있다. 이 카페는 마케팅 캠페인에 이 자료를 이용하고 있고 여러 행사에 참석하는 고객에게는 추가 할인을 제공하고 있다. 마케팅 데이터베이스 전문 회사인 인더노우닷컴은 이 카페의 고객 데이터베이스를 활용할 수 있게 하는 대가로 적지 않은 금액을 지급하겠다고 제의하였고 이 자료는 타 지방 기업체에 팔릴 것이라고 한다. 이 카페의 소유주인 메리 콜자쉬 씨가 당신의 자문을 받으려고 방문하였다. 그녀는 고객들의 정보를 팔 때 고객들이 어떻게 생각할지 그리고 이 일이 그녀의 사업에 어떤 영향을 미칠지 잘 모르고 있다. 그러나 인더노우닷컴이 대가로 제공하려는 돈의 규모는 그녀가 카페 뒤편에 새로 갖고 싶은 테라스를 설치할 수 있는 충분한 자금이다. 인더노우닷컴 사는 판매 사실은 철저히 비밀을 지키겠다고 그녀에게 약속하였다. 이제 매리는 어떤 결정을 내려야 할까?

3. 고객 지원하기

크리에이티브 사는 인터넷으로 공예품을 판매하는 e-비즈니스 회사이다. 당신은 이 회사의 고객 서비스 담당 부사장으로 출발하였고 45명의 CSR_{customer service representative} 팀을 이끌고 있다. 현재 고객 서비스를 위하여 준비한 것은 1-800 번호뿐이며 회사는 고객으로부터 제품, 주문 및 선적 등에 관하여 많은 전화를 받고 있다. 그러나 고객이 CSR와 통화하기 위한 평균 대기 시간은 35분이다. 주문은 취소되고 있으며 크리에이티브닷컴은 낮은 고객 서비스로 인해 영업기반이 무너지고 있다. 이 회사의 고객 서비스 센터를 개혁하고 회사를 정상 궤도에 올려놓을 수 있는 전략을 수립하라.

4. ERP 시스템을 실행하기

블루 도그는 고급 선글라스 업계의 선두 주자로 작년에는 2억 5,000만 달러의 매출을 달성하였다. 블루 도그는 생산 비용을 줄이고 재고 관리를 위하여 ERP 시스템의 도입을 검토하고 있다. 많은 경영진이 성공률이 낮은 ERP 시스템에 대규모 투자를 하는 문제와 관련하여 염려를 나타내고 있다. 블루 도그의 고위 경영자로서 당신은 ERP 시스템과 관련된 예상 혜택과 위험에 대한 보고서를 작성하고, 동시에 성공적인 추진을 위하여 회사가 취해야 할 조치들에 대한 당신의 권고 내용도 함께 포함하도록 요청 받고 있다.

5. 러비 접수요원

예외적인 서비스 경험과 상호작용이 비즈니스의 탁월성을 주도하고 있다. 러비Ruby는 오레곤의 포틀랜드에서 사업을 운영하는 기업이다. 이 기업에는 한 팀의 스마트하고 활기찬 가상 접수요원virtual receptionist이 있다. 당신은 이 팀을 원격으로 고용하여 당신의 모든 고객과의 상호작용을 담당하도록 맡길 수 있다. 러비의 목표는 친절, 매력, 자신감 있는 태도, 전문성을 완벽하게 소화하여 고객 전화에 응대하는 것이다. 고객들은 러비 접수요원들이 당신의 사무실에서 일하고 있다고 믿지 오레곤 포틀랜드에서 일한다고 생각하지 않는다. 러비는 전화하는 모든 고객에게 기쁨을 선사함으로써 단절되어 버린 인간 상호작용을 되돌려 놓는다고 약속하고 있다.

고객 관계 관리를 위해 고객 서비스의 중요성을 설명하라. 당신은 기업이 러비의 접수요원을 고용함으로써 고객 서비스를 향상시킬 수 있다고 생각하는가? 만약 당신이 중소기업을 소유하고 있다면, 러비의 접수요원을 주저 없이 고용하겠는가?

6. 하나 사면 하나 덤으로 주는 식료잡화점들

미국 전역의 식료잡화점들이 쿠폰을 이용하여 고객 확보 경쟁을 벌이고, 고객 충성도를 높이고 있다. 세이프웨이Safeway는 고객 장바구니에 현재 들어 있는 상품을 기반으로 온디맨드on demand 쿠폰을 발행한다. 크로거Kroger는 고객 로얄티 데이터를 수년에 걸쳐 수집하고 분석한다. 크로거는 고객 대부분이 정크 메일을 읽지 않고 삭제해버린다는 것을 알고 분석 기술을 이용하였다. 그래서 크로거는 고객 로얄티 프로그램 데이터를 분석하고, 과거 구매 내역을 중심으로 고객 각자에게 적합한 쿠폰을 발행하였다. 크로거는 분기별로 1,500만 개 이상의 쿠폰을 발행한다. 세이프웨이와 크로거는 공급 사슬의 서로 다른 지점에서 데이터를 수집한다. 세이프웨이는 고객 데이터를 수집하지 않고, 모든 고객을 대상으로 하여 이들이 장바구니에 담은 것들을 즉시 분석하여 쿠폰을 실시간 발송한다. 반면에, 크로거는 고객 데이터를 수년에 걸쳐 수집하고, 과거 구매 내역 데이터를 분석하여 로열티 고객 카드 소지자에게만 쿠폰을 발송한다. 이 두 가지 서로 다른 쿠폰 발행 전략의 장점과 단점은 무엇인가? 당신에게 선택이 주어진다면, 어떤 방법을 선택하겠는가? 그 이유는 무엇인가?

7. 흥미로운 이야기

불쾌한 경험을 한 고객은 과거에는 몇몇의 친구와 가족에게만 불평을 얘기할 뿐이었다. 그러나 이제는 모든 사람들에게 불평을 얘기할 수 있다. 인터넷 서비스 제공자들은 좌절한 고객들에게 기업을 공격할 수단을 제공하고 있다. 인터넷 웹사이트의 무료이거나 매우 저렴한 컴퓨터 공간은 고객들에게 그들의 친구들에게만이 아니라 전 세계인에게 자신이 어떻게 취급당하였는가를 말할 수 있는 능력을 제공한다. 다음은 인터넷 상에서 유포된 몇몇 화난 고객들의 이야기들의 예이다.

- 베스트 바이Best Buy를 떠나던 고객이 출입구에서 경비에게 영수증을 자진해서 보여주기를 거부하였다. 베스트 바이의 종업원은 그 고객의 카트를 붙잡으려고 했고, 그 고객의 차량 바로 뒤에 차를 주차해

놓았다.

- 언터프라이즈 렌터카Rent-A-Car의 고객들은 종종 회사가 예약을 제대로 처리하지 않고, 차량을 준비해 놓지 않으며, 연료통이 채워지지 않은 채로 렌트해주고, 기업 고객에게 더 높은 요금을 부과한다는 것을 발견하였다.

인터넷은 고객의 힘을 증가시키고 있으며 비즈니스를 제품 중심에서 고객 중심으로 바꾸고 있다. 제품 중심과 고객 중심 비즈니스 간의 차이를 설명하고, CRM이 예전 어느 때보다 더 중요하게 되었는지를 설명하라.

8. 유튜브 상의 젯블루

젯블루JetBlue는 고객들에게 사과하기 위해서 유튜브를 사용한다는 특이하고 흥미로운 CRM 접근 방법을 채택하였다. 젯브루의 설립자이자 전 CEO인 데이비드 닐만은 해당 항공사의 매우 불행한 한 주일(폭풍으로 1,100편의 비행이 취소되어서 수천 명의 승객이 전국의 공항에서 발이 묶였다)이 지나가자 유튜브를 통해서 고객들에게 사과하였다. 닐만의 유튜브 사과는 연습하지 않고, 다듬어지지 않았으며, 그래서 더 진지해 보였다. 이러한 유튜브 사과로 고객들은 해당 이슈들을 이해하고 회사의 사과를 수용하게 하였다.

9. 전화 통화 기록 탐색하기

고객과의 전화 통화 내용을 저장한 데이터베이스에서 고객의 특별 요구사항을 검색하는 것을 상상해 보자. 그리고 디지털 파일로 저장된 고객 불평들을 정렬하여 고객 서비스 직원과 고객 간의 대화가 잘못되기 시작한 정확한 시점을 찾아내는 것을 상상해 보자. 파인드잇Find It이라는 새로운 도구가 음성 기록을 구글 정보 검색처럼 쉽게 정렬한다. 파인드잇은 무한한 비즈니스 기회를 만들어 내고 있다. 기업들은 이 기술을 이용하면 음성 메일이나 전화 통화 기록을 키워드나 구절로 검색할 수 있다는 것을 점차 깨닫고 있다.

당신은 최근에 마케팅 기업을 창업했고, 당신의 고객들이 파인드잇을 이용하여 자신의 디지털 음성 기록을 포함한 모든 데이터 기록을 검색하는 것을 도와주고자 한다. 이제는 잠재 고객들에게 보낼 마케팅 자료들을 준비하는 일만 남았다. 당신은 고객에게 전달할 마케팅 자료를 작성해야 한다. 여기에는 고객이 파인드잇을 돈을 지불하고 이용하면 얻게 될 사업 기회가 자세히 나열되어야 한다. 당신은 마케팅 자료를 한 페이지 문서, 외우기 쉬운 멜로디, 비디오 또는 파워포인트 자료로 만들 수 있다.

10. 연재만화 판매 회사, 샤프투스

스테펜 컨Stephen Kern은 샤프투스Sharptooth의 설립자이자 CEO이다. 이 소기업은 전국에 있는 잡지사나 신문사로 연재만화를 사고판다. 샤프투스의 작가들 중의 일부는 크게 성공해서 수백 개의 잡지사와 신문사에 팔리고 있지만, 나머지는 이 산업에서는 아직 신입이다. 컨은 작가로서 사업을 시작했다. 그러나 자신이 코믹물을 홍보하고 마케팅 하는데 재능이 있다는 것을 알고 나서부터는 다른 작가들과 계약을 맺고 일을 하였다. 그의 작가적 배경은 재능은 있지만 사업가적 소질은 없는 젊은 작가들을 발굴하는 데 크게 도움이 되었다.

컨은 최근에 신생 온라인 매체인 블로그, 웹사이트, 기타 온라인 사이트로 코믹물을 팔기 시작했다. 당신은 컨이 신문, 잡지, 빌보드, 그리고 지금의 온라인 매체를 포함한 사업 라인의 각각에 대하여 독립된 시스템을 가지고 있다는 것을 빠르게 깨닫고 있다. 당신은 각각의 시스템들에서 개별적으로 판매 정보를 작성하고, 갱신하고, 유지하고 있다는 것을 알고 있고, 그가 어떻게 하면 그의 비즈니스를 통합적으로 운영하도록 할 수 있을까 하는 것을 고민하고 있다. 만약 컨이 자신의 업무 처리 방식을 유지한다면, 즉 동일한 업무를 네 개의 시스템으로 나누어 처리하는 방식을 고수한다면, 컨이 어떤 문제에 봉착하게 될 것인지를 나열하라. 만약 그가 네 시스템에 있는 각각의 세부 정보들을 통합하지 못한다면, 무슨 일이 일어날 것인가? 분리된 시스템들이 야기할 수 있는 문제를 10가지 이상 나열하라.

11. 음식 배달업 창업

메리 로우 스미스Mary Lou Smith는 한 회사에서 20년 이상 충직하게 근무하였다. 그러다가 어느 날 갑자기 그녀는 900여 명의 동료 직원들과 함께 해고 통지를 받았다. 그녀에게 매우 큰 충격이었다. 이러한 충격에서 벗어나는 데에만 몇 주가 걸렸다. 그 후 마침내 그녀는 새로운 직업을 찾기 시작했다. 스미스는 자신의 충직한 근무 경력과 뛰어난 자질로 인해 곧 직업을 구할 수 있으리라 믿었다. 그러나 그녀는 수개월 동안 직업을 찾아보았지만, 어떠한 기회도 발견할 수 없었다. 스미스는 자신의 비상 자금이 빠르게 소진됨에 따라, 새로운 일을 곧 구하거나 아니면 자신의 퇴직 연금을 당겨써야만 했다.

그녀는 일 없이 자유롭게 많은 시간을 보낸 후에 자신의 진정한 열정이 요리하는데 있다는 것을 깨닫게 되었다. 그녀는 점심과 저녁 시간에 음식을 만들어 지역 업체와 이웃들에게 배달하면서 약간의 돈을 벌기 시작했다. 스미스는 한 이웃의 말을 우연히 듣게 되었다. 이웃에 사는 그녀는 큰 파티를 열 계획이지만, 음식을 장만할 시간이 충분하지 않다는 것이었다. 농담 삼아, 스미스는 그녀에게 음식을 만들어 날라주면 얼마나 줄 수 있느냐고 물어보았다. 곧 스미스는 많은 이웃들과 소규모 업체들에게 음식을 날라주는 일을 하게 되었다. 그녀는 자신이 이 사업에 뛰어들어야 하는지, 아니면 계속해서 직업을 찾아야 하는지를 결정해야만 했다.

음식 배달 사업을 1년간 한 다음, 스미스는 상당한 돈을 벌었고, 게다가 뛰어난 명성까지 얻게 되었다. 그녀는 결혼식 등의 온갖 행사에 음식을 배달해주었다. 사업은 매우 잘 되었고, 몇 명의 직원을 고용하여 사업을 확장하기에 이르렀다. 스미스는 사업을 더 크게 확장하기 위해 계획을 수립하기 시작했다. 스미스는 당신에게 다음 질문의 답을 얻기 위해 도움을 요청하고 있다.

1. 스미스의 사업에서 고객 충성도는 얼마나 중요한가? 그녀의 단골 고객들을 유지하기 위해 무엇을 해야 하나? 한 불만 고객이 사업에 어떠한 타격을 줄까? 이러한 도전에 응대하기 위해 무엇을 준비해야 하나?
2. 맛집 추천 사이트인 옐프Yelp.com를 조사해 보아라. 옐프는 어떤 서비스를 제공하고 있는가? 중소기업은 옐프를 기회로 보아야 하는가 아니면 위협으로 보아야 하는가? 고객이 옐프를 이용할 때, 알아 야만 하는 장점과 단점은 무엇인가?
3. 스미스는 수요 예측, 재고 관리, 일정 계획, 품질 관리 등을 책임져야 한다. 그녀는 자신의 사업을 운영하려면 어떤 유형의 수요 예측을 해야 하는가? 그녀는 어떤 유형의 재고를 추적해야 하는가? 스미스는 어떤 유형의 일정 계획을 작성해야 하는가? 만약 계획에 차질이 발생하여 일정 계획을 다시 수립해야 한다면 어떤 문제가 발생할까? SCM 시스템은 사업 운영에 어떤 도움을 줄 수 있을까?
4. 스미스는 충성 고객과 충성 직원을 바탕으로 사업을 진행하기를 원한다. 그녀는 새로운 아이디어나 요리법이나 고객 추천을 한 직원들에게 보너스를 준다. 이러한 보너스를 주는 것이 스미스에게는 어떤 위험이 될까? 그녀는 직원의 아이디어를 실행에 옮겨서 경쟁우위를 얻고 있다. 그러나 그 직원은 이 회사를 그만 두고, 경쟁 회사에서 일을 하고 있는 상태이다. 스미스는 여전히 이 직원에게 보너스를 주어야만 할까? 스미스가 직원과 강력한 관계를 구축하려면 무엇을 해야 할까?
5. 스미스는 그녀의 고객들 중의 한 명이 CRM, SCM, ERP와 같은 기업용 시스템에 대해 이야기하는 것을 들었다. 그러나 그녀는 이러한 시스템들은 자본금이 많은 대기업들에게나 가능한 것이라고 믿고 있다. 인터넷을 검색하여 작은 기업들이 이용할 수 있는 기업용 시스템의 예를 찾아라. 그녀는 자신의 사업을 위해 이러한 유형의 시스템에 투자해야 한다고 생각하는가? 왜 그렇다고 생각하는가, 또는 왜 그렇지 않다고 생각하는가?

9

CHAPTER

시스템 개발과 프로젝트 관리: 전사적 공동 책임

SECTION 9.1
전사적 응용 시스템을 개발하기

- 시스템 개발 생애주기
- 소프트웨어 개발 방법론: 폭포수 모델
- 애자일 소프트웨어 개발 방법론

SECTION 9.2
프로젝트 관리

- 성공적인 프로젝트 수행을 위해 프로젝트 관리하기
- 주요 프로젝트 계획 다이어그램
- 프로젝트를 아웃소싱하기

IT는 나에게 무엇을 제공해 주는가?

이 장은 어떻게 조직이 정보 시스템을 구축하는지에 대한 개요를 제공한다. 정보 시스템은 기업 운영의 기본 토대라고 할 수 있으므로 경영학을 공부하는 학생이라면 이 프로세스를 이해할 필요가 있다. 이러한 정보 시스템의 구축 원리에 대한 이해는 당신을 더욱 가치 있는 직원으로 만들어 줄 것이다. 당신은 문제점을 빨리 식별해내고 디자인 프로세스 중에 새로운 제안을 할 수 있게 될 것이며, 이를 통해 정보 시스템 프로젝트를 개선하고 당신과 당신의 비즈니스를 모두 만족시킬 수 있게 될 것이다.

정보 시스템을 구축하는 것은 마치 집을 짓는 것과 같다. 당신은 뒤에 앉아서 도급업자에게 설계, 시공, 감리를 모두 맡기고 당신이 만족할만한 집이 지어지길 기대할 수도 있다. 그러나 당신이 직접 그 과정에 참여한다면 훨씬 쉽게 당신의 요구사항이 충족될 것이다. 사용자가 최종 제품의 개발 과정에 직접 참여하고 방향을 설정하도록 하는 것은 바람직한 비즈니스 관행이다. 시스템을 개발하는 과정에 대해 알고 있으면 당신이 그 과정에 참여할 수 있게 되고, 미래의 요구사항까지도 충족시킬 수 있는 유연한 전사적 아키텍처enterprise architectures를 구축하게 될 것이다.

시작 사례 연구

파도가 칠 때면 서핑을: 무뚝뚝한 사업의 교육

파타고니아의 창업자, 전설적인 등산가, 사업가, 환경운동가인 이본 취나드는 그의 책 《파도가 칠 때면 서핑을》에서 지구상에서 가장 존경받고 환경적으로 책임감 있는 기업 중 하나를 만든 그의 견해를 나누고 있다. 취나드는 그의 사업과 환경에 대한 관점이 글로벌 불황, 심화되는 환경 위기, 자연에 대한 위협이 지속된 수십 년간 어떻게 발전해왔는지를 설명하고 있다. 취나드의 신념은 단순하다: 장기적인 성공은 지구에 최소한의 피해를 끼치고, 대기 중의 탄소를 감소시키고, 토양을 회복시킴으로써 옳은 일을 한다는 핵심을 설명하는 것을 의미한다. 취나드는 끊임없이 도전하고 직원들에게 위임하면서 매출이 10억 달러에 가까운 전례 없는 성공을 가져온 비즈니스 영웅이다. 《파도가 칠 때면 서핑을》은 분석에서 설계까지, 개발에서 구현까지, 책임 있는 비즈니스의 모든 측면을 창안한 청사진이다.

프랑스계 캐나다인 대장장이의 아들로 자란 그의 젊은 시절부터, 익스트림 스포츠 장비의 혁신적인 디자인의 영감을 불어 넣은 흥분되고 야심찬 등산 원정에 이르기까지, 파도가 칠 때면 서핑을》은 옳은 일을 행하고 웅장한 모험을 하는 것을 그의 회사와 직원들의 심장에 불어 넣은 한 남자의 이야기이다. – 어느 개인이라도 어려운 일이다.

파타고니아는 재생농업에 막대한 투자를 하기 시작했다. 이 운동의 최전선에 있는 실무자들을 돕기 위한 목적과 인간이 지구에 입힌 손상을 복구하기 위한 방안으로 식품과 자연섬유를 공급하는 목적이다. 취나드가 썼듯이, "더 책임 있는 기업이 되기 위해 파타고니아에서 하는 모든 일은, 우리가 이 문제의 해결책의 일부가 될 수 없다면 무가치하다." 취나드의 철학은 지난 10년간 파타고니아의 비즈니스 모델에 내재되고 있다. 많은 계획 중에서도 식물로 제작된 잠수복, 식품기업의 창업, 파타고니아의 글로벌 공급망에서 근무하는 사람들의 생활을 개선하기 위한 혁신적인 기준, 비슷한 생각을 하는 젊은 기업을 지원하기 위한 벤처펀드 등이 있다. 여기 취나드의 5가지 지혜의 말이 있다:

1. 나는 우리 사업에 적합한 철학을 찾기 위해, 사업에 대한 많은 책을 읽는다. 나는 일본이나 스칸디나비안 경영 방식에 대한 책에 특히 관심이 있다. 미국식 사업방식은 많은 가능한 경로 중에서 한 가지만 제시하기 때문이다.
2. 우리의 철학은 규칙이 아니라 가이드라인이다. 우리의 철학은 어느 프로젝트에 대해서든 접근 방식의 핵심이다. 우리의 철학은 고정되어 있지만, 특정 상황에 적용하는 것은 그렇지 않다. 오래 지속되는 모든 사업에서 사업을 수행하는 방법은

꾸준하게 변화하겠지만, 가치관, 문화, 철학은 변하지 않고 남아있다.

3. 누가 진정으로 사업에 책임이 있을까? 고객? 주주? 직원? 우리는 이들 누구도 아니라고 주장한다. 근본적으로 사업은 그것이 활용하는 자원에 책임이 있다. 건강한 환경이 없이는 주주, 직원, 고객, 사업 모두 존재할 수 없다.

4. 업무가 재미있어야 한다는 것을 기억하라. 우리는 부유하고 균형 있는 삶을 사는 직원을 높이 평가한다. 우리는 유연한 작업장을 운영한다. 우리가 대장간이었을 때부터 6피트의 따뜻하고 투명한 파도가 칠 때면 작업장 문을 닫아왔다. 우리의 정책은 본인의 작업이 다른 사람들에게 부정적인 영향을 미치는 않는다면 직원들이 유연 근무를 하는 것을 허용한다. 진지하게 서핑을 하는 사람이라면 오후 2시에 다음 주 화요일 서핑할 계획을 짜지는 않는다. 파도가 치고 조수와 바람이 적당하면 언제든 파도를 타러 갈 수 있다.

5. 사람들이 에코사보타지ecosabotage나 폭력적 시위를 연상하게 하는 "활동가"라는 용어에 우려할 수 있다. 하지만, 나는 우리의 공기, 물, 기타 천연자원을 보호하기 위한 의무에 정부가 부응하는 것을 원하는 평범한 시민에 대해서 얘기하고 있는 것이다. 활동가들은 그들이 지지하는 이슈에 대해 전염성이 있는 열정을 가지고 있다. 그들은 아이들을 죽음으로 몰아가는 독성이 있는 매립물을 정화하기 위해 투쟁하고 있는 엄마이거나 도시 확대로 인해 위협받는 4대에 걸쳐 이어온 가업을 지켜내기 위해 노력하는 농부일 수 있다. 이들이 최전선에서 정부가 법을 준수하도록 하거나 새로운 법의 필요성을 인식하도록 노력하고 있는 사람들이다.

section 9.1 | 전사적 응용 시스템을 개발하기

학습 성과

9.1 시스템 개발 주기의 7단계를 기술할 수 있다.
9.2 서로 다른 소프트웨어 시스템 방법론들을 요약 정리할 수 있다.

시스템 개발 생애주기SDLC

4차 산업혁명 시대에서 소프트웨어의 성공 혹은 실패는 비즈니스의 성공 혹은 실패로 직결된다. 회사들은 SCM, CRM, ERP 시스템을 포함한 기업 경영을 추진하고 회사 전반에 걸쳐 업무 흐름이 원활하게 진행되게 하려면 소프트웨어에 의존한다. 기업들의 소프트웨어 의존도가 높아질수록 소프트웨어의 성과가 비즈니스의 성과에 미치는 영향도 커진다.

성공적인 소프트웨어 구현의 잠재적인 이점들은 소프트웨어 개발 위험을 관리하는 데 상당한 인센티브를 제공한다. 하지만 놀랄 만큼 많은 수의 소프트웨어 개발 프로젝트들이 지연되거나 예산을 초과하며, 성공한 프로젝트의 과반수가 최초에 설계한 기능과 특징을 실현하지 못하고 있다고 한다. 소프트웨어 개발과 시스템 개발 생애주기에 대한 기본을 이해하면, 이러한 잠재적 함정을 극복하고 개발을 성공시킬 수 있게 될 것이다. 소프트웨어 개발 단계로 넘어가기 전에, 몇 가지 핵심 용어를 이해할 필요가 있다.

- **전환**conversion: 레거시 시스템에서 새로운 시스템으로 정보를 전송하는 프로세스이다.
- **레거시 시스템**legacy system: 빠르게 유용성을 잃어가거나 이미 잃어버린 조직 내 오래된 시스템을 말한다.

SDLC는 모든 시스템 개발 방법의 기초가 되며, 각 단계와 관련된 수백 가지의 활동이 있다. 이러한 활동들은 일반적으로 예산 결정, 시스템 요구사항 수집, 상세한 사용자 문서 작성 등을 포함한다.

- 시스템 개발 생애주기SDLC: Systems Development Life Cycle: 계획과 분석에서부터 구현과 유지보수에 이르기까지 정보 시스템 개발의 전체 과정을 말한다.

SDLC는 비즈니스 상의 필요로 시작되어, 시스템이 그 필요를 충족시키는 데 꼭 필요한 기능을 평가하는 단계를 거쳐, 시스템을 통해 얻는 이익이 유지보수 비용보다 많지 않을 때 끝난다. 이것이 생애주기라는 명칭이 붙은 이유이다. SDLC는 계획, 분석, 설계, 개발, 테스팅, 구현, 유지보수의 7개의 뚜렷한 단계로 구성된다(그림 9.1 참조).

단계 1: 계획

계획 단계planning phase는 구상 중인 프로젝트의 첫 단계로서, 계획이나 목표 설정 등을 포함한다. 계획은 조직의 시스템 개발 첫 단계이자 가장 중요한 단계이다. 초기 단계에서

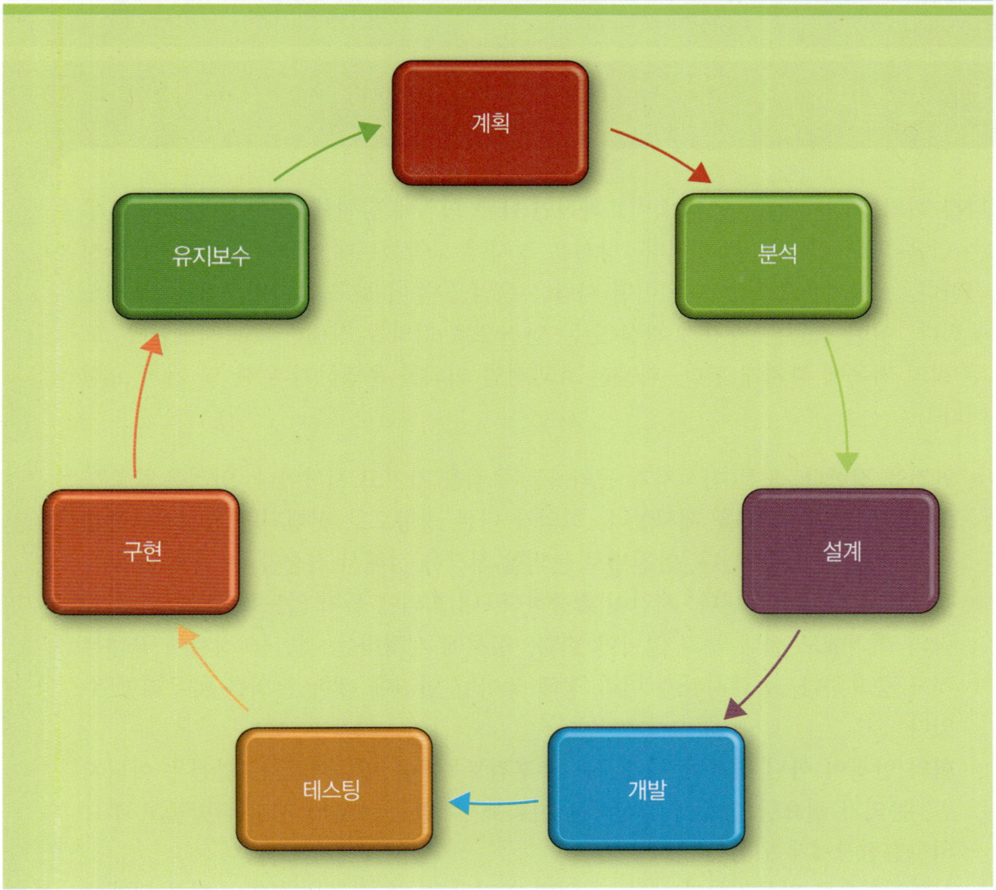

그림 9.1

시스템 개발 생애 주기 및 관련 활동

단계	관련 활동
계획	▪ 문제에 관하여 브레인스토밍을 하고, 조직을 위한 사업 기회를 발굴한다. ▪ 프로젝트의 우선순위를 매기고 개발 프로젝트를 선택한다. ▪ 프로젝트 범위를 설정한다. ▪ 프로젝트 계획을 발전시킨다.
분석	▪ 시스템에 대한 비즈니스 요구사항을 수집한다. ▪ 시스템과 관련된 제약 조건을 확인한다.
설계	▪ 시스템을 지원하기 위해 필요한 기술적 아키텍처를 설계한다. ▪ 시스템 모델을 설계한다.
개발	▪ 기술적 아키텍처를 구축한다. ▪ 데이터베이스를 구축한다. ▪ 애플리케이션을 구축한다.
테스팅	▪ 테스트 조건을 구성한다. ▪ 시스템 테스트를 수행한다.
구현	▪ 구체적인 사용자 문서를 작성한다. ▪ 사용자에게 시스템 교육을 제공한다.
유지보수	▪ 시스템 사용자를 지원하기 위한 상담 창구를 개설한다. ▪ 시스템 변경을 지원하기 위한 환경을 마련한다.

비즈니스 중심적 스킬셋

회의, 회의, 추가 회의는 이제 그만!

나쁜 회의는 최악이다. 당신이 비효과적인 나쁜 회의에 참석해 적이 있다면 내가 무슨 말을 하고 있는지 알 것이다. 당신은 정시에 도착했는데, 회의는 20분 늦게 시작한다. 스피커폰으로 참석한 어떤 사람은 음악을 틀어 놓고 강아지가 짓는 소리도 들린다. 어떤 직원은 자기가 관심 있는 안건으로 회의를 진행하려고 시도한다. 모두 회의 지옥에 빠지게 된다. 다음은 효과적인 회의를 운영하기 위한 몇 가지 요령이다.

- **안건을 정한다**: 모든 참석자가 동의하는 목적을 가지고 시작한다. 안건은 중요하고 의사소통의 방향을 제시한다. 회의가 다른 방향으로 진행되면 참석자들에게 안건에 대해 상기시킨다. 안건별로 논의할 시간을 정해서 집중할 수 있게 한다.
- **정시에 시작하고 끝낸다**: 시간이 소중하다. 내 회의에 늦지 않도록 하고, 다른 사람의 회의에도 절대 늦지 않아야 한다. 정시에 시작하는 것만큼 정시에 끝내는 것도 중요하다. 종료시간을 미리 정해 놓아야 안건에 대한 논의를 마무리할 수 있다.
- **회의 안건이 아닌 항목에 대해서는 추후검토목록을 만들어둔다**: 안건은 아니지만, 논의가 필요한 항목에 대해서는 미뤄둘 수 있는 여분의 시간을 만들고 주요 의사결정자에게 위임한다.
- **실행계획으로 마무리한다**: 모든 회의의 마지막 몇 분 정도는 회의의 다음 단계에 대해 상의한다. 누가 무엇을 맡아서 언제까지 진행할지를 결정한다. 그렇게 하지 않으면, 회의에 소요된 시간은 아무런 가치가 없게 된다.

그룹을 지어서 상기 목록을 기초로 단체 회의에서 사용할 선언문을 작성한다. 목록에 추가할 항목들이 있는가? 아마도 휴대폰이나 사적 잡담으로 주의를 산만하게 하는 것에 관련될 수 있다. 더욱 효과적인 회의를 진행하기 위한 회의 규칙을 어떻게 만들 수 있을까? 개인적인 목적의 그룹 회의에서 회의 선언문을 구현하는 것과 관련되어 어떤 이슈가 있을 것인가? 만약 그렇다면 어떻게 그런 이슈를 해결할 것인가?

시스템 개발을 통하여 고객이 인터넷으로 제품 주문을 할 수 있도록 하거나, 또는 세계 도처에 있는 창고들을 위한 최선의 물류 시스템을 구축하거나, 또는 타 조직과의 전략적 정보 제휴를 개발하는 것 등 그 내용이 무엇이든, 계획 단계는 항상 결정적인 역할을 한다. 따라서 조직은 이러한 제 활동을 면밀히 계획하여야 한다(또한 왜 이러한 활동이 필요한지 결정하여야 한다).

- **브레인스토밍**: 분석을 배제하고 단시간 내에 아이디어가 고갈될 때까지 최대한 많은 아이디어를 제시하도록 참여자들을 독려하는 기법이다. 대다수의 경우 이 브레인스토밍 과정을 통해 새로운 비즈니스 기회가 발굴된다.

- **변화 주도자**: 비즈니스 환경 변화에 발맞추어 중요한 시스템 변경의 촉매제 역할을 하는 사람이나 사건을 말한다.

프로젝트 관리 협회PMI: Project Management Institute는 프로젝트 관리 전문가가 필요로 하는 절차 및 개념들을 제공한다(www.pmi.org). PMI는 다음과 같은 주요 용어들을 정의한다:

- **프로젝트**: 기업이 고유한 상품이나 서비스, 결과물 등을 생산하기 위해 개시하는 일시적 활동이다.
- **프로젝트 관리**: 프로젝트 요구사항을 충족하기 위해 지식, 기술, 도구, 테크닉 등을 프로젝트 활동에 적용하는 작업이다.
- **프로젝트 계획**: 전체 프로젝트를 관리하고 통제하기 위한 공식적이고 승인된 문서
- **프로젝트 관리자**: 프로젝트의 계획 및 관리에 전문적 지식을 갖춘 개인으로, 프로젝트 계획을 정의하고 발전시키며, 프로젝트가 정해진 기간과 예산 내에 완료되도록 계획을 추적한다. 프로젝트 관리자는 전체 프로젝트를 실행하고, 프로젝트를 조직의 전반적인 경영 목표와 연계시키는 프로젝트 범위를 정의하는 책임을 지는 사람이다.
- **프로젝트 범위**: 비즈니스 상의 필요(프로젝트가 해결해야 할 문제)와 프로젝트의 타당성, 요구사항, 현재의 제약 조건 등을 설명한다. 프로젝트 범위를 설정하는 것은 매우 중요한데, 이는 프로젝트에 포함되는 것과 그렇지 않은 것을 정의하기 때문이다.

단계 2: 분석

분석 단계analysis phase는 최종 사용자의 비즈니스 요구사항을 분석하는 것, 그리고 프로젝트의 목적을 계획하고 있는 시스템의 기능과 목적에 맞게 다듬어 가는 것을 말한다.

- **비즈니스 요구사항**: 시스템이 성공적으로 운영되기 위해 반드시 충족해야 하는 구체적인 비즈니스 요청사항들을 말한다. 분석 단계는 비즈니스 요구사항이 전체 시스템 개발 노력을 이끌어가기 때문에 매우 중요하다. 이 단계에서 정확한 요구사항을 파악하지 못하면 후속 단계에서 심각한 문제가 발생할 수 있으며, 최종적으로 시스템의 성공 여부를 좌우하게 된다.

예를 들어 비즈니스 요구사항은 "CRM 시스템은 상품, 지역, 판매 대리인 등에 대한 모든 고객 문의 사항을 수집해야 한다."고 기술할 수 있다. 비즈니스 요구사항은 시스템

비즈니스 요구사항 수집 방법
시스템의 비즈니스 요구사항을 규정하고 검토하기 위해 사용자들과의 모임을 통하여 합동 애플리케이션 개발JAD: joint application development세션을 진행한다. 이 작업은 수일에 걸쳐 진행되기도 한다.
시스템의 현재 운용 상황과 문제들을 점검하기 위해 개별적으로 면담을 실시한다.
문제점을 발견하기 위해 사용자들로부터 설문 조사지를 수집한다.
현재 시스템 운용 방식을 알아내기 위해 질문지를 검토한다.
조직 내의 보고들, 정책들, 정보 이용 방식 등을 확인하기 위해 비즈니스 문서를 재검토한다.

그림 9.2
비즈니스 요구사항 수집 방법

이 성공적이라고 간주되기 위해 충족해야 할 것들을 명시한다. 시스템이 비즈니스 요구사항을 충족하지 못한다면 그 시스템은 실패한 프로젝트로 간주된다. 그러므로 조직은 최대한의 시간과 노력, 자원을 들여 명확하고 구체적인 비즈니스 요구사항을 수집해야 한다(그림 9.2는 비즈니스 요구사항을 수집하는 방법을 보여준다).

프로젝트는 일반적으로 역동적인 특성을 가지며, 성공적인 프로젝트 완수를 위해서는 변화를 예상하고 대비해야 한다.

- **요구사항 관리**: 프로젝트 전반에 걸쳐 비즈니스 요구사항의 변경을 관리하는 과정
- **요구사항 정의 문서**: 회사에 대한 중요도 순으로 모든 비즈니스 요구사항의 우선순위를 정한다.
- **승인**: 사용자들이 모든 비즈니스 요구사항을 승인했음을 나타내는 실제 서명

비즈니스 분석가가 조직의 업무 수행 방식과 프로세스를 자세히 살펴보면, 이러한 프로세스를 더욱 효율적이고 효과적으로 개선할 수 있는 방법을 제안할 수 있다.

- **프로세스 모델링**: 시스템과 그 환경 사이에서 정보를 캡처, 조작, 저장 및 배포하는 프로세스를 그래픽으로 표현하는 것을 포함한다.
- **데이터 흐름도**DFD: 외부 개체와 시스템 내의 프로세스 및 데이터 저장소 간의 정보 이동을 도식화한다(그림 9.3 참조). 프로세스 모델과 데이터 흐름도는 시스템의 사양을 확립한다.

그림 9.3
자료 흐름도 예시

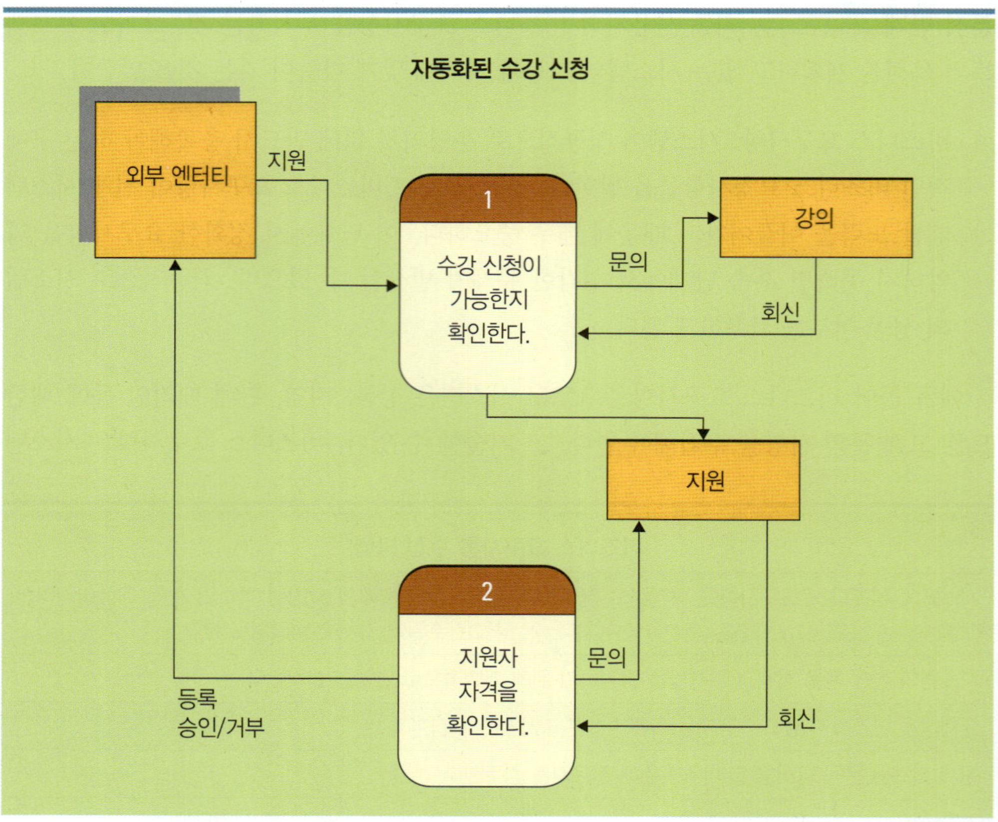

비즈니스 중심적 토론

프로젝트를 어떻게 우선순위화할까?

프로젝트는 이메일 제목에 따라 고객의 응답률이 어떻게 변하는지 테스트하거나, 당신 회사의 웹사이트의 작은 변화에 고객이 어떻게 대응하는지를 관찰하는 것 같이 간단할 수 있다. 프로젝트는 대규모 투자를 진행하기 이전에 혁신적인 아이디어를 시험할 수 있게 해준다. 프로젝트에서 당신이 기대하는 결과가 나올 것을 확신하기 위해서는 목표와 예상 결과물에 대해 사전에 신중하게 검토해야 한다. 다음은 새로운 프로젝트에 착수하기 전에 고려해야 하는 것들이다.

- **문제의 식별**: 해결해야 할 문제가 무엇인지 알지 못한다면 프로젝트가 성공적일 수 없다. 얼마나 많은 프로젝트가 출시가 되거나 조직에 설치되지 못하는 베이퍼웨어[1]로 마무리가 되는지를 알면 놀랄 것이다.
- **프로젝트의 관리 부족**: 프로젝트 관리와 계획이 부족하게 되면 필연적으로 재난적인 결과가 초래된다. 모든 프로젝트는 시작하기 전에 계량적으로 측정할 수 있는 명확한 목표가 필요하다. 당신은 프로젝트가 해결해야 하는 문제를 정의하고, 구체적인 요구사항을 결정하고, 모든 세부사항 및 단계에 대해 명확하게 하길 원할 것이다. 모호하면 안 된다. 적절하게 계획을 수립하는 것에 사전에 시간을 투입하지 않는다면, 실패하기 위해 계획을 세우고 있는 셈이 된다. 프로젝트 관리 계획을 수립해야 한다.
- **추가적인 수행범위의 변경을 무시하기**: 표준화되고 반복 가능한 프로세스를 가동하는 것은 프로젝트 관리의 중요한 측면이다. 하지만 유연한 상태로 유지하는 것도 마찬가지로 중요하다. 해결하려는 문제를 성공적으로 정의한 경우에도, 공식적인 변화 프로세스를 만드는 것은 중요하다. 새로운 요구사항이 문서화되고, 검토되고, 승인되는, 변화관리 프로세스를 만들어야 한다. 장비를 교체하는 이유를 검토하고, 어떠한 신규 자원이 필요한지 평가하고, 새롭게 수정된 목표에 대해 공유함으로써, 전체 프로젝트 팀을 가지런하게 유지한다.
- **의사소통의 부족**: 프로젝트를 성공적으로 완수하기 하기 위해서는 모든 사람이 합심해야 한다. 프로젝트관리협회PMI의 조사에 따르면, 비효과적인 의사소통이 프로젝트 실패의 주된 요인이라고 응답한 경우가 33%, 프로젝트의 성공에 부정적인 영향을 미친다고 응답한 경우가 50% 이상이었다. 프로젝트 관리 소프트웨어는 의사소통과 협업을 촉진해서 시의적절하게 정보를 공유하고 비즈니스를 근원적인 사항에 기반할 수 있게 해준다. 모든 정보를 명확하고 상세하게 하는 것도 또한 중요하다. 문서나 구두로 의사소통할 때 기술적이나 복잡한 표현을 사용하지 말아야 한다. 당신이 정보를 공유하고 있는 모든 사람들이 해당 정보에 대해 이해할 수 있어야 한다.
- **실패로부터 배우지 않기**: 모든 기업은 업무를 수행하기 하기 위해 새롭고 개선된 방식을 찾고 있다. 하지만 이러한 과정에서 실패는 일어나기 마련이다. 실패가 생겼을 때, 실패에 대해 비난하거나 실패가 발생하지 않게 하는 것에 집중하면 안 된다. 추가적으로 시간 낭비하는 것이다. 생산적으로 실패하는 한, 실패하는 것은 별 문제가 되지 않고 경우에 따라서는 필요한 것이기도 하다.

상기 이슈에 대해 우선순위를 설정하여 토론하고 1부터 5까지 순위를 매겨보라. 가장 문제가 많고 프로젝트 실패의 원인이 될 수 있는 항목에는 1, 가장 문제가 적고 통제가 가능한 항목에는 5를 부여하라.

1) 개발 중부터 요란하게 선전하지만, 실제로는 완성될 가능성이 없는 소프트웨어

단계 3: 설계

분석 단계에서 최종 사용자와 MIS 전문가는 논리적인 관점에서 개발 사업에 대한 구체적인 비즈니스 요구사항을 수집하기 위해 협력한다. 다시 말해서 분석 과정에서는 시스템을 지원할 기술이나 기술적 기반이 고려되지 않은 채 비즈니스 요구사항이 수집된다.

- **설계 단계**: 화면 레이아웃, 비즈니스 규칙, 프로세스 다이어그램, 의사코드 및 기타 문서를 포함하여 시스템의 원하는 기능과 운영에 대한 설명을 수립한다. 이 단계에서는 시스템의 전반적인 구조와 세부 사항을 정의하며, 이후 개발 단계에서 실제 구현을 위한 청사진 역할을 한다. 설계 단계는 분석 단계에서 도출된 요구사항을 바탕으로 시스템의 구체적인 모습을 그려내는 중요한 과정이다.

설계 단계로 진입하면 데이터 모델, 화면 설계, 보고서 레이아웃, 데이터베이스 모델 등과 같은 시스템을 지원할 기술적 아키텍처가 고려되고 프로젝트의 포커스는 물리적이나 기술적 관점으로 전환된다(그림 9.4 참고).

그래픽 유저 인터페이스GUI는 정보 시스템에 접속하기 위한 장치이다. GUI 화면을 설계할 때에는 아이콘, 버튼, 메뉴, 서브메뉴 등을 이용해 전체 시스템에 대한 정보 시스템 화면을 구축한다.

- Figma: 사용자가 디지털 디자인을 실시간으로 생성, 협업 및 반복할 수 있게 해주는

그림 9.4
기술적 아키텍처 예시

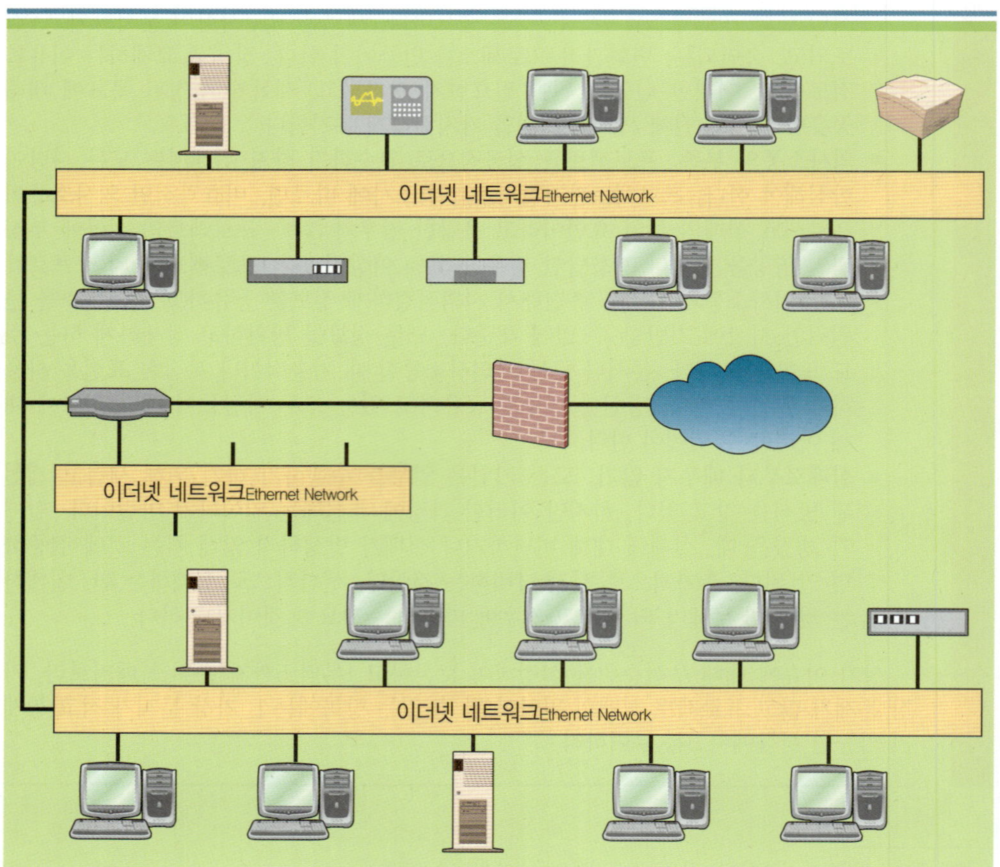

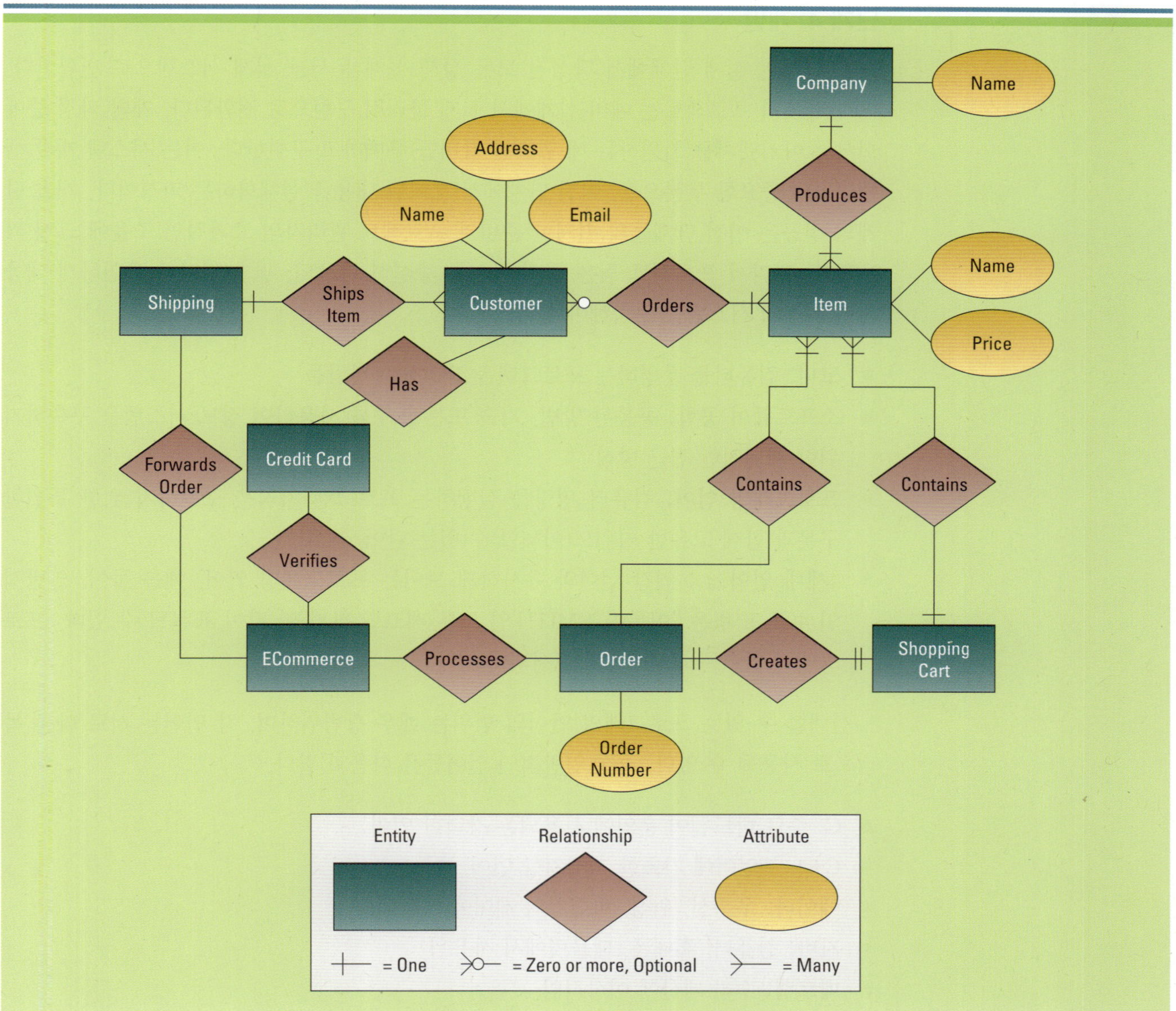

그림 9.5

개체 관계도 예시

클라우드 기반 디자인 및 프로토타이핑 도구이다.

Figma는 사용자 친화적인 인터페이스와 다양한 디자인 기능을 제공하여 디자이너, 제품 관리자 및 개발자들 사이에서 인기를 얻고 있다. Figma를 통해 팀은 프로젝트에 대해 협업하고, 상호작용이 가능한 프로토타입을 만들며, 개념에서 구현에 이르기까지 디자인 프로세스를 간소화할 수 있다. 전반적으로 Figma는 디지털 디자인을 만들고 공유하는 데 도움을 주는 다재다능한 소프트웨어이다. 디지털 디자인의 두 가지 유형에는 데이터 모델과 개체-관계 다이어그램이 있다.

데이터 모델은 데이터베이스 관리 시스템(DBMS)에 데이터 관계를 표현하는 공식적인 방법을 나타낸다. 개체-관계 다이어그램은 데이터베이스 환경에서 개체 간의 관계를 문서화한다(그림 9.5 참조).

단계 4: 개발

개발 단계는 설계 단계에서 작성된 모든 상세 설계 문서를 실제 시스템으로 변환한다. 이 단계에서 프로젝트는 예비 설계에서 실제 물리적 구현으로 전환된다. 개발 과정 중에 회사는 아키텍처를 지원하는 데 필요한 장비를 구매하고 구현한다. 이는 시스템 개발 생애주기의 중요한 부분으로, 이전 단계에서 계획된 내용을 실체화하는 과정이다. 개발 단계의 성공은 이전 단계들의 철저한 준비와 프로젝트 관리자의 효과적인 조율에 크게 좌우된다. 따라서 프로젝트 팀은 설계 문서를 충실히 따르되, 필요에 따라 유연하게 대응하여 최적의 시스템을 구축해야 한다.

- **코더**: 컴퓨터를 운영하는 프로그램을 작성하는 사람들
- **소프트웨어 공학**: 공통된 방법, 기술 또는 도구를 사용하여 정보 시스템을 구축하기 위한 체계적인 접근 방식
- **프로그래밍 언어**: 컴퓨터 명령을 실행하는 프로그램 지침을 구성하기 위한 특별한 구문과 함께 고유한 키워드(이해할 수 있는 단어) 세트
- **4세대 언어**4GLs: 인간 언어와 유사하게 보이는 프로그래밍 언어. 예를 들어, 일반적인 4GL 명령은 "이름이 'SMITH'인 모든 레코드 찾기"와 같이 표현될 수 있다. 프로그래밍 언어는 그림 9.6에 표시되어 있다.

선택할 수 있는 프로그래밍 언어의 범위는 매우 광범위하며, 각 언어는 서로 다른 목적으로 사용될 수 있다. 가장 일반적인 언어들은 다음과 같다.

- C: 주로 하드웨어 운영에 사용되는 강력한 언어
- C++: C언어에 기초한 객체지향 언어
- **에이다**: 우주선, 위성, 비행기의 제어에 사용됨
- **자바**: 컴퓨터, 휴대폰, 태블릿에서 사용됨
- **매트랩**: 수리 계산에 이상적임
- PHP: 상호작용하는 웹사이트를 만들어줌
- **파이썬**: 텍스트 기반의 언어로 컴퓨터 프로그램의 제작에 사용됨
- **스크래치**: 프로그래밍을 배울 때 이상적인 시각적인 언어

그림 9.6
프로그래밍 언어 개요

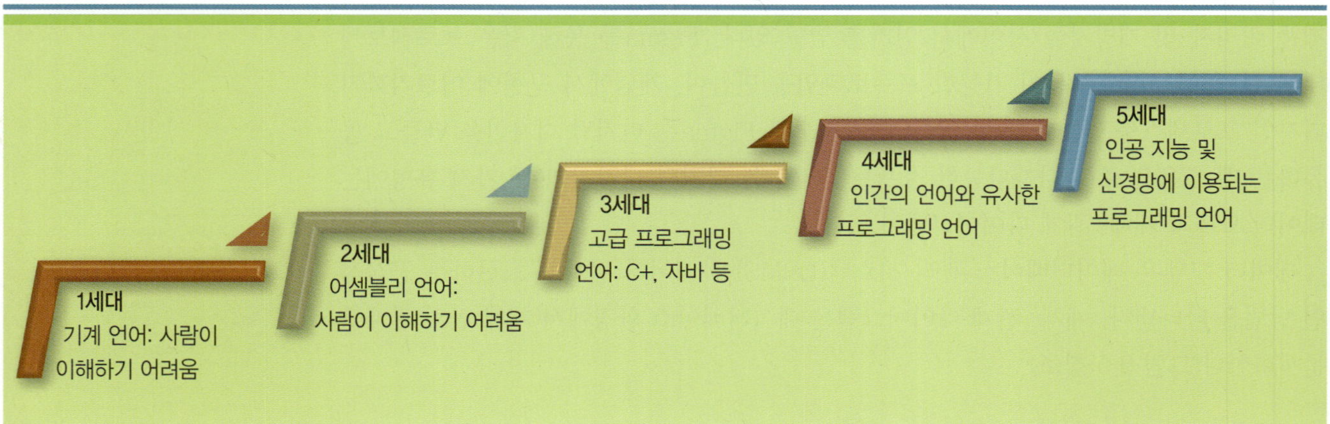

비즈니스 중심적 ESG

Bubble은 노코드 개발 도구에 속하는 시각적 개발 플랫폼이다. 이를 통해 개인들은 전통적인 코딩 없이 웹 애플리케이션을 만들 수 있다. Bubble은 사용자가 요소를 끌어다 놓고, 워크플로우를 정의하며, 데이터베이스 구조를 구성하여 웹 애플리케이션을 구축하고 배포할 수 있는 시각적 인터페이스를 제공한다.

Bubble 플랫폼은 원하는 사용자 인터페이스를 만들기 위해 사용자 정의할 수 있는 다양한 사전 제작 컴포넌트와 디자인 요소를 제공한다. 사용자는 직관적인 시각적 워크플로우 편집기를 사용하여 애플리케이션의 로직과 동작을 정의할 수 있어, 코딩의 필요성을 제거한다.

Bubble은 또한 사용자가 데이터 구조를 정의하고, 데이터 유형 간의 관계를 생성하며, 애플리케이션의 데이터를 관리할 수 있는 백엔드 데이터베이스를 포함한다. 이 플랫폼은 애플리케이션의 기능을 향상시키기 위해 외부 서비스 및 API와 통합할 수 있는 옵션을 제공한다. Bubble은 광범위한 프로그래밍 지식 없이도 기능적이고 상호작용이 가능한 웹 애플리케이션을 만들 수 있게 한다. 이는 사용자가 코드를 작성하지 않고도 프로토타입과 심지어 생산 준비가 된 애플리케이션을 구축할 수 있게 하여, 기업가, 스타트업 및 비기술적 사용자들에게 접근 가능한 도구가 된다.

로우코드 및 노코드 앱은 효율적인 디지털화를 가능하게 하고, 자원 소비를 줄이며, 친환경적 관행을 향한 혁신을 촉진함으로써 더욱 지속 가능한 미래에 기여하여 환경 문제를 직접적으로 해결할 수 있다. Bubble을 사용하여 환경을 돕는 앱을 만든다면, 그 목적은 무엇이 되어야 하며, 어떻게 데이터를 수집하고 앱의 성공을 분석할 것인가?

버블, 관심 있으신가요?

- **스파크**: 스트리밍 데이터 분석
- **R**: 통계 계산과 그래픽
- **루비**: 자동적으로 많은 정보를 웹페이지로 변환시킴
- **자바스크립트**: 상호작용하는 웹사이트를 만들어줌

개발 단계에서 팀은 시스템을 구축하는 데 사용할 프로그래밍 언어를 정의한다.

- **로우 코드 및 노 코드**: 수동 코딩의 양을 줄여 애플리케이션 생성을 단순화하는 것을 목표로 하는 소프트웨어 개발 접근 방식을 말한다.

로우 코드 환경에서 개발자들은 시각적 인터페이스, 드래그 앤 드롭 도구, 사전 구축된 컴포넌트를 사용하여 애플리케이션을 신속하게 조립한다. 이 접근 방식을 통해 개발자들은 모든 코드 라인을 처음부터 작성하는 것보다 상위 수준의 설계와 로직에 더 집중할 수 있다. 로우 코드 플랫폼은 종종 특정 요구 사항을 충족하도록 구성할 수 있는 다양한 기능과 통합을 제공한다.

노 코드 개발은 이 개념을 더욱 발전시켜 코딩 경험이 거의 또는 전혀 없는 개인이 애플리케이션을 만들 수 있게 한다. 노 코드 플랫폼은 일반적으로 워크플로우, 양식 및 데이터 모델을 만들기 위한 사전 구축된 템플릿과 직관적인 도구가 있는 시각적 개발 인터페이스를 제공한다. 이러한 플랫폼은 자동화와 추상화를 활용하여 전통적인 프로그래밍 기술의 필요성을 제거하여 비기술적 사용자가 기능적인 애플리케이션을 구축할 수 있게 한다.

로우 코드 및 노 코드 개발은 더 빠른 개발 주기, 향상된 민첩성, 그리고 비즈니스와 MIS 팀 간의 협업 개선을 제공한다. 이들은 애플리케이션 개발 프로세스를 가속화하고, 시민 개발자를 육성하며, 고도로 숙련된 프로그래머에 대한 의존도를 줄일 수 있다. 그러나 이러한 접근 방식은 맞춤화, 확장성 및 복잡하거나 고유한 요구 사항을 처리하는 능력에 있어 제한이 있을 수 있음을 주목해야 한다. 따라서 이들은 더 간단한 애플리케이션이나 프로토타입을 구축하는 데 가장 효과적이며, 더 복잡한 프로젝트는 여전히 전통적인 코딩 접근 방식이 필요할 수 있다. 개발 단계에서 기술 검토를 수행하는 것이 좋은 방법이다.

- **기술 검토(또는 동료 검토)**: 독립적인 전문가 팀이 프로젝트 결과에 대한 심층 분석을 제공하여 팀원들이 정확하고 완전하며 올바른 품질 기준으로 작업을 수행했는지 확인하는 회의이다.

기술 검토는 소프트웨어 개발에 매우 중요하다. 이는 소프트웨어의 코드, 아키텍처, 기능성 및 전반적인 품질을 종합적으로 평가하고 분석하기 때문이다. 개발 프로세스 초기에 잠재적인 문제, 버그 또는 취약점을 식별하고 수정하여 소프트웨어의 신뢰성, 성능 및 보안을 향상시킨다. 엄격한 검토를 통해 기술 검토는 코딩 표준, 모범 사례 및 설계 원칙을 준수하도록 보장하여 소프트웨어의 유지 보수성, 확장성 및 확장 가능성을 촉진한다. 또한 검토 프로세스는 개발 팀 내에서 협업, 지식 공유 및 지속적인 개선을 장려하여 소프트웨어 개발에서 품질과 우수성의 문화를 조성한다.

단계 5: 테스팅

테스팅 단계는 프로젝트의 모든 요소를 특별한 테스팅 환경에 통합하여 오류와 버그를 제거하고, 시스템이 분석 단계에서 정의된 모든 비즈니스 요구사항을 충족하는지 확인한다.

- **버그**: 정보 시스템의 코드에 존재하는 결함
- **테스트 조건**: 시스템이 수행해야 할 단계와 각 단계의 예상 결과를 상세히 기술한다(그림 9.7 참조).

테스터들은 테스트 조건을 실행하고 예상 결과와 실제 결과를 비교하여 시스템이 정확히 작동하는지 확인한다. 실제 결과가 예상 결과와 다를 때마다 버그가 발생하며, 개발 단계에서 시스템을 수정해야 한다. 일반적인 시스템 개발 과정에는 수백 또는 수천 개의 테스트 조건이 있으며, 이를 비즈니스 요구사항과 대조하여 시스템이 예상대로 작동하는지 확인해야 한다. 그림 9.8은 시스템 개발 과정에 일반적으로 포함되는 다양한

테스팅 조건 번호	테스팅 날짜	검사자	테스팅 조건	기대 결과	실제 결과	합격/불합격
1	09/1/1	Ellie Durking	시스템 시작 버튼을 클릭한다.	메인 메뉴가 나타난다.	기대 결과와 동일하다.	합격
2	09/1/1	Ellie Durking	메인 메뉴의 시스템 로그온 버튼을 클릭한다.	사용자 이름과 비밀번호를 요구하는 로그온 화면이 나타난다.	기대 결과와 동일하다.	합격
3	09/1/1	Ellie Durking	사용자 이름 필드에 Emily Hickman을 입력한다.	사용자 이름 필드에 Emily Hickman이 나타난다.	기대 결과와 동일하다.	합격
4	09/1/1	Ellie Durking	비밀번호 필드에 Zahara 123을 입력한다.	비밀번호 필드에 X@$#7ABC!!가 나타난다.	기대 결과와 동일하다.	합격
5	09/1/1	Ellie Durking	OK 버튼을 클릭한다.	사용자 로그온 요청이 데이터베이스로 전송되고 사용자 이름과 비밀번호가 확인된다.	기대 결과와 동일하다.	합격
6	09/1/1	Ellie Durking	시작 버튼을 클릭한다.	사용자 이름과 비밀번호가 승인되고 시스템 메인 메뉴가 나타난다.	사용자 이름과 비밀번호가 부정확하여 로그온 실패를 나타내는 화면이 나타난다.	불합격

그림 9.7

테스트 조건 예시

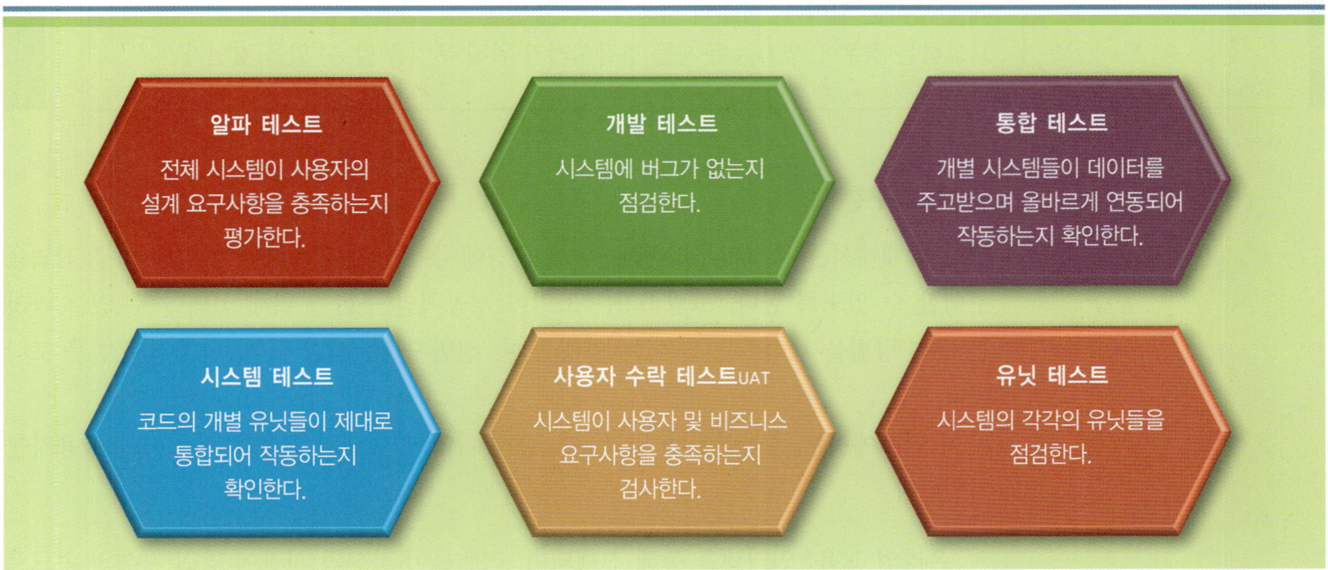

그림 9.8

다양한 시스템 테스팅 종류

유형의 테스트를 보여주는데, **알파 테스팅, 개발 테스팅, 단위 테스팅, 시스템 테스팅, 통합 테스팅, 사용자 수용 테스팅** 등이 포함된다.

비즈니스 중심적 분석

버그를 어떻게 식별할 수 있는가?

1945년, 미국의 컴퓨터 과학자 그레이스 호퍼는 하버드 마크 II 컴퓨터에 나방이 오작동을 일으켰다는 사실을 발견하였다. 그레이스는 이 나방을 컴퓨터의 로그북에 테이프로 붙였고, 이로 인해 "버그"라는 용어가 탄생하게 되었다. 버그 리포트는 소프트웨어 개발에서 중요한 부분이다. 모든 버그는 기록되어야 하고, 수정되고, 테스트되어야 한다. 프로그래머들이 시스템을 구축할 때 접하게 되는 대표적인 3가지 버그들이다.

- **문법 오류**: 프로그램의 단어나 기호의 실수
- **런타임 오류**: 프로그램을 망가뜨리는 원인을 제공하는 실수. 예를 들어, 0으로 나누거나 두 개 문자열을 하나로 합치기
- **논리 오류**: 프로그램의 출력 값이 잘못되게 하는 실수. 예를 들어, 빼기 대신에 더하기를 하거나, 계산식에 잘못된 입력하기

세 가지의 버그 중에서 가장 식별하기 쉬운 것과 가장 식별하기 어려운 것은 찾아서 순위를 매겨보라. 버그 식별과 수정에 대한 측도가 추적되지 않으면 어떤 일이 발생할 것인가? 버그를 개발 중에 찾아내지 못하고 출시된다면 어떤 일이 발생할 것인가?

다음 시나리오를 상상하라: 테스트 담당자가 이미 버그로 식별된 문제점에 대해 새로운 버그 리포트를 작성했는데, 아직 기존의 버그와 중복되었다는 것이 확인되지 않았다. 프로젝트에 어떤 일이 발생할 것인가? 대규모의 복잡한 프로젝트에서 흔하게 발생하는 일이다. 복수의 사용자들이 동일한 시스템에서 동일한 버그나 문제점을 보고하는 경우에 생기는 문제를 경감시키기 위해 무엇을 할 수 있을 것인가?

단계 6: 구현

구현 단계에서는 조직이 시스템을 실제 운영에 투입하여 사용자들이 실제 업무 작업을 수행할 수 있도록 한다. 그림 9.9는 조직이 성공적인 구현을 위해 선택할 수 있는 다양한 구현 방법을 보여주는데, 이는 병행 구현, 전면 구현, 시범 구현, 단계적 구현을 포함한다.

이 단계에서는 온라인이나 워크숍을 통해 다양한 형태의 교육을 제공하여 사용자를 지원한다.

- **온라인 교육**: 인터넷을 통해 진행되며, 직원들이 자신의 시간에 맞춰 자신의 속도로 교육을 완료한다.
- **워크숍 교육**: 강의실 환경에서 강사의 지도하에 진행된다.
- **헬프 데스크**: 사용자의 질문에 응답하는 전문 인력 그룹이다.
- **사용자 문서**: 시스템 사용 방법과 문제 해결 방법을 강조하여 사용자를 위해 작성된다.

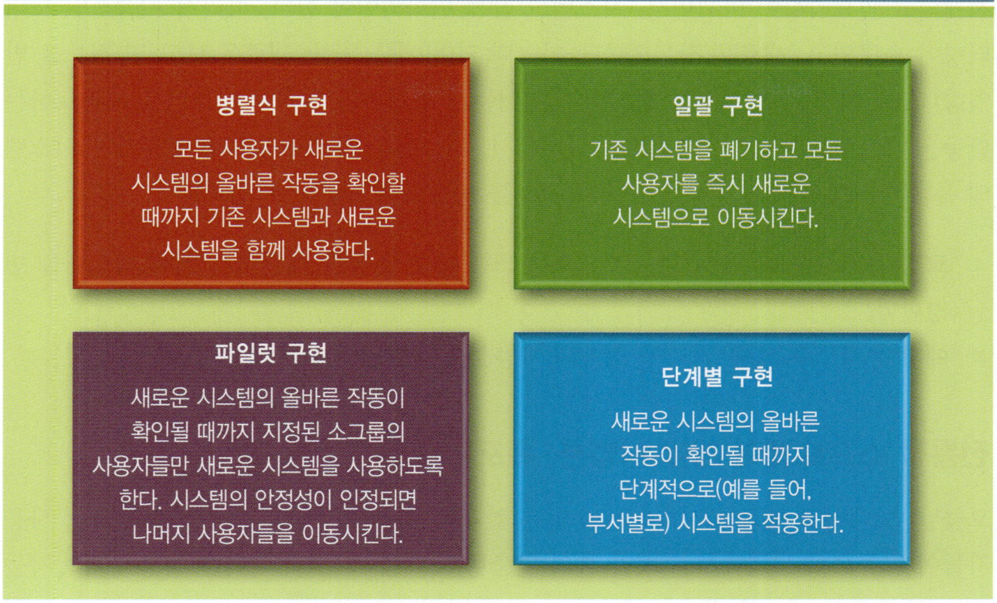

그림 9.9
시스템 구현 방법

시스템 구현의 성공은 조직의 전반적인 업무 효율성과 직결되므로, 이러한 다양한 구현 방법과 지원 체계를 통해 사용자들이 새로운 시스템에 신속하게 적응하고 효과적으로 활용할 수 있도록 하는 것이 중요하다. 또한, 구현 과정에서 발생할 수 있는 문제점들을 미리 예측하고 대비하여 시스템의 안정적인 운영을 보장해야 한다.

단계 7: 유지보수

시스템의 유지보수는 시스템 개발의 마지막 단계이다. **유지보수 단계**maintenance phase는 변화, 교정, 추가, 업그레이드 등을 통하여 시스템이 비즈니스 목표를 충족시킬 수 있도록 하는 과정이다. 이러한 단계는 시스템이 생존하는 동안 계속된다. 왜냐하면, 비즈니스가

그림 9.10
시스템 보고서 예시

종류	예시
내부 보고	내부 보고는 조직원들을 대상으로 조직 내에서 배포되는 데이터를 담고 있다. 일반적으로 내부 보고는 경영적 의사결정에 필요한 일상 업무 모니터링을 제공한다.
내부 상세 보고	내부 상세 보고는 필터링이나 제한이 거의 없는 데이터 정보를 담고 있다.
내부 요약 보고	내부 요약 보고는 면밀한 검토가 필요한 비즈니스 데이터를 조직하거나 분류한다. 예를 들어, 품목별 전체 월 판매량을 요약하는 보고가 내부 요약 보고에 속한다. 일반적으로 요약 보고 데이터는 현재의 동향과 잠재적 문제들을 보여준다.
예외 보고	예외 보고는 정상적인 작동 조건이나 기준 범위를 벗어나 발생하는 상황들을 표시한다. 이 내부 보고는 예외 사항만을 포함하며, 미납 또는 연체된 장부나 재고량이 낮은 품목을 나타내는 보고 등이 이에 속한다.
정보 시스템 통제 보고	정보 시스템 통제 보고는 조직의 정책과 그 물리적 실행을 바탕으로 정보의 신뢰성, 접근 제한, 액션 및 트랜잭션 기록 관리 등을 보장한다.
정보 시스템 감리 보고	정보 시스템 감리 보고는 필요한 변경 사항을 결정하고, 정보 시스템의 유효성, 비밀성, 완전성 등을 보장하기 위해 기업의 정보 시스템을 평가한다.
구현 후 보고	구현 후 보고는 프로젝트가 완료되고 운영되고 있는 상황에서의 프로젝트에 대한 정형 보고나 감사를 말한다.

전개되고 필요사항이 바뀌면서, 시스템도 함께 변화되어야 한다. 따라서 지속적인 모니터링이 요구되고, 새로운 작은 변화들이 계속되며(예를 들면, 새로운 보고 및 정보를 반영함), 조직이 전략적 목표를 향하여 움직이는지 확인하기 위하여 시스템을 재검토하는 활동을 계속하는 것이다. 유지보수 단계에서, 시스템은 사용자와 MIS 전문가가 시스템의 올바른 작동을 확인할 수 있도록 보고서를 생성한다(그림 9.10 참고).

- **교정 유지보수**: 설계 결함, 코딩 오류 또는 구현 문제를 해결하기 위해 시스템을 변경한다.
- **예방 유지보수**: 향후 시스템 장애의 가능성을 줄이기 위해 시스템을 변경한다.

전통적 소프트웨어 개발 방법론: 폭포수 모델

오늘날, 방대하고 복잡한 시스템은 수많은 설계자, 분석자, 개발자, 테스트 담당자, 사용자들이 공동으로 노력해서 수백만 줄의 맞춤형 코드를 만든다. 이러한 이유로 개발자들은 여러 종류의 시스템 개발 생애주기 모델 및 방법론을 개발하였다.

- **방법론**: 사람들이 기술적 및 관리적 과제에 적용하는 정책, 절차, 표준, 프로세스, 관행, 도구, 기법 및 작업의 집합이다.

기업들은 작업 계획, 요구사항 문서, 테스트 계획 등을 통해 기술 배포를 관리하기 위해 방법론을 사용한다. 공식적인 방법론에는 코딩 표준, 코드 라이브러리, 개발 관행 등 더 많은 것들이 포함될 수 있다. 가장 오래되고 잘 알려진 방법론은 폭포수 방법론이다.

- **폭포수 방법론**: 각 단계의 출력이 다음 단계의 입력이 되는 일련의 단계들로 구성된

그림 9.11
전통적인 폭포수 모델

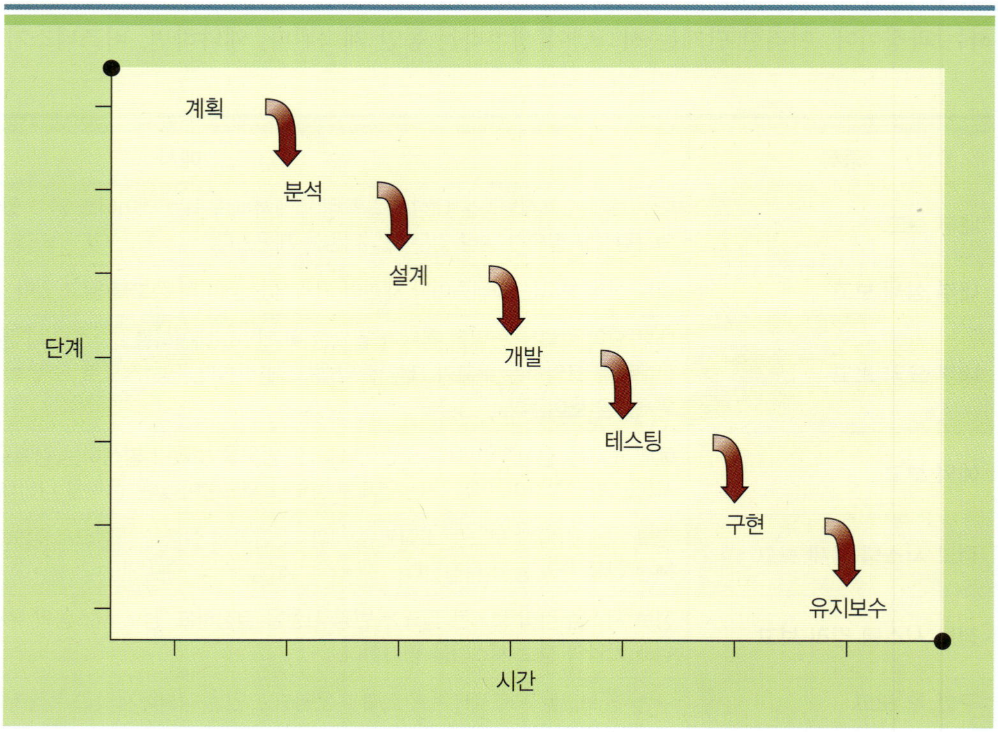

폭포수 모델과 관련된 문제점	
비즈니스 문제	사용자가 실제 요청하는 것을 기준으로 비즈니스 문제점을 정확하게 기술하거나, 정의를 내리지 못하는 경우에는 이러한 약점이 다음 단계로 흘러 들어간다.
계획	비용, 자원, 시간 관리 등이 어렵다. 만약 한 사람의 프로그래머가 포기하면 전체 일정에 어떤 일이 일어날까? 특정 단계의 일정 지연이 전체 프로젝트의 비용에 어떤 영향을 미칠까? 예상치 못한 우발 위험은 전체 계획을 망칠 것이다.
해법	폭포수 모델은 사용자가 사전에 비즈니스 요구사항을 모두 구체화 할 수 있다고 가정하는 것에서부터 문제점이 발생한다. 융통성, 확장성, 신뢰성을 갖춘 IT 기반구조의 정의는 대단히 도전적인 과제이다. IT 기반구조 해법은 시간, 비용, 타당성, 융통성 등 여러 기준에서 현재뿐만 아니라 향후의 필요성needs도 충족하여야 한다. 비전vision이란 측면에서 이 방법론은 제한이 불가피하다.

그림 9.12

폭포수 모델의 문제점

다(그림 9.11 참조).

SDLC에서 각 단계는 기획에서 실행 그리고 유지보수에 이르기까지 순차적으로 실시된다. 하지만 오늘날엔 대부분의 개발에서 이 전통적인 방법론이 사용되지 않는데, 이것은 융통성이 없고 비싸며 각 단계의 순서를 지키기 까다롭기 때문이다. 또한 성공률이 10%에 불과한데 그림 9.12를 보면 폭포수 모델의 문제점을 알 수 있다.

오늘날 비즈니스 환경은 혹독하다. 경쟁자보다 한 발 앞서고 싶은 심리와 더 잘하고 싶은 욕망과 필요가 경쟁을 치열하게 만든다. 이러한 환경은 리더들이 내부 개발 팀과 외부 업체들이 빠르고 저렴하게 합의된 시스템을 인도하도록 압박함으로써 가능한 한 빨리 이익을 실현하려고 한다. 그럼에도 불구하고, 시스템은 여전히 방대하고 복잡하다. 전통적인 폭포수 개발 방법론은 대부분의 경우 더 이상 적합한 개발 방법론으로 여겨지지 않고 있다. 그 이유는 이러한 개발 환경이 오늘날에는 특수한 경우가 아닌 보편적인 것이며, 따라서 개발 팀은 그들의 목적을 달성하기 위해 새로운 종류의 개발 방법을 폭포수 개발 방법론 대신 사용하여야 하기 때문이다.

- **프로토타이핑**: 설계자와 시스템 사용자가 반복적 접근 방식을 사용하여 시스템을 구축하는 현대적 설계 방법이다.

애자일 소프트웨어 개발 방법론

프로젝트가 작을수록 성공률이 높다는 것이 일반적인 상식이다. 소형 프로젝트에서 반복적인 개발 방식은 절대적이다.

- **반복적 개발**: 일련의 소규모 프로젝트로 구성된다. 이는 다양한 애자일 방법론의 기초가 되었다. 그림 9.13은 반복적 접근 방식을 보여준다.

애자일 방법론은 말 그대로 빠르고 효율적이며, 비용은 낮고 기능은 적다.

- **애자일 방법론**: 최소한의 요구사항을 사용하여 반복적 프로세스로 개발된 유용한 소프트웨어 구성요소를 조기에 지속적으로 제공함으로써 고객 만족을 목표로 한다.

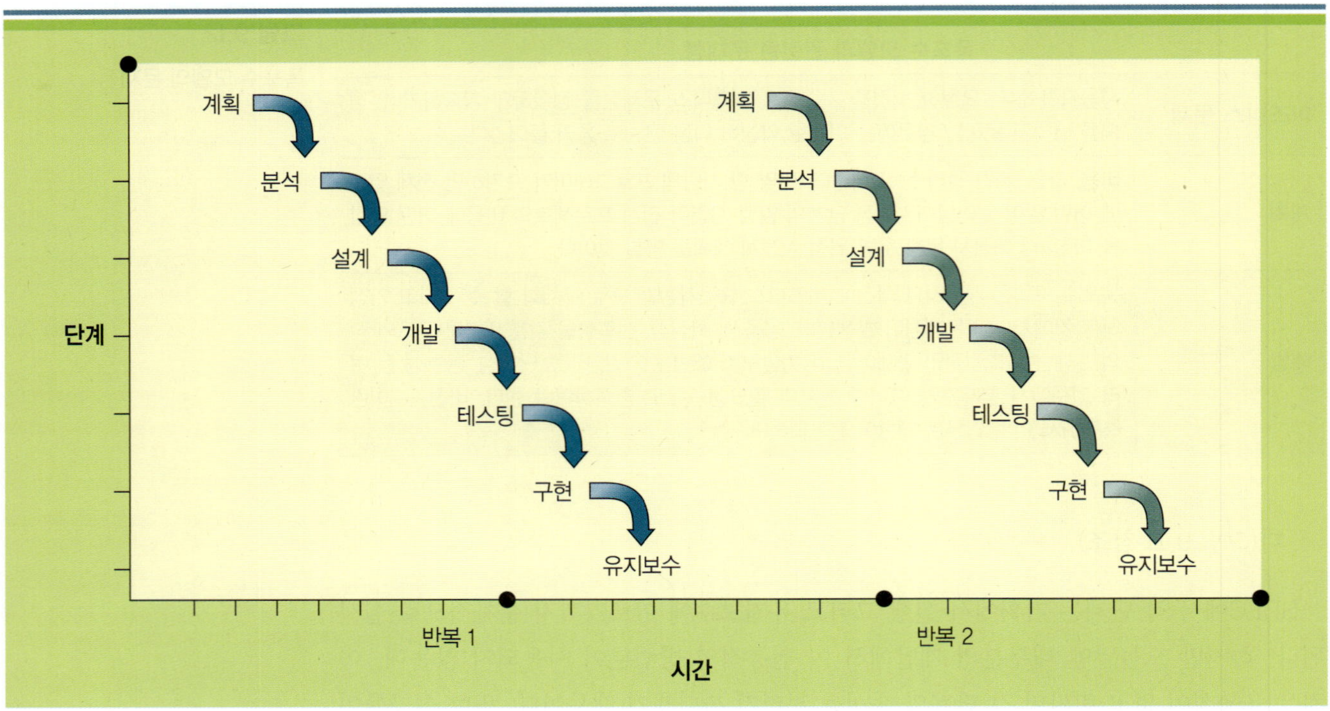

그림 9.13

반복적 접근 방법

애자일 방법을 사용하면 실현 가능성을 개선하고 기능이 도입됨에 따라 신속한 피드백을 얻는 프로세스를 지원할 수 있다. 개발자는 진행하면서 조정할 수 있고 불분명한 요구사항을 더 잘 명확히 할 수 있다.

- **최소 기능 제품**MVP: Minimum Viable Product은 초기 고객의 핵심 요구사항을 충족시키고 시장에서 제품의 실행 가능성을 검증하기 위해 최소한의 기능 세트로 개발된 제품 또는 서비스의 버전이다.

MVP는 비필수적이거나 고급 기능을 제외하고 제품의 핵심 가치 제안을 전달하는 데 초점을 맞춘다. 이를 통해 개발팀은 최소한의 자원과 개발 노력으로 가설을 테스트하고, 시장 수요를 평가하며, 제품의 실현 가능성을 검증할 수 있다.

MVP 개념의 핵심은 가능한 한 빨리 작동하는 제품 버전을 구축하고 출시하여 피드백을 수집하고 가치 제안을 검증하는 것이다. 이러한 피드백 루프는 추후 개발에 정보를 제공하고 후속 반복이 사용자 요구사항과 시장 수요에 부합하도록 보장한다.

MVP를 출시함으로써 기업가와 기업들은 사용자 피드백을 받기 전에 완전한 기능을 갖춘 제품을 구축하는 데 소요되는 시간과 비용을 줄일 수 있다. 또한 목표 고객과 공감하지 못할 수 있는 제품에 많은 투자를 하는 위험을 최소화한다. MVP 개발의 반복적 접근 방식은 사용자 입력을 기반으로 한 점진적 개선과 조정을 가능하게 하여 더욱 정교하고 성공적인 최종 제품으로 이어진다.

MVP의 주요 목표는 신속하게 피드백을 수집하고, 사용자로부터 배우며, 실제 사용 및 고객 통찰력을 바탕으로 제품을 반복 개선하는 것이다. 성공적인 제품이나 MVP(최소 기능 제품)를 제공하는 핵심은 가능한 한 빨리 사용자에게 가치를 전달하는 것이다.

사용자들이 원하고 좋아하는 것을 일찍 제공하여 그들의 지지를 얻고, 열정을 불러일으키며, 궁극적으로는 범위를 축소할 수 있다. 애자일 방법론을 사용하면 책임감을 유지하고 최종 사용자의 만족도를 측정하는 기준을 수립하는 데 도움이 된다. 최종 사용자를 만족시키지 못한다면 정해진 시간과 예산 내에 무언가를 완성했다고 해서 의미가 없다. 애자일 방법론의 주요 형태는 다음과 같다.

- 신속한 프로토타이핑 또는 신속한 애플리케이션 개발 방법론
- 익스트림 프로그래밍 방법론
- 합리적 통합 프로세스RUP 방법론
- 스크럼 방법론

방법론의 이름에 집착하지 않는 것이 중요하다. 일부는 독점적인 브랜드 이름이고, 다른 것들은 일반적으로 받아들여지는 이름이다. 이러한 대안적 방법론들이 오늘날의 비즈니스 환경에서 어떻게 사용되는지, 그리고 어떤 이점을 제공할 수 있는지를 아는 것이 더 중요하다.

신속 애플리케이션 개발(RAD: Rapid Application Development) 방법론

비즈니스 속도가 빨라짐에 따라, 신속 애플리케이션 개발이 시스템 개발 과정을 가속화하는 인기 있는 방법이 되었다.

- **신속 애플리케이션 개발**RAD: Rapid Application Development **방법론(신속 프로토타이핑이라고도 함)**: 시스템 개발 과정을 가속화하기 위해 사용자의 광범위한 참여를 통해 작동하는 시스템 프로토타입을 신속하고 진화적으로 구축하는 것을 강조한다. 그림 9.14는 RAD의 기본 원리를 보여준다.

익스트림 프로그래밍 방법론

익스트림 프로그래밍XP: extreme programming **방법론**은 가장 대표적인 애자일 방법론 중의 하나로서 프로젝트를 4개의 단계로 나누며, 앞의 단계가 완성되기 전에는 다음 단계로 진입할 수 없다. XP의 전략은 빠른 피드백과 더 향상된 결과물이다. XP는 기획, 설계, 코딩, 테스팅의 네 단계로 구성된다. 기획에는 고객 인터뷰, 회의, 작은 릴리즈releases 등이 포함된다. 설계 단계에서는 요구되거나 필요해질 때까지 기능이 추가되지 않는다. 코딩 단계에서는 일반적으로 존재하는 개발자와 고객 사이의 커뮤니케이션 문제를 해결하려고 애쓰면서, 개발자들은 고객으로부터 지속적으로 피드백을 받기 위해서 공동으로 노력한다. 테스팅 단계는 코드가 개발되기 전에 확인된 테스트 요구사항에 기반해서 진행

RAD의 기본 사항
제일 먼저 원하는 시스템과 비슷한 프로토타입을 만드는 데 초점을 맞춘다.
분석, 설계, 개발 단계에 시스템 사용자들을 적극적으로 참여시킨다.
상호 작용과 반복적인 방법을 이용하여, 비즈니스 요구사항 수집 작업을 가속화한다.

그림 9.14
RAD의 기본 사항

비즈니스 중심적 윤리와 보안

언제 거짓 경보를 울려야 하는가?

프로젝트를 수행하다 보면 무엇이 옳고 무엇이 그른지에 대한 프로젝트 관리자의 결정이 논란을 일으키는 경우가 많이 있다. 특별한 사정이 없다면 주요 이슈와 위험을 식별하기 위해 노력하고 경감을 위한 계획을 세워야 한다. 무시한다고 문제들이 해결되는 것은 아니다. 프로젝트 관리자는 진실성과 전문성을 갖추고, 윤리적이고 책임감 있게 행동해야 한다. 아래의 문제에 어떻게 대응할 것인가?

- 당신이 관리하고 있는 프로젝트가 일정이 10% 지연되어 "적색" 상태가 되었다는 것을 알게 되었다. 이해관계자들에게 주의를 줄 것인가? 아니면 프로젝트팀이 다시 계획상 일정으로 돌아올 때까지 기다릴 것인가?
- 당신 회사의 중역 한 명이 당신에게 수집된 비즈니스 요구사항이 부정확하고 그로 인해 20만 달러의 정정 비용이 발생할 수 있는 것을 감추자고 요구한다. 그 중역은 고객이 비즈니스 요구사항에 서명을 했으므로 그들의 잘못이라고 믿고 있다.
- 일찍 퇴근하고 마감일을 지키지 않으면서 프로젝트 수행에 전력을 쏟지 않은 직원이 몇 명 있다. 당신이 이러한 문제에 대해 인사부서에 알리면 그중 한 명은 해고될 것이다.

RUP는 반복적 방법론이기 때문에 사용자가 제품을 거부하고 개발자들이 첫 단계로 돌아가도록 강제할 수 있다. RUP는 개발자들이 '바퀴를 재발명'하는 것을 피하도록 도와주며, 공통적인 문제들을 다루는 재사용 가능한 프로세스 덩어리를 신속하게 추가하거나 제거하는 데 초점을 맞춘다.

된다. XP는 어느 요구사항이 필요하고 필요하지 않은지 끊임없이 검토함으로써 시간을 절감시키고 프로젝트를 성공으로 이끈다.

XP가 성공할 수 있는 요인은 고객 만족에 역점을 두고 있기 때문이다. 비록 시스템 개발 생애주기 상으로 늦었다고 하더라도 고객과 비즈니스의 요구사항의 변화를 빠르게 반영한다. 그리고 XP는 팀웍을 강조한다. 관리자, 고객, 개발자가 모두 팀의 멤버가 되어 소프트웨어 개발에 전념하기 때문이다. XP는 마치 조각그림 맞추기와 매우 비슷하다. 많은 작은 조각들이 있다. 이 조각들은 개별적으로는 아무 의미가 없다. 그러나 이 조각들이 반복적으로 결합하게 되면 새로운 전체 시스템으로 윤곽이 드러난다.

래셔널 유니파이드 프로세스 방법론

IBM 소유의 **래셔널 유니파이드 프로세스**RUP: rational unified process **방법론**도 소프트웨어 개발 과정을 4개의 단계로 나눈다. 각 단계는 개발 중인 소프트웨어의 실행 반복executable iteration으로 이루어진다. 프로젝트는 다음 단계로 넘어가기 전에 이해 관계자들의 분석을 거치게 되며, 다음 프린시플로 넘어가든지 아예 취소된다. 각 프린시플은 순차적으로 수행되며, 각각의 내용은 다음과 같다.

- **단계 1**: 인셉션inception. 모든 이해 관계자가 제안된 시스템과 이 시스템이 내놓을 결과에 대해 이해하도록 한다.
- **단계 2**: 일래버래이션elaboration. 시스템의 합의된 세부사항들을 더 자세하게 밝히며 아키텍처architecture를 개발한다.
- **단계 3**: 컨스트럭션construction. 제품을 구축하고 개발한다.
- **단계 4**: 트랜지션transition. 시스템 소유권과 핵심 인력의 교육을 다룬다.

스크럼 방법론

스크럼 방법론scrum methodology은 정해진 목표를 달성하기 위하여 작은 팀들을 이용하여 일련의 스프린트sprints(30일의 기간) 동안에 소프트웨어의 작은 조각들을 만든다. 럭비에서 스크럼은 밀집된 팀이며, 그 대형은 전원이 공을 전진시키기 위해서 함께 노력한다. 스크럼 방법론에서는 하루의 진도를 확인하고 통제하기 위한 입식 회의stand-up meeting로 끝내거나 시작한다.

스크럼은 소프트웨어 개발에 내재된 복잡성과 불확실성을 해결하여 팀이 효율적으로 고품질 제품에 적응하고 제공할 수 있게 한다. 다음은 스크럼 개발 방법론의 주요 요소들이다.

- **스크럼 역할**: 스크럼은 제품 소유자, 스크럼 마스터, 개발 팀의 세 가지 주요 역할을 정의한다. 제품 소유자는 이해관계자를 대표하며, 비전을 결정하고 제품 백로그의 우선순위를 정한다. 스크럼 마스터는 스크럼 프로세스를 촉진하고, 장애물을 제거하며, 팀이 스크럼 원칙을 준수하도록 한다. 개발 팀은 제품 증분을 제공한다.
- **제품 백로그**: 제품 소유자는 제품 백로그라고 불리는 요구사항, 기능, 개선사항의 우선순위가 매겨진 목록을 관리한다. 백로그는 동적이며, 새로운 통찰과 요구사항이 등장함에 따라 프로젝트 전반에 걸쳐 발전한다. 백로그의 항목들은 일반적으로 사용자 관점에서 기능을 포착하는 사용자 스토리로 설명된다.
- **스프린트**: 스프린트는 보통 1~4주 동안 지속되는 시간 제한 반복으로 개발 팀이 잠재적으로 출시 가능한 제품 증분을 제공하기 위해 작업한다. 각 스프린트 전에 팀은 제품 백로그에서 일련의 사용 사례를 선택하고 스프린트 백로그를 생성한다. 스프린트 기간 동안 범위는 고정된다.
- **일일 스크럼**: 일일 스크럼 또는 일일 스탠드업은 개발 팀이 활동을 동기화하는 짧은 회의이다. 각 팀원은 세 가지 질문에 답한다: 지난 회의 이후 무엇을 완수했는가? 다음 회의까지 무엇을 작업할 것인가? 내 진행을 막는 장애물이나 문제가 있는가?
- **스프린트 리뷰**: 각 스프린트가 끝날 때, 이해관계자들에게 완료된 작업을 시연하고 피드백을 수집하기 위해 스프린트 리뷰가 실시된다. 제품 소유자와 이해관계자들이 의견을 제공하고, 제품 백로그는 피드백과 변화하는 우선순위에 따라 조정된다.
- **스프린트 회고**: 스프린트 리뷰 이후, 스프린트 프로세스를 반영하고 개선 기회를 식별하기 위해 스프린트 회고가 열린다. 팀은 무엇이 잘 작동했고 무엇이 작동하지 않았는지 논의하고 식별된 문제를 해결하기 위한 실행 계획을 수립한다.

section 9.2 | 프로젝트 관리

학습 성과

9.3 프로젝트 관리를 설명하고 프로젝트 실패의 주요 원인을 살펴본다.
9.4 주요 프로젝트 계획 다이어그램을 살펴본다.
9.5 아웃소싱의 세 가지 유형을 살펴본다.

프로젝트를 성공적으로 완수하기 위해 프로젝트 관리 이용하기

100개의 상이한 방이 있는 사무실 콤플렉스를 건설하기 위해서, 청사진 한 장도 완성된 구조에 대한 합의된 비전도 없이, 100개의 상이한 건설 팀들에게 독자적으로 각각 한 개씩의 방을 짓게 할 사람은 아무도 없을 것이다. 그러나 이것이 정확히 대부분의 대규모 조직들이 IT 프로젝트를 관리할 때 처하는 상황이다. 조직들은 상습적으로 예정보다 자원(사람 및 기타)을 초과해서 사용하고, 중복되는 프로젝트를 개발하고, 조직의 총결산에 영향을 미치지 않는 비 전략적인 노력에 투자를 함으로써 수익성을 손상시킨다.

비즈니스 리더들은 경쟁력을 유지하기 위해서 사용 가능한 모든 수단을 사용하도록 내모는 급변하고 용서 없는 글로벌 시장에 직면하고 있다. 프로젝트 관리는 그러한 수단 중 하나이다. 바로 이러한 이유 때문에 비즈니스 리더들은 그들의 경력에서 프로젝트 관리에 참여하게 될 것을 예상해야 한다. 그림 9.15에서 조직이 직면하게 될 몇 가지 종류의 프로젝트를 나열하고 있다.

그림 9.15
조직의 프로젝트 유형

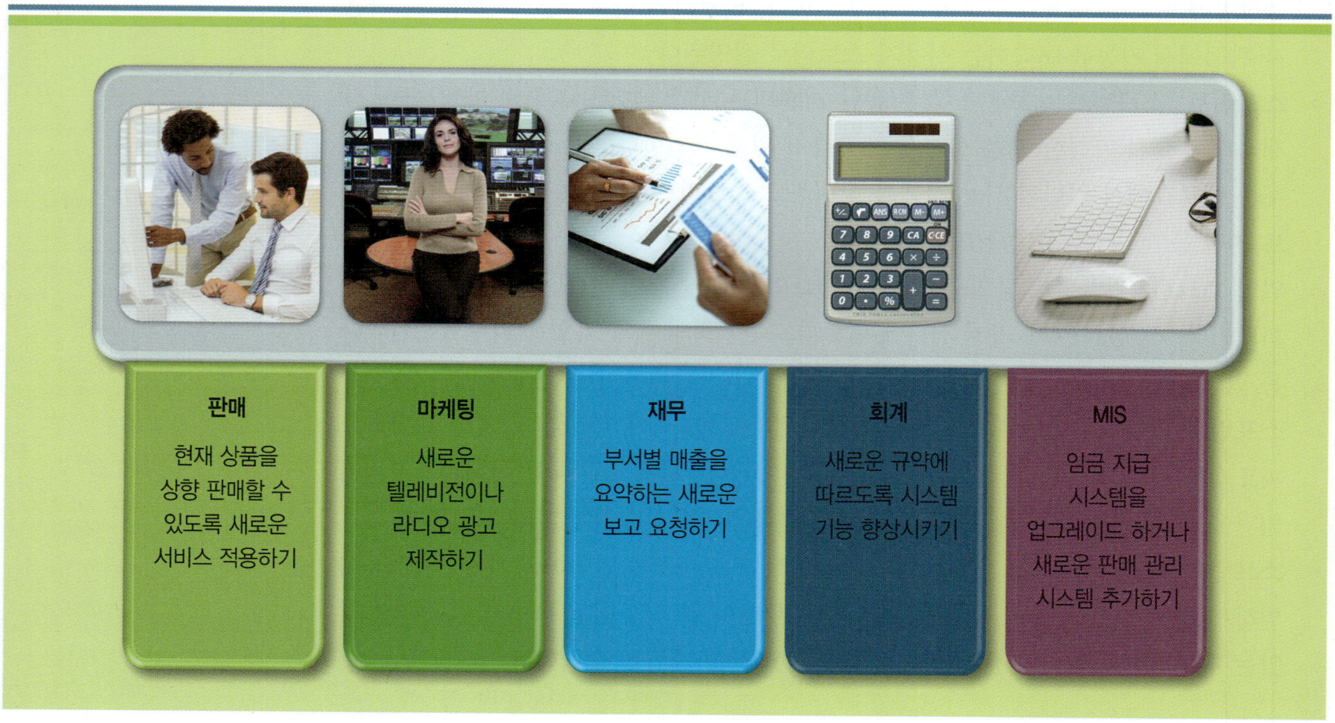

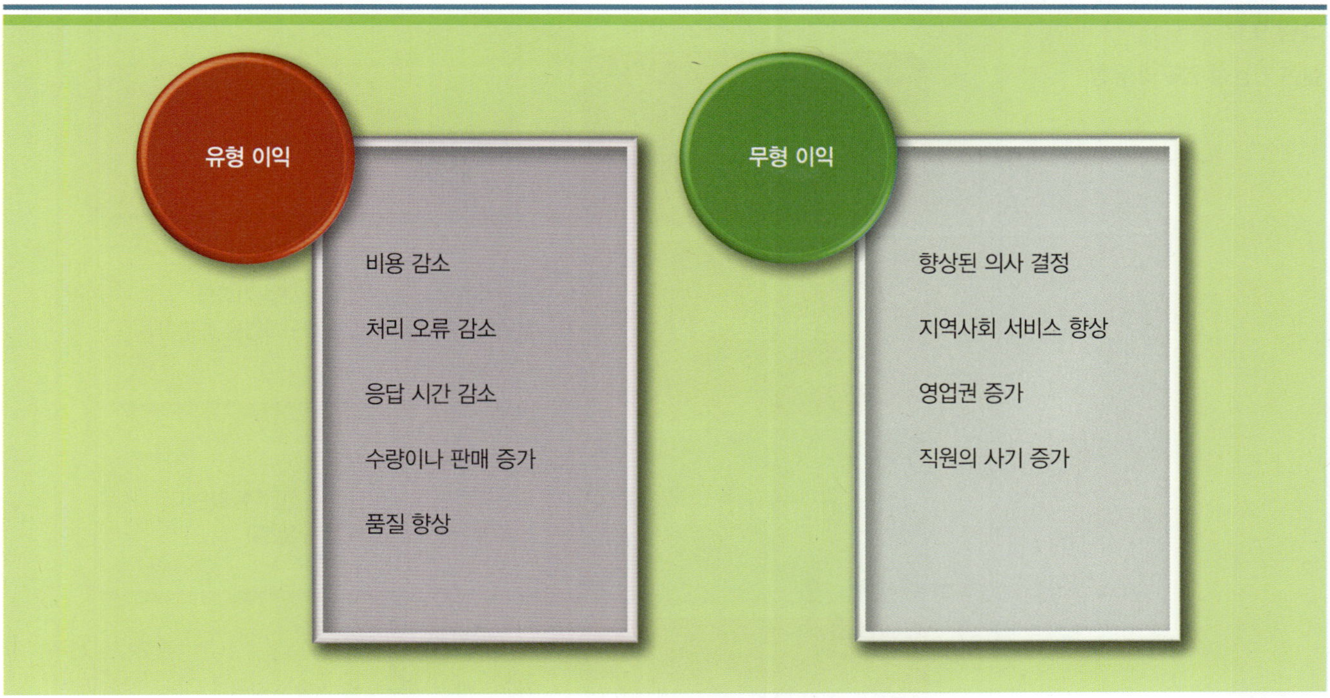

그림 9.16
유형 및 무형 이익의 예시

관리자들이 내리는 가장 어려운 결정 중 하나는 시간과 에너지, 그리고 자원을 투자할 프로젝트를 식별하는 것이다. 조직은 무엇을 하고자 하는지 선택해야 하는데, 이는 그 선택을 정당화하고, 정의하며, 예상되는 결과를 듣는 것을 포함한다. 또한 어떻게 할 것인지도 결정해야 하는데, 이는 프로젝트 예산, 일정, 그리고 프로젝트 위험 분석을 포함한다.

- **유형 이익**tangible benefit: 정량화하기 쉬우며, 일반적으로 프로젝트의 성공 및 실패를 결정하기 위해 측정된다.
- **무형 이익**intangible benefit: 수량화하거나 측정이 어렵다(그림 9.16 참고).
- **실현가능성**feasibility: 정보시스템의 유형 및 무형 이익의 측정값들이다. 그림 9.17은 비즈니스 분석가가 비즈니스 목표에 가장 적합한 프로젝트를 결정하는 과정에서 사용할 수 있는 여러 실현 가능성 분석 유형을 보여준다.

오늘날과 같은 급변하는 경제 환경 속에서 많은 비즈니스는 적은 비용으로 최상의 효과를 얻어야 하는 상황에 놓여 있다. 효과적인 프로젝트 관리는 변화하는 시장조건에 대응하고, 글로벌 커뮤니케이션을 발전시키며, 경영적 의사 결정에 도움이 되는 핵심 지표들을 제공하는 관리 방식이다. 예산에 맞춰서 기한 내에 프로젝트를 개발하는 것은 쉽지 않은 일이지만, 견고한 프로젝트 관리 기술을 활용하면 관리자들은 프로젝트 실패의 주요 원인들을 피할 수 있다. 이러한 실패 원인들은 그림 9.18에 나타나 있다.

프로젝트 실패 이유 1: 불분명하거나 누락된 비즈니스 요구사항

시스템 실패의 가장 일반적인 이유는 비즈니스 요구사항이 분석 단계에서 빠졌거나, 또

그림 9.17

실현 가능성 연구의 유형

는 잘못 수집된 경우이다. 비즈니스 요구사항이 전체 시스템을 이끌고 간다. 만약 이들이 정확하지 못하거나 틀린 경우에는 시스템이 성공할 수 없다.

프로젝트 실패 이유 2: 단계를 생략하기

프로젝트가 일정보다 늦어질 경우 일반적으로 SDLC의 단계를 생략하려고 하는 경향이 있다. 예를 들면, 프로젝트가 개발 단계에서 3주가 늦어지면 프로젝트 관리자는 테스팅 기간을 6주에서 3주로 단축하려고 한다. 이 경우, 분명한 것은 테스팅을 위한 예정된 기간을 반으로 줄이면 테스팅이 불가능하다. 프로젝트 기간 중 모든 SDLC의 단계를 정확히 지키는 것은 대단히 중요하다. 어느 한 단계라도 생략하면 그것은 시스템의 실패로 연결된다.

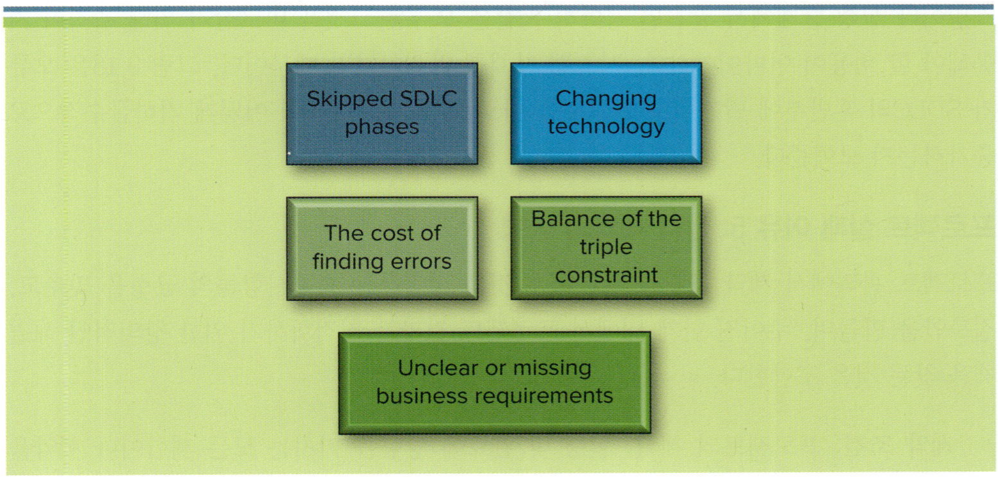

그림 9.18

프로젝트 실패의 다섯 가지 일반적인 이유

프로젝트 실패 이유 3: 기술의 변화

많은 현실 세계의 프로젝트들은 수백 개의 비즈니스 요구사항을 가지고 있고, 완성하는 데 수년이 걸리며, 비용도 수백만 달러가 소요된다. 무어의 법칙이 말하고 있듯이, 기술은 놀라운 속도로 변하고 있다. 그러므로 기술의 변화 때문에 프로젝트 진행 중에 전체 프로젝트를 수정해야 할 경우도 있을 수 있다. 기술의 속도가 너무나 빨라 기술 변화의 고통을 느끼지 못하고 정보 시스템을 제공한다는 것은 거의 불가능하다.

프로젝트 실패 이유 4: SDLC에서 오류를 찾는 비용

SDLC와 오류를 수정하기 위해 조직이 지불해야 할 비용 사이의 관계를 밝히는 것은 중요하다. 분석 단계와 설계 단계에서 발견된 오류는 바로잡는 데 드는 비용이 비교적 적다. 이러한 경우에 일반적으로 요구되는 것은 워드 문서를 바꾸는 것뿐이다. 하지만, 테

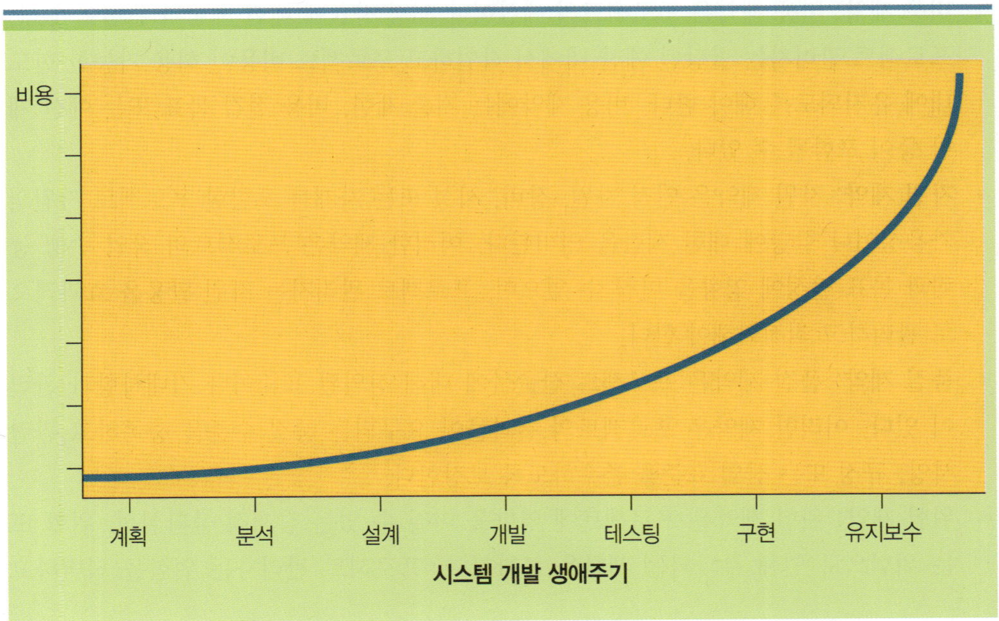

그림 9.19

오류 발견 시점에 따른 비용 증가

스팅이나 실행 단계에서 발견된 정확히 똑같은 오류는 그것을 바로잡기 위해 조직이 지불해야 할 비용이 어마어마하다. 시스템 자체를 바꿔야하기 때문이다. 그림 9.18은 오류가 SDLC의 후반부에 발견될수록 그것을 바로잡기 위한 비용이 어떻게 기하급수적으로 증가하는지 보여준다.

프로젝트 실패 이유 5: 삼각 제약의 균형

프로젝트 관리에서 제약 조건을 관리하는 것은 상충하는 요구사항들의 균형을 맞추고, 절충안을 만들며, 주어진 한계 내에서 프로젝트 결과를 최적화하기 위한 창의적인 해결책을 찾는 것을 포함한다.

- **제약 조건**: 프로젝트의 계획, 실행 및 완료에 영향을 미치는 모든 제한이나 제약을 의미한다.

제약 조건은 일반적으로 다양한 요인에서 발생하며, 프로젝트의 범위, 일정, 비용, 품질, 자원 또는 위험에 영향을 미칠 수 있다. 제약 조건을 이해하고 관리하는 것은 프로젝트 관리자가 프로젝트의 성공을 보장하기 위해 매우 중요하다. 다음은 프로젝트 관리에서 흔히 볼 수 있는 제약 조건의 유형이다:

- **범위 제약**: 범위는 프로젝트의 경계와 산출물을 정의한다. 범위 제약은 프로젝트의 목표, 요구사항 또는 원하는 결과에 대한 제한을 의미한다. 예를 들어, 예산이나 시간 제약으로 인해 확장하거나 변경할 수 없는 고정된 범위를 가진 프로젝트가 있을 수 있다.
- **시간 제약**: 시간 제약은 프로젝트의 일정과 마감일과 관련이 있다. 여기에는 고정된 시작 및 종료 날짜, 중요한 이정표, 시간에 민감한 활동 등이 포함된다. 시간 제약은 계약상의 의무와 같은 외부 요인이나 조직의 내부 마감일과 같은 내부 요인의 영향을 받을 수 있다.
- **비용 제약**: 비용 제약은 프로젝트의 예산이나 재정 자원에 대한 제한과 관련이 있다. 프로젝트 관리자는 할당된 예산 내에서 작업하고 프로젝트 비용이 허용 가능한 한도 내에 유지되도록 해야 한다. 비용 제약에는 지출 제한, 비용 절감 목표 또는 예산 제한 등이 포함될 수 있다.
- **자원 제약**: 자원 제약은 인적 자원, 장비, 시설 또는 자재를 포함한 프로젝트 자원의 가용성이나 할당에 대한 제한을 의미한다. 이러한 제약은 프로젝트의 작업 수행 능력과 목표 달성에 영향을 미칠 수 있으며, 프로젝트 관리자는 자원 활용을 효과적으로 관리하고 최적화해야 한다.
- **품질 제약**: 품질 제약은 프로젝트 산출물에 대해 정의된 표준이나 기대사항과 관련이 있다. 이러한 제약은 프로젝트의 결과물이 요구되는 품질 수준을 충족하고 관련 사양, 규정 또는 산업 표준을 준수하도록 보장한다.
- **위험 제약**: 위험 제약은 프로젝트에 영향을 미칠 수 있는 잠재적 불확실성, 위협 또는 위험으로 인해 부과되는 제한을 포함한다. 프로젝트 관리자는 위험을 식별하고

그림 9.20

삼각 제약: 한가지를 바꾸면 모두 바뀐다.

평가하며, 완화 전략을 개발하고, 프로젝트 생애주기 전반에 걸쳐 위험을 모니터링하여 잠재적인 부정적 영향을 최소화해야 한다.

효과적인 제약 조건 관리를 위해서는 명확한 의사소통, 이해관계자 참여, 그리고 제약 조건으로 인한 도전에도 불구하고 프로젝트의 성공을 보장하기 위한 선제적 의사결정이 필요하다.

그림 9.20은 모든 프로젝트에서 세 가지 주요하고 상호의존적인 제약 요소인 시간, 비용, 범위 간의 관계를 보여준다. 모든 프로젝트는 이 세 가지 제약 요소에 의해 어떤 방식으로든 제한을 받는다. 프로젝트 관리 협회PMI는 이러한 경쟁적 요구사항들을 평가하는 프레임워크를 **삼중 제약**triple constraint이라고 부른다.

세 변수 중 하나가 달라지면 나머지 둘 중 적어도 하나가 영향을 받는다. 예를 들어, 프로젝트 기간을 단축한다는 것은 새로운 종료 시각을 맞추기 위해서 직원을 더 고용하는 등 프로젝트 비용을 늘이거나 기능을 줄이는 등 프로젝트 범위를 축소한다는 것을 의미한다. 프로젝트의 범위를 확대한다는 것은 프로젝트 기간을 연장하거나 프로젝트 비용을 증액하는(또는 이 두 가지 모두) 것을 의미한다. 프로젝트 관리는 시간, 비용, 범위 간의 상충관계를 과학적이고 합리적으로 관리하는 것을 의미한다. 벤자민 프랭클린의 영원한 충고(준비하지 않음으로써, 너는 실패를 준비한다)는 특히 오늘날 대부분의 소프트웨어 개발 프로젝트에 적용된다.

프로젝트 관리, 프로그램 관리, 포트폴리오 관리는 프로젝트 관리 분야 내에서 각각 고유한 범위와 목적을 가진 별개의 학문이다. 각각에 대한 설명은 다음과 같다.

1. **프로젝트 관리**: 프로젝트 요구사항을 충족시키기 위해 지식, 기술, 도구, 기법을 프로젝트 활동에 적용하는 것이다. 프로젝트 관리는 개별 프로젝트의 계획, 실행, 통제에

요소	설명
커뮤니케이션 계획	프로젝트 정보의 흐름과 관련해서 누가, 언제, 무엇을, 어떻게 이해관계자들에게 제공할지 결정하며, 기대 결과 관리에 핵심이 되는 부분이다.
중역 후원자	프로젝트에 재정적 자원을 제공하는 사람이나 그룹
프로젝트 가정	증거나 증명 없이 진실 혹은 사실로 간주되는 요소들. 한 주나 한 해의 업무 시간을 예로 들 수 있다.
프로젝트 제약	예산, 인도 날짜, 이용 가능한 전문 자원, 조직적 방침 등을 포함하여 선택에 제약이 될 수 있는 특정 요소들
프로젝트 인도물	하나의 프로젝트나 프로젝트의 일부를 완수하여 생산된, 측정과 확인이 가능한 유형의 결과 또는 물품
프로젝트 관리 조직PMO	조직의 모든 프로젝트를 관장하는 내부 부서. 이 그룹은 프로젝트 관리에 대한 전문지식과 리더십을 갖추고 프로젝트를 추진한다. 성공적인 프로젝트 수행을 위해 필요한 테크닉과 절차에 따라 조직을 훈련시키는 것은 PMO의 주요 업무 중 하나이다.
프로젝트 이정표	어떤 그룹의 활동이 완료되어야 하는 중요 날짜를 나타낸다. 예를 들어 계획단계를 완료하는 것이 프로젝트 이정표가 될 수 있다. 프로젝트 이정표를 놓치게 되면 프로젝트에 문제가 발생할 가능성이 생긴다.
프로젝트 목표	프로젝트가 성공했다고 간주되기 위해서 충족해야 할 정량적 기준
프로젝트 필요 요소	프로젝트의 제품/산출물 명세를 명확히 하며, 기대 결과를 관리하고, 범위를 통제하며, 다른 계획 활동을 완료하는 데 핵심 요소가 된다.
프로젝트 범위 기술서	프로젝트와 조직의 전체적인 비즈니스 목표를 연결한다. 이 문서는 비즈니스 요구(프로젝트가 해결해야 할 문제)와 프로젝트의 타당한 이유, 요구사항, 현재 경계선을 명시한다. 특정한 특성과 기능을 가진 제품의 인도 작업에 대한 내용 또한 여기에 기술되며, 프로젝트의 제약, 가정, 요구사항 등 정확한 비용 견적을 위해 필요한 모든 구성 요소들을 포함한다.
프로젝트 이해관계자	프로젝트와 능동적으로 관련되어 있거나, 프로젝트 실행이나 완성 결과에 따라 이익에 영향을 받을 수 있는 개인이나 조직
책임 매트릭스	모든 프로젝트 역할들을 정의하고 각 역할과 관련된 책임을 명시한다.
상태 보고	기대 수행과 실제 수행을 비교하여 검토하는 정기적인 평가

그림 9.21

프로젝트 관리의 PMBOK 요소

중점을 둔다. 프로젝트는 정의된 목표, 구체적인 산출물, 정해진 일정을 가진 일시적인 노력이다. 프로젝트 관리는 프로젝트 목표 정의, 프로젝트 계획 수립, 자원 할당, 작업 관리, 진행 상황 모니터링, 그리고 범위, 시간, 예산의 특정 제약 조건 내에서 프로젝트의 성공적인 완료를 보장하는 것을 포함한다. 프로젝트 관리자는 팀원 조정, 위험 관리, 프로젝트 실행 중 발생하는 문제나 변경사항 처리를 담당한다.

2. **프로그램 관리:** 프로그램 관리는 공통의 전략적 목표를 달성하기 위해 설계된 관련 프로젝트 그룹인 프로그램을 관리하는 것을 포함한다. 프로그램은 일반적으로 개별 프로젝트보다 규모와 복잡성이 더 크며, 프로젝트 간 상호의존성을 포함하는 경우가 많다. 프로그램 관리는 시너지 효과를 달성하기 위해 프로그램 내 프로젝트를 조정하고, 공유 자원을 관리하며, 프로젝트 일정을 조율하고, 프로그램의 전반적인 성공을 보장하는 데 중점을 둔다. 프로그램 관리자는 여러 프로젝트 관리자를 감독하고, 의사소통을 촉진하며, 프로그램 진행 상황을 모니터링하고, 프로그램의 목표가 달성되도록 전략적 결정을 내린다.
3. **포트폴리오 관리:** 포트폴리오 관리는 더 넓은 관점에서 조직 내의 프로젝트, 프로그

램 및 기타 이니셔티브 컬렉션을 관리하는 데 중점을 둔다. 포트폴리오는 조직의 목표를 달성하기 위해 전략적으로 정렬된 프로젝트, 프로그램 및 진행 중인 운영의 집합이다. 포트폴리오 관리는 전략적 목표에 따라 프로젝트와 프로그램을 선택하고 우선순위를 정하며, 자원을 할당하고, 성과를 모니터링하며, 가치와 투자 수익을 최적화하기 위해 전체 포트폴리오의 균형을 맞추는 것을 포함한다. 포트폴리오 관리자는 프로젝트와 프로그램의 건전성과 정렬 상태를 평가하고, 자원 할당에 대한 결정을 내리며, 포트폴리오가 조직의 전략적 우선순위와 계속 일치하도록 보장한다.

프로젝트 관리는 개별 프로젝트를 관리하는 것을 다루고, 프로그램 관리는 공통의 목표를 향해 진행되는 관련 프로젝트 그룹을 감독하며, 포트폴리오 관리는 조직의 전략적 목표를 달성하기 위해 프로젝트, 프로그램 및 이니셔티브의 집합을 관리하는 데 중점을 둔다. 이 세 가지 분야는 상호 연결되어 있으며, 효과적인 조직 프로젝트 관리 실무에 기여한다.

프로젝트 관리 협회PMI는 프로젝트 관리자의 교육과 인증을 위해 프로젝트 관리 지식 체계PMBOK: Project Management Body of Knowledge를 만들었다. 그림 9.21은 PMBOK에 따른 프로젝트 계획의 주요 요소를 요약하고 있다.

주요 프로젝트 계획 다이어그램

프로젝트 계획하기는 왜 이 프로젝트를 수행하는가, 또는 이 프로젝트가 비즈니스에 기여하는 점은 무엇인가와 같은 운영상의 질문들에 대한 해답을 찾기 위해 구체적인 계획을 세우는 과정을 말한다. 아래는 프로젝트 계획하기에서 해답을 도출할 수 있는 몇 가지 핵심 질문들의 목록이다.

- 인도물은 어떻게 생산될 것인가?
- 인도물을 생산하기 위해서 어떤 활동이나 업무가 수행되어야 하는가?
- 업무를 수행하는 책임자는 누구인가?
- 업무를 수행하기 위해 소요되는 자원은 무엇인가?
- 업무는 언제 수행될 것인가?
- 각 업무를 수행하는데 걸리는 시간은 어느 정도인가?
- 먼저 완료되어야 할 선행 업무가 존재하는 업무들이 있는가?
- 각 업무에 소요되는 비용은 얼마인가?
- 각 업무를 수행하기 위해 필요한 전문 지식이나 경험은 어떤 것들인가?
- 품질을 포함해 업무의 수행은 어떻게 평가되어야 하는가?
- 어떤 방식으로 문제들이 추적될 것인가?
- 어떤 방식으로 변화가 이루어질 것인가?
- 언제 어떤 방식으로 커뮤니케이션이 이루어질 것인가?
- 각 업무와 관련되어 어떤 리스크들이 존재하는가?

프로젝트 목표는 근본적으로 프로젝트의 주 요소이기 때문에 가장 중요한 부문이다.

그림 9.22

성공적인 목적 생성을 위한 SMART 기준

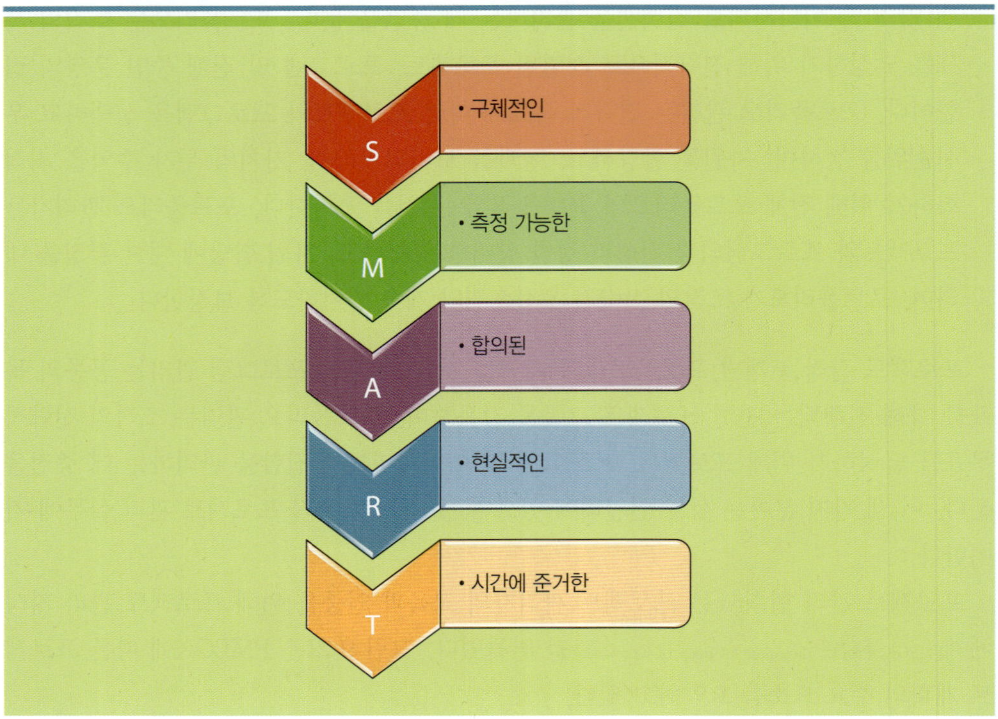

조직이 프로젝트 목표를 달성하면, 그것은 프로젝트의 주요 목적goals을 달성한 것이고 프로젝트 범위도 충족된 것이다. 프로젝트 목표는 프로젝트의 성공을 측정할 수 있는 척도를 포함해야 한다. 척도는 비용, 일정, 품질 척도와 다수의 기타 척도를 포함할 수 있다. 그림 9.22는 프로젝트가 이해 가능하고 측정 가능한 목표들을 생성하는 것을 보장하기 위한 SMART 기준을 보여준다. **프로젝트 헌장**project charter은 프로젝트가 의도하는 작업을 간결하게 기술한 문서이다. 프로젝트 헌장에는 후원자의 이름, 프로젝트가 조직에 기여하는 점, 목적의 명세, 시간 계획, 예산 등이 포함될 수 있다.

프로젝트 계획은 공식적이고 승인된 문서로 프로젝트 실행을 관리하고 통제한다. 프로젝트 계획은 프로젝트 범위의 명세, 활동 내역, 일정, 시간 추정치, 비용 추정치, 위험 요소, 자원, 일의 할당, 그것에 대한 책임 등을 포함해야 한다. 이러한 기본적인 구성요소에 더해서, 대부분의 프로젝트 전문가들은 또한 비상 계획contingency plan, 검토 및 커뮤니케이션 전략, 킬 스위치kill switch를 포함한다. 킬 스위치는 프로젝트 관리자가 프로젝트가 완료되기 전에 프로젝트를 끝낼 수 있게 하는 장치이다.

좋은 프로젝트 계획은 수익에 대한 견적과 전략적 필요성을 포함해야 한다. 측정 방법과 보고 방법, 최고 지도자가 프로젝트에 참여하는 방법에 대한 세부사항도 포함해야 한다. 프로젝트 계획은 또한 이해관계자들에게 프로젝트에서 발생하는 이익에 대해 알리고, 프로젝트의 위험도가 전반적인 조직의 미션과 관계되는 만큼, 투입되는 자금과 시간과 인적 자원이 위험도에도 불구하고 정당한 것임을 밝힌다.

관리자는 끊임없이 프로젝트가 성공할 수 있을지 분석해야 한다. 프로젝트가 실패할 것 같다면 관리자는 프로젝트를 취소하고 회사가 프로젝트를 더 진행하느라 돈을 쓰지

비즈니스 중심적 활동

성공을 위한 시간 관리

시간 관리는 성공과 실패를 가르는 중요한 요소이다. 시간을 허비하는 것은 절대적으로 나쁜 것이고 누구도 시간을 낭비하길 원하지 않는다. 업무의 우선순위 목록을 만들고 프로젝트의 세부사항을 계획하는 것은 워크플로우를 성공적으로 실행하는 데 중요하다. 다음은 프로젝트를 수행하는 동안 시간을 아끼면서 과업에 할 수 있는 요령이다.

- 프로젝트와 과업의 시간 계획을 업무를 시작하기 전인 매일 저녁 또는 아침에 작성한다. 곧바로 업무 계획을 세우고 업무의 우선순위를 정리한다.
- 가장 어려운 업무를 아직 상쾌하고 생기가 있는 오전으로 배정한다.
- 완료시점은 중요하다. 완료시점은 하루 8시간 기준으로 정하라. 타인에 의해 완료시점이 정해진다면, 공식적인 완료시점 이외에 본인만의 완료시점을 정해서 업무를 마치기에 충분한 여유가 있도록 한다. 예를 들어, 완수하려면 3시간이 소요되는 업무가 있다고 하자. 당신은 본인의 완료시점을 90분으로 정하라. 통상적으로 완료시점보다 이르게 업무를 마치는 당신이 놀라울 것이다.
- 1주일 동안 하게 되는 모든 것을 추적하라. 검토를 통해, 과소평가하거나 과대평가한 업무가 무엇이지 판단해서 향후 업무 개선에 사용하라.
- 최고의 시간 관리 애플리케이션으로는 Toggl, Rescue Time, Remember the Milk, FocusBooster, Mind42, MyLife Organized 등이 있다.

생활에 활기를 불어넣고 시간을 절약하기 위해, 상기 애플리케이션을 살펴보고 어느 것이 당신의 시간을 효율적이고 효과적으로 사용할 수 있도록 도와주는지 찾아라. 어느 것을 당장 사용하기 시작하겠는가? 그 이유는 무엇인가? 당신이 선택한 애플리케이션은 당신에게 어느 정도의 시간을 절약해줄 것인가? 당신이 시간 추적 및 프로젝트 관리 애플리케이션을 제작한다면 어떠한 기능을 포함할 것인가, 그리고 그 기능은 어떻게 작동할 것인가?

않게 해야 한다. 성공적인 자원관리의 관점에서, 자원을 좀 더 가치 있는 다른 프로젝트에 투입할 수 있기 때문에 프로젝트를 취소하는 것이 반드시 실패를 의미하는 것은 아니다.

계획의 가장 중요한 부분은 의사소통이다. 프로젝트 관리자는 전체 프로젝트 팀원, 주요 이해관계자들과 임원들에게 계획을 알려줘야 한다. 프로젝트 계획은 또한 모든 프로젝크 가정들을 포함해야 하며, 프로젝트의 집행을 인도할 수 있도록 충분히 상세해야 한다. 프로젝트 성공을 달성하기 위한 핵심은 모든 주요 이해관계자로부터 합의와 절충을 받아내는 것이다. 프로젝트 관리 계획에 주요 이해관계자들을 포함시킴으로써, 프로젝트 관리자는 그들에게 프로젝트에 대한 주인 의식을 심어줄 수 있다. 이러한 것은 더

그림 9.23

주경로의 예

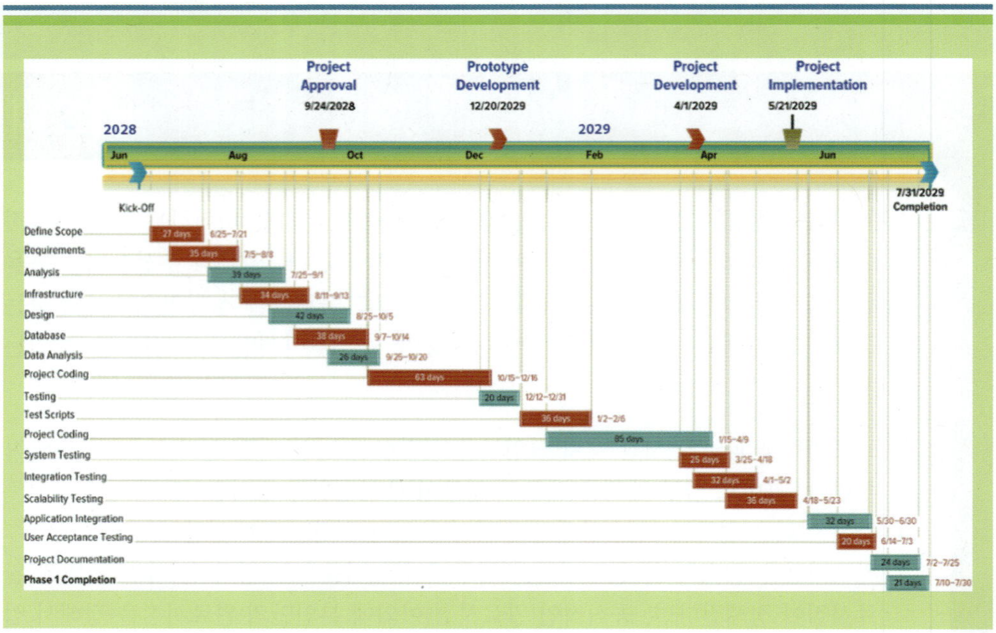

높은 참여 의식을 고취하며, 이것도 다시 향상된 동기부여와 생산성을 가져온다. 프로젝트 관리 계획에 가장 널리 사용되는 두 주요 도표는 PERT와 간트 차트이다.

- **PERT(Program Evaluation and Review Technique) 차트**: 프로젝트의 작업과 그 관계를 보여주는 그래픽 네트워크 모델. PERT 차트는 작업이 일정에 배정되기 전에 프로젝트 작업 간의 의존성을 정의한다.
- **주요 경로**: 프로젝트를 완료할 수 있는 가장 빠른 시간을 결정하는 일련의 활동들을 말한다. 즉, 프로젝트의 가장 긴 경로와 완료에 필요한 최대 시간을 나타낸다.
- **주요 경로 분석**: 전체 프로젝트 기간을 예측하는 데 사용되는 프로젝트 도표화 방법. 이 중요한 도구는 프로젝트를 정해진 시간과 예산 내에 완료하는 데 도움을 준다.
- **여유 시간**: 후속 활동이나 프로젝트 완료 날짜를 지연시키지 않고 활동을 지연시킬 수 있는 시간의 양
- **범위 확대**: 프로젝트의 범위를 초과하는 변경을 허용하는 경향으로, 일정, 작업 품질 및 예산에 혼란을 줄 수 있다.

주요 경로는 가장 적은 여유 시간을 가진다. 일반적으로 프로젝트에서는 여러 작업이 병행되며, 대부분의 프로젝트는 완료를 위한 여러 경로를 가진다. 모든 작업을 완료해야 프로젝트가 끝난다. 가장 긴 경로 또는 중요한 작업을 포함하는 경로가 전체 프로젝트의 완료 날짜를 결정한다. 그림 9.23은 프로젝트의 주요 경로를 보여준다.

간트 차트는 프로젝트 일정을 표현하는 데 적합하다. 또한 계획된 기간 대비 작업의 실제 진행 상황을 보여준다.

- **간트 차트**: 프로젝트 작업을 세로로 나열하고 프로젝트 시간 프레임을 가로로 나열한 간단한 막대 차트

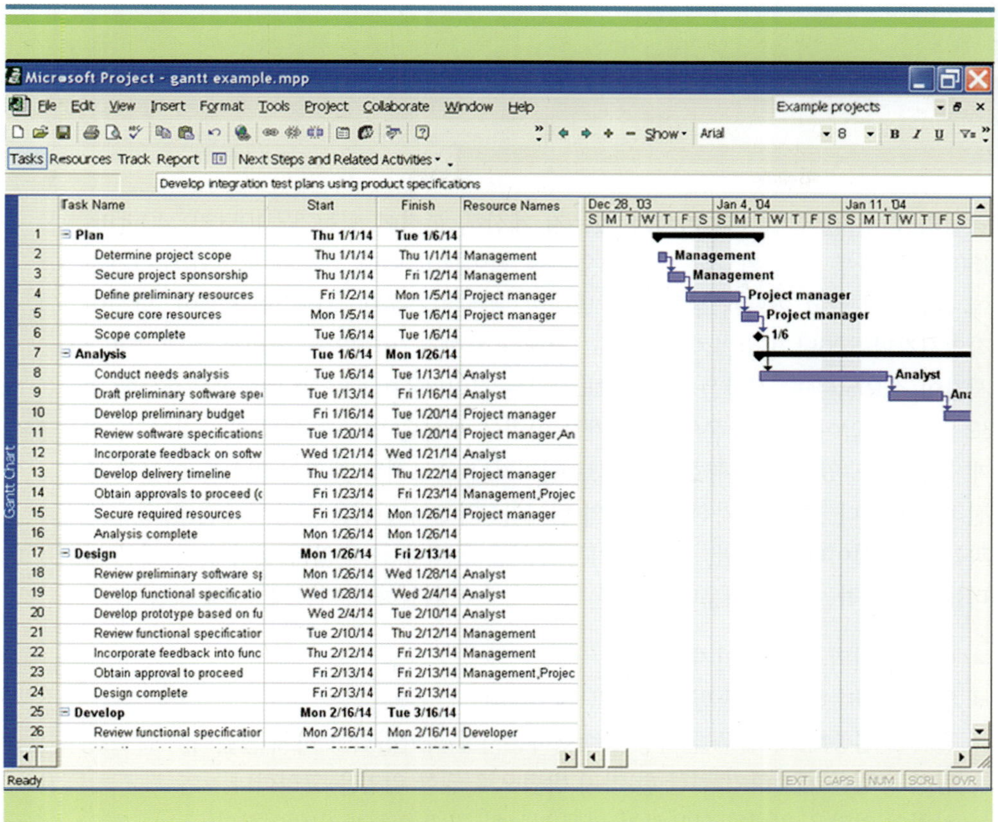

그림 9.24

마이크로 소프트 프로젝트 – 간트 차트의 예시

- **의존성**: 프로젝트 작업 간 또는 프로젝트 작업과 이정표 간에 존재하는 논리적 관계

간트 차트는 작업, 활동 및 그들의 의존성에 대한 타임라인 뷰를 제공하는 시각적 프로젝트 관리 도구이다. 이는 20세기 초에 이 차트 기법을 개발한 엔지니어이자 경영 컨설턴트인 헨리 간트의 이름을 따서 명명되었다.

간트 차트는 시간 축 위에 프로젝트 활동을 수평 막대로 표시한다. 각 활동은 시작 및 종료 날짜를 포괄하는 막대로 표현된다. 차트는 또한 각 활동의 기간과 활동 간의 의존성을 보여준다. 추가적으로 간트 차트는 흔히 이정표, 자원, 진행 상황 지표와 같은 다른 요소들을 포함한다.

간트 차트는 프로젝트 계획, 일정 수립 및 진행 상황 추적에 유용하다. 프로젝트의 타임라인에 대한 명확한 개요를 제공하여 프로젝트 관리자와 팀원들이 작업의 순서와 기간을 시각화하고, 주요 경로를 식별하며, 자원을 효과적으로 할당할 수 있게 한다. 작업 간의 의존성은 연결선을 통해 표현되어 어떤 활동이 다른 활동에 의존하는지를 나타낸다.

간트 차트는 이해관계자들이 프로젝트의 타임라인을 이해하고, 잠재적인 병목 현상이나 일정 충돌을 식별하며, 계획된 일정 대비 진행 상황을 추적하는 데 도움을 준다. 이는 프로젝트 팀을 위한 시각적 커뮤니케이션 도구로서, 노력을 조정하고, 일정을 조정하며, 프로젝트 상태에 기반한 정보에 입각한 결정을 내릴 수 있게 한다.

현대의 프로젝트 관리 소프트웨어는 흔히 간트 차트 기능을 포함하여 사용자가 디지털로 간트 차트를 생성하고 관리할 수 있게 한다. 이를 통해 실시간 협업, 동적 업데이트

비즈니스 중심적 토론

업무 분해 구조WBS

당신의 한 시간이 얼마의 가치가 있는지 계산해 본적이 있는가? 10달러, 40달러, 150달러? 하루 동안 완료하는 모든 업무를 적어보고 어떤 업무가 당신의 시간가치에 적합하지 않고 어떤 업무를 하지 말아야 했는지 자문해 보라. 예를 들어, 당신이 작업시간당 300달러의 가치가 있다고 정했다고 하자. 이메일을 처리하는 데 매일 1시간이 소요된다면, 시간을 잘 사용하고 있는 것인가? 이메일 관리를 아웃소싱할 수도 있다. 사업이나 팀을 운영할 때 가장 어려운 부분은 업무를 완료하는 것이다. 쉽게 들릴 수도 있지만, 훌륭한 프로젝트 관리자나 프로젝트 계획이 있어도 여전히 도전적인 일이다. 최고의 자산은 당신의 팀이다: 최고의 인원을 고용한다면 최고의 결과를 얻을 것이다. 하지만, 가장 어려운 부분은 통제를 하지 않는 것이다. 위대한 리더들은 위임하는 것을 배운다. 다음은 효과적으로 위임하기 위한 몇 가지 지침이다.

- 팀 구성원의 역량을 인지한다.
- 업무를 완수하기 위해 팀의 능력을 신뢰한다.
- 결과에 집중하고, 업무를 어떻게 수행하는지를 파악하려고 하지 않는다.
- 팀의 능력을 개발하기 위한 한 가지 방법으로 권한 위임을 고려한다.
- 팀원의 역량을 최대한 활용하기 위해 가능한 최대 수준까지 위임한다.
- 할당된 업무를 명확하게 설명하고, 성공적인 완수를 위해 필요한 자원을 제공한다.

회사나 학교의 동료에게 위임을 해본 적이 있는가? 어떤 문제를 접하였는가? 업무가 당신이 만족할 수준으로 마무리되었는가? 그룹으로 수행해야 하는 프로젝트에서 모든 업무를 혼자 수행한 적이 있는가? 그룹을 만들어서 업무를 위임하는 것에 대한 장점과 단점을 토론해보라. 당신의 업무를 타인에 위임할 때 안심하려면 당신이 무엇을 해야 하는가?

가 가능해지며, 자원 할당, 작업 할당, 이정표 추적과 같은 다른 프로젝트 관리 기능과 작업을 연결할 수 있다.

전반적으로 간트 차트는 프로젝트 일정을 시각화하고 관리하는 데 유용한 도구로, 효율적인 프로젝트 실행과 작업의 적시 완료를 보장한다. 그림 9.24는 간트 차트를 사용한 소프트웨어 개발 프로젝트를 보여준다.

업무분해구조work breakdown structure(WBS)는 프로젝트의 목표를 그 목표를 달성하기 위해 필요한 다수의 인도물로 분해한 계획이다. WBS는 복잡한 활동을 가장 다룰 수 있는 수준으로 세분화하고 질문한다. "X를 완료하기 위해 무엇을 해야 할까?" 이 질문을 다시 할 수 없을 때까지 반복한다. 당신이 업무를 가장 작은 단위까지 분해한다는 것이 이 방법의 핵심이다. 업무를 할당한 다음에, 해당 업무를 수행하기 위해 필요한 시간과 금액을 추정한다.

비즈니스 중심적 DEI

글로벌 업무분해 구조

글로벌화된 세계에서 수업시간에도 여러 국가에서 온 학생들을 만나게 된다. 글로벌 팀으로 업무를 수행하는 것이 얼마나 어려울지 생각해본 적이 있는가? 글로벌 업무를 수행하게 되면, 이전에는 생각해보지 못했던 어려움을 겪게 된다. 유럽, 미국, 아시아, 인도에서 근무하는 사람들로 구성된 팀의 시간대를 생각해 보라. 회의 일정을 잡는 것이 얼마나 어려울지 상상이 되는가? 언어 장벽이나 업무흐름의 이슈에 대해서는 말할 것도 없다. 그룹을 만들어서 다음 목록을 토의하고, 각 영역에서 접할 수 있는 어려움 3가지를 각각의 가능한 해결책과 함께 제시하시오.

- 지리적 경계
- 문화적 차이
- 경제적 이슈
- 기술적 차이

그림 9.25

업무분해구조의 예

WBS는 프로젝트의 "무엇"을 정의한다. 프로젝트에서 완료해야 하는 모든 것이 하나의 이해하기 쉬운 차트에 표시된다. 이 차트의 목표는 복잡한 활동을 작고 다룰 수 있는 업무로 분해하는 것이다. WBS를 작성하게 되면 복잡한 활동의 중요한 부분을 간과하지 않게 해주고, 업무를 완료하기 위해 필요한 시간과 돈을 과소평가하지 않게 해준다(그림 9.25 참조). 다음은 프로젝트 수행 시 WBS를 작성하는 이유이다.

- 프로젝트 구조를 정확하고 이해할 수 있게 해준다.
- 프로젝트팀에 정확하게 책임을 할당하게 해준다.
- 프로젝트 마일스톤과 통제점을 표시해준다.
- 비용, 시간, 위험을 추정할 수 있게 해준다.
- 프로젝트 범위를 상세히 보여줌으로써, 이해관계자들이 동일한 내용을 더 잘 이해할 수 있게 해준다.

프로젝트를 아웃소싱하기

빠르게 변화하는 글로벌 비즈니스 환경에서, 조직은 이익을 극대화시키고, 시장 점유율을 높이고, 비용을 줄일 필요가 있다. 정보 시스템을 개발하고 유지하길 바라는 조직들에게는 두 가지 선택이 있다. 바로 인소싱과 아웃소싱이다.

- **인소싱**in-sourcing(자체 개발): 조직의 정보 시스템을 개발하기 위해서 내부의 전문 인력을 사용하는 일반적인 접근 방법이다. 인소싱은 IT 전문가 및 기술과 비즈니스 지식을 동시에 겸비한 인력들의 대표적인 공급원이었다.
- **아웃소싱**outsourcing: 한 기업이 자체 개발을 하지 않기로 결정한 다른 기업에 서비스를 제공하는 협정이다. 어떤 경우에는, 장비와 프로젝트의 설계, 개발, 유지와 함께 계획과 비즈니스 분석을 포함하는 전체 MIS 부문이 아웃소싱된다. 아웃소싱은 예를 들어 IBM이 다른 회사의 MIS 서비스를 관리하는 것과 같은 대규모 계약부터 개인 수준에서 계약자와 임시 사무 인력을 고용하는 것까지 다양하다. 기업이 아웃소싱하는 일반적인 이유는 다음과 같다.

그림 9.26

아웃소싱 모델

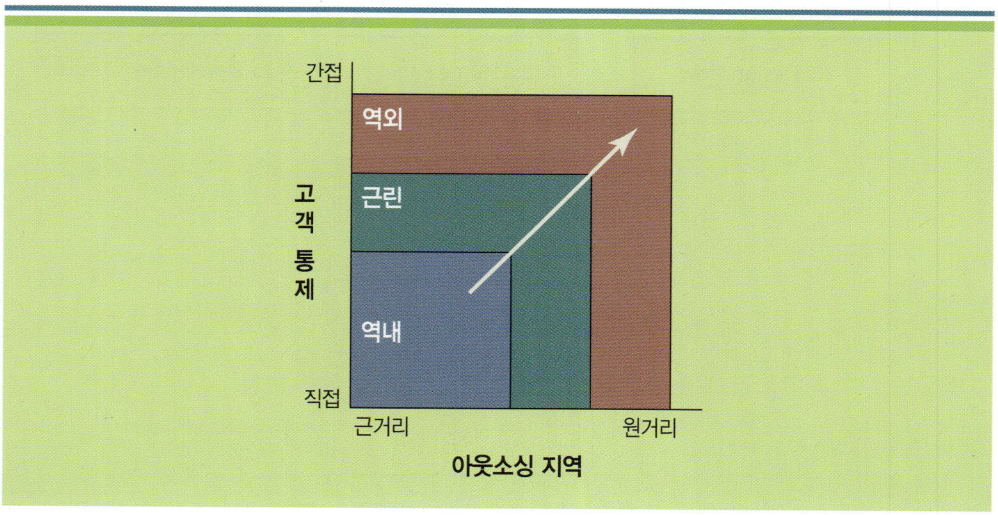

비즈니스 중심적 토론

죽음의 행진

에드워드 요든Edward Yourdon은 그의 책 《죽음의 행진》에서 '미션 임파서블' 프로젝트에서 살아남기 위한 전체 소프트웨어 개발자를 위한 지침을 묘사한다. MIS 프로젝트들은 어렵고 까다롭다. 그리고 프로젝트 관리자들은 불가능해 보이는 도전과 맞서 싸워 프로젝트를 성사시키는 불가능한 일을 해내길 기대한다. 《죽음의 행진》에서 유명한 소프트웨어 개발자 요든은 다음과 같은 프로젝트 분류법을 제시한다. 요든은 프로젝트를 고통과 성공 기회를 기준으로 구분한다.

- **미션 임파서블 프로젝트**: 성공 기회가 높고, 일이 가져오는 행복과 즐거움으로 고된 작업에 대한 보상을 받을 수 있다. 예를 들어, 이것은 일 년 내내 밤낮없이 일하여 그 결과 불가능한 미션을 완수하여 프로젝트의 영웅이 되고, 보상으로 초고속으로 승진하게 되는 타입의 프로젝트이다.
- **고약한 프로젝트**: 성공 기회가 높으나 매우 괴롭고 행복도가 낮다. 예를 들어, 새로운 회계 시스템을 설치하기 위해 밤낮으로 일하지만, 그것이 성공적일지라도 당신은 회계를 싫어하고 회사와 회사의 생산품을 그다지 좋아하지 않게 된다.
- **카미카제 프로젝트**: 성공 기회는 낮지만, 당신이 그 내용에 대해 매우 열정적이어서 작업에서 행복을 느낄 수 있다. 예를 들어, 암 재단을 지원하기 위한 웹사이트를 개발해 달라고 부탁을 받았다. 그 취지는 당신의 가슴에 와 닿지만, 재정적인 지원은 열악하기 짝이 없다. 갖은 방법을 다 써서 프로젝트를 완수한다.
- **자살 프로젝트**: 성공 기회도 없고 당신에게 오로지 괴로움만을 안겨준다. 이것은 최악의 악몽과 같은 프로젝트이다. 조심하라, 자살 프로젝트는 피해라!

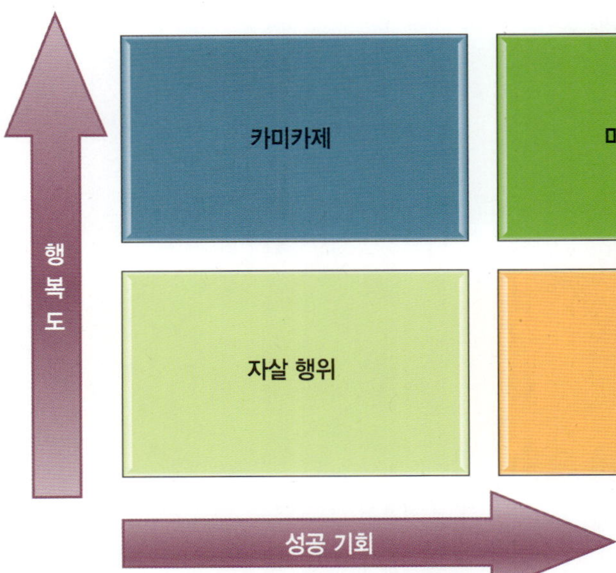

- **핵심 역량**: 많은 기업들이 최근에 들어서 아웃소싱을 적은 비용으로 고도로 숙련된 기술의 비즈니스 프로세스 전문지식과 모범사례를 확보할 수 있는 수단으로 간주하기 시작했다. 기술이 너무 빨리 발전하여, 종종 기업들이 따라잡지 못하는 경우가 있다.
- **비용 절감**: 비슷한 노동력을 미국에서 고용하는 것보다 중국과 인도에서 고용하는 것이 훨씬 인건비가 싸다.
- **빠른 성장**: 기업들은 그들의 생산품을 시장에 빨리 내놓아야 하고, 시장 변화에 대응할 수 있어야 한다. 아웃소싱의 장점을 살려, 조직은 작업 속도를 향상시키거나 새로 요구되는 수준에 맞추기 위해 필요한 자원을 얻을 수 있다.
- **인터넷과 세계화**: 인터넷의 확산적인 특성은 인도, 중국, 미국과 같은 외국을 가상 이웃으로 만들면서 사람들이 아웃소싱을 편하게 느끼게 만들었다.

MIS 아웃소싱은 조직이 시장과 기술의 발전을, 더 적은 인적 금전적 부담으로 그리고 IT 인프라스트럭처가 진화하는 비즈니스 우선순위에 보다 확실하게 보조를 맞춰 따라갈 수 있게 해준다(그림 9.26 참조). 프로젝트에 적용 가능한 아웃소싱 유형에는 다음과 같은 세 가지가 있다.

1. **역내 아웃소싱**onshore outsourcing: 동일 국가 내의 기업에게 하는 아웃소싱
2. **근린 아웃소싱**nearshore outsourcing: 근접한 국가의 기업에게 하는 아웃소싱. 보통 이 국가는 자국과 국경을 공유하는 사이이다.
3. **역외 아웃소싱**offshore outsourcing: 해외, 특히 개발도상국의 기업에 코드를 작성하고 시스템을 개발하도록 하는 것. 역외 아웃소싱 국가는 지리적으로 멀다.

학습 성과 복습

9.1 시스템 개발 주기의 7단계를 기술할 수 있다.

SDLC의 일곱 단계는 다음과 같다.

- 계획 단계는 구상 중인 프로젝트의 첫 단계로서, 계획이나 목표 설정 등을 포함한다.
- 분석 단계는 최종 사용자의 비즈니스 요구사항을 분석하는 것 그리고 프로젝트의 목적을 계획하고 있는 시스템의 기능과 목적에 맞게 다듬어 가는 것을 말한다.
- 설계 단계는 시스템에 바라는 특징과 운영을 기술하는 과정이며, 화면 설계, 비즈니스 규칙, 프로세서 도표, 의사 코드pseudo code, 서류 작성법 등이 이에 속한다.
- 개발 단계는 자세한 설계 서류 내용에 따라 이를 실행 시스템으로 변형시켜 가는 단계로 이 단계에서 초기 설계가 외형적인 구현으로 바뀐다.
- 테스팅 단계는 실수, 장애, 상호운용성interoperability 등을 시험하기 위하여, 프로젝트의 여러 부문을 특수 시험 환경으로 옮겨서, 시스템이 분석 단계에서 정의된 비즈니스 요구사항을 충족하고 있는지를 증명한다.
- 구현 단계는 시스템을 생산 현장으로 옮겨서 사용자가 비즈니스 운영을 실행할 수 있도록 하는 과정이다.
- 유지보수 단계는 변화, 교정, 추가, 업그레이드 등을 통하여 시스템이 비즈니스 목표를 계속하여 충족시킬 수 있도록 하는 과정이다.

9.2 서로 다른 소프트웨어 시스템 방법론들을 요약 정리할 수 있다.

가장 오래되고 잘 알려진 프로젝트 관리 방법론은 폭포수 모델로, 각 단계의 결과물은 다음 단계의 입력물이 된다. 이것은 계획부터 구현과 유지보수에 걸친 시스템 개발 생애주기에서 단계들이 한 번에 순서대로 하나씩 수행된다는 것을 의미한다. 그러나 융통성이 부족하고 비용도 많이 들기 때문에 오늘날 개발 현장에서 전통적인 폭포수 모델은 많이 사용되고 있지 않다. 이 방법론에서는 단계들의 순서를 엄격하게 지키는 것이 요구되지만, 그 성공률은 10% 정도에 불과하다.

소프트웨어 개발 방법론은 다음과 같이 매우 다양하다.

- 애자일 방법론은 최소한의 요구사항을 사용하여 반복적인 방법에 의해 개발된 소프트웨어 구성요소를 조기에 그리고 계속적으로 공급하여 고객의 만족도를 제고하는 데 목적을 두고 있다.
- 폭포수 개발 방법론은 활동에 기반을 둔 프로세스를 따르는데, 그 프로세스는 기획에서 실행 그리고 유지보수에 이르기까지 순차적으로 실시되는 SDLC 방식으로 진행된다.
- RAD 방법론은 시스템 개발을 가속화하기 위하여 시스템의 프로토타입 작업에 사용자의 광범위한 참여를 강조하고 있다.
- XP 방법론은 프로젝트를 4개의 단계로 나누어 실행하며, 한 단계가 완성되기 전에는 다음 단계로 진입할 수 없다.
- RUP 방법론은 소프트웨어 개발을 4개의 단계로 나눈다.
- 스크럼 방법론은 정해진 목표를 달성하기 위하여 작은 팀들이 30일을 주기로 하는 스프린트마다 하나의 작은 소프트웨어 조각들을 만든다.

9.3 프로젝트 관리를 설명하고 주요 프로젝트 실패 원인들을 나열할 수 있다.

프로젝트는 맞춤식 전자상거래 사이트나 데이터베이스 병합과 같이 독특한 제품, 서비스 혹은 결과를 만들어내기 위한 단기간의 일시적인 노력이다. 프로젝트 관리란 프로젝트에 대한 이해관계자들의 필요나 기대를 충족시키거나 초과하기 위해서 지식, 기술, 도구, 기법을 적용하는 것이다. 프로젝트 관리자는 프로젝트 관리 계획과 관리의 전문가로서 프로젝트 관리 계획을 정의하고 개발하며, 주요 프로젝트 이정표들이 정시에 완수되도록 계획을 추적한다.

세 가지 제약은 범위, 비용, 시간이다. 이 세 가지 요소는 독립적이지만, 하나가 변하면 품질을 유지하기 위해서는 나머지도 변해야 한다. 프로젝트 관리자가 프로젝트 관리 계획을 유지하기 위해 해야 하는 세 가지 중요한 활동은 전략적 프로젝트 선택하기, 프로젝트 범위 설정하기, 자원을 관리하고 프로젝트 관리 계획 유지하기이다. 프로젝트의 주요 실패 원인에는 불분명하거나 부재하는 비즈니스 요구사항들, 생략된 단계, 기술 변경, 시스템 생애 주기 모델에서 에러를 찾는 비용, 삼각 제약의 불균형 등이 있다.

9.4 주요 프로젝트 계획 다이어그램을 설명할 수 있다.

PERT는 프로젝트 태스크와 그들 사이의 관계를 기술한 그래픽 네트워크 모델이다. 디펜던시는 프로젝트 태스크 사이 또는 프로젝트 태스크와 주요 결과물 사이에 존재하는 논리적 관계이다. 간트 차트는 캘린더에 프로젝트 태스크를 기술하는 단순한 막대 도표이다. 간트차트에서 태스크는 수직적으로 나열되고, 프로젝트의 일정 계획은 수평적으로 나열된다. 간트차트는 프로젝트 일정을 표현하는 데 적합하다. 간트차트는 계획에 대비해서 태스크의 실제 경과를 잘 보여준다.

9.5 아웃소싱의 세 가지 유형을 설명할 수 있다.

- 역내 아웃소싱: 동일 국가 내의 기업에게 하는 아웃소싱
- 근린 아웃소싱: 근접한 국가의 기업에게 하는 아웃소싱. 보통 이 국가는 자국과 국경을 공유하는 사이이다.
- 역외 아웃소싱: 해외, 특히 개발도상국의 기업에 코드를 작성하고 시스템을 개발하도록 하는 것. 역외 아웃소싱 국가는 지리적으로 멀다.

아웃소싱을 통해 얻을 수 있는 이점에는 비즈니스 프로세스, 서비스, 기능의 질과 효율성의 개선, 운영비용의 절감과 대규모 자본 투자에 따른 위험에의 노출 감소, 아웃소싱 서비스 제공자의 숙련, 규모의 경제, 최상의 실무 경험, 최신 기술에의 접근 등이 있다. 하지만 아웃소싱을 할 때에는 계약 기간, 경쟁 우위의 위협, 기밀사항 위반의 위험과 같은 요소에 주의해야 한다.

복습 문제

1. 프로젝트 관리는 시스템 개발 노력에서 어떤 역할을 하는가?
2. 프로젝트 관리자는 프로젝트 성공에 어떤 역할을 하는가?
3. 프로젝트는 왜 임원 후원자를 필요로 하는가?
4. SDLC의 어떤 단계가 가장 중요한가?
5. 시스템 개발 중에 한 단계를 생략해야 한다면 어떤 것을 생략하겠는가? 또 그 이유는 무엇인가?

6. SDLC에서 어떤 단계가 가장 위험요소를 많이 안고 있는가? 그렇게 생각하는 이유를 설명하라.
7. 당신은 소프트웨어 개발 프로젝트를 관리하기 위해 어떤 프로젝트 관리 방법론을 선택하겠는가?
8. 당신이 새로운 소프트웨어 개발 프로젝트에 착수하는 상황이고, 프로젝트 관리 계획에 폭포수 개발 방법론을 사용하고 있다면, 당신은 프로젝트에 남아 있을 것인가? 당신의 프로젝트를 성공시키기 위해 무엇을 준비할 수 있겠는가?
9. 프로젝트 관리자가 프로젝트의 우선순위를 매길 때 사용할 수 있는 다양한 유형의 실현가능성 분석을 설명하시오.
10. 왜 최종 사용자가 시스템 개발 노력에 참여해야 하는가?
11. 왜 프로젝트 관리자는 간트 차트와 PERT 차트를 사용하는가?
12. 왜 비즈니스 요구사항을 모으는 것이 대부분의 프로젝트에서 도전이 되는가?
13. 프로젝트를 위해 이용할 수 있는 아웃소싱 종류에는 무엇이 있는가?
14. 아웃소싱과 관련된 위험요소에는 무엇이 있는가?
15. 프로젝트 관리 협회의 목표와 PMBOK와 관련된 세 가지 핵심 용어를 설명하시오.

비즈니스 중심적 사례 1

개인 생산성 애플리케이션

오늘날의 빠르게 변화하는 학업 환경에서 대학생들은 시간 관리, 체계적인 조직화, 생산성 극대화에 있어 수많은 도전에 직면한다. 수업, 과제, 과외 활동, 개인적 약속 등을 동시에 처리하는 것은 종종 스트레스를 유발하고 개인을 압도할 수 있다. 그러나 개인 생산성 도구의 힘을 활용함으로써, 대학생인 여러분은 효율성을 높이고, 조직력을 개선하며, 더 나은 학업 성과를 달성할 수 있다. 다음은 여러분의 학생 경험을 변화시킬 수 있는 몇 가지 개인 생산성 도구들이다.

- 시간 관리 및 계획: 개인 생산성 도구는 효과적인 시간 관리와 계획을 위한 강력한 기능을 제공한다. 학생들은 Google Calendar, Todoist, Any.do와 같은 도구를 활용하여 일정을 만들고 관리하며, 중요한 작업과 마감일에 대한 알림을 설정하고, 특정 활동에 시간을 할당할 수 있다. 이러한 도구들은 하루, 주, 또는 월 단위의 시각적 개요를 제공하여 학생들이 활동의 우선순위를 정하고 그에 따라 시간을 배분할 수 있게 한다.
- 작업 및 프로젝트 관리: 대학 생활은 종종 여러 과제, 프로젝트, 마감일을 포함한다. Trello, Asana, Microsoft To Do와 같은 개인 생산성 도구를 사용하면 학생들은 작업 목록을 만들고, 프로젝트를 더 작은 단계로 나누며, 마감일을 설정하고, 진행 상황을 추적할 수 있다. 학생들은 작업과 프로젝트를 시각화함으로써 체계적으로 조직하고, 진행 상황을 모니터링하며, 과제를 제때 완료할 수 있다.
- 노트 작성 및 정리: 효율적인 노트 작성과 정리는 효과적인 학습에 필수적이다. Evernote, Notion, OneNote와 같은 생산성 도구는 노트를 캡처, 정리 및 접근할 수 있는 디지털 플랫폼을 제공한다. 학생들은 구조화된 노트북을 만들고, 태그를 추가하며, 멀티미디어 콘텐츠를 삽입하고, 여러 기기 간에 노트를 동기화할 수 있다. 이러한 도구들은 노트 작성 과정을 간소화하여 시험 공부나 프로젝트 작업 시 정보를 검토하고 검색하는 것을 더 쉽게 만든다.
- 협업 및 의사소통: 협업은 대학 생활의 핵심 측면이다. Google Drive, Microsoft Office 365, Slack과 같은 생산성 도구는 실시간 협업을 용이하게 하여 학생들이 그룹 프로젝트를 수행하고, 문서를 공유하며, 효과적으로 의사소통할 수 있게 한다. 이러한 도구들은 원활한 협업을 위한 중앙 집중식 플랫폼

을 제공하여 버전 관리의 어려움을 해소하고 학생들 간의 팀워크를 향상시킨다.

- 집중 및 방해 요소 관리: 디지털 방해 요소가 만연한 시대에 집중력을 유지하는 것은 어려울 수 있다. 학생들은 Forest, Focus@Will, Freedom과 같은 도구를 활용하여 방해 요소를 최소화하고 집중력을 높일 수 있다. 이러한 도구들은 사용자가 특정 웹사이트를 차단하고, 집중 작업 시간을 설정하거나, 게임화 기법을 사용하여 생산성을 장려하고 방해 요소를 억제할 수 있게 한다.

개인 생산성 도구는 시간을 최적화하고, 체계적으로 조직하며, 생산성을 향상시키고자 하는 대학생들에게 다양한 이점을 제공한다. 이러한 도구들을 활용함으로써, 여러분은 업무 흐름을 간소화하고, 작업과 프로젝트를 효과적으로 관리하며, 스트레스 수준을 낮출 수 있다. 개인 생산성 도구의 활용은 여러분이 학업 여정을 통제하고, 더 나은 결과를 달성하며, 건강한 일-생활 균형을 유지할 수 있게 한다. 이러한 도구들을 받아들이는 것은 여러분에게 학업 추구와 그 이후의 삶에서 성공하는 데 필요한 기술과 습관을 갖추게 한다.

질문

1. 프로젝트 관리를 형성하는 세 가지 상호의존적 변수는 무엇인가? 이러한 변수들이 시험을 준비하는 대학생에게 왜 중요한가?
2. 위에서 언급된 도구 중 하나를 선택하고 그것이 어떻게 여러분의 과정 결과물을 프로젝트를 관리하는 데 도움이 될 수 있는지 설명하라.
3. 개인 생산성 도구는 어떻게 여러분이 프로젝트 관리 기술을 개발하기 시작하는 데 도움이 될 수 있는가?
4. 대학 생활 동안 개인 생산성 도구를 사용하는 것과 관련된 윤리적 문제는 무엇인가?
5. 대학 생활 동안 개인 생산성 도구를 사용하는 것과 관련된 보안 문제는 무엇인가?

비즈니스 중심적 사례 2

비즈니스 요구사항의 모호함을 줄이기

프로젝트 실패의 가장 큰 이유는 잘못된 비즈니스 요구사항 때문이다. 표현의 불명확성 또는 분석과 설계 단계에서 최종 사용자의 참여가 충분하지 못하였을 때, 비즈니스 요구사항은 '잘못'된 것으로 볼 수 있다.

만약에 모든 관련자들이 비즈니스 요구사항을 동일하게 해석한다면, 그것은 명확한 요구사항으로 볼 수 있다. 그러나 참여자들이 서로 다른 해석을 한다면 예상하지 못한 결과가 나오게 된다. 다음은 명확한 요구사항과 불명확한 요구사항의 예를 보여주고 있다.

- 불명확한 요구사항: 재무 보고서는 해당 지방 및 미국 통화로 이익을 표시하여야 한다.
- 명확한 요구사항: 재무 보고서는 해당 지방 및 미국 통화로 이익을 표시하되, 보고 기간의 마지막 영업일자의 월 스트리트 저널에 기재된 환율을 사용한다.

불명확성을 완전히 제거하기가 어려운 이유는 그것이 요구사항에 자연스럽게 나타나기 때문이다. 예를 들면, 다음과 같다.

- 요구사항 가운데는 기술적인 의미의 함축이 있을 수 있는데 이는 IT 개발자에게는 분명하지만, 고객에게는 그렇지 못하다.

- 요구사항 가운데는 비즈니스 의미의 함축이 있을 수 있는데, 이는 고객에게는 분명하지만 IT 개발자에게는 그렇지 못하다.
- 요구사항은 일상 용어를 포함하는데 이들 일상 용어의 의미가 일반인에게 '분명'하지만, 사람에 따라 '다르게' 받아들여진다.
- 요구사항은 여러 가지를 반영한 — 예를 들면, 많은 사건, 많은 관점, 말의 표현, 감정, 섬세함, 선택적인 강조, 신체 언어 — 자세한 내용을 함축하지만, 이들을 모두 문자로 전달하는 것은 불가능하다.

비즈니스 요구사항 검토를 위한 요령

비즈니스 요구사항을 검토할 때에는 불명확성을 줄이기 위하여 다음의 단어들을 잘 사용하여야 한다.

- '그리고'와 '또는'은 뚜렷한 의미를 가지고 있지만, 아주 불명확한 것도 틀림없다. 이들 두 단어는 때로 비공식적으로 또는 잘못 이해되거나 해석되는 일이 자주 있다. 예를 들면, 다음 문장을 살펴보자. "만약 T 버튼이 눌리고 그리고 만약 F 버튼이 눌리면, 경보기는 울려야 한다." 이 말은 두 가지 의미로 해석될 수 있다. 즉 경보기를 울리려면, 두 버튼 모두가 눌려야 하거나, 또는 둘 중의 어느 하나만 눌려도 된다는 의미를 지니고 있다. 이와 같은 문장은 요구사항에 결코 사용되어서는 안 된다. 왜냐하면 잘못된 해석을 할 가능성이 너무 크기 때문이다. 보다 명확한 표현의 예는 "두 버튼 T와 F가 동시에 눌리면 경보기가 울려야 하며, 기타의 상황에서는 울리지 않아야 한다."이다.
- '항상'은 실제로 '대부분의 경우에'를 의미하며, 이 경우 보다 분명하게 표현되어야 한다. 예를 들면, "우리는 항상 보고서 A와 B를 함께 발표하여야 한다."로 표현하면, 다음의 문장으로 해석될 수 있다. "달리 말하면, B 없이 A만을 발표하거나, A 없이 B만을 발표하는 경우는 결코 없다." 만약 개발자가 '항상' 요구사항으로 시스템을 구축하면, 보고서 B 없이는 보고서 A를 결코 발표할 수 있는 시스템을 만들게 된다. 만약 사용자가 갑자기 보고서 A 없이 보고서 B를 원한다면, 개발자는 심각한 시스템 변경을 실행하지 않을 수 없을 것이다.
- '절대로 아니다'는 '좀처럼 아니다'를 의미하며, 이 경우 보다 명확하게 표현되어야 한다. 예를 들면, "우리는 보고서 A와 B를 같은 달에 절대로 발표하지 않는다."라는 문장은 다음의 문장으로 해석될 수 있다. 즉 "따라서, 만약 내가 A가 발표된 것을 보게 되면, 어느 누구도 B를 발표하기를 원하지 않는다고 절대적으로 확신할 수 있다는 것을 의미한다." 역시 시스템 개발자는 '절대로 아니다' 요구사항을 지원하는 시스템을 구축하게 될 것이다. 그리고 이 시스템은 — 어떠한 여건 아래에서도 — 사용자가 같은 달에 보고서 A와 B를 발표하는 것을 허락하지 않을 것이다.
- '경계' 조건은 '참과 거짓' 또는 '해야 할 것과 하지 말아야 할 것' 사이의 경계선에 대한 표현이다. 이러한 표현은 끝 점을 포함할 수도 있고, 포함하지 않을 수도 있다. 예를 들면, "우리는 10페이지까지는 X 방법을 사용하기 원하여, 그 외는 Y 방법을 사용할 것이다." 만약 당신이 이 시스템을 구축한다면, 10페이지는 X 방법 또는 Y 방법 중 어느 것을 선택할 것인가? 이 질문에 대한 답은 애매한 비즈니스 요구사항 때문에 서로 다르게 나타날 것이다.

질문

1. 불명확한 비즈니스 요구사항은 왜 시스템 개발 실패의 주된 요인이 되는가?
2. 단어 '그리고'와 '또는' 등은 왜 불명확한 요구사항으로 연결되는가?
3. 웹을 검색해서, '잘못된' 비즈니스 요구사항의 원인을 알아보자.
4. 다음의 비즈니스 요구사항은 무엇이 잘못되었는가? "모든 종업원은 매년 항상 생일을 맞이하기 때문에 우리 시스템은 종업원 생일을 지원하여야 한다."

비즈니스 중심적 의사결정

1. 방법론 뒤의 방법들

시그니처스 주식회사는 회사 로고가 새겨진 커피 머그잔과 펜 같은 개인 맞춤형 제품 생산을 전문으로 한다. 이 회사는 연간 4천만 달러 이상의 매출을 올리고 있으며, 300명 이상의 직원을 두고 있다. 현재 이 회사는 수백만 달러 규모의 대형 SCM 구현 프로젝트를 진행 중이며, 최근 귀사의 프로젝트 관리 아웃소싱 회사를 고용하여 프로젝트 관리를 맡기기로 했다.

첫날, 귀하의 팀은 다음과 같은 이유로 프로젝트가 실패 중이라는 말을 듣게 된다:

- 프로젝트가 전통적인 폭포수 방법론을 사용하고 있다.
- SDLC를 따르지 않았으며, 개발자들이 테스팅 단계를 건너뛰기로 결정했다.
- 분석 단계에서 프로젝트 계획이 수립되었으나, 이전 프로젝트 관리자가 계획을 업데이트하거나 따르지 않았다.

이 프로젝트를 정상 궤도에 올려놓기 위해 귀하가 취해야 할 첫 번째 조치들을 결정하시오.

2. SDLC에서 단계를 생략하기

헬로우 사는 시카고, 샌프란시스코, 뉴욕에서 경영진을 위한 대형 비서 업무 서비스를 제공하는 회사이다. 이 회사는 모든 종류의 서비스(개 산책시키기에서 공항 수송에 이르기까지)를 제공하고 있다. 이 회사의 관리자 댄 마르텔로 씨는 재무 ERP 실행 단계에서 테스트 단계를 생략하기를 원하고 있다. 댄은 이 시스템이 벤더로부터 구입한 것이기 때문에 정확히 작동하리라고 믿고 있기 때문이다. 또한 프로젝트의 마감 날짜를 맞추기 위하여 테스트 단계를 생략하고 싶어한다. SDLC의 각 단계를 따라야 할 필요성을 댄에게 설명할 내용을 작성하고 이와 함께 재무 시스템이 테스트 단계를 거치지 않을 때, 발생할 수 있는 여러 가지 파생 문제점을 함께 포함시켜라.

3. 승인을 거절하기

당신은 대형 엑스트라넷extranet 개발 프로젝트의 주요 클라이언트이다. 한편 요구사항 정의서를 면밀하게 검토한 당신은 요구사항 가운데 빠진 것, 불명확하고, 정확하지 못한 것 등이 있음을 파악하였다. 그러나 프로젝트 관리자는 다섯 명의 동료들로부터 이미 승인을 받았다며, 당신도 승인을 해달라고 압력을 넣고 있다. 만약 당신이 승인을 하지 않으면, 프로젝트 시간 일정의 재협상이 불가능하기 때문에 동 프로젝트가 위기를 맞을 것이다. 당신은 어떻게 하려고 하는가? 그 이유는 무엇인가?

4. 실패할 시스템을 구제하기

크릭 캔들 사는 레스토랑용 저가의 양초를 제조하고 있다. 연간 매상고는 4,000만 달러이며, 종업원은 300명이다. 당신은 현재 수백만 달러에 달하는 SCM 프로젝트의 실행 단계 중에 있다. 당신의 프로젝트 관리자가 당신에게 찾아와 동 프로젝트가 다음과 같은 사유로 실패할 수도 있다고 말한다.

- 여러 개의 비즈니스 요구사항이 부정확하며, 그 범위가 두 배로 늘어났다.
- 최근에 3명의 개발자가 그만두었다.
- 마감 일자가 한 달 앞으로 다가왔다.

프로젝트가 스케줄을 따라서 예산 범위 내에서 진행되는 것을 확신하기 위해서 당신의 회사가 따라야 할 선택사항의 목록을 개발하시오.

5. 프로젝트 관리에 대해서 설명하기

프라임타임 사는 프로젝트 관리 능력과 기술이 있는 인력의 아웃소싱에 특화된 대형 컨설팅 회사이다. 당신은 프라임타임의 채용 인터뷰를 받고 있는 중이다. 인터뷰를 실시하고 있는 관리자가 당신에게 프로젝트 계획이 프로젝트의 성공에 중요한가를 설명하도록 요청했다. 그 관리자는 또한 당신이 범위 완화와 특징 완화, 그리고 당신이 프로젝트에서 이것들을 관리하기 위해서 사용할 방안에 대해서 설명하길 바란다. 마지막으로 그 관리자는 성공적으로 프로젝트를 완수하고 위험을 감소시킬 전략에 대해서 자세히 설명할 것을 요구한다.

6. 예기치 못한 것을 위한 계획

예기치 못한 상황은 항상 발생한다. 그리고 당신이 그것에 대해 대비책을 많이 세울수록, 소프트웨어를 개발할 때 당신은 더 잘 준비되어 있는 것이다. 당신의 직원들은 사고를 당할 것이며, 바이러스나 질병 및 기타 삶의 문제들을 맞닥뜨릴 것이다. 이 모든 것이 잦은 결근을 야기할 수 있고, 잦은 결근은 당신의 프로젝트를 급격히 악화시킬 것이다. 주요 직원이 갑자기 그만두거나 일시적인 장애를 얻는다면 무슨 일이 벌어질까? 서로 다른 SDLC 방법론을 검토할 때, 어떤 방법론이 가장 계획에 없던 직원의 부재에 융통성 있게 대처할 수 있는가? 만약 당신이 언제 직원이 결근할지 선택할 수 있다면, SDLC의 어떤 단계가 프로젝트를 지속시키고 성공시키기에 가장 안전한가? 당신이 계획에 없던 잦은 결근을 잘 대비하고 있다는 것을 확신하기 위해 무엇을 할 수 있는가?

7. 스크래치

스크래치는 코딩을 배우려는 사람들에게 가장 완벽한 비주얼 프로그래밍 언어이다. 스크래치는 드래그앤드롭 GUI를 이용해서 코드 블록들을 연결하여 프로그램을 만들기 때문에 사용자들은 프로그래밍 언어를 타이핑하지 않아도 된다. 사용자들은 다양한 색상의 코드 블록들을 선택하여 간단히 연결시킴으로써, 사람이나 동물과 같은 대상이 이동하거나 말을 하는 컴퓨터 명령어 세트를 생성할 수 있다. 사용자들은 버튼 클릭만으로 대화형의 이야기, 게임, 애니메이션 등을 만들 수 있다.

스크래치는 MIT 미디어랩의 라이프롱 킨더가튼 그룹Lifelong Kindergarten Group이 제작한 프리 프로젝트이며, 현재 8백만 이상의 사용자를 보유하고 있다. 스크래치의 목표는 어린 아이들이 창조적으로 생각하기, 체계적으로 사고하기, 협동하여 일하기 등 21세기를 살아가며 반드시 필요한 기술들을 배우도록 하는 것이다.

그룹을 구성하여 스크래치 웹사이트(http://scratch.mit.edu/)를 방문해 보자. 스크래치는 어떤 유형의 시스템 개발 방법론을 사용하고 있는가? 어린 아이들은 스크래치 프로그램을 만들면서 어떤 기술을 배울 수 있을까?

8. 혼란스러운 커피

비즈니스 요구사항은 새로운 시스템이 성공적으로 구현되기 위해 충족해야 하는 상세한 비즈니스 요청사항의 집합이다. 비즈니스 요구사항의 예로 "시스템은 모든 고객 판매를 제품, 지역, 영업 담당자별로 추적해야 한다."를 들 수 있다. 이 요구사항은 비즈니스 관점에서 시스템이 수행해야 할 기능을 명시하며, 이를 어떻게 구현할 것인지에 대한 세부 사항이나 정보는 포함하지 않는다.

당신은 새로운 커피숍의 직원 급여 시스템을 구축하도록 고용되었다. 다음의 비즈니스 요구사항을 검토하고 잠재적 문제점을 파악하시오.

- 모든 직원은 고유한 직원 ID를 가져야 한다.
- 시스템은 직원의 성을 기준으로 근무 시간을 추적해야 한다.
- 직원은 하루 최소 8시간 근무하도록 스케줄이 짜여야 한다.
- 직원 급여는 근무 시간에 시급 7.25달러를 곱하여 계산한다.

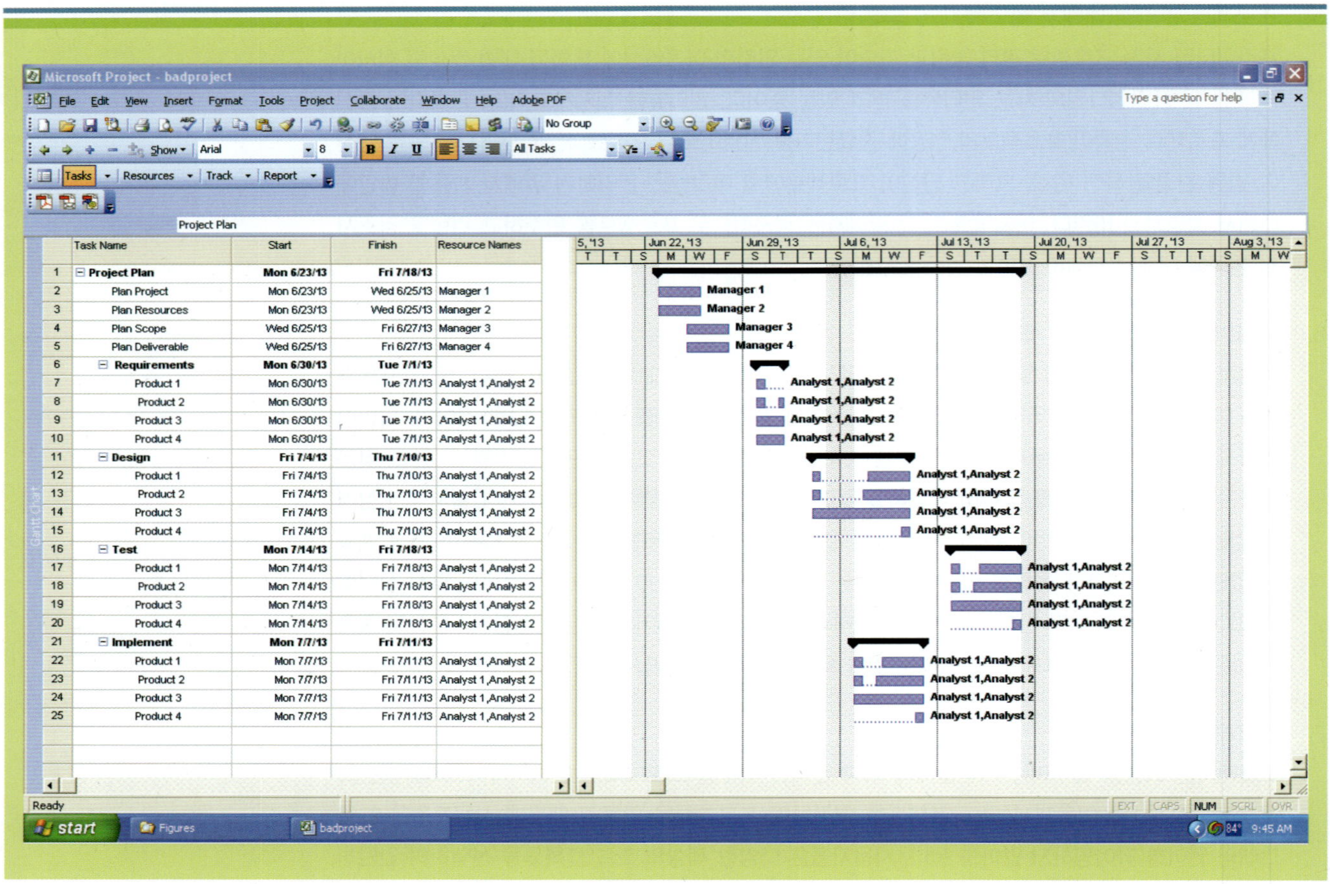

그림 9.27

CRM 프로젝트 계획 – 마이크로소프트

- 관리자는 오전 근무조로 스케줄이 짜여야 한다.
- 직원은 하루 8시간 이상 근무하도록 스케줄이 짜여서는 안 된다.
- 서버는 오전, 오후, 저녁 근무조로 스케줄이 짜여서는 안 된다.
- 시스템은 관리자가 직원 정보를 변경하고 삭제할 수 있도록 해야 한다.

9. 프로젝트 선정

당신은 대형 통신 회사인 헥스 주식회사에서 일할 프로젝트 관리 계약자가 되고자 한다. IT 수석 부사장인 데비 페르난데스와의 면접은 순조롭게 진행되었다. 그녀가 최종 채용 결정을 내리기 전 당신에게 요구한 마지막 사항은 다음 프로젝트들의 우선순위 목록이다. 페르난데스가 당신의 우선순위 설정에 만족한다면 당신은 확실히 이 일자리를 얻게 될 것이다.

다음 프로젝트들의 우선순위를 정하는 보고서를 작성하고, 우선순위 설정에 대한 비즈니스 근거를 반드시 포함하시오.

- 회계 시스템 업그레이드
- 직원 휴가 추적 시스템 개발
- 직원 인트라넷 개선
- 데이터 웨어하우스 정보 정제 및 스크러빙
- 20% 성장 확장성 보장을 위한 모든 하드웨어 성능 테스트
- 직원 복리후생 시스템 변경사항 구현
- 백업 및 복구 전략 개발

- 공급망 관리 시스템 구현
- 고객 관계 관리 시스템 업그레이드
- CEO를 위한 경영 정보 시스템 구축

10. 시간 관리

타임키퍼스 주식회사는 프로젝트 관리 컨설팅을 전문으로 하는 소규모 기업이다. 당신은 선임 프로젝트 관리자로, 최근 타히티 태닝 로션 계정을 담당하게 되었다. 타히티 태닝 로션 회사는 현재 모든 내부 IT 프로젝트에서 10퍼센트의 성공률(90퍼센트의 실패율)을 보이고 있다. 당신의 첫 번째 임무는 새로운 CRM 시스템 개발에 사용되고 있는 현재의 프로젝트 계획 중 하나를 분석하는 것이다(그림 9.27 참조).

프로젝트 계획을 검토하고 계획상의 여러 오류를 나열한 문서를 작성하라. 오류를 수정하는 방법에 대한 제안도 반드시 포함시켜야 한다.

11. GEM 애슬레틱 센터

더스트 인포메이션 주식회사는 시스템 분석과 설계를 전문으로 하는 대형 컨설팅 회사이다. 이 회사는 2,000명 이상의 직원을 보유하고 있으며, 1분기 매출은 1,500만 달러에 달했다. 회사는 모든 프로젝트 구현에서 85퍼센트의 성공률을 유지하는 것을 자랑으로 여긴다. 이례적으로 높은 프로젝트 성공률의 주된 이유는 정확하고 완전하며, 고품질의 비즈니스 요구사항을 정의하는 회사의 능력 때문이라고 여겨진다.

오하이오 주 클리블랜드에 위치한 GEM 애슬레틱 센터는 새로운 급여 시스템을 구현하는 데 관심이 있다. 현재의 급여 처리 과정은 수동으로 이루어지며, 매월 3명의 직원이 2일 동안 작업을 수행해야 한다. GEM 애슬레틱 센터는 IT 부서가 없어 새로운 급여 시스템의 조달, 맞춤화, 설치 전 과정을 퍼스트 인포메이션 주식회사에 아웃소싱하고 있다.

당신은 퍼스트 인포메이션에서 한 달 조금 넘게 일해 왔다. 당신의 팀은 방금 GEM 애슬레틱 센터 프로젝트를 배정받았고, 당신의 첫 번째 과제는 새로운 급여 시스템 개발을 위한 초기 비즈니스 요구사항을 정의하는 것이다.

a. 현재의 급여 처리 과정과 새 시스템에 대한 희망 사항을 상세히 설명한 GEM 애슬레틱 센터의 세 명의 회계 직원의 증언을 검토하라. 그림 9.28은 짐 풀로스, 매기 클리버, 앤 로건의 증언을 보여준다.

b. 두 번째 종료 사례인 "비즈니스 요구사항의 모호성 감소"를 검토하고, 견고한 비즈니스 요구사항을 개발하는 데 사용할 수 있는 몇 가지 기법을 강조하시오.

c. 신중한 분석 후, 새로운 시스템에 대한 비즈니스 요구사항을 상세히 기술한 보고서를 작성하시오. 문서에 모든 가정, 문제점 또는 질문을 반드시 나열하시오.

이 장을 읽은 후 수업에 포함시킬 엑셀 프로젝트를 찾고 있다면, 다음 중 어느 것이든 시도해 보시오.

그림 9.28

직원들의 증언

짐 파울로, 영업 관리자

매주 나는 우리 클럽에서 판매된 모든 새로운 멤버십을 검토해야 한다. 내 밑의 7명의 영업사원들은 하나를 판매할 때마다 입회비로 50달러를 받는다. 그들은 또한 멤버십 종류에 따라 판매금의 10%를 받는다. 멤버십 종류는 다음과 같다.

- 성인 450달러/월
- 청년 300달러/월
- 가족 750달러/월
- 노인 300달러/월

각각의 영업사원은 시간당 4.50달러를 받고, 초과근무 시에는 25%의 보너스를 더 받는다. 영업사원이 예상 판매량의 200% 이상을 판매하면 수수료에 추가로 25%의 보너스를 받는다. 프로모션 중에 멤버십이 팔리면 수수료는 감소한다. 급여 지급 부서는 영업사원의 시급 계산을 위해 업무 기록표를 사용한다. 나는 급여 지급 부서에서 업무 기록표가 완성되면 모든 업무 기록표에 서명해야 한다. 나는 직원 업무 기록표에 적힌 시간을 입증하기 위해 내 영업사원들의 스케줄을 확인한다. 그 다음에 나는 직원별로 받아야 할 가입비와 멤버십 판매에 대한 수수료 목록을 제출해야 한다. 나는 내 영업 사원의 모든 휴가와 병가를 검토한다. 그들이 휴가나 병가로 쓸 수 있는 날을 초과하면 나는 그들이 일을 그만두면 모든 부적절한 휴가와 병가에 대한 보상을 해야 함이 적힌 서류에 서명하게 한다.

나는 자동으로 수수료를 계산하고, 앞으로의 예측 판매량을 다룰 수 있는 시스템과 영업사원의 수수료 비율을 분석하는 "무언가"가 있었으면 좋겠다. 나는 영업사원들에게 가서 그들이 4개의 가족 멤버십과 1개의 성인 멤버십을 더 팔면 보너스를 받을 수 있다고 말할 수 있었으면 한다. 나는 또한 우리의 최고 고객들을 위한 프로모션을 디자인할 줄 알았으면 한다. 이런 종류의 것들은 정말로 우리 클럽의 영업에 도움이 될 것이다.

매기 클리버, 급료 관리자

매주 내 업무의 시작은 업무 기록표를 걷는 것이다. 나는 각각의 업무 기록표를 검토해서 직원의 출퇴근 시간이 정확하게 기록되도록 한다. 직원이 기록하는 것을 잊었을 시에는 그 사람의 책임자에게 연락해서 기록했어야 하는 시간이 언제인지를 확인한다. 그리고 업무 기록표에 적힌 시간 중 일반 근무시간과 초과 근무시간, 휴일 근무시간을 나누어 따로 계산한다. 휴가와 병가 역시 따로 계산한다. 한번 이 과정을 마치고 나면 모든 업무 기록표를 각 부서의 책임자에게 보내서 승인을 받는다.

승인된 업무 기록표를 받고 나면 급료를 계산하기 시작한다. 먼저 일반 근무수당을 계산하고, 그 다음에 초과 근무수당을, 마지막으로 휴일 근무수당을 계산한다. 그리고 나서 판매 책임자에게서 받은, 영업사원의 수수료를 더한다. 그 다음에는 에어로빅 강사의 급료를 계산하는데 그들은 시간별이 아니라 강의 횟수에 따라 급료를 받기 때문에 피트니스 코디네이터에게서 강의 일정표를 받아서 계산한다. 이 과정이 모두 끝나면 나는 지불액을 모두 합하고 기록표를 지불금액과 함께, 세금 계산을 담당하는 나의 동료 앤에게 보낸다. 그 다음에 모든 병가와 휴가를 계산하여 개별 문서로 작성한다. 그리고 마지막으로 각각의 직원 이름, 부서, 지불 기간이 적힌 라벨을 출력하여 새로운 업무 기록표에 붙여서 업무 시간 기록기에 갖다 놓는다.

나는 자동으로 직원의 병가와 휴가를 추적하는 시스템이 있으면 좋겠다. 또한 자동으로 일반 근무수당과 초과 근무수당, 휴일 근무수당을 계산해주는 시스템이 있으면 좋겠다. 이런 시스템이 존재하는지는 잘 모르겠지만, 직원 업무 기록표를 인증해주는 시스템이 있다면 정말 좋을 것 같다.

앤 로건, 세금 관리자

나는 매기한테서 지불금액을 받는다. 그리고 나서 나는 모든 도시, 주, 연방 정부의 세금을 계산한다. 나는 또한 의료보험과 연금보험을 공제한다. 그 다음엔 직원들에게 수표를 써주고 정부에 세금에 해당하는 수표를 써준다. 나는 수작업으로 근로소득세와 모든 분기의 세금을 계산한다. 또한 나는 주소 변경과 같은 개인 정보를 수정할 책임과, 잘못된 금액이 발행되었을 때 수표를 쓸 책임이 있다. 나는 직원들이 휴가나 병가를 초과해서 써서 빚진 금액도 찾아낸다. 나는 모든 직원들에게 급료 수표를 써준다.

나의 업무 중 가장 많은 비중을 차지하는 것은 모든 수표에 대한 현금 결제와 수표로 계산된 총 금액을 맞추는 것이다. 수표에 금액이 잘못 기입되는 등 이 두 금액은 놀라울 만큼 안 맞을 때가 많다.

나는 분기 세금 신고 명세서와 함께, 자동적으로 세금을 계산해주는 시스템이 있으면 좋겠다. 회계감사를 해주는 시스템도 좋을 것 같다.

A APPENDIX

하드웨어와 소프트웨어 기초

학습성과

A.1 하드웨어의 6가지 종류를 나열하고, 각각의 예를 제시할 수 있다.
A.2 컴퓨터의 종류를 알아보고, 이들이 기업에 어떻게 사용되는지 설명할 수 있다.
A.3 소프트웨어의 두 가지 기본 종류를 알 수 있다.

서론

경영자는 어떤 종류의 하드웨어와 소프트웨어가 현재 및 미래의 비즈니스 필요에 적합한지, 그리고 어느 때가 장비 구입의 적기인지, IT 투자를 어떻게 보호해야 하는지 등의 의사결정을 하여야 한다. 이러한 필요성은 경영자가 기술의 전 부문에 전문가가 되어야 하는 것을 요구하는 것은 아니다. 그러나 하드웨어와 소프트웨어의 기초를 이해함으로써, IT 투자 결정에 크게 도움이 된다.

ITinformation technology는 사람들이 정보를 이용하여 일하는 것을 돕고, 정보 및 조직의 정보 처리 필요를 지원하는 컴퓨터 기반 도구를 말한다. 정보 기술은 인터넷, PC, 웹에 연결된 휴대전화, 개인 정보 단말기PDA: personal digital assistant, 프레젠테이션 소프트웨어presentation software 등으로 구성된다. 이들 기술은 각각 특정 정보 처리 과업을 수행하는 것을 돕는다. 정보 기술은 두 가지로 분류된다. 즉, 하드웨어와 소프트웨어다. **하드웨어**hardware는 컴퓨터 시스템과 연관된 외형적 장비들이며, **소프트웨어**software는 특정 과업을 달성할 수 있도록 하드웨어의 집행에 필요한 지침 내용을 말한다. 마이크로소프트 엑셀과 같은 소프트웨어와 키보드, 모니터와 같은 하드웨어는 상호작용을 하면서, 스프레드시트, 그래프 등을 만들어 낸다. 부록 A에서는 컴퓨터 하드웨어와 소프트웨어의 기초를 다루고 있다.

하드웨어 기초

여러 산업에서 컴퓨터 하드웨어의 이용은 경쟁 우위 확보의 열쇠가 된다. 프라이토 레이는 편의점 여러 품목의 전략적 배치와 판매 상황을 추적하기 위하여 휴대용 장비를 사용함으로써 경쟁 우위를 확보하는데 성공하였다. 판매 담당자는 이들 휴대용 장비를 이용하여 판매 가격, 경쟁자 정보, 판매된 품목의 수량, 상점 내에서의 제품의 위치 등을 추적할 수 있었다.

컴퓨터computer는 자체 기억장치에 저장되어 있는 지침의 지시에 따라 운영되는 전자기기로서 데이터를 받아들이고, 조작하며, 저장하는 기능을 지니고 있다. 그림 A.1은 두 가지 컴퓨터 기본 구성요소, 하드웨어와 소프트웨어를 나타낸다. 컴퓨터 시스템은 여섯 가지 하드웨어 부품으로 이루어진다(그림 A.2 참조). 그림 A.3는 이들 부품이 컴퓨터 시스템을 구성하기 위하여 어떻게 서로 공동 작업을 하는지를 보여주고 있다.

중앙처리장치

CPUcentral processing unit를 생산하는 대표적인 제조회사는 인텔(PC의 Celeron 및 Pentium 제품)과 AMD(Athlon 시리즈 제품)이다. AMD는 초기에는 단순히 타 회사의 칩을 모방하고, 인텔의 특징이나 장점을 흉내내어 프로세서를 생산하는 업체로 취급되었으나, 최

그림 A.1
하드웨어 및 소프트웨어 개요

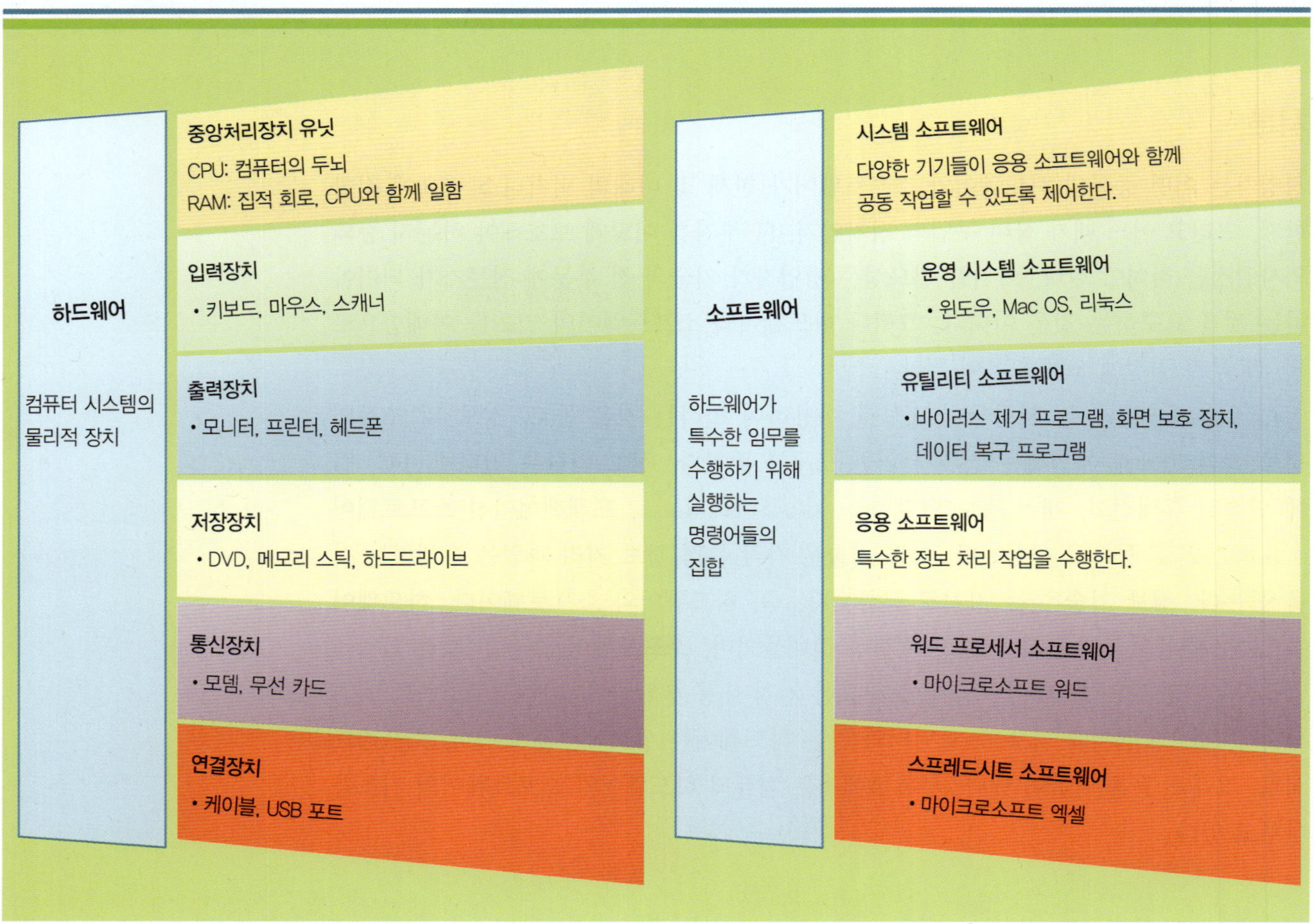

6가지 하드웨어 부품	
중앙처리장치CPU	프로그램(소프트웨어)의 지침을 해석하고 실행하며, 타 하드웨어 장치들의 공동 작업을 조정해주는 하드웨어
주기억장치	컴퓨터의 주기억장치로서 램RAM: random access memory, 캐시 메모리cache memory, 그리고 롬ROM: read-only-memory으로 구성되어 있고, CPU와 직접 연결되어 있음
보조기억장치	장기간 많은 양의 데이터를 저장할 수 있도록 설계된 장치로서, 예를 들면 디스켓, CD, DVD 메모리 스틱 등이 있음
입력기기	정보와 명령 등을 받아들이는 장치로, 예를 들면 마우스, 키보드, 스캐너 등이 있음
출력기기	정보 처리의 결과를 보고, 듣고, 혹은 수용하기 위하여 사용하는 장치로서 모니터와 프린트, 마이크 등을 예로 들 수 있음
통신기기	한 지역에서 타 지역으로 정보를 보내고 받는 데 사용되는 장치로서, 예를 들어 모뎀, 무선 카드 등이 있음

그림 A.2

컴퓨터 시스템의 하드웨어 부품

근 수년 사이에 혁신적인 CPU를 생산하면서, 이제는 인텔에 당당하게 도전하는 위치로 올라섰다. AMD가 프로세서 시장의 주도권을 지니게 된 것은 32비트에서 한 번에 64비트의 데이터를 처리할 수 있는 칩을 생산할 때부터였다. 또한 서버 시장에서 듀얼 코어 프로세서를 처음으로 개발 공급하여 새로운 영역을 개척하였다. AMD의 회장 겸 CEO인 Hector Ruiz는 "우리 회사의 위치에서 우리가 할 수 있는 것은 오직 하나다. 고객과 최종 사용자에게 가까이 다가서고, 그들이 필요로 하고 원하는 것을 이해하며, 경쟁에서 혁신으로 앞서가야 한다. 혁신은 성공을 위한 우리들의 노력의 중심에 위치하여야 하며, 모방으로는 결코 경쟁에서 이길 수 없다."라고 말했다.

CPU(또는 microprocessor)는 프로그램(소프트웨어) 명령어를 설명하고 집행하는 하드웨어이며, 동시에 여러 하드웨어 장치들이 공동 작업을 할 수 있도록 조정하는 역할을 수행한다. CPU는 자그마한 실리콘 박편으로 만들어지며, 이는 수백만 개의 트랜지스터와 같은 용량을 지니고 있다. CPU는 분명히 20세기 최대의 기술 혁명 중의 하나이다.

CPU는 두 개의 주요 부문으로 되어 있다. 즉, 제어장치와 논리연산장치arithmetic-logic unit이다. **제어장치**control unit는 소프트웨어 명령어를 해석하고, 문자 그대로 소프트웨어 명령어를 기반으로 다른 모든 하드웨어 장치들에게 무엇을 해야 할지 알려준다. **논리연산장치**는 산술 연산(예, 덧셈과 뺄셈)과 논리 연산(예, 분류 및 숫자 비교)을 수행한다. 그러므로 제어장치와 논리연산장치는 서로 다른 기능을 수행하고 있다. 제어장치는 소프트웨어로부터 명령어를 받아서, 그것을 해석하고, 타 장치들이 어떤 과제를 수행하여야 할지를 결정한 후, 각 장치에 해당 과제를 수행하도록 알려주는 역할을 한다. 논리연산장치는 제어장치에 응답하고, 어떤 지시든지 따르며, 산술 및 논리 연산을 행하게 된다.

초당 CPU 사이클 수는 CPU가 소프트웨어 명령어를 얼마나 빨리 실행하느냐를 결정한다. 즉, 초당 사이클 수가 많다는 것은 연산처리가 빠르다는 것을 의미한다. CPU의 속도가 빠르면 느린 것보다 비싸진다. CPU의 속도는 일반적으로 메가헤르츠와 기가헤르츠로 표시된다. **메가헤르츠**MHz: megahertz는 초당 CPU 사이클이 백만이고, **기가헤르츠**

GHz: gigahertz는 초당 CPU 사이클이 10억이다. 그림 A.4은 CPU의 속도를 결정하는 요소들을 예시하고 있다.

CPU 설계의 발전 칩 메이커들은 CPU에 보다 많은 기능을 추가시켰다. 대부분의 CPU는 **CISC**complex instruction set computer **칩**으로 되어 있는데, 이는 100개 또는 그 이상의 명령어를 인식하는 CPU의 한 형태이며, 대부분의 주소계산computation을 직접 수행할 수 있다. **RISC**reduced instruction set computer **칩**은 컴퓨터의 처리 속도를 증가시키기 위하여, CPU가 실행할 수 있는 명령어의 수를 제한한다. RISC는 명령어 장치를 최소화하되, 명령어 자체를 강조하고, 적정화하여, 가능한 최대 속도를 내게 한다. 따라서 RISC 프로세서가 CISC 프로세서보다 속도가 빠르다.

수년 내에 보다 뛰어난 성능, 시스템 관리능력, 가상화, 보안, 컴퓨터의 특징 등이 CPU에 반영될 것이다. **가상화**virtualization는 CPU가 창조한 메모리 공간으로, 컴퓨터가 새로운 가상 컴퓨터를 창조해 내는 것을 말한다. 즉, 각각의 가상 컴퓨터는 타 가상 컴퓨터와는 달리 자체 프로그램을 운영할 수 있다.

주기억장치

주기억장치primary storage는 컴퓨터의 대표적인 기억장치로서, RAM, 캐시 메모리, ROM으로 구성되어 있고, CPU와 직접 연결되어 있다.

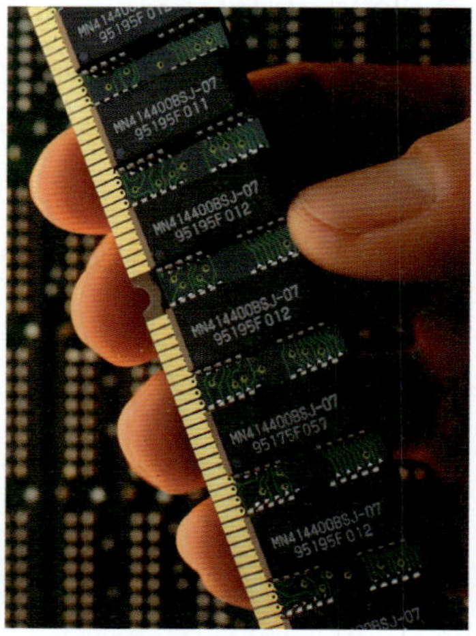

RAM **RAM**random access memory은 컴퓨터의 주요 작업 메모리로서, 프로그램 명령어와 데이터가 저장되어 있어, 프로세서의 고속 데이터 버스를 통하여 CPU와 직접 연결된다.

RAM은 읽기/쓰기 메모리라고 말하기도 한다. 이는 CPU가 RAM에서 데이터를 읽고 쓰기 때문이다. 대부분의 프로그램은 일시적인 작업 공간으로 RAM의 일부를 보유하고 있는데, 이는 데이터가 하드 디스크나 메모리키와 같은 제2차 저장장치에 저장되거나 또는 프린트하기 이전에 필요한 경우, 수정할 수 있게 해준다. 그러나 컴퓨터 전원이 꺼지면, RAM은 그 내용을 유지하지 못한다. 따라서 컴퓨터 작업자는 자주 자신의 작업 내용을 저장하여야 한다. 컴퓨터가 꺼지면, RAM에 있는 내용이 모두 사라진다. **휘발성**volatility은 전원이 꺼졌을 때, RAM이 저장하고 있는 정보의 소실을 말한다. RAM은 휘발성이 강하기 때문에, 전원의 공급이 중단되면 그 내용이 모두 사라진다.

캐시 메모리 **캐시 메모리**cache memory는 작은 단위의 초고속 메모리로서, 주로 최근에 사용한 자료를 저장하는데 사용된다. 그래서 CPU는 이들 자료를 RAM과 같은 속도가 느린 메모리 회로를 이용하여 자료를 탐색할 필요가 없다. 캐시 메모리는 CPU 회로와 직접 연결되어 있어, 제1캐시primary cache라고 불리기도 한다. 외부 회로에 연결되어 있는 캐시 메모리는 제2캐시secondary cache라고 한다.

ROM ROMread-only memory은 1차 저장장치에 속하며, 전원이 꺼져도 그 내용이 소실되지 않는다. ROM은 비휘발성nonvolatile이며, 지속적인 전원 공급이 필요하지 않다. ROM은 사용자와 컴퓨터가 지울 수 없는 필수적인 내용인 시스템 프로그램을 포함하고 있다. 컴퓨터가 작동되는 초기에는 컴퓨터 메모리가 비어 있기 때문에, 작동 명령어 없이는 어떠한 기능드 이행할 수 없다. 이러한 명령어가 ROM에 저장되어 있다.

플래시 메모리flash memory는 견고하고, 휴대 가능한, 그리고 재작성 가능한 ROM의 특수한 형태이다. **메모리 카드**memory cards는 영상, 음악, 텍스트 파일과 같은 자료를 수록할 수 있는 대용량의 저장장치이다. 메모리 카드는 이동 가능하며, 카드 용량이 가득차면 새로운 카드에 입력하면 된다. 카드는 지울 수도 있고, 재사용도 가능하다. 메모리 카드는 주로 카메라, 휴대전화, PDA 등과 같은 디지털 장비에 많이 사용된다. **메모리 스틱**memory sticks은 컴퓨터, 디지털 카메라, MP3 player, PDA와 같은 휴대용 장비에 사용되는 비휘발성 메모리이다.

보조기억장치

저장장치는 데이터의 양이 폭발적으로 증가함에 따라 기업의 뜨거운 관심 영역이 되고 있다. IDC의 시장 조사에 의하면, 저장장치 판매량은 매년 16% 이상 성장하여 2004년에는 약 80억 달러에 달하였다. **보조기억장치**secondary storage는 대량의 정보를 장기간 저장하기 위하여 설계된 장비이다. 따라서 비휘발성이며, 컴퓨터 전원이 꺼져도 내용물이 소실되지 않는다. 하드 디스크와 같은 일부 저장장치는 업데이트도 쉽고 용량도 크다. 또한 CD-ROM과 같은 경우는 업데이트는 제한되어 있지만, 대용량 저장이 가능하다.

저장 용량은 바이트로 표현하는데, 주로 메가바이트가 가장 많이 사용된다. **메가바이트**MB: megabyte는 약 백만 바이트이다. 그러므로 256MB RAM의 컴퓨터는 RAM이 약 256백만 문자의 데이터와 소프트웨어 명령어를 처리할 수 있음을 의미한다. **기가바이트**GB: gigabyte는 약 10억 바이트이며, **테라바이트**TB: terabyte는 약 1조 바이트를 말한다(그림 A.5 참조).

대부분의 표준적인 데스크 탑은 80GB 이상의 저장 용량을 가진 하드 드라이브를 갖고 있다. 대형 조직의 컴퓨터 시스템에서 사용하는 하드 디스크 드라이브는 100TB 이상이다. 예를 들면 일반적인 텍스트의 더블 스페이스 한 페이지에 약 200자이다. 따라서 40GB(약 400억 글자) 하드 디스크 드라이브는 약 2천만 페이지의 텍스트를 갖고 있는 셈이 된다.

일반 저장장치는 다음의 두 가지로 나누어진다.

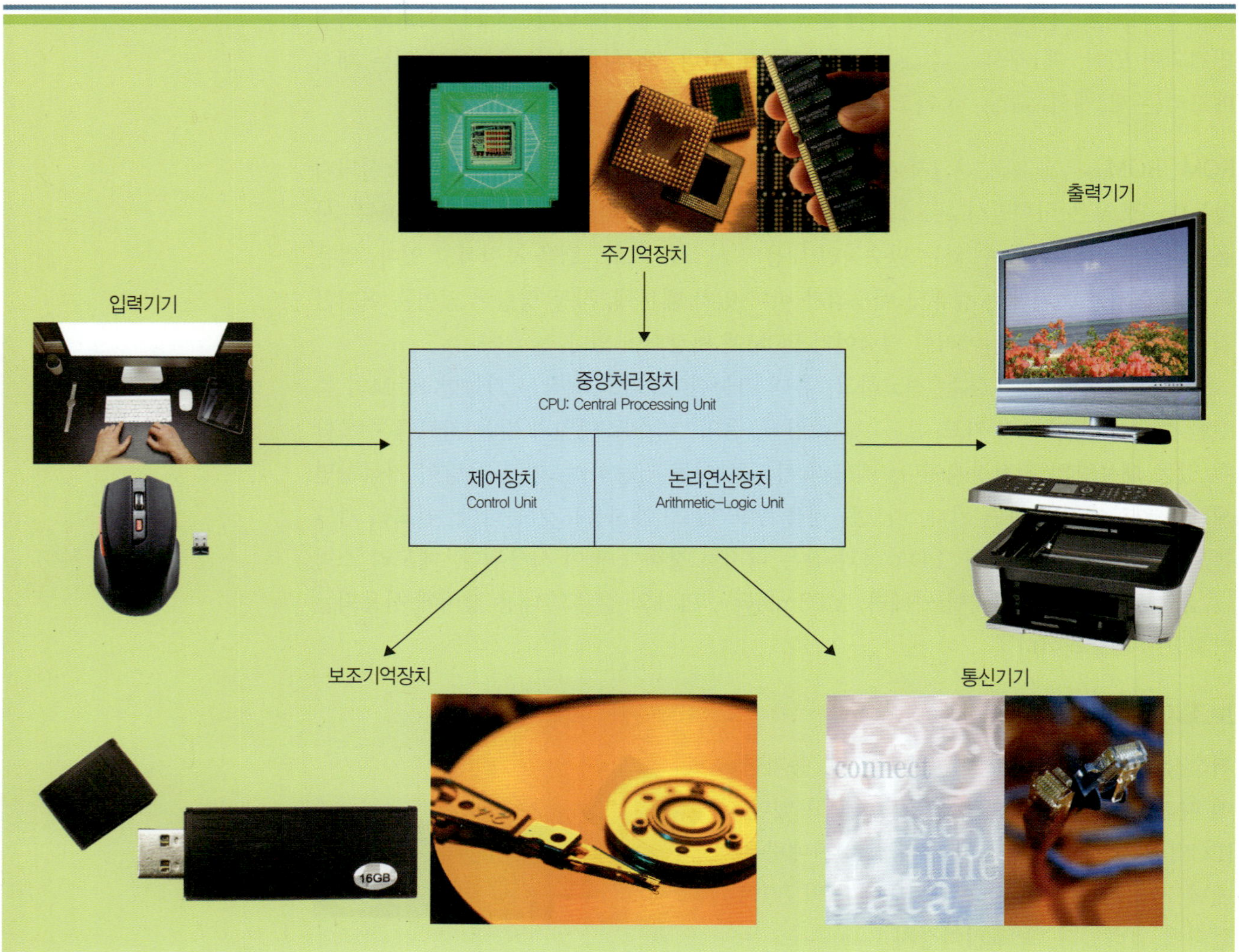

그림 A.3

하드웨어 부품이 어떻게 상호 공동 작업을 하는가?

- 자기 저장장치 magnetic medium
- 광 저장장치 optical medium

그림 A.4

CPU 속도를 결정하는 요소

CPU 속도 요소

시계 속도–컴퓨터 처리 회로 내부에서 연산을 어느 정도의 속도로 진행할지 결정하는 CPU 내부의 시계 속도. 시계 속도는 MHz와 GHz로 측정되며, 시계 속도가 빠르다는 것은 고도의 연산처리를 요하는 과제, 예를 들면 스프레드시트의 재작성과 같은 업무를 수행할 수 있다는 의미이다.

단어 길이–한번에 CPU가 처리할 수 있는 비트(0 또는 1)의 수. 컴퓨터는 전자기파를 이용하여 비트와 바이트 단위로 작동한다. 전자기파는 두 가지 상태를 갖는다. 즉 'on'과 'off'이다. 2진수는 컴퓨터가 처리하는 정보의 최소 단위이다. 비트는 1(on) 또는 0(off)이 될 수 있다. 8개의 비트 그룹이 일반 언어의 문자를 표현하며, 바이트라고 부른다.

버스 폭–컴퓨터의 한 장치에서 다른 장치로 신호가 전달되는 내부 전자 통로의 크기. 버스가 넓을수록 많은 데이터를 이동할 수 있고, 처리 속도도 빠르다.

칩 라인 폭–칩에 있는 트랜지스터들 간의 거리. 칩 라인 폭이 짧을수록, 칩이 빨라진다. 왜냐하면 더 많은 트랜지스터가 칩에 배열될 수 있고 데이터와 명령어의 이동 거리도 짧기 때문이다.

용어	크기
킬로바이트KB: kilobyte	1,024 바이트
메가바이트MB: megabyte	1,024 KB 1,048,576 바이트
기가바이트GB: gigabyte	1,024 MB (10^9 바이트)
테라바이트TB: terabyte	1,024 GB (10^{12} 바이트) 1 TB = 1 TB의 프린트 양은 약 50,000그루의 나무가 종이로 만들어져야 함
페타바이트PB: petabyte	1,024 TB (10^{15} 바이트) 200 PB = 1995년 세계 디지털 마그네틱 테이프의 총 생산량과 같은 양
엑사바이트EB: exabyte	1,024 PB (10^{18} 바이트) 2 EB = 연간 생산되는 전 세계의 정보량 5 EB = 인류가 지금까지 나눈 모든 언어의 총량

그림 A.5

2진 용어binary terms

자기 저장장치 **자기 저장장치**magnetic medium는 자기 기술을 이용한 2차 저장매체로서, 자성 물질magnetically sensitive materials을 입힌 디스크나 테이프가 데이터를 저장하거나 탐색하는 데 이용된다. 이들 자성 물질은 자장이 통과할 때 재정렬된다. 기록 작업 중에는 읽기/쓰기 헤드가 디스크나 테이프에 있는 매체를 읽는 자장을 방출한다. 읽기 작업 중에는 읽기/쓰기 헤드가 매체에 있는 부호화된 데이터를 읽는다.

자기 매체 가운데 제일 처음 등장한 것이 마그네틱 테이프이다. **마그네틱 테이프**magnetic tape는 초기의 2차 저장매체로서, 자성이 민감한 매체를 입힌 얇은 플라스틱 스트립을 사용하고 있다. 가장 많이 사용되는 자성매체는 하드 드라이브hard drive이다. 하드 드라이브는 자성 매체를 입힌 단단한 디스크이며, 기록 헤드가 밀봉 시스템으로 저장되어 있다. 하드 드라이브의 성능은 호출 시간, 탐색 시간, 회전 속도 및 데이터 전송 속도 등으로 측정된다.

솔리드 스테이트 드라이브solid state drive, SSD는 하드디스크 대신 사용할 수 있는 완전 전자식 저장 장치로서 대기 시간이 없어서(이동할 읽기/쓰기 헤드가 없음) 하드 디스크보다 빠르다. 기존의 하드 드라이브는 자기 방식으로 데이터를 저장하지만, SSD는 플래시 메모리를 사용하여 데이터를 저 장한다. SSD는 움직이는 부품이 없으므로 절전 상태에서 "회전"하지 않고, 데이터에 액세스하기 위해 헤드를 드라이브의 다른 부분으로 이동할 필요가 없다. 따라서 SSD는 기존 하드 드라이브보다 데이터에 더 빠르게 액세스할 수 있고, 훨씬 더 견고하고 안정적이어서 가혹한 환경에서도 더욱 강력한 보호 기능을 제공한다.

광 저장장치 광 저장장치는 2차 저장장치로, 정보가 아주 작은 구멍 형태로 아주 높은 밀도로 저장되어 있다. 구멍의 존재 여부는 레이저 빔에 의하여 파악된다. 광 저장장치 종류는 다음과 같다.

- CD-ROMcompact disk read-only memory: CD-ROM에 있는 데

이터를 읽고, 이 데이터를 컴퓨터로 이체하도록 설계된 광 드라이브

- **CD-RW 드라이브**compact disk-read-write drive: 이용자가 기존 데이터를 지우고, 새로운 데이터를 반복적으로 CD-RW에 기록할 수 있는 광 드라이브
- **DVD**digital video disk: 최대 17GB의 데이터를 저장할 수 있는 CD-ROM 포맷. 장편 영화 한 편에 해당하는 저장 용량임
- **DVD-ROM 드라이브**DVD-ROM drive: DVD에 있는 데이터를 읽고, 컴퓨터로 이체하도록 설계된 읽기 전용read-only의 드라이브
- **DVD-RW**digital video disk-read-write: DVD 디스크와 재생/녹화 메커니즘의 표준 형태로, 이용자가 DVD 포맷으로 녹음할 수 있게 함

CD-ROM과 DVD는 데이터와 프로그램 저장을 위한 경제적인 매체로 점차 인기를 얻고 있으며, 2차 저장장치의 전반적인 추세는 더욱 직접적인 호출 방법을 추구하고, 그리고 싸고 휴대가 편리하면서도, 용량이 큰 것을 원한다.

입력기기

입력기기input device는 정보와 명령어를 확보하기 위하여 사용되는 장비이다. 키보드는 정보를 타이프로 입력하기 위하여 사용되며, 마우스는 지적하거나 단추와 아이콘에 클릭하기 위하여 사용한다. 스타일러스stylus는 펜처럼 사용되는 기기로, 명령어 입력을 위해 스크린을 터치하는데 사용된다. 많은 입력 장치가 서로 다른 환경에서 사용되고 있으며, 이들 중의 일부는 기업 환경보다 개인 환경에 적당한 시스템도 있다. 키보드, 마우스, 스캐너는 가장 일반적인 형태의 입력기기이다(그림 A.6 참조).

새로운 형태의 입력기기는 운동과 비디오 게임을 동시에 할 수 있게 한다. 파워그리드 피트니스 사의 킬로와트 스포츠는 사람들이 좋아하는 비디오 게임과 근육 운동을 결합하였다. 타원형의 트레이너를 이용할 수 있는 조이스틱을 가진 플레이스테이션이나 엑스박스 게임을 선택하면 된다. 게임에 착수한 후, 참여자는 플랫폼에 서서 저항 막대기를 여러 방향으로 밀고 당기며 게임에서 발생하는 것을 통제하면 된다. 다양한 움직임은 몸의 각 부분 — 가슴, 팔, 어깨, 복부, 등 —의 근육 그룹을 목표로 한다. 기계의 화면은 들어 올린 파운드, 현재의 저항력 수준 등의 정보를 보여준다. 그리고 플레이어는 난이도를 바꾸기 위해서 원 터치 조정을 사용한다.

적응 컴퓨터 기기adaptive computer device는 다양한 특별 기능이 요구되는 유형의 사람들을 대상으로 한 특수 응용프로그램을 위해 설계된 입력기기이다. 예를 들어 시각 장애인들이 사용하는 촉각으로 식별 가능한 표면을 가진 키보드가 있다.

또 하나의 새로운 입력기기는 정지형 자전거이다. 미국 MIT의 졸업생과 재학생의 컴퓨터 설계 팀은 사이클스코어라는 비디오 게임과 자전거를 통합한 제품을 만들었다.

수동 입력기기

키보드	• 알파벳, 숫자, 구두점, 부호, 컨트롤 키 등을 제공한다.
마우스	• 손바닥 크기의 컨트롤 버튼으로 키보드 가까운 위치에 있는 책상 위에서 자유롭게 움직인다.
터치패드	• 노트북에서 보통 스페이스바 아래에 위치해 있다.
터치스크린	• 명령어 실행을 위해 모니터 화면을 손가락으로 선택하여 터치한다.
포인팅 기기	• 출력 화면 위에서 움직이거나 대상을 선택할 때 사용되는 장치이다.
게임 컨트롤러	• 게임에서 화면 동작의 좀 더 나은 제어를 위해 사용되는 장치이다.

자동 입력기기

이미지 스캐너	• 종이 위해 이미 존재하는 이미지, 사진, 그래픽, 텍스트 등을 읽어 들인다.
바코드 스캐너 bar code scanner	• 수직 막대기bar 형태로 존재하는 정보를 수집한다. 막대기의 넓이와 간격이 수number를 결정한다.
생체 인식 스캐너	• 보안을 목적으로 지문이나 홍채 등과 같은 인간의 물리적 특성을 수집한다.
광 마크 인식OMR	• 미리 정의된 공간에서 마크의 있고 없음을 파악한다(다항문제 선택을 위해 주로 활용).
광 문자 인식OCR	• 텍스트를 디지털 포맷으로 변환시켜 컴퓨터에 입력한다.
디지털 스틸 카메라	• 다양한 해상도의 스틸 이미지를 디지털 방식으로 캡처한다.
디지털 비디오카메라	• 비디오를 디지털 방식으로 캡처한다.
웹캠	• 디지털 방식으로 비디오를 캡처하여 인터넷에 바로 업로드한다.
마이크로폰	• 목소리 인식 소프트웨어에 사용되는 목소리와 같은 소리들을 캡처한다.
판매시점관리POS	• 거래시점에서 정보를 포착한다. 주로 소매점에서 많이 사용한다.

그림 A.6
입력기기

MIT 학생들은 시장에 나와 있는 현재의 게임을 테스터 해보며, 이용자들이 게임에 몰두하기 위하여 페달 밟기를 중단하고 있는 것을 관찰하였다. 그러나 이들 학생들은 이용자들을 끌어드리기 위하여, 운동을 하면서 동시에 심박수도 모니터링 하고, 이용자의 자전거 능력에 따라 게임의 난이도를 조정할 수 있도록 설계하였다. 게임을 하면서 선수는 열기구를 산 위로 띄우기 위하여 페달을 밟아야 하며, 동시에 동전을 모으고, 이동하는 목표물에 사격을 한다.

출력기기

출력기기output device는 정보 처리 결과를 읽고, 듣고, 받아들이는 장비이다. 대표적인 출력기기는 프린트기와 모니터이다. 그러나 스피커와 플로터(페이지에 출력

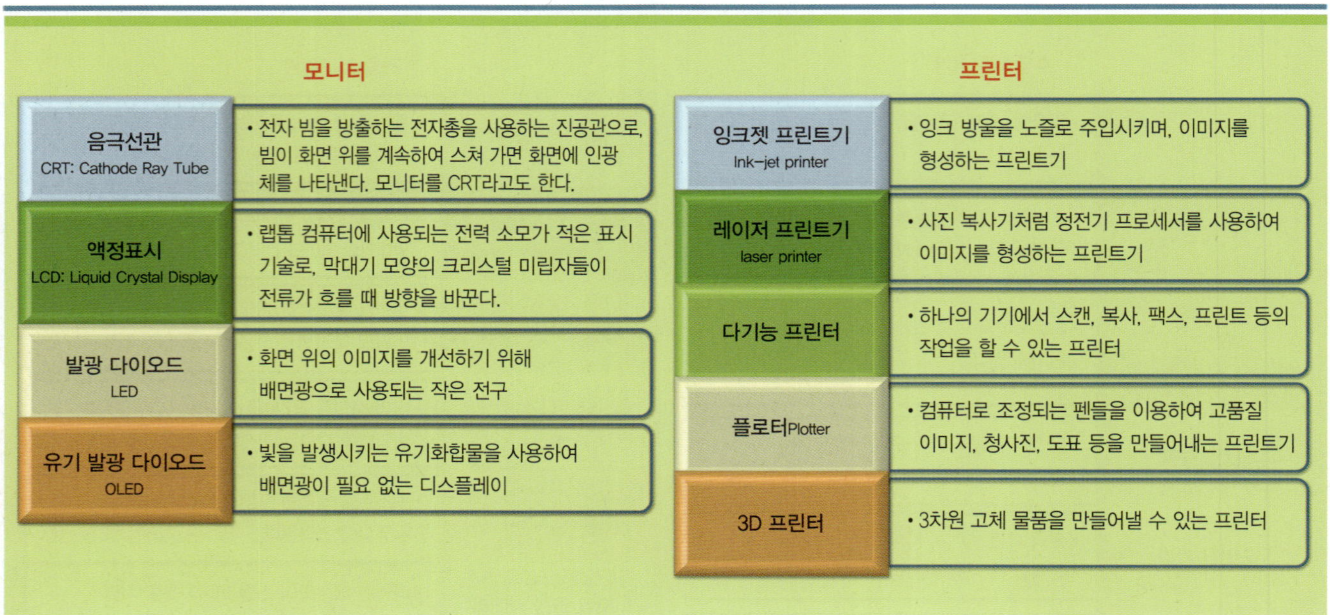

그림 A.7
출력기기

물을 그리는 특수 인쇄기)가 역시 널리 사용된다(그림 A.7 참조). 뿐만 아니라 출력기기는 컴퓨터가 저장하고 있는 정보를 읽기 쉬운 형태로 전환시켜준다.

센서 기술을 이용한 새로운 출력기기가 미국 수화를 언어로 번역하여, 수화를 사용하는 수백만의 사람과 수화를 잘 알지 못하는 사람들과의 대화를 도와주고 있다. 액셀글로브는 센서가 반지에 내장되어 있고, 장갑 내부에 선이 배열되어 있는 장갑이다. 가속도계라 불리는 센서는 속도를 측정하고, 손가락이나 손의 동작을 분류하여 번역한다. 팔꿈치와 어깨에 추가로 연결된 장치로, 팔 전체의 동작으로 표시되는 수화를 포착한다. 이용자들이 장갑을 끼고 수화 표시를 보내면, 장갑 내의 소프트웨어 알고리즘은 수화를 언어로 바꾼다. 번역은 언어 합성 장치를 통하여 중계되거나, 또는 PDA 크기의 컴퓨터 화면에서 읽혀진다. 발명가 Jose L. Hernandez-Rebollar는 수화 알파벳만을 번역할 수 있는 한 쪽 장갑으로 시작하였으나, 이제는 1,000단어를 수록하는 두 쪽의 장갑을 사용하고 있다.

새로운 출력기기가 나날이 개발되고 있다. 영국회사 Needapresent.com은 진동하는 USB 마사지 볼을 개발하였다. 이 마자지 볼을 컴퓨터의 USB 포트에 플러그를 접속하면, 저녁 오랫동안 컴퓨터 작업과 논문 작업으로 피로에 쌓인 몸을 따뜻한 마사지로 풀어준다. 이 회사는 USB 포트에 접속하는 커피잔 온열기기도 개발하였다.

통신기기

통신기기communication device는 한 지역에서 다른 지역으로 정보를 보내고 받는데 사용되는 장비를 말한다. 전화 모뎀은 컴퓨터를 전화선에 연결함으로써 타 컴퓨터와 접속된다. 컴퓨터는 디지털 신호로 작동하지만, 전화선은 아날로그 신호로 전달된다. 그리고 디지털 신호는 비트(0 또는 1)로 표시된다. 따라서 모뎀은 컴퓨터의 디지털 신호를 아날로그 신호로 전환시켜 전화선

탄송 기술	내용	속도	참고사항
전화회선 접속 Dial-up access	모뎀과 일반 전화선의 접속	2,400 bps–56 Kbps	■ 저렴하나 느림
케이블	특수 케이블 모뎀과 케이블 선이 요구됨	512 Kbps–20 Mbps	■ 지역에 기존 케이블이 있어야 함 ■ 대역폭이 공유됨
DSL Digital Subscriber Line	이 기술은 일반 전화선의 사용되지 않는 디지털 부분을 사용하여 정보를 전달한다. 특수 모뎀이나 어댑터 카드가 요구됨	128 Kbps–8 Mbps	■ 일반 전화 사용을 방해하지 않음 ■ 대역폭은 전용임 ■ 전화 회사의 교환대와 5km 이내에 있어야 함
무선MCS	무선 송수신기를 이용하여 LMCS 망과 같은, 고속 셀룰러망에 접속함	30 Mbps 또는 이상	■ 고속 데이터, TV 방송, 무선전화 서비스에 사용됨
위성	새로운 버전은 쌍방 위성 접속이 가능하며, 전화선이 필요 없음	6 Mbps 또는 이상	■ 대역폭은 공유 불가 ■ 일부 연결은 기존 인터넷 서비스 요구 ■ 설치 수수료는 500~1,000달러

그림 A.8

각종 모뎀의 비교

을 통하여 전달되게 한다. 한편 다른 쪽의 모뎀은 아날로그 신호를 디지털 신호로 전환시켜 줌으로써, 상대편의 컴퓨터가 이를 이용할 수 있다. 그림 A.8은 여러 형태의 모뎀을 보여주고 있다.

컴퓨터 종류

오늘날의 슈퍼컴퓨터는 200테라플롭teraflop, 즉 지구상의 전 인구가 1초에 35,000번의 계산을 할 수 있는 용량을 훨씬 넘는 처리용량을 지니고 있다(그림 A.9 참조).

지난 20년간 미연방정부의 슈퍼컴퓨터에 대한 연구 지원은 컴퓨터 산업에 획기적인 기술 창출을 이루었다. 즉,

- 수천 개의 PC를 네트워크로 묶을 수 있게 한 집단화clustering
- 두 개 또는 그 이상의 과제를 동시에 처리할 수 있는 능력을 제공하는 병행 처리 시스템parallel processing
- Netscape로 발전하고, 웹을 널리 잘 알린 모자이크 브라우저mosaic browser

연방 정부가 지원한 슈퍼컴퓨터는 여러 산업을 발전시켰는데, 대표적인 것으로 제조업의 진보, 생명공학 분야의 유전 연구, 그리고 실시간 기반의 금융 시장 모델링을 들 수 있다.

컴퓨터의 모양, 크기, 색체는 가지각색이다. 그리고 이것들은 다양한 니즈를 충족한다. **어플라이언스**appliance는 계산기나 컴퓨터 게임과 같은 한 가지 기능에 집중한 컴퓨터이다. **전자책**ebook은 컴퓨터나 특수한 단말기를 이용해 읽을 수 있는 디지털 책이다. 운반

하기 쉬운 작은 것도 있고, 어떤 것은 전화 부스booth 만큼이나 큰 것도 있다. 그러나 크기가 용량, 속도, 가격과 반드시 상관관계를 갖고 있지는 않다(그림 A.10 참조).

MIT 미디어 랩은 저개발국의 학생들에게 배급할 목적으로 각국 정부 기관에 한대 당 100 달러 정도의 랩톱을 개발하고 있다. 모델의 단순화 및 기기의 재조정으로 100달러까지 원가를 인하하였다. 현행 랩톱 가격 중의 반 정도는 마케팅, 판매, 유통 비용 및 이윤으로 구성되어 있고, 나머지 중에서 약 반 정도는 디스플레이 패널과 백라이트, 그리고 나머지는 운영 시스템 비용이다. 저가 랩톱은 25달러 이하의 디스플레이 시스템, 500MHz의 AMD 사의 프로세서, 무선 LAN, 1기가 용량, 그리고 Linux의 운영 시스템을 사용한다. 이 컴퓨터는 타 종류와 자동적으로 접속된다. 중국과 브라질은 이미 3백만 대와 1백만 대를 각각 주문하였다. MIT의 목표는 매년 약 1.5억 대의 랩톱을 생산하는 것이다.

소프트웨어 기초

하드웨어는 그것을 운영하는 소프트웨어만큼 좋다. 지난 수년간 하드웨어의 비용은 줄었지만, 소프트웨어의 비용과 복잡성은 꾸준히 증가하였다. 예를 들면 고객 관계 관리와 같은 응용 소프트웨어는 수백만 라인의 코드가 필요하고, 개발에도 수년이 걸리며 수백만 달러의 비용이 든다. 소프트웨어는 두 가지 형태가 있다. 시스템 소프트웨어와 응용 소프트웨어이다.

시스템 소프트웨어

시스템 소프트웨어system software는 여러 가지 기기들이 응용 소프트웨어와 함께 공동 작업을 할 수 있도록 통제하는 기능을 한다. 시스템 소프트웨어는 운영체제 소프트웨어와 유틸리티 소프트웨어의 두 가지로 구성된다.

운영체제 소프트웨어 수줍음을 잘 타는 필랜드 출신의 프로그래머 리누스 토발드Linus Torvalds가 세계적인 최고 경영자가 되리라고 예상하기 어려웠다. 그러나 그가 대학생 시

그림 A.9
슈퍼컴퓨터

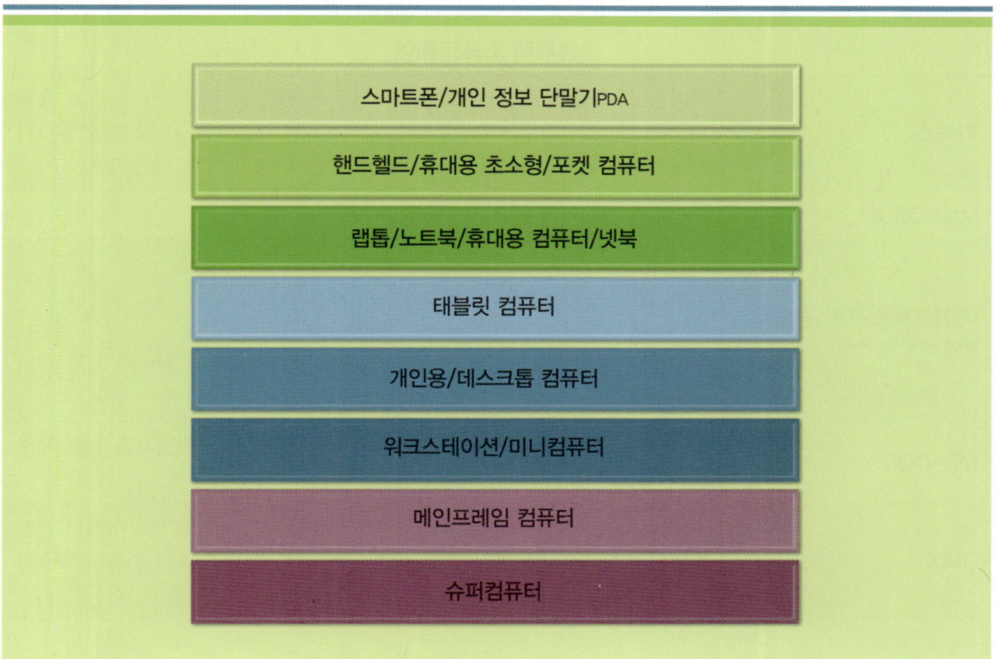

그림 A.10

컴퓨터 종류

컴퓨터 종류	설명
스마트폰	여러 프로그램, 음악, 사진, 이메일 등의 다양한 기능과 PDA의 여러 기능을 갖춘 키패드 달린 휴대전화
개인 정보 단말기PDA	간단한 노트, 일정 관리, 주소록, 달력 등의 업무를 수행할 수 있는 휴대형 컴퓨터로 터치에 민감하고, 화면에 직접 기록하고, 기록 사항을 파악하기도 함
핸드헬드(초소형 휴대용, 포켓) 컴퓨터	지갑에나 주머니에 넣을 수 있을 정도로 작은 컴퓨터로 자체적인 전원 공급원이나 배터리를 사용함
랩톱(휴대용, 노트북) 컴퓨터	무릎 위에 놓고 사용하거나 가방에 넣을 수 있는 크기의 휴대용 컴퓨터로 자체 전력 공급원이나 배터리를 사용함
태블릿 컴퓨터	키보드 대신 손가락 끝이나 마우스를 이용해 입력하는 평면 스크린 컴퓨터
개인용 컴퓨터 (마이크로컴퓨터)	사용자가 취향에 맞게 기능을 구성할 수 있는 개인 사용자를 위한 컴퓨터
데스크톱 컴퓨터	수평 시스템 박스(CPU, RAM, 저장기기 등이 있음)와 그 위에 모니터가 있음, 또는 수직 시스템 박스(타워라고 부르기도 함)가 작업장 내부의 마루 위에 위치함
워크스테이션 컴퓨터	데스크톱과 유사하나 보다 수학과 그래픽 처리 능력이 강력하며, 짧은 시간에 복잡한 과제를 처리할 수 있음. 대개 소프트웨어 개발, 웹 개발, 엔지니어링, e-비즈니스 도구로 사용됨
중형 컴퓨터 Minicomputer	소형 또는 중간 크기의 기업 환경에서 여러 사람이 동시에 컴퓨터를 사용할 수 있음. 일반적인 형태는 서버이며 회사 내부 네트워크와 웹사이트를 관리하는 데 사용됨. 데스크톱에 비해 훨씬 강력하고, 가격이 비쌈
메인프레임 컴퓨터	대규모 기업에서 수백 명이 함께 컴퓨터를 사용할 수 있도록 설계되어 있으며, 중형 컴퓨터보다 크기, 용량, 비용 면에서 규모가 큼. 비용은 백만 달러를 초과하며, 1초에 1조의 명령어 처리 속도를 갖고 있음(데스크톱은 1초에 25억 명령어 처리). 수백 명의 프로세싱 요구를 동시에 처리할 수 있음
슈퍼컴퓨터	가장 빠르고, 강력하며, 비싼 컴퓨터로 NASA와 같은 방대한 자료와 엄청난 속도를 요하는 조직이 사용하며, GM, AT&T와 같은 고객 지향의 경영을 추구하는 대기업도 고객 정보와 거래 처리를 위하여 사용함

그림 A.11

운영체제 소프트웨어

운영체제 소프트웨어	
리눅스	개방형 소스 운영 시스템으로 고급 워크스테이션과 네트워크 서버에 좋은 환경을 제공하고 있음. 개방형 소스open source란 프로그램 사용자와 개발자가 사용하거나 고치기 위해서 소스 코드를 얻을 수 있는 프로그램을 말함
Mac OS X	매킨토시 컴퓨터의 운영 시스템
마이크로소프트 윈도우 Microsoft Windows	Microsoft Windows CE, Microsoft Windows 98, Microsoft Windows ME, Microsoft Windows 2000, Microsoft Windows XP, Microsoft Windows NT, Microsoft Windows Server 2003과 같은 마이크로소프트 윈도우 제품 군의 각종 운영체제를 위한 일반적인 명칭
MS-DOS	1981년에 도입된 IBM 및 IBM 호환 컴퓨터를 위한, 단일 사용자를 위한 표준 운영 시스템
UNIX	32비트 다중작업과 다중사용자 운영 시스템으로 AT&T 벨 연구소에서 개발하였으며, 현재는 메인프레임에서 PDA에 이르기까지 다양한 컴퓨터에서 활용되고 있음

절에 발명한 소프트웨어 프로젝트, 리눅스Linux는 이제 컴퓨터 세계에서 가장 강력한 영향력을 지니고 있다. 리눅스는 자원 봉사자들이 만든 운영 시스템으로 무료로 보급되었으며, 마이크로소프트의 가장 강력한 경쟁자의 하나가 되었다. 리누스 토발드는 수십 명의 자원 봉사자와 지구촌 여러 곳에 있는 1,000여 명의 프로그래머들과 함께 리눅스를 개발하였다. 이들은 리눅스의 핵심 부분을 위한 코드를 창조하였고, 토발드 역시 리눅스를 이용하는 수십 개의 기술 회사 — 이들 가운데는 IBM, Dell, Hewlett Packard, Intel 등을 포함 — 를 위하여 새로운 기준을 정하였다.

비록 리눅스의 기초 버전은 무료로 공급되지만, 리눅스는 금전적인 면에서 큰 영향을 미쳤다.

운영체제 소프트웨어operating system software는 응용 소프트웨어를 통제하며, 하드웨어 기기들이 공동 작업을 할 수 있도록 조정한다. 예를 들면 그래프를 만들고 프린트 하고자 엑셀Excel을 사용할 때, 운영체제 소프트웨어는 그 과정을 통제하는데, 우선 프린트기가 부착되어 있는지, 종이는 확보되어 있는지를 확인하며, 그리고 인쇄 방법에 대한 명령에 따라 그 그래프를 프린트기로 보낸다. 어떤 컴퓨터는 두 가지 운영체제가 설치되어 듀얼 부팅dual boot이 가능하다. 듀얼 부팅은 컴퓨터가 시작될 때 사용자가 운영체제를 선택할 수 있게 한다. **임베디드 운영체제**embedded operating system는 자동차나 ATM, 미디어 플레이어 등과 같은 특수 애플리케이션과 컴퓨터 어플라이언스에 사용되며, 단일 목적을 가진 애플리케이션에도 적용된다. 아이팟은 단일 목적을 가진 임베디드 운영체제를 가지고 있다.

운영체제 소프트웨어의 다양한 기능 중의 하나가 다중작업이다. **다중작업**multitasking은 한 개 이상의 소프트웨어가 동시에 운용되게 한다. 예를 들면 엑셀로 그래프를 그리는 작업을 하면서, 동시에 워드 프로세싱으로 서류를 인쇄하는 것이다. 다중작업으로 두 개

유틸리티 소프트웨어 형태	
고장방지 시스템 Crash-proof	컴퓨터의 고장을 대비하여, 정보의 보호를 돕는다.
데이터 복구용 디스크 이미지 Disk image	하드 디스크 드라이브의 파괴 또는 복구할 수 없는 경우를 대비하여, 재설치의 부담을 덜어준다.
디스크 최적화 Disk optimization	가장 효율적인 방법으로 정보를 하드 디스크 드라이브에 수록한다.
데이터 암호화	비밀 정보를 외부인으로부터 보호한다. 예를 들면, BestCrpyt와 같은 프로그램은 강력한 암호화 설계를 하드 디스크 드라이브 정보에 적용하여 효과적으로 정보를 보호하고 있다. 사용자는 BestCrypt 통제 패널에 암호를 입력하여야 정보를 이용할 수 있다. 이 프로그램은 재저장 가능한 광 디스크 또는 구동 장치 표시 글자가 주어진 저장 매체에 정보를 저장할 수 있다.
파일 및 데이터 복구	Windows XP에서 사진이나 문서가 실수로 삭제되었을 때, Free Undelete라는 유틸리티 소프트웨어로 복구할 수 있다. Free Undelete는 삭제된 데이터를 찾기 위하여, 지정된 하드 디스크 드라이브 영역을 탐색한다.
텍스트 보호 Text protect	Microsoft Word에서 사용자가 실수로 Insert key를 눌러, 기존 텍스트 위에 타이핑 하는 것을 방지한다. Insert Toggle Key 프로그램을 사용하면, 사용자가 Insert key를 누를 때마다 PC가 '삑' 하고 경적을 울린다.
예방적 보안 Preventative security	Window Washer와 같은 프로그램을 이용함으로써, 파일 히스토리file history, 브라우저 쿠키browser cookies, 캐시 콘텐츠cache contents, 또는 Window가 하드 디스크 드라이브에 남긴 흔적을 지우고자 할 때에 사용할 수 있다.
스파이웨어 Spyware	사용자 허락 없이, 뒤에서 모르게 인터넷 사용자의 접속 내용을 파악하는 소프트웨어들을 제거한다.
설치 제거기 Uninstaller	더 이상 필요가 없는 소프트웨어를 제거할 수 있게 한다.

그림 A.12

유틸리티 소프트웨어

의 응용 소프트웨어가 동시에 작업을 하는 것이다. 개인 환경과 조직 환경에 사용되는 운영체제 소프트웨어는 여러 가지 형태가 있다(그림 A.11 참조).

유틸리티 소프트웨어 **유틸리티 소프트웨어**utility software는 운영 시스템에 추가적인 기능을 제공하는데, 대표적인 예로는 바이러스 제거 소프트웨어, 화면 보호 장치, 스팸 제거 소프트웨어 등이 이에 포함된다. **제어판**control panel은 윈도우즈 운영체제의 디폴트값 설정 옵션을 지원하는 윈도우즈 기능으로, 운영체제는 제어판을 통해 사용자화 된다. 예를 들어 **시스템 시계**system clock는 손목시계처럼 작동하며 컴퓨터가 종료되었을 때 마더보드에 장착된 배터리로부터 전원을 공급받는다. 사용자가 다른 시간대로 이동하면, 시스템 시계는 제어판을 통해 조정될 수 있다. 시스템에 에러가 발생하면 컴퓨터는 **안전 모드**safe mode로 부팅되며, 최소한의 운영체제 기능만이 로드되고 다수의 백그라운드 운영 유틸리티는 실행되지 않는다. **시스템 복구**system restore를 통해 사용자는 이전 운영체제 환경으로 되돌아갈 수 있다. 그림 A.12는 유틸리티 소프트웨어들의 몇 가지 유형을 보여준다.

그림 A.13

응용 소프트웨어

응용 소프트웨어의 유형	
브라우저 Browser	사용자가 World Wide Web을 항해할 수 있게 한다. 대표적인 브라우저로 Netscape Navigator와 Microsoft Internet Explorer를 들 수 있다.
통신 Communication	전화 시스템을 이용하여, 원거리에 있는 컴퓨터 간의 데이터를 주고 받을 수 있도록 컴퓨터를 터미널로 사용한다.
데이터 관리 Data management	데이터의 검색, 자료 수정, 삭제, 삽입 등을 위한 도구를 제공한다. 예를 들면, Access, MySQL, Oracle 등이다.
데스크톱 출간 Desktop publishing	컴퓨터를 데스크톱 출간 워크스테이션으로 변형시킨다. 대표적인 패키지로는 Adobe Frame Maker, Adobe Page Maker, QuarkXpress 등이다.
이메일 E-mail	컴퓨터 이용자를 위한 이메일 서비스로 편지의 발송, 접수, 보관 서비스를 하며, 대표적인 이메일 소프트웨어는 Microsoft Outlook, Microsoft Outlook Express, Eudora 등이다.
그룹웨어 Groupware	소규모의 공동 작업자들의 협력과 생산성을 제고하는 데 기여하고 있다.
프레젠테이션 그래픽 Presentation graphics	도표와 그래프 등을 만들고 발전시켜, 독자들의 이해를 돕고 있다. 대표적인 패키지로는 Lotus Freelance Graphics와 Microsoft Power Point가 있는데, 이들은 광범한 종류의 도표와 그래프뿐만 아니라, 제목, 범례, 추가 설명 텍스트까지 첨부할 수 있는 서비스를 제공하고 있다.
프로그래밍 Programming	고정된 용어와 일정한 문법으로 구성된 인공 언어를 사용하여, 프로그래머들이 컴퓨터 프로그램을 작정한다. 대표적인 프로그래밍 언어로는 Java, C++, C#, .NET 등이 있다.
스프레드시트 Spreadsheet	회계사의 작업 계획표를 화면에 시뮬레이션 하거나, 사용자가 계산 작업을 할 수 있는 공식을 저장할 수 있도록 한다. 또한 스프레드시트 프로그램은 그래픽이나 프레젠테이션 기능도 갖고 있다. 대표적인 예는 마이크로소프트의 엑셀Excel이다.
워드 프로세싱 Word processing	서류를 만들고, 편집하며, 교정하고, 포맷팅formatting하며, 프린트할 수 있는 컴퓨터의 기능을 말하며, 대표적인 예는 Microsoft Word와 Word Perfect이다.

응용 소프트웨어

응용 소프트웨어application software는 특수한 정보 처리 — 즉, 급료 지급, 고객 관계 관리, 프로젝트 관리, 훈련, 기타 — 를 위하여 사용되고 있다. 말하자면, 특수한 문제 해결이나 특별 과제를 달성하기 위하여 사용된다. 조직의 관점에서 보면, 급료 지불 소프트웨어, 그룹웨어 내부의 영상 회의와 같은 공동 작업 소프트웨어, 재고 관리 소프트웨어 같은 것이 응용 소프트웨어의 예가 될 수 있다(그림 A.13 참조). **개인 정보 관리**PIM: personal information management는 연락처, 약속, 할 일, 이메일 등을 처리하는 소프트웨어이다. **강의 관리 소프트웨어**course management software는 강의계획표와 과제 같은 강의 정보를 포함하며, 성적표와 함께 퀴즈 및 과제를 위한 드롭 박스를 제공한다.

응용 소프트웨어 배포하기

사용자가 소프트웨어를 사용하다보면 수정해야 할 버그나 추가적인 오류가 발생하기 마련이다. **소프트웨어 업데이트(소프트웨어 패치)**software update는 소프트웨어 판매자가 소프트웨어의 문제를 해결하거나 성능을 향상시키기 위해 업데이트 버전을 배포하는 것이다. **소프트웨어 업그레이드**software upgrade는 소프트웨어 판매자가 기존의 프로그램에서 중요한 내용을 수정한 새 버전의 소프트웨어를 출시하는 것이다. 응용 소프트웨어는 다음 방식 중 한 가지를 선택하여 배포할 수 있다.

- **단일 사용자 면허**: 한 번에 한 명의 사용자만 소프트웨어를 사용할 수 있도록 제한한다.
- **네트워크 사용자 면허**: 네트워크상에 있는 모든 사람이 소프트웨어를 설치하고 사용할 수 있다.
- **사이트 면허**: 컴퓨터가 네트워크상에 있는지와 무관하게, 조직 내의 허가 받은 사용자들이 소프트웨어를 설치할 수 있도록 한다. 직원들은 원격 업무를 위해 집에 있는 컴퓨터에 소프트웨어를 설치할 수 있다.
- **애플리케이션 서비스 제공 라이선스**: 라이선스 또는 사용자 수나 사용량을 기준으로 대금을 지불하는 특별 소프트웨어

비즈니스 중심적 의사결정

1. 컴퓨터

   Dell은 세계에서 가장 빠르게 성장하고 있는 기업으로 평가되며, 컴퓨터 맞춤화에 특화된 기업이다. Dell의 공식 웹사이트(www.dell.com)에 접속하여, 노트북 또는 데스크탑 컴퓨터를 사용자 맞춤customize으로 구성할 수 있는 메뉴로 이동해 보자. 먼저, 미리 구성되어 있는 시스템 중 하나를 선택한 후, 그 시스템의 가격과 주요 사양(예: CPU 속도, RAM 용량, 모니터 품질, 저장 용량)을 확인해 보자. 이후, 해당 시스템의 CPU 처리 속도가 더 빠른 것으로 변경하고, RAM을 추가하며, 모니터의 크기 및 품질을 향상시키고, 저장 용량을 증설하여 직접 맞춤 구성을 진행해 보자.

   - 최초 시스템과 맞춤 구성 후 시스템 간의 가격 차이는 얼마인가?
   - 어느 시스템이 자신의 예산 범위에 더 적합한가?
   - 어느 시스템이 자신의 요구에 부합하는 속도와 용량을 제공하는가?

2. 중소기업용 컴퓨터

   중소기업에 적합한 다양한 유형의 컴퓨터가 시중에 판매되고 있다. 인터넷을 활용하여 중소기업에 적합한 노트북 또는 노트북형 컴퓨터를 공급하는 세 곳의 업체를 찾아보자. 각 업체가 제공하는 제품 중 가장 고가 제품과 저가 제품을 확인한 후, 다음과 같은 기준에 따라 비교 표를 작성해보자.

   - CPU
   - 메모리

- 하드 드라이브
- 광학 드라이브
- 운영체제
- 유틸리티 소프트웨어
- 응용 소프트웨어
- 서비스 지원 계획Support Plan

가격이 저렴한 노트북을 필요로 하는 중소기업에 추천할 만한 제품을 선택해 보자. 또한, 고성능 · 고가의 노트북을 고려하는 중소기업에 적합한 제품도 함께 선택해 보자.

네트워크와 원격 통신

B

APPENDIX

학습성과

B.1 LAN, WAN, MAN을 비교할 수 있다.
B.2 두 가지 네트워크 아키텍처를 비교할 수 있다.
B.3 다양한 네트워크 토폴로지에 대해 설명할 수 있다.
B.4 TCP/IP의 중요성과 방법 등을 설명할 수 있다.
B.5 네트워크의 다양한 전송 매체 유형을 확인할 수 있다.

서론

원격 통신 시스템telecommunication systems은 공중망이나 사설망을 통해 데이터의 전송을 가능하게 해준다. **네트워크**network는 두 대 이상의 컴퓨터를 연결하고 함께 작업할 수 있도록 프로토콜을 설정함으로써 통신, 데이터 교환, 자원 공유를 할 수 있는 시스템이다. 통신 시스템과 네트워크는 전통적으로 복잡하고 비효율적이다. 하지만 기업들은 직원들과 고객들에게 신뢰성 있는 세계적 연결을 제공하는 최신 네트워크 인프라를 이용하여 많은 혜택을 얻을 수 있다. 세계적으로 기업들은 세계 시장에 접근하는 것을 가능하게 해주는 네트워크 인프라 솔루션을 선호하고 있다. 이러한 대안들에는 무선, 인터넷전화, RFID 등이 있다. 부록 B에서는 세계적으로 비즈니스와 결합되고 있는 주요 통신, 네트워크, 무선 기술에 대해 자세히 살펴볼 것이다.

네트워크 기초

네트워크는 두 개의 컴퓨터로 구성된 소규모 네트워크부터 최대 규모의 인터넷까지 다양하다. 네트워크는 통신과 공유 능력의 두 가지 주요 이점을 제공한다.

현대의 기업용 디지털 네트워크는 근거리통신망, 광역통신망, 도시권통신망을 포함한다. LAN은 하나의 빌딩, 학교 또는 가정과 같이 근거리에 있는 일군의 컴퓨터들을 연결하기 위해서 설계되었다. LAN은 파일, 프린터, 게임 또는 기타 응용 프로그램들과 같은 자원을 공유하기에 적합하다. LAN은 종종 다른 LAN, 인터넷 또는 WAN에 연결되기도 한다. WAN은 도나 국가와 같은 넓은 지역을 포괄한다. WAN은 종종 일군의 LAN이나 MAN과 같은 좀 더 작은 네트워크들을 연결한다. 세계에서 가장 인기 있는 WAN은 인터넷이다. MAN은 일반적으로 하나의 도시를 포괄하는 대규모 컴퓨터 네트워크이다. 그림 B.1은 세 종류의 네트워크 유형을 설명하며, 그림 B.2는 각각의 네트워크 유형을 보여준다.

기업과 그 공급자 또는 고객과의 직접적인 데이터 통신 회선은 해당 기업에게 성공적으로 전략적 이점을 제공해 주었다. SABRE 항공 예약 시스템은 네트워크를 통해서 제공되는 통신에 의존하는 전략 관리 정보 시스템의 전형적인 예이다. SABRE 항공 시스템은 수입 관리, 가격 책정, 항공편 일정 수립, 수송, 항공편 운영, 승무원 일정 관리 등의 분야에서 해당 산업의 기술적 발전을 선도하였다. 뿐만 아니라, SABRE는 여행 산업이 전자상거래를 발명하도록 도왔을 뿐만 아니라, 해당 기업은 여행과 운송 시장을 정의하고 지속적으로 혁신한 점진적인 발전을 이끌어 냈다고 인정받는다.

네트워크는 전형적으로 (컴퓨터 그 자체 외에) 다음과 같은 네 가지 요소들을 포함한다.

1. **프로토콜**protocols: 모든 사람이 같은 언어로 말할 수 있게 해주는 일군의 통신 규약
2. **네트워크 인터페이스 카드**NIC: 컴퓨터 뒤(또는 옆)에 꽂아서 다른 컴퓨터와 메시지를 주고받을 수 있게 해주는 카드
3. **케이블**cable: 모든 컴퓨터들을 함께 연결하는 매체
4. **허브**hub(**스위치** 또는 **라우터**router): 통신을 통제하는 하드웨어

네트워크는 다음의 요소들에 의해 구분된다.

- **아키텍처**: P2Ppeer-to-peer, 클라이언트/서버
- **토폴로지**: 버스, 스타, 링, 하이브리드, 무선
- **프로토콜**: 이더넷, TCP/IPTransmission Control Protocol/Internet Protocol
- **전송 매체**: 동축케이블coaxial, 이중연선twisted-pair, 광섬유fiber optic

그림 B.1
네트워크 종류

네트워크 종류	
LANLocal Area Network	지리적으로 제한된 영역에서 컴퓨터를 유선이나 무선으로 연결할 때 사용하는 컴퓨터 네트워크
WANWide Area Network	지리적으로 떨어져 있는 영역에서 업무용 통신 서비스를 제공하는 컴퓨터 네트워크. 인터넷은 전 세계에 퍼져 있는 WAN이다.
MANMetropolitan Area Network	지리적으로 LAN과 WAN 중간 정도의 영역을 연결하는 컴퓨터 네트워크. 대학이나 기업들에서 서로 떨어진 캠퍼스에 설치된 LAN들을 연결하기 위해 MAN을 보유하기도 한다.

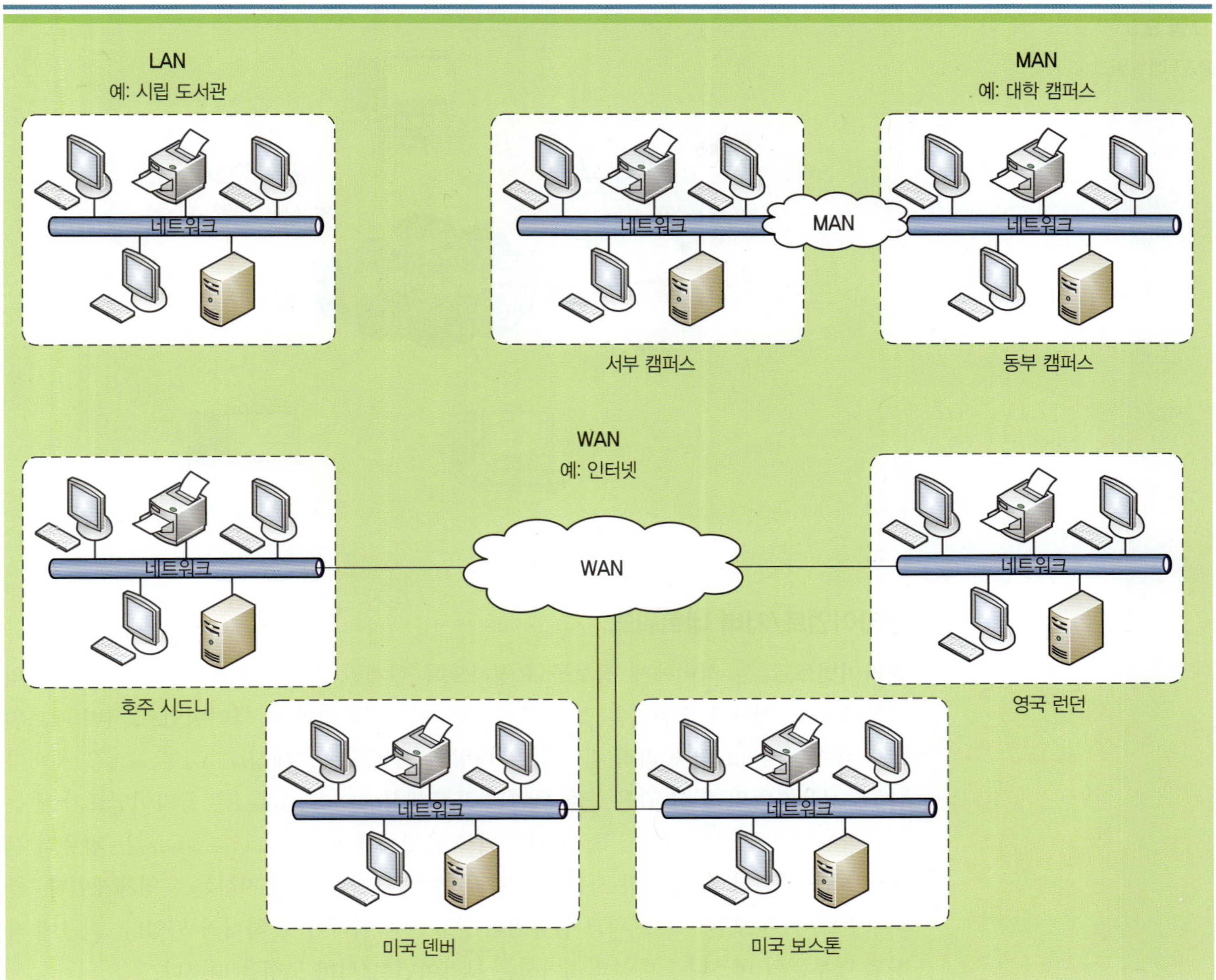

그림 B.2

LAN, WAN 그리고 MAN

아키텍처

두 가지 주요한 네트워크 아키텍처는 P2Ppeer-to-peer와 클라이언트/서버 네트워크이다.

P2P 네트워크

P2Ppeer-to-peer **네트워크**는 중앙 파일 서버가 없는 네트워크이고, 네트워크에 있는 모든 컴퓨터들에 보관되어 있는 파일에 접근할 수 있다(그림 B.3). 네트워크에 연결된 컴퓨터들은 다른 컴퓨터들이 자신의 파일에 접근하고 네트워크 프린터를 사용할 수 있게 한다.

넙스터가 가장 널리 알려진 P2P 사례일 것이지만, 냅스터는 P2P 컴퓨팅의 많은 기능 중에서 파일 공유의 기능만 사용했기 때문에 가장 좁게 정의된 사업 모형이다. P2P 기술은 프로세싱, 메모리, 스토리지의 공유와 엄청난 수의 분산 컴퓨터들의 협업 지원 등의 매우 광범위한 기능을 보유하고 있다. P2P 컴퓨팅으로 인해 사람과 컴퓨터 시스템 간의 즉각적인 상호작용이 가능해진다.

그림 B.3

P2P 네트워크

클라이언트/서버 네트워크

클라이언트client는 서버에게 정보를 요청하도록 설계된 컴퓨터이다. **서버**server는 외부의 요청에 대해 정보를 제공하는 것을 목적으로 하는 컴퓨터이다. 클라이언트/서버 네트워크는 데이터베이스의 물리적 검색 같은 대량의 백엔드 프로세싱back-end processing은 서버가 맡고, 사용자와의 통신 같은 프론트엔드 프로세싱front-end processing은 클라이언트가 맡는 애플리케이션 모델이다(그림 B.4). **네트워크 운영체제**NOS: network operating system는 컴퓨터 간에 정보를 조절하고, 보안과 사용자를 관리하며 네트워크를 유지하는 운영체제이다. 클라이언트/서버 모델은 네트워크 컴퓨팅의 중요한 아이디어 중 하나가 되었다. 최근에 작성된 대부분의 비즈니스 애플리케이션은 클라이언트/서버 모형을 따른다.

클라이언트/서버 아키텍처의 중요한 요소가 패킷 교환이다. **패킷 교환**packet switching은 송신 컴퓨터가 메시지를 여러 개의 패킷으로 나눌 때 발생한다. 모든 패킷에는 수신 컴퓨터의 주소가 담겨 있는데, 네트워크 내에 있는 라우터에 의해 전달된다. **라우터**router는 모든 데이터 패킷의 주소를 읽어 보고 목적지까지 도달하기 위한 경로를 정해서 패킷을 전달하는 기능을 수행한다. 각 패킷이 전송되는 경로는 다를 수 있으며, 수신 컴퓨터에 도착한 패킷들은 메시지로 결합되어 적합한 애플리케이션으로 전해진다. 기업에서 네트워크에 설치하고 있는 라우터의 수가 세계적으로 증가하고 있다.

트렌드 마이크로 사의 CIO인 에바 첸은 네트워크에 진입하는 웜과 바이러스를 막기 위해 라우터를 설치하였다. 보유하고 있는 바이러스백신 소프트웨어의 문제점은 악성코드가 파악된 다음에야 작동한다는 것이다. 즉, 바이러스나 웜이 네트워크 내부에서 활동을 시작한 후에 바이러스 백신이 작동을 시작한다는 것이다. 첸이 설치한 라우터인 Network VirusWall은 회사 네트워크의 가장자리에 위치하여 데이터 패킷을 스캔하고 바이러스나 백신을 보유하고 있을 것 같은 패킷을 붙잡는다. 의심스러운 패킷은 트렌드 마이크로의 바이러스 추적 명령 센터의 최신 정보와 비교하여, 바이러스나 웜은 삭제하거나 네트워크 진입을 차단함으로써 회사에서 선제 공격을 하도록 한다.

토폴로지

네트워크는 일정한 규칙에 의해 연결된다. 예를 들어 케이블은 일정한 길이이어야 하며, 각 케이블 가닥은 일정 분량의 네트워크 트래픽을 지원해야 한다. **네트워크 토폴로지** network topology는 네트워크에서 컴퓨터들이 연결된 물리적 구성을 기하학적 배열로 나타낸 것이다. 토폴로지는 비용과 기능에 따라 다양하다. 그림 B.5는 네트워크에서 일반적으로 사용되는 다섯 가지 토폴로지를 설명하고, 그림 B.6은 각 토폴로지를 그림으로 보여준다.

프로토콜

프로토콜protocol은 전송 중 지켜야 하는 규칙과 전송되는 데이터의 포맷을 상세화한 표준이다. 컴퓨터가(또는 컴퓨터 프로그램이) 다른 컴퓨터와(또는 다른 컴퓨터 프로그램과)

그림 B.4

클라이언트/서버 네트워크

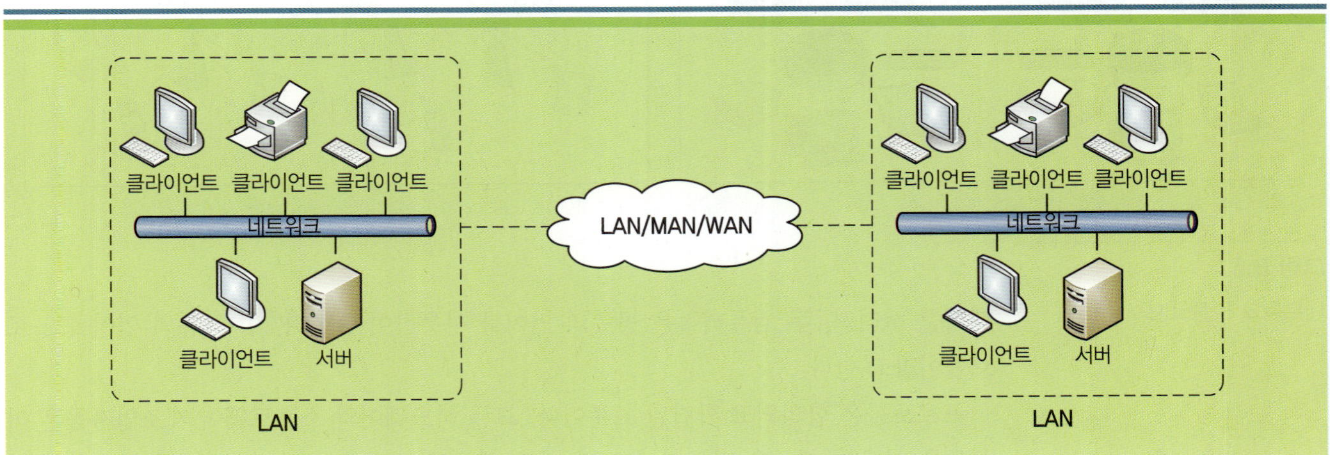

그림 B.5

5가지 네트워크 토폴로지

네트워크 토폴로지	
버스bus	모든 장치들이 버스 또는 백본이라고 불리는 중앙 케이블에 연결되어 있다. 버스 네트워크는 비교적 저렴하고 소규모 네트워크에 설치하기 쉽다.
스타star	모든 장치들이 허브라고 불리는 중앙 장치에 연결되어 있다. 스타 네트워크는 설치하고 관리하기 쉽지만, 모든 데이터가 허브를 통과해야 하므로 병목이 발생할 수 있다.
링ring	모든 장치들이 폐쇄 루프 형태로 연결되어 있어서 한 장비에 두 장비가 직접 연결된다. 링 토폴로지는 비교적 비싸고 설치하기 어렵다. 하지만 높은 대역폭을 제공하며 장거리 네트워크에 사용할 수 있다.
하이브리드hybrid	버스 네트워크를 스타 토폴로지로 연결하거나, 스타 네트워크를 버스 토폴로지로 연결하여 두 토폴로지의 특징을 모두 가지고 있다.
무선wireless	컴퓨터와 서버 사이에서 신호를 송수신하는 무선 네트워크 카드를 통해 연결되어 있다. 모든 장치들은 수신이 가능한 거리 내에 있어야 한다.

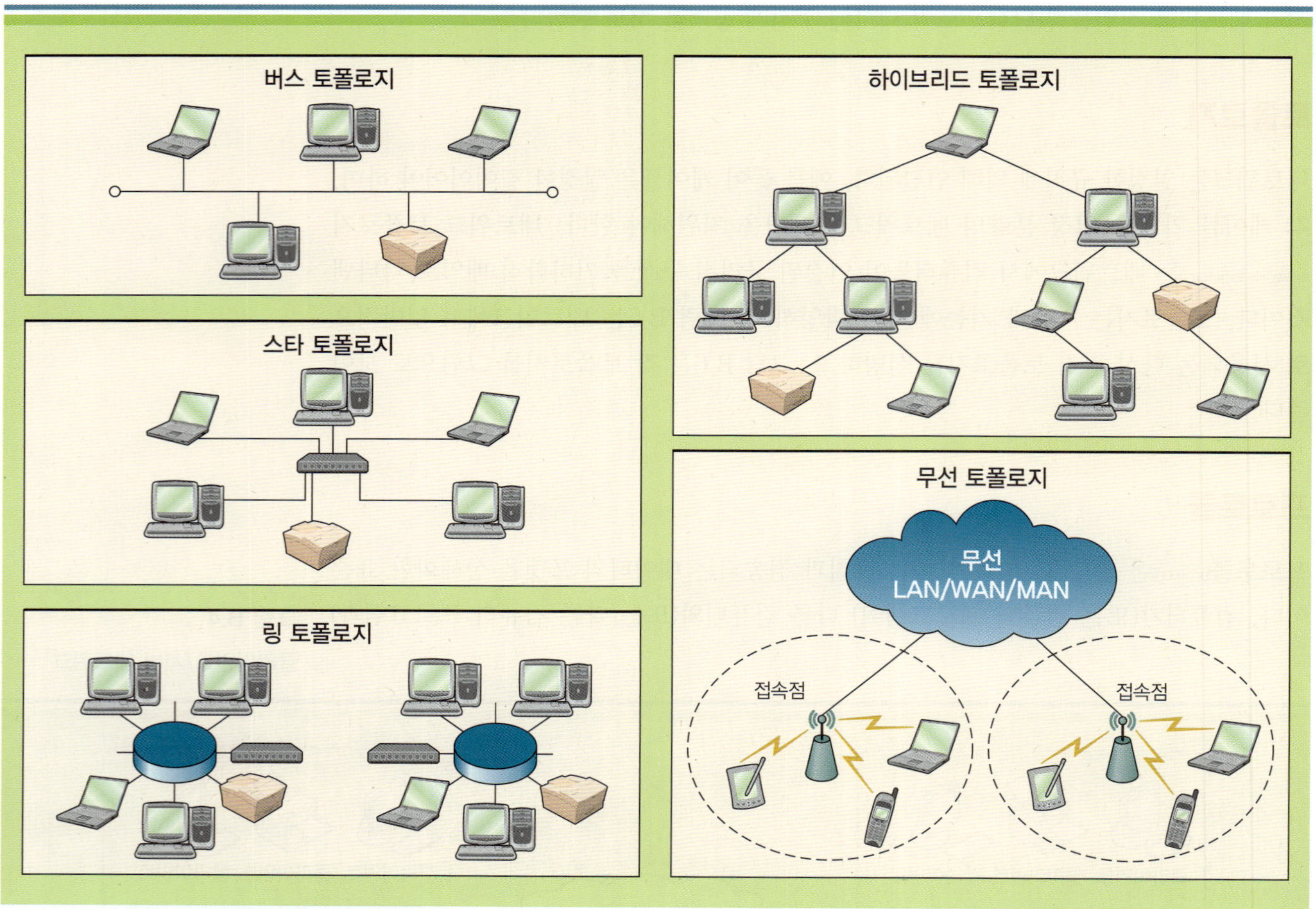

그림 B.6

네트워크 토폴로지

대화를 하려면, 두 컴퓨터들은 공통의 언어를 사용하여야 한다. 이 공통의 언어를 프로토콜이라고 한다.

프로토콜은 합의되고 확립된 표준이다. 모든 하드웨어와 소프트웨어 제조업자들은 이 표준을 사용한 제품을 만들어서 각자 만든 제품들이 하나의 네트워크에서 상호 운영이 가능하게 된다. **상호 운영성**interoperability은 서로 다른 제조업체에서 제작된 두 대 이상의 컴퓨터 시스템이 네트워크를 구성하여 데이터와 자원을 공유할 수 있게 하는 능력이다. 가장 대표적인 네트워크 프로토콜은 이더넷과 TCP/IP이다.

이더넷

이더넷Ethernet은 LAN에서 물리 계층과 데이터링크 계층의 기술이다(그림 B.7). 이더넷은 가장 많이 설치된 LAN 접속 기술이며, 제록스에서 개발하고 제록스, DEC, 인텔에 의해 발전되었다. 처음으로 광범위하게 설치되기 시작한 1980년대에는 최대 속도가 10Mbps이었는데, 최근에는 최대 속도가 100Mbps인 패스트이더넷, 최대 속도가 1,000Mbps인 기가비트이더넷이 나올 정도로 발전하였다.

이더넷은 세계적으로 설치된 LAN 기술의 85% 정도를 차지할 정도로 대표적인 기술인데, 널리 보급된 이유는 이더넷의 다음과 같은 특징 때문이다.

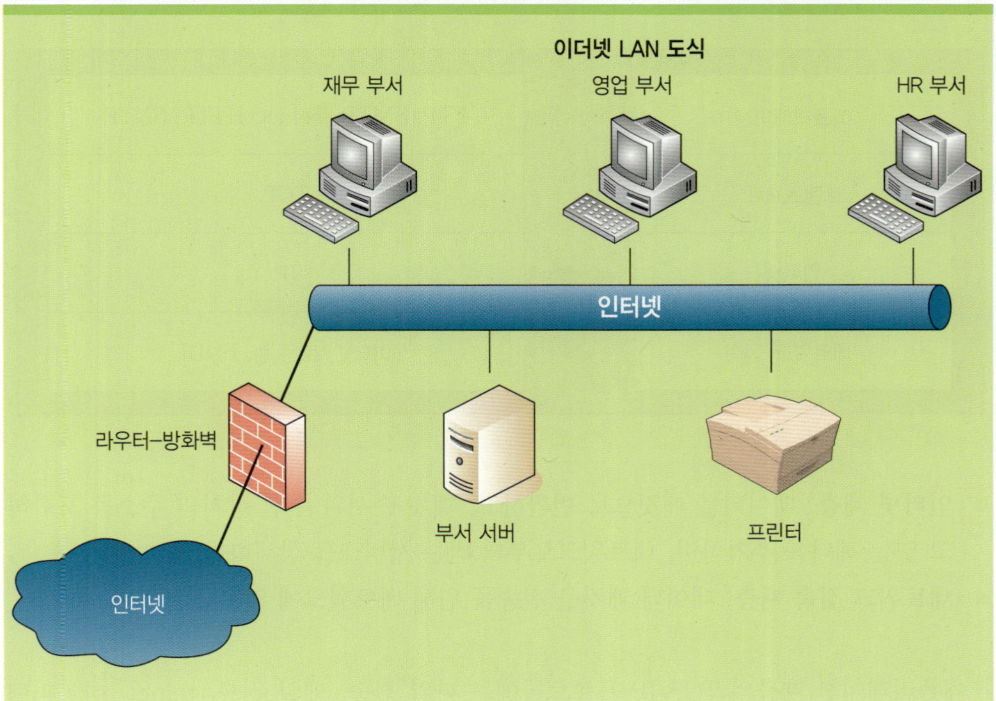

그림 B.7
이더넷 프로토콜

- 이해하고, 설치하고, 관리하고, 유지하기 쉽다.
- 설치비용이 저렴하다.
- 유연한 네트워크 설치가 가능하다.
- 제조업자와 관계없이 표준 제품은 상호 연결 및 상호 운영이 보장된다.

TCP/IP

가장 보편적인 통신 프로토콜은 TCP/IP이다. TCP/IP는 나중에 인터넷으로 발전한 컴퓨터 네트워크의 연결을 위해 미국 국방부에서 개발하였다. **TCP/IP**Transmission Control Protocol/Internet Protocol는 다수의 사설 네트워크뿐만 아니라 인터넷에도 공통으로 적용되는 기초 기술이다. TCP/IP는 프로토콜의 유연성 때문에 널리 보급되었다. TCP/IP는 데이터 전송을 최대화하는 특별한 전송 방식을 사용하고, 저속 장치에 연결되거나 네트워크의 지연이 발생하는 경우에 자동으로 조정할 수 있다. 전체 TCP/IP 프로토콜은 100개 이상의 프로토콜로 구성되지만, 제일 중요한 프로토콜은 TCP와 IP 프로토콜이다. **TCP 프로토콜**은 수신된 데이터의 양이 송신한 데이터의 양과 같은 것을 보장하는 트랜스포트 기능을 제공한다. **IP 프로토콜**은 오프라인의 우체국장과 같이 배달되는 패킷의 주소를 지정하고(어드레싱) 전송 경로를 지정하는(라우팅) 역할을 한다. 그림 B.8에는 TCP/IP의 4계층 참조 모형이 설명되어 있다.

- **애플리케이션 계층**: 사용자와 애플리케이션 프로세스가 네트워크 서비스에 접속할 수 있는 윈도우의 역할을 한다.
- **트랜스포트 계층**: 종단 간에 패킷 전달을 맡는다.

그림 B.8

TCP/IP 4계층 참조 모형

애플리케이션	FTP, SMTP, Telnet, HTTP, SNTP
트랜스포트	TCP
인터넷	IP
네트워크 접속	이더넷, 토큰 링, FDDI

- **인터넷 계층**: 데이터를 패킷으로 변환하고, 패킷 순서와 수신 장치의 주소를 포함하고 있는 헤더를 추가하며, 네트워크로부터 받는 서비스를 상세화한다.
- **네트워크 접속 계층**: 데이터 패킷을 전송을 위해 네트워크에 얹는다.

애플리케이션 계층의 TCP/IP 프로토콜에는 파일 전송, 메일 전송, telnet, 하이퍼텍스트 전송, 네트워크 관리를 위한 프로토콜들이 있다(그림 B.9). 다른 통신 참조 모형에

그림 B.9

TCP/IP 애플리케이션

TCP/IP 애플리케이션	
FTPFile Transfer Protocol	텍스트, 프로그램, 그래픽, 수치 데이터를 포함한 파일을 네트워크에 업로드하거나 다운로드할 수 있게 한다.
SMTPSimple Mail Transfer Protocol	TCP/IP에서 제공되는 이메일 메시징 시스템
Telnet 프로토콜	개인 컴퓨터를 서버의 단말기나 접속 장치처럼 사용할 수 있게 하는 터미널 에뮬레이션을 제공한다.
HTTPHypertext Transfer Protocol	웹브라우저와 서버가 웹페이지를 보내고 받을 수 있게 한다.
SNMPSimple Network Management Protocol	네트워크에 연결된 노드들이 단일 지점에서 관리될 수 있게 한다.

그림 B.10

OSI 모형

OSI 모형
7. 애플리케이션 계층
6. 프리젠테이션 계층
5. 세션 계층
4. 트랜스포트 계층
3. 네트워크 계층
2. 데이터링크 계층
1. 물리 계층

는 7계층의 개방 시스템 상호접속OSI: Open System Interconnection 참조 모형이 있다. 그림 B.10은 OSI 모형의 7계층을 보여준다. 하위 계층(1~3계층)은 단일 링크에서의 통신을 담당하고, 상위 계층(4~7계층)은 종단 간 통신을 담당한다. 각 계층은 네트워크 사용자 간에 오류 없이 정보를 교환하도록 설정하고 유지하는 기능을 제공한다.

수년 동안 사용자들은 다중 벤더들의 네트워크를 연결하기 위해 선호되는 기술로서 OSI 모형이 TCP/IP를 대체할 것으로 생각했다. 하지만 복잡한 OSI 소프트웨어를 구현하고 제품이 OSI 상호 운영성 인증을 받는데 소요되는 비용이 많을 뿐만 아니라 OSI 표준의 진척이 느렸기 때문에 그런 일은 발생하지 않았다.

전송 매체

네트워크 전송 매체network transmission media는 컴퓨터 간에 신호를 전송하기 위해 사용되는 다양한 종류의 매체를 말한다. 정보는 전기 신호로 변환되어 네트워크 간에 전송된다. 이 신호들은 전자기적 파장(아날로그 시그널링)이나 전압 펄스(디지털 시그널링) 시퀀스의 형태로 발생한다. 신호가 한 장소에서 다른 장소로 전송되기 위해서 물리적 경로를 따라 이동을 해야 한다. 신호 송신기와 신호 수신기 사이의 신호 전송에 사용되는 물리적 경로를 전송 매체라고 한다. 전송 매체에는 유선 매체(유도 매체, wire 또는 guided media)와 무선 매체(비유도 매체, wireless 또는 unguided media)의 두 가지가 있다.

유선 매체

유선 매체wire media는 신호를 좁은 통로에만 있도록 하여 예측 가능하게 행동하도록 제작한 전송 물질이다. 가장 많이 쓰이는 유선 매체 3가지는 다음과 같다(그림 B.11).

- 이중 연선twisted-pair wiring
- 동축 케이블coaxial cable
- 광섬유 케이블fiber-optic cable

이중 연선 꼬아 만든 네 가닥(또는 그 이상)의 구리선에 플라스틱 커버를 씌운 케이블을 **이중 연선**twisted-pair wiring이라고 한다. 선을 꼬아서 만드는 이유는 외부 전기장의 간섭을 줄이기 위해서이다. 이중 연선은 금속 외장이 있는 것shielded과 없는 것unshielded이 있다. 금속 외장은 전자기적인 간섭에 대한 접지의 역할을 한다. 외장이 없는 케이블UTP: unshielded twisted-pair이 가장 보편적으로 사용되고 LAN 네트워크에도 최적의 대안으로 사용된다. UTP의 품질은 전화선 등급에서 고속 케이블에 이르기까지 다양하다. 케이블 커버 내부에는 네 쌍의 구리선이 있는데, 각 구리선 쌍은 꼬임의 정도를 달리하여 인접한 구리선 쌍이나 다른 전기 장치로부터의 간섭을 줄일 수 있도록 한다. 전화 커넥터와 유사하게 생긴 RJ-45 커넥터를 이용하여 이중 연선을 다른 장치에 연결한다.

동축 케이블 **동축 케이블**coaxial cable은 신호의 손상을 적게 하면서 넓은 대역의 주파수를 전송할 수 있는 케이블이다. 구리선 한 가닥이 중앙에 있고, 절연체, 금속 망 덮개, 플라스틱 외부 피복의 순서로 구성되어 있다. 신호를 전송하는 중심의 구리선과 전기 간섭에

그림 B.11

이중 연선, 동축 케이블, 광섬유 케이블

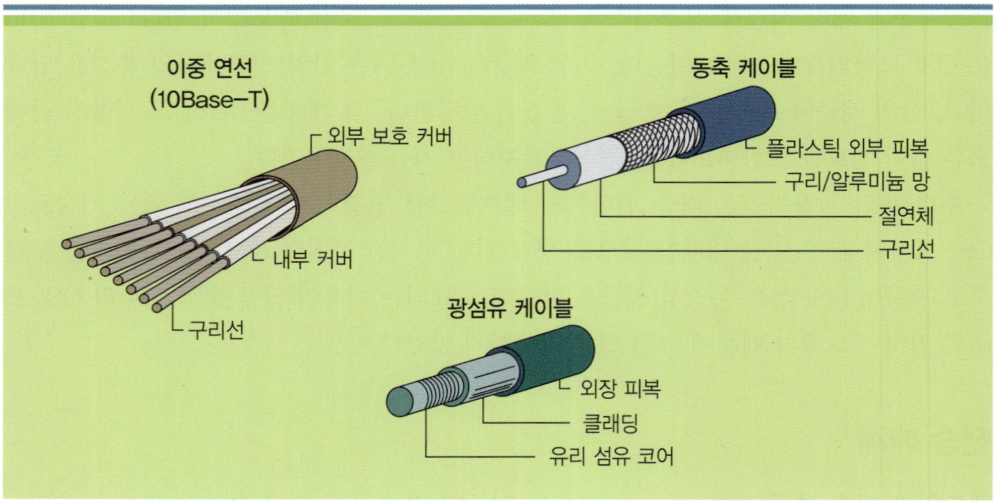

그림 B.12

위성 통신의 예

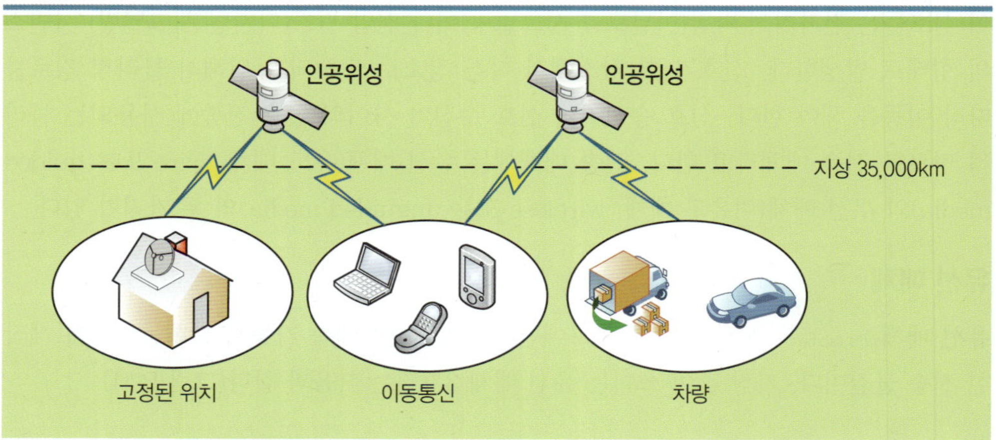

대한 접지 역할을 하는 바깥쪽의 금속 망이 동일한 중심점을 갖도록concentric 제작되었기 때문에 동축coaxial 케이블이라고 부른다. 이러한 접지 기능 때문에 데이터가 크게 손상되지 않으면서 단일 전선관conduit 내에 설치할 수 있다.

광섬유 케이블 **광섬유**fiber-optic, optical fiber는 유리 섬유를 통해 빛의 형태로 정보를 전송하는 기술과 관련이 있다. 10Base-FL과 100Base-FX 광섬유 케이블은 대부분의 통신회사에서 장거리 서비스를 위해 사용하는 케이블이다. 광섬유 케이블은 데이터 손상이 거의 없이 원거리에 데이터를 전송할 수 있다. 게다가 데이터가 빛의 펄스 형태로 전송되기 때문에 전기적인 간섭에 영향을 받지 않는다. 빛 펄스는 절연 피복 내에 싸여 있는 유리 섬유를 따라 전해진다.

광섬유 기술이 진보하면서 동일한 가격으로 전송할 수 있는 최대 거리가 증가하고 있다. 광섬유는 구리선보다 깨지기 쉽고, 절단하기 어렵고, 설치가 어렵다. 이러한 이유 때문에 광섬유는 데이터 신호를 연결하는 하드웨어의 가격이 광섬유 설치비용보다 비싼 장거리 데이터 전송에 우선적으로 사용된다. 대역폭이 넓기 때문에 대용량 데이터 전송에도 사용된다.

무선 매체

무선 매체wireless media는 신호를 전송하는데 사용되는 대기, 우주 공간 등의 자연 환경을 말한다. 이러한 매체들은 마이크로파, 적외선, 라디오파 등의 전자기적 신호들을 전달할 수 있다. 네트워크 신호는 파형wave의 형태로 매체를 통해 전달된다. 신호는 전기 파형의 형태르 구리선과 케이블을 통해 전달된다. 신호가 광섬유를 통해 전달될 때는 가시광선이나 적외선인 광파light wave의 형태이다. 신호가 지구 대기를 통해 전파될 때는 라디오 스펙트럼에 있는 마이크로파, 적외선, 가시광선 등의 파동의 형태를 띤다.

최근의 라디오 하드웨어 기술의 발달로 인해 셀룰러 전화, 무선 모뎀, 무선 LAN 등의 무선 네트워킹 장치에 상당한 진보가 있었다. 이러한 장치들은 수십 년 전에 개발이 되었지만 실용적이지 않거나 가격이 비싸서 사용이 되지 않았던 기술들을 사용한다.

비즈니스 중심적 의사결정

1. **네트워크 분석**

   글로벌 매뉴팩처링Global Manufacturing사는 새로운 기술 응용 방안을 고려하고 있다. 이 회사는 주문을 중앙에서 처리한 후, 생산 지시를 여러 공장에 배정하고자 한다. 각 공장은 자체적인 생산 일정 및 제어 시스템을 운영할 예정이며, 생산 과정에 있거나 완성된 조립품에 대한 데이터는 주문을 처리하는 중앙 시스템으로 다시 전송될 것이다. 공장 내에서는 급여 계산, 회계 등 일상적인 업무를 수행하기 위한 개인용 컴퓨터가 사용되고 있으며, 생산 일정 및 제어 시스템은 이 목적에 특화된 새로운 컴퓨터에서 패키지 프로그램 형태로 운영될 예정이다. 이에 따라, 글로벌사는 정보시스템MIS 컨설턴트로서 귀하를 고용하여 보다 심층적인 분석을 진행하고자 한다. 다음과 같은 사항에 대한 검토가 필요하다. 가장 적절한 네트워크 구성 형태는 무엇인가? 필요한 대역폭 수준은 어느 정도인가? 수집해야 할 데이터의 범위는 무엇인가? 이러한 질문에 대한 답변을 포함한 계획서를 작성해 보자. 또한, 글로벌사는 사설 네트워크를 구축해야 하는지 아니면 인터넷을 활용하여 동일한 목적을 달성할 수 있는가에 대한 판단도 계획서에 포함해 보자.

2. **안전한 접근**

   기존에 폐쇄형 사설 시스템을 운영해 온 조직들이 점차 인터넷을 즉시 사용 가능한 네트워크 자원으로 활용하는 가능성에 주목하고 있다. 인터넷은 비용이 저렴하고 전 세계적으로 광범위하게 퍼져 있으며, 전화선 하나만으로도 쉽게 연결이 가능하다는 장점이 있다. 그러나 인터넷은 보안성이 낮다는 치명적인 단점을 지닌다. 조직이 안전한 네트워크 연결을 구현하기 위해 극복해야 할 주요 장애요소에는 무엇이 있는가?

3. **통신 기술의 선택**

   현재 거주 중인 지역에서 인터넷에 연결하기 위한 통신 기술의 옵션을 조사해 보자. 가격(속도나 다운로드 용량에 따라 요금제가 차등 적용되는가?), 초기 비용(특수 모뎀 구입이나 설치 비용이 필요한가?), 최대 데이터 전송 속도 등을 기준으로 다양한 기술을 비교하고 정리해 보자. 조사 결과를 몇몇 학우들과 비교한 후, 식별한 모든 통신 기술의 옵션과 비교 기준, 그리고 그룹 비교 결과를 종합한 요약 자료를 작성해 보자.

4. 전자파, 정말 위험한가?

라디오파, 마이크로파, 적외선은 모두 전자기 복사 스펙트럼의 일부에 해당한다. 이 용어들은 무선 네트워크 환경에서 매일 사용되는 주파수 대역을 의미하지만, "복사radiation"라는 단어 자체는 많은 사람들에게 두려움을 불러일으킨다. 고속도로 주변의 들판에는 이동통신 기지국이 우후죽순처럼 세워지고 있으며, 도시의 높은 건물 옥상에도 많은 중계 기지국이 설치되어 있다. 수백만 명의 휴대전화 사용자가 매 통화 시마다 마이크로파 송수신기를 머리 가까이에 두고 사용하는 상황이다. 이처럼 다양한 방사선이 우리 주변을 떠도는 가운데, 우리는 과연 건강에 대해 우려해야 하는가? 이 질문에 답하기 위해 세계보건기구WHO의 입장을 인터넷에서 조사해보자.

5. 홈 네트워크

가정에서 컴퓨터 네트워크를 구축 · 운영한 경험이 있는 경우, 해당 네트워크가 제공하는 장점과 겪었던 어려움을 문서로 정리해보자. 네트워크의 구성topology, 네트워크 유형에 대한 상세 설명, 사용 중인 장비 목록 등의 항목들을 포함해 보자. 홈 네트워크 경험이 없는 경우, 경험이 있는 사람을 인터뷰하여 그들의 의견을 문서로 작성해 보자. 이후, 학우들과 경험을 비교하고 홈 네트워크의 장점과 한계에 대해 토론해 보자.

데이터베이스 설계

C

APPENDIX

학습성과

C.1 DBMS 안의 관계형 데이터베이스 모델의 용도를 설명하라.
C.2 관계형 데이터베이스 모델의 기본 구성요소들을 나열하라.
C.3 왜 엔터티들과 속성들이 테이블table과[1] 필드field로 정리되는지 설명하라.
C.4 왜 자료 redundancy가 관계 데이터베이스 모델에서 다루어지는지 설명하라.
C.5 DBMS에 왜 ERD가 필요한지 설명하라.
C.6 엔터티 관계 모델링에 첸 모델 기호들이 어떻게 사용되는지 설명하라.

서론

비즈니스는 정확한 최신 정보를 위해 데이터베이스에 의존한다. 핵심 자료에 접근할 수 없다면 대부분의 비즈니스들은 일상적인 기능들을 수행할 수 없고 전략적 의사 결정을 도와주는 보고서 등은 더더욱 작성할 수 없다. 이러한 의사 결정이 유용하려면 데이터베이스의 자료는 정확하고, 완성되고, 시기적절하며 **고유**unique해야 한다. 그러나 그 기저가 되는 좋은 데이터베이스 설계 없이는 의사 결정은 부정확하고 일정하지 않을 것이다.

데이터베이스database는 다양한 유형의 물건(재고), 사건(거래), 사람(직원), 장소(창고)에 대한 정보를 유지한다. **데이터베이스 관리 시스템**DBMS: database management system은 데이터베이스 속의 자료를 생성, 조회, 갱신, 삭제하는 동시에 접근과 보안을 통제한다. DBMS는 데이터베이스 속의 자료를 생성, 갱신, 삭제, 저장, 검색할 수 있는 방법을 제공한다.

데이터 모델을 사용하면 DBMS 환경에서 사용자들의 요구사항에 맞게 데이터베이스를 올바르게 설계할 수 있는 방법론을 확보할 수 있다.

1) "table"은 "표"로 번역하기도 하나, 실무적으로는 "엔터티"라고 부르는 것이 일반적이다.

관계형 데이터베이스 모델

비즈니스 환경의 수많은 요소들은 자료를 저장해야 하고, 이 요소들은 어떤 방법으로든 서로 연관되어 있다. 사실 데이터베이스는 자료뿐만 아니라 이 자료 간의 관계에 대한 정보를 가지고 있어야 한다. 비즈니스 결정을 위한 견고한 기반을 만들기 위해서는 데이터베이스를 제대로 설계하는 것이 중요하다. 이것은 **자료 모델**data model(또는 논리적 자료 구조)을 이용함으로써 가능한데 자료 모델은 그래픽과 그림들을 이용해 자료 요소들 간의 관계를 상세히 나타낸다. **관계형 데이터베이스 모델**relational database model은 논리적으로 연관된 이차원 테이블table의 형태로 정보를 저장한다. 테이블 또는, 정식으로는, 엔터티entities라[2] 불리는 것들에 대해서는 나중에 자세히 알아볼 것이다.

데이터베이스 설계를 위한 관계형 데이터베이스 모델을 개발할 때는 ERD가 사용된다. **엔터티-관계도**ERD: entity-relationship diagram는 엔터티들과 관계들을 데이터베이스 환경에 저장하는 기술이다. ERD를 개발하는 데 사용되는 표기법을 알기 전에 엔터티와 속성이 무엇인지 아는 것이 중요하다.

엔터티와 속성

엔터티entity는 사람, 장소, 사물, 거래 혹은 사건에 관련된 정보를 저장한다. 제품과 예약이 엔터티인 것처럼 소비자 또한 엔터티이다. **속성**attribute은 엔터티와 관련된 자료 요소들이다. 예를 들어 실제 가게와 온라인에서 영화 DVD를 파는 소매업체인 메가 비디오를 생각해보자. 회사는 '고객'이라는 엔터티를 생성함으로서 소비자들(특히 인터넷을 통해 구매하는)에 대한 정보를 저장해야 할 것이다. 이 때 '고객'이란 엔터티에는 고객 번호, 이름, 성, 주소, 우편번호, 전화번호, 이메일 등의 속성들이 포함될 것이다(그림 C.1).

그림 C.1

엔터티와 속성의 예

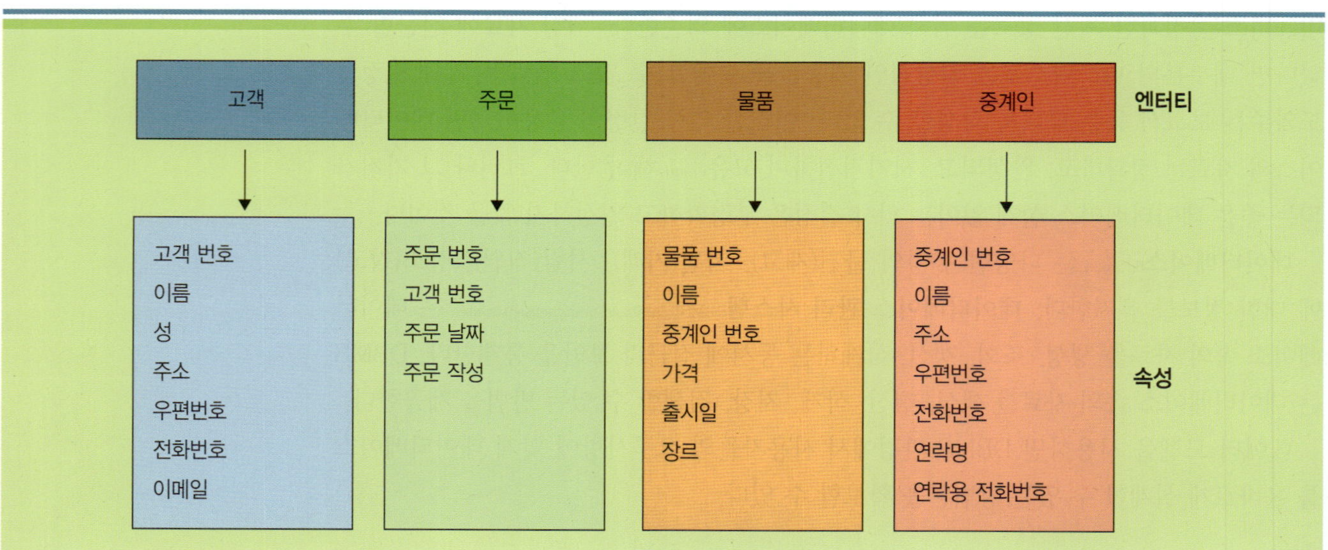

2) "entity"는 "실체" 또는 "객체"라고 번역하기도 하나, 실무적으로는 "엔터티"라고 부르는 것이 일반적이다.

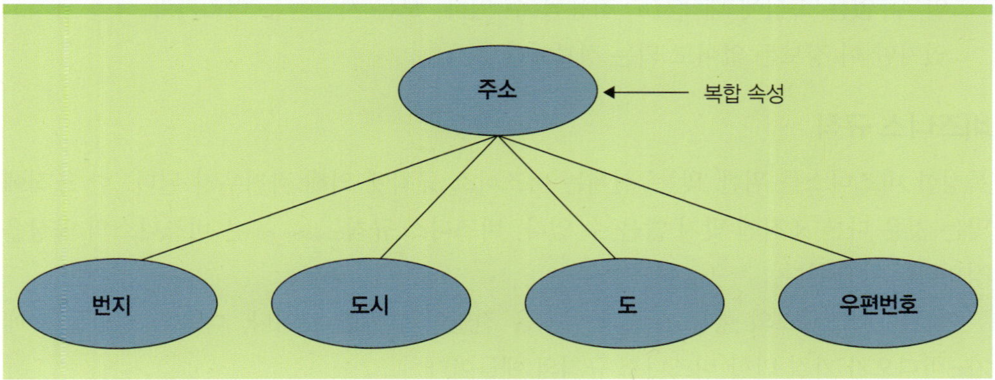

그림 C.2

복합 속성

속성의 유형

- **단순** vs **복합 속성** 단순 속성은 더 작은 구성요소로 나눌 수 없다. 예를 들어 고객의 이름과 성은 단순 속성이다. 복합 속성은 더 작은 구성요소로 나눌 수 있는데, 그것들은 의미가 있는 기본 속성을 말해준다. 복합 속성의 흔한 예는 '주소(그림 C.2)'이다. 주소는 도로명, 도시, 우편번호 같은 더 작은 부분으로 나누어질 수 있다.
- **단일 값** vs **다중 값 속성** 관계형 데이터베이스를 만들 때 자료 모델에 쓰이는 속성들은 단일 값 속성이어야 한다. **단일 값 속성**single-valued attribute은 각 엔터티의 속성에 단 하나의 값만 가지고 있는 것을 뜻한다. 사람의 나이는 단일 값 속성의 예인데 사람은 하나 이상의 나이를 가질 수 없기 때문이다. **다중 값 속성**multi-valued attribute은 하나의 속성에 하나 이상의 값을 가질 수 있는 가능성을 가지고 있는 것을 말한다. 예를 들어 사람의 학위는 다중 값 속성인데 왜냐하면 한 사람이 한 개 이상의 학위를 가지고 있을 수 있기 때문이다.

  관계형 데이터베이스 모델의 속성은 다중 값을 가져서는 안 된다; 그러한 속성들은 또 다시 나눌 수 있는 다른 속성들을 만들어야 한다. 따라서 앞서 든 예를 보자면, 데이터베이스를 설계할 경우에 두 개의 속성이 만들어질 것이다. 하나는 '사람(이나 비슷한 제목)'이 될 것이고 다른 하나는 '학위'가 될 것이다. 만약 다중 값 속성이 발견된다면, 또 하나의 속성이 필요하다는 힌트가 되는 것이다.
- **저장**stored vs **파생**derived **속성** 만약 특정 속성이 다른 속성의 값을 이용해 계산될 수 있으면 그것은 파생 속성이라고 불린다. 그 속성을 파생하기 위해 이용된 속성을 저장 속성이라고 부른다. 파생 속성은 파일로 저장되지 않고 필요할 때 저장된 속성들로부터 추출해 낼 수 있다. 파생 속성과 저장 속성의 한 예는 사람의 나이다. 만약 데이터베이스에 사람의 '출생일'이 저장되어 있다면 '나이'라는 파생 속성은 '현재 날짜(이것은 DBMS를 통해 얻을 수 있다)'를 이용해 추출할 수 있다.
- **널 속성** 속성이 그것에 적용할 만한 값을 가지고 있지 않을 경우가 있다. 이러한 경우에 값 없는 속성이 만들어진다. **널 속성**null-valued attribute은 어떠한 값도 적용되지 않거나 값이 알려지지 않은 속성을 뜻한다. 휴대폰이 없는 사람은 '휴대폰 번호'라는 속성에 대해선 아무런 저장된 값을 갖지 못할 것이다. 널 속성은 '머리카락 색'과 같이

알 수 없는 속성에 대해서도 적용될 수 있다. 모든 사람들은 머리카락 색을 가지고 있지만 이 정보는 없어도 되는 정보이다.

비즈니스 규칙

특정한 비즈니스를 위한 '맞는' 설계는 비즈니스 규칙에 의해 좌지우지 된다; 한 조직에 맞는 것은 다른 조직엔 맞지 않을 수 있다. **비즈니스 규칙**business rule은 비즈니스의 양상을 정의하는 성명이다.

이것은 비즈니스의 행동behavior과 규칙을 전달하기 위한 것이다. 다음의 성명들은 메가-비디오가 가질 만한 비즈니스 규칙의 예들이다:

- 고객은 여러 개의 DVD를 구매할 수 있다
- DVD들은 여러 고객들에 의해 구매될 수 있다.
- 한 제목의 DVD가 여러 개 있을 수 있다.

전형적인 비즈니스는 몇 백 개의 비즈니스 규칙이 있을 수 있다. 각 비즈니스 규칙은 엔터티를 가지고 있을 것이고, 어떤 성명에는 심지어 속성들도 가지고 있을 수 있다. 예를 들어 앞의 예 중 첫 번째 것을 보면, '고객'과 'DVD'가 이 비즈니스 규칙에 의거하면 엔터티가 될 수 있다. 비즈니스 규칙을 파악하는 것은 더 정확하고 완성도 있는 데이터베이스 설계에 도움이 된다. 추가적으로, 비즈니스 규칙은 각 엔터티 간의 관계를 파악하는 것을 도와준다. 이것은 ERD를 만드는 데 매우 유용하다.

ERD 문서화

엔터티, 속성, 비즈니스 규칙이 파악되고 나면, ERD가 문서화될 수 있다. ERD 문서화의 가장 대표적인 모델은 첸Chen(엔터티 관계 모델링의 창시자인 피터 첸 박사의 이름을 따서 지어진 명칭), 그리고 정보 엔지니어링이다. 다이어그램을 이용하는 사람들이 표기법을 정확히 알고만 있다면 어떤 것을 이용하든지 상관없다. 간단히 하기 위해 여기서는 첸 모델만을 설명할 것이다.

첸 모델은 엔터티와 속성을 표현하기 위해 특정 기호들을 사용한다. 직사각형은 엔터티를 표현하는 데 사용한다. 각 엔터티의 이름은 직사각형 안에 나타나는데, CUSTOMER와 같이 단수 형태로 표현되고 대문자로 쓰여진다. 원래 속성은 첸 모델에 쓰이지 않았지만, 많은 데이터베이스 디자이너들이 그림 C.3에서 볼 수 있듯이 타원으로 표현된 속성을 포함한다.

기본 엔터티 관계들

ERD를 만드는 가장 중요한 이유 중 하나는 엔터티들 간의 관계를 파악하고 표현하기 위해서다. 만약 베가 비디오의 비즈니스 규칙이 고객은 많은 비디오(이 경우엔 물품)를 대여할 수 있다고 한다면, 'CUSTOMER', 'ORDER', 'ITEM' 사이의 관계가 만들어져야 한다. 이것은 데이터베이스가 어떻게 생겼는지를 개념적으로 보여주는 것일 뿐, 자료의 물리적 저장에는 전혀 관련이 없다. 다시 한 번 말하자면, ERD가 하는 것은 데이터베이스

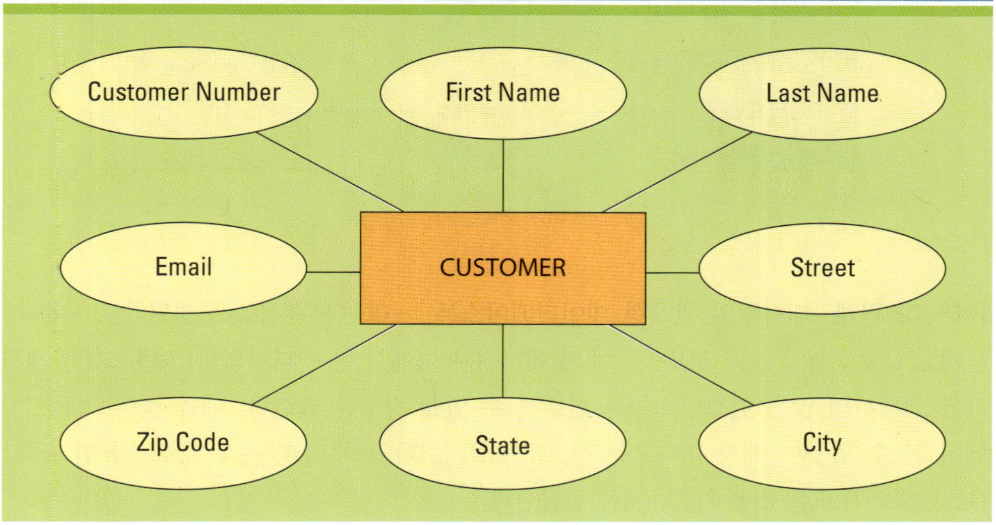

그림 C.3

속성이 표현된 첸 모델

를 설계하기 위해 모델을 만드는 것이다.

첸 모델에선 관계를 표현하기 위해서는 다이아몬드 모양을 이용하고 각 관계들을 엔터티와 연결할 때에는 선을 이용한다. 그림 C.4는 이 표기법을 이용해 메가 비디오의 CUSTOMER와 ORDER의 관계를 보여주고 있다. 관계란 안의 단어는 이 관계의 의미를 알 수 있게 해 준다.

일단 기본 엔터티와 그것들의 속성이 정의되고 나면, 다음 과제는 이 엔터티들 간의 관계를 파악하는 것이다. 관계에는 세 가지 기본 유형이 있다: (1) 1-대-1, (2) 1-대-다, (3) 다-대-다.

1-대-1 관계 1-대-1 관계one-to-one relationship(1:1)는 한 엔터티의 인스턴스instance가[3] 단 하나의 관계되는 엔터티의 인스턴스만 갖는 경우이다. 많은 가게와 여러 직원들, 그리고 한 명의 관리자를 갖고 있는 메가 비디오를 생각해 보자. 회사의 비즈니스 규칙에 따르면, 직원인 매니저는 오직 하나의 매장만 관리할 수 있다. 이러할 경우 EMPLOYEE와 STORE의 관계는 1-대-1 관계가 된다. 그림 C.5에서 볼 수 있듯이 첸 모델 표기법을 이용해 두 인스턴스의 관계는 '한 명의 직원은 하나의 가게만 관리할 수 있고, 하나의 가게에는 한 명의 관리자가 있다.'라고 표현될 수 있다. EMPLOYEE와 STORE 엔터티 옆에 있는 숫자 '1'은 단 한 명의 EMPLOYEE가 단 하나의 STORE를 관리할 수 있다는 것을 뜻한다.

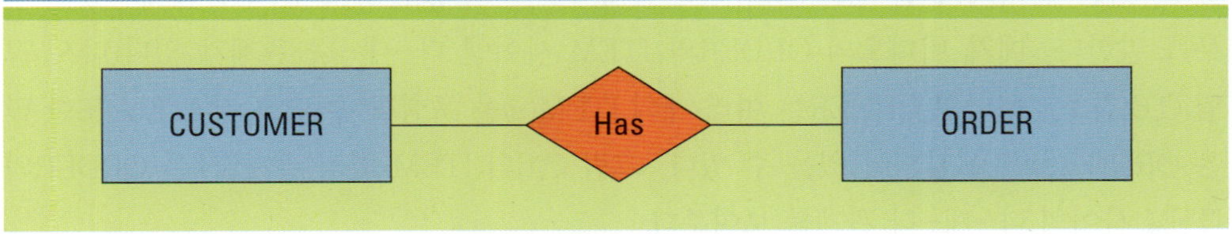

그림 C.4

관계가 있는 첸 방법

3) "instance"는 "사례"로 번역하기도 하나, 실무에서는 "인스턴스"로 부르는 것이 일반적이다.

그림 C.5

1-대-1 관계

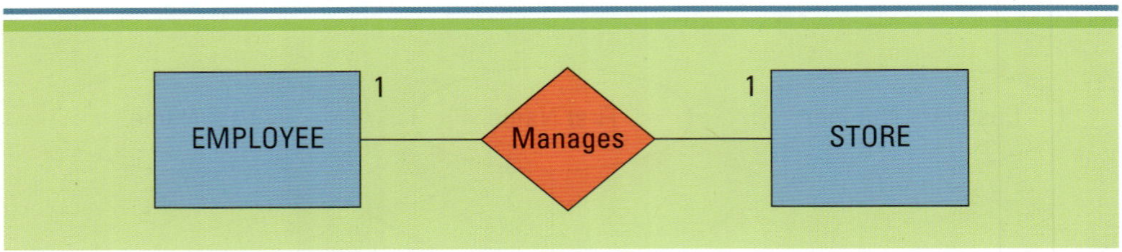

1-대-다 관계 대다수의 관계형 데이터베이스는 1-대-다 관계로 구성된다. 1-대-다 관계one-to-many relationship(1:M)는 두 개의 엔터티 사이에서 한 엔터티의 인스턴스가 관계된 다른 엔터티의 많은 인스턴스들과 연결될 수 있을 경우를 말한다. 예를 들어 그림 C.6에서 볼 수 있듯이 메가 비디오는 한 DISTRIBUTOR로부터 많은 ITEM(s)를 받고, 각 DISTRIBUTOR는 많은 ITEM(s)을 공급한다.

비슷하게, CUSTOMER는 많은 ORDER를 가질 수 있지만, 하나의 ORDER는 단 하나의 CUSTOMER만 가질 수 있다. 이 둘 모두 1-대-다 관계의 예이다. ORDER 엔터티 옆의 글자 'M'은 CUSTOMER가 하나 이상의 ORDER(s)를 주문할 수 있다는 것을 뜻한다. 이 표기법은 또한 ITEM에 쓰인다. 왜냐하면 ORDER는 하나 이상의 ITEM(s)를 포함하고 있을 수 있기 때문이다.

그림 C.6

1-대-다 관계

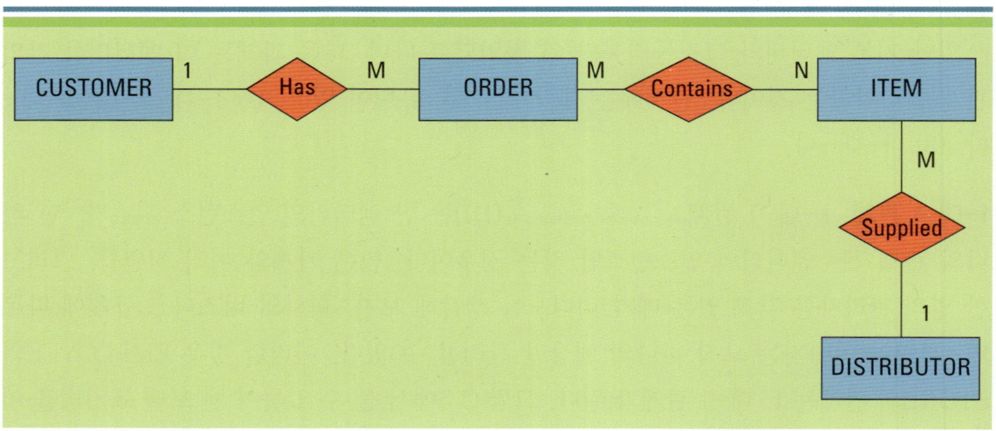

다-대-다 관계 다-대-다 관계를 파악하고 제거하는 것은 정확하고 일정한 데이터베이스를 만드는 것을 돕는다. 다-대-다 관계many-to-many relationship(M:N)는 두 개의 엔터티 사이에서 하나의 엔터티의 인스턴스가 다른 엔터티의 많은 인스턴스들과 관계되어 있고, 다른 엔터티의 한 인스턴스가 첫 번째 엔터티의 많은 인스턴스와 관계되었을 경우를 말한다. 메가 비디오의 ORDER와 ITEM 사이엔 다-대-다 관계가 있다(다시 그림 C.6 참조). 하나의 ORDER는 여러 개의 ITEM(s)을 포함할 수 있고 각 ITEM 또한 많은 ORDER(s)에 포함되어 있을 수 있다. 그림 C.6의 ITEM 옆의 글자 'N'은 ORDER와 ITEM 사이의 다-대-다 관계를 보여준다.

그러나 다-대-다 관계에는 문제들이 있다. 먼저, 관계형 자료 모델은 다-대-다 관계를 다룰 수 있도록 설계된 것이 아니다. 이것은 다-대-다 관계가 관계형 DBMS에

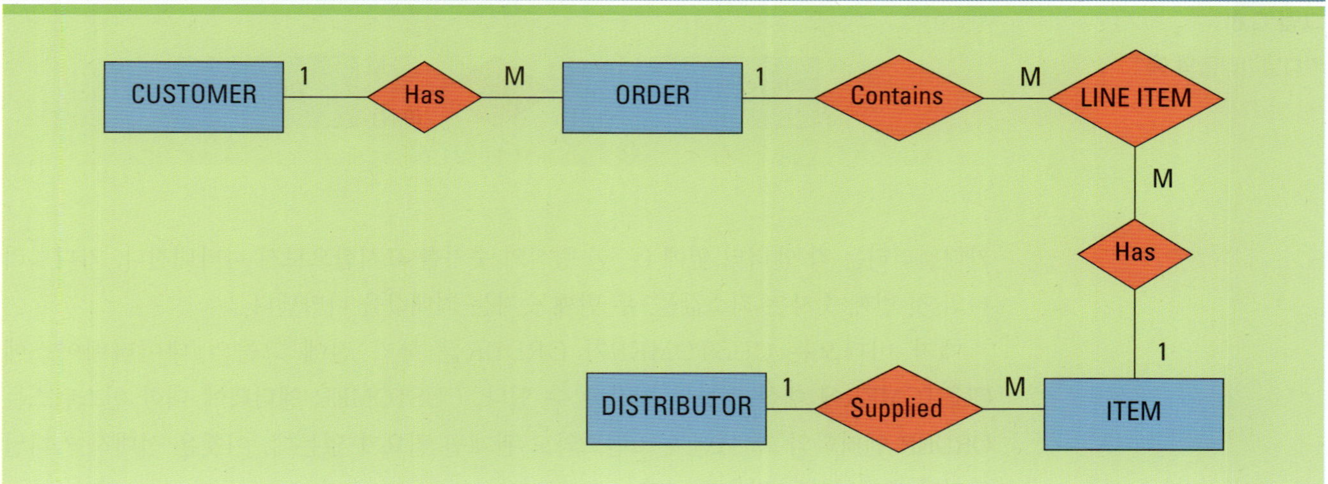

그림 C.7

복합 엔터티

서 쓰이기 위해선 1-대-다 관계로 변환되어야 함을 뜻한다. 둘째로, 다-대-다 관계는 저장된 자료의 중복을 야기한다. 이것은 데이터베이스가 필요로 하는 정확성과 안정성에 부정적인 영향을 끼치게 된다. 이 문제를 더욱 쉽게 이해하기 위해서 ITEM과 ORDER 사이의 관계를 보자. 각 ORDER는 많은 ITEM(s)을 가질 수 있고, 각 ITEM은 많은 ORDER(s)에 포함되기 때문에 ORDER와 ITEM 사이에는 다-대-다 관계가 있다. CUSTOMER가 ITEM을 구입하기 위해 ORDER할 경우, CUSTOMER가 구매하려는 DVD의 개수에 따라 ITEM(s)이 다양해진다. 다-대-다 관계를 해체하기 위해서는 복합 엔터티가 필요하다.

두 개의 다른 엔터티 간의 관계를 표현하기 위해 존재하는 엔터티들을 **복합 엔터티** composite entity라고 부른다. 앞의 예는 ORDER와 ITEM 사이의 다대다 관계를 해체하기 위한 추가 엔터티가 필요하다. 그림 C.7은 이러한 새로운 관계를 보여준다.

LINE ITEM(송장invoice slip에서 쓰이는 라인 항목line item과 같은 개념으로 생각하라)이라고 불리는 복합 엔터티를 만드는 것은 ORDER와 ITEM 사이의 다-대-다 관계를 해체하고, 이는 정보를 삭제하거나 업데이트할 때 생기는 중복이나 변칙을 제거한다. 첸 모델을 이용할 경우, 복합 엔터티는 다이아몬드와 직사각형을 합친 모양으로 문서화된다.

그림 C.7에서와 같이 새로운 ERD가 주어지면, 각 ORDER는 많은 LINE ITEM(s)을 가질 수 있지만, 하나의 LINE ITEM은 단 하나의 ORDER에만 포함될 수 있다. 그 결과 ORDER와 LINE ITEM 사이의 관계는 1-대 다(하나의 주문은 하나 혹은 그 이상의 품목명라인 항목을 가진다)가 되고 LINE ITEM과 ITEM 사이의 관계 또한 1-대-다(하나의 항목은 여러 개의 라인 항목에 포함될 수 있다)가 된다. 복합 엔터티는 원래의 다-대-다 관계를 없애고 두 개의 1-대-다 관계로 변환시켰다.

관계형 카디널리티

카디널리티cardinality란 엔터티 안에 있는 인스턴스의 정확한 수를 표현한다. 첸 모델에서

그림 C.8
카디널리티들의 예

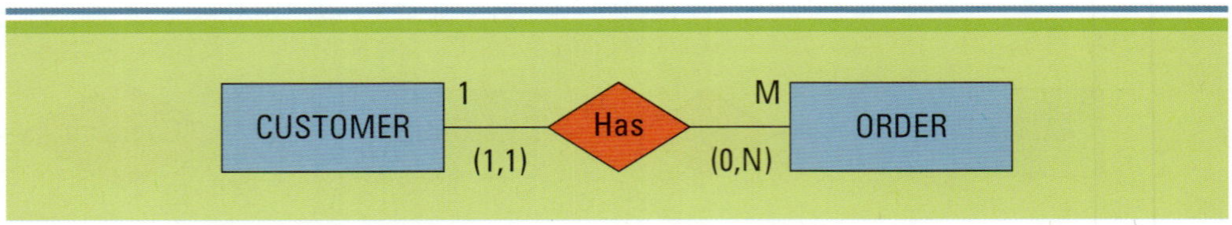

카디널리티는 각 엔터티 옆에 (x, y) 형식의 숫자를 표시함으로서 나타내진다. 카디널리티의 첫 번째 숫자는 최소값을, 두 번째 숫자는 최대값을 나타낸다.

메가 비디오는 CUSTOMER가 ORDER를 하기 전에 그들의 데이터베이스에 CUSTOMER에 대한 정보를 저장할 수 있다. CUSTOMER 엔터티에 대한 인스턴스는 ORDER 엔터티의 그 어떤 인스턴스와도 관계될 필요가 없는데, 이것은 선택적 카디널리티가 존재한다는 것을 뜻한다.

그러나 그 반대의 경우는 메가 비디오 데이터베이스에서 참이 아닌데, 왜냐하면 ORDER는 반드시 CUSTOMER와 관계가 있어야 한다. CUSTOMER 없이는 ORDER는 존재할 수 없다. CUSTOMER 엔터티의 인스턴스는 카디널리티 표기법(0, N)을 이용하면, 0, 1, 혹은 그 이상의 ORDER(s)와 관계될 수 있다. 예를 들어, ORDER 엔터티는 오직 단 하나만의 CUSTOMER와 관계되어야 하는데 이 때의 카디널리티는 (1, 1)이 된다. ORDER와 CUSTOMER의 인스턴스 사이의 관계는 정해진mandatory 관계이다. 그림 C.8은 이런 카디널리티들을 보여준다.

관계형 자료 모델과 데이터베이스

일단 ERD가 완성되면, 그것은 개념적인 논리적 모델에서 DBMS에서 필요로 하는 형식적인 자료 모델로 변환될 수 있다. 관계형 자료 모델은 수학자인 에드가 코드Edgar Codd의 작업의 결과인데, 1960년대에 코드 박사는 당시 존재하고 있던 자료 모델들을 가지고 작업을 하다 자료 관계가 매우 비효율적이라는 것을 발견하게 된다. 그는 수학적 경험과 지식으로부터 관계형 자료 모델을 만들어냈다. Access 2010과 SQL Server 2010과 같은 대부분의 데이터베이스들은 관계형 자료 모델을 기초로 하고 있다.

엔터티에서 테이블로

개념적 모델에서 ERD를 만들어 낼 때, 엔터티와 속성을 파악하는 것에 집중했다. 논리적 관계형 모델logical relational model에서는 테이블과 필드에 집중하게 될 것이다. 테이블table은 열과 행으로 이루어져 있으며, 엔터티를 표현한다. 필드field는 테이블의 속성이다. 레코드record는 관계된 자료 요소들의 집합이다. 테이블에서 열column은 필드를 표시하고, 행row은 레코드를 표시한다.

그림 C.9에서 볼 수 있듯이, 필드와 레코드를 갖춘 표는 스프레드시트의 정보와 같이 보인다.

필드 그림 C.9에는 4개의 필드가 있는데, 고객 번호, 이름, 성, 전화번호가 그것이다. 동일한 관계형 자료 모델 안의 두 개 혹은 그 이상의 테이블의 필드는 같은 이름을 가지

CUSTOMER			
고객 번호	이름	성	전화번호
0001	빌	밀러	777-777-7777
0505	제인	쿡	444-444-4444
1111	샘	스미스	555-555-5555
1212	존	도우	666-666-6666

그림 C.9

고객 테이블의 예

고 있을 수 있지만, 하나의 테이블 안에서는 각각 단 하나의 이름만을 사용해야 한다. 관계형 자료 모델 표기법을 이용해 테이블 이름은 대문자로 표시하고 모든 행은 제목 박스 안에 쓰여진다.

CUSTOMER(고객 번호, 이름, 성, 전화번호)

레코드 테이블 안의 레코드는 다음과 같은 특징을 갖는다.

- 테이블에는 다중 값의 속성이 있을 수 없다. 따라서 단 하나의 값만이 필드와 레코드의 교차점에 기록될 수 있다.
- 각 레코드는 하나뿐이어야 한다must be unique. 테이블에는 복제된 레코드는 있을 수 없다.
- 레코드는 엔터티 식별자entity identifier 혹은 기본 **키**primary key를 가지고 있어야 한다. 이것은 테이블 안에서 특정 레코드를 고유하게 식별하는 필드(혹은 필드의 집합)이다. 모든 레코드는 테이블 내에서 해당 레코드를 유일하게 구분할 수 있는 하나의 엔터티 식별자 또는 기본 키를 반드시 포함해야 한다.

주 키 주 키는 테이블에 있는 모든 레코드를 각각 파악할 수 있도록 해 준다. 주 키는 데이터베이스를 정확히 추출하는 데 중요한 역할을 한다.

'고객 번호'를 주 키로 사용 할 경우 두 명의 고객이 같은 고객 번호를 갖게 될 일은 절대로 없다. 주 키는 그것과 관계된 레코드를 파악하는 데 사용된다. 예를 들어, 어떤 사람이 '고객 번호' 112299를 가진 CUSTOMER가 구입한 모든 ITEM에 대해 메가 비디오의 데이터베이스를 검색한다고 가정하면, 그는 그 레코드들만 얻을 수 있고 다른 고객과 관계된 레코드는 볼 수 없다.

유일해야 하는 것 외에 주 키는 널null이어서는 안 된다. 널은 알 수 없음을 표시하는 특별한 값이라는 것을 기억하라. 그러나 그것은 필드가 비어 있거나 값이 0인 것과는 다르다. 만약 하나의 레코드가 널 주 키를 가지고 있다면, 자료 구조는 파괴되지 않는다. 그러나 다른 레코드에 두 번째 널이 들어오게 되면, 주 키의 유일성은 사라지게 된다. 따라서 주 키를 설정할 때 널은 금지된다.

주 키를 문서화할 때의 올바른 표기법은 밑줄을 긋는 것이다:

CUSTOMER(<u>고객 번호</u>, 이름, 성, 전화 번호)

논리적 테이블들 연결하기

일단 주 키가 정의되면 테이블들은 논리적으로 관계될 수 있다. 그림 C.10의 각 테이블은 DISTRIBUTOR를 제외하면, 그림 C.8에서 나타난 메가 비디오의 ERD의 같은 이름의 엔터티들과 직접적으로 유사한 테이블들이다. CUSTOMER 테이블은 임의로 생성되는 유일한 값이 있는 주 키인 고객 번호에 따라 구분이 된다. ORDER 테이블은 주문 번호에 의해 구분되는데, 메가 비디오에 의해 또 다른 임의이 주 키가 부여된다. ORDER LINE 테이블은 회사가 어떤 ITEM(s)이 어떤 ORDER에 속해 있는지 알 수 있게 해준다. 이 테이블은 복합된 주 키(즉, 하나의 주 키처럼 작동하는 두 개의 필드를 합치는 것)를 필요로 하는데, 왜냐하면 다수의 ITEM(s)이 다수의 ORDER(s)에 나타날 수 있기 때문이다. 이 주 키를 고르는 작업은, 단지 각 레코드를 파악하는 것 이상의 의미가 있다; 이것은 ORDER LINES와, 그것이 나타나는 ORDER와, 주문되는 ITEM(s) 사이의 관계를 나타낸다. ITEM 테이블의 주 키는 '물품 번호'로 표시가 된다.

ORDER LINE 테이블 안의 '물품 번호' 필드는 ITEM 테이블의 주 키와 같다. 이것은

그림 C.10
논리적 테이블들을 연결하기

CUSTOMER

주 키 → 고객 번호

고객 번호	성	이름	전화번호
1111	Sam	Smith	555-555-5555
0505	Jane	Cook	444-444-4444

ORDER

외래 키 (고객 번호), 주 키 (주문 번호)

주문 번호	고객 번호	주문일
1000	1111	11/1/2011
1001	1111	11/10/2011
1002	0505	12/11/2011

LINE ITEM

외래 키 (주문 번호), 외래 키 (항목 번호)

주문 번호	항목 번호	수량	배달?
1000	9244	1	Y
1001	9244	1	Y
1002	9250	1	Y
1002	9255	1	Y

ITEM

주 키 → 항목 번호

항목 번호	이름	배급사 번호	가격
9244	Iron Man 2	002	4.95
9250	Twilight Zone	002	4.95
9255	Avatar	004	5.95

두 테이블 간의 1-대-다 관계를 말해준다. 유사하게, ORDER 테이블과 ORDER LINE 테이블 사이에는 1-대-다 관계가 존재하는데 왜냐하면 ORDER LINE 테이블의 '주문 번호' 행은 ORDER 테이블의 주 키와 같기 때문이다.

어떤 테이블에 다른 테이블의 주 키에 해당하는 필드가 존재한다면, 그것은 외래 키라고 불린다. **외래 키**foreign key란 한 테이블의 주 키인 동시에 다른 테이블에서 속성의 형태로 나타나 두 테이블 간의 논리적 관계를 제공하는 키를 말한다. 외래 키를 주 키와 연결함으로써 관계형 데이터베이스 속의 자료 관계를 나타낸다.

그림 C.10의 LINE ITEM 테이블의 예에서 볼 수 있듯이 외래 키는 연쇄된 주 키의 일부일 수 있다. LINE ITEM의 '주문 번호'와 '물품 번호'를 외래 키로 연쇄, 혹은 결합함으로서, 그들은 주 키가 된다. 그러나 대부분의 외래 키들은 테이블의 주 키의 일부가 아니다. 그림 C.10의 메가 비디오의 CUSTOMER와 ORDER 사이의 관계를 생각해 보자. ORDER 테이블의 '고객 번호' 필드는 CUSTOMER 테이블의 주 키와 맞는 외래 키이다. 그것은 CUSTOMER와 ORDER 사이의 1-대-다 관계를 나타낸다. 그러나 '고객 번호'는 ORDER 테이블의 주 키의 일부가 아니다; '고객 번호'는 그저 CUSTOMER와 ORDER 두 테이블 사이의 관계를 만들기 위해 사용되었을 뿐이다.

관계형 데이터베이스는 주 키와 외래 키에 의해서 연결된 자료에 의해 나타나는 관계를 이용한다. 메가 비디오의 직원이 '주문 번호' 1002가 어떤 '제목'을 주문한 것인지 알아보고 싶어한다고 가정해 보자. 먼저, 데이터베이스는 '주문 번호' 1002가 포함된 LINE ITEM 테이블의 레코드를 확인할 것이다. 그런 다음, 데이터베이스는 그것을 ITEM 테이블의 '물품 번호'에 맞춰 볼 것이다. 결과는 각 테이블에서 얻은 레코드들을 결합한 것이 된다.

비즈니스 중심적 의사결정

1. 스포트테크 이벤트

스포트테크 이벤트는 지역 고등학교 운동선수들을 위한 체육 행사를 개최한다. 이 회사는 행사의 후원사와 개최 장소를 추적하기 위한 데이터베이스 설계가 필요하다. 각 행사는 설명, 날짜, 비용이 필요하다. 행사마다 별도의 비용이 협상된다. 회사는 또한 잠재적 후원사 목록을 보유하고자 하며, 여기에는 각 후원사의 이름, 전화번호, 주소와 같은 연락처 정보가 포함된다.

각 행사는 단일 후원사를 가지지만, 특정 후원사는 둘 이상의 행사를 후원할 수 있다. 각 장소는 ID, 담당자, 전화번호가 필요하다. 특정 행사는 하나의 장소만 사용하지만, 한 장소는 여러 행사에 사용될 수 있다. 스포트테크는 여기서 설명된 정보를 바탕으로 ERD를 작성해줄 것을 요청한다.

2. 강좌 및 학생 일정

덴버 대학교 정보기술IT 학과장인 폴 바우어는 학과에서 제공하는 모든 강좌를 추적하기 위한 데이터베이스를 만들어야 한다. 강좌 정보 외에도, 바우어는 각 강사의 ID 번호, 이름, 사무실 위치, 전화번호와 같은 기본 연락처 정보를 데이터베이스에 포함시키고자 한다. 현재 학과에는 9명의 강사(전임 교수 7명과 겸임 교수 2명)가 있다. 각 강좌에 대해 바우어는 강좌 ID, 제목, 학점 수를 추적하고자 한다. 강좌가 개설될 때, 해당 섹션은 ID 번호를 받고, 이 번호로 학과는 어떤 강사가 강좌를 가르치는지 추적한다. 강좌 당 강사는 한 명뿐이다.

마지막으로, 바우어는 IT 학생들을 추적하고 각 학생이 수강한 강좌를 알 수 있어야 한다. 그가 각 학생에 대해 알고 싶은 정보에는 ID 번호, 이름, 전화번호가 포함된다. 또한 학생이 각 강좌에서 받은 성적도 알아야 한다. 그는 여기서 설명된 정보를 바탕으로 Chen 모델을 사용하여 ERD를 작성해 줄 것을 요청했다.

3. 풋힐스 애슬레틱스

풋힐스 애슬레틱스는 콜로라도 주 하이랜드 랜치에서 서비스를 제공하는 체육 시설이다. 하이랜드 랜치에 거주하는 모든 부동산 소유자들은 하이랜드 랜치 커뮤니티 협회(HRCA)의 회원이며, HRCA는 주민들에게 레크리에이션 시설을 제공하기 위해 풋힐스 애슬레틱스와 제휴를 맺었다.

풋힐스 애슬레틱스는 인력, 시설, 장비 및 HRCA 회원들을 관리하기 위해 스프레드시트를 사용해 왔다. 이 스프레드시트는 많은 데이터 중복을 야기했으며, 정보를 추가, 수정, 삭제하는 과정에서 여러 이상 현상이 발생했다. HRCA 회원 중 한 명이 체육 시설이 데이터베이스를 만들어 데이터 관리를 개선하고 스프레드시트가 야기하는 많은 문제점을 해결해야 한다고 제안했다.
풋힐스 애슬레틱스의 주요 비즈니스 운영은 다음을 기반으로 한다:

- 인사: 풋힐스 애슬레틱스는 주로 피트니스 강사와 행정 직원으로 구성된 다수의 직원을 보유하고 있다. 각 직원에 대해 이름, 주소, 전화번호, 고용일, 직위, 현재 또는 전 직원 상태 등의 세부 정보를 기록한다. 직원들은 고용 시 고유한 4자리 직원 ID 번호를 부여받는다.
- 회원: HRCA 회원들이 풋힐스 애슬레틱스에 가입할 때, 고유한 4자리 회원 ID 번호가 할당된다. 이 정보와 함께 이름, 주소, 전화번호, 성별, 생년월일, 가입일이 기록된다. 등록 시 각 회원은 세 가지 유형의 회원권 중 하나를 선택하며, 각각에 고정 회원 요금이 부과된다: 플래티넘(400달러), 골드(300달러), 실버(200달러). 이는 평생 회원권을 확립하는 1회성 요금이다.
- 시설 및 장비: 풋힐스 애슬레틱스는 다양한 시설과 장비 선택지를 제공한다. 각 시설에는 고유한 방 번호와 수용 인원 제한이 있다. 일부 방에는 다양한 운동 장비가 있으며, 모든 장비에는 재고 관리와 유지보수를 위한 일련번호가 있다. 또한, 각 장비에 대해 구매일과 최근 유지보수 날짜가 기록된다. 각 장비는 타원형 기구와 같은 특정 장비 유형에 속하며, 고유한 3자리 식별 번호가 할당된다. 해당 장비 모델의 설명, 제조업체 모델 번호, 권장 유지보수 주기도 파일로 보관된다. 각 장비 유형은 고유한 2자리 제조업체 ID 번호로 참조되는 단일 제조업체와 연관된다.

당신은 여기서 설명된 정보를 바탕으로 Chen 모델을 사용하여 ERD를 작성하는 데 풋힐스 애슬레틱스를 지원하기 위해 고용되었다.

4. 슬로프사이드 스키 대여점

콜로라도 주 베일에 위치한 베일 리조트는 북미 최고의 스키 장소 중 하나로 국제적으로 알려져 있다. 1973년부터 슬로프사이드 스키 대여점은 이 지역의 전통이 되어 왔다. 슬로프사이드 스키 대여점에서 고객들은 스키, 부츠, 스노보드, 의류, 헬멧, 아이웨어 및 슬로프에 필요한 다양한 기타 액세서리를 가장 폭넓게 선택할 수 있다.

새로운 트렌드와 기술

D APPENDIX

학습성과

D.1 미래 비즈니스에서 가장 큰 영향을 미칠 글로벌 트렌드를 식별할 수 있다.
D.2 기업이 미래를 평가하기 위해 추세를 사용하는 이유를 설명할 수 있다.
D.3 미래 비즈니스에 가장 큰 영향을 미칠 기술을 식별할 수 있다.

서론

조직은 다음과 같이 합리적이고 과학적인 다양한 방법을 사용하여 미래의 사건을 예측 및 평가한다.

- **트렌드 분석**: 트렌드의 성격, 원인, 발전 속도 및 잠재적 영향을 식별하기 위해 경향을 조사한다.
- **동향 모니터링**: 특정 커뮤니티, 산업부문에서 특히 중요하다고 간주되는 동향을 주의 깊게 관찰하고 주요 의사 결정자에게 보고한다.
- **추세 예측**: 수치 데이터를 사용할 수 있는 경우 추세를 그려 시간과 미래의 변화를 표시한다.
- **컴퓨터 시뮬레이션**: 미국 경제와 같은 복잡한 시스템은 수학 방정식을 사용하여 모델링할 수 있으며, 모델에 대해 다양한 시나리오를 실행하여 "가정" 분석을 수행한다.
- **역사적 분석**: 역사적 사건을 연구하여 현재 진행 상황의 결과를 예측한다.

예측은 비즈니스 성공의 비밀 요소 중 하나이다. 그러나 우리 세상, 대부분 모든 것이 그 어느 때보다 빠른 속도로 변화하고 있기에 예지력은 점점 부족해지고 있다. 빠르게 변화하는hyper change 세계에서 많은 조직이 어떤 유형의 미래를 준비해야 하는지 잘 모른다. 그림 D.1은 조직이 미래와 연구 동향을 살펴보아야 하는 주요 이유를 보여준다.

그림 D.1

트렌드를 연구해야 하는 8가지 주요 이유

트렌드를 연구해야 하는 8가지 주요 이유		
1	**아이디어 생성 및 기회 식별**	트렌드를 연구하고 출판물을 분석함으로써 새로운 아이디어와 혁신을 모색할 수 있다.
2	**조기에 위험 식별**	잠재적인 위협 및 위험에 대해 환경을 검색할 수 있다.
3	**자신감 얻기**	추세에 대한 인식의 견고한 기반은 조직에 위험을 감수할 수 있는 자신감을 얻을 수 있다.
4	**경쟁에서의 승리**	다른 사람들보다 다가올 흐름을 먼저 보는 것이 조직에 있어서 새로운 시장에서 발판을 마련하는 데 필요한 리드 타임을 확보할 수 있다.
5	**트렌드 이해**	트렌드 내의 세부 사항을 분석하면 빠르게 나타나고 사라지는 유행과 진정으로 중요한 발전을 구분하는 데 도움이 될 수 있다.
6	**전략적 목표의 균형**	미래에 대해 생각하는 것이 장기적으로 문제를 일으킬 "지금은 이익을 얻고 나중에는 걱정하라"라는 사고방식에 대한 해독제이다.
7	**특정 산업의 미래 이해**	조직은 업계 안팎의 모든 것을 이해해야 한다.
8	**빠르게 변화하는 미래 대비**	급변하는 세상에서 경쟁하고자 하는 모든 조직은 미래 예측을 위해 최대한의 노력을 기울여야 한다.

우리의 미래를 구체화하는 트렌드

세계미래학회World Future Society에 따르면 다가올 트렌드는 우리의 세상, 미래, 그리고 삶을 변화시킬 잠재력을 가지고 있다.

- 세계 인구는 향후 40년 동안 두 배가 될 것이다.
- 선진국의 사람들은 더 오래 살고 있다.
- 정보산업의 성장은 지식의존형 글로벌 사회를 만들고 있다.
- 세계 경제는 더욱 통합되고 있다.
- 경제와 사회는 기술이 지배한다.
- 기술 혁신의 속도가 빨라지고 있다.
- 시간은 세계에서 가장 소중한 상품이 되고 있다.

세계 인구는 향후 40년 동안 두 배로 증가할 것이다

2000년에서 2050년 사이에 인구가 가장 많이 증가할 것으로 예상하는 국가들

- 팔레스타인 영토: 217% 증가
- 니제르: 205% 증가
- 예멘: 168% 증가
- 앙골라: 162% 증가
- 콩고민주공화국: 161% 증가
- 우간다: 133% 증가

반면 선진국 또는 산업화한 국가에서는 출산율이 인구 대체 수준 이하로 감소하여 인

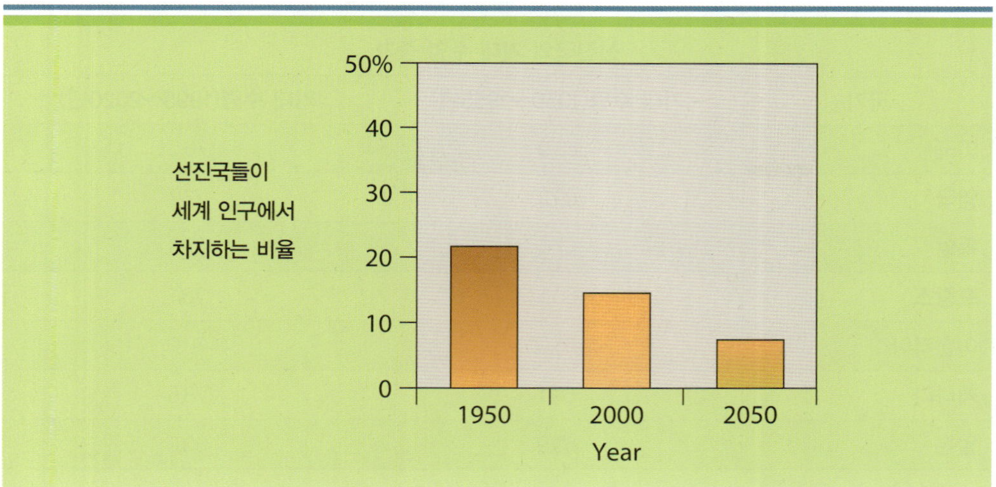

그림 D.2

선진국들이 세계 인구에서 차지하는 비율

구가 매우 감소할 것으로 예상된다(그림 D.2 참조).

잠재적인 비즈니스 영향

- 세계 농업은 향후 40년 동안 인류의 영양학적 필요를 충족시키기 위해 인류 역사 전체에서 생산된 만큼의 식량을 공급해야 할 것이다.
- 선진국들은 경쟁력을 유지하고 경제 성장을 지속하기 위해 퇴직자들이 계속 일을 해야 한다는 것을 알게 될 것이다.
- 선진국은 이민 제한을 늘리기 시작할 것이다.

선진국 사람들은 더 오래 산다

새토운 의약품과 의료기술은 과거 세대에게는 치명적이었을 질병을 예방하고 치료하는 것을 가능하게 한다. 이것이 각 세대가 이전 세대보다 더 오래 살고 건강하게 유지되는 한 가지 이유이다. 평균적으로 미국의 각 세대는 이전 세대보다 3년 더 오래 산다. 1950년의 80세 노인은 오늘날 6.5년 더 살 것으로 예측된다. 많은 선진국은 현재 남성의 경우 75세 이상, 여성의 경우 80세 이상의 기대 수명을 경험하고 있다(그림 D.3 참조).

잠재적인 비즈니스 영향

- 노인을 위한 제품 및 서비스에 대한 전 세계 수요는 향후 수십 년 동안 빠르게 증가할 것이다.
- 의료비가 치솟을 것이다.
- 제약사들은 노인의학 발전에 박차를 가할 것이다.

정보산업의 성장이 지식의존형 글로벌 사회를 만들고 있다

미국 관리 직원의 90%가 지식 근로자인 것으로 추정된다. 유럽과 일본의 지식 근로자에 대한 추정치는 크게 뒤처지지 않는다. 머지않아 대규모 조직은 동료, 고객 및 공급업체의 정보에 의존하는 전문가로 구성될 것이다. 직원들은 획득한 정보를 기반으로 의사결정을 내릴 수 있는 새로운 권한을 얻게 된다.

그림 D.3

선진국의 기대 수명 증가(국가, 1950~1955년생 기대 수명, 1995~2020년생 기대 수명)

선진국의 기대 수명 증가		
국가	기대 수명(1950~1955년)	기대 수명(1995~2020년)
미국	68.9	76.5
영국	69.2	77.2
독일	67.5	77.3
프랑스	66.5	78.1
이탈리아	66.0	78.2
캐나다	69.1	78.5
일본	63.9	80.5

잠재적인 비즈니스 영향

- 최고 관리자는 자신의 직무를 유지하고 성공을 달성하기 위해 컴퓨터에 능숙해야 한다.
- 지식 근로자는 일반적으로 더 높은 급여를 받으며 이들의 확산으로 전반적인 번영이 증가한다.
- 신입 및 비숙련 직위는 점점 더 높은 수준의 교육을 필요로 한다.
- 이제 정보는 분석을 위해 프런트 오피스 하위 직원에서 상위 경영진으로 이동한다. 따라서 미래에는 더 적은 수의 중간 관리자가 필요하여 기업 피라미드가 평평해질 것이다.
- 일반적인 대규모 조직이 유연성을 높이기 위해 스스로 재창조하고 재구성하기 위해 고군분투함에 따라 규모 축소, 구조조정, 조직개편, 아웃소싱 및 정리해고는 계속될 것이다.

세계 경제는 더욱 통합되고 있다

조직이 수익에 직접 이바지하지 않는 활동에 대해 높은 급여를 지급하는 것을 거부함에 따라 국제적인 아웃소싱이 증가하고 있다. 유럽 연합은 국경과 자본 통제를 완화하여 기업이 대륙 전역에서 지원 기능을 더 쉽게 아웃소싱할 수 있도록 했다.

인터넷은 세계 경제를 가능하게 하는 주요 도구 중 하나이다. 인터넷 사용이 증가하는 주요 원인 중 하나는 연결 기술의 향상이다. 인터넷 사용의 증가는 e비즈니스의 수익을 증가시키고 있다.

잠재적인 비즈니스 영향

- 먼 나라의 인력에 대한 수요는 외국어 교육, 다른 문화에 적합한 직원 성과보수 및 전 세계적으로 비즈니스를 수행하는 다른 많은 측면에 대한 필요성을 증가시킬 것이다.
- 전자상거래의 성장과 원자재 및 공급품을 구매하기 위해 전 세계적으로 인터넷을 사용하면 비즈니스 비용을 줄일 수 있다.

- 인터넷은 소규모 기업이 상대적으로 적은 투자로도 세계적인 거대 기업과 계속해서 경쟁할 수 있도록 한다.
- 인터넷 기반 운영은 고도의 지식 근로자를 필요로 하므로 적절한 기술을 갖춘 인력이 향후 15년 동안 대규모로 채용될 것이다.

기술이 지배하는 경제와 사회

컴퓨터는 우리 환경의 일부가 되고 있다. 일상적인 상업 및 서비스 작업, 환경적으로 위험한 작업, 표준 조립 작업, 심지어 우주정거장과 같이 접근할 수 없는 장비의 수리까지도 점점 더 로봇이 수행할 것이다. 인공지능과 전문가 시스템은 대부분의 기업과 정부기관이 데이터를 통합하고, 오늘날의 컴퓨터가 해결할 수 없는 에너지 탐사, 의료 진단 자동화, 보험 발인, 법 집행 등의 문제를 해결하는 데 도움을 줄 것이다.

경제적 온도에서 작동하는 초전도체는 현재 상업적으로 사용된다. 제품들은 3파운드 커피 캔 크기의 슈퍼컴퓨터, 오늘날 사용되는 것보다 75% 더 작고 가벼운 전자 모터, 발전기가 포함될 것이다.

잠재적인 비즈니스 영향

- 신기술은 비즈니스와 일자리를 창출할 수 있는 수십 가지의 새로운 기회를 제공한다.
- 자동화는 제품 및 서비스 비용을 지속해서 감소시켜 가격을 낮추고 이익을 향상할 수 있다.
- 인터넷은 대부분의 제품 가격을 상품 수준으로 끌어올릴 것이다.
- 과학자, 엔지니어 또는 기술자에 대한 수요는 계속 증가할 것이다.

기술 혁신의 속도가 증가하고 있다

기술은 놀라운 속도로 발전하고 있다. 의학 지식은 8년마다 두 배로 증가하고 있다. 대학교 학생들이 1학년 때 혁신적인 기술에 대해 배우는 것 중 절반은 3학년이 되어서야 쓸모없거나, 수정되거나, 당연하게 여겨지는 신흥 트렌드 및 기술이다. 사실, 오늘날의 모든 기술 지식은 2050년에 사용할 수 있는 지식의 1%에 불과하다.

잠저적인 비즈니스 영향

- 기술로 인해 제품과 서비스를 출시하는 시간이 단축되고 있다. 제품은 경쟁업체가 다시 모방하기 전에 빠르게 출시하여 시장을 장악해야 한다. 1940년대에 제품을 시장에 출시하는 데 걸리는 평균 시간은 40주였다. 오늘날 제품의 전체 수명 주기가 40주 동안 유지되는 경우는 거의 없다.
- 산업은 새로운 기술을 기반으로 더욱 치열한 경쟁에 직면할 것이다. 최첨단 기술을 먼저 받아들이는 사람은 번영하고, 그것을 무시하는 사람은 결국 실패한다.

시간이 세상에서 가장 소중한 자원이 되고 있다

미국에서 오늘날 미국의 근로자들은 10년 전보다 약 10% 더 많은 시간을 직장에서 보낸다. 유럽의 경영진과 비노조 근로자도 같은 추세에 직면해 있다. 이러한 고압 환경은 시간을 절약하거나 삶을 단순화하는 모든 제품 또는 서비스에 대한 필요성을 증가시킨다.

잠재적인 비즈니스 영향

- 회사는 직원들이 직장에서 보내는 시간과 가족의 삶, 여가의 필요성 사이에서 균형을 이룰 수 있도록 적극적인 역할을 해야 한다.
- 직원의 사기와 건강에 영향을 미치는 스트레스 관련 문제는 계속해서 증가할 것이다.
- 쇼핑할 시간이 점차 줄어들면서 인터넷과 통신판매업체는 전통적인 매장보다 유리해질 것이다.

우리의 미래를 형성하는 기술

우리는 유연하고 다이내믹하게 상호 연결된 장치, 다른 사람, 정보 및 서비스가 확장되는 가운데 서 있다. 이 "디지털 메쉬"는 개인을 둘러싸고, 그리고 그것을 활용하기 위해 새롭고 지속적인 환경들이 조성될 것이다. 올랜도에서 열린 Gartner/Symposium ITxpo 2015에서 Gartner의 최고 전략 기술 동향을 공개하는 세션에서 부사장 겸 Gartner Fellow인 David Cearley는 기술에 대한 세 가지 트렌드(디지털 메시, 스마트 머신, 그리고 새로운 IT 현실)를 소개했다.

디지털 메시

트렌드 1: 디바이스 메시 자동차, 스마트폰, 가전제품 등과 같은 모든 장치는 전 세계 사람들을 연결하여 데이터, 애플리케이션, 소셜 커뮤니티, 정부 및 기업에 액세스할 수 있도록 한다. 이러한 스마트 장치의 메시가 계속 진화함에 따라 Gartner는 연결 모델이 확장되고 장치 간의 더 큰 상호협력 작용이 나타날 것으로 기대한다. 가상현실은 실제 세계 또는 가상 세계의 시뮬레이션이 될 수 있는 컴퓨터 시뮬레이션 환경이다. 증강현실은 컴퓨터 생성 정보에 계층이 추가된 물리적 세계를 보는 것이다. 웨어러블과 증강현실, 특히 가상현실의 놀라운 발전을 기대해본다.

트렌드 2: 주변 사용자 경험 주변 디지털 경험은 실시간으로 주변 환경에서 생성되는 물리적, 가상 및 전자적 환경의 혼합이 된 것이다. 사용자가 한 곳에서 다른 곳으로 이동할 때 변경된다. 우리의 모든 디지털 상호작용은 지속적이고 일상화된 디지털 경험으로 동기화될 수 있다. 사용자는 다음을 수행할 수 있다. 오랜 시간 동안 응용 프로그램과 상호작용한다. 조직은 디자인에 대한 초점을 애플리케이션에서 사용자 경험과 관련된 제품 및 서비스 전체로 전환하기 위해 고객의 행동 여정을 고려해야 한다.

트렌드 3: 3D 프린팅 재료 재료 3D 프린팅은 적층 과정에서 계층별로 디지털 모델에서 3차원 입체 물체를 만든다. 현재까지 3D 프린터는 일반적으로 한 번에 한 가지 유형의 재료만 인쇄할 수 있다. 차세대 3D 프린터는 하나의 빌드에서 여러 재료를 함께 혼합할 수 있을 것으로 기대된다. 3D 프린팅의 다른 발전에는 고급 니켈 합금, 탄소 섬유, 유리, 전도성 잉크, 전자 제품, 심지어 의약품 및 생물학적 재료와 같은 광범위한 재료가 포함된다. 생물학적 3D 프린팅에서는 피부 및 장기 프린팅을 포함하고 있으며, 이론에서 현실로 진행되고 있다. 그러나 정치인과 대중은 그 의미를 완전히 이해하지 못하고 있다.

스마트 머신

트렌드 4: 모든 사물의 정보 사물인터넷IoT은 상호 연결된 인터넷 장치 또는 "사물"이 사람의 개입 없이 데이터를 수집하고 공유할 수 있는 세상이다. IoEInformation of Everything는 사람과 프로세스도 포함하는, 더욱 복잡한 시스템을 설명하기 위해 사물 인터넷Machine-to-Machine Communications의 강점을 확장한 개념이다. IOE는 텍스트, 오디오, 비디오, 감각 및 내재한 문자 정보를 포함하여 디지털 메시에 의해 생성되는 엄청난 양의 정보와 함께 이런 한 모든 이질적인 데이터 소스를 연결하는 전략 및 기술을 포괄한다.

디지털 메시는 우리를 둘러싸고 있는, 사실상 측정할 수 없는 양의 정보를 생성한다. 기업은 전략적 가치를 제공하는 정보를 식별하는 방법, 다양한 소스의 데이터에 액세스하는 방법, 그리고 알고리즘이 모든 정보를 활용하여 새로운 비즈니스 설계를 추진하는 방법을 탐구해야 한다.

트렌드 5: 고급 기계학습 머신러닝은 컴퓨터가 환경의 개념을 이해하고 학습할 수 있도록 하는 일종의 인공지능이다. 머신러닝은 새로운 데이터에 노출될 때 스스로 성장하고 변화하도록 학습할 수 있는 컴퓨터 프로그램 개발에 중점을 두고 있으며, 스마트 장치를 지능적으로 보이게 만드는 역할을 한다. 예를 들어, 의료 사례들의 방대한 이력을 데이터베이스를 분석함으로써 "학습"된 치료 효과에 대해 이전에 알려지지 않은 통찰력을 드러낼 수 있다. 이 영역은 빠르게 진화하고 있으며, 기업은 경쟁 우위를 확보하기 위해 이러한 기술을 적용할 수 있는 방법을 확인해야 한다.

트렌드 6: 자율 에이전트와 사물 미래에 사람들은 손가락 터치로 불러오는 끊임없는 정보의 흐름으로 이동할 것이다. 그들은 가정과 사무실에서 실물 크기의 이미지, 데이터 및 텍스트와 상호 작용할 것이다. 컴퓨터에 집착하는 시대는 지나갈 것이다. 가상 비서VA는 이메일, 팩스, 메시지 및 전화 통화를 모니터링하는 PC 또는 휴대용 장치에 저장된 작은 프로그램이다. 가상 비서는 실제 비서가 하는 것과 같은 방식으로 개인이 문제를 해결하는 데 도움이 된다. 시간이 지나면 VA는 편지 쓰기, 파일 검색, 전화 걸기와 같은 일상적인 작업을 대신하게 된다.

자율 에이전트는 어느 정도 독립성 또는 자율성을 가진 사용자 또는 다른 프로그램을 대신하여 일련의 작업을 수행하고 사용자의 목표 또는 욕구에 대한 지식이나 표현을 사용하는 소프트웨어이다. 자율 에이전트 로봇 영업 사원은 사람의 모습을 하고 영업 업무와 관련된 모든 작업을 수행할 수 있다. 자율적으로 행동하는 로봇, 차량, 가상 비서 및 스마트 조언자는 자율 에이전트가 주요 사용자 인터페이스가 되는 주변 사용자 경험에 공급된다. 사용자는 태블릿이나 스마트폰과 상호 작용하는 대신 실제로 지능형 에이전트인 자율 애플리케이션과 직접 대화한다.

새로운 IT 현실

트렌드 7: 적응형 보안 아키텍처 실시간 적응형 보안 네트워크에서 다중 경계와 유동적 영역, 그리고 기업을 표적으로 하는 점점 더 지능화된 위협을 수용하는 데 필요한 네트워크 보안 모델이다.

사이버 전쟁 및 사이버 테러와 함께 부상하는 "해커 산업"은 조직의 위협을 매우 증가시켰다. 기술 리더는 공격을 방지하기 위한 전통적인 차단 및 기타 조치뿐만 아니라 위협을 감지하고 대응하는 데 중점을 두어야 한다.

트렌드 8: 고급 시스템 아키텍처 자율 컴퓨팅 인체의 자율 신경계의 이름을 따서 패턴화한 자가 관리 컴퓨팅 모델이다.

자율 컴퓨팅은 광범위한 컴퓨팅의 빌딩 블록 중 하나이며, 보이지 않는 작은 컴퓨터가 우리 주변에 있고 점점 더 상호 연결된 네트워크를 통해 통신하게 될 것으로 보이는 미래 컴퓨팅 모델이다. 디지털 메시와 스마트 머신은 딥러닝 및 기타 패턴 매칭 알고리즘에 적용하기에 특히나 적합한 인간 두뇌와 같은 기능을 하는 자율 컴퓨팅 아키텍처를 필요로 한다.

자율 아키텍처를 통해 가정, 자동차, 손목시계, 심지어 인간과 같은 가장 작은 IoT 엔드 포인트에 더 적은 전력으로 배포 가능하게 된다.

비즈니스 중심적 의사결정

1. 트렌드 식별 및 추적

Hot.com은 기업들이 각자의 산업에서 중요한 트렌드를 식별하고 추적할 수 있도록 지원하는 데 특화된 신생 기업이다. 당신은 최근 이 회사에 비즈니스 애널리스트로 채용되었으며, 첫 번째 과제로 전자상거래e-business 산업에서 현재 주목할 만한 트렌드를 파악하는 업무를 맡게 되었다. 인터넷과 사용할 수 있는 다양한 자료를 활용하여 이 교재에서 다루지 않은 전자상거래 분야의 주요 트렌드 5가지를 선정하고, 각 트렌드가 비즈니스에 미칠 수 있는 영향을 분석한 파워포인트 프레젠테이션을 준비하시오.

2. NAO 로봇

NAO(발음: 나우) 로봇은 지금까지 만들어진 어떤 로봇보다도 귀엽고, 놀랍게도 춤도 출 수 있다. 이 로봇은 프랑스 파리에 본사를 둔 알데바란 로보틱스Aldebaran Robotics에서 개발한 자율형, 프로그래밍이 가능한 인간형 로봇humanoid robot이다. NAO 로봇은 전 세계의 수많은 대학과 교육기관에서 연구 및 교육 목적으로 사용되고 있으며, 2015년 기준으로 50개국 이상에서 5,000대 이상의 NAO가 사용되고 있다. 인터넷을 통해 NAO 로봇 관련 영상을 찾아보고, 이 로봇을 기반으로 하는 새로운 제품 또는 서비스를 고안하시오.

3. **고육용 로봇**

로봇은 항상 아이들, 아니 전 연령대 사람들의 관심과 상상력을 자극해 왔다. Robot LAB은 이러한 흥미를 기반으로 프로그래밍과 컴퓨팅 사고력과 같은 21세기 핵심 역량을 길러주는 데 집중한다. Robo tLAB은 고급 로봇을 활용해 추상적인 수학과 컴퓨터 과학 개념을 직관적으로 학습할 수 있도록 수업을 설계하며, 복잡한 문제를 로봇과의 상호작용 및 조작을 통해 자연스럽게 이해할 수 있게 만든다. http://www.robotlab.com/에 접속해 교육용 로봇들을 살펴보고, 자신의 대학 생활에 도움이 될 새로운 로봇을 설계하시오.

4. **적을수록 좋다**

당신의 조직은 현재 시스템 혼란system chaos의 가장자리에서 위태롭게 버티고 있다. 시스템 관리자는 너무 많은 시스템과 애플리케이션, 너무 적은 자원, 부족한 시간으로 인해 한계에 도달한 상태이다. 요구의 범위, 빈도, 다양성이 커짐에 따라 누구도 쉽게 입 밖에 낼 수 없는 수준의 리스크가 증가하고 있다. 이러한 상황에서 운영 환경을 자동화하고 복잡성을 줄이는 일은 조직의 생존을 위해 필수적이다. 자율 컴퓨팅autonomic computing 기술을 조사하고, 이 기술이 조직이 시스템을 보다 효과적으로 통제하고 운영하는 데 어떻게 기여할 수 있는지 분석한 보고서를 작성하시오.

5. **실시간 적응형 보안**

BusinessED는 비즈니스 교육 시장을 위한 혁신적 소프트웨어 개발을 전문으로 하는 기업이다. 이 회사의 창립자이자 대표인 Danny Henningson은, 전 세계 초 · 중 · 고등학교를 대상으로 하는 교육용 제품 개발에 큰 관심을 두고 있으며, 당신을 연구개발R&D 부문 부사장으로 채용하였다. 당신의 첫 번째 임무는 공립학교가 직면한 다양한 보안 위협과 문제를 조사하고, 실시간 적응형 보안real-time adaptive security 기술이 BusinessED의 성공에 어떻게 기여할 수 있을지를 설명하는 것이다.

6. **대체 에너지**

미국 내 에너지 비용이 계속해서 증가함에 따라, 많은 가정에서는 자가 에너지 생산 방식에 관심을 보이고 있다. 당신의 친구 Cole Lazarus는 이러한 수요를 겨냥한 대체 에너지 솔루션 비즈니스를 시작하려 한다. 그는 당신에게 사업 개발의 도움을 요청하였다. 인터넷을 통해 자가 에너지 시스템 구축 방법을 조사하고, 사용 가능한 다양한 에너지원들을 정리한 후, 각 에너지원의 장점과 단점을 분석한 문서를 작성하시오.

E

APPENDIX

연결성: 네트워크로 연결된 세상의 비즈니스 가치

학습성과

E.1 연결된 세상을 만드는 5가지 네트워킹 요소를 설명하라.
E.2 연결된 세계의 이점과 과제를 파악하라.

연결된 세계의 개요

컴퓨터 네트워크는 전 세계에서 지속적으로 작동하여 연중무휴 켜져 있고 항상 연결된 라이프스타일을 지원한다. 당신은 아마 깨닫지도 못한 채 지금 여러 네트워크를 사용하고 있을 것이다. 학교 네트워크를 사용하여 교사와 통신하고, 셀룰러 네트워크를 사용하여 친구와 통신하고, 케이블 네트워크를 사용하여 TV를 보거나 라디오를 들을 수 있다.

네트워크는 통신 또는 정보교환(음성, 텍스트, 데이터, 오디오, 비디오)을 가능하게 한다. 통신 산업은 정부 규제 독점에서 많은 공급업체가 치열한 경쟁을 벌이는 규제 완화 시장으로 변모했다. 경쟁 회사는 지역 및 글로벌 전화 서비스, 위성 서비스, 모바일 라디오, 케이블 TV, 셀룰러 서비스 및 인터넷 액세스(모두 이 부록에 자세히 설명되어 있음)를 제공한다. 전 세계의 기업은 고객, 파트너, 공급업체 및 직원과 통신하고 협업하기 위해 점점 더 네트워크를 사용하고 있다. 당신은 관리자로서 많은 소통 대안에 직면하게 될 것이며, 이 부록의 초점은 당신이 언젠가 선택해야 할 다양한 네트워킹 요소에 대한 초기 이해를 제공하는 것이다(그림 E.1 참조).

네트워크 범주

네트워크의 일반적인 개념은 여러 장치가 달성 가능한 최고 속도로 통신할 수 있도록 하고 매우 중요하게는 연결 비용을 줄이는 것이다. 특정 네트워크가 이러한 목표를 달성하는 방법은 부분적으로 물리적으로 구성되고 연결되는 방법에 따라 다르다. 네트워크는

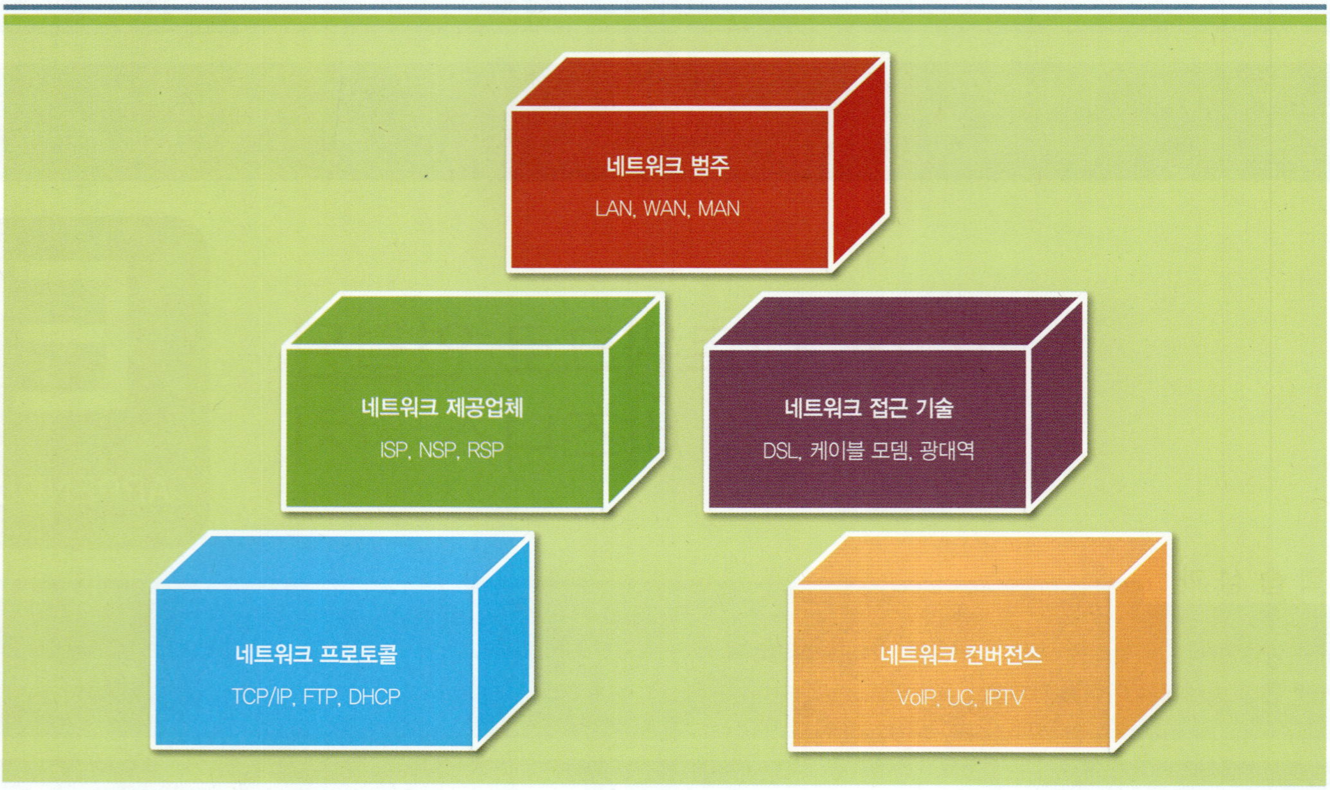

그림 E.1

연결된 세상을 만드는 네트워킹 요소

지리적 범위에 따라 근거리 통신망, 광역 통신망, 대도시 통신망으로 분류된다. 오늘날의 비즈니스 네트워크에는 이 세 가지가 모두 포함되어 있다.

근거리 통신망LAN은 사무실 건물, 학교 또는 가정과 같이 가까운 곳에 있는 컴퓨터 그룹을 연결한다. LAN을 통해 파일, 프린터, 게임 및 기타 자원을 공유할 수 있다. LAN은 종종 다른 LAN과 광역 네트워크에도 연결된다. WAN(광역 네트워크)은 주, 도 또는 국가와 같은 넓은 지리적 영역에 걸쳐 있다. 아마도 가장 좋은 예는 인터넷일 것이다.

WAN은 많은 기업과 정부 조직의 일상적인 활동을 수행하는 데 필수적이며, 이를 통해 직원, 고객, 공급업체, 비즈니스 파트너 및 도시, 지역 및 기타 조직 간에 그리고 국가와 전 세계에 걸쳐 정보를 송수신할 수 있다. 네트워킹에서 감쇠는 데시벨dB로 측정된 네트워크 신호 강도의 손실을 나타내며, 전송 강도가 더 먼 거리에 걸쳐 점차적으로 소멸되거나, 무선 간섭 또는 벽과 같은 물리적 장애물로 인해 발생한다. 중계기는 신호를 수신하고 반복하여 감쇠를 줄이고 범위를 확장한다.

WAN은 종종 근거리 통신망이나 대도시 지역 통신망과 같은 여러 개의 소규모 네트워크를 연결한다. MAN(대도시 네트워크)은 일반적으로 도시에 걸쳐 있는 대규모 컴퓨터 네트워크이다. 캠퍼스에 걸쳐 있는 대부분의 대학 및 대기업은 MAN이 지원하는 인프라를 사용한다. 그림 E.2는 LAN, WAN 및 MAN 간의 관계와 몇 가지 차이점을 보여준다. 클라우드 이미지는 종종 인터넷이나 일부 대규모 네트워크 환경을 나타낸다.

LAN, WAN 및 MAN은 모두 사용자에게 액세스 가능하고 안정적인 네트워크 인프라를 제공하지만, 여러 차원에서 다르다. 가장 중요한 두 가지는 비용과 성능이다. 같

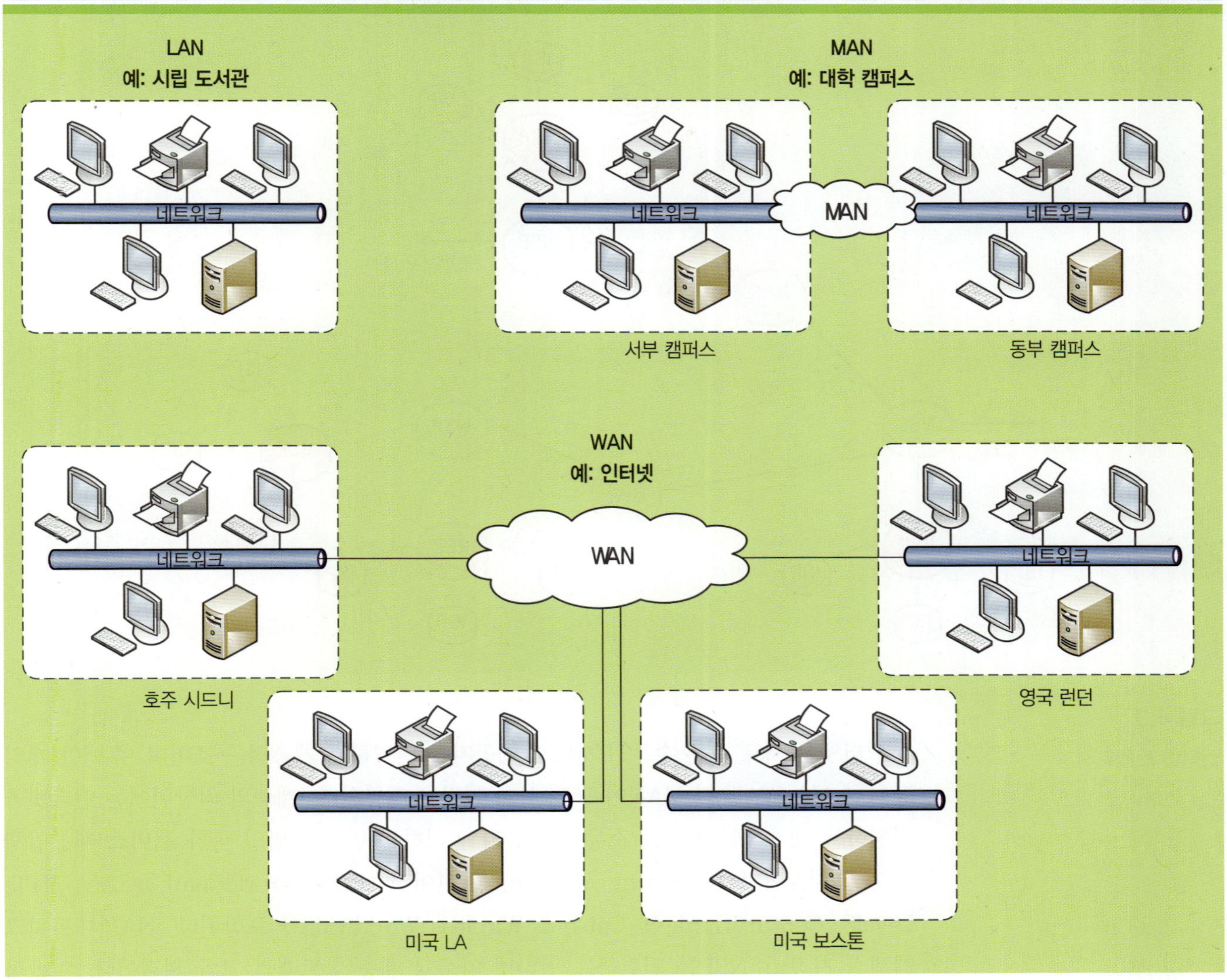

그림 E.2

네트워크 범주: LAN, WAN 및 MAN

은 방이나 건물에 있는 두 대의 컴퓨터 간에 네트워크를 구축하는 것은 쉽지만, 서로 다른 즈 또는 국가에 있는 경우 훨씬 더 어렵다. 이는 WAN을 구축하거나 지원하려는 사람이 더 많은 비용을 지불하거나, 더 적은 성능을 얻거나, 또는 둘 다라는 것을 의미한다. 이더넷은 유선 네트워킹을 위한 가장 일반적인 연결 유형이며, 10Mbps에서 최대 10,000Mbps(10Gb)까지의 속도로 사용할 수 있다. 이더넷 네트워킹에 사용되는 가장 일반적인 전선은 Cat5(범주 5)이며, 사용되는 커넥터는 RJ45로 전화기에서 사용하는 RJ11 커넥터보다 약간 크지만 모양은 동일하다.

네트워크 제공업체

가장 크고 가장 중요한 네트워크인 인터넷은 세계적인 정보 초고속 도로로 진화했다. 그것을 수백만 개의 더 작은 네트워크로 구성된 네트워크로 생각하라. 각각은 다른 네트워크와 독립적으로 또는 조화롭게 작동할 수 있다. 인터넷 작동을 유지하는 것은 간단한 작업이 아니다. 아무도 소유하거나 운영하지 않지만, 조직화된 네트워크 토폴로지가 있다.

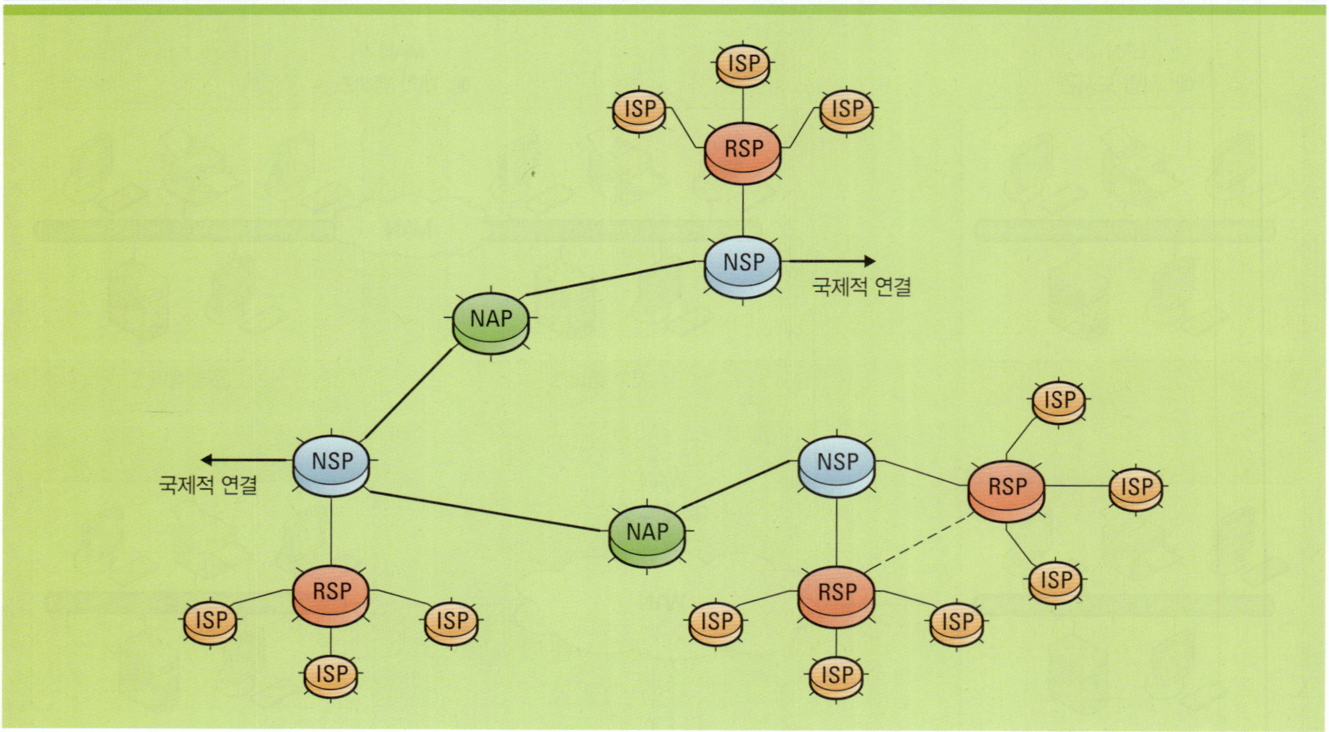

그림 E.3

인터넷 토폴로지

인터넷은 서로 다른 수준의 서비스 제공자를 연결하는 계층적 구조이며, 수백만 개의 장치, LAN, WAN 및 MAN이 모든 상호 연결을 제공한다. 계층의 최상위에는 인터넷을 지원하는 세계적인 백본을 소유하고 유지 관리하는 민간 기업인 국가 서비스 제공업체NSP가 있다. 여기에는 Sprint, Verizon, MCI(이전 UUNet/WorldCom), AT&T, NTT, Level3, Century Link 및 Cable & Wireless Worldwide가 포함된다. NAP(네트워크 액세스 지점)는 NSP를 연결하는 인터넷 라우팅 계층의 트래픽 교환 지점이다. 일반적으로 지역 또는 국가 범위가 있으며, 소수의 NSP에만 연결된다. 따라서 글로벌 인터넷의 많은 부분에 도달하려면 NAP가 연결된 NSP 중 하나를 통해 트래픽을 라우팅해야 한다.

계층 구조에서 한 단계 아래는 지역 서비스 제공업체이다. 지역 서비스 제공업체RSP는 NSP에 연결하여 인터넷 서비스를 제공하지만, 서로 직접 연결할 수도 있다. 또 다른 수준은 네트워크에 대한 관리, 지원 및 유지 관리를 전문적으로 제공하는 ISP(인터넷 서비스 공급업체)이다. ISP는 제공되는 서비스와 사용 가능한 대역폭 속도를 다양하게 한다. ISP는 RSP에 연결되며, 지리적으로 가까운 경우 다른 ISP에 연결된다. 또한 일부

그림 E.4

대역폭 속도

대역폭	약어	초당 비트 수(bps)	예시
킬로비트	Kbps	1Kbps = 1,000bps	기존 모뎀 = 56Kbps
메가비트	Mbps	1Mbps = 1,000Kbps	기존 이더넷 = 10Mbps 고속 이더넷 = 100Mbps
기가비트	Gbps	1Gbps = 1,000Mbps	기가비트 이더넷 = 1,000Mbps

는 NSP에 직접 연결하므로 계층 구조를 벗어난다. 개인과 기업은 인터넷에 접속하기 위해 로컬 ISP를 이용하고, 대기업은 RSP를 이용하여 직접 접속하는 경향이 있다. 미국의 주요 ISP에는 AOL, AT&T, Comcast, Earthlink 및 NetZero가 있다. 계층이 높을수록 연결 속도가 빨라지고 대역폭이 커진다. 그림 E.3에 표시된 백본은 매우 단순하지만, 기본적인 전역 상호연결은 NSPs RSPs와 ISPs에 의해 제공된다는 개념을 보여준다.

네트워크 접근 기술

성능은 모든 컴퓨터와 컴퓨터 시스템 또는 네트워크의 궁극적인 목표이다. 성능은 네트워크의 데이터 전송 속도 및 전송 처리 용량과 직접적인 관련이 있다. 적절한 성능을 제공하지 않는 네트워크는 네트워크에 의존하는 사람들을 위한 작업을 수행하지 못한다. 다행히 성능이 부족하면 네트워크를 업그레이드하고 확장할 수 있다.

우리는 시간 단위로 한 지점에서 다른 지점으로 전달할 수 있는 최대 데이터양인 대역폭 측면에서 네트워크 성능을 측정한다. 대역폭은 물이 호스를 통해 이동하는 것과 비슷하다. 호스가 크면 물이 호스를 통해 빠르게 흐를 수 있다. 데이터는 특히 WAN에서 먼 거리를 이동해야 하고 네트워크의 모든 영역이 동일한 대역폭을 갖는 것은 아니라는 점에서 호스와 다르다. 네트워크에는 기본적으로 용량이 다른 여러 호스가 함께 연결되어 있어 하나가 다른 호스보다 작을 때 데이터 흐름이 제한된다. 따라서 네트워크의 전송 속도는 가장 작은 대역폭의 속도에 의해 결정된다.

비트(이진법의 줄임말)는 데이터의 가장 작은 요소이며, 값은 0 또는 1이다. 대역폭은 비트 전송률(또는 데이터 속도), 시간 단위당 전송되거나 수신되는 비트 수로 측정된다. 그림 E.4는 비트 전송률 측면에서 대역폭 속도를 나타낸다. 대역폭은 일반적으로 초당 비트(약칭 bps)와 초당 바이트(약칭 Bps)로 제공된다. 이 두 용어는 서로 교환할 수 없다는 점에 유의해야 한다.

모뎀은 컴퓨터가 데이터를 전송하고 수신할 수 있게 하는 장치이다. 1990년대에 대부분의 주거용 사용자가 사용했던 기존 전화선 및 모뎀과의 연결을 다이얼업 액세스라고 한다. 오늘날 후진국과 선진국의 시골 지역의 많은 사용자들은 여전히 다이얼업을 사용한다.

이것에는 두 가지 단점이 있다. 첫째, 56Kbps의 최대 속도를 제공하는 것은 느리다. (56Kbps로 3분짜리 노래를 다운로드하는 데는 8분이 걸리고, 2시간짜리 영화를 다운로드하는 데는 하루 이상이 걸린다.) 둘째, 다이얼업 모뎀 접속은 전화선을 연결하여 사용자가 온라인 상태에서 전화를 받거나 걸 수 없게 한다. 좋은 소식은 많은 사람들이 휴대폰을 가지고 있고 더 이상 전화를 걸 때 전화선을 필요로 하지 않기 때문에 이것이 예전만큼 큰 문제가 되지 않는다는 것이다.

한때 세계적으로 가장 일반적인 연결 방식이었던 다이얼업은 빠르게 광대역으로 대체되고 있다. 광대역 통신은 항상 연결되어 있는 초고속 인터넷 연결이다. 이 경우 "고속"은 2Mbps보다 큰 대역폭을 나타낸다. 얼마 전까지만 해도 광대역 속도는 대기업의 높은 트래픽 네트워크 작업을 지원하기 위해 프리미엄 가격으로만 이용할 수 있었다. 오늘날, 가정과 소규모 회사에서도 저렴한 액세스를 사용할 수 있다.

가장 널리 사용되는 두 가지 유형의 광대역 접속은 디지털 가입자 회선과 고속 인터넷 케이블 연결이다. 디지털 가입자 회선DSL은 광대역 모뎀 기술을 사용하여 표준 전화선을 통한 고속 디지털 데이터 전송을 제공하여 인터넷과 전화 서비스가 모두 동일한 전화선을 통해 작동할 수 있도록 한다. 소비자들은 일반적으로 AT&T 또는 Century Link와 같은 유선 지역 전화 액세스를 제공하는 동일한 회사로부터 DSL 인터넷 접속을 얻는다. 따라서 고객의 전화 공급자는 ISP이기도 하며, 전화선은 DSL 모뎀을 사용하여 데이터와 전화 신호를 모두 전달한다. DSL 인터넷 서비스는 주로 가정과 소규모 기업에서 사용된다.

DSL은 다이얼업에 비해 두 가지 주요 이점이 있다. 첫째, 다운로드 시 1~2Mbps, 업로드 시 128Kbps~1Mbps의 속도로 데이터를 전송 및 수신할 수 있다. (대부분의 고속 연결은 사용자가 업로드하는 것보다 더 많은 웹 페이지를 다운로드하기 때문에 업로드하는 것보다 더 빨리 다운로드할 수 있다.) 두 번째 주요 장점은 그들이 ISP에 상시 접속할 수 있기 때문에, 사용자들이 동시에 전화 통화를 하고 인터넷에 접속할 수 있다는 것이다. DSL의 단점은 제한된 물리적 거리에서 작동하며, 지역 전화 인프라가 DSL 기술을 지원하지 않는 많은 지역에서는 사용할 수 없다는 것이다.

다이얼업과 DSL은 지역 전화 인프라를 사용하는 반면, 초고속 인터넷 케이블 연결은 케이블 텔레비전 회사의 인프라와 특수 케이블 모뎀을 사용하여 인터넷 접속을 제공한다. 케이블 모뎀(또는 광대역 모뎀)은 고속 케이블 인터넷 서비스와 함께 사용되는 디지털 모뎀의 한 유형이다. 케이블 모뎀은 가정용 컴퓨터(또는 가정용 컴퓨터의 네트워크)를 가정용 케이블 TV 서비스에 연결하고 DSL 모뎀은 가정용 공중전화 서비스에 연결한다. ISP는 일반적으로 케이블 및 DSL 모뎀을 제공한다. 시스코 시스템즈는 링크시스 네트워킹 구성품 브랜드를 포함한 컴퓨터 네트워킹 제품과 서비스를 생산하는 가장 큰 회사 중 하나이다. 일반적으로 광대역 또는 고속 인터넷 서비스는 기존 다이얼업 서비스보다 평균 전송 속도가 10배 더 빠르다. 재택근무(가상 인력)를 통해 사용자는 가정이나 호텔과 같은 원격지에서 고속 인터넷을 사용하여 비즈니스 애플리케이션과 데이터에 액세스할 수 있다.

초고속 인터넷 케이블은 DSL과 달리 공유 서비스인데, 이것은 이웃과 같은 반경 내에 있는 모든 사람들이 사용 가능한 대역폭을 공유한다는 것을 의미한다. 따라서 여러 사용자가 동시에 비디오 파일을 다운로드하는 경우, 각 사용자의 실제 전송 속도는 한 사람만 다운로드하는 경우보다 훨씬 낮을 수 없다. 평균적으로 케이블을 사용하여 사용할 수 있는 대역폭은 다운로드 시 512Kbps에서 50Mbps, 업로드 시 786Kbps이다.

DSL 또는 고속 인터넷 케이블에 대한 또 다른 대안은 AT&T 또는 다른 제공업체에서 임대한 전용 통신 회선이다. 가장 일반적인 것은 1.544Mpbs에서 디지털 신호를 전송할 수 있는 데이터 연결 유형인 T1 라인이다. 이 속도가 인상적이지 않고 T1 라인이 DSL이나 케이블보다 비싸지만, 각각이 24개의 채널로 구성되어 하나의 라인을 통해 24개의 연결을 생성하기 때문에 훨씬 더 높은 신뢰성을 제공한다. 회사에 대량의 데이터 트래픽이 발생하는 3개의 공장이 있는 경우 서비스 안정성을 위해 회선을 임대하는 것이 합리적일 수 있다.

접속기술	설명	대역폭	특징
다이얼업	모뎀 및 일반 전화선을 사용한 주문형 엑세스	최대 56Kbps	다른 기술에 비해 저렴하지만 느림
DSL	상시 연결 특수 모뎀 필요	다운로드: 1Mbps ~ 2Mbps 업로드: 128Kbps ~ 1Mbps	기존 지역 전화 인프라 활용
케이블	상시 연결 특수 케이블 모뎀 및 케이블 라인 필요	다운로드: 512Kbps ~ 50Mbps 업로드: 786Kbps	영역의 다른 사용자와 공유 리소스
T1	고대역폭을 위해 회선을 임대함	1.544Mbps	다이얼업, DSL 또는 케이블보다 비싼 가격

그림 E.5
인터넷 접근 유형

기업은 인터넷 액세스 방법에 대한 요구 사항을 충족해야 한다. 고객, 파트너 또는 공급업체와 통신하기 위해 항상 고대역폭 액세스가 필요한 경우 T1 회선이 가장 비용 효율적인 방법일 수 있다. 그림 E.5는 인터넷 액세스를 위한 주요 방법에 대한 개요를 제공한다. 그림의 대역폭은 평균 속도를 나타낸다. 실제 속도는 서비스 제공업체 및 케이블 유형, 컴퓨터 속도와 같은 기타 요인에 따라 다르다.

BPLBroadband over Power Line 기술은 일반 가정용 전기 회선을 통해 고속 인터넷에 접속할 수 있도록 하며, DSL 또는 고속 케이블 모뎀의 대안을 제공한다. BPL은 전기 신호(DSL의 경우 음성)보다 높은 신호 주파수를 사용하여 전기 회선을 통해 데이터를 전송함으로써 작동한다. BPL을 사용하면 가정 내 전력 출력에 지장을 주지 않고 네트워크를 통해 컴퓨터 데이터를 주고받을 수 있다. 많은 주택 소유자들은 그들의 전기 시스템이 완전한 인터넷 접속과 함께 1에서 3Mbps 사이의 홈 네트워크 실행 속도 역할을 할 수 있다는 것을 알고 놀란다. 불행히도, 간섭과 가용성과 같은 제한이 BPL의 인기에 영향을 미쳤다.

네트워크 프로토콜

패킷은 네트워크를 통해 라우팅되는 이진 데이터의 단일 단위이다. 패킷은 전자 메시지를 더 작고 더 관리 가능한 패킷으로 세분화하여 순 작업 성능과 신뢰성에 직접적인 영향을 미친다. 표준 패킷 형식에는 패킷 헤더, 원본 메시지를 포함하는 패킷 본문 및 패킷 바닥글이 포함된다. 패킷 헤더는 메시지 데이터의 길이와 함께 대상(예: IP 패킷의 대상이 IP 주소)을 나열한다. 패킷 바닥글은 패킷 또는 전송 끝을 나타낸다. 패킷 머리글 및 패킷 바닥글에는 전체 메시지를 보내고 받을 수 있도록 오류 검사 정보가 포함되어 있다. 수신 장치는 헤더와 바닥글을 제거한 다음 패킷을 올바른 순서로 결합함으로써 개별 패킷을 원래 패킷으로 다시 조립한다.

추적 프로그램은 원격 컴퓨터로 전송되는 패킷 데이터의 네트워크 경로를 모니터링하는 유틸리티 응용 프로그램이다. 추적 프로그램들은 마지막 메시지가 마침내 목적지에 도달할 때까지 네트워크를 통해 일련의 테스트 메시지를 보낸다(이름 또는 IP 주소 사용). 완료되면 추적기가 초기 컴퓨터에서 대상 컴퓨터로 이동하는 경로를 표시한다. 프록시는 송신 컴퓨터와 수신 컴퓨터 간의 직접 통신을 방지하는 소프트웨어이며, 보안상

그림 E.6

TCP/IP의 예

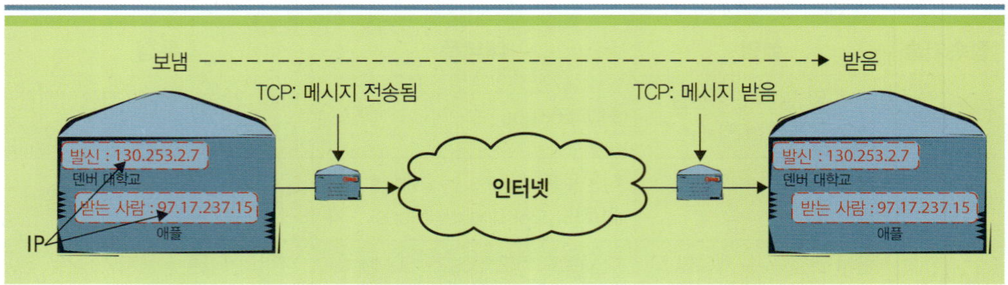

의 이유로 패킷을 모니터링하는 데 사용된다.

프로토콜은 전송 중에 따라야 할 규칙뿐만 아니라 데이터의 형식을 지정하는 표준이다. 동일한 프로토콜을 사용하는 컴퓨터는 네트워크 간의 접근성, 확장성 및 연결성을 제공하여 쉽게 통신할 수 있다. FTP(파일 전송 프로토콜)는 인터넷에 있는 두 컴퓨터 간에 파일을 전송할 수 있는 간단한 네트워크 프로토콜이다. FTP를 사용하여 파일을 전송하기 위해 FTP 클라이언트 프로그램은 FTP 서버 소프트웨어를 실행하는 원격 컴퓨터에 대한 연결을 시작한다. 연결을 완료한 후 클라이언트는 파일을 전자적으로 보내거나 받도록 선택할 수 있다.

네트워크 액세스 기술은 전송 제어 프로토콜/인터넷 프로토콜TCP/IP이라고 불리는 표준 인터넷 프로토콜을 사용하며, 이는 많은 수의 사설 네트워크뿐만 아니라 공용 인터넷을 위한 기술적 기초를 제공한다. TCP/IP를 개발하는 주된 이유 중 하나는 다양하거나 다른 네트워크들이 서로 연결하고 통신할 수 있도록 하는 것이었고, 기본적으로 LAN, WAN 및 MAN이 각각의 새로운 연결과 함께 성장할 수 있게 해주었다. IP 주소는 네트워크에서 컴퓨터가 있는 위치를 식별하는 고유 번호이다. IP 주소는 xxx.xxx.xxx.xxx 형식으로 표시된다. 그러나 각 그룹은 한 자리 숫자만큼 짧을 수 있다.

TCP(TCP/IP의 TCP 부분)는 네트워크를 통해 이동할 때 데이터가 손상될 수 있기 때문에 데이터의 정확한 전송을 확인한다. TCP는 데이터 패킷의 크기가 전송 내내 동일함을 보장하며, 올바르게 전송될 때까지 데이터를 재전송할 수도 있다. IP(TCP/IP의 IP 부분)는 데이터가 마침표로 구분된 0에서 255 사이의 숫자 문자열 4개로 표시된 올바른 IP 주소로 전송되었는지 확인한다. 예를 들어 www.apple.com의 IP 주소는 97.17.237.15

그림 E.7

인터넷 도메인

도메인 이름	사용
.biz	기업용으로 예약됨
.com	상업 조직 및 기업용으로 예약됨
.edu	공인 고등 교육 기관을 위해 예약됨
.gov	미국 정부 기관용으로 예약됨
.info	모든 개인 또는 단체에 공개되지만 정보 제공자를 대상으로 함
.mil	미군용으로 예약됨
.net	모든 개인 또는 단체에 개방
.org	비영리 단체용으로 예약됨

이다

TCP/IP를 이해하는 또 다른 방법이 있다. 덴버대학교에서 캘리포니아 쿠퍼티노에 있는 어플 본사로 보내야 하는 편지를 생각해 보라. TCP는 봉투가 배달되고 도중에 분실되지 않도록 한다. IP는 편지 배달부에게 봉투를 배달할 장소와 발신지를 알려주는 발신 라벨 역할을 한다. 미국 우체국은 주로 주소와 우편 번호를 사용하여 편지를 목적지로 보내는데, IP가 주소 지정 방법을 사용하는 것과 같다. 그림 E.6은 이 예를 보여준다. 그러나 여러 사람이 동일한 물리적 주소를 공유할 수 있도록 하는 우체국과는 달리, 인터넷에 연결하기 위해 IP 주소를 사용하는 각 장치에는 고유한 주소가 있어야 하며, 그렇지 않으면 어떤 개별 장치로 요청이 전송되어야 하는지 감지할 수 없다.

TCP/IP의 가장 가치 있는 특성 중 하나는 인터넷이 몇 대의 컴퓨터로 구성된 소규모 네트워크에서 수백만 개의 장치로 구성된 거대한 인터네트워크로 성장함에 따라 프로토콜의 확장성이 입증되었다는 것이다. 이러한 성장을 지원하기 위해 일부는 주기적으로 변경이 필요했지만, TCP/IP의 핵심은 25년 전과 동일하다. DHCPDynamic Host Configuration Protocol를 사용하면 동적 IP 주소를 할당할 수 있으므로 사용자가 네트워크를 사용하기 위해 미리 구성된 IP 주소를 가질 필요가 없다. DHCP를 사용하면 컴퓨터가 서버의 컴퓨터에 대한 정보에 접근하고 정보를 찾을 수 있으므로 사용자가 IP 주소를 찾고 갱신할 수 있다. ISP는 일반적으로 DHCP를 사용하여 고객이 최소한의 노력으로 인터넷에 가입할 수 있도록 한다. DHCP는 장치에 고유한 IP 주소를 할당한 다음 장치가 네트워크를 떠났다가 돌아오면 이러한 주소를 해제 및 갱신한다.

TCP/IP에 한 가지 결함이 있다면 IP 주소의 복잡성이다. 이것이 우리가 IP 주소를 도메인으로 변환하거나 인식 가능한 다양한 명명 규칙을 사용하는 레이블을 식별하기 위해 DNS(도메인 네임 시스템)를 사용하는 이유이다. 따라서 97.17.237.15를 기억하려고 노력하는 대신, 사용자들은 www.apple.com과 같은 컴퓨터나 웹사이트에 접속하기 위한 도메인 이름을 간단히 지정할 수 있다. 그림 E.7은 가장 일반적인 인터넷 도메인을 보여준다.

도메인 이름 목록은 향후 몇 년 동안 다음과 같은 엔티티를 포함하도록 확장될 것으로 예상된다. .pro(회계사, 변호사 및 의사 용), .aero(항공 운송 산업용) 및 .museum(박물관용), .xxx 도메인 생성이 최근 포르노 콘텐츠용으로 승인되었다. 국가에는 .au(호주), .fr(프랑스) 및 .sp(스페인)와 같은 도메인 이름도 있다.

트래픽이 많은 웹사이트에는 요청 로드를 공유하기 위해 여러 대의 컴퓨터가 함께 작동하는 경우가 많다. 이것은 부하 분산과 내결함성을 제공하므로 www.facebook.com과 같은 인기 있는 사이트에 요청이 있을 때, 단일 컴퓨터에 과부하가 걸리지 않고, 한 컴퓨터에 장애가 발생해도 사이트가 다운되지 않는다. 또한 단일 컴퓨터에는 여러 호스트 이름이 있을 수도 있다. 예를 들어, 회사가 단일 서버에서 여러 웹사이트를 호스팅하는 경우 ISP가 호스팅과 함께 작동하는 것과 같다.

도메인 이름은 기본적으로 godaddy.com과 같은 도메인 이름 등록 기관에서 갱신 가능한 권한으로 임대된다. 일부 등록 대행자는 도메인 이름만 등록하는 반면 다른 등록 대행자는 유료로 호스팅 서비스를 제공한다. ICANNInternet Corporation for Assigned Names and

Numbers은 전 세계의 모든 도메인 이름 등록 기관을 인증하는 비영리 거버넌스 및 표준 조직이다. 인증을 통해 각 등록 대행자는 .com, .edu 또는 .org와 같은 도메인 이름을 등록할 수 있다.

네트워크 컨버전스

부분적으로 인터넷의 폭발적인 사용과 TCP/IP의 연결로 인해 네트워크 장치, 응용 프로그램 및 서비스가 융합되고 있다. 소비자, 회사, 교육 기관 및 정부 기관은 문자메시지, 웹 서핑, 화상 회의 응용 프로그램, 온라인 게임 및 전자 비즈니스에 광범위하게 참여한다. **네트워크 컨버전스**는 단일 네트워크 내에서 전화, 영상, 데이터 통신이 효율적으로 공존하여 별도의 인프라에서는 제공할 수 없는 편리함과 유연성을 제공한다. 대부분의 모든 유형의 정보는 디지털 형식으로 변환되고 네트워크를 통해 교환될 수 있다. 그런 다음 네트워크 컨버전스를 통해 음성, 데이터 및 비디오를 함께 엮을 수 있다. 네트워크 컨버전스의 이점은 그림 E.8에서 제안한 것처럼 여러 서비스, 여러 장치를 허용하지만, 하나의 네트워크, 하나의 공급업체 및 하나의 청구서를 허용한다.

네트워크 컨버전스와 관련된 과제 중 하나는 다양한 도구를 효율적이고 생산적으로 사용하는 것이다. 각 비즈니스 참가자와 사용할 PC, 문자메시지, 화상 회의 등의 통신 채널을 아는 것은 어려울 수 있다. 통합 커뮤니케이션UC 통신 채널을 단일 서비스로 통합하는 것이다. 통합 커뮤니케이션UC은 커뮤니케이션 채널을 통합하여 참가자가 가장 편리한 방법으로 커뮤니케이션할 수 있도록 한다. 통합 커뮤니케이션UC은 인스턴트 메시징, 화상 회의, 이메일, 음성 메일 및 VoIP를 통합한다. 이를 통해 비즈니스의 커뮤니케이션 비용을 절감하는 동시에 개인이 소통하고 협업하는 방식을 개선할 수 있다.

네트워크 컨버전스가 크게 성장하는 분야 중 하나는 인터넷을 사용하여 음성 전송을 하는 것이다. VoIPVoice over IP IP 기술을 사용하여 통화 내역을 전송한다. 수백 년만의 신기술로 VoIP는 사람들이 전화를 사용하여 통신하는 방식에 중대한 변화를 가져올 수 있는 기회를 제공한다. 기존의 전화 및 케이블 회사와 일부 ISP 및 전문가뿐 아니라 VoIP 서비스 제공업체를 통해 사용자는 지역, 장거리, 셀룰러 또는 국제 전화 번호를 사용하

그림 E.8

네트워크 컨버전스의 이점

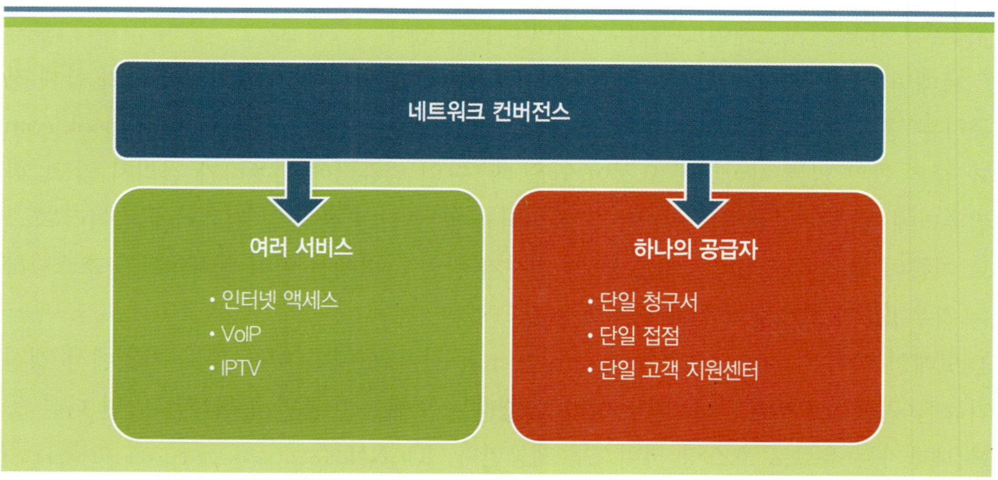

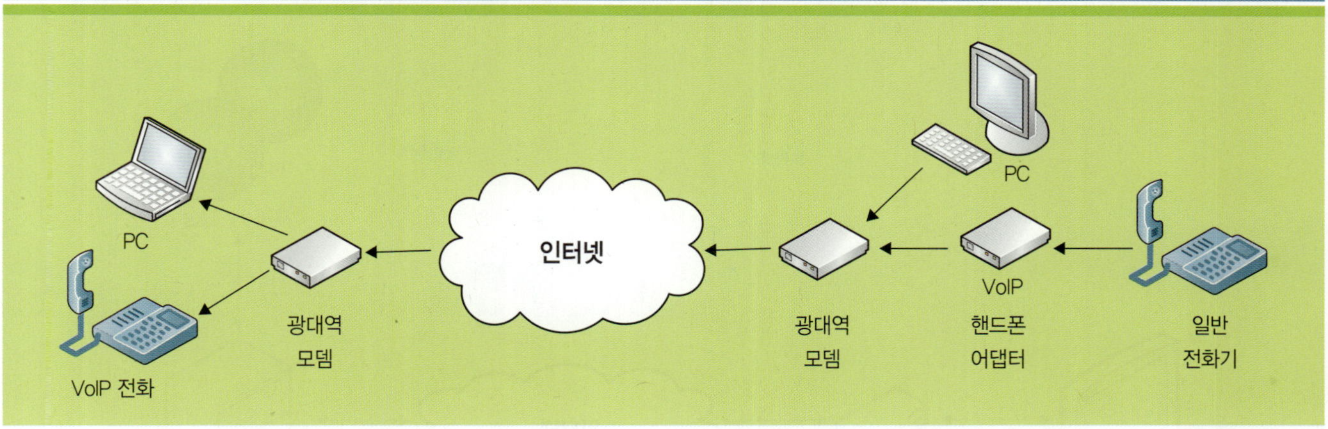

그림 E.9

VoIP 연결성

여 누구에게나 전화를 걸 수 있다.

전화 통화에 VoIP를 사용하는 두 가지 방법 중 첫 번째 방법은 사용자가 컴퓨터에서 전화를 걸 수 있도록 하는 웹 인터페이스와 연결하는 VoIP 어댑터에 연결된 전화를 사용하는 것이고, 두 번째 방법은 VoIP 연결 광대역 모뎀을 통해 인터넷에 직접 연결하는 것이다. 그림 E.9는 어댑터가 필요 없는 VoIP 지원 전화 사용과 함께 이러한 두 가지 방법을 보여준다.

VoIP 서비스에는 고정 가격의 무제한 시내 및 장거리 전화 요금제(적어도 미국 및 캐나다 내)와 다음과 같은 다양한 흥미로운 기능이 포함된다.

- 지역 코드가 다른 번호를 포함하여 둘 이상의 전화번호를 가질 수 있는 기능
- 이메일과 음성 메일을 통합하여 사용자의 컴퓨터를 통해 음성 메일로 들을 수 있는 기능
- 사용자의 물리적 위치에 관계없이 컴퓨터를 통해 개인 또는 비즈니스 전화를 받을 수 있는 기능

VoIP의 가장 큰 장점은 저렴한 비용이다. 그러나 인터넷 연결에 의존하기 때문에 대역폭이 적절하지 않거나 인터넷 액세스를 사용할 수 없는 경우 서비스에 영향을 받을 수 있다.

Skype는 전화 사용에 적용되는 IP의 완벽한 예다. 클라이언트 및 서버 인프라를 사용하는 일반적인 VoIP 시스템과 달리 Skype는 P2P 네트워크를 사용한다. P2PPeer-to-Peer는 중앙 집중화된 서버가 아닌 컴퓨터 네트워크로 사용자의 컴퓨팅 성능과 대역폭 기술이다. Skype의 사용자 디렉토리는 네트워크를 통해 분산되어 복잡하고 고비용의 중앙 집중식 인프라 없이 확장할 수 있다. P2P 네트워크는 디지털 음악을 불법적으로 배포하는 Napster라는 서비스를 통해 몇년 전 하룻밤 사이에 돌풍을 일으켰다. Skype는 이 리소스를 사용하여 사용자에게 가치를 제공하고 있다.

VoIP의 인기가 높아짐에 따라 정부는 기존 전화 서비스와 마찬가지로 VoIP를 규제하는 데 더 많은 관심을 갖게 되었다. 미국 연방 통신 위원회Federal Communications Commission는 규정 및 기타 수수료와 함께 지역 번호 이동성 지원, 장애인 서비스, 감시를 위한 법 집

그림 E.10
IPTV 구성 요소

행과 같이 기존 전화 제공업체와 유사한 VoIP 서비스 제공업체 간의 규정 준수를 요구한다.

TV 영역에서 **인터넷 프로토콜 TV**IPTV가 적용되면서 흥미롭고 새로운 융합이 일어나고 있다. 인터넷 프로토콜 TVIPTV는 인터넷 및 사설 IP 네트워크와 같은 IP를 통해 디지털 비디오 콘텐츠를 배포하는 서비스이다. Comcast는 케이블 TV 제공자 역할도 제공하는 대표적인 사설 IP 네트워크 회사이다. 기존 텔레비전은 모든 프로그램 신호를 동시에 텔레비전으로 전송하므로 사용자가 채널을 선택하여 프로그램을 선택할 수 있다. IPTV는 소비자가 채널을 선택하면 서비스 공급자는 해당 단일 프로그램만 텔레비전으로 보낸다. 케이블 TV와 마찬가지로 IPTV는 모뎀과 같은 역할을 하는 상자를 사용하여 콘텐츠를 보내고 받는다(그림 E.10 참조). 몇 가지 IPTV 기능은 다음과 같다:

- **다중 기기 지원**: PC와 TV는 IPTV 서비스에 접속할 수 있음
- **사용자와의 상호작용**: IPTV의 양방향 통신 경로에서 인터랙티브 애플리케이션 및 프로그램을 지원함
- **낮은 대역폭**: IPTV는 제공자가 단일 전송만 하기 때문에 대역폭의 절약이 가능함
- **개인화**: 사용자는 보고 싶은 것뿐만 아니라 보고 싶은 시간도 선택이 가능함

연결된 세계의 이점

네트워크 이전에는 컴퓨터 간에 데이터를 전송하는 데 시간이 많이 소요되고 노동 집약적이었다. 사람들은 디스크를 사용하여 기계에서 기계로 데이터를 물리적으로 복사해야 했다.

리소스 공유를 사용하면 리소스나 사용자의 물리적 위치에 관계없이 네트워크의 모든 사람이 모든 응용 프로그램, 장비(예: 대용량 프린터) 및 데이터를 사용할 수 있다. 물리적 자원을 공유를 통해 지속 가능한 경영지원 인프라도 지원되므로 기업이 민첩하고 효

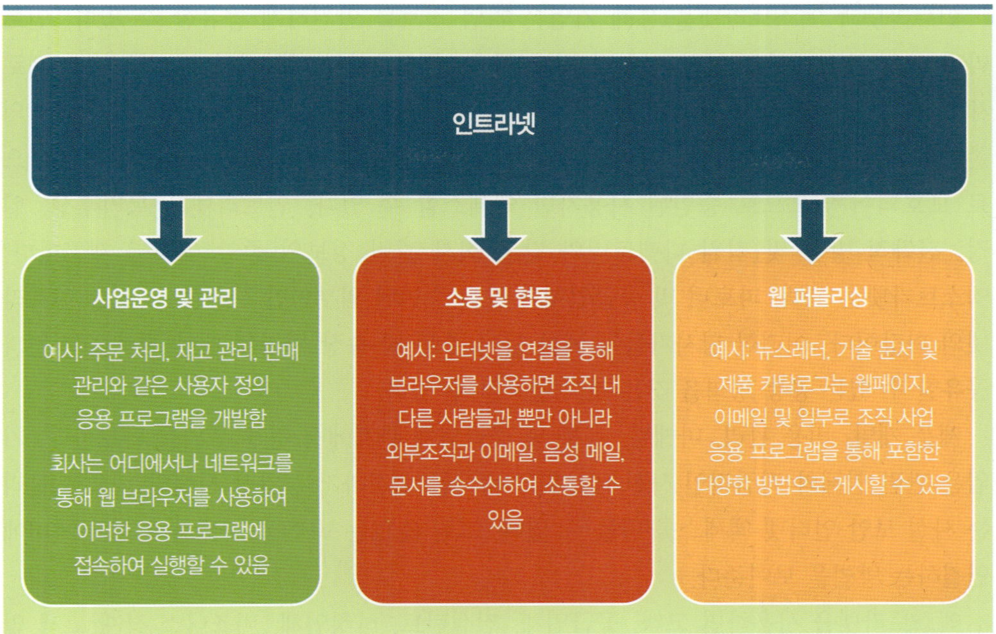

그림 E.11
인트라넷 사용

율적이며, 동시에 책임감을 가질 수 있도록 지원한다. 클라우드 컴퓨팅 및 가상화는 정보와 공유 리소스의 사용을 향상시키는 시스템을 통합한다. 공유 리소스를 사용하여 클라우드 컴퓨팅 및 가상화는 요구에 따라 집합적인 컴퓨팅 성능, 스토리지 및 소프트웨어를 허용한다.

물리적 자원을 공유하는 것보다 훨씬 더 중요한 것은 데이터 공유이다. 규모에 관계없이 대부분의 회사는 고객 기록, 재고, 매출채권, 재무제표 및 세금 정보뿐만 아니라 특히 원격 위치의 운영과 이러한 정보를 공유할 수 있는 능력에 의존한다. LAN, WAN 또는 MAN과의 네트워킹을 통해 직원은 데이터를 빠르고 쉽게 공유하고 공유에 의존하는 데이터베이스 및 협업 도구와 같은 응용 프로그램을 사용할 수 있다. 네트워크는 데이터를 공유함으로써 비즈니스 프로세스를 보다 효율적으로 만들었다. 예를 들어, 주문이 접수되는 즉시 마케팅, 구매, 제조, 배송 또는 청구서에 관계없이 회사의 모든 사람이 주문을 볼 수 있다.

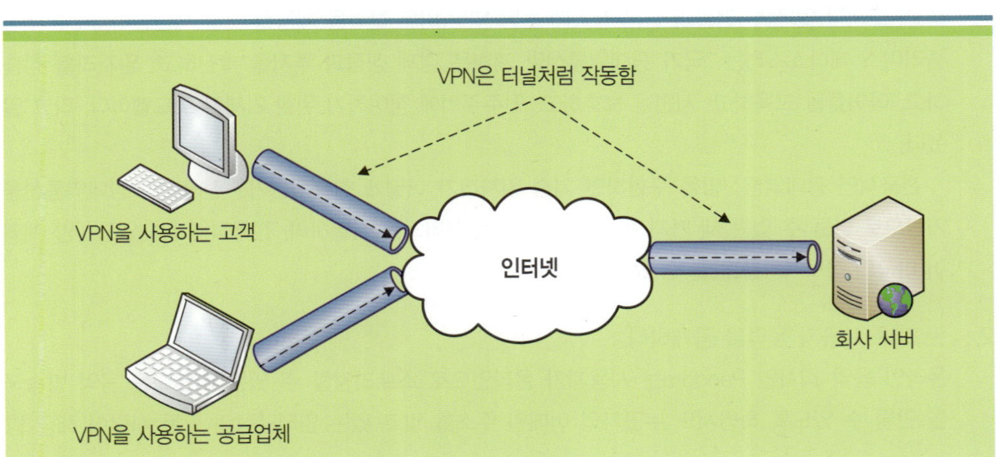

그림 E.12
VPN 사용

인트라넷과 엑스트라넷을 통해 기업은 기업 정보를 안전하게 공유할 수 있다. **인트라넷** 그림 E.11에서 제안한 것처럼 정보 공유, 통신, 협업, 웹 게시 및 비즈니스 프로세스 지원을 위해 회사 내에서 인터넷과 같은 환경을 제공하기 위해 인터넷 기술에 의존하는 제한된 네트워크다. 이 네트워크는 암호, 암호화, 방화벽과 같은 보안 수단으로 보호되어 있으므로 승인된 사용자만 액세스할 수 있다. 인트라넷은 복리후생, 일정, 전략적 방향 및 직원 디렉토리와 같은 회사 관련 정보의 중앙 위치를 제공한다. 엑스트라넷은 고객, 파트너 및 공급업체와 같은 승인된 외부인만 사용할 수 있는 인트라넷의 확장이다. 이러한 당사자들이 예를 들어 주문 및 송장 처리에 대한 정보를 직원과 공유할 수 있는 공통 영역을 갖는 것이 중요할 수 있다.

제품 개발, 비용 관리, 마케팅, 유통 및 공급업체 관계에서 경쟁 우위를 확보한다. 기업은 관련 업체와 직접적인 사설 네트워크 링크를 설정하거나 **가상 사설망**VPN으로 불리는 사설 보안 인터넷 액세스를 만들 수 있다. 그림 E.12는 VPN을 사용하여 회사 서버에 연결하는 방법을 보여준다.

엑스트라넷을 사용하면 고객, 공급업체, 컨설턴트, 하청업체, 비즈니스 잠재 고객 및 기타 사람들이 정보 공유를 허용하는 선택된 인트라넷 웹사이트 및 기타 회사 네트워크 리소스에 액세스할 수 있다. 컨설턴트와 계약자는 신제품이나 서비스의 설계를 용이하게 할 수 있다. 공급업체는 기업이 기능하는 데 필요한 원자재가 재고가 있고 제시간에 배송될 수 있는지 확인할 수 있다. 고객은 주문 및 결제 기능에 액세스하고 주문 상태를 확인할 수 있다. 엑스트라넷은 회사 운영을 개선하는 방식으로 회사를 외부와 연결한다.

비즈니스 중심적 의사결정

1. 전국 광대역통신 구축

연방통신위원회Federal Communications Commission는 2020년까지 1억 명의 사람들에게 초당 100메가비트 인터넷 접속을 제공하기 위해 전면적 계획인 전국 광대역통신 계획을 제안하고 있다. 또한, FCC는 학교, 도서관 및 정부 건물과 같은 장소에 초당 1기가비트 접속을 제공할 것을 제안한다. FCC 의장 줄리어스 게나쇼스키는 "국가 광대역통신망 계획은 경제 성장과 투자를 촉진하고, 일자리를 창출하고, 아이들을 교육하고, 시민을 보호하고, 민주주의에 참여하기 위한 21세기 로드맵이다."라고 말했다.

전국적인 광대역통신망을 구현하면 기술 일자리가 어떻게 창출되는가? 전국적인 광대역통신을 기반으로 만들 수 있는 세 가지 새로운 제품 또는 서비스를 식별하라. 전국적인 광대역통신망 계획이 미국의 정보격차를 없앨 수 있는가?

2. 판도라, 사용자 음악을 공개하다

온라인 음악 회사인 Pandora는 사용자가 온라인으로 스트리밍할 수 있는 개인화된 음악 방송국을 만들 수 있도록 하면서도 누군가의 이메일 주소를 알고 있는 인터넷상의 모든 사람이 해당 방승국을 볼 수 있도록 한다. 예를 들어, 이메일 주소가 sergey@google.com인 사람은 Rise Against라는 밴드를 좋아한다. Steve Jobs의 이메일 주소를 사용하는 것은 그가 컨트리 음악의 전설 Willie Nelson과 재즈 트럼펫 연주자 Chris Botti를 좋아한다는 것을 암시한다.

선택한 음악을 개인 정보로 보는가, 아니면 공개 정보로 보는가? 누군가가 어떻게 이 정보를 비윤리적으로 사용할 수 있었는가? 이것이 판도라에 대한 위협이라고 보는가? 고객이 서비스 사용을 중단할 것이라고 생각하는가? Pandora는 고객의 개인 정보를 보호하기 위해 무엇을 할 수 있는가?

3. 무선 네트워크 취약성

빈 프링글스 캔은 악의적인 해커가 공격에 노출된 무선 네트워크를 찾는 데 도움이 될 수 있다. 보안 회사들은 간단하게 프링글스 캔을 사용하여 집에서 안테나를 만듦으로써, 누군가가 무선 네트워크를 쉽게 식별할 수 있다는 것을 증명했다. PringlesCantenna로 알려진 이 네트워크들은 값이 싸고(10달러 이하) 설치가 쉽기 때문에 빠르게 인기를 얻고 있다.

무선 네트워크 보안은 네트워크 관리자의 큰 관심사이다. 기업과 가정 사용자가 무선 기술을 점점 더 많이 선택하고 있기 때문에 보안 예방 조치가 시행되어야 한다.

결국, 무선 기술을 사용하는 본질은 의도적으로 전파에 정보를 제공하고, 범위 내에 있고 적절한 수신기(예: PringlesCantenna)를 갖춘 사람이라면 누구나 이 정보를 얻을 수 있다는 것이다. 이것이 많은 무선 네트워크가 신뢰할 수 있는 수준의 보안을 제공하기 위해 인증 및 암호화 메커니즘을 적용하는 이유다.

사용 가능한 탐지 및 방지 기술 유형, 특히 방화벽 및 내장형 무선 보안 메커니즘 사용에 대한 요약을 포함하여 이러한 유형의 아마추어 해킹으로부터 보호하기 위한 팁과 기술 및 모범 사례를 논의하는 인터넷 조사를 기반으로 보고서를 작성하라.

4. 자동차 해킹

자동차가 해킹될 수 있다고 누가 생각이나 했겠는가? 그러나 이는 정확히 텍사스 오스틴에서 일어난 일이다. 자물쇠를 따거나 창문을 부수는 일반적인 방법이 아니라 Wi-Fi 연결을 통해 약 100대의 자동차를 침입했다. 모든 차량을 구입한 한 지역 대리점은 Wi-Fi가 가능한 블랙박스를 대시보드 아래에 설치했는데, 이 블랙박스는 차주가 돈을 지불하지 않을 경우 차량을 비활성화하고 경적을 울리게 할 수 있었다. 그러나 이 사건의 주인공은 체납된 것이 아닌, 최근 해고된 대리점 직원이 웹 기반 시스템을 이용해 차를 하나씩 무력화시키는 복수를 노렸던 피해자였다. 대리점의 누군가가 차량이 해킹당했다는 사실을 알게 된 후에는 블랙박스에 대한 인증을 허용하는 비밀번호가 빠르게 변경되었다.

블랙박스는 좋은 것인가? 이것이 윤리적인 비즈니스 관행이라고 생각하는가? 블랙박스가 장착된 차를 구입했다면 제거하겠는가? 그 대리점에서 차를 한 대 더 사는 것을 고려하는 고객이 몇 명이나 될 것 같은가?

APPENDIX

F 비즈니스 인텔리전스

학습성과

F.1 전술적 BI, 운영적 BI, 전략적 BI의 비교
F.2 BI가 제공하는 네 가지 비즈니스 이점 범주 설명

운영적, 전술적, 그리고 전략적 BI

Intelligent Solutions의 사장인 Claudia Imhoff는 데이터 마이닝 분석과 비즈니스 인텔리전스BI의 스펙트럼을 운영적, 전술적 그리고 전략적의 세 가지 범주로 나누는 것이 유용하다고 생각한다. 운영적 수준에서 전술적 수준, 그리고 전략적 수준으로 이동하며 스펙트럼을 살펴볼 때 두 가지 뚜렷한 경향이 나타난다. 첫째, 분석이 점점 더 복잡해지고 임시적ad hoc이 된다. 즉, 반복성이 줄어들고, 예측 가능성이 낮아지며, 더 다양한 양과 유형의 데이터가 필요하다. 둘째, 분석의 위험과 보상이 모두 증가한다. 더 전략적인 쿼리는 종종 시간이 많이 소요되며, 가치를 덜 자주 창출하지만, 창출할 때는 그 가치가 탁월하게 뛰어날 수 있다. 그림 F.1은 운영적, 전술적 그리고 전략적 BI 간의 차이점을 보여준다.

이 세 가지 형태는 서로 상호 연계되어 수행된다. 이들이 서로 협력해야 하며, 전략적

	운영적 BI	전술적 BI	전략적 BI
비지니스 초점	일상 운영 관리, BI를 운영 시스템과 통합	전략적 목표 달성을 위한 단기 분석 수행	장기적인 조직 목표 달성
주요 사용자	관리자, 분석가, 운영사용자	임원, 관리자	임원, 관리자
시간 프레임	당일(실시간)	일 단위 ~ 몇 주, 몇 달	몇 달 ~ 몇 년
데이터	실시간 지표	과거 지표	과거 지표

그림 F.1
운영적, 전술적, 전략적 BI

그림 F.2

세 가지 형태의 BI는 공통된 목표를 향해 작동해야 함

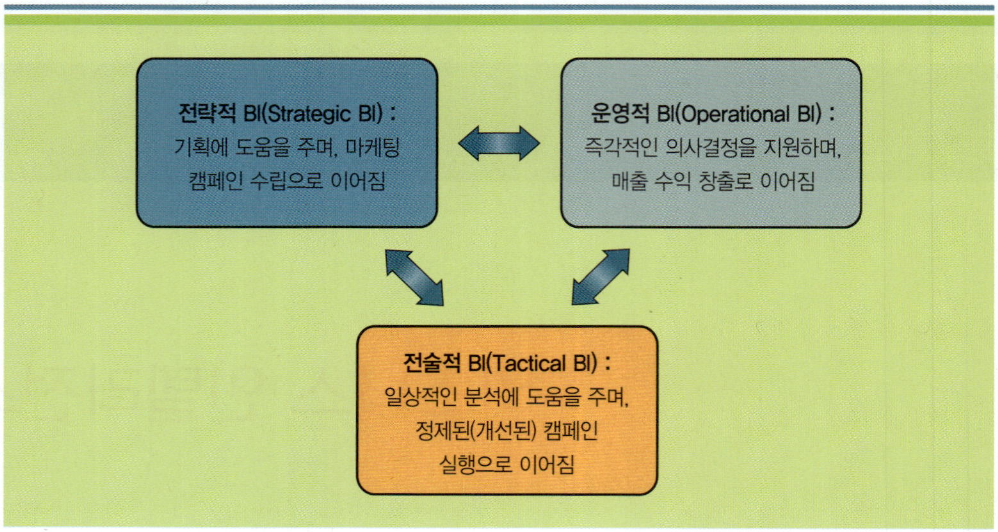

에서 전술적으로 결과를 전달하여 더 나은 운영적 의사 결정을 촉진한다는 점을 이해하는 것이 중요하다. 그림 F.2는 이러한 시너지를 보여준다. 이 예시에서 전략적 BI는 마케팅 캠페인의 계획 단계에서 사용된다. 이러한 분석의 결과는 예를 들어 특정 고객이나 인구 통계를 대상으로 하는 새로운 캠페인의 시작을 위한 기초를 형성한다. 캠페인의 일일 분석은 더 전술적인 형태의 BI에 의해 사용되어, 캠페인의 결과가 예상과 다를 경우 캠페인의 방향을 조정하는 데 사용된다.

예를 들어, 다른 마케팅 메시지가 필요하거나 현재 판매 속도를 유지하기에 재고 수준이 충분하지 않아 마케팅 범위를 변경해야 할 수도 있다. 이러한 결과는 즉각적인 조치를 위해 운영 BI에 반영된다 — 다른 제품 제안, 제품 판매 가격 최적화, 또는 선별된 고객 세그먼트에 보내는 일일 메시지 변경 등이 그 예이다.

이러한 시너지 효과를 위해서는 세 가지 형태의 BI가 서로 긴밀하게 통합되어야 합니다. 한 기술 환경에서 다른 환경으로 결과를 전송하는 데 걸리는 시간을 최소화해야 하며, 데이터와 프로세스 흐름 측면에서의 원활성은 필수적이다. True Value Hardware의 모회사인 TruServ는 BI 소프트웨어를 활용하여 유통 운영의 효율성을 개선하고 재고 비용을 5천만 달러 절감했다.

마케팅 부서는 BI를 사용하여 판촉 결과를 추적한다. 예를 들어, 매장이나 지역별로 어떤 프로모션이 가장 인기 있었는지 파악할 수 있다. 이제 TruServ는 프로모션 이력을 데이터베이스에 구축하여 모든 매장에 충분한 재고를 확보할 수 있게 되었으며, 약 5~6개월 만에 긍정적인 투자 수익을 달성할 수 있었다.

BI의 운영적 가치

선도적인 위험 보험회사는 고객이 인터넷을 통해 계정 정보에 접근할 수 있도록 허용한다. 이전에는 회사가 모든 고객에게 종이 보고서와 디스켓을 보냈다. 보고서에 오류가 있을 경우, 고객이 먼저 보고서를 받고 실수를 발견한 다음 회사에 오류를 통보해야 했기 때문에 수정하는 데 1~2개월이 걸렸다. 이제 고객들은 실시간으로 오류를 발견하고

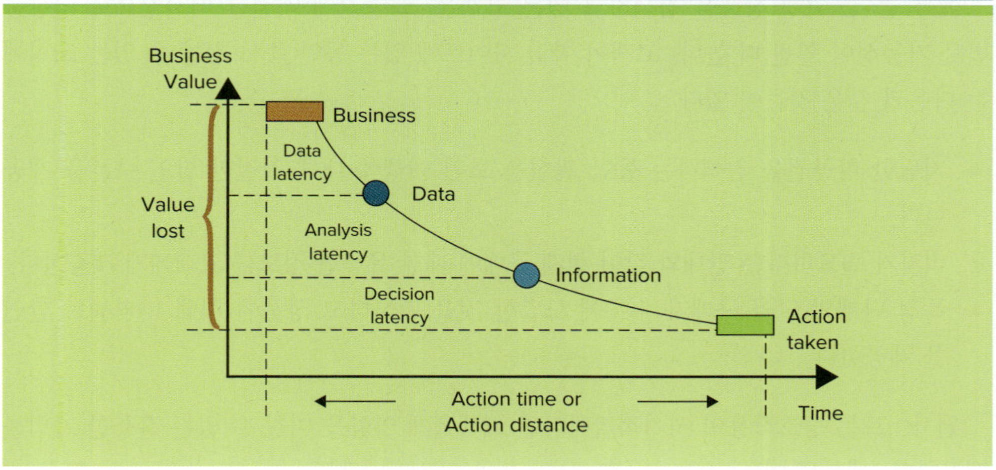

그림 F.3

비즈니스 이벤트와 조치 간의 지연 시간Latency

대개 며칠 내에 엑스트라넷을 통해 직접 보험회사에 통보한다.

Bolder Technologies의 Richard Hackathorn은 운영 BI의 가치를 보여주는 흥미로운 그래프를 개발했다. 그림 F.3은 의사 결정 속도에 영향을 미치는 세 가지 지연 요소를 보여준다. 이는 데이터 지연, 분석 지연, 의사 결정 지연이다.

- 데이터 지연시간은 데이터를 분석 준비 상태로 만드는 데 걸리는 시간(즉, 데이터를 추출, 변환, 정제하는 시간)과 데이터베이스에 데이터를 로드하는 시간을 의미한다. 이 모든 과정은 초기 운영 데이터의 상태에 따라 소요 시간이 달라질 수 있다.
- 분석 지연시간은 데이터가 사용 가능해진 시점부터 분석이 완료되는 시점까지의 시간이다. 이는 기업이 분석을 수행하는 데 소요되는 시간에 따라 달라진다. 일반적으로 이는 사람이 분석을 수행하는 데 걸리는 시간으로 여겨지지만, 임계값이 설정된 자동화된 분석을 사용하여 단축할 수 있다. 임계값을 초과하면 적절한 직원에게 경고나 알람을 전송하거나, 인간의 개입 없이 예외 프로세스를 자동으로 시작할 수 있다.
- 의사결정 지연시간은 분석 결과를 이해하고 적절한 조치를 결정하는 데 걸리는 시간이다. 이러한 형태의 지연시간은 줄이기가 매우 어렵다. 의사결정 과정을 인간에게서 제거하고 자동화하면 전체적인 의사결정 지연시간을 크게 줄일 수 있다. 많은 선진 기업들이 바로 이러한 방식을 채택하고 있다. 예를 들어, 고가치 고객에게 수표 부도를 알리는 편지를 보내는 대신(이는 고객에게 도달하는 데 며칠이 걸림), 자동화된 시스템은 즉시 이메일이나 음성 메시지를 전송하여 고객에게 문제를 실시간으로 알릴 수 있다.

핵심은 이러한 지연시간을 단축하여 고객, 공급업체 및 기타 관계자들에 대한 기회주의적 영향력 행사의 시간적 프레임을 더 빠르고, 더 상호작용적이며, 더 효과적인 위치에 있도록 하는 것이다. 앞서 언급했듯이, 고객에게 영향을 미치기에 가장 좋은 시기는 그들이 매장이나 웹사이트를 떠난 후가 아니다. 그들이 여전히 매장에 있거나 웹사이트를 탐색하고 있을 때이다.

예를 들어, 여행 상품을 검색하고 있는 고객은 그 순간에 적절한 메시징으로 영향을 받을 가능성이 훨씬 더 높다. 고객이 아직 사이트에 있는 동안 즉시 취할 수 있는 조치에는 다음과 같은 것들이 있다

- 저렴한 항공권을 검색하는 동안 관심을 보인 여행에 대해 적절한 할인 쿠폰을 제공한다.
- 비자가 필요하다는 안내와 같이 현재 구매에 대한 유용한 정보를 고객에게 제공한다.
- 특정 단계의 단골 구매자 수준에 도달한 것을 축하하고 상품에 대해 10퍼센트 할인을 제공한다.

웹사이트는 상호작용이 시기적절하다면 고객에게 영향을 미칠 수 있는 훌륭한 기회를 제공한다. 예를 들어:

- 고객이 장바구니에 상품을 담은 직후 연관성이 높은 추천 제품을 배너로 표시할 수 있다.
- 고객이 방금 장바구니에서 제거한 상품에 대한 대안을 제안할 수 있다.
- 제품 사용에 관한 적절한 지침을 고객 화면에 표시할 수 있다. 예를 들어, 부모에게 해당 제품이 3세 미만 어린이에게 적합하지 않다는 경고를 제공할 수 있다.

BI의 비즈니스 이점

조직이 애자일 BI를 도입할 때, 일반적으로 애자일 소프트웨어 개발자를 조직의 비즈니스 인텔리전스 팀에 배포된다.

- **애자일 BI**: BI 이니셔티브의 결과를 가속화하고 개선하기 위해 애자일 소프트웨어 개발 방법론을 비즈니스 인텔리전스BI에 통합하는 접근 방식이다.

다른 모든 애자일 이니셔티브와 마찬가지로, BI 프로젝트는 일련의 더 작은 프로젝트로 분할되어 지속적으로 계획, 개발, 테스트 및 배포한다. 이러한 반복적 개발 접근 방식은 지속적인 개선을 촉진하고 조직이 변화하는 시장 조건과 조직 목표에 더 신속하게 적응할 수 있도록 돕는다.

애자일 BI 프로젝트의 각 반복 주기는 소프트웨어 개발 팀과 작업을 요청한 비즈니스 소유자가 함께 계획하고 검토한다. 이러한 비즈니스와 MIS 부서 간의 긴밀한 협력은 향상된 의사소통, 명확하게 정의된 목표, 그리고 기대를 더 정확하게 충족하는 최종 결과물로 이어진다.

모든 애자일 이니셔티브와 마찬가지로, 애자일 BI는 총 변경 비용을 줄이고 성찰을 중요시하며, 변화를 수용하고, 조직 가치의 변화에 유연하게 대응하는 방법을 이해하는 문화를 촉진한다. BI 프로젝트 반복이 정기적으로 출시되기 때문에, 비즈니스 인텔리전스 대시보드나 데이터 웨어하우스의 변경 사항을 몇 주 또는 몇 달 만에 기능적으로 만들 수 있어, 전통적인 폭포수 프로젝트 접근 방식보다 훨씬 빠르게 비즈니스 사용자에게 데이터 기반 의사 결정에 필요한 정보를 제공할 수 있다.

시스템과 데이터 마이닝 도구의 급속한 혁신으로 운영, 전술 및 전략적 BI가 경영진, 관리자, 심지어 고객의 손끝에 닿게 되었다. BI 시스템을 성공적으로 구현하면 조직은 다음과 같은 이점을 기대할 수 있다.

- **모든 사용자를 위한 정보에 대한 단일 접근점** BI 솔루션을 통해 조직은 권한이 있는 사용자에게 데이터에 대한 단일 접근점을 제공함으로써 데이터베이스 내에 보관된 정보를 효과적으로 활용할 수 있다. 데이터가 운영 시스템, 데이터 웨어하우스, 데이터 마트 및/또는 기업 애플리케이션에 저장되어 있는지와 상관없이, 사용자는 기본 데이터 구조에 대한 기술적 지식 없이도 보고서를 작성하고 정보를 심층적으로 분석하여 비즈니스를 동인을 이해할 수 있다. 가장 성공적인 BI 애플리케이션은 사용자가 이해하기 쉽고 비기술적이며, 직관적인 그래픽 사용자 인터페이스를 통해 작업을 수행할 수 있게 한다.
- **조직 부서 전반에 걸친 BI** BI에는 다양한 용도가 있으며, 그 중 가장 큰 이점 중 하나는 가치 사슬의 모든 단계에서 사용할 수 있다는 점이다. 영업부터 운영, 고객 서비스에 이르기까지 조직 전반의 모든 부서가 BI의 가치를 누릴 수 있다. 폭스바겐 AG는 재무, 생산, 개발에서부터 연구, 영업 및 마케팅, 구매에 이르기까지 모든 부서의 데이터를 추적, 이해 및 관리하기 위해 BI를 사용한다. 조직의 모든 수준의 사용자들은 온라인 요청 및 협상, 차량 출시, 차량 용량 관리 및 추적과 관련된 공급업체 및 고객 보고서에 접근할 수 있다.
- **모든 사람을 위한 최신 정보** 정보를 활용하는 핵심은 사용자에게 질문에 대한 즉각적인 답변을 빠르고 쉽게 찾을 수 있는 도구를 제공하는 것이다. 일부 사용자는 현재 재고 보고서, 채널별 판매 또는 고객 상태 보고서와 같이 정기적으로 업데이트되는 표준 보고서에 만족할 것이다. 그러나 이러한 보고서가 제공하는 답변은 새로운 질문으로 이어질 수 있다. 일부 사용자는 정보에 대한 동적 접근을 원할 것이다. 사용자가 보고서에서 찾은 정보는 더 많은 질문을 촉발할 것이며, 이러한 질문들은 미리 패키지화된 보고서에서 답변을 얻을 수 없을 것이다.

사용자들이 시간의 80%를 표준 또는 개인화된 보고서에 접근하는 데 사용할 수 있지만, 업무의 20%에 대해서는 원래 보고서에서 제공되지 않는 추가 정보가 필요하다. 이러한 요구를 해결하고 사용자의 좌절감(그리고 IT 팀의 보고서 백로그)을 방지하기 위해, BI 시스템은 사용자가 자율적으로 기업 데이터 소스에서 임시 정보 요청을 할 수 있도록 지원해야 한다.

MasterCard International의 가맹점들에게 BI 접근은 일상적인 업무를 더욱 면밀히 모니터링할 수 있는 기회를 제공한다. 광고 대행사들은 가맹점을 위한 캠페인을 개발할 때 익스트라넷의 정보를 활용할 수 있다. 승인 측면에서는 콜센터가 카드 소지자의 승인 거래 내역을 조회하여 사기를 줄일 수 있다. MasterCard는 장기적으로 비즈니스 파트너들이 시스템 데이터에 대한 접근을 점점 더 요구함에 따라, 이 시스템이 20,000명 이상의 외부 사용자를 지원할 것으로 예상하고 있다.

BI 이점의 범주

경영진은 더 이상 단순히 최신 기술이라는 이유로 IT 프로젝트에 막대한 자금을 투자하지 않는다. 정보 기술은 성숙기에 접어들었고, 기업의 수익에 상당한 기여를 할 것으로 기대되고 있다.

BI가 수익에 미치는 영향을 살펴볼 때, 조직은 전사적 비즈니스 이점뿐만 아니라 BI 구축으로 얻을 수 있는 다양한 이점들을 분석해야 한다. 이러한 수많은 이점들을 실용적으로 분류하는 방법은 다음 네 가지 주요 범주로 나누는 것이다.

- 정량화가 가능한 이점
- 간접적으로 정량화가 가능한 이점
- 예측 불가능한 이점
- 무형의 이점

정량화가 가능한 이점

정량화가 가능한 이점에는 보고서 작성 시간 절약, 공급업체에 정보 판매 등이 포함된다. 몇 가지 예시는 다음과 같다.

- 유명 샴페인 생산업체인 모엣 샹동은 MIS 비용을 병당 약 30센트에서 15센트로 절감했다.
- 선도적인 위험 보험 회사는 고객들에게 보험사 데이터베이스의 정보에 대한 셀프 서비스 접근을 제공하여 더 이상 종이 보고서를 발송하지 않는다. 이 한 가지 이점만으로도 연간 인쇄 및 배송 비용에서 40만 달러를 절약하고 있다. 이 BI 구축의 3년 총 투자수익률ROI은 249%였다.

간접적으로 정량화가 가능한 이점

간접적으로 정량화가 가능한 이점은 간접적인 증거를 통해 평가할 수 있다 – 개선된 고객 서비스는 기존 고객으로부터 추가 비즈니스를 의미하며, 차별화된 서비스는 새로운 고객을 유치한다. 몇 가지 예시는 다음과 같다.

- 오웬스 & 마이너의 한 고객은 데이터 웨어하우스에 대한 엑스트라넷 접근을 의료 용품 유통업체에 4,400만 달러의 추가 비즈니스를 제공한 주요 이유로 언급했다.
- "영업사원들이 테일러메이드의 고객인 골프 프로 샵과 스포츠 용품 소매 체인을 방문할 때, 최신 재고 보고서가 없었습니다. 영업 담당자들은 약속한 대로 배송이 가능한지 확신하지 못한 채 클럽, 액세서리, 의류 주문을 받았습니다."라고 테일러메이드의 정보 기술 부사장인 톰 콜라드가 말했다. "이 기술은 테일러메이드가 보고 백로그를 제거하여 비용을 절감했을 뿐만 아니라 채울 수 없는 주문을 받는 데서 발생하는 많은 불필요한 노력을 제거했습니다."

예측 불가능한 이점

예측 불가능한 이점은 창의적인 사용자들에 의해 이루어진 발견의 결과이다. 몇 가지 예는 다음과 같다.

- 폭스바겐의 재무 BI 시스템은 후에 상당한 신규 수익으로 이어진 흥미로운 발견을 가능하게 했다. 아우디 제품 라인의 특정 모델 고객들은 다른 차종의 고객들과 완전히 다른 행동 양식을 보였다. 그들의 사회경제적 프로필에 따르면, 그들은 긴 리스 기간과 상당히 큰 선불금을 선호할 것으로 예상되었다. 그러나 데이터 분석 결과, 아우디 고객들이 실제로는 더 짧은 리스 기간을 원하고 구매 금액의 상당 부분을 리스를 통해 융자받기를 원한다는 것이 밝혀졌다. 이러한 통찰을 바탕으로, 회사는 즉시 더 짧은 리스 기간, 더 적은 선불금 그리고 특히 해당 차종에 대한 공격적인 리스 요율을 결합한 프로그램을 도입했다. 새 프로그램에 대한 관심은 즉각적이었으며, 200만 달러 이상의 새로운 수익을 창출했다.
- 브리티시 항공의 전 지식 전략 관리자인 피터 블런델과 여러 회사 임원들은 항공사가 심각한 티켓 사기 문제를 겪고 있다고 의심했다. 이 문제를 조사하기 위해 블런델과 그의 팀은 비즈니스 인텔리전스 시스템을 도입했다. "데이터를 분석해 보니, 티켓 사기는 실제로 문제가 되지 않았습니다. 우리가 사기라고 생각했던 것은 사실 데이터 품질 문제나 프로세스 문제였습니다." 블런델은 말했다. "이는 우리 비즈니스를 이해하는 데 있어 많은 예상치 못한 기회를 제공했습니다." 블런델은 BI 시스템 도입으로 항공사에 약 1억 달러의 비용 절감과 새로운 수익이 발생했다고 추정했다.

무형의 이점

무형의 이점에는 기업 전체의 향상된 의사소통, 권한을 부여받은 사용자들의 직무 만족도 증가, 그리고 향상된 지식 공유가 포함된다. 몇 가지 예는 다음과 같다.

- ABN AMRO 은행의 기업 인사HR 부서는 BI를 활용하여 성별, 연령, 근속 기간, 보상 등의 정보를 분석함으로써 인력에 대한 통찰력을 확보하고 있다. 이러한 지적 자본의 공유 덕분에 HR 부서는 기업 전체의 비즈니스 성공에 대한 자신들의 성과와 기여도를 더욱 효과적으로 입증할 수 있게 되었다.
- Ben & Jerry's는 자사 제품과 프로모션 활동에 대해 접수되는 수천 건의 소비자 반응 정보를 추적, 이해, 관리하기 위해 BI를 활용한다. 일일 고객 피드백 분석을 통해 Ben & Jerry's는 트렌드를 파악하고 소비자 수요에 맞춰 마케팅 캠페인과 제품을 조정할 수 있다.

비즈니스 중심적 의사결정

1. 의사 데이터 마이닝

최근 미국 공영라디오NPR는 대형 제약회사들이 의사 처방 데이터를 마이닝하는 방법에 관한 보도를 했다. 수천 명의 제약회사 영업 담당자들이 의사들을 방문하여 자사의 최신 약품을 처방하도록 유도하고 있다. 제약회사들은 전국의 약국으로부터 어떤 의사가 어떤 약을 처방했는지에 대한 정보를 구매한다. 이 데이터에는 환자 정보가 포함되어 있지 않다.

영업 담당자들은 회사로부터 이러한 비즈니스 인텔리전스$_{BI}$를 제공받아 특정 의사가 환자들에게 처방해 온 약품을 기반으로 판매 전략을 세운다. 많은 의사들은 영업 담당자들이 이러한 정보를 보유하고 있으며, 각 의사가 처방하는 약품을 정확히 파악하고 있다는 사실을 인지하지 못하고 있다. 제약회사들은 데이터 마이닝을 선호하지만, 비평가들은 이것이 사생활 침해이며 의료 비용을 상승시킨다고 주장한다. 메인 주$_{Maine}$는 최근 이러한 데이터에 대한 접근을 제한하는 법안을 통과시킨 세 번째 주가 되었다.

당신은 주 정부에서 일하고 있으며, 상사가 귀하의 주에서 의사 데이터에 대한 제약회사의 데이터 마이닝에 찬성 또는 반대하는 논거를 만들어 달라고 요청했다. 다음은 시작하는 데 도움이 될 몇 가지 질문이다.

- 의사 데이터 마이닝이 불법이 되어야 한다고 생각하는가? 그 이유는?
- 환자로서, 제약회사가 자신의 담당 의사의 데이터를 마이닝하는 것에 대해 어떻게 생각하는가?
- 제약회사 직원으로서, 의사 데이터 마이닝에 대해 어떻게 생각하는가?

찾아보기

ㄴ

ㄷ

ㅈ

역자 소개

고석하(shkoh@cbnu.ac.kr)

충북대학교 경영정보학과 교수

KAIST 경영과학 석 · 박사

- 자격증: Project Management Professional(No.423915), 소프트웨어 설계 SMT, IMT/EA 전문가, 정보처리기사
- 저서: 소프트웨어 프로젝트 관리, 객체지향과 UML 중심의 비즈니스 시스템 분석과 설계
- 연구 분야: 비즈니스 프로세스 모델링, 소프트웨어 공학, 소프트웨어 품질, 소프트웨어 프로젝트 관리 등이며 SCI(E) 및 SSCI 논문집 등에 100여 편의 논문을 발표하였다.

김태성(kimts@cbnu.ac.kr)

충북대학교 경영정보학과 교수

한국과학기술원(KAIST) 박사(경영과학)

- 경력: 한국전자통신연구원(선임연구원); University of North Carolina at Charlotte(Visiting Professor), Arizona State University(Visiting Scholar); 충북대학교 보안컨설팅융합전공 주임교수, 일반대학원 융합보안협동과정 주임교수, 보안경제연구소장; 한국지역정보개발원 선임이사; 국가정보원 자문위원; 금융감독원 데이터부문 외부평가위원; 금융보안원 자문위원; 국가정보자원관리원 자문위원; 한국전력 자문교수; 병무청 정책자문위원; 관세청 자문위원 등
- 저서 및 역서: 수요 중심의 인력 계획, 정보보호인력 양성정책, 유비쿼터스 시대의 정보통신경영, 정보시스템 통제 및 감사 등
- 연구 분야: IEEE Access, Electronics, Journal of Computer Virology and Hacking Techniques, ETRI Journal, OR Letters, European Journal of Operational Research, Journal of the Operational Research Society, Stochastic Analysis and Applications 등에 정보통신과 정보보호 분야의 경영 및 정책 의사결정 연구를 발표하였다.

권순동(sdkwon@cbnu.ac.kr)

충북대학교 경영정보학과 교수

서울대학교 경영학박사(경영정보 전공)

- 저서 및 역서: 한국기업의 경영정보시스템 변천사(서울대), 경영정보론(홍문사), B2B와 e마켓플레이스(법문사), 대학경영혁신과 정보인프라 구축(서울대) 등
- 연구 분야: British Journal of Management, Effective Executive, Journal of Information Technology Application and Management, Information Systems Review, Asia Pacific Journal of Information Systems, 한국경영과학회지, 경영학연구 등의 국내외 저널에 다수의 논문을 발표하였고, 주요 관심 분야는 전자상거래와 e-비즈니스, SCM, 헬스케어물류 등이다.

최상현(chois@cbnu.ac.kr)

충북대학교 경영정보학과 교수

한국과학기술원(KAIST) 박사(경영정보공학)

LG CNS 엔트루컨설팅 책임컨설턴트; 국립경상대학교 산업시스템공학부 부교수, 한국빅데이터서비스학회 회장, 충북대학교 경영대학 학장, 충북대학교 빅데이터전문센터 센터장; University of Arizona MIS 학과에서 박사 후 연수과정, University of Tennessee에서 Visiting Professorlar로 근무하였다.

- 연구 분야: IEEE Transanctions on SMC, European Journal of Operational Research, Journal of the Operational Research Society, Decision Support Systems 등 국내외 저명 경영과학, 정보시스템, 데이터마이닝 관련 학술지 및 학술대회에 논문을 발표하였으며, 주요 관심 분야는 빅데이터 활용, 데이터/프로세스 마이닝 기법, 전략적 의사결정, 경영혁신 전략, 정보시스템 마스터플랜 등이 있다.

이정환(junghwan@cbnu.ac.kr)

충북대학교 경영정보학과 부교수

한국과학기술원(KAIST) 박사(기술경영공학)

- 경력: 한국전자통신연구원(ETRI) 연구원, 한국전자기술연구원(KETI) 선임연구원, KT융합기술원 책임연구원으로 근무하였다. 한국방송통신전파진흥원(KCA) 비상임이사, 출연연 기관평가위원, 충북연구원 연구자문위원, RISE사업단 부단장 등을 맡고 있다.
- 연구 분야: 통신네트워크, 데이터사이언스, 기술혁신, 비즈니스모델, 프로젝트관리(PMP) 등이며, Telematics and Informatics, British Journal of Educational Technology, Information Technology and Management, Journal of Renewable and Sustainable Energy, International Journal of Mobile Communications, 경영정보학연구, 중소기업연구, Korea Business Review 등의 국내외 학술지에 논문을 발표하였다.

김태경(kimtk@cbnu.ac.kr)

충북대학교 경영정보학과 조교수

충북대학교 석박사 (정보산업공학)

한국생명공학연구원 박사후연구원, (캄)한국소프트웨어 HRD센터장, 인천재능대학교 교수로 근무하였다.

- 연구 분야: 인공지능, 빅데이터, 양자컴퓨터, 디지털교육 등이며, IEEE Access, PLOS ONE, International Journal of Advanced Computer Science and Applications 등에 인공지능, 빅데이터, 양자컴퓨터 연구를 발표하였다.